番禺吴道鎔原稿
番禺張學華增補
順德李棪改編
廣東文徵編印委員會校刊

廣東文徵

第四册
卷十五至卷十八

南方出版傳媒
廣東人民出版社
·廣州·

廣東文徵改編本第四册目次

黄淳

謝與思

張萱

卷十六

明十一

卷十七

明十二

卷十八

明十三

屈大均

附註：右明文二十六篇，乃第二冊排版後，核與作者考列目查對有遺者，當時以本書原藏稿本外假未歸，補錄不及，迫得留待明文最後刊出。

明十

林培　字培之·東莞人·萬曆元年癸酉舉人·知湖廣新化縣·徵授南京御史·以言事謫福建鹽知事·告歸·天啓初·贈光祿少卿·培以直諫與通州馬經綸同時得罪·其疏劾誠意伯劉世延及江東之等·與論徐維濂不當謫官·及織造擾民諸事·明史皆附載馬經綸傳中·當時京師人語有南林北馬臺省增價之謠·身後優被恤贈·所著閩中遊記·阮志注未見·詩集不著錄·

廣儲教搜逸才疏

臣聞國之有元良·猶家之有嫡裔·所以承宗祧·啓後昆·而衍無窮之福澤也·故庶人有子·教以義方·不納於邪·非苦之也·欲其成德而保家也·況天子之子·所保者宗廟社稷之祀·所係者四海九州萬衆元元之命·而教之可不詳乎·頃者皇上特出睿思·詔皇長子出閣·提調則用輔臣·講讀則選髦士·官至備也·自初出以至日御·自誦讀以至溫習·儀至具也·禮式則斟酌于東宮親王之間·規至愼也·行見儲德日新·儲聰天啓·駸駸乎宗社萬年之庥矣·臣復何言哉·

但臣聞帝王之學·不在尋常章句之中·而在方寸本源之內·敎忝之方·不在講讀斯須之頃·而在朝夕浸漬之間·臣見禮官所定儀注·辰而讀·巳而講·至午則退矣·不知既退之後·與皇長子居處者何人哉·得無賢士大夫之講讀未幾·而中官內侍復忝錯於其間乎·臣謂元儲出閣·正曠典創舉之日·九廟神靈降鑒之時·宜大破拘攣·一修三代故事·令講讀官六人·更番直存·毋辰讀巳講而後罷·如謂皇長子深居內庭·非臣下所可到·即文華殿東廂·爲皇長子燕寢之處·亦無不可·講讀諸臣·皆作養多年·素負格心之學者·慮無不攄蘊蓄以裨論教·但節儀繁則情意難孚·體統歧則規誨難入·宜將從前所定儀注·畧爲減省繁文·俾皇長子之於諸臣·畧崇高之勢·藹然師保之相親·諸臣之於皇長子·忘堂陛之尊·油然精神之相貫·又令閣部大臣·選天下有道術之士·與皇長子居處·所選者不論顯晦·不分朝野·務得學問淵源制行端方之士·以弼成儲德·國家有道之長·將賴於此乎·

臣又見掌詹事府事禮部尚書陳於陛·奏修本朝正史·此表列聖經綸·以示憲章於四海·垂彝則於萬世也·豈不稱巨典哉·顧國家有一二典禮·先朝未見舉行者·宜及時釐定之·太祖臨御天下三十一年·建文則四年也·今以建文之行事·而附之太祖之年號矣·景泰帝當國家多難之時·能遏强虜於直北·回鑾馭於沙漠·非大有功於宗廟哉·君臨天下七

年・不得列羣宗而安廟祀・獻皇帝誕育皇祖・爲我朝中興之主・立世廟於宮中・祀以天子之禮・情文既允愜矣・惜當時在事諸臣・不能通達國體・未嘗君天下也・而列九廟之中・嘗北面武宗也・而躋武宗之上・夫史以傳信・建文年號不復・非所以示信也・史以成功・景帝廟謚不修・非所以昭功也・史以正分・獻皇廟祀不釐・非所以明分也・三者關係非小・昔年布衣譚清海曾言之・給事中駱問禮曾言之・浙江鄉闈又曾舉以策士矣・豈非四海臣民・日望釐正・實有待於今日哉・

臣又見每次纂修・所用中書儒士・率臨期考選・實啓幸竇・以臣愚見・與其考之臨期・啓營刺之門・孰若搜之巖穴・廣旁招之路・故秉筆諸臣・天祿石渠之間・彬彬濟濟・無容議矣・韋布博雅之士・所用搜尋典故者・代不乏人・莫若令庭臣各舉所知・併行兩直隸十三布政司・各舉一二人・或三四人・起送赴部・量授試中書職銜・使分局執事・俟編摩既成之後・方准實授・苟非其人・必不强舉・庶弓旌之招・及於藪澤・而一得寸長之士・要皆有裨于實錄矣・夫從前而觀・勤直宿・招俊乂・爲儲德之資・由後而觀・釐缺典・搜逸才・爲編摩之助・乞敕部議・如果臣言可採・斟酌次第施行・宗社幸甚・典章幸甚・

東臣蔑旨啓釁疏

近見邸報・該總督顧養謙・爲早決倭酋封貢之計・以從長便等事・大率謂沈惟敬初入倭營・即以封貢並許關白・而要朝廷以必從・臣讀之・不勝悲憤・怒髮上指・何彼養謙之敢蔑視明旨・擅啓邊釁一至此也・昔我太祖平定天下・梯航之國・莫不來王・而獨絕倭貢・載在祖訓・豈不欲明示聖子神孫世守無斁哉・厥後貢於永樂・而有松門金鄉平陽之犯・貢於正統・而有大嵩海寧之犯・貢於成化・而有寧夏之犯・此當時在事諸臣・不能恪遵祖訓・貽禍中國之明驗也・頃者關白反易天常・圖爲不道・殘我與國・破我藩籬・皇上命將徂征・期在必克・宋應昌以失策召還・顧養謙以夙望遣代・誓必滅此而後朝食可也・方養謙受代之初・即貽書本兵・今日未遽縛養謙手足・使得展布・養謙決不致疑畏失機・欺君誤國・言何壯也・乃自受代至今・一兵不出・一籌莫展・惟催促表文是務・封貢是議・夫曰封曰貢・則宋應昌足矣・安用彼顧養謙爲哉・況許封不許貢・已奉明旨・不得因封求貢・又經部議・養謙置若罔聞・而沈惟敬一言・則信如金石・奉若蓍龜・是赫赫綸音・曾不當一市井無賴之口・養謙豈有無心哉・

國家自款虜以來・物力日疲・帑藏日竭・司國計者・蒿目隱憂・誠已事之殷鑒・養謙不以爲鑒・而以爲法・何瞶瞶至此・開貢寧波・實悖祖訓・厲階爲梗・何忍蹈之・本兵不云乎・倭盡退而一無別求・則斷然與封以示信・倭不退而別有要求・則斷然罷封以示威・如此則許之有據・絕之有名・疏墨未盡乾也・以今情景・可謂別無要求乎・可謂非因封求貢乎・所謂絕之有名者・此非其時乎・夫在昔封則必貢・貢則必市・猶出廷臣億度之詞・今不封不可・不貢市不可・盡形督臣章奏之內・張倭勢以挾朝廷・肆狂言以箝衆口・何養謙之無忌憚至此・倭衆不過五萬・養謙亦既知之矣・以中國

之大・不能殲彼五萬之衆・而必用封貢以媚倭・臣竊耻之・

且關白新叛若主・徒以區區强力・脅從六十六州之衆・彼六十六州・蓋未必人人帖服也・連兵朝鮮・亦已疲甚・有如牽羣不逞之健・涉千里不測之波濤・與吾爭一旦之命・是自求敗也・何足畏哉・養謙謂不許封貢・倭發怒朝鮮・則朝鮮不保・朝鮮不保・則我與倭鄰・薊遼天津之間・靡然騷動矣・臣謂關白卽得朝鮮・豈能守哉・何也・關白叛臣也・彼將自守朝鮮乎・則六十六州之內變・方在不測也・將另委腹心乎・安知腹心之不叛關白也・此正吾中國行間之秋也・又謂不許封貢・則山東浙直閩廣之間・必滋多事・夫倭之殘害中國也・甚於嘉靖之季・彼時蓋因中國承平日久・港門之守禦未設・水寨之卒伍未充・故倭能得志焉・比年以來・當事者懲於嘉靖之禍・閩廣浙直一帶海門・各有重兵扼塞矣・誠使防倭如防虜・倭從某港門入內地・則失事將官殺無赦・不獨專責將領・卽海防兵備等・亦分其責焉・申飭主將不固守之律・俾沿海防倭水寨文武將吏・一體遵行・則軍令嚴而人有固志・倭豈能肆螫內地哉・

夫倭之多內釁也如此・中國之守禦漸有次第也又如此・養謙不察彼己之情形・而惕於嘉靖之往事・有釁而莫之乘・有力而莫之奮・畏倭太深・自視太怯・至欲以煌煌冊命之重・加夷狄叛亂之人・借來王來享之名・釀蜂蠆無窮之禍・臣竊惑之・尤最可恨者・欲朝廷使親捧寶冊以至朝鮮界上・待倭盡歸則往・不盡歸則返・是以天朝冊命・爲買倭之資也・是市井貿易・成則彼此兩交・不成則各執而退也・與言至此・養謙辱國之罪・卽擢髮莫數矣・養謙昔任嶺東・擒朱良寶之功・最爲奇偉・其一時謀畫之詳・臨軍斬獲之勇・嶺東童孺・至今人人能言之・充其平日氣魄・卽呑倭非難・乃一代經畧之後・大喪平生・論者謂養謙宜不至此・至有疑本兵厭苦兵事・密授和議於養謙・養謙奉而行之者・此其說雖未必然・而在養謙旣因封求貢・於本兵不能因貢絕封・亦無怪乎人言之藉藉矣・夫人之勇怯何常・惟上鼓舞之耳・

曩者哱承恩陷沒・寧夏震動・京師在事諸臣・泄泄罔功・陛下赫然震怒・賜上方之劍・繫督臣之頸・于是逆黨成擒・皇靈丕振矣・此非陛下一怒之効哉・願陛下以詰西師者詰東師・何師不武・以督西臣者督東臣・何臣不力・宜亟下明詔・詰問本兵石星・爾言關白因封求貢・則罷勿封・今何不罷絕封貢・一意戰守・詰問顧養謙・爾旣不欲本兵縛爾手足・何不展布四體・撻伐倭衆・何故弁髦明旨・主封主貢主市・損威啓釁・今朝廷決意絕倭・詰爾戎兵・脩爾戈矛・若能一鼓而前・令釜山之倭・片甲不留・朝廷不靳封爵之賞・不然・則退守鴨綠・乘釁而動・猶未失策・若始終以封貢釀禍・則械赴闕廷・明正爾罪・決不爾貸・勑山東浙直閩廣一帶海門守禦將領・及海防兵備等官・方今倭事孔亟・防守全在若屬・若倭從某港門入內地・則該信地將官・以失機論斬・海防兵備・褫職勿敍如例・仍乞皇上奮然宵衣・惕然旰食・日親朝講・與二三輔臣・圖安攘之策・求兵食之方・則精神所鼓・薄海內外・必有謀勇忠義之豪傑起而應上命者・島夷聞之・亦且褫魄竄伏之不暇・況敢逆我師之顏行哉・若養尊處優・深居簡出・以關係安危之大計・而決於懦怯督臣之一策・天下事不至潰裂大壞不已也・語曰・殷憂啓聖・天

以倭事啓陛下也．惟聖明留意．宗社幸甚．生靈幸甚．

杜亂萌疏

臣以一介草茅．荷蒙聖恩．拔居言路．夙夜兢兢．勉效涓埃．以副任使．從前條議．畧見施行．近爲兵都黃選擅濫．內臣恣盜．臺諫諸臣未言．臣亦未言．皇上於諸臣．斥逐謫降有差．臣得及于寬政．薄罰供職．是臣今日以往之官．陛下所賜也．臣一日未死之身．陛下所留也．陛下不奪臣官．臣何敢愛官以負陛下．陛下全臣之身．臣何敢愛身以負陛下．況陛下既罪臣等不言．臣復有言不盡．是益其罪也．臣之所言．不出愼喜怒．審好尙．辨忠邪．節採織之四端．或匡救於聖怒方殷之中．或條議於聖心未回之日．強之以所不爲．止之以所不能已．逆耳批鱗．罪當萬死．臣不難一死以悟君心．言行身死．死有餘榮．言不行而生．生有餘愧．請盡言無諱．而陛下留神終覽焉．

天子喜怒．上通於天．喜怒當．則天地之和氣至．喜怒不當．則天地之乖氣至．國家承平二百年．佞倖不敢有所播弄．奸雄不敢有所睥睨者．以一線言路．吊摘姦險而防壅蔽耳．自陛下有宥言官之言．雖不盡納．然一事失錯．罪止一事．少者一二人．多者三四人．未有一事而波及三四十人者．閣臣揭救．雖不盡行．然必畧寬一二．未有因閣臣之救．而反加重者．頃爲軍政內臣之事．陛下赫然震怒．斥吳文梓劉仕瞻未已也．因而斥區大倫張同德．又因而斥兪价強思．又因而斥南北臺省耿隨龍等二十三人．挫折亦太甚矣．

閣臣救之不聽．九卿救之不聽．閣臣再救．而邊方之旨下矣．九卿再救．而削籍之旨下矣．中外臣民．轉相疑惑．謂陛下平日敬禮大臣．胡然一旦咈忤若是．言官職司耳目．胡然一旦挫折若是．意者陛下意有所欲．爲恐諸大臣諸言官之防己也．先示以必不可犯之威．杜大小臣工之口．然後惟吾所爲而莫予違乎．且區大倫張同德．固曾論徐文璧者．兪价強思．固曾論沈思孝江東之者．陛下不加罪於抗疏建白之時．而加罪於當言不言之日．中外臣民．又轉相疑惑．謂耿隨龍等二十三人．必其平日有他論列．不當聖心．特借不言以去之．使進不蒙直諫之名．退甘受竄斥之辱．於是人人以言爲戒．恐人主不聞其過．非社稷之福也．夏之臣等五人．以搜贓被斥．人將謂天子貴貨而賤耳目之臣．非所以令百姓見四夷聞也．不崇朝而斥逐臺省三十四人．非明盛之世所宜有也．臣願以一身性命．贖諸臣之官．夫諸臣止於去官．而臣願以性命續之者．誠見各部大臣累疏爭之不足．惟一死可以悟君心．臣死而君心悟．國體全．賢於生也．然臣雖死矣．詎敢一日而忘陛下之恩哉．

審好尙．辨忠邪．節採織三事．請畢其詞焉．臣謂好尙之當審者．蓋有感于刑部司屬之以搜贓獲譴也．夫費甲金隱匿逆豎贓物．皇上追究之．爲正法也．非貨之也．刑部連日比併．未有實跡具疏上請．其中蓋有不得已矣．彼司屬獨不見巡城之五御史乎．蓋其不愛一己之官．而苦爲費甲金回護．情固可推也．陛下於司屬．則降級調外．不諒其不得已之情．於堂官．則姑且不究．不全其大臣之體．恐其足以傷於明而累於德也．且追究不已．必至賠贓．賠贓不已．必至株連・京城內外・纍纍桁楊・以足原數・將無令輦轂百姓・歸怨于陛下乎・傳播四方・將掩陛下明法懲姦之美・而昭其違・不類之徒・妄爲揣摩・必有以某人當沒・某人當抄・惶惑聖德者・流禍可勝道哉・所損聖德・不旣多哉・臣願陛下宥司屬徐維濂之官・以明上意之爲法不爲貨・使聖德光昭・不失顯明於天下・臣以觸犯獲罪・雖死不憾・

臣謂忠邪之當辨者・蓋有感於沈思孝因諸臣罷斥・而揚揚見朝也・夫沈思孝江東之李植・剛狠小人・傾危變詐・天下之人皆知之・臺諫交章彈之・臺諫論疏・十不一下・思孝東之反唇而論・十疏十下・陛下得非以思孝東之可用・而欲重用之邪・夫正人必與正人爲朋・以丁北呂之大姦大貪・而思孝東之曲爲庇護・至與尚書孫丕揚相訐也・則思孝東之固姦之魁・而貪之首也・又不觀進退之難易乎・難進易退者・必君子也・蒙面厚顏・不知人間羞恥事・甘進不止者・必小人也・今丕揚杜門半年・辭疏十上・必得去而後已・思孝則欣欣於僉价强思鄒廷彥黃運泰馮從吾等之去・謂皇上不難罷言官五六人・以安我心・此從前相臣所未有之殊眷也・朝廷之上・惟吾所爲・無不如意矣・於是揚揚見朝・廣侈得意・明示天下・莫敢誰何・使沈思孝江東之李植柄用・必將去其所憎・而拔其所愛・去其恬靜而方正者・援其陵鑠而荼毒者・凡逆理亂常・不利社稷・不利民生之事・皆導陛下爲之・以鬻威權而固祿位・此三人手段也・只今議論繁多・國是靡定・惟是忠邪未辨耳・正人指邪人爲邪・邪人亦指正人爲邪・非陛下超然朗照・獨斷宸衷・則無以別忠邪而定國是・陛下試取丕揚思孝東之累疏讀之・丕揚一意求去・別無攄拾・惟恐上意之不允・思孝東之則兇悍排擠・妄逞狂鋒・惟恐上意之或允・人品心術・一覽自見・古稱爵人刑人・必稽之國論而始定・今四人之中・孰爲國論之所共與乎・孰爲國論之所共擯乎・稽是數者・君子小人之品定矣・君子進・而天下之爲君子者雲附而影從・小人進・而天下之爲小人者朋呼而類集・此世道升降之機・國家治亂興衰之故・宗社休戚生靈安危之漸・皆決於此也・願陛下留意熟察・於君子而任之不疑・於小人而退之必遠・以自爲社稷計・毋兩賢而兩全之・以釀無窮之害・臣以觸犯獲罪・雖死不憾・

臣謂採織之當節者・蓋有感於撫按之爲織造罰欵也・陛下織造苧羢・撫按以地方災疲・請而不納矣・採買回青・部科以事干外夷・請而不納矣・湖廣撫按・以魚鮓罰俸矣・蘇松撫按・以織造罰俸矣・通判以織造削藉矣・應天織造分四運・而費至十萬矣・夫撫按爲陛下肅清百僚・澄清天下・豈飲食衣服之是司・通判雖職有司存・然民社攸寄・非止段匹一事也・爲一服食之故・而令撫按蒙罰・通判褫職・是陛下所用以彈壓地方者・日奔走以供御服之需而不足・郡邑之官・親民之吏・舍其職業・竭民膏脂・惟求上供無負・以逭己罪・非所彰陛下卑服卽功約己厚民之休美也・況陝西外逼强虜・百姓疲困不支・必折而入於虜・撫按控請之辭・備悉艱危困苦之狀・回青原非中國所有・應天一年而加至二萬五千餘兩・雖所費者工部之料價・而舊京民力已殫・嗷嗷之聲・盈滿道路矣・爲苧羢而令邊鄙之民甘心以淪於夷・爲回青而令好奇之聲交騰於外國・爲段疋而令簡書之臣不安其職・郡邑之吏・莫必其命・竊爲陛下不取也・庶人必保其

家・然後飲食衣服・有所取而不竭・天子以天下爲家・糜外府之財・竭百姓之力・以供服玩之奇・年復一年・極斂不支・恐室家自是不完・天下嘖嘖多事矣・飲食衣服・豈曰可缺・臣不言停而言節・誠不敢望盡如國初之舊・但遇撫按陳請・部科執奏・必令查陛下卽位初年之數・過溢則損之・復錄鎭默之官・罰俸之令・毋及於撫按・生靈受福無量・臣以觸犯獲罪・雖死不憾・

抑臣又有隱憂出于四端之外者・陛下設立閣臣・非以託腹心乎・設立六卿・非以寄股肱乎・設立臺諫・非以通耳目乎・設立撫按・非以示彈壓乎・陛下初年・信任大臣・優容言官・撫按條議・間有施行・天下想望太平之福・邇年以來・宰執難售造膝之譚・臺諫難追犯顏之規・撫按爲百姓請命・任哀鳴而不恤・執法而抑豪强・則逮繫隨之・是陛下視大小百工・無一可言也・不信宰執・不信六卿・不信臺諫・不信撫按・陛下所信者誰乎・天下無事則已・有事臣見陛下孤立於朝也・臣以嶺海疎賤・待罪言官・憫時事之日非・恐皇心之未察・又見諸臣連篇累牘・陛下置若罔聞・反覆思維・非剖心無以明忠・非捐軀無以悟主・陛下操生殺予奪之權・雷霆之所擊・無不摧折者・萬石之所壓・無不糜滅者・敢以死之一嘗試於陛下哉・憫時憂國・觸目激衷・耿耿丹心・不容已矣・伏乞聖明少加裁察・下閣部覆議・如果臣言可採・將一時斥謫南北臺省三十四人・併搜贓司屬・織造府佐・各復原官・或量加罰治・以示懲創・孫丕揚・沈思孝・江東之・李植・分別忠邪・定其去留・毋或疑貳・各處採買織造・查萬曆初年數目施行・而後治臣冒犯大威之罪・死不足爲臣患・亡不足爲臣憂・投諸四裔・以禦魍魎・不足爲臣辱・言官死言・死其職耳・皇天后土・鑒照臣心・臣無所悔・若悚惕於雷霆之威・震悸於死亡之誅・緘口結舌・上負天子・以隕生平・臣死不敢・臣不勝隕越待命之至・

南港分司記

昔者先王建國・辨方正位・設官分職・以爲民極・必有治所・故廉遠堂高・匪以彌文・時曰辨分・前朝後寢・匪以飾觀・時曰修政・詩云・約之閣閣・君子攸芋・又曰・如夫斯棘・君子攸躋・爰自成周以至於今・未之有改也・閩故山海陬區哉・厥氓煑海爲鹽・設都轉運司統之・以利民生・以經國費・於是乎在・分署而治者三・其西則通延建邵三郡之鹽・而水口爲之樞・其東則通福寧寧德福安各州邑之鹽・而黃崎爲之樞・其南則權省城內外南臺洪塘一帶居民火食之鹽・而南港爲之樞・水口黃崎・故有專官・南港設判・旋廢・代署者率蘧廬視之・始則公署儼然・莫有至者・久之鞠爲茂草・任其傾圮陵夷・而莫之振起也・匪朝夕之故矣・

丁酉冬・常熟徐君署港事・見分司之圮而不復也・謀於不佞曰・閩之鹽政・南港其細也・然歲而幫者六・分引於大司農三百三十有奇・輸課餉於公家者千有奇・綰算出入之間・不無事矣・前人俶分司於斯・夫豈無見・謂南港距會城二十里・朝夕戴星非便・故建署居之・俾夙夜在公・勉修職業・入其署・而政可思也・乃今靡所托足矣・將坐會城而遙治於二十里外也・吾惡乎能將任弊之叢・而不爲之身親釐革

也・吾惡乎不敢失前人之規・不溺今日之職・則分司不可不亟復矣・其若經費何・余曰・修廢舉墜・固因仍者之所退托・而盡節者之所勉也・君其請於當道・謀於商衆・必有應者・於是鹽道高公・轉運周公・屠公・張公・報可・高公發鍰助費・商衆子來・君又捐俸繼之・不三月而告成・堂不及數仞・而噲噲噦噦・足以布法・室不能百堵・而實實枚枚・足以燕處・門不必重・而伉伉如也・將將如也・足嚴防範而肅觀視・且也財無過費・役無後時・君之苦心・於是乎見矣・夫乃左乃右・周爰執事・始事者之殫厥心也・於時處處・於時語語・後至者之踵先武也・徐君行矣・後徐君者・考政於斯・課餉於斯・早夜以思・思以惠商而翊國・則先事之不墜・非後事者之資乎・乃若司其任不履其庭・或履其庭・匪軍國商氓是務・而身圖是便・不亦有愧斯室哉・徐名允孝・吳之常熟人・

重修嵩陽射圃記

禮曰・天子之制・諸侯歲獻士于天子・試之于射宮・中多者得與於祭・中少者不得與於祭・又曰・天子之大射・謂之射侯・射侯者・射爲諸侯也・夫射・六藝之一耳・天子選士於斯・建侯於斯・若舍是・則無以修明禮樂・興致太平者・則其義何居・先大夫解之曰・上下一於恭敬・夫惟不恭不敬・則忒於威儀・貢於非幾・而天下不治・一於恭敬・則非心妄念不生・悖逆爭鬬不作・而天下治・三代盛王・所以建學明倫・戈矛不用・而日臻綦隆之理者・率繇斯路也・明興・我太祖斟酌三代・國學鄉學・必立射圃・崇禮讓・以三代之所以治天下者治天下・督學使者・亦時時頒之條約・而設誠致行者貳寡・

嘉靖乙丑・先大夫貳閩鹺政・分署水口・維時倭變甫平・不逞之徒・因倭煽虐者・猶然未戢也・時有觀釁倡亂之心焉・念惟禮可以已之・于是卜地于嵩山之陽・闢射圃一區・明雍容揖讓之節・修升歌耦射之文・以訓廸其子弟・而化導其父兄・水口之民・始而疑・終而信・久而安・向之有亂心者・且漸消于禮陶樂淑中・絃誦之聲・洋洋乎嵩山淵水之間矣・三十三年來・遺教寖衰・射圃以潦廢・奸民乘機牟利・昔之設弧矢布犧樽者・今且鞠爲蔬畦・

歲丁酉・西蜀張大夫纂淵闕・淸其地・執其人罪之・方圖所以修復者而未逮・會東甬屠大夫從都中來・曰・自吾之視篆分司也・見俗之趨于靡・而士之競于文・欲反其朴而示之禮・兢兢然越俎是懼・乃林大夫先行之・夫移風易俗・使天下回心而鄉道・則宜自鄉射始矣・于是白于兩臺開府金公・直指徐公・發帑助費・二大夫各捐鏹繼之・經始十二月辛未・落成于三月壬子・屠大夫率生徒習禮其間・其賓主則肅肅在庭・雝雝在列・不愆于儀・其耦射・則父中父鵠・子中子鵠・不過于物・其儐相・則濟濟蹌蹌・升降上下・咸式于度・其聲歌・則鹿鳴讌喜・采蘩節奏・不奪于倫・其器數・則懸鼓西序・應鼓東陳・不忒於節・一時環堵而觀者・咸謂三代遺響・于今再振也・

夫爲國以禮・則夫子嘗言之・自武健功利之習興・于是論治者趨於偎而昧於禮・至有病其迂而詆之者・非獨行負

俗不與世推移者・惡能修禮教于既廢之餘・而挽頹風于隆古之盛哉・不佞培・少侍先人於茲・數登觀德之堂・覩揖讓之容・今以罪謫來・方奉開府檄・與諸生校射于其學院中・適屠丈夫興典禮于嵩陽・而樂觀其盛也・不揣爲之記・以彰往昔・告將來云・

區大樞　字用環・高明人・萬曆癸酉・與弟大相同舉於鄉・謁選得郡丞・辟內閣中書・皆不就・晚年令安遠・愛民守潔・轉岳州通判・卒於官・不贏一錢・有振雅堂廬江岳陽稿・

燈頌

重明佐麗・永夕須[illegible]・九枝爛熳・七寶崔嵬・燭龍掩照・冬雪辭皚・深宮嚮息・萬幾攸該・何其問夜・東方未晞・君子至止・鸞聲噦哉・煌煌帝業・賴爾弘恢・高堂列宴・萬舞宵來・主賓歡洽・參橫木回・摩肩按袵・絕纓起猜・赫赫豪舉・賴爾諧詼・芸窓誦讀・義行告隤・惟日不足・行且莫催・心游墳索・起坐徘徊・勉勉士人・賴爾稱才・子人行役・妾撫嬰孩・聞戍狐嶺・或陟龍堆・錦字就桃・化剪向裁・沉沉思婦・賴爾寫哀・有昏必耀・無暗不開・功配二曜・用弘九垓・爾膏既沃・爾焰既財・以引以續・（下闕）

蔡存仁　番禺人・萬曆癸酉舉人・官處州府通判・按存仁別建昌諸父老・中有句云・雞犬可無驚歲月・牛羊曾已遍巖扉・是亦曾官建昌也・

欽州守宋公獲象記

余讀范至能虞衡志・知象能尋香破壁・所過害稼・又知欽州人能捕・象行觸機・則下刃擊其要害・非要害・則肉淸而刃脫・信志言・則象能害物・而未必能傷人・欽民能捕象・而未必能多獲・是象之害未甚・而處象之術未竟也・夫象產日南・力服重・能解人言・每秋成・則羣子母渡海而至・所過・禾稻倉庾一空・民無完居・知人形聲・則奔趨之・歲必傷數命・故論者謂夷狄爲中國患・匪直其人爲然・卽物亦如是甚也・欽人捕象者・曾設陷穽於要路・然其性靈而慮患・熟邇皆以鼻探地而行・審聲虛實・以爲趨避・況夫機械陷阱・僅可一獲・然或利其牙而誅求之・是民除物害・以罹官害・故寧避官害・而甘物害也・噫・可勝言哉・

載恆所宋公來守是邦・在民利病・知象爲害甚鉅・又知民受害狀・越數月・整齊振刷・百廢具興・乃下令曰・吾民苦象害不休・以未有所制・今與諸人約・能計殺象者受上賞・牙聽民自利・官司期在除害安民・毫無所取・令下後・民有獲一象報者・公如令・民欣然曰・令信矣・於是思勦崗新民張琦等・各以知獵謁公・公授以方略・使之索象來路・及所潛往處・爲之伐木於山・排柵數重・有象十八爲羣・入其中不能出・約十日所・度象饑餒・衆乃鳴鼓驅逐・象奮向・欲與人角・衆皆登排柵・攀高樹・以所造大鎗傷之・羣

無一存者・報至・公甚喜・捐俸以賞・除母象乳象無牙者不計・其有牙者・聽獵衆取之・時已丑某月某日也・是歲・象不爲災・民無破屋害稼死傷之苦・諸父老欲勒石以頌功・公力止之・曰・昔劉琨守郡・虎北渡河・吾不能使象遠遁・胡以獲象邀功於天下後世爲・父老曰・昔姬公相武・惟是驅犀象而遠之・豈姬公之功之德・出劉下哉・而未聞犀象之自遠者・大抵聖賢爲治・歸於除害安民・不必求符其迹・且夫公輸運巧以成方圓・不遺之規矩・則無以徧天下及後世・欽民賴公力・得免害於象・而良法信令・不托貞珉以傳・後將奚賴・雖然・公勤民之事・而又軫民之病・除象之害・而不私象之利・以其功及於民・而不自有其功・公之過人也遠・再三請而公不允・父老知公持之力・而不忍違也・直相率托余記其事・若曰垂之規矩云爾・公諱某・字某・號某・鄉進士・蓋餘姚科甲世家云・

袁應文　字仲奎・一字聚霞・東莞人・萬曆癸酉舉人・知福建沙縣・以治最擢御史・出爲貴州僉事・迭平緬甸滇黔各匪・勦撫得宜・全活以萬計・蠻夷震懾・境內肅然・年七十致仕・八十二卒・

舒令應龍去思祠碑

自余爲弟員見舒公於堂也・迹公所示・一退然吶然者耳・比論事・抑何淵遠違絕也・邑四履遼・又瀕山海・萑苻戎莽多出不斥・雖精捕不得滿品・訟牒無主名・以其寃委令者・與雖有主名其勢爲負隅虎者・月率數十百輩・令儒卽皆爲無告矣・公一切治辦・邑有盜亦逃・民安於嗚吠・以視獄・多片言而折所不折・有聞公神明・大畏而解如虞芮者・卒戍海・饑而歸・官捕之促・遂寇劫・且傳邑郊逐之・黎數萬・走城郭邑・衞帥持其鑰不肯入外人・外人狼顧號呼・公謂衞帥曰・賊幸未卽抵吳城下・而軍兵已瞯然登陴・不至不虞・且此數萬人・吾人也・不可棄也・乃開門・而公獨以單騎踰橋・部分諸欲入者・男女無譁・所全活不可計數・既入・賊始舍舟趨城・公勉所募兵・懸重賞・令得賊級者立與十金・賊及門而敗矣・卒俘諸酋也・

公令邑未三年而遷・然其人思公・幾以爲數十年有功德於其土者・既不可諼・乃始爲生祠祠事公・久而圮・今翁侯新之・余惟今之天下・亦古之天下・守置則令從之・古縣大夫・令也・民生治亂・非異人任・所求諸吏如單父・可數數得見乎・其次卽密縣中牟之事也・今物論如卓公・初至立敎・爲鄰邑所笑・郡且至守令如是・而民不輕・久而從服・至使一亭長還牛不可得・立而求去・乃僅能使之慙・聽其言・移此當嚚頑之巖・不可以卒歲・況敢望久次悅安成俗乎・魯恭以蝗不入邑・未能信於太守・至椽吏親往廉・則又得二異焉・卽所稱童子或敎諸父師・弱不好弄・以爲雉不當取是也・雉知愛人耶・而馴又何理也・賢者之在古昔・無虛得名之理・是自其德有之・而才不與焉・今吏豈無才・顧憍張而好自見・無問懦者・能憍張自見矣・所行諸民・非必有纖芥愛利也・潔以自爲高・理以自爲績・凡皆以自爲也・一値艱難重大・或卒然不可知之事・無益於自爲・而生死利害之變・出乎其間・則雖才必敗・不敗而去爲他官・其民視

之・如遺迹耳・人情亦莫不欲功名之時成而惡其敗也・又令始至・輒以得名爲喜・誠不能如卓褒德使郡置守令爲獲乎・上無道也・然何以矯僞而取之・取之非其實・露可覆乎・則何敢望舒公・

公去邑且三十年・民思而祠・祠圮不十年而新・今或誇艷公所鋪張・理効爛然・則曰才過人・然余獨及見公於堂・是退然吶然者也・平居不見喜怒於顏色・所論治・或其人有犯終不變・蓋其德如此・德不足以御其才・則必出於憍張自見之路・是圮將不祠・祠圮或不修・余猶記在邑時・有媪鬻其豬・得贗金・不知其人也・以委公・公思久之・謂媪明當來・既明而之學宮・有豬當車前・雀鳴簷瓦間・顧謂市行者諸衆人曰・此中得無有朱爵乎・曰・有之・召詰朱爵・何爲以贗欺媪・示媪其人也・此豈有才識思索可學而能哉・德不充・誠不結・不足以及人・況神明乎・士必有積德而後神明相之・用之以理人・融液浸泌・如肌理肝腸之不可解・子賤之全小魚・卓魯之成久道・皆此物也・方舒公開門納外人時・豈獨知賊行期耶・賊傳警急・舟在河壖・使驟登陸・殺諸城外人・或使城外人爭門・不可復閉・則有失城守之憂・以是自爲計・不可謂完・然公卒爲之而效・是豈獨才・天下不可以無吏治・治率論才而不及德・則亂不足怪・舒公祠既新・翁侯屬余以碑・余怪夫論舒公者多不循其本・故其言公治理之才所以然者如此・翁侯將繼續公爲政・而寄遺思於數十年之後者也・其必有取於余言・

唐伯元　字仁卿・澄海人・萬曆甲戌進士・知萬年泰和二縣・薦擢南京戶部主事・晉郎中・伯元受業於永豐呂懷素・嫉王守仁新說・及守仁從祀・上疏爭之・爲南京給事中鍾宇淳所駁・謫海州判官・遷尚寶丞・值吏部尚書楊巍雅不喜守仁學・疏薦伯元爲吏部員外郎・歷考功文選郎中・佐孫丕揚澄清吏治・秩滿・推太常少卿・命未下・而伯元以吏部推補諸疏皆留中・賢愚同滯・引爲擬議不當所致・乞賜罷斥・帝不懌・允其去・其後吏部甄別諸郎・帝識其名・命改南京別部・而伯元已前卒・其爲人淸苦淡泊・人所難堪・咸推爲嶺海士大夫儀表云・

按伯元之學・崑山顧亭林・番禺陳東塾皆極推重・明史列儒林傳上卷・亦極寓推重之意・惟所著書・明志皆未著錄・據阮藝文畧所載者・有禮編二十八卷・二程年譜注存・又有易注・二程語錄・醉經樓・太乙堂・采芳樓稿・皆注未見・然醉經樓集・今潮郡尚有刊本・顧氏日知錄卷十八所采答人書一條・即在集中・阮畧注未見・蓋采訪偶遺耳・

請告疏

爲奉職無狀・憂官成疾・乞恩俯容回籍調理・以全微生・以圖補報事・伏念臣受氣原薄・攝生又乖方・及於中年・血氣大損・廬居三載・疾病纏綿・臣當是時・甘爲聖朝廢物・不復萌仕進之念矣・詎意服制方滿・忽接邸報・伏蒙皇上起臣原官・旋改今署・疎賤遭逢・均屬曠典・斯臣至榮之遇・不敢言病者一・舊事・銓臣計資序轉・臣科第雖深・資俸實後・伏蒙皇上不次點擢・大破常規・又臣至榮之遇・不敢言病者二・皇上神聖・卓越千古・大小羣工・莫及先時・五六銓臣・多一時海內名士・爲臣畏友・猶不足以佐其下風・往往得罪以去・故此一銓曹也・昔爲要津・今爲畏府・臣之才不及諸臣遠甚・而戇不通方過之・荷蒙皇上一切

優容・一切不問・蓋從前諸臣所不能得者・又臣至榮之遇・不敢言病者三・自是感激・竭力馳驅・受事以來・日與堂官計議・如何一清銓法・如何一洗積蠹・凡利在百代害在一時者必行・不敢少貶以徇浮議・凡利在部內害在部外者必革・不敢姑息以市恩私・幸有堂官主持於上・臣與二三僚衆得以執持於下・若弛若張・若緩若急・其初不免呶呶・久而方定・蓋人情難與慮始・積弊難以頓除・其或思有未合・行有未通・晝夜籌維・寢食都廢・有日月乃粗就緒・方將與堂官計議・盡舉天下賢才・以登皇途於上理・少效犬馬於萬一・不自知其勞且病也・奈之何寵厚而福薄・心長而智短・每遇內外員缺・臣度量註擬・具呈堂官・請自上裁・間有奉旨點陪者・知上意獨斷也・有奉旨另推者・知上意慎重也・乃至數月以來・則有一概留中不答者矣・臺省郎署方面赴部候補者・動至經歲・多至盈庭・內外官俸・多至逾期不得遷轉・各邊道事情緊急・無可代庖・賢愚同滯・朝野咨嗟・莫知其解・竊維皇上勵精化理・求賢若渴・豈不自愛國家・臣等幸奉奔走・務竭精白・豈敢有所朦朧・然而擬不當聖心・封章不蒙批答・以致遠邇驚疑・儒紳摧氣・臣等逢人則面赤・捫胸則內愧・上負主眷・下負初心・每與堂官言及此・未嘗不相對而涕零也・

臣又惟銓曹不職・堂官總其成於上・臣實專其責於下・今之堂官孫尚書丕揚者・乃舉世所推爲正人君子・而皇上所深信者・蓋已爛漫於奏牘・而鄭重於温綸・斷斷無復可疑・倘有不公不明之罪・非臣而誰・蓋不惟世責臣無以自白・卽皇上恕臣・亦難自解・以是主恩日深・臣罪日積・曠官之咎愈多・憂官之病愈重・自前月以來・飲食無味・形神枯槁・每懇堂官代臣奏請・而堂官責臣以大義・諭臣以調攝・又見堂官尚在註籍・不敢言去・不得已扶病進署・勉完選事・至於近日・則暑溼交攻・脾胃愈弱・精神恍惚・足力不支・備詢醫家・必非旦夕可效・而堂官之留臣未已也・痛念臣精誠不足以孚主・進退不足以闡忠・際此千載一時之遭・徒令後代有有君無臣之嘆・負恩誤國・罪其何贖・方其未病・尚費支持・今在醫藥・安能自效・不得不自陳於君父之前・伏乞皇上俯從臣請・容臣回籍・得以一意調理・苟延餘息・倘遂生全之幸・敢忘啣結之私・況今堂官已出視事・而臣之選例已滿・是臣乞身之會而請命之秋也・伏乞勅下本部・恩賜放臣・別簡賢能・早充是選・以贊太宰知人之哲・弼皇上平明之治・臣不勝懽躍瞻竚之至・

上太倉相公書

頃幸叨侍・未旣所請・偶有末議・竊比芻蕘・伏惟相公察焉・恭惟相公負華夷具瞻之望・際千載一時之遭・而元也疏頑晚進・自謂無比數・乃過辱殊知・私自慶幸・謬圖爲報・不知所出・竊惟方今事勢・內而有掖庭之隱憂・外而有邊疆之大患・天變於上・人危於下・主上誠明且斷・乃其傾心付委在相公・而天下人士・亦僅僅恃相公以無恐・竊計相公密勿論思・塞違昭德・精誠所至・必有銷患微渺・鞏固皇圖・而外人不及聞知者・蓋近讀籌邊一疏可想已・卽願效一得之愚・又何能居相公之意・外而仰贊其萬一・惟是李中丞爲蘇侍御論逮一節・久未得白・雖有台省交章累牘・與夫撫

臣之重・布衣之微・夷使之無知・皆能同聲爲中丞陳乞・而終無以回主上之聽・此亦明時一闕事・聞相公維護・亦盡心至矣・主上亦豈忍一中丞・而顧遲回若爾者・其說有二・一則未知中丞處滇南事・正可行於今日・一則匿名帖子一節・難于自明・以致上疑未解・非有他也・試借邊事言之・

我兵乏久矣・彼衆我寡・難以慮敵・今土番怨虜入骨・三娘子與虜王失驩・虜王因聽火酋勾引・失事失賞・華人爲人爲虜王謀・妄意天朝・而其計不售・凡此皆可疏間・竊爲我用・誠得中丞以夷攻夷之策行之・必有如孟養蠻莫者出・而縶大酋之頸・制虜王之命・此其經畧可法也・虜騎長驅入我內地數千里・殺戮大將而下・不可勝計・而當事者猶傳捷・上首功・則無怪課功罪者紛紛之論也・夫莽揑二川延袤一帶・皆吾故地・今虜雖出境・尚盤据爲己物・首功何論哉・誠能下明詔以肅淸二川・驅虜盡歸巢穴・然當事諸臣・得以報命・果能如中丞在滇南・克復我邊地・則其後先罪過・有無首功・俱在所畧・庶當事者知上意向・必思得當以報・而不敢懷苟且一時之安・此其律令宜定也・以夷攻夷・故不血刄而揚威萬里之外・一淸邊境・故不課首功而邊臣之績着・然則中丞滇南之事・可謂奇勳・而赦一中丞・爲邊臣之勸甚大・主上或能釋然於中丞也・

至於匿名帖一節・但得相公一言可辨・蓋前此諸疏・上皆疑其有因而至・前雖以撫臣之言最爲可據・未免置之一例・自非相公平生一介凜凜・素結主知・其誰能無纖毫之疑・故回天之力・似相公又不得不專任其責也・方侍御議論中丞時・詎意至此・一陷不測・而救章日至・雖侍御心亦不安・爲今日計・姑請照例發遣・以待論定・則侍御之言既行・而中丞亦可免獄中意外之虞・以累聖世・似爲兩得之・元于侍御・往同官誠厚・于中丞雖無舊職・而偶承道義之雅・然其所以區區若是・非敢爲私于侍御與中丞・在聖明當及此時以勸邊臣・在相公當身任所難以對天下・冒瀆尊嚴・惶恐無已・

答孟叔龍書

山居三載・切懷足下・每誦蒹葭之句・未嘗不嘆伊人在中州也・既抵都門・亟圖裁寄・久未得便・良用耿耿・忽辱翰教・恍然如醒・比開緘・又獲讀其手鈔述作若干種・則又若見几席而奉儀顏之爲快・乃知足下之眘眘者・猶夫元也・足下力學篤行・已逼古人・乃其論學也・猶今人也・生今而今・雖賢者不能免也・嗟夫・人與言俱失者無論矣・人與言俱至者又稀矣・與其言過乎人・孰若其人可敬可慕・而言有所未至也・則足下是也・況其皇皇不欲自安・雖以元之不肖・猶下問而督之言也・殆顏子若無若虛・擇乎中庸之意乎・元也雖非其人・何敢無詞以對・伏讀鈔中解格物・有曰・通天地萬物而我爲主・推此義也・可以知本・可以格物矣・贈友人曰・自求見本體之說興・而忠信篤敬之功緩・遂令正學名實混淆・而弄精魂者藉爲口實・又曰・今人好高・只不安分・爲斯言也・雖賢聖復起・不可易已・乃其要歸・在明心體・其語心體曰・此心自善・安得有欲・而於程子善惡皆天理與惡・亦不可不謂之性・二者反疑其僞・此混心與性而一之・蓋近代好高者之言而尊信心學之過也・竊嘗讀大易

至咸艮二卦．而見聖人諱言心．讀魯論．至子貢贊夫子．而見聖人罕言性命．惟書有之．人心惟危．言心也．既曰危．安得盡善．道心惟微．言性也．既曰微．安得無惡．故曰．操則存．舍則亡．出入無時．莫知其鄉．則危之至也．曰性相近也．曰人之所以異於禽獸者幾希．近且幾希．則微之至也．信斯言也．性猶未易言善．況心乎．然此心性之說也．而未及道也．心性不可言．道可言乎．道與心性．至孟子言始詳爲告子也．今之天下．不獨一告子矣．惜乎世無孟子也．然不可不爲足下一言矣．惟裁教焉．

蓋聞之．言學者惟道．道陰陽而已矣．言道者惟天．天陰陽而已矣．陽主始．陰主生．陽多善．陰多惡．天且不違．人猶有憾．孰謂善惡非天理乎．陽必一．陰必二．一則純．二則雜．絪縕蕩焉．人物生焉．孰謂惡不可謂性乎．然則書言繼善．孟子言性善者何也．其本然也．有始而後有生．有一而後有二．此書所謂惟皇降衷．程子所謂人生而靜．以工不客說者也．既始矣．焉得不生．有一矣．焉得不生．有一矣．焉能無二．此書所謂惟天生民有欲．程子所謂纔說性．便已不是性者也．然則學何爲．爲善也．陽統陰．陰助陽．則內陽而外陰也．故中．故善．陰敵陽．陽陷陰．則內陰而外陽也．故偏．故惡．此書所謂精一．執中．程子譬之水有清濁．而人當澄治者也．然則烏在其能善也．天地間一切覆載．而必有以處之．以人治物．以華治夷．以賢治不肖．以大賢治小賢．天於是爲至教．君子一身．萬物咸備．而必有以處之．以己及之．以親及疏．以貴及賤．以多及寡．以先知覺後知．以大知覺小知．以有知覺無知．人於是爲法人．此書所謂天生聰明時人．程子所謂天理中物有美惡．但當察之．不可流於一物者也．是故惡亦性也．是有生之性．是纔說性之性．性之所必有也．雖物而無異．性必善也．是天命之性．是不容說之性．性之所自來也．雖人而難知．故孟子曰．聲色臭味安佚．性也．烏可謂無惡也．有命焉．君子不謂性也．烏得不性善也．性所同也．君子所獨也．學爲君子謀．不爲衆人謀．衆人者．待君子而盡性者也．君子者．天生之以盡人物之性．參天地而立三才者也．如何而可．不知所自也．是以不謂性也．是以道性善也．言性之精．莫如孟子．繼孟子者程子也．吁．亦微矣．微故難言．雖然．性猶形而上者．形而上者．雖善猶微．心則形而下矣．形而下者．敢槩之以善乎．性具於心．而心不皆盡性．性達諸天．而人不能全天．天人合．心性一．必也大聖人乎．故曰．堯舜性之也．其次致曲．必反而復．故曰．湯武反之也．復必自身始．故又曰．湯武身之也．又曰．不遠之復．以修身也．性之者不可得矣．得見復焉者可矣．復焉者不可得矣．得見頻復者可矣．位祿壽昌．孰不榮羨．食色利名．孰非斧斤．繼之不能．中焉不易．適而好忘．動而多悔．倏忽晦明．毫毛人鬼．夫是以謂心明．是之謂明其心體．

答李中丞

程子表章大學．有功聖門．固矣．然格物解誤．則是書雖存．反增一障．可有也．亦可無也．程子雖以窮理爲解．而其心不安．是以其說屢變．而往往有得之言外．故雖可以觀其至．而大義隱矣．自我高皇帝諭侍臣．謂大學要在修身．而古本以修身釋格致．然後直接千載不傳之緒．自是儒臣如蔡蒙引．林存疑．蔣道林．羅文恭．工布衣．及先師呂先生．往往能通其義．然徒曰解之云耳．其自學教人之旨不存焉．就中破的者．無如布衣．然不免爲新學所陷．觀其以心齋自號自命．又烏在其修身爲本也．總之．張子厚所謂釋氏以心法起滅．天地不免凝冰者．無怪其相率而陷於新學也．近讀孫淮海講章．亦既明乎其解．視諸家較備矣．乃其緊要歸明心體．是本其所本．而非大學之本也．是解一人．而學又一人也．

嗟夫．新學橫．正傳息．不肖之身．又岌岌乎不敢當也．當此之時．乃有先生者．不由師授．不由註解．默契遺旨．先得所同．旣揭正修．又標性善．其於學問源流．昭昭乎白黑分．而新學不能混矣．而元又以爲先生設科太廣．門徒太盛．自反自修之實尙寡．立人達人之意過多．未免以憧憧感人．猶難語知止而定也．易以咸言感．貴其無心．以艮言止．惟止諸身．知止在身．則身以內．身以外．皆無汲汲焉可也．彼謂明明德．在親民者．以其昏昏．使人昭昭．旣以末而爲本．謂誠己誠物並切者．方邃己田．遽耘人田．又未免於本末雜施．均之不知本焉耳矣．世未有不知本而能誠其意者也．天之未喪斯文也．旣賦先生以明學之獨智．而今又置之於孑孑獨處之居．納之於妖壽不貳之地．刋其華．挫其銳．使之反初觀．復深根固本．殆夫子所謂尺蠖屈．龍蛇蟄藏．自安身．將駸駸於德盛化社歟．不然．何期所遇之窮至此也．蓋昔者文王周公窮而演易．夫子窮而絕韋編．吾道至今賴之．理以屈而伸．道以晦而明．天之與吾者不偶．其窮我又豈偶哉．因讀淮海而重惜諸君之陷也．故有所願於先生．不審於是爲本之意當否．惟察而教之．幸甚．

又

得差後滿擬一會．緣前此君出京稍遲．而諸老中有言者．以是行期欲早．避嫌欲深．自見堂辭朝辭部而外．爲日無暇．坐爽前約．計先生能原也．行時篋中檢出大教．謂格致誠正．總是修身工夫．有一無二．是也．但先生之意．猶指格物爲凡物之物．而鄙意則指爲身與家國天下之物也．雖凡物之物不出身與家國天下．而大學所指．則專以身對家國天下分本末．而凡物不暇言也．故曰．物有本末．又曰．其本亂．而末治者否矣．格此之謂格物．知此之謂知止．先生所謂萬物皆備．一物當幾者是已．所謂知修身爲本．卽知本．卽知止．卽知所先後是已．而正修雙揭之說．猶二也．格致義中所謂物者．又不覺其愈遠也．蓋知知本之卽知止．而不知知本知止之卽物格知致也．羅布衣反己之說．大與鄙見合．而於先生有功．獨其指物．亦爲舊說所纏．不知本文明甚．先生姑就其是者推之可得也．嗟夫．反己至矣．孟子曰．行有不得者．皆反求諸己．必如大舜號泣旻天．負罪引慝．而後可言乎．反己者．天必祐之．況於人乎．況於鬼神乎．

又

論語大意道性善編二書．中多到語．能發前人所未發．其有功於孔孟甚大．大學本修身．止脩身．的矣一矣．其於格物．猶若二之．何耶．伏承尊督．妄有請正．會欲移居．

來書暫歸記室，幷此謝教。

答周時甫

時文與古文原別，近皆反而一變矣。尺寸左馬，雕刻字句，以爲古文而索之，無謂也。是古而時者也。刊陳詞，究旨歸，機軸縱橫，必由己出，雖猶存方體，而意常在員也。是時而古者也。與其古而時，無寧時而古也。此吾有取於今日之時文也。顧其出之無本，而才或有限，不免極力於迎合之工，而亦往往有售者，君子不貴也。讀足下所謂時文，則誠古矣。其形神合而華實俱，倏乎其變，而沛然有餘也。意不獨其才則然，非養之深不易至是。信足下之奇於文也。然吾觀古今才士能文章者，多嘆簿書民事以爲俗，則不宜於官。其小者，自視常出古人上，耻與塵世爲偶，則不宜于人。其粗者，將曰，天之所以與我，盡在是矣，則不宜於學。則是文章之爲累亦不少。可有也，亦可無也。足下深沉而警潁，厚蓄而寡露，友朋推重，在彼不在此，則前所言者，皆非所以慮足下，然猶願足下若無之也。

夫生人易，生才難，生才易，成才難，成才易，大成難。大成非學不可。學則知天與我者如何，方無愧。學則見天下之人，皆勝我者如何，方無作。學則知見在職業難脩如何，方盡分。其於大成，亦不遠矣。茲有小啓，附敝鄉王甌寧君往，內有爲令四要，鄙見以爲足下今日學□此不審到否。又不審足下能不以爲迂否。來書謂意外啾啾有言，此何足論。君子有終身之憂，無一朝之患。行有不得，反求諸己。夫仁者在己，爲仁由己而已矣。一切毁譽，助我進脩。不怨不尤，自有知我。若初至歡虞，其終多咨，此仲尼子產頌聲，所以久而後作也。京中往承寄貺，茲復稠疊，故人何不相知，情深且文，毋乃過歟。需次之苦，初仕之難，夙昔既經之矣。但願一意民事，簡畧世情，名世事業，發軔在茲。倘有相聞，素緘爲愛。甌寧君書倘未到，幸從遞中覓之。大抵州縣甚難，大耗罰贖，是最易染者。士民未相信，當路未相知，是最易怨者。不染不怨，自責自脩，山川之靈且佑之，况於人乎。惟自萬萬。

答顧叔時季時昆仲書

諸儀部至，得拜二足下手書，惓惓於心性之旨，而疑心學悮人之說。夫學非說可明，而足下所求於元者，猶說也。元能爲其說，而不能身有焉，故雖以足下之高明，且謬承夙契，而猶不能無疑，况多望於今世乎。然今世學者，則誠希矣，不有足下，更望之誰。聊申其說，可乎。元舊有身心性命，大約謂性一，天也，無不善。心則有善不善，至於身則去禽獸無幾矣。故自性而心而身，所以賢聖，自身而心而性，所以凡愚。是故上智順性，其次反身。故曰，堯舜性之也，湯武身之也。身之者，反之也。故又曰，湯武反之也。反身而誠，所以復性。夫學爲中人而設，非爲上智而設也。與修身而已矣。然則心居性與身之間，顧不可學歟。曰，性可順，心不可順，以其附乎身也。身可反，心不可反，以其通乎性也。性乾而身坤，性陽而身陰，性形上，而身形下，獨心居其間，好則乾陽，怒則坤陰，忽然而形上，忽然而墮形下，順之不可，反之不可，如之何可學也。危哉心乎。判吉凶・別人鬼・雖大聖猶必防乎其防・而敢言心學乎・心學者・以心爲學也・以心爲學・是以心爲性也・心能具性・而不能使心卽性也・是故求放心則是・求心則非・求心則非・求於心則是・我之所病乎心學・爲其求心也・知求心與求於心・與求放心之辨・則知心學矣・夫心學者・以心爲學也・彼其言曰・學也者・所以學此心也・求也者・所以求此心也・心果待求・必非與我同類・心果可學・則以禮制心・以仁存心之言・毋乃爲心障歟・彼其源始於陸氏・悞解仁人心也一語・而陸氏之悞・則從釋氏本心之悞也・足下謂新學悞在知行合一諸解・非也・諸解之悞・皆緣心學之悞也・會其全書・則自見耳・然則大學言正心・孟子言存心・何也・曰・此向所謂求放心也・正心在誠意・存心在養性・此向所謂求於心也・心之正不正・存不存・從何用力・修之身・行之事・然後爲實踐處・而可以竭吾才者也・嗚呼・此子思格物・必以修身爲本・孟子立命・歸於修身以俟・程子謂鳶飛魚躍・與必有事焉而勿正・心意同・寥寥千載・得聖人之傳者・三子也・

又

季時有心學質疑一卷・承寄未到・而叔時來教曰・墨氏談仁而害仁・仁無罪也・楊氏談義而害義・義無罪也・新學談心而害心・心無罪也・此說似明・不知悞正在此也・仁義與陰陽合德・離之則兩傷・然非仁義之罪也・至於心・焉得無罪・人心惟危・莫知其鄉・此是舜孔名心斷案・足下殆未之思耳・

答友人書

自新學興・而名家著其冒焉・以居之者不少・然其言學

也・則心而已矣・元聞古有學道・不聞學心・古有好學・不聞好心・心學二字・六經孔孟所不道・今之言學者・蓋謂心卽道也・而元不解也・危微之子在也・雖上聖而不敢言也・今人多怪元言學而違心・誰若執事責以不學之易了・而元亦可以無辭於執事・子曰・有能一日用其力於仁矣乎・又曰・一日克己復禮・又曰・終日乾乾・行事也・元未能也・孔門諸子・日月至焉・夫子猶未許其好學・而況乎日至未能也・謂之不學可也・但未知執事所謂學者・果仁邪・禮邪・事邪・抑心之謂邪・外仁・外禮・外事・以言爲心・雖執事亦知其不可・執事之意・必謂仁與禮與事・卽心也・用力於仁・用力於心也・復禮・復心也・行事・行心也・則元之不解猶昨也・謂之不學可也・又曰・孳孳爲善者心・孳孳爲利者亦未必非心・危哉心乎・判吉凶・別人禽・雖大聖猶必防乎其防・而敢言心學乎・心學者・以心爲學也・以心爲學・是以心爲性也・心能具性・而不能使心卽性也・是故求放心則是・求心則非・求心則非・求於心則是・我所病乎心學者・爲其求心也・心果待求・必非與我同類・心果可學・則以禮制心・以仁存心之言・毋乃爲心障・

立後說

友人蕭曰階・有弟婦以守節終・而議後者不果・爲著此說・

禮・爲人後者爲所後父斬衰三年・傳曰・何以三年也・受重者必以尊服・服之何如而可以爲人後・同宗支不可也・又曰・爲人後者・爲其父母服期・傳曰・何以期也・不貳斬

也．爲人後者孰後．後大宗也．大宗者尊之統也．收族者也．不可以絕．故族人以支子後大宗也．適子不得後大宗．夫惟大宗乃後．惟支子乃後大宗．古禮之不輕後者如此．何後代言後者之紛紛也．得無與古禮悖歟．夫子與門人習射．令司馬出爲人後者．得無曰．悖禮之夫不可與觀德歟．蓋必有說矣．

按記禮者曰．大夫之庶子爲大夫．則爲其父母服大夫服．其位與未爲大夫者齒．士之子爲大夫．則其父母弗能主也．使其子主之．無子則爲之置後．解曰．父貴可以及子．故大夫之子．得用大夫之禮．子貴不可以及父．其父士．則不得主也．信斯言也．則置後者以尊父也．然非大夫則不必後．又以尊君也．在君而君．在父而父．其義一也．一置後而忠孝兼焉者也．禮記者又曰．丈夫冠而不爲殤．婦人笄而不爲殤．爲殤後者以其服．服之解曰．不言男子女子．而曰丈夫婦人．則以冠而宜有丈夫之道．笄而有婦德故也．自童汪踦觀之．苟無其道與德．雖殤可也．信斯言也．其人誠賢．雖殤勿殤．仲尼之所與也．婦人許嫁．方笄誠堅婦守．賢者之尤難也．生爲女婦．身繫綱常．何啻執干戈以衛社稷之爲烈．勿殤可也．殤而猶可以勿殤．其不殤者又可知也．是故非大宗不後．禮也．貴而後．賢而後．義也．禮以義起者也．自周公仲尼以來．未之有改也．非後代之謂也．然則凡貴與賢皆必後歟．曰．貴有大小．而貴貴者差．賢有大小．而賢賢者等．禮所生也．賢而無關於世教．雖賢抑未也．而況乎不賢也．貴而不足以重輕．雖大猶小也．而況乎不貴也．不貴而貴之者．猶之乎不貴貴．不賢而賢之者．猶之乎不賢賢．於義何居．則利而已矣．利則爭．爭則亂．亂則夷狄禽獸而已矣．是尙可與觀德乎．執斯罪禮．是尙可與議禮乎．有能知夫子命司馬之意．又能知夫子進童汪踦之意．然後通於立後之說．然後知禮之不可一日不明於世也．

生母服說

先王制禮．首重天綱．婦人從夫．夫死從子．女子之嫁也．母命之．無違夫子．從夫之義也．丈夫之冠也．見于母．母拜之．從子之義也．從夫者．貴不敢以敵夫．從子者．賤不得以施子．故禮．父在爲母期．父沒然後齊衰三年．凡言母者．嫡母生母也．繼母如母．尊父之匹也．慈母如母．貴父之命也．曰繼母．曰慈母．則嫡母已不待言．曰生母又不待言也．然則孟子謂王子母喪．其傅爲之請數月．何也．諸侯禮也．而王在也．請者請于王也．禮曰．公子爲其母．練冠麻衣縓緣．既葬除之．諸侯在．則禮然也．又曰．大夫之庶子．爲母大功．大夫在．則禮然也．公子除于既葬．大夫庶子大功．貴賤之等也．然則諸侯大夫不在．皆得三年歟．吾聞之也．禮有餘尊所壓之文．爲諸侯也．諸侯君也．尊也．大夫之庶子．不言得擬于士也．若公子與庶子．皆繼世而爲諸侯大夫．則禮所謂父母之喪．無貴賤一也．何者．禮有壓父無壓母．律之以從子之義．雖嫡母不得以其尊臨諸侯大夫也．然則禮曰．庶人爲父後者．爲其母緦．何也．諸侯禮也．何以知其諸侯也．有死於宮中者．則爲之三月不舉祭．故緦．是以知其諸侯也．不爲後．則公子而已．猶不得緦也．諸侯在．以爲後而緦．則諸侯不在．不止于緦・又可知也・然而諸侯之禮・先王不議・葢愼之也・非所以論于大夫士也・大夫以上・漸貴貴則尊尊・大夫以下・賤賤則親親・貴貴親親・其義一也・然則祔可乎・吾聞之矣・士大夫不得祔於侯儲・祔於諸祖・父之爲士大夫者・其妻祔於諸祖姑・妾祔於妾祖姑・亡則中一以上而祔・祔必以其昭穆・又曰・妾無妾祖姑者・易牲而祔於女君可也・祔以仁至・易牲則義盡・仁人孝子之至情也・言士與大夫・禮可通也・然則今世士大夫禮宜何如・曰・今之上卿・視古諸侯・其次視大夫・然非世爵也・則簪纓累代・不失爲士・庶人家酌畧而用士禮可也・然則適子在・宜何如・禮・士爲庶母緦・爲有子之妾緦・大夫爲貴臣貴妾緦・在夫且然・而況于子・適子有服・何疑于祭・夫禮古今共之者也・今之祭也以別室・如何・曰・似也・父在可也・上卿可也・不然・非易牲之意・而僭擬國君・且使子爲母壓也・壓則無父・僭則無君・無父母君・不可以訓・

醉經樓會序

友必賢與仁歟・其志愈高・其合愈寡・借千載而上・萬國而遙・不可以數數遘・借遘矣・不知我當其人・又未也・以彼遘之難・而我當之・又難也・將孑孑而已乎・非也・無羡知音・無憂寡與・隨吾所處・葢有難遘與當者矣・曾子有言・親戚不悅・不敢外交・近者不親・不敢求遠・常誦其言・以爲交遊之法・友人南城王惟一氏・與余相期遠・相得深也・葢自同舉進士時・概十年餘・而來丞吾郡也・廼會余謫官海外・其明年・幸蒙召還・又明年・始得告省覲・於是復獲與惟一旦夕持觴相遇如往時・每及出處沉浮之概・大都惟一猶余也・則又勉勉以勿忘交警之誼・惟一曰・吾吏於茲・日跂子不至也・吾好與博士李君遲談・其鄉縉紳中・則毛公紹齡・蔡公汝漢・鄒君廸・蔡君德璋・鄭君育漸諸君子者・吾樂親焉・惟茲城東鳳凰塔稱勝最・子記在石・吾將以公暇會諸君子及其他勝處・諸君子辱許余矣・子其毋後・余謹諾・

自是會或城市・或郭外・或飛閣層樓・或浮屠梵宇・或臺榭臨流・或洞巖秉燭・或密林間幽徑・或平湖上廻峯・或下或登・或方舟・或倚檻・惟其所適・期或旬餘・或逾月・或經時不舉・或五七月再舉・値景物之旣姸・但公私之有便・未嘗辭免・席坐三人・止于四果六肴・湯飯再之・或三之・惟時蔬酒名・必具座中・談論品藻・止於經史文章・孝子廉夫・貞臣烈婦・及乎英童樸叟・方外羽客之儔・或雜酒令戲謔・不及時事・飲或巨觴・或小酌・或興劇而頹然・或席罷而矜莊・不必其醉・至其寓意・或要眇寄興・或元孤名・說之不可竟・秘之不能者・則每於會後題詠焉發之・葢雖不敢慕昔賢之風流・亦可謂極其情之所至者・夫丞吾郡者衆矣・如惟一者・今所稱賢大夫也・博士斌斌哉・國人所喜得師也・毛蔡二公・余爲生時習遊也・鄒君與余・並領鄉書・蔡鄭二君・有早歲筆研之雅・旣近又戚也・孔子曰・居是邦也・事其大夫之賢者・友其士之仁者・余誠愧賢與仁・亦何敢過譽今日之同遊以爲高後代・若曰・近也戚也・吾願悅且親焉・誠悅且親・吾道庶矣・而未易言也・夫所謂悅且親・非其外之謂也・竊懼吾不足以當諸君子也・因諸君子見吾不

足・孰謂仁賢不在茲乎・不在茲乎・會起丁亥十有二月・至戊子秋・而惟一有校士省闈之行・博士且上春官・値余辭經樓成・諸君子硒會餞於是・而屬記於余・其樓在城西小西湖・上有小景・見詩中・故不著・

銓曹儀注序

余初識人事・則聞京師有一千八百江東子弟之謠・蓋當是見銓曹臺省・相與乞官柄國・其値如此・則未嘗不怪世俗之過於貴銓曹也・夫銓曹・貴人者也・貴人者無値・凡有値者・皆貴於人者也・使無値而爲有値・貴人者而至貴於人也・可以觀人・亦可以觀世・其失蓋自禮始矣・自余承乏至署・則已不聞世俗之所貴・而又未敢其自貴・一爲廊廟喜・一爲職守憂・頗疑國家之制・未曾盡以貴人之柄畀銓曹・而竊焉者冒爲利藪・則又何怪乎人之貴之・而至於失其貴也・居久之・搜出掌故・而考據於諸司職掌・然後仰見我聖祖建置之意・深長之思・無論太宰禮體・殊絕百僚・即以郎官之微・寄之以進退人才大柄・贊太宰而肅羣工・如彼其重也・奈何其不自貴・而令人之貴之也・

蓋自嘉靖以來・幾於盡棄其籍・官以天名・而體統之褻・至與諸司等・其不至以値上下於時・亦其遭逢之幸耳・嗟夫・國初儀文之盛・不可復考矣・聊摭其未盡去者・約畧而存・俾同曹君子・是訓是程・相與以無忘自貴・而不至貴於人也・庶幾其不負國・若曰貴官也・非我也・未有我不貴而能貴官者・我則不官而貴・而況官也・是又所以不負于天者我也・知天在我・而後能貴我・能貴我・而後能貴官・能貴官・而後能貴人・傳曰・思知人・不可不知天・是謂以天事君・是謂天官・

寄聲集序

學何爲・曰・爲道・詩何爲・曰・爲學・詩與學方乎・曰・否・學北方・而詩南方・今之詩與學猶古歟・曰・惜也・古兩得・而今兩失也・然則可得聞歟・蓋吾夫子・年十有五・而志於學・其論志・曰志於道・曰興於詩・至於贊詩・往往曰・爲此詩者・其知道乎・興言志・道言學也・故學不至道・不如勿學・詩而無關吾學也・不詩可也・斯道也・何道也・堯舜周孔之道也・古初大聖多出北方・稟扶輿之正氣・以君師天下・立極萬代・陳良楚產也・能悅周孔之道・北學於中國・孟子至以豪傑士歸之・蓋北方之學・有自來矣・

若夫詩・則不然・昔者舜操五絃琴・奏南風以薰六合・夫子刪王國之風・名曰二南・南者南風之義也・關雎寤寐淑女・鵲巢于歸百兩・均之舍己求賢・則二南之義・其最著者・故有關雎而後有螽斯・有鵲巢而後有小星・而麟趾騶虞應焉・說者謂唐虞太和・在成周宇宙・則二南爲之也・斯義也・可以治心・樂善不倦・可以酬物・不忮不求・可以相天下・休休好彥聖・君子得之解慍・小人得之阜財・故子謂伯魚曰・學詩乎・又曰・汝爲周南召南矣乎・學先詩・詩先二南・其益宏遠矣・解者不得・從而爲之辭曰・南者・自北而南也・其序關雎・則又附會於不淫不傷之旨・其義既湮・其詞又下・遂啓儒者矯枉之過・至以后妃之德・爲文王求后妃

焉．知其流．不爲導淫．爲長怨．愈失而愈遠也．此夫子所謂面牆也．

夫學中而詩和．學禮而詩樂．學乾健而詩坤順也．學之弊也．剛不勝慾．宜北而南矣．詩之衰也．溫不勝厲．宜南而北矣．南北偏勝而中和．道亡矣．故北人宜南聲也．而學必北．南人宜北學也．而聲必南．吾夫子之惜子路．不云乎．先王制音．奏中聲以爲節．流入於南．不歸於北．夫南生而北殺也．及子路懼而悔．靜思不食．至於骨立．夫子則又喜之．曰．過而能改．其進矣．夫其惜之也．惜其不南於聲也．其喜之也．喜其能北於學也．

夫道有相反而相成者．學與詩是也．郡侯蘄水徐公．楚人也．難不在南聲．生同文之代．家周孔而戶詩書．難亦不在北學．顧侯以早歲登第．居相里．出相門．初仕令尹．而民爭尸祝之．既方且雋．竟不甘受其識拔．沉浮中外二十餘年．而後守吾郡也．或者處此．無論聲不能平．即宿昔所持．幾何不改．乃獨能凝乎其氣．粹乎其容．不見有幾微戚戚於天與人之意．世謂楚人深於怨．而侯無之．今其寄聲集可考也．斯不亦兩難乎哉．夫聲生於人心．而妙於感人．歸在和樂而已矣．和樂者．無憂無怨之謂也．無憂者．憂在天下國家．無怨者．反求諸已．故無憂無怨者聲也．有憂有怨者學也．學不改南．而聲不易南．夫是之謂中和．中和者道也．吾未敢論侯之學．而能知其政．世人未能知侯之政．則請聽其聲．其和樂感人一也．孟子曰．仁者愛人．又曰．仁言不如仁聲之入人深也．愛人者．學道者也．仁聲者．南聲也．茲侯之所由寄也．

龔刺史文集序

文惟古．剽陳言而矜其似．古乎．文惟新．互難字以飾其奇．新乎．夫文．傳而已矣．不古且新則不傳．如是而爲古且新也．亦不傳．蓋必有所以傳者．顧未易論耳．成宏以來．言文者．爭治左國史漢．以取榮譽於時．至嘉隆尤甚．余少時．偶讀一二家而喜之．間有論著．人稱能焉．久之．知其文之所謂古且新者．非然也．必如是而後古且新．甯不古不新也．既悔恨．不復爲．而亦不復有能文之譽矣．

歲庚辰．移官留曹．得從今嘉興刺史龔大夫後．未幾．而大夫擢嘉興以行．同曹君子謬屬贈言．予謝不敏．大夫至嘉興．及期政成．爲江南第一．而同曹之申督猶未已．然余竟未有言．余之意．謂大夫雅擅作者．余其好尚．出於今人．則余言無當也．同曹之督．蓋知余少時之能．而不知今之不能也．以是竟負同曹．而亦無以自白於大夫．

今年夏．余以得請南旋．道出大夫治所．承枉江干．坐語移日．因出其生平文集若干卷示余．余拜受而竟業之．撫今追昔．掩卷欷噓．於是乎甚愧而無以自解．蓋余居留曹．既餘四載．始謫海外．已乃稍遷畿輔司理．尋還闕下．遲回郎署．又且逾年．乃大夫以政績尤異．天子錫宴特嘉．不欲奪郡人之嬰兒慕也．懸殊畀以待大夫．暫歸之郡．當是時．大夫之爲嘉興滿六載．而余辱游於大夫七載矣．竊念大夫化行東海．實加於上下．爲當今名刺史一人．而余獨偃蹇．無益於時．既不能不慨於歲月之邁．及讀其集．則又獨有契於余所云．古且新而能．不爲古人．必爲今人．而甯不古不新也・何大夫知余・而余不知大夫也・余於是雖欲有愛於言・而不可得已・大夫之文・無意於傳・而又以屬於非其能如余者・恐愈令今人不好・顧大夫自有所以傳者・無待余言・余之不量而承命・則以明今昔之愧云爾・

讀炎徼紀聞

今讀炎徼紀聞而嘆曰・副憲史才・卽司馬子長不足多也・田爲王新建里人・叙田洲事失策・曲護新建・而歸誤于桂學士・已甚所不能諱者・但曰・岑猛實伏誅・而疏言病死・蘇受大憝漏網・而盛稱其功・此不可解・二語而已・而世之諛新建者・尙以田爲臆詆・恨不火其書・吁・亦過矣・田洲自新建後・兵戈枕藉者十餘年・夷人歸咎官家・至翁襄敏以監軍討安南之故・乃次第削平諸夷・而兩廣始靖・田與監軍同年同官同事・記載詳核・一一如畫・今按其事・新建有大失三・而縱變幸納賄不與焉・

一曰負友・西廣自韓襄毅公後・土官岑猛雄梗一方・都御史潘蕃陳金共養其驕・盛應期陶諧爭啗其貲・獨姚鏌抗疏征猛・梟首軍門・卽欲乘破竹之勢・郡縣田州・何其壯也・乃御史謝汝儀石金拾小憾・陰壞其事・而監司嚴紘張邦信輩・曲阿御史・遂以守仁代鏌・爲守仁者・卽滅其功・而可甚其罪乎・今疏岑猛病死・而猛之土目盧蘇王受挾其子邦相反・反貸而官之・將爲猛報復乎・爲謝石嚴張報復乎・何以見鏌于九原之下也・

二曰釀亂・蘇受擁兵降・不欲受杖・兵譁・守仁幾於不免・賴方伯林富下庭慰止・蘇受乃帶甲受杖・杖者又田州人也・夷人駭・莫測意指・已又盛稱其功・盧蘇遂號布伯弑其主邦相・而潘旦蔡經相繼督府・大率效尤守仁・反誣邦相當殺於西江・上官咸撫膺嘆曰・殺人不抵・弑主無刑・吾輩手足腎腸・皆懸僕妾矣・斷藤峽之役・盧蘇命在翁監軍・日中而徑逸之・倘非斷藤之爲烈於爍・仁夫剪削禍本・不知西廣至今作何狀也・

三曰欺君・鏌友可負・而君不可負・蘇受杖可假・而功不可假・張桂二學士可欺・而肅皇帝英明不可欺・守仁平生大率類此・當守仁之垂沒也・語翁曰・田州事非我本心・後世誰諒我者・卽守仁已自度其不容於淸議・而田之記與其徒・尙責張桂・何其誤也・乃疵守仁者・輒以幸客王佐岑伯高索賄一節疑守仁・抑又過矣・謂守仁之智・失之幸客可也・謂守仁掩耳于幸客・則守仁何至於是・惟伯高徵蘇受萬金丐命・蘇受力不暇給・倉卒間幾致大變・有十四歲侍兒者・夜告守仁・守仁大驚・達旦不寐・爲守仁者・卽斬伯高以徇衆・豈不琅琅・不然・逐之已晚・顧未幾・而土目趙楷謀弑主如蘇受然者・伯高又納楷賄・從諛守仁・竟遂其弑・復官楷・一方大亂・州人恚恨曰・禍我家者天官也・凡弑主者皆得官・凡與官者皆索賄・此則尤不可解・豈夷人耳目盡可塗乎・會安南莫登庸篡主自立・朝議征之・登庸笑曰・中國土官比比・弑逆數十年・無能正法者・而獨慮反吾・何哉・則守仁經畧田州之明效也・守仁畏蘇受如虎・嬖伯高如兒・不武莫甚・奈何盛談武事・

由兹而觀・宸濠之功・或謂賞當亞于伍文定・信矣・余考翁監軍定安南事時・仇咸寧鸞麾下王洪王瀕文通三人者・

棨登庸賄・翁發其姦・竟不得逞・咸寧以故啣翁・翁晉本兵・幾爲咸寧所中・賴肅皇帝之明・得免・嗟夫・一監軍而能發主帥之姦・爲督府而隱忍以悅嬖幸・孰剛孰怯・孰忠孰回・必有能辨之者・

壽安寺記

釋氏無壽者相・若爲言壽・釋氏宗苦行・若爲言安・吾聞之矣・有生不生・不生生生・夫壽與安・亦復如是・然則儒之道・固有漏歟・易之坤言生也・徇生者殃・乾言始也・知始者慶・易爲逆坤而作・逆坤者・順乾也・於是乎生生・故曰易・逆數也・又曰・生生之爲易・然則儒亦釋歟・非也・儒生中州・推其道治天下・釋生西土・脩其道化彼國・治之者・以禮樂文章・化之者・以清靜寂滅・如必捐我以就彼・何啻鳥潛而魚飛之反其類也・雖然・安見淸淨寂滅之非吾禮樂文章也・吾儒談・尙之者過・而諱之者亦過也・王者如天・以容以育・譬之昆蟲草木・各若其性・而又各盡其用・大哉聖祖之制・所以統一萬羣・而獨高千古也・

潮之西湖山・舊有寺・名淨慧・圮且蕘・不知其年・萬歷癸巳夏・湖山妖起・白日溺人無數・郡縉紳士以白太守・率父老禱於神而誓之曰・應且祠汝・未幾・妖熄・擬就其所祠之・及基・而淨慧舊址隱隱可辨也・則又白太守曰・神一也・可以祠・亦可以寺・寺守以僧・祠守以役・僧易而役難・從其易・便・維茲北去數百武・有巖名壽安・莫知所始・意者待今日乎・請仍寺之・而更其名・以明君侯之賜・太守曰・善・歲之九月・諏吉興事・蠲穢翦萊・語太守祈神・與諸縉紳告遷義塚所撰文字・一時文武官吏・士庶商賈・助貲以千計・越二載・始告工成・是爲乙未冬季・中有殿・殿居曹溪者釋而儒・又鄉人也・吾不得諱寺・何諱曹溪・況曹溪後爲堂・扁道當堂・曹溪語也・其前門・其旁廊・廊之後右爲僧舍・左爲講堂・講堂者・講經堂也・敞而面南・稱勝最・經・儒經也・釋而弗詭吾儒・釋・亦經也・山麓飛泉二道・紆迴而繞寺・凡寺中・廚者不汲・濯者不臨・沼者不追・來遊來觀者・日常百千人・不復聞有言妖者・而唐宋以來・巨公卿紀載篆勒・與夫科甲題名・畢露巖壁間・鬱鬱而岡松・青青而堤柳・湖山競麗・人物欣覩・不知神福人歟・人福神歟・將吾所謂禮樂文章・而生之道歟・太守欲禁民樂而不可得・欲不與民同之又不可得也・遂爲之記・而祝之既壽且安・利我邦人・

平湖記

夫名・其生於不得已乎・意而附之・不如勿名・夫事・其成於不得已乎・意而因之・不如勿事・生焉成焉者之謂聖・附焉因焉者之謂賢・聖吾師也・賢吾友也・百工於大匠・射於羿・御於王良造父・七十子之於仲尼・禹・稷・契・皐陶・伊・呂・周・召之於堯舜湯文武・亦各事烈而名高矣・而吾以爲不必然者・何哉・則得已與不得已之說也・彼果不得已・則吾亦不得已・如肌膚性命・然其信且從・彼與己皆不得而知也・其不然者・猶意之也・子使漆雕開仕・開曰・吾斯之未能信・夫信之風已下・況未信耶・雖然・茲其所以爲信也・未有不自信而能信人者・彼急於因附者・將

以求信天下・而不覺其已・已可欺・天下其可欺乎・

吾湖爲郡・左江右湖・而鳳凰山峙其北・當宋盛時・實應鳳嘯湖平之讖・湖與鳳之爲靈・昭昭也・及於國朝・人文雖朗猶稍不逮・湖在城西・僅容杯水・若無足爲郡之重輕者・自泰和王公持憲節・開府在郡・旣政行・人和歲登・每於公暇遊憩焉・謀諸郡守徐侯・覈籍淸界・捐貲募工・擴之疏之・橋之堰之・滙其瀰漫・而洩其洋溢・出古石・刻平湖二大字於湖山之下・自是郡人始知郡西有名湖・然猶疑公寄興云爾・未幾復市城南汙澤二頃・闢爲南湖・復濬西南之濠・深廣倍舊・而東接於大江・夏秋水漲・江與平湖・如虹如帶・冬春之際・江流稍下・獨此西南湖常滿・其餘流足可灌田數十萬頃・而烟波之浩渺・城郭之雄麗・風氣之渟厚・回有鳳山・人間天上・蓋非郡人心思所及・亦非所敢望於公者・殆若或啓之・而若或相之・卽公亦不自知歟・公嘗開雙美堂於城北金山絕頂・以收江湖之勝・而方舟日裊娜湖上・郡縉紳士常獲從公登臨・題詠盈卷・余雖不得從・然有以知公俯仰之間・無往而不樂民之樂也・郡人亦能知公之樂在民・而不知其非公得已也・余是以觀公矣・

方上仲年・權相用事・其自置門生・朝齒錄・暮要津・有未經識面者・公獨以棘闈拔士・甘處疏逖・其時爲令・竟以高第六載・僅入爲西曹郎・而公無不意得也・余頗竊異公・而猶其細也・新學之行・吉州爲盛・以羅文莊之辨且脩・而不能迴狂瀾於萬一・今余更令吉州・見州之裒然領袖諸君子・未有不極口新學者・顧獨與公入計・及其里中往還數歲・不聞公出一語也・但論吉州人物・必推文莊爲第一人・余雖不欲人失其所因附爲公惜・而亦未敢以卓然者爲公賀・竟未有以定公・由今而觀・殆漆雕開之旨歟・余於是乎慚負公矣・

余嘗謂吉州爲天下望郡・此風不止・如吾道何・今觀於公・猶幸而吾言不中也・公謬過信余・常命籌郡政之宜與罷者・至於或行或否・必出其中自信・斷新不苟徇余・嗟夫・此乃公所以信余也・於是公晉參知兩浙・行矣・縉紳士謂余知公・首宜有贈・並記盛美・會余抱病者經歲・且禮不在言・山居之戒尙新・而媢人之慊猶避也・蓋余之不能言有四・烏得贈公・然猶曰・無已・則記可乎・記亦言也・不規不頌・而郡事徵焉・余與士民之情・各有所寄焉・似欲已之不得已也・公不苟徇余・余其敢徇公乎・嗟乎・孰能信吾言果不得乎・公名一乾・徐侯名一唯・俱辛未進士・郡人唐伯元記・

南巖記

名山勝水之間・果足以當儒者之樂乎哉・陋巷可居・牆東可隱・必名山勝水而樂・是樂棄我也・外也・未有待於外而能樂者也・且吾聞之・儒者身都宇宙・瞬息千古・居則憂道・出則憂時・惟恐絲毫墮落・有負此生・其於一切外至窮通奇醜・若浮雲之往來・若寒暑晦明之代謝・尙不自知有憂・况知有樂乎・彼名山勝水之間・諒非其所汲汲也・然今天下稱聖蹟耀簡編者・孰非自名公碩夫幽人羽客之所棲處・得意寄嘯傲而振風騷・傳曰・賢者而後樂此・由茲以觀・謂儒者所樂不存焉・不可也・

吾郡西湖山之有石屋舊矣・蓋上而砥・下可筵・席坐數十

人。大江東來。適與湖會。城中烟樹萬象。郊原之外。蘼蕪千里。其環而山者。則獅子鳳凰諸峯。錯落天外。一一可枕而窺也。屋在山南。又面南也。故曰南巖。倭夷之亂。屋爲邱莽。古篆苔蘚。多不可辨。余與友人章日愼汝淑氏嘗携觴其處。徘徊嘆息。至不能禁。約曰。孰先投閑者主之。其後應舉需次。各服一官在四方。余又沉浮中外。不及茲巖者三十餘載。獨時時於懷也。比汝淑乞歸自滇南。會余新解母喪在里。語及茲巖。汝淑曰。敬如約。即日覈址剪蕪。鳩材諏吉。重瓦屋於前。畧如石屋制。闌其前而門之。雜植松竹花卉與山花。掩映左右。一時聞而喜助者。自謝太學紹訥以下。各捐貲有差。不逾月訖工。顏其額曰。襟江帶湖。郡侯徐公一唯大書南巖其上。時與僚佐燕憩焉。乃汝淑又穿一徑通絕頂。爲讀易山房。有天門。天池。最高亭。四望臺諸處。語具汝淑自爲記與詩中。發巖谷之幽光。賡考槃之餘響。自是遠邇聞之望之。不啻神仙窟宅矣。余竊祿日久。謬懷儒者之憂。既無寸補于時。乃依違不欲舍去。甘讓汝淑以賢者之樂。是汝淑先得之。而余將至于兩失也。于其成也。不可無記。

潛龍鯊記

南海有巨魚焉。曰潛龍鯊。一曰金龍鯊。魚種而□□也。戊子春三月。海山魚人網得之。長五尺許。重百斤。其小魚從者數千。至不可網。魚人載潛龍歸。識者過而求貿焉。價一金。弗與也。剖其肉。食之甘。諸骨皆柔脆。盡食之。惟鱗堅不可食。嘆而藏焉。其鱗大者如掌。可爲帶或酒器之飾。小者中雜佩。脊一行。片一十三。腹二行。片如之。而翅而行。各片三十。漁人囊其鱗。遊閩粵間。莫售者。屬余里人見予。予解其囊。諦觀焉。禮歎而遣之去。已而思之。蓋有起予者乎。脊一行。腹與翅行各兩者。五行也。天地之數各五也。脊單腹倍。陽奇陰偶。天一地二也。十者天地之成數。天十而餘三。三三則爲九。乾元所以用九也。地數十而餘六。陽進而陰不能也。坤元所以用六也。翅三十者。一月之數也。兩翅合而甲子一周。龍德之九十九片。羣龍所以無首。河圖所以虛中。大衍之用。所以不滿五十也。嗟夫。易教也。

義阡記

帝王之世。賢而貴且富者。合爲一人。故常位乎上。不賢而賤且貧者。合爲一人。故常處乎下。上者爲天地。爲父母。下者爲赤子。爲羣生。兩相習而兩相忘也。後世賢者不必貴。貴者不必富。富與貴者。又不必賢。於是乎賤貧不賢者。不得沾有餘之賜。而天下始不足。聖人憂之。而逆帝王之世。不可復也。則設爲教曰。凡貴貴人。凡富富人。凡聖賢淑人。夫天非獨厚我而已也。厚我者。厚人者也。我何以能厚人推人也。故自一命以上。皆可以貴人。自一金以上。皆可以富人。自一德一藝以上。皆可以淑人。量力而思之。篤近而舉之。隨分而足之。如是而已矣。吾獨怪乎今之世不然也。貴者不聞下士。但聞訑訑之聲。富者日高蓄貲。或至骨肉爲路人。惟是機慧辯給之夫。剽竊幻空。往往自居於賢聖。以號天下。其說既無益於愚不肖之徒。而其術歸於私利其身。而益以與夫徒然富貴者。夫使聖人之數不明不行也．則世所稱賢者有責焉．

今天下至愚不肖者莫如余．獨竊有憂世之志．而謬爲維世之說．願賢者一意爲己．自然淑人．願貴與富者一意及人．自益貴富．經曰．貧而樂．富而好禮．樂者足乎已．至貴而富之說也．好禮者惟推於人．賢賢而親親之謂也．斯二者．兩相成者也．夫賤貧固士之常．貴富亦時有之．特不能推耳．推出則賢矣．推廣則大矣．推盡則聖矣．孟子曰．人皆有不忍之心．苟能充之．足以放四海．夫人之所以異於禽獸．與聖賢之分量大小．其不在茲乎．

義阡．固及人之一也．不出於時制．而有力者得自爲之．此可推者也．古無義阡．人生則上長養而上終之．後世自長自養．故多不長不養．夭折於非命．歿而無所歸．藏者處處有焉．則義阡不可無于今日也．都人梁鴻臚材．許太醫珊．能爲之．買其地在京城之西關十里許．廣四畝有奇．界之樹之．表曰．香山社義阡．以宅歸人．而詔遠邇．蓋可謂有士君子之美行．而得吾推世之說之意者．彼其所尚如此．其無所聞而興起如此．不賢而能之乎．況于聞聖人之教者乎．嗟夫．二君之爲．吾所謂量力者也．二君之力．固未可量也．世之力有餘而有愧于二君者多矣．於其賢也．不可以無記．

平遠縣儒學文廟記

元鳥降．司徒出．收八卦六書之精華．敷教遜品．以翊唐虞中天之運．與巨人司農同功．司徒資始．司農資生．詩曰．天命元鳥．降而生商．天命．乾道也．又曰．思文后稷．克配彼天．配天．坤道也．乾統坤者也．此教之所自來也．三代之盛．賢聖之君．敦龐之俗．惟商最著．蓋教化之效如此．周之代商也．箕子陳洪範于武王．開八百年之天下．周公繫易．至以明夷六五當之．五．君位也．若曰．道在亦位也．說者謂商周之際．道在箕子．近矣．吾夫子生於晚周．酌百代．潤六籍．世皆知其集帝王之大成．而不知其家法固爾也．知其爲後王後學慮至遠．而不知天命之也．春秋一書．自處以天．而不遑恤罪我．畏天命也．其曰．某也．殷人也．茲生平之微意也．孟子曰．自有生民以來．未有盛於夫子．天非厚一姓．厚夫子也．非厚夫子．厚吾道也．語曰．不斑白．語道失．又曰．醫不三世．不服其藥．嗟夫．毋惑乎天生夫子之難也．孟子之賢．能修其業．尙以地世之相邇自賀．則董仲舒．楊子雲．徐偉長．文中子．韓退之數君子者．生于漢隋唐之間．皇皇羽翊吾道．其功顧不偉歟．又況于尋墮緒．出遺經．若宋之二程與周張邵朱諸君子．不尤偉歟．間嘗爲之論曰．孟子至矣．知孟子者韓子也．伯淳至矣．知伯淳者正叔也．其于吾道．又功之功．韓子亞于孟子．亦猶正叔亞于伯淳．其餘可推已．甚哉．任道難．而知道亦不易也．

國朝京都郡邑．必有儒學．必有文廟．人士誦法必夫子．其誦法夫子也．非六籍不程．非制書不訓．似乎斯道大明．而求其通大義．知向往．以進于夫子之道．即畿輔以下．通都大邑儒紳學子．或未敢當．況五嶺之外．草昧新造之邑乎．

平遠新造邑也．邑成．即廟．因材於山．未三十年且圯・萬歷壬辰冬・署博士事何君文偉至・即以白令尹王侯嘉忠・侯慨然爲立・削牘上請・而先下其材之可用者・旣再請・始得報可・則出公帑所賦・貿鐵金百餘新之・不踰時告成・而博士馳使者走千里來索一言・以諗多士・二君子之于斯舉・何其果而善成也・夫學猶射也・其望以標・其至以彀・其中以巧・標與彀具・則巧存焉・余旣叙夫子之所以師萬代・與後儒之擅其傳者・樹之標・而又即二君之果以成者・導之彀・至于巧・則吾不能言・在善學者自得之耳・十室之邑・必有忠信・其如好學不如夫子・惟平新造・忠信未漓・其尚知所好哉・望之至之・必自程子始矣・

周宗禮　澄海人・萬曆甲戌進士・廣西副使・按潮州志・宗禮海陽人・

築南堤新涵記

澄邑凡七都・附邑西北・爲都者三・曰上外・中外・下外・自横隴抵海岸・皆接壤地也・南北有二隄・爲三都保障・韓溪水東注・夾流隄左右・堤內田數萬計・咸取給茲水・以資灌溉・上外一都居上游・去海稍遠・鹹潮非所虞・惟溪流不通・泛溢之患・時或有之・次而中外・又次而下外・漸薄於海矣・海潮時漲・非引淡無以禦鹹・故利賴於溪尤切・舊于南隄冠隴・設新溪涵・引流溉田・涵廣七尺許・入水不多・且建立無法・未幾・沙淤水塞・涵遂廢・上外慮水溢・以涵塞爲喜・而中下二都・乾涸日甚・戚戚然憂之・于是利害相持・互訟不已・惟時制府檄郡守與鄭侯相地・徙于上流・爲溝涵一丈二尺・石砌其旁・中用水閘・以時啓閉・旱則啓之・紓中下外之憂・澇則閉之・免上外之溢・民稱便・請余爲言・余曰・三都事勢・水旱不同憂・欲惡不同情・今頻年之訟・一朝息之・而三都並受其福・信哉・仁人之政・其利溥也・

祁衍曾　字羨仲・東莞人・順之曾孫・萬曆丙子舉人・不仕・性通脫・居羅浮・自號羅浮山人・嘗由朱明入閩・訪武夷・自鵝湖之白鹿・困於南昌・從二僮行乞於市・著有綠水園集・

與龐弼唐書

西樵山中別後・忽易歲矣・兵戈日急・不能時候左右・獲道德之原・臘月倭寇僅百人・雖殲於瞬息間・官民死者五之・今倭則自正月初旬來・九江水人殊死戰・寇憾其相拒・入而盡殺之・當是時・使有外援・可無敗已・寇從鐵岡過圓頭・復由石灣過九江水・止一二小舟・餘乘牛以渡・此可要而擊也・視其往來罔聞・黃家山於石灣・限以長江之險・寇離石灣十里許・而官兵止泊黃家山二矛重喬逍遙河上・日剿良民爲功・又掠其婦子・婦子啼苦・縛而付諸海濱・當事者悉置不問・故有寧賊至毋兵來之謠・已而據九江水圍居焉・圍出入一門・可困而取也・喘息竄伏不敢近・茲去圍之虎峒・又之田心之大瓶之周家村・列營數十・謂虛張聲勢・實縱肆横行也・督府移文・使之遁海而走・軍心益懈・當事者得以有詞矣・郭同府王參戎兩不相能・天下豈有內修怨而外奏功哉・戰旣不可・猶當議守・守也者・富供其食・貧任其

勞・不易之經也・爲之令者・方歌舞晏遊城中・略無聚積・惟役居民晝夜廵邏其間・作自無期・復竣以法・益之盜耳・徒匰匰然于客兵奚爲哉・往歲沺閭之警・嘗徵兵于廣・廣兵以吾莞爲雄・簡而習之・豈無可用者・惡蛇・村名也・三人往探動定・途遇四倭・雖不能得之於倭・獲免而歸・而石灣所獲一功・亦鄉間守屋者・青竹符不百家・牢不可破・田心人則置穽待之・至或陷之穽中・又伏銃于隘・傷其數十輩・此四者足以觀矣・嗟嗟・古有驅市人而成大功・剏窮寇也・是在豪傑夫・是在豪傑夫・

答龐惺庵

昔人潭山人清海以三典禮于莊皇帝也・足下手援於朝・已乃與之遊・禮貌之・豈不有國士恩耶・夫秉鈞大臣下交草莽之士・汲汲如不及・此豪傑所以望風奔走・惟恐後時靡獲也・况鄙人則山人友哉・念少年好談當世之務・聞有賢士大夫・輒傾心向往焉・時足下按節吳越・吳越人尸祝之・謂鋤强植弱・不負聖天子使・及擁旄邊鎭・開府維揚・所區畫屯鹽・如運籌掌工・奈之何功棄垂成・徒令志士咨嗟長涕也・

嗚呼・自朶顏撤衞・河套失守・北虜擾攘・日不可支・而今之財力既竭矣・蘇秦言燕薊天府之國・粟支數年・有棗栗之饒・胡盡給於東南漕運耶・鹽一變而折色・屯田竟成虛談・足下所云法之不行是也・天下有治人・無治法・甕牖繩樞之夫・躡呫囁之餘・僥倖一旦・知者名爲亂常・勇者目爲干進・因循掩飾・無與昭姦・勢不至於淪胥以溺不止・足下身繫社稷安危・而九邊要害・古稱百聞不如一見・則駕跡所至・目擊而心計之稔矣・可使杞人與知否・差人速・不能多致・聊口授數語・何日泛孤舟・登危樓・把酒放歌・罄平生所欲言者・與足下商之・

乞食書

羅浮山人祁衍曾再拜首・衍曾廣東東莞人也・雅居羅浮・遂呼爲羅浮山人・虛生碌碌・材能不逮凡庸・亦無他好・好遊・去冬由朱明謁考亭・迄于武夷・茲自鵝湖之白鹿・蓋先賢遺跡在焉・且勝地宜偉人・或有所觀・感而興起爾・古人行千里不齎糧・誠私心慕之・無能焉・途中食盡矣・衣且典既再矣・而莫之繼也・嶺海之人吏茲土者日有・彼有周之之責・不以聞・麋鹿性成・望公門而奔突也・城中豪家鉅賈・非短於財・又不能俛首作哀憐之狀・雖然・朝饑迫之矣・奈之何守株待斃哉・江以西・素稱多賢・豈無我一二同志君子・君子念之哉・夫恤災者・彰身之仁也・通財者・敦交之義也・舍仁義何志矣・嗚呼・孔子絕糧・陶生乞食・聖賢且爾・况其下乎・故曰・緩急人所時有也・敢布腹心・君子其念之哉・其毋嘑蹴我也・

董令公應詔序

董公之令吾莞也・惠而不偪・簡而無傲・順而有章・一約束・明彰癉・防民以信・馭吏以則・接士以儀・承上以經・度交有程・平允靡寃・越四載・莞八邑大治・郡使者上其績・天子嗟異・召之還・將以畀風憲之司・儲宰執之寄也・于時鄉之士大夫・若父老子弟・若僚屬・相率造庭賀

公．賀者欽其行而惜其去云．

先是海邦多事．盜賊擾攘．居無甯宇．公以運籌功．天子馳萬里．再錫之金矣．茲召也．豈其忠勤而槩于皇之心歟．昔者漢昭之立也幼．大將軍光秉政．一時守土吏．嚴核相尙．黃霸獨用寬和爲名．迄于今述之．公之政．孰與霸．夫居官無赫赫之譽．而民陰受其福．史堅所謂德讓君子也．當霸時．漢天子賜黃金車蓋．下詔褒異．公卿缺選補之．然功名損於治郡．則何以稱焉．漢法．守令擅予奪生殺．競競所爲理．今邑非不百里．令之權眇如矣．上而府．而臬．而藩．而按．而撫．動有所掣．設欲紓己志．能不獲上以治民哉．靡者隨．亢者折．匪器罔受．匪才曷通．器緣體立．才以用顯．顯用而立體．德之徵也．其惟公夫．其惟公夫．

我天子聰明天授．聖德光昭．卽夏啓周成王遠邁之．臣工懍懍．懼無以將矣．謹身奉法．思與民休息且不暇．公歸矣．出入禁闥中．上下彿仔．拾遺備顧問．何先．夫持一命於遐陬僻地．不有負我民．矧負君哉．公亡諉．曰．元首股肱．德澤沃乎九州．堯舜維聖．佐以五臣十一牧．猶懸旌建鐸招言者．他未論．海濱遺黎．連年困於兵戈．潦旱頻仍．征輸日急．老稚轉溝壑矣．此仁人所憂也．公何以副主上軫念元元之至意耶．憶嘗與公泛扶胥之濱．波濤拍空．魚龍出沒．風來東從．蓋橫噓焉．張帆迎風．捷於星火．公起而指之曰．嗟哉海乎．其川澮之滙乎．三老之徒．使船如馬．低昂盈縮．惟其所欲．神矣神矣．因斯以談．寧猶茲哉．天下之事．各有體而用以殊．是固巨小者器也．編彙者才也．淺中則受有限．通其變．與時宜之．公之外而縣．內而朝廷．主張移易．厥有本因．予不能知．而知其器其才．所謂德以基之．因體而效用者也．斯其人也．無往不利矣．會公屬官張金炤鄭騰蛟輩過予．曰．子於公最深．知公莫若子．敢以言請．予不佞．無能言．第次其所云云者如此．

邑父老送楊令公內召序

今之仕宦者．凌風鼓翅．振厲於九天之衢．是遵何術哉．務在矜己張聲．徇曲而督責．然身修者宦未曾亂也．則太史氏記之矣．漢室良吏爲盛．嘗讀文翁翁卿次公諸傳．豈不斌斌質有其文武乎．迹厥行事．初無赫奕建錯非常可喜之功．他如武捷威嚴．勝任愉快．猥云章法．非所論於清濁之源也．國家承平日久．吏治弊於因仍．聖天子奮志勵精．綜核名實．以邑令數更易．則民無所守．詔久任之．而泰和楊義叔先生來令吾莞蓋八年於茲．始膺臺省之召云．

當是時．天下之網密矣．先生正以一．內公以布．外寬以惇．體彙以餘威．其爲政也．非不修令而明刑．怵然如傷．與民休息．所謂謹身師先．鞠躬君子之遺風者歟．夫志以忍堅．盤錯別利．有容乃大．積久斯孚．至誠而不動者．未之有也．主上軫念元元．思得法從之臣備顧問．茲召也．舍先生奚適哉．

邑有祁生者．往從諸生後．受知於先生．又先生場中所取士．先生行矣．諸父老攀留之而莫得也．生遂揚言於衆曰．語有之．不爲諫官．當爲縣令．豈以令於民最親．而諫官與天子上下其議論乎．夫令．先生優之矣．行將垂紳正務・列於青瑣之前・特高亢好名・甘隱忍於澤・先生毅然自信・一稟於中和・異日者從容登對，曷嘗須臾忘莞哉・親民雖莫如令・然動有所羈・寧無志之未行・行之未盡者・歸而告諸吾君・四方均割榮焉・父老無勸維持・某某等謂祁生宜敘・敘曰・

方天子之召先生也・民數千輩詣部使者請留・不可矣・驟田留兩月・可之・於是作攀轅圖・於是作脫靴亭・已乃謀立祠俎豆之・祠費出於民・不踰月・計千餘金・而老者扶節・少者稽首・聲徹於天・輿不能進・各號泣而別・

譚山人疏序

山人者何・見日山人譚清海也・疏者何・典禮也・一曰復建文・二曰正景廟・三曰議獻廟是已・盧君唐憲持自禮闈・適予讀書西樵山中歸・命梓焉・肅皇帝時・山人上十事・為當路者阻撓・長嘯入羅浮・羅浮東粵鎮山也・宵中見日・有見日菴・山人翱翔其間・候日出觀焉・呼為見日山人云・

肅皇帝崩・遺詔至南海・山人捧讀感泣・淚淋淋數行下・今上即位・山人捧讀新詔・復感泣・復淚數行下・歎曰・此千載一時也・於是毅然萬里・不戒僕・不齎糧・直馳京畿・疏上・旨下・飄然齊魯吳越之間遊焉・噫・若山人何如人哉・俛仰天地・蟬蛻溫蠖・即所造詣・予莫之究竟矣・今睹其疏・溫雅以闡詞・雄暢以達氣・正直以彰義・微婉以導忠・備矣・然于獨愛其以布衣之徒・建國家大計・所謂處湖江而憂廟廊非耶・

嗟夫・嗟夫・世之尊官達人・受朝廷恩至渥・睢睢于于・漫無建白・士之論列天下務・不目為病・輒以為狂・間有砥礪自樹立者・亦靡急斯禮而迂之・所談毛瑣之迹耳・反曰切中時病・夫病也者・未有腹心受蠹而四體理也・禮・辟腹心也・刑政者體也・是故國莫要於禮・禮莫重於祭・祭莫大於分・分莫先於名・不易之道也・古今善言治者・誰過仲尼哉・則曰・明乎郊社之禮・禘嘗之義・治國其如視諸掌乎・其為政也・必也正名・山人謂法孔子・世有病之狂之迂之者・任之矣・或曰・易刻而布也・曰・漢興・孝文號令主・誼以洛陽書生・條陳治安・迄於今・策雖存・攙截無理緒・嗣後布衣上書者不尠・鮮覩其全文・甚者失厥名氏・可慨已・茲刻也・故今天下後世・曉然知一代名分所在・燦若江河・不可淹沒・明天子廣思集益・一介之士・皆得自靖自獻・山人隱矣・非果不忘吾君・具於此矣・憶去秋山人別予樵山・李君敬可與焉・登大科・瞻薊門白日中天・片雲不動・把袂慷慨・躍如欲飛・已乃出疏所讀・讀將竟・予嘖嘖未及有言・而李遽呼曰・眞疏哉・雖與日月爭光可也・聞龐中丞稱為當今奏議第一云・二君非無見者・斯不佞矣・

廬山紀行記

白鹿洞書院在五老峯下・旁有鹿鳴埸・溪流旋繞・其左為枕流橋・前卓爾山・亭臺石不能紀・始於於李賓客・至朱子而益顯・我朝設主者・曾大父參江藩時・聘胡公居仁・御史唐龍奏起蔡宗兗・其著也・陟嶺東行・上十里・為水簾洞・洞口一罅・人傴僂入・八里許・飛湍背五老峯・懸崖而下・三級而後至地・故又名三級泉・即朱子所圖新瀑者・李

獻吉指爲白鹿洞・過矣・書院西北數里・至白鶴觀・觀西里許・至顏家山・傳言顏魯公所居・又數里・至棲賢橋・橋跨三峽澗・下金井・孤危淜湃・水盖自玉淵來・由棲賢橋西行・至萬杉寺・宋仁宗所建・又西・至開先寺・有昭明太子讀書臺・陳後主納涼亭遺址・西行數十步・爲青玉澗・則瀑布所注・澗石鮮不刻者・自開先西數里・至歸宗寺・王右軍有養鵝池・又有洗墨池・墨池水盡黑也・何故・過此至靈溪觀・觀西有栗里橋・然陶公栗里在柴桑・去尚數里・所謂通書院者是已・柴桑橋畔有心遠亭・其上有巨石・言陶公醉臥此・又上・有濯纓池・棋盤石・緣橋而下數百步・有溫泉・泉東有謝靈運繙經臺・俗呼爲經臺山・過此二十里・至康王坂・爲景德觀舊址・沿谷而入・石壁上刻谷簾泉三大字・然谷簾泉尚由白龍潭入數里・潭有石船・傳言許旌陽發跡之地云・又烏龍潭有白樂天草堂・今廢・出谷西北數里・至鹿子坂・爲陶公墓・自祭文曰・不封不樹・然耶否耶・墓側有祠・祠西二十餘里・至圓通寺・黃山谷嘗寓此寺・側有西亭・歐陽永叔與僧居訓談笑處・又一翁二季亭・則老泉父子・故皆不存・前爲石耳峯・馬耳峯・爲猴江・自此十里至石門澗・澗有橋・並澗半里爲雲封寺・迺上天池寺路・五亭至天池・過第四亭・有廬山高坊寺・蓋在山頂・奉敕建也・池水仰出不竭・其右文殊臺・瞰絕壑・夜閃閃有光・謂之佛燈・又古松一・團蓋葱鬱・千餘年間物・東行一里・至白鹿臺・高皇帝製周顛傳碑・碑陰御詩二・御祭文一・又東佛手巖・巖同堂異室・天成石室・水從石下・百餘僧徒皆食之・僧言・下爲竹林寺・寺有影無形・其後門在巨石中・廬山高坊

下・誕哉・又爲東南訪仙亭・循白鹿臺東折・至大林寺・寶樹二・亦千年物・西至赤脚塔・太祖葬赤脚仙處・踰重嶺・至黃龍潭・陟嶺西行・至淨一堂・登漢陽峯・峯・廬山西北之最高也・東下爲擲筆菴・廻龍菴・月宮菴・月宮在五老峯背上・五老東南最高者・下臨無地・巖石奇絕・不可名狀・浮雲冉冉・半空中皆足下・呑江帶湖・眞天下壯觀也・傳言有李白讀書堂・今不知所在・自此東北下三十餘里・至蓮花峯・周子卜居於此・而路仍自擲筆菴出・峯去太平宮甚近・予則先往謁周子墓・墓盖面蓮花云・太平宮者・高皇帝物色周顛處也・有寶石池・北數里・至東林寺・遠公所居・有冰壺聰明卓錫三泉・又桂樹四・棗樹一・皆千餘年物・前有虎溪・有香爐峯・而靈運講經臺・則與香爐峯並峙・石山似臺・故名・然開先亦有香爐峯・經臺山亦對之・不可識矣・東村之西數百步・爲西林寺・有隋帝塔・稍爲虎溪橋・予渡橋・復道石門澗・轉于圓通出山・時隆慶六年二月十七日・距始至乃正月二十九・山中凡十八日・第述其往來踪跡如此・

遊武夷記

沖佑萬年宮・在幔亭峯下・宮在爲常菴・宋理宗賜江師隆者・幔亭峯竝大王峯・大王峯有張仙巖・仙不知何許人・或曰漢人・趺坐而回其首・皮胄完・巖之下爲止菴・又下爲王陽明・湛甘泉・鄒東郭・唐荆川四公祠・稍前爲題詩巖・刻朱子棹歌一首・棹歌曲曲各刻・此其第一也・過溪・則九峯先生南山草堂・又厥孫仲節咏歸堂・今皆廢・而建九

峯書院．奉先生焉．書院面玉女峯．峯臨粧鏡臺．自虎嘯峯入數里．爲靈巖．兩巖相距中．有徑可通．風泠泠襲人從中來．故又名風洞．却視一罅．長數十丈．洩天光如線．故又名一線天．此武夷第一奇觀也．東出小藏峯．隱隱二小舟頓半崖上．轉大藏諸峯．絕壁間皆木板．如棧如杆又如盤．無慮數百所．舊志云．秦始皇時．玉帝與天姥爲武夷君魏王子騫輩設幔亭綵屋．架虹橋以宴．故峯以幔亭稱．橋板飛插各縫中云．又金雞諸巖．貯仙蛻數函．歲旱奉以禱．輒應．其東．石隆隆起．蜿蜒盤據．溪流隨之．謂之小九曲．過此五曲．則紫陽精舍．有坊．有樓．有堂．有廡．有室．皆後人爲之．其仁知．止宿．隱求．石門．柴扉．觀善．寒棲．鐵笛．晚對．非舊題矣．是曲也．隱屏．天柱．茶竈．釣磯．諸勝森列．視他曲爲最．且上下各四曲．此居其中．其天造地設乎．由伏羲洞上．接筍峯．峯險如削．路壀壀無可着足．以梯以鐵索援之．上有劉道人汪道人居之．汪死而劉尚存．下峯數百步．仙掌蒼屛諸峯．一望石壁萬仞．眞壯觀也．其上爲天遊峯．有天遊觀及一覽臺．嘯臺．仙掌亭．梅竹葱鬱．三十六峯．環拱如城郭．從峯數里許．爲山當菴．菴上又數里．爲三仰峯．此武夷之最高者．其巖洞最多．有白玉蟾丹灶．東下十數里．則水簾洞．洞外一石門．方正寬敞如搆入．洞中樓閣林林．依石壁上．水自天而下．飛絲搖颺．聲如琴瑟．注於龍池．亦一勝也．三仰之西．其下爲陷石堂．堂外亦一石門．羣石恣撐交加．人傴僂穿之行．又間以間橋渡之．更進爲天壺峯．玉柱峯．爲鼓樓巖．爲魚磕石．神龜石．仙笠石．九曲盡處．則齊雲峯聳焉．余登覽止此已．他未足跡者．弗論著也．按晉鴻漸洞天記曰．昔有神人．自稱武夷君．山由是得名．又宋白玉蟾記止止菴．言籛鏗隱此．二子曰武曰夷．因以名．其言不雅馴．余讀漢郊祀志．祠武夷君．令祠官領之．朱子謂上古夷落所居．而漢祀卽其君長．豈其然歟．其品以乾魚何故．唐宋因之日隆．溺於仙之過也．我朝正祀典．中秋日．有司具牲磕山川之神宜爾．與前代者異矣．夫幽林巨壑．怪誕不經之事．在在有之．縉紳先生不道也．是山也．溪九曲．峯三十有六．斯足奇矣．又諸賢藏修之地．何必仙哉．何必仙哉．隆慶壬申正月既望記．

山海關題名記

自古言府有題名．唐以來．或記諸壁．或刻于石．皆非徒作也．卽歲月而稽遷代．因姓名以知賢否．勸懲之義．於斯在焉．山海關密邇京師．爲東北重鎮．所以限華夷．察來往．防奸暴而固疆域也．關設於洪武十有四年．厥初擇武臣子弟．同山海衛官軍守之．宣德甲寅．有上言是關要衝．宜選文職老成廉幹者守鎮．以杜邊弊．上可其奏．乃命兵部官來涖事．每三歲一代焉．其後十年．復設都守指揮守備于此．蓋益重其事矣．夫承天子命以鎮是關．惟廉且勤．可稱任使．廉則公．公則生明．勤則敏．敏則有功．政令之孚．惠澤之流．胥此焉出．彼昏墨蠹政者．乃吾儒之罪人．而竊祿苟全莫之建明者．亦非所取也．自宣德迄今．更代凡十餘人．而題名之舉未立．予恐其久將湮晦．遂命工礱石．取前任人名氏歲月歷書之．且虛其左．以俟來者．於戲．司馬公記

諫院題名・謂凡曲直忠詐・後人將歷指而議之・爲可懼也・然則後之觀是刻者・得無亦指其廉汚勤惰而議其賢否歟・

哭兄女貞文

萬歷十一年九月廿二日・鍾氏婦祁女卒・越十月十又三日・爲生女之辰・叔父羅浮先生撫棺哭曰・嗟嗟・此吾兄之女之柩也・痛哉・吾嫂首孕女・產難・落地面赭幾絕・時吾父在也・越明年冬・父卒・家人旁徨奔號・置女廚亂草中・中風・索艾・急不可得・越又明年春・疹災流行・吾季弟季妹連夭・女瘡甚・目閉・十餘日不食・穢外聞・生兩期有奇・二死不死・今死耶・女身不勝衣・言不出口・氣不充體・日食僅撮許・屏息獨坐・吾母憐之・患死女也・今死耶・吾姊適於鍾・女姑女嬸姊死・女亦死耶・女歸餘一年・兄嫂挈家宦於外・吾母老不事事・余好遊・繼從計偕吏・即家居・賓客出入奪其什七八・幾何視女舍・雖從居茅溪・余課之嚴・占在抱・幾何省女・姑孀無他子・晨昏盥櫛需焉・幾何歸寧・女十年六產・隨產隨折・加以家務多端・頗費周旋・幾何休息・女數者其槪諸縷縷難明・惟余知之・惟女自知之・吾母吾兄嫂恐未竟也・先是・余自燕都被逐・留滯淮揚之間・念初冬五日・母七十・歸・女病踰歲・屢請余不往・比往・女據几弗克起・曰・爹・前熟視・爹・寧再見・爹爹自愛・又曰・婆壽古稀・毋以我故謝賀筵・語畢・垂首長涕・余袖出巾・手拭之授之・是夕亟返・命舍延醫・詎意永訣哉・嗟嗟痛哉・母誕期・余率占含拜堂上・淚淋淋雨集・不能掩也・仰慶俯弔・歸壽而喪・徒傷母心・何忍言・何忍言・吾父於諸孫・始見女・常內於懷摩弄之・九原其相見乎・舅先亡・舍姑而舅是將・有斯六殤・嗟嗟痛哉・女蓋棺不瞑・余亟呼女・女三頷之・如有靈・當祈女姑・鞠女夫・如有靈・當護女夫・奉女姑・如有靈・當啓女後人・昌女胤・慰女夫女姑・余無恨矣・

謁葉退齋先生墓文

夫友其人・思見其人之父母・情也・東莞祁衍曾與惠州葉春及友・蓋自隆慶丁卯歲・迺春及永憾矣・嗟・何忍言・嗟・何忍言・越辛未十月丁巳・衍曾遊武夷・取道惠州・禮宜謁其先人之墓・於時束帛炷香致詞焉・詞曰・

予讀大明思齊之章・有味哉・其言之也・夫以文武之聖・詩人稱之・詳其所自出・況其他乎・我退齋先生・所謂古君子者非耶・二配相之・前黃後方・均與有內助焉・春及誠賢・不能過文武・先生所燕翼・足觀矣・豈易言哉・予不類・兄視春及・則先生爲父・予少孤・瞻拜先生・益動終天之感・嗚呼・立身行道・期見先人於地下・此春及志也・亦予志也・先生其默佑之・

陳衷素孝廉墓銘

陳君名絢・字衷素・素庵其號也・今春・衷素與祁子試

春官弗第。祁子策馬而南。而衷素問舟于張家灣。執手言別。祁子曰。不佞兄之子含漸長。失學。今就兄于宦邸。願以托君。答曰。過金陵。當挈含教之。不敢負君之託。乃祁子先過金陵。含從之還茅溪。悵悵然望君歸托含也。不旋踵。訃音至矣。於是祁子爲位于江之濱哭之。已而作歌。歌曰。謂天冥冥兮。君胡生。謂天明明兮。君胡傾。予媿乎君之振振兮。胡不死予死君。嗟松柏其爲薪兮。胡不死予死君。世紛紛誰與並爲仁兮。胡不死予死君。歌竟復哭。數日食不甘。坐不安。夢凄凄永歎也。是時衷素旅櫬未返。其門人百餘徒。擁櫬環哭。無不涕泗交頤者。於是議葬事。而祁子銘其墓焉。

按陳氏。其先閩之同安人。曰儻。徙居東莞亭頭塲。至宋。淸溝先生諱應辰者。俎豆于鄉賢。淸溝生益新。以儒顯。益新二子。曰庚。曰紀。皆舉咸淳間進士。皆入元不仕。父子祖孫。學行濟美。語具郡邑志中。紀生宜祖。宜祖生復慶。復慶生虞德。虞德生英順。復徙于城之康廟前。故稱康廟前陳。英順生總。總生榮。榮生以賢。以賢生行可。是爲懷旗公。懷旗公生椿。椿娶周氏。生衷素。衷素身長不逾中人。面短而方。峭眉巨鼻。耳如懸珠。目烱烱如電。常仰視輒閉。口闊吃。唇鬚上指。無項。爪勁如鷹。坐如泥塑。行如象步。自少敦篤。不嬉羣兒。學歌詩。能協聲律。歌時聽者或懈。正色呵之曰。欲從梨園濮上耶。方在丱角。凛不可犯矣。弱冠補邑諸生。莞之俗。丁祭諸生不肯告殺。衷素請于庠師告殺。其鄉斂酒禮也。又不肯以歌詩。衷素出所習聲律。載歌于賓筵之前。或叩之。不應。而私謂祁子曰。國家之典。莫大于尊師。亦莫大于養老。斯禮行而弗厠其間。予且恥焉。孰勞孰佚。孰得孰失。祁子頷然之。家貧。出就學。飯或有肉。必請所從太夫人。大人先嘗否。曰。從某所太夫人。大人嘗矣。猶逡巡未敢下咽也。性不能容人過。人有過。勃勃不平。若將浼焉。過者謝曰。將自改。遂張口而笑。嘗偕友人盧堯典袁應文周之翰十餘輩讀書于道家山。足不窺戶數年。晨聞雞起。手持燈徧燈諸友。于夕也亦然。諸友書聲少歇。曰。若其倦歟。而爲若歌。會文或先就請益。目需未就者。其樂於相成類如此。邑中子弟相率及門師事之。辭曰。温故知新。師之質也。絢碌碌無所見聞。師人敢云人師。而請事者益力。於是慨然歎曰。師之不見于天下久矣。諸君不以予爲不肖。相從于斯。務予言是聽。衆曰諾。衷素曰。自功利襲人。世之學者。役役于詞章呫嗶之末。曰。吾將魁鄉。吾將魁天下。吾志足矣。諸君豈其然乎。衆相顧莫以應也。衷素曰。祖宗設科以來。名世碩輔皆由此出。舉業之文。誰能廢乎。雖然。有本焉。衆曰。願承教。衷素曰。善學者因文見道。不善學者離道求文。欺慊之幾。毫釐千里也。於是談經考課之外。敘齒有錄。紀善紀過有簿。四方之士。聞風而來。有自惠者。有自韶者。有自雄者。而南都陸生進階折節執弟子禮。彬彬興於文行矣。

隆慶庚午。衷素以禮經中鄉試第五人。赴宗伯。每食食僕以其精者。曰。彼固人耳。履雪曳舟之勞。不精不飽不勝。坐而操觚弄管者。胡以爲也。歸與其徒誦說不輟。歲以爲常。居惟緼袍布履。僅足蔽體。蓬室蕭然。風雨不蔽。登薦及五六年矣。其妻被無綿也。私語之曰。妾任寒。女幼。

盍綿諸・曰・日者二三子亦有束修之遺・吾奉吾母・爲吾妹治奩・言之晚矣・平生誓不以私干謁有司・政有利病・事有寃直・挺然入告之・有司或未盡然・喋喋弗置・得白而後已・雅慕鄉先達張公鵬之爲人・立傳垂久遠・尤慕范龍圖贍族之舉・則貽書于其族人曰・哲士視宇宙爲度內・匹夫不獲時・予之辜・況完族乎・夫一人之身・螫足則手至・曷故哉・血氣之脉通也・族雖繁・一身所分也・奈之何坐視之・篤親周給・其列爲三・曰講習・曰窮無告・曰寃抑不平・講習者謂其家聲賴以不隤也・將責望此身爲先世顯揚・皇皇無資身之策・此與枵烏獲之腹・而畀千鈞何異・窮無告者・存奚以養・死奚以殮也・寃抑不平・謂擇地循法之夫・禍生於叵測・溺而不援・其豺狼乎・族人感其義・隨有無多寡捐祠中・衷素則籍諸祠中・登其名・稽其數・願收者出息二分・擇公而能者統之・蓋井井矣・且云・他日息饒入厚・義田義宅・可次第圖焉・豈意其遽死哉・

嗚呼衷素・以一介不取爲行・以安貧守道爲賢・世之人皆知之・以不欺爲本・以寧靜爲功・以範我馳驅爲的・交遊中庸亦知之・乃其心恥獨爲君子・欲與斯人同歸於善・返之乎先進之風・此殆難以測識也・大抵其節堅故疑於苦・其術正故疑於固・其老大故疑於迂・孰知乎衷素之自有眞耶・門人有問于祁子曰・夫善人天所親乎・先生積學砥行如此・而困約終其身・年僅四十夭矣・雙親垂白在堂也・無兄弟・矧又弗子・天道之謂何・祁子曰・陳君之學・求諸已不求諸天・外是予惡知哉・衷素娶何氏・女一・許聘湖廣參議鍾公雲瑞之孫斂也・諸同儕之治葬也・門人治之・而縣令楊公寅秋查演武塲右地監舍凡十・令管業郵其家・而南雄陳駐孤身走千里奔師之喪・因併書焉・銘曰・

彼岡且洋・彼・桑且桑・於女其何傷・女親弗遑將・女抱終天之恨・何時忘乎・

高爲表

字正甫・番禺人・萬曆丙子舉人・選滄州學正・遷國子博士・晉刑部主事・讞獄多所平反・以憂去・服闋・改戶部・歷員外郎中・出知袁州府・時嚴嵩黨誘潘埥開採銀礦・爲表力陳利害・事遂寢・舉先正陳重祠以風世・設秀江文社以課士・三年・政通人和・尋乞休・年僅五十・褐衣疏食・詩文自娛・泊如也・屢薦不起・著有榆枋齋集・田間彙稿・嘗修番禺縣志・卒年八十一・兄爲儀・萬曆十年舉人・

番禺縣志序

序曰・温陵鄭公宰番邑之二年・康民阜物・百廢具修・以番爲鉅邑・而志乘獨闕・喟然久之・因奏記兩臺藩臬守郡・敦聘薦紳賢良文學・鼎修曠典・余不佞・解組南歸・頁苞靡取・身既隱矣・焉用文之・辱公雅意至再・遂拜羔雁之及・靦得黽勉從事・夫志・紀載之書・郡志畧而邑志詳・體固然耳・今杞宋有徵・夏殷之禮・胡不足之是虞・故邑詎可無志・番雖附會省之邑乎・益古侯國也・禮樂刑政・錢穀兵甲・戶口貢賦・均此焉出・惟是邑中簿領期會・有午不遑遄・逞狃夙習・以爲有郡掌故在・曾未顧及於是者・我公毅然狎主齊盟・與薦紳賢良文學・窮搜博采・芟穢翦蕪・或錄舊聞・或收新見・纚纚千萬言・匪地閎裕之才・踔異之識・

惡能以經術飭吏治而憚心於紀載也・昔者公孫僑相鄭・國事叢脞・而一切詞令・藉之潤色・鄭監門在宋・蒿目時艱・而圖繪流民・青苗罷法・公方下車・適島寇烽烟・元莫旱魃・相繼爲祟・公順治威嚴・調停賙賑・不遺餘力・抑亦監門世胄哉・胡軫恤乃爾・至邑乘之修・手自竄定・沿革予奪・衮鉞是嚴・布令著規・足爲後事師率・即鄭國僑又何以遜・因知才有兼全・故文章經濟・較二公不翅逾矣・況標奇評藝・延接青衿・問俗觀風・蔚爲歌詠・公餘及此・其政可知・往歲南邑平湖劉公纂修邑志・十五城視爲嚆矢・番與南・二邑雄峙・公踵美以成是書・一時方策・實華世文獻所資・鴻模鉅範・不至泯沒無所見・厥功甚宏・甯直藻裁之麗而已・

表不佞・濫竽是役・其割榮何可勝道・脫草日・公以同事者宜有言・授不佞簡・自惟薦紳二三公・皆南順耆碩・才德俱長・不以不腆敝邑・儼然臨之・是識大之賢也・不佞忝邑人・借光東壁・已溢分涯・謬後薦紳後・識其小者・何敢以康瓠與商鼎竝肆而列乎・其爲顏滋厚・聊綴數語于末・少塞明命・以附貂續云・

龐一德　字與虔・南海人・萬曆丙子舉人・官嘉魚知縣・秩滿・改揚州教授・一德爲嵩次子・久從宦吳浙楚滇・諳達治體・著有雙瀑堂稿・阮藝文畧注未見・

尊經閣記

夫羽衣霓裳・豹袖狐白・其於飾豈不偉・而布帛爲之嘗・猩唇燕脾・耆炙枸醬・其於味豈不珍・而菽粟爲之嘗・夫經之言嘗也・吾夫子所以爲異焉者・立之防也・是故其性仁義禮智信・其倫君臣父子夫婦・長幼朋友之交・而其書則易書詩禮樂春秋・天地聖人之所不盡・而實愚不肖夫婦之所能知能行・無以異也・聖人不作・聃尹莊列四十二篇之書行・於是有老氏之經・有佛氏之經・厥嘗者率趨之竟之・其室居・其服食・自非有聖人者覆幬之・持載之・能一日生息我士哉・況其所爲偉且珍者・悉聖人之緒餘也・故天下莫尊於六經・亦彰明較著矣・

方今學校徧海壖・尊經之閣亦隨之・恩平有學・肇自成化間・志載・尊經閣日久圮壞・舊址無所考・前教諭車君來任・會作學宮・諸學子則取堪輿者說・謂先師廟艮隅窪陷・無以妥神靈而昌地脈・閣之以尊經宜・車君以謀之縣令蔡侯・侯曰・可哉・議定而地主梁瀾願以其地效・諸生若好義之士馮明德鄭國一梁維棟輩・羣而趨之・始工丁亥歲正月・迄除歲告成・爲費一百三十餘兩・率取之勸募・蔡侯車君捐俸助之・民間不知有役・董其事者鄭乾元梁以絢也・車君徙去・余踵後塵・因周所未備・定爲期・偕諸學子肆習其中・他日・二三子謂閣當有記・偕來以文請・夫昔之記尊經者衆矣・予則安能有加・雖然・間有感于言尊親者・夫人子尊親・即繼志述事・爲兢兢然・而桑梓必敬・中饋厠牏必敬・非以其物也・入室而僾然・出戶而熂然・非以其地也・夫然後子之精神與親之精神・相爲流貫・而稱其爲尊親者・吾夫子未泯之精神・宜莫若六經・而世儒動曰・是註脚也・是記籍也・此不亦戾其所爲尊・而與蘧蒢仁義・悟轉法華

者·立之赤幟哉·然則尊六經·奈何·曰·聖經自尊也·曲爲援附·以文異說·是不父其父·父他人者也·經不尊也·藉口門第·甘心盜蹠·是犬馬其養者也·經不尊也·庋閣是東·以飽蠹魚·不省亥豕·是塗路其親者也·經不尊也·易書詩禮樂春秋·其呫嗶·君臣父子夫婦兄弟朋友·其惇叙·仁義禮智信·其操存·敬其祖無混其宗·而又優而游焉·使自得之焉·厭而飫焉·不見異物而遷焉·夫然後爲能養志·能終身慕·稱聖門之孝子·如布帛菽粟被天下也已·尊經宜莫大於是·二三子唯唯·

賈說贈吳子待銓

余罷春官試·而得嘉魚放舟南下·時則中表青達吳子需次北上·邂逅于淮之陰·吳子亟過余談·縱說之以經術·衡說之以法家言·莫逆也·已而別·而吳子謂余曰·某茲行·天官氏且以一命處我·願子之有言韋弦我矣·龐子敬諾·既舟次無營·遂屬毛生爲使·將以報吳子·乃言·豈亦有以齊魯之賈爲子告者乎·昔齊賈居翡翠·以售國之王公貴人·價十倍·囂囂然有驕人之色·魯賈居縕·售里之貧者·價不一倍·黯然有赧色·他日·齊賈再居翡翠·魯賈再居縕·會天久雨·翡翠敗·售之·人無問者·本用折閱·其冬盛寒·縕乃騰踊·魯賈亦十倍·

夫世人右經術·而經術不必顯·左法家者言·而法家言不必不顯·則何以異於爲賈者乎·善者因之·次者利道之·最下而與之爭矣·是在審所處哉·毛生請口·公以經術起家·亦始爲縕耳·何得弁髦經術·且明形弼教·不爲經哉·書亡而詩作·甘棠聽誦角誦詩·不少法家也·君子反經而已·烏用法家之言·嗟夫·生猶然嘐嘐道古·何知時變·竊聞上古之世·其治純白·故典謨興焉·中古之世·其治斧藻·故詩春秋繩焉·近晚之世·其治貝錦·而法令徵焉·賤之徵貴·窮之徵通·屈伸循環·莫之予奪·生必以經術可以經世·則繩果可復結·而斗果可剖·而衡果可折乎·吳子之於經術深矣·一旦俯而從事·固秦越人之爲小兒醫者·時偃時仰·不入得喪·時權時經·與世重輕·甯法家鳴·毋甯與經術爭·非善之善者哉·齊賈珍翡翠而薄縕·敗無足怪·藉令縕一不售·改而居翡翠·魯賈之困·豈有極乎·生病我重縕·而輕翡翠·曾不知縕居者之無庸改玉改度也·毛生唯唯·

楊起元　字貞復·歸善人·萬曆丁丑進士·選庶吉士·授編修·歷官至吏部右侍郎·起元慕羅汝芳之學·嘗奉命策封崇藩·取道盱江·就汝芳論道·乃大悟性命之旨，其學以知性爲宗·而不離日用·直窺大原·非世儒矯強義襲者比也·性至孝·以母喪哀毀卒·年五十三·天啓初·謚文懿·著有文集十一卷·明史四庫皆著錄·阮志注存·又有識仁編二卷·諸經品節二十卷·並見四庫書目·阮志注未見·又著有天泉會語·亦未見·

勸講聖學疏

爲敬陳修實之要·以崇聖德以應天心事·昔人有言曰·應天以實不以文·夫由太虛有天之名·而顧應之以實·何也·政本於心·心虛而政實·修其實者非遽於實乎·求之必思其本·思其本則不得不致其虛·致其虛者識吾心者也·識吾心

者識天心者也．天心惟虛也．故能以實應聖心．聖心亦虛也．故亦能以實應天心．邇者宮殿頻灾．夷虜交警．皆天心仁愛之實也．皇上處此．安能不應以實哉．修實之道．人人言之矣．如大禮當以時舉．大工當以和會．威不可弛也．而不必勤於遠．財不可無也．而不必採於山．言路當開．遺言當用．皆實政也．所當亟修者也．然臣以爲此數者皆非皇上所難．惟慮聖心未嘗與太虛同體耳．故臣特以致虛之說爲獻．得其虛者而實自舉矣．

恭惟皇上繼天立極．二十有五年矣．始者承事郊廟．罔不祇肅．承懽聖母．罔不齋慄．卹民艱則不愛帑儲．遇雩旱則不難步禱．如此聖德．雖使堯舜處此．安能遠過．是孰爲之哉．聖心虛也．是心也．不以始而有．不以今而無．惟不自覺而已．昔孟子指齊宣王不忍一牛之心．足以保民而王．時百姓識其愛財者．孟子獨明其不然．齊宣曰．夫我乃行之．而不得吾心．子言之而我心戚戚焉．何也．孟子惟自識其心．故足以識齊宣之心．齊宣惟不自識其心．故替其保民之德．甚哉．誠心之所繫於理道者大也．皇上之心堯舜也．何論齊宣．臣今亦願皇上自識其心而已．皇上之學博矣．恭聞深宮之中．無書不讀．夫書有限之物也．皇上之聰明．無窮者也．以無窮而循有限．則厭而輟也固宜．倘以此聰明而求識聖心．是以無窮求無窮也．夫何厭耶．夫何輟耶．方今廷臣皆蒙道化．無不講於求心之學者．易曰．水流濕．火就燥．雲從龍．風從虎．聖人作而萬物覩．皇上儻有意於斯道．臣下必羣起而敬應矣．且以孔子至聖．自十五志學．三十而後立．遞至七十乃不踰矩．其學之不厭如此．敢謂聖上所學已至無所事學哉．但所學者乃作聖之大學．而非尋章摘句之末節．孟子曰．學問之道無他．求其放心而已．臣願皇上時御便殿．親就儒臣．假以温言．示以無畏．如唐虞之際．都俞吁咈于一堂之上．藹然衆人父子之誼．而與之上下其議論．而所以議論者．或遠稽．或近述．惟以求識乎此心．孔子曰．心之精神是謂聖．故學以識心．乃所以作聖也．以皇上之大聰明．肯少留意於此．未有不得者也．一得之後．自然與天同運矣．孔子曰．唯天爲大．唯堯則之．則大之德也獨歸之堯．皇上一得此心．而與天同運．亦堯而已矣．千載一時．萬世之福也．此臣惓惓．願皇上之學．以求識此心也．後世稱堯舜之高行．能抵璧於山．投珠於海．夫貨寶．人情之所戀也．而堯舜能棄之．豈不謂難．然自堯舜爲之．乃易易者也．何也．吾之眞心．乃爲眞寶．而世上有形之寶．贋寶也．堯舜得眞寶而棄贋寶．何難之有．故心者萬行之所從出也．

方今灾害並至．明主恐懼於上．羣臣修省於下．莫不思以實應天．而臣獨以學問爲言．近於迂矣．臣見漢儒董仲舒告其君以天人之際之可畏．亦惟勉强乎學問．而萬世未嘗以爲迂．臣雖愚．安敢出仲舒下哉．且仲舒知勉强之學問．而未知自然之學問也．如臣所謂求識此心者．乃不思而得．不勉而中．從容中道．聖人也．天道也．故應天之道．莫要於此．臣聞昔有野人．食芹而美．欲以獻之於君．後世傳其事以爲至忠．夫芹也而可以上獻．野人也而可以效忠．臣蒙恩作養．讀中秘書．洊歷清班．遞晋卿貳．則其分加於野人．臣少受父訓．壯習師傳．惟此學問．易知簡能．則其美亦自誤加於食芹也．臣敢以爲獻矣．伏惟天地之大．日月之明．鑒臣樸忠而少加之意．幸甚．

貞孝自天說

婦而堅從一之義者．古有之矣．堅於未及于歸者．未之前聞．而今聞有之．女能挺身急父之難者．漢之緹縈是也．而貞未聞也．貞而孝．如熙亭艾公所著胡氏事實．豈不偉歟．胡蓋少字張之子也．張死．胡僅十餘歲．且已能矢心之死靡他．竟使其父母諒之．斯已難矣．亡何失恃．父龍徵者．豪俠自喜．不問家人生事．女乃勤女紅．督家政．以裕其父．父與長者遊．則天下所稱海忠介公者．館校國朝奏疏．未幾．忠介公沒．而疑者中之．禍且不測．女乃截髮毀容．徒步上書當道．誓死必脫父厄．四方賢豪長者憐其志．共明其父．竟脫之．此緹縈之所得於漢者也．抑非獨如此而已．張之翁老且困．女竭力孝養．所居與翁家相去半百里．歲時伏臘．不曠定省．此又其所以孝也．或曰．貞且孝則然矣．而何以言而天也．楊子曰．斯則有二義焉．必其哀婿之死而矢心靡他也．孰爲之．蓋莫之爲而爲也．及其閔父之難．翁之貧．而赴之忘其身．事之忘其勞也．孰爲之．亦莫之爲而爲也．程子曰．良知良能．皆無所由．乃出於天．不繫於人．女其有焉．猶未也．兩髦之逝．無所可爲．而夫婦之綱．竟賴之以不泯者．尙可言也．至於克家以裕其父．舍生以急父之難．則男子事也．有夫而事翁．可能也．事翁而不以其夫．不可能也．是女也．能男於其父．又能男於其翁．天之生女也．而女之自爲男也．天不得而女之矣．故曰自天．其所自天也．其自爲天也．合是二義．而女之貞孝始備矣．武進儒學諸生某等若干人．諸部具呈胡女之實．是關於風化之大者也．其未及表也．蓋有待也．是以著其說．

仁解中

春而生．秋而殺．皆天地之仁也．而獨主於不殺．何也．曰．以生殺觀天地．此相沿之說．而非事理之實也．然植物者．春則榮．秋則悴．其榮其悴．特在於華葉之間．其根幹固自若也．當春夏而發洩．至秋冬而凝堅．安在其爲殺也．乃若飛者潛者動者．皆不以春秋爲榮悴也．豈天地之生殺．獨加於植物．而遺於飛潛動物耶．又豈植物之榮悴．獨足以見天地生殺之德．而飛潛動物可無論耶．然則天地一於生而無殺乎．曰．有焉．若雷霆之震擊．水火飢饉之凶災是已．此其殺也．乃眞殺也．其於飛潛動植無擇也．然天未嘗有意於其間．物之戾氣省召之者．然亦不嘗有．萬一有焉．羣聚而怪之矣．天地若此其大也．神明臨之若此其威也．萬一有焉．猶羣聚而怪之．況人與人同類．而以此施之．又當何如其爲情耶．

聖人有見於此．故惟以天地之大德．施吾並生之民．而不以乖戾之氣之間見者戕之駭之．若帝堯者．其仁如天．無得而名矣．舜之罪四凶也．止於放竄．其當時爲舜明刑者．則邁種德之臯陶也．臯陶之明刑以弼敎也．刑而期於無刑者也．其歸功於舜曰．好生之德．洽于民心．思用不犯于有司．蓋當是時．天下嘗無一人獄矣．舜欲化頑讒．而有否則威之之語．禹極言其不可．以爲如此．不惟不足以化．而且有敷同日奏罔功之患．又嚴其防．至比於丹朱之傲．及其治天下．出見罪人．下車而泣之曰．堯舜之民．皆以堯舜之心爲心．寡人之民．各以其心爲心．由此觀之．堯舜禹皐之相與仁天下之民可知也．天地以生爲德．聖人亦以生爲德．天地不以殺爲事．聖人亦不以殺爲事也．刑殺之濫．其後世地大物衆．教化陵夷．不能勝天下之亂．而姑隱忍以把待至此乎．學者習見其然．又不得乎挽回之術．遂舉生殺並言之．而誣於天道．夫謂後世不能如古可也．謂古者生殺亦猶夫後世．而爲天道之不可少者．則胡不引唐虞之事觀之．孔子曰．善人爲邦百年．亦可以勝殘去殺矣．殺之去．善人猶能之．矧聖人乎．後世君臣之論曰．有功不賞．有罪不誅．雖堯舜不能化天下．噫．何其視堯舜之淺．而敢於厚誣也．孔子以去殺與古人．而後世以不能去殺視堯舜．惟其以生殺誣聖．故又以生殺誣天也．夫苟一生一殺．皆天之道．則孔子亦何期於去殺．殺而可去．是殺非天道也．乃衰世苟且之用明矣．曾子亦曰．上失其道．民散久矣．如得其情．則哀矜而勿喜．可見上不失道．則民嘗協於彝倫之中而不散．不散則不訟．不訟則無刑也．無刑者．三代以上以爲常事而不難者也．而後世不之信．誠有願治之主．救時之相．一日赫然舉學問而明之．則教由此立．刑由此措．不過十年．而唐虞之太和元氣在宇宙矣．

學說

非禮勿視．無其目也．非禮勿聽．無其耳也．非禮勿言．無其口也．非禮勿動．無其身也．無目則亦無色．無耳則亦無聲．無口則亦無物．無身則亦無事．我既不立．物亦不對．而一歸之禮焉．禮安在哉．天理而已．天理又安在哉．有在即非天理也．噫．此顏子之所屢空也．予天民之先覺．何也．曰．此伊尹以人性自任也．言民之先知先覺非他．即予身是也．伊尹是代天下之眞性．而顯露其形骸．天下是惜伊尹之形骸．以表出其眞性．分一身於天下．則人人有伊尹．合天上於一身．則伊尹有人人．蓋聖之任如此．以斯道覺斯民者．言人人皆先覺．而哀其不自覺也．故即以道覺之．非益彼所無也．

朱子以虛靈不昧訓明德．似也．若云具衆理．應萬事．則明德之贅．而非明德之訓也．猶言鏡之具衆影．而應萬形也．鏡果有衆影之具哉．蓋鏡一影不留．明德一理不有．奚虛靈之足言．且曰．氣稟所拘．人欲所蔽．有時而昏．亦非也．凡吾人終日舉心動念．無一而非欲也．皆明德之呈露顯發也．何蔽之有．吾人一身視聽言動．無一而非氣稟也．皆明德之洋溢充滿也．何物之有．即如聾瞽之人．不能視聽．若可以拘其明矣．然執聾者而問之曰．汝聞乎．必曰．吾不聞也．執瞽者而問之曰．汝見乎．必曰．吾不見也．不聞爲不聞．不見爲不見．一何明也．而謂之拘可乎．知明德之明．不拘於聾瞽．則知氣稟不能拘矣．不能拘．不能蔽．則無時而昏矣．天下之爭．皆起於自有善而自無惡．吾既有善．天下之人亦各自有其善．吾既無惡．天下之人亦各自無其惡．此天下所以多事也．長民者不知自反．而歸咎於人心之不古．豈非以邪形求正影．以細聲求巨響哉．故曰．藏身不恕而能喩諸人者．未之有也．

孝經之敎・以不敢爲先・不敢者・有所畏也・有所畏者・敬之謂也・敬者人之眞性乎・夫身體髮膚・受之父母・不敢毀傷・自赤子下胎之初已然矣・馴致於不敢惡・不敢慢・不敢服・不敢道・不敢行・不敢遺・小國之臣・不敢侮鰥寡・不敢失於臣妾・皆此心爲之・是不敢之爲孝也大矣・乃若五刑之罪・莫大於不孝者・凡刑之所加・皆敢之所致也・故孝經之敎行・四海之內可以無刑人・

戒愼不睹・恐懼不聞・聽天所命・而不敢以人爲參之也・不睹不聞安在・卽睹卽聞是也・故至隱至微・而實見實顯・此之謂獨・而必戒懼以愼之也・而有意於戒愼恐懼者・其爲不戒愼恐懼也大矣・

誠者天之道也・誠之者人之道也・故君子誠之爲貴・不能誠其心・則不能明乎善・不能明乎善・則不能誠其身・不能誠其身・則失其所以爲人・失其所以爲人・則失其所以爲貴矣・由此觀之・欲自貴於天地者・必得其所以爲人者也・得其所以爲人・必誠其身者也・誠其身者・必明其善者也・明其善者・必誠其心者也・誠其心者・孟子所謂立乎其大者也・大者立則人從之以大矣・大者則不立・則人從之以小矣・大小之分・貴賤之別也・學者可不察乎・天地之道皆誠也・獨以天道言者・天包地・地亦天也・其爲物不二・則其生物不測也・天地不一・則人之不二也・天地不測・則人之不測也・學也者・求以其不二之體而已・吾人一身寓于宇宙間・喜怒也・哀樂也・愛惡也・千態萬狀・生生而不已也・正明目而觀之・不可得而見也・傾耳而聽之・不可得而聞也・孰測其所以然耶・皆不二之所爲也・明乎不二之體・其不測猶是也・未嘗有所加也・昧乎不二之體・其不測亦猶是也・未嘗有所損也・然爲天地立心・爲生民立命・必明者能之・

止至善解

善而曷云乎至也・曰・是天之載也・古之極也・子思曰・上天之載・無聲無臭・至矣・是至善之所自來也・孟子曰・規矩方圓之至・聖人人倫之至・是至善之所取則也・然則有二至善乎・非然也・董子曰・道之大原出於天・天不變則道亦不變・自古以來・大聖至神・無不本天以爲學・而垂其則於後世・後世之學者・得徵而信焉・信古所以信天也・古者天之所寄也・天者古之所出也・譬之規自圓・矩自方者・天也・立圓以規・立方以矩者・古也・是至善也・止之云者・明德新民・皆本天以稽古・而準古以合天・如爲圓之止於規・爲方之止於矩・雖有離朱之明・目不敢自用・雖有公輸之巧・不敢自運也・何者・天之則・至古而極也・雖欲加之・不可得而加也・雖欲損之・不可得而損也・然則將事事擬古而爲之乎・非也・子不觀之規矩乎・以之作室・萬萬其室・則萬萬其形也・而規矩一也・以之制器・萬萬其器・則萬萬其象也・而規矩一也・明德新民・亦自有其規矩而已矣・明德新民之規矩何也・古之欲明明德於天下者・而各有求端用力之地是也・平天下・先於國・先於家・先於身・先於心・先於意・先於知・先於物・是其規矩之統論者也・物如何而格・知如何而致・意如何而誠・心如何而正・身如何而修・家如何而齊・國如何而治・天下如何而平・是其規矩

之細論者也・知意身心屬之乎明德也・而其體必涵乎民物・國家天下屬之乎親民也・而其用必根於身心・是其規矩之錯綜者也・而自天子以至於庶人・是皆以修身爲本・則運是規矩者也・圓則行・方則止・大學言矩不言規・寓止之義也・矩亦規也・故大學一書・皆至善之所寓也・由之則治・不由之則亂・由之則安・不由之則危・治亂安危・主之自天也・由與不由・徵之以古也・而其幾應流通有不爽者・以此見天之道寄之古・而古人之所爲・卽天之所爲也・董子曰・意者有所失於古之道・與有所悖於天之理歟・此之謂也・堯舜禹湯文武之不爲政久矣・然其道可考而知也・有目者所共見・有耳者所共聞・有心胸者所共記憶・有智識者所共由也・然有得焉・有不得焉・或以階治焉・或以召亂焉・何也・知不達天地・知不達天・則不知古人之精蘊・而所爲慕古者・徒啜其糟粕而已矣・故以知天之人・而不用治古之道・是造父而棄騏驥也・其棄而不用・是王良而徒步也・知不達天而希古・是學步之嬰・而遵九折之坂也・必無幸矣・顧有不知天而慕古者矣・未有知天而棄古者・文武之政・布在方策・其人存・則其政舉・思知人・不可以不知天・此之謂也・是故欲止於至善・必明乎善者也・明乎善者・知止者也・知止者・明明德者也・明明德者・格物以致其知者也・格物者・會通古人之成法・以觀於物之本末者也・故博學之・審問之・愼思之・明辨之・篤行之・然後可以明乎善・由此言之・知天然後能知古・亦必知古然後能知天・如十二律・還相爲宮・非善學者其孰能一之・

且夫止之云者・果且有止乎哉・是無窮之論也・的立而射者赴焉・主乎的而止也・皇畿立而四方覲焉・至乎皇畿而止也・明德新民之學・惡至而有的・惡至而有畿・堯治天下・至於七十載・尙不知天下治與不治・乃之乎康衢・而聽乎兒童之謠・又之乎擊壤・而聽乎老人之歌・舜治天下五十載・亦不得自安・巡狩而至於蒼梧之野・孔子睹此・而知二聖之難窮・是以有其由病諸之歎也・觀堯舜・而其他可知也・此其心皆有所慕於至善也矣・

原古中

義之於君臣・仁之於父子・序別信之於兄弟夫婦朋友・自有書契以來・得失治亂之故・班班可紀・孔子刪述・垂之六藉・至明也・乃若佛氏之所演說・畧於此矣・而我高皇謂皆三綱五常之性理・何也・孟子曰・說詩者・不以文害詞・不以詞害意・以意逆志・是爲得之・而孔子亦曰・詩三百・一言以蔽之曰・思無邪・高皇葢得其志而蔽以一言者也・三綱五常皆性之所出・而人之處於日用彝倫之間・多苟且悖謬・不能盡其分者・有物以間之也・天性之於彝倫一也・非彝倫無以見天性・非天性亦無以見彝倫・而惟有物以間之・則天性彝倫判而爲二・而其漸逐至於大亂・言語有所不能化・刑罰有所不能懲・兵革有所不能除・若春秋戰國之世是也・幸先王遺澤未泯・其民猶可化誨・彼西方不經聖化・民頑而俗悍・佛生其土・則惻然有憂之・謂夫羣生所由失性・皆世俗紛華盛麗所汨沒・猶明月之珠・夜光之璧・而淪于重淵厚埃・無由呈露・今欲其咸見是性・非導以遠離世俗不可・昔太甲敗度縱欲敗禮・伊尹欲化之・亦曰無俾世迷此

佛意也。又思乎人生如彼其衆也。豈可家喻而戶說之。乃身自出家苦行而爲之倡。而其精誠之所極。天地鬼神果有相之者。是以人類翕然歸仰。謚爲世尊。無賢愚貴賤。皆爲其言是聽。彼土帖然。無有攘奪殘害之患。夫苟無攘奪殘害之患。則君臣相安。父子兄弟夫婦相保。此彝倫所以不墜。天性所以不泯也。蓋吾儒之言綱常也。言其實而使民由之。佛氏之言綱常也。言其本而使民知之。非故使民知也。聖人之術。窮於使由。故不得不通於使知也。孔子曰。作易者其有憂患乎。如佛氏者。殆有憂患之大者。春秋戰國之世。臣弑君。子弑父。列國相尋於干戈。明叛夫聖人之教。漢興。修復之。以爲可長治矣。大奸如莽。借六藝以文之。漢室既東。而佛教乃入。天之愛民甚矣。所謂因其窮而通之也。締觀佛之所爲。其心潛之於綱常之中。而其迹若逃之於綱常之外。故豈猶後儒闢其不可以治天下國家。卽佛亦自處於出世之法。觀其日中一食。樹下一宿。斷髮而處。徒跣而行。持鉢而乞。壞色而衣。以爲吾既不與國家之事。不分君臣之勞。自可如此而已。顧化誘愚民。開導人性。使之相安相保。乃其與勞之大者。而不可明言之。如吳太伯與仲雍爲採藥之行。而逃之荆蠻。不自明其讓也。當其背父母離兄弟之時。不爲名教之罪人無幾矣。不有孔子。孰知其至德哉。自至德之言出。然後知太伯之所存者大。然泰伯在當時。亦斷髮文身。裸以爲飾。未嘗處於有餘之奉。聖人之用心。自合符節也。若佛者。其大有所不得已者也。後世闢之者淺矣。卽有崇奉之者。而襲其迹以棄君親。漫爲猖狂不羈之言。而蔑棄聖人之禮法。亦可謂不善學矣。

蓋吾孔子之教。君君臣臣。父父子子。兄兄弟弟。夫夫婦婦。而友以輔之。禮爲之明。易爲之幽。詩爲之興。書爲之用。而嚴其防於春秋。故曰。春秋者禮義之大宗也。有國者不可不知春秋。前有讒而不見。後有賊而不知。爲人臣者不可不知春秋。處經事而不知其宜。遭變事而不知其權。爲人君父而不通於春秋之義者。必蒙首惡之名。爲人臣子而不通於春秋之義者。必蹈簒弑之罪。孔子道祖堯舜。禮學夏殷。而憲章從周者。兢兢然蓋亦先以春秋自律也。後之學者。其不離倫物。則學孔子者也。自宜尺尺寸寸。不踰於春秋。有歸佛者。離倫物者也。自宜深山窮谷。草衣木食。而不與夫人世。若夫駕言出世之法。而安享人世之樂。是兩無所成也。何則。天地一氣也。而自爲天地。自爲地不相借也。人物一性也。而人自爲人。物自爲物。不相假也。手足一體也。而手自爲手。足自爲足。不相奪也。各形其形。各事其事。所以並存也。其形不別。其事不分。所以交病也。天下有事有理。理主圓。事主方。佛之說法。可以通三界而不易其操。通者理。而不易者事也。高皇以綱常之性理與佛。而以綱常之紀法宗孔。正身正家。正朝廷。正百官。正萬民。純乎孔子之法。而佛不與焉。曰。吾自有王綱。彼亦陰爲吾助而已矣。此高皇所以統一聖眞。而開萬億年無疆之治者也。是事理之準也。

贈郡守燮軒林公入覲序

公守吾惠四載。化行政成。而民有歌者曰。平原莫莫。可耕可鑿。浩浩江流。可方可舟。鴻雁翩翩。適彼中田。中田有稻・與汝偕飽・野無罝・鹿不遮・溪無罛・魚不呴・於是史氏讀樂魁湖之上・或以告曰・民間新作此歌・何爲者也・史氏曰・蓋言其適也・

嗟夫・此殆都大夫之化也・夫始者予屛跡讀禮・罕接於大夫以與聞其政・顧例聞於人人・大夫仁者也・不沾沾於小惠・其導民也・不拂其宜・其齊民也・不易其俗・廉矣而未始劌也・明矣而未始察也・引大體而舍細苛・先教化而後刑罰・其於善也・不以佐喜賞・其於惡也・不以觸怒罰・哀鰥寡・恤孤獨・斷薄刑・出輕繫・獄無滯囚・民無寃情・非有不得已・不輕用民力・役之不違其時・愼於舉措・重於與革・不警民以樹怨・不駭世以取譽・譬之烹鮮・鹹酸惟其宜・譬之治紬・端繹惟其緒・而不以己與焉・虛而委蛇・與道合眞・夫萬物游於天地之宇而無所閡者・不惟以虛耶・室無虛空・則婦姑勃谿・野虛而獸走焉・淵虛而魚泳焉・心虛而萬物育焉・甚矣・虛之爲道大也・

古者大道之世・上無可名之功・下無可書之績・官長之子其民・若父母之于子・時其饑飽・適其寒燠・除其疾痛・搔其痒疴・非不薰然慈也・性之而已・而無慈之名・至於後世・數奏以言・明試以功・車服以庸・於是爭爲慈惠・飾爲仁恩以赴之・而性始漓矣・故考績者匪以敎僞・而爲僞之端・賞功者匪以勸飾・而爲飾之漸・世遂有僞增戶口以豪顯賞者矣・不惡之・而不知其作始有原也・藉令抱子食孩者・以賞罰爲慈否・卽孩之食有不時者矣・唐虞之法・其爲中人設耶・中人者可引而之上下者也・上智之士・率性而行・夫豈以聲名橫其念・爵賞滑其中・故常虛・爲虛故明・明則得萬物之情・已游於萬物之天也・適萬物游於己之天也・亦適夫平原固可耕鑿也・江流固可方舟也・中田固鴻雁之所止・而稻粱固其所偕飽也・還之以其固然而未或擾之・是飛走游泳之各遂其性也・故是歌也・民之自言其適也・而不知其所以適者・大夫實使之・大夫非有意於使之也・夫亦自適而已・此所以爲化・

昔者民德其上・則莫不形之詩歌・史起令鄴・潟鹵之謠興・郭賀刺荆・仁明之頌作・廉范以便民・流聲於五袴・岑熙以德化・播譽於生氂・然率指其事・著其名・指其事則不大也・著其名則不忘也・等而上之・其甘棠乎・然曰召伯所茇・召伯所憩・雖不能指其事矣・而猶名之・又等而上之・則康衢之謠・擊壤之歌・至矣・無事可指・無名可名・繼之者其惟此乎・於是公以朝典入覲聖天子・鄉士夫爲祖道・供張郭門外・而史氏與焉・爲諸士夫誦之・舊宅州刺史平宅劉先生爲祭酒・聞之而悅・乃曰・史氏之論甚善・吾聞公之學・本之其封翁・尙實而羞名・居今之世・志古之道・不欲如世俗觀示耳目・如畏壘之民欲俎豆庚桑楚・楚自以爲杓之民也者・是封翁之所爲心也・

往歲公嘗一覲矣・還也封翁俱來・察公之政・大當厥指・則懽甚・爲之加餐・又爲之徜徉於羅浮・高詠而東・玆便道歸省・有如封翁聞公大得民・民欲俎而豆之・尸而祝之・封翁玆不樂・以爲感物非情也・今民之歌・不事指・不名著・而第言其適而已・不有史氏推言之・莫有知吾民爲公而歌者・此果庶幾於康衢擊壤之聲而無愧也・封翁聞之・將謂吾兒能守吾敎・可偕之大道・夫上以助流唐虞之化・而逑職

以紓主上南顧・忠也・下以承歡封翁・孝也・二德者均於公之此行乎舉之・而又均於史氏之論乎發之・請以此觴公・而遂書之祖帳・納之從者・史氏不能辭・乃稍理其語以授之・

守道吳公蕩平積寇序

惠潮稱太平無事・十餘年於此矣・而猶有號爲良民・而實負固梗之若岑崗者・蓋自正德間・王文成公平浰頭諸巢・爲其阻險・而酋長李鑑最黠・又首效順・故且撫焉以有待云・地介惠虔之間・饒竹木魚稻・李酋既擅其租賦・則官府之行李往來・時供其匱乏・至於賈客挾資出於其途時・或陰令人間道剽取・即有問者・陽應以他盜・而前是奉天子命臨鎭邊境者・上下一以虛文相蒙・莫敢控訴・縣懼激變獲罪・隱忍莫敢發・故李酋得逋天誅・父子孫相繼・其後復有江酋・竊李之半・相與盤據百年・名爲無動・而實吾惠潮不測之憂・

去歲・客有貿絹者・殺而奪之・一人逸・訴軍門・下縣捕殺絹客者・縣捕急・江酋怒・殺其左右二人・守道吳公初下車・聞其事・曰・此不可縱也・令縣具以實報軍門・府下檄暴江酋罪狀・諭其黨・縛酋出者受上賞・不者且加誅・令至・其黨喜愕・江酋知不免就縛・道中服斷腸草而死・李酋與其衆反・縣悉起鄉兵捕之・諸巢內應・賊逸・出定南界・公策其必走・急發戍城兵・乃自移鎭龍川・以便調度・於是官兵急追・及賊・戰於下拔・飛礮擊其前行・殺賊數十人・賊敗・乘之急擊・殺二百餘人・餘黨悉降・其諸巢肺腑岑崗者・咸自諸軍前歸命・願離其險・處之各鄉・與良民伍・於

是其中膏腴之壤・令民得占其業・蓋山谷之淪爲窟穴・幽昧百餘年・而一旦日月照臨矣・茲舉也・賊效倒戈之義・鄉有即戎之勇・不費斗糧・不傷一兵・以三旬之功・夷百年之寇・匪公高明凝定・文武爲憲・惡能動中機宜若此哉・始賊棄巢出・而公之初欲移鎭也・外議懼功未必成・且有潰冒衝突可畏之患・各縣始捕賊・何急之反耶・予聞其言・不覺憤切曰・此復欲以往年激變之說・繫縣官手足也・如此則分符綰綬而來・必低首下賊・不敢出一氣乃可耶・吾意公必不然・嗟夫・公果不然・蓋公之所以成功者・非獨方畧奇・亦大體得也・

予生長於亂・能言往事・惠之山寇・初起甚微・蓋不過百餘人・而惠之各鄉堡丁壯甚殷完也・以殷完之丁壯・而驅初微之寇・如羣獵之於豕鹿・不待年而盡矣・彼肉食者・畏寇猖獗・則扑殺丁壯以悅之・甘言遜詞招撫之・惟恐其不肯爲岑崗也・招撫矣・則吾民束手以待其來・或與之敵・則官府數汝何事殺吾良民・朴殺之・如此幾二十年・賊之所殺與官所自朴殺・大抵相當・然後丁壯盡矣・十年之前・惠自一城之外・悉爲盜區・此何等時哉・今不同矣・如殺一絹客・則客得以訴於軍門・縣捕賊・賊反・而縣官得率鄉兵以與賊從事・至其所以收賊成功者・鄉兵之力・十居其七八矣・向使十年之前・其上下相通之情若此・奚至盜賊橫行者二十年・又使今日之計・如十年前之計・則江李二酋潰冒衝突・不可收拾・或要我以無厭之求・挾我以難塞之請・皆未可知也・成敗之機・間不容髮・成也昔以爲易・敗也昔以爲難・非知計者也・愚以爲公之所以成功者・其機在於使縣官得伸其

氣．以予所聞．粵縣之內．以招撫名而實頁固梗化若岑崗者．蓋多有焉．其縣官不俯首下氣．惴惴然恐以激變取罪者．蓋無幾矣．公指日建旄持節．經營四方．入爲大司馬．統六師．一以此道施之．可使天下如人一身．血氣周流而無壅．書曰．其克詰爾戎兵．以陟禹之迹．方行天下．至於海表．罔有不服．此保泰之極思．而謀國之完計也．嗟夫．非公其誰與耶．

陰符經解序

陰符者．殺機也．殺也．是吾聖人向上事．庖犧氏以一畫象之．陰符古傳以爲黃帝之書．予無以知其然．所可知者．知其表裏復卦．復之爲卦．以陽之生者言之．而陰符以陰之殺者言之．合二書而亥子之間可測矣．有復卦不可無陰符．復．逆卦也．而不得陰符之說．適成其爲順而已矣．後世之言復者有二焉．專向生機．狥生執有．降本流末．靡所底止．復之失也．借用生機．表顯性靈．旋棄不用．亦不言殺．即以愛根化爲純氣．復之得也．是故陰符之理．聖人罕言之．而未始不用之也．德山棒臨濟喝．則其粗者也．雖然．亦可以證陰符之理矣．自古解陰符者多矣．予同志金陵翟秋潭氏．得吾師近溪羅先生仁孝生生之樂．以作此解．予亦無以知其然．而秋潭氏必有以也．讀者不得其所以解．亦安能知其解．不知其解．則謂秋潭氏已爲陰符作解．吾不信也已．

仁孝訓序

某聞之師曰．人生於父母．不可不知所以爲子．而父母所生者人也．不可不知所以爲人．以其所以爲子者爲人．是謂事天如事親．而不可言仁矣．以其所以爲人者爲子．是謂事親如事天．而可以言孝矣．此孔子之敎也．孟子以一言盡之曰．大人者．不失其赤子之心．夫人而曰大．則與天地合德．不亦仁乎．赤子之心．知有父母而已．不亦孝乎．赤子之心不失．即可以爲大人．是孝固所以成其仁也．至於大人然後能不失赤子之心．是仁又所以成其孝也．然則仁與孝．一而已矣．□□舉而言之．其義始備．得於孝而不得於仁者．蓋有之矣．未有得於仁而不得於孝者也．得於孝者．天資之近可能．得於仁者．非知學莫之與也．古之欲明明德於天下者．必先格物以致其知．夫惟物格而知至．然後能不過乎物．能不過乎物．然後爲孝子．惟仁人而無忝所生矣．某不敏．自壯歲讀中秘書時．會近溪羅先生入都．因得請爲弟子．蓋聞先生之敎如此．先生既沒而遺言在．某抱而讀之．其言仁言孝．燦乎若日月之明也．某謹集之爲孝經宗旨．爲識仁編．分爲兩卷．上卷曰孝訓．下卷曰仁訓．一以志傳習之省．一以公聲之同．

書俞貞女傳後

梅大夫某之傳貞女也．豈不偉哉．按貞女．蕪湖之移風鄉人．姓俞．年十二．字潘氏子．既而潘死．貞女欲往哭．而父以禮止之．遂矢志爲潘氏守節終其身云．貞女有弟曰洽・昔遊太學時・與予同舍・爲予言貞女之居也・率禮不愆・諸兄弟婦嚴事之・若母姑然・乃貞女亦以諸兄弟婦事自任・攻苦茹淡・輯睦其不協・而調劑其不均・尊卑大小各適宜・而內外無異言・若是者四十餘年焉・嗟夫・難哉・含識之類・無不重生・故必欲有其伉儷與其嗣息・以爲不虧生也・豈知形骸爲寄宅・百年爲瞬息・一旦去之・卽軀幹非我有・而况其外焉者乎・非我有而欲有之・故貪生畏死・就利規害・無所不至・徒爲瞬息之寄宅計・然未必得完・而失所以生之本矣・若貞女者・字而未嫁・不謂未嘗有夫・故能終結心於夫氏・而貞德成焉・亦不謂未嘗有子・故經終勤身於父後・而女道至焉・殆能遺其生者也・世之營營以重生者・究之必死・此無以生爲者亦死・等死・而下協倫紀・上耀日月・亘宇宙而長存・則有不死者矣・洽也稱貞女將卒之日・以平所服用分諸婦・戒曰・勿以爲鬼物也・人死如燈滅・何鬼之有・可謂至言・此其所以無以生爲也・第推燈滅之義・則貞女之行・惡在傳不傳哉・吾獨悲夫名爲丈夫・而以重生之故・喪其神志・敗其檢匭者・故志而著之・

義倉記

樂昌縣之有義倉・縣大尹龍泉張祖炳創也・倉以義名也・何居・一曰・別乎預備也・一曰・宜也・尹以愛氏之心・而倡之乎上・民各以自愛・而應之於下・其於事也・不亦宜乎・故曰義倉・尹屬其耆老而詢之曰・百姓豐歉皆不足・爲何・耆老對曰・民等生聚・恃穀以活・歲歉・則田者之所入・盡輸於有田者・比其欲養也・富家得而騰其糴・歲豐・則田者之所入・悉遷之賈人・比其欲食也・富家又得而騰其糴・故豐歉皆不足也・尹於是屬其富民而告之曰・持汝之所餘・而操人之不足也・義乎・皆應曰・否・尹曰・有道於此・一推汝之有餘・而不足者永賴焉・則汝願之乎・皆應曰・願之・尹曰・然則爲義倉於是・上富者出粟百石以上・中富者五十石以上・下富者十石以上・不旬月而邑之致粟者七千餘家・爲義倉・然義倉之法・立保正一人主其籍・保副一人司其鑰・擇子弟之精敏有行者二三人・視收放焉・每歲季春朔・發倉聽貸・秋大熟・徵息二・小饑息一・大饑免・及本息之相權也・停其息・唯石收五升之耗・穀入・辨美惡・收無濫・濫收者坐之償・穀出・審斛秤・衡私者有罰・所以爲之可繼而勿壞也・貸・每十人連結・中推二人保・比其收也・徵諸保則民不擾・凡貸有三・無恆產而有恆心者貸・力耕者貸・有恆者貸・不貸者有三・游手游食者不貸・素無仁義而人未之結者不貸・一次負欠者不貸・所以寓旌別也・穀本四千五百石有奇・數歲息倍之・以其半貸・以其半平糴・貸以三月・糴以五月・毋先時而罄・所以待不虞也・小歉不賑・所以勵民事也・稽而不盤・所以寬文法也・建倉五・城內一・城南郭東郭西河南柏沙五都之穀貯之・土頭都一・土頭辛田二都之穀貯之・安口都一・榮村里田安口曲碣四都之穀貯之・羅家渡一・皈上皈下二都之穀貯之・所以度地之遠近以便興發也・是舉也・可以廣王制之所未周・可以輔氣化之所不及・可以使富者得義而益榮・可以使貧者有所恃而不恐・尹之用心於民亦勤矣・天下有治人・無治法・後之繼尹茲邑者而加之意焉・則此法可以常行・而茲邑之幸厚

矣・此邑之父兄子弟所爲汲汲而求記於史氏意也・

見心堂記

惟國家以官聯會治・天子之卿一人督漕務・曰漕臺・命司寇之屬一人佐厥理焉・曰漕刑・厥惟治典・頃以徵文議革・革二年・而漕務多弗庇・大卿請復・天子曰然・遴于司寇之屬・得羅子植樹以來・掇舊文・咨故實・毋作聰明・毋縱詭隨・廢者修・墊者舉・犂然有當于漕臺王公之心焉・治維新・署維舊・燕居有堂・厥名陽春・實惟前政・仰承好生之德・以敬愼漕刑之意・

歲在乙酉・楊子北上過焉・羅子觴諸堂・謂楊子曰・茲堂也・不爲茲署有日矣・今而始復者也・予適其始復也・欲易茲名以識之・子其爲予易諸・楊子謝不敏・乃作而言曰・復哉復哉・有無堂・易曰・復・其見天地之心乎・天地生萬物・聖人生萬民・其心一也・方春時和・草木茂植・蟄蟲昭蘇・羽者嫗伏・毛者孕育・百姓皆曰固然・惟至于冰壯地坼・羣物剝極・陰凝之後・一陽始生・然後天地生物之心可見也・而聖人之心・亦奚以異於是・洪惟漕・國之大命也・粟數百萬石・舟數萬艘・役數十萬卒・經途數千・仰天政・俯地險・平人情・鉅卿體隆・郡邑職分・于是乎著漕刑聯之・至于河渠之蓄洩・淮海之間之不逞・多役多虞・凡經理于漕臺者・亦于是乎受事・其要在通上下之情・寬刑辟之用・歷年滋久・政輯民和・孰知其所由然哉・比其議革也・上欲有所爲而下昧厥嚮・不可以提耳也・下欲有所言而上邈不接・不可以造膝也・于是乎在上者・若身之廢其支體・在下者・若使之失其詔相・蚩蚩卒旅・又若乳稚之失其慈母也・翕翕然不便矣・

天子乃發德音・下明詔・僉漕臺之請・復漕刑之官・于是乎上下俱欲・懽然交欣・爲之舉手加額曰・天子至仁也・是不曰復其見聖人之心哉・夫刑秋官也・而堂爲春・厥有旨矣・春者三之日・而復者一之日也・三中息焉・由一以之三也・亦在乎見心而已矣・忠臣之事君・猶仁人之事天也・事天者・見天之心而養之・事君者・見聖人之心而宣布之・不行商旅・后不省方・所以養微陽也・今吾子詭隨不縱・則能杜其侮之在外者・是謂外者不入・其象爲商旅不行・聰明不作・則能僅其用之自內者・是謂內者不出・其象爲后不省方・吾子當復之初・用是道也・舉而措之可矣・非眞有見于天地聖人之心者・其孰能之・請易茲堂曰見心・羅子舉觴屬楊子曰・善哉・子其爲我記之・

副使鵬雲羅公墓誌銘

公卒於家三年矣・嗣子兆階以公遺命來丐銘・泣曰・先人有遺言・吾之學始吾族祖近溪・終粵東・楊子知吾平生行義者・吾生友也・知吾無心而來・無心而去者・吾死友也・楊子吾死友也・必得其言以銘吾墓・予聞言泫然涕下・因不得辭・

按狀・羅在周時・以子爵國江漢之間・其後子孫以國爲氏・散處豫章・而廣昌之族・宋時自南城徙入明・明資公以經術起家・仕有聲・三傳而至方石公・是爲公父・諱良俊・仕閩泰寧薄・行履温粹・以公封福清知縣・妣何氏賴氏・俱

封孺人·方石公男子五人·而公爲中子·公性至孝·幼慧悟異常兒·既髫·輒能辨究古今之故·方石公奇之·曰·亢吾宗者必此兒也·弱冠·餼縣官·年二十有五而舉於鄉·登萬曆庚辰進士·明年·天子命知閩之福淸縣·在縣七載·以治行徵入爲刑科給事中·未幾·出爲廣東按察司僉事·提督學校三載·擢布司參議·分守惠潮兼伸威·明年·擢蘇松兵備·以湖廣按察司副使銜往·公聞命卽日離惠州·抵家·依戀子舍·上疏乞休·疏三上乃許·明年·方石公卒·公哀痛甚·未幾亦卒·

其知福淸縣也·民好氣健訟·公一切恬愉柔之·不繩以法·久之訟自衰減·乃日稔民間逋苦狀·退坐閤中·搜諸陳牘·究極善敗之故·條上施行之·歲大祲·公悉出贖鍰·覈佐尉下鄉·計口以貸·不復待申報矣·又講求考亭社倉法行之·郵吏無準·公稽丁產·定費出·始有經丈量·淸欺隱二萬五千餘畝·賦胥無得插手·念郵吏困·奏記臺使者益之廩·閩中吏郵者盡歌其德·每徵收·令佐若簿公同秤驗·例羨悉革·無毫髮染槖者·邑之重興寺·有田若干畝·僧失其業·歸之官·公請得歸學宮以贍窶生·有二姓獰然固蒂·遂稱盜藪·公密偵渠魁·配遠方·其黨屏息·有積繫·燭其寃·立解之·鞫而處者四人·奇節殊常·而子孫微·莫能請·公廉其狀列上·得具題旌之·其政大抵以溫良愷弟爲本·輔以精敏·人無欺者·前後勞書薦剡擢全·

其給事刑科也·上疏言·萬曆十一年以後·罷謫諸臣·或失問安之節·而揣其意·發自忠誠·或昧投忌之嫌·而探其心·原無澳涊·或爲朝廷愼封典·而抗疏不以爲憚·或爲刑法求平允·而再黜不以爲憂·或援救言官而蒙顯斥之罪·或感觸時事而罹越職之條·何有不忠不直之事·可以久怒而不回者·願陛下以大舜之心·行仁宗召唐介故事·則大小臣工·誰敢以言爲諱·時論韙之·中貴人横·伏闕數其罪·是歲災異頻仍·道殣相屬·復請蠲郵·陳瑣尾流離之狀·制下司農·民之存活者不可數計·初公之被選也·故事就政府謁謝·而公獨否·每有封事·輒密上之·不以藁白也·執政益信重公·方且罄平生所學·知無不言·在省中甫及一載·日淺·故所建白止此·然直聲信于天下·

其督學廣東也·慨然以廣勵學官·興起斯文爲己任·進諸生·申賤文貴行之意·戒庠師·以身爲模範·藉善否毋枉實·又念諸生貧·時斥諸屬縣羨金例輸道槖者買田·不足時以己俸益之·廣之番南·惠之歸博·俱有田·其田幾徧諸郡邑矣·取考亭家禮·抉煩摘要·爲易簡編·期以易俗·課試之文·必尙醇正·所許否輒爲士浮沉·其條簡·而法恕·雖所黜抑者寧再三試·至請托·雖顯要不能得也·是歲·武錄成於公·

其分守伸威惠潮也·惠迤北復嶺翳薈·多寇盜·公命行鄉約之法·遂用輯寧議·益碣石戍以固惠之門戶·有梗之者·公曰·夫七百里聲援不接·脫寇來·如入無人之境·蟻穴不塞·將令成江河哉·從之·公爲計其錢穀之數·置營房·增招募·躬教練·具有實用·督府蕭公壯其猷·將以邊才薦·會卒·不果·然蘇松之命·猶以經畧惠潮·故云·

公初迎養太夫人於官邸·獨念封翁·甚欲請告·未得間·會蘇松命下蹴歸·而後喜可知也·日與兄弟承歡不輟·

及三乞骸骨・得允・又益喜・明年封翁臥病・朝夕侍不離側・憂形於色・封翁屢寬譬之・比不起・公晝夜啼號曰・孤不肖・三疏乞骨者・爲二人懽也・今長已矣・誰謂荼毒其如予・苦戚不可解・癥成於背・屬諸昆弟曰・吾今獲從先人於地下・吾之願也・惟是春秋窀穸之事・則階之屬・乃整襟危坐・誦仁孝之旨・凝然以逝・

公初師事族祖近溪先生・侍食寢・連語七日夜・遂盡其道・掇兩試以成名・其後暌隔有日・有以佛學疑先生者・公不能釋然・會予以先太史之喪還里・公伺其哭泣之間・溫然下問再三・予乃微答曰・先生孤所從受業者也・孤聞先生仁孝之訓矣・不聞所云佛學者也・因出孝經宗旨識仁編以獻・公大然之・比歸・益尋舊學・大有所得・書來・津津自幸・予亦爲公幸・不知公竟抱仁孝以沒齒・公遺言許以死友者以此・

公爲人恂恂長者・謙退不伐・雖與萌隸語・無傲色・至遇事飈發・批患折難・正色山立・萬夫莫回・在縣七年不得調・人或迂之・終不爲意・在諫垣持正不屈・惓惓於扶持善類・有諷使從流者・笑曰・即撓我・而三旌之位我固去之・庸能以一官易我平生哉・爲文博古絕不作近語・然根據理要・其文不怯於幽貞・不輕於庸俗・嘗念同舍生多貧・勸封翁捐粟百石贍焉・封翁捐世・已復益之百戶・已又捐二百石以贍族・其他窶者有所貸・未嘗子其錢・時毀劵焉・卒不幸而醫藥棺槥・於我乎取不厭・邑屠牛者・州郡懾之以兵・彌熾・公乃著戒牛編・屠者爲之釋刀以謝・官中外十餘年・時遺家僮問尊人安否・未嘗不流涕封題也・曰・兒不得侍瞻左右・吾大兄弟眠食何似・諸弟罄・則以問・復罄則復問・悉應・不以身爲廉吏辭免也・公善狀不可更僕數・然其大者在仁孝・所著有青瑣遺編數卷・生嘉靖壬子・卒萬曆甲午・以某年某月某日・卜葬某山之野・銘曰・

律以九德・溫栗簡廉・騏驥方駕・莫邪比銛・羔羊之節・應龍之潛・大德庇民・小心事上・獻可不激・植善不黨・教士以正・即戎以壯・宦達而養・益琢其章・盱江指授・緝熙明光・惟仁惟孝・一德不忘・嗚呼純懿・而嗇於數・無心而去・托體山阿・全石永固・

明處士玉峯潘公墓表

嗚呼・此南海沖鶴鄉玉峯潘處士之墓・慨自眞儒之學不明於世・爲士者類以掇巍科・躋膴仕・銘功竹帛・著名春秋爲賢・一不得志・即無復之・曾不思吾人一身耳目聰明而心辨智・已足貴矣・行之一家・則父子兄弟妻孥之恩相聯義相持・莫非政也・何事于彼之羨乎・夫以至貴之身・而施必行之政・足乎己而無待於外・而士莫之圖・殊可惜也・今以觀於潘處士・乃得之・

處士諱桃・父蘭谷公・生五子・處士居長・其次曰李梅杞椿・兄弟五人・蘭谷俱教之儒・惟處士與弟梅能成其業・補博士弟子・有文名・其後梅舉於鄉・而處士屢試弗利・乃歎曰・男子自有事可做・何必屈首待俯仰于人哉・且吾長子也・當任家政・吾弟得舉・已足酹父志・吾何求・於是以恬退請・而督學可之・遂服處士服・念孔孟之學・治國平天下・皆有本末次第・吾不得行之國・即當施之家・乃

先之以孝友・繼之以務本節用・又繼之以交遊名人長者・孝友・故和氣不乖也・務本節用・故財貨優裕也・交遊名人長者・故子孫不愚・而外侮潛消也・行之數年・家用益饒・乃以賑饑恤匱贈婚賻喪行其德・既而蘭谷公卒・處士襄大事畢・以千金搆祠宇・祀蘭谷公爲小宗・自小宗之祠成・處士率諸昆弟子姪歲時代謁・灌獻成禮・推處士爲宗子・處士於是乎有家也・是時蘭谷公以子梅貴・贈奉直大夫矣・其後處士欲有所赴人之急・長子養蒙請行・而陷於萑葦・處士哀之曰・蒙乎・而庶長也・而孝・夫孝天之經也・地之義也・而不足著代乎・蒙爲冢子・後冢者爲冢孫・以奉宗祀・世世勿替・諸子姓皆再拜曰・謹受命・以養正長子笈爲蒙後・處士配謝氏・生子養威・側室查氏馬氏・查氏生養蒙養正・馬氏生養忠・其正室能慈和・側室能婉娩・尤人世之最難者・非處士謹於內行・無親愛之僻・宜不足以致此・大學仰三詩以咏・歎齊家之難・求之處士・殆可以無愧乎・孔子曰・是亦爲政・奚其爲爲政・其處士之謂歟・彼有紆青拖紫・佩玉腰金・閭里榮寵矣・而鬩墻反目・甚至棄孤不收・不可言者・即無論其家・其如身何・而以較之處士孰得・處士蓋所謂善人也・成之以學・即爲眞儒・爲大人矣・予未之能行也・表之以待後之學者・

王學曾　字唯吾，南海人・萬曆丁丑舉人，知醴陵縣・擢南京御史・疏救言官鄒元標等・直聲震朝野・時吏民有罪・輒遣官校逮捕，學曾疏諫・不報・光州牛產犢若麟・帝命禮部徵之・學曾抗疏請嚴斥邪妄・帝責其沽直・降興國判官・尋召爲光祿丞・復與少卿徐杰合疏爭三王並封・忤旨・削籍歸・泰昌改元・贈光祿少卿・著有入楚吟・西遊草・阮志惟稱王唯吾集・注未見・

敬陳法祖切要疏

臣嚮待罪留臺・以言獲譴・伏蒙皇上優容・拔置今職・仰荷皇上高厚之恩・雖捐軀何能爲報・倘値國家無事・共際昇平・臣亦可以相安於無言矣・今何時也・逆賊倡亂於寧夏・勾虜內援・倭奴雄據於朝鮮・志圖內犯・民窮盜起・十室九空・募船招兵・人心騷動・勢如累卵・機若潰防・正主憂臣辱之時・豈槃樂怠傲之日・嚮者大小九卿諸臣計無所出・共疏恭請皇上視朝勤講・臣亦逐隊列名上請・皇上留中不報・猶然端拱深宮・中外傳聞・咸謂皇上聖躬無恙・只欲法祖靜攝耳・臣愚以爲靜攝于太平之日・然且不可・而可靜攝於多事之際乎・軍國鉅務・機密重情・非面與臣工商搉・則不能盡・而萬一輕洩・必且害成・如往日全城塗僇之言可鑒也・況皇祖盛德大業・嘉言善行・其所當法者尙多・獨晚年靜攝元修一事・未免爲聖德之累・其後亦有輪臺之悔・皇上春秋鼎盛・聰明仁孝・正可以爲堯舜之主也・不法此而法彼何耶・臣旦夕思維・徒憂無益・仰就皇上法祖一念・請以皇明祖訓中摘其切要所當法而爲今日之急務者・敬爲皇上陳之・乞皇上少寬斧鉞之誅・誠一垂覽焉・

夫皇明祖訓・迺太祖高皇帝貽謀家法・誠國家萬世之成

規．聖子神孫所當遵承者．舍此不法．更誰法乎．

一曰敬天．其首章之要有曰．帝王得國之初．天必授于有德者．若守成之君．常存敬畏．以祖宗憂天下爲心．則能永受天之眷顧．若生怠慢．禍必加焉．可不畏哉．此我太祖祈天永命之道也．夫天子者．天之子也．爲天子而不克敬天．是爲子而不敬其父也．可乎哉．邇者天災地怪層見疊出．甚則假逆賊倭奴以示儆戒．未必非天心之仁愛也．皇上一切視爲常事．不加修省以回天意．且匹婦含寃．三年不雨．年來聞所選宮人．多被杖斃．付之煨燼．此道路傳聞之言．未敢盡信．萬一有之．或者上干天和．未可知也．豈所以畏天命乎．

二曰享祀．其嚴祭祀之要有曰．凡禮天地．祭社稷．享宗廟．精誠則感格．怠慢則禍生．故祭祀之時．皆當極其精誠．不可少有怠慢．其風雲雷雨師山川等神．亦必敬愼自祭．勿遣官代祀．此我太祖禮神敬祖之道也．夫風雲雷雨諸神．且猶不可代祀．况祖宗者．皇上之祖宗也．致其誠心．惟敬與孝．以皇上之祖宗而使臣下得以代祭．可乎哉．邇來無論天地社稷諸神．皇上不親致祭．即太廟一享．自去年孟夏躬祀．迄今一年餘矣．屆期傳旨稱疾遣官．夫違敬莫大乎廢祀．虧孝莫大乎瀆神．廢祀瀆神．豈所以格有廟乎．

三曰保身．其持守之要有曰．吾平日持身之道．無優伶近狎之失．無酣歌夜飲之歡．正宮無自縱之權．妃嬪無寵恣之專幸．此我太祖正心保身之道也．夫陛下一身．乃天地所篤厚之身．祖宗所付託之身．兩宮所倚賴之身．四海生靈所仰望之身也．所繫何重也．邇聞正宮日疎．貴妃日狎．酣歌流連．夜以繼日．起居失常．喜怒無節．精神耗損．莫此爲甚．此自古荒淫之君迺有之．諒皇上必不致此．萬一人言不虛．是浮慕靜攝之名．而內鮮調攝之實．豈所以保聖躬乎．

四曰公聽．其持守之要有曰．朝堂決政．衆論稱善．即當施行．一官之語未可以爲必然．或燕閒之際．一人之言．尤加審察．故朝無偏聽之弊．權謀與決．皆出於己．以故太祖高皇帝每遇大政．悉從府部官面奏區處．又召近臣如學士詹同給事中吳去疾等．相與講明．此我太祖留心決政之道也．近來一切奏章．輔臣編擬．祇聞內臣傳說．不得面陳．所見府部諸臣．亦不得面奏區處．或旨由中出．莫敢執奏．他如總督魏學曾之逮械．聞主于先入之言．又如侍郎韓世能之恩蔭．南京通政使楊廷相之徑留．湖廣僉事管志道罷任．皆不由廷議．不依部覆．而從中徑批．徒駭觀聽．且啓倖門者也．豈所以一政體乎．

五曰勤政．其持守之要有曰．察情觀變．慮患防危．如履淵冰．心膽爲之不寧．晚朝畢而入．清晨星存而出．此我太祖憂勤勵行之道也．夫自古人君．未有不以勤而興．以逸而廢者．矧好逸惡勞．人之情也．皇上朝．主勞而臣亦勞．皇上不朝．主逸而臣亦逸．爲臣子者．亦豈不好逸而貽皇上于勞哉．顧念主臣俱逸．名爲上下偷安．主臣習勞．方爲勵精圖治．而况一時之勞．固天下之逸．一時之舉動．固遠人觀望之所關也．臣自去春入都門．止於五月十三日恭覩皇上御朝一次．迄今年餘．視朝則久廢矣．經筵則久曠矣．親宦官宮妾之日多．接賢士大夫之時杳乎無聞矣．豈所以語勵精乎．

六曰納言・其愼國政之要有曰・廣耳目・不偏聽・所以防壅蔽而通下情也・以故洪武初年・朝臣有上疏萬餘言者・太祖厭其迂衍・怒欲罪之・羣臣有阿意者・指其疏曰・此不敬・此詆謗・罪當誅・時上怒未解・宋濂對曰・彼應詔上疏・其心爲朝廷耳・烏可深罪乎・上乃覽疏・中有足采者・召阿意者罵曰・吾怒時・若等不能諫・乃激吾誅之・何異以膏沃火・向非宋濂之言・幾不誤罪言者耶・此我太祖虛懷止輦之道也・邇來言及乘輿・則一槩留中・間從斥譴・向者臺諫諸臣如孟養浩・張棟・鍾宇正・李獻可等・止因豫教一事・杖者杖・斥者斥・臺諫一空・見者寒心・是使臣下獲直諫之名・而皇上蒙拒諫之失耳・又如近者吏部推陞鄒元標・姜應麟・孫如法・王麟趾・何選・李懋檜等・亦寢而不報・豈所以旌直臣而開言路乎・昔晉平公問於叔向曰・國家患孰爲大・對曰・大臣持祿而不極諫・小臣畏罪而不敢言・下情不能上達・此患之大者・此言誠爲痛切・皇上其誠思之・

七曰知人・其首章之要有曰・人之奸良・固爲難知・知其良而不能用・知其奸而不能去・則誤國自此始・此我太祖愼於用舍之道也・夫知人則哲・惟帝其難・自古嘆之矣・大都秉正而公論所與・卽爲良・柔媚而公論所棄・卽爲奸也・邇來如原任大學士王家屏・立朝正直・不阿私人・侃侃讜論・匡扶君德・非公論所歸乎・止以一言不合・竟聽其去・舉朝惜之矣・如禮部尚書李長春・職司典禮・與時浮沈・臣未暇指摘其他・以傷雅道・卽如建儲大典・雖有成命・此去明春・爲時幾何・旣不及時預請舉行・以定國本・又不審己量力・以决引退・言者屢屢・終日杜門・非公論所棄乎・聞屬官亦有竊笑其無去志而以前事開示之者・皇上不令其去而反慰留之・國家焉用若人爲哉・舉動如此・無怪乎大學士王錫爵之屢疏而辭・雖有烏鳥私情・恐亦見幾明决也・豈所以語任人乎・

八曰馭下・其內官之要有曰・各監官職・各有職掌・不過內府飲食常用之物・並不干預他事・此我太祖謹御近侍之道也・夫內臣日侍皇上・最爲親近・貴有恩以畜之・威以肅之・庶幾不懷怨而亦不生事耳・邇聞日逐羞膳・俱責令賠辦・本衙門每月折膳銀四百餘兩・俱貯寄寺庫・年終類進・夫以萬方惟正之供・而置爲內庭贅積・以九重玉食之奉・而寄於暬御細人・各監職務・聞多收攬・甚則稍不如意・怒而撻之・殞命於杖・嘖有怨言・蕭墻之禍・臣竊憂之・豈所以清宮禁乎・

凡此祖訓格言・皆皇上所當法而又未見其能法者・太祖在天之靈・將謂皇上爲何如之主乎・皇祖在天之靈・何樂皇上獨法此乎・伏乞皇上將祖訓一書・常置目前・遠法太祖之貽謀・近法皇祖之懿行・在敬畏以承天戒・躬祭祀以格祖宗・愼喜怒以養天和・節酒色以防逸慾・時起居以葆聖躬・復朝講以親正人・公聽納以清政本・發章奏以防壅蔽・錄直臣以廣言路・審用舍以辨人材・宥細眚以謹防微・不竭物以充欲・務散殖以聚民・不朝令而夕改・務持信以馭下・至於督臣魏學曾・功多罪少・賊多兵少・情委可原・宜從輿論而速免其逮問・督臣葉夢熊・忠誠任事・惟知有國・不知有身・宜重事權而勿責效旦夕・灌城坐困・功成有日・胡不再諭令城中縛逆首・宥脅從・以活此十萬生靈・若不應・則請

益兵益餉以守之・未有不收此釜中之魚也・倭奴兇狡・最忌浙兵・胡不及時多募於浙江・訪求原任總兵戚繼光部下名將・責令操練・分布要地・出李材獄・令立自贖・明示賞罰・以責其成功・庶於防倭有備耳・此皆救時之急・所出於祖訓之外者也・昔唐臣陸贄有曰・凡克敵之要・在乎將得其人・馭將之方・在乎操得其柄・又嘗勸德宗下詔罪己・因曰・知過非難・改過爲難・今赦文至精・止於知過・尤願聖慮更思所難・先儒目宣公精忠厚德・可爲人臣之式者・今之時勢・雖未至如唐之甚・然哱拜劉東暘關白諸賊奴・亦無異于朱泚李懷光輩也・仍望皇上速降省躬之詔・下罪己之言・與臣工更始・使耳目一新・仍諭當事大臣・開誠布公・集思廣益・以共濟時艱・庶幾上下之情・流通而不間隔・如是而天變不回・人心不一・逆賊不平・倭警不息・臣未之信也・臣所言者極知多觸諱忌・然竊忖平生所學・平日自盟・謂何而忍於緘默以負皇上・倘蒙垂納而用臣之言・宗社幸甚・四海生靈幸甚・臣愚幸甚・若不用而罪臣之身・臣死且甘之矣・臣無任惶恐待命之至・

懇乞聖明虛心疏

臣等連日竊見在朝諸臣・皆以冊立一事・紛紛建言・屢瀆聖聰・致廑聖怒・昨讀聖諭・惓惓稍寬朱維京王如堅二臣之罪・而猶似以新命既頒・難于挽回・知聖上因此一事・焦勞已極・大小臣工・各欲殫愚畢慮・以備聖明採擇・臣等俱爲寺臣・昔在臺班・皆有耳目之寄・而臣杰起於田野・臣學曾拔于罪逐・荷錄用之恩・豈容默默而已乎・臣等繹思・建儲重嫡以防僭竊・皇上之恪遵是矣・然累朝多立長・未聞以待嫡而遂稽大典也・未聞以元子待嫡年至十二齡而猶未立也・又未聞卽位至二十一年而猶未立也・又未聞以元子待嫡權且封王以俟也・夫祖宗列聖家法相傳・昭如日星・豈慮不及此・而何爲早立元子乎・皇上待嫡一念・至公至仁・寧稽元子出閣之期・而遲以數年・不爲不久矣・豈又欲待數年而後立乎・立則恐中宮有出・不立則元子已長・宜乎皇上之有所未安於心也・乃今諭旨已曉然矣・而禮臣猶未奉行・諸臣相繼爭執・皇上何不深思其故乎・臣等非不知聖心之無他也・非不知中宮之無恙也・又非不知權且封王・將來可以待嫡而又無礙於立長也・不知元子與衆子・實難强同・冊立與分封・自當兼舉・有冊立而後有分封・分封之制・乃冊立之餘也・是端其本而及其餘也・

夫禮有輕有重・立長爲重・則待嫡爲輕・孟子論禮・而以寸木岑樓較本與末・若舍冊立之大典・而創分封之暫規・是不揣其本而齊其末也・以權且遷就之說・而欲强天下臣民之從・皇上以爲可乎・不可乎・宋臣胡銓有云・非惜夫帝秦之虛名・惜夫天下大勢有所不可也・以元子而封王・雖曰權宜・恐揆諸典制・萬無是理・且從此年年待嫡・年年無冊立之期・恐諸臣之年年煩瀆未已也・皇上以爲可乎・不可乎・皇上英明天縱・高出千古・孜孜化理・事事可法・若新旨堅不可回・則將來聖子神孫皆將曰・立嫡以遵祖訓・必皆有嫡而後可立・若元子衆子雖長・必皆援暫且封王之例・是以皇上創行之制・亦猶夫祖訓也・皇上以爲可乎・不可乎・洪武朝・有給事中卓敬・因諸王在宮中服飾有擬太子者・乃曰・宮

中朝廷視效・紀綱攸先・今陛下于諸王不早辨等威・而使尊卑無序・將何以令天下・上笑曰・此言良是・吾慮未及此耳・今若一併封王・則雖稍別等威・其威必至於此・將來隱憂蓋有不忍言者矣・皇上以爲可乎・不可乎・臣等日夜思維・豈能妄爲一說以滋煩瀆・惟冀皇上虛心法祖・早集廷議・而于一併封王之旨・似不得不收回・以決大計・以端大本・易曰・觀會通以行典禮・臣等翹望皇上于此一舉・必有大慰天下臣民之心者・又何幸躬逢其盛哉・臣等干冒宸嚴・無任惶懼俟命之至・

愼爵賞以遵祖制疏

臣聞爵祿者・天下之公器・而廉恥者・人臣之大節也・爵祿不重則名器褻・而何足以激勵乎人心・廉恥不重則名檢虧・而何足以身率乎僚屬・故古之明王惜而愼之・恒爲名器而重爵祿・古之大臣惜而愼之・恒爲名檢而重廉恥・用是而賞弗浮・爵弗濫・大臣法・內臣懼・上下相與以有成・雍熙之治也・矧祖制攸存・王言在耳・其可有違而濫賞哉・而濫賞之自・始於大臣・則大臣之責・實有不容諉者・是一舉而所失者多也・臣冒死爲皇上陳之・

頃者科臣王繼先條議・一謂清冗濫以裕國計・蒙敕部議・隨該兵部覆請・欲將錦衣衛傳乞陞賞冒濫各官・比照節年事例・通行清查釐革以省祿糧・荷蒙皇上俞允・委錦衣衛堂上官行查・一時臣工相慶・謂此舉也・遵祖制・惜名器・節財用・咸於此係焉・眞斷自宸衷・而爲大聖人之作爲者・旨意方新・奉行伊邇・近閱邸報・又該慈寧宮成・中宮外戚復蒙加恩陞賞・或廕其弟姪・或廕其親子者・或爲百戶千戶者・或爲冠帶總旗者・諸如此類・不一而足・臣豈不知皇上之心・謂慈寧宮爲聖母所居之所・工完大慶・各官勤勞・自大臣而下・俱有恩賞・吾何靳一左右・又何靳一外戚・即一酬之而不爲過・是皇上之賞賜・爲仰體聖母而設也・臣當祇承・復何敢贅・但臣考國初之制・武職非軍功不賞錦衣・非特功不除其職・亦甚重矣・夫曰軍功・必其冒失石・衝鋒鏑・出萬死于一生是也・曰特功・必其建奇績・衛國家・而爲人所不能爲是也・今諸近侍戚畹之賞廕也・將以爲軍功乎・則修造工成・似難比軍功之例・仰以爲特功乎・則因人成事・又難附特功之條・揆諸祖制則有違・質之人情則未協・以致諸內臣相繼請乞辭免・彼亦自知其不可輕受也・皇上爲一宮成而賞廕・獨不可爲祖制而一惜乎・且效勞趨事・正臣子盡職之時・皇上俯念其勞・即優以金帛可也・而何必賞官爵以壞名器爲也・官其弟何裨於其兄・官其姪何裨於其叔・不若稍從厚賞之爲得耳・古有寧賜數萬錢而靳一使相之請・意非無謂也・皇上爲一宮成而賞廕・獨不可爲名器而一惜乎・嚮無明旨清查冒濫・然且不可・矧行查之旨方頒・而陞賞之命又下・是猶欲止湯之沸而重加以薪也・前欲拒虎而後復進狼也・欲沸之止・虎之拒・其可得哉・非惟勢不可查・而皇上之旨意・祇見其窒礙而難行矣・方今之弊・最可恨者・在虛套相沿・牢不可破・朝廷之上・安可蹈之・而以虛套風天下也・皇上爲一宮成而賞廕・獨不可爲明旨而一惜乎・乞念祖制而思武職之匪輕・思行查而知王言之當重・特賜宸斷・敕下該部・從公參酌・其應廕與否・擬議上請・如

果於祖制有違．乞賜收回成命．仍從優賞金帛．以酬其勞．俾得享安靜和平之福．庶清查之明旨．不至虛文．朝廷之名器．不至濫及．而國家之財亦可節省于萬分之一耳．

然臣猶有說焉．論功行賞．固國家之彝典．而陟黜大臣．惟皇上得以主之．次之而薦賢糾邪．則臺諫事耳．內臣非所宜獻諛也．叙事記功．固部堂之職掌．而品騭內臣．惟皇上得以主之．次之而糾劾奸佞．則臺諫事耳．大臣非所宜獻諛也．近者督工內臣報工一疏．上自卿輔大臣以至科道部衛諸臣．各以近侍分配．溢詞美考．已駭見聞．而工部題覆一疏．猶于內臣各爲溢詞美考．極口褒贊．臣極駭之．如謂舊例當叙也．則論功乞恩．止當首叙其事．大臣內臣．止列銜列名以俟宸斷可也．而何必分析各自爲考也．若內臣而擅用考語．其失爲市恩．其流爲攬權．以大臣而褒揚近侍．其失爲結寵．其流爲無恥．內臣掌事．常慮人之議己．假此市恩．自是常態．已屬可恨．臣不意工部尙書某身爲大臣．而何寡廉鮮恥一至是也．使傳之四方．書之史冊．莫不曰．內臣之能薦大臣也如此．又莫不曰．大臣之濫薦內臣也如此．又莫不曰．內外互相標榜而起諂謗之風也如此．豈不爲清朝盛典之累哉．卽此一事之失．雖未敢概其生平．而亦足以見其生平矣．推其心．若謂不極爲褒美．則內臣之歡不結．內臣之恩廕不厚．則我之加官廕子．未可必得也．是內臣外戚之爵賞．皆一疏之薦有以成之．人之視之．如見肺肝．則亦何貴于大臣爲哉．臣不敢卽此一事遽爲皇上處分．以傷雅道．以妨盛典．但關係匪輕．此風實不可長．伏乞天諭叮嚀．戒諭內臣大臣．以後凡有興作．工完叙功．勿得仍前濫薦．以蹈諂諛之風．卽有舊套．尤宜速爲改正．止叙事列名．以俟上請．庶人心知所警惕．而邪媚之習可杜矣．臣言及此．知禍且不測．但臣視皇上．眞堯舜之君也．有君如此．何忍負之．使皇上爲私恩而妨祖制．大臣爲乞恩而賤名檢．而致天下萬世有遺議也．臣忝言責．貪位苟容之罪．其何以有辭于天下萬世．故觸冒天威．忘其狂躁．伏乞鑒察．原其無他．臣不勝隕越屛營之至．

乞停取麒麟疏

臣近接邸報．仰見皇上之意．不過以麟爲瑞物．向來未見．今止欲一見．以於聖德盛治無妨也．臣復何言．但捧誦綸音．一則曰．聞河南產有麒麟．撫按官如何不奏．一則曰，朕於罷瑞獻豈不知．惟欲一見耳．臣請自皇上之所謂聞者．願皇上之愼其所聞．而益進於所未聞也．請自皇上之所欲見者．願皇上之端其所見．而益進於所未見也．臣聞四方災異．水旱盜賊．日以奏聞．此撫按事也．矧麟之爲靈昭昭也．旣產於盛世．撫按敢不以奏聞哉．但竊開此麟產於光山．托生於牛腹．卽斃於次日．旋產而旋斃．則祥者亦爲不祥矣．祥而不祥．撫按將以何者上聞哉．撫按旣未嘗奏聞．不知皇上之所聞者．果聞之三四輔臣乎．抑聞之部院大臣乎．抑亦聞之臺諫言官乎．三四輔臣未有聞．部院大臣未有聞．臺諫言官未有聞．皇上深居九重．雖聰明天縱．何由卽聞產於河南乎．臣遠在南都．雖不知其所自．但以臣意竊揣之．無亦左右小臣以奇怪取悅聖心．多方差人訪求於外．或傳聞於道路．或收買以繪圖．務爲鼓惑計耳．若此者非皇上之所宜聞也．此端一開．日漬月淫．將來乘間竊發．潛聞於皇上曰．某省出有某物．某地產有某瑞可着禮部上緊取之．又其甚者則必曰．聞文臣某人可用．可着吏部上緊轉之．聞某項錢糧可用．可着戶部上緊進之．聞武臣某人可用．可着兵部上緊轉之．聞某人問某重辟．可着刑部之緊釋之．聞某處尚堪修造．可着工部上緊造之．聞某處某官可逮．可着錦衣衛上緊逮之．皇上將惟其言而聽之可乎．否乎．天下萬世謂皇上爲何如主乎．臣竊謂皇上英明獨斷．雖不可無．而從中傳旨．猶不可有．此關于理亂安危之幾．匪細故也．誠所謂始于微而成于著者也．易曰．履霜堅冰至．正此謂耳．矧四方災旱．老稚流離．啼饑號寒之聲．皇上猶有未及聞者乎．北虜驕橫．士卒困苦．呻吟嗟怨之狀．皇上猶有未及聞者乎．孤臣寡嫠．煢獨哀哀．哭泣悲嗟之情．皇上猶未有及聞者乎．宗室貧窮．飧饔弗給．愁苦涕洟之態．皇上猶有未及聞者乎．諸如此類．左右不以聞．而以麑麟聞．誠非忠於皇上者也．故臣願皇上之愼其所聞．而進於其所未聞者誠以此．

夫所謂罷瑞獻者．豈徒曰罷之云乎哉．乃其心則不欲見者也．苟心欲見之．則胡可言罷．亦胡可言知．臣嘗鏡之古矣．周武王却旅獒．漢文帝却千里馬．漢光武却寶劍．唐太宗却名鷹．此皆聖主賢君不以異物爲貴．誠却之而不欲見之者．垂之後世．遂爲美談．皇上德邁周武而陋漢唐．于不足言者．何爲既知宜罷而復欲見之乎．又嘗鏡之今矣．洪惟我太祖高皇帝．於蘄州進行竹簟．則却之曰．恐天下聞風爭進奇巧．仍令四方毋得妄有所獻．太原歲進蒲萄酒．則曰．朕飮酒不多．自今令其勿進．國家以養民爲務．豈可口腹累人．世宗皇帝卽位之初．珍禽奇獸．一切縱放．而淫巧異玩．罔干嗜好．是祖宗之所以結人心凝天命以培千萬年不拔之基者．其好尙恒端．舉動恒愼．典則具存．是固聖子神孫所當服膺而遵承之者也．

皇上御極．年來盛德大業．光昭祖宗．臣於以前仰承德志．一疏已經敘誦．茲不敢多贅矣．皇上今日爲一槁麟之故．必欲一見．令撫按官上緊進來．似比二祖之盛德不無少損乎．假使其麟至今尙存．皇上必欲一見．然產生遠方．臣猶以爲不可．矧麟已斃多時．其形枯槁．不堪進於丹陛之前亦明矣．或者左右小臣．以爲此希異之物．不可不見．或誑以爲其麟尙存在．遂鼓惑聖德．而必撫按進之乎．撫按聞命．徨徬無措．則責之道府．道府聞命．徬徨無措．則責之州縣．州縣下吏．徬徨無措．又不知何如而後可應皇上之命也．其中道途之費用．解官之科索．驛遞之騷擾．恐有不堪言者．當此物力凋疲之際．軍民困苦之時．兩河報災．比他省尤甚．皇上惓惓以軫恤小民爲念．何苦爲此無益之舉動．而勞民動衆爲也．

至於老稚啼號之聲．士卒呻吟之狀．孤寡哭泣之情．貧宗愁苦之態．皇上果欲見之否耶．臣愚以爲推此一念．欲見異物之心而廣之于所未見．斯爲大聖人之聰明耳．皇上睿哲．既知罷瑞獻之爲是．此正杜將來貢獻之漸．今必欲一見而不盡罷之．則傳之四方．咸以爲斃麟且見之．況生者乎．況出於斃麟之外者乎．將來聞風而進獻者接踵至也．書之史冊．寧不爲盛德一累哉．

昔舜造漆器．諫者七人．夫漆器用物也．造用物且諫．

則槁麟之取．寧忍於不諫耶．臣雖不敢以舜臣自待．而實不忍不以虞舜望皇上也．伏乞皇上俯察臣言．收回成命．速爲停止．仍乞皇上自今以往．不邇聲色．終惟其始．不嗜玩好．久而勿替．不聞亦式．常存布衣祈禱之心．不見是圖．永堅停操減造之節．移此念以接賢人君子．則所聞皆正言．所見皆正行．移此念以就日講經筵．則所聞皆正典．所見皆王謨．至於內臣之語．有益身心者始聽之．凡涉于嗜欲者必斥之．一切從中傳奉旨諭．倍加詳慎．毋啓邪萌．如是則皇上之盛德格天．駿業亘古．不數年間．必有麒麟遊苑．鳳凰儀庭．以應聖明之瑞者矣．區區遠方一槁麟．奚足美哉．

嶺海名勝志

嶺海名勝志者何．余同鄉夢菊郭公所記吾嶺海之名勝也．公天資高邁．學識宏贍．凡天文地理墳典邱索暨野史稗官．靡不淹貫詳覈．宦跡所至．輯有紀錄題詠．嶺海爲故土．名區勝地．耳而目之者舊矣．向圖記其盛而未遑．頃告假歸．招予結盟．談心性之學．亦時時談及山川人物相因而成者．非偶然也．業已刻粵大記三十二卷．傳於世矣．一日訪予洞中．出近紀嶺海名勝若干卷．將付剞劂氏．命不佞一言弁諸首簡．余謝不敏．且以臥病山中．學淺詞蕪而辭．公謂余曰．子非素喜談海內之勝者乎．茲所記吾粵大觀．邇者子不浪跡乎．遠者子不神遊乎．矧是刻也．匪直爲觀美．中多名賢紀載．未必無裨於風教者．子安得執山中之約而固辭焉．余無以應．遂卒業而叙之．

嘗考宇內全圖．五獄四瀆稱雄焉．嶺表僻在炎方．南海特其一耳．若論山川之名勝．五嶺控其北．巨浸匯其南．羅浮峙其東．蒼梧奠其西．會城宅其中．天地之精華萃於斯．山嶽之靈秀鍾於斯．名公鉅卿允於斯．而仙客鴻儒亦每每於斯乎寄之矣．以故仙境名山．奇巖怪石．比比呈露．如廣則有粵秀山．曰番山．禺山．曰坡山者．又有曰浮邱．曰西樵．曰白雲．曰海珠者．又有曰石門．曰靈洲．曰南海廟．曰飛來寺．曰厓門者．如潮有曰韓山．惠則有羅浮鶴峯者．如南如韶．則有曰梅嶺．曰曹溪者．如肇如瓊．則有七星巖．曰五指峯者．皆稱勝焉．餘悉難名．本之於天造地設．巧之乎鬼斧神工．寵之乎名賢題品．他無論矣．如梅嶺之文獻．海珠之文溪．石門之刺史．甓齋之士行．藍關之昌黎．靈洲之文忠．清風勁節．雅操精忠．勳名勒彝常．芳聲昭日月．將與山川幷流峙．又非僅僅以名勝目之者．宮詹黃泰泉公所輯通省全志．紀述非不詳．而簡冊浩瀚．安得人人而家藏之．人人而遍覽之．致有生長茲土終其身．而扣之曰．某名勝若何．某名公之寄跡於某地若何．則茫然無以對者．非其識不足也．力不足也．公茲刻也．一邱一壑．首詳沿革也．次而圖之．寫形模也．次而謌咏之．抒性靈也．次而輯錄之．備考訂也．一編而衆美具．備几席展玩．不惟泉石巖洞之勝．恍在目前．而千載之高人．猶可想見其遺風．挹覩其丰采矣．生茲土者．閱梅嶺而仰止文獻．閱珠海而仰止文溪．閱江門而仰止白沙．閱奇甸而仰止邱海．宦茲土者．閱石門而景行隱之．閱韓山而景行昌黎．閱珠池而景行孟公．閱羚羊峽而景行孝肅．閱靈洲而景行文忠．閱厓山而景行三忠．則是刻大有功於名教也．豈直與臥遊圖諸名山一覽並稱而已哉．

卻金亭記

王子曰．周官之計吏有六．而首皆重廉．厥旨深哉．蓋慮其智昏於利而勤民以自封也．夫商亦吾民也．今之商率若横征．而鹺販爲甚．以彼挾重貲以往．而舟行川涉之震驚．風霜瘴露之侵冒．蛟鼉虺蜴衝波隱洑之抵觸．出萬有一安．博什一以奉國課．而以其贏爲俛仰資也．既苦中涓之竭澤．苛吏復從而魚肉之．其能堪乎．吾廣鹽課．頃缺司官．當事者重番禺鄭侯之才且廉也．亟借署司務．侯力辭弗獲．迺投袂起曰．夫商獨非吾赤子乎．吾當寛其科條．核其敝垢．獨非吾內溝之恥之所寄乎．故視事來．周悉愛護．一以勸商裕餉爲念．若出熾焰而濯之清冷．凡利之當興．志在必舉．即諸商之條陳各欵．不難開誠布公以茹納之．害之當革．志在必釐．即違限之辜．情多可原．不難力爲申豁．而又陰行其德．多所建白于監司．俾法不傷嚴．手足易指．至於分斤河例免盤納堂諸科歛名目．第爲苞苴者藉耳．公一切謝絕．日坐堂皇．爰書立就．而奸胥猾吏無所厠其神叢．餒虎饑狼無所肆其赫毒．宜商人之不能一息忘棠蔭也．公既弛擔．諸商以德我者深．思欲以篆之心曲者篆之豐碑．輒於廠前捐貲築地．特建碑亭．而介紹於陳生朝文謁王子索一言以識不朽．

余惟國家所賴以康黔首興太平者．在長吏之良．而長吏之良．則在乎持廉秉公．如調琴瑟．和五味．庶萬彙蒙休．職是用舉．余觀鄭公以名進士起家．先宰吾省歸善有聲．嗣補番禺．循良益茂．大都性察而和．器閎而密．衷毅而慈．

氣舒而整．故其爲政．一本之眞誠愷悌．而才之所負．守之所抵．如寒潭皎月．無所玷其操．蓋其施在一隅．其仁足以示四表．其行在一時． 而其法足以垂將來． 今天子惠養元元．務在成就全安．則自今日往．所以殫力攄志．佐國家修百姓之隱者．寧僅一鹽政之良美哉．昔者管仲佐霸．吳濞竊雄．宏羊心計．劉晏轉輸．何嘗不藉鹽之利以足用．明興．經制遠邁前籌．不虞今日之潰決萬端也．迺觀鄭侯之一意拊循．補偏救敝．倘所謂寛一分則受一分之賜乎．而又挺拔於流俗．蟬蛻於羶薌．斯固司牧者之高標也．叔度來暮．喬卿仁明．美則愛．愛則傳矣．人心之天．焉可誣也．不佞從人心而志之石．非獨以慰商人之思．將使後之嘉惠征商者．不忘前事之師．則公之爲澤彌遠矣．郡治之南舊有盤鹽廠．前逼珠江．今通省客商捐金築地若干丈．前豎碑亭．規制煥然矣．侯名鄭□．萬曆甲辰進士．閩之同安人．

曾象乾　榜作馬象乾．曾其本姓也．字體見．連州人．萬曆丁丑進士．選庶吉士．轉福建巡按御史．累官至都察院僉都御史．明志稱所著散佚．惟存中秘課卷．阮畧注未見．

劾東廠太監張鯨疏

山西等道掌道事河南道御史臣曾象乾謹題　．爲奸黨已明．元惡未去．懇乞宸斷．以彰法紀以光聖德事．先是臣等接得邸報．見貴州道御史何出光等交章論列東廠太監張鯨．續該刑部問明．復請奉旨．着鯨痛加省改．策勵供事．臣等竊謂張鯨身爲近臣．不能自靖．以致臺諫交章．中外切齒．即今問證已明．獨鯨得從寬宥．皇上之宥鯨．豈誠謂鯨無罪歟・據臣等所知與理官所勘・劉守有竊取馮保家財・藏匿者鯨也・邢上智冒領內府・主令者鯨也・李登雲挾詐孫銘財物・先事者鯨也・其他賄賂交通・十九入鯨之槖・聲勢恐嚇・大半藉鯨之威・今劉守有革任矣・邢上智論辟矣・李登雲等問戍矣・羣狐就縛・而嵎虎尚存・走狗已烹・而發蹤無恙・臣等誠莫測其故・以爲錄其勞・則鯨奔走役使乃其職事・非有翊戴之功也・功當錄勞・不當錄勞而見錄・人皆可以爲鯨矣・以爲冀其省改・則鯨之招權納賄・所謂大惡・非止詿誤之過也・過可宥・惡不可宥・惡而見宥・人皆欲爲鯨也・鯨不知有言官・不知有法司・所忌者在皇上之明・言官之敢言・法官之執法・所恃者在皇上之斷・去邪者嫌於疑・去惡者莫如盡・今鯨之惡已彰彰如是・卽不爲兩觀之誅・亦當示三苗之竄・乃使之依然就列・宴如供事・鯨將謂國法可以倖免・聖意可以轉移・將睥睨言官・以爲莫敢誰何・將號召黨羽・以爲不必畏忌・異時雄心再逞・故態復張・守有雖去・上智卽誅・爲守有上智者・豈其微哉・語有之・不見其形・顧察其影・鯨之罪惡貫盈・情狀暴露・人已目視手指之・不但影而已・皇上尚可匿其形乎・且人主整齊其下者・惟法與令・主持於上者・惟信與公・皇上令行於馮保・在鯨則舍而不行・非所以示天下之信也・法舉於外寮・內臣則偏而不舉・非所以示天下之公也・臣等待罪西臺・義不容默・伏乞皇上法行自近・獨斷乃心・勿憐其不足錄之微勞・以赦今日之顯惡・勿冀其不可必之後効・以啓將來之隱憂・將張鯨照馮保事例・按法正罪・遠加屛斥・上以昭法紀・下以快人心・臣等幸甚・天下幸甚・

擬正士風疏

臣聞飭躬而善俗者・哲士之懿行・起敝而維風者・明王之芳規・今海內賴皇上建極・賢公卿宣猷・中外百執事爭自濯磨・回心嚮道・顧其間士風未盡淳・於盛治不無萬一之累者・杞人之憂・竊效區區・敬爲我皇上陳之・

夫天下莫病于尙同・亦莫病於好異・模稜首鼠・漫不臧否者同・釣奇炫譽・自爲標榜者異也・今之病・不在同而在于異・其始也・一二好奇之士・譁世取寵・其後則千百人從而和之・愈呼則愈熾・愈流則愈下・及今不爲之所・後將莫知所底止矣・請得而熟數於前・

臣惟六經註疏・語孟集解・學者童而習之・家而誦之・如著龜然・無異說也・乃一登仕籍・遂羣詆之曰・某儒某說妄也・某儒某說舛也・視之若仇讐・而棄之若敝屣・豈某儒之說・僅可以明經應擧・不可垂世立教乎・此所謂操戈入室・臣不願士有此風也・

濂洛關閩・爲世大儒・朝廷俎豆宮墻・示信後學・三尺童子聞而慕之・乃今士皆鄙夷之曰・彼其褒衣短步者僞也・彼其明道講學者迂也・有言及者・輒掩耳而不欲聽・稍知嚮者・則噤口而不敢談・何諸儒見信于童穉・而反不齒于士大夫乎・此所謂見影吠聲・臣不願有此風也・

老莊淸談・卒以禍晉・佛釋虛空・卒以禍梁・今乃縉紳名流・逃儒歸焉・有綜莊佛之書者・則以爲傳・有悟佛老之旨・則以爲高・昔猶勦襲其似・假儒說以文之・今則沒入其中・顯然推而尊之・吁可怪也・

六經之文明白・諸子之文艱深・乃今稱文字名家者・率捨經而宗子・厭易而喜奇・浮靡效六朝之眉顰・屈曲拾秦漢之唇吻・稍不如是・羣相訾笑・以爲理學頭巾・宋人氣格・是宋一代盡無文人・三百年間皆無文字也・是又可怪也・甚至始皇之坑焚・漢武之窮黷・此足以爲人君戒者・而談者曰・萬古之英君・曹瞞之欺孤・安石之變法・此足以爲人臣戒者・而談者曰・百世之能臣・諸如此類・難以枚舉・大率喜於爲異說・而恥于襲衆見・厭于爲庸言・而敢于爲高論・人情厭常喜新・彼之名位又足以動人・其不相率而歸者無幾矣・

荀卿明王道・述禮樂・爲世大儒・惟其以堯舜爲僞・桀紂爲性・以子思孟子爲亂天下・李斯用之以禍秦・彼固戰國之習宜爾也・聖明之世・四海同文・此高談異說者・其風豈可使之一日長哉・夫是非在天下・如黑白薰蕕然・以黑爲白・則人異視矣・以薰爲蕕・則人易臭矣・今或厭六經之語・以濂洛關閩之說爲常・而老莊佛釋與平日所不齒于縉紳士者・今反得以揚眉吐氣焉・凡此皆臣所謂異也・

昔漢儒董子曰・春秋大一統・今百家異議・旨意殊方・諸不在六藝之科孔子之術者・請一切絕之勿使進・臣於今日亦然・請下明詔・示以意嚮・羣臣中有卑薄宋儒・浸淫佛老・喜爲異說・敢爲高論者・則有流放竄殛之刑・斯士風可淳・其於治道不爲無少補矣・

鹽法道陳公祠記

連城子家居已十年・不束帶見貴遊・不操觚爲文字・亦已十年・今晨有客踵門來告者曰・某皆粵商也・世業鹽・萬

曆乙酉・前僉憲陳公專理廣之鹽法・有大造于商・我商人不能忘・祠而貌之有年矣・乃石尚未鐫・若有待也・敬徼惠於吾子・

連城子曰・異哉・祠爲鹽法立也・粵處海濱・其財賦所供・惟鹽爲利府・而狡猾所伏・亦惟鹽爲弊叢・朝廷重其事權・專理憲臣・地官無以法名・獨是稱鹽法・意有在矣・往陳公以臺御史出按宣大・兢兢持三尺法・所至肅清・其僉憲吾廣・以忤執政來也・公不能脂韋執政・何能呴沫諸商・誠當其時棘如束濕・若輩將重足側目・旦夕惟覬公代去・尚能從去後尸祝之耶・公之德・與若輩之德公・是遵何術・願言其詳・客曰・某等爲國通海滷之利・資其貿易以佐軍興・食其贏餘・自給俯仰・用力甚勞・取息甚細・獲利什一・食苦什九・餉有餘羨・分納而羨多・鹽有常額・虛割而額減・罪有例罰・重科而罰濫・豪强承埠・則散折不通・水客爲商・則兌商失利・留難于西運・則守支曠期・候掣于海中・則風濤作祟・種種皆爲商病・上之人目曾不一瞬也・陳公獨能調劑・八議條行・三河受賜・無一切增羨虛賠重罰之苦・無土豪水客留難覆沒之虞・我商人如出烈焰・決以清冷・如出重淵・再見皎日・公德在世・我商人德公亦將世世・

連城子曰・公爲粵鹽法而用法如是・宜其祀哉・法有然・有未必然・有必執・有不必執・載在令甲・奉若蓍蔡・此國法也・昔言便・今言不便・何可無執・一意裁抑・與商爭利・此文法也・官言便・商言大不便・何可膠執・公不抑法爲人喚咻・不苛法令人縶縛・去泰去甚・去商之病・而商悅矣・孟子論王政待商・曰法而不廛・是何嘗廢法・曰廛而

不征・又何常廢情・法之體方・情之用圓・勢若不相入・情以仁疾苦・法以禦奸萌・義各有攸當也・藉人之財以輸公・不恤其私・因人之力以爲我・不顧其害・亡論非人情・亦豈朝廷立法通商意哉・邇來兵興・多廢調度・不支・始議榷商・再議加稅・商病極矣・人情悲今則思昔・食苦則思甘・商至今日・又安得不愈思陳公・公名性學・號還冲・浙江紹興諸暨人・萬歷丁丑進士・連城子居粵・於公爲編氓・粵商不能言・粵人當代之言・誼不得以久不染翰爲辭・于是乎記・

三賢祠記

連舊有祠・祀唐昌黎韓公・中山劉公・宋紫巖張公・三公皆以擯謫至連・連人賢而祠之・故稱三賢祠云・客有問余者曰・昌黎之文章・魏公之相業・百世後願爲執鞭・中山非叔文黨耶・余曰・唯唯・請爲中山解之・

按唐史・順宗在東宮・欲諫宮市・叔文曰・太子職視膳問安・不宜言外事・陛下在位久・卽疑太子收人心・何以自解・叔文日見親愛・遂多引朝士・知名者如柳子厚劉中山・以才名與焉・且謂某可將・某可相・幸備異日之用・是中山之進・雖緣叔文・所比肩事主者則東宮也・乃不幸叔文怙寵・順宗復無祿殞世・方得意時・一山陵使不可得・一旦失勢・同爲逐臣・命也如斯・奈之何哉・秦王開天策府・定策諸元勳・卽府中所養士・房杜尉遲・異時俱稱名將相・事成爲秦府諸賢・不成爲叔文諸黨・爲虎爲鼠・何可以成敗論賢不肖也・爲朗州司馬十年・平日壯心銷磨已盡・奉召而還・再忤執政以出此・豈踼躠轅下駒・泛泛水中鳧者・大中丁卯・連人劉知幾成進士・人謂前此未有也・自中山刺連始・斯人關鑰于是乎啓・有功于民則祀之矣・子厚居柳州・柳人祠之爲柳侯・迄今精爽宛然如在・劉于子厚其才名相埒・所遭不幸復相同也・柳人祀柳・連人祀劉・大都一代文人・其稱爲才者不數才矣・而竟能其用者亦不數才・如子厚中山・其殘篇遺唾・能使人膾炙・其幽魂餘魄・能令人尸祝・當其時・則去之恐不亟・竄之恐不遠・娥眉見妬・從古已然・何足怪哉・客曰善・問祀・劉得祀・祠在北山寺側・先是幷南軒張公爲四・後徙祀南軒于澤宮・遂爲三・日久祠圮・遂遷於寺・歲萬歷辛卯春・分巡游公行部至連・檄前太守陳君鼎新之・越明年壬辰・今太守鄭君復增創後祠・規制益邃・至是以游公命來徵言・余不佞・述嘗與客論中山者如此・若昌黎之起衰濟溺・魏公之浴日補天・人旣曰賢矣賢矣・無容贅云・

金　節

字持甫・南海人・萬曆丁丑進士・歷官至廣西參政・著有吳粵草・伍鳴集・阮志藝文畧注未見・

送王藩父守眞定序

眞定爲古趙地・所轄州五・縣治六十有七・其形勝臨滹水・倚桓山・左瀛海・右太行・其俗習文武・尚禮義・自昔記之・蓋京輔鉅郡也・王藩父治聲籍甚郎署間・丙戌春拜兹郡・來謁余請曰・不敏委命屬吏有年・今叨嶺大邦・爲翁桑梓地・願得言以藉・予聞之・郡當子午孔道・賚璽乘傳者・車馬輻輳・二臺院駐蹕其中・晨參往謁・候顏色・還坐郡・計三十州邑吏治・則日漏二刻矣・是守竭其精神耳目於外者十

九．其理郡事者十一．吾將□□□□厨糈．往來奔走．日過客以獵虛聲乎．然□□□□□脂竭矣．將急簿書期會．役役於刑名錢穀間．以稱監司部使旨乎．然精力耗而實惠不究矣．將如古之循良龔黃卓魯者流．宣德達情．與民休息．無赫赫之政．希啍啍之治乎．然供億奏報稍遲．人將惟守側目而是尤．將如脂如韋以邀榮名而取世資乎．余惟魯質直又不任．是惟老先生命之．余扼腕而嘆久之．有味乎藩父之言也．漢世以武功扶風馮翊爲三輔近地．稱股肱郡．內以拱衞京師．外以控制諸藩．而河南南陽不可問．則以貴戚近臣在焉．今之眞定．何以異此．傳稱燕趙多慷慨悲歌之士．而鬪鷄走狗椎埋剽竊者亦不少．又多中貴戚畹里居．不可以法繩也．西連山西．北枕保定．界乎倒馬龍泉固關．爲戎馬供應之藪．寬之則視爲迂緩而無當．急之則視爲操切而不决．郡守亦重且難矣．

余讀史至趙京兆所治煩劇．不下眞定．其所揣摩擿發．中人之陰．以神其奇．張子高理郡．時趙冀州界大賊枹鼓白晝起．一聞刺史下車．輒引散．此二君者．令行如風．威行如馳．若神鬼不可測．海內咸推遜避舍．而班氏語亦津津不置．至其著循吏傳．則不以張趙易龔黃．謂其慘刻少恩．非所以養元元之命也．君所治近輦轂下．□□大鷙擊．治亦立辨．君盍衽席其民而振刷之．第無以藥石先粱肉．毋以精釆剝元氣．忠愛允孚．積洽淪徧．易以治也．且世之詡詡爲名高者．有出於簿書期會奔走逢迎乎．其能者不過剔垢而任奇耳．此何足爲藩父重哉．聞之習於水者．不憚瞿塘三峽之險．習於陸者．不惴羊腸鳥道之難．君曾司理廣平．廉明忠信．果毅不可撓．聲名燁燁．膾炙人口．眞定距舊治相望．爲行部所習之地．循是以往．如輕車就熟路也．奚暇問道於余．然余謂天下大勢．如一家然．京師堂奧．眞保諸郡猶門庭也．善理家者．必固其門庭．而后堂奥可恃以無恐．脫或扃鑰不嚴．門庭不固．豪猾悍子得以骫法其間．堂奥未得安枕而臥也．司銓者以君爲能．選擇而使．北門鎖鑰．於焉是賴．其尚展乃心懋乃功以簡任．余將跂足而觀厥成矣．君適趣裝就道．同列祈余言爲別．余持是質之．后山楊公不以爲佞．因書以贈．

送范原因擢南昌守序

范君郎南比部．調度支．葢五年於茲矣．華聞蔚起．主爵者才范君．遂擢守南昌．往臺省薦剡．列諸舍郎文武才．備疆圉使．余見范君名褎然首牘中．及余來陪京掌度支事．而范君以期會旅進．望其人．玉立有矩矱．稍按其分曹治狀．事事精核中窾理．乃信夫往之奏記眞得人云．未浹旬．而范君以新命別余之南昌．遂問所嚮方于余．于后山楊公．公已有別稱說勉其行矣．余義不容已．乃綴之篇以贈范君．

夫南昌非咽阨吳越之大都會乎．其內則鎭撫大夫柱后惠文與行部□使者．節鉞冠蓋．鱗次相屬．而尺一方書．又不可以文陳也．其外則擁傳乘軺鳴騶珥節者．星馳雲逐．而供張治具于亭障臺隍．又若流也．良二千石．得不自馳驅于棨戟之間而贄謁修刺以爲恭乎．得不報謝軒輶而問遺于謁舍乎．得不戴星櫛沐而秉炬以治爰書乎．良已勞矣．又況夫枌楡之垂纓委珮．鳴呵于里．置笏于床者臚列也．或干掫闌入．或赫𧿹居間．順之則肺石弗平．逆之則飛語驟至．焉在其三尺不撓也．南昌不易．嘻吁艱哉．

由今而現于范君．亦既玉立有矩矱矣．貴倨不敢干以私．亦既事事精核中窽理矣．紛沓盤錯．可以懸解而卒辨．君何難于南昌乎哉．第其俗民纖嗇而喜爭．匹夫修飲食小忿．輒囂然起．奸人齮齕其間．而兩阨矣．國儉示之以禮．其在斯乎．其在斯乎．貴倨人固多持其鄉．而俠魁宵人亦多陰賊．貴倨人以爲武．受理者加意於窮簷而故過爲裁抑於華胄．見以爲鋤孼之彊．而實非中和之體矣．且也大江以西．條刺鎸令．其操下僚也急．急則摭拾小過．則易錮人于聖世．欲人祓濯其志意．乃毛舉鷹擊．以博名高．使邑之丞倅參幕縱跡如傳郵．而民亦弁髦之．悖大之體如是邪．南昌守日與當事者相酬對．固可以陰福奧深．而所益多矣．范君行矣．范君勉乎哉．余又聞君令南城時．以治行高等被徵召．茲其行輕車熟路也．擘擫風謠．則歌來何暮．奚讓焉．異日者用臺省之言．推轂君以疆埸之役．必尺組寸筆．傑然自建．余日望之．余日望之．君同舍郎以余言質之后山公．公以爲然．遂張之祖道爲君贈．

姚岳祥 字宇定．化州人．萬曆丁丑進士．選庶吉士．時鄒元標以劾張居正奪情．下詔獄．居正令獄吏來問元標者書名具報．岳祥坦然熟視書名．神色自若．既而歎曰．綱維潰裂．尙可吾行吾志耶．即謝病歸．著有元珠集．

嶺西大捷露布

竊惟春秋大一統．道在同仁．天子守四夷．威惟不殺．顧遏亂畧者利用武．而芟寇暴者實爲民．惟我熙朝．式宏明化．西北之腥羶既掃．東南之醜類咸歸．自甌駱以至交阯日南．莫不傾心效順．由閩粵以及桂林象郡．悉皆稽首遵王．第茲嶺嶠之區．猶雜蠻夷之種．昔尉佗爲七郡長．漢文帝馳一价之使．僅爾羈縻．曁何眞以全境來．我高皇憫萬里之窮．曲從全活．遂使無知餘落．日蕃衍於蕉林荔浦之間．轉加相煽爲奸．羣角逐於木兵竹馬之技．重以亡命．誘其逞兇．大則刦邑攻城．小則焚鄉掠市．据羅旁各峒之險．自矜天造地設以來．當嶺西一道之衝．不啻水深火熱爲甚．毒流下土．罪聞上天．方投共憤之人心．更値告終之寇運．九天赫怒．重命興師．大義霜嚴．責臣以勛勤之績．宏謨日煥．授臣以方畧之宜．期於一舉蕩平．必使萬民鼓舞．臣自膺成命．日夕兢惶．爰相事機．始終周悉．謹督諸藩臬將領．集挽弓之衆．而三令五申．誓戒乎南北東西．嚴信地之防．而肆征夾剿．提兵徑進．仰巢力攻．然我之熊旂雖臨．而彼之狼星猶燦．殫力深堅壁之守．希心爲逸檻之圖．迨夫進鼓益嚴．萬軍齊奮．伏王猷之充塞．算策無遺．將神武之奮揚．誅鋤殆盡．一戰而擒渠卒．再戰而拔重營．勢若建瓴．威如破竹．自去歲一陽迄于暮春之半．凡四閱月而羣醜悉殲．從我朝累葉洎乎今日之隆．餘二百年而諸兇一洗．計破巢則五百六十．語斬虜則四萬二千．魚海洗戈．雲簇龍蛇之陣．珠江歸馬．月臨草木之兵．上紓宵旰之憂．下雪神人之憤．謳歌載道．砧杵萬家．昔虞舜有苗之師．尙待七旬始格．乃商宗鬼方之績．亦必三年而成．試卽古以擬今．殆齊驅而並駕．自嶺海類百年用兵以來．誠未有若茲之盛者．師出萬全．宜傳宣於四海．功成一怒．實稱快於萬方．

吳國光 字觀可・新安人・萬曆己卯解元・

海道劉公祠記

新安・東官故壤也・舊去縣治一百餘里・川塗修險・民之稅者役者訟者咸苦之・正德間・伏闕請析縣・弗就・隆慶壬申・海道副使劉公以戎事來・惻念民隱・慨然有分邑之議・達於兩院・疏請于朝・遂卽東莞析邑焉・維時吳侯宰邑事・邑民相與謀祠劉公・詣侯以請・侯曰・在禮・有功德於民則祀之・祠之宜也・乃度地建祠・且捐俸以助之・邑人吳國光記・

重修赤灣天后廟記

廣之有天后廟・建自征南將軍廖永忠・赤灣地濱大海・永樂八年・欽差中貴張源使暹羅・始立廟・又行人某使外國還・捐金買田供祀・歲久傾圮・萬歷八年・貳守周公以海防事至・顧瞻祠宇・低徊久之・乃集父老爲更新計・逾四年・始告成・

陳光顯 字少敏・順德人・萬曆己卯舉人・官通判・

駐月臺集序

蓋先大父之言曰・士豈必其榮名厚實哉・方立衡石・要在自信・余伯子有所受之・方大父仕閩爲李官・多所平反・直指使者既慕說延平・以爲才・會上徵南中治行・使者陽浮購書延平・大父第以書抵使者・所期物亡其中・卒用此罷歸・居久之・子若孫孝弟力田・不廢儒效・大父盡發嘗所藏書・更使環讀已・廼勞苦之・若曰・設吾他日毀正傀趨得當於使者・逆天媚人・庸鉅能有若屬乎・吾廼今知止足之分矣・

先是大父春秋六十又一・再領孫而有伯子・伯子少受大父書・自其束髮爲諸生・不啻下帷卒業・經史百氏家言旁及星曆稗官・靡不欲究也者・里中梁何兩先生・起家作者・爲名高・伯子卽不自謂雁行兩先生・顧心遜其博云・伯子尙未攻詩・間出片語・人人相詫辟易・性頗峻執・不能頫首功令・會時政東濕・縛子之路・遽拂衣引養・慨然謂士所托於世・寧藉一第重・假令一第足重・士胡杜門著書者袞然千古也・所居掃炎軒・軒之上爲駐月臺・置遺書其中・覃思撰述・寄興觴詠・古詩法漢魏・近體駸駸盛唐・尤酷好杜氏少陵・其他論著・間一稟尤氏・餘不必斤斤程古・要以攄所獨得・絕不卸鞶帨之飾・諸未具論・卽分野律曆・世儒闇於大較・視猶爰居之駭鐘鼓・伯子臚析毫芒・摭其實而裁其哀・噫・亦閎眇矣・比余蹠伏田間・謬以詩謁伯子・其言軼才・人之所時有・故或醇質而功不至・功至矣・而氣不鬯・氣鬯矣・而日有不暇給・蓋戛戛乎其難・伯子曰・此猶謂材中繩而寸朽・玉纖瑕而美璧・今其最下者・取歷下瑯琊尸祝之・剽其唾餘・挾以詡俗・厥風靡焉・吾屬者治業益力・琢彫還質・聞有喋喋持可否兩端・吾惟是立是衡・前而不卻・夫擾擾之往・與沾沾之趨・名若利等嗜耳・吾幸有先人之藏書・書在・夫非清白之遺也・苟焉竄以奸時・此向者大父之所羞・

吾懼焉・於戲・大父自信而不溷於竇行・伯子自信而不斷於耳觀・當其棄諸生時・豈復患名哉・於今睹伯子之志矣・集成・命藏之家・顯不敢佚昆弟之質言・謹述往今・以詔來者・

黃淳 字叔化・一字鳴谷・新會人・萬曆庚辰進士・官寧海令・因事謝病歸・闢洞鳴山・搆定帆亭・醉吟其中・自號六柳先生・蓋以出處自比陶彭澤云・著有鳴山集・

秫坡先生傳

秫坡先生黎氏名貞・字彥晦・都會里人・生元季・少從父學正公學于外・既聞西菴蕢・即往從之・銳然鞭策于古之人・當路以學行舉・署新會訓導・辭不就・築釣臺于所居前・日徜徉其間・澹如也・適救鄉之鬬・忤不直者・中飛語・戍邊遼・臨行告祖曰・貞習聖賢之行・讀聖賢之書・徒切救人・屈辱己軀・雖在縲絏・非貞之罪・居遼一十三年・艱險困厄・而學逾勤・識愈高・氣逾充・議論逾正・閫帥禮之如賓・西菴蕢以事死于遼・抱尸哭・解衣裹之・殯殮如禮・復典衣營葬于安山・爲文以祭・聞者莫不墮淚・洪武丁丑赦歸・抵家方夜・明月滿空・呼舟中餘酒・登釣臺賦詩・久之乃扣戶入・四方學者踵至・悉依孝弟忠信・隨所得而爲之・誘成稱最・白沙先生曰・吾邑以文行誨後進・百餘年來・秫坡先生一人而已・乙卯・由薦辟至京・見館閣諸公・一以禮相抗・議論侃侃不屈・諸公相顧謂曰・國家禮文草創・彥晦積學・未可遽令遠去・廼留商酌禮文・兩越月始歸・諸公歎曰・堯舜在上・下有巢由・如彥晦者・可易得哉・相率餞于都門外・語見翰林掌院事豐城朱善備序中・

嗟乎先生學識甚大・故胸次灑落・順逆不校・至履仁蹈義・則又確乎不可搖撼・如陳氏沆弟江戍遼・沆選妓佐宴・召不赴・作詩答之・沆得詩・江罷宴・從師蕢・使高麗・不畏險難・收蕢死・不畏罪及・所謂欲行天下獨者非耶・詩文一出自胸中・讀者知其所抱・論古今治亂興廢得失・人物臧否・多自得之見・所著有古今一覽全書・家禮舉要・秫坡集等書・

評曰・黃雲紫水間・代不乏賢・塵銖之視・以其有重也・白沙先生最著・秫坡釣台曰維先風云・論世者顧疑于俎豆・甚弗考故・附茲以俟後之君子・

謝與思 字見齋・一字方壺・番禺人・萬曆庚辰進士・官諸暨知縣・轉調大田・爲蜚語所中・貶秩・慨然曰・青山白雲・尙容傲吏・拂衣歸・築小樓於郊坰・著述自娛・著抱膝居存稿二卷・阮藝文畧注存・

衞生編序

醫和有言・於文・皿蟲爲蠱・穀之飛亦爲蠱・在周易・女惑男・風落山・謂之蠱・其以爲蠱物者不經見・而世傳江以南殆然・葢余讀直指公檄・始灼其狀云・天地大矣・何所不有・古者遠方圖物・使民知神姦・不逢不若・此亦何諱・而學士家・往往于聖人不語怪・夫匹夫纖嗇筋力所幾一金・使鬼齎貨・而藉子錢什倍・其誰不勉焉・乃性故甘人・得即我以而卒絓三天・不得即遷戮主者・取彼予此・仁者不爲・況於兵在其顯邪・其爲不祥大矣・惡中人而傷生・不能荒閱・而思有所及之・故著之編・俾自爲衞・夫能以道莅天下・其鬼不神・斯其能不語者乎・

赤巖記

方壺子屬天地之曠蕩量移于此也・飾臃腫之才・因曼衍之德・虫臂鼠肝・隨化則受・蜩甲蛇蚹・有待而忘・自以性同鱗羽・愛止邱壑・訴牒之暇・偶蹇裳躡屐・排幽攬勝・得城東赤巖焉・赤巖者・榛莽之所湮鬱・猿鼬之所窟宅・實乃軒邈靡迤・含雲蓄翠・四時粧綴緣其限・一溪淸駛濱其足・于是方壺子庀徒闢土・擿林拓架・爲基址凡六所・其一曰水月軒・溪故可航・由溪抵軒不數十武・稽首大士前・嗒焉衆緣俱盡・已又斗折而上數十武・曰觀稼亭・每凴欄紓眺原隰・龍鱗黃綠・間錯若繡・爲一歌南風之詩焉・自是再上爲三元堂・堂之中・石磴劖削凹深・苔蝕蘚暈・元君像卽倚石・而龕復之・爲文昌閣・景益敞・旁竹竿數十个・樫欅杉檜數本・葱蒨相糾可愛・稍蜿蜒而西・庋小閣・曰滌除元覽・則方壺子小憩所也・涼颸時襲衣襟・白鷗上下親人・遠矚橫坡・俯聽流水・固不知足趾之蹇矣・過是復上百武・爲淨樂界・又山椒構小浮圖・曰凌宵・終巖之勝焉・大都目力所至・雲屛萬疊・羣峯隱隱・如出足下・或踞蹲・或虬伏・或釜覆・輕嵐暖靄・翕忽變幻・輒欣然會心・而應接不暇也・

爾乃霞朝月夕・夏燠冬寒・子大夫數同過・泛淸波・浮綠醑・欸語轟笑・流連竟日・敘有爲之外・究無生之業・自是幽關洞開・亦復情瀾不滐・故其形勢・不必元圃瑤池也・其偕耦・不必偓佺羽人也・其飲食・不必石髓玉漿也・余知夫岌業而泰岱者形也・渾淪而毫末者亦形也・絕滄溟而至止者適也・寄一枝而棲息者亦適也・且也太空滓溟・物何從生・彼仡然而爲山・則寓也・我忽焉而爲人・則又寓也・以寓相寓・同一滓溟之塵滓・于乎・又惡至而倪大小・惡至而倪廣狹哉・方壺子弟趣觴而醉・咏而歸・

重建萬積洋公館記

去縣治百里而遙・爲萬積洋・舊有侯館在焉・歲久傾圮・尋燬於兵・前是蒞茲土者・卒卒未敢議興復也・余數以事蒲伏州郡・每過則低徊久之・曰・葺廢舉墮・詎非有司任邪・而先我者・豈故以遲我・毋亦謂磽确之區・蓄儲幾何・將坐課是懼・而胡眷眷多事爲・且無樂以征繕屋吾民也・又無樂以飾廚傳稱過使客之名塗吾身也・是則然矣・顧田何邑也・濱巉巖負谷之中・郡邑相望・非踰信宿不可至・卽權使其民無論諸從者趨・熱則嚬蜉而蹋・寒則皸瘃纍舍・重繭不以善息也・第昏莫而過・俯黮闇之深谿・支徑若綫・足二分外垂・火光不相接・是非以身爲戲乎・進退不可得・勢必弭節而託宿於民・夫民也・疊罷於銚鎒・夜驚於供億・且倉皇而求所謂儲偫什器者・其可以待焉・卽余小子之不宴是甘・而奈何令過使者竭蹶而趨・重困於我土地也・我乃今取材於山・而未聞爲厲虞者・取力於民・而未聞爲圉農者・取費於嘉肺之羨緡・而未聞爲竭帑者・亦唯是過使者行李之往來・爲治一夕之衞・而以閑茲墟落之民・吾葦藩木捷不至委頓於涂・而一二從者・亦藉郵人越下之休也・奚爲不可乎・不然・今日之事我爲政・豈其蒞茲土者・還年而齷齪・不稍議興復・其若惰窳廢職何・然則是役也・吾無所敢冀德・亦無所敢造怨・苟以塞一日之責是圖・而他且奚計焉・首事於丁

亥春月。迄夏而竣．爲門五楹．爲堂三楹．堂之側．寢室各二楹．東西序如之．

張　萱　字孟奇．博羅人．萬曆壬午舉人．屢上春官不第．考授內閣中書．歷官吏部郎中．嘗與纂修正史．入侍經筵．故得發秘閣所藏書讀之．著秘閣藏書錄四卷．秩滿．奉母還里．爲園榕溪之西．不入城市．人稱西園公．自天地陰陽以及兵農禮樂元乘韜鈴．無不探討淹貫．著有西園存稿三十卷．阮志注未見．今存．此外尚有疑耀七卷．今刻嶺南遺書中．又有彙雅初編二十卷．續編二十八卷．鈔本西園見聞錄一百八卷．阮志藝文畧並注存．西園彙史一百六卷．注未見．

瓦屋張氏小宗圖說

聞之嚴父故尊祖．尊祖故敬宗．敬宗故收族．夫大宗．小宗之本也．小宗譜而大宗闕焉．何也．噫嘻．我張氏之大宗邈哉．寡乎時矣．蓋起於田間云．十傳．而我東浦公始以儒業．十一傳．而我先府君始以儒亢．至於奈之身．則在椒聊之首章矣．五服不能具一乘．卽衣冠不乏．其於諸任何敢齒焉．五服而外．有庶見素冠者矣．有范冠而蟬綏者矣．甚則有身爲陪隸．不敢自祖其祖者矣．余方愧夫葛藟之興嗟．而不能如葵之衞其足也．故大宗之譜．竊有志而未之逮也．

我張氏必曰瓦屋．何也．博羅之始基也．篳路藍縷．以啓山林．而爲民望者．我張氏也．明興而首登於版以受廛者．皆葺一間．我張氏則瓦之屋三間也．二百餘年於茲．邑人之凡是我張氏者．必曰瓦屋．故余譜亦曰瓦屋．不忘本也．先王之治天下也．未有不自族始者．周官．大冢宰以九屬拜國族．七曰宗．以族得民．貴同也．然易之言類族也．又曰．辨物則貴別也．夫同也．雖惡必同．夫別也．雖美必別．越之楊．隋煬帝之嫡系也．避而不譜．吳寗杜氏．踰千餘歲以宗漢之延年．晉之當陽．而淳安之汪．又且由其以上至於魯公之族．七十餘世．諱字卒葬．皆可按也．而不識者．已有遙遙華胄之誚矣．

昔者楊文貞公數好爲人作譜．楊文敏公高文大冊滿天下．而序人之譜者．不一見焉．其言曰．我不能如文貞之大也．夫譜何容易．譜贋則宗贋．宗贋則名不正．此大亂之道也．五嶺之南．十郡之間．有張氏焉．羅浮之陰．榕水之□．有張氏焉．閭之左右．衡宇相望．有張氏焉．余之譜而亦曰瓦屋張氏．以自別也．亦不忘本也．夫唯自別也．故本不忘．本不忘．故族收．族收故宗敬．宗敬故祖尊．祖尊故父嚴．余祠我先府君．而必譜小宗．志嚴也．必有以自別者．何也．本一也．二之．非本也．二矣而一之．贋本也．贋本忘本也．唯別故一．惟一故不贋．不贋故能自本其本．而本不忘．子輿氏曰．人人親其親．長其長．而天下平．此一本之說也．圖牒弗徵．世系莫考．親人之親則親二．而其親忘矣．長人之長則長二．而其長忘矣．此又大亂之道也．收族者懼焉．然則我十五郎之上．不可得而譜乎．噫嘻．余又何敢譜也．

占之善於譜者．必曰歐陽氏永叔．蘇氏明允．而今則李氏獻吉．夫明允之譜蘇氏也．親盡不書．是五世以上疑與信半也．獻吉則三世以上且疑之矣．四世以上且闕之矣．余之先府君．自我十五郎也．信以傳信．蓋十一世也．幸也卽起于田間．然皆以善始．亦皆以善終．至於余之身．瓦屋故瓦之屋也．蓋二百餘年於茲矣．幸之幸也．永叔聞人也．奈何亦有遠祖之嫌乎．余之於十五郎也．卽遠無嫌也．又幸之幸也．語曰．百足不仆．夫世方以衆強相角．以貴相犄．瓦屋張寡且昧矣．不殆於仆乎．嗟嗟．彼百足者．余亦未嘗不虞其仆也．夫仆不在足也．語又曰．本之必先撥．余之譜小宗而必曰瓦屋張氏．衆而強不敢同焉．懼阻力也．阻力則寡且昧者先折也．貴而顯不敢同焉．懼執熱也．執熱則寡且昧者先焦也．故曰．瓦屋張氏．以自別也．不忘本也．蓋虞仆也．爲小宗圖說．

嶺梅盟說

陵江梅圃之界曰庾嶺者．星經謂爲南戒門戶．五嶺鼻祖．漢書郡邑志名臺山．或曰．亦五嶺之一也．以其居五嶺之東偏．故曰東嶠．漢元鼎五年楊僕出豫章擊南越．部將庾勝城而戍之．遂名大庾嶺．時南越相呂嘉遣人函封漢使者節置塞上．卽此嶺．故又曰漢塞．余按古今地理志．秦初有梅鋗者．常帥兵度此以取南越．故亦曰秦關．今嶺名梅．實以鋗．猶嶺名庾．實以勝也．是漢之前．嶺已名梅．漢以後．乃名庾耳．後人不能詳考．遂謂梅嶺者．以陸凱折梅寄友得名．而所寄者范曄．足發一笑．凱遜族子也．吳赤烏中雖常守儋耳．然卒於吳建衡元年矣．曄乃南宋文帝時人．豈相及耶．余意凱所折梅．或寄它友．非寄曄也．詳其所折之梅．或嶺以南它郡．未必卽此嶺．是嶺名梅．於凱何與耶．甚矣盛弘之舛也．今寰宇志又言．漢梅福常隱此．故名．尤謬妄不足辨．夫福數上書．不見納．乃去之會稽爲吳門市

卒．未嘗一蹋此嶺．且嶺名梅．自秦始．何待於福耶．是梅嶺者以人得名．非以梅得名明甚．而唐六帖乃言庾嶺梅花．南枝已落．北枝未開．蓋好事者傅會陸凱寄梅語．故植梅於嶺．然嶺分兩郡間．商旅輻輳．不無攀折．牛羊踐躪．遂至凋殘．宋張子韶常登此嶺．實不見一梅．故賦詩曰．詩人常說嶺頭梅．往往秦春自北來．我到嶺頭都不見．却將春夢盡空回．後人又謂嶺本無梅者．此亦過也．宋淳熙間．知軍事管銳始復追蹤往跡．多植梅以實之．久之．梅亦萎絕．最後有英州司寇者．得代還．度嶺．其女獨徘徊嶺上．復植三十本而留以詩曰．英江今日掌刑回．上得梅山不得梅．輟俸買將三十本．清香留與雪中開．詩雖不佳．而弃流亦自有致如此．今三十本亦不復存．豈冠蓋中獨無一好事如此弃流者耶．奈何令騷人墨客載其名．而勝蹟佳談竟失其實也．余家居羅浮梅花村中．性故嗜梅．計偕往來嶺上．嘗與山靈爲約．弁繻而過．便當如管知軍爲嶺頭春色粧點幾分．今宦拙矣．凡兩度此嶺．皆坐困遊囊．不能如英州女郎輟俸．因念司馬溫公居洛．爲牡丹會．士人薛君常者．破產植牡丹．此不過以供一時風景耳．而好事者且談之不置．庾嶺之梅．侈稱今古．傲雪數枝．臨風一嗅．亦南北軒輶所芟而甜也．

余官冗曹．無俸可輟．獨饘粥之產．尚堪一破．爲報山靈．叱馭再來．市梅數百本．植於凌江橫圃．而以山之僧守之．異日雪中清香．不惟足挽子韶春夢．而先文獻尸祝具在．鼎實纍纍．不可爲籩豆一助乎．故稍正其訛舛．核其始末．爲梅嶺盟以書祠壁．山之靈實共聞之．凌江梅圃．亦有君常其人者乎．而一時司土羣公．爲政風流．又皆不減司

馬・是役也・倘獲我心・稍相攝護・毋令往來有踰里折杞之歎・則梅花之國・恢復有期耳・棠之蔭永垂不朽・此尤管知軍所爲九頓地下者也・豈余小子實式靈焉・

論商契母

契母簡⿺辶虫・有娀氏女・一作易⿺辶虫・易與簡義通・易又作遏・則字之誤也・有娀在今蒲州・舊說在西周之北・淮南子曰・有娀在不周山之北・殊妄・張守節曰・桀嘗敗於有娀・則蒲州爲是・呂氏春秋曰・有娀氏有二使女・爲九成之台・飲食以鼓・天帝命燕往視之・其鳴隘隘・二女愛而爭搏之・覆以玉筐・少選・發而視之・燕遺卵而去・遂不返・簡⿺辶虫因吞其卵・非行浴而得燕卵也・司馬遷鄭康成因之・皆謂簡狄行浴・燕遺卵而吞之・生契・與呂氏少異・高誘則曰・簡⿺辶虫以春分元鳥至日・從高祀高禖・與二妹浴於元水之邱・鳥卵而遺之・五色俱好・覆以筐・簡⿺辶虫得而吞之・余按古毛詩注・帝嚳於元鳥至日・以大牢祀高禖・蓋記其祈子之時日云爾・是古記猶未誤也・鄭康成輕信子長・朱考亭又輕信鄭康成・以天命元鳥降而生商之語・求其說而不得・遂謂簡⿺辶虫吞燕卵而生契・是以不祥誣聖人・亦何待詞畢乎・

論臯陶

臯陶父曰大業・娶少典氏後人之女曰華・生臯陶・八凱之一也・臯一作咎・陶一作繇・班固鄭元皆云臯陶・字庭堅・杜預注左傳・及林堯叟皆從之・左傳文公六年・蓼與六滅・臧文仲曰・臯陶庭堅不祀・以蓼爲庭堅之後・六爲臯陶之後也・杜預林堯叟從班固鄭元・皆以臯陶庭堅爲一人・臧文仲之言・豈並舉其名與字耶・徐廣曰・或以英六爲臯陶之後・而史記止言英漢英布・即其苗裔也・索隱曰・地理志・六即安國之六縣・英地闕・不知所在・正義曰・英即蓼也・括地志・光州固始縣・本春秋時蓼國・太康地志又云・蓼國先生南陽・故豫州偃縣界・即故胡城・後徙於此・而楚滅之・或在許・亦未知孰是・春秋元命苞・堯爲天子・季秋下旬・夢白帝遺以馬喙子・其母曰扶始・升高邱覩白帝・上有雲如虎・感之而生臯陶・即馬喙子也・馬喙・一曰馬口・淮南子作烏喙・今獄中繪臯陶像・皆作馬首・又以臯陶生馬喙・故有疑虞廷之士師爲臯陶字者・既誤・世本又以高陽生大業・以大業之妻女垂爲大業之子・史記音義又以大業爲臯陶・以臯陶生伯益・更誤・宋祁新唐書亦從之・何也・臯陶嘗漁于雷澤・舜求而得之・以爲士師・乃立犴獄・造科律・封於臯・故曰臯陶・風俗通曰・咎陶造律・蕭何成九章・傅子曰・律者咎陶之遺訓・蕭何廣之・後漢張敏曰・咎陶造法律・原其意・皆欲禁民爲非・振褐而不仁者遠・世本謂咎陶作五刑・非是・淮南子曰・臯陶瘖而爲大理・天下無虐刑・有貴於言者矣・此即夔一足之說也・蓋臯陶爲士師・其折獄不待言者・故曰瘖・臯陶陳謨以賡歌・謂之瘖可乎・荀子曰・臯陶色如削瓜・今姑布家謂人之面如削瓜者必寡恩・臯陶爲士師・豈寡恩者耶・王充論衡曰・臯陶時・有解廌者・如羊而一角・青色・四足・亦名神羊・性知曲直・能觸不直者・蘇氏演義云・毛青四足・似熊・性忠直・見鬥則觸不直・聞爭論則咋不正・神異經亦云・性忠・見邪則觸・困猶不止・東方之獸也・故立於獄堦東北・許氏說文云・如牛・一名任

法・黃帝時有以遺帝者・詳黃帝本紀・皐陶事之以治獄・有罪疑者・令神羊觸之・故天下無寃民・晉輿服志・御史法官・一名柱後・解廌者冠・以其能觸邪也・田俅子曰・堯時有解豸・緝其支毛以爲帳・豈亦辟邪之義耶・有謂解廌亦羊類・羊性亦知曲直・昔齊莊公之臣王國卑・與東里徼訟・三年不斷・乃令二人共一羊盟・徐之社・二子相從・刲羊以血灑社・讀王國之辭已竟・東里辭未畢・羊起觸之・齊人以爲有神・而謂羊性亦觸邪・未必然也・詳余疑耀第六卷・後世建尉寺・既尊皐陶爲獄神・後漢范滂入獄・請祀皐陶・不從常祀・以社日後改以孟秋・或曰・皐陶以壬辰日死・故壬辰日不可訊囚・余按書若稽古堯舜禹三聖・而皐陶與焉・孟子言道統之傳・亦曰・若禹皐陶則見而知之・又曰・舜以不得禹皐陶爲己憂・皐陶之德如此・唐天寶二年・尊皐陶爲德明皇帝・豈以是耶・堯禪舜・命之作士・舜禪禹・禹卽帝位・以咎陶最賢・薦之於天・將有禪之意・未及禪・會皐陶卒・而後薦益於天・易歸藏・夏后啓筮・享神於人陵・而上鈞台枚占・皐陶曰・卜吉・史記・夏后啓筮・乘龍以登於天・占於皐陶・皐陶曰吉・而必同與神交通・以身爲帝・以王四海・第禹初讓位皐陶・而皐陶已薨・是皐陶固未反事帝啓明甚・歸藏易誤・而司馬遷不考・何也・皐陶卒・葬于皐・謂之公琴・楚人以冢爲琴・謂公冢也・在今公安北十五里・安豐芍陂中大冢是也・括地志文云・咎繇墓在壽州安豐縣南一百三十里故六城東・卽今廬江縣・又今山西洪洞縣十三里有皐陶墓・西爲虞士師廟・元元統二年・朝命有司歲時致祭・亦以庭堅爲陶字・是皐陶之墓凡三說・不知孰是・皐陶有二子・長伯翳・卽大費・仲甄・封於偃・爲偃姓・後人或以伯翳爲伯益・又以偃作優・皆誤也・

論后夔

夔一作歸・國語曰・芋姓・歸越卽夔之後也・樂叶聲儀曰・昔歸典樂・尙書中侯曰・禹拜稽首讓于益・歸汪歸堯臣讀爲夔・宋衷曰・歸・卽夔之歸鄉・乃秭歸縣地・有夔鄉・夔封于此・故秭歸縣十里有夔子城・高唐賦作秭歸・袁山松輩以爲女嬃歸・屈原喜・故曰秭歸・皆誤・山海經・東海中流波山有獸・狀如牛・蒼身無角・一足・出入水則必風雨・其光如日月・其聲如雷・其名曰夔・黃帝得之・以其皮爲鼓・橛以雷獸之骨・聲聞五百里・以威天下・山海經未必出於伯益・此因后夔之知樂而傅會之也・禮書云・堯命質倣山林溪谷之音以歌八風・何大帝之樂・質一作鄭・卽夔也・古文二字相近・八風詳高陽氏本紀・先是堯帝使夔效山林溪谷之音以歌麋輅・置缶而鼓之・詳堯本紀・

余按舜命九官・而八官皆讓・夔獨不讓・且復昌言曰・於予擊石拊石・百獸率舞・此夔之自期・且自喜得君可以自效也・及益稷篇・又自贊之曰・擊石拊石・百戰率舞・此又夔自叙其樂之成・且自喜得以報君也・劉薛王蘇林梅胡李諸君子・乃以前語十字爲益稷篇之脫簡重出・何其輕于議經耶・夔龍益稷・皆同德之賢・禮記仲尼燕居篇・謂夔不達於禮・夫帝命夔典樂・亦命以敎胄子・此非禮乎・不達于禮・而堯命之乎・況舜之命伯夷爲秩宗・伯夷且以讓夔矣・不達於禮・而伯夷讓之乎・

魯哀公問．書稱夔曰．於予擊石附石．百獸率舞．庶尹允諧．何謂也．孔子曰．此言善政之化乎物也．古之帝王．功成作樂．其功善者其樂和．樂和則天地猶且應之．況百獸乎．夔爲帝舜樂正．實能以樂盡治理之情．公曰．然則政之大本．莫尙樂乎．孔子曰．夫樂所以歌其成．功非政本也．衆官之長旣咸熙熙．然後樂乃和焉．公曰．吾聞夔一足．有異於人．信乎．孔子曰．昔重黎舉夔．而又欲求人而佐焉．舜曰．夫樂天地之精也．唯聖人爲能和六律．均五音．知樂之本以通八風．夔能若此．一而足矣．故曰一足．非一足也．公曰善．蓋重黎之舉夔爲樂正．欲更求賢以佐夔．舜曰．一夔足矣．荀子曰．知樂者衆．夔獨以一人而足．後人不悟．謂有一足之獸．其名曰夔．詳莊周書．遂疑后夔爲一足．此惑於山海經者也．

益稷謨曰．戛擊鳴球搏拊琴瑟以詠．孔安國曰．球玉磬也．孔頴達曰．戛．戛敔也．擊．擊柷也．鳴．鳴其球也．蔡沉以戛擊爲考擊．良是．如頴達之說．與下文柷敔．不重出乎．搏拊．孔安國曰．以韋爲之．實之以糠．所以節樂．孔頴達曰．擊搏拊．是搏拊一器也．蔡沉以至訓搏．以循訓拊．第琴瑟非可以拊搏者．余亦不敢以沉之說爲然也．沈括曰．鳴球非可戛擊和之．至有時而搏拊．不知其然而然．宜乎祖考之來格也．此又畫蛇添足也．世紀曰．舜作簫韶．有景星耀於房．鳳皇來儀．蘇子曰．古史曰．舜興九韶之樂．致異物．鳳皇來翔．天下明德．皆自舜始．故其歌曰．舟張辟雍．鶬鶬相從．八風回回．鳳皇喈喈．宋子京曰．鳳未必來．百獸亦未必舞也．樂作於朝廷郊廟．鳥獸何自而至耶．此又輕於議古者矣．羅苹曰．舜治成而鳳來儀．然後作簫韶九成以象之．此以麟獲而後春秋作以推之．余不敢從也．

余按黃帝與炎帝戰於阪泉之野．帥熊羆狼豹貙虎爲前驅．雕鶡鷹鳶爲旂幟．此以力使禽獸者也．堯使夔典樂．擊石拊石．百獸率舞．簫韶九成．鳳皇來儀．此以聲致禽獸者也．然則禽獸之心．豈異人乎．形音與人異．而人不知所以接之．聖人無所不知．無所不通．故能引而使焉．禽獸之智．有自然與人同者．其齊欲攝生．亦不假智於人也．牝牡相偶．母子相親．避平依險．違寒就溫．居則有羣．行則有列．小者居內．壯者居外．飮則相携．食則鳴羣．上古之時．卽與人同處．與人同行．中古之時．始驚駭散亂．逮於末世．隱伏逃竄．以避患害．今東方介氏之國．其人皆解六畜之語．蓋偏知之所得也．太古神聖之人．備知萬物情態．悉解異類音聲．會而聚之．訓而受之．同於神民．故先會鬼神魑魅．次達八方人民．末聚禽獸蟻蛾．言血氣之類．心智不殊遠也．神聖知其如此．故其所敎訓者無所遺逸焉．王充曰．鳥獸好聲音．其耳與人同也．匏巴鼓琴．鳥舞魚躍．伯牙彈琴．駟馬仰秣．師曠一奏淸角．元鶴二八．翔舞於廷．漢宣帝廟告．白鶴來集．昭帝寢祠．雁五色集廟．赤鶴繼至．皇甫政帥越．泛月鏡湖．有吹笛者．二龍輔舟而行．夏仲御刺水．爲鰡鵨之躍．鯆鮃之引．白魚躍舟．杜鴻漸夜月綿谷郵亭．羯鼓數曲．四山猿鳥忻然皆鳴．羣羊與犬亦皆躑躅．便旋而舞．疾徐高下．一如鼓節．李後主演樂記曰．鳥鳴嚶嚶．以其彙征．鹿鳴簴簴．以其類聚．卽常人且能以聲音感召異類．況聖人御天．賢臣考樂．笙管有鳥之音．鐘鼓有祝敔．有獸之音．卽頑空跖實之物．且蹌蹌乎山谷椒藭之間．何必蹁躚虞廷．乃爲來儀率舞耶．王仲淹曰．虞氏之德．被動植矣．烏鵲之巢．可俯而窺也．鳳皇何不來．而鄭康成以百獸爲伏不氏之所養者．豈來儀之鳳．亦通禽言．孟氏之所馴乎．

余按舜時后夔調八音．用金石絲竹匏土木革．計用樂器凡八百．至周改用宮商角徵羽以製五音．樂器止五百．至唐又減至三百．太宗朝．三百樂器內．以絲竹爲胡部．止用宮商角羽．各分平上去入四聲．其徵音．有其聲無其調．詳余疑耀第十卷．時有仍之女．美而黰．厥澤可鑑．夔約之．是爲元妻．生伯封．貪惏無厭．忿戾無期．實有豕心．人謂封豕．后羿滅之．夔是以不祀．羅泌曰．禹命伯封叔及昭明作衍歷．歲紀甲寅．敬授人時．則伯封夏之天官也．仲康征羲和．而夷羿滅伯封．是與王室爭諸侯矣．金氏曰．伯封后夔之子．左傳所載伯封之事．似失之誣．信然．

論許由

許由字武仲．河南陽城人．爲人居義履方．邪席不坐．邪膳不食．隱於許澤之中．莊周謂許由與齧缺王倪爲友．堯從而問齧缺．可以配天乎．吾藉王倪以要之．許由曰．殆哉岌乎天下．齧缺聰明睿智．結數以義．其性過人．而又乃以人受天．彼審乎禁過而不知過之所由生．彼且乘人而無天．方且與物化而未始有恒．可以爲衆父．而不可以爲衆父．父治亂之率也．北面之禍也．南面之賊也．許由欲觀帝意．謂堯曰．帝坐華堂之上．面雙闕之下．君榮願已得矣．堯曰．予生於靈扉之內．霏然而害生．牖坐於華屋之上．森然生松生棟．雖面雙闕．無異崔嵬之經蓬萊．雖背城郭．無異廻巒之縈崑崙．予安知其所以下榮．故曰堯之有天下也．而不與焉．遂以天下讓許由．許由不受．逃而耕於潁水之陽．終其身無矜天下之色．詳莊周書．許由沒而葬于箕山．堯就其墓．號曰箕山公神．以配食五岳．世世奉祀不絕．後人數謂堯非以天下讓由也．欲以祿位而臣由耳．故由去之而隱於箕山．益都耆舊傳曰．堯優禮許由．非不宏也．而洗其耳．或問於楊雄．堯將讓天下于許由．由恥之．有諸．雄曰．好誇大者爲之也．顧由無求於世而已矣．允哲堯儃舜之重．則不輕於由矣．好夫累堯．巢父洗耳．不亦宜乎．魏子亦曰．許由立身守志．不甘祿位．此實錄也．

余按鄭莊公言．許太岳之後也．堯嘗遜於四岳．則由嘗仕堯朝矣．故有曰．許由諸侯也．余謂爲四岳．堯嘗遜之者．當是由族．未必卽由也．由隱箕山．後人卽以由爲箕山之神．不然．則有兩許由矣．故山今在山西平陸縣東北九十里．其狀類箕．下有水曰清澗．卽巢父洗耳處．張茂先稱司馬遷云．無堯以天下讓許由事．楊子雲亦謂好誇大者爲之．余嘗謂．世以莊周書皆寓言．此未深考耳．堯讓許由．非寓言也．申呂許甫．皆四岳之後．許由卽其一也．周見堯嘗讓四岳．遂借以爲堯讓天下耳．又高士傳．堯召許由爲九州長．而由不就．此周所以疑堯讓由以天下也．司馬遷稱箕山有巢由冢．是亦嘗固報爲無許由．而子雲謾言之．故晉石崇曰．聖人在位．羣材畢舉．量才任能．大小允宜．時稷播嘉穀．契敷五教．皋陶夔龍各已授職．大位已充矣．許由巢父皆元凱之流・自宜敦廉讓以勵俗・然後動靜之教備・隱顯之功著・故能成巍巍之化・民無能名・將何疑焉・宋呂正獻公謂堯讓天下於許由・不可謂無其人・楊誠齋詩曰・子雲到老不曉事・不信人間有許由・子雲之爲莽大夫・宜矣・

論傅說

傅說・孔安國曰・傅氏之巖・地里志八名・傅險在虞虢之間・通道所經・水經注・在沙澗水北・有澗水壞道・常使胥靡刑人築之・說賢・而代胥靡之築・以售食焉・韓非子曰・傅說輔鬻・注云・轉次而傭・故曰鬻也・括地志云・傅巖在陝西河北縣北七里・尸子曰・傅巖在北海之州・殊妄・帝王世紀・以其得之傅巖・故曰傅說・豈巖故名傅乎・或說・本姓傅・而北巖以說得名・亦未可知也・古今姓纂・北地傅氏・殷相說之後・因說築於傅巖・因以爲姓・漢末居於南陽・楚詞・說操築於傅巖兮・武丁用而不疑・皇甫謐曰・高宗夢天賜賢人・以胥靡之衣蒙之而來・曰・我徒也・姓傅名說・得我者豈徒也哉・武丁寤而推之曰・傅者相也・說者懽說也・天下當有相我說民者乎・明日審夢以示百官・皆非也・乃使二人寫其形像・求諸天下・果見築者胥靡衣褐・帶索執後于虞虢之間・傅巖之野・名說・以其得之傅巖・故謂之傅・山海經曰・傅巖・傅說隱處・俗人名爲聖人窟・故墨子曰・傅說居北海之洲・圜土之上・衣褐帶索・售築于傅巖之域・築者築室也・依巖築室・其隱者也・懷才抱道・應時而起・非役徒也・以士君子之身・何自苦而衣胥靡衣・爲刑人之事乎・蔡仲默亦以爲卜築之築・亦足據也・二孔注尚書・亦從之・孟子亦以爲說果代刑徒而事版築・楊公愼亦以孟子爲誤・莊子曰・夫道可傳而不可受・可得而不可見・傅說得之以相武丁・奄有天下・乘東維・騎箕尾・而比于列星・淮南鴻烈解注・傅說死・託精於辰尾星・一名天策・觀象賦曰・傅說登天而乘尾・注・傅說一星・在尾後・乘尾在龍駟之間・石氏云・傅說一名太祝・鄭樵通志云・謂之傅說者・古有傅母保母・傅而說者・謂傅母喜之也・偶商之傅說・與北同音・諸子家不詳・審其義則曰・說騎箕尾・專主後宮之事・故有傅說之佐焉・按在天爲星辰・在人爲聖賢・于理故有然者・乃變古而曲爲之說・則造父奚仲王良・亦皆古人也・又將何說乎・余意高宗之夢・蓋有日矣・徧視羣臣・默加求訪而未得・故因羣臣之請而言之・乃審厥象以物色焉・鄭樵曰・高宗既得說・因巖以傅爲名・卽賜說以巖爲姓・若然・則傅說原有舊姓名・不可考矣・二孔又以爲巖傍先有姓傅者・亦不知何所據也・拾遺記云・傅說夢乘雲繞日而行・筮得利建侯之卦・歲餘・殷以玉帛聘爲阿衡・又云・傅說去其舂築・釋彼傭賃・應翘星而來相・可謂知機其神矣・同磻溪之歸周・異殷相之負鼎・龍蛇遇合・道會則通・楊公愼亦曰・武丁嘗居民間・已知說之賢矣・一旦欲舉而加之臣民之上・人未必帖然以聽之・故徵之于夢焉・蓋商俗質而信鬼・因民之所信而尊之・是聖人所以成務之幾也・荀子曰・卿也胥靡之人・俄而受天下之大器・文粹權論曰・高宗知傅說之賢・欲委之代天・取之皂隸之徒・儀於百辟之上・慮羣情不協・事難以濟・故稱夢得賢相・乃刻像而求之・商之中興・賴善權之主・說苑云・夫遇亦有時・昔傅說衣褐帶劍

而築于枕傅之城．武丁夕夢旦得之．時王也．甯戚飯牛康衢．擊車輻而歌．顧見桓公得之．時霸也．百里自賣五羊之皮．爲秦人擄．穆公得之．時强也．時乎時乎．雖聖人不能違乎．

論百里傒

百里傒．傒作奚．字井伯．楚人也．或曰虞人．少而仕於虞．爲虞大夫．鄭樵氏族略．百里氏卽百里奚之後．百里地名．家以百里．因以爲姓．是以地爲氏也．秦穆公四年．娶晉太子申生之妹．時晉獻公假道於虞以滅虢．因擄虞公及奚．遂以奚爲穆公夫人之媵．奚耻之而奔於楚．穆公以五羖羊皮贖於楚而得之．劉向說苑．繆公徵賈人鹽．賈人以五羊之皮買百里奚．將鹽車於秦．穆公觀鹽而見其牛肥．問曰．任重道遠以險．何以肥也．奚曰．臣飲食以時．使之不以暴．有險先後之以身．是以肥也．穆公知其君子也．令有司具沐浴．爲衣冠與坐．公大說．遂用之爲相．是以五羖羊贖奚者鹽賈人．非穆公也．吳張溫自理表有曰．昔百里奚賢．秦穆公欲上之．穆公好牛．因賃官以養牛．蹄上乘肉三寸．公使禽息視牛．息入言之．公不信．怒．息復言之．公又怒．吏曰．再怒其主罪當刖．使守門．公出．禽息跪而請之曰．夫養牛者願君勿怨也．公乃問百里奚．曰．臣之長．非養牛者也．乃養民也．公視牛．察之則賢人也．遂與同車而出．謝禽息．息曰．所以不死者．君未知客也．今已知之矣．乃觸門而死．又奚妻歌扊扅．月令章句曰．扊扅鍵關牡也．所以止扉．或謂之剡移．當時貧困．以關牡木作薪炊耳．聲類作扊．又或作店．歌罷．奚尋問之．乃其妻也．豈奚亡於楚時．其妻亡於秦．抑妻聞奚已爲秦相．乃入秦耶．然殽之後．有孟明視者．奚之子也．豈有身爲秦相．子爲秦將．而不知其妻之在秦．妻乃爲人賃浣耶．余按秦詩有鴻彼晨風三章．中云．如何如何．忘我實多．朱考亭謂亦與扊扅之歌同意．蓋秦俗也．豈秦之俗．皆輕棄其妻者耶．穆公又以百里奚之言用蹇叔．詳司馬遷史記．奚之爲相也．勞不坐乘．暑不張蓋．行於國中．不從車乘．不揉戈戟．相秦六七年．東伐鄭．三置晉國之君．一救荆國之禍．巴人致貢．八方來服．功名藏於庫府．德行施於後人．奚死．秦國男女流涕．童子不歌謠．舂者不相杵．曰．此五羊大夫之德也．子孟明視．及蹇叔子西乞術．皆詳左氏秦晉戰於殽傳及秦穆公本紀．

論虞舜妃

娥皇女英．卽堯之二女．與九男同事舜者．尸佼曰．妻以娥．媵以英．娥．娥皇也．或曰．妃以育．娙以嫈．育．娥皇字．嫈．卽英也．嫈與英聲相近．漢桓帝后曰文舜．以此．世紀．舜之妃女嫈．生丹朱者．彼此有一誤．先儒謂舜不告而娶．不立正妃．娥皇女英．皆非后也．故古傳記皆不稱后．羅苹曰．皆妻也．舜卽位乃立擇焉．不知何所據．或有謂娥皇女英．非堯之二女．乃取天下人女以充之．如漢公主下嫁龍庭者．皆非漢帝之女．故韓愈亦謂九男乃當時公卿族人之男．亦一說也．若謂舜與堯同姓．二女事舜．是舜娶同姓．此繆妄不足辨．詳舜本紀．大戴禮又曰．舜妻堯之女・女偃氏・舜同姓也・不知女偃卽娥皇女英否・若娥皇女英外・又有女偃・是三女也・今洞庭有君山・其上爲湘妃墓・相傳爲堯之二女以妻舜者・舜南巡・溺於湘江・二祀從征・偕溺而死・又云・舜南巡・二妃追之不及・聞舜死蒼梧・遂相與慟哭・投于湘江而死・神遊洞庭之湖・故湖有黃陵廟・以祀二妃・河圖玉版云・堯之二女爲舜妃・死葬洞庭・詳具秦博士之對始皇也・楚詞・帝子降兮北渚・王逸注・亦遂以二妃爲湘君與湘夫人・而劉向張華酈道元羅含諸人相承・爲萬世不解之惑・與樂史寰宇記・□□範陵零志・楊廷秀揮塵錄・吳洛甫九疑考古・並述其說・國朝嘗建舜廟於衡山蕭韶峯下・二妃墓在黃陵廟西云・乃漢荊州牧劉表所建者・命有司以六月六日致祭・然舜南巡溺死之說旣爲謬妄・二妃又可疑爲舜妃乎・司馬光有時虞舜在倦勤薦禹爲天子予・豈有復巡狩・迢迢渡湘乎・似爲得之・是舜之不死於南巡狩與不葬蒼梧明甚・彼洞庭又安得有二妃墓哉・山海經云・洞庭之山・帝之二女居之・然亦曰・帝之二女而已・未嘗明言爲堯女舜妻也・郭璞稍晰其妄曰・湘君湘夫人・自是二神・且旣謂之堯女・安得復稱君・因引禮記・舜葬蒼梧・二妃不從・此亦足爲考古一快・獨惜舜不葬于蒼梧・璞未之辨也・羅長源復曰・虞帝晩年・已禪禹矣・南巡之舉・總之伯禹・則二妃必不從舜於蒼梧・沈存中繼其說亦云・舜陟方之時・二妃皆百餘歲・豈宜復稱女・信若二說・是舜且未嘗南巡狩・則尙書亦不足據矣・景純又云・卽令二女從舜・其靈達鑒通無方・尙能爲鳥工龍裳・以救井廩之難・詳舜本紀・豈不能自免風波・況二女乃帝舜之配・不應降附小水爲夫人・故當以此二女爲天地之女・夫鳥工龍裳・乃迂怪之談・旣不足據・而帝妃不可降於洞庭小水爲夫人・而天之女又可降于小水爲夫人乎・此王逸韓愈所以力辨之・似得其情也・羅長源又爲之說・此二女者・當爲舜之第三妃癸比氏・所生者是舜之二女也・一曰宵明・一曰燭光・其說亦有所倣・山海經有言・舜妻癸比氏・所生二女・處河大澤・其靈能照萬里・然亦未明言處於洞庭也・長源豈以河大澤可爲洞庭耶・陳士元亦該博者・其江漢叢談・乃謂湘祠爲舜之二女・黃陵墓爲癸比所葬・此人信山海經之過也・

余按竹書紀年・舜卽位三十年而后育卒・后育者・娥皇也・葬于渭・帝王世紀又云・舜二妃・娥皇無子女・英生均・舜崩之後・曾隨其子徙封于商・故曰商均・郡國志・商州有女英塚・則從葬蒼梧・其謬又明甚・唐張建封牧宏農・鞫盜・有發商州堯女冢者・多得大珠瑯金玉盌諸寶・建封疑其冢旣不見於經傳・而又與茅茨土階之風不協・劉禹錫輩亦以爲疑・余謂舜固儉德・而商均以珠玉殉母葬・何足深怪・漢文勅治霸陵・一皆瓦器・不得以金銀銅鐵爲飾・魏晉間・諸陵爲羣盜所發・唯霸陵無恙・至元康間・三秦人尹桓解武始發霸杜二陵・金玉璀璨無算・劉向業爲成帝詳言之矣・均故喜歌舞・必喜金玉・其以金玉珠寶殉母之葬・情所必有・勢亦宜然・又何疑・商州所發之冢・非女英耶・今平陽府蒲州南十五里蒼梧谷者・亦有娥皇女英冢・宣室志・冢南去城十五里・卽舜耕處・有廟・靈爽甚著・開成中・有盧嗣宗者・入廟狎侮二妃神・怖死・又絳州鼓堆神祠・爲婦人像・祠中石刻・亦云舜之二妃・夫渭與商與蒲與絳・三者必有一

實．然非楚地．則岳之湘妃墓．非女英之穸又明甚．不待辯矣．韓退之嘗爲湘源二妃廟碑曰．父子夫婦．人道之大．二妃爲子而父堯．爲婦而夫舜．會極其盛．舜既野死．神亦不返．反爲娥皇廟碑．復云．舜死蒼梧．二妃從之不及而溺．其承訛而自相矛盾又如此．余謂考古者．當以聖經爲正．信漢儒不如信吾孟軻氏．故舜既葬鳴條．則雖南巡矣．斷非崩于蒼梧．二妃一葬于渭．一葬于商．或葬于蒲．洞庭湘妃．豈得云舜之二妃．楚辭所稱湘君．湘夫人．信如景純所核斷．非舜妃．亦非舜女．近代撰楚通志者．皆博古君子也．亦未及詳考是而正之．何也．

論夏桀妃

妹喜．列女傳．妹作米．蒙山氏女．桀嘗伐蒙山．得之蒙山．羅泌曰．夏世侯伯國．是爲岷山氏．即宋之蒙州蒙山郡．非晉陽之蒙山也．洛書錄運法．孔子曰．昔逢氏抱小女以觀於帝．遂爲帝妃．即蒙山氏．蒙與逢聲相近．又曰．觀於亂甲．以爲太子妃．則誤矣．桀乃亂甲之孫．非太子也．屈原天問曰．桀伐蒙山．何所得焉．妹嬉何肆．湯何殛焉．柳宗元對曰．惟桀嗜色．戎得蒙昧．淫處暴娛．以大啓厥伐．言非妹嬉．湯何由於伐桀也．蓋本國語．謂妹喜比伊尹以亡夏．妲已比膠鬲以亡商．注．比同也．言妹喜妲已之亡夏商．與伊尹膠鬲同也．不知者以妹喜妲己比昵伊尹膠鬲．與亡夏商．亦謬妄矣．列女傳．顏師古劉恕外紀．以妹喜爲有施氏之女．未知孰是．妹喜姣而好男行．弁服帶劍．桀嘗置之膝上．以金簪貫玉螭爲冠媚之．妹喜好裂帛聲．桀日令裂帛以希妹喜一笑．嗜珍味．必有南海之蘁．北海之鹽．西海之菁．東海之鯨．又爲之作象廊玉林傾宮旋台瓊室．列女傳言．造作反常．若欹傾也．旋台登之．常若旋轉．一名搖台者非．晏子春秋曰．夏之衰也．其王桀作旋室．商之衰也．其紂作傾宮．其說互異．時大臣皆諫．妹喜乃請於桀．君之盛衰而行不行．皆以妾爲名．願賜妾死．桀怒．於是摘喜者誅．忤喜者死．諫喜者亡．譽喜者昌．而羣下杜口矣．時會于仍．有緡叛之．克有緡．又命扁伐緡山氏．以爲岷山者誤．緡山以二女女焉．一曰琬．一曰炎．受而無子．乃刻其名於苕華之玉．苕曰琬．華曰炎．飾瑤臺以居之．則琬炎之刻．非佳事也．今人以賢臣名刻於琬炎錄．亦不詳考矣．桀既嬖二女．遂棄元妃於洛．元妃即妹喜也．時宮中女子化爲龍．俄爲婦人．甚麗．而嗜食人．桀命爲蛟妾．能告吉凶．亦見任昉述異記．後魏正光元年．首陽溪有虹化爲女子．宇文顯進之於帝．逼幸之不得．其聲如鐘．復爲虹而去．未幾帝崩．即桀蛟妾之類也．湯既伐夏．桀遂與妹喜及諸嬖妾同舟．浮海奔于南巢之山．詳桀本紀．第妹喜既見棄于洛矣．又云與桀同奔於南巢．豈既棄而復還耶．

論三仁

微子名啓．史記作開．子爵也．．帝乙長子．紂之異母兄也．嘗爲太師．微．圻內國名．一統志．微子城在今潞州府潞城縣．比干．紂之諸父．箕子名胥餘．胥一作咠．鄭元王肅曰．亦紂之諸父也．箕．采邑名．紂既即位．淫佚日甚．韓非子曰．紂爲象箸而箕子怖．謂爲象箸必加於土鉶．必將爲犀玉之杯・象箸玉杯・必不羹菽藿・則必旄象豹胎・旄象豹胎・必不衣短褐而食于茅屋之下・則錦衣九重・廣室高臺・吾謂其卒・故怖其始也・諫之不聽・或曰・可以去矣・箕子曰・爲人臣諫不聽而去・是彰君之惡而自悅於民・不忍爲也・乃披髮佯狂而隱・而鼓琴以自悲・後世遂有箕子操・韓詩外傳・比干諫而死・箕子曰・知不用而言・愚也・殺身以彰君之過・不忠也・二者不可・然且爲之・不祥莫大焉・遂披髮佯狂・詩曰・人亦有言・靡哲不愚・此之謂也・其說互異・其爲之奴・如漢法髡鉗・爲城旦舂論・爲鬼薪也・尸佼曰・箕子胥餘・漆身爲癩獲免・未言爲奴也・比干之死也・韓詩外傳劉向新序皆言紂爲炮烙之刑・王子比干曰・主暴不諫・非忠也・畏死不言・非勇也・見過即諫・不用即死・忠之至也・又曰・君有過而不以死爭・則百姓何辜・乃陳先生之艱難・天命之不易・國家將亡之明徵・請王洗心易行・伏於象魏之門・三日不去・紂問何以自持・比干曰・修善行仁・以義自持・紂怒曰・吾聞聖人心有七竅・信諸・遂殺比干・刳視其心・韓嬰曰・昊天太憮・子慎無辜・此之謂也・微子聞之曰・父子有骨肉・而臣主以義屬・故父有過・子三諫不聽・則隨而號之・人臣三諫・其君不聽・則義可以去矣・於是太師少師勸微子去・乃行・詳尙書微子篇・梁書本紀曰・玉馬駿奔・表微子之去・屈原天問曰・梅伯受醢・箕子佯狂・又曰・彼王紂之躬・孰使亂惑・何惡轉弼・讒諂是服・比干何逆而抑沉之・雷開何順而賜封之金・唐柳宗元對曰・醢梅箕奴・忠咸喪以醜厚紂・無誰使惑・惟志爲首・逆圖倒視・輔謬僇寵・詳王逸楚詞章句・楊公愼曰・史記・宋是家・武王克商・微子肉袒面縛・左牽羊・右把茅・是微子有四手也・無四手・何以既面縛・而又左手牽羊右手把茅乎・此皆必無之事・葢肉袒面縛・出於左氏・乃楚人以誣莊王・以受鄭伯之降・借名於武王・而誣微子也・况史云・微子抱祭器而入周・既入周矣・又豈待周師至面縛乎・究而言之・抱器入周・亦必無之事・劉敞曰・古者同姓雖危不去國・微子紂庶兄也・何入周之有・論語曰・去之者・去紂都也・雖去不踰國・斯可謂之仁也・若箕子比干俱以死諫者・比干偶逢紂之怒・故見殺・箕子偶不見殺・而因爲奴・又謂箕子之不死・以道未及傳也・夫道在當死・而曰吾將以傳道・則楊雄之美新擬易・可以自比於箕子矣・箕子豈知他日武王之訪也・而顧不死以待之哉・此皆二千餘載誣罔聖賢之論・不可不辨也・十有三祀・訪道於箕子・箕子陳洪範・詳尙書洪範及朱考亭皇極辨・文多不載・

余按書稱十有三祀・則知箕子未嘗臣於武王・武王訪於箕子・是武王亦未嘗臣箕子也・蘇氏曰・箕子之不臣周也・而誰爲武王陳洪範也・天以是道畀之禹・傳至於我・不可使我而絕・以武王而不傳・則天下無可傳者矣・故爲箕子者・傳道則可・仕則不可・洪範大傳又言・武王釋箕子囚・箕子不忍周之見釋也・乃走之朝鮮・武王因以朝鮮封之・箕子教其民以禮義田蠶織作・爲民設禁八條・相殺以當時償殺・相傷以當時穀償・相盜者・男沒入爲其家奴・女爲婢・欲自贖者人五十萬・雖勉爲民・俗猶羞之・嫁娶無所讐・是以其民終不相盜・無門戶之閉・婦人貞信不淫辟・其田民飲食以籩豆・都邑頗倣效・吏往往不杯器食・郡初取吏於遼東・吏見民無閉藏・及

賈人往者·夜則爲盜·俗稍益薄·今犯禁者多至六十餘條·可貴哉仁賢之化也·范曄曰·箕子施八條之約於朝鮮·囘頑薄之俗·就寬畧之·流行數百十年·故東夷通以柔謹爲風·異乎三方·率皆土著·熹飲酒歌舞·或冠弁以錦·器用俎豆·□□□□□□□□□□·其後通接商賈·從而澆異·若箕子之貴簡文條而用信義·蓋得聖賢作法之原矣·箕子既封於朝鮮·來朝·過殷故墟·作麥秀之歌·詳司馬史記·周成王之三年·成王既討武庚誅之·乃封微子啓於宋·以紹殷後·左傳曰·天子有事焉·有喪拜焉·詳尚書微子之命·及宋世家正義·曰·微子紂之同母庶兄·按同母庶兄者·先儒謂生微子時·母尚爲妾·及爲后·乃生紂·故微爲庶·豈有一母而以前後分貴賤爲嫡庶·不近人情·微子與紂·必異母也·尚書微子篇·微子啓父師箕子·少師比干·鄭元云·比干不答·志在必死·然則箕子本意·豈必求生乎·但紂偶不殺之耳·孔氏曰·微子以殷滅在近·我起受其滅亡·我二人無所爲臣僕·我敎王子出合于道·子若不出·我殷家宗廟乃隕墜無主·蓋微子以宗國將亡·不勝其憂愁·無聊之心·而謀出處于箕子比干·故箕子爲言·我與受其敗不可逃免·當與宗國俱爲存亡·故雖商祀或至淪亡·我亦不屬他人·蓋將諫紂之不聽·亦不敢苟全逃死·而比干無言者·孔氏所謂心同不復重言是也·其後比干果以諫死·而箕子乃不死耳·比干初心·豈徒死以沽名哉·所以諫者·庶幾吾言得行而紂改焉·且紂既不改·而言益切·故紂遂殺之·比干亦不得而逃死耳·箕子初心·亦豈欲隱晦自全以苟生者·亦猶比干之諫·冀吾言得行以紂改也·紂既不改而囚人·偶不死耳·紂囚之而不致之死·則箕子豈故欲自經于溝瀆而爲匹夫匹婦之量乎·故遂佯狂而爲奴·蓋亦未聞即死·庶幾猶得以周旋其間·彌縫其失·而冀其萬一之開悟焉·蓋諫行而紂改過者·二子之本心也·諫不行而或死或囚·則二子所遇之不同耳·使紂而囚比干·意比干亦未敢即死·使紂而殺箕子·箕子敢求全乎·二子易地則皆然矣·至于箕子爲微子之計·其意以吾二人者皆宗國之臣·利害休戚·其義皆同·皆當與社稷相爲存亡·不可復顧明哲保身之義·然而微子國之元子也·往者紂未立·嘗言于帝乙而立子·帝乙不從而立紂·是以紂卒疑吾兩人·是吾舊所云者·足以害子·若起諫于紂·則紂益生疑·非惟不從·害必先及子而併我危矣·死分也·不足惜·未有毫髮益于紂·而遽死可惜也·子爲元子·但當遯逃而出·乃合于道·萬一全宗祀可也·我與比干則生死以之·畢吾事紂之分而已·朱子曰·此說得之史記·亦說箕子諫而見囚也·淮南子曰·今從箕子視比干則愚矣·從比干視箕子則卑矣·又曰·王子比干非不知箕子披髮佯狂以免其身也·然而樂於直行·盡忠以死節·故不爲也·夏侯元則曰·微子仁之窮也·箕子比干志之窮也·故或盡才而止·或盡心而留·皆其極也·致極斯君子之事矣·是以三仁不同·而其歸一揆也·魏徐幹又曰·殷有三仁·微子介于食不終日·箕子內難而能正其志·比干諫而剖心·君子以微子爲上·箕子次之·比干爲下·故春秋大夫見殺·皆譏其不能以智自免也·故唐賈至微子廟碑曰·覩其進思盡忠·則忤主以竭諫·退將保祀·全身以逃難·去就生死之途·沉吟出處之域·有以見聖達之情也·免身龍戰之郊·解縛鷹楊之帥·卒能恢復舊物·統承先祀也·

於呼・國之興亡・不獨天命・向使帝乙舍受而立啓・前箕子而後比干・則文王未可專征於諸侯・武王未可誓師於牧野・雖周公之聖・不過子產善相矣・太公之賢・不過穰苴之法矣・是太王立季歷而昌・帝乙舍微子而亡・成敗繫本・不其昭彰・余按微子之去・不過遯出而已・孔氏有知紂必亡而奔周之說・何微子叛棄其君親而求爲後之速也・必不然矣・左傳復有武王克商・微子面縛銜璧衰絰輿櫬之說・余竊疑之・夫武王伐紂・非討微子也・微即不去・而面縛銜璧亦非微子之事・蓋武庚爲紂之嫡長子・父死子繼・則國乃其所宜有・故面縛輿櫬造門以聽罪者武庚也・是以釋其縛・焚其櫬・使奉殷祀・不欲絕紂之後也・故武王既釋箕子之囚・封比干之墓・百凡恩禮・舉行悉遍・而未及微子者・以微子時已遯于荒野・不可羅而致之・迨武庚叛・卒于就戮・始求微子以代殷後・微子於此義・始不可辭耳・此三仁之定論・雖聖人復起・不易吾言也・

羅浮漫草序

王元美司寇常序余鄉黎惟敬秘書詩・謂嶺南靈秀・偏鍾於物・獨漓於人・故空青丹砂文犀瓌象香璣・雕飾天下・而二三宏鉅・時或出其心學經濟之餘・著之於詩・皆一時才情偶合・所嗜未必權法衡古・即國初五先生者・語亦不盡中程・時時操元音・何其輕言吾粵也・歲丙戌・余家金陵・元美適貳重樞・余獲以間請一奏所長・遂稱縞帶之好・卒驩甚・一日・笑謂元美・嶺南靈秀・果獨漓於人而偏鍾於物乎・元美遜謝・輒爲余序廣陵懷古詩・何相見晚也・余歸而自詬・元美輕言吾粵者・亦吾粵鮮所得當元美耳・計其時・與惟敬代興・有梁儀部公實・歐虞部楨柏・楨伯浮淮集・元美亦常序之・寥寥數語・而哭公實詩十章・一何篤摯也・是吾粵得當元美者三人・爲元美心折者公實一人・夫三公豈不皆嶺內冠冕・第少年窺人・惟公實五七言律始强人意・元美心折・誠非阿私・而寶安李如卿先生者・與三公生同時・仕同朝・竟不獲一當元美・何也・豈風馬牛不相及・抑先生時方以政事顯・不欲聳悅沾沾・與利齒兒因人熱・故元美見所見・妄謂空青丹砂文犀環象香璣・獨擅吾嶺南靈秀耶・

余生也晚・不及一奉先生咳唾・今耄矣・幸獲交先生象賢治中・以先生羅浮漫草見示・且屬爲序曰・行於世若而年矣・不敢暗投・西園公固千載子雲也・請授簡・余再拜卒業・嶺南乃復有如卿先生哉・萱不敏・居常竊歎・唐以詩取士之詩・以律爲彀・杜少陵豈非千古宗工・即先生所註少陵五言律・亦豈不膾炙千古・第當其身・不能與錢劉高岑數公競一日之長・而數舉數躓・非三大禮賦自售・則浣花溪一老麻衣耳・殷璠論氣因律而生・節假律而明・才得律而清・故王仲宣流落荆南・名士多造問詩律・少陵亦曰・詩律羣公問・蓋至於老而詩律始漸細焉・當唐之時・以唐之律・衡唐之詩・且晚不及中・中不及盛・即唐之盛也・亦朝不數人・人不數篇・篇不數語・律詩之難如此・今先生之詩・凡二百六十一篇・爲四言二・五言古七言古者皆四・五絕十二・七言絕五十二・而五言律則五十有四・七言律則一百三十有三・何唐人乏而先生饒・唐人難而先生易耶・劉昭禹常謂五言律如四十賢人・著一屠沽兒不得・元美亦謂七言律如淩雲臺木・必銖兩悉配乃可・國初五先生及黎梁歐三公之律姑勿

論·卽律之爲元美也·豈皆淩雲臺木耶·四十賢人之中·豈皆無一屠沽兒耶·今先生之律具在·横口所出·信手所拈·卽權法衡古·有片語操元音否·間者合浦之光未還·波斯之胡不至·雕幾弗耀於左藏·璠使乞淚於鮫宫·嘖嘖埃人·謂嶺南靈秀·誠如張生之言·已漓於物而獨鍾於人·故李先生特起·第敵國之寶·間世一見·識敵國三寶者·亦間世一遇·先生存而弗獲當元美·先生沒而後獲當孟奇·此非先生之幸·而孟奇之幸也·寶安故多韻士·先牛閭左有鄧觀察玄度·陳計部儀翔·靈秀獨鍾·鬱爲國寶·皆能權法衡古·操唐音以摩五先生之壘·踏梁黎歐之乘·而奪元美之席者也·治中幸以余言相與一楊扢之·

南上草自序

金陵在粵北數千里·而鎬豐兩振·玉步重光·則南之號定于一·稱南上·志所尊也·又言南以別於北·志所感也·頃自季夏·初聞國耗·予奮衣就道·將獻願言於闕下·中更疾病波濤之阻·經秋涉冬·始抵都門·梓里之所聞問·途次之所寤歎·沉痛惋惻·往往見之于詩·時日旣久·積而成帙·嗟乎·海隅之士·聞見寡尠·盍觀于京師·未嘗不廢然自失也·古今泰茹宏開·羣材延引·高冠鳴導·意氣揚赫·以壯本朝·士稍有所挾持·皆能自致通顯·草茅寒賤·未皆一命·無賈生之才與薦·而效其痛哭·人之咄嘷目笑·直一絳灌云爾哉·顧獨抱此耿耿物而不化時·眡其奚囊·以篇帙爲富而已·此以駭里中兒不可得·廼欲以詫王公要人耶·而舍其所以通·從其所以塞·商聲曼歌·慨當以慷·亦各言其志也·昔司馬子長遊名山大川·文章益進·而吾鄉有李子長先生·爲江門高第·行方而迂·今里人憨愚相詬·必目之李子長·予之玆遊·於二子必處一焉·而足跡所及·不能當司馬之半·讀斯詩者·其謂予爲漢之子長而不足·爲明之子長而有餘·雖不能至·又敢辭乎·嗟乎·書生之於國家·處子耳·束髮以來·望燕雲如在天際·今領顱猶昨也·而國都則已近矣·予之不能已遊也·予詩也乎哉·

朱未央印畧序

自秦孫壽鐫秦璽·至勝國始有楊宗道遵印譜·豫章揭伯防泝序而行之·於是好事者競以印章名家·然鮮能合作·余少亦究心此藝·獨喜姑蘇文待詔父子·嘗得待詔自鐫徵仲二字·及其子自鐫壽承二字·玩弄久之·爲友人文孝廉從龍索去·曰·此停雲館中宗器也·余所佩服·則濟上于中丞文若若瀛·歷城邢太僕子愿侗·吳興董儀部伯念嗣成·新安布衣何長卿震·羅伯倫彝序·雲間周士·錢唐許士衡·皆能爲李丞相分研· 孫藍田捉刀·而平康里中又有徐翩翩者·字驚鴻·亦稱合作·嘗自鐫驚鴻二字見貽·又爲予鐫九岳山人四字·名遂大噪·少年塲中·謂弁流以文藝擅塲固不乏·獨未有以印章擅稱六書者·此洛浦之珮也·予因戲言之·印章之藝·我明十人·有婦人焉·九人而已·惜皆逸去·未嘗不追恨於珠還璧合之爲難也·

日來嶺南諸人士·亦皆以印章相競·第惟問鐫鏤·不問六書·夫六書仰觀天·俯察地·取鳥獸之跡·故馬則冈·牛則歧·鷄則拳·鳥則膝·索其形·必按其跡·易其跡·必非其

形・故六書點畫・毫不可增減・象似毫不可參錯・位置毫不可移易・移易位置・是額髯而頬眉也・參錯形似・是方頂而圓趾也・增減點畫・是一手一足而三目三耳也・名人乎・名鬼乎・六書八體・三曰刻符・五曰摹印・六曰署・七曰殳・藉令以摹印刻符・以刻符摹印・以署署殳・以殳署・以符印殳署・以殳署符印・卽李丞相復起・能不瞠眙・故余著歷代玉璽辨・謂傳國寶・斷非丞相筆・夫丞相改古文爲小篆者・不以小篆篆璽・而璽魚蟲八體・亦起於秦・曰繆篆・以摹印也・秦之璽不爲繆篆・何也・漢興・尉律學童年十七・能諷誦籀文九十字・課以八體・始得爲史吏・民書式不正・輒舉劾之・字學之重如此・馬伏波工書・成皐令印・皐作白卜羊・丞印・四下羊・尉印・白下人・人下羊・一邑三印・其文互異・恐天下符印不正者多・夫符印所以示信・宜推擇通曉古文者・考正郡國印章・悉以觭重字學之・漢而印章尙爾差謬・至孔安國・以隸古易科斗・故漢人不識古字・開元中・以今文易漢隸・故唐人不識隸古・況六書不講八體不通之今日乎・

予嘗謂嶺南文藝・出其下駟皆可以走海內上駟・惟是六書之學・則虛無人・故梓行元戴侗六書・故復爲西園古韻・及西園古文・藏家塾以示兒輩・惟中表謝孟忠良言精其藝・獨得其解・此外若索一解人不可得・南海朱未央・數稱六書最晚出・而爲印章最著聞・四方購求・戶履常滿・丙寅秋來遊寶安・以其印畧介鄧觀察元度見訪・觀察曰・未央緃筆流麗・自是我輩行人・子之筆・元筆也・不能作未央輩行語・稍下數語如此・彼一二妄男子・旣欲詭古・又欲詭今・鐫鏤雖工・問以六書・則瞠目張口・而沾沾自喜・豈自謂亦有四目・世人皆無一目乎・未央勉之・請以此數語復觀察・西園公亦可爲未央作揭廉訪否・

疑耀自序

三十年前・予爲疑耀・凡二十七卷・蓋未卒之業也・歲戊申・分司吳關焦太史竑・黃觀察汝亨・讀而嗜之・遂相與爲序以授梓・時榷事已竣得代・僅梓行七卷・余卽奉先太安人還里・尙餘二十卷未授梓也・此七卷者頗行於世・海內知交往往貽書見索・謂二十卷當盡以梓行・旣罷歸・耕鑿多暇・稍事繙閱・相次劄記・乃續十有餘卷・合舊稿當得四十餘卷・第舊二十三卷・年來又多割而歸於西園史餘・故此四十餘卷・尙須整比・不欲遽災木耳・丁卯秋・郡大夫義興徐公・博物君子也・還吳・以書見詢疑耀七卷・不知何人借爲閩禿李贄所著・亦大怪事・余疑信相半・戊辰初夏・余有事羊城・過友人李明府果卿・得疑耀閱之・徐公之言果不妄・謂余止校訂此書・復僞余譔一序・王伯穀書之・眞大怪事也・第此輩殊自賣破綻・七卷中尙有數十處未盡改削・卽三尺之童讀之・亦皆知爲嶺南張某所著・不待辨也・余因自幸・嶺外老公車一再仕・輒令見放・讀此書者・能不以人廢言・今獲借他人以行於世・豈非此書之大幸耶・

嗟嗟・蜀才注易李蜀書・蜀才・范長生也・世以爲王輔嗣博物・如謝炅夏侯該以爲譙周・服虔譔通俗史・阮孝緒以爲李虔・葛洪譔西京襍記・世以爲劉歆・韓退之表諫佛骨・世以爲侍郎馮宿代筆・又何怪余之疑耀・借名李禿以行之也・余憶居西省日・禿以妖書株連繫詔獄・余偶偕同官好事

者往覘之．禿輒長跪頓顙數千．至破其額．余竊笑．誰謂禿能佞佛耶．爾時余方一覿其面．輒唾地去．今僞爲余序者．乃謂余靑衿時．嘗負笈以從禿遊．一何誣也．余爲靑衿．未嘗跬步出國門．禿自薙頂．即從七觀音居黃州．亦未嘗跬步涉五嶺．余何繇而負笈從之．一旦橫罹此誣．豈以余亦嘗合掌於七觀音耶．况焦黃二公．皆禿文字交．往來甚密．余疑耀果出於禿．能不覰破而肯爲余曲筆否．余忖度之．二公爲余梓行疑耀七卷．時王百穀數欲爲余譔一序．以雁行二公．余怱怱未及應．聞之友人．百穀微有憾焉．又余嘗有微言見於它籍．以禿所譔著．業爲朝廷焚禁．而行怪者復盛行其書．可以觀世矣．此語久已落在人間．又以百穀亦余文字交．可以取信於人．故有此破綻伎倆耳．因念余前梓行之書．道藏中宋張君房輯雲笈七籤一百二十卷．皆經摺．不便繙閱．秘閣中元戴侗六書故三十三卷．皆鈔本．未嘗公行．余皆梓而行之．今吳越間．二書皆已覆鐫．去余名氏．第二書非出余之手．即名氏不存．又何問焉．若彙雅二十卷．則世人不能讀者．故世亦不能覆鐫．余之書行世而名氏幸留者．彙雅而已．今疑耀七卷外．尚有三十餘卷．及西園彙經一百二十卷．西園彙史二百卷．西園史餘二百卷．西園類林五百卷．西園聞見錄一百二十卷．西園古文六卷．西園古韻十卷．今耄矣．姓名不復挂人齒頰．異日有好事者盡以諸書災木．安知不皆爲蜀才易．爲通俗文．爲西京襍記．爲諫佛骨表乎．故復綴數語於七卷疑耀之簡端．非嘵嘵也．亦以自明西園公生平未嘗合掌七觀音而已．博羅張萱．

西園重編說郛序

余幸對公車．輒移家吳越間．從諸海內掌故先生．知有曾氏慥類說．陶氏九成說郛．古今稗官家一大觀也．惜二書皆未有梓行者．及官西省．編校秘閣藏書．乃獲類說鈔本．而陶氏說郛．又幸從長安藏書家獲假數本．亦皆鈔本也．彼此互異．或曰．此陶氏未成之書．後人飣餖而成．故參錯若此．或曰．類說說郛合之．並美者也．數欲補緝校讎．付諸梓以公海內．於是四方之藏說郛者．皆不遠而至．各以其本相視．卒無一本可以是正．久之．得吳與友人沈君潅太史說郛鈔本．視諸家稍稍可讀．然闕者十七．最後乃知古黃友人周君家棟侍御及古潤友人王君肯堂太史亦嘗手校．而侍御嘗詫余曰．吾與王太史之用心勤矣．當爲善本．復相卒爲帳中之奇．不以視余也．歲丁未．侍御卒官長安．其鈔本遂爲臺椽輩竊去．新都一孝廉購得之．余分司吳關．乃走急足捐重幣以假周本．又捐重幣假太史本至關署．令佐史數人鈔之．凡半載．而王周二本皆合倂矣．一卒業．則帝虎芊羊．尚仍十七．而闕簡而複秩．顚倒錯亂．亦尙十三也．豈古人謂校書如掃落葉．愈掃愈多．抑周王二公名好博而志未逮耶．

余生平無他嗜好．竊嘗自附於傳癖書淫．又幸獲秘閣之藏．委蛇寓目．常採摭古今諸家名集中襍著之類．如稗官家言爲一書．凡一百卷．名曰說郛．不敢出以示人．一旦徙官版曹．于役吳關．還于舍．奉板輿就祿．取道石頭城．以說郛及長安所鈔諸書十餘篋．皆寓於舊館秦淮之上．館人弗戒於曲突．諸篋皆爲祝融氏負去．昔者余友王君百穀錢君功父爲張孟奇詛祝融文・所爲作也・見放以來・晨昏多暇・稍理舊業・以尋初服・所編說郛・不可復問矣・不忍是書更留餘憾・故復以余所鈔諸本及王周二本・彼此是正・佐以它書・糾其繆・補其遺・而次第整齊之・卽不敢自信爲善本・然亦彼善於此矣・題曰西園重編說郛・亦西園大觀云爾・類說一書・余所手校者・不欲割裂・未遑合美・尚有俟於海內之好古而同志者・

心口語序

西園公多言人也・故數窮・然頗讀書・粗有所知識・於凡天地名物・古今事實・治亂興衰之故・及物情時態・得喪是非・自載籍以來所不必有與所不必無者・皆能通其意而持其說・每一鼓掌・輒令人膝前・亦往往令聞者掩耳・對者撟舌・故一再仕・輒以拙廢・終其身・則多言之效也・然窮日益甚・而言復日益多・世人皆以此病園公・園公亦以此自病・乃其口不可三緘・稍一緘之・胸腹間作車輪轉・隱隱如轆轆聲・有欲挂撐而出者・復覺咯咯然往來喉吭中・如嘔噦狀・不至披肝瀝腑盡傾瀉其所有不止也・故在堂哄堂・在室哄室・始而聽者十三・厭者十三・既而避者十七・羣起而詬罵之・而搏擊之・親者疏・恩者仇・亦十之七矣・

年來却掃息游・絕人間・惟與磨兜堅朝夕晤對・不相忘於相忘・而相語於不相語・顧天實生我・實有心・又實有口・夫身可廢・心與口其可廢乎・嗟嗟・雄心傲骨・久已銷磨・而慧業尙饒・心苗未萎・猶能窮探玄黃之要妙・宜搜海岳之精靈・以馳騁於千百載之前・千百載之後・爲人間世懸一未破之正的・而揭一未了之公案・故凡生平弗竟之志・身世無涯之感・耳聞目擊・可信可疑・可眙可駴・可笑可哭之事・或援昔以證今・或撫今以追昔・于時語語・于時唯唯・亦于時否否・心口相應之・心口相聞人不得聞・亦人不能聞・且人不欲聞・園公園公・何必不數窮哉・磨兜堅聞之・啞然而笑・以公之心・出公之口・管城子褚待制且屬耳於垣矣・名山不乏・知己非遙・與其以不語爲語・孰若以語爲不語・而口不負心・心不負公・公不負天・于遂請而聞於剞劂氏・無倫類・亦無詮次・日揮數紙・月結一編・編凡若干・以心語口・亦以口語心也・故曰・人不得聞・亦人不能聞・且不欲聞也・

此編始於甲寅春正月・蓋月編結一篇矣・至冬十一月・先太安人以一病委頓牀簀・禱天問藥・衣不解帶者四十餘日・十二月・太安人卒見背・草土餘生・形神俱悴・又日奔走以從形家者・豈復問及筆研耶・歲丁巳・大事既襄・巨痛稍定・境內外諸友人同志者・數以書來詢及此編・請援剞劂・寶安鄧玄度諫議又以書見沮・亦明哲之訓也・故復緘秘塵笥中・不復再加增輯・亦不復出以示人・何敢復聞於剞劂氏乎・宋儒張端義嘗著朝野襍錄・端平中・上書言事・得罪南遷・貽書於家・索襍錄以行・其婦報書曰・君之錄・非資治通鑑・何益於遷臣逐客・且以媒罪也・焚之久矣・端義悵悵・乃記憶舊聞・復成一書曰貴耳錄・余之是書・故非涑水先生之筆・安知異日予不以媒罪付祖龍也・既不必尙口・又何必復耳乎・戊午春日・偶檢塵笥・得此書・而復識數語於簡端・亦以心語口・以口語心云爾・

張萱

雲笈七籤序

歲乙酉・余移家金陵・時大司寇王公世貞・及先師大學士趙文懿公志皐・少宰趙公用賢・前後爲人司成・相繼館穀・一日・司寇公過少宰曰・國家右文・海內操觚・嘐嘐慕古・宛委之藏・卽殘篇斷簡・無不流布人間・繡梓文梨・汗牛充棟・宋儒羅長源氏路史一書・至今尙皆鈔本・帝虎魯魚・不可句讀・不佞數欲覓一好事者梓而行之・惟此書奇僻・讎校實難・非胸羅四庫・腹飽五車・不得當也・今公門下士嶺南張孟奇・葢庶幾焉・急之勿失・少宰唯唯・亟以屬余・余受而卒業・則金簡玉字之音・瓊笈銀題之旨・大居其半・二公乃謀諸文懿公・復相與館余於朝天之宮・出諸羽流所蓄道藏・徧讀之・始知有所謂雲笈七籤者・五老玉書之囊蕾・七聖紫文之津梁也・三公擊節二氏之書・與吾儒鼎立・第梵筴世皆家藏・而道藏則五千文黃庭陰符而外・鮮有窺者・路史之役告竣・卽令七籤並梓・亦不朽之盛事也・孟奇勉之・時己丑冬十有一月也・皇天降割・庚寅春二月・先司徒之訃遽至・戴星而還・司寇公所授路史・束而歸之司寇・余之丹鉛所及・亦已十七矣・無何・三公相次萍散・復相次岱遊・不知司寇路史鈔本・竟落誰手・撫今追昔・愴然於懷垂二十年・戊戌之冬・幸通籍西省・冷曹多暇・偶過槐市・得七籤而厚價購之・因念三公路史之役・廢於半途・今錢塘所梓・不可句讀更十之七・倘七籤之梓先行・則路史可復校讎・必有實獲我心・以竟三公之志者・不意所購七籤・復非完書・久之・徙戶曹・抱關吳會・被命之日・竊爲三公色喜・司寇弇園有玄珠閣道藏・具算鞭稍暇・亟問七籤・則舉羣失矣・吳越間故多異書・比屋宛委・獨七籤一書・卽載籍極博者未嘗寓目・今上大暢玄風・亦以是歲普給名山道藏・句曲之山・幸獲其一・不腆關吏・實密邇焉・乃亟往鈔補・機緣所値・亦不偶矣・惟是天災流行・恒暘恒雨・商不出途・算緡告詘・積織累微・幸而中程・尙不能以公家之仂・供賓客之需・克胥役之餼・何暇問神僊字・爲脉望果腹・竊幸當事者以關吏堂食百金而進・乃盡付梓人・又不給・復走急足入長安・乞戶曹餐錢繼之・而梓始竣・三公所爲喜惠後學者・始獲以不腆關吏仰副其志於二十年之後・亦豈偶然耶・

語有之・聖人不師僊・其術異也・故神僊家言・縉紳先生不道・余謂神仙者・長生也・能養生故能尊生・能尊生故能長生・而養生之言・又皆原本於老氏・第老氏者・其道在齊生死・神僊家皆欲長生不死・先儒謂言長生者・貪生也・言不死者・畏死也・五千文具在・曾有片語貪生而畏死否・劉氏七畧・以五千文爲諸子・以神仙爲方技・余竊是之・彼秦之皇・漢之武・宋之眞徽二宗・終身之愚不解・於是徐福李少君張道陵寇謙之林靈素諸人・爭以其捕風捉影之說・藉口老氏・愚人主而取富貴・後世貪饕之民・復以其說自愚・殺身亡家・接踵駢首而不自悔・遂令猶龍者抱萬世不白之寃・亦足悲矣・是書也・晨燈虹影・玉珮金璫・泥丸赤子・神室嬰兒・三奔三景・九變十化之說・各居其半・撏撦老氏・令耳目不暇應・手足不暇措・爲書一百二十有二卷・讀之者疑與信亦居其半・余久居長安・偶得異人凝鴻飛丹之秘・試一

爲之·輒有奇驗·獨憶楊楷從吏祿·不願化金·竇舜卿祿足養親·何須羨汞·及蘇子由丹房舉火·忽見大貓據爐而溺·鼎敗火飛·與雕陽書生損福語·遂絕口不談·故余居常於神仙家言·不敢以世人之信爲信·亦不敢以世人之疑爲疑·況一物不知·君子以爲恥·神仙亦一物也·可不知耶·程子曰·神仙者·天地間一賊·故能竊造化之機以延年·蓋信而不疑·薛文清公曰·卽能延年·亦未有久而不散者·不然·自古及今·以僊名者衆矣·何無一人至今在耶·蓋疑而不信·第文清又曰·欲知異端得失·不可不讀其書·余之梓行是書也·固三公所爲校讎路史嘉惠後學之志·亦文清公闢異之志也·後之讀是書者·亦將有槩於余言·

類說序

曹公慥·宋史不載·亦未見於它書·爵里字號·皆不可考·序云·僑寓銀峯·亦不知銀峯爲何地·公之博涉若此·著述必多·而它皆亡·獨此編尚存·自紹興六年至寶慶二年·凡更百年·而後得葉公時梓行之·葉公時·字彥發·仁和人·歷官龍圖閣學士·諡文康·與朱考亭友善·亦未載於宋史·嘗爲禮經會元四卷·經濟之士所必問也·余獲藏之·自號爲竹埜愚叟·有竹林詩集五卷·余亦嘗寓目於長安友人藏書家·自是宋人口吻·不復鈔錄·嗟嗟·以二公之積學博聞·而名姓竟不登於史冊·彼老蠹魚者·亦何益於人間世哉·余以此編當與陶九成說郛合而爲一·數欲購之·幸校書秘閣·從斷簡殘編中覓得·亦鈔本也·首尾參錯·門類淆舛·杖杜陰陶·至不可讀·因携歸私邸·手校而整齊之·差可披閱·而執筆綸扉·晝夜作鞋底樣·至兩腕欲脫·不能合併說郛以竟夙志·故留數語於簡端以示兒輩·其善守之·安知百年後·無好事如葉龍圖者乎·

彙雅前編序

余爲字觿·計非十年不敢出以示人·然一出當令古今字書皆廢·夫字惟文與音·而義存焉·義之弗訓·文於何考·卽欲審音無繇矣·爾雅以訓義也·先儒有言·大道失而後有六經·六經失而後有爾雅·爾雅失而後有箋註·是爾雅箋註·皆羽翼六經·然爾雅逸·箋註勞矣·爾雅者·約六經以歸爾雅·箋註者·散爾雅以投六經·爾雅明·而諸家箋註悉可高閣·故言六書宜先六經·言六經宜先爾雅·雅彙而六經之義彙矣·義彙而六書之鑴畢矣·此彙雅所以先字鑴而作也·

先儒嘗爲爾雅貫類矣·惟爾中字之相同者·貫而類之·其名旣逸·其書亦亡·計於諸雅未貫也·夫爾雅爲釋·凡十有九·廣雅倣焉·小爾雅所廣十有三·釋名二十有七·則部置別矣·小爾雅者·世稱孔鮒之筆·鮒生秦初·豈及見其祖所稱爾雅·故爲此小爾雅耶·然以鮒所詳·皆今爾雅所畧·如爾雅釋鳥·獨畧於烏·鮒乃廣烏之類·是小爾雅原出於爾雅之後·斷非鮒筆明甚·第爾雅得之·亦足以備遺問·不可廢也·方言·方俗之言也·弗通於六經·其雅之餘乎·故以贍雅如子雲·積精二十有七年矣·成書止十五卷·二萬四千餘言耳·且吳越甌閩嶺海之間·皆不能及·抑何寡陋若是·況今所行者·又止有十三卷·且殘闕不倫·中多俗字·卽其題軒輶使者·絕代語釋·別國方言·此何等語·而謂子

雲爲之・豈其投閣・言以人廢・書中輒絕・後之好事者・補綴蠹餂・弗獲雅馴耶・吳韋昭曰・張揖釋名爵位之事・多非是信・然草木蟲魚鳥獸・又皆未釋・已非全書・而字字悉以其音・還訓其義・想此公於六書必不能通・第發明爾雅・亦常十五・余烏得而廢之・至於廣雅・位置弗紊・誠爲爾雅外府・卽俗字盈篇・多涉途說・示訓詁者所必資也・余爲此編・壹稟爾雅・而以諸雅彙於爾雅之下・小爾雅次之・方言次之・釋名次之・廣雅終焉・若爾雅所關・諸雅所詳・亦以義之相近・彙而次其左・題曰・彙雅前編・埤雅爾雅翼於爾雅弗類也・故爲後編・七者之外・劉伯莊有續爾雅・劉杳有要雅・劉延有方言・鮮行於世・皆弗及彙・以俟後之君子・若宋之儒有大爾雅・余不敢知矣・古今註爾雅者・凡十有六家・犍爲文學二卷・劉歆李巡孫炎郭璞各三卷・樊光六卷・沈璇十卷・江灌圖贊一卷・曹憲音義二卷・釋智騫二卷・陸朗二卷・子昭裔三卷・施瑜五卷・陸佃二十卷・鄭樵三卷・此外尚有施乾謝嶠諸家・今世所行・唯郭璞邢昺陸朗陸佃鄭樵而已・景純數寥寥・能存古意・邢氏有功於郭・然詞多枝蔓・此余所以詳郭而畧邢也・德明訟有盈庭・案非老吏・漁仲寄人廡下・不出一語・農師尊信金陵・自附四目・一解不如一解・宜皆擯而不錄・然十慮一得・余間採焉・輒復妄以己意括而斷之・以系於後・夫爾雅以註六經・亦惟六經可註爾雅・余之註・惟期合經以自娛於心而已・觀者必先觀全處・方可以讀余之註・復因余之註・以融會全能於心・亦必有姣然者・彼李軌之註小爾雅・景純之註方言・曹憲註廣雅・皆挂一漏萬・猶弗註也・且文多疑誤・胡以註焉・故於舊註既不能詳・又何敢畧・彼釋名者自釋之矣・無所事註矣・

爾雅非周公之筆・先儒辨之詳矣・卽釋詁一篇・亦未必出於周公也・或曰・觀於爾雅・足以辨言・此非孔子語歟・夫周公固有周公之爾雅也・孔子嘗見之・子夏輩嘗傳之・其亡久矣・釋詁中所釋六經・詩居其半・而所釋詩・又周轍既東者居其半・謂爲周公作之可乎・先儒又謂釋言以下・孔子所增・子夏所足・尤爲謬妄・按離騷・使凍雨兮灑塵・今釋風雨暴雨謂之涷・此爲離騷釋耳・孔子時有離騷耶・爾雅釋詩・大都出於毛氏・彼爲毛氏之詩者・欲自實其師說・故借名周孔以行世耳・至謂叔孫通所益・梁文所補・未敢遽信・然文字簡古・獨超百代・殊非西漢諸人所能彷彿・其爲學覽潭奧・摛華翰苑・何必出自周孔・乃足述哉・

爾雅篇次・舊無明解・釋宮後於釋親・釋樂先於天地・豈以有親必須宮室・天地爲樂器所資乎・更有疑者・講武旌旆・何與於天・乃系釋天・余意此書非出一人・先作者居前・增者居後・篇次紊亂・無怪其然・獨一字本一言・一言本一義・今動以十數言而總一義・其於言理・能無闕乎・至於描寫物情・亦多窒碍・饙自饙・餾自餾・訊自訊・言自言・今謂訊爲言・襺自襺・袍自袍・今謂襺爲袍・袞自袞・黻自黻・今謂袞爲黻・諸如此類・不可枚舉・此豈善言理者耶・詩・奉璋峨峨・謂助祭之士・執圭璋峨峨然耳・今云峨峨祭也・伐木丁丁・丁丁者・伐木聲也・鳥鳴嚶嚶・嚶嚶者・鳥聲也・今云丁丁嚶嚶・相切直也・此豈善言物者耶・故余嘗疑此書・非於一人・亦非出於一地・謂華爲荂・謂草

木爲生．謂笋爲蘆笋．謂藕爲茇．此皆江南語．豈作爾雅者．亦有江南人厠其閒耶．嗚呼．鎬池之璧未遺．咸陽之煙日熾．即六經懸諸日月．且半爲俗儒所壞．故余嘗著六經疑耀．欲起漢宋諸儒．以一丸泥各塞其口．况於爾雅．能無俗儒之補綴而大亂眞者乎．語有之．聞於室者疑於闕．今日言之．明日述之．而疑且叢焉．况從千百年之後．以行千百年前之書．方土之音既殊．正俗之文襍出．傳寫者多從簡易．剞劂者復失校讎．陰陶杕杖．胡可勝道．故余謂讀古人書．疑而存矣．非疑也．疑則疑矣．非誤也．不知其疑．而自謂無疑者．其誤小．知其疑而妄改之以去疑者．其誤大．爾雅一書．世鮮誦習．所行註疏．僅有監本．訛舛實繁．它且勿論．最足掩口者．邢疏所引草木禽魚詩疏．乃陸璣字元恪也．今皆改璣作機．司校讎者亦材館名公．豈僅知晉有一士衡耶．余爲此編．爾雅正文惟據關中經．以是正監本已十之五．後得秘府所藏宋榻孟蜀石經．再加是正．亦十之三．而襍見它書．尙有數條．爲監本及兩石經所不載者．先取必所據．悉爲補入．至於郭邢二註．皆根據他書．丹鉛數易．若小爾雅方言釋名廣雅．亦博考於諸本．疑誤乃竟．居半無從是正．故是編也．凡疑者一因其舊．即誤者亦置之疑．不敢妄更一字．妄解一語．是而正之．尙須異日．

西園彙史義例序

余彙史．蓋彙二十一史．非彙二十一史而已也．歷代之史．名存而書亡者置勿論．即書存而行於世．何止二十有一．今僅收二十一種．猥名之曰二十一史．既非功令之所推許．亦非先賢之所限斷．而二十一史外．歷代諸史．或公或私．或正或野．或述一朝．或述數朝．或爲編年．或爲紀傳．或竝行．或孤行．皆可以羽翼二十一史者．一切擯之不收．果何據而云然乎．余姑論南北兩朝．劉宋有沈約書．蕭齊有蕭子顯書．梁與陳有姚思廉書．非南史乎．而又有李延壽之南史．元魏有魏收書．高齊有李百藥書．宇文周有令狐德棻書．隋有魏徵等書．非北史乎．而又有李延壽之北史．彼此皆大同小異者．已竝收矣．是史之名二十有一．而史之實止十有九也．彼荀悅漢紀．與班固漢書．劉昫舊唐書．與新唐書．宋史新編．與宋遼金元四史．亦皆大同小異．彼此不可竝收乎．

余既彙班荀二書爲一．彙南北八書二史爲一．彙舊唐新唐書爲一．彙宋遼金元四史及宋史新編爲一．而左氏傳者．史之宗也．前人不列於諸史．豈以其與聖經並行．名雖爲傳．體實編年．與諸史不類．抑以其與國語戰國策皆已爲史記所採．故三書可不列於諸史乎．夫龍門公所採三書．不過十之一二．其未及採者．何啻八九．而可盡棄乎．即類而推．公羊高穀梁赤二傳．亦皆史也．雖間有與左邱明傳重出．第彼此可以參考．所謂合之則竝美者．余嘗疑司馬遷採左氏而棄公穀．自是疏漏．近代大庾劉中丞節．嘗採左傳國語爲春秋列傳．改編年爲傳．以從諸史．亦未採公穀二傳．何也．故余彙史．凡左氏傳國語公穀二傳．戰國策．爲司馬遷所採．其間字句互異．皆倣宋倪文節公思班馬異同．以史記爲正文．五書爲小註．而互存之．彙之爲一．若太史公所未採者．又別彙之爲史餘．別詳義例．蓋彙二十九史．非彙

二十一史而已也・

西園史餘序

史餘・彙史之餘也・起盤古・迄胡元・凡四百卷・客過而問・一開卷輒唾而去・何必讀人所不必讀・作人所不必作・而妄以易耗之精力・有限之歲月・徇此人間不必有之物乎・然公亦何乃自苦爲古今不朽之業・卷帙繁鉅者・司馬君實資治通鑑・起周威烈王・迄南北六朝・朱仲晦因之爲綱目・亦迄五代而已・當其時・朝夕探撫首尾整比者・皆二公門人・一時翹材如劉原父尹起莘輩・前後數十餘人・而書始備・然時已有頭易白汗難青之誚矣・嗣是鄭漁仲有通志・畧起大昊・亦迄南北六朝・我朝則金公爗有諸史合編・唐公順之有左史右史稗史・魏公廣國有史書大全・鄧公純錫有亟史・皆一家言・亦稱繁鉅・第諸書中皆纘述・殊乏糾繩・了不匠心・仍相拾唾・用功差易・卒業不難・往已煩公雌黃・詳諸彙史・而彙之曰彙史・已二百卷・世人未有過而問者・且目攝公汗猶未青・頭已先白・奈何又彙諸所未載・今日而前・秦火而後・凡懸國門・副名山・人間所有・人間所無・欲一口吸盡・一肩挑盡・異日即懸國門・副名山・安知雌黃不復關於衆口乎・更可嗤者・信人所不必信・疑人所不必疑・從數千百年之下・與數千百年之上・日相詰難・日相抨射・日相判斷・何物西園公・向前人糾繆繩愆・自逞胸臆・一至於此・亦可謂不度德・不量力矣・且公非孔氏之徒歟・孔不語怪・不索隱・又曰多聞闕疑・愼言其餘・公之史餘・亦惟怪是語・惟隱是索・疑既不闕・又復自疑・言既不愼・又復多言・漢王仲任曰・玉屑滿篋不爲寶・藂殘滿車不爲道・公其休矣・

余竊低首・夫人性不同・嗜好亦異・余幼而壯・壯而老・一切嗜好・纔染指・即屬饜・纔涉足・輒褰裳・惟書淫傳癖・則老而益錮・寒可無衣・饑可無粟・不可一日無書也・每繙閱・不維忘食忘寢・即震雷破柱而不聞・太山崩前而不見・偶爾疾病・亦忘其爲疾病・故嘗竊自幸・嗜好在人・未必於物無爭・亦必於己無害・惟讀書則人皆不好・孰與我爭・與我爭者・止一蠹魚耳・人皆不爭・云何有害・即微有害・亦害吾目・夫人間世可以害吾目者・豈止一書・吾之目以吾之書害之・上同素臣・不亦樂乎・孟軻氏自謂好辯爲不得已・余讀書必拈筆・一拈筆必箋題・雖辨人所不必辨・非不得已也・率余之性・從余之好也・嗟嗟・今日而前・秦火而後・懸國門・副名山者・無非疑府・亦無非訟端・西園公之胸腹有幾・可容數千百年之疑・數千百年不能辨者・復府而胸腹乎・目能讀・手能書・能自掩目袖手・不爲數千百年署一鐵案・以貽來茲之金科玉條乎・夫天不生物・必因其材而篤・天之生材於余・不篤以官爵・不篤以功名・不篤以機智・不篤以聲色貨利・天之篤余・亦曰若爲老蠹魚・足矣・余不讀書・讀書而不好辨・是名違天・違天者天必罰之・今七十有二・此之嗜好・已不爲人所爭・而可爲天所罰乎・況西園公者・人之餘也・以人之餘・爲史之餘・自是素位而行・豈曰不知而作・雖幸業・猶不能謂史已無餘・尚當以餘之餘・彙今之餘・四百卷尚存乎見少・客又何嗤焉・

客怫然曰・我非人之餘也・無餘目以讀公之書・無餘耳以聽公之辨・復唾而去・

余之史餘・蒐捃摭古今稗官小説可以參考彙史而不可彙於史者・故曰史餘・爲帝紀一百卷・后妃紀四十卷・書與志三十五卷・宗室外戚羣臣列傳二百二十五卷・凡四百卷・惟年表獨闕・詳義例・余耄矣・耕鑿以供賦税・哀其仂不足以供剞劂・境内好事者・聞西園有史餘・往往貽書見索・不敢虚其歸也・先鐫盤古氏至漢平帝紀・僅四十卷以應之・嗣當舉全書相次災木・以就正四方宗匠・凡數易稿・貯之數簏・以俟拮据梨棗・歲已已・天不我與・兩目輒病・奔問醫藥・日不暇給・數年以來・目病尚未能療・何暇復問舊業・壬申夏・潦數降・市皆行舟・余所居清眞館稍卑窪・因徙居爽塏數月・而清算館藏書不及移徙・遂皆爲水氣漸漬・癸酉夏日・出所藏書曝之・不知何故・獨史餘稿數簏・漸漬更甚・一啓簏・則四百卷稿皆不可繙揭・揭之輒碎・不可復整比矣・豈老蠹魚障當破除・攢紙之蜂・偷螙之鼠・不煩復置力耶・不得已拈數語題於簡端・以應四方之問訊史餘全書者・能不爲西園扼腕乎・一歎・

賀中丞懷魯周公留鎮南畿序

萱燥髮偕計吏・獲與帥惟審・湯義仍・謝友可・曾粤祥諸君子游・知臨川有懷魯先生者・不可一世・時公業以名進士令閩・聲稱藉甚・歲戊戌・通籍西省・公則爲聖天子耳目近臣・持繡斧總三輔學政・日貴重・惟日從俗塵中稍稍望公顔色・輒退而語謝友可諸君子・此眞一代偉人・奈何當吾世而失之・無何・公晉大中丞・節鎮吳中・萱始徙官版部・幸時時佐大司農・獲讀公條上三吳便宜前後諸疏・益私心嚮往不得當也・間者滸墅以瓜期請・故事・需次遣行・萱獨最後・大司農過聽・謂無易萱也・越次遣之・此垢膩之區・鬼蜮之穴・有志者皆思褰裳而避・嶺外人居鮮三穴・行非百足・且老公車袖短舞拙・能無良朋之畏・然心口相語・此非懷魯先生之宇下耶・昔人從軍・但問所從誰・萱今所從・則懷魯先生也・遂束裝・然公適以奏最聞・台衡時且多虚席・於是朝論咸謂聖天子且急召公・三吳不得復借公・何物關吏・其能以鞭弭從也・踰四月受事・則温綸且褒寵公・且從任公矣・猗歟美哉・聖天子明見萬里・豈惟吳之父老・子弟實嘉賴焉・

夫吳之分鎮也・自章皇帝始・其奉璽書以節鎮也・自周文襄公始・此非公家之明德耶・文襄公鎮吳二十有二年・至登八座爲大司農・而節鉞猶在吳也・今聖天子復以吳久任公・得無望公以文襄之業・而大者造於吳耶・然文襄烏可以望公也・章皇帝時・以公爲文襄易・而以文襄居今日則難・居今日而公能爲文襄則又難・他置勿論・萱所覩記・顧文僖嘗言文襄矣・僅與劉晏韓滉輩同科・此善理財手耳・彭惠安贊之・亦曰・撫綏南服・國計以農・夫爲聖天子重臣・而南服實賜履焉・豈區區一理財已耶・夫文襄鎮吳二十有二年・公鎮吳甫三年・近其功見能效・且已舉文襄勤勞二十餘年者掩而上之・設文襄爲今日之公・且令文襄爲公二十餘年之久・亦復能遠過公三年之久耶・小人何知・饗其利者爲仁義・今三吳且以災沴告矣・東南半壁・空爲大澤・呼藕蒡而

歌匏葉者・轉徙溝壑・文襄初鎮吳・亦嘗溝之・然郡邑倉廩實・一切徵發・皆獲便宜・無釜鬲・亦無疐跋・能傾左藏以購糴於荆襄虔粵間・而米鋪地之謠起焉・故彭鳳儀曰・民無移粟・歲不知凶・此亦章皇帝時文襄饒爲之・而今如何也・然濕雲壓城至踰月・公一露禱・則屛翳却步・即左藏如洗・且多方購募・巨室素封相應如響・布粟不騰・萬室之突黔且寸輒復・披瀝悃誠爲聖天子開說利病・蠲逋賦・輟新征・留諸榷稅畝・及諸司贖鍰・大都壹稟文襄・而纖悉指掌・慘怛溢牘・至令讀者感泣・於是父老子弟相率籲大・吾吳何幸乃有兩周公也・豈聖天子能逆覩於天行之數・故復褒留公爲吳父老子弟請命耶・是公留一日・即能爲聖天子逭東南一日之憂・洪河餘潤・福曜餘輝・即關吏・征商之吏也・有民乃有商・有歲乃有民・今無歲・幸有公・是有民矣・異日者得藉手大司農以仰副玉璽書・出納無害・關吏即蘧廬乎・然一日在公宇下・即一日之千載也・業已移書湯謝諸君子・二十年皈依之想・可幸不虛・故是役也・上爲聖天子賀・東南重臣文襄之後・復有文襄也・下爲吳父老子弟賀・吳之司命・始終一文襄也・還而自賀・中養不中・才養不才・私淑一文襄・而又執鞭一文襄也・公其忍鄙夷之而不爲一首肯耶・時降霪迅掃・杲日長懸・市粟不翔・溝瘠立起・關吏不文・敢忘載筆・遂爲詮次・以俟觀風・謹賀・

贈劉肖庵守戎序

今國家事權・蓋縉紳觭重哉・然而四封之裔・又未嘗不陽寄命於介冑・故介冑之士・往往不樂爲用・於是縉紳輩益得恃其重以陰操其權・而天下始脊脊多故矣・余以筆札・給事禁闥・目非能習韜鈐・足非能躡行陳・然從諸縉紳先生平章軍國重務・每按大司馬尺籍・及以耳目所覩記・如期門羽林材官蹶張・動費縣官大錢日數萬計・蓋亦山積甲而流斷鞭矣・第四封間有不然・輒動聖天子拊髀之想・而緦緦然動稱乏人・如往者島寇陵躪我屬國・目中豈復有我・我廼翺翔十萬之衆・五年海上・不敢一矢相加遺・幸聖天子神武・一意議戰・皇天降鑒・始奪小醜之魄・而後東海之波不揚・三韓獲再造焉・是介冑之士不爲用・而天廼爲之用・又何怪乎縉紳輩不恃重而陰操權也・

乃今所聞於灣城守戎肖庵劉君・則有大不然者・劉君故稱將種・自其微時・嘗以舍人子受事薊鎮・纔若干年・即能從列校中鵲起而守戎灣城・此其人豈今諸縉紳得陰操權以輕重者耶・余於劉君未及傾蓋以探其腹中甲兵何狀・而中常侍張君仰吾者・劉君姻友也・爲余述劉君所爲積功累能・其狀甚悉・壯哉劉君・余因念今縉紳觭重而介觭輕・無亦乳口之兒・紈袴之夫・自失其所爲重・槁樸脟劢・外强中乾・以攘冒則先登・以授綏則後却・以染指則饒爲・以投醪則固靳・壯氣耗於卜夜・英風折於纖趨・繆附雅歌・無裨緩急・於是白面儒生始得以窺其短・睨而延之・一言不相當・輒以刺訶隨矣・夫句粵之簳・必不以棓箠・碁景之劍・必不以封獲・劉君勉之・聖天子神武在御・每飯・意未嘗不在疆圉・而令縉紳輩常陰操權以觭輕介冑・必不其然・且彎城雖彈丸乎・北護居庸・有陵寢在・扼漕綱上遊・爲京師咽喉重地・而介然一幕府當之・在事者不他畀・而畀劉君・異日者仗鉞登

壇・取黃金印如斗大・爲聖天子東戡西備・令縉紳輩毋得獨操其權而陰爲輪重・則自劉君始矣・張君於是𩕄然進曰・敢不唯命是聽・遂書以貽而張之壁・

題北搨黃庭經

王右軍寫經換鵝・詳具晉書・張彥遠法書苑・武平一徐氏法書記・徐浩古蹟記・黃伯思東觀餘論・程大昌演繁露・及雲僊雜記・彼此辨詰如訟蘭亭・而雲僊近是・李太白詩・山陰道士如相見・爲寫黃庭換白鵝・又詩云・山陰遇羽客・愛此好鵝賓・掃素寫道德・筆精研入神・書罷籠鵝去・何曾問主人・蓋黃庭經之換鵝・右軍以書得鵝・道德經之得鵝・道士以鵝換書・自是兩事・第不知鵝之主人・皆曇禳邨中同此姓羽流否耳・陶弘景與梁武帝啓云・逸少有名之蹟・不過數首・黃庭勸進告誓等・不審猶有存否・黃伯思亦云・黃庭始見於梁代・或宋齊人書・若然・則黃庭眞蹟不復留人間矣・張彥遠曰・褚遂良審定右軍正書第二卷・有黃庭經六十行・武平一曰・曾在禁中・見則天后曝太宗時法書六十餘函・黃庭經在焉・徐浩曰・玄宗時・大王正書以黃庭爲第一・故張懷瓘書估曰・樂毅黃庭・但得數卷・便爲國寶・黃庭眞蹟・疑又尚存・黃伯思宋人也・宜未及見矣・陶弘景去右軍時僅一百五十餘年・豈有存於唐者・不存於梁・而弘景胡然未見耶・伯思又云・黃庭有數本・或響搨・或刋刻・嘗得一本・字勢多倣歐陽率更・復在洛中見承直郎李鵬舉家所畜者・乃褚登善所摹・單廓未塡・筆勢精善・軸中有黃庭五行・爲周越摹換之・今世所行黃庭・必非哲嗣・明甚・亦未知其去眞蹟爲孫乎・爲曾爲玄乎・抑贏之祝・而僂之重乎・

余按右軍晉永和癸丑書蘭亭・丁巳書黃庭・皆稱名蹟・蘭亭入唐・尚獲以殉昭陵・而黃庭入梁・若存若亡・何也・然黃庭傳世・重摹翻勒・不啻百家・而道德經不惟眞蹟久絕・卽古今書家者流・卒未聞有一人重摹・一言談及者・又何也・豈傳世名書亦有遇有不遇耶・以余所見黃庭數十本・不出兩種・一秦州本・而骨勝・一越州本・而肉勝・惟北本則骨肉適均・卽非哲嗣・亦是雲礽・友人董玄宰嘗爲余言・今潁上縣野井中・有光怪燭天・探之・得石數片・乃黃庭經也・以鐵線束之・幸爲完物・玄宰搨一本以示余・不知摹手爲誰・第不及北刻遠甚・而北刻又以北紙爲最勝・然世有藏者・此帖紙既橫簾・質鬆而厚・拂墨處如薄雲之過青天・不施油蠟・正如趙希鵠所稱・其爲北紙・可望而知・余藏數本・皆不敢雁行也・萬曆丙午・于役金陵・購於亡友新安吳孝父家・半載餐錢・爲之一洗・帖末陳公子野手跋・詩既清麗・筆亦娟秀・獨鐵笛道人一跋・斷爲僞筆・而楷法尚有佳處・可備黃庭捉刀・不欲遽棄之・嗟嗟・右軍書蘭亭・年三十三・書黃庭・年三十七・余年五十餘七矣・欲從前人殘縑遺瀋中・望其脚汗・亦不可得・豈學書時未及以一杯澆四目墓門耶・爲之掩卷浩歎・萬曆甲寅九日・西園公書於論世齋・

題宋搨定武蘭亭序

宋德祐間・賈師憲被罪・籍其家・得蘭亭序石本八千匣・桑世昌蘭亭博議・王氏所藏石本蘭亭序・爲十帙・凡百

本・冠以定武本・而諸本副之・故昔人謂古今論蘭亭若聚訟・然亦未有以定武爲冠者・余藏此本・即不必仰字如鍼眼・殊字如蟹爪・列字如丁形・其爲定武無疑・第以余所見定武本最知名者・尚有六焉・一・湍流帶右天五字皆鑱損・世謂之五字損本・迺薛紹彭所得初刻・或云・紹彭所爲別本以易初刻者也・此本五字皆全矣・一・天字不全而字皆瘦勁・一・肥而天字全・此本故瘦勁・天字又全矣・一・崇山字中斷・第六七八行破裂關絲竹管絃之一觴一詠亦足以是日也十六字・榮芑曰・定武修城・役夫得之土中・此本十六字無一損者・一・亭列幽盛遊古不羣殊・九字皆損・此本則九字皆全・一・棗木刻・湍流映右天・亦五字皆全・此本鐫刻轉折處・鋒鋩刺眼・亦非木本・較彼六本・無一合焉・豈即紹彭所得廚中故物・未及鑱損・爲定武初刻耶・彼六本・無一合焉・

諦觀卷末諸題識・皆名賢眞蹟・有賈師憲諸圖章・豈亦八千匣中之一耶・又有秦氏圖章・當是檜之子熺・熺藏法書甚富・精賞鑒・此本非僞帖亦無疑・獨沈揆一跋・與桑世昌所載揆語・同異相半・右有蘭亭之裔・及與謙二印・夫與謙非揆字・蘭亭之裔・疑是王姓・其楷法又弗精・必非揆筆・此市賈狡獪以紿俗眼者・不足爲此帖之累・獨誤爲秦賈兩家所妮・何異落營妓家・入伶人手・是殺狐林後又一厄耳・今幸而藏於寶研池頭・宋景文不敢據爲己物者・我子孫得而據之・宜何如以爲寶耶・萬曆甲寅中元日重裝・西園公書・

定武禊帖・自薛道祖德之始大行・於是道祖嘗手臨數本・眞蹟在婁東王尚書元美家・二十年前・余遊金昌・獲寓目焉・有宋人蘭亭圖半幀冠於首・歲戊申・余幸分司吳・藺尚書哲嗣冏伯天官數過關署・余欲再索觀之・則轉而之它矣・冏伯曰・人失之・人得之・何憾・余曰・人何必得・己何必失・相與一笑・萬曆己酉・賦閒居士書於文隱堂・時階芸乍秀・篋蠹潛驅・披玩忘餐・留連浮白・梁間語燕・竹裏啼鶯・若對主人・共玆幽暢・

禊帖自定武外・爲余所未見而見於它書者・難以悉數・姑錄其名目可數者以示兒輩・定武六本之先・有御府本凡四種・定武之後・有會稽本・有婺女本・有豫章本・凡三種・有丹丘本・臨川本・凡二種・又有洛陽・有邯鄲・有七閩・有括蒼・有金陵・有上饒・有景陵・有九江・有龍舒・有八桂・有永嘉・有常德・有南嶽・凡十三本・其以人而名者・凡十七本・周安惠氏・陳氏・三米氏・陶氏・諸葛氏・陸東之氏・潘氏・章氏・盧氏・徐滋氏・又許本者・昔人剷地而得之・有柄有竅・初名杵蘭亭・或曰褚・又唐硬黃本・薛紹彭勒唐榻本也・又玉枕本者・政和間・營宮闕役夫・有小石作枕・有刻畫・中貴視之・乃禊帖也・第已殘闕・止五十一字・又殘石本・舊作二塊・前一塊・有悲夫右及雖殊事一也復之覽文十三字・下有小字云・蘇氏太簡・一塊復裂爲二・字已漫滅・但彷彿先世名玩文五字可辨耳・又無名本・會字前後有云・蘭亭臨榻傳刻・諸家所收極多・未有及此者・不知誰書・又松窗雜錄所載玄宗先天時・異物如西蜀織成蘭亭敘・是其一也・凡此尚不滿百種・賈師憲八千匣・彙皆名刻否乎・夫訟蘭亭者・不過肥瘦兩端・余謂評書如評美人・丰神爲主耳・玉環飛燕得而愛憎之・蔡山父曰・蘭亭殉昭陵・

眞蹟不復出・摹搨豈無誤・拓本徒彷彿・定武而外・區區肥瘦・何必聚訟哉・

題聖教序

聖教序・唐僧懷仁集王右軍書・咸亨三年十二月八日京城法侶建立於弘福寺中・其末有于志寧・來濟・許敬宗・李義府題名・文林郎諸葛神□勒石・武騎尉朱靜藏鐫字・曆世已久・古今臨池者皆爭購之・氈椎之聲・四起不絕・遂分爲兩・今世市賈所售・皆木板翻刻者也・非惟初刻完碑不可復得・卽新搨果爲關中斷碑・亦一通數金矣・余購得此本・乃吳中故大中丞韓公雍家所藏・碑旣完好・且爲宋榻無疑・亦寶研池頭一完璧也・第此序褚登善嘗書之・亦有三本・一・永徽四年癸丑十月十五日建・一・永徽四年十二月朔十日建・一・龍朔三年癸亥六月二十三日建・其字有肥瘦方圓不同・若出三手・是登善此碑已二十年・而懷仁始集右軍書也・登善居唐初・書名煊赫一時・世爭以爲寶者・不應懷仁復爲此書・豈貞珉二十年卽殘闕・而懷仁乃集右軍書以補之耶・抑唐初沙門中故多知書者・亦有以登善之書・不如右軍・故集右軍書爲聖教重製耶・懷仁一碑・與登善三碑・皆建於弘福寺・是一寺而四碑並建・余不得其說矣・或謂登善止書一碑・餘皆爲後人臨摹・故有三本・字畫不同・亦未可知・余居長安日・嘗購得登善一肥本者・較之懷仁集本・正如秦靑韓娥・同度一曲・梁塵並落・流雲皆遏・誰得而軒輊之・歲丙午・于役金陵・暫爾還里・因寓行笥於金陵舊館・此碑在焉・併爲鬱攸奪去・詢之海內好事家・謂登善瘦本尙可購・而肥本當永絕矣・每閱懷仁集本・未嘗不悵望於延津也・

題淳化閣帖

宋有兩王著・摹勒淳化閣帖者卽蜀人・官至翰林侍書・宋史未載・所載者翰林學士・字成象・單父人・漢第進士・在周已爲翰林學士・開寶元年・加兵部郎中・卒・少有俊才・多酒失・故不獲大用・未嘗以書名・蒼頡書二十八字・卽淳化閣帖第五卷所載者・周人旣不能識矣・李斯胡從而識其八・叔孫通又胡從而識其十二・余按李斯所識八字・謂爲上天作命皇辟迭王・此迺寇謙之所纂黑安和國王禁文也・今二十八字具在・李斯又未嘗明言某字當作某字・而叔孫所識十二字・不知李斯所識者亦在其中否・胡不明言以傳於世也・黃長睿以此書爲僞筆・固當・余謂斯通亦非眞識也・余又按蒼頡裔人・卽今鳳翔縣・其廟碑・倉作蒼・銘曰・穆穆聖蒼・故後世有蒼舒氏・王充論衡作倉・謂春秋倉葛・卽其後也・未知孰是・古今傳記皆謂頡與沮誦・嘗爲黃帝史官・始制文字・故史皇而丹壺記禪通之・紀首列史皇春秋歷命・叙演孔圖元命苞・帝王外紀・淮南子・皆云倉頡傳十一世而後爲柏皇・傳五世而後爲黃帝・其世代相遠若此・司馬遷黃帝紀・並未言黃帝制文字・亦未言黃帝史官爲倉頡・故崔璞・蔡邕・曹植・張揖・索靖・顧野王・孔頴達・皆以頡爲古之帝者・在伏羲之前・蓋得之矣・韋誕傳云・皇甫謐輩皆以頡爲皇帝史官者・則宋衷世本之註誤之・宋之諸儒・未見其書・亦交相引援・以爲世本可信・而世本曷有是乎・惟內傳云・黃帝命沮誦作雲書・孔甲爲史官・以紀言動・故漢志

有孔甲八篇．田蚡常習之．而謂頡爲黃帝史官者固誤．卽以文字爲始於倉頡．恐亦誤也．玉經隱注三皇天文．謂之太上玉冊．皆三元八會．自然成文．故眞誥曰．八會．文章之祖也．三五歷天皇氏之世．秉籙司契爲龍鳳雲篆之章．以演八會之靈書．此非文字而何．是倉頡之前．文字已萌．獨太微黃書曰．靈書八會．字無正形．謂點畫尚未區別．至倉頡生．而登陽虛之山．臨玄扈洛汭之水．河圖綠字呈焉．頡始因之仰觀奎星圓曲之勢．俯察龜文鳥羽山川流峙之形．以區別文字之點畫．而窮天地之變．周萬民之用．爲百王憲耳．

前賢謂倉頡二十八字．有畫卦意．謂頡書雖出于龜文鳥跡．實根六十四卦之畫．畫非字．而字不能離畫以成文．頡第緣伏羲氏以損益錯綜之爾．是亦以頡果爲黃帝史官．不知頡先於伏羲．尚數十餘世也．若雨粟鬼哭．高誘注淮南子．固爲臆說．張彥遠古今名畫記又謂上天不能藏其秘．故雨粟．鬼神不能遁其形．故夜哭．是亦高誘之說也．夫伯禹播植．嘉穀誕降矣．京房易以歲大熟．天雨粟．而後代之雨穀雨黍雨稷雨米雨豆．載在傳記者．不一而足．或災或祥．或應或不應．又何說以處此．王充論衡乃謂倉頡作書．何非何惡．而致此怪．廼適與之會．似亦一說．第鄂州圖經．李陽冰嘗篆鄂字．從四口．作鄂．鬼亦夜哭．余謂鬼非自哭．蓋爲世人哭耳．鶡冠子曰．有一二．卽有千百．有千百．卽有計算．有計算．卽有文字．有文字．卽有機械．而天下之禍．不可勝窮矣．今楚粵巴蜀間．溪蠻峒獠．頑獷殊常．而狉獉自若．其俗契木示信．死生以之．亦猶結繩之遺也．故安居飽食．於人無爭．不幸而內地亡命之徒．闌入其中．教以文字．遂令狙詐日起．利爪距而尋干戈．鼎沸魚爛．不底於滅亡不已者．則文字爲之祟也．故余嘗謂圖出河．書出洛．天地所以開文明也．易曰．上古結繩而治．後世聖人易之以書契．蓋取諸夬．夫夬以決小人之卦．書契以決小人之僞者也．惡知夫僞者未必決．而決者復僞乎．惡知夫治百官者正以亂百官．而察萬民者亦以惑萬民乎．故三代而上．文字之用．自墳典鼎彝外．無所施焉．三代而下．然後文字日繁．淫詞詖說．滋蔓胥壞．章句之學如凝脂．而奇衺之目如秋荼．文者侮俗．奸者辨文．遂至讀易卜姦．說詩拍冢．世皆以爲末世則然．而不知皆起於四目之文字也．嗟嗟．四目四口．卽鬼神且畏之．況於人乎．又況於十百其口．千百其目者乎．一歎．一歎．

重建太平橋記

邑北郭有橋曰興仁．則太平之門門焉．形家者言．王氣故從東來．而北之象嶺．實屛蔽之．其下爲溪．逶迤行．東折以被于西．環帶北郭數里．始復折而南．曰榕溪．邑之有隍．若天設矣．故象嶺之所爲蜿蜒拱護而蔓跌．而引之以太平之堤．以翔集于吾邑者．不能不中斷．則由郭而北．四十九里而衆．匪惟深厲淺揭．民且告病．于王氣亦豈有賴焉．聞之故老．勝國至元時．羅里敬甫者．監邑事．始駕木爲橋．以通往來．明興．睿皇帝八年．邑令趙公豐．暨故贈司空李公亨．乃率諸父老子弟伐石爲橋．司空興仁里人．橋遂名興仁．故有孔二．有魚齒．有蹲鴟．有砥有板．然所更未百年．爲今上十有七年．圮矣．河伯爲災．民往來輒時時

葬魚腹中・蓋踰四年・始得公而議改作・

先是當事者率以邑爲蘧廬・卽强以從諸父老子弟之請・亦不過握銖兩之贖鍰・陽號于庭・而有陽罪諸父老子弟之未有以應也・納履去耳・不者過自好・欲無受勞民傷財名・且妄意難成・恐中廢・作者不任・又不者・如匪行邁・謀與衆爲政・夫橋必自地出然後可乎・人之難與慮始類如此・公故精形家者言・其爲令・又數能以身勞民・有古循吏風・司敎閩時・嘗爲建陽改作學宮・征發至巨萬・計一切皆倚辦公・今公且爲令・卽以橋費不能閩學宮萬之一・卽倚辦公・不能什之一・然一切不敢以煩縣官・惟是二三父老子弟之能降心以相從也・不縠又何愛焉・公於是捐俸十金・諸父老子弟謹受命・而以慮始問張子・蓋張子嘗躬耕於邑北鄙・別業珠岡在焉・乃復更命張子爲文・疏諸好義者・張子輒復以金進如公・蓋旦而號于國中・不踰昏・而緡錢橐中纍纍矣・公復爲之量功命日・畧基趾・程土物・鈎稽出納・所擘畫相度・以其用於閩學宮者什之一・以用於吾橋・而又推擇諸父老子弟賢有力者二十人董之・爲日三百有奇・而橋始告成・橋故以赭石・易泐・公乃伐石於橋之北岡・得白珉焉・相傳爲神人所鞭處・不能伐而伐之・自先塋始・橋於是率以白珉・是役也・所募緡錢・以鏹計者若而人・以銖計者若而人・銖以下者若而人・總之百三十有奇・而以其半旣匠石氏・十之二享諸賃傭・十一庀他材具・橋之視其故・以咫計・而高倍者十之三・廣倍者十之五・以佻倍者且十之七・爲欄・爲楯・爲綽楔・爲碣之亭・皆偉觀云・

公乃以門之名・名之曰太平橋・夫興仁橋・固司空之橋也・玆橋成・不縠其嘉與吾民更始乎・傳有之・無陂不平・平之自今日矣・張子曰・是可以觀政焉・邑故瘠・其民纖嗇而兢愛一毛・卽縣官賦常供・且多逋負・不難盡其尺寸之軀・以膏箠楚・至令鄙彝我者・安得不藉口爲蘧廬・今公非有徵會期發・而富者解囊・窶者竭蹶・唯恐不得一當公而階之爲榮施也者・且也諸父老子弟非易民・然公之未至・民且難與慮始・此何也・故曰・可以觀政焉・於是諸父老子弟復儼然而命張子・今事且告竣・幸無負形家者言・以貽羞下執事・雖然・敢忘公慮始之功・幸吾子圖之以詔來者・張子九頓・遂相率於告成之日・勒石道左而爲之記・則癸巳冬十二月二十有一日也・公名以詁・豫章之新建人・張子名萱・省元里人・

五齊錄事傳

五齊錄事・不知何許人・軼其姓氏・周官有酒政以式法・授酒材而節齊之・其制有五・五齊之御・必擇三資・三資備而後署之爲錄事・使糾韓者・其說具五斗先生醉鄉記中・錄事生而嗜酒・日習酒・遂善於酒・又嘗摭拾古人飲者・爲酒徒傳以見志・故籍籍有酒稱・然其意類淳于生之爲人・一石而上醉・下之一斗醉・又下之一杓一瀝亦醉・

錄事性任達・然偃蹇多窮愁・而羞爲浮沉婉娬帣鞠之態・好恣嬉浪謔・其所部署飲者・多一時井巷椎販狗馬蹋鞠之子・縉紳先生諸貴遊或有所造・集華屋廣筵・炊羔爨膩・比絲竹金石以爲錄事歡・則愀然若有失・不及數行・輒引去・曰・我非若所署錄事也・故居常有所悲咽・嘆慕則號召

所部署少年．去衣履．徒袒倒其囊．直走市壚．躬爲提挈滌漉．閉門據上坐．散髮而歌．環席而舞．於是諸部署左右．亦皆人人攘臂濡首．轉相枕藉者久之．乃進諸左右．若知飲樂乎．彼華屋廣筵．比金竹．炊羔爨膩．五斗先生嘗目爲歡場害馬．故飲之宜有四．飲之候有三．毋趄驕．毋緣曲．毋貶向而桎體．毋選議．昔謝無奕嘗逼桓司馬飲．避之．謝引一兵帥共酌．曰．失老兵復得老兵．何損．司馬欣然．司馬不驕矣．夫洽情好聚詼樂．而又謬爲恭敬．是石太尉之責孫稼也．孟浩然久貧困．有與期赴薦於朝者．浩然會有故人飲．懽甚．卒失期．曰．業歡飲．它何知焉．夫貧困之矣．貶向者．豈不以薦期失故人懽乎．故江諮議有言．酒猶兵也．兵可千日不用．不可一日不備．酒可千日不飲．不可一飲不醉．錄事每讀至此．輒擊節而起．曰．安得江生同時哉．因念徐邈爲尚書郎．好酣飲．適有問曹事．曰．中聖人．上欲烹之．得鮮于輔而後解．嗟夫．邈以此中禍乎．阮嗣宗之於晉武．庾子嵩之於東海王．何如也．言未已．淚簌簌數行下．左右不敢仰詰．遂相與曳蒯緱．動地而爲歌焉．歌曰．春將莫兮日西馳．長劍光陸離兮令我心悲．君不飲兮將何時．歌罷．復揮淚更進不休．故縉紳先生諸貴遊皆目攝之．是何怪作此物．而酣酒病狂若是．

錄事居里中．里中市酒者日益集．亦自名其鄉曰醉鄉．名其室曰啜醨室．室中自闑以外．而至於應門之童．無不肖而爲飲也者．鄉之父老子弟日與錄事遊．亦無不肖而爲飲也者．錄事酒徒乎．而雅喜爲聲詩．時從頳頻間出之．不求甚當．又嘗以部署左右徵逐．不肯卒業．亦稍稍自著其意而止．不出以示人．故錄事自脫襁褓而有今日．二十餘載矣自侍父母．繙詩書．揣摩筆研外．一切拜揖坐臥．悲喜歌笑語動止．無不肖而爲醉也者．時有縉紳先生曰妒儀公．舉葛洪氏酒誡一編以進．錄事讀不及終．輒投而起曰．有是哉．夫才酣死名．貪酣死財．勇酣死力．智酣死機．權酣死寵．忮酣死憤．諂酣死勢．此七者．世無一幸．諸縉紳先生皆酣之．子謂之何．我之酣．一酒耳．子奈何欲舍我之一死．以後世之七死耶．傳曰．酒者天之美祿．帝王所以宣御神志．適性順情．而百福之會也．故劉伯倫頌之．天地一朝．萬期須臾．日月戶牖．八荒庭衢．兀焉恍然．縱意所如．是以靈均忠臣．憔悴溺死．其過在不餔糟而啜醨．子其休矣．吾烏知其餘．於是妒儀公不能對．懷書而歸．忸然終日．錄事乃復召故所部署少年．直走壚中．修飲事如故．

李元暢　字維賓．號雲泉．一號迪子．茂名人．萬曆壬午舉人．丙戌通明進士．著有前後北征集．吹劍編．藥房稿．元暢．通志無傳．所著書亦未著錄．惟吳崇宣友竹居雜著稱．其全集經吉水李忠肅公邦華選刻．兵燹之餘．盡歸灰燼．其見於御定歷代賦彙補遺及郡邑志．僅得文四首．編入高涼耆舊集中．

重修吳川演武亭記

昔在大司馬法中．春敎振旅．辨鼓鐸鐲鐃之用．習坐作進退疾徐疏數之節．夏敎夜戰．秋敎晝戰．冬乃大閱．通三時之敎而並舉焉．武事乃自古重之矣．我朝遵古定制．緜兩畿達天下郡邑．皆修武備．宜其列屯坐食．皆精銳矣．乃緩急則盡不爲用．此何以故．豈非有治法而無治人哉．若吳令王公．蓋所謂治人行治法者乎．

吳川錯大海．而縣爲五嶺咽喉．西南近諸島夷．一不守．則沿海諸城盡流血矣．故負郭有校士場．演武亭．其制卑隘．歲久且就圮．鼯鼠白日走．梁間吹蠹塵射人．殊非所以壯軍威鼓士氣也．王公覲旋之明年．政熙物洽．乃謀諸武弁曰．軍禮尚容．奈何坐令其敝．即日下更新之令．推贖鍰以佐費．亡何．版幹具．畚築興．山虞納材．梓人削墨．卑者拔而峻．隘者廓而閎．圮者易而堅．前施楹者三．而兩楹爲新造．其後一楹．則舊所無者．總之．翼翼改觀矣．亭既落成．因而講武．是日也．旌節爲亭生色．劍戟爲亭有聲．海上長風怒濤．魚龍各隱隱爲亭助勝．已而號令由此亭出．賞罰由此亭明．則熊虎貔貅之士．無不以一當百．千戶寧君起而揖王公曰．微公之力有是哉．乃走幣屬李子記之．李子曰．吾鄙人也．烏足爲公重．雖然．吾嘗適吳．與公談名理．其遒勁森嚴如武庫．且動曰．吾聞之師云．公所師者．爲念菴東郭二先生．皆以大儒揭當代旗鼓．吾以公爲工於儒耳．而不知其通於將．及退而問其政．則學宮之修也自公．鄉約保甲之並行也自公．繇役輕自公．賤斂薄自公．山海無援枹鳴鏑之虞自公．以脫巾囂呼素難束縛之卒．一轉而醉醪挾纊者自公．是公之政．又如淮陰將兵．多多益善者．吾始以公爲通於將耳．而不知其工於吏．可謂斌斌質有其文武矣．然則公之功在吳．獨一亭也乎哉．昔魯侯修泮．史克記之．曰．既作泮宮．淮夷攸服．是因文事而及武備．君子謂其善頌．今以公之武備如彼．而文事又若斯之修也．蓋合德魯侯矣．請效史克之頌頌之．甯君曰善．

限門關賦

吳川濱海而縣．其南三十里．有限門焉．納鑑江零洞潭峨之水．放於海門．廣盈丈．夾磧對峙如虎牙．錯淺流中．逶迤蜿蜒而入．即瞿塘灩澦之險不能過．每風濤搏激．雪浪山立．其響如輕雷聞百里．是門也．北達燕齊．旁通閩廣．西南走諸島夷．瓊雷硇洲．僅隔衣帶水．風勁可一瞬航之．海上多故．此門設半旅．可當劍閣一夫也．商舶至．非購篙師定檣烏不敢入．稍失道．觸淺流中夾磧．舟立瓜碎．蓋亦海濱之雄鎮也．余賦之．俾履險者愼焉．其詞曰．

登文翁之崔嵬．望南溟其一杯．疑巨靈之擘石．豁重門而洞開．納三月之積水，轟萬古之奔雷．挺螺峯以成戟．斷鼇極以爲根．限天險以南北．通潮汐而往來．故能咽喉水府．闔闢乾坤．陽侯抱關而擊柝．馮夷効職以守閽．長鯨透而恍呈魚鑰．濃烟合而俄列藩垣．呀百越而呷七閩．總舸艦出入之戶．控牂牁而引碣石．立華夷保障之根．

其爲狀也．斷磧橫絕．如環半缺．對錯猛牙．雙沈積鐵．含形內虛．盤紆曲折．陰結駟而長驅．高浪翻車而無轍．或命大鯿而建羽旗．或吐晴虹而安綽楔．

其爲怪也．大塊噫氣．海怒波揚．氣濤起沫．雪照炎鄉．響振地軸．勢動天閶．類鉅鹿之戰．人馬咆哮而落魄．似漁陽之役．鼓鼙嗚咽而斷腸．

當其金樞吐月．扶桑出日．風靜蜃樓．浪恬鮫室．羣靈雜遝而曳裾．層波澎湃而鼓瑟．指安期於蓬萊．悵登龍之無術．憶博望之仙槎．觸支機而蕩潏．

乃其出斯門也．貢琛甘泉．輸粟幽燕．巨艦連屋．危檣蔽天．候風挂席．占星涉川．迅若鵾鵬之展翮．疾如騏驥之加鞭．一息千里．所屆不待於經年．

若乃雕題鑿齒．寇我門庭．青天黯淡．白日沉溟．龍爭虎鬬．山搖樹傾．血流百谷．燧暗千城．樊噲荷戈以排闥．終軍無路而請纓．故治不可以忘亂．而國惟在於足兵．

至如商檝當門．津迷水涸，天道妬盈．風濤交惡．暗石穿舟．利同千鏌．貨隕深淵．人填巨壑．骨纏恨而難銷．魂依貪而靡泊．故宗元有招賈之文．而蔡襄戒弄潮之樂．

亂曰．關不在高．所重禦戎．險不在深．所貴能容．蜀閣高矣．揖盜而入．龍門深矣．掃軌而急．惟茲限也．通一箭也．藏汚瀞也．鎮宇縣也．閉而席．毋折而展．敢告執戟．寂如水．毋囂如市．敢告行李．

小函谷關賦有序

關爲前守吳公國倫所築．蓋重地也．顯詠者備矣．而賦獨缺．李子補焉．詞曰．

歲在重光協洽．蚩尤氏爲祟．乃迫上帝下欃槍．降猘狂．鍾爲妖虜．來自東方．虎視我高郡．鯨吞我電陽．蠶食我隣宇．鼉奔我疆埸．鬼燐青．野骨白．陣雲黑．戰日黃．時則有太守如羊開府其人者．輕裘緩帶．一鼓殲之．而累卵之城．固若金湯．太守曰未．吾聞劍踰蜀破．崤入秦亡．重關之設．有土者可廢而不講乎．於是蠻城以北．得天險巖巖類函谷者．雖小而足以守國．乃召虞人庀材．二倕削墨．許

少施巧．秦戍效力．跨峻坂以啓扉．因斷磐而衡闕．一九可封．萬夫莫敵．前抱啼猿之峭壁．石路線牽．綴以臥龍之奧宅．盤嵎谷旋．既臨深而履險．懼身墜而目眩．魂黯銷以失度．足趦趄而不前．山河爭百二之雄壯．門戶總四八之喉咽．

當其空山叫狐．深莽匿貙．司疆舉燧．猛將彎弧．則斯地也．貔貅屯而霧暗．鼙鼓急而風鳴．悲笳咽而月落．高壘出而烟孤．田文不能以宵遁．郭丹奚自而買符．

若乃運際熙平．嶺海澄清．旌旗畫卷．刁斗夜停．則斯地也．可以命東山之屐．可以賭別墅之枰．可以泊赤壁之棹．可以奏流水之聲．可以張筆陣．列酒兵．

嗟乎．世不常治．險不在地．有德則依．無德則棄．獨不觀於函谷之故事乎．以釁陵而踣秦鹿．以褒博而興漢龍．信地利之易失．而人和爲難攻．是故善守者壯干城於仁義．坐樽俎而折衝．不鎖鑰而固．不保障而雄．客有度關而惕於衷者．歌曰．洪濤激兮古木重．雲霞深兮瘴癘空．安得泰寧兮齊昊穹．西出兮豈無老氏．東還兮誰識終童．

黃維貴　字周士．一字懷龍．順德人．萬曆壬午舉人．知樂清縣．遷溫州同知．致仕．維貴出楊起元門．爲羅近溪學派．著有求仁筆記．敦仁堂稿等書．阮志注未見．

覺庵簡公墓誌銘

余少從仲兄游塾．則雅善覺庵公．比長．情好彌篤．顧余幼孤．諸兄先後棄去．登籍後．困公車．牢騷風塵間．凡

所身嘗而心茹者・公未始不意喩色勞也・歲乙未・余遭內艱在疚・將襄事・未知所適・公爲余援禮定策・上下邱原・視若已事・余益心慊・亡隕先志・嗟夫・斯之友義生死共之矣・余自丙午掛冠・營莵裘・與公修復舊社・而公捐二三子往矣・悲哉・再閱月・公諸子奉公就窀壙・具狀告余曰・孤不天・慮無以存先君子徼惠先生者棄其孤也・微先生孰與銘・余重惟犬馬之疾・公病不能視・公訃不能奔・公發而不能以紼・公茲役則曷辭・

公諱約中・字紹曾・別號覺庵・其先南雄人・後遷廣爲南海人・最後註籍番禺・永樂景泰間・五世祖成・節次剿賊・績最著・歇歷一再傳功・授百戶焉・成生諒・諒生璋・璋生憲・公之大父也・世有隱君子風・憲生師孟・爲桂坡翁・娶梁氏・實生公・公生而徇齊・少不弄・長不謔也・既總角・博通墳索及百家言・受毛詩・補邑諸生・督學佘公大奇其才・尋登乙榜・顧數奇弗售・公恬然也・公天性孝友・節義自持・遇事機警而歸於長厚・事桂坡翁及梁太安人・躬親菽水・夔夔也・既而前後寢苫塊・又充充也・瞿瞿也・不踰乎禮・公於雁行爲季・克念天顯閒・嘗操奇贏・權子母・輒有奇中・輒以公之無已有也・友愛之念・終身不衰・次姊適張・及期而孀・卒矢拍舟・公之力焉・公嘗慕范堯夫稽中散之爲人・秦孝廉與公爲莫逆・秦亡・公視其槖・蔑如也・乃爲之拮据襄事・撫其遺孤而貸息之・孤長・代爲畢婚・然後舉其餘歸之・秦得以有後也・新邑人貸公金・後窘乏・易產以償・公曰・吾安忍享此貲而破若產也・焚券歸之・浙人里閈而傷公・家人指里人欲理・公曰・若羈旅而抵於理・寧如罪止乎・慰而釋之・其仗義豁度如此・寧麥舟讓誼・即稱人倫勝業・何以加茲・且居恆布衣蔬食・見里中紈綺・輒舉以戒子曰・丈夫不能自食・竊父兄餘焰・夸毗鄉黨・此溝斷而被繡者耳・即不然而徒守纖嗇・與爾鄰里鄉黨之謂何・吾不願汝曹有此・比易簀・發其餘於親疏有差・曰・君子居其厚不居其薄・又曰・能忍人之能忍易・能忍人之不能忍難・汝曹勉之・於是危冠正寢・溘然而逝・嗟夫・公之德茂矣・後之貽穀子孫・豈有艾焉・謹爲之銘・銘曰・

噫彼哲人・抱樸而跱・厥用弗登・厥韞則美・即瑞于家・亦輝于里・歸乎其藏・厥光逾起・爲虹爲霓・耀彼孫子・鬱彼佳城・貞石爰峙・不朽者存・千秋爲紀・

馬夢吉 字一甫・又字長惺・番禺人・祖驄・嘉靖七年戊子舉人・署福建古田教諭・以師道自任・世尤稱其孝・夢吉萬曆壬子舉人・仕至福建興化知州・

課兒長春序

余燕詒無長物・獨饒數篋殘編・堪供兒曹夜火・顧虞其不鄰丹也・何緣化赤・曩刺興時・惠徵二三賢輩・結社嚶鳴・雅相彈射・歸來弟兒倍覺氣豪・强學人作爾馨語・余更虞其未獲邯鄲也・則轉憶夫嚶鳴問奇之儔也・政懸想閒・而黃兩生且掛劍來矣・千里同堂・意氣摩霄・固不減曩時風味云・兩生淹雅多文・超超混混・故自豪也・弟兒不文・亦奈何以邾莒齒齊晉哉・雖然・祖生之鞭・則在乘時一著耳・卿輩勉之・

汪郡丞贈言錄序

蓋嘗論學與政無歧．致儒與吏非異人任．而深詫太史公傳儒林循吏類焉．若方員之自爲器．卽聖門若游夏求由．亦何文學政事之莫兼資也．豈其勝塲固在．偏師足畧云．余不佞．杓之人也．承乏興郡．自惟質性直腸．藉手二三儕輩．披衷見愫．左右夾而朝夕規．可幸無曠．徼天之靈．我還虛汪公實共有此土也．望之嶽峙．探之淵渟．卽之和風．拂之霽月．朗其犀利．又陸截水慧汜盡塗忽若也．私心內遜．嚮慕者久之．而又重自慶其近置㜷焉．公餘揮麈．間出雲雖館兩擢時．諸縉紳大夫士所歌詠頌述之言讀之．漭乎泱乎．纚纚乎．浮湛英華．有馥芳潤．鯨鏗鼉鞳．莫不齊聲而效響．以彼達官持論．時彥流思．譽必有試．汙不至阿．夫豈直駕說也者．於是公之所知諸生詹吉輩受而剞劂之．問序于余．

余謂經術經世務．公茲者勞蹟茂著乎當途．德澤房盎乎方域．徵昔於今爲符劵．信今於昔猶嚆矢．此邦縉紳大夫士多能言之．列所爲歌詠頌述之業津津．鉛槧潤而絃管被．當不待璽書褒奬思綸超擢之日矣．吾固知公之碩學美政．隨輒博．儒林循吏者兩置．公皆光簡冊也．矧由此勛名日超．彪炳無窮．且將紀之旂常．勒之鼎鍾．歌詠頌述．猶丘里言乎哉．

揭陽縣濬河記

黃仕鳳　字儀廷．揭陽人．萬曆壬午舉人．瀋府長史．

環揭．皆水也．三窖之水爲經．週城之水爲緯．百折千派．旋繞流通．然地泥淤不堪鑿井．居民羣飲于河．流惡揚清．亦唯河是賴．然則永利之求．揭爲尤亟．宏嘉萬曆間．知府葉公知縣王公潘公．相繼濬疏．不遺餘力．迄今又三十年．傍河之民．日侵月佔．致河流不潔而民飲艱．河身塡塞而舟楫阻．此之爲害非淺鮮矣．邑宰汪公憫焉．乃與民約法開復舊址．百姓懽然趨事．不日告成．于是父老徵余爲記．

謹案南北二窖．河面寬四丈．兩旁路各一丈．其横亘四橋．誌載各三間．今獨東橋存二間．餘皆僅存中一間．念歷年茲多．姑仍之．其餘馬山窖．誌載橋寬二丈五尺．河面寬窄不等．今開復．窄者三丈．寬處四丈許．週遭城濠．誌載河面寬二丈．城脚地一丈．猛水橋．誌載在三間中間．寬二丈．河面寬窄不等．今□□□□二丈．橋仍一間．儒學後水由西阻．東學盡水止．相傳迤東十數武．溝水一條．今居民呈．願量地開溝．引水遶東城濠．溝面蓋搭原舖□處．溪水一派水遶西城濠．往者塡塞．今旣開復．凡此數處．他日有不如式者．皆佔也．自今地氣疏達．豈唯民飲舟楫之利哉．侯之明德遠矣．

羅良信

字惇卓．順德人．萬曆壬子舉人．授定州學正．歷官至慶遠知府．所至有政聲．卒官．

備兵曉屏楊公守姚化厲傳

楊公守姚．六年所也．鑄士字人．求瘼鋤奸．勒之石者纚纚．惟是化厲一節．闕焉未傳．其無乃子不語怪之遺乎．而父老之傳聞在耳．莫爲之傳以堤坊之．於神君之懿蹟無當也．

昔有別駕張女．與周觀察使子訂婚于鄉．緣共仕．完婚未便．共議曰．一齎俸．一愆差．上公以行事．諾矣．齎俸者允．差者阻．遂無逢其婚約．而張女逾笄．鬱鬱卒于官廨．乃張別駕嗇於費也．不輿櫬故里．令之落魄他鄉．積祟成厲西山梅樹之傍．當年行道者．怪且止之．有鄭府幕者．任亡何．奄奄殞命．而從卽盖棺起櫬．有見二人作息不相離焉．郡胥董應龍有女．時被迷．被强爲馬門役妻．馬門役先是厲而爲門役矣．董女迷中所覩．記鄭府幕與俱狀．甚貞甚悉．及馬門役悅然從役狀也．迹之父董胥．控詞于公．公曰．咨．異哉．誰司神明．血食茲土而令妖被若是．幽有城隍．其有以禦厲乎．具疏以白．不數日．董女迷．若土地嗔其生詞．致張女狡焉．罔以報城隍也．不數日．董女又迷．若城隍質兩造于庭．而鄭府幕馬門役咸低首待讞．叱鄭曰．何不及時歸櫬故鄉．繫張女于幽隘之囚．令寸步不可移者．趣董女行．行時若張女．血董女手．而馬門役傳女粉者．悟後．眞手背有血．握中有粉也．自是董女無恙．厲祟息．闔郡不復有妖矣．此莫非城隍赫赫．則公之明威格之乎．

羅良信曰．昔伯有爲厲．立後止之．立伯有之後．並立公孫洩．文之何勞也．以公之精誠．嘿通於神．致神之精爽．響應於公．公之功不有也．神之功不尸也．是烏可無傳．傳之弗文．勿論．

尹守衡

字用中．東莞人．萬曆壬午舉人．官淸溪教諭．擢知新昌縣．左遷趙府審理．歸采洪武以來政治人物爲史竊一百餘卷．論者以爲陳建後一人．又著有嬾菴集．

按阮志藝文畧．史竊一百七卷存．嬾菴集未見．

明史竊自序

尹氏之先．出自少昊．食采於尹．因氏焉．周初．佚以王史陪公旦輔少主．數傳爲太師吉甫．詩曰．王謂尹氏．命程伯休父．則實掌內史而世其官．孔子删修之際．終春秋．猶以尹氏書．周衰．失其世守．散仕列國．喜令函關．老聃過而喜受學焉．著有關尹子．其書猶存．其後漢成帝時．有太史令咸．帝遣謁者陳農．求遺書於天下．詔光祿大夫劉向校經傳．咸校數術．班固因之．爲藝文志．明帝時．長陵令敏．受詔與班固作世祖本紀．及建武功臣列傳．唐則元宗時．天水愔．爲集賢殿學士兼修國史．專領史館圖書．尹氏繼周而後．以能紹明先業．代不乏人．至宋．遂莘焞進哲徽二實錄．明興．史有專官．無專業．國史不流傳人間．泰和學士直．簪筆詞垣．僅有瑣綴錄．直沒百餘年．新昌令守衡．于是復起而著史竊．皆愔後也．

守衡字用平．自先世宦居東莞．遂爲仕族．積有古今遺書．守衡從借觀．諷誦不輟．父希顏．見之喜曰．余少孤．

爲拮据養母・鮮讀書・孺子能好學・可教也・身杜門臨紡之・自以意爲瓦漏・程其丙夜功・盡六刻乃罷・守衡好左氏・治春秋・年十六・里選爲邑弟子員・温陵翁仲益通春秋・遊宦五羊・守衡執贄往拜其門・求講授・而仲益春秋・受之太倉王錫爵・是時天下言春秋者・皆本太倉・萬曆初・守衡舉於鄉・其明年就試南宫・錫爵入爲宰相・主南宫試事・仲益謂守衡曰・子行當必第・乃不第・仲益曰・吾師乎・吾師乎・豈其收之駿骨・而失之留良乎・時守衡名在於乙榜・授署閩中清流學事・守衡曰・古人惟斅學半・其在斯乎・日羣學宫諸弟子・横經講授・三年・再上禮部・又輒絀・又歸三年・再上又絀・哭於崇文門之外曰・俟河之清・人壽幾何・吾不得志於南宫也・則命也夫・是時清流裴應章起田間・入爲天官少宰・善守衡・慰之曰・士入我朝・大有顯名公卿間者・豈盡制科哉・第恐人負官耳・官未嘗負人・願借百里之地・以行子之志・遂拜新昌令・守衡既辭朝・入謝少宰曰・守衡不難於治民・而難於善事上官・自惟賦質頗偏・能爲戇不能爲諂・能爲絀不能爲巧・有負尊愛・少宰曰・子行矣・勉爲之・天王聖明・必不命阿大夫能賢於卽墨也・守衡至・則往往與其郡守監司迕・越兩載・裴少宰出遷南都・守衡左遷趙府審理正・報至・卽日駕巾車出縣門・歌曰・我聞君子・愛時進趨・時不我與・枉用相驅・出門十載・位卑名微・不才在我・敢謂知希・長裾可曳・王門可遊・爲客弗樂・何如首丘・路行未遠・及時當返・事有之然・悔之則晚・駐馬停轠・門津河梁・望雲以往・知是吾鄉・

歸里杜門不出・仰天歎曰・古稱三不朽・太上吾無德而稱焉・其次已是棄於明主・尙何能爲・少嘗高慕左邱明司馬遷・願爲執鞭・非一日矣・或得竊其緒餘・別成一家言・爲後人覆瓿・不猶愈於碌碌齊民同腐耶・自惟國家二百年來文獻・具有足徵・代多纂述・卽欲斟酌前賢・採訪近世・刪成一代全書・名之曰史竊・擬附竊取之義・亡幾何・聞者羣起而非笑之・守衡旋自愧曰・我以山林草野之夫・敢與石渠天祿之賢侵・弄其毫楮・誠僭哉・誠僭哉・遂閣筆・故人張萱・時方輯著西園彙史・於是貽書守衡曰・吾以今人論古人・無傷於今人・故免於譴・子以今人論今人・宜滋多口也・雖然・子筆大如椽・直如矢・必勉之・毋避敵而退舍・守衡笑頷其言・遂復竟其前志・人不見其一字・東莞令馬維陛聞之・時以其暇造門談論・相得甚歡・見其書・大獎借・更爲徵補遺漏・旌其廬曰清朝逸史・守衡曰・令公知我・史中論贊・間亦稱爲逸史・公以爲遷史有景帝武帝二本紀・武帝怒而削之・微見上短・似於翹主之過矣・

累朝臨御・一時美政瀰天・愚臣不識不知・敢齒路馬・而以本紀爲竊・惟草昧之初・是天地一大開闢也・紀開國・國之大統爲可繼述・猶繫於冥冥之天・天所欲予・其興也勃焉・天所欲去・其亡也忽焉・紀靖難・紀革除・六飛之蹕可予敵乎・紀北狩・九鼎之器可假人乎・紀奪門・南征北伐・萬乘可躬臨乎・紀親征・世廟以藩王入秉三重・而一時禮樂大興・紀明倫・史記漢書皇后皆有紀・草莽臣何知深宮事・窮以周興一亂・邑姜與焉・紀高后・天下之土地人民・列朝之因革損益・不有可知乎・作六志・皇天生有開國靖難之君・其間必有名世之佐・熊羆不二心之臣・作十世家・若乃

東宮賢聖・如懿文焉而夭・則天也・宗藩一二之不肖焉而逆・則非天也・自作之孽也・宦官給事內庭・而使參國事・不可訓也・皆特傳之天子而下事・內自宰相以及九卿科道・外自制閫以及藩臬・有固人爲之傳・而材品見矣・乃復類分爲道學・爲文苑・爲守令・爲師儒・爲隱逸・爲孝節・而以仙釋彝狄終焉・作列傳・爲卷有百・繆不自量・竊爲此書・積之三十年・齒越八旬・老矣・昔人云・頭白可期・汗青無日・斯言豈欺我哉・諺云・人老才盡・吾今可以已矣・然是書也・不襲於諛墓之辭・不逐於羣吠之犬・我明二百餘年以來・列朝人品有忠邪・一人志行有初終・竊謂片紙上下・直覩其肺腸・僭有論於傳後・敢以比於一代之公案・似爲得之・

或曰・孔子竊取魯史爲春秋・今子以史竊稱・將比之春秋乎・守衡曰・惡是何言哉・孔子曰・吾學周禮・今用之・吾從周・今之學士大夫・誰非學孔子者也・生今之世・不識今世之典章人物・將安適從・孔子不嘗曰・竊比於我老彭乎・

或曰・馬遷爲太史令・乃作史記・班固典校秘書・乃作漢書・子官不在柱下・客不通蘭臺之彥・目不睹金匱之藏・不幾乎自用自專乎・誰其信從・守衡曰・子之言誠然哉・然孔子已敎我矣・語曰・多聞闕疑・愼言其餘・聞信傳信・聞疑傳疑・何自由乎・以直道折之羣言・以公論之萬世・豈自專乎・吾亡從及於國之史也・孔子曰・禮失而求諸野・吾求之野乎・賢者識其大者・吾而不賢・吾識其小乎・不信不從・吾又安能知之・

或曰・左氏之艷也・學之未能・而有其誣・馬遷之博也・學之未能・而有其蔽・吾恐畫虎不成反類犬・守衡曰・子休矣・吾自竭吾不肖之材力・以終吾餘年已爾・敢效顰於西子哉・

守衡性簡率・初自罷官歸・遂以懶自廢・不衣冠・不拜客・不與俗人言・不聞人世事・自稱爲嬾翁・著有嬾菴賦・或嘲之・解之曰・上古蒸民・止有其四・僧道繼出・已加其二・增一嬾民・未爲世崇・子不見墦閒壟上・復有乞人賤子・由是言之・嬾何容易・守衡以嬾故・乃得游心筆硯間・成史竊・嚮其三子曰・我今卜築牛山之下・長往矣・毋謬出吾書示人・凡人賤近而貴遠・自古嘆之・古人每成一家言・而必欲藏之名山者何故・以世無知己者也・汝不善藏・恐有追放子長・且爲吾戮・反不若付之咸陽之火・還諸造化・其可矣・

三貞女記贊

蓋古有未夫亡而歸者・則劉向所稱齊女之衞夫人止耳・夫女也・未成而爲婦也・歸稱未亡人・禮與傳有之・曰・婿有吉日而女死・齊而弔・夫死亦如之・夫弔禮也・弔而遂因以爲歸・卽先王未之有・毋亦亡於禮者之禮・先王所不禁・女志得爲而爲之・不可乎・嗟夫・弔之禮・其亡也久矣・矧而爲歸・古有未祿於君能爲社稷死・於汪童且以難於丈夫子・矧女乎・近覩吾邑・蓋有三女云・

林女者・邑水南林生翼龍女也・女字郭西陳生元耀・生死・女未笄也・女聞則爲覆面攬涕・白父母兄弟求奔喪・父母兄弟難之・不能得・以語其舅・舅爲遣姑往緩頰焉・不可

傷其志・許以吉服迎歸・入門・則伏夫位長哭・哭已・舅姑相見・相飲泣・解簪珥・易衰絰・執夫喪如禮・喪終・乃奉夫主祔於先人之寢祀焉・夫禮也・殤不爲後・女不爲陳也・婦則陳之・不得爲殤也後・明矣・女爲陳也・婦陳・欲不爲女也後・得乎・女歸・而陳氏子可勿殤矣・世徒以女節論女・猶淺之乎知女也・女歸・姑有宿疾・三年不下牀褥・女則時時謹侍湯藥・姑終・復爲夫報三年之喪云・

後十三年・而復有黃女者・周塘人・許字西湖張生邦俊子・卜歸有日矣・壻未及期而死・訃至・女欲往觀視・母不能奪・與偕行・比至・猶及襄夫殯事・越二日・謝其母使還・曰・女爲張家婦・不返矣・比夫葬・遂欲殉之・或止之曰・而姑之初爲此子哭也・皇皇不欲生・幸而至・姑乃強爲而起・而即死・其若姑何・女悟・姑哭亦哭・哭止亦止・朝夕奠・輒見有羽蟲飛憑女身如儷然・異哉・黃時年方二旬・而林年三十餘矣・

乃五都中又有陳氏女者・先林三十年・餓守窮山絕谷之中・而予莫聞也・有告我者曰・女蓑湖人也・許字於葉氏子・葉常過遊女里中・有嫗識之・指示女曰・此娘郎君也・女惶悚掩面而走・亡何葉卒・女聞大悲悼曰・生則氏郎君・死非氏郎君乎・因痛哭・偕媒妁於歸・矢無二也・今五十餘矣・

嗟夫・三女同生一邑・僅一三紀同見・一時聞風者激耶・性鍾者特耶・近代李獻吉六烈女傳・首稱一陳女・未嫁而夫死・剪髮屬媒氏納夫棺・殉焉・迄賚志・與夫骨合・嗟夫・死烈矣・藉三女皆俱死・三氏子之鬼其不食乎・三女之能不

死也・殆有賢於死者也・若三女者・可以風矣・贊曰・

詩美好逑・易稱從一・之子未家・甘心永訖・歸承夫祀・永保宗祏・賢哉三女・敬告彤筆・

林朝鑰　南海人・萬曆癸未進士・戶部主事・

開建護國禪寺碑記

羊城東五里・爲演武場・場之左・原設觀音堂一座・堂枕佛子岡・後龍接白雲正脈・對峙爲□海□□□□珠海・於方位爲巽・蓋文星正照處也・壬寅春・師葆宗來謁大士・徘徊瞻眺久之・思即其地剏寺・□□謀之□侍香火曰・粵城形勝稱雄・此道場可鎮青龍水口・第工程浩大・誰結因・第祇園布金・顧安所得・須□長者乎・吾願盡傾青囊金構之・母煩十方檀越爲也・於是諏日鳩工・聚材壘甓・前造大雄寶殿・殿宏敞・扁曰無上菩提・殿以內・曰萬善法門・萬善者・蓋奉三寶金剛羅漢諸天列聖・文水黎孝廉榜曰・無量慈航・後一殿・□毘盧大佛・制度清穆・豎萬歲龍牌其中・爲聖天子祝釐・藩伯陳公還冲題額・書額則臬憲養宏任公也・毘盧殿稍折而入・建小堂・大士香火□□□□山孟公總大揭其門曰護國禪寺・儀門題曰祇陀林・則田將軍瑞宇筆也・繚以重垣・翼以廓□□□□□城東諸剎之冠・創自萬歷癸卯・成以萬歷已酉・事竣・屬予記之・

予惟白馬西來・青龍入夢・□□□不爲□□中・黃緇如林・支提相望・住持者藉改作以徼利・托鉢者假施捨以充囊・慾海漂深・緣城墟□□□□蓮□馥意樹生花者乎・詎

知濳山卓錫・而白鶴高騰・盧峯息心・則清泉應文・萬年聖果・豈偶然□□□□□詩詩書垂髫卽悟諸有爲幻・慨然祝髮・棲白雲最高頂・閉關下鍵・日持金剛品經足□□□□□□鶴洲爲粵名醫師・獨得眞華眞訣・尤精黃帝素問・出關後・醫道大行・病者隨所投劑・隨釋然無□・□□□自藩臬郡邑諸□途・以至縉紳士大夫・咸禮重之・遠近問疾者絡繹於道・戶□趾相錯也・痘疹□□□□乘庚子春痘疫遍闤闠・師所□數千家稱云・青囊金卽其所積者也・且師業從釋教・又曰・□□□□□□絕塵談也・懸河倒峽・每暇則彈碁賦詩・交遊多名士・乃今且從現在身・修無量功德・不愛千金□□□□明之目・不越八年・而道場次第落成・簷楹騫飛・黝堊鮮澤・璇臺黼座・丹雘輝煌・既煒煒然・光□□□□□矣・惟是寶光像莊嚴・名位整肅・瞻拜者竦然改容・師之意又似未易窺測者・蓋佛有覺名假□非實□□□□假象非眞・非眞立像・自當因像以悟眞・非實施名・自宜固名以悟實・師或元會於是乎・如謂十善福田・□□果報・則輪迴之說・予不敢以己意斷・若夫組鉢生香・火龍絢采・濯芳襟於八解・屛塵想於七花・□在□□者・當自得之・寺置田六十餘畝・坐落番禺各土名・爲永遠香燈之業・置釋氏義塋一所・坐落大眠岡・□□□二百餘丈・以待僧之無歸者・置茶亭於東山路・以甦行道人之渴・種種勝事・皆出自吾師・爲慈悲毫髮□□那之助・似茲功果・吾師一人而已・師名直良・字緯賢・俗姓陳・番禺人・葆宗其別號也・□萬曆四十年・歲次壬子四月八日吉旦・

鄧宗齡 徐聞人・萬曆癸未進士・官翰林院檢討・

擬御製重刻資治通鑑綱目序

朕觀前代帝王・雖德侔上聖・治臻綦隆・而猶採摭故實・不廢訓典者・匪以侈觀也・則勸戒資焉耳・朕以沖齡・嗣執皇序・日御經筵・典學緝熙・考信六藝之指・究其要眇矣・其於宋儒朱熹資治通鑑綱目・時披覽焉・誠以明鏡所以察形・古訓所以資理・苟非稽臧否於往代・鑒得失於今日・卽日游藝圃・何補理道・是書也・體彷春秋・目遵左氏・總質文而分其流・離美惡而要其指・其法嚴而正・其事精而核・其詞典而確・歲序昭明・統紀畫一・綱舉目悉・莫不臚列・誠六藝之關鍵・而法戒之箴規也・夫懋昭之王・不忘盤盂・執競之君・猶勤几杖・彼於小物且兢兢焉・矧如是書・事載君相・炳如日星・指存懲勸・辨如白黑者乎・朕每覽其芳規・爲之逌然改容・竊嚮往而亟慕之・及觀覆轍相尋之迹・未始不凜然深懼・怵怵乎其戒之也・是用重梓・以便觀覽・比於盤盂几杖之義・且欲三事大夫・鑑於臣紀・靖參爾度・以稱朕意焉・

平海碑 見肇慶府志卷之五

粵在嶺徼萬里・天未厭禍・嘉靖間・李茂陳德樂二酋・束髮投夷・桀驁雄黠・召黨憑陵海上・焚我城社・屠我士女・當事者以粵數中倭・師疲於行間・財困於轉餉・不忍拮据・父老以奉執戟・姑從招撫・以苟旦夕無事・自隆慶壬申迄

於萬曆己丑・幾二十年・竟爾嘯聚・包藏禍心・陽以從撫愚官司・而陰蓄其不軌・舖前巢宇・棋列繡錯・廣召閩廣亡命以爲爪牙・陰結城中豪俠爲耳目腹心・揚帆鼓枻・闌入禁池・則浮艎蔽空・鉦吹排浪・及接火攻・便於蹶踶・樓船將士□□創不可計・海壖愚氓垂涎利藪・釋耒耜以投命・阡陌鞠爲茂草・官租蕭然告絀矣・四方之劍客奇民・逋亡罪隸・蹋踘擊搏・五合六聚・大都白晝之間・剽攫莫可詰・富者齎重貲・創舟具牛酒給奸・坐而倍收其利・貧者願效死命・以償子母金錢・出沒粘天浩浪中・走死地如騖・狂飈猝起・白骨纍纍・萍飄飄・嫠婦迎魂・野燐夜泣・况其機智布密・官司稍有嚮・則推刅而起・此如未潰之疽・不發則已・發則難收・

萬曆戊子春・直指蔡公夢說・令徙居郡城・冀其悔禍瓦解・乃怙惡不悛・聚黨侵掠如故・大司馬劉公繼文・初奉命總兩粵軍事・即檄材官詰責二酋・其餘黨蔡克成陳良德等・遂擁衆出海・稱戈內向・脅官司必釋二酋・公猶未忍加兵也・與直指黃公正色商度・遣使招諭・庶幾待以不死・乃兩旬間・嚮應輻輳・登岸長驅・突襲淸瀾・焚毀廬舍・煙焰亘天・毒炎且熾・公曰・若毋乃以故智嘗我・吾不敢久留天誅矣・乃移鎭都城・以便調度・命總兵都督僉事李君棟・渡海閱師・與副使孫君秉陽督水軍材官・急擊勿失・復命參政徐君應奎・僉事許君國瓚・督雷廉諸君參政・熊君惟學・副使黃君時雨・督高涼諸君佐之・又命黃君選精卒・遣坐營崇維績往・命布政使程君拱宸給餉・惟時按察使徐君由檢覈功惟允・副使趙君善政選精卒・遣都閫邵君曾和往・副使王君民順飭斥堠・毋令遺網・又命瓊州知府周君希賢・雷州知府林君民止・募勇敢・繕軍需聽用・游擊沈茂・守備把總陳震・陳策・李揀・甘霖・分諸道夾擊之・又命瓊州府同知李維岳・通判劉世懋・署黃州事推官傅國本・署陵水事訓導林立・瓊山知縣莫恃英・徵輸募士・保障惟嚴・已而諸道兵並集・公曰・幾矣・乃下令誡諸將曰・敢有狐疑持兩端惑軍者誅・有首鼠進退沮軍者誅・惟是幕府斧鉞・不敢專亦不敢貸・又下令誡諸道曰・敢有載酒米餉賊者・法無赦・敢有盜軍情輸賊者・法無赦・軍聲大振・賊甚窘・乃令閃黠數人・潛抵郡城・繫書約二酋・乘機劫獄斬關而出・事露・立誅繫書者・爰誡期舉事・分道並入・一由廣海・督趣南頭諸軍以進・一由南海・統游擊諸軍・自南夾攻・一由洪川・督北津白鴿諸軍從中擊出・諸將用命・所向克遂有功・五旬之間・執馘獻俘・且夕奏捷轅門下・諸酋長以次就縛・餘黨悉平・白狀・上大悅・晉奉賚金幣勞文武將士有差・是舉也・共擒戮六百顆有奇・俘獲賊屬一百有奇・器械稱是・其沉溺重淵骸骨浮海者不可計・海壖之間・農不釋鋤・女不罷織・父兄緩帶・稚子咽哺・而享有今日者誰賜也・

夫焦爛之功・孰與曲突徙薪之策・烏附之劑・孰與望色視形之效・非公神畧及遠・迅速成功・則浮渫嚮應・爲賊樹黨者日益衆・又不然・則走日本・趨暹邏・勾引異類・以種粵禍無已・雖有十萬之材官・全省之物力・恐難藉手矣・當公移鎭都城時・五色祥雲・冉冉薄前旌・又上界列眞・先代忠烈・降几授方・畧城成功・悉如左驗・豈偶然哉・不佞齡敢稽首獻頌・頌曰・

五嶺以南・是用大荒・醜茲庶孽・敢悖天常・螟我蒼赤・毒我邊疆・帝曰彼醜・匪異人類・暫許爾撫・庶其化誨・戎性狺狺・獸心靡易・召爾亡命・納爾魍魎・浮艎輕艦・鼓柮禁池・我有黍稷・刈爲盜資・我有牛酒・取爲盜飱・兵無釋戈・歲無寧宇・陽爲招降・實則奸府・憲臣特議・暫從爾徙・彼夫耽耽・鴟張未已・布黨連舸・妖氣再煽・鯨浪飛飆・羽書遞箭・聞者褫魂・談者槁面・司馬授鉞・憫焉與楚・曰我羣庶・罹此困苦・自彼召釁・非余志武・乃命元戎・擊楫南渡・龍驤虎旅・驚飈迅騖・乃命藩臬・趣督樓船・鳴鉦伐鼓・震蕩山川・乃授機宜・諸道並攻・金戈耀日・羽葆生風・結障橫野・懸纛蔽空・桓桓將士・如虎如熊・公曰戒哉・兵不在戰・先伐厥謀・徐觀其變・進無易敵・退無避寇・罪在渠魁・脅從可宥・於赫神靈・呵護王師・陳謀授畧・功成如朝・倬彼雲漢・昭回於天・祥光燦爛・有開必先・天惡神憤・士怒馬驕・執俘授首・克不崇朝・勢如破竹・算如發機・氛消日朗・波恬浪夷・民安以慶・士飽而嘻・歆至策勳・嘉錫攸宜・司馬鞠躬・載拜稽首・帝德光昭・臣力何有・賓服百蠻・天子萬壽・昭格元穹・靈貺是佑・太史作頌・以彰洪績・勒之貞珉・永示無極・萬曆十有八年四月吉旦・賜進士第徵仕郎翰林院檢討雷陽鄧宗齡撰・肇慶府知府朱天應・同知陳承芳・通判余相辛聯芳・推官傅國材・高要縣知縣蕭九章同立石・

林熙春　字志和・海陽人・萬曆癸未進士・由縣令擢居諫垣・上止東封及停采回靑諸疏・皆關國體・乙未軍政事起・一日斥言官馬經綸等二十四人・臺中震懼・熙春毅然上疏・降調家居・尋起用太常太僕大理三卿・以左侍郎致仕・卒贈尚書・諡忠宜・著有城南書莊草・阮志注未見・馮氏采其文二卷入潮州耆舊集・

元旦風霾摘陳時政疏

題爲元旦正始・風霾特甚・敬攄愚衷・摘陳時政・以容天戒・以圖治安事・臣聞帝王舉動・與天流通・政事修則休徵應・政事失則咎徵應・甚哉・天人相與之際・最可畏也・皇上臨御以來・兢兢業業・惟時惟幾・蓋三十二年於茲矣・頃臣待罪該科・見禮部歲報災傷・所爲天鳴地震火光水潦等異・隨處輒見・臣心業已驚駭・比正月初一日・維日庚辰也・三元伊始・萬象更新・宜其風和物暢・庶幾終歲而後卽安耳・不意狂風蔽天・黃沙佈地・更晝夜不息・縱尋尺不辨人形・稽諸我朝典故・或日食元旦・而未覩風霾・風霾別時・而未逢元旦・卽求之載籍・在周・秋雷電以風・成王感泣・猶非履端也・在宋・無爲州烈風・崔立上書・猶非幾甸也・迺今則有之・正古所謂變見三朝・災非常有・應爲獨重者・臣數日以來・驚駭益甚・偶檢閱占候諸書・有曰・正月朔日・大風折木揚沙・其歲大惡者・有曰・庚日風聲叫怒・宜備邊者・有曰・辰日大風・大將出行者・有曰・正朔之風・立春同較・風大寒・北狄侵掠者・有曰・風來・其勢紛錯交橫・其聲聒耳・爲小人昧惑之風者・臣反覆再四・竊謂變不虛生・事有感召・敢披瀝爲皇上陳之・

自古盜賊之生發・每由水旱之頻仍・未有民窮而盜不起者・往者荒猶一歲而止・今則無歲不荒・往者荒猶一處而止・今則無處不荒・甚至汝南淮徐之間・骨肉無親・人畜相食・疾疫枕藉・惡少揭竿・勢已岌岌矣・今日果如督臣李戴留漕二千石之請・如撫臣張一元發帑四五萬兩之請・雖云杯水・難救車薪・然猶所收者民心・所盡者人事・近攷題覆・在江北止予四之三・在河南止予五之一・臣恐有司拮据無策・蒼赤展轉無生・枵腹之民・寧肯於心就死不爲嘯聚弄兵以貽憂中原者乎・以占書大惡之說宜信・是不可不亟破格蠲賑・以遏亂萌者也・

自古中國之治安・每由四夷之懾服・未有外警而內不憂者・東倭之變・興師一年・費金已二百萬・而釜山之聚・猶恬然未解・至貽宋應昌書甚倨・倘志不在少・必侵我遼左・撤我藩籬・即不然・東犯登萊・南犯浙閩廣・皆可寒心・近日薊遼又以倭賊報・陝西又以火畬報・要皆竊窺狂逞・誠如徹土戒冰・數年以來・噏不言整兵・噏不言理餉・但玩愒日久・備禦尚疎・李如松大將卸回・劉綎孤軍嘗敵・大同宣府之馬匹・以東征而倒死甚多・山東江北之班軍・即奏討而剋忍不發・邊儲更如懸磬・戍士終虞脫巾・似占書備邊之說宜信・是不可不亟振刷邊防・以固內治者也・

自古衆正之盈朝・每由羣邪之屛迹・未有邪勝而正不害者・近有一二小人・無端生事・罵詈大臣・排擊堂官・而南北伸救諸疏・又言詞激烈・致勤聖天子切責貶斥・其小人之禍・亦甚熾矣・第欲遏憸邪・宜登正直・年來得罪諸臣・或以建白抵觸・或以援解株連・或以銓推被斥・懲創已久・酧報方殷・海內莫不延頸跂足・拔茅連茹之想・即皇上量包天地・度廓滄溟・決不忍祖宗二百餘年養士・廢棄牖下也・方今四海多事之秋・豈賢良高蹈之日・若不及今收駿骨而來燕廷・臣恐豪傑志阻・而侵危之徒・寧無滋蔓而難撲滅者乎・似占書昧惑之說宜信・是不可以不亟錄用君子以抑小人者也・

夫春風和煦・方稱泰和・朝野熙明・方稱至治・迺今變與事會・自當懼隨變生・臣恭誦聖訓矣・太祖因天旱・曾諭羣臣曰・亢旱爲災・實朕不德所致・縱食能甘味乎・乃下免民田租・成祖因地震・曾諭侍臣曰・比年兵旅饑饉・朕夙夜耿耿於心・當敕邊將・嚴爲修戒不虞・宣宗因日食・曾諭羣臣曰・古人君所謹・莫重乎天戒・惟修德行政・用賢去奸・庶可回之・在祖宗蓋因事而畏天命・在陛下則益當知天命之當畏・在祖宗每因變而修人事・在陛下則益當知人事之當脩・臣願陛下崇高而時惕若・宥密而愈嚴恭・一下箸必思有啼饑之赤子・而減膳常殷・一授衣必思有衝寒之將帥・而賜貂宜切・一馭僕從必思有野伏之賢人・而弓旌宜勤・庶治安可圖・而郅隆在我明宇宙間矣・詩曰・敬天之怒・無敢戲豫・敬天之渝・無敢馳驅・書曰・食哉惟時・柔遠能邇・惇德允元・而難任人・蠻夷率服・臣敢以是爲今日獻・惟聖明垂察・臣不勝戰慄俟命之至・

請止東封疏

題爲東事失策・萬分可虞・懇乞聖明・抑邪謀・定大計・以圖萬世治安事・臣待罪該科・見薊遼總督顧養謙一本・爲恭報倭情以慰聖懷事・奉聖旨・兵部看了來說・欽此・又

朝鮮國王李昖一本・爲賊情事・奉聖旨・這所奏・着兵部看了・查與顧養謙近報倭情・是否相合・明白具奏・欽此・臣披覽未終・肝腸欲裂・至得陪臣金睟等上總督書讀之・又憤懣如狂・恨當事者之不以忠事陛下也・蓋國家養士・非徒寵祿爲榮・令苟延旦夕・正欲其備緩急・爲社稷計耳・東征之役・當中所以推轂宋應昌者・最稱隆遇・宋應昌果能除氛海上・獻俘闕廷・猶未足償士卒數千命・馬騎數千匹・膏脂二百萬兩也・迺俄而許封・俄而許貢・轉換支吾・罪當莫贖・顧養謙夙負重望・奉命料理・天下咸以吞夷期之・倘能改弦易轍・庶慰拊髀虛懷・夫何踵集舊詞・竟亦蒙蔽聖主・今且洋洋然・欲以倭將賚表入國門矣・夫此表也・果出傾誠耶・何爲乎經年以來・必曰守取・必曰催促耶・果出畏威耶・何爲乎乙欵之後・又有金羅之犯・川兵之殺耶・即傾誠矣・畏威矣・其機械變詐・亦有不可盡信者・

臣不敢遠引・茲以祖宗事借箸爲皇上籌焉・在洪武二年・非不奉表稱臣也・迺使未至而掠溫州・至五年・復同使人而寇海鹽・十五年・復進蠟炬而暗藏火藥矣・在永樂二年・非不首先納欵也・迺九年而寇盤石・十五年而寇金湯平陽矣・在宣德六年・非不遣使納貢也・乃戎器滿載・遇官兵・即爲矯殺矣・在正統四年・非不來獻方物也・乃大嵩桃渚之慘・至掘發塚墓・湯沃嬰兒・刳剔孕婦以爲笑樂矣・在宏治八年・非不差使壽萱也・乃沿途生事・至濟寧殺傷・罪及照磨指揮提舉矣・嘉靖元年・非不以僧宗設宋素卿至也・乃以爭掠之故・殺都司・虜指揮・且以日本國號封我倉庫・至末年・而荼毒浙直・蹂躪閩廣矣・蓋至觀於劉榮望海堝之捷・而倭不敢窺遼者二百餘年・觀於胡宗憲丹山之捷・而倭不敢窺兩浙者三十餘年・則信乎創之則中國安・欵之則中國不安・無可疑者・乃經略總督二疏・一則謂關白欲得天朝封號・庶可服得人心・一則謂關白欲假中國名號・以讋服諸夷・夫中國之治夷狄・必欲携其黨與・庶可剪其羽翼・今已不能撻伐之・解散之・至以威命靈爽・資其狼吻鴟張・非惟助虐・更慮反噬矣・且封貢之說・和議之別名也・非我之有求於彼・即彼之有求於我・彼之有求於我・則王崇古俺答之故智是也・穆廟時・趙全等居雲州・集亡命至數萬人・汾石之禍・實扳升爲祟・朝廷募得全者・拜都指揮・銀千兩・那吉擒全以獻・則封貢之說・似屬有名・然猶不數年・而殺將僨軍・曾修備幾何哉・我之有求於彼・則仇鸞俺答之故智是也・世廟時・擁衆人犯・執內臣楊淮・脇開馬市・仇鸞出塞無功・潛以金帛媚許・未幾而叛盟肆掠・即置仇鸞重辟・則亦何益哉・今日之事・果彼之求我乎・抑我之求彼乎・利害昭然・輿人共曉・禍福已著・豈不寒心・乃在經畧曰・反覆難定・又曰・恭順向化・在總督曰・擁兵虎據・又曰・身任無事・在朝鮮王曰・築城蓋房・運糧練兵・在陪臣曰・夷情無厭・和事非計・是二臣明知故犯・反不如朝鮮君臣之有勝算矣・

昔宋仁宗時・元旦日食・富弼請罷宴撤樂・時相不從・弼爭曰・萬一契丹行之・爲中國羞・已而契丹果罷宴・仁宗大悔・今朝鮮之說如彼・二臣之說如此・寧不爲中國羞也歟哉・雖然・本兵石星亦與責焉・本兵蒙皇上起之田間・寵以宮保・即鞠躬盡瘁・猶難報稱・乃不制禦是謀・而惟沈惟敬

斧柯之術是聽・意謂餉缺兵寡人乏・有何足恃・臣以爲挾此策以說・本兵可斬也・一族十年・尙足吞吳・以堂堂天朝・豈曰無財・患在不節・豈曰無兵・患在不練・豈曰無人・患在一意・目前苟圖了事・則有人不知・知之不能用也・少卿萬自約疏・稱十害・給事中田大益疏・稱五憂・臣愚・敢以五罪足之・絕不與通・國有明戒・諸臣雷同附和・擅議封貢・爲悖祖訓・罪一・封貢既稱不便・則當明與倭絕・綸音具在・乃說愈更而愈褻・甚至有不忍言者・爲悖明旨・罪二・名器至重・毫不可假・果如其議・則始以賦來・今以王往・爲損國威・罪三・關白之陷朝鮮・原以貿易釜山得之・今覆轍不鑒・令其窺我虛實・弛我邊備・爲貽隱患禍・罪四・建白盈庭・豈盡無當・乃敢力持中議・諸疏一切報罷・令海內豪傑之氣阻而不宣・爲拂人心・罪五・以此五罪・參以十害五憂・乞敕廷臣會議・寧爲遠計・毋爲近謀・如其表文果至遼陽・臣愚以爲從之則無名・拒之則速變・姑以去歲明旨・原謂倭衆盡歸・然後議欵・今屯聚釜山・未可封貢爲詞・仍換發德音・數其不恭之罪・待以不殺之仁・差來小酋・量賜遣回・倘能甘爲死間・擒殺關白・不吝高爵厚賞予之・至一應邊防・尤望叮嚀整飭・養威蓄銳・倭若來侵・則相機而剿殺・倭遠遁・不貪利以窮追・庶德威常伸・即四夷亦可服矣・何憂倭奴哉・

仲救言官疏

臣等待罪瑣闥・媿無表見・日者皇上斥去兩京科道至二十有四人・臣等過蒙優容・存留供職・即捐頂踵・豈足以報陛下・惟是官以言設・職以言盡・而諸臣既以不言斥矣・臣等顧影增慚・冰兢蚊負・日求所以拾遺補闕・責難陳善・以不負聖明廣厲言官至意・而誠意未孚・天威正赫・叩閽尙有待也・頃者河南道御史馬經綸・慷慨陳言・忠誠報國・臣等私竊自慰・謂皇上誠罪諸臣而不言矣・幸有敢言如經綸者・計轉圜止輦・或旦夕可望乎・乃吏部接出聖諭・經綸竟從降調・聖意深遠・未易規測・其果以言罪・抑乃以不言罪・臣等未之解也・臣等象上之指・若水之在盂・方圓易嚮・其當以言爲戒・抑乃以不言爲戒・臣等未之解也・且同一言官也・前所處者・既以不言被譴・今馬經綸也・又以敢言獲罪・旬日之內・詔旨數更・一人之身・進退維谷・受諫則如轉石・發號則如反汗・此又臣等所未解也・夫經綸之敢言・與前斥去諸臣之不言・無兩非之理也・陛下斥不言者・又茹納所爲敢言者・則諸臣將飮炭吞刃・訟緘默之愆・敢下逐敢言者・又棄置所爲不言者・則諸臣借口揚眉・收戇直之譽・第諍臣得以收譽・則人主不能辭愆・臣竊謂陛下之計左也・

昔唐太宗謂侍臣曰・朕每閒居靜坐則內自省・所以每有諫者・縱不合朕心・亦不以爲忤・又嘗問魏徵曰・比來朝臣都不論事・何也・徵曰・陛下虛心採納・誠宜有言者・今陛下英明神聖・固薄唐太宗而不爲者也・倘果以不言者爲溺職・則臣等不難爲諍臣杰士・進危明憂聖之苦辭・果以敢言爲忤旨・則臣等不難爲諧臣媚子・效希旨望風之故智・顧諛佞取寵・則禍歸於人主・而利歸人臣・批鱗折檻・則禍歸人臣・而利歸人主・兩者相去・天壤懸隔・臣等功名富貴之念・非與人殊・死生榮辱之念・非與人殊・然寧爲此不爲彼

者・二祖列宗昭監之靈在上・二百餘年養士之恩在下・淸議在前・信史在後・不忍負陛下・且不忍負此生耳・有如人諾人趨・旅進旅退・倏而京堂・倏而開府・又倏而八座・長安道揚揚得意・臣等非有胸無心・豈不欣慕・而顧爲此九死一生之拙計哉・忠於謀國・則拙於謀身・在聖明一加察耳・臣等不勝戰慄待罪之至・

余祖頤 字葆惺・順德人・父光裕・嘉靖乙卯鄉魁・官荆府長史・從甘泉遊・言行篤信・甘泉作三傑歌贈之・祖頤中萬曆乙酉舉人・官河南蘭陽敎諭・攝篆西華・皆有政績・入蘭陽西華名宦傳・

祭劉暘谷座師文

暘谷先生之守亳州也・門人余祖頤・兩藉晨風奏記・竟付石頭江中・寒暄遂杳不相聞・越壬寅九月・長公子道經五羊城・命蒼頭持尺一問祖頤於鳳山・始知吾師先四載記玉樓矣・知己之感・元愈骨肉・百年寶瑟・將向誰彈・凝睇泉山・寸心與嶺猿俱斷・已乃具瓣香束帛・東向遙奠而哭以文曰・

元化絪緼・埏埴偶寄・超影特秀・鞓鞳表異・龍首紫帽・先生鳳起・鞅駕千秋・學闕無始・司馬雄飈・元龍逸氣・玉立溫溫・齋淪其懿・翶翔五采・光華自天・漢家掌故・六載青氈・蘇湖並執・山斗齊賢・煌矣奎光・兩耀棘闈・五嶺以東・大江以西・持之充貢・楩梓珠犀・成均寵秩・太乙懸藜・橫經甄士・洪鍾天倪・帝念亳都・爰命出守・五馬翩翩・銅符紫綬・風淸一鶴・冰檗獨守・三尺霜寒・鯨鱷竄首・嗟彼旱魃・菑值陽九・露禱星河・豐隆鞭走・鴻雁來歸・春回大有・削觚不能・羊腸在右・鵠白烏黔・萋斐其口・勇返初服・遽罹鞠疚・永慕灑血・長車折紐・士殞蓍龜・國喪瓊玖・經濟陸沉・碩德未究・運厄名張・精還列宿・嗚呼哀哉・某國士特知・迷津攸渡・再侍燕山・重瞻江浦・肝鬲傾頹・道義悰愫・勉之不朽・溫飽勿圖・轉盼關山・星霜十度・延佇大江・楚天橫露・我戰載北・躨跜窘步・虛負夙期・竟阻遐鶩・從玆以往・策蹇天路・以報先生・努力竹素・先生已矣・百身奚贖・所幸令子・才誇二陸・幷翅雲霄・摩天丹鷟・秋風至止・穗城之麓・惠我雙魚・哀訊慘顦・負疚煢煢・生芻奚續・楚些傷殘・西州慟哭・嗚呼・名慚玉笋・大恩莫酧・誨言在耳・遽隔九幽・幔亭天遠・攣戀靡由・知我紘絕・耿耿煩憂・緘詞遙奠・淚迸江流・

林承芳 字文峯・三水人・萬曆丙戌進士・授編修・尋遷江西參議・告歸・承芳工文詞・廷對纚纚數千言・已定第一人・以筆誤置二甲・其官編修時・神廟命書中極殿額・甚嘉賞之・嘗爲國子監・撰重刻十三經注疏序・持論平允・論者推爲信今傳後之作・著有文峯集・竹窗存稿・阮藝文畧注未見・

宦體小序

夫宦之言體也・何也・體之猶言式也・夫式也・如以尺寸束物也・夫既受束也・弗中也・失體也・失夫體也・卽巢光病其高也・仲尼病其聖也・顏氏病其仁也・原憲榮公病其介也・陶潛病其曠也・王謝病其貴也・董賈病其采也・夫有

所病者・弗式也・弗式者・失體也・夫宦而失體也・世莫許也・宦而弗許也・聖賢安施也・夫聖賢而安施也・雖宦亦奚爲也・然則舍若宦而之聖賢也・何不可也・然又奈之何・未可以洗耳也・未可以接淅也・未可以簞瓢也・未可以窮閻帶索也・未可歸去來也・未可以盤桓會稽也・未可以長沙江都也・然則奈之何而得體也・亦曰・挫廉逃名・以不背於聖賢也・則亦庶乎其可也・作宦體序・

贈劉督府大司馬奏績序

林承芳

大中丞右司馬中都劉公總制全粵・有海上捷・晉祿大司馬・且善後其地・仍舊官・乃今考績・夫非虞廷明試之故事乎・不佞芳竊有舊聞・國之大事・在兵與農・閔閔望歲・十九得之・戎馬生於郊・民無與生也・國家武備・不北構胡・卽南絓越・胡近而越遠・治兵者亟胡而緩越矣・在事者難胡而易越矣・難胡・而胡猶之難也・易越・越卒無幸矣・夫胡・黃沙紫塞之限・而又悉中土之所入・以支之難而易者也・越去中土萬里・爰有明珠翠羽財瑤之所目出・塗壓茀茨夷島酋穴之所・形錯壤接者也・其俗質直尙信・桀黠狡悍之所䂸䂸張望旦旦焉者也・其人散以怯・其畜藏詘以困・其邑聚散而無恃・先帝張皇備兵・設蒼梧之鎭・具於兩粵・何翅關扃・豈不以門外勔勦・非其人壁決戶毀・堂皇上將・不得正席匡坐・而猶猥云越遠也・粵無幸矣・卽國家何賴之歟・有故參贊雍之果・新建王之算・拮据卒瘏・靡遺餘力・其難也・顧粵之盜・不負固山・且阻深海・山蟠峙而海出沒・則難易臚矣・王於山・雍亦於山・難於其易者也・

公之晉大司馬祿也・今上嘉公海上功・若曰・高皇帝統馭寰縣・不罷棄珠厓・天無所不覆・地無所不載・珠池卽東南逋逃・責在守土者・守土不能芟治其間・傷高皇帝廣育之恩・詎直鰥曠乎・唯是害伏禍隱・庸常之見・守不假器・無亦不戒視成耳・乃卒賴公宣其責・詎直守土者徼惠・非地方之幸賴乎・卽狡悍之茂・桀黠之德樂輩・不爲東南抉壁毀戶・郡國得正席匡坐・視峽若寨・勢離倍之・係重莛之功・不將什百乎・是役也・淸瀾之摧・根門之破・洶州之礁之擒・其難也・乃其所爲易之也・不寧惟是・田州緒日未竟矣・中丞璁蓴有後言矣・公以不世之勳・知遇今上・寧不亦惟善後之爲急・故車服之庸・公得綏帶對揚休命・粵環海百・成公終惠之・乃今嶺外底定・西北孔亟・主上仁明・不逐虜・不下食・幸二三大臣・宣布慈惠・將士羣牧・宣力分猷・虜不足平矣・而外臣封事・方皇皇雨暘之愆期・凶疫之接境・乃粵中綏萬邦・屢豐年・太史陳詩・宜不後粵中・主上南顧問功・因是寄分陝之任・公不周公旦・卽召公奭・黼扆之前・公詎直爲參贊雍・新建王矣乎・昔公以方柄中忌者去閩淅・十年而始出・一試之蜀中・再試之廣右・菑參贊雍新建王之所不逮者・公直爲之式廓焉・乃今以奏績荷主上知・嶺海居民・安於食養・兵農之重・成公焉倚・藉兔主上南顧・則微獨不佞松楡之庇・欣欣侍櫜鞬・操如椽之筆・副名山之墨・不佞從矣・

重刻十三經註疏序

今上登極之十二年・大司成臣某上疏曰・士所貴通經學

古・維十三經註疏・故未鐫於學宮・士或不得考覽・非所以尊經右文・廣厲學官之業也・臣等請得率屬訂校奏上・幸下大司空給資・鐫之太學・斯亦明經造士之助・制曰可・於是下大司空給資校鐫・如所請・既訖・上命臣某序其端・臣謹拜手序曰・

夫士惟上意所嚮・則竭蹶而趨之・茲上不以經術望士哉・古者士得觀於全經之難也・然猶欵關而請・編蒲而識・乃今得坐而卒業焉・士所不象上之指專精趨學者・非夫也・天下自茲彬彬多經術之士矣・然國家以宋儒傳註取士・今舍而取於漢者・何也・夫宋固撫乎漢者也・博乎漢而後知宋之源也・自漢儒傳訓詁・宋儒因而釋其義・主理・理吾心所固有者也・即微宋儒・吾得而以心逆之也・訓詁非得焉・則譬之胡越之人・聽中國之言語・徒瞠其目相視而不相通也・微漢儒爲之譯・宋亦安所譯其義哉・

且也儒者之不能盡窺聖人之奧義・將使人膠其說・而不復深探聖人之旨・則不若第傳其訓詁・人人得自以心而逆聖人之意可也・漢之去聖人也未遠・其說猶或有所受・顧安得執宋之說以廢漢・夫聖人之意・不能畢窺・則盡其說經者而存之・以待後之聖人・聖人之經・有時乎明也・斯固皇上加惠庶士之意也・然則士何如致力哉・

臣觀漢初諸臣引爲經說・多離而少合・然往往能樹俊偉之業・迄今可稱誦・乃其後辨析精微・曾不覩其勛伐云・豈所謂窮經致用者非耶・則以我用經・與以經博我者異也・繼自今・治是書者・能優游自得味道之腴・則大喜・即不然・如古所稱治官涖民・皆有廉節・稱其好學・庶幾哉・猶可以無愧・脫苦曲學阿世・自矜稽古之榮・至使人謂十三經掃地・則上意謂何・臣不佞・願與學士大夫交儆焉・

太和山璚臺觀記

寓內稱巨觀者・無踰五岳矣・自太和山岳顯・五岳稍左次焉・太和者・實踞秦楚交界之墟・爲上帝靈腑・一曰仙室山・一曰參上・一曰武當・見酈氏水經註・宋以前・不甚顯・豈茲山之勝・皆崇造天・而所謂天柱璚臺者・棲眞之士・竟未覩耶・自我文皇帝朝・膺持拜・賜名曰太岳・世宗皇帝復尊稱曰元岳・於是茲山甲天下・而七十二峯之間・延袤不下帝居者矣・其峯之中・超而特絕者曰天柱・其上多金玉之石・多虬松・玄帝之宮在焉・攀援而登・諸峯山皆在几席下・岈然洼然・尺寸千里・攢蹙累積・莫得隱遯・極目力而微白者漢江・導天外一法也・前有兩峯・亭亭並出・若榻前物・曰香爐峯・曰蠟燭峯・峯之前有澗・又一峯秀出於其前者・璚臺也・其上多璚花瑤草・其下多巨壑・其旁多奇巒絕壁・冥杳巖洞・其樹多榔梅・大數十圍・有石焉・負土而出・其狀如龜蛇・相傳爲玄帝登眞之地・舊有道場・燬於元末兵燹・我明道人王邱二丫髻・始披荆斸疏・葺茅以居雲水・然亦僅蔽杖屨而已・

皇帝御極之二十年・爲壬辰歲・有中貴人張公者・乃即其地宮焉・越半載而宮成・名曰璚臺觀・堞峯隍壑・冠峯帶岡・迴環日星・臨瞰風雨・翠羽之木・龍鱗之石・交映丹碧・靡不助麗・迨夫朝曦夕照・闕角參差・雲君霓師・金支翠旍・彷彿扈從・直欲界之仙都・信非人間目境也・中貴人

曰・然則書之・顧借相國一言爲重・予喟然嘆曰・夫亦知所由來哉・彼其摩霄凌雲・大者擬建章・小者凌祈年・望仙盛矣・然非一手一足之力・一木一石之費也・蓋以國家數百年來・民去湯火・今上綏以太平・內外臣民・幸生無事之時・故得從容休養・以其餘佐綺寮之飾・而內庭諸臣・亦往往以勤勞儆上賜賚・亦復散於是・今燕山之陽・佛事最盛・然其所崇飾・必平泉之墅・梓澤之園・址相屬也・彼所爲雲房仙境・紫閣朱宮・亦往往求合於耳目之所嗜・未必盡焚修乞靈也・玄岳去京師數千里・瑤臺之勝・不可籠而有也・公不以無所嗜而奪其意・盡出所賜金帛以奉斯事・上爲主上祝釐・以惠民壽國・念此一念・知公無有也・抑嘗聞公以清愼忠勤事上・二十年如一日・若是則公之意念深矣・觀凡三殿・一居中・而兩翼之・前山門・後靜室・左賓館・右道院・庖湢倉廥廬經藏咸備・予故樂而記之・

平南碑

萬曆十七年己丑・兩廣督府右司馬劉公上言・海南寇弗靖・蓋曰皇帝垂衣十有七年・統馭八荒・肅清戎夏・萬里無烽烟之警・六師罷張皇之勞・威稜所被・罔不臣妾・惟是海南越在大荒・嘉隆間・逋寇李茂陳德樂爲亂・嘯聚海濤・犯厲郡國至於今・陽撫陰叛・包藏禍心・實以當年嶺以南・屬有羅旁之役・縣官垂大惠・哀元元之未贍・不忍暴士大夫於原野・稍從撫議・茂等不知朝廷不死之恩・遂背逆不軌・招納四方亡命・據巢以爲原・飭修艎櫓・闌入禁池・困撓公利・官軍歲被殺傷甚衆・有司欲南向行其意・則貫弓反嚮・故良民內懈怠・輟耕而隕心・臣繼文蚤暮私憂・宜誅討之日久矣・皇帝下本兵覆・乃手詔公曰・蠢茲醜類・敢作不靖・滅此惟汝職・惟汝不二心之臣・尙弼予以成厥功・公稽首受詔・於是以是年二月・檄總兵官都督李君棟渡海誓師・檄副使孫君秉陽協總兵官急擊勿失・當是時・賊酋蔡克成方用茂陰計襲清瀾・爽掠商船戰艦・攻逼文昌・城危於累卵・公既得賊諜・立斬之・乃急召副使黃君時雨・益發營卒・護以中軍崇惟績・詣都督軍・又檄參政徐君應奎・僉事許君國瓚・督雷廉諸軍翼之・公乃禡纛蒼梧・如五羊以便調度・惟時右布政程君拱宸・則屬之軍興・毋乏執備・副使趙君善政・則屬之簡精銳振・都司邵君曾和・將而往代怯虜者・按察使徐君用檢・則實惟紀功策・旣集・又申令軍中嚴警道路內外奸萌・其毋協彼離心・抗茲同德・有輸軍機於盜與輸粟者・罪死・所不奉誡令・惟將軍捕治之・於是以三月二日・合南北舟師進擊・是日鯨波稍動・乘風直抵清瀾・遇賊方舟以待・諸軍衝鋒大戰・自午至申・衝沉賊舟・焚溺者無算・遂大破賊於清瀾港口・賊黨退保餘舟潛遁・時南風大發・公料賊潰・必亡走閩或走夷・爲中國養患・乃檄安南東海諸路屯戍以備之・賊果引而復幷於吳川・收遺刃・聚殘鏃・與官軍爲難・公又檄參政熊君惟學・幷軍而至・與戰諸裨將材官胡忠沈茂陳策陳震李棟甘霖等・分道迎擊・復遣帳前官奉尙方授節・三道馳往・一由廣海督南頭諸軍以進・一由海南督遊擊軍南攻・一由吳川督北津諸軍從中擊出・二十日・遂與賊相望於碙州洋・諸軍又衝鋒大戰・自辰至午・督戰益急・又大破賊・生擒酋渠・奏捷轅門下・其餘釁鼓染鍔者・蓋以千百計・海南

悉平．班師日．海南士女無不舉手加額頌督府奇功者．督府則上言．臣奉將天子明威．賴一二文武將吏矢心力．共襄厥功．臣則何功之有．皇帝曰．一二大臣能釋我南顧憂．實惟汝司馬．司馬其加俸一級．錫之白金文綺．及文武將吏有差．是舉也．直指蔡君夢說先發之．直指黃君正色以代至．行郭經畧督府．藎分猷共濟焉．副使王君民順．知府周君希賢．林君民正．同知李君繼岳．通判劉君世懋．推官傅君國才．知縣莫君博英．訓導林君立．皆著保障功．左布政張君大忠．以則條畫佐善後．無遺謀矣．不佞承芳適予假．將母南還．幸觀厥成．卽不知兵．願借燕然片石爲公表於南海．屬左布政張君按察使徐君委治筆札．敢不辭而爲之銘．銘曰．

天眷有德．實惟大明．威加九有．振其天聲．周視荒裔．窮猛劍騎．卉服鬈首．屈膝交臂．蠢茲逋孽．匪我不告．如蠆螫人．寧息其毒．據巢阻壘．南海之湄．駕言來歸．豈不我欺．罪梯列藪．如厭如飲．憑陵城社．係累士女．帝命出師．司馬承之．詎曰窮兵．爾荼則飴．惟我藩臬．惟我直指．殫厥忠猷．於綱於紀．司馬禡江．秉鉞煌煌．人祇嚮附．雲鳥發祥．載實我車．載誓我旅．載烽載燧．不我遑處．皇皇甲士．矯矯虎臣．元戎將之．肅如神人．樓船擊渡．輕艭競發．飛矢劃濤．山排海浡．旣與虜逢．殺氣晝蒙．殲厥醜類．執其渠兇．公曰反旆．壺漿塞塗．念昔喪亂．公來其蘇．父老有言．謀亦不遲．百世豐功．五旬在事．懽流十道．露布咸京．帝曰愈哉．越水其淸．誰其成之．實惟司馬．載錫之光．爰及其下．司馬稽首．敢不對揚．臣功何有．帝治則光．戢戈韜矢．建茲隆碣．史氏銘之．歆於世世．

徐兆魁 字策廷．東莞人．萬曆丙戌進士．由行人擢御史．至刑部尚書．著有西臺三關三楚八閩諸疏草．誠求錄．留餘堂稿．阮志著錄．

按東莞縣志兆魁官刑部尚書．以救李三才死．忤璫罷歸．及璫敗．未起用．時論惜之．與明史附見崔呈秀傳異．

重修番禺縣儒學記

番禺自宋淳祐始有學．尋復以燬附南海也．猶其初之附府庠也．至我太祖高皇帝．文風大闢．洪武三年．而學得鼎建於城東．唯是剗茂夷汚．掂据覆藉．已啓廓飾之門．則邑令吳公忠實主之．日久事弛．廓蝕飾頹．神靈失護．洞背穿脇．汚池茅草．連帶楹堿．旺氣於今衰息極矣．聖靈不妥．士心載渙．若以爲不可復治也者．謀欲徙去．上其議於當事．將從焉．以工用之繁浩．計不得不爲科派以益之．粵自加稅以來．民病矣．重以歲之洊凶．簠簋之不登．安問栖粢．議終寢．

邑侯莆陽黃公下車．撫然曰．民病而士亦病．夫民吾子也．士吾體也．豈有恤其子而不顧其四體者乎．雖然．有善於徙者矣．於是進諸士而誨之曰．若知一身之理乎．夫由首而胸而腹非不全．喉咽爲緊．面目之不修．股肱之不具．亦無貴于身矣．學自啓聖祠屬之明倫．將二百武許．譬之首腹．而中無以承接之．謂喉咽何．此非一講堂所支也．若夫陽氣聚于大宅．眉宇潤則四肢之元氣可操其復矣．而殿廡者非歟・肢體完而眉宇爲之芳・而齋舍者非歟・衆曰唯唯・曰・吾將首議經閣之務而次第及之矣・經閣廢不知其幾何時・閣復則易汚而隆・頓然改觀・此侯之所欲亟圖之也・資出于侯・捐俸爲之倡・而當道諸司暨侯僚屬以迄紳耆子弟所勸募者爲之・不費民一錢・鳩工庀材・稽圖簡督・節納官緡・若治其室廬・是時邑博方陳許徐四公・後先効力・實贊厥成・復選生員梁夢龍・衞積壽・高惟仰・崔廣緒・爲之經畫區處・始于萬曆三十三年乙巳秋之仲・迄丙午秋之孟月・而經閣成矣・閣基壘若盤・方廣九丈餘・高不啻倍・合上下爲七十二楹・軒窗明豁・丹彩爲煥・其直若峯・其垂若雲・其文昌之舍歟・賈其餘力・寖及于殿廡齋房・階除欄楯・又幾何時而汚者堅・漫者丹・泐者固・坼者若鮮鱗之次・攲而臥者若立若坐・而東邊侵地悉復・直至芳草街・約一十二丈・計還學闢其最礙者・餘八丈許・盡爲號舍・計四十二間・西邊淸復七間・各八丈許・俱暫議輸租・暨諸生相聚而講詩書之業・修俎豆之容・人人莫不有興起之色・元氣既復・文運遂振・而丙午之秋・士之登桂籍者倍常・而元魁咸隸・亦迅徵也・

士視侯若泰山北斗・屬侯覲行・而絃歌以別・咸翹首企足・願侯速返・大惠我番庠・無何・而侯且有浙命矣・又無何・而擢理名郡・廉明之譽・蔚起江南矣・諸生欲借侯而不可得・圖見侯于宮牆也・以余於侯有一日之長・知侯最深・從而問記・余曰善・侯而操躬潔而澤物宏・潔則纖埃弗染・澤厚者必有甘棠之思焉・按古有功者祠・侯之功德巨矣・遍乎士民・民不諼矣・士其能諼・片碣而徵實焉・見侯於石・是乃見侯于宮牆也・經閣將畏壘之一・侯名鳴喬・字啓融・號有寰・福建莆田人・甲辰進士・政肅而寬・勤而不擾・期月而禮樂修擧・士民愛之思之・比之單父之宓・武城之言云・

右刻在邑學宮・碑石已佚・據任志云・東莞徐兆魁撰・今補錄之・兆魁由進士官至尙書・明史附閹黨崔呈秀傳・吳志里貫未詳・

謝正蒙　字中吉・惠來人・萬曆戊子擧人・知安鄉縣・始至若不慧・久之・得吏胥姦狀・逮治如法・人服其嚴明・擢御史・巡視兩淮・以河南參議告歸・著有疏草四卷・阮藝文畧未著錄・潮州耆舊集采其文一卷・

邊餉淸弊疏

雲南道監察御史臣謝正蒙謹題・爲邊餉處處告急・積弊及時當淸事・臣見近來各邊缺餉・鼓譟羣起・計臣仰屋而嘆・百司促膝而籌・不勝倉惶之狀・至議借各庫金九十餘萬唉之・如使一借可以了事・數十萬可以完局・則一轉移之間・士有宿飽・戍銷亂形・要亦籌邊一策・顧總計京民運欠六百餘萬・茲猶未足十分之二・借將何已・後將何給・夫不淸耗竭之源・不爲永久之計・急而後圖・譟而後發・譟常先則發愈亟・發且窮則譟愈繼・是教之亂也・故自薊永一倡・而昌易遼左諸軍・無不蠢蠢思動・求者若有所挾・請者若有所迫・倘相率爲常・任其囂陵而莫之防・將來邊境之憂・不在寇氛而在我之士卒矣・

昔孔子論政・甯不得已而去兵去食・民無信而不立・亦以信者固結之善物・尊卑之大防・有如月糧・稍不如期・便

衡決不可禁・國家養軍數百年・未得其禦武之用・反見倡亂之形・軍士銳氣雄心・不以掃蕩邊塵・而以挾持主帥・古稱有制之兵・有能之將・時當匱急・至於唱籌量沙・掘鼠羅雀以食・軍無叛志・果何人也・猶幸虜封已結・疆域少緩・如有烽火驚傳・戎馬充斥・俄而有此飛矢列陣離心瓦解景象・豈不益長寇氛而助其憑陵桀驁之氣乎・且餉以養軍・當事者爲軍索餉・是矣・亦嘗按籍而稽之・點名而核之乎・尺籍空存・徒爲冒餉之資・祇飽債帥之腹・無論邊塞・卽如京營團操・亦半爲豪强包占・班役買當・應操皆顧募之人・守夜皆覓食之丐・於今都城內・盜賊公行・提督已無從伺之・京城何地・武備若此・談之眞可寒心・此外又可知矣・大抵兵貴精・餉貴核・核則有一餉卽有一兵・精則有一兵卽有一用・如有簡閱不聞・雖盡驅天下之民以爲兵・而兵猶弱也・虛冒不淸・雖盡括天下之財以爲餉・而餉猶缺也・然欲淸虛冒・莫如重邊道之選・彼武弁以浮餉爲利藪・不足論・卽撫按官操閱・有時遽難窮詰・惟兵道習與之處・必知何者爲眞・何者爲冒・昔因某事而增兵・何事平而兵未撤・昔因某兵而增餉・何無兵而餉猶存・殫心振刷・就裏澗除・而又正己淸源・法行猶易・使誠有兵無餉・猶可支吾湊處・若有餉無兵・竭公帑以供貪殘・外示削弱之形・內受空虛之禍・豈不大可惜哉・及此時而移文撫按・責成該道每年備造實在冊送部・以查核冒支之多寡爲功次・亦淸餉第一策也・

至有司拖欠數多・猶當申明歲報之法・而責成於郡守・蓋京邊錢糧・凡給由・非全完不可・考成何嘗不嚴・乃有官謗稍騰・前途知促・以爲卽解完恐不得給由也・卽給由・進取無復之也・利之放之扣除・則起解奪於私領而不得完・或批回之莫查・則解銀入於猾胥而不得完・曾見有縣官四五年不給由者・則欠四五年可知・亦有八九年不給由者・則欠八九年可知・謂宜於歲終・備開各完欠數目・報轉咨吏部而旌別之・則不肖者不得久留誤事・又總計一府之數未完・府官不得推陞・是縱各縣遷徙不常・然該府旣勤催督・則署攝者亦知完公・又何拖欠之足慮・

夫淸浮冒則出者不濫・查外解則入者如額・由是而祖制可尋・積貯常裕・不惟兵皆有餉・抑且餉皆有兵・將超距知奮・脫巾坐消・從此疆城可長無事矣・至餉給之後・徐議鼓譟之誅・因而問主者以平日因循姑息之過・養成驕亂之形・非紀律不嚴・則恩信未孚・將亦何說之辭也・臣欵欵之愚・謬陳一得・倘芻蕘可採・伏乞皇上下該部酌議施行・臣不勝激切待命之至・

粵東增遣稅使疏

雲南道監察御史臣謝正蒙謹題・爲粵民不可重困・稅璫增遣非宜・懇聖明信詔旨・收成命・以安遐方事・臣惟自有礦稅以來・海內之驛騷・慘於兵燹・民間之毒螫・甚於虎狼・國家元氣之削弱・危於累卵・備在大小諸臣歷來章疏・不啻詳盡・陛下亦已悉之矣・卽稅使之被焚被辱・譬之剖腹藏珠・富不可保・而卒以身殉・陛下亦已悉之矣・臣不必再爲臚列・以瀆聰聽・惟是粵東土入八萬之稅・獨甲寰中・粵東內使之虐・倍於他省・臣粵產也・粵之赤子・幾爲二璫所盡・臣不忍言・幸陛下軫念・撤回珠使・而稅使猶然無休・

甦生未有期也．屬天厭璫惡．李鳳以病篤告．正陛下天心仁愛之日．停止明詔．謂宜以粵東爲天下先．大小臣工．方引領望之．乃無何忽聞有阮昇之命也．陛下以粵民尙堪爲一璫鼎俎乎．夫李鳳之在粵久矣．李鳳名下之鷹犬．日增月益．吮膏吸髓．靡有孑遺矣．阮昇方藉此一行．以明得意．且思奮翮磨牙．擇人而食．豈非傅之翼乎．科臣郭尙賓．臺臣崔爾進．相繼抗疏．爲粵民請命．所爲開陳時勢不可之狀．與夫地方不堪再困之景．娓娓數百言．眞可痛哭流涕．皇上邇來新政．最快人心．不應有此一舉．意者爲李鳳旦夕不保．一切錢糧可虞乎．自有陳增故事．地方官自能爲皇上稽查起解．何不勅撫按二臣．不過一二日可辦．奚必阮昇乃能勝其任而愉快乎．藉令李鳳不死．昇有回京之日．然道路多此一番騷擾．地方多此一番剝削．已非聖朝美政．有如阮昇未必即回．李鳳戀不遽舍．一稅兩持．十羊九牧．合二璫之狐鼠．朝夕吞噬．粵人其有噍類乎．又或李鳳先已物故．昇將遵回京應役之旨乎．抑將即眞稅使爲李鳳之續乎．是天方奪一飽虎．而陛下又放一饑虎．以暴繼暴．益深益熱．何粵東之大不幸至此．豈天未欲平治．而故重困此一方民也．臣爲此懼．敢齋沐拜疏．仰懇聖明．即允李鳳之乞還．罷阮昇之再遣．慨然下明詔．罷粵東之稅．俾薄海內外．謂粵民昔被（下缺）．

蠲稅釋逮疏

雲南道監察御史臣謝正蒙謹題．爲稅使榷利已．至仁賢株累可惜．懇乞大霈洪恩．以惠困窮．以光聖德事．臣竊惟皇上御極以來．九服晏如．民生樂業．雖受灾祲頻仍．而勤施賑恤．足令民忘其灾．雖征討驛騷．而威靈遠播．不旋踵底於蕩平．亦稱淸和世界矣．是大工之故．不得不取之民．奉行者不能仰承德意．大張烈焰．競爲荼毒．使太平之風．轉爲憔悴之象．盛治不無少累焉矣．幸天啓聖衷．封殖之念少絀．熒惑之計莫行．即一豎之遺．不難收成命而促之回．又俞輔臣之請．槪減粵稅二萬．聖心仁愛．即此以見端倪．中外喁喁．望停止之恩．何啻如倒懸望解．如農夫望歲也．

臣謂勞民易於見德．寬之一分．何如寬之十分．自二萬而上．誰非民之脂膏．其忍剝之也．則粵稅當全蠲．寬之一隅．何如遍寬．天下自粵東而外．誰非皇上之赤子．其忍朘之也．則各稅當槪罷．昔宋臣革弊不勇．論者比之月攘．明非義之當速改．

今天下自有稅事以來．人無完膚．地無淨土．嗷嗷小民．盡喪其樂生之心．此等苦楚．皇上亦安得見之．而又誰爲憐之．守土之吏．多方以結稅使之歡．而逢其惡．惟功名富貴是保．惟生死禍福是懼．坐視吾民之爲魚肉．此輩之爲刀俎．付之無可奈何．間有不愛髮膚．爲民請命．至投虎吻而不顧．如滿朝薦．王邦才．卞孔時者．甯有幾人．官與爲市．民無其主．故畫地張羅．平白而推之陷穽中．如擧人勞養魁鍾聲朝梁斗輝者相踵也．豈不冤哉．

臣聞滿朝薦之在秦也．愛民如子．行之日．擁道哀慟．搶地呼天．至於今萬戶尸祝．而卞孔時在楚．王邦才在遼．惠政之所固結．兩地人心思慕．猶秦民也．宇宙廣矣．佩專城之符．居吏民之上號稱父母者．亦何可勝數．獨三臣烈烈剛腸・毅然爲民禦灾捍患・雖其身之不免・而豺狼遠徙・一方賴其保障・假使勞養魁等而遇此・必不至有今日・養魁等甫登賢書・閉戶占畢・逢縣令之仇視其民・遽揑爲首・以贄於稅使而嫁其禍・魚網鴻罹・遂使刺心無自明之日・扼腕抱不白之寃・亦可痛矣・夫小人貪饕嗜利・磨牙食人・自其天性・藉有正人・力遏其焰而弭其惡・使利歸於國・害亦不重貽於民・庶幾未至大弊・不然・小人何厭之有・壑已盈而尚存不足之憂・路難借而猶懷他故之想・如福建稅監高寀・怱然日久・閩人積怨深怒・思食其肉而甘心焉・近得帶攝之命・遂欲移鎮廣東・耽耽然以左右望・營營焉向人乞靈・倘或果遂其謀・則粵人千詛百咒・方得李鳳之死・而又有李鳳也・是舉朝交章請命・方幸阮昇之回・而又有阮昇也・是皇上重軫粵困・方歲減二萬之額・而這番擾竊・又不知幾萬也・聖主知四方艱難・大臣以四方爲慮・以今之時勢・慮今之事・一撤之外・更無長策・詩云・民亦勞止・汔可小休・式遏寇虐・無俾民憂・今可小休時也・即未能遏絕・奈何復縱之乎・伏乞皇上善推聖母恤民用賢之心・翻然更新大政・上慰溟溟・下對天下・先撤高寀・以蘇閩粵・次而及於各稅・一撤盡撤・如滿朝薦等・亟從而顯擢之・爲循良勸・至勞養魁等・相應憐其非罪・准予應試・則厲政頓革・人情宣暢・正士有彈冠之慶・四野有鼓腹之歌・皇上垂拱以撫此太平世界・即無數十萬之入・臣猶以爲尊且富也・臣不勝懇祈待命之至・

奏參福王請賜蘆洲疏

雲南道監察御史臣謝正蒙謹題・爲蘆田環遶留陳畿地・不宜藩業・懇乞聖明愼重錫予・以遵祖制・以固根本事・竊惟天子宅中圖大而建之陳城・爲天下樞・故元鳥之頌曰・邦畿千里・惟民所止・肇域彼四海・明王畿之地・九天日月之會・萬國車書之宗・其關係甚鉅・在成周時・大封同姓・諸姬棋列・竟未聞以伊洛爲食邑・豐鎬爲采地・豈其有所靳・而勢固不可也・

臣從邸報見福王奏討南京蘆洲・皇上慨然許之・臣仰窺皇上愛子之心・凡諸福之物・可致之祥・無不欲羅而聚之朱邸・甯以一塊土・稍拂愛子之意・惟是子情當體・而祖制未可軼也・一時私意易徇・而重地不可不念也・高皇帝肇造區夏・定都建業・環長江以爲帶・控東海以爲池・屹然形勝・與金臺並峙・國家二百餘年來・衆建天潢之親・代有分茅之典・獨此地不設藩封・不輕錫予・若田屬在輦轂下・天威咫尺・豈容諸王分民而治・分地而徵・以與民人爭此土也・祖宗立法・良有深意・皇上守祖宗成法・藩王奉而行之・謹爾侯度・世修其職・以無隕越於下・談何容易也・查先年淸丈蘆洲・得價三萬餘兩・給與居民管業・每年租課輸之內府・天官受其價・則爲民業・民輸其租・則爲國賦・擾民業爲已有・非所以爲義也・嗷嗷怨聲・侯詛侯呪・可當開國之始・見此景象・損正賦而益藩封・非所以爲名也・實資屛翰・而求索是聞・天性骨肉之間・已鄰於市心矣・臣以爲此非福王意也・養贍田則辭・崇文門稅則辭・至沿途蓬殿・亦念

民艱而並辭．□而求捐資於此．求償於彼也．臣知王必不其然．或者聽熒於左右．有未嘗深思．且左右覩其利．未覩其害．王亦未思其害．惟見其利．夫所謂利者．總數千之租．不在朝廷．則在藩國止耳．若其害．則有不可勝言者．沿途蘆田．自江都通泰．實臨大海．豪奸巨滑．以私鹽爲利藪．抗官兵而蓄亂形．已深可慮．若王府往來．其地主謀合黨．勢必藉令旨之牌．滿載私鹽．揚帆海上．由此而套引東倭．由此而作梗畿輔．江上一呼．佃民響應．正恐此時憂方大耳．古稱萑苻之盜．謂綠林彌望．奸人多藉爲窟穴．以故剽掠時聞．寇攘多有．官司時時以尺爬搜．曾未有艾．倘受廛王府之蘆洲．繫藉王府之佃民．倚其聲勢．公然攫金白晝．明火通津．有司不敢問．三尺無所施．近時沐府莊民之禍．至今未弭．奈何復蹈之也．夫參之以利害．則蘆課幾何．而隱憂遺患．實係東南之安危．稽之以祖制．則王畿之內．一柄兩操．大失祖宗之初意矣．福王嘗辭崇文門稅．豈不以既就藩國．則畿內事非所與聞．今奈何耽耽南畿江上物也．臣竊意皇上卽與之．王當固辭之．卽皇上堅欲予之．輔臣當力爭之．葉向高蒙眷既渥．方從哲相業方新．豈其魚水相投．回天無路．此何等重大事．尙可泄泄漫不關心．則將焉用彼相矣．

昔武宗時．秦府請關中屯田爲牧地．厚賄錢甯江彬輩．請許之．大學士梁儲承命上制草曰．昔太祖高皇帝着令藩封．不當益以土地．土地既廣．將多蓄士馬．奸人誘爲不軌．不利宗社．今王請求懇篤．聯念親親．畀地於王．王得地．宜益謹侯度．毋收聚奸人．毋多養士焉．毋聽狂人誘爲不軌．危我社稷．是時雖欲念保親親．不可得已．王其愼之．毋忽．武宗覽制駭曰．若是可虞．其勿與．事遂寢．史稱梁儲一草制．有回天之力．今畿內蘆地．其利害關係．尤百倍關中屯田．輔臣勉之．才名山斗．富貴浮雲．惟爲祖宗守一舊章．爲朝廷幹一好事．以勿負股肱心膂之托．是輔臣忠於皇上之職分也．伏望皇上深惟萬年之計．永樹不拔之基．甯抑私情．勿違祖制．將帝居壯於山河．而王國亦鞏固於磐石矣．

劉景辰　字紫星．號清源．番禺人．萬曆己丑進士．授行人．擢雲南道御史．所上用人練軍諸疏．皆裨軍國大計．著有焚餘稿．阮藝文畧未著錄．

辯直存公道疏

臣惟天之生人．初無二類．內臣外臣．莫非同胞．外臣自負儒流而鄙夷內臣者過也．內臣自恃切近而凌轢外臣者亦過也．而況人主統一人羣．無內無外．皆是臣子．善善惡惡．貴在持平．安可操有成心以伸抑於其間乎．故漢臣諸葛亮之表曰．宮中府中．俱爲一體．黜陟臧否．不宜異同．善哉言也．頃者知縣吳宗堯訐奏內官陳增貪殘．一時百官．咸謂皇上覽奏．陳增必且得罪．不謂旨下．增無恙而宗堯反蒙切責矣．衆方駭愕．臣獨曰．中使凌虐有司．自開礦來已然矣．宗堯得免斥逐．卽切責亦主恩也．臣安敢諫也．既而撫臣尹應元疏至．一時百官．咸謂皇上覽奏．宗堯必且見直．不謂旨下．增亦無恙．而宗堯又蒙褫斥矣．衆益駭愕．臣獨曰・朝廷不信撫按・自開礦來已然矣・宗堯得免究罪・即褫職亦主恩也・臣何敢諫也・及陳增之疏再至・而宗堯又蒙逮矣・臣乃拊心曰・噫・皇上之待外臣・一至此極乎・臣待罪言路・不諫何時也・敢披肝膽爲皇上解之・

宗堯書生・初得一官・其父母妻子之所期望・其所自期望者・必不在犯一內臣以要風力之名已也・而乃不能忍隱以鬭猛虎・或者有激于陳增之過不可堪・故諸不暇顧而爲此乎・增之過端・臣不敢以宗堯所訐爲實・只以增疏論之・驛官之皁卒・縣官所得治也・縣官因告發・責四皁卒爲公務僉一枷頭・而開礦內臣輒行文戒飭之・夫戒飭者・文移到日・應戒官小帽青衣・蒲伏公庭以受責辱・此賤胥小吏所不能甘也・中使雖貴・內外官不相爲統・如內監諸衙門・與在京諸衙門・事務相關者亦多・未聞九卿大臣敢以非禮加一小臣者・尊主宜然也・增乃擅辱皇上之縣官乎・待縣官如此・小民可知・章奏如此・行事可知・謂罪獨在宗堯・臣不敢云然也・然官者朝廷之官・非宗堯生而有也・皇上即以撓礦怒宗堯・逐之足矣・何必逮乎・若謂增之參宗堯・事屬贓私・然宗堯之參增・獨無贓私乎・在外臣則逮問・在內臣則留用・臣竊謂聖主過于分別矣・凡人家僮僕・在外生事・常慮主人翁知之・有告主人翁而逢其怒・則從此無敢告・僮僕益無忌矣・宗堯未奏之先・增或貪縱・尚畏皇上知也・今而後不畏皇上知矣・一增得志・爲增者必多・流毒閭閻・流毒縉紳・而國家之元氣傷矣・漢唐之季是也・然漢唐諸常侍・先禍臣民・次及國家・究竟諸人誰得善後・大凡內外之勢・得其平則相安而可久・偏重則反受重之害・宗堯與增之事・交訐未判・臣謂准供職則皆當再供職・不失爲藏納之仁・欲逮問則皆從逮問・不失爲震疊之義・若欲仁義並行乎・姑放宗堯回籍・陳增亦令還京・以待查勘定奪・其勘也・先據二臣原奏・再取里甲情詞證之・以見虛實・如增藉礦虐民・民必不爲增隱・若宗堯有入己之贓・民亦豈爲宗堯諱乎・書曰・無黨無偏・王道平平・又曰・天視自我民視・天聽自我民聽・皇上准令查勘・庶幾天視天聽・而平平之道得矣・臣職在言・睹此國政失平・義難隱默・冒死以陳・惟皇上垂察・

訓練軍務以備緩急疏

臣惟方今海波翻揚・塞烽時警・民窮盜發・邊腹可虞・朝廷之虛懷而求・臣工之畢智而議者・非強兵與足食哉・然兵每憂其不多・而食恒患其太冗・當今之日・欲不益餉而可以強兵者・止有練土兵一策・何則・民壯編有錢糧・軍士舊有月糧・食不外索而足也・但其說不啻三令五申矣・卒未聞何處訓練有方・土兵足賴者・則以法令不明而責成不專也・臣請先言廢弛之狀・而後及所以振作之法・

夫倭與虜・亦人類也・非能羽而飛・爪而搏也・然我兵談倭與虜・自分不敵・卒然相遇・不戰自潰者・其技相懸也・虜之矢・倭之刀・倚之求食・猶鎡基也・其器已極精良・且童而習之・人盡其術・矢不虛發・刀不虛擊・中國之兵則不然・召募之衆・朝遊市井・夕即戎行・民壯服役公庭・忘其爲兵矣・至於衞所・猶塵飯塗羹也・紈袴之夫・無意上進・目不涉韜鈐・手不嫻弓矢・騎步之卒・挽裂膚之弓・挾不鏃之矢・鉛刀葦甲皆是也・歲食不貲・如委之壑耳・以此當

敵．必不勝之數也．假令器良藝精．人有所恃．什五並進．彼此爲援．何至喪氣若此哉．常情談虎色變．馮婦見而攘臂者．有恃然也．

昔戚繼光總督廣東．臣見其日履行陣．躬督教習．標下之士．如貔如虎．時値承平．士皆技痒．其南殲倭．北遏虜．非天幸事也．今之練兵者有是乎．所謂法令不明者．人情安於玩愒．久弛而乍張則駭．彼縱而此操則怨．臣謂須部定訓練外軍之法．行于天下．俾知事由令甲．非上官故以苦我．條件犂然．上下循守．然後變故無由生．所謂責成不專者．兵備舊有專官．今併員於巡道．刑名官吏之務．一俾遺之．又且序俸而擬陟．其視練兵之事．可循套了也．

臣愚．以兵備即不另設．而業是官者．與論是官者．皆當以兵事爲重．將校之材品．非狎習則不能深知．毋以親近爲褻尊．技藝之優劣．非心解則不能鑑別．毋以講究爲失體．日省月試．所以淬礪．毋憚煩也．信賞必罰．所以勸懲．毋避怨也．兩臺薦舉方面．必廉其恩威並著．簡練有法者．保奏陞銜．久任以爲開府之儲．匪是者．彈治之．然後練兵之效可臻．至於訓練之法．常操之外．歲一再大閱．先集所屬材官．如武舉三試之．毋偏重文義．必參前後短長．以定低昂．凡衞通爲一榜．凡所通爲一榜．內分上中下等．上攷者各加半支俸．中攷者本分支俸．下攷者減半支俸．連二下攷者．降職一級．支薪降職半俸．其軍士先用程力石．科其强弱．下者減半食．充火兵．願以壯丁代者聽．其中等以上．人授一技．彊幹勇力者．令爲狼筅．手爲長鎗便捷輕利者．爲刀牌手．平常者．爲叉鈀手．鳥銃手．而弓矢則通用之．短刀則通帶之．十夫有長．積什爲隊．積隊爲哨．其統衆材官．惟上攷者得用．一隊之中．其技同．一哨之中．其技備同．則臨陣便於督戰．備則制敵得以兼資．廣募精技之士．厚其廩餼．分各隊爲師．教成則重賞．而用于幕下．其州縣之民壯快手．與捕盜之總小甲．巡司之弓兵．亦照此教之．教之數月．軍民一體．比試．先程力．次試所專之技．三校步射．亦參三試之短長．以上下其食．損此益彼．强者望過．弱者望及．此鼓舞激勸之道也．獎賞之費．量請軍餉．賞過從實開報．其一應軍器．皆官造成．務極精良利用．人鐫姓名其上．以使點查．每年給銀繕理．如仍前朽敝不堪者．革糧究罪．一什之內．有二人犯之．則罪連什長．一隊之內．有二十犯之．則罪連隊長．庶幾器械常精．有裨實用．訓練旣久．人人知兵．賊入本境．用以戰守．賊在鄰境．用以應援．臨調給與行糧．囘衞即止．不益斗粟．而天下可以得勝兵數十萬矣．然調遣不出兵憲之轄內．毋遠差別道．令有非分之怨也．其召募客兵．雖練於參遊．兵憲以時稽察．毋俾媮惰．毋俾虛冒．亦閱視之遺意也．雖法久而敝．難保日後之不復廢弛．然一番振作．一番精明．際此多警之秋．及時振作精明．先聲後實均足賴也．

夫細腰好而餓死可甘．劍客好而創瘢滿道．兵憲家事視國．一意飭兵．風聲感召．必有異能之士歸之．諗其可用．俾得保薦．可以收逸材而絕不必然之患．勝於耳舉也．至於城堡圮壞．濠塹淤塞．當此饑歲．散財繕理．而竣其法以待破冒．則窮藉廩餼．食以全生．而保障亦完．此不賑之賑．均於衞國有裨也．臣書生未學軍旅．感時竭臆．竊睹一斑．

不恥襲常．敢爲皇上陳之．

鄧光祚 字正虞．曲江人．萬曆己丑進士．官南直當塗縣．行取吏部主事．晉文選司郎中．朝參時中有攙越者．光祚毅然折之．朝班肅然．選事竣．當擢京卿．遽引疾歸．遺俸止四十金．人咸稱其廉介．

郡守謝公祠記

昔曹平陽相齊．用蓋公無擾一語．而齊大治．已又用之相天下．天下謐如也．說者謂平陽丁秦火之後．法宜以清淨培之．不宜遽有所規創以滋紛擾．余獨以爲不然．今夫造化之擾援物也．和風甘雨所以噓潤者微矣．然而天全性得．可以歷乎凋剝慘悴之境．而無虞夭傷．向令舍噓潤之用．而日以雷霆搏之擊之．排之盪之．則物之得安其性命者有幾．故夫平陽非鑿秦火也．見夫有爲之爲．不若無爲之爲也．余竊異夫世之人牧者．當其繩墨若馭而約結思奮者．急于神明之稱．而無樂乎博長厚之譽．緣飾小才．持刀筆而操切其計．豈不亦有一切治辦可喜．而轡委於疾馳．絃絕於急節．彼其赫聲著．而民命已索然矣．曾不知悶悶醇醇．以歲計而不以月計．注酌紆徐．留天下不竟之情也．乃今得之吾韶守謝公．眞平陽其人哉．

公坦衷夷度．不爲城府．接人恂恂．温恭長者．甫下車．卽俯採謠俗．訪問利害．辨若甚晳．擇其可張設施行者．輕重布之．屬歲祲．公出行邑．見塗有死者．惻然念曰．此誰非吾赤子．而令轉爲溝中瘠．建義倉以賑貸．民始澤葵無呼．韶城傾圮．度費不貲．乃捐贖鍰鳩工新之．於是頁塗者運磚．纍纍城下．城隆隆起矣．西河有遇偃橋．用浮梁橫亘以濟．歲久朽敝．已不任輿馬．公謂不可當吾世而使病涉．卽拮据繕葺．望者宛若長虹也．都人士習尙惰窳．莫肯下帷相切劘．公銳意廣勵．遴其秀者躬誨之．別其良否．而時其殿最．士始彬彬嚮風嫺於文學．嗣後以計偕者．至與上國爭衡．則尤公大有造于吾韶者也．其他治狀．未易枚舉．大抵公之爲政．爲吾身圖去後．不規目前．爲百姓固命脉．不賈聲譽．爲國家計數百年治安．而不取武健嚴酷．一時愉快．辟如春風和氣．薰然淪沾．無摶擊排盪之．而培植長育於不自黨．此九罭所以思周．而勿剪所以歌召也．卽以相天下易矣．區區吾韶．足露一斑哉．

蓋公政既成．以賢擢西粵臬副．都之縉紳士氓．相與攀公轅而軔不得發．已乃謀卜祠於張文獻公祠右．以寓尸祝．而委記於余．余謂公循良嘉積．固不以勒石而始不朽．然第無余言爲諛乎．則諸所論譔．雖刻之祠以示永永可矣．公諱台卿．字登之．別號韋紳．與兄吉卿．庚辰同登進士第．閩之晉江人也．

廣東文徵

改編本卷十六

番禺吳道鎔原稿

明 十一

區大相 字用儒・高明人・萬曆己丑進士・選庶吉士・授檢討・歷官中允・掌制誥・居詞垣十五年・自給諫調南太僕丞・以疾歸・里居八年・卒・自前後七子談詩・以翰林爲館閣體・至大相始力祛浮靡・還之風雅・再使封藩・歷齊魯吳越嵩洛衡滋・咸著篇咏・著有前使後使二集・按阮志藝文畧但稱區太史詩集二十七卷・注存

正綱紀厚風俗疏

臣聞蘇軾曰・未亂易治也・既亂易治也・有亂之實・無亂之形・是爲難治・難治者・衆人所熟視爲不足憂・而老臣長慮・所爲蒿目而思・焦心而圖也・今夫人之致病也有原・而治病也有術・有人於此・其飲食起居・素無恙也・一旦凋瘁耗瘵・盡反其常・此其中必有以受病而不能告人者矣・不察其治之之術・而苟安旦夕以幸其無事・必至立斃而後已・夫國家之治亂・何以異此・今天下・遼薊宣大憂邊・淮徐憂河・吳越荊蜀憂饑饉・地震川潰・人妖物怪・在在而是・尫羸如病人・宜汲汲亟爲之國・而識者以爲此皆無足深計・何也・天災時變・何代蔑有・夷狄之跳梁・黃河之衝決・饑饉之頻仍・一疆吏牧守事耳・臣以爲受病之原・有在此不在彼者・

故嘗謂今天下之病・莫大乎紀綱之廢弛・風俗之澆漓・而世且恬然安之也・昔人以紀綱譬人命脈・風俗係國長短・此非細故・當今百僚奉法・四海嚮風・可謂上有紀綱・下有風俗・而臣以爲弛者漓者・竊見邇年以來・臣工異意・處士橫議・體統凌遲・是非倒置・下侵上・賤逼貴・筮仕而詆朝政之闕・庶僚而操公卿之權・至如士卒辱將帥・豪右凌有司・轉相效尤・非盛世所宜有・貪墨敗節・僭侈踰制・流言煽惑・讒說殄行・同己則譽蕕爲薰・異己則變白爲黑・或以投揭傷善類・或以傾危亂國是・綱頹紀弛・風靡俗澆・使賈太傅見此・痛哭流涕・又當何如・長此不治・害將安窮・尋且移及國運矣・臣竊憂之・然皆漸積而然・非無因而至・方今恬熙既久・奸僞萌生・朝廷之上・姑息偷窳・而少赫然獨斷之意・閭閻之下・挾奸任智・而無憬然奉法之心・上姑息則法守壞・下挾奸則好尚頗・夫馭悍馬者・利其錣策・矯曲木者・致其繩墨・臣以爲欲正紀綱・莫如嚴守法・欲厚風俗・莫如端好尚・欲嚴法守・端好尚・莫如肅官常・勵人心・欲肅常官・勵人心・莫如正朝廷・今法守之不嚴・非一日矣・臣下相訐・彼此互爭・是非固在朝廷也・茲者大臣引過以遠嫌・既溫旨留之・小臣侵權而沽直・又溫旨容之・正人

指邪人爲朋・敕下該部・邪人指正人爲朋・亦敕下該部・此曰崇禮統・彼曰開言路・朝廷曾不能出一言・別忠邪・明黜陟・是倒持太阿而授人以柄也・如此而望紀綱之正・難矣・

今好尙之不端・非一日矣・壬朋比德・邪枉任情・取舍固在朝廷也・茲者欲官無貪墨・而入市攫金者營遷・欲下無僭移・而帝服后飾者不禁・上本意明公道也・而流言讒說者充塞于路衢・上本意持國是也・而投揭排陷驕人于白日・朝令而夕犯・此禁而彼發・朝廷曾不能降一詔・覈功罪・定習尙・是慮河之決・而自潰其隄防也・如此而望風俗之厚難矣・夫朝廷・元氣也・綱紀・血脈也・風俗・營衛也・有元氣以運血脈・役營衛・然後通流聯絡而無底滯偏勝之患・故嚴法守則紀綱自正・端好尙則風俗自厚・昔人謂正朝廷以正百官・正百官以正萬民・蓋謂此也・臣誠願朝廷奮勵精之圖・黜委靡之漸・明賢奸之辨・闢正直之門・祛黷戾之見・絕傾險之謀・毋以姑息傷大體・毋以隱忍啓僥倖・示臣工以師師濟濟之風・布天下以蕩蕩平平之政・上行下效・臂運相從・則紀綱既弛而復正・風俗既漓而復厚・雍熙攸久之治・莫過乎此・惟皇上採擇焉・

因旱修省陳言時政疏

臣昧死言・臣聞王者在上・天無愆陽・五政惟時・甘雨乃至・凡災祲之來・未有無因而然也・今年自春不雨・徂于仲夏・旱魃爲虐・風霾晝昧・日黯黯而復烈・雲垂垂而欲斂・雖礫石流金・未若此甚・而燋禾殺稼・已覩其漸・百姓以爲湯之七年・宣之太甚・盛世不免・羣情洶洶・皇上惻然深念・惕然遠圖・下罪已之詔・廣直言之路・減膳宴・撤鼓鐘・薄稅斂・賑饑窮・宥死緩刑・蠲逋寬農・又分敕百官・省過滌愆・罔愛珪璧・遍于山川・斯亦憂勤之極思・修禳之至計矣・然而霖雨未降・豈天道遠而難格・人事修而靡應耶・臣觀天人之際・最爲不爽・未有感而不通者・意者修省之實未盡乎・所謂修省之實未盡者・時政之疵謬而乖和・元氣之鬱塞而致眚・而一時廷臣建言・不曰衮職有闕・則曰某弊當革・某罪當議・或者爭體統於毫末・較是非於錙銖・若是者，不知果足回天變而叶休祥否・

臣謂天下猶人身然・朝廷腹心也・臣工手足也・流通於腹心手足之間・則元氣是已・不幸有寒暑疾・腹心未嘗曰・此手足未善護衛也・手足亦未嘗曰・此腹心不善調攝也・相與維持元氣善厥身而已・臣聞桑林躬禱・十里來雲・彼剪髮割爪・雖史氏浮談・而所謂六事自責者・眞可上答天譴・宣王側身修政・亦曰我心憚暑・憂心如薰・未嘗諉責于其臣也・遐想其時・公卿百執事一體交儆・未嘗歸咎於其君也・蓋不敢以修省祈禱爲彌文也・

今天下政之無節・民之失職・亦多故矣・大者如讒說之殄行也・朋黨之害公也・諂諛之蔽明也・貪墨之殃民也・刑罰之不中也・弊竇之蠹財也・淫末之傷農也・皆足叢民怨而干天和・當事者固泄泄然・民謗滋於下而不恤・天變徵於上而不悟・臣未得其解也・陛下祈禱之詔屢下・修者之詔又屢下・而天猶不雨・毋但曰・此奉行者之過歟・夫下之與上・猶地之於天・天地交然後元氣通・元氣通然後陰陽和・雨澤降・由此觀之・天地解而雷雨作・上下交而膏澤流・必然之

理也．今陛下端居．深念一切起居聽睹喜怒之節．臣下未必知也．諸臣展采在列．一切忠佞毀譽白黑之辨．陛下未必知也．四方水旱利病．部臺使者關白六尙書省．六尙書省關白內閣．不過御前一批答而已．未必詳閱也．詳閱矣．未必與公卿大夫一計議也．上下之情．可謂通乎．一遇災變．上固曰．此必有任其咎者．過不獨在上也．下亦曰．此必有當其責者．過不獨在下也．間有修省祈禱．循故事耳．臣故曰．未盡其實也．夫上下之情不通．則陰恆伏．陽恆亢．而元氣不流．

臣嘗攷洪範五行曰．旱．所謂常陽也．君持亢陽之節．暴虐於下．臣下悲怨而心不從．故陽氣盛而失度．京房災異對曰．人主無施澤惠利于下．則致旱．今明良一德．何遽至是．然臣竊慮其然者．正謂元氣之貴通也．臣又聞旱有三．救之皆在人．蹇陽肆凶．下土祇慎．雖六七歲．黎民不飢．是謂天旱．然可以仁洽也．君道熾矣．德涸仁枯．貪風暴氣．蒸爲時厲．是謂國旱．然可以德沃也．邦燬其政．吏賊其行．千里人心．燥不爲陰．是謂人旱．然可以政阜也．故欲雨澤時．莫如修德政．修德政．莫如調元氣．調元氣．莫如通上下情．陛下誠覃思上理．大更化紘．日御朝講．嘉與三事大夫．計議得失．省所以致災之由．求所以弭災之道．上下交警．則元氣流浹．陰陽和暢．然後天變可回．休祥可致矣．

周禮圜鐘六變函鐘八變黃鐘九變解說

周禮圜鐘禮天神．函鐘禮地神．黃鐘禮人鬼．諸儒論之詳矣．葢王者父天母地．保合人類．參三才之理．達幽顯之情．未易得其解者也．萬物滋萌於子．建樂之律．陽氣鍾於黃泉．故鐘稱黃．冒昧於卯．建卯之律．陰陽之氣相夾而聚．故鐘稱夾．昧薆於未．建未之律．陰物或熟而衆多．故鐘稱林．變夾而言圜．變林而言函者．天體圜．地含宏故也．黃鐘無異名者．天主變．人主常故也．樂以中聲爲本．故仲春之管爲天宮．仲冬之管爲人宮．中央崇夏之管爲地宮也．圜鐘之管七寸四分．中含房心之氣．房心爲大辰．天地之明堂也．圜鐘爲宮．則黃鐘爲角．太簇爲徵．姑洗爲羽．三者陽律之相繼也．相繼者天之道．故以祀天神焉．函鐘之管．中含地水之氣．所謂大社地神也．土之盛德在焉．函鐘爲宮．則太簇爲角．姑洗爲徵．南宮爲羽．三者律呂之相生也．相生者地之宮．故以是祭地祇焉．黃鐘之管九寸．中含虛危之氣．虛危爲宗朝也．黃鐘爲宮．則大呂爲角．大簇爲徵．應鐘爲羽．三者律呂之相合也．相合者人之情．故以是享人鬼焉．

圜鐘之爲六變．函鐘之爲八變．黃鐘之爲九變．何也．從其方也．圜鐘爲卯．卯之數六．其得衝而居酉．則亦六也．函鐘爲未．未之數八．其得衝而居丑．則亦八也．艮始萬物而坤終之．其位在甲．甲爲天之首．二儀之循環．一陽之來復．故甲子至壬申爲九數．乙丑至壬申爲八數．丁卯至壬申爲六數也．雲門之樂．六變而終．圜鐘以之．咸池之樂．八變而終．函鐘以之．劑韶之樂．九變而終．黃鐘以之．六變乃羽七之樂．不言七而言六者．起聲在南宮．一變至姑洗．六變至夾鐘．得宮數聲爲七．數變爲六也．八變乃徵九之樂．不言九而言八者．起聲在應鐘．一變在蕤賓．八變在林鐘．得宮聲數爲九．數變爲八也．九變乃宮五之樂．五相守爲十．不言十而言九者．起聲在南呂．一變在姑洗．九變在黃鐘．

得宮數聲則十數．變則九也．天神始于黃鐘．終于姑洗．以木火土金水爲叙．則宮聲當在太簇徵之後．姑洗羽之前．則當以圜鐘爲宮也．故曰．樂六變．卽天神可得而降矣．地祇始于太簇．終于南呂．以木火土金水爲叙．則宮聲當在姑洗徵之後．南宮羽之前．中間爲函鐘當均．則自當以函鐘爲宮也．故曰．若樂八變．卽地祇可得而出矣．人鬼盡十二律爲義．則始於黃鐘．終於應鐘．以宮商釋徵羽爲叙．則當始于宮聲．自當以黃鐘爲宮也．故曰．若樂九變．則人鬼可得而禮矣．同會于卯．何也．卯者昏明之交也．所以交上．通幽明．合人神者也．音止三．何也．以金石統之也．五聲無商．何也．商主殺．天地人物之情．皆惡殺也．其聲無商調．非無商也．荀卿以審詩．商爲太師之職．然則詩爲樂章．商爲樂聲．章之有商聲．本師心審之．爲避所尅而已．況此皆變數之自然．非可以意鑿也．故曰．王者父天母地．保合人類．恭三才之理．達幽顯之情．而何待乎後儒說也．

候氣說

候氣之法何昉乎．漢志．天子以冬夏二至先後五日御前殿．合八能之士．陳八音聽樂．均度晷景候鐘律．權土灰至于密室．緹縵木案葭灰諸法．犂然甚具．然非始於漢也．昔者黃帝命伶倫取竹造律．命榮猨鑄十二鐘．協月筩．律用十二月之中氣．筩用十二月之節氣．按氣求聲．以宣八風．節四序．推歷龤律．協和神人．葢其法已詳．第稍佚不傳耳．大抵天地間．有氣而後有數有聲．數與聲皆出於氣也．氣不定則數不均．聲不和律度量衡．歷象何所取衷．而萬事萬化胥失其節．故夫推步占候之說．雖神聖不能廢也．然而氣應有早晚．灰飛有多少．或方入月其氣卽應．或至中下旬其氣始應者．或灰飛出三五夜而盡．或終一月纔飛少許者．世因疑其所至．諸律方不踰數尺．氣至獨本律應．何也．或謂占人自有術．或謂短長至數．冥符造化．或謂干支方位．自相感召．皆非也．隋志謂冬至陽氣距地面九寸而止．惟黃鐘一管達之．故黃鐘爲之應．亦非也．何以冬至則距九寸．而正月則距八寸也．恐亦附會之見耳．愚嘗求其說．十二月皆有候．而法莫徵於冬至．其時子半．其氣初萌．在律屬黃鐘之宮．一陽方動．其卦爲復．日南主而始反北也．夫候氣非難．定黃鐘之律爲難．律者候氣之具．而黃鐘者十二律之本也．黃鐘誠定．則彼十一律者皆可按法而求矣．

古今爲黃鐘之說者．葢出於司馬氏．曰．置一而九．三之以爲法．實如法得長一寸．凡得九寸．命曰黃鐘之宮．各因而三之．上生者益一分．下生者損一分．自是朱子因之．以爲清濁之辨．曰．五聲之序．宮最大而獨濁．羽最細而獨清．商之大．次宮．徵之細．次羽．而角居四者之中．蔡氏因之．以爲多少之辨．曰．天地之數．始於一．終於十．其一三五七九爲陽．九者陽之成也．其二四六八十爲陰．十者陰之成也．黃鐘者陽數之始．陽氣之動也．故其數分九寸之數．具其聲氣之元．不可得而見．及斷竹爲管．吹之而聲和．候之而氣應．而後數始形焉．均其長．得九寸．審其圍．得九分．積其實．得八百一十分．此皆天地之自然．非終數．葢益之數極．而爲蕤賓之管也．不知九寸之可信者．他繆巧所能加損也．自黃鐘之數失．而氣候亦因以不驗．章昭劉恕長孫無忌諸人．徒據呂氏春秋三寸九分之數說．遂以九寸爲黃鐘之變．而近世拘儒又從而著爲之論．以聲清者爲貴．濁者爲賤．數少者爲貴．多者爲賤．曰九寸者黃鐘之稽數而一陽立．遡理而一元存．律氣而中聲出．有可據也．若夫三寸九分．陽不成陽．陰不成陰．次第損之．則纖伏而無聲．次第益之．則高亢而不倫．何據而定律乎．且樂以中聲爲本．月令十二月皆言律中者．謂應中氣而中律故也．中央特言律中黃鐘之宮．蓋四時於中央．十二律本於黃鐘．五聲本於宮．八音本於土．以中央無正律．故取黃鐘之宮爲聲律之本．戴記所謂宮爲君是也．又萬物滋萌於子．十二辰始於子．黃鐘應子律．故足爲萬事根本．安在以清濁多少分貴賤乎．吾意所謂黃鐘之宮．特吹之三寸九分．而其管實九寸焉耳．何者．上古之聖．制爲十二管．以候十二辰之氣．而十二辰之音亦因以出焉．以十二管較之．則黃鐘之管最長．應鐘之管最短．以林鐘比於黃鐘．則短其三分之一．以太簇比之林鐘．則長其三分之一．其餘或短或長．皆上下於三分之一之數．其默符於聲氣．自然之應如此也．夫律長則聲濁而氣先至．極長則不成聲而氣不應律．短則聲清而氣後至．極短則不成聲而氣不應．此其大凡也．今欲求之於聲氣之中．而莫適爲準．則莫若多截行以擬黃鐘之管．如是而更選以吹．則中聲可得．淺深以列．則中氣可驗．苟聲和氣應．則黃鐘之爲黃鐘者信矣．故曰．天地之氣正．而十二律定矣．

孺朗初稿序

詩．古今不一體．要皆出風入雅．其韻語本人心之元聲．故輿誦而里謳．歡吟而愁歎．若扣之有響．觸之成籟．後世學者初機之士．或有合焉．至其點動洩造物之機緘．轉旋關世運之升降．發情止性．振廢興衰．奚論三百篇．即當代章什．自足立言不朽．此雖老於壇坫．充棟兼輛．求一語庶幾而不可得．詩固未易言哉．

吾嶺南張曲江．以詩教倡．國初五先生．更振起之．至梁黎歐數公．各稱一時作者．而黎秘書作之不止．遂欲窺曲江堂奧．蓋秘書少年舉孝廉．不屑更雋南宮．聚數十年精力．乃得至此．世人視爲末藝兼長之物．掇拾髣髴．傲然自足．鹵莽遷業．宜其去古之遠也．予自弱冠苦吟．幾欲棄逐世之策．中歲幸備員詞垣．優游風雅．自謂古道可復．一時朝野．若潘光祿子明輩．謬相推許．應以同聲．不圖世運妬人．積痾焚研．今吾黨稱詩．彬彬蔚起．子朋有族子曰孺朗者．少年嗜古力學．殊有風雅致．社中同好彙其初稿．傳之海內．屬予序之．夫詩自不易．自有定評．予安敢遽以千古事佞孺朗．儒朗發硎．不啻出匣干將．矧友天下士．虛其心．大其識．不遷其業．繼此以往．予安知所稅駕哉．

四游稿序

四游稿者．今少傅轂陽先生所爲詩也．先生自登第．官翰林．出入侍從．以至終陟元輔．有北都稿．自再起留寺．掌院篆．教國子．貳吏部．有南都稿．自奉冊楚藩．有使楚稿．自出副越憲．有客越稿．曰四游者．紀其遇也．是時先生謝病邸居．請歸相印．疏凡十七上．間及政．詞極懇切．天語慰留亦極懇切．先生不得請．杜門無聊．則取平日所爲詩・手披口吟・冀以自遣・生平遭遇有此四者・刻成以策示相俾叙之・曰・惟子知我・相逡巡謝不敏・數月後・復申命如初・誼不能辭・乃拜手言曰・

夫相何足以知先生哉・先生以道佐明主・入告出順・事成不顯其功・但見其忠・几几爾度・休休爾儀・抑抑爾節・凜凜爾誠・天子嘉之・天下諒之・或始不免疑且忌者・既乃信且服之・此不待相而知也・雖然・安敢謂不知先生乎・當先生南遷時在家・相過之而後見・見而不拜也・先生不謂亢・及爲祭酒時・相問業雍館・談道則往・講藝則往・衆唯唯而獨默默也・先生不謂矯・及爲少宰時・相讀書詞林・隨衆一見輒退・未嘗半語叙契濶感知遇也・先生不謂迂・及爰立時・相在史局・公見外未嘗私投一刺・終歲間未嘗私請一謁也・先生不謂踈・因是知先生於人不以親就爲厚・踈遠爲薄・譽之爲賢・毀之爲不肖・既和且平・好是正直・相於先生・則可謂云爾已矣・故得論其詩焉・

夫和平正直・道之則也・君子以此養性而達情也・和者其詞愉・平者其詞恬・正者其詞雅・直者其詞淡・愉則不躁・恬則不厲・雅則不佻・淡則不浮・夫恬愉淡雅・詩道其至矣・先生所作有之・是故北都見夙夜之義焉・於南都見顧瞻之思焉・於楚使見靡及之懷焉・於客越見優遊之志焉・凡朝宇之敷揚・僚友之諷喩・征行之紀述・時物之感觸・無非是者・然君子誦北都客越・每嘆其難・何者・處名位之極・而無富貴之心・當失意之甚・而無牢騷不平之氣・非有道者不能・以是養性而達之情・宜其爲詩恬愉而不傷於躁厲・淡雅而不傷於佻浮・可以興觀羣怨・盛世之音・於是乎在・後有作者・斯焉取則・小子業謝西河・說慙匡鼎・何能揚扢大雅・妄爲標製作之所由・詒之來哲・

前使集自序

國家歲遣使臣・分冊藩邸・至盛典也・遣必詞臣伴之・夫非詞臣・練習典章・達於理而嫺於詞・所至詢問風俗・圖繪山川・與其道里險阻阨塞・載之輶軒・可爲異日記載之資乎・乙未歲・予與檢討林君請往・會有正史役・主者難之・予曰・今開局編纂・所據者累朝實錄・與諸司職掌耳・至於郡國政俗利病・非詢訪不能備・由是得行・而予得淮藩捧世子封冊・是在江湖間・以五月六日發潞水・出天津・溯清淤濟・以達於徐・浮於淮・是時漕梗河溢・河將奪淮爲祖陵患・適勘河議起・當事者或欲徙河而北・或欲開周家橋引淮而南・以洩泗州之水・於是爲詩以諷焉・既渡江・陟金焦・徘徊京口・遡皇風于雲揚・傷伯跡于姑蘇・觀潮于錢塘・訪逸于嚴陵・問途懷玉・以次于鄱陽・時淮王已下世・但致封冊於世子・既畢事・與世子議相見禮・予曰・古者世子入學・與卿大夫士之子齒・淮世子雖宜王乎・猶襲世子封・遂分庭相見・是秋九月抵家・予家在湹川・而別業在五羊・先返湹川・省先人廬舍・謁墳墓・而後還五羊・會歲大饑・傾橐得餘資・買穀以贍宗族鄉黨州閭・其明年春二月赴京・道出廬山下德安集・令從臾子遊・乃稅駕於天池・返旆於東西林・渡潯陽・從黃梅折而西・入中州・將爲嵩少遊・同年臨潁令高君復從臾子行・値雨雪連日・停車二室・薄采三花・少林之槐・嵩陽之柏・稍着屐跡而已・已循周鄭・經大梁・

趨鄴下・歷趙指燕・以歸于京・

嗟乎・予既邀惠皇靈・幸不辱命・而得乘使車之便・紆迴道路・周諮歷覽・曠非恩遇哉・是役也・得詩近三百篇・賦一・記二・時復檢閱到某處・得某詩・山川風景・一一在目・庶幾不負輶軒・友人汪和叔公幹兄弟・咸自命詩家鍾鑠・以爲可傳也・遂與家四兄用環先生・共銓次之・好事者遂携至南都刻焉・予不能止・因具迷所由・見斯行之非徒也・

後使集自序

冊封使之再遣也・與遣及官僚也・自予始也・故事・使臣銜命・得便道過家・畢使即行・其得乘傳遊也・遊而紆迴歷覽也・自予始也・故事・使車所至・地主爲飭庖傳・嚴僕御・行李往來・供其缺乏而已・其境內名勝聞也・且導之遊也・自予始也・故事・封使乘傳而出・及瓜而還・無踰期者・其以病請也・請而得報・可徐行也・自予始也・非夫君相恩遇・克有此乎・

辛丑歲・予再遣・得周藩・是時畿輔大饑・道上所見・林木皮幾盡・問之・皆饑民所采・於是傳舍具餐・予爲停筯不能食・漳水而南彌傷心・自鄴之故都・殿之遺墟・與夫羑里之臺・銅盤之銘・皆在焉・既而玩淇竹・則嘆衞武之睿聖也・入蘇門・則思嘯徒之遺世也・畢事周邸・出訪梁園・則慨然于孝王賓遊文賦之盛也・與汴宋之興亡也・而廵撫曾公則謂予曰・從此南行・過鄭州・路可通嵩山・若稍紆而西・上龍門・窺砥柱・循洛東行・亦可達嵩山・同行者喜鄭州路便・已聞洛中路不甚紆・尋悔之・而時于二室登望焉・左眺右矚・是陰陽之所交也・風雨之所會也・而周公之所經營也・是舜禹伯翳之所避位也・是申甫之所生・而巢許之所遯世也・南趨宛鄧・則具茨・空同・襄城・首山・是軒皇之所問道而成鼎也・南陽白水・是漢光之所興・而孔明之所躬耕而吟梁甫也・方城峨峨・是屈完之所張楚也・又南涉滄浪・登元嶽・浮襄漢以盡於荆郢・孺子之所歌也・漢女之所游而被化也・召穆公之所疆理・而樊侯之所封也・是晋室諸賢之所登臨興嘆・而思托不朽也・西望巴巫・東引雲夢・沃壤千里・是又英雄之所必爭也・又南尋岳陽・臨洞庭・汎瀟湘・上祝融・望九疑・窺虞帝所葬處・低徊久之・遂下湟川以歸・是爲歲之陽月。其明年春・聞皇太子冊立・冠婚・乃作三禮詩・二月赴京・行至湞江・病不能前・具疏繳節請寬限・得旨沿途調理・稍間・畧涉嶺外諸勝・癸卯冬辭家・甲辰夏六月・返于京・往來所歷・輒紀以片言・而附以還家所共・共得詩歌雜體近四百篇・

嗟乎・予之荒于遊而溺于職也・或者其追數吾過乎・於是客有譏予不陳時政・而放情遊詠者・乃謾應之曰・古者史官陳詩・采風以觀國俗・里歌巷謠・猥雜並載・因其美刺以定慶讓・傳曰・王者之迹熄而詩亡・舊說詩亡者・雅亡也・若風在民間・未嘗亡也・予則以爲詩亡即風亡・王者不采風・諸侯不貢俗・賞罰不行・故亡・春秋繼詩而賞罰者也・故曰・仲尼述史三・而詩並列焉・夫關雎・本王風之所以興也・黍離・本王風之所以衰也・是風人之義也・今陳詩之官久缺・即所陳說・又無補於時政・乃其事終不可廢・勸百而諷一・猶然爲之耳・嘗以一帙寄示友人汪公幹・公幹曰・從

古作者・疇遊登咏・人不數篇・未有若此盛者・復與用環家兄銓次焉・好事者復竊而刻之・予又不能止・並迷所以作之意如此・

賀總督兩廣陳公平寇序

二十五年秋・廣西巡按御史林毄過兩廣幕府平涔溪猺賊功次上聞・皇帝曰・賴文武之力・南征北討・罔不奏功・惟毄惟允・其爲督府鎭臣・殫乃猷・念厥功維懋・賞亦宜懋・於是如岡陳公・進都察院右都御史兼兵部左侍郎・總督如故・諸賜予甚盛・是役也・甲卒不滿四千・俘馘不過千二百・然而聖情嘉悅・冊功視北塞・則以陳公在鎭不擾・師出以時・炎徼晏然故也・

先年春・公疏言涔溪猺賊屠戮・獞村蒼梧藤三縣危在旦夕・不早剪除・恐難圖・皇帝曰・嶺外苦兵久矣・自丁丑而始息肩・予不忍重困以兵・如督臣言・兵又不可已・其相機勦處・安輯遐方・罔俾滋亂・公受命・先諭以德意・不肯散・迺檄羅定兵備使洪・徵發所部兵往・故總兵陳璘參將吳廣將之・而廣西巡撫戴公總兵童元鎭・亦各率漢士官兵來會・既集・公乃誓師・凡猺之附狼・狼之誘猺・殺無赦・若猺被脅而從・赦勿治・乃以某月進兵・尅日破賊・不靡餉・不頓甲・往返數月・西路以寧・公舉事甚愼・料事甚閑・臨事甚斷・乃克有濟・惟昔涔溪與羅旁・聲勢爲梗・始羅旁發難未甚也・日滋月蔓・盤據千餘里・丁丑之役・用兵至十餘萬・軍興之費至百萬・俘馘至三萬餘・開兩縣治之・功烈甚偉・然使未及繁盛而芟薙焉・殺傷未必如此之多・用費未必如此之鉅也・時獨涔溪未平・移大師掃蕩之・如縱巨火燎一毛耳・寬假柔懷・以有今日・失今不治・後爲羅旁・亦勢必至・公當機而發・費省而功鉅・斯足述矣・又嶺外自羅旁定後・稍去湯火・異日者不能無妄動・公巡撫廣西三年・總督又三年・壹用鎭靜・休養生息・未嘗妄費一餉・發一卒・六年之間・始有今役・然猶審視却顧・迫而後動・即近日黎莫事・亦夷國改革一大機局也・撫馭失策・兵連禍結・且未可知・公弟宣佈威德・而能令方張之酋・係頸請罪・僭奪之兇・叩關納欵・旬日再受上賞・豈非不生事以邀功者之永鑒乎・

當寇發時・大相以使過家・睹其事・迨幕府上功・適還朝・茲定功賞・又從公卿後・與觀盛美・南中士大夫在京者若而人・謂大相職在記載・宜序述賀公・序曰・

公鎭廣南・鎭靜類羊叔子・持重類趙營平・其平涔溪・師不妄發・役不踰時・自始事至于奏功・民罔知輸輓之勞・軍興之擾・大畧如此・然國家方事島夷・拊髀文武重臣・如公者眞其人哉・

賀南陽守郡鄧公考績序

南陽當古豫州之南・包申樊商鄧房隨而有之・封壤既廣・故所以綏和輯寧之道・厥維艱哉・昔周之興・汝漢江沱之間・最先被化・其政俗之美・不獨見於羔絲之在位・蘋蘩之在公・爲能勵其勤儉正直之操・修其靜一誠敬之德・即兔罝之野人・漢沱之游女・亦皆能以才自見・以禮自守・故聖人取而注之風首焉・以見王化所被之遠・而當時賢臣能循行郡

國・以宣布王者之化南國如此・雖其山川遼曠・風氣揉雜・雀角鼠牙之訟・不能盡無・而憑居之族・深谷長流之所阻・時或出而撓政・以動王國而勤王心・然皆治之而訟隨息・諭之而俗遂恬・故行露之詩曰・雖速我訟・亦不汝從・江漢之詩曰・時靡有爭・王心載寧・見下之化強暴而就於禮義・弭去爭心而取正於中國又如此・是故甘棠蔽芾・則召伯之所聽斷也・江漢湯湯・則穆公之所經營也・迨漢中葉・用以再興・眞人挺生・豪傑景從・於是昆陽白水之墟・愈見重於天下・當其時・其守土之臣・必極天下之選・而其土之士・出而守四方者・亦皆砥礪名行・以治術著聲・後之循吏之治者・多稱引南陽・豈非其山川雖遼曠・風氣雖揉雜・不能無待於聖人之化・而惟其有聖人之遺化・故後之守土者與生斯土者・多用循良顯・其故家遺俗・流風善政・迄今而未泯歟・

淑浦鄧公之守是邦也・淸靜恬淡・既足爲吏民師・而經術文章・又足風厲雅道而示之趨・至其布法於民・表率僚屬・又皆以化導爲務・而不屑屑於科條簿領之是程・是以三年之間・教化大行・雖歲或大祲・而民不爲災・採榷之使・交馳於道・而民不爲擾・士服教・庶民安業・而公之功名・日以顯於天下・予使過宛・適公奏三年最・友人裕州守鄺子以羣僚之命來謁・予言惟宛有二南遺化・召伯之循行・穆公之經營・尙矣・漢世良吏爲盛・而南陽之治・爛然史冊・幾軼三輔・如召翁卿之勸農禁俗・杜公君之治陂拓土・鮑德之興學・羊續之懸魚・皆治南陽者也・卓褒德之寬仁・郭潁川之河潤・張魚陽之兩歧・宋九江之渡虎・皆產南陽者也・南陽之多循吏・蓋自昔而然・公仁愛淸儉・在郡薄賦省訟・教訓正俗・既使民有父母之稱・雖中使橫暴・而境內帖然・近者裕州瑞麥之產・則又與渡虎兩歧者・異世同祥・然公方且以羔羊素絲之節・流勿剪勿伐之仁・本匪疚匪棘之心・布來旬來宣之政・勳業之盛・將與兩召比隆・區區漢吏・足爲公道哉・公自起家郡理・所主多惠愛・在南工時・裁革積弊・至今商民祠之・公非獨以南陽顯・乃南陽則愈以公顯矣・

賀郡守鄰崧陳公奏績序

昔漢以六條察吏・蓋於二千石爲兢兢・當其時・天子勵精求治・愀然下詔・乃曰・與我共此者・其惟良二千石乎・二千石一外臣耳・縣官至欲與之共民・而艶慕其故・至於政平訟理・使民無愁嘆・漢治蓋重守哉・

今夫郡所統轄・大者數百里・小者亦數十里・封壤相望也・地有剛柔燥濕肥确・民俗有澆淳・賦役有重輕・訟有繁簡・治之者有能否・政有緩急張弛寬猛・夫使一郡之內・而國異政・家異俗・亦安得政平訟理而稱之・於是郡守之勢窮・而縣官所與共民之意亦窮・是故道莫若訓吏・訓吏莫若以身先之・漢以來・二千石得自署黎伍・選用良吏・今制雖不得自署・然能正己率屬・躬先教化・使能者有所勸・而不能者有所勉・斯所貴共民者耳・

肇慶於嶺西爲劇郡・所領州縣十餘城・皆負山阻險・疆域遼濶・民俗龐雜・而十餘城者・又各爲政也・治泯泯棼棼・民是以不匡・故守吾土者・不難於平其政・而難於使十餘

城之政之盡得其平．不難於理其訟．而難於使十餘城之訟之盡得其理．不然．我有人民而長臨之．吾能庇之以封植焉．豈不亦稱理效．其如此十餘城者待命何也．

郡守陳公之爲肇慶也．不自爲政也．又不令十餘城各爲政也．乃與十餘城共爲政也．爲之堂上而已．公之視十餘城也．無以異於堂上也．其爲之堂上也．無以異於爲之十餘城也．其以我膺一郡之寄．欣戚利病．我其尸之．夫旣環千里之封．而置我守．聯十餘城之長而嚴事我．豈其謬爲尊且重者．此公加惠意也．蓋政期於盡得其平．而訟期於盡得其理矣．是故明察以涖之．給辨以宣之．煦嫗以撫之．矜哀以遂之．平法致憲．揆度衡令．使百爾小大畫一．而守以法．相維以事．相勸以功．相序以能．相先安其教．宜其俗．其所以救敝土而錫之康乂者也．始公拜命來．遑謀及鄉士．謀及庶人．豈以其才爲不足辨．無亦謂是十餘城者．要束且未申．條教且未布．因仍積習．惟故之便．無乃於政實有缺歟．故治在去泰去甚．徵輸止足賦額．毋溢羨．里役止勾攝．毋重困以供億．胥史止承行．毋令舞文．府臺無得至縣．縣臺無得至鄉．幕尉止捕緝．毋竊權慮下．關市止軍需及譏察．毋橫濫稽留病商旅．至如廣儲蓄．浚城隍．敬老字幼．興學造士．凡公所爲．無非爲十餘城之民．計百世之安．凡百在位．罔不仰承休德．捐旣往．圖來效．以期不負公之教．百姓亦罔不被德蒙休．謳吟思慕．以安於公之政．益公之教．徧於羣牧．而公之政．自堂皇達於四國矣．於是公報三年最．適臺使者以卓異聞．十餘城之長相與謀曰．二三子逮事夫子有日矣．庶幾稟仰教令．以幸無過．今茲之役．二三子及覩厥成．可無以揚公之休．乃因高要李宰高明楊宰來徵言．夫爲天朝訓吏導民．使政平訟理．公之休德也．奉公之令而致之民．二三長吏之良也．不佞旣稔公政．又嘉二三長吏能稟承公教相與以有成．其何辭於載筆．

己丑科進士題名記

今上御宇十有七年．禮闈所選士三百五十人．上臨軒親策之．問紀綱所以興頽．風俗所以淳漓．焦竑而下．對各稱旨．賜甲第有差．編故事．勒名貞石．命臣記其事．典至鴻鉅也．臣不佞．謹稽首言曰．題名非古也．唐制科取士．士中選者．得賜宴曲江．標名鴈塔．大要侈一時聲華之盛．其于國家造士之意．與士所以圖報之誼．槩夫未聞焉．臣謂世所需士．徒名也夫哉．今天下士競名極矣．上復揭其名第低昂之．是厚招士以名也．是爲競名者立標也．雖然．不名不傳．臣則懼矢心報國者湮滅靡稱．營私背公者有所逃以爲不義．蓋昔選士之制．肇自有虞．詢事考言．敷奏明試．孜孜爲實之求．彼其時．俊乂服官．三德六德．咸事師師濟濟．何若此盛也．則上以實求．而下以實應也．歷夏而周．此法寖備．其取之也．升之司徒．登之樂正．校之澤宮．其用之也．紀之太烝．表之太常．銘之彝鼎．生有鴻名．歿有徽稱．抑又何也．由上之所取．循名覈實．士之所應．顯名而厚實．以故兔罝之夫．足備腹心．綴衣之士．能箴王闕．蓋以實得士也如是．多士視今日於虞周何如也．

國家文明之治．醞釀磅礴．以洽于茲．皇上又以愷悌作人之化．申飭澡雪之嘉．與三事大夫．弓旌巖穴．登閎古初・謂宜俊乂者儔輩出・爲天子使・乃臣伏讀制策・慮紀綱之日弛・憂風俗之日漓・一則曰・僚屬侵上官・士卒辱將帥・庶孽詰宗藩・豪右淩有司・一則曰・貪墨敗節・僭侈踰制・讒說殄行・虛聲貿實・詭異壞人心・傾危亂國・是惓惓思救弛以正・返漓而淳・臣以爲亦多士之責也・

夫紀綱之弛者・士習玩也・風俗之漓者・士風靡也・有如上欲釐而正・挽而淳・而士不以正且淳名者・非夫也・明二百餘年・立石太學・穹然相望・名卿碩輔・輝映壁水・使人悚然敬・穆然而有餘思・間一二苟且冒昧之徒・貽玷宮牆・則過者且唾其名・將仆石焉・爾多士懼實弗稱・無慮弗名矣・名之而令人思・是在今日・名之而令人唾・亦在今日・多士宜何名焉・臣請以石堅多士志・矢猷宣力・奉公樹績・垂名竹帛・則其人堅貞而巖立・且與茲石俱不朽・豈惟士之榮・國家亦與有賴焉・其無乃毀繩踰檢・敗度喪節・如前所謂貪墨僭侈侵淩傾危・使紀綱風俗・兩無所賴・以負國家造士之意・則亦有茲石在也・其永無刊・臣謹爲之記・

感去燕賦 有序

孟郁韓子旅寓京邸・爲去燕賦以見志・韓子曰・始吾見斯燕之來也・見其巢且育也・茲又見其去也・而吾久困羈・欲歸未得・於是重感而賦・

何羽族之微細・類發跡乎海湄・懼皎潔之易汙・常守黑以爲儀・顧雕梁而並下・繞夏室以棲遲・其出入也・逢鷹隼而不避・其近狎也・若鷗鳥之忘機・且夫暑見寒伏・春來秋去・候時節而不愆・豈改玉而改度・異衆鳥之行藏・視哲人之出處・雖托身於華屋・曾不陋乎茅舍・探芳沫於芹津・含春泥於蕙圃・俯拾墮蕊・仰搏粘絮・將側翼而度簷・乃斂翮而窺戶・既拮据以成巢・亦雌雄之共哺・

若乃大火移陸・盲風動塵・蒼鷹始擊・白鴈來賓・逝返故國・羣飛別人・若落葉之辭枝・似枯蓬之絕根・覺處堂之爲累・審巢幕之未安・翩將舒而婀娜・飛漸遠而盤桓・潛暗穴以匿影・遵海濱而樂飢・俟春和而景明・復翔集以來斯・於是金河遠戍・幽閣怨女・翼傳短書・足纏紅縷・途悠邈以難將・情滿結而不敘・而況京國遊人・風塵逆旅・悵公子之未歸・盼空巢而延佇・

草蟲投燈賦

芸窗夜讀・膏火熒煌・有蟲羣飛・來就其光・驅之復集・抑之彌揚・東跳西耀・厥命用喪・惕焉以懼・憮焉以傷・爰筆作賦・以善自藏・有物微渺・何名何類・細若蟭螟・大過蚊蚋・容成莫察其形・夷堅莫辨其態・或跳而躍・或翔而逝・嗟渺質之易虐・何謀慮之弗臧・雖賊害之多門・尤蹌踉以自戕・

爾乃若華既謝・朱火載揚・咸出潛而離隱・胥舍暗而就明・始投間而抵隙・終入室而升堂・竟環繞而不去・寧依違於末光・方得意而搶攘・本無心於翺翔・忽決起而乍伏・乃觸禍而罹殃・遂畢命於脂膏・似捐身於鼎烹・原夫生徒有萬・死徒亦然・抑乘夜而變化・將假物以逝遷・孰知夫趨炎之易於燼滅・而處暗之足以自全・彼薨薨於方曉・而趯趯於草根・亦逍遙而自得・安用拊衆而親人・是以君子韜光守

墨・用悔爲明・鑒彼微物・懼罹天庭・遜于不虞・以保休貞・

九望

九望者・端溪先生之所作也・區子以華歷丙申歲・從使淮還京・再入史局・自職守以來・將一紀于茲・久備記載・誼在獻納・而職事曠焉靡舉・志願頹焉將邁・明朝政多闕・上下否塞・情不能通・思天下日入於敝・意忽忽有失・惓然興懷・乃昉九章・本其土風・申騷人之遺・爲九望詩以見志焉・懼覽者不察・故粗舉義云耳・

其一曰望瑤臺・（托言上古明良一堂・推賢讓能・師師在列・己不得從遊其中・思黃虞之盛・庶幾遇之・而懼歲不我與焉・）

瑤臺兮雲浮・菌閣兮蕙樓・溯赤水兮貟兀洲・飛仙遨兮駕蒼虬・星辰朝兮絳闕・日月環兮丹邱・孔蓋兮龍遊・仙之人兮紛紛而來遊・瑤臺高兮縹緲・中有人兮丹顏綠髮而衣縞・翳玉芝兮挈琅玕・搴若華兮刈朱草・珠入海而爲樹・桂逾嶺而成林・塵埃既不可久處兮・夫孰表予之遐心・將託朱鳥以爲媒・又要之以夙好・朝脂車於雁門・夕弭節於瑤島・虎驂乘而眈眈・龍服衡而蟜蟜・甜落落之長松・涉涓涓之行潦・聆仙樂於雲門・抗飛旌於霞表・招虞帝於蒼梧兮・賓軒后於洞庭・戛雲璈兮瑤珮・披霞帳兮曲瓊・美嘉橘兮秋實・攬桂樹兮冬榮・歲悠悠兮其將迫・心搖搖兮如懸旌・

其二曰望天池・（言世道橫流・潏常淪紀・乾坤震蕩・己思起而拯救之・故既美神禹之功・復嘆乘桴之事・）

天地波兮浩溟溟・日滉漭兮雲無晶・川谷兮東注・地軸兮南傾・九州浮兮若芥・六合混兮一泓・焦石沃乎何時竭・大壑納兮何時盈・中有神山・隨波靡甯・仙人愁苦・訴于帝庭・乃使神鼇兮戴之・若浮漚之暫停・猶不免兮漂蕩・越洪流而南行・日月出入・星辰晦明・乾坤沸瀄而震蕩・又何是踰乎變化之鯤鵬・將命太一兮爲舟・元氣兮爲楫・控巨鼇兮馳貝闕・薦汝茗兮拾海月・昔神后既奠夫九上・曾莫顧夫家室・何仲尼皇皇而乘桴・效漁父之榜枻・是固吾之所願・將蹇裳兮從之・懼將至而引・忽欲往兮中疑・鮫室兮嶔巖・珠宮兮逶迤・仙人下兮光陸離・駕水車兮載雲旂・夕息兮若水・朝嬉遊兮扶枝・路迢遠兮莫致・蹇惆悵兮生悲・

其三曰望蒼梧・（言己思遇明君・而世途嶮巇・不能自通・日久愁望也・）

白雲遊兮蒼梧・山連卷兮路崎嶇・日黯黯兮晝多霧・巖崱嶆兮鬼嘯怒・樛蘿蓊鬱兮塞往路・我欲從之修且阻・聰缺兮空山・帝子去兮不還・道遠兮何極・不可隨之兮淚霑臆・涉湘皐兮綠潭・悲洞庭兮芳夕・疎篁兮斑斑・山含怨兮水含憶・步遠岡兮不見・蹇夷猶兮難卽・望蒼梧兮白雲・隔千里兮思君・撫瑤琴兮寄幽怨・採杜蘅兮愁氤氳・

其四曰望八桂・（言賢人君子・獨懷芳潔・不受知於時・而己欲往從之也・）

桂樹生兮山南・沐元雲兮蔭芳潭・擢修莖兮幽靄・布芳葉兮夕嵐・發華滋兮秋風・翔羣羽兮鵷鴻・既拔萃兮高嶺・復灌生兮元冬・揚芬兮素節・含貞兮嘉月・有美人兮傷離・攬巖桂兮爲期・信懷芳兮自保・又久要兮申之・去不來兮來

不采・□寂寂兮欲誰待・嘉樹茂兮巖間・桂父淹留兮往還・登樓兮長詠・望八樹兮杳難扳・

其五曰望韶石・（言皇迹久息・雅道云亡・世俗貴淫哇・賤雅樂・己孤調難諧・故援韶以自勗・）

予昔揚艎於桂浦兮・將已極夫遐征・朝丹水之浛涯兮・夕息重華之所經・俄窮源於星宿兮・訪崑邱之赤城・天柱岧嶤而飛空兮・地軸支撐而不傾・紛合沓其異狀兮・忽神怖而魄怔・崩騰蹙踏來萬乘兮・風雨陰晦而會百靈・倏天清而地寗兮・聆簫韶之九成・昔重華之盛德兮・信無遠而弗歆・紹瀟湘而南下兮・嘉茲土而來臨・國不費而民不匱兮・兵衛簡而不侵・豈車轍與馬跡兮・將耄俗於靺任・遂樂茲而不忘兮・溯南飈而長吟・璇宮逶迤而下屬兮・瑤台隱起而上尋・駐清蹕於盤石兮・拈炎景於茂林・參差九韶之管・疏越五絃之琴・趨蹌百獸之舞・來儀丹羽之音・鞴裳颺兮仙霞舉・絳節去兮赤霄沉・太音寥狖其希聲兮・遺跡崢嶸而可覩・信帝德之巍巍兮・有天下而不與・留仙旆於九疑・怨瑤瑟於二女・松謖謖而吟風・竹斑斑而含雨・表靈兮珠邱・極望兮澧浦・杳翠旂兮不見・薦芬馨兮何所・欽明兮思君・聞樂兮愁予・嗟南薰之久寂兮・民愠其誰與解之・皇風靡而世遂季兮・俗化淫哇而嗤嗤・久知太音之難諧兮・唐虞既遠安適歸・將坐茲石而忘味兮・寫予心之遙悲・

其六曰望合浦・（言世俗貴僞亂眞・己雖懷至寶・反懼按劍不察・無所與投也・）

遙睇兮重淵・波光兮接天・美珠宮兮風俗・燦具闕兮鱗聯・川烱烱兮圓流・星奕奕兮輝纏・驪何抱而自喜・璣何胎而罕全・愚何剖而忘身・聖何捐而稱賢・鮫人兮水中・淵客兮龍宮・孰感恩兮涕泣・乃吐月兮曈朧・挈靈蛇兮剖璣鼈・開翠羽兮錯珩璜・君子雜之以爲佩・佳人待之而修容・夫何世俗之貴魚目兮・棄夜光而不采・豈忍夫懷寶而迷邦兮・握照乘而自晦・終懼世之不察兮・眥徑寸以微類・雖懷寶其何辜兮・獨被褐之見罪・潮生兮犀浦・月出兮貝嶼・弦望兮有時・藏珍兮自娬・激天吳兮命海若・木蘭舟兮沙棠櫓・訪鮫室兮從之・蚌鼈紛紛兮縢予・懼投兮按劍・將採之兮誰與・

其七曰望石室・（言賢人君子竄伏幽遐・己獨處無侶・思卽巖穴徵之・庶幾其返焉・）

石室處兮炎方・越湘浦兮邁衡陽・氣籠嵸兮幽曖・洞熑焰兮揚光・厓㕞㕞兮蜿蜷・凝蒼翠兮若英・聳峻阪兮嶪嶫・錯綺薄兮芬芳・窅兮谷・石碌磷・巖挂灌生兮山之曲・深兮穆・盤徑復・舞鸞皇兮嬉元鹿・皐蘭秀兮紛湘馥・瓊爲宮兮玉爲梁・羅孔囿兮開龍堂・萱砌兮蓀璧・木蘭櫓兮芝房・石室兮巍峨・芳湖滙兮水層波・漲極浦兮豐芰荷・汎曲塘兮茂青莎・絕霞島兮遶巖阿・迥翠屏兮鏡藤蘿・獨處兮無侶・芳時兮誰與・君奈何兮遠遊・望湖光兮渺何許・采杜若兮芳洲・結錦纜兮金嶼・心欲往兮眈眈・托歸風兮鸞驂・待菌閣兮月華・沐天桂兮夕嵐・搴朱草兮瑤圃・漱金液兮霞舉・朝稅駕兮東皐・夕次兮北渚・樂巖壑兮憺忘歸・蹇夷猶兮不能去・

其八曰望崧臺・（言世俗卑暗不可久處・思擇高明之地而托足焉・）

有崇者岡・赫若臺兮・巑岏巘□・豐而嵦兮・上接雲

漢・章昭回兮・下列盤洞・戶重開兮・怪石嶙峨・光的皪兮・峯巒羣峙・挺千尺兮・青岫黛岑・渺難卽兮・鳥道紆回・不可涉兮・員屋瑤台・輝金碧兮・玉磴珠所・芝蘭□兮・璧英明瑠・光相射兮・厓隙隱轔・暝烟積兮・玉竇盝空・螭龍宅兮・石檻嶙峋・多采擇兮・瓊木紛敷・僸奕奕兮・猖狘羣嗥・谷鳥喈兮・博敞孔陽・遊羽客兮・級蘭搴蕙・服側柏兮・孔蓋翡帷・帶鳧舄兮・森聳嶄巖・得所適兮・結桂延佇・中心懌兮・崧台峨峨・樂而無極兮・崇朝凝望・至日夕兮・

其九曰望西樵・（言賢者仕不能舉其職・故盛陳山林之樂・懷思故土眷戀不忘・養寂處晦・聊以順時・）

山崛起兮海湄・復廻薄兮雲際・見千里兮平皋・挹四郊兮芳靄・出厚地兮百盤・掛青天兮片黛・溪谷兮多姿・朝昏兮殊態・日出兮窱䆗・波汛兮容裔・靈穴兮吟風・幽林兮積翠・曾結廬兮幾客・橫荒塗兮千載・披陰阜兮吐霞・井陽崖兮迎旭・忽雲中兮雞犬・更天邊兮喬木・巔積水兮可艇・澗連村兮比屋・交遠阜兮茶烟・若有人兮卉服・幸不遊兮豺虎・差可放兮麋鹿・媚林麓兮返照・喧堦除兮亂瀑・飛瀑下兮濕雲・逕凝烟兮不分・鸞鴻歸兮山響・菌桂發兮林芬・灌蕘韭兮九節・挺仙使兮一羣・三山渺兮難卽・十洲悅兮空聞・豈若近兮几席・況乃接兮榆枌・山中人兮來何遲・撫雲松兮望所思・歲復歲兮不可待・年復年兮滯還期・秋風歇兮蕙若・春雨長兮蕨薇・胡長違兮磵戶・永闃寂兮巖扉・命芝童兮翳芝蓋・邀桂父兮揚桂旂・誓永絕兮氛垢・從天路兮薄言歸・

王會圖贊

於皇哲后・混一函夏・容之覆之・恢我王序・治以不治・來而不拒・賓服是常・庭實百旅・昔在塗野・萬方朝會・赫矣姬運・威德是邁・上掩天紘・橫絕地域・廼作斯篇・宣廸來裔・孰其繼者・皇哉唐哉・耻雪百王・威臨九垓・一家胡越・莫敢不來・廼繪斯圖・皇極誳開・厥圖何有・有貌有服・有貢有物・扶服蛾伏・蠻邸虆街・首趾相屬・踰磧絕漠・窮海彌陸・厥貌維何・交臂貫耳・猩唇猳喙・雕題鑿齒・厥服維何・左衽騶易・縵胡之纓・椎結之飾・厥貢維何・方物土事・火浣西收・楛矢東至・浮琛沉羽・陵水經天・日域月觜・效珍獻異・纍纍道路・咸歸天府・重以島鳥・傳以象胥・凡茲貢會・覩歲而舉・映帶異俗・丹青皇御・惟圖所臨・莫非王臣・撫我則后・歸于有仁・海有安瀾・邊無氛塵・凡有血氣・靡不尊親・惟圖所撫・莫非王土・西涉流沙・東漸桑野・南盡北戶・北絕委羽・明明在馭・各安其宇・明王有道・有定四極・四夷爲守・萬邦承式・無怠無荒・亦無爾反側・王會萬年・王爾愼德・

海棠果贊

海棠不香不實・惟南京孝陵者結實・外香中酸・豈非色香味之難兼耶・客以見貽・遂作此贊・

海棠色殊・紛披曜日・不芬其葩・而香其實・香或掩味・文乃逾質・園陵之珍・佩充蘭室・

木瓜贊

木瓜亦外香中酸

垂垂木瓜・詩人所咏・酸本我心・香亦吾性・人之所

好・或忘其病・無勞瓊報・忝此嘉命・

太和山銘 并序

太和亦名瀾上・宋始祀元武神・自文皇帝冠以太嶽・肅皇帝又冠以元嶽・崇飾宮觀・報祀獨隆焉・於是天下香火・咸奔走太和・而五嶽遂逡廵退舍矣・山本晚出・故事多附會・諸峯巖澗洞・或雜取他處名之・文不雅馴・辛丑歲・予以使事取道謁嶽・禮成・乃遍觀于八宮・時值雨連日・所由止此而已・山既爲國家香火地・二聖所經營・又其神甚顯應・謂宜有所頌述以揚威靈・故既爲斯銘・每宮復各紀以詩・以出焚修・故述香火之事獨多・銘曰・

穹窿太和・上參冥莫・近接嵩華・遠拔衡霍・明后有作・是稱靈嶽・上帝攸居・天柱是度・赫赫成后・元戈再援・神之相之・用武以斷・穆穆肅皇・中興江漢・神之啓之・守文以纘・巍巍天柱・前俯瓊臺・層城萬仞・上應中台・地軸盤結・雲漢昭回・靈蹤久閟・眞路乍開・爰飾雲構・造于中天・冠峯被麓・舄奕墟廛・丹碧霞煥・棟宇星懸・勢侔太一・巧極望仙・神之所妥・鈎陳營衞・鞭風駕霆・出入雲際・神之所臨・徵靈表異・康國阜民・克顯于世・元圃之巒・仁后所履・丹邱之祀・仙靈所倚・咸障大荒・曷窺元始・追茂至遺・孰踰斯美・惟茲崇報・前掩禪封・在帝左右・罔或不共・四氣順序・萬方景從・昭佑我明・受福無窮・

區大倫 字孝先・高明人・萬曆己丑進士・初與兄大相肄業南雍・成進士後授東明令・擢御史・以諫不親郊祀忤旨・奪職歸・築烟霞圃・灌園讀書・晏如也・光宗立・起光祿丞・歷官至南京戶部侍郎・著羅陽四書翼・江州存稿・阮志並注存・

郊祀疏

臣聞郊之祀也・王者所以致其精明之德・以上交于天也・饗必躬親・斯謂之郊・郊而遣代・則精誠隔塞・天與人不交・而非郊矣・自古無郊丘代攝之文・周禮大宗伯・若王不與・則攝位・鄭氏以爲王者有故・則代行其祭事・明攝事非安吉之禮也・苟安常無故・則先王典禮・其不代攝以郊・明矣・我國家定制・大祀南郊・前期・恭視牲牷・誓戒百官・乃御齋宮・乃奉禋事・始事則告廟・禮成則告廟・此禮之備也・祖宗列聖相承・未之有改・故能馨香上聞・靈貺饗答・惟武宗恣於盤遊・郊廟大禮・曠而不舉・以至神人怨恫・災害並至・可覆視也・陛下嗣統御極・欽明文思・上帝屬心・百神望幸・乃者冬至大祀・復遣公徐文璧恭代・臣不知其可矣・

臣聞之・郊則報本而反始・仁之至也・今祇祀上帝是也・郊則尊祖以配天・孝之至也・今太祖高皇帝配帝侑神是也・禮稱・唯聖人唯能饗帝・孝子唯能饗親・此豈臣工之任耶・臣不知其能饗矣・祭義曰・饗者鄉也・鄉之然後能饗焉・蓋郊祀之禮・備物非難・致享爲難・自非仁義誠敬・精神歸鄉・念念不忘乎鄉・息息不忘乎鄉・事事不忘乎鄉・安有能得其降格歆享于冥冥之中者・遣代之臣有是耶・陛下深

居九重・燕然自逸・誠敬何所鄉而通・上帝何所眷而臨・臣又不知其能饗矣・禮曰・神不歆非類・王者爲天之子・氣相爲合・而心相爲通・故郊焉而天神格也・辟之共子職以養親・乃可以得父母之歡心・而致其享・求之天道・豈遠人情・今以臣子而攝天子之祭・於氣爲非類・於心不相貫・又不知其能享矣・王者事天之道・惟儀與誠・故兆於南郊・掃地而祭・其器陶匏・其牲繭栗者・儀也・立澤聽誓・皮弁聽報・三宿七戒・肅恭薦獻者・誠也・與其儀有餘・寧若誠有餘・謂神之所享・將在誠也・今遣官恭代・儀則具矣・誠於何有・臣又不知其能饗矣・陛下履天位而治天職・撫御萬方・襲休褆福・皆天所授也・天與陛下以百全之福・陛下不能躬一日之祀・謂大報何・周禮・天子親祀上帝・一歲凡九・陛下惟一郊・顧憚於躬親耶・臣又不知其能饗矣・古者禮行於郊・而百臣受職・則風雨節・寒暑時・而休徵應之・故足貴也・

我太祖高皇帝洪武十二年南郊・自誓戒以及禋燎・天宇澄霽・星緯昭煥・祥飇慶雲・光彩曄曜・上心甚悅・又洪武二十年南郊・禮成・天氣清明・聖情悅豫・侍臣進曰・陛下敬天之誠所致也・此見高皇帝惟躬致其誠・故能承百靈之貺也・昨者南郊・將事之夕・暴風驟起・震蕩壇壝・上帝聰明・詎曰無意・殆謂陛下久不親郊也・是可不省畏哉・由前言之・則代攝以祭・臣懼上帝之不歆・由後言之・則衝飇示譴・臣懼上帝之已怒・陛下正宜鑒天意之不虛・思遣代之非禮・側身修行・痛自省改・庶可回天心也・

夫何遣官復命・陛下乃嘉文璧之勤勞・進以太師・明旨一下・大小臣工・無不相顧駭愕・不審文璧有何勤勞・而陛下加恩若是・在文璧必有悚懼不敢拜賜者矣・文璧之遣代也・臣謂陛下既不親祀・聖心必有歉然不敢自安者・今仍以文璧爲勤勞・是謂遣代爲當然也・以遣代而加恩・是謂郊祀不必親也・臣竊歎陛下事天之意怠矣・郊壇警蹕・可復冀之異日哉・正恐書之史冊・謂百王禋祀之盛典・祖宗仁孝之芳規・自陛下壞之・是以重微臣之嘆息也・文璧何敢拜賜也・太師三公之極品・不有非常之德・不宜輕予・代郊非禮也・文璧可得言勞乎・如以代天子之郊爲勞・而冒上公之寵・是重利陛下不親郊也・文璧又何敢拜賜也・孔子曰・吾不與祭・如不祭・謂不能躬致如在之誠・猶未祭也・今陛下未能躬獻於上帝・猶之乎未郊耳・陛下既不得成其爲郊・文璧敢自以爲勞乎・文璧又何敢拜賜也・天子不親郊・甚非美事也・人臣爵以太師・至榮寵也・柰何陛下蒙不美之號・而人臣反享至榮之階乎・文璧又何敢拜賜也・凡此皆文璧或難自言・臣先言之・所以發其必辭之心・明郊祀重禮・不宜遣代・緣此加恩・尤不可訓也・伏願陛下收回文璧恩命・講求帝王事天之實・力行祖宗親郊之典・自今南北禮廟祀時享祫祭・必煩聖駕躬薦明德・則數年曠典・一朝聿新・克享天地祖宗之心・徧致神祇上下之格・臣民胥悅・鬼神降福・而休徵協應矣・

正心堂摘稿序

古之所謂至文者・其用極於和萬邦・光四表・彌綸三才之間・而言之爲經者・亦且垂之爲萬世法・故文非聖人不能

用也．易詩書禮樂春秋之教行．聖人之文至於不可勝紀．而要歸於道法所以臚列．蓋聖人之至文．出於聖人之至道．而學術文統．若此其不二也．春秋以降．學失其傳．而文失其柄．士之負才者．於學未始有聞．徒各就其才之所近以爲言．其上者既病於不醇不該．下者支言畔道．蠱人心而滋世蠹．文之不出於學術．故有然者．有宋二三大儒．推本堯舜周孔所以相傳精意．作爲易通訂頑定性識仁諸篇．用意蓋與六籍相準．而庶幾於斯文．三代而下．此其盛也．明興．百年道洽．乃有吾鄉白沙先生．振奮於支離磔裂之後．而獨探其本．學宗自然．道在致虛．直上遡濂雒鄒孟之宗．而接其傳．其所爲文．第據其中之所欲言．而大旨曰．輔相皇極．左右六經．亦其自任之重然也．江門之學．傳甘泉氏．自然之宗．繹爲體認天理．其言殆且數百萬。非樂於言．亦有不得已焉．而或病其太繁．則亦過矣．

及余所見．則有勳卿夢菊郭先生者．余嘗聆謦欬而飲醇和．乃知先生之文．一本於學術矣．先生起家曹郎．邅廻十餘年．不在右職．功烈不甚彰顯於時．出爲郡守．歷臬司藩使．通顯矣．又不得立於朝．然先生官禮曹．正諫直言．嘗納還傳封七夫人勑諭．又嘗慷慨疏陳時政．品隲當世人物．不少顧忌．守夔因俗．導民於和．督學西川．公明涖掄選．所造士獨盛．自其爲曹郎迄行省．再蹶再起．著抗直之聲焉．初先生第進士．與故相吳縣太倉弇馳文譽．相得甚歡．萬曆辛卯．由楚參藩入賀．二相延接特殷．將殊用之．一日．吳縣語次．問先生求規戒語．先生曰．願公遠去中貴人．則相業光矣．申相嘿然．先生直己守道類若此．即不獲柄用於朝．視世脂韋而處大位．功烈孰多．先生穎敏强記．生而嗜書．自童齒至白首．無有一日舍書．又無有一日不從事篇翰．文學自其天性．述作最稱富．然先生之學．六籍經而百氏緯．多聞多見．卓約是守．纖摭細茹．本統自明．故能綜攝諸儒之論．勒成一家之言．鴻範珍謨．殆流布人間矣．蓋先生自少從其父粵白公遊甘泉公之門．契體認天理之旨．而直達於心性．出承師傳．入證家學．加以潛思力踐．忘食忘寢．日夜孜孜．自其修之身．以及涖官從政．孝友端諒．睟然不滓．所得於學者深矣．其宣洩爲文章．不摹畫於步驟．不鈎棘於體句．不矜綴於藻繪．不比擬於形似．輸所衷藏．出所素有．氣象深醇．詞訓爾雅．而奧旨幽義．隱暎有餘．令讀者喜尋樂玩．攷言知德．因知其爲儒者之言．而又信其爲儒者之能言者也．

惠郡守今遷憲副西川公芹．先生督學高第弟子也．因先生舊纂滇南史．公助梓先生選集未竟．校而刻之．題曰．正心堂摘稿．知先生所傳體認天理．蓋內正於心．而非逐外之爲見也．先生之子文學陽齡．特謁不敏大倫序之．夫元本六經．以明道而畧物．先生之文也．由六經窺心蘊．立誠胸中之藏．先生之所以爲之文也．余特論而著之．觀者庶以爲知言也乎．

端江源委記

域內之水．河爲大．次者江．次者端江．河源崑崙．萬里九折入．中經流天下之半．南入於海．江源岷山．下三峽．會洞庭．過於金陵．行八九千里．東入於海．端江源於

區大倫

蜀之夜郎．下西甌．會於端州．折而南．流放於江門．行七八千里．入於海．江河著於禹貢．詳於傳記．天下所知也．端江僻於嶺徼．書傳畧焉．即其鄉人．莫能知其源委者．壬子春三月．余浮舟江門．覩海而還．取嶺表新舊通志及端州志閱之．即作舊志者．憒焉不辨也．

按端之水．源自夜郎鐔封．夜郎之域．豚水出焉．鐔封之域．温水出焉．東北合於牂牁江．東入於廣鬱．稱鬱江焉．廣鬱者．鬱林郡地．鬱林秦之桂林郡也．漢武帝元鼎五年．戍南越．使馳義侯發夜郎兵．下牂牁．會番禺．即其路也．鬱水東下．則交趾以北之水皆赴焉．武陵潭水南下阿林者皆入焉．又東至於蒼梧．灕江之水注焉．灕水出於楚之零陵郡．與湘水同源．自興安陽海山中斷．湘水流而北．灕水流而南．漢元鼎五年．遣故歸義越侯二人爲戈船下瀨將軍．出零陵．或下灕水．或抵蒼梧．即其路也．灕水南流．與桂林之水合．亦稱桂江．又南過平樂府．稱曰府江．則近代所名也．其鬱水上溯邕者曰左江．溯抑慶者曰右江．皆近代所名也．三江既合．東下廣信．則封水注焉．封水出臨賀郡．臨水源於萌渚嶺．道州界也．賀水源興安縣羅山．二水合於封溪．江皆受之．又東過於康州．謂之錦水．以錦山名．而羅定之瀧水注焉．又東會於端州．臨允之水注焉．端州由端山名．故水曰端溪．亦曰端江．楚蜀西甌西來諸水．皆會于此．域內之水．自黃河楚江以南．此爲大矣．端江既同東下．靈羊峽綏水注焉．至於橫石．遂折而南．其釃流會湞湟諸水．東過三水縣者．比於江沱漢潛．而俗以爲牂牁東下番禺．謬矣．端江既南過蓬萊山石洲江．滙爲大澤．江面廣五七里．迤邐瀠迴．三折繞出大雁山後．大雁以東．亦釃爲二流．一注於甘竹．一注於仰船岡．并可達廣州順德香山．亦猶江漢之有沱潛．而長江則南趨江門入海．謂之江門．明江之門戶至此而盡．此端江之源委也．蓋江源夜郎牂牁．而海亦有牂牁洋．此其源委相緣之名．可繹思矣．

舊通志南海圖經．乃謂新會之西．蜆岡至南寧．有夜郎豚水．出牂牁．不知西省之水．全注於端州．其出夜郎牂牁者．實端江之源．而南寧即古邕州．邕潯之水曰左江．既合右江府江下端州矣．何有分流向蜆岡乎．且自南甯至蜆岡．皆岡嶺層絡．隔閡千數萬里．豈嘗有巨靈闢此水路耶．謬矣．外志又創爲三江合浪水之說．不知江源遠且巨者．無如夜郎豚之入鬱．桂之入灕．今不言合鬱灕．而云合浪．果何所據也．又其所稱三江．更爲怪誕不經．大抵嶺表之水．西自端江．受楚蜀西甌西來之水．最爲巨浸．謂之西江．北自大庾南韶湞湟諸水．南會諸於三水縣者．謂之北江．東江自安遠界南下．會龍川之水．以其在會城之東．謂之東江．無有南來之江者．凡有目者所共見也．今志中總圖經．以大庾湞湟北來之水爲南江．而無北江．夫南北固可易位乎．又封溪臨賀桂繡諸水．皆入於灕．會於端．總之．西來一江也．今圖經以封溪諸水屬西江．而分灕水屬南江．夫封灕既合爲一流矣．何由知封之必爲西．而灕之必爲南．豈茲水固如涇渭之有別．而名之者固如淄澠之可辨乎．謬之謬矣．余因浮江而談江事．漫并記之．

郡守陳公鐸陽書院記

王教之興・道術行於上・作人造士之大・則邦君統焉・詩之咏文王也・成人德・小子造其譽髦・斯士推本德之無斁・蓋古者諸侯大夫・體備純德・繇素講之學・表爲士極・而作新考成焉・故能斯譽斯髦・王國之成材者衆也・孔子生衰周之世・嗣文王之統・其稱曰・文王既沒・文不在茲・迹其所憲章・夫豈不勤思於薪槱・顧其時闇・諸侯莫能用・第與其徒・弦歌講業沂水之濱・杏壇之上・述先王之道・善其人俟來者・蓋文行其道・烝譽髦之士・以寧周孔・明其道・啓四科之賢以毗世・其於作人淑世・無以異也・西漢以降・世之君子・篤意振民造士・卓然以化治稱・莫良於文翁・文翁興於蜀郡・其習方甚陋・乃修起學官・廣招下縣子弟・教之於學・察舉經明行飭・巴蜀大化・比於齊魯・聲烈光於竹素・在循吏中爲獨盛・惜其不學道誘進諸生・第取誦說詁解・所得士廑廑張叔輩・暨司馬相如之屬・工爲麗藻・徒以瑰譎艷靡之詞・夸駴耳目・抑何下也・雖其移風於僻陋・興學於殘缺・爲獨盛于循吏・而教之不純・去古作人之化敻矣・

大夫陳公守端也・其政節靡裕民・修興廢事・孶孶課學育賢之務・廣飭郡邑學宮詩書之教・達於閭里・集逢掖之士・程藝譚經・卒澤之乎道・倡厲聖學・嘗干旄訪余江洲之上・再書山中問學・余不敏・以盡仁之語請質・若有當余言者・蓋孔子詔之矣・昔者孔子言仁・直以人當之・豈謂仁其四肢百骸之人・所以攝此四肢百骸則仁也・攝此四肢百骸者・通乎天地・苞乎萬物・所以通天地苞萬物・夫是以仁盡也・仲尼之門・其學求仁爲入・安仁爲止・彰明在辨志數語・文王之爲敬止也・莫先止仁・孔子嗣統文王・故其爲教必仁焉・先文王之仁・其大者疏附先後奔奏禦侮・作而造之・皆譽髦也・故曰豈弟君子・遐不作人・豈弟・語人作人之爲仁・明甚・孔子之仁・在樂羣講誦・與七十子者之徒・相觀而仁是也・其所爲疏附先後奔奏禦侮・若七十子之徒・則所寄以其仁・盡者仁・寄之其人・被于天下・施及後世・斯乃文王孔子之仁之大也・君子仁爲天下得人也者・其文王孔子歟・公學孔子之道・柄行道之權・以師文王・拳拳倡興我端人士・仁之斯其大矣・當于不敏之言宜然・公守端四年所・擢副按察・復分治端州・迨今六七稔・倡導淑人・常如一日・

公既大興于正學・問業者雲集・戶履常滿・諸弟子孝廉梁生學曾輩乃其選勝・營書院・都授講焉・工既竣・問記于余・以無忘公之仁・余謂文翁變辟陋之文雅可謂賢・公披文雅之士・躋之大道・其事近仁・則不可同日而語・今逢聖主崇儒之代・行其道復明其教・則孔子弦誦所不得異也・然余聞文翁講堂・巋然長留天地間・峙於岷峨・表於江漢・訪古之士過之・低徊不能去・或播爲歌詩頌其美・諸生爲公搆講院・乃在崧臺端溪之上・余學道江洲・仇煙霞之囿・距講院百里而近・第與公郵筒言學・未始造而游焉・顧私心鄉往・殆將矢雅詩賡豈弟譽髦之章・嗚邦君作人之盛・重爲我端人士之厚幸・則百世可知已・若公舉職循理・仁愛爲行・治常爲列郡最・別有紀云・公名濂・字道源・惠安人・丙戌進

士・

湯敬升　字小槐・新會人・萬曆辛卯舉人・官教諭・著有朱翼及輯宋明四書・阮志注未見・

族譜議

曰族譜・又曰家乘・譜之言普也・亦曰補也・乘・乘載也・所以普遍姓族・補其遺亡者・合而載之・以成吾一家也・是故發一姓之根源・提九族之總統・備人道之始終・定昭穆・列長幼・彰往法後・皆賴乎譜・譜之所須大矣哉・嘗讀蘇氏譜曰・普吾作・故詳吾所自出・其隘乎・其隘乎・如果蘇之爲見也・則知吾祖僅出有吾・至於細數綿徵・苗胤遙隔・支派亡而功利起・于是希慕貴勝・輕忽寒悴・强者或淩弱・富者或奪貧・而重本敦睦之意衰矣・語曰・百裔同出一祖・千葉同出一株・故同姓爲宗・合族爲屬・雖遠不廢・所以崇孝也・崇孝之道・莫急於尊親・尊親莫大於合族・合族莫先於修譜・譜修然後長幼序・長幼序然後禮讓興・禮讓興然後不淩弱・不奪貧・故族始稱・或問國史主勸懲・譜勸而不懲・族有不孝・不弟・不睦・爲奸・爲盜・爲暴閱不仁・譜乎・曰・譜有三不書・殊刑不書・惡疾不書・不得其死不書・三者恥宗之顯也・有之若人・則宜殊刑・宜惡病・宜不得其死・未逮于斯三者・吾姑譜其名・以承前遞後・傳曰・稱美而不稱惡・不欲以先人愧子孫也・幽厲雖暴・平桓祖之・廟祀不輟・故春秋立諱於親・厚之道也・紀事不離故實・要在不罔・夫弗錄・有善錄而冒・其爲悖道之行均耳・君子蓋棺而是定言行・身後而始章・故弗錄生者・俟也・譜法有進有黜・他姓之子後吾宗・雖已成派・吾其猶黜・吾宗之子後他姓・雖易世・吾猶進諸・或問譜之不與人爲後者何也・曰・今之爲人後者・以利焉而已・抑本而誣禮之爲也・吾何與焉・

卜子夏曰・爲人後者孰後・後大宗也・晋張湛曰・後大宗者・所以承正統也・必大宗之主・小宗五世之嫡・死而無後・然後爲之置後・支子不得置後・不繼祖與禰也・今之非所後而後焉・是曰誣禮・舍天性之愛而父他人・孝子不忍也・是曰抑本・苟有田產財計・則爭爲後・無則猶子・子世父業也・是曰懷利・三者皆自悖于先王之教者也・予何與焉・曰・然則支子之無後者・不無厲乎・曰・禮曰・殤與無後者・祔食于祖・不斬祭也・如之何爲厲也・或問孫遠死而無嗣・其弟重以其長子彬後之・夫長子不得爲後・重之命非乎・曰・斯重崇宗之義也・吾將以重爲知禮矣・昔子思兄死・而使其子白續伯父・以主祖及曾祖之祭・然則孔氏非歟・

我小宗行五・時經公早世・臨危囑妣程氏曰・能矢節不二・與嫂李共保幼孤・無惑衆咻爲繼立也・妣如其言・君子以爲知禮・我曾南澗公爲之義服三年・特祀一櫝禮・行五・應祔食耳・今與高曾世享于廟・所以報也・以義起也・舊譜・每爲人後・輒譜其後于所後之後・而使其子禰于人・弟先于兄・何安乎・吾譜雖不輕爲更削・而但曰・其後之至某宗支派列・則各父其父・各兄其兄・而昭然不紊・誠重所自出也・亦以示禮也・婦有三不譜・一曰大歸・二曰更適・三

曰無嗣・無嗣弗傳也・更適爲義絕也・大歸爲弗祔也・義絕譜之則悖・弗祔譜之則黷・弗傳譜之則傷・是故譜弗譜也・或曰・妾之得譜者何也・曰・貴有子也・昔魯莊之成也・文之嬴也・襄之歸也・成之姒也・妾也・舉以子故書薨・書葬・書夫人・春秋之義也・禮・妾有子祔祖姑之廟・廟可祔・獨譜乎・譜・妾見于嫡下・重嫡妾之分也・曰・人有抱其同宗之子而育之・則亦可以爲後乎・曰・可・螟蛉有子・化爲果蠃・班氏之乳虎紀焉・養育之恩大矣哉・

何熊祥　字乾宰・新會人・萬曆壬辰進士・選庶吉士・改御史・初按上谷・再按閩・再按三吳及南都七郡・著有四巡疏鈔六卷・秩滿・歷官太僕大理卿・遷南刑部侍郎・著有馬政事宜平刑八義共十卷・時神宗倦勤・兩都員缺多不補・熊祥在南都嘗兼署吏戶禮三部尚書・又著有南都疏畧三卷・今阮藝文畧皆注未見・熊祥官至南吏部尚書・卒謚文懿・

請亟圖修省疏

臣惟自古災異之見告・無非天心之仁愛・故在久安長治之時・天心恐其易狃也・則出災異以警之・所以欲其厚終・在繼體嗣服之初・天心恐其易肆也・則出災異以惕之・所以欲其虔始・善承天心者・必于始焉・致其愼也・我皇上凝圖御極・以天啓改元・實自今歲辛酉始・乃開歲未幾・而遼東以日暈告矣・京師以風霾告矣・夫日者君之象也・暈則其徵爲蒙爲塞・何以不于京師而于遼東也・意者蒙塞之徵・至遼東而極乎・風者四方之象也・霾則其徵爲昏爲翳・何以不于四方而于京師也・意者昏翳之徵・自京師而起乎・臣不習占驗・焉知天數・然以皇上撫運方新・而變已見于天・夫非仁愛之至・惕之以不得肆・何以致此・皇上無謂吾之福德・如日方升・吾之政敎・如風方動也・當思遼東日暈・爲天啓紀元始有之日變・又思京師風霾・爲天啓紀元始有之風變・則知天心仁愛・自此而始・而克謹天戒者・亦自此而嚴・詩不云乎・敬之敬之・天維顯思・挽回天變・轉災爲祥・莫如用敬・皇上亦惟敬之而已矣・故以端治本・則未萌之欲宜防・以握治樞・則城社之蠹宜淸・以熙庶績・則道揆法守之不可不修明・以銷外患・則練兵措餉率作責成之不可不亟圖・總之・一念敬肆・治忽攸關・古今守成令主・莫如成王・其訪落之詩曰・惟予小子・夙夜敬止・臣願皇上之師成王也・敢以敬之一言・爲皇上修省之助・伏惟聖明省覽焉・

修省宜亟疏

臣等竊謂天心仁愛人君・災異之形・明示以可見・乃于近則見・于遠則不見・其仁愛之意・猶尤較著也・赤烏夾日以飛・惟楚見之・見在楚・則不必見在列國也・可以由斯以觀・南北異占・亦無足怪・臣等未敢以失占爲監官罪者此也・然臣等伏思春秋時・列國各君其國・其以境內見不見占吉凶也固宜・乃皇上統一函夏・豈以其見于北不見于南・遂謂無傷耶・夫日者衆陽之宗・人君之象・卽薄蝕有常度・猶謂陰脅陽・臣侵君之兆・矧暈下有珥・有背・有青赤黃氣色・可不謂非常之變乎・臣等不習占驗・未敢妄言事應・惟逖考載籍・則晉之建興・唐之天復・咸有此異・彼以衰世末造・君昏政亂・見棄于天・亡不旋踵・皇上聰明神聖・自謂

超軼百代．乃謫見于天者．亦與彼末造同．象不虛生．可不深思其故耶．年來星隕彗見．風霾水赤．物異人妖．所在見告．然皇上恬然．若罔聞知天意．若曰．宮闈之外．目不及見．耳不及聞．災異之奏．視爲紙上陳言．今輦轂之下．巳午之交．舉頭卽是．舉目卽覩．庶幾亦悔過之延而省改乎．故垂象以顯告之．不必不見于南而見於北．則耳提面命．不加于此仁愛之心．可謂深切著明者矣．此而克謹．欲不轉災爲祥．不可得也．此而玩忽．欲不自絕于天．亦不可得也．

臣等聞之．應天以實不以文．今日應天之實安在．惟願皇上復行初年之政而已．皇上初年．朝講不蚤御乎．郊廟不時親乎．閣臣不備位乎．大僚不師師．科道不濟濟乎．章奏不速下乎．何至今而倦于勤．一人不用．一事不行也．今惟虔始厚終．盡復初年之政．以及發內帑．起廢官．釋纍臣諸大事．一併舉行．聖心一轉移間．皇靈不期暢而自暢．天心不期孚而自孚．又何災之不轉爲祥耶．否則謂人言不足恤．謂天變不足畏．省悟無聞．怠棄如故．儆予之天．且轉爲怒予之天．其禍不至于晉唐季世不止．天下事尚忍言乎哉．臣等遇災思懼．不識忌諱．干瀆天聽．無任戰慄激切待命之至．

乞歸養疏

臣嘗學易．至蠱之上九．不事王侯．高尚其事．象曰．不事王侯．志可則也．直以爲白駒空谷．考槃在澗之流．乃近世儒臣不說．謂卦五爻皆幹蠱．而上九獨取高尚．蓋上九處卦之終．當父母耄期之年．而高尚不事．如禮所謂八十者．一子不從政．九十者．其家不從政．是爲不事而可．則非泛然如投淵洗耳之爲也．臣謂此解．似爲得之．不然．六十四卦之爲上九多矣．而不事之高．獨繫於五爻幹蠱之上九．豈無取爾乎．

臣蚤歲通籍．雖漫無幹濟．而歷事三十餘年．臣父壯年誦讀．未展之志亦可以少展．今臣父母巳年近八十．亦一子不從政之時也．而臣爲獨子．子不從政．非臣而誰．此臣之求去．不惟例之所許．亦禮之所宜也．臣雖不敢侈言可則而可歸．卽歸無自越禮．爲當世羞．抑亦臣之所以報恩之萬一者乎．然而臣之情．又在小雅四牡之末三章矣．伏乞聖明垂諒．俯准休致侍養．以禮優臣．深于以官留臣也．

韓上桂

字孟奇．番禺人．萬曆甲午舉人．天啓初．授國子監博士．崇禎間．轉永平通判．時中外用兵．餉乏軍譟．上桂下車．設法轉運．邊事賴濟．居常握腕時事．憂形於色．尋擢建寧同知．仍留督餉．流賊陷京師．悲憤不食．歿於寧遠．乾隆時追謚節愍．著有雷州府志．佚．朶雲山房稿十二卷．凌雲記曲鈔本．並存．

擬禮樂志序

厥初生民．混混淪淪．元黃闓闔．象畫猶湮．蓋巢居者勢顚．繩結者道紊．天乃絫運元辟．象彡首物．樞旋軸轉．紀渙綱聯．以降佑下民．闢昏振溺．帝王之道．斯爲烈哉．然猶治極數殫．文窮質敝．威取耀於一時．罔廸則於百世．乃眷至聖．是矩是儀．俾其綜五德之運．酌三正之宜．宜幽亢朽．秩正揆異．燐燐繹繹．錫萬世極．猶懼其職攣秩麋．不得底厥訓也．故中部兆軌．司寇脫跡．遑遑列邦．靡安厥席．以紬精光謨．篤宏後範．否泰之故．蓋有度焉．歷徵作者．君莫盛於陶唐．相莫赫於姬旦．師莫隆於孔子．孔子後天生而貫天始．格君位而肇君模．日月以明．四序以成．其道鬱於秦．芽於漢．漢以後膺符紹命者．愆正不齊．莫不景耀崇輝．日充月仭．有豐無靳．然而爵號欺也．旒冕贅也．袞服借也．仭土偶像也．塵羹芻設之議汨．作君作師之道塞．元化鬱焉．爰廓大明．芟蕪條陋．高皇創制．胚胎聖儀．世廟紹之．大章以釐．訛者黜．誣者革．丕揚至聖監古之治．高揭兩儀在三之義．使漢武悔其猶缺．唐元羼其未備．宋儒卷舌．元人屏氣．是以二百餘年．日月重光．天地增朗．男女異塗．班白弛負．垂珮垂緌之輩黨集．誦詩讀書之侶聲合．百靈駢翕．四夷劾輯．遐邇同文．南北共軌．

然而粵東僻壤．承誣襲故．文風之暢．厥有所塞．郡博董應舉上其事．袁督學茂英矍然曰．禮正久矣．而邦國不行．有司之咎也．且登挈皇度．其典順．昭融聖懿．其功鉅．潰豁愚聾．鋪陳三極之秘．其旨遠．小子雖陋．不敢辭．乃相與採縉紳之議．聲和寧之詩．舍像用主．餘釐如制．左右瓚祼．峨峨如也．郡博憚訓之不率．且俗之難詔也．爲之志禮樂六卷．於往祀著得失焉．韓子曰．余入聖序．睹所奉釐國制．簡而盡．尊而不誣．標教樹軌．與天地峙．蓋所謂煌煌乎帝者之儀．弗可加也．然猶韜華韞懋．自漢歷明．閱數世矣．至世廟而備．世廟迄今．文治丕矣．而東粵猶阻禮樂之務．厥惟艱哉．何怪乎聚訟之在昔也．抑余聞世廟時．羣臣頗有以貶王疑者．惟聖明中和建極．斷然行之．儀用不忒．今郡博之請已後．乃弗習禮者猶致疑焉．然此固制也．遵制無倍．則有厥志在．

定州古蹟志論

論曰．定爲慕容舊封．人多茫然．至問衆春園陽城臺．三尺童子能言之．蹟固有獨重乎．雪浪石．長公之遺．連城五都弗與易也．景其賢而違其轍．此與耳食何異．定武肥瘦本．重於昔時．今二本雖失地．刻之可摹者尚多也．天寧龍興．皆有古碑．釋道非儒莫表．愚夫愚婦邀福者踵接．遂可謂勝乎．不有文物．山川且閉塞矣．又志稱韓蘇祠多名碑．有司搨之者衆．役人苦而瘞之．然予到學齋未幾．得長公所書南香子詞杜牧之詩石刻于塵垢中．又荒砌上隱隱有字．拂視之．則蘇子美所草千字．又首本已缺．筆勢飛動．乃俱函之雪浪齋壁．以公同好．然則諸碑湮沒．非盡役人之咎也．

遊滁稿序

古今詞賦家．父子相繼者甚少．曹孟德橫槊賦詩．力非不壯．而于文人溫平之氣．毋乃刺謬．且所著．視植不能十之一．枚乘上矣．臯好作小賦．雜以諧謔．父風乃薄．惟阮瑀蜚聲建安．其子藉復與竹林之遊．詠懷諸詩可誦也．下此．牧之之有荀鶴．其瑣瑣者耳．豈非山川靈淑．一鍾已難．再洩遂微耶．

韓上桂

吾粵自張曲江頡頏開元後．談詩者衆．明興．羣英迭出．鞭弭之雄．幾與中原並騁．然弓箕世業．向亦未有聞焉．惟邇者太史海目先生．以文章正脉．擅名海內．令子啓圖．紹而振之．其叔伯弟姪．莫不蔚然煜然爲詞林冠．是何曠世罕覯者．萃之太史一門耶．太史之詩．直追初唐．置大歷以下不道．曩在滁陽．嘗梓而播之．人人咀以爲膾炙．且未具論．其遊滁詩．則啓圖所往省太史時作也．脉清而理細．詞婉而味恬．按之繩墨．毫髮不爽．是洵可以傳矣．余嘗竊睨太史爲人．文詞旣妙．行復質古．大類枚乘．而勝於瑀．啓圖少有文名．與臯無異．而又不雜以諧謔猥薄之體．其庶幾阮藉乎．然當魏晉之際．和其光而斂其跡．日以麴櫱爲事．故所著尙朱．今啓圖際明盛時．微詞不嫌於刺．直詞不病於激．大吐其菁華．而澤以道德．洋洋纚纚．吾未知其究竟也已．茲所梓特其全鼎之一臠．而珍味具見．余從太史遊．嘗師事之．與啓圖爲共社．覩其庭階蘭玉．不無歆羡．因論叙其次．以見吾粵有區氏父子焉．

族叔疑始子古賦序

古賦起於葛覃關睢螽斯．比興義懸．要不離賦爲宗．風雅猶雜出．頌迫於古而最．其爲賦十居八九焉．靈均旣放．變而爲騷．騷怨也．怨之情曲．詞難直遂．其於賦近也而則．司馬相如工於賦．詞始苞衍．謂曲盡經緯之趣．比興合而賦名．東西京罕得而儷焉．六朝間．復出小賦．詞旨麗而響切．體遂蕪弱．去古彌遠矣．要之古樂倦聽．鄭衞聲繁．循古制．則必胤嶽襟濆．淡醴疎羞．而一花一石．一絲一竹．淺而易工．激而少致．作者不能奧之以思．綜之以術．論器不必明堂．揆音不必淸廟．故纖靡代浮．而響響遂絕．且語澀則咽．字棘則刺．被虎文．蒙羊質．何暇包宏其中而溢肆其外乎．昔左太冲賦三都．必十稔乃成．作者良自苦．要以絡山川之勝．屬草木之奇．繹風俗人文之變．非假之歲月．未易爲力也．植槿者朝而榮．植豫章者七年乃見．此豈可同日語乎．

吾叔疑始子世經術．少事易．稍長．徙業春秋．繼而詩．日誦數萬言．嘗爲詞．雖尺幅寸牘．依擬秦陶．以故藝罕得志．嘗習賦．遂兄馬弟左．孜孜不倦．世人至捫燭揣籥茫不可辨．而叔獨享爲珍錯．眞所謂包風雲．籠海岱．文心古質超乎上．周漢以下．是日暮遇之也．嗟乎．士懷藻被黻．阻不見售．業逃之賦．賦復嗜古．罕雜響以眩里耳．誇於黃鐘．譬車適越而舟適楚．其能以無騷也乎．叔之不騷而賦也．其怨微也．曰．吾自習古耳．古之不讐．其何忍纕江蘺而泣靈荃．離魂弛節．令自放爲．雖然．屈不遇楚而馬遇漢．左得皇甫．洛紙以貴．玉鬱而耀．劍沉而輝．苟有凌雲．其患無揚意乎．余生也弱．其何足爲吾叔皇甫．廼椒蘭之妬．其知免也已．

祭區海目先生文

嗟維先生．環海儲精．扶輿挺秀．采孕珠江．芬含桂岫．白璧温純．黃鐘朗扣．仙系元邈．顯自漢唐．博陳昌議．冊重南鄉．端溪宅跡．偉族交翔．厥考積仁．循良著績．伯叔迭興．靈華濃錫．瑞則麟遊．雄乃鷙擊．維我先生・最稱白眉・苞鸞熠藻・縞鶴揚姿・性與古協・行爲世儀・待價而沽・有道則見・青雲聯翩・紫霧屢變・鵬翅翻溟・驥足追電・爰躋蓺閣・共羨瀛州・花□日晏・蘭砌風柔・直操狐筆・望負傅舟・遂輔青宮・奏對惟允・陳詩諷徵・援易惰隱・節抗權璫・不避虎吻・才而見妒・忠乃被疑・徙秩同佐・于滁之湄・早朝見馬・深夜題詩・北闕馳思・浮雲久蔽・蕭艾腰盈・蕙蘭道棄・匪懟於懷・惟激夫義・謝病自免・考槃云依・韋經用廸・鯉訓常貽・喜對芝玉・慰覩弓箕・

日月不居・寒暑屢薄・劍送重泉・舟藏大壑・台曜輝潛・卿霞彩落・帝乏顧問・國立儀型・公卿共嘆・遠邇咸驚・玉堂閟兮仙署寂・綸章滯兮椽管停・慨啓沃之莫竟・嗟棟柱之誰勝・嗚呼哀哉・雅韻漸隳・古風待起・擬砥中流・竟遭大否・鐘簴寂兮缶釜鳴・琴瑟絕兮箜篌理・傷旣喪於斯文・悵遺音乎正始・嗚呼哀哉・維予小子・夙藉甄陶・顧瞻融帳・感念虔刀・陵陽逝兮荆璞擲・伯樂沒兮鹽車勞・芳塵瞠其愈後・泰嶽仰以彌高・嗚呼哀哉・爰續騷篇・兼摹些句・蓀席肅張・椒漿潔注・巫衣動兮紛如雲・竽鼓雜兮聲怨慕・信德言之可傳・悼容輝之已故・嗚呼哀哉・

沈閔賦有序

上桂蹇劣・幼服庭訓・幸列賢書・竊謂弱駒受策・千里可致・而公車入對・報罷者數・自知不材・始退然有邱壑之想・欲奉二親以終身・乃先君子年僅六十・遽爾捐館・且泝厥疾・端有難顯言者・言屈平志脩行潔・爲其宗人蘭椒所害・以今揆古・怨豈異乎・余枕塊欲死・莫可投訴・乃竊倣怨騷・爲沈閔一篇・畧序姓系・因布哀衷焉・

肆南陽之苗裔兮・至弓高而始著・歷晉唐以有聞兮・迄相州而顯遇・余祖開基於魏國兮・派殷繁而四布・守幕職於嶺南兮・遂賁禺乎卜處・維三十官之隱脩兮・對灞水而容與・纘韋經以佑啓兮・向青雲而步武・伊安仁之閎偉兮・工製錦以揚聲・武崗之佐刺秩兮・譽交注於賢明・位雖早而未達兮・德並樹以榮名・

余少服皇祖之訓兮・吏期垂乎清白・于公之廣厥門巷兮・福若兆乎龜策・慝無隱而弗彰兮・誠微而弗格・雖轗軻其奚悔兮・仁獨安其如宅・迨余考其勤恤兮・道正融其靡隳・間考槃以自適兮・志弗習乎詭隨・盛幽蘭以自佩兮・屛蕭艾而不攜・璧在握而靡售兮・誨惟取乎式穀・述先烈之可循兮・譬中原之有菽・余幼惛而善病兮・誘之以舒徐・執七箸以諄復兮・雖飲食而罔□・□隱隱其如動兮・甫齠齔而知勸・觀辟雍於童年兮・舉孝廉於弱冠・荷孫陽之特識兮・駒始躍而輒蹶・豈弱力之難前兮・將轡御之竊詭・意飄蕩以難束兮・遂徒業於他藝・驗藥餌於仙經兮・習方伎之瑣細・置靈根而弗沃兮・托繁枝以自緊・遂汗漫於陳編兮・由甫田以滋穢・

嗟居諸以易邁兮・年倏登乎四十・無道德之可式兮・無勛業之可述・願退處於林壑兮・奉吾親以盤桓・製荷衣以朋好兮・具菽水以承歡・時不吾知其已矣兮・祈天性之常完・策仕進於仲季兮・余巖居而川觀・運嶮巇其靡測兮・悼吾考之遽殞・由服義而跖怨兮・屈修仁而椒慍・僞結交以相狎

兮・蒸酖毒而致困・賴良扁以少延兮・竟否塞以成咨・傷鬱悒其莫解兮・歎余罪通乎天・乏蔡順之精誠兮・同皐魚之涕漣・進靡沾乎釜祿兮・退莫施乎萊綵・萱孤生而若瘁兮・桂被凋而將殆・長飲血以自傷兮・覺餘生之已贅・魂渺渺其無定兮・余終不知其所稅・哀累善之無徵兮・怨前志之竟虛・招列缺之我察兮・藉豐隆以迅除・苟吾恨之獲消兮・吾何愛乎斯須・

亂曰・韓之爲宗・宋乃大兮・世服圖史・靡有懈兮・脩而獲妬・衆所怪兮・植莪得蒿・孰與慰兮・天道茫茫・惜蒙昧兮・

仰蘇亭賦有序

亭何以名・後人仰止宋蘇文忠公而作也・公嘗守定武・得石・文如雪浪・盤以蓄之・植槐其側・在學舍東北偏・歲丙辰六月・太府周心濂公自恒山循行至定・偕少府曹節公造訪斯亭・吟嘯移時・命州博士韓上桂爲之賦・其辭曰・

倚中山以延矚・引恒岳之巃嵸・當陶唐而肇跡・歷周趙以雄封・昴畢迴其互奕・滱瀛合以洶溶・當其休氣凝・祥雲結・士悲歌・俗壯烈・蘊千年而若茲・假文石以一洩・則有西蜀才人・東坡吟客・錦水揚瀾・岷峨對屹・灑詞賦於江山・擅風流於品格・際守土之淸餘・試搜奇而偶獲・爾其精光照爍・元藻纖微・波重翻而復折・湍欲瀉以猶遲・拖藍烟於釣浦・噴皓雪於漁磯・瞿塘悚其奔吼・砥柱震以傾移・是用作銘書於盆次・天人妙工・山水深致・怪俗手之未精・笑兩孫之莫秘・載以琬玉・飾以芙蓉・六鰲並載・神龜卒從・環蓬萊於東海・擢蓮藕於西峰・擬川觀而不厭・抽逸思之無窮・

亦有雙槐・是維手植・霆火內燒・苔錢外蝕・生意猶含・靈根未熄・枝槎枒以鬭奇・葉婆娑而弄色・留蟬響之凄淸・俟鸞羣之止息・與石丈而爲朋・詎爭榮於九棘・暑去寒廻・邈矣悠哉・滄桑靡變・兵燹弗摧・越六百祀如一日・曾何患於劫灰・信神物之攸獲・識斯文之未頹・道扇羣英・方餘後軸・載籍豔稱・遊人景服・莫不指片石爲泰山・望寒條爲若木・徒以蹟秘藻芹・境迷苜蓿・冠蓋慕以中疑・車徒窺而遽復・

云胡闃寂・倏覯高旌・旣勤熊軾・亦集屏星・循閭閻而敷澤・經州部以考成・挾煙霞之高趣・訪雪浪之孤亭・以傲以遊・載瞻載笑・芹沼旁遵・芸階引眺・解上牧之尊嚴・非元談之要妙・門碑起興・撫樹縈懷・激泉浩蕩・憩蔭徘徊・通臭味於往古・懸軌度而將來・惟德音之不泯・豈物理之能該・彼平泉之與金谷・不知幾湮沒於蒿萊・瞑色漸催・前騶緩唱・叢翠猶幸・黛痕如悵・嘆勝覽之不常・愜靈心之所尙・於是彼都人士・景附雲從・相與讚揚盛雅・想像高蹤・雕珉紀詠・以紹眉山之遺風焉・

月賦

楚襄王旣遊蘭臺・因適桂苑・延停乎瑤階・有頃・皓月始出・直照王懷・王乃進宋玉而問之曰・夫風之雌雄・則旣聞之矣・若夫月者・流照無極・萬里一色・寧有異乎・玉曰・唯唯・

大王之月者・閃爍萬狀・皎潔非常・經綺筵・透蘭房・徘徊乎紫闥・漏影乎銀牀・助高樓之明鏡・增素女之瑤粧・故其室滿火齊・壁搖金電・雲毋開屏・琉璃合殿・纖學玉鈎・圓裁紈扇・度網如梭・穿簾似箭・至於輪涵芳渚・采漾金波・又若投珠還漢・讓璧沉河・君王乃召皓齒・命雙蛾・揚郢曲・迭吳歌・羽爵屢舉・舞袖森羅・歡宴終夕・爲樂如何・

若庶人之月者・光彩如迷・清輝莫吐・位升短墻・潛窺暗戶・室小形虧・隙寬影度・塵壁損姸・敝帷掩素・喘每笑於吳牛・擣莫資於顧兔・伐薪桂之無因・念監臨之罔訴・

又或孤鸞獨照・別鶴寡栖・藁砧既出・破鏡徒飛・單傷角枕・冷惜羅帷・流黃易濕・素杵難揮・與夫荷殳遼陽・從軍隴水・久負歸期・未酬國耻・霧苦空營・風高陣靡・羌笛一吹・關山萬里・此其人莫不見月興歎・弔影長欷・永夜不寐・中心有違・孰與夫金宮之賞・會綺席之清怡也・王於是稱善・始令有司・視貧賑發・简戍恤役・賜玉雙璧・永爲上客・

五惜

萬曆丙辰・余春秋四十有五・始以乙榜受一氈於中山・其明年冬・以憂去・追惟少時・賴先人之敎・頗有知識・爲海內羣公所賞拔・乃賢書列後・惑志他歧・矩矱輒違・進取復謬・今二親繼沒・疇昔名流・寥落罕存・而余行業罔聞・鍾釜靡慰・生我知我・不兩負耶・感作五惜・以誌余過・

一惜

一曰惜歲月・蓋自古混沌既判・倫類斯繁・孕精川岳・翕氣乾坤・芒兮芴兮莫測・芴兮芒兮可原・爲仙庭之寶樹・爲幽壑之寒蓀・莫不玉挾懷中・珠擎掌上・曦御初升・霞光始放・幼而岐嶷・長而韶秀・頭角崢嶸・精神馳驟・驊騮策足於康衢・鸞鳳揚輝於遠岫・青春豫樂・以嬉以遊・嬌姿婉孌・逸態輕柔・花朝笑其擲果・月夜誇其藏鈎・陌頭桃李竟芬芳・江間翡翠映輝皇・綠髻少年情自別・錦袍公子意非常・或鬥雞而矜勝・或緤犬以爭先・折柳中和之後・執蘭上巳之前・自謂年華長駐・春光不改・買醉懷高・尋歡事倍・五侯第內・同追珠履之塵・百人會中・獨喝金盤之采・雨過雲迴・兔轉烏催・昔爲美好・今爲阤隤・潘生有搖落之歎・顏駟有老醜之哀・髮蒼蒼而就白・齒兀兀以將頹・往日慷慨豪談・憑陵俠骨・扛鼎力雄・冲霄氣勃・不覺蹉跎偃蹇・蠖屈龍鍾・語言寡味・嘻笑無容・感墮英之寂寂・傷逝水之淙淙・故曰・月盈則缺・日中則昃・善作不必善成・善走何如善息・金火相守而流・陰陽相薄而蝕・湍澗之下鮮停鱗・驚飈之中無定翼・雖有道參元牝・術種靈禾・覓丹蓬島・採藥崑阿・終莫返虞淵之逸轍・抗砥柱於傾河・徒疲夸父之策・空病魯陽之戈・是以志士競其分陰・上聖輕其尺璧・冠掛樹而弗求・屨遺塗而靡索・寧焚膏以續明・忍乘駒以過隙・引鏡自照・憂緒孔殷・四十已過・五十無聞・懼將來之有底・嗟往事之徒紛・寄語髫年弱冠・莫倚駕電噓雲・

二惜

二曰惜志行・嘗披典墳以逖覽・有往哲之高踪・太上稟

德於天性．其次斂節於陶鎔．恒履貞而廸吉．罔投經以卽凶．何吾生之獨闇．變往度而苟從．當其聞禮過庭．執經負笈．傍壁沼以棲遲．分藜燈而講習．亦嘗仰止高山．縱觀大海．惕屋漏以興懷．望塵坌而恐浼．歲月互換．軌轍多歧．珠以泥汨．金逐煆虧．厭守方之困束．樂放浪以游移．遂託意漆園．駕聲柱下．等毫末於泰山．喻萬物於一馬．認仁義爲駢枝．薄禮敎爲虛假．又況韻學梁指．綺語馳情．將張末隊．謬抗雄旌．屈宋供其驅策．崔張恣其譏訐．遂謂吐鳳未工．雕龍尙陋．花開花落．時賡野鳥之吟．雲去雲來．或代天孫之綉．鉢響在而篇成．燭痕新而句就．於是豪心頓長．逸興轉濃．淋漓杯酒．跌宕談鋒．同座駭其論說．旁觀哂其形容．崔瓊座右之銘．衛武初筵之誡．簣每隳於垂成．泉將淪於胥敗．令遂往而不還．誠不知其所屆．嗟乎．詭跡易炫．矩步難遵．木從繩則直．馬受勒斯馴．詩書禮樂．總生人之布菽．滑稽放縱．實世道之荒榛．用鉤吻以延齡．借羊皮以補貉．愚夫且謂弗宜．智士豈云可作．在昔周處．斬蛟誓志．亦有戴淵．投劍歸義．聞微言而忽悟．受嚴規而靡棄．割積習之牽纏．證本來之清粹．並能流聲史籍．作則士林．就當時而共嘖．歷異代以同欽．大道伊何．迷途未遠．譬彼農夫．是穮是蓘．苟夜氣之能滋．願含芳於歲晚．

三惜

三日惜遇合．夫聖明在御．品物咸亨．龍興虎嘯．道與時行．有崎嶇之賤士．獨壹鬱以傷情．其處身也寡營．其與物也無競．巽讓得之前聞．眞樸出於至性．自言家傍南海．素泝安陽．五雲絢采．北斗垂光．倚旃峯之岦嵂．引珠浦之微茫．舞象之年．知名下邑．入洛之歲．偕計上方．梅花嶺畔白如霜．楊子江頭映綠楊．維舟建業看春色．走馬新豐問帝鄉．聞道天朝招俊茂．棘院深沉嚴晝漏．凌雲梓轂並承斤．照日駕鸞同入彀．効太平而獻策．擬大寶以揚箴．將抒負曝之蘊．願溉烹魚之鬵．燕臺雄駿似雲屯．蹇駑何堪重價論．本期燒尾乘桃浪．豈知點頟困龍門．辭閶闔以蓬飄．泝河淮以旅泊．題詩瓜步之亭．作賦荊溪之閣．文酒盛以相從．賓湖歡其共謔．棄九仞之成勞．希千秋之杰作．雕霞鏤雪逞新裁．筆底瓊花次第開．似從緱嶺吹笙過．又向岷江濯錦囘．彈寶瑟以干齊．服章甫以適越．雖工巧以何爲．見趨舍之徒汨．玉爲釜兮珠爲粮．金作楫兮銀作航．欲療飢兮不可思．遠涉兮何方．豫屢擊而不中．管三戰而皆北．諒天運之多艱．亦人謀之近惑．日已邁兮月亦馳．虛際兮空含悲．求背城兮拾燼．顧然灰兮何時．懼此生之泯沒．故數過而長咨．

四惜

四日惜怙恃．本文殘闕．

五惜

題文全闕．

黎許 字國倩・增城人・萬曆甲午舉人・著有白鹿洞稿・阮志著錄・

黃使君壽詩圖序

運斗樞曰・衡星得則麒麟生・萬人壽・又天官書・狼北地有大星・曰南極老人・元命苞曰・見則主壽・蓋今上御宇二十有三年・於此志一動氣・垂芒散翼・不占可知・前數夕・秋律平分・許中霄仰候・則見第五衡爛殷南斗・因而嘆曰・堯舜在位・人不夭札・卽吾鄉黃髮・代不減香山社中・地誠有之・抑時亦宜然・

屬是月朔・別駕黃翁覽揆之辰・爲年已八十又一・惟翁不受夭損・德邵而神彌王・蓋星精云・且勿論其郎官上應於列宿・而別駕車屛・前後得以星章表・蓋翁所諱夢說・而世稱說乘東維・則翁命名之初・不獨爲大業徵・抑亦爲大年徵矣・獨以翁起家明經・而傳胥靡・翁佐上郡・而傳卜相・彼此前後・遇或蓮楹・然要之奇偶離合・致之有不與吾身・故歲星也・而嘲陛楯不必微・昴星也・而造炎鼎不必鉅・客星也・而釣富春瀨不必寂・太白也・而草行樂詞不必豪・惟本靈所扶輿・而氣有厚植・乃足符耳・翁之行長者・以比於萬石君之爲人・邑長吏歲存問・過廬而式・然未嘗與聞事也・則自翁之解組・而偃息於巖桂之下・散帙吟雲・三十年如一日・於八十猶掇之・豈謂佹得之哉・又翁淑配李夫人・與比年而結髮・木公金母・一堂之上・衡星符彩・又安得秘象乎・於是二三輩相與繪圖歌詩以賀・而許不佞僭爲序之・維北有斗・恨不不可挹酒漿而進也・

趙應元 字葆初・一字有鶴・新會人・萬曆乙未進士・初宰無錫・過惠泉・酌以自誓曰・淸不及此・非夫也・在任八年・剔弊去奸・擢虞部主事・晉郎中・奉使易州・乞假歸省・尋卒・著有栖元集・阮志著未見・

起廢棄疏

爲皇恩浩蕩徧施・廢棄沉淪可憫・懇乞乘時起用・以彰休隆事・竊惟帝王之待羣臣・猶天地之育萬物也・天地普陽和之澤・則枯木腐草・亦自生春・帝王隆霈濡之仁・則佚士逋臣・咸仰再造・肆今慶典聿成・吉祥畢萃・而解澤所被・率土沾曁・凡此朝野臣民・莫不舉手加額・以颺堯天舜日之盛治矣・獨有廢棄諸臣・淹淹陸沉・振拔無日・臣待罪銓衡・目覩遺佚之在野・有不得不爲君父陳者・蓋此廢棄諸臣・始固茅蕝之士耳・一旦遭時遇主・不能將順爲恭・而率其草野之性・徒以口舌爭可否・則蒙褫辱而返林邱・豈非其自致之尤哉・

洒臣覩諸臣・各有不齊之品・亦各具可諒之情・夫最上有精忠者・則勿欺而犯之義・講之已熟・故不憚蹇諤以上封事・卽其崇論閎議・不無逆耳・而天王明聖之想・固天日爲盟者也・情固可諒・其次有任氣者赤盡滿腔・而涵養未粹・故時事偶有出入・遂遽慷慨陳詞・以致爲驟爲亢爲激・然而忠君愛國之念・則素所自期許也・情亦可諒・又其次有立名者・既謂立名則實念未卜・然其所欲成者・蓋其犯顏敢諫之名也・論人於三代之下・惟恐其不好名・故□乎好名・卒求所以副其名・則亦不失爲耿直之夫矣・情亦可諒・然使中情

可原・而末路弗撿・則國家亦何賴於若人而用之・迺臣屢觀撫臣按臣之薦牘・及採輿人之月旦・孰知諸臣伏處巖泉之下・閉門誦讀・礪齒姱修・而堯舜君民之志・未嘗一日忘諸懷・則彼其人固非通塞二心之人也・皇上雷霆爲威・雨露爲恩・原自並行不悖者也・諸臣昔以戇直招尤・則削竄以昭激勸・諸臣今以砥礪補過・則甄拔以示含容・此固勵世振俗之微權也・況乎當此湛恩旁洽之時・正暗沕向明之會・而遺佚阨窮之輩・分別才品而次第用之・則皇上濊澤・固無不偏之處・亦無不被之人・諸臣以寒谷久淹・旦暮復出奧渫・而展采錯事・則指軀竭力・以贊休明之上理・以報大造之洪恩・固知亹亹有同心者・宗社生靈之利賴・豈小補哉・臣爲此不避煩瀆・具疏上聞・

莫鳳巖先生三教會編序

大塊苞靈植・主惺惺而客焉者幻・唯是不昧於適・迺剖其藩而宅其所焉・夫客而幻者・擅塗炎竈之爲揞・揞所舛戾・何翅千里許・若迺譚元課睿・自標不二法門・初猶與吾儒分駕犄角・既則甚犇軼而先之・此人心之蝨賊・周孔之亟夷也者・匪其識至高・又孰從而辯之・蓋曰・象盤而盤・非日也・眇者叩盤聲而日之・譚元課睿・而托足吾道者・則眇者之誣日也・明於主客之辯・而不溷其惺惺・斯稱羽翼聖筌・而所關於名教・不么尠焉・

鳳巖莫先生・世家嶺南・從先大夫籍・錦衣補順天弟子員・甫弱冠・即謝一切支離之業・獨濬心竅澤明理・日斤斤焉肆力聖賢大學之旨・百家汗牛・固所不遺・涉獵乎而不歧路是鶩・二十四・舉孝廉・夫士也脫屩登華・則有嗜脆豔若蔗・而弁髦其故吾也者・先生蔬糲如昨・執贄增城之席・遡江門之的而彀率之者若而年・年躋强仕・始成進士第・先生遂慨然曰・明親原非兩截・余嚮日斤斤肆力者・或可厝諸實用而不以天下事嘗矣・筮仕地曹・錙銖不湼・出守兗郡・琴鶴風高・自是司臬於松・司藩於滇・觀察於閩・隨所稅駕・巋然標豎偉伐・及今讀權政・守政・邊政・平番諸稿・滇藩行稿諸紀・蜚積纚纚・膾炙人口・厥後不雅合直指・遂以春秋高致政・時盖耳順又二年矣・

先生曰・吾儕出而營職・將以所學克治世務耳・而試焉有域・孰與舉吾二十載所肆力者卒吾業乎・用是羈鞍蘧廬・正襟危坐・每日必自呼曰・主人翁在室否・蓋欲惺惺常鎮・不令客幻乘是蠱而他適・所筆代藝賢己稿・纍纍數萬言・豈其摭拾以賈奇者哉・業已批却導窾・劈眞幻之懸解・洞如也・然猶自謂弗究厥奧焉・儒道釋別爲三編・闡發吾道心印・儼乎坐濂洛關閩之側・而針裁其領袖者・二氏者流・澄心返照・夫亦煉神也・方之而谿・交梨火棗・夫亦尊生也・方之而左・則津津焉・辯之若黑白・擠之若仇寇・使不得築門戶以與吾相角立・而吾儒惺惺眞宅・燦如日中天・彼寸雲尺霧・靡所翳障焉・此非灼於主客之分・而不以幻塗昧所識・烏睹此乎・先生既遺養・督學使者採輿碑・奉鄉賢俎豆之・是先生羽翼聖眞・功誠不尠・而食報亦有羨榮矣・太史公有曰・當時則榮・沒則已焉者・視此不星壤敻哉・

明興二百餘禩・我白沙陳夫子崛起江門・潛心正學・至今與河南・餘姚・金谿・餘千諸君子・從祀文廟・嶺以南・

赫然長華采・白沙之學・增城獨得其宗・莫先生師事增城・而直接其原委・即搘俎素王之廡・且有藻潤焉・而區區事鄉賢之報・胡足罄其梗概矣・噫嘻・先生往矣・三教犂然臚列・第令後生學士・儻不昧其惺惺・而欲探正學之元珠・尙藉是編爲司南乎・庶幾不長夜哉・

袁崇友 字伯益・東莞人・應文子・萬曆乙未進士・授南安知縣・累擢至南昌知府・未赴・再起爲尙寶司丞・行至潛山・歌陟屺之章・託疾歸・崇友宰南安時・嚴懲猾吏攬賦・故課盈而民不擾・中使榷稅・復抗陳邑地磽瘠以抒民困・南安之民德之・祀名宦・著有讀老二十四章・阮志稱老子注・又有春草堂文集・皆注未見・

侍御林公疏草序

林公之在南牀幾三年而謫・則之閩・崇友出遇公・彈指太息曰・今之君子・非不能言也・挾眇賈奢・中藏不可知・一言不當主・顏面怏怏・薄言散置・無不遽廬是託・歸臥空山・罔著無逃之義・嘯詠述作・鬱邑侘傺・舍王臣蹇蹇之節・不效計地視官・自放於騷人遷客・若以爲臣皆忠良・而主不必皆聖明也・是得爲大丈夫乎・友・公年家子也・故公與友深言・公所職既員外・置食才半奉・無公事・是以有先賢遺蹟之役・揖幔亭・扶玉筋・扣石鼓・蓋皆有詩文・怨而不怒・居久之・念太夫人無已・時則請告歸・戊戌夏六月也・秋七月・次于羅浮・入閭門・則太夫人迎而笑・既修色養・九月・復遊於羅浮四百三十峯・皆公之所寄逸志也・其明年・乘桴觀于海・至厓門・宋丞相陸秀夫抱其主曰・陛下不容再辱・遂此死者此也・公蓋痛哭流涕・悲其時與人・又及歸疾作・月餘而歿・今其遺疏若干篇・公之子鈁刻之・

余惟今之君子・則誠能言・顧無奈不當林公指・何人情愛有不得割・必忍自其心・氣有不得伸・必泄自其口・上方窮蓬累・靡所短長・遘會崛起・至重爲天子耳目之臣・亦愛之矣・仕則慕君・不得於君則熱中・即雖利祿溫飽之私不萌・標樹建垂・猶將以官爲藉・非其趨而蹶之謂也・有位於朝・見時政得失・思人物臧否・不可以主・又不可以私憾・業已奮氣・而遑恤其他・無論其大者・批鱗則殺・投鼠則碎・即其次窮荒四裔・古之所謂魑魅也・而吾是處舍甑不顧・徼萬一之幸於賜環・俟河之淸・人壽幾何・與其及也・此皆不出於患得失者之算・又何至逆而億之・毋亦曰・人臣事君・猶子之事父母・子之事親・命也不可解於心・臣之事君義也・無所逃於天地之間・蓬累之與離・耳目之與寄・恩深矣・諦報之難焉・利祿溫飽・吾豈敢知之哉・亦各言其志耳・天子至仁聖・容納垢汚・有過藪澤・雖言無當・示懲而止・無大譴大呵・使自效於請室也・而何敢負其施・名之曰放流・從容問曠士大夫・以是知我・後生友朋・以是景我・詎爲不遇乎・而必曰高舉深思・自令放爲・烏在東西南北・唯命是從・何以言事君能致其身也・死生成敗・遠近得失・不入於胸中・是爲不言而已得其大・不言而已得其大・繇是則可以言焉・而有所不避也・公疏實云・矢死靡他・推此志也・雖與日月爭光可也・公居閩兩年而始歸・歸而不忘・復去以畢乃職・何知利鈍・亦有義命而已矣・公先大夫艾陵公・爲眞道學・繇郎署都運於閩・公入閩・載葺乃祠・公爲

新化令自有祠．少失艾陵公．撫弟妹使皆有成立．以故太恭人無後憂．東官之言孝友者皆歸焉．忠孝不歧路．斯余所因嚴公矣．其斯爲敦倫君子也．

贈邑侯馬公入覲序

歲辛酉．今皇上始政．已以仁覆天下．湛恩汪濊．逮海隅日出．罔不沾被．明年正月．當受玉萬國．敕羣吏而大斥陟焉．於是吾邑侯馬公．奉計書．庀庫徒．行有日矣．邑縉紳合而謀所以贈公者．相與請言于御史大夫徐翁．翁曰．楚憲使袁翁最長．不佞雁行也．不敢先也．諸縉紳則更進曰．袁翁已開八秩．完氣而守內矣．而更煩以筆札仰翁．將若之何．徐翁曰．固也．袁翁之子尚寶君．以言一日長也．稍習爲詞．使代而翁言．其可．家大夫頤而呼小子崇友曰．小子樸樕無能．爲諸長老役．顧何以謝而師之．越衆而屬也．小子言矣．崇友頓首受簡．

惟三載考績．始於唐虞．至其後而加毖焉．書紀舜廵狩所至．必登其方岳．升燎于天．羣牧受職．斧坐未温．鑾輅之嵗嵗已載塗矣．夏后氏乃有防風之誅．周以還．所稱王廵所守者．曾不數見．而於不朝之刑．自貶爵而至于六師之移．凛如也．何上古之君．迂其身以撫天下之勞．而後世人主．不下堂而捖大合．若此其逸也．蓋勢使然．無足怪者．國家業已定爲三載一朝之制．及其時．藩臬大夫郡邑守長．走而之京都．已於事而竣．賢否白黑如列眉．旌異之所．旦考成．夕而更組綬．否則樸被去．其受事淺而名已張者．使歸茂其猷以待取焉． 公以進士高第令吾邑． 僅踰歲而美政彙彙．不可殫述．不肖誠不足以窺公淵博之用．而閒嘗竊睹一二．推厥本原．大要豈弟以爲根．仁義以爲澤．經緯之文章．而提衡之以名法．民不擾而日嘗舒．此其大較也．以故政方新而譽已騰．於嶺南無兩．而公謙和自挹損．未嘗有振而矜之之色．公今入而晉謁承明．天子方坐明堂．按圖籍．侍中執法臨飭左右．有如問公何道治東官．何道期月而聲實流聞公卿間也．王生歸美之言．劉守偶然之對．公得無存於胸中乎．公受事誠淺．亦惟是不次之擢．國家所時有也．令公一朝受主知．援爲侍從耳目之官固當．不然．而天子明見萬里．賜璽書勞公曰．東官雖蕞爾．巖邑也．邑得新令．新始昇使飫乃德焉 行且徵矣．邑父老子弟喜而後可知也．隆古之世．君臣相接．燕享歌樂．歡然有親戚賓客之好．今誠不敢遽望如昔時．顧惟人臣出身事主．離奧渫．耀光明．其幸者爲充庭鷺．爲柱下吏．從公卿後．朝罷而帶餘香以出．見以爲身依日月．若把麾而行．剖符而治．非三載上計．未有能至于青瑣彤墀之間者也．不肖備官垂三十年．雖仕未登朝．然衣褐受制策．從多士聽臚句．傳甲辰輯瑞．臨遣而歸．未嘗得一聞清蹕之音也．馬公成進士．猶在神皇帝時期．於今而值明主當陽．旁求綜核．不遺餘力．公今而馳驅不遑．以赴期會．至于三朝．服其命服．垂珩璜．瞻龍袞．一何遭逢盛也．

夫覲之爲言近也．以人臣仰天子．論其勢．無異從海上望三神山．金銀宮闕．不可得見．矧羣仙嬉遊翔舞其間者哉．若是義何居焉．不肖以爲近莫近於人臣之一心．而可以通情穹霄．蔭戴元祉．非其地之謂也．詩言人臣之事天子也．媚茲曰夙夜．夫非心與心本近而遠焉．肝膽楚越．雖日周旋于綴衣虎賁之行．無取也．積其精．無旁竇爾營．是之謂近．竭其股肱．無他歧爾奔．是之謂近．守爾塞．無以爾五官闋人之得失．是之謂近．以觀于我馬侯．則眞能近者也．忠裏而信□．卽之如玉．望之如雲．其民畏而愛之．如師保父母．夫人爲臣而遠其君．且得近者乎．無有．君近矣．視其民若赤子之在於懷．無日而忘．公行矣．父老子弟其爲日以徯矣．家大夫持簡哂曰．小子何敢與知詞．其言覲．則其師訓也．以復于徐翁．使書之爲公贈．

黎烈婦傳

烈婦吾邑西湖張氏女也．父爲孝廉春宇公．婦生而慧．間從父兄所得古烈女傳．讀而愛之．欣然若想見其人．少事玉濤黎君仲子夢昌．比其歸．則夢昌已爲諸生矣．夢昌故羸劣．又進取意銳．時攻苦．下帷誦．誦劇病亦劇．烈婦於其夫．琴瑟靜好也．然緣此．事夫益莊．憂亦益切．歸數年間．生一女．夭．最後生男．纔數月耳．乃病．病則已不可爲矣．夢昌卒．烈婦呼號天地．期必殉．家人子日夕共持守之．不得間．而是時遺孤已先病疽殆．婦趣死惟恐不獲．夢昌卒後二十一日．晨起方奠．婦爲書一通．及衣履焚之几前．若相報死者．比暝．抱孤兒膝上．洗瘡傅藥．淚下輒茹之．給乳兒嫗令先就枕．未成寐．顧索烈婦．則自經於廊簷之下矣．家人皆驚泣．恨不及．乃乳嫗言．婦知兒必不起．誓必死．誰能奪者．烈婦死夕．其明午．孤亦亡．蓋素決也．比及殮．衣皆鮮以周．嗚呼烈哉．狀又言．婦性至孝．過絕於人．聞母病．憂遽不能食．父訃至．慟幾絕．居姑嫂妯娌間．所稱述惟吾節義中語．是所繇來遠矣．

外史氏曰．古之論女德者．曰窈窕．曰無非儀．以順爲正．如是而已．此其常也．至于履危見節．凛如霜雪．編列圖史．其人去之千載．猶有生氣．要以風世示軌．常變一也．晚近世所艷稱．惟烈與節．烈期之捐軀．庸情所怖．亦惟是身爲女婦．自弄瓦施衿之時．而不踐二庭之操已具矣．猝遇荼毒．生全維縶之間．慮殫終始之變．至痛不可割截．至苦不可調劑．不得已而引身自裁．一瞑而萬世不視．以謝所天．求仁得仁．其甘如飴．推此志也．雖與日月爭光可也．節則又異於是．夫我身也．夫死之日．而精魄已銷亡矣．猶舍囓卒酸．勉存餘息．或稱立孤．或圖厥嗣續．不幸而窘迫强暴．雖殘形毀髮．不易其志．白首幽憂．終畢其天而死．雖死猶不死也．譬之蒼松老柏．托根千尺之巖．陽律不回．而冰霜自傲．枝幹剝．膏液竭．而節目礌砢．必不與繁花野卉同日而腐．故曰節也．節之事苦於烈．而烈之心固可以爲節．殆難軒輊論焉．有如黎烈婦．夫死子又且死．身居其中．無可以生．而有可不死者．在此方寸間耳．吁嗟乎．偉哉．

臣事君與婦事夫．論者嘗相提其義．皆取於致命遂志．若所遘會．幸不幸有可得言者．今夫文信國之爲忠於宋也．萬世之嬰孺知之矣．然方其國亡主殞．身爲浮纍．羈棲于燕邸之樓．求死不得．至願有黃冠歸故鄉．卒之就義柴市．而始南向再拜曰．吾事畢矣．令元主聽公言．使得以黃冠歸．卽歸而號召江南．欲爲所欲爲．其勢必無成以死．卽不然．

而顧瞻遺祉・徘徊痛哭・必下從彭咸以死・公節亦完・必稱心無憾之爲快・吾以爲猶不如陸丞相 身執羈靮・流離絕島・計窮道盡・含笑引義・與數齡帝子相扶抱・並歿于馮夷之幽宮也・信國蓋亦不幸・而不得早畢其事以死矣・如烈婦固不快哉・是宜傳采之太史氏・傳之萬禩・爲女士式・固無愧焉・若予言則一吷而已・

鄧雲霄 字元度・東莞人・萬曆戊戌進士・官至四川參議・雲霄性廉正・有古大臣風・而博洽多聞・在都時・日集名流談論・每得一紙・即書投匭中・積久成帙・爲冷邸小言若干卷・與所著百花洲集・解弢集・四庫提要著錄・阮志注存・又有漱玉齋文集・今存・其紫煙樓竹浪齋等集皆未見・

重刻空同集序

詩者人籟也・而竅於天・天者眞也・王叔武之言曰・眞詩在民間・而空同先生有味其言・至引之以自敘・夫空同先生・跨轢千古・力敵元化・乃猶稱眞詩在民間・而夫子亦曰・斯民也・三代之所以直道而行也・以吾夫子之聖・不能外於斯民之直・空同先生・固聖於詩也・孰能外民間眞音・而徒爲韻語・

古者先王命太師陳詩以觀民風・吾夫子刪詩・先風而後雅・里謠途咢・至與清廟明堂之聲・同鏗鏗鍧焉・即清廟明堂・登歌賡唱・亦當矢口發籟・直布胸臆・非如後世文人墨客・抽黃對白・剪綵隋園・學步邯鄲・徒以韻語相矜詡也・自唐以詩取士・而詩道寢衰・而其眞而近古者・往往得於侘傺無聊不平之感・故眞者音之發・而情之原・從原而觸情・從情而發音・故赴響應節・悠悠然光景屢新・與天地同其變・徐而歌之・暢然愀然・足以感耳入心・移風易俗・美愛而傳・亦與天同其久・固知空同先生所以集大成・而自帝此道者・蓋有本矣・余之梓空同先生集也・豈自附汙不至阿其所好・夫亦願同志者皈依正覺・毋蹈野狐外道・抑噉白雲秋色・中原紫氣等語之爲魔軍・余將倚劍空同而摧仗之矣・是役也・潘君景升校讎半載・深窺作者心苦・景升雅善詩・名傾江左・其欲皈依正覺・則猶余志也夫・

冷邸小言自序

今之官炎炎者居北・而南者冷焉・今之文人韻士・趨炎者駕而北・而不厭冷者南焉・余昔官南垣・所謂冷邸也・世之文人韻士過金陵・罔弗予顧・余時時倒屣・彼固有所見・非厭冷者也・乃時方執三寸管・議論天下人與事・然決不可以人之事・而掛文人韻士口・微特俗雅不入・亦虞舌鋒翻瀾・開他璺・乃標一聯於澄碧亭曰・下簾成小隱・對客祇清言・又申約三章曰・過我者必塵外人・願共修塵外事・厥供焚香瀹茗・厥談品古論文・勿譃勿譟・勿道今人長短・客至遵約・雍雍愉愉如也・即座上常滿・而聲響杳微・闃若無人・及茗寒香歇・主賓都忘・徐出一言以相正・我言之而客校之・客言之而我讎之・覺有中矣・急命小史書而投之匭・以爲常・此雖冷談不急之務・亦省議論一端云爾・自予外補入湘東・復移營陽・萬山深僻・文人韻士歲不一至・憶往事如隔世・只有愚溪一片石堪對語・偶檢得前匭於書簏中・啓視茫然・可發一噱・因芟其玩世觸忌放言寓言者・投畀炎

火・所存者論詩什九・品古什一・不知孰屬客語・孰屬我語・總而署之曰小言・夫小言安足存・存吾昔時泠邸佳趣・將以寄諸同好・未敢輕以示人也・

羣玉軒集序

予入楚・鮮投予以詩者・訝楚固騷國也・何落落莫莫乃爾・已得伍大大鏡湘集・讀而頗善之・雖骨氣未沉勁・然屬唐調也・後又得袁生伯瓛・氣味合伍・而高華稍踞其上・意湖南彈丸黑子地・遽得此・此何可輕視楚・楚固騷國乎・予未覩其大全耳・及予入郴・而獲交伯瓛之父岳部公・癯勁淵穆・如崇山奧澤・深於龍虎・所著書雖得廣目・知其博於古而精於持論・文稱其人・然未知其能詩也・無何而公厭世去・伯瓛始手錄其遺詩・就予校・其中訛字缺句・未敢綴更・疑以傳疑・蓋其慎也・予時于役走武昌・得於輿中縱觀之・大都饒古意而傳今藻・寫情布景・奏聲揚韻・往往流自胸臆・悉協宮商・其訛缺者置勿論・論其完璧・居然巨手矣・予乃知伯瓛之淑於詩也・聞自趨庭也・夫湖南之在楚・袁氏一門之在湖南・此何異蹄涔寄大澤・乃余始得伍大夫・繼得伯瓛・又得伯瓛之父・皆足以張楚而抗衡上國・況全楚之大・余未及見者乎・余故曰・安可輕視楚・楚固騷國也・

昔韓昌黎送廖道士序也・謂郴之爲州・在五嶺半・州中清淑之氣・於是乎窮・氣所窮・盛而不過・必蜿蟺扶輿・磅礴而鬱積・意有魁奇材德之民生其間・而吾未見也・昌黎作序時・想未至郴・其貶潮陽也・未知過郴否・未知其能搜索魁奇如余與袁氏父子否・余將南歸・下瀧水・韓廟在焉・余當酹一觴曰・郴自有人・余及見之・楚未可輕視・楚固騷國也・然郴前有文簡何公・擅博雅・與李獻吉善・又不獨袁氏父子矣・

吾詩序

余獲交林元培・自丁未暮春始・彼時元培妙齡取高第・裘馬看花・翩翩然白晢綠鬢・長安噪謂誰家玉人・余時坐其傍・覺元培爽氣四映・不言不笑・自具風流・余私語同儕曰・此君宿世定詩人・叩元培以詩・恂恂不出口也・亡何・元培出守方州・已又厭簿書・求青氈靜寄・其嗜古益深・而賈勇益決矣・迨讀禮山中・交游盡絕・冥搜遐討・將莫窺其際・至於今其詩始成・而余宿世詩人之言始驗也・余量轉南還・避暑泉石・問閒花野鳥・皆索予詩債・而元培適寄所刻詩・臥而讀之・高情遠韻・麗句巧思・往往如元霜絳雪・不從人世來・擊節微吟・悠悠若有會・能使石點頭・泉噴珠以應也・甚矣・元培詩如其人也・而元培實自標題曰・吾詩・此皆所以爲元培也已・

夫吾者・不借於人・人不能借者也・今世工詩者輒曰・我漢我魏我六朝・我唐之初之盛・而附和標榜者・亦漢之魏之・六朝而唐之・而人終未與也・謂之曰吾・則人欲不與不可得也・元培不言不笑・自具風流・邇之者神爽而心醉・不必乞面於安仁・假靈於叔寶也・其詩若必取漢魏六朝初盛唐而斤斤摹擬・是活埋叔敖・而使優孟搖頭・抗袖元培・其屑爲乎・予知元培自有吾・吾自有詩・無用拾人餘唾爲矣・然觀元培所得語・或似李・似杜・似王・似孟・又或似江鮑

陸謝・大都傳神寫照・元培不自知・而時露其倪・此乃向者余定其爲宿世詩人・或此數公後身・未易測也・元培毋認吾爲吾哉・

李烟客詩集序

余素不喜人序余詩・恥受人諛也・己則恥人諛・而諛人可乎・故亦不喜序人詩・間有徵余序者・强而後可・必不敢過爲讚許・僅肖其人而止・則猶之乎匪諛也・顧獨喜序李烟客詩・其所刻羅浮稿・業己序之矣・烟客以近所得詩・倒篋示余・余津津有合・擊節不置・即走書促其鋟板・且曰・余爲若序・以共翔海内・於是烟客書來徵序・

客有詫其事而質余曰・子之不喜序人詩・素也・其序烟客數也・且又以書先・其工奚若・而津津擊節乃爾・余曰・烟客詩從王孟入・王孟者・詩家無上菩提也・余嘗評王詩・如珠瓔寶絡・具莊嚴相・然如意指點・寂若無言・孟雖破衲芒鞋・而一鉢之中・降龍有餘地・蓋其性冲・其精舒・其味淡而實腴・遊夫六虛・悟夫眞如・烟客學之・閒適恬愉・肖其神・澤其膚・蓋已具體而微矣・客曰・工一至此乎・人亦有言・詩能窮人・又云・詩窮而後工・烟客屢不得志於靑衿・且家徒四壁也・可謂窮棘矣・工或由是乎・余曰・詩由胸次・不由窮不窮・王之右丞也而工・孟之衣褐也而工・總之胸次灑落・心中無一物・筆下無點塵・彼其視人世窮達・猶土苴也・故吐出皆天際眞人語・倘爲窮所縛・胸中愁苦逼窄・語必蹇澀乾枯・如郊島之窮・愈見其不工耳・且孟嘗與客飲酒樂・留連不去・寧失要津期約・玄宗臨况・出床下而陳詩・使其時肯作一乞哀狀・安知明主不憐才而致通顯・彼固夷然不屑也・烟客今固窮・其豪宕放曠如故・已酷類襄陽・且其年甚富・途甚遙・才又罔不饒・肯移其工詩者工制義・安知右丞不唾手得・其窮亦易瘳耳・故窮不窮・不足以定烟客・惟工可以定烟客・能於百尺竿頭更進・則今所云二者・亦不足以圍烟客也・是在烟客矣・予則安敢諛・

王右仲慙陶集序

昔蜀人王庠以文干黄魯直・子瞻寓書爲先容・其畧曰・庠文行超然・筆力有餘・出語不凡・其人有致窮之具・而與不肖親・又往求魯直・其窮殆未易瘳也・余讀之・不覺失笑・咄咄・子瞻英雄欺人・彼謂文致窮耶・窮致文耶・窮固不必瘳・窮入膏肓・正文人得趣受用處也・子瞻才高戇直・時宰欲殺・遠竄瘴鄉・而黄・而惠・而儋・轉窮至於託身無所・借桄榔餘蔭・蘧廬其下・含荼茹蓼・爲千古文士所未嘗・至窘矣・然其窮轉劇・其文若詩轉工・試披子瞻謫後語・往往似長康啖蔗・漸入佳境・洵哉・窮最得趣・子瞻蓋酣暢其中・未易以語人也・前言戲之耳・

余無文解送窮・日與窮習・友人王右仲自四明來・與余習・至則剪園蔬・烹海小鮮・濁酒相勞・交意甚淡・稱我如水居輩行人・與語・語輒高曠玄遠・與論詩・倡冲深惟・泊而有餘味・余謂子實異人・必獲授異書・右仲曰・吾師五柳先生・因袖游詩一編示余・標曰慙陶集・余笑曰・師而慙之・有説耶・閲詩所涉歷・由錢塘走臨川・踰大庾嶺・下英州以觀于余邑・所至學臨邛司馬・遊以資行橐・意或有慨

不慨·若境之山川名勝·詞人韻士·時躡屐把臂·意氣相歡·則罔不慨也·其中旅況·悲喜萬狀·畢收於詩·罔不激而溫言之也·豪而約言之也·奇而夷言之也·可欷可涕·而嬉笑言之也·其學博·其脉清·其力大·其氣和·其興寄·悠然令人心醉·即近調不拘陶體·而竟冗酷傳陶神·眞脫胎換骨於五柳門前·探環再世也·閱集所自爲序·深推服陶公·謂其屢空晏如·躋之顏氏列·又折腰之辱·甚於躬耕乞食·能道陶公心中事·念茲游苦窮所迫·有求之態·辱於折腰·集以慙陶名·大抵發憤所爲作也·余因舉所評子瞻書中語以謔右仲·子非慙陶·蓋慙窮有求而欲瘳耳·余非魯直·未易瘳子·子窮若坡公·自不必瘳·夫以久仕之坡公·轉謫轉遠也·而詩工·以初仕之右仲·轉遊轉窮也·而詩亦工·子詩能逼陶·去宋調遠矣·毋庸慙矣·余不能效昌黎爲子送窮·且效段成式爲子留窮·當囑司命君·晉子廣文片氈·冠南宮·坐玉署鳳池上·終子身爲清郎清卿·不許作肥腸滿腦語·以辱五柳·子得然否·右仲相視而笑曰·予慙陶·亦戲言耳·遂書而弁其集以行·

披帷館詩序

季琳陳公·以右伯分部嶺東·於時山海寇並張·公建旌提鼓·挾經秉枹·拒寇虐于鼉宮鯷壑之外·而內以固其牖戶·剗奸密隙·飭法宜民·令下即循·惠施即被·四境之內·得以保室廬而甯婦子·公賜也·公處倥傯中·政事治辦·神氣整暇·敦綽雍容·嘯歌不廢·李刺史從公治兵海上·公餘出詩一帙·刺史校讎而授之梓·私以示余·余廢詩凡兩載矣·始拭目而誦公詩·謹拜手而揚言曰·幸哉嶺東之得有公·又幸哉吾嶺東百世後得長有公也·羅浮奠鎭以來·敷仁覃化·其間惠露二天·仁風十地·豈曰乏人·而民間所傳誦·獨韓昌黎蘇長公·聲施至今·童孺悉知其名也·何哉·澤有時而斬·名有時而堙·未若文章之無窮·兩公詩文·照映百代·流風遺韻·繫于人心·故山曰韓山·水曰韓水·豐湖鱷渚間·蜿蜒若垂虹者·曰蘇公橋·蘇公堤也·公文章宿老·涵古茹今·是韓蘇一流人·丰神氣韻·嘗抗之千載·上與古人相酬·購三代秦漢來鼎彝法物若名書畫·置几案間·兀然玄對·謂勝與俗輩語也·公自爲染翰·畫入能品·藝林得公片紙·以爲至珍·其清尙如此·故發而爲詩·語多古腸·吟無滓韻·指物程形·無暇顯書·似詩中有畫·質栗然而古·光油然而幽·味黯然而長·似詩中有古鼎彝·其奇崛勁峭類昌黎·其跌宕縱橫·窮情盡態類長公·每得一篇·朝成暮遍·傳寫流聞·又如昌黎驅鱷之篇·長公寓惠之作·家哦而戶誦之也·

公閩之莆陽人·閩詩自洪永時·十先生專譚興趣·其言秀潤而典暢·弘正間·敦尙氣格·鄭吏部執規杜陵·與何李邊薛·並驅一代·學士翕然宗之·今海內且競爲新聲·氣格漸靡·而閩之君子·守其先型·獨存正始之音·雄鳴于天下·以觀公詩·不其然乎·公於閩·一矢代興·則爲十先生·爲鄭吏部·公爲政于粵·粵人爭尸祝于昌黎長公之間·夫昌黎長公·當崎嶇流竄之餘·流風遺韻·永世不磨·公銜天子命·建牙一方·向用方新·出其經緯壯猷·揆文文治·奮武武飭·施澤於民·既溥且長·非兩公比·公詩又乘閩方

張之氣・叶調諧格・其奇藻遠致・當永與羅山惠水相暎帶也・誦其詩・知其人・吾嶺東百世後・長有公在・遂與昌黎長公並爲鼎足・羅山惠水・不亦大有榮施哉・

天尺庵記

余登祝融峯巔・苦乏可少憩處・乃指其稍衍地示僧曰・此宜庵以待濟勝者・余將時時據悟・其可乎哉・僧曰・峯高多烈風・瓦如飄籜・且雖峯也・若坐大海中・茫茫零霧・濕氣蒸浥・棟蝕榱朽・不數稔而輒摧・雷雨雖從峯下・度毒龍亦嘗過而問焉・攫之爲烏有矣・故絕頂鮮卜築者・余曰・不然・巔之石・嶄嶄嵒嵒・罔有能飄之浥之摧之攫之者也・太上貴因・余因山所有・石其壁・石其棟榱楣櫨・其瓦也・以鐵易陶而鍵焉・其底於永乎・夫鐵者毒龍之所畏・而石者風之弗克舉者也・衡山何令力贊余成・余乃捐俸而經而營・不數月而落之・製雖狹而堅・求其可憩爾已・求其無飄之浥之摧之攫之爾已・庵成・顏之曰天尺・顏亦用石・獨木其扉・以石重難掩・木卽朽易新也・

客有謁余而請曰・茲庵也・其去天尺之義乎・余曰然・曰・然則山可抗而高乎・天可抑而卑乎・祝融雖高・其去天不知其幾千萬里也・奈何其尺之也・道家稱・六天爲欲界・十二天爲色界・十四天爲無色界・而內典所名天・尤層累焉・是未易以千萬里量也・奈何其尺之也・余曰・欲界天去色界天遠矣・色界天去無色界天益又遠矣・既無色・更何界・既無界・更何名・其有欲有色者・人天也・其無欲無色者・天天也・余之庵・以待色欲兩捐者之憩之也・冥心游神・滉瀁空洞・其去天天也・不隔一微塵・顧愕愕焉駭尺謂近・而其猶有人之心也夫・然則茲庵也・憩無其憩・非鐵・非石・非棟榱・非楣櫨・非顏扉・非風・非龍・非霧・非零・亦非祝融・誰飄之・浥之・摧之・攫之・誰受風・受浥・受摧・受攫・誰無飄・無浥・無摧・無攫・余愧庵之強作・而驚子之愕愕也・峯之西・有不語僧・試往問之・

重修石鼓書院鼎建大觀樓記

宋時海內有四大書院・而衡陽石鼓居一焉・至今不廢・夫石鼓一拳石耳・何足大・大以書院也・海內爲書院者衆矣・茲獨列四大・大以人也・然則茲院之興廢・蓋道派之絕續・四方之觀瞻闕焉・余乘乏湖南・有慨然於楚俗之剽悍・而未易陶也・推其故・由敝於士習・夫士者・四民之表・而書院者・士之市肆也・院久而頹・講業無所・絃誦闃寂・學荒習媮・蚩蚩近民・且以吾儒爲詬病・而況能式四方・余甚懼焉・會直指史君廵行至衡・其致慨於楚俗剽悍・猶余志也・登石鼓而遐眺曰・鑄士陶民・民其在是乎・何其頹而隘也・士安栖矣・乃指其巔曰・盍樓諸・又次第其殿祠號舍曰・盍新諸・已而又曰・茲舉也・爲鑄士以陶民也・其無煩我民・我兩人亟各捐俸・爲守令諸公倡・於是醵俸庀材・鳩工募夫・不數月而樓成・簷牙嵌空・流丹若虹・四面玲瓏・言言窿窿・殿宇號舍・罔不完葺・交映而鬱葱・諸士可聚業樂羣・而絃誦其中矣・余請樓額・直指曰・宜大觀・樓下有堂・郡邑諸公請余額・余曰・宜廻瀾・多士進而請曰・樓堂之額・其說云何・余曰・淺言之・在境也・深言之・在心

也・又深言之・則帝所以帝・王所以王・師所以師・一以貫之者也・

夫登茲樓者・揖衡岳・拱九疑・襟攬三湘・眼空七澤・觀非不大也・而非其大也・余慨然弔古・不下帶而道存焉・而不見樓前荒陌・非大舜南巡之轍跡耶・望裏江流・雲沙浩浩・固神禹所爲開玄夷・而厘疏瀹處也・夫舜禹而相終・而帝王都豐食腴・居尊而處逸・可以自大也・乃僕僕焉不憚巡行方岳・車殆馬煩・卒歿身於荒服・甚至股無胈・脛無毛・手足胼胝・面目黧黑・甘臣虜之作・又何小也・乃孔子稱之曰・巍巍乎舜禹之有天下也・而不與焉・夫有天下而不與・可以語大矣・孔子登東山而小魯・登泰山而小天下・東山泰山・非獨孔子登也・而孔氏獨能見其大・以其心舜禹之心・而不局其量也・夫萬物一體・六合同量・故孔氏曰・吾非斯人之徒與而誰與・卒至轍環老死而不悔・依然舜禹家法矣・故小其身乃大其心・以身勞天下者・心載天下者也・彼二氏者・淪空躭寂・其人之存亡・曾不足當九牛之一毛毳・彼自謂大耳・曷大焉・又況乎競利于錐刀・爭名于蝸角・一居要津・僅固榮寵・不復天下國家之計・此夫猶存乎蓬艾之間・安知大爲何物・雖然・有所以大者也・大之本在剛・執夫大者量也・虛而圓・剛而執者力也・實而方世・未有心不鎮定而能任道載天下者也・

夫以天下與人・至大事也・易禪而繼・至涉私也・恡者不能與・避嫌者又不敢不與・而舜禹不以驚其神・此猶其常者也・納于大麓・烈風雷雨・一何危也・浚井焚廩・命懸呼吸・一何厄也・黃龍負舟・江水逆擊・舟中之人・五色無主・又何濱死而岌岌也・乃舜禹不愆其度・盡孝友之經・安性命之故・倚床而琴・視龍如蝘蜓・與孔子之圍匡絕糧・安閑一致・此至大所從來・而負載天下之根荄者也・而又不見樓前片石耶・砥柱雙流・力敵陽侯之怒・狂瀾東倒・障之而廻・然後乃可以石載樓・樓載人・人載心・心載天下・苟石齾而土虛・蟻穴一決・汩沒漂決・斯樓也・當在歷陽之都矣・尚能嵌空流虹・言言窿窿・而稱大觀耶・故直指命樓取其大・余命堂取其剛・夫大者弘也・剛者毅也・大者主識量精也・剛者定力一也・故曰・帝所以帝・王所以王・師所以師・具是義矣・

諸大夫士又請曰・今古遊茲院者・若而人矣・孰能當此者乎・余曰・嘻・茅靡波流・滔滔皆是・所謂舟中之人・五色無主者也・奚諸大觀・無己・其近之王湛耶・具體而未大也・遠之朱張耶・大矣・而未化也・夫酌水尋源・登岳循磴・從數子而入・可以不失道矣・余不敏・願與吾儕交勉以光勝地・軼前人・式四方・陶蒸庶・此非獨余志・亦直指指耳・是役也・直指史君捐俸二百六十金・余一百三十・衡州府楊知府・鍾英强同知・有義許通判・世卿羅通判・三達李推官汝登・各二十・衡陽羅知縣夢陽三十・而董其役者・衡州衛經歷邵士翼也・直指諱記事・關中人・巡方剔蠹敷膏・特重文教・茲樓也・其他年之峴石乎・余何幸得紀其盛・

鳳臺詩社重修記

莞邑治西南隅有道家山・上淸觀跨其巔・傳建于梁武帝時・至宋・蘇長公題其額曰・金闕寥陽之殿・緊維古矣・當

山翠微・有臺屹立・故老言・昔鳳凰嘗集其上・邑之詞人墨客・相繼而興・結社台傍・已百餘年・卷帙繁富・往往闖唐而逼漢・海濱鄒魯・地以人重・所繇來也・歲月深積・台榭圮傾・余髫年讀書西垣書院・與社爲鄰・暇日倚台高眺・萬家煙樹・遠海風帆・爭入筆格・羅浮秀色・可綴而餐・觀中鐘磬笙簫・泠然清韻・宛作鳳音・縹緲穿白雲而繞天外・但覺子晉簫史・皆來親人・興致翩翩・殆對僊去・猶恨榛蕪枳足・欲新之而志未逮也・十餘年浮沉宦海・往事如夢・及戊申冬過里門・則台榭若增・而高堂廊庖湢・翼如煥如・大非舊觀矣・問誰董事・則東洲何君儉・問誰贊相・則見陽何君蓋・恕亭陸君禎・其餘醵金共助・又若而人・丹堊益鮮・梧竹交映・鬭韻賡唱・履相錯而肩相摩也・陸君故社中人・謬謂余詩爲東南一時領袖・願丐一言以紀其勝・余謝不敏・勉而諾之・里居紛沓・胸中作惡・無暇載筆・之官金陵・忘卻文債・以趄草奪之也・陸君時移札來徵文・余謂興致不到・終覺蹇齒・偶以上巳之日・拉江左詞人五六輩・登金陵鳳凰臺・揮杯舒嘯・慷慨懷古・嘆六朝殿碣・盡寒煙野草・而太白三山二水之句・猶與長江共流・詩之足興如此・因憶故鄉亦有鳳台・與金陵相頡頏・不知此日舉杯者幾人・揮毫者幾韻・鳳去台空・兩地一致・而太白之豪懷逸調・信爲詩家鳳皇・後進不追踪古人・祇搶枋榆・學斥鷃耳・奚詩之能爲・抑詩之爲道・元本於樂・伶倫得樂之先矣・亦惟是製十二管・聽鳳凰鳴・雄鳴爲六律・雌鳴爲六呂・此天地之元氣・詩家之妙竅也・故登鳳臺賦新詩者・當令青崖金粟・鼓舞筆端・清逾洛浦之吹・韻戛秦樓之曲・必有九苞五彩・翩翩來下・和我嘯歌・寧止文成夢吐鳳而已・余雅有詩癖・今且倦遊・社中其虛右哉・歸將狎主齊盟・與故鄉墨客共成勝事也・因先移文以訂之・

通政韋所顧公義助長洲縣十一都役田記

先是韋所顧公捐貲・新厥祖塋・歸然京兆阡矣・已又建祠置田・供具春秋烝毛之饗・王徵君穉登・江令盈科艷其事・語具前記中・乃公好施不倦・近復罄橐中裝・買腴田百畝・以助十一都之疲於役者・蓋十一都公之枌櫝存焉・施由近始・論者謂公之修塋祠置祭田也・其重本也・以敦倫也・田而助役也・其賑匱也・能濟衆也・其行之有序・埒於晏子・而澤之及遠・軒于文正・若都父老子弟實深德公・而謀記於余・余謝不敏・進父老而咨之曰・若之德公者以利耶・以義耶・如以利・若輩任德耳・如以義・則余與若實寵賴之・蓋往役庶民・義也・邑故事以田定役・役不上貴顯・而觭重於民・民以田多爲諱・以善詭爲巧・千萬斯倉・東南其畝・慮無不三窟而旁爲匿者・雖有膴仕・不勝其松蘿葛藟之愛・往往借其名以行・故豪家之田如瓜分・而役如兔脫・單弱之戶・租稅所入・不足償豪家子錢・乃無歲不疲於奔命・盻盻焉將撤其甯宇・而剪爲逋逃・挺而走險・急不擇音・轉相欺謾・以祈釋擔・錐刀必趨・牙角競起・甚至兄弟鬩于牆・姑婦勃谿于室・夫吳非三讓所挺直之鄉耶・而囂然至此・致使縣官有蒲不堪鞭・而桁楊不勝試也・則大義不明・而人之沒於利也・余每仰屋而歎・以爲欲求平役・當先市義・乃顧公實獲我心・倡此義舉・常誓於衆曰・吾幸備員列卿・

位在日月之際・主恩渥矣・吾庭能旋馬・而饘粥粗具・腆矣・人臣之義・急公而後私・吾卽貴不當役・王士王民・吾何有焉・且民有偏瘠・吾手足之不仁也・吾又何愛・所捐者沮洳磽确・取數多而實鮮・不如勿助・助而必腆・雖儉其數・吾罄吾橐・盡吾心耳・吾督之以家晙・主之以紀綱・一粟所入・貯于祠堂之左・用以輸公之餘・悉以佐往役者・急俾貧者役乎・願給者聽・卽富而能力自乎・願給者聽・□□□□者曰・民役分耳・公貴人何乃助我・我向者匿而役貧非歟・王士王民・我則猶民也・何所逃于天地之間・貴者聞知而後喜可知也・曰・備員受祿・我則猶臣也・松蘿葛藟・皆公家物・我不能捐己利人・顧庇人牟利乎・於是相率南軒返旆・而竭蹶於義路・故役無所不公不平・而訟無所不息・利無所不迄究・至蒲鞭生網塵・而公庭可羅雀・余不敏・得藉平以報・三讓君再見上古面目・司風化者與有榮施・誰之賜耶・故曰・此義舉也・余與父老子弟實寵賴之・余嘗先若輩以謝顧公・安敢以不文辭・而申之以義利之說如此・

增城邑侯喻公去思碑

世之善患者・始獵名・既獵・撫位快捷徑矣・比其去也・又欲獵取輿論・於片石者亦欲獵取・去者見我德・希後來恩・是官與民交相獵・以有此片石也・乃字曰去思・非思其人・思其名位之赫赫者耳・若是則政飾而民欺・墮淚之碣・不可期於世矣・媚風愈煽・吏治大壞・余甚憂焉・有官於此・爲治毋近名・市德不避謗・家視邑・子視民・下頌而上忤・竟失意去・不惟無赫赫名・且奪厥位矣・後來之恩何有・然士民思之・久而彌摯・此其政非飾而民非欺也明矣・近乃見之增令喻公・

公初令澄鄉・治行籍甚・調增邑・下車飾百度・嚴一介・茹苦而分甘于民・催科肅程・限民自樂輸・鞭箠聲希・堂簾琴韻冷然也・訟者追呼就聽・只以片紙榜其人門曰・縣呼若限某日至・民罔不至・至乃聽・罔不中情實・而以寬政貸之・其御吏也・芒寒色正・笑比河清・舞文奸胥・噏指睨視・弗敢弄威・惠大行・民飲醇而吏負霜者・甫一期・忽以內艱去・萬井悽然・如離襁褓・久乃聞其左遷休致・益爲感動悲憤・其思愈深・邑大夫士若民・謀勒厥美于石・徵文於余・余辭不文・若道其實・則授簡而可・因述美績概而詮次之・知其民非欺而官非飾・余亦逭諛言之誚・以毋靦筆札・幸多矣・昔人傳循吏・鉅箝鈎距者・多負赫赫名・而民鮮去思・所思者乃在鏟耀無奇之何武・余昔承乏諫垣・糾銓巡一疏・專欲報循良・而抑浮競好名躐進吏・語侵當路・竟外補・今銓次喻公政・實不覺爲世道長太息・然喻公官如何武・而碑若峴石・視彼赫赫者孰榮・余爲之執鞭・所忻慕焉・公諱子賢・江西萬載人・以孝廉起家云・

馮昌歷　字文孺・順德人・萬曆庚子舉人・銓寶坻知縣・以母老不赴・援徒里中・講主靜之學・預知卒期・弟子爲建祠・私謚曰明善・著有一樹齋集・阮志著未見・

答梁騰宵

憶癸丑東西南之役・足下與仲安實送江滸・床下團欒・

燈前問話．老人歡喜破顏．屬余再三．當是時．二君勇猛擔荷．鬼神實聞．方今法道衰微．正賴二三君子．遭際明時．光揚震耀．此老人末後一段公案．未曾結絕．非足下諸君誰任之．仲安書來．深疑舉業非道．此是第一等卓識．但直正學道者．亦自門門可入．昔人所以有不怕妨功惟患奪志之說也．若於發志時一念相應．即以舉業入聖無不可．不然．即入八萬刼大定．亦沒交涉矣．乞與仲安商之何如．然有一說．昔白沙子語羅一峯先生．欲理會著述及諸事業．莫若打疊．令潔潔凈凈．非全放下．終難湊泊．自文成以來．諸公亦皆作如此說．乃知放下二字．是舉子業秘傳也．昨寄來四作．自應有人賞識．但覺矜持稍過．似未能忘情得失者．夫得失則天定之久矣．又誰定．昔龍溪子一試南宮．未第即焚路劵還學．文成强之北．則買大舟．聯同志．良知之外無講．傳習錄之外無書．比入試．策士者方詆新學．同門有不答而出者．先生與錢緒山．獨發明師說．亦以見錄．天之所與．人不能奪也．若不開此一副眼目．一味與世浮沉．雖得之．君子弗寶也．何足算．何足算．文成亦云．公等以下第爲恥．余以下第動心爲恥．夫恥下第者．未必上第．不恥下第者．未必不上第．此已試之明驗也．願足卜只一心理會．道眼明白．臨文稍加之意焉．天機湊泊．文成龍溪事業非難也．騰宵勉之．

汰多先生說

汰多先生者．其始號曰太初．太初之言曰．吾向者蓋未嘗有我．安有氏族名字．仰俯依託．况支離人以見聞．添設之以問學．紛紜轇轕乎人情世故之變態．而吾始脊脊多事矣．今吾將更吾太初．號曰汰多．子爲我言其意．見如子曰．又多乎哉．吾見初太者之混混淪淪而已．將烏乎增之而烏乎汰之．先生曰．吾將汰吾之多見以收吾視．汰吾之多聞以返吾聽．汰吾之多智與故．以返吾何思何慮．是之謂損之又損．以至於無．庶幾乎復初之實功．見如子曰．夫見聞智故．猶之乎混混淪淪而已．又多乎哉．先生曰．雖然．吾不眞實致吾汰多之功．未有能待夫混混淪淪者也．南海之帝爲儵．北海之帝爲忽．中央之帝爲混沌．儵與忽相與游乎混沌之地．日鑿一竅．吾惡夫多之爲混沌鑿也．是故汰之．見如子曰．然哉．故廣成子曰．愼汝內．閉汝外．多智爲敗．目無所視．耳無所聞．心無所知．神將守形．可以長生．吾蓋從事於此而未能．雖然．亦悟夫太初而已矣．先生若悟夫太初者．一即多．多即一．先生若不悟夫太初者．多愈汰．汰愈多．坐有客曰．汰多先生也．太初亦先生也．更其號．不更其人．又多乎哉．見如子曰．呼汰多者．先生應之．呼太初者．先生應之．應之者非太初非汰多也．先生儵然若有契焉．色喜曰．善夫．子之示我眞實工夫也．子姑號吾汰多．吾將徐悟夫太初者．而以復于子．

友聲錄序

余觀士．未有無所好也．祖士少好賄．王武子好馬．杜元凱好左氏傳．而阮遙集好蠟屐．嵇叔夜好鍛．此其至無義味者．然當其揚錘火蠟．目中無人．天地之大．萬物之多．曾不足易其心．此其故非獨他人莫喻．即嵇阮自觀．亦復不能自喻．其故何者．其好之篤至也．而人品已殊絶千古矣．而況好友乎哉．鄭當時好結納．客至．無貴賤賢愚必通．戴洪正獲一密友．則焚香以告祖考．而書于冊．孟嘗信陵諸公子．至傾邑入以供之．然且不足得一士．若夷門抱關鼓刀．以屠賣漿博徒．咸屈己下之．而尚恐其不我欲也．嗟乎．古人之用心．何其獨與人殊絶也．齊桓有言．士驁爵祿則輕其主．主驁伯王亦輕士．雖然．爲伯王而好士．猶非好耳．屐也．鍛也．而伯王乎奚其好．古之人．其天生若火之熱．水之寒．然亦自不喻其故矣．周公聖人也．夜讀書百篇．晝見七十士．至方食．日吐哺而迎之．後世莫不傳頌．然予獨深怪其吐哺時．其用心果何似也．而有能喻其肺肝者乎．蓋古大聖大賢之用心．獨與人殊絶也．故其詩曰．相彼鳥矣．猶求友聲．矧伊人矣．不求友生．

潘君孺朗．我邑名流也．其先秘書．交遍海內賢豪．而孺朗繼起詞林．行將樹幟藝苑．頃予友人羽仲氏．館於池亭．又謂孺朗誼至高．翩翩有文章．且尚意氣．敦孝友．余固心就之未能．而孺朗則時時惠寄余．寄余詩及友聲錄．余讀之而嘆．語曰．不知其人視其友．是錄也．其人則海內名流也．其言則友聲也．青蓮子美．其篇什遍海內．而酧答者不少槩見．今乃能裒集之無少逸．其愛護之情．有過古人者．余觀孺朗所居多素封．所好宜莫如士．少武子．上至杜預止矣．而且爲當時．爲洪正．爲薛公．爲無忌公子．進而日見七十士．不難也．士品成於所癖．所癖成於所嗜．所嗜成於所習．習慣自然．遂能上友千古．是故可以箕踞蠟鍛不爲傲．吐哺握髮不爲恭．其性成也．孺朗勉之矣．余孤立無友者也．而自謂好友之情．殊絶千里之外．百世之遠．得其片語隻字．則神爲飛越．獨奈何所欲友者．皆未易得相見之人．而其易得相見之人．又不余好也．幸哉孺朗．余故於友聲錄而三致意焉．重有羨焉．又重有感焉．作斯序．

馮奕垣　字弱壁．南海人．萬曆辛丑進士．選庶吉士．補監察御史．所上二弊五窮挽亂圖治任輔臣平銓政諸疏．皆宗社大計．巡按貴州．値苗民土司交訌．奪印．奕垣殫心規畫．黔蜀民得息．以積勞遘疾卒．贈光祿少卿．

挽危亂圖治安疏

題爲國家已亂．社稷已危．時事日非．懇乞皇上大奮乾綱．亟反今時敝政．更弦易轍．以挽危亂．以圖治安事．臣惟天下之患．莫病於危亂已至．而人不言．莫大於危亂已成．而人不知．莫甚於明言之．明知之．而自以爲不危不亂．尤莫慘於自謂不危．益以造危．自謂不亂．益以釀亂．而莫之止．夫人不言．是壅塞之患也．猶可開也．已不知．是蒙蔽之患也．猶可通也．惟明言之．明知之．而自以爲不危不亂．坐於針鉎之下．臥於厝火之上．傳所謂安危利菑．樂其所以亡者也．不救之術也．自以爲不危．反以造危．自以爲不亂．反以釀亂．水已深而益深．火已熱而益熱．漢臣司馬遷所謂河決不可復壅．魚爛不可復全者也．欲救而無所施之術也．皇上以今日之天下爲未危耶．危而未甚耶．未亂耶．亂而未成耶．諸臣之言危言亂．皆欺耶．皆張皇其說．以懼陛下．而百無一驗耶．夫百無不驗．非眞不驗也．驗未來耳．待其來而大事去矣．陛下如不諱危亂之形．

臣請得熟數於前．先言臣所按之貴州．然後及其他．而陛上試垂聽焉．

貴州古鬼方地．界在絕徼．大抵皆紅仲玀犵．遞服遞叛．商者不願出其途．宦者不願入其地．是危亂之鄉也．然而昔猶未甚也．乃今日之貴州何如哉．自二奢搆難．而永寧之閫衞危．兩安爭衡．縱賊出刧．㭨木林上下．鞠爲盜藪．而烏撒危．揚燧招納亡命．犯我疆界．逼我軍民．而平越湄餘之境危．苗雖經剿．時猶出沒．各土司橫梗．阻我漢法．驛遞疲憊．倉庾若洗．而闔省之道路城市無不危．臣與撫臣．晝夜拮据計處．尚未盡得帖然．然此猶自一省言也．赤金未罷．礦徒者散．採木之使雜遝．扇絹之供無已．而滇蜀危．火落赤大舉掠番．三秦之民．投入虜地．化爲盜賊．潞紬落絨．日取日增．追呼之使．急如星火．而山陝危．逆宗叛於武昌．狂童躁於麻城．羽流橫於承天．而三湘七澤之間危．山海屯軍．久遭椎剝．人人思亂．青萊倭警．乘風猝至．未得安枕．而山東遼左危．妖賊劉天緒護國僞封．龍華僭號．白下之變．幾成斬木．江南糧長糧運解．納墊不堪．朶顏段疋．日增日挾．歲派百倍．膚髓俱竭．而三吳兩浙危．饒之燒造漸加．福之機戶日困．漳泉黨結．白蓮妖聚．而江右七閩之間皆危．關津塲市．布列參隨．躑躅怠烋．慘過强賊．珠池之採徒猶聚．蒼梧之虐焰若焚．而粵東西在在皆危．然此猶自皮毛言也．長昂勾虜入犯喜峯．班白連鬮掠遼薊．京師爲之震駭．陵寢幾於搖動．而肩背危．安定門外．白晝搶軍．崇文城裏．明火行刼．團營之卒．大率市傭．不任羽林宿衞．彊半老弱不堪．太倉冏寺．罄焉若掃．而根本之地危．飛語甚於刀鋒．紅批慘於駕帖．鹿馬走於階庭．而肘腋之地危．陛下坐危亂之中．人皆知之．而陛下若不知也．人皆憂之．而陛下若不憂也．感時憤事之臣．舌敝脣枯．嘵嘵爲陛下言之．而陛下若不聞也．賈誼曰．癖者一面病．痱者一方痛．今面面皆病．方方皆痛．節節皆腫．卽岐黃侍側．診脈治之而指不勝按．藥物回之而劑不勝調．痿然爲尫羸病廢之夫．旦夕待盡．而淹淹無復生氣．夫陛下而聽其尫羸病廢．旦夕待盡．則已知不安於尫羸病廢也．

臣請自陛下之元神始．陛下之癖．在於貪財．臣今第言貪財之禍以儆告陛下．則陛下不信．顧陛下所獲於天者壽也．臣所朝夕虔拜祈祝於陛下者亦壽也．然必元神日固．斯元氣日倍．而貪也者非養神之道也．陛下試思操權以來．斂幾多咀呪．角幾多口舌．受幾多含忍．費幾多關防．扃鐍如是．而心有不懊乎．神有不耗乎．昔晉有二臣．祖約愛錢．阮孚愛屐．人有造愛錢者．正料財物．客至．屛當不盡．餘兩小簏．傾身障之．流汗浹背．已而造愛屐者．惟以蠟治屐．神閒意暢．夫流汗浹背．其煩苦可知也．陛下所愛者逸也．所惡者勤也．顧天子一日萬幾．豈游閒者比．故幾務之來．隨剖隨決．則綽有餘閒．若今日停閣．明日復來．明日壅塞．後日復來．愈閣愈冗．愈冗愈厭．夫愈冗愈厭．其煩苦又可知也．臣非欲予陛下以勞．而奪陛下以富也．不勞不逸．不廉不靜．性靜情逸．保身保民．萬年永永之道也．此臣以養元神爲陛下勸也．

又請自陛下之心膂始．宰相者．陛下之心膂也．漢丞相何亡．高帝如失左右手．今陛下之心膂亡久矣．亡而猶不思所以補之者・得無謂獨任亦足以成治耶・無暇遠引・嚮者陛下曾獨任矣・固寵逢君・陷陛下於過舉・至於犯清議・庇私人・衆口囂囂・然後含詬以去・此前事之不忘也・夫獨任之弊有三・相府之地・名爲政本・使中人居之・則畏權如畏職・而泄泄悠悠・一於避事・使不肖者居之・則嗜寵如嗜味・强足以敵公論・而威足以箝衆口・擅權賣重・而卒至於敗事・即賢者居之・辰而入・申而出・顧影無偶・亦孤獨劬勞・而不免於誤事・如輔臣賡往年直事閣中・曾補牘回天・殊快人意・今大權在業將一年・乃未聞調元轉轂如曩時・而一二弊政・似又甚之者・豈前後兩截耶・抑密勿之中・無與共事・心力最苦・欲有所斡旋而不能得耶・陛下念閣臣不可獨任・政本不可久虛・則何不亟於置輔・而當置輔之始・又必廣其額・無限其途・苟其有相才相度相品相望・爲人所推服者・耕亦可・築亦可・六部亦可・邊臣亦可・驗之人情・參之公論・有如推舉・不狥情植黨・不協人望・聽臣等參核・昔宋司馬光相・四夷皆聞其名・富弼文彥博相・朝野相賀・仁宗喜謂歐陽修曰・人情如此・豈不賢於夢卜・至王安石相・而袖中之彈文出・裴延齡相・而陽城之白麻裂矣・此二四臣・其賢奸忠佞・豈待嘉元治平李韋朋比・青苗手實害及雞豚之後・而始見哉・故臣願陛下之急於置相・而嚴於論相者此也・

臣又請自陛下之股肱始・傳有之・尚書猶北斗・故天無北斗・則無與斟酌元氣・而四時失其序・二十四氣失其調・今六部尚書僅得其二・十二侍郎僅得其五・而其中猶多不滿人意者焉・至於各省撫臣・鎖鑰一方・安攘攸寄・必安其位行其志・乃能舉職・乃今有憂制而不得代者・有被人言累疏而不得去者・有不得代而徑離任者・各省監司・畫土而轄・分疆而治・上佐撫臣・下制百司・所係豈細・乃今有缺而不補・補而不黜・至地方千里・而竟無一道彈壓者・各有總兵・下有參遊・又其下有備哨・一切軍情兵機・悉稟調度・而盜賊衝隘・去處猶屬喫緊・乃今有地居險要・勢若燃眉・而久虛無人者・夫時當有事而死職・死鼓・死封疆・死社稷・可生可殺・而不可使離居者・豈伊異人・乃向日所嘗厚託者也・今平時既無專責・臨難必多推諉・不幸漁陽變於外・奉天死於內・非袖手旁觀・則掉臂遠去・誰爲陛下效死力者・昔唐顏眞卿當祿山反時・力扼其吭而遏其衝・元宗聞之嘆曰・朕不識眞卿作何狀・乃能如是・夫元宗雖不識顏眞卿・猶使之爲平原守也・設當時不予一官・不假一職・惟使之候命・長老死崖谷・即賊屠平原・長驅而下・能效一籌出一力・抗蕞孤城・而遏方張不可制之虜耶・

臣又請自陛下之耳目始・臺省者陛下之耳目也・今臺省寥寥晨星・而台臣尤甚・在外者一差常閱數年・在內者一人常兼數事・東馳西鶩・捉襟露肘・至於候補諸臣・珠桂長安・嗟積薪之難待・廢棄諸臣・或以言得罪・或抗惡璫得罪・白頭崖穴・嗟乳羝以何期・益陛下於言臣・喜其默不喜其言・既以不用禁其言・又以不用老其身・惟欲挫之抑之・使之壯志消磨・英氣摧挫・人人軟熟而後已・不知耳目之官・奸無隱而不發・惡無鉅而不擢・一日不在前・則前有讒不見・一日不在後・則後有賊不知・一日不在四方・則四方有道狼窟兔之雄・而莫與告捕・陛下奈何抑之而自塞其耳掩

其目爲也・

臣又請自陛下之咽喉始・當今中外釜鬲・主臣睽絶・所恃以相通而不相隔者・區區奏揭耳・陛下即一一省覽・一一批答・晦朔之有期・晨昏之有候・猶恐有旁擬中格之弊・乃當省者不省・當覽者不覽・又慮人之以我爲不省不覽也・而徼示之以省覽・當批不批・當答不答・又慮人之以我爲不批不答也・而間出之以批答・或批矣・而不發閣・或發矣・而又收回・陛下之心・以爲吾示之以神明・庶幾人不我知也・吾示之以不可知・庶幾人不我欺也・不知我以不可知者示人・人又將乘其所示者而竊之・我以不可欺者籠人・人又將乘其所籠者而攘之・今日之批答・猶自上出也・異日必有不自上出而批答者・今日之收回・猶自上反也・異日必有不自上反而收回者矣・出必行・反必寢・誰能造陛下之膝而問眞僞者・陛下即聰明天縱・而竊者攘者日伺日巧・自今以往・臣恐門外有象・而陛下不見也・昔二世時・項羽攻破函谷關・烽火通於咸陽・二世以問趙高・對曰・羣盜鼠竊狗偸・不足憂也・二世遂安樂如故・而咸陽以燼・今日脫有如高者・以狗鼠罔陛下・所係存亡禍福・夫豈細故・獨奈何不懼也・

臣又請自陛下之血脈始・泉貨者・陛下與百姓相流通之血脈也・血脈在人・不可使之擁腫・擁腫在此・則癥結在彼・於是風邪入之・病以陰則呻吟床縟・病以陽則緣壁扳瓦・狂發不可駕馭・陛下歛天下之財・聚之内府・是擁腫之病也・九邊之兵・殫遏於外・宇縣之民・洗刮於內・是癥結之症也・今天下大痛矣・非呻吟床縟・則緣壁扳瓦矣・呻吟床褥者・猶臥以待斃・彼緣壁扳瓦者・不叫號於衷・則狓猖於西・一夫大呼・豪傑響應・臣竊今海內一年之中・變者四出・白下既變・漳泉又變・山海關又變・都門內外盜賊公行又變・夫紅巾綠林・高鷄豆觥之倫・皆亡人家國・而今在在蜂起・陛下何不自悟・而堅欲聚無益之財・而招必至之禍也・陛下毋謂蚩蚩小民・弱而不敢動・愚而不足畏也・臣恐蚩蚩愚弱之中・高歡已伏於左・知世即已伺右・楚人之炬既然・而阿房宮室・業有垂涎於其側者・獨奈何不懼也・

臣又請自陛下之癭瘰始・中人者・陛下之之癭瘰也・今楊致中兇殺鄭光擢於都門・恬然不畏・曰・吾拚一分好錢糧而止・是明與陛下爲易與・趙祿邢朝毆死知縣龍鏜於國門・掠其行李以去・是明以刼殺爲慣常・梁永毒流關中・公然鴆天子命使・則劉瑾王振之惡也・高淮盜竊兵柄・大惹夷釁・儼然行大將事・則童貫魚朝恩之橫也・其他湖口淸源・種種繹騷・彈劾愈急・虐焰愈熾・沉陳奉而不悛・灰楊榮而不懼・是何等世界也・陛下無謂奴婢爲無傷也・漢之末造・唐之末造・皆此輩亂之・我祖宗二征之季・幾敗於若人之手・蓋癭瘰爲物・附於股則股大如腰・附於頸則頸大如股・平居則跛戾而不舉・一旦潰決・而大命隨之・獨奈何不懼也・

故此數者・皆諸臣所常言・陛下所厭聞也・人常言而臣復不以爲常・而必曰言之・陛下厭聞而臣復不以爲厭・而激聒陳之・此非不知陛下之必不聽臣・而臣言之必不爲陛下聽也・獨計今天下之危者亂者・其病根正坐此・而所以救其亂而反之治・持其危而反之安者・其鍼砭斷不出此・則又安得以爲常・而不再三披瀝以揭其愚忠・夫饑而言食・渴而言

飲．則喉枯而人亦以死．父母有病而惡食藥者．其子調劑以進．初進之不悅．再進之怒．三進則逐而笞之．夫親之惡食藥．子非不知也．然所以寧怒寧笞而不敢不以藥進者．何也．以爲非此無以愈親之病也．臣讀史．至槐里令朱雲欲借上方斬馬劍斷佞臣頭．成帝大怒．欲誅之．後竟緝檻以旌其直．齊威王淫樂不聽政．羣臣無敢諫者．卒有感於飛鳴之隱語．而阿以烹．卽墨以封．齊國大治．今陛下負堯舜之資．豈齊威漢成可比．惟是一念沉溺以至於斯．誠萬一聽臣而幡然改圖．煥然更始．輔臣又以積誠盡力．轉移感動其間．庶幾今日之敗亡．猶可救乎．臣愚戇無知．目擊危亂．一念血誠．不能自禁如此．惟皇上鑒焉．臣不勝惶恐待命之至．

擬濟時艱疏

臣嘗讀漢臣賈誼之疏曰．可爲痛哭者幾．可爲流涕者幾．可爲長太息者幾．夫漢文之朝．卽不敢方古盛時．然而馮唐用矣．頗牧思矣．民之租賦．三十稅一．季年乃盡除之．民康樂矣．止輦受言．而章疏通矣．玉杯之詐誅．而欺罔斥矣．然誼不謂治安．而猶戚然爲痛哭流涕之談者．蓋逆覩其未然之變．而過爲防微制變之思．乃易世之後．其患害之來．應若左券．然後知誼之爲慮深．而危亂之不可以已也．陛下以當今之時．視漢文之時何如耶．

夫自古未有有治無亂之世．亦未有盡安樂而無艱難之時．然時未艱而圖之也易．時既艱而圖之也難．時既艱而猶可支持而圖之也易．時既艱至于不可收拾而圖之也難．時既艱至于不可收拾．而汲汲皇皇．多方而救之猶易．時既艱至于不可收拾．而嬉嬉泄泄．漫然以爲無事則難．今之時．此乾坤何等時也．羣臣皆官．皇上所與共治者也．今或寥寥晨星．卿式缺而不補．監司守令缺而不補．治錢穀者復問刑獄．理刑獄者復問甲兵．東馳而西不及．西騖而東不交．是共理之臣乏也．羣黎百姓．皇上所與守邦者也．今豺虎充斥于園寓．狐狸錯處于閭閻．剝玉搜金．鑿山穿谷．椎肌吸髓．發塚暴棺．溝壑者爲窮寃之魂．貧餒者爲饑餓之鬼．是採搉之殃烈也．百司章奏皇上．所以達下情按奸欺者也．今或長章短疏．彊半留中．累牘連篇．十九不下．下而段永姥山之罔．海澄金山之罔．魯登科五十萬輸貲之罔．則受命而響．前疏欺而不問．後疏誣而不誅．是上下之情塞也．

夫官職耗廢．將誰恃以共事．百姓窮愁．將誰恃以戴主．君臣壅隔．奸僞萌生．將誰恃以發奸而摘伏．皇上卽神聖．斷不能降而下行臣職．皇上卽基圖克鞏．斷不能以尅剝而繫靡常之民心．皇上卽明並日月．斷不能甘受欺而保欺之不我蔽．今以臣之愚．而妄揣皇上之心．得無謂昔之備官．不見謂多．而今之缺員．不見謂少耶．不知內外諸司員雖缺．而紀綱猶在也．雖乏．而胥吏猶在也．間有一二廢閣．而變故未叢也．萬一意外卒乘．孽釁四起．求計臣而莫爲效．求武臣而莫爲使．求封彊之臣而莫爲守．載輸爾載．將伯助予．其何能及．又得無謂蚩蚩小民．吏臨之而不敢動．法束之而不敢逞．什伍藉之而不敢從逆耶．不知遠近氓萌．採権雖困．猶伏而待停止也．荼毒雖慘．猶跂而待仁愛也．一旦詔令不信．水火益深．揭竿而呼．攘臂而起．原燎而後撲．堤決而後塞．其將何及．又得無謂羣臣之疏．今日行之．益滋其激聒奸欺之罪．今日正之．慮阻其將來耶．不知方今近習．猶幸無大奸巨滑如趙高黃皓輩．居其間而乘其會．萬一言路不通而奸日肆．欺罔不誅而奸益肆．大奸大欺．中外盤結．將欄外之象．或以爲鼠．稈尙之石．或以爲牘．不信之則莫以告．信之則禍有甚於不告．如此則主勢孤危．主勢孤危然後思以防其危．其將何及．譬之人之一身．百官．手足也．民之財．血脈也．言路．咽喉也．奸欺．其聾聵也．手足瘺戾．血脈竭．咽喉塞．耳目聾聵．而能使精神完暢．長生而久視也．未之前聞矣．夫特未艱而圖之者上也．時旣艱而圖之者次也．時艱至于不可支．然後起而補葺之．挽回之．必無幸矣．至于不可支而不爲補葺．不爲挽回．恬然熙然．而自以爲無恙．天下事去矣．

臣嘗反覆今日之禍．而推其禍之所自始．皆起于皇上一念愛財誤之．而羣小百計中之．中之者利其中飽．而術轉深．愛之者慮其中匱．而情益却而不可解．故愛財則愛爵．而不恤王家之無臣．愛財則愛積聚．而不恤採榷之重困．愛財則愛宵人．而甘受其欺．卽百口攻之．而曾不暇恤．然而皇上愛爵．臣亦愛其鼎．臣觀在告諸臣．有十被溫綸而不可留者矣．草野諸臣．有九下徵書而不起者矣．皇上愛貨．民亦愛其家．臣觀寓內嗷嗷．有斬木荷戈旁睨而思亂者矣．有魚腹狐鳴．幸釁而思逞者矣．皇上愛財而樂受欺．人亦乘皇上之受欺而罔所憚．臣觀几席之間．漸不可信．將有鹿而指爲馬者矣．有師屻而指爲捷者矣．有大盜斬關．而指爲狗偸鼠竊者矣．此何等景象．而皇上曾不動念耶．夫自古語積聚之多者．莫如桓靈．其次莫如隋煬帝．然大盜至而泥沙委之．瓊林大盈之富．浴口敖倉之儲．竟不知其爲誰積也．臣言及此．不覺嘔心．不覺折肝．不覺頽洟而髮指．伏冀皇上法文帝之所以得．鑒桓靈隋煬之所以失．毋愛爵而壽官常．毋愛利而傷民命．毋愛利．毋愛小人而甘受其奸欺．毋使臣當禍孽之秋．見禍不言．有言不信．爲賈誼所笑．天下幸甚．臣愚幸甚．

黔境備兵乞停刑以迓天和疏

題爲黔境兵革頻仍．黔人死亡堪憫．懇乞聖明暫停今歲行刑．以培天和．以廣常德事．臣惟天地之成化也．雖舒與慘並行．而慘不可常也．剝落之後．慘猶不可常也．帝王之成治也．雖德與刑並用．而刑不可過也．殘破之軀．刑猶不可過也．

貴州自播酋倡亂．路苗爲梗．凶旱連年．瘡痍者未復．呻吟者未起．流移者未歸．蕭條之狀．愁嘆之聲．臣自入境．目擊耳聞．不忍於中久矣．近者再奉新綸．留臣茲土．凡一切民生疾痛．地方苦楚．臣巡歷所到．靡不竭力拮据．以仰副皇上軫念窮邊德意．但臣之心力．止能自盡於疆域之中．而不能取必於轄屬之外．故一殘於蜀弁之弄兵．則黔西數百里．酷罹延木之禍．再殘於滇夷之造亂．則黔南數萬家．悉受震鄰之殃．臣於今年六月南巡．至安順府．查鄰黔郡縣．被殺者以累萬計．我民洶洶．正在湯火．臣就見而傷之．及西巡至永赤二衞．則被害士民．遮道號泣赴訴於臣者．又不啻數百千計．臣因親詣摩尼普市二所．細查蜀弁張神武擅兵啓禍之實．及一方軍民被兵罹禍之慘．大約焚燬永寧城外居民房屋三百餘家．登時殺死王道行閔泗等五百餘命．燒刼二衞所軍屯一百二十餘處．殺死張友元唐得等三四百人．綁虜去男婦一千餘名口．焚燬二處城樓公廨幷民房一萬一千五百餘間外．神武又酷刑打死黔軍楊廷光．卽楊廷廣．熊烈．周國泰．陳富等多命．使衞所雞犬相聞之區．一朝付之烈焰．而千百刀兵枉死之鬼．竟夜號於陰風．此非小小變故也．

乃今甫入會城．而秋決之期又廹矣．臣聞一婦含寃．三年不雨．孤臣灑泣．六月飛霜．今黔人之含寃灑泣者．寧止一夫一婦已乎．有如沿襲舊規．又殺人以益之．所以傷天地之和．而增妖厲之害者．不旣多乎．臣自登朝以來．竊見我皇上至仁．同於天地．濊澤浹於寰區．以是每逢秋決之期．率多停免．是心也．卽大禹泣罪之心．成湯解網之心也．四海臣民．感德醉心．而共祝聖天子萬萬無疆之壽者．非一日矣．況今黔中不幸．罹此慘酷．尤皇上之所矜憐而不能忘者．是以仰體宸衷．竊不自揣．欲爲黔人消災眚之端．而因爲黔囚乞旦夕之命．伏惟皇上惠此一方．將黔中應決罪犯．暫免今歲行刑．庶幾已傷之和氣少完．而無涯之聖德益廣．所爲造福於地方者．非淺鮮也．雖然．臣言官也．在黔言黔．故所請止於黔耳．由黔而推之滇．烏酋之禍烈矣．獨不足憐乎．又由黔而推之天下．馮夷之害苦矣．獨不當拯乎．如蒙皇上擴萬里之見．宏一視之仁．卽幷及於滇．幷及於天下．無不可者．臣目擊心傷．不敢隱默．伏乞皇上鑒臣之愚．下部覆議．亟賜施行．地方幸甚．臣愚幸甚．

平銓政疏

題爲銓司原有定員．人心好爲異議．懇乞聖明復舊額．息人言．以平銓政．以昭公道事．臣聞國家所最當守者曰典法．人臣所最當公者曰議論．議論非他．所以明典法也．典法非他．所以一議論也．故議論緣典法而出．然後其議論始重．典法緣議論而嚴．然後其典法始尊．自古及今．未有舍典法爲議論．而可徵可信者．亦未有好議論違典法．而可信可從者．臣因是而有慨於兩廣銓司之議焉．請先言典法．復原其亂法之由．而後及於今之議論．可乎．

夫兩廣之同一銓司也．自二百餘年而已然矣．兩廣銓司之與雲貴．不相干涉也．亦自二百餘年而已然矣．至萬曆三十年兩廣司官缺．選郎倪斯蕙行取廣東鄧雲霄趙應元．忽以雲貴朱化孚攙入其間．兩廣聞之．相顧駭愕．始從倪詢其故．倪謂非自我始．萬曆二十六年．文選郎中先已插入．又從而詢其插入之故．始知其時．緣奉旨推擇司官．彼遂乘之以行其私．叙南直則陰除去江北．叙兩廣則添入雲貴．是時江北預知．謂其與主事張世才儲隙．故剏江北以阻其嚮用之路．衆口譁然．而當事者遂行取江北一人．互爲和解．廣東陷於不知．遂種此禍根以遺於後．此化孚與推．一時廣人．遂羣起而爭之矣．前科臣梁有年．卽具疏力辯．共起而爭之矣．臣讀有年疏．謂兩廣雲貴間用會典不載．職掌不開．其言甚的甚確．間用之說．自宜因此停止．而猶不止者．彼蓋謂不載者雖有會典．不開者雖有掌職．而所開所載者．未有實證．且雲南向來曾有司官三人．又不知從何而舉．從何而廢．

故若以近日之私插者爲規・以司官三人者爲籍・而强侯於兩廣・不肯釋手・及至三十五年三月・臣接邸報・見吏部左侍郎楊時喬一本・爲查復銓部冊庫・專註司官管理・以淸宿弊・以公銓法事・內稱吏部司官十四員・額定兩直隸江浙福湖河山東西川陝各一員・兩廣共一員・合十二員・其二員分屬兩直江浙諸省・人衆者通融互補・諸省偶值兩人同時・皆令共事・未始拘泥一人・至一人去・惟兩直人衆・尤多補耳・至雲貴舊常間用・即在此中・今碑誌案籍可查・乃二十六年・銓司吏以兩直各二員・以雲貴搭兩廣共一員・廣稱不平・雲貴亦稱不平・臣見之・不覺撫疏草嘆曰・兩廣司官之共一員・其中有碑有誌有案有籍又如此・雲貴向有司官三員・向不知其進用根因・今至詳至明又如此・爲銓司者・何所據而以私更之乎・爲雲貴者・何不尋求舊例・而苦苦於無例者開端侵入乎・夫時喬・見今總銓者也・歷事四十年・其於國家典故最熟者也・其人老成持重・又非孟浪輕言者也・今以本部之堂官・條吏部屬額員之故實・其徵信孰過於是・然又不特時喬然也・臣又查得銓衡人鑑中・間開載嘉靖十五年・廣東倫以諒・由御中改功司主事・歷至十九年・陞通參・雲南趙以廉・亦於十五年・由選司主事・陞封司員外郎・歷至十八年・除南尙寶・夫使兩廣雲貴而同一司官也・則既有趙・不當有倫・即倫既來・趙於例自當引避・乃一廣東・一雲南・同時進司・同時出司・又同時而並列於司・如是而謂雲貴同於兩廣・可乎・大抵貴州當祖宗朝・尙分屬鄰省・而雲南之登鄉科登甲科者・率多浙直外省之人・既外省・自不重選司官・如浙江不選英秀・自有成例・其爲土著者・又寥寥無幾・故僅以間搭於互補之兩員・而不專設・祖宗立法・良有深意・乃議者不深考典故・而引近來見爭之事・誤以爲從來□□・相沿已久・不知所稱從來者從二十六年以前乎・沿於二十六年以後乎・如謂二十六年以前・則前此歷數至於國初・其不與雲貴共也・有碑誌可憑・有案籍可憑・有銓衡人鑑可憑・有嘉靖十五年倫趙同官可憑・況歷來兩廣司官・未嘗一日缺・亦未嘗一日參入雲貴・有遞年單冊可憑・如謂二十六年以後・則後乎此者・凡推司官三次・初次密陰種其根・未敢顯行其事・二次顯行其事・兩廣即力攻其非・三次其事業已不行・而其根猶未割斷・此豈臣一人私言・就以問之吏部銓司・不以爲然・不得可也・豈特銓司・就以問之雲貴・口未必然・而心欲不以爲然・亦不可得也・豈特雲貴・就以問之稱從來稱相沿者・使其心口相折・雖欲不以爲然・亦不可得也・如謂兩廣四科相合雲貴・始能當別省・則科臣梁有年疏內稱・廣東幅員不在齊蜀後・選館或三人・或二人・今且定爲一人・此已不必借重雲貴・然而未盡也・

夫論人材・必當論理學・論節義・論功業文章・今粵士自祖宗涵育以來・其以理學名・以節義名・以文章功業名者・固肩相摩也・就使以四科論魁論元・今廣東之爲會試第一・爲廷試第一・爲經房第一者・固踵相接也・縱較之揚越稍不逮・而以視各省・或比肩・或過之・無少遜也・即以進士而論・廣東十八人・十六人・十四人・十三人・且例在南卷・與江浙閩楚並轡而馳・亦非居人後者也・且賢才亦何必甲科・如廣東先臣陳獻章・非理學名臣從祀孔廟者耶・然而鄉科・先臣海瑞・非節義名臣爲當今第一流者耶・然而鄉科也・故

士或甲科而磊磊落落者·有甲科而未必磊磊落落者·我高皇帝當分省時·各視其土人材之多寡·以爲解額之盈縮·廣東解額七十五人·固處多寡之中也·即廣西五十五人·以視秦晉·亦無大相遠也·故論材者·惟當論祖宗掄材之額數·與其人之材品·寧盡在制科哉·臣願議者之無輕軒輊矣·夫人臣所率者舊章耳·所議者憑舊章耳·舊章已定·不得而私變也·舊章未有·不得而私增也·况臣子身當銓衡·尤當謹守銓法·苟欲舉銓政自我而易·舉官制自我而更·此何等大事·必當上請諸朝廷·中議諸閣部·下聞諸兩廣·堂堂正正·人心協服·然後舉行·今試問二十六年之插雲貴於兩廣也·曾請兩廣與聞否·曾請之於朝廷否·議之於閣部否·以一人之私·亂二百年來之法·不當除者·私以意除去·不當插者·私以意插入·使江南與江北紛競於先·兩廣雲貴互爭於後·故侍郎楊時喬疏中·亦大有不足於此者·而曰銓司議·夫議而稱更議·更而獨出銓司·是乎非乎·後來議者·可復踵其故乎·

臣歷查吏部堂上官·在雲貴曾有楊一清·有嚴清·此其人皆光明正大·嚴嘗總銓多年·設雲貴可以附兩廣·兩廣可以插雲貴·當二臣操權之日·自應爲其鄉人地·然彼其時·兩廣司官·繩繩不絕·未聞中參一雲貴於其間者·彼非不愛其鄉·法之所在·不容以私愛參也·何待二十六年而始插之乎·臣非謂雲貴之可以無司官也·臣未到雲南而編歷貴州·及詳閱貴州志·見該省初皆土司夷寨·今漸漸改爲郡縣·日增日益·此政易鱗介而冠裳之會也·考校各生員·間有一二卷幾與中州埒·及查各省鄉試·宣宗朝附搭雲南·不過共十名·後增爲十餘名·後增爲三十名·最後增至三十五名·此政剖固陋而文明之際也·夫以兩省之民風漸漸開如此·司官豈其可廢·况昔曾有之·今乃廢之·豈其中能自已·第昔日因何而舉·今日因何而廢·向猶諉曰不知·今吏部疏中業已稽考明白·爲雲貴者·自宜尋復舊例·不然·亦當請之於皇上·即諸臣爲雲貴擘畫者·只宜代爲尋復舊例·不然·亦當明明酌處·而何必於無例之兩廣苦爲搆鬥乎·

臣非直廣東西惜一司官也·今廣東西之論者曰·秦晉齊蜀·俱各一銓屬·兩廣既已相兼·奈何復侵之·此其論非不當·然猶其輕者也·又曰·粤與滇黔相隔六七千里·官評吏治·何以相聞·此其論又非不當·然猶其小者也·臣所惜者·獨計爲國家有不容變之法典·苟銓額可以意變·則何法不可變·國家又有不容私之議論·苟銓額而可以私更·則何議不可私·法一變·其漸將至於不可守·而國典自此日搖·議一私·其流將至於不可止·而國是自此又搖·故兩廣區區司官·亦何足深惜·惟至於法漸不可守·私漸不可止·千仞之山·狎爲憑游·臣竊憂之·司世道者·可不爲之預防哉·伏乞皇上勅下該部·除兩廣銓司獨自一員·已經查明與雲貴無相干涉者·照二十六年以前事例遵行外·其二十六年以後私自攙入者·請賜亟行改正·自後凡兩廣行取單·除去雲貴二字·毋得溷插·以亂舊典·其雲南貴州應增與否·聽從本部酌議·庶幾典法明·議論一·銓政公·而人心亦無不平之嘆矣·

建文皇帝祀典議

馮奕垣

昔孔子入太廟・每事問・夫以孔子聖人・而當其入廟・必事而問・問而詳者・豈徒有不知・審之也・正以先公之靈・或有所未妥・仁人孝子之心・或有所未安・章議典禮之舉廢・或有所未協・則安得置而不問・問而不詳也者・我國家二祖開基・稽古定制・首建大廟闕左・以妥先靈・二百年以來・廟貌森嚴・俎豆布列・對越駿奔・致慤致愛・夫何容易・所可議者・其建文帝之祀典乎・

夫建文親則高皇帝之孫・而懿文太子之子也・其南面君天下・則高皇帝所組綬而冊者也・列聖之統緒・則其所履藉而傳・天下臣民・則其所握符而御者也・夫以高皇帝之孫・懿文太子之子・南面而君天下・而及其沒也・曾不得半俎之享於鐘虡之側・於情安乎・踐祚之始・太祖親以天下授之・既沒而不得祔享於太祖之後・太祖之心安乎・列聖之統・皆建文之統・而建文之祀・不得從列聖之祀・列聖之心安乎・天下臣民・昔也儼然臨之・而至於今不得一效崇報之悃・臣民之心安乎・

或者曰・建文之年・孫蒙祖號・革除之歲・紀錄已削・將安所議之・然號可蒙・而承前啓後之統・終不可得而滅也・則祀終不可得而廢也・錄可削・而奉天統人之實・終不可得而掩也・則祀又終不可得而廢也・夫其當祀如彼・而其不可廢也又如此・顧乃代更十葉・年餘二百・悠悠乎迄無成議・徒使若敖終餒・伯有長號・夜雨秋風・游魂悽惻・豈不悲哉・

臣嘗攷靖難之初・成祖皇帝曾採先臣王景議・葬以天子之禮・遣官致祭・輟朝三日・夫葬既從隆・則今日之祀・即文皇而在・其不忍於輕絕也・意可知也・先禮部臣曾引景帝爲比・欲議追謚・夫謚猶當議・則祀之不容不議也又可知也・皇上登極之初・特念死節諸臣・下詔褒祀・伏讀制詞有曰・仰進聖祖遺意・褒表忠魂・夫忠於建文者・且蒙追祀・則建文之當祀也益可知也・今所以時久未議・議久未決・仁聖之主・有意而未伸・秉禮之臣・有懷而未吐者・不過以事屬難處・勢屬難行・禰廟之際・不免於相嫌・世次之間・懼涉於相冒・而不知情隆則禮從而隆・時降則數不得不從而降・苟得一豆一籩・四時肸蠁・猶愈於黯慘無依者・愚以爲從祀廟既慮壓於成祖・建特廟則又非有功之祖・惟是留都之地・其生所臨蒞於斯・則沒所憑依於斯・謂宜下掌故議・或附食於高皇帝之側・或附食於懿文太子之側・或於祖廟之旁・別設一室・以時享祀・則祖孫共食・父子同堂・一脈周流・羣心懽洽・夫宣湮鬯鬱・修廢舉墜・至仁也・善繼善述・盡制盡倫・大孝也・備累朝未備之典・慰列祖未慰之靈・駿惠也・萃萬里豫悅之心・答天下臣民之望・皇孚也・一舉而衆善備・曠儀修大・聖人之作爲・豈不超出尋常萬萬哉・臣也與聞俎豆之事・竊幸大典之成・私心不勝惓惓・臣謹議・

上朱葉李三相公書

某誤承任使・謬役黔中・竊見黔數年以來・揚酋既亂・紅苗又亂・路苗又亂・二安爭官又亂・兩奢爭印・三十一二年間又亂・百姓盡從干戈中出・其幸脫刀鋒者十無二三・某

每談及瘡痍死傷・無不墮淚・近世續雖曰占印・然已移居永寧城外・兩婦相去僅咫尺・冬日把盱夕・往來城市・與居民交接・爾不我虞・我不爾畏・闔衛亦相安無事・道路商賈・亦皆晝夜通行・但本婦恡印不獻・以致奉旨督促・然恭繹明旨・不過曰取印・即四州撫臺差張都司到永寧・亦不過曰取印・就印而論・特追與崇明・原不得與司府縣之急用者比・即稍遲之・亦不爲害・就崇明而論・該撫歲納黔中糧馬・有額有數・自奢效忠死後・糧米毫不輸倉・馬館毫不輸驛・雖有虛數・本撫不解之蜀・蜀不解之黔・抗違逋負・已非一旦・一旦爭印・乃動朝廷數萬之兵・轉萬萬之糧以定之・兵糧費矣・繼立定矣・而抗違逋負復如故・是國家以有限之物力定夷方・而夷方曾不以有常之賦報國家・故雖得印稍稍後時・或暫用經歷司印・而姑置此・亦不爲害・就黔民而論・三十一二年間・因兩婦爭印・橫被殺戮・今瘡痍未甦・追賠者未償・若前禍未了・後禍復起・焚燒劫殺・身命糜爛・室家殘滅・當何底止・故印苟可計取・可緩兵・可調停取・謂不必汲汲動兵・而以百萬生靈之命・博一夷方之印・就使不得已動兵・亦當通知兩省・斟酌萬全・布置周悉然後舉・即有脫逃・不至多逸・即有劫殺・不至大傷・

乃都司張神武者・少年喜事・無深謀遠畧・謂世續近在衛城・無異居民・可襲而虜・虜則印即可得・印得則可以豎不世之功・故晝夜謀欲起兵・闔城軍民惶懼・連日諫阻・極口苦勸不聽・三月初二・驟驅崇明兵出城掩捕世續・曾不預通一言於黔中・早爲設備・戰之日・又臨城嘻笑觀望・手握多兵・曾不置一卒於各路口・邀其遁逸・以致各目逃竄・招集部夷・大舉殺掠永赤・遠近屠掠・不知其幾百千萬・灰燼殘破・一望成墟・見者痛心・談者酸鼻・近聞川中督兵裹糧到衛・定亂之師・豈曰不宜・顧以之問宗傳之罪・梟宗傳之首・而不期得印則可・如期在得印・竊恐動用大兵・徒使地方爛而復爛・軍民死而復死・而似非取印之良策・蓋印直方寸之物・藏之不難・銷之甚易・以兵臨之・彼亡命之徒・自分罪在不赦・有死而已・印恐終不肯獻・據各處申稟云・今日之印・愈急愈藏・愈緩愈出・又云・世續愈赴・印信愈遠・此其言似皆有理・

數日間接得四川廵按牒文・一角會議・以永寧建府・割藺地以益黔・已經達部・使部早一日題覆・而以藺事全屬貴州・則疆域既近・情形又悉・事權又歸於統一・自可以曲爲處分・不煩兵刃而坐了前件・今事已至此・無可奈何・伏乞台臺慨念黔中無辜蒼赤・已殺者固不可追・未殺者猶可及止・俯採愚議・假職等以便宜撫諭・令其獻印・仍移勸川中・同心一體・無分爾我・善爲處置・印必可得・如其怙終拒命・倔強不服・然後不責其印而直誅其罪・搗其巢穴・磔其尸首・是謂堂堂之陣・正正之旗・雖黔民橫離鋒刃・亦無所恨・若中無定畫而妄欲弄兵・兵既弄而印終不得・徒使鋒鏑慘傷・肝腦塗地・倖功則居之已・發難則推之人・如四川都司張神武者・則非職之所敢知也・緣爲黔事危急・黔民可憐・不得已請命於台臺・惟台臺爲印計・復爲黔計而俯垂憫焉・地方幸甚・

復內閣朱金庭書

承閣下俯問鎮雄事·竊見鎮事僂指未易悉數·姑言其概·安堯臣之征播·誰用之·四川用之也·其入繼鎮雄·誰許之·四川許之也·夫當播酋反時·惟不用之滅賊則已·既已滅賊有功矣·奈何負之·當鎮雄絕嗣時·惟不許之入繼則已·既許繼十年矣·奈何逐之·若謂堯臣跋扈·不逐則反·則彼固未嘗有反形也·雖其心不可知·而其外未嘗不恭順也·許之入繼則繼·令之退還則還·責之取印則印出·責之取閻宗傳則宗傳降·即稱爲暗助夷兵·又未有顯跡可據·若謂其簒據鎮雄·勢在必逐·不必念彼前勞·拘我小信·則昔日因何而許·今日因何而逐·就使簒據當逐·亦應請命朝廷·議其功罪·然後下驅逐之令·驅之不去·然後議兵·今蜀因張都司開禍之故·遂飲恨於閻宗傳·又見討宗傳而宗傳即降也·遂翹然欲乘此餘威以逐堯臣·一面上疏·一面進兵·刻期開刀·聲震四衞·彼以爲八萬人可橫行夷中耳·某以爲不然·昔楊應龍直一孤虜·向者征之·猶動八省之兵·轉數萬之糧·殺人如麻·兩年而後克之·彼時尚有堯臣兄弟相與戮力·大水田之捷·桃溪酋之燒·大挫賊鋒使窮蹙·然後我師得以取勝·今鎮雄之部夷·非弱於播也·其力非下於播也·又有水西爲之應援·非孤子無助者比也·不特此也·據堯臣申文·謂當用臣時·許以得播後與之分地·乃非徒不分之·而又罪之逐之·此其言誠可恨·然亦似不盡謬·今夷中引以爲戒·雖欲再以賞愚之·使之以夷攻夷·樂爲我用·恐不可得·又不特此也·疆臣堯臣爲親兄弟·彼見中國之失信也·見中國之許與欺而不足憑也·又見播滅而及鎮雄·慮鎮雄滅而及已也·其心大懼·黔即責以大義滅親·彼必不聽·事緩則逗觀望·急則與之連衡而抗我·又不特此也·五土府與鎮雄爲輔車脣齒·彼見堯臣之見誅也·見堯臣之不蒙賞而蒙戮也·又慮鎮雄滅而及水西·慮水西滅及己也·其心益懼·蜀即責以大義滅鄰·彼必不聽·事緩則暗爲聲援·急亦與之連衡而抗我·今川中慮不到底·謀不百全·卒欲舉事·若以爲討堯臣無異宗傳然者·不知彼蠢酋惟信黔·惟畏天子令·至於川中全然不服·日者川兵壓境·彼猶中懷忿憤·偃然負固·直是迤西民·民憂惶驚恐·莫知所爲·雖某止兵有疏·路遙事急·未易得旨·所幸閣下洞悉邊情·深惟國計·亟止蜀中孟浪之師·救此一方瀕危之命·朝上疏·夕即報可·飛報到黔·懽呼動地·計撤兵之旨·至自十月初四·而蜀進兵之期·即在本月初八·相去僅四日·倘閣下之疏遲一日上·止兵之命遲一日到·蜀必開刀·堯臣必聚兵抗殺·水西及五土府當恩信不孚之後·實難保其不與合併·夫以誅一應龍·猶勞費半天下·況今爲應龍者六·不盡誅則損國威·盡誅則海以內不知當作何搖動·聞蜀甫用兵一二月·即費餉三十萬·死者萬人·再不撤·黔以西不知當作如何糜爛矣·且止兵後不踰一月·武定烏騰宵即反·聲息甚惡·設堯臣不早寧戢·則鎮雄反·武定又反·兩賊交通·互相響應·東南半壁·遂成戰場·廟堂宵旰·不知當作何收拾矣·夫使堯臣果跳梁一方·縱橫海內·雖竭天下之力·除茲大患·亦烏容已·又使其逆朝命·驅之不退·雖興兵轉餉·糧匱力竭·亦何敢辭·今觀堯臣如此舉動·如此情形·亦稍明其非橫行·非拒命者矣·

而兵獨不可已乎・若謂大臣握兵・苟可闢疆・不論信義・則諸酋盡殲・列爲郡縣・黜實首利・然而勢未可也・本根方撥・安事枝葉・亦未易圖乎・

自古國家無恙之朝・多以好戰不已・奸雄竊起・遂至不救・閣下以一紙書銷大難・何等力量・何等功德・而議者猶以爲左黔而右蜀・夫大臣天下一家・遐邇一體・何重於黔而左之・何輕於蜀而右之・彼嘵嘵之口・不過事不干已害不切身而輕爲置喙・抑或貪功喜事之徒・見初願不遂・而其黨遂倡爲異論・忽意曲突徙薪之見・攘臂焦頭爛額之功・至於火大起・燄大發・棟宇燒殘・主人灰燼・彼嘵嘵者有袖手而旁觀已耳・決不能以三寸舌弭禍矣・若謂漏洩軍機・則又謬甚・

夫水鎮諸夷・國於七星八番・千有餘年矣・中國治而亂・亂而治・不知凡幾矣・然中國自治自亂・彼亦自叛自服・當中國亂時・未聞其稍有窺中原之志者・亦未聞其越中原半步以一矢相加遺者・辟之穴中之鼠・不鬥固處於穴中・鬥亦不出於穴外・故使爲邊臣者・處置得宜・則中國强・彼固服・中國弱・彼亦服・苟處置失宜・開禍挑釁・則中國弱・彼固叛・中國强・彼亦叛・蓋犬羊之性・謀不旋踵・原無大志・惟視我之安戢・不問我之强弱・原無窺伺之心・一值國家虛弱・慮彼聞知・則彼固熟夷也・日與中國交接往來・何不通透・且九邊與虜・僅隔一墻・虜中細作・窺我尤甚・其知我虛實尤甚・眞如閣下所云云者・不憂南牧之虜・而憂原無大志之夷・亦不料邊情之甚矣・今堯臣雖歸・事猶未了・今年正月・蜀委遵義詹同知及萬總兵入畢節・欲强畢節道同往鎮雄・顧僉憲以事權在蜀・且恐議論不合・不肯行・而詹萬兩官卽尋端不已・據申謂雖瞎眼花子・亦誘以衣服・許以銀兩・使之出證・似此舉動・不知何爲・今幸隴氏已送出應繼人阿固矣・自後或議繼・或議改流・夷情之協不協・事體之妥不妥・於黔無與矣・若必欲窮極堯臣・殺而後可・則臣見省城・執而戮之・直一夫之力・有何難事・然既歸而殺・後將不歸矣・嗟乎・人情之矛戟若此・閣下以爲黔處今日・難乎不難乎・閣下位居首輔・當此邊事安危・介在呼吸之秋・力爲消除・力爲担任・不動聲色・奠海內於覆盂・眞可傳布天下・流光史冊・而猶不免於憎茲之口・況某一介孤臣・身入樊棘之中・居於易排易陷之地・不以爲釀患・則以爲庇夷・衆口摧拉・無異枯朽・然竊自惟人臣任事・恃此方寸・苟上無愧於蒼蒼・中無歉於方寸・下無負於邊民・則呼牛呼馬・任彼爲之・卽不幸利害到頭・死生禍福・以身當之・身且不有・何有於人言哉・大抵世風日降・朋黨繁興・公道漸滅・議論慘於戈矛・愛憎險於機穽・然究而論之・屠戮非功・必大難除而後爲功・喜事非福・必邊境安而後爲福・貪黷非武・必遠人服而後爲武・殘民自封・鬼神所忌・好生惡殺・天道好還・眞是眞非・日久自當有定・何必務爲不然之謗・使人畏讒鋒尤甚敵壘哉・某輿言及此・不覺悲咽・惟閣下垂炤焉・

善與利之間論

昔子輿氏論舜跖之分・而本之善與利之間・論善與利之間・而本之雞鳴之一念・夫雞鳴之時・夜氣清明之時也・夜

氣既已清明・謂宜有善念無利念・既無兩念・安得言間・不知所謂間者・非兩念分頭之所也・是微而不易持之界也・此聖賢示人喫緊處也・蓋聖人無復・無復則無念・無所謂間也・狂夫大迷・大迷則無善念・亦無所謂間也・惟夫衆人也者・色色妖冶・物物萑葦・日接日構・如夢如馳・當此如夢如馳之時・七情媒之・百攻入之・內外韃之・終日遊乎濁之鄉・而況乎擾之境・甘舉吾身所有者爲泥淖・爲火馳・爲果蝕・然而夢也・而未嘗不覺也・馳也・而未嘗不息也・故時至雞鳴・前日之旦晝者已往・後日之牿亡者未來・氣之濁者至此而暫清・物之擾者至此而暫寧・理之剝者至此而暫復・此暫清暫寧暫復也者・如絲之緒・如物之荄・似端非端・似倪非倪・故謂之間也・何以明其然也・天下事凡屬於幾希者・則曰幾希之間・是心也・在蔽錮之後・而僅有此間之一機在晦塞之餘・而僅有此明之一線・萌蘗達於斧斤・星星存於煨燼・其僅存而僅達者・蓋幾希焉・而不能一髮也・故曰間也・

天下事凡屬於轉盻者・則曰轉盻之間・是心也・濁者雖已暫清・然淸之時卽爲濁之時・其離乎濁也無幾也・擾者雖已暫寧・剝者雖已暫復・然寧之時卽爲擾之時・復之時卽爲剝之時・其離於紛也剝也無幾也・蓋一念天倪・處於若明若沒之交・一息善端・居於若生若滅之境・撲之甚易・引之甚難・消之甚易・長之甚難・其倏長而倏消者・特轉盻焉・而不能一瞬也・故曰間也・

蓋理欲之分限・有大權焉・亦有大勢焉・理與欲相對・則其權猶兩大・理與欲交戰・則其勢猶互乘・今以區區善念・出於平旦之候・生於孳孳爲利之中・此非兩大之權・而孤立之權也・非互乘之勢・而犄角之勢也・以犄角之勢・制孤立之權・而當衆私之會・故曰・幾希之間・轉盻之間也・此一間也・睇觀之則最潛也・顯出之則最著也・語其時則最暫也・語其地則最危也・當其伏無形・埒而不可窺也・無歧途而不可跡也・及其決・無隄防而不可禦也・無啣勒而不可羈也・當其同域而居・共門而處・舉念卽眞・回頭是岸・及其分道而馳・頹波而逝・則東野之所不能馭也・白圭之所不能障也・故舜與跖・其初無定名也・而所以德日玄・聞日升・名爲舜而日遠於跖者・此間遠之也・跖與舜・其初亦無定品也・而所以殺不辜・肝人肉・甘爲跖・而日遠於舜者・此間遠之也・蓋幾希之頃・而倏炎倏冰・轉盻之際・而天飛淵墜・天不得而制其權・性不得而尸其柄・人不能而與其能・嗚呼・其可畏也哉・

蓋嘗卽間之地而求之・渾乎理而無一疵之可擬者・則曰無間・無間者・大禹是也・渾乎理而猶有一疵之未融者・則曰一間未達・一間未達者・顏子是也・渾乎欲而猶有一隙之暫開者・則曰善利之間・善利之間者・純之則聚・純而未至則賢・理間者・錮之則狂・間而未盡錮者・猶可引於君子之路・大哉間乎・其聖狂賢愚之關乎・然則居其間者奈何・亦曰戒謹不睹・恐懼不聞・防此間也・十目所視・十手所指・嚴此間也・剪其荆榛・祛其牛羊・養此間也・戰戰兢兢・如臨深淵・如履薄冰・葆此間也・宋儒周子有言・惟君子惟能愼動・孟子之論幾希也・曰・庶民去之・君子存之・夫惟研之以幾・慮之以動・存之以誠・持之以愼・庶幾哉與舜爲

徒・而不至淪於跖哉

關雎麟趾之意說

自古人君之治天下者以法・而所運法以意・法也者・繩束其外者也・意也者・孚浹其中者也・法不立・則上與下相蒙・而有治條凋疏之患・法立矣而意不浹・則上與下相規相避・而有榮衞不屬之患・治條凋疏・猶可用其補救・至於相規相避・而渙然不屬・則吾之法遂有不盡行之處・是故法之所在・能使人必遵・而意之所在・能使人不得不遵・法之所在・能使人陽屈於意以奉吾法・而意之所在・亦能使人陰抗於法以各行其意之所向・故古之善治者・不先法而先意・不以法溺意・而以意運法・要使法與意纏綿茂密・同出並流・一世行之・萬世無弊・噫・此上理之良規・而聯民之要術也・程子曰・有關雎麟趾之意・然後可行周官之法度・旨哉言乎・請申之・

蓋嘗觀孟子之論治曰・徒善不足爲政・徒法不能自行・若將謂天下不可一日無法焉者・然要之提兩者而論・則善爲急・法次之・善爲主・法輔之・徒法之弊十九・而徒善之弊十一・法之害治者皆是・而善之害治者未聞・今之尙法者曰・吾患無法耳・吾法行而天下治矣・今之峻法者曰・吾患法不嚴耳・吾法嚴而天下無難治矣・噫・彼徒知夫法之利・而未覩夫法之病也・彼徒知夫法之行・而未知夫法之所以行也・蓋自古稱善治者・莫過於周・自古稱法度之詳明者・莫過於周官・吾考其當時之所建立・若六官百司庶府之分其職・三物六德六行之異其敎・八則八法九賦九貢九職之殊其等・遂人匠人廩人廩人載師閭師賈師之均其任・大小相爲・纖悉備具・事有藩飭・而物有節文・人曰・此周公太平之書也・愚則謂周家所以致太平者・非獨以法也・以其有關雎麟趾之意・

夫關雎之咏淑女・則人能知之・麟趾之歌公子・則人能言之・而曷言乎意哉・人之相接莫不有肫切之處・而家庭爲甚・亦莫不有淪浹之所・而父子夫婦爲甚・意也者・庭幃中最肫最切之眞精神也・父父子子・夫夫婦婦・相淪相浴之眞念慮也・彼其一門之內・文以肅雍・倡之后妃・以恭敬和樂承之・公子公姓・以仁厚應之・情欲之感不介・宴私之意不形・妬忌之嫌不生・殘忍刻薄之念不留・床笫無寵幸之私・后宮無滑凝之釁・少長無凌逼之漸・淑氣薰蒸・大和充塞・無有一毫戾氣間其間者・故當時之民・內而郊甸・外而四境・耳目其敎者・靡不沉酣・漸被其風者・靡不濡沫・想望其德者・靡不懽忻而鼓舞・意行於近・而芣苡兎罝之咏作矣・意行於遠・而江沱汝漢之俗變矣・意行於家於國・而螽斯樛木之誦興・鵲巢騶虞之化應矣・法式未布・而喩意在法式之先・典則未昭・而遊意在典則之外・人見周官之區畫・井井綸綸・則曰三代以來之最詳也・不知意之所溢・不得不詳也・人見周官之班布・趨若流水・赴若響應・卽易世之後・猶相與維持保護而不忍釋・卽人亡法斁之際・而秉禮之家・守文之吏・抗節之臣・猶得陳設禮法・執先王之遺制・以爭於江河移徙堅冰嚴雪歲寒之日・人曰・周官之法之能行也・而不知意之所悃・不得而不行也・此豈有徵發期會哉・蓋動人以文者・不若動人以意・綢繆其法以維之於外者・不若綢

繆其意以攝之於內．意也者．來無端．去無倪．含於聲色之表．而藏於無形之先．入於肝膽脉絡之間．而行於骨節腠理之際．意之所到．無翼而飛．意之所向．不脛而走．意乎意乎．其載法而出．乘法而入．法之迹所自寄．而法之神所自傳者乎．

後世之君．不修意而修法．詳於法而畧於意．彼謂五尺之塹．驅軍所避．百仞之山．牧豎所憑．吾法立而民不敢犯．民不犯吾法．而吾之治畫一布之．而曷敢異同．孰知吾行法．民亦行意．民不畏意．奈何畏法．苟徒以法而已．將意愈渙．法愈多．法愈多．民愈疑．始猶陰誅其意．而勉奉其法．既則明抗其法．而顯行其意．至於明抗其法而顯行其意．則呼之不應．招之不來．井里而賦之不供．什伍而籍之不爲用．雖使文王創制．姬公筦樞．日舉用官之法．懸之國門．猶不能與無知之民相角相勝．而况可以望太平乎．

吾觀漢唐而下．逆若新．僭若周．悖若王蘇．亦嘗稱引周官．攘臂而議古法．以粉飾其治具．今跡其所建置．言非不周．田非不井．保甲保馬之設．非不儼然比閭黨族之遺．然而階亂啓釁．竟以其身爲禍首．若是者何也．其法是而意非也．愚嘗合而觀之．法猶車也．意也者．將車者也．法猶舟也．意也者．操舟者也．無法之意．有善將善操之人．而輪轅不飭．維檣缺也．無意之法．是走虛車虛舟而試之河陸也．夫走虛車虛舟而試之河陸也．其不覆敗者無幾矣．然則後之治天下者奈何．曰．當其無法．吾議之以法．當其有法．吾議之以意．法爲意賓．意爲法君．吾奉吾君．毋使炎冰內侵．其養貴純．其功貴誠．其幾貴謹．夫謹者固意念之關．萬法之門．而睢與麟所爲孕育之境界也．不然．一念慘刻．將斯鞅申韓之喙．入而啄之．何暇論周官哉．

勅建于忠肅公祠碑

蓋嘗讀于忠肅公遺事．至於鷺鷥之泣．灑血之談．未嘗不歔欷淚下．曰．甚哉乎．爲臣之難也．世之論忠肅者曰．公計安宗社．而以身委之．宗社安而天下誦其功．功愈高而疑愈甚．故自社稷爲重君爲輕之說出．則言爲疑端．自易東宮錮南內之事成．則動爲疑府．是故公之死於英廟．非不幸也．有所以致之也．則又有爲之諒者曰．人臣履危定難．在倉卒之際．不可不知權．處名位相逼之時．不可不委曲陰爲之調護．當英廟之卒然北狩也．虜方挾以爲質而要我．而我顧示之以重．則彼將乘我之重而恐喝我．索玉帛．與玉帛．索子女．與子女．索降．與降．索盟．與盟．惟彼挾之重．而我故示之以輕．彼將以空質無益．然後其計不得行．而上皇之轍可返．故英廟之得以還國也．君爲輕之一言貽之也．當英廟之南轅也．景皇帝不悅曰．且將置朕何地．既而錮之南內．更立東宮．而公爲重臣．不强爭也．何也．當兩不相容之際．而我爭之激．則景皇帝不自安．景皇帝不自安．而南內之禍不知其所終矣．故英廟之得以奪門而返天位也．則公之不激留之也．此知公而爲公諒者也．

雖然．以公之處此．而遂謂公之心爲難知乎．不易諒乎．卒以疑見殺乎．則古之人有行之．楚伐宋．執襄公．宋人立其子目夷．使謂楚子曰．賴宗廟之靈．國有君矣．竟以此存宋襄而反之正．宋南渡而後．其臣之迎上皇者．肩相摩踵相接・而靖康反爲五國城之鬼・則安知夫急者之不當緩・而緩者之非急哉・唐王魏之輔建成也・日教之立戰功以自固・除秦王以自完・卒也不旋踵而六月六日之難作・則又安知夫顯而激之爲是・而默而請者之爲非也・故由前言之・則英廟之得還也・公功也・無可疑也・由後言之・則英廟之得保也・公功也・無可疑也・此不獨後世知之・即在當時知之・當時非獨一人知之・即舉朝無不知之・故觀内臣興安之廷詰・與太后于謙於國甚有功之歎惜・則公之心事了然矣・而卒不能自解免而竟死於東市者何也・曰・處必死之勢也・景皇帝之於英廟・地不兩存者也・方英廟之初還也・景帝皇皇不知所處・而大位已定莫敢異心之說・公實倡之・石武清之黨・郭亭杜山也・公實劾之・徐有貞之倡爲南遷議也・公實斥之・而及其奪門而出上於南内也・兩人實爲之・當是時・有英廟則無謙・有石亨徐有貞則無謙・故謙之必死也・勢也・蓋不待文誠之羅誣・蕭繼楨之考掠而後知者也・嗟乎・死一也・有重於泰山・有輕於鴻毛・故奪門之事成・則謙必死・然一死而足以安社稷・奠國家・得死所矣・謙亦自知必死・然一死而足以安社稷・奠國家・使向日還英廟保英廟之心・於此盡酧・得死所矣・不然・府尹告變之時・公宜張皇失措・而乃神色自若・朝服就班而後被逮・公蓋籌之熟也夫・或者曰・使景帝大行不先・南内不奪・則公還英廟與存英廟之功何有焉・噫・此又公之所不能知也・知有君而已・故景帝而長在也・社稷有君・即南内而驟奪也・社稷亦有君・至於社稷有君・而公之責塞矣・可以死矣・知我罪我奚計哉・公之寃・在純皇帝時益白・至敬皇帝・始贈公特進光祿國柱少傅・今上御極・改謚公爲忠肅・時僉言者指・勅專祠祠公・而屬臣爲碑紀其事・臣惟公定主安邦・排遷却虜之烈・載在旂常・不具論・論公所爲存君存社稷而處必死之勢者如此・使知爲臣者忠與身兩存之難・令後世仰貌而勵臣節者・知所自處云爾・

鷹化爲鳩賦

惟大造之氤氳・陶萬品於鑪錘・顧裸鱗與毛介・羌繽紛而葳蕤・或孕質而不變・或神化而遄移・吾有感於蒼鷹・忽有鳩而莫知・吁嗟鷹兮・托化育於鍾山・含猛氣於炎離・純粹散於瑤光・火德奮其明輝・伯老出籠・元坦畋漁・短翮翔急・長骹起遲・小者雄・大者雌・微加毛小・減肌肥崔・羣決雲霓・方壯汝之鵬擊・而勁汝之翬飛・

乃單閼之菈震・際啓蟄之佳景・忽夾鐘之司令・屆青帝之爲君・羯鼓可以催花・九扈遲於晩春・維時帝居青陽・呼彼蒼鷹而命之曰・大專殷物・盈天塞壤・惟而匪鶉匪鳶・匪鸞匪鳳・賦質烈悍・禀性高颺・人馴爾鷙・人弱爾强・吾將化而面目・易而肝腸・脫而爪距・更而羽翰・以我之柔・摧汝之剛・鷹俯首而伏・仰天而翔・入於坱軋・出於吳蒼・俄而蛻爲鳴鳩・俄而改其故常・曩觀而身・劍翮凌凌・人視而臆・檀粉輕盈・曩觀而距・枯荆㩇㩇・今觀而項・花枝錯著・昔也疾視・兩目如金・今也呼雛・兩翼如錦・昔也高飛於霄漢・今也拂羽於桑林・昔爲尙父・驅駟騑之彭彭・今爲淑女・鳴河洲而關關・昔也擊殿・勇濯錦斑・今也喚雨・來傍舍還・胡然健毛・霜雪飛翻・胡然入懷・雨褐衣斑・吾不

知而將爲祝鳩・作我司徒・將爲鶻鳩・制找虎符・將爲爽鳩・執我鉞鈇・人方惜汝之批嘴・詎憶汝之遊忽荒・余則羨汝之以猛始・而幸汝之以拙藏・維鵲有巢・而居則臧・維桑有椹・而食則康・睇觀古昔・往轍章章・一拙不全・何鷙不戕・何拙不葆・何鷙不傷・

牧野元勳・鷹揚實多・功成名遂・載戢干戈・嗟彼蒼鷹・無如鷙何・前有縧籠・後有網羅・而當守而鳩拙・輯而鷹風・毋恃鷙擊而以拙終・庶幾完而壯志・養而英鋒・毋使孟秋節屆・氣逸姿雄・還爲掣電・攫搏凌空・吁嗟乎・造物神莫如龍・迅莫如駒・惟汝善變・時乘時除・吾將可飛可颺・可拙可愚・庶觀物而自得・隨化機以盈虛・

薛文清公贊

矯矯文清・理學首稱・盛年通籍・豈伊功名・階梯四子・戶牖六經・讀書有錄・無理不瑩・功先持敬・學惟復性・力距權璫・履險若平・敎流齊鐸・業茂春卿・河汾夫子・濂洛先生・宮牆俎豆・羽翼斯文・

陳白沙先生贊

五嶺儲英・挺生眞儒・主靜立極・愼獨執樞・陽春端默・十載樓居・塞充含光・嚅嚌道腴・勿助勿忘・還吾太初・衆妙俱遺・一眞自如・顏淵陋巷・曾點舞雩・菊坡並轡・文獻齊驅・雲谷可樵・江門可漁・存翼聖統・沒從聖廡・

黃文成公贊

人之最靈・妙明一竅・會稽之學・獨得其要・指點良知・開闢揭杓・闢我妙門・百憲同條・緊維先生・幼禀奇資・吳山談道・越水息機・龍場一悟・解脫支離・禽吳馘楚・勳名震世・公也視之・大鼎一莪・赤社分符・素王從祀・灝灝錢江・流光千禩・

胡餘干先生贊

餘干之學・主一惟敬・一敬作所・萬營悉屛・屋漏無媿・太宇獨惶・褐玉韜光・韜道遺榮・考槃亦寬・泌水自清・白鹿貞敎・絳帳橫經・筆錄傳心・齋居敬銘・先民是師・後學是型・布衣崇享・千秋孔庭・

乾清坤寧宮頌

肆皇王之御寓・選列辟以至今・疇道德而不麗・豈宮室之示威・顧一人居重・方內作則首民・物以規恢・續祖妣而作極・斯古昔之宏模・而斯今之鉅制也・往昔囘祿不職・兩宮制缺・天子憫元元之勞勩・念才力之殫竭・乃惻然下詔曰・蓋聞陶唐茅茨・有夏卑室・余實不德・無以造福羣生・其忍以一人之安・窮萬姓之力・維時羣工兆民咸勸進曰・王者規方家室・非以娛心自佚・所以保身保民・奉宗廟社稷・不忘天下也・夫太液昆明・祇備遊宴・聖主弗道也・臨清昭陽・第供巡幸・明王弗貴也・若乃乾清坤寧・兩宮適成・厥制深嚴・厥窔奧明・可以息機・可以儲精・因名以思義・因

義以剏制・其于葆皇躬藻聖德甚大・營構雖煩・又烏可已也・于是天子乃發德章・下明詔・鳩豫章之名材・取渭水之礪鍛・奚斯督繩・召伯董役・匠石離輸・運斤削墨・民不告勞・官不滋擾・再越歲而告成功・仰規天・俯矩地・過風踪・掩日道・邃閣樹于中天・金戺燦于中庭・日月爲之奪明・翬鳥爲之飛驚・此眞帝王之居而基命之地也・夫兩都宏麗・孟堅侈頌・西京舄奕・張衡載筆・矧夫紹祖德・遵皇衢・總列聖而作室・掩六合而爲家・覩茲鴻鉅・而美弗著聞・臣實恧焉・乃竭愚鈍・忘固陋・拜手稽首・颺言而頌之・其詞曰・

維皇御極・爰剏鴻宮・上參兩儀・外壯九重・天地之主・神人之宗・孰爲奠基・實實礱礱・孰爲盡制・苞竹茂松・孰錫嘉名・合德于乾・得一以清・居斯宮者・玄默之宅・淪性陶靈・取象于坤・得一以寧・居斯宮者・宥密之府・無構無營・旁而列之・左墄右平・三階重軒・豈曰雕峻・俾彌爾性・克配彼天・仰而盱之・鴛瓦磷磷・鴟尾干雲・豈曰窮高・俾彌爾性・應地無垠・俯而闞之・茅蓋之角・黃道之中・地廻風淅・天泱氣冲・豈曰侈制・俾彌爾性・清寧在躬・環而眺之・長樂宣溫・發越披香・增誠合歡・曷足比方・豈曰極麗・俾彌爾性・悠久無疆・噫彼帝庭・康衢擊壤・追維周室・九如章章・昔在華封・三祝洋洋・微臣獻頌・竊附遺芳・

尹遂祈　字鏡陽・東莞人・萬曆辛丑進士・知同安縣・以忤稅監落職・歸至贛州卒・遂祈喜讀參同契河洛圖緯天文律歷風角望氣六壬太乙諸書・靡不研究・晚而歸宿江門之學・以致虛守寂爲主・著有天文備考及叢桂堂集二十卷・阮志注未見・餘若陣法源流璣衡要旨天元玉策解等書・皆未著錄・

復林省庵先生書

不肖在草茅時・已聞老先生倡道東南・仰止之懷・若斗杓在天・可望而不可親・然常私自洗滌・以爲北面大賢之地・匪徒神爽之飛越已也・祈賦才本庸・抗志頗遠・少慕先天之學・隱于山中・世故物情・毫不相涉・每憶先哲如周程張邵輩・爲之依歸・當不虛此生已・然所居既僻・大道罔聞・惟覽觀古昔論王霸之餘策・究倚伏之要害・聊以適志耳・至于方外之士・以方術相質・間與討論河洛圖緯天文律歷陰符素問之書・旁綜風角望氣三元六壬太乙之法・雖小技可觀・非遠致之術也・又以京房郭璞爲戒・乃盡屛之・嘗著天文備考・陣法源流・天元玉策解・正璣平衡要旨・悔其少作・不敢傳之大方・葢一察自好・於聖人之道・猶醯雞耳・然終不能守一先生之言・六經正史而外・多所馳騖・故志彌勤而道彌遠・索愈高而識愈下・祇以疏狂自廢・欲自此干君平管輅之流足矣・殊無意于經也・偶以一第之故・思覺試於官途・而愚魯之識・遇事皆蓁・草野之性・粗率如故・與時鑿枘・理固宜然・又何以獲上治民・謝彼慫戾也・幸先生不棄其愚・授以密箴警語諸篇・誠上達之階梯・下學之繩尺也・終身行而無礙・寧佩服之敢忘・聞見支離之障可以盡祛・孫吳佛老之躭不難驟變矣・若不聞至言・則終身顚頓乎混冥之中・而不覺悟于昭明之術・不亦大可悲乎・不肖故付之梓・非獨爲同志者勗・將揭大道于中天也・而道之南・敝鄉爲近矣・倘有繼白沙先生而起者・則先生之流澤遠哉・

刻林省庵先生警語錄序

尹遂祈

大哉道乎・雷雨在上・典彝旁達・儒者弘之・聖功生焉・神明出焉・故藏器翳景・風軌足以淑人・揆化應時・明哲可以自保・非窮理盡性・知微知章・烏能優游一世而悔吝不生乎・百行殊尙・默默難齊・至言不出・俗言勝也・玩愒者忘芷蕙・迷大者不能返・斯道隱矣・興儒教以救微言之絕・則省庵林先生實欲起而任之・蓋自爲諸生時・操業淸高・邈焉冠秋雲之表・卽古人奚遜焉・乃其自視欿焉・歛於檢括・常懼逾逸・不身遁・亦不遁人・若行獨潔・不爲無人・不兢其容・然猶時錄警語以自惕・豈謂使人信己者易・而蒙衣自信者難耶・至與海內同志者切磋雕琢・惟是論忠孝之至道・證存亡之軌跡・愼榮辱於樞機・審盈虛於進退・令人察往以知來・觀彼以知此・凛乎若跡掛於禺仅・宜必洗濯垢涅・保其貞吉者矣・

夫受繩墨者無枉剞之木・染道訓者無邪辟之人・況動之質誠・示之以平・淡夫固將自化・先生由司埋而銓衡・兒童胥吏・悉皆感慕・良有以也・昔劉氏論人・先察其平淡・平淡無味・故能調成五材・變化應節・惟先生足以當之・乃其學先於反己・集於虛己・歸於正己而物正・大人之事畢矣・余讀警語而自媿・赤刀之鑛・不經歐治之門・敢曰有其質哉・馬鬣截玉・庶幾進其獨志云爾・

登岳先聲詩序贈寶安丞解公

古之通治體者・鮮不以親民爲首務・最著者莫如漢・漢史傳循良・若趙張王尹・皆起于丞・往往以卓異見徵・終陟卿相・所居民愛・去之見思・庶幾德讓君子之遺風・余嘗讀其書・作而言曰・大哉民心乎・欲惡視政・趨舍緣德・此可以違道干而嚴令驅哉・名不虛立・士不虛附・故曰・民者吏之程也・使民取吏・必取所愛・百人愛之・則百人之吏也・千人愛之・則千人之吏也・萬人愛之・則萬人之吏也・萬人之吏・選卿相矣・昭代之興・尤惜人才・未嘗盡以格限士・而士多以格自沮・秩卑易玷・輒甘汚蔑・其踔拔而起者・不數數見焉・乃激而云善仕不如遇合・使立名之士・簡于能而謹于時・不亦過哉・

夫理小而懷博施之志・居今而行古人之道者・余今得之少令解公・公固荊楚人傑也・暫屈牛刀・而恂恂儒雅・不類于法家・佐政期月・士民嚮而慕之・尤以忠信敏練見重于邑侯・凡廛野利病・賦役輕重・與兵農之豫密・工徒之興弛・侯雖素所洞徹・亦必與公斟酌而後宣布之・謀有益于民者・公亦輒爲贊助惟恐後・三載政成・碩問蒸沸・觀風者聞而異之・式登薦剡・以其最聞當宁云・是舉也・實東官所希覯・

論者曰・解公何以得此于直指君乎・今之所謂能者・刻峭以爲公・鷙猛以爲斷・巧取足以濟・緩急機智足以籠下人・而又習乎婘婀辯給詞伺之目・乃可以結上官・騰顯譽・公何以得此于直指君乎・余折之曰・公無此數者・此所以當于直指君也・如子所稱・是治之蠹也・奚其能・子謂公廉乎・曰・公之左右・毋敢夸毘而進・纖趨而言・是冰玉之操也・公敏乎・曰・瑣訟猥詞・片言可折・論報不宿・是庖丁之技也・公勤乎・曰・公淸理戎籍・時葺百工・修校濬河・

而又式黄髮之誾・倒青襟之屣・無倦色也・夫操此三者・而復厭棄機術・推赤心於人・縱使婞婀辯給詞伺之末工・當必有諒其心者・子何以奏雅百戲之場・病公之古而不今哉・

南方有亂鳥曰昭明・五彩象鳳・人得而筊之・百鳥羣而侮之・以其飲不必醴泉・而食不必竹實也・西方有仁獸曰騶虞・斑文象虎・見者不知其爲騶虞・投之以生物・而後知其非虎也・夫眞僞之不敵久矣・古今人情不甚相遠・況司風紀者・將謠俗是詢・聽民非譽・以抑揚庶品・必不鳳昭明而虎騶虞也・故非解公又何以得于直指君哉・得之于直指・必得之于銓衡・其將用民所愛・擢之崇階・風勵百職・古人以雙陸無休勢爲喻・不益信于公乎・異日樹峻流鴻・以光昭代・不數漢諸賢矣・余友某等慶公之遇・以爲鳴盛風來・不可無詩・顧郢曲難工・亦託其不可諠者並傳云爾・繼風人而歌愷悌・其各言爾志・何必誇白雪哉・

送郡侯方公祖詩跋

仕路所最忌者・不量鑿而正枘也・方圓之不用・固齟齬而難入・故太直若屈・玩世者稱焉・至於時俗工巧・偭規矩而改錯・突梯卷攣・迎喜怒而測憎憐・其究也・洩涊成風・正氣銷鑠・蘭芷變而不芳・荃蕙化而爲茅・此貞民所羞・而騷人所爲憤惋也・當吾侯之見忤于直指君時也・徒以一令之下・偶見沮格・輒求解綬・夫侯固恂恂君子也・行車麥秀・卧閣花深・愷悌之德・民歌之矣・一事失意・何忍免赤子於懷・況値中官踵至・時事艱危・賴侯以重望鎭之・而侯性剛介・終以不能下・掛彈章去・亦事勢之流相激使然・然侯豈不知謇謇之爲患哉・顧爲靈鳳作鶉籠・將翕翅而不容矣・羈驂褭以服箱・將局促而不前矣・況侯素以風裁取信於上下・安能委蛇蒲伏・與雞鶩爭食・而隨駑馬之跡乎・詩曰・我心匪石・不可轉也・故搖珠抱彩・不爲莫佩韜光・貞女淡粧・不爲無媒競巧・侯之用心・固若此矣・其視毀譽得失・奚異條風之時麗・蚊虻之一過哉・所戀戀而不忍舍者・獨以士屏營攀轅滿道・不能不爲是潸然耳・又見春水揚波・江籬初綠・其有騷人之感乎・邑士送別南浦・黯然魂銷・欲擬九歌・詞慙郢調・不知其有當於侯心否也・

潘　濬　字季源・南海人・萬曆辛丑進士・授安福知縣・累官至南刑部侍郎・濬官僉憲時・海內創建忠賢祠・違命即逮捕・濬多所庇宥・忤魏閹意・故出爲南刑部侍郎・旋乞病歸・至豫章卒・贈太子少保・

題減粤東稅銀疏

臣粤東產也・自幼束髮受書・正皇上旰食宵衣任賢圖理之日・于時國無苛斂橫征之政・民有家給人足之休・粤雖逖在海濱・獲沾聖化・猶然樂土也・至于今則大不然・自棍徒以言利之説進・榷使以罔利之術行・宇內震驚・公私若掃・顧各省直初議稅者・或酌物力以定額・或憫窘竭而請寬・少則四五萬・多亦六七萬而止・獨粤東議至二十萬・縉紳不與聞・小民不敢控・至萬曆三十五年・幸蒙聖恩減去二萬一千八百兩・今尙十七萬七千七百餘兩・先是諸臣力爲百姓請命者・未嘗不累牘連篇・近督臣張鳴岡・按臣王以寧各疏・請蠲加派丁糧四萬三千八百兩・加抽市鎭墟場銀四萬三千餘

兩．描寫民情．一字一淚．殆甚于鄭監門之圖．乃皇上置若罔聞．豈以粵尚足辦此不爲苦耶．不知名曰商稅．只宜取足于商．粵僻在天末．商民以貨相貿易者．只省會一二處耳．子母不過銖兩．搜括爲稅幾何．當事者計無復之．于是乎割餉以充稅矣．未幾又加糧以抵餉矣．自舖口墟市而雞魚柴米．又無不稅矣．商稅也．于兵何與．而奪其口中之餔．亦于民何與．而禍及雞豚之細．輾轉支吾．良工獨苦．按臣王以寧．續議移正稅協助採本疏言．自萬曆十八年至今．解過商稅銀暨礦銀助大工等銀．共二百六十七萬兩．夫此二百六十七萬兩．特就解省者言耳．中間爪牙之所搏噬．猾胥市獪之所攫取．而誅求又以千萬計矣．噫．普天皆土．率土皆臣．粵非皇上之赤子耶．胡忍其重困至此極也．肉已剜而瘡未醫．皮不存而毛安附．叩閽徒勤．回天無計．然則爲粵人而當今日粵之時勢．何不幸耶．臣請細詳其害．冀聖心一軫念焉．

夫設餉所以待軍士．非虛額也．挪餉則士不宿飽．而尺籍半爲虛贏．害一．加糧則額內勢已難完．額外何能復繼．民有損瘠而輕去其鄉者．害二．肩挑背負之夫．營活能幾何．而得十文無一文之享用．米珠薪桂．度日如年．使小民囂然．喪其樂生之心．害三．疾首蹙頞之夫．日相望于道．愁怨所積．上干天和．致多水旱蟲蝗之變．害四．勉完新稅．遂逋正糧．稱貸之計既窮．鞭扑之加不免．二絲五穀之嘆．何日不然．害五．解期迫促．即典衣鬻子．亦所不辭．今歲望來歲之寬．來歲仍今歲之苦．害六．澤竭而尚求魚．林焚而猶覓獸．以生路日促之民．而當死不擇音之日．豈可不慮．害七．窘迫無聊之衆．曾幾番鼓噪．思剸刄稅吏之腹．其不爲揚榮之續一間耳．害八．橋廠津染．横権如織．物價騰湧．數倍往時．商賈裹足不行．鄉城半爲罷市．害九．民窮盜起．胠篋探囊．江干白晝．剽行人而奪之金．致詰盜之檄紛如．而犴狴之屍枕籍．間不無蔓誅于善良．害十．有此十害．重以一十五年蠲免無期．請減不報．粵之爲粵．將來眞未可知矣．

臣邑南海．先年盜殺曾哨官於海上．今年刼巡檢劉清於司署．擊殞其命．是皆羣不逞輩．飢寒切膚．甘以身試三尺而不顧如此．幸未有楚澤英雄其人耳．設有奮臂一呼．而斬木揭竿之徒．嘯峒憑林之衆．五合六聚．蜂起爲難．將林道乾曾一本之變．復起于今．擾攘騷動．所在而是．此時君不能有其民．安能復有其稅．故與其民自蠲之．不若君爲蠲之．與其蠲於將來．處不得不蠲之勢．而民情國髓．兩受其傷．孰若蠲於今日．以不忍不蠲之心．令抵定敉寧．兩受其利乎．夫自上蠲之．則滄溟之涓滴．而太倉之稊米也．自下得之．則大旱之甘澍．而尫羸之藥石也．於以除煩滌苛．至寬政也．潤槁噓枯．至湛恩也．減贖崇廉．至美名也．散小儲成大儲．至完計也．不蠲而十害叢焉．蠲之而四善集焉．皇上何憚而久不爲此也．臣念切桑梓．伏乞敕下該部議覆．將粵稅十七萬七千七百兩內．豁去加派丁糧加抽丁糧二項銀數．餘聽有司照舊徵解．以完額供．庶商民得解倒懸．而遐陬早獲安堵．

曾鳴雷 南海人．萬曆癸卯經魁．

歡賦

曾鳴雷．萬曆癸卯舉人．此賦見嶺南文獻．

無無太子與華管大夫遊於閬風之上．清風駘蕩．明月皎潔・羽觴數廻・笙歌屢闋・欣然自得也・乃更酌・授簡於大夫・顧謂之曰・且夫歡之爲物・渺渺忽忽・其發飛揚・其潛淵密・離朱不能察其形・曾史不能禁其溢・牢騷者遇之而舒暢・怨毒者逢之而稍釋・沉疴者對之而霍然・偪促者因之而飄逸・其來何階・其去何卽・誠與滅靡恒・而厥朕難測者也・試爲僕賦之・大夫曰・唯唯・

若夫洪鈞鼓氣・元鑪鑄精・廣冶萬類・具賅七情・陰陽不衍・歡樂乃呈・情由物召・興以景生・故其欣暢一致・感觸殊形・至若帝王君后・百辟列卿・羣生得理・庶績既凝・萬國熙其在宥・四海晏然已澄・國無家而不樂・家無人而不寧・關西無事・薊北塵清・淨妖氛於沙漠・寢烽燧於龍城・殊方歸命・邊塞弛兵・瑞應駢集・協氣薰蒸・走羲和於中道・耀泰階之六星・乃召卿士・賜宴內庭・蠻夷咸侍・戎狄畢承・歌吹間起・壺觴載傾・挽龍舸・登蓬瀛・折芳藻・釣潛鯩・憩息苑囿・吟咏太平・融融洩洩・逸興飛騰・

又若貴倨公子・逸羣豪客・或乘春而縱觀・或際秋而娛樂・携朋金谷之園・命侶石城之曲・二陸三張之華・司空令尹之博・妖姬徐進・孌童相錯・華容婀娜・柔情綽約・珍餗若陵・芳醪如瀆・玉斝既行・清謳乍作・青琴理絃・龍陽調籥・既而華月皎皎・明河濯濯・銀花紛其照爛・朱火曄兮閃灼・雖玉顏之已酡・復金罍其更酌・咸徘徊於几席・乃淋漓乎觚爵・既醉樂康・幽情踴躍・

及夫期門年少・南國佳人・貌踰宓妃・才逼安仁・伊盧家之初適・喜裴郎之方新・閒房窈窕・綺閣嶙峋・珉砌花孃・金鑪香薰・珍饈具設・服玩並陳・花撲九微之火・香分百味之尊・繡帳珠簾相掩映・纖歌錦瑟故繽紛・春衣織連理・縷帶結同心・頻畫眉而相戀・亦傅粉以致文・奇花矜絕世・艷質擬於神・綢繆子夜・嬉讌芳辰・戲雙鸞於玉樹・効偶蝶于珍林・雅興纏綿而轉發・芳情繾綣而彌深・賞心快意・其樂難任・

若乃狂結竹林・酒開蓮社・藜杖芒鞋・青尊綠斝・或選勝而登臨・或尋幽而稅駕・或攀藤蘿・或浮桂舸・繫柳陰以盤桓・披松風而飄洒・既容與於蓼灘・復優游乎蘭若・發雄辯而驚筵・欣清言之滿坐・毫鋒動而縱橫・詞源忽兮奔瀉・咳唾珠玉・振揚風雅・傲顧盼之無人・獨主盟乎作者・傚舞雩之逍遙・類山陰之陶寫・爰寄傲於滄洲・且騁懷於綠野・實戀戀乎高深・聊怡怡於餘暇・

復有窮廬野叟・邱壟田夫・甘胼胝於南畝・勲樹藝乎西疇・披榛晨往・帶路夕居・鏺茅南山之上・驅犢東野之墟・䅭䅩秉耒・簑笠荷鋤・並夫耕而妻耨・或子播而父菑・枯槔鳴兮角角・手足勤兮劬劬・願風雨兮時若・冀田園之弗蕪・覽平野兮極目青葱・幸良苗兮萬頃榮敷・郊壤漸熟・秫稻如鋪・曉腰鐮而赴壟・競負穟而返廬・廩有餘粟・村絕追租・五穀畢登・八蜡云醵・田家作苦・近局相娛・蒸藜吹黍・集偶招徒・隻雞既具・有酒盈壺・日暮酩酊・耳熱歌呼・雖草野之陋賤・亦恞恞而于于・

又有義妻戍婦・傷離恨別・鴈山參雲・遼海層雪・與子別兮涕淚潺・念子寒兮心膽裂・素頸延兮神悅惘・青眸凝兮魂飛越・一旦遇使君於官道・回定遠之遐轍・錦衣朱幰・被貂珥節・綰萬里之侯章・駕千駟之雲軼・已感久相思・

彌復深相悅．鸞鏡拭兮鴛枕在．舊恨平兮新恩切．慶朱顏之未徂．誓白首而相頡．兩情綿綿而並濃．歡心愷愷而不竭．

別有西蜀儒生．洛陽才士．藻麗淵雲．氣躪遷固．貫吞烏吐鳳之才．擅倚馬雕龍之譽．筆燦江淹之五花．詩敏思王之七步．擬機雲及潘江．陋陸厨與梁府．調中宮商之音．身困縹緗之囿．揚意不逢．孫陽未遇．擔石虛陳．四壁徒竪．甑冷塵生．鶉懸肘露．冠十年而始易．火三日而弗舉．邇廼策獻陛前．眉揚階次．連六鰲於長竿．展一鶚之遐羽．金閨之籍已通．鴈塔之名首署．憩玉局與金門．擁高軒．洎雕御．繫黃金．施丹雘．調天紀．奉綸語．醻清要而自寬．望台衡以縱武．道合計從．志得意愉．

是以歡情不定．歡緒綦庶．有感卽形．有形卽豫．去不可追．來不可圉．古今沿轍．聖凡同矩．雖復守如墨翟．道如尼父．亦安能刼欣樂之境．絕歡娛之緒者乎．

區縉 高要人．萬曆癸卯舉人．官鹽亭知縣．

陳大尹祠記

禮．百辟卿士有益於民者．命百縣祀以靈．今制或羣祀於學宮．或崇報於厥土．孝肅之祀也以守．大尹之祀也以今．義可知也．故事．邑禮悉總於郡．獨大尹之祀則屬之邑長．蓋祭有專主．而典亦綦重云．攷大尹．名忠衞．陽山人．大德元年．來尹高要．治人正．自勵廉．所表豎藉甚有聲．卒於官．民德之．遂卜祠祀焉．祠面江枕隍．距城東南隅不百武．爲堂一．寢一．像尹其中．前表以綽楔．又前爲通衢．以利行涉．環祠居者百數十家．他郡之受廛通津于斯者．如櫛斯比．屹然一雄鎭也．元末兵燹．變革不一．而斯祠巋然．今國家普天懷柔．廢墜具舉．凡往喆前徽光照冊史者．所在追崇．以風勵庶位．三百年來．文教丕洽．弦歌俎豆之化．溢于嶺海．邦尹大夫政理多餘．又得從容禮樂．以講國之大事政德．嘉靖間．安福歐陽公．吉水曾公．後先守端．諸所表章．最稱隆備．會督學使者檄毀淫祠．諸州郡奉檄．焚瘞者亡慮幾許所．曾守進故老．核郡乘．又一統志載太守名次．疏所爲治績甚洽．于是條其不可毀狀．學使者是之．曰．陳尹既得我民．法當血食茲土．有司其以時陳告如儀．民間之私尸祝者勿令瀆．尹之祀於邑也．實茲焉始．

萬曆壬辰．太守晉江朱公．以衈部郎至．嘗一謁祠下．資以佛山小塘庄步鑲渡一．自是祠供稍贍．遞掌之．庶幾無斁．邇有好事者固奪以自饜．諸父老聲之郡大夫江公．下其議於前令王君．元本舊典著爲令．進好事者庭．予之罰．於是祠若增而崇．貌若增而新．一時慶洽幽明．倍于疇曩．嗚呼．尹之爲尹可知矣．古稱遺愛甘棠．尚矣．後有作者．不過枉政民悅．解政民思止耳．孰有神明奉之．嘗蒸繼之．若子姓雲礽之報厥高曾然者．非甚盛德不及此．祠向無紀．至是鄉之儒碩徐養中梁鼎和鍾大韶輩．徵不佞言．壽諸石．時萬曆三十九年辛亥孟冬朔日．

黃儒炳 字士明·順德人·萬曆甲辰進士·官編修·歷仕至吏部左侍郎·以力諫中官出鎭及內傳補官積忤閹黨告歸·尋丁母艱·以毀卒·著有影木軒文集·

番禺志序

古者內史掌書·外史掌四方之志·其後國自爲乘·爰有百國春秋之目·今所傳者八·國語十一·國策諸書·左傳之與國語又一書·而內外互傳耳·封建變爲郡邑·廼其紀載之牒·不曰語曰策·而名之以志·庶幾成周之制·大一統也·番禺爲嶺表首邑·隸於廣郡·而志獨缺·前此如馮拯紀異·黃滔客語·豈無一二足備稗史之採·然並漶漫不得傳·余同年同安鄭公·以名進士來侯茲土·問邑志·曰無之·愾然以此爲憾·乃敦請光祿王公·前袁太守正甫高公·英山令少襄龐公董其事·而以纂修屬之孝廉區君·蕭君·茂才陳君·李君·是役也·同事者非會稿不至局·惟高公及陳李二君·矻矻局中·蒐羅最勤·而一切體裁損益·皆侯手爲更定云·

夫邑必有志·是曰史翼·番禺以二山名·奠於秦尉·委於鬼工·匪今斯今·即我明吏治蒸蒸·而竟以揮鉛奮墨相遜·豈繄志之難·所由任其事者難也·邑當都會·令日馳謁請事·歸則攢眉而治簿書·尙何暇他及·設勉使士大夫從事·輒以衆所指目·何敢强知人事爲解·嗟乎·天下極鉅且急之事·乃爲人所不暇任不肯任之事乎·向者侯嘗過余言·不習爲吏·視己成事·今下車而故實無所咨·成事之謂何·履句履者知地形·今幸起士人爲吏·何至四履內茫茫莫辨·又此中多衣冠族·碩通德背項相望·宦蹟自元長氏而下·稱循良者若而人·其僑㝢槪多名流·而幽美靡稽·激揚之義蔑如矣·至於風俗之時淳時漓·賦役之時繁時簡·文事武備之時弛時修·非著之掌故·何以使因革利病·確然畫一而爲後世之師·余聞其論·輒加慫恿·謂侯能任所不暇任不肯任之事·顧所起草爲數百年闕典·未審究竟何如耳·乃今披閱其所爲十志者·發凡舉例·井井如也·且核其事而嚴其議·載筆著令·遂爲一邑完書·或疑古之良史·其用力皆以累歲積紀·今甫數月而告竣·似過驟·噫·唐秘監劉子元不云乎·人荀袁而家政駿·則閣筆含毫·相視不敢斷·故首白可期·汗青無日·後事因患政坐此·今是編文獻足徵·於事爲鼎創·於法爲櫽括·後有作者·料不能更有加·於潤色之外·何言驟乎·書既脫稿·侯强余以商榷之任·而徵余言爲序·遂不辭而弁其端若此·

續南雍志序

南雍志著於南海黃文裕公·某以梓里後學·承乏成均·每行事必資之是書·但念近事有未采入者·何能于志外索端緒·適太常羅陽區公·以曾來署雍篆·曰·聖明御極之初·有中外修志功令·將先朝典故·于焉備采·已屬博士姜君一洪·助教申君紹芳董蒐羅·而監生唐時·亦令供事繙閱矣·余請區公竟是業·以攝事辭·余暇日乃就所編輯者·定以凡例·取次成帙·已而申君遷南儀部·唐生亦去·余乃手編摩·删其繁冗·參以故實·凡舊志所未載·及近來疏奏科條·出自朝家·關于雍政者·一切補入·書成·于職業酬應之餘·余實不敢虛其歲月·自申姜二君外·若監丞田君毓

華・博士王君汝受・學正袁君文紹・葛君大同・余皆藉爲稽考・況區公理學名儒・先櫽括而開其緒乎・因跡爲步・余所徼惠于區公者多矣・

或者見其草就緒・以爲取辨殊易・而不知是志比前有四難・黃文裕豐才博學・尤精于禮樂名教・人稱黃書櫃・固長袖善舞者・而予多病少讀書・一難也・前志述國初事・投戈講藝・臨雍典制・彬郁可紀・今留雍南時・不復作爾時觀・二難也・往時後造多超拔重用・事業照耀簡冊・今士非制科起家・則束手常調・而所入之途更雜・三難也・制度之壯麗・矩矱之森嚴・前已詳者不堪再陳・僅掇儲牘之斷楮・河南道之報章始末・遺漏非一・四難也・貂可續・蠹可剔・而難不可避・則余之闇昧而已・今閒出是書・與今少司成桐城葉公商榷・因謂自嘉靖初迄今・中凡百年・事蹟有張弛・條例有沿革・職任有輕重遲速・士習有淳漓恬競・是書已具・且不賢者識其小・亦不妨載及淩雜・惟是所哀列傳・去取因仍未決・不無附于善言之長・若劉雲嶠先生・傅商銘先生・師表作人・居然典型・且徵傳未至・其他豈必無漏・卽此亦足明是志之未爲完書矣・姑存所遺・留以俟後之補成・寧遂爲攔筆相仗乎・葉公以爲然・遂繕寫而藏其副・

大明律集解附例序

昔聖人以明刑弼教・命曰典刑・明爲典者不防也・則律所從來遠矣・是故宥過無大・刑故無小・與其殺不辜・寧失其經・其明允仁厚固如此・高皇帝卽位之初・懲元季偸俗・以重典繩亂國・時勢則然・已而命尙書劉惟謙考定律令・每律進・揭之于廡・凡七易・爲條四百六十・悉經手載・近代繁文・一切革之・俾士庶易於趨避・重之以大誥之頒・惻怛藹然・傳之累朝・遵守畫一・閒嘗原本其意・而附以例・傳律而行・非例又何以盡法之變耶・而纂之則自宏治十三年始・中更嘉隆以及今日・或重修・或增定・廷尉爰書所取衷也・先是皇祖制律・承用漢唐舊文・文深旨奧・按之茫然・厥後諸臣精法意者・相繼解釋・集有成書・而讀律者始便于服習・

臣竊惟律如律度・一定而不可更也・第令用律者而不信度・輕重其手・以時伸縮・則民亦相蒙相遁・莫自必于法中・凡蝮鷙之吏・深文周內・大抵巧傳于例・夫因律而起例・因例而爲姦・千機者百穽・禍將安極・蓋前王所是著爲律・後王所是疏爲令・此巧于傳令者之所託・其肺肝昭然矣・且法也者所以防民而生之也・非以入民而死之也・爾時爲吏・或見撓于覆駁・受侵于直辭・卽其人罪狀無有・必痛仇而置諸法・甚至茹吐見勢・風旨承上・遂使單門寡控・含悲五毒・其于殺人行媚・執法偏庇・不難快心行之・嗟乎・規外求圓・無圓也・法外求平・無平也・而必任意比論一致・爲文多端出入・安用律爲・有司之職・以執法爲公・乃自溺其職若此・反以罪蚩蚩之民・何也・故今天下非飭吏治之難・而申法律之難・誠據條例以斥妄引・據集解以破舞文・將大小必以其情・與昔人以藥石喻刑法・愚謂吏則醫師・律例其禁方也・不明禁方而妄投藥石・如傷人何・故曰・學書者紙費・學醫者人費・政之費人也・又甚於醫・服官者而誠懼費人也・其奉憲以從事・勑愼當何如矣・

意必固我銘

閉兮丹府・出入無時・接搆未形・妄起端倪・百謀交作・安坐而馳・心與物冥・主者其誰・動也天行・朕兆孰窺・去智去故・至人可希・

郡守江公德潤碑記

聞之共公之王水處什之七・夫水之性・以高走下則疾・至于[illegible]石而下・趨高卽流而不行・故高其領瓴之尺・有十分之三里・滿四十九者・水可走也・乃迂其道而遠之・以勢行之・行至曲・必流退・滿則□推前・地下則平行・地高則控杜曲・則擣毁杜曲・激則躍・躍則倚・倚則環涵塞移而水妄行・水妄行則害物・故聖人之治世也・不家告也・不戶說也・其樞在水・記云・故者以利爲本・行其所無事也・端州郡護城圍五十餘里・内包十三都・居民田地計八百頃有奇・北倚峻嶺・南枕大江・春夏間粤西水下・羚羊湫隘・未容易導・自黃江迄桂林・汶湯洙浩滿數閲月・舊之修水政者・爲之寘障防・安水藏・使時水無過度・無害於五穀・歲雖凶・有所收穫・歲增脩而無已・寧公王公鄭公相繼爲政・至今久而歌思・亡何・歲及丁未・連年大水・隄竇抗而不遂・谿谷報上之水・不安于藏・毁室屋・壞田埜・殘禾稼・自蓮塘至龍母廟基・所敗隄者若干・躁復淤滯三之・庚戌又大水・民有稱百川沸騰・山冢崒崩・高岸爲谷・深谷爲陵之詩・子大夫觀風采之・謂政之患・下情求不上通謂之塞・溝瀆遂於隘障・水安其藏・國之富也・道水潦・利陂溝・决潘渚・潰泥滯・通鬱閉・此謂因民之利而利之・且五穀食米・民之司命也・黃金刀幣・民之通施也・執其通施・以御其司命・使菀濁汛濫・皆法度不忘・豈異人任・遂於屬吏致於民之長圩者・皆受憲於所耕田・發草者得其數・民人所食・人有若干・步畝得其數・履邱計本・量委輕重・准施之率・釜鍾而致一石・使稅者伯一・鍾稱若直・差足卽弛・法行而不苛・寛而不凌・吏嗇夫盡有訾程事律論法・辟衡權斗斛・又劾不以私論・而以事爲政・使者乘其事稽之以度・分財用・平板幹・稱畚築・程土物・議遠邇・畧基址・揣厚薄・參伍其數・錯綜其法、於蓮塘基之稱最險要者・築堵之・隄十人之聚・日五閒之・而躍龍橋昔王公所開・以疏圍内之水者・改用鐵力本司之・措之水基・亦復如是・順人心・安性情・而發於衆心之所聚・是以令出而不稽・官之以其能・是以刑設而不用・墳然若一父之于一家之實・若鼓之有桴擿・當則擊山陵・岑巖淵泉・踰瀷而不盡・薄承瀷而不滿・高下肥磽・物有所宜・自羚羊之下・三水四會・並受其錫・沔彼流水・朝宗于海・辟之也・猶夏之就凊・冬之就溫焉・可以無及于寒暑之累矣・樞言曰・愛之利之・益之安之・四者道之出用之・而天下治矣・而况國乎・上惠其道・下敦其業・上下相希・若望參表于時・升鼎湖・咨皇黃帝之道・入石室・探文字之原・賢者亦有此樂矣・余至端州・聞鴻鵠鏘鏘・唯民歌之・竊有意乎大夫之爲政也・而二梁君挺高挺芳・述其所以歌舞之者・曰・願以質之太史・余遂爲之歌曰・

原隰既平・泉流既清・召伯有成・王心則寧・

公姓江・名中楠・字國材・玉林其別號也・福建泉州府晉江縣人・登萬曆壬辰年翁正春榜進士・是役也・奉憲成事・則豐濟倉大使陳應雷云・例得並書・工役甫畢・西潦隨至異常・憫時艱者・肇慶府通判趙應貴・視民饑溺由己・夙夜憂勤・援護戴淑令・終適觀厥成者也・允宜鐫序・

按志載・萬曆三十九年諸隄盡決・總督張鳴岡・知府江中楠・督民脩・捐俸分給之・此記缺載・碑亦未詳建立何所・但事關郵政・惠澤普存・故補錄之・文奧衍聲牙・字句疑有訛舛・俱仍舊本・以俟知者・儒炳字士明・順德人・官吏部左侍郎・

李待問

字葵孺・南海人・萬曆甲辰進士・知連城縣・尋擢禮部主事・累官至應天巡撫・時魏璫生祠孝陵道・百官謁陵・守閹輒先責拜璫祠・待問詣陵畢・疾馳履新・列郡呈建璫祠者並格之・因謝病歸・崇禎初・起戶部侍郎・晉尚書・以整飭漕法・籌策民食・積勞卒官・其在戶部・數召對賜坐・御筆下・輒書計臣而不名・隆眷爲廷臣冠・贈宮保・謚忠定・著有松柏軒稿・阮志注未見・

限田疏

臣謂限田之說・蓋因田之不可復・而思以齊一天下・其說始于漢董子・既而爲代田爲度田爲均田・宋室又爲方田公田・其利害可較然睹矣・皇上裁成天地之道以左右民・行臣酌議・俾有位無得多取・所以砥臣廉・豪强無得兼併・所以域民法・甚盛舉也・臣稽古證今・思得一當・以圖聖明德意・永樹無前之畫・展轉籌度・浹數旬于兹・念惟物之不齊・物之情也・今舉天下之大・臣民之衆・而酌其常生之業・甄陶之・齊以一切之限・必欲法立而能行・法行而可久・正有不容不商求者・請畢其說・

夫南北地利懸殊・不啻十百千萬之數・即一縣田土攸異・亦有金銀銅鐵之差・等而上之・三四十金纔得一畝也・等而下之・止取承稅・即數頃可以無價得也・至于小畝大畝之異・田皮田骨之分・習以俗殊・事沿時異・挈長度短・彌難一律・此地利之可商者也・縉紳之子・爲士爲庶・官爵之等・時降時升・將朝暮而品位迭更・抑存歿而多寡驟改・舉其始而棼其末・則非法・必寸寸尺尺而度之・日不足矣・此人事之可商者也・

有限之法・必有匿于限之內・又有逃于限之外・勢必逐戶而覈・逐地而搜・逐人而按・戶有詭寄瓜分之殊・地有越邑隔郡之別・尋聲步影・引繩批根者・首告之門一開・擾弊終無紀極・將中富不能安其田畝・而刁民益得肆其奸欺・此覈田之可商者也・

限田所溢・既以歸諸公家・而溢田所耕・仍必責之貧庶・彼推出者必非良畝・而任耕者豈易承當・將膏腴投袂而爭・而磽瘠探湯而避・責之則遜爲無力・不責之則賦何從供・今海內包無田之稅・守不耕之田亦甚多・特以稅額有定・引分自安・予其限田之名・將啓其逃賦之實・此餘田之可商者也・

限議一建・隨枉省直・必講求乎限之數・與經畫乎限之宜・綜覈乎限之人・糾懲乎逃限詭限之法・由部而轉屬以下・不勝窮也・又由縣轉屬而上・不勝滯也・即如十年大

造・每將畢一屆而黃冊纔竣・此事尤從來所未有・別是一番稽覈・戶籍之紛錯・田畝之擾攘・恐隸首之算日煩・而豪強之蠹日積・此酌田之可商者也・

乃臣所深慮者・目今三餉並興・孰非田畝所出・而每年按田索賦・尙多展轉爲逋・此法一倡・退田之家將曰・田已報諸官矣・吾何敢管・受田之家又曰・田未予屬也・予何責賦・中間展轉詭秘之情・盡是捱延觀望之事・今皇皇朝夕・惟是外解不續・以爲宵旰憂・若復責其口實・卸其額輸・將三餉益無着落・何以濟燃眉之急・此餉務之可商者也・

今歲稱奇荒矣・而大江以北・逃者死者化而爲盜者・救濟安戢・日不暇給・此項係櫛比梳爬之事・勞民易動・饑民易乘・奸民易僭・有司奉行・未必人人盡善・舉事一不當・因之借端生擾・爲患方大・此時事之可商者也・

臣嘗參考史乘・先臣尙書胡世寧之言曰・重熙而後・安定成俗・而云均田・田未易得均也・徽士鄧元錫之言曰・限田有三難・當今歲月更改・各懷一切・莫慮經久・一難也・天降雨澤・農夫悅而行旅怨・豪強兼併・謗讟朋興・二難也・守吏不能履畝而較之・必寄于吏書・上下其手・豪右售賊・得爲蔽匿・貧弱抑勒・無以自明・名爲均田・實滋弊孔・三難也・而誰與領此・豫章朱健之言曰・今則民僞滋甚・法有難以盡行・且田有等則・賦有上下・不論其等則・盡欲取而均之・則官民莫辨・肥瘠無等・吾恐法難行而弊之踵于昔者愈滋矣・何也・蓋兼併詭射者・威旣足以制人・賄又有以通神・向也賦雖匿而名猶存・今則併其名而亡之矣・向也役雖隱而籍猶存・今則併其籍而去之矣・此三言者・皆國朝名臣哲士・通達國體・周悉民隱之言・由此觀之・是亦斟酌可否之術也・

皇上知周八紘・覽高千古・執大矩以均平・必有可大可久之見・爲斯世斯民造福者・奉有是否可行無弊・通着酌詳確議之旨・是使臣竭千慮之一得・以仰佐兩端之用中・臣安敢不瀝肝殫慮・畢獻其芻蕘之愚・

小雲林記

余歸自嘉靖戊申初冬・爲退休計・越明年春・卜於會城之內・獲地一區・相厥形勢・因坎爲池・池約五畝許・周遭匝以槐柳・雜蒔芙蓉桃李之類・當春池水漫溢・斜陽西度・明蟾東起・則與三五同志・泛舟中流・觴酌互勸・命童子吹洞簫・予乃長歌・扣舷和之・聲振林木・池之西南隅・酒樓兀起・旗颭颭招之・則泊舟其下・任意取醉焉・池之正北・創一亭・名曰湛碧・城中浮屠標起適中・若對峰焉・亭後累土爲臺・臺後與朝漢臺遙接・擁護若翠屛・臺之左右・疊石爲山・花竹輝蔽・望之森如也・臺左轉・古榕一株・蔭可數十人・與亭臺相連絡・羅以石磴・每賓客交集・南薰遞至・荷香襲人・鳧鷺飛止・池影上下・泠然不知有暑也・池之左・接以月波橋・橋外有招鶴亭・蓋園中蓄二僊鶴・客至招之・飛舞蹁躚・久之乃去・右爲馭風亭・在池之旁・坐之若泛虛舟・取列子意也・粵秀山適面其前・蒼翠入座・大助幽勝・正南爲水雲居・與湛碧亭相峙・內設鐘磬蒲團諸禪具・楞伽法華藏焉・人事鞅掌・則入定其中・自招亭鶴行數十步・入奧窔中・別爲一洞・萬竹森列・餘地植名菊數徑・

香色錯落・中建一樓・名曰影山・登望之・則青山在前・白雲滿目・樓下開詩社於其中・時與詩人十數輩・以期分韻賦詩・焚香散帙・小酌而退・蓋慕蓮社之遺風云・湛碧亭右爲元同軒・別爲藥室・中設丹爐月鼎・留心攝煉之術・取方外意也・湛碧亭左爲青霞精舍・窓牖牢密・可避風雨・隆冬祁寒・則習靜乎此・自洞門初入・迤邐數十步・爲釣月臺・暇則釣魚其中・總名之曰小雲林・四時之景・蓋稍稍備矣・

園雖在廓內・然頗遠市廛・人居稀靜・絕無喧囂雜沓之擾・每賓客少至・閉門隱几・則煙霞載道・綠陰掩映・或散步庭階・而雲飛川泳・適會于心・嗒然若忘世者・予以迂僻之性・不諧于俗・故早謝簪紱・每遇煙雲林莽之境・則神情俱豁・戀戀若不能去・抑其天性使然耶・園雖不按曠野大川・無流泉巖谷之勝・然山水觀略具・寄跡於斯・亦可以遺世利而養天眞也・因序爲園初意以作記・

修通濟橋記

余鄉通濟橋・莫詳其所自始・夷稽厥道・水通大沙・弼堂・簡村・石硝・□槎諸鄉・陸通魁岡・大江・深村・石頭・石灣・黎涌・潘村・麥村諸鄉・其稱名固當・蓋諸鄉以佛山爲大都會・橋其要津也・代修代圮・記其近者・

嘉靖三十八年・深村堡霍觀察弛齋修・以颶風毀・隆慶二年・觀察之伯霍隆修・又復毀・萬曆九年・邑令葵東周公修・柱架煥然更新・可通輿馬焉・比於創矣・今纔五十年而毀盡・不肖少年周道上・衆業不勝飄搖之色・迨持服歸來・跋江干・所見爲孤椽零丁・蠹穿啄剝・幾不可措・往者來者・値潮涸・搴裳以涉・心甚念之・一日與建衷季兄語・兄曰・余抱此願久矣・余將罄力焉・弟其爲我共此・不肖曰・甚幸・持鉢陋也・斂箕擾也・昔人捐百什以惠浮屠氏・無寧捐此・惟是經營度量・工無竊・材無僞・而後貽厥永・惟吾兄能也・併無以煩里旅・兄曰・余不憚費・敢憚力・因告諸父老曰・易故而新・其結楹也・木與石孰便・父老曰・木與石之相去遠矣・特苦費矣・既任厥費・盍易諸・不肖曰・非也・蓋策其便者・玆橋會上游諸鄉之水・建瓴而下・水溢固自有時・萬一茫茫巨浸・謂橋石實壅然・孰執其咎・父老曰・若等籌之熟矣・以諸鄉之壑・易吾一橋之安・吾弗助子・子其無惑・不肖曰・甚幸・卜築有日矣・弼堂大沙諸鄉・以墩石壅水來告・相踵於道・於是吾鄉父老日有難色・言者曰・以盈盈衣帶水・環諸鄉而放於海・通濟爲疏瀹之門・下彌狹上將彌壅・百萬其魚矣・橋以稱濟也・奈何稱厲・向之年・固木楹也・從木便・難之者曰・遡吾鄉而上・濱於水者以弼塘爲大・弼塘之爲橋・約畧自在也・兩岸束以巨石・空梁以行・纔可十五尺・吾橋空視之・不啻寬矣・卽結死而捍於中流・不及橋空三之五・諸鄉倚涌爲帶爲利・墟者場者・與夫延瀦而畊者・日越夫故畔焉・而天行固無恙也・使狹足以障流・請廓其甚狹者・無以問吾橋・舉大事當計久遠・奈何委巨材於陽侯・幸諸歲月・從石便・如是築舍者數月・莫適所主・已而乃用木石參半之說・蓋兩利而幷存焉・諸鄉乃帖然無異議・而鄉父老猶呶呶焉・謂予實遷就畢局・非策也・經始于天啓五年八月二十八日・以六年二月二十二日訖

工．界橋爲七楹．曠從制也．中植巨木爲柱．磐以蹲鵄．凡三楹．以疊石而達于榷流之上．如末銳．殺其嚙．益以固岸之石．綿亙而洞其中焉．凡四楹．其長一百二十尺．墩廣九尺有咫．木梁五尺有咫．東岸構亭而覆之．繚以周垣．凡兩楹．長三十尺．廣十五尺．一以息民役．一以建貞珉．而鄉約聚會咸麗焉．以價買諸梁氏者．闔費三百二十有五緡．其石取諸潭州．蓋馳檄以命工．垂邑署玉笥張使君所惠也．餘則季兄及余共肩成事．以迄於落．噫．家季兄歇歷丞簿間．以廉謹聞．資產僅逮中人．而罄所有．爲德無倦色．此特舉其一耳．頃麥村等鄉．日持酒食爲勞具．以見孚義之篤如此．橋既成．追維卒作勸相之始．繄使君之德不敢忘．乞言志諸有永．備述梗概以聞．併以告乎後之有事於斯者．橋中楹而石之．可長無圮患已．天啓五年八月經始．六年二月訖工．

郭尚賓 字朝謌．南海人．萬曆甲辰進士．授吉安推官．內擢刑科給事中．累官至兵部右侍郎．卒．贈尚書．尚賓官刑科時．以疏救御史翟鵬翀謫官．故明史附見鵬翀傳．其疏稿今刻嶺南遺書．仍稱郭給諫．不稱所歷官也．

請福王之國疏

題爲春序將臨．之國吉日宜定．懇乞聖明卽賜僉發事．

方今朝廷政務．惟福王之國爲第一切要．情屬父子兄弟之間．計關天下國家之大．奉旨明春三月舉行．已經煥布於海內矣．而三月出邸吉日．欽天監又已擇．奏疏在御前．必然有當聖心．宜其隨上而隨允也．乃候之數旬．未奉明旨．而取盈三萬之贍田．尙諭戶部上緊查給．此何時也．胡爲復較量田畝哉．廷臣實不無惴惴於此．何也．臘月距三月．時至近也．都門距河南湖廣等省．地至遠也．搜索三省之地土．事至難也．縱地土或可少益．須先如期之國．而地土俟之徐議．此時之不能急愜聖心者也．顧地土決難多得．第費再行搜擾．而贏數恐成畫餅．此勢之不能終順聖心者也．三月舉行之明綸．天下共信至確．獨地土一節．急煩聖心不能．終順聖心不能．廷臣安得不惴惴．既惴惴矣．自宜公疏以請．單疏以請．職典禮者．急在典禮．於是禮臣亟請定日．而力言地土之不可强括．其有匡救．無將順也．正以觸發善愛福王之美意．職地土者．重在地土．於是戶部遵復行催．而終言三萬之難搜括．其將順而復匡救也．臣以挽回輕議增田之念端．蓋欲完大典．必以吉日爲的．安得不請定吉．欲速定吉．必慮以增地作難．安得不爭贍田．夫今日三省．再查非有丈尺所未承之地．非有冊籍所未載之地也．非有租庸所未派之地也．總在皇圖賦產中取之爾．但地租供於皇上．爲足國給邊之公．地租益於福王．爲食租衣稅之私．贍田不議增．而還爲民間各有之業．是斂億萬人之租稅．以爲福王之歡．贍田尙議增．而强取民間各有之業．是斂億萬人之怨嗟．以爲福王之樂．不知皇上於此．當何從耶．

皇上誠早定吉日．其善非可一二盡也．早定吉一日．則京畿藩省之耳目．早傳一日．善一．早定吉一日．則皇上玉成福王之心．與福王善承隆愛之心．早明一日．善二．早定吉一日．則九廟在天之靈．九有屬望之情．早慰一日．善三・早定吉一日・則三月舉行之大信・早成一日・廷臣請發之疏・早省一日・善四・至不求增供贍之田・亦有四善焉・不使愛子之贍租・過隆於介弟之數・善一・不使求田欲富之心・反勝於建藩屏國之圖・善二・不使授圭分茅之始・遽行損民益上之事・善三・不使左右宵小之徒・得行其甘言巧誘之計・善四・定吉日之善如此・不增田之善如彼・只在皇上早持睿斷・因天時之佳淑・吉日可一檢立頒・定一田之限制・贍田可一言立決・誰能阻撓・誰能熒惑・而皇上爲此遲回也・

昔聖王之爲人父・在止於慈・慈而合於道之謂止・今皇上之厚福王已無可加・再有增加・反悖於聖王之慈爾・且國家將有吉祥善事・必違忤之氣盡融・和德之風丕洽・大易有之曰・天之所助者順也・人之所助者信也・試使檢發諸臣公疏單疏・概然允行於已定之月而幷定其日・於萬餘已多之田・而不更求其多・皇上斷斷於桐封之典・福王欣欣於茅土之榮・廷臣瀝血而披陳・皇上轉圜而採納・以此暢和德・以此明順動・以此彰大信・臣主一心・天人交助・何其盛哉・伏乞皇上俯採臣言・先將欽天監選定三月吉日・卽行允發・其輔導長史官員・允從吏部異日優升之疏・其上者比照先朝德安長史李贇・以禮部出後升光祿少卿・次亦照劉以平參藩之升・仍令俸期止於三年・毋久淹也・幷乞下旨定取船隻之數・及定頭運二運三運之期・其餘各有司存・均應早得料理・若是定吉日啓行之後・三省撫按回奏贍田事體・聽聖明裁賜定奪・啓藩封之萬年・定大計於一日・社稷幸甚・臣民幸甚・

易名重典諮詢宜周疏

題爲易名重典・諮詢宜周・謹採鄉評・闡潛德・以備博訪事・臣按禮部議謚公冊・在議中者二百人・臣鄉先達若而人與焉・考其生平・大都才望足勸世務・行誼足儀鄉邦・風猷藉甚・月旦共歸・經臺省撫按諸臣所舉・海內自有公評・臣無庸贅・乃臣鄉僻在嶺外・前修多遺於議冊・未能恝然・請舉其尤・以備博訪可乎・

臣查得原任南京禮部侍郎陳璉・孝友篤學・言動必師古人・筮仕桂林教授・遷國子助教・永樂初・廷臣薦璉有治才・召試高等・擢知許州・以寬厚寧民・以嚴正表俗・郡多淫祠・悉毀之・改滁州・均徭役・時征斂・禁奸戢暴・民用大和・值文皇帝幸北都・所過先遣廷臣察吏治・璉以最聞・滁人恐失璉・詣闕乞留・擢揚州知府・攝滁州事・賜綺衣寶鈔宴錢・給驛還滁・召充會試同考官・擢四川按察使・憲度嚴明・黠胥斂跡・軍中暴橫有號虎彪太歲者・人莫敢犯・璉廉捕・置重典・建言修武備・愼刑罰・明禮制・復義倉・正風俗等九事・上納之・宣德丙午・吏部言璉德望凝重・宜師表國學・改南京通政使・攝國子監事・師道尊嚴・善於訓廸・丁內艱・正統初・起南京禮部侍郎・五年・見王振漸專擅・乞休去・璉德行淳懿・文詞典重・卓然以風教自任・守滁十餘年・民風幾於皡皡・外臺政績尤卓絕・所陳九事・蜀至今賴之・至其讓田於鄰・垂訓於族・筋力既倦・遇祀釐令節・舞蹈必恭・蓋飭躬勵行・百載下猶令人景慕・可謂質有其文・師世盛俗・彬彬德讓君子矣・今滁人祀璉・與歐陽修

王禹偁爲三賢祠云・
原任南京戶部尙書張泰・令沙縣・當兵燹之餘・悉心咻噢・表章羅豫章陳了齋之學・鐫其遺書以傳飭鄉校・新縣治・建先賢祠・徵爲御史・巡通倉・搜剔包攬之弊・指切宮闈與政・無所忌諱・廷杖幾死・督京畿學政・憂歸・哀毀柴立・除服・十餘年坐處一廬・未嘗履城郭・起按雲南・奏聞解額五名・特以神童薦董圯・後竟及第・先是象馬思楪・擅囚木邦宣慰司罕穵法・前臺使莫能斷・泰徵漢土兵臨其境・諭以公移・思楪悚懼悔罪・亟出罕穵法・械首禍三十餘人創之・積患以平・入報命・會楊戴兩中貴横甚・挾一二戚里骫法・泰列諸不法狀・請誅之・直聲益著・擢南京太僕少卿・改大理寺・薊州皇莊與牧馬草場爭地・久不白・奉命會武臣清理・權貴初事勝譁・泰執不少徇・取永樂中開設圖書爲劵・事遂剖・遷副都御史・督儲南京・條上專委任等十二事・至今奉行・遷工部侍郎・出納必公・請托無所售・改南京都察院右都御史・屬當入賀・有言劉瑾宜厚餽・毋立異以攖虐鋒・泰第致大葛二・瑾銜之・尋遷南京戶部尙書・予致仕・則內旨也・泰謙和而本之以剛毅敏練・而出之以清忠・榮辱去留・不見喜怒之色・位至六卿・猶然先人之產・沒未幾・而子孫不免於饑寒云・

原任南京禮部尙書陳紹儒・登嘉靖戊戌進士・假歸省母・母病・衣不解帶者數旬・母假寐・髣髴見朱衣來護・病遂痊・還補戶部主事・歷員外郎中・太倉銀庫議設陪庫主事以防闌・出自紹儒・始進會計錄・上優詔答之・歲省京邊冗費二十餘萬・督儲遼東・條上防守事宜・皆纚纚碩畫・一日虜猝至・紹儒率衆拒守・虜知有備・引去・每挽强射輒命中・遷鄖陽副使・樊襄苦巨浸・築老龍諸隄捍之・民免魚鼈・又賑饑全活無算・轉四川按察使・有倡白蓮教聚黨至三千餘人・紹儒執其渠・置諸法・餘不問・境內安堵・晉廣西右布政・入爲順天府尹・搜剔奸黨不遺餘力・懲豪貴之魚肉縣驛者・轉太常卿・穆廟耕籍・召詢禮儀・引搜故典・條對甚悉・晉南京戶部右侍郎・尋轉左提督倉場・疏九邊兵馬主客錢糧・疏復漕運六限・諸封事皆切中幾宜・晉南京工部尙書・致仕・紹儒博大冲夷・沉毅有卓識・忠孝大節・始終不渝・所至計畫興釐・可垂不朽・學本濂洛爲宗・晚節懸車・田僅百畝・事嫡伯大京兆錫・執禮甚恭・爲德於里人甚厚・日以圖書自娛・引弟子於正學・不啻若瑞世之麟鳳也・

原任光祿寺丞王學曾・令醴陵・調崇陽・多善政・遷南京御史・抗言內豎外戚嘗蔭之非・內臣大臣互考之謬・救建言得罪鄒元標范儁黃道瞻孟一脈等・爭內操爭內臣換勅給馬等項・乞斬馮保・乞愼傳旨・侃侃陳大計・追諫停取麒麟・言過切直・觸冒天威・即奉嚴旨降調判與國州・尋擢司理南刑曹・晉光祿丞・學會感皇上知遇・益自發舒・陳法祖切要敬天享祀等八事・切中時務・會三王並封議起・學會義形於色曰・此事關係安危・食祿公家何可默・遂偕少卿涂杰上懇乞聖明虛心議禮之疏・賴皇上寬宥・奉旨止黜爲民・瀕行貽書責閣臣曰・皇上易回・相公難挽・自是閣臣累揭・得寢並封・夫非皇上默鑑學會之忠而行其言乎・前一月・同署朱維京給事王如堅・俱以諫並封謫戍・學會不爲色沮・是誠獨

立敢言者．學會旣歸．杜門却掃．與同志訂爲約言．嘗誦薛文清之言云．工夫切在夙夜飲食．男女衣服．動靜語默．應事接物之間．於事事皆合天則．則道不外是矣．其學不尙浮譚．務冀持身接物．一一盡軌於道．與人藹然可親．而義所不可．人卒不敢干以私．起謫籍．再罹擯斥．坦適自如．蓋憂盛危明．天性忠義者也．近屢推通參．而學會已不知起矣．

以上四臣．位有崇卑．沒有久近．要其德業聞望．皆輝映先哲．模範後來．顧世遠者以門祚中衰．而採輯或遺．近逝者雖物論攸歸．而揄揚未及．臣遠稽省志．近咨鄉評．嚮往之思．旣殷殷於家食之時．闡揚之舉．可嘿嘿於博訪之日．此臣所以不憚煩瀆．述其梗概以備咨訪者也．然臣猶有說焉．國朝相業．莫盛於三楊．繼莫盛於文達．夫人而知之矣．要以遭時遇主．適當其易．身名俱泰．良非偶然．乃若時際其艱．而忠能悟主．若梁文康儲者．何其相品相才相度之不可及也．儲事康陵．當上下否隔左右蠱惑之際．厥爲艱矣．而儲不附逆瑾．致調南京吏部尙書．寧王謀入世子．司香太廟．儲力寢之．南京請回鑾．泣跪行宮外．得旨乃起．其最著者．如草秦府牧地之詔．而片語回天．不草威武大將軍之勅．而九死不移．楊廷和蔣冕移病無奈何者．儲獨收其成功．至於遜碩膚而讓廷和居己上．容言者而使張䌽李鐸等皆得顯擢．肅皇帝手詔褒諭．張九齡忠藎．崔與之風槩．卿可謂兼之矣．予致仕．此其相品相才相度．種種過人．迎駕甫歸．見幾明決．寵利不居．超然免於議禮．新進之所側目．蓋其披肝露膽．挽回獨神．其抽身遠引．雅志早遂．始終出處之間．有未易窺其際者．乃僅僅於文康易名．於儲平生事業．殊不相肖．此近年科臣所以有更美謚之議也．臣廣採輿論．敢併及之．伏乞勅下該部．陳槤等發訪予謚．梁儲酌議改謚．其裨于世道人心．匪淺鮮矣．

黃公輔

字振璽．新會人．萬曆甲辰進士．知浦城縣．薦擢南京御史．劾魏忠賢及織監李實．削籍．崇禎初．起湖廣參議．歷官至太僕卿．轉南左通政．明亡．陳子壯陳邦彥張家玉等起義兵．公輔應之．桂王晉刑部侍郎．復晉兵部尚書．陳張等死．公輔亦潰敗．平靖二王招之．復書謝絕．避地新寧以終．或曰．與將軍王興同死文村．骸骨不返云．著有北燕巖集．阮志未注錄．孫確．以諸生授按察司副使．亦殉節死．

權璫竊柄乞正典刑以彰國法疏

臣竊見廠監魏忠賢．奸閹小人．幸蒙恩寵．專擅朝政．廣布心腹之奸．箝制百官之口．收小人爲羽翼．目君子爲黨人．又內有奉聖夫人客氏爲之彌縫左右．凡皇上之一喜一怒．忠賢盡已窺破．故敢肆行無忌．大壞祖宗之法．將貽叵測之憂．憲臣□□首疏二十四大罪．洞見肺腑．皇上未察．曲庇忠賢．切責□□．使神奸得志．而君子無所措其手足．臣叨列言職．緘口不言．是負皇上之恩．而得罪二祖列宗之靈也．今特疏忠賢罪狀瀆陳．伏乞皇上細加詳察．爲國除奸．永清禍本．臣雖萬死．實所甘心．

臣聞國有君子．猶大厦之有棟樑．棟折榱崩．大厦以圮．正人去國．小人之幸．非社稷之福也．憲臣鄒元標．清介重望．守正不阿．忠賢忌其剛直．恐露己奸．百計排擠．令不安其位．其他朝臣稍有丰骨．忤忠賢之意．盡行降斥．無脫奸網者．是奪忠臣義士之氣．閉人主之耳目．而權璫得肆其荼毒以壞天下也・今若不稍伸君子之氣・嚴奸邪之誅・臣恐元祐黨碑之禍・再見於今日・王振劉瑾之奸・更甚於曩時・夫凡百君子・國之幹楨・忠賢何心・必欲甘心君子・不爲朝廷稍留忠義一綫之脉・賢忠何不捫心自思・本市井無賴小人・一旦驟列東廠・衣蟒腰玉・已出萬幸・卽小心謹愼保全祿位・尙恐不足報聖恩於萬一・而乃誅鋤善類・引用私人・把握朝政・令天下事皆出其手・意欲何爲也・

祖制・票擬出自閣臣・所以專責成而銷內弊・防微杜漸之制・二百餘年莫之敢忤・自忠賢竊柄・往往意旨傳奉・不經閣票・竟行中外・請皇上逐一淸查・從前內批果出聖意否・抑忠賢之神奸・實敢玩弄於火內也・中旨紛紛四出・誅求財貨・遠邇騷然・大爲聖明之累・閣臣不知・部臣不聞・此何理也・是亂祖宗責任大臣之制而無顧忌也・

祖制無內操之設・以京營五府諸軍・足以備非常而固金湯・而宸居左右・戈矛宜遠也・忠賢包藏禍心・請立內操・偏置羽翼於宮禁肘腋之下・神奸用心・殆不可測・易曰・履霜堅冰至・履霜猶可・冰至可若何・語曰・雖鞭之長・不及馬腹・今聚椎埋屠狗之人於禁城之內・一旦變起倉卒・雖有四方勤王之師・寧救一朝之患・所謂鞭長不及者也・遠慮及此・可不寒心・

織監李實・蠶食百姓・傷壞國脉・實與忠賢表裏爲奸・忠賢之有李實・猶王安石之有呂惠卿・自李實到南都・將從前織造事例・日改月更・變壞已極・計所傳造新增袍價工費五十餘萬・皆支銷何處・從使女紅組織・盡爲奸璫之壟斷・工匠機杼・盡爲奸璫之剝削・留都之下・蠶桑蕭條・停機折軸・家怨戶泣・乃實猶不悔禍・作威作福・捉民爲匠・侵奪民田・陵辱宗室・箝制官司・責屬吏之禮・增使用之費・種種不法・大爲留都之害・邇來邊方多警・兵餉方殷・頭會箕斂・已罄百姓之力・又何堪此搜括爲也・方且今日奉明旨曰・內裏那借・立刻解來・明日奉明旨曰・廠裏支過何事・奈何不經閣臣票擬・不下該部查勘・而竟屢褻王言・令織造閹人得上下其手・漁獵民生也・是忠賢欺天罔上・蔑視祖宗三尺之法・而李實衣缽相傳・線索貫通・罪不容逭也・

伏乞皇上立下法司・逐欵嚴訊・明正典刑・除大奸以固國脉・事權還之君子・票擬專任閣臣・徙內操於禁城之外・革傳造以安留都之民・則隱禍銷於未然・皇圖鞏於萬世・天下幸甚・臣性愚直・不知忌諱・伏候斧鑕・謹奏・

復平靖二藩書

公輔世受國恩・八十孤臣・報國無狀・枯朽餘生・徒未死耳・所可自明者・輔自四十成進士・嘗恐入仕後・區區愚忠・有忝先人・昔逆璫搆淸流之禍・輔以抗疏削籍・天下笑其愚・三十年來・奔走流離・窮愁孤憤・唯不敢阿附權奸・以至于此・天下之所知也・今已自甘遁跡山林・爲世外閒人矣・明公若宏胞與之量・俾獲老死溝壑以終其志・死且不朽・若必使造郡自明・亦猶誘孀婦使潛出戶外也・無乃不可乎・即輔不顧禮義・赧顏造郡・明公憐其枯朽・貸以不死・輔敢厚顏求生乎・生爲明孤臣・死爲明故臣・輔志决矣・辱命使諭確歸順以自贖・未敢聞命・昔狐突曰・父敎子貳・何以事君・若使確降・敎之貳也・無乃爲狐突所笑耶・亦明公

所耻也・違命之罪・無所逃生・人生自古誰無死・留取丹心照汗青・文公教我矣・不敢當明公之賜也・

區慶雲　字子卿・南海人・萬曆丙午舉人・廈中副車・尋就教宜興・聘修常州府志・以忤勢璫左遷滇倅・理煩治劇・興利除弊・所至建祠尸祝・兩臺交薦・引退杜門・著有定香樓集二十卷・阮志藝文畧注存・

周禮論

周禮一書・較諸經爲晚出・自漢惠帝除挾書之律・開獻書之路・時有李氏上周官五篇・入于秘府・諸儒莫得而見焉・至河間獻王後得是書・而以冬官爲缺・購之千金不獲・乃取考工記補而奏之・孝武帝朝・其書已出・特未與五經列置博士耳・及劉歆尊信敍錄・大爲表章・然後此書盛行・卒用以輔王莽而敗・蘇綽又用以輔宇文周而敗・王安石復用以輔宋神宗而敗・於是談古之士・遂以是書爲僞・而多置喙焉・林孝存以爲末世瀆亂不驗之書・何休以爲戰國陰謀之書・俞庭椿則取四十九官・以補冬官之缺・王次點則作周禮訂義以補俞氏之遺・邱吉甫則以序官置各職之首・大加更定・吳澂則以大司徒補孟子五典於十二教之上・并去敍官之文・何喬新又復序官於諸職之前・以大司樂爲司徒屬・而以司勳司士太史之類・皆八天官工作之類・皆入冬官・舒國裳則著周禮定本與剔僞圖解・又於諸職之文・逐記删合・分別眞僞・奪彼與此・割裂附會・人持一見・雖以先王致治之成憲・等之於塵飯塗羹・莫有能正之者也・

嘉靖中・柯尚遷君子起閩中・受命于羨鳳□唐荊川兩先生・作爲周禮全經釋原・大都所本者・杜子春鄭康成賈徽鄭衆崔靈恩賈公彥孔穎達之說・而以程明道朱考亭爲證・會衆論而斷以己意・自謂復遂人以下爲冬官・而六典備考遂鄉以下爲鄉官而位職・明發在位之職・與在職之位・而封建定・推師保諫救之訓・而學校舉・表宰夫鄉師遂師士師以下爲六十屬・而三百六十之數足・取司馬法以明井牧之制・簡稽之方・而軍制復以九比爲九等・而授田征役之施舍審・自以爲挈周禮之大綱・得周公之精意・洗千年之晦蝕・决諸儒之異同・洵可行之萬世而無弊矣・然以愚見・折衷之千古之可傳者經也・而千古之可信者理也・信在理則不得盡信經・是故周公思三王以施四事・彼其時豈盡無載籍之可考・周公何以仰而思之・夜以繼日・幸而得之・坐於待旦・所思者何物・所得者又何物・豈非以理在吾心・與先人之成迹・或有揆而不通者乎・而況火于秦・離亂于漢・割裂于六朝唐末以至今日・其書尙可盡信哉・今稍舉數條・而以理斷焉・

建官之缺公孤也・條狼之誓羣臣也・媒氏之會男女也・調人之辟讎難也・司寇之八鈞金也・王府内府之貯貨寶也・皆前賢之所指摘而以爲疑者也・夫王者出・而條狼氏辟除行人・小故耳・卽廛蹕官司少有不戒・麗之于法・未至死也・何以於馭曰車轘・於大夫曰鞭五百・於太史曰殺・小吏曰墨・周法豈若是酷哉・且車裂之刑・商君所造・古未聞也・周家以忠厚立國・君臣之際有常禮・寧忍以不關小節・而置大夫左右於極刑・有此理哉・王者之防民・範之以禮義・猶恐其納於邪・況汝墳江漢之間・化淫爲貞・周之家法具在也・仲春之會・男女奔者不禁・非導之淫乎・教之使無禮無義

乎・鄰衞之風・又何誅焉・父母之讎・不共戴天・兄弟之讎・不與同國者・是子弟之自爲情耳・若調人之設・使之相避・是王者伸私情而詘國法也・且其所謂父母之讎・避諸海外・兄弟之讎・避諸千里之外・不知爲讎者避乎・被讎者避乎・釋者以過失殺傷當之・是曲爲之辭也・噬嗑所謂得金矢・利艱貞吉・謂聽訟決獄者・如金之堅・矢之直也・若爲司寇者・先入束矢鈞金・而後聽之・是富者常操勝算・而貧者終困抑而不伸也・釋者曰・入矢以明其直・入金以明其不變・此求其說不得・而强爲之辨也・既有大府以掌九賦九貢九功之八・頒其貨于受藏之府・頒其賄于受用之府・以此經國・制用足矣・而又設玉府以掌王之金玉玩好・內府以掌王之良兵良器・四方之幣悉入焉・其餘若山師川師・皆使各致珍異之物・其汲汲于言利若此・是爲瓊林大盈作俑也・旅人貢獒・召公非之・越裳獻雉・周公不納・此其意獨不可釋乎・若夫有六卿而無公孤・與周官異・解之者曰・六卿上兼師保之任也・三公下行端揆之職也・余曰不然・此爲偶闕不備者言之耳・公孤・道揆之所出也・六卿・法紀之所守也・聞之議道揆者・主格王心・握樞於奧・尸法紀者・主宣王政・敷治於明・不相攝也・戰國以來・公孤之任久失其官・故僞撰者遂以六卿率屬有首篇・而不知周官一書考據甚明・不得而廢也・凡此皆理之可質者也・不質之理而惟求之書・是以愈求而說愈鑿・是故程子曰・必有關雎麟趾之意・然後可以行周官之法度・朱子曰・須是自閨門衽席之微・積之至・薰蒸洋溢・無一民一物不被其化・然後周官之法度可行・邱文莊嗤之・謂恐天地混沌・終無可行之日矣・愚謂文莊之見迂也・程朱之言・非尊周禮之言・乃疑周禮之言也・世豈有薰蒸洋溢・無一民一物不被其化・尚須周官法度哉・不然・朱子既尊信之矣・他日斟酌三禮・何以又曰・宜以儀禮爲經・而以周禮及禮記爲傳・則周禮雖欲比儀禮不可得・安在其爲百王不易之大法乎・甚矣・柯氏之强合也・

雖然・周禮固吾夫子所嘗學矣・一傳而至戰國・諸侯已去其籍・今乃欲從千載之後・秦灰漢蝕之餘・以夢寐其不可知之人・理會所未嘗見之事・揣摩執着・反覆推勘・割彼就此・務伸其說以成其書・非僅以周公無益・而內顧吾身・精神學問・不亦大有損乎・譬之素問本草・非不黃帝神農所定・・狂夫愚子・不得其制使服食之法・妄以殺人・後之庸醫・復爲之解・更置其方而加減其藥・曰・是乃軒歧之的傳也・則笑之者必不絕口・奈何解周禮者之不量也・況學禮者學其有用之古也・封建井田肉刑・三者皆周禮之大綱・既已久廢不行・則舉全經而束之高閣可也・不然・如考亭所議爲傳以附於儀禮俾存一家之言・亦可也・何必用心於所不必用之地・而終成其塵飯塗羹之具哉・或曰・然則子非周禮乎・曰・吾所信者理也・理也者・堯舜以來相傳之意・孔子之所謂一貫・孟子之所謂幾希也・苟不信理而信書・則古今之爲撰者不一一・可盡憑而解之否也・

詩論

王伯安曰・詩非孔門之舊本也・孔子曰・放鄭聲・鄭聲淫・又曰・惡鄭聲之亂雅樂也・鄭衞之音・亡國之音也・此是孔門家法・孔子所定三百篇・皆所謂雅樂・皆可奏之郊

廟・宣之鄉黨・於以涵泳德性・移易風俗・安得有此長淫道姦之具乎・此必秦火之世・世儒附會・以足三百篇之數耳・惡者可以懲創人之逸志・是宋儒求其說而不得・從而爲之辭者也・伯安此論・是舉鄭衛之全詩・而皆不之信也・楊用修引程正叔言・詩小序・是當時國史作・如不作・則孔子亦不能知・大序則非聖人不能作・其言至公・

朱晦菴起千載之下・直以己見・必欲力戰小序而勝之・亦可謂倔强者哉・又曰・去序言詩・自朱子始・蓋矯枉過正・非平心折衷之論也・馬端臨文獻通考辨之詳矣・馮元成則曰・孔子刪述遺詩・於散佚之餘・得三百篇・蓋惟取其可以勸善懲惡爲風敎之助爾・自小序作而箋註之家宗之・如寶大訓・獨朱子乃詆其爲妄・而自爲傳註・其與序說・往往得失相反・美刺互異・迄于今・而學者沉痼於朱・不復知有小序矣・然而序之去古也爲近・傳之去古也爲遠・傳不能盡得・而序不能盡失也・是二公之論・惟紫陽之是駁・而未嘗以淫風爲疑・第其所謂惡者可以懲創人之逸志・亦自有說・如衛風於鶉奔・則曰人之無良・牆茨・則曰言之辱也・君子偕老・則曰邦之媛也・是皆刺詞非侈詞也・匏有苦葉・刺仕者不擇所從・氓之蚩蚩・刺夫佞合而不終者・皆托言以泯其迹・所謂溫厚和平也・在鄭風・則山有扶蘇・指忽用變臣也・籜兮・刺忽弱而將亡也・風雨・思君子也・雞逢風雨・不變其鳴・喻君子逢亂不改其節也・蔓草・與賢相遇也・子矜・刺學校廢也・推此類可具見・而朱子概以淫奔斥之・使二國累牘連篇・盡是汚穢之詞・此後賢之所以不服・爲陽明者・遂併其經而疑之也・余以爲詩之作・上自朝廷郊廟・君臣父子・天下興亡治亂之迹・下及羈人賤隸・里兒紅女・貧賤困苦悲憂想望之情狀・以至昆蟲草木車馬服食之微細・靡所不備・蘇子瞻所謂其意可觀・其言可通・不必以繩墨法度區區而求者・即其人其事・其起其止・雖聖人亦有不能盡知・況欲從千百載後・揣摩摹擬・强爲之解・執徵以證羽・引赤而詆元・不亦謬乎・且詩之爲教・與他經不同・故孔子曰・可以興・可以觀・可以羣・可以怨・或時而雅俗之竝陳・或時而顯微之互發・要歸於思無邪之一言而止・非若告爲邦者・定以四代之禮樂・毫不容僭差者比也・

孔子而後・善說詩者莫如孟子・其曰・不以文害辭・不以辭害意・以意逆意・是爲得之・又曰・固哉高叟之爲詩也・作者之辭・意不可害・說者之辭・意獨可害乎・知固之不可以爲詩・獨不知通之可以爲詩乎・是故紫陽之傳・傳而偏者也・陽明之說・說而刻者也・今之士大夫・私爲詩解者甚多・然其宗旨率無所考・愚見以爲小序斷不可廢・漢去古未遠・如申培韓嬰輩・皆有詩說註疏・傳世可採・似宜合併參訂・以朱傳爲宗・勿先入鄭樵之見・其鄭衛之風・原有指歸者・不必概以淫奔目之・使前人無不白之衷・後儒免多口之累・勒成一家之言・以不悖於思無邪之旨・斯亦朱子之忠臣哉・此與何仲默之意合・俟觀風者采而獻焉・

詩大序曰・政有大小・故有小雅焉・有大雅焉・楊用修以爲此語未安・大雅所言・皆受命配天・繼代守成之事・固大矣・小雅所言・天保以上治內・采薇以下治外・亦豈小哉・華谷嚴氏有言・雅之大小・特以體之不同耳・蓋優柔委曲・意在言外・風之體也・明白正大・直言其事・雅之體

也・純乎雅之體者・爲雅之大・雜乎風之體者・爲雅之小・今考小雅正經十有六・大抵寂寥短章・篇首多寄興之詞・葢兼有風人之致・大雅正經十有八・則皆詞旨莊嚴・氣象開闊・與國風敻然不同・此之小雅・亦自異矣・至於變雅・無不然者・太史公曰・國風好色而不淫・小雅怨誹而不亂・若離騷者・可謂兼之・夫以離騷兼國風小雅・而不言兼大雅・則小雅可與風騷相類・而大雅不可與風騷竝言・亦明矣・楊氏深取其說・自予觀之・謂純乎雅之體者・爲雅之大・雜乎風之體者・爲雅之小・其說似也・然其間不能無本末之分焉・燕饗酬答・室家私情・事之末也・祖功宗德・開國承家・事之本也・誦小雅者・雖云天保治內・采薇治外・然稽其所爲・治內者・不過君臣上下兄弟朋友燕飲歡樂役使慰勞之詞・治外者・亦不過將帥戎兵車馬旗旐往來歲月之迹・未聞有所謂禮樂刑政・以綢繆于閒暇之時・而神謨偉畧・以折衝于廟堂之上者也・至若大雅・則上遡后稷公劉太王泰伯王季之德・以及文王武王纘緒貽謀之盛・即姜嫄太任太姒之以坤矩贊乾維本・靡不推本而崇尚之・試觀二者景象・孰爲大乎・孰爲小乎・是豈專務體裁之爲別乎・故予謂雅有大小・根本節目之分也・非盡以體裁之別也・如以體裁爲言・則旱麓棫樸行葦鳧鷖諸篇・獨非寄興・而下之頌上者・何以異於洛水鴛鴦之咏・上之惠下者・視棠棣伐木之情・又豈甚相違耶・大序所謂政有大小・猶或近之・太史公感慨於巷伯巧言之被讒・故引而附會於離騷・以明己志・非說經之通論也・

余錄諸說而綴以鄙臆・高明君子・當自得之・郭青螺曰・余讀詩而知夫子愛魯深矣・詩有風・風有正有變・二南爲正風・十三國爲變風・男女亂而邶鄘衛鄭之風變・君臣失而王豳之風變・遊畋荒淫□□□□□□□褊急・而魏之風變・唐風變而憂傷・秦□□□□□□風變而遊冶歌舞・檜曹風變而亂極思治・此十三國之槪也・魯獨無風乎・羽父刃隱・意□逐昭・哀姜宣淫・桓宮刻桷・男女君臣亂政亟行・距列國何異・孔子爲政・而無戾無邪・袞衣章甫之謠・朝談夕議・則其閟巷閭闠之間・豈盡無譏刺之言可擇以垂戒者・而孔子不錄・曰・若何齒吾魯於列國也・比其終也・載魯之頌四・埒於周殷・雖以閟宮之僭・猶爲之揄揚誇詡・不一而足・繇此觀之・魯非無風・仲尼刪之也・果如青螺氏之說・是一人之私情・非萬世之公道也・孟子不云詩亡而後春秋作乎・即如羽父刃隱・意□逐昭・哀姜宣淫・桓公刻桷等事・春秋未嘗不書也・未嘗以爲宗國之辱而盡諱之也・安得舉魯風而刪之・季札聘魯・遍觀十五國之風・而無所謂魯風者・韓宣子適魯・所見惟易象與春秋・曰・周禮盡在魯矣・亦無見有魯詩者・是時孔子年未舞象也・豈亦先刪之而不以遺後耶・黃文裕稱・於秘閣得子貢詩傳五本・然亦不傳於世・好事者遂以魯申公詩說・附會於子貢傳・而曰魯齊韓三家・皆以關雎爲刺康王而作・其詞曰・珮玉晏鳴・關雎歎之・正魯詩也・余考申公著說・未嘗有是・但以豳之鴟鴞・東山・破斧・狼跋・伐柯・九罭・及史克之頌四篇・立爲魯風・而綴於二南之下・列國之上・七月一篇・則別入於小雅・意者所謂魯風・即在是乎・愚謂魯本無風・而止有頌・夫子葢因其所有者而存之・非能於其本無者而益之也・聖人於魯事・微獨見之春秋・即其載之論語者曰・師摯之始・關雎之亂・洋洋

乎・盈耳哉・又曰・吾自衛反魯・然後樂正雅頌・各得其所・想當時亦必有風雅頌混淆・如申公之以豳風魯頌合爲魯風者・故孔子得而正之・藉令魯果有風・而孔子刪之・古今諸書・何不概見・而獨青螺氏發之也・宋亦有頌而無風者也・商頌卽宋頌也・然而宋之後契也・異於魯之後周公也・三恪之備天子之事・守也・故天子之禮樂・惟宋得而享之・魯得而享之乎・孔子之存魯頌・吾尙未知其褒之抑貶之也・概以爲愛者・雖忠厚之詞・吾未敢信也・

鬼神論

甚哉・宋儒之陋也・每見書中言天・言鬼神・便恐人惑於高遠・故爲淺近之説以極力挽之・其解王孫賈章・則曰天卽理也・解三重章・則曰天地者道也・鬼神者造化之跡也・知天知人・知其理也・解爲德章・則曰鬼神者・二氣之良能也・多言繁稱・惟恐離了道理二字・殊爲可笑・天地間無一物不有道理・此何必言・卽謂三王後聖・爲道爲理・亦奚不可・若但謂建諸道而不悖・質諸理而無疑・可乎・且中庸明言鬼神・視之而不見・聽之而不聞矣・其體物不遺・卽是不覩不聞中事迹・於何居・又云・伸爲神・歸爲鬼・其實一物而已・以迹字物字解鬼神・謬之謬也・

說鬼神者・莫辨於易乾卦首言・大人者・與天地合其德・日月合其明・四時合其序・鬼神合其吉凶・夫以鬼神而配天地日月四時・綦大矣・若是造化之迹・二氣之能・則言天地・可不必言鬼神也・又曰・精氣爲物・游魂爲變・故知鬼神之情狀・情者何情・狀者何狀・而可以良能迹象盡之乎・

詩書之言天言神者尤多・有曰・鬼神其依・龜筮協從・有曰・山川鬼神・亦莫不寧・有曰・多材多藝・能事鬼神有曰・神之聽之・式穀以女・有曰・神罔時怨・神罔時恫・有曰・靡神不舉・靡愛斯牲・有曰・懷柔百神・及河喬嶽・此等神字・俱堪作造化之跡・二氣之能解否・有曰・乃命羲和・欽若昊天・有曰・天乃錫王勇智・有曰・皇天震怒・命我文考・有曰・天視自我民視・天聽自我民聽・有曰・天保定爾・亦孔之固・有曰・昊天疾威・敷于下土・有曰・文王在上・於昭于天・有曰・天命元鳥・降而生商・此等天字・亦堪作道理字解否・

就朱子之所謂至而伸・反而歸者而論・譬之草木禽獸・當其暢茂蕃殖・神也・及其摧殘剝喪・鬼也・譬之人・當其生息長養・神也・及其殂落歸根・鬼也・是則陰陽聚散之説也・不知易之殷薦・書之柴望・詩之將享・皆爲陰陽聚散設耶・抑別有不見不聞者以宰於冲漠無朕之先耶・近世楊李諸公議之曰・祭天・是祭理也・祭鬼・是祭良能也・不無矯枉之過・然其說實不可得而通也・

夫子曰・務民之義・敬鬼神而遠之・嗚呼・盡之矣・世人不務民義・緜於不識鬼神・非不識鬼神・不識以遠爲敬之鬼神也・何也・未能事人・焉能事鬼・可知人鬼原有分也・天道遠・人道邇・非所及也・可知遠之卽敬之也・今經生家搦管爲文・敬而遠之・則人人能言之矣・其毅然以遠爲敬者誰也・今之揲蓍布卦・卜地選日・以探善敗之籌・以徼未來之福・褻神者也・牲醴淋漓・楮帛狼籍・借口酬恩・集慶牽

情・聚族邀賓・褻之褻者也・當其褻也・徒曰・天卽理也・鬼神者造化之迹也・以此救之・未有能救之者也・至是而宋儒之術亦窮矣・是故爲淺近之說者・不若爲高遠之說者也・以遠爲敬・以敬爲務・此下學上達之旨也・藉令天卽理・鬼神卽陰陽・則一務義・足盡其蘊・敬而遠者・又何物哉・或曰・遠之當何如・曰・明禋秩祀・舉之有時・玉帛犧牲・用之有節・子不言神・而每於祭祀加謹者・以遠爲敬之說也・是所謂百世以俟聖人而不惑者也・

或問曰・然則人定勝天・君相造命・有其理乎・予曰・無之・人定勝天者・申包胥之言也・君相造命者・李鄴侯之言也・皆出一時有激而發・後之腐儒遂宗焉・非聖賢之格言也・予所聞者・六經孔孟之言也・曰敬天・曰畏天・曰順天・曰則天・曰格天・曰樂天・曰欽若天・曰肅將天・則有之矣・未聞人而勝天者也・曰受命・曰永命・曰凝命・曰知命・曰安命・曰俟命・曰奉若天命・曰永言配命・則有之矣・未聞人而造命者也・若曰・人定果可勝天・則司寇之冕・不必脫矣・若曰君相可以造命・則堯舜之庭・爲無訓矣・況善用之・英主察相・隨事竭力・挽回補救而不得・猶之可也・不善用之・而亂臣職子・接迹於世・皆欲以勝天造命爲心・其害曷有極哉・不第此也・田舍翁多收幾斛麥・延師教子讀書・取功名富貴・及爲官者・鑽刺夤緣・曉夕計畫・亦無非欲以人勝天・以智術衡命・吁・一何愚哉・是故孔子曰・獲罪於天・無所禱也・曰・道之將行也與・命也・道之將廢也與・命也・孟子曰・莫之爲而爲者天也・莫之致而至者命也・曰・行或使之・止或尼之・行止非人所能也・必如是而後衆志可戢・天下可定也・然則人事可盡廢乎・曰・非也・盡人以聽天・盡性以至命・得與不得・咸無心焉・此聖賢之眞學術也・非勝之造之之謂也・然而天與命・未始不可窺也・天不言・以行與事示之而已矣・予閱世多矣・卽以人家論・其子弟務學好修・飭躬勵行・計未有不興者也・反是・而荒寧懈惰・驕奢淫佚・計未有不亡者也・非一敬一肆足以爲興亡資・有所以主於敬肆之先者也・彼昏不知・遂謂天命實爲我用・方我實用於天命之中而不覺也・國與天下・又可推也・曰・然則大人者・先天而天弗違・君子謂性不謂命・何以解焉・予曰・先天而天弗違者・謂道與之契也・非勝之也・謂性不謂命者・論理不論氣也・非造之也・是故仁傑與孔明・均一定也・乃仁傑勝而孔明不勝・何也・子儀與岳飛亦均一定也・乃子儀勝而岳飛不勝・何也・至於蘇子之贊昌黎曰・能開衡山之雲・而不能回憲宗之惑・能馴鱷魚之暴・而不能弭皇甫鎛李逢吉之謗・是人且不能勝人矣・況勝天哉・裁成天地之道・輔相天地之宜・是造民命也・取之有時・用之有節・是造物命也・謂造民物盈虛消息之命則可・造一身吉凶禍福之命則不可・君相之所得爲者止此・此外非所知也・是故水旱異數也・堯以九年・湯以七年・何久也・宋璟一言而熒惑退・太宗吞蝗而歲不害・何速也・予以爲皆幻說也・縱有之・亦偶然・非必然也・班彪所以有陵母嬰母之喩也・

黃士俊　字亮垣．號玉嵛．晚號碧灘釣叟．順德縣人．萬曆丁未進士．廷試第一．官修撰．歷仕至禮部尚書．崇禎九年與賀逢聖孔貞運同入閣．以爭遼餉事忤溫體仁．罷歸．明亡．唐王立於廣州．以原官召．不赴．而桂王先一月立於肇慶．改元永曆．尋與何吾騶並召入閣．大兵破南韶．桂王西奔．士俊坐閣中不去．尋歸里．坐臥一樓．閱數年卒．年八十五．

李方麓去思碑

漢遣直指使者巡察郡國．問民疾苦．舉方正賢良．以應明詔．任亦重且鉅已．然簡書濶畧．法猶未詳也．我國家潤飾三五之業．較漢世綦隆．中外大小臣工．星羅棋布．何莫而非社稷之役與哉．臺中侍御．職在直言．則白簡皁囊．其所有事．歲奉天子威靈．得修慶讓之典．以故于藩省諸臣．政無鉅細．一唯御史臺是察焉．所謂代巡也者．代行天子事者也．嶺南去天萬里而遙．山海嘯聚．羣心不逞．吏治惰窳．假令非得眞御史．執三尺而澄清之．烏能愉快勝任乎．

歲辛丑冬．貴陽方麓李公以直指至東粵．吏治民風．一時丕變．遂隻千古而無兩．及瓜期已至．報命天子庭．税車行矣．都人士冕衣裳者．逢掖者．縞帶者．諸父老杖者．扶掖者．衣大布者．服短後者．屨剡剡者．馳者．走者．奉車者．當轍者．爇薌者．饋漿者．無慮數千百萬人．相與擁塞郊關．車不得行．公亦爲之停車慰勞．淚淫淫沾衣．自有御史臺以來．未有前聞也．

公既去．都人士若諸父老．就城內建公去思祠二．瞻拜尸祝無涯．蓋五載于茲矣．維時十郡士大夫．與夫商人賈客．雲集都會．誦德思報．謂宜更樹豐碑於粵秀山嶺．以慰觀望．粵秀山之觀音閣．公所從孝廉黎君勛議．屬沈郡公修復者也．於是衆以黎孝廉問記於士俊．豈謂士俊中興氣運．差可當公培植乎．士俊不佞．嘗得之大司馬鳳歧戴公言．予竊祿中外踰三十年．所從事於臺使者十數公．求其能議能任．而言路以重者．則無如方麓李公云．公筮仕名司理．召拜柱下．其在臺中．一按漕．再按洛．三按而及粵．前後疏草凡一百一十上．有所執諍若批鱗．有所糾彈若射隼．有所擘畫若運斤．有所讞決若燭照．至於征播一疏．諸所陳攻取方畧．切中機宜．卒之揚酋受首．不遺所算．誠何以窺公之涯涘也．

不佞粵人也．請談粵事．公在粵．善政湛恩．淪人脂腠．卽更僕未悉．然當日之粵事．有五難．公之視事．有五不可及．凋敝藩省．驟加餉税至二十萬．割肉救瘡．身先自斃．一難也．中使絡繹．供命不遑．民無聊生．何暇國賦．二難也．粵有殷富之名．而坐享虛耗之實．緩虞不給．殆或治棼．三難也．里甲徵輸．溢于令典．閭閻蕭索．在在含寃．則嶺海利窟．官無懸魚久矣．四難也．山箐海舶．出入靡常．島夷趨利．窺我邊鄙．遺虎養癰．未見石畫．五難也．公下車卽首以榷税爲念．欵約調停．疏凡數上．抗扼中貴．而制其命．所省減數十千．所救活則數十萬．假令非謇諤之臣．甯渠能乎．其不可及一．揭日月而誅亡命之徒．口誅中貴．善間者不能售其謀．善誹者不能揚其舌．一怒而羣兇寢息矣．其不可及二．下令禁官司倚辦於市者．一切罷之．遂使私逆不興．物價不二．下之所司．奉承德意．毋不唯謹．其不可及三．太史口之多吏治．以循不以廉．其所以不然．以酷不以墨．公以廉倡．猶孽孽境內．而務拊循．明足以見淵魚而不欲察．利足以剸犀革而不欲傷．威足以辟神奸而不欲逞．且賢否攸分．精於藻鑑．一何神也．其不可及四．當公時．操下凜凜．將吏覩師．若出喑啞．倭吏窺境．大不得志而去．其後論罰論功．豪末靡爽．世皆謂公具文武才．其不可及五．聖門論政．不過五美．是尊其君子．夫公孫僑也．亦惟四者亹亹焉．公當五難．而有此五不可及．進乎君子矣．是不可爲聖人之徒耶．

庚桑楚居三年而穰畏壘．其民尸祝之．公入粤一載．遂令沒世不忘．樂其樂而利其利．小人敢一日遺公哉．奉衣冠．陳俎豆祭典．將與天地同攸久．何論畏壘庚桑．且公復按蜀．事竣．屢推卿寺．拜命有日．澄淸所至．在在口碑．竊但粤尸祝耶．不佞載筆史館．得以直書時政．不敢爲諛．每讀公奏牘．未嘗不私心向往．況家居嶺海．被公德政最深．奈何不一言以識厥思．故所爲記其大端如此．公名時華．別號方麓．貴陽其籍．浙之仁和人．

鼎建連州治碑記

崇禎六年癸酉．九連山寇悉就蕩平．按憲錢公時按部潮惠．毅然躬探賊穴．熟察險地．得所爲四往咽喉．謂宜創州治．繞東南兩邑．居中而控制之．商之督府熊公．合疏以連平建治請．上報可．落成．嶺西巡道左方伯王公與余同籍起家．徵言爲記．

吾粤臨海頁山．粤地之苦寇．山與海埒．山則九連．高造層霄．廣環四省．叢箐複嶂．萬壑千窟．姦宄逋逃．倚爲窟穴．中一二桀黠．役知驅使諸不逞．動至千萬人．蟻聚蜂屯．出剽鄉落．恣所虔劉蹂躪．急則獸竄鳥飛．憑恃阻深．妄謂莫我誰何．甚則夜郎王自大也．廣南韶諸郡．並受剝膚．在惠潮尤不堪其毒．稽諸往牒．時生發．時芟刈．而旋芟刈亦旋生發．迄未有數十年不一陳師大剿者．蓋地遠則法愈疏．縱鞭長而腹不及．所從來矣．往增從之役．連寇發難于鬱峒扳天藍氛欄禾等塞．嶺西巡道王公．實督陳參戎相討．平之．

越崇禎四年辛未．九連山大賊渠陳萬雄据七巢．所聚奸徒．分統于賊．總若而人．勢張甚．又有大賊鍾凌秀．踞銅鼓嶂．出沒石窟間．諸賊總號紅黑白九良星．各領其衆二萬．耽耽虎視．虐焰熏天．始興永安警報疊至．重以烏岑南嶺賊首曾閻羅等．相與響應陳鍾．而惠潮土寇．若劉粗鱗．葉襖婆．張文斌．鄒崖鼻．結巢鳩黨．乘間橫決．兩郡諸邑．所在洶洶．前任督府王公．奏奉三省會剿之旨．粤年來兵單餉匱．王公拮据擘畫．心力靡遺．廼移鎮惠．命今鎮東道廉憲洪公．前以分守嶺南兼攝惠潮兩道．往監軍士．洪公念賊實繁滋．我兵寡數不敵．惟陽以撫携賊黨．陰以剿．一士心．諸宥協殲．其精簡密謀．正探悉．與總戎鄧君懋官定于千早．則以惠州司孝程君鐸．入諭二渠．而急督王鼎徐之龍諸將．間道克閻羅等寨．俘斬千數百．惟時督府熊公方撫閩．遺將鄭芝龍率兵抵三河．戰輒捷．嶺西巡道王公復捐資繕統器．以裕軍需．凌秀度不能支．因跳九連．與萬合．若曰．深崗層巒．迂迴陡削．非從天下．誰則能攻．而我兵業遍堵諸賊．爲坐困計矣．無何．巢中食且盡．突圍出．斬級凡五百・賊望虔楚而趨・惟是在楚楚禦・在虔虔禦・不得不從南安還粤・洪公馳至雄・同鄧總戎暨南雄司理王君方・督諸將張一傑周一陽等・設奇夾擊・殺賊梟雄百餘・陳鍾二渠始大恐・洪公曰・是可計取矣・遣數辯士誘還舊巢・則先發梁參戎東旭領兵・一扼九連山歸路・一扼銅鼓嶂要衝・陳萬逆僅得抵獐坑・凌秀亦僅抵石窟・二渠知中我計・進退無復之・于是遣典史費映奎誘陳萬出縛・解正法・併令李相蔡時春等・同南贛撫臺陸公所遣虔將金文光・入搗乜巢・馘斬殆盡・凌秀勢孤膽落・自縛詣閩將鄭芝龍・尋解正法・獨凌秀餘孽逸武平・土賊附焉・仍披倡于泰和興國諸境・江省爲震・會三省官兵躡蹤追剿・大捷屢聞・凡凌秀存日・號紅黑白九良星諸賊總・俱膏斧鑕・至脅從則後先解散・無慮萬千・嶺東巡道憲副周公復策曰・流冠雖滅・土賊尙存・伏莽保無生心乎・我師乘勝轉攻・則海陽令江君懋敏・揭陽令陳君鼎新・夏參戎之本・朱游擊之印・各率兵爲犄角・或絕汲道・或斷途・或間之使反攻・或諭之使自獻・賊所稱劉粗鱗・葉襖婆・張文斌・鄒崖鼻・與逸出之鍾復秀・湯豹虎・張五子・以次授首・其一二走羅定嶺西・巡道王公發兵盡擒之・遠近歡聲雷動・寧爲師武臣力・督府熊公實克壯猷・萬山中一片土・昔苦爲嘯聚之場・今而後睹牧寧光景矣・

先是南贛撫臺陸公・暨前任按臺梁公・運籌制勝之餘・緦緦善後・石窟建縣九連建縣二議・業具疏聞・督府熊公・曩在閩亦已熟計・而猶俟寇氛之掃淨也・按臺錢公・甫下車・肅法除殘・面受行間方畧・遂與督府熊公・戡定廓清・收三省會剿之全功・以報明命・既屬嶺東守巡清賊田・卜縣址・比按惠潮・再四諮諏・亟曰・百聞不如一見・奈何以衝嵐宿霧辭・爰偕守道洪公・巡道周公・自程鄉單騎巡行・抵平遠之石窟・諦觀前議遷縣處・已馳惠境・直入九連・鳥道虎嵎・足跡靡所不徧・揆險易・相陰陽・無若惠化圖之周陂・山環水合・一望平田・寬衍凡若・而里北則虔之龍南信豐・東則惠之和平龍川・西則南韶之翁源始興・南則惠之河源長寧・勢若率然・而九連山諸賊巢・胥於此扼要焉・廼更熟籌曰・連平建縣・卽和平河源等縣耳・畫疆而守・痛癢旣非同體・應援終是隔藩・惟連平爲州・而以和河兩縣爲屬・庶統轄專而事權合・卒有緩急・臂指可使・呼吸可通・如一身頭目手足之相須・聖朝所以綏奠遐陬・計無便此・維時擇才受事・長寧令陳公國正司工築・永安令牟君應受均田賦・而守道洪公惠州司理吳公希哲・則始終董厥成・州編戶若干里・析和平之惠化圖・翁源之梅坑二鋪・若大隆都・長寧之長吉二都・河源之忠信一圖・其糧二千五百七十餘石・所析各邑・復爲裒益適均・官照裁減・知州一員・吏目一員・儒學學正訓導各一員・而訓導卽裁和平縣訓導以充之・兵防則守城一百二十名・內管設營一・兵八十名・東干野鴨潭設營一・西干獐玩磜頭設營一・兵各四十名・合之岑岡營原額兵二百・刁斗遞聞・干櫓環衞・月餉自額給而外・其餘贍以所清賊産・足果其腹・無煩更議云・是皆錢公心圖手畫・身歷口詢・酌于督臺・參之藩臬諸大夫・俯及郡邑父老庶士輿情・僉協綢繆・先事罔有弗周・以貽吾粤長治久安・而仰副
聖明嘉惠東人之意・

城廣六百三十五丈・高二丈一尺・厚一丈六尺・門四・

南玉驄・北起鳳・東陣連・西望英・中爲州正堂・左捕衙・右庫倉・東爲文廟學官公署・稍前東南爲分司・西北爲祝聖殿・西南爲城隍廟・城□□□□□□□□□・始于崇禎癸酉八月初三日・明□□□□□□□□成・磚灰木石・取自近山・事半而功倍・□□□□□□□餘百有奇・悉熊錢二公所措處・□□□□□□□□攫民間一粟・熊公捐俸贖金二□・陸公捐俸贖金五百兩・錢公捐俸贖金一千兩・併藩臬司道府縣暨總戎參遊而下・共捐助一萬四千二百七十兩・又設法搜助八千八百七十餘兩・詳于別碑・

嘗咏詩・南仲召穆城朔・營南・匡輔成周之業爛焉・王文成剿定浰頭・請置和平縣・迄今咸賴安堵・廼九連山寇・則文成平浰頭時所未及平者也・熊錢二公緯武經文・用能蕩平嶺嶠・創建州治・永銷亂萌・從此荆棘化爲桑麻・草昧開以文物・克襄聖夫子順治威嚴之盛・南召勳猷・覘一斑矣・若夫州當新造・俗獷民稀・鴻雁甫還・瘡痍未起・後之涖茲土也・毋亦仁愛以拊之・廉明以威之・禮樂以馴之・法紀以馭之・使風格人心・樂爲良而耻爲盜・萬山中一片土庶・其長有寧宇・而州治克稱嶺表金湯矣乎・其平遠之石窟都・同時創邑曰鎮平・別有記・督府右司馬兼僉都御史加二品服俸・熊公名文燦・號心闕・貴州永寧衛籍・四川瀘州人・萬曆丁未進士・按臺錢公名守廉・號雪瀾・河南信陽人・天啓乙丑進士・南贛撫臺右副都御史潘公名曾紘・號昭度・浙江烏程人・萬曆丙辰進士・前督府右司馬兼僉都御史王公名業浩・號峨雲・浙江山陰籍・餘姚人・萬曆癸丑造進士・前南贛撫臺右副都御史陸公名問禮・號衷虛・南直隸常熟人・萬曆甲辰進士・前按臺梁公名天奇・號震寰・北直隸南樂人・萬曆己未進士・左方伯王公名世德・號廻溪・浙江永康人・萬曆辛丑進士・嶺西道左方伯王公名道元・號洪厓・浙江烏程人・萬曆丁未進士・嶺東分守道廉憲洪公名雲蒸・號紫雲・湖廣攸縣人・萬曆庚戌進士・嶺東廵道憲副周公名夢尹・號奠維・浙江上虞人・萬曆癸丑進士・

韓日纘　字緒仲・一字若海・博羅人・萬曆丁未進士・授檢討・歷官禮部尚書・魏璫用事・欲致日纘・卒不肯一見・志節卓然・負淵博名・以詞臣居講幄兼總裁實錄・敎習館員・於是日則講論切磋・夜則秉燭纂錄・撰次講義・敷陳旃厦・積勞卒・官謚文恪・所著博羅縣志・詢蕘錄・阮志著未見・文恪集二十卷存・

人主廣大人臣節儉說

公孫宏有言・人主患不廣大・人臣患不節儉・宏之意・蓋以其主當先朝殷阜之餘・物力充溢・北擊單于・西通邛筰・朝禪云亭・五遣五利・以至柏梁建章之役・騷然煩費・以資其好大喜功之心・而宏起家平津・布被脫粟・無異牧豕海上時・斯之爲廣大節儉云爾・嗟乎・以若所謂廣大・不幾亡秦之續・而節儉若此・甯免汲大夫之庭詰乎・

愚以爲人主患不廣大・而廣大非縱侈之謂也・人臣患不節儉・而節儉非纖嗇之謂也・天子以八極爲境・窮天罄地・孰非人主之財・而軍國歲額及匪頒好用之費・若操券而責於上・雖欲不廣大不得・然財者天下大命・安有握天下命而侈然橫出・傾江海以實漏卮者・人臣計勞受餼・即位高祿厚・

有待我而俯仰者・待我而舉火者・雖欲不節儉不得・然拔葵去織・以爲美談・安有位列冠紳・而下齊厮豎之養者・故愚所得廣大・在以四海爲筐匣・不專山澤之饒・不操心計之術・總天下之贏詘爲大劑量・自什一之外・不開利孔爲民罪・梯其馳之閭閻也・與之領度支・無以異其領之度支也・與括之內府・無以異也・朝不與野爭利・宮不與府爭藏・渙小儲而成大儲・夫是之謂眞廣大・

愚所謂節儉・在以制度爲權衡・塞淫侈之原・謹導民之路・國奢則示以儉・爲之節車輿・適衣服・敦朴爲民天下先・國儉則示以禮・爲之蓄仁義以風之・廣德行以懷之・使在位有羔羊素絲之風・而民間無繡紈后服之飾・夫是之謂眞節儉・

藉令縱侈以爲廣大・是名廣大而實得瑣屑者也・纖嗇以爲節儉・是名節儉而實得貪鄙者也・何也・縱侈不與虛耗期・而虛耗至・虛耗不與瑣屑期・而瑣屑至・孝武侈其雄心・海內騷擾・財用衰耗而不贍・以至算舟榷車牢盤鼓鑄・以萬乘操賈人子之術・其細已甚・史稱公孫宏以漢相布被・食不重味・然無益於俗・稍騖於功利矣・

夫易之言節曰・剛柔分而剛得中・又曰・節以制度・不傷財・不害民・宏與公卿約議・至上前・輒倍約以順上旨・則毗於柔・朔方之役・傷財害民・不亦甚乎・天子發難・遂不敢置對・惶恐奉命・於節之義何居也・大抵人主乾道也・乾始能以美利利天下・不言所利・則廣大矣・人臣坤道也・坤至靜而德方・則節儉矣・若如孝文綈衣減御・而發庾賜復之詔・無歲不下・則節儉庸非廣大之基・而管氏三歸・晏子

之一裘・皆足以相齊而致治・則吾未見主道臣術之判然二也・請以是廣公孫宏之旨・

建州女直考

按女直卽古肅愼・初號女眞・避遼諱改今號云・宋以前甚微・自阿骨打勝遼稱帝・遂蹂躪中國・禍幾不可嚮邇・蒙古起沙漠・盡殲之・永樂初・悉境內歸附・文皇帝設奴兒干都司一・建州等衞一百八十四・兀者等所二十・爲站爲地面各七・官其酋長都督指揮有差・而最强者曰建州・其地自湯站抵開原・他女直若海西野人・各有界域・而建州据要害爲雄長・約歲一朝貢・已又開馬市・歲勞金幣・建州衞指揮阿哈出・及其子釋家奴・俱以効順立功・賜姓氏・阿哈出曰李思誠・釋家奴曰李顯忠・結綏稱漢官・或生或及・爲荒服世臣・視西野人諸酋尤奉職惟謹焉・

正統初・建州左衞都督猛可帖木兒爲七姓野人所殺・其凡察子童倉俱逃居朝鮮・建州亡其所給印詔・以童倉弟董山嗣建州衞指揮・更給印・亡何・凡察童倉歸・得故印詔・上更給者・凡察匿不出・時縣官以不治治之・乃更分左衞・置右衞・使董山領左・凡察領右・正統末・董山輩爲北虜煽誘・導虜入犯・烽火徹於全遼・景泰中・巡撫王翔遣指揮王武等招之・尋亦悔禍入謝・時諸酋以從亂故・子姓失所賜告身・不得官・僅以舍人入貢・賞賚稍減・而邊帥于貢市操之嚴・貂馬稍不中程・輒斥去・於是囂然思叛・

成化間・董山及顯忠子滿住糾他酋後先盜邊・無寧日・遣都督武忠住諭・檄山至闕下稱謝・然桀驁無禮・詔羈之廣

酋・尋誅之・以武靖伯趙輔爲靖虜將軍・偕都御史李秉擣其穴・滿住亦敗死・乃築清河撫順靉陽諸垣・繕修邊備・諸酋稍稍懾矣・朝廷猶欲羈縻勿絕・復以董山子脫羅爲指揮・滿住凡察後皆得襲・從叛者視先世遞貶一官・諸夷復貢・然往往以報董山仇爲辭・患苦邊上・會閹直用事・巡撫陳鉞黨直邀功・疏請舉兵大創・直行邊・是其議・經畧文升固持不可・謂酋以失職怏怏反・闒吏橫索啓釁耳・吾不於時鎮撫之・而復以武往・祗固其叛也・撫臣議非是・直還朝・誣詆文升・坐戍・而直與鉞襲斬貢使數十級・冒功賞・酋亦大忿・深入殺掠焚刼甚張・直誅・夷酋完者禿貢馬乞入謝・守臣厭苦兵事・請於朝・許之・於是諸衛奉貢・請襲如故・邊患稍戢・

嘉靖間・邊臣嚴詰貢制・而李撒赤哈等復稱亂・巡撫孫檜禦之・失亡多・坐免・以於赦代・赦減賞物・夷人復譁・顧詐殺譁者・夷挾忿蜂起・陰與虜合・戰士疲於奔命・遼東西復大困焉・

隆慶末・夷運寖衰・受我要束・其酋長乘醉誤入邊堡・邊臣執而戮之・時懼挑釁開罪・匿不報・酋遣孽奴兒哈赤及其弟速兒哈赤・以覆巢之下・不能自固・奉朝貢無墜垂四十年・雖曰利我之歲幣・然秣馬勵兵・憤然有薪膽之志矣・會今上二十八年・海西部落猛骨孛羅與那林孛羅・自相仇殺・猛力不支・委命我邊吏・我不能救・遂求援奴酋・奴酋起兵・名爲援而實襲執之・我邊吏乃遣使請救・奴酋恐我聲其罪・僞以女許猛酋・而陰縱其妾與通・徐以私外母名殺之・仍贅其長子・以次子歸我・我邊吏亦苟且完局不與較・而奴酋遂有輕中國心・自三十四年貢後・以減車價爲名・不復貢・偵者謂奴速二酋・多智習兵・信賞必罰・不惜名姝重資交歡・此虜志不在小矣・開元廣寧之界・去京師幾何・豈可不爲之寒心也・余故序其顛末・作建州女直考・備籌國者覽觀焉・若其山川風俗・詳在輿志・不具載・論曰・

余考前史・女直特黑水一部落耳・不旋踵而亡遼蹙宋・宋臣謂其衆至萬則熾不可遏・其獷悍跋扈・視他酋倍矣・朝廷不建撫賞羈縻之・無不謂其與勝國世仇・時偵得虜情報我・得預爲備・且弭心頫首・事我無貳・乃奴速二酋・蔑我國憲・踰我貢期・戕殺我屬夷・侵軼我內地・桀驁已甚・鎮臣無甯謂二酋我所孚翼・狐埋之而狐搰之・何變之敢圖・乃察影揣情・逆形著矣・養寇之謂何・何泄泄也・頃使者行邊・謂遼卒僅餘老羸八千・山海關左右垣牆多頹壞卑塌・而登埤者量沙數米・又苦無餉・彼日積銳・我日積罷・豈可長幾倖乎・且建酋業與虜歡・情勢連結・順義之遺孽未受名號・賴蟒諸酋跳梁于喜峯河流間・正孔棘也・萬一併謀發難・一呼響應・自廣寧以西・宣大蘇鎮之間・騷然震動・守臣其有以禦之乎未耶・自今借箸而籌・第云樞臣詰兵・計臣詰餉云爾・乃實事制于虛文・戈鋋制於議論・未有效也・即令持斧者行邊嚴覈・恐叢蠹積弱・未可猝復此敝敝者・妄意內帑之儲・涎欲垂而未收久矣・旦夕望廟堂渙發・以濟燃眉・而後徐稽軍實・隊伍何以昔充而今缺・芻粟何以昔饒而今匱・簡閱何以昔稽而今窳・埤障何以昔因而今瑕・各責之主者・廉蠹穴而塞之・飭頹習而新之・建威銷萌・備完計悉・戰勝於門庭之內・庶有瘳耳・語曰・爲之其未兆也・二

啓桀驁。既以形成。靖康之鑒不遠。待變至而圖之。曷及乎。

賀象岡何相公入參大政序

皇上考慎相庥。卽詢謀僉同。非特達灼知。猶審持不卽予。癸酉秋。在廷諸大夫首推轂香山何公。公自龍飛卽侍講幄。鄉唐虞之閎道。陳黼座之著龜。時時以古義引合時政。言必中窾。上心識而目屬之。從史局遞遷宮案。至宗伯學士。不離講幄。執經凡六年所。公卿士大夫傳誦公所啓沃語。以爲舟楫鹽梅之佐。非公奚屬。上既灼知公。而輿望所歸。廷推又無出公右者。於是特晉鼎司。參大政。黃麻一宣。天下欣欣慶得人也。粤之仕轂下者。謂吾鄉自文莊文康文襄三君子代興。迄今垂及百年。嶺海磅礴灝泱之氣。屈積久而始吐發。皇上夢賚精誠。志先定而神人俱協。雲龍風虎。聲應氣求。粤山川與有榮施。維桑與梓。何可無一言以彰其盛。授簡于余。

余惟公之遇皇上。千載一時也。人臣輔中主易。輔聖主難。輔聖主于泰寧之時易。輔聖主于多艱之時難。唐堯之世。以堯舜爲之君。懷襄方割。黎民阻饑。讒說之殄行。五服五宅之麗。與夫寇賊奸宄。蠻夷猾夏。日以廑警予之慮。當其時。四岳十六族。已布列在位。而猶稱則哲之難。何也。以其主與其時。非皐夔益稷輩莫能爲之臣也。今上姿天縱。而德日新。等百王而上。不啻堯舜之爲君矣。東有奴。西有插。畿南晉豫江楚閩粤。萑苻桴鼓之警。赤白羽交馳海上。魁宿之寇未膏斧鑕。四方水旱蟲蝝之災日見告。公私交匱。軍實愈隳。幾百萬刻膚敲髓之糗糧。漏卮不可問。武人孑員。因委屈不可振。文墨之吏。鑿齒猰貐其民者未衰止也。時遭多艱。以廑聖主之宵旰。夫君則堯舜之君也。宅揆熙績。厥任良艱且鉅。則唐虞之時也。然唐虞之時。不憂百工之不釐。而憂禹皐陶之不得。今上得公矣。先是黃扉諸老。總己以聽于亢輔。上卽位以來。二公四輔。務一乃心力以持國秉分。授管而演絲綸。進則盡忠。退則和德。公以舊學佐平章。入而告與坐而論。惟是匡國是急民生之爲務。委它政事之堂。揖讓相先。獻替相可否。殆如堯七友舜五臣之一心共濟也。夫貞元間氣。竅于山川。亦各以其時耳。粤之山。靈洲浮島。崑崙雁門。粤之川。珠江香浦。玉窖雲瀧。環以裨海。表以神臯。柱青冥而浴皎日。鍾靈釀淑。前則若三君子。又屈塞百年而大發于公。重積則然。何論早服。文莊腹書經笥。衍義補一編。通達國體。文康草勑。期期不奉詔。牧地之請。片語回天。文襄議禮。排衆議而契睿衷。樹立皆瑰瑋可紀。稱賢輔。然幸遭泰寧之世。得自表見。公輔堯舜之主。値多艱之時。以甘盤之舊學。紓爰立之新猷。嶺海磅礴灝泱之氣。全貯之胸襟。而徵發于事業。上下千年。縱橫八極。籌畫素預。握杓象極。斟元陳樞。雖有都俞。不廢吁咈。雖有昭德。無忘弼違。使百官則而象之。大法小廉。召太和而瀰宇宙。薄海樂業休兵。東奴西插。咸委命下吏。以身徇國。不磐石而安。以明佐聖。不膠漆而固。何但粤先三君子。將直接七友五臣。中間詎容着人乎。余覩公識量器局。都人士所抗手踊足而望者也。粤山川實式靈之矣。余從粤人士之後。躬逢其盛。因誦述唐虞之際。爲公相業嚆矢焉。

李觀察入賀萬壽聖節序

在令甲・藩臯大吏值皇上萬壽之辰・走一人稱觴闕下・余小子嘗從史局觀厥成・第通籍之日淺・不及見皇上臨軒見羣臣・九閽天上・羣臣蒲伏赤墀・俯躬搢笏・呼嵩者三・已於事竣矣・乃異時廷臣有所祈請・補牘再三・逾時不報者・輒以是日也・大渙綸音・疏積滯轂下・歡呼忭舞・宣衆豫而助王休・積忱上輸・積澤下沛・宮鄰泰而上下交・其在茲乎・

壬子之歲・粵以東・推澤憲臣稱萬壽觴者・觀察嶺東李公當往・郡守朱公某公帥諸相公曁諸邑令長・脩幣徵詞・命小子受簡・

自惟王父以迨小子・於公稱通家者三世矣・公諸父行也・卽不文・誼不得辭・夫自古人臣祝君・孰有踰於周召哉・周公稱引殷先王・或享國七十有五・或五十有九年・要皆嚴恭嘉靖・爰知小民之依・召公所云歷年勿替・受天永命・亦惟是敬德諴民・用告孺子王矣・古人臣忠愛類如此・公之行也・蒲伏赤墀・呼嵩者三・遂告成事已乎・皇上深居・淸穆之日久・四海內外・瑕蘖寖萌・嶺表越在萬里・比於荒服・厥土塗泥・厥田下下・厥賦不足當吳越之什二・自中使馳傳至・磨牙吮血・額稅之增・視中土數倍・官則帑竭・民則罄懸・豺頹羊殰・物力詘矣・民窮盜起・探丸嘯聚・居者有剽掠之虞・行者苦國門之禦・往歲欽州發難・露師境上・紅毛嗹嘐哥之不逞・又且見告・設防雍陌・粵事蓋脊脊動焉・皇上九霄之上・或有所不聞不見・古人臣之壽其君・有獻千秋金鑑錄者・此粵已事也・公之行也・蒲伏赤墀・呼嵩者三・卽欲爲粵人具言狀・奈九閽天上何・抑天道十年而一更・皇上執天之紀・法天之行・御曆以來四十年於茲・飛冲天而鳴驚人・千載一時矣・四方來賀・萬靈畢集・上且厭深居之邃密・思明堂之顯敞・兕觥在庭・鴻漸在階・召子大夫前問所爲綏民吒奠邊圉者・公拜手稽首覼縷具言・爲粵人請命・其爲金鑑不已多乎・

先是督臣上言粵稅溢額・民不堪命・不報・皇上嘗以此時渙德音・宣衆豫・或時有所簡發・粵人蓋幾幾望之・且今歲在壬子矣・考之律書・壬任也・言陽氣任養萬物於下也・子滋也・言萬滋息也・其應在東・我東人其首被澤乎・諸大夫舉手加額曰・善哉・史氏之言・壽主在於庇民・煌煌周召之志也・庶幾有當於公矣・顧公下車數月耳・其察吏不寒而慄・其馭民不纘而温・其防海固圉・不植鍛懸盾・而鯨鯢自遠・乃今席未暖而戒裝・東人依腓・奈何煩公僕僕乎・小子唯唯否否・人臣祝君・卽一飯不忘・何論數月・召虎經營四方・疆理至於南海・一則曰天子萬年・再則曰天子萬壽・寧渠以越在荒服・忘媚茲之惓惓哉・夫以祝無疆之祜・敦匪懈之忱・卽僕僕脩途・忠之盛也・諸大夫而爲公祝轅乎・請爲歌江漢・東人之困甚矣・公在事・則吏蠹民瘼如嬰在疚・澤可得而自曁之・公行而所不得自曁・幾倖於皇上之大澤・挹彼注茲而均被之・夫自曁之・何如均被之・其所依腓孰多也・諸大夫而藉手爲公爲民丐澤乎・請爲歌大東・公持憲卽蒞粵・雖席未暇暖・顧自爲令爲郎爲守・望實孚尹・簡在躭躭・有如上不欲久煩公於外・留置九列・衮衣不復・我東人豈有望焉・計公捧觴成事而退・東人度道里所至・日夕望公

之返轅也・諸大夫而邀惠於上・還我公以貺境內乎・請爲歌九闋・於是諸大夫皆稱善・遂次其言以陳於祖道之側・

總督兩廣許公晉大司馬入參戎政序

蓋督吾粵者・則莫文成王公・襄毅韓公・忠宣劉公賢矣・王公韓公・皆以大藤之役・峝猺披猖・艱難百戰・使箐峝嵐清・日月復朗・煌煌不世烈也・劉忠宣承平無事・亦惟是裁供億・斥貪殘・境內肅然・盜賊爲之寢止・粵人至今思之・嶺海炎區・三君子後先鎭撫・不佞卑卑・嗟生之日後・不然者・雖爲之擁彗而除・欣慕焉・乃今幸得擁彗而除・則我東陽許公・三君子之儔也・公昔在諫垣・議論豐采・疆聞瓌望・一時掖垣侍從・名流布列・森立踊企・然聲實皆掩於公・公薦歷華途・績業奮起・日升月恒・爲中外所倚重・當士大夫興慕風裁・意見角立・心憂時救世・獨持衡於善類消長之際・惟慮其化蘭爲蕭・而護之恐不至也・上即家起公・則履百粵之地・公受節鉞而至・大庾以南九嶷・以有不浸潤於澤・公恥之・於是肅度彰軌・明法布令・殘墨二戒・嚴於斧鉞・蓋嶺外偷安之習・相蔽紿以具文・公能窮其微曖穴竇・探窒解剝・無毫髮遁失・山谷遐深・砦碉昧阻・寃苦疾痛・舉在目前・如戶行而家到也・凡在公宇下・其善者如楚之在薪・翹然皆有以自見・其豪猾不道・如蚊蚋之於霜雪・不揮之而自祛・故公在事三年・文武將吏・迅發於功名精采氣勢之間・倏然變動・鯨波蠻峒・或有狂猘不逞・輒綴甲厲兵・遣材官傳弩矢外响・一舉而柳潯平・再舉而欽崖靖・三舉而袁進降心・戎鵬授首・氛祲息於東西・威稜憺乎嶺海・公之大有造於我人・信可謂焯爚豐融矣・

聖主龍飛・茂招耆碩・特晉公大司馬・入掌戎樞・藩臬大夫暨閫帥就史纘言爲賀・纘竊惟公之鎭粵・遭時承平・雖釁蘖時有・旋被撲滅・與文成襄毅擾攘軍興之會・事不侔也・然柳潯獍除・欽崖鯨戮・俘進馘鵬・赫聲濯靈・不爲不囂矣・況也鏡澳之在門庭・黎吡之踞腹心・交南之窺於垣・而紅毛日本之震於鄰也・廷建銷萌・伐於未芽・而塗千無却・保障固陲・功不在兩公下・兩公皆以百粵爲桑榆・遂延欲倦之餘・獨劉忠宣由百粵召入爲大司馬・如旭日朝暾・照臨未乂・事頗與公相類・則請以忠宣爲公誦之・忠宣居粵一歲所・當被召廷謝時・稽首颺言・今天下民窮財盡・萬一不虞・責在兵部・臣自度力不足辦此・上嘿然良久・曰・徵斂俱有常・何獨言民窮財盡也・忠宣曰・正謂不盡有常耳・臣在廣而廣東市香藥・廣西取鐸木・固以萬計・上頷之・立爲停止・以此益重忠宣・造膝陳謨・遇合無兩・方今遼左孔棘・騷然煩費・加派遍於閭右・不獨百粵爲然・而粵之罷民餒卒・吸脂朘髓・公蒿目而憐之久矣・大者疏聞・小者輒以意寬恤・如慈母之於弱子・而良醫之於尫夫也・有如上召公廷問民間疾苦・當不啻如忠宣所云・曠蕩之恩施宜自粵始・忠宣由粵被寵・魚水孚契・圖事揆策・言聽計從・有端揆之臣所不敢望・嘗聞朝士賦詩曰・當時密語人不知・左右惟聞至尊羨・今上諒陰訪落之初・禮遇大臣・亦當不啻如忠宣時・公晨夕入對・條國家便事・與爲興除・微獨百粵罷民餒卒賴以昭蘇・天下事何不可爲也・

且公雅意本朝・以天下善類消長爲計・其所扼腕・未

嘗一日不在海內排擯放廢之名賢．惟恐其老於林藪而不獲收敘．今龍飛景運．振鷺充庭．廟堂實而林藪虛矣．公入而與諸賢協恭衷和．共贊離明之治．司馬相而契丹平．子儀將而回紇服．天下事又何不可爲也．藩臬大夫與諸閫帥在粵．言粵不勝東人衰衣信宿之戀焉．夫旭日始於東方．經於中天．被於四表．豈東方所能擅哉．公績業由百粵起．今正其經中天被四表時也．粵人皇皇．攀臥公之轅下．史纘否否．不爲百粵留．爲天下賀．以是爲公祝轅可乎．

吳嵩輪司馬蕩平九連山寇肇建連平州治序

同江吳公之理吾惠也．蓋兩載於茲．公胸藏萬卷．筆落千言．癸酉秋．比士於粵．所蒐羅極一時之雋．知名士願得一當公．卽棄置無憾．余輒目公爲文人．公案無留牘．卽前政所疑未決．騞然解之．胥吏咤爲霹靂手．旁郡有不平．願得就惠州嘉石．余輒目公爲法吏．公下車泣罪．丹筆垂仁．無得情之喜．有所平反卽入以告．母太夫人爲加七箸．意惟主于求生求減．余輒目公爲慈父．公蹊刻自處．經年不用一官物．旁行他郡邑．往反輒千里而遙．乾餱不具竟兩載．士大夫不能以二簋事公．無論筐篚．余輒目公爲介士．持斧之使．以六廉察吏．惟公是倚．公代行部．定邦交．直毅溫恭．推赤心置人之腹．境外人人具服．以爲不吐不茹．余輒目公爲德禮君子．

癸酉秋杪．余以朝命敦逼．黽勉出山．別公於榕溪之上．一年所矣．惠州衞帥雷君大壯函書於予曰．公之署郡篆也．九連逋寇．悉伏其辜．督府熊公議城邑於其地．直指錢公親屈玉趾．揆日審勢於惠化之周陂．定厥基焉．以屬公．公曰．非守臣之任誰任也．於是議賜履之地．割和平之惠化都一．以爲中區．割翁源之東桃銀坪二隘．河源長吉二圖．以爲西鄙．自上下坪浰頭抵龍南之橫岡隘．以爲北鄙．自樟坑中村岑崗抵定南之界．以爲東鄙．自周陂達於猴子嶺青草洲．以爲南鄙．疆界正矣．築城浚隍．物土方．計徒庸．課將作．定位署祠廟之制．以屬長寧陳令君．則壤成賦．扼險要．立營堡．募丁壯．定設屯養兵之制．以屬永安令牟君．而公提衡於上．日稽月考．以董其成．時絀矣．未能舉贏．公割俸錢爲諸郡邑倡．奮義者雲集．自癸酉秋九月．至甲戌夏五月．於事而竣．崇墉浚洫．屹如也．位署祠宇．翼如也．百姓負畚插而往．百堵皆作．成都成市．熙熙如也．穰穰如也．公告事於督府．若直指疏聞於朝．天子大悅．則是公之有成也．願子一言紀之．

余攷惠州之故．環郡而邑者七．和平之設也．自正德間王新建平浰頭始也．長寧永安之設也．自萬曆初平秋香鴻雁洲始也．今增其三矣．而皆爲雄邑．士起家賢書．農服先隴．工安舊肆．而商賈出於途矣．九連天險．新建猶且難之．乃茲易壁壘而闤闠．去干戈而絃誦．入其境．而依然通都大邑之風．炎土始見冰霜．而阻深幸覩天日．公之功吾惠豈淺鮮哉．余初目公爲文人．爲法吏．爲慈父．爲介士．爲德禮君子．乃茲肇造新邦．體國經野．以爲民極．是于邑于謝之事．我疆我理之勞．而王新建肇造和平之績．于今爲烈也．昔宣王命仲山甫城彼東方．而尹吉甫誦之曰．德輶如毛．惟仲山甫舉之．袞職有闕．惟仲山甫補之．主上命廷臣選擇郡邑牧治行高等爲文學侍從之臣．次亦置之銓管掖垣御史裏行之間．公身兼數器．氣備四時．而發硎于吾郡．上之列承明以沃主心．次之列言路以補衮闕．入告嘉謨．咸有一德．由此始基之矣．余執經事上．又畀以纂脩之役．靡晷刻暇．雷君萬里丐言．篝燈聊叙崖畧．愧無能爲吉甫之誦．穆如淸風．其何足以當公哉．

贈龍別駕序

今之佐二千石爲理．則倅尤難哉．丞秩漸峻．苟奉法循理．無失名譽．卽横金拖木爲眞守．不則含香粉署爲京朝官．司李佐直指廵行方國．唾手臺諫．其寵靈乃出守上．倅雁行其間．資薄權輕．爲之下者．外趦趄而中揶揄．卽有才．末由自見．吾郡設二倅．一職捕．一職賦．夫賦．邑長吏之所拮据也．其贏詘直達之守與藩大夫耳．郡倅未嘗過而問焉．徒以空名寄邑長吏之上．而課職漫無所寄．如贅疣然．欲以才自見．則尤難之難哉．

雒容龍君以督賦來倅吾郡．君厚重慈愛人也．其居身如處子．其字民如慈母．其與郡守邑長吏相周旋．退然如不勝衣．上時以訟牒委之．審克閱實．必究端委．未嘗高其手曰．此豪有力而庇之．未嘗下其手曰．是村里孱民而魚肉之．未嘗以意懸揣曰．此上官之所欲．左右袒而迎而許之．逆而距之．上官以爲賢．檄署永安篆．於是流賊犯永安．君與父老子弟晝夜登陴．人人用命．賊知有備遁去．城賴以全．令至．歸政焉．君趨事赴功．不欲爲赫赫名．吏民同聲．謂之不煩．庶幾廩廩德讓君子矣．涖郡二年．眞實心孚尹於上下．獨所職督賦．權任不在焉．卽有才無由自見．且夫司李之賢而登薦牘者．十而七也．丞之賢而登薦牘者．十而五也．而獨靳于倅．粤十郡．登薦牘．不過一二人．卽臺使亦且厭薄之．非衆尤之尤．何由自表見哉．君雒容名族．伯氏司銓管．甄叙流品．有山裴之譽．仲氏登賢能書．需次公車．君雁行其間．第五之名．何必減驃騎跡．其醇醇悶悶之政．日計不足．歲計有餘．有如督府若直指．覈名實以淸吏治．其必首君矣．夫鄉校淸議之所出．子產惠人．猶不廢之．今較士某某輩乞余言贈君．君之所以造士．與士之所以德君者．余不得而詳．然君之品行政事．已播在諸人士之口．足重君矣．余又何贅焉．

贈符廣文序

自漢置博士．開弟子員於時．賈誼董仲舒轅固胡母生之倫．皆以博士入官．其人明天文．達國體．或白首守一經．銓釋轉授．受業者至千餘人．故當時愼博士之選．令丞相御史舉可充位者．間亦以孝廉策試第一拜爲博士．其重如此．唐中宗時．勅學生在學皆行束脩之禮．束帛一．篚酒一．壺脩一．案濫觴至五代．又有束脩錢．光學錢．臬比之間．有市心焉．方領矩步之徒．足趦趄而心揶揄．博士之選漸輕矣．

國朝廣屬學官．甲乙科皆得除授．第甲者自負善資．卽跬步多前途．視官墻傳舍耳．乙者年力未及．斅學可以相成．從此修翮扶搖．庶幾六月之息．若夫由明經起澤宮．率中年以上．捧檄就舍．四壁立而無徒．進而揖上官．退而對

諸弟子・皆曰・大夫爲束修來者也・雖有姬姜・疑爲倚市・其有不挪揄也者幾希・

珠崖符先生・博學方聞之士也・屢試不售・以明經補吾邑博士・會邑博士缺・主者檄先生署篆・先生至吾邑・諸士有以束脯進・必峻拒之・其以問業來・藹然色笑・如家人父子・教人務惇風節・矜繩簡・不以春華忘秋實・暇則手一編・伊吾不休・蕭然一室・塵凝滿席・泊如也・先生數月宮墻・若峻泉流・若清藻荇・若芳而潔・余間過先生居・謂先生素不受人一脡脯・即苜蓿盤餐・安所取給・先生曰・蟯螂穢飽・不如寒蟬潔饑・且史氏通籍餘十年・貧如故・何有一氈・先生又謂余・今制取辦科格・吾黨業不能置身甲乙科・即砥行硜硜・白首一編・無益殿最・如蛙鳴蟲響・雖聲振穹昊・體滯土壤・當此之時・雖有賈誼董仲舒轅固胡母生之倫・寧能自振拔乎・余謂否否・士顧所自處耳・誼困長沙・仲舒遠徙江都・不以其故貶賢・轅固善說詩・以廉直爲清河傳・年已九十餘・胡母生治春秋・歸教於齊・齊之言春秋者宗事之・第各以其業相傳授・著專一之効・彼其人固非必身都卿相・與當時絜權而較力也・乃學士于今志之・不以一時而易千古・先生明天人之變・達當世之故・即未知於賈董若何・要以墨守一經傳業者寖盛・剖疑破滯・如洪鐘待扣・人人心厭・不亦轅固胡母生之倫乎哉・

先生產珠崖・珠崖之山曰五指・柱溟海而插青天・蟠極一隅・閟而不顯・要以海內五嶽・海外五嶽・劃然擘而中分之・何必帝王所封・方紀所載・而後爲雄也・先生之鄉人如丘文莊海忠介・以學術風節雄峙宇內・即中原名碩・莫之或先・文莊挾美質・得時而駕・忠介名不隸於大常・海隅崛起・儼然與文莊雁行・士固所自處耳・以先生之學之品・辟之五指・雖在僻遠・直與方岳相雄・文莊忠介之業・豈異人任・行有破科格以待先生者矣・先生既得代還郡・吾邑人士沐先生教澤・依依不能爲別・徵詞・以不佞素知先生・言之或有當也・不佞遂次曩與先生語者以復諸人士之請・

題桐柏道人乞食卷

蘇桐柏道人意氣崛强・以詩自豪・里中稱詩者鮮有當道人・道人即與人並席緒談・神情了不相屬・殊無意獻酬羣心也・以此遭忌者整・備歷險巇・而意氣嶽嶽自如・不作齷齪態・余心壯之・會余從燕中來・與道人別數年所・道人忽方袍芒履・痦默不言・嗒然若喪・手持乞食卷謁余・余諦視之・大夫故桐柏也・道人聽然笑曰・是耶非耶・始吾馳情六義・抗志千秋・高矚遠騁于壇站之上・而世不我許也・造物者既黥我以典墳・劓我以風雅・吾掩室杜口・瘞筆焚硯・思欲息黥補劓・以木石爲徒・而我不自許也・十年來吾惴惴縵縵・拘攣於世網中・吾喪我矣・一領青衫・胡然而青・胡然而赭・胡然而方袍芒履・我與我周旋・欲相求而不能以相得也・而子猶索我於儒墨之間・吾墨也乎哉・余悲其志・爲之懭悢悽楚・謂道人休矣・道人逃諸墨・墨者不云乎・人世種種魔寃・皆虛妄發塵・塵消智圓・得無罣碍・乃至刀兵亦無所觸・道人掩室杜口・瘞筆焚硯・豪心勝氣・謝囂入寂・筆艷文瀾・攝慧歸定・行且遊乎搖蕩轉徙之塗・而息乎無何有之鄉・夫孰能觸之哉・含沙射影・影息則射安施・人心險巇

如山・將爲道人摧頹殆盡・道人休矣・道人業棄田園妻子・乞食羅浮山中・余頗爲具資糧緋履・歲時遺之・且書此乎・併以告十方之供養道人者・

禺峽新闢諸勝記

余往來中宿者數矣・嘗携寺志按籍而搜之・躡半雲亭・謁禺君・登飛來古寺・過寺西・婆娑葛壇之石・輒廢然而返・勝境多委荆蓁中・爲鼪鼯猿猱之窟・即欲投杖超距・窮蒐以飫吾目・吾兩足不與易也・庚申里居・山中人朱惟四寄聲曰・惟茲禺峽之中遭荒廢也・憲大夫下檄修之・稍繕其殿宇之毀者・存故事而已・不佞以先子若季父之菟裘在焉・數年於茲・竊爲禺君任掃除之役・驅石斬荆・所芟闢若而境・顧爲禺君介紹・乞一言記之・余於中宿故舊遊・然惟四新闢諸勝・不能億度而意繪也・會余出山・解維容溪之滸・而維四來羅浮・相逆舟次・遂訂中宿之盟・余以冬十有一月之朔・至禺君祠下艤舟焉・惟四導余盡歷諸勝・目能愜心・足能步目・惟四乃謂余・是可以寄乎・余請問爲禺君記・抑爲惟四記・惟四曰・爲禺君則峽志具矣・惟茲學熙所任掃除・願紀其事・余乃畧其故蹟不載・凡昔頹今飭・昔荆蓁而今孔道者紀之・

山之麓・爲凝碧堂・由堂而躋・分東西兩歧道・其西道所創建・曰雲蘿道坊・曰玄雲際坊・曰山暉堂・堂之左曰露墻・於古寺前新闢一境・曰蒼雪崖・崖石矗立・古榕架之・輪囷盤攫・從石罅中出・作虬龍形・宵篠葱菁・蔽虧日月・對崖瀑布如噴雪・俯而瞰・怪石怒撐・澄江紺碧・交來撩人・應接不暇・崖去寺數十武・久閟・而惟四章之・大以爲快・其東道所創建・曰振衣亭・曰仙踪坊・曰瑤林・曰櫟社・曰阮俞逕坊・阮俞者・帝子取阮俞之竹吹之・合律而道成者也・由阮俞逕臨石澗・飛一板橋・與蒼雪崖合・澗東稍夷曠・可屋也・爲樓一・田清音樓・泉自上流潾潾落澗中・作鳴玉聲・四壁石脂吐潤・英英可餐也・樓前爲研雲館・即惟四藏修處・從樓左折・沿澗而上・爲水簾臺・臺上有朱處士潄流石・處士惟四尊府君也・由臺西歷磴道・巖竇穹隆・刻大士像於上・曰小普陀・過此則蘇長公淙碧軒故趾・壘石爲台・以識遺迹・再上・石磴百餘級・則瀑所從出・區用孺先生有詩鐫於石・曩時先生捫蘿涉險・窮澗道之源・詫謂奇絕・乃今可安而至・無事褰裳濡足・惟四於洞口豎潄雲坊以導游者・洞中鐫大字於石・曰仙源・若得桃花數片雜流水・涓涓而出・當不滅武陵仙境也・東西兩歧道・皆至清音樓而合・至仙研而息・研所鼎建若而處・所開闢若而處・凡費金錢若干・庀材鳩工・皆惟四獨力成之・余登禺峽數四・諸勝地皆所未經・而爲得未曾有・試問惟四・吾向者於茲山僅涉及於堂皇・茲其洞房曲室矣乎・惟四曰・未也・奧窔之間耳・惟子足之所及・皆不佞所任掃除之役者也・餘尚未遑也・於茲山之洞房曲室・僅十一耳・

嗚呼・自有天地・即有此山・自有此山・即有諸勝・自帝子採藥於茲數千餘年・山之著奇示異亦侈矣・松可叟・石可僧・猿可姬・草可金・芝榴可五色・縹繙可掛・而古刹可飛也・使山靈不欲閟其奇・何以沉沒數千年・匿不示人・使山靈而果欲閟其奇・又何以使惟四發其藏也・或曰・惟四敢

素漁墳・茹菁蓄華・而阨塞不售・何以能發山靈之藏・而不能自發其藏・豈惟四胸中具有丘壑・此子自合置丘壑中耶・嗚呼・自有天地・即有此山・山之顯晦・猶不能不有所待・而何况於惟四・余因爲惟四識新闢諸勝而併及之・是爲記・

温公生祠碑

夫去者之有生祠也・德斯思・思斯祠矣・惠之祠最著者莫如蘇文忠・白鶴之遺構・巋然長存・然坡公寓也・非牧也・牧而祠・自陳文惠始・文惠入參大政・後人榜其堂曰延相堂・然陳公判也・非理也・司理之賢者不乏矣・而未有耑祠・理之有生祠・自甯都温公始・

温公以萬曆戊午之春來理吾惠・惠枯羸極矣・蠹亦滋焉・公正已率屬・與境入更始・屏竿牘・絕苞苴・旅幣不陳於庭・東矢不入于室・蓋夙夜於五辭三就・致審克焉・謂吾官以理名・若情與事觭・事與法觭・上之意旨與下之欲尚觭・郡以內不得其理者多矣・用是孳孳求理・十一城之政無不察也・十一城之俗無不問也・銅墨之吏・鮇鮯之長・某廉某汰・某材具可任・某闒茸無狀・舉瞬而荃茅分・操腕而珉玉辨・四履以內・里閭道路・銖兩之奸・海陬山峒・尺寸之瑕・細民悲愉・便害纖悉之情竇・猾胥舞文・簿書隻字之隙・靡不操其肯綮・得其機竅・十邑之內・不得留一穴以蔽公・以故公所剖決・如燈斯照・如劍斯決・兩造在庭・辟者辟・衷者衷・以隻手聽諸邑之成・發微刺隱・慮無不霜凜霆擊者・公一再綰郡邑之符・廉民間所便利所病苦・與爲興除・皆其素所洞然於中而劃然於手・乃稽賦稅・則曰征科無藝・五嶺爲甚・民竭脂以奉上・又安得羸以飽蠹腹乎哉・於是夾門置匱・令民自納自投・司契者不得高下其手・而宿蠹一洗・故事・里正受役於公・歲以爲期・次相及也・漁之以供億・而十載之內不得息肩・公廉得狀・亟更之・役滿者歸休矣・諸邑受納・倉有餘粟・推陳易新・有司者主之・邇者授其筦于里正・有力之家・所被累無算・產幾蕩・公令返之官・即有耗折・里正勿與知・和平江廣之交・輪蹄孔道・乃騎從分派里甲・郵政謂何・公至而後・增乘傳之費・賓至如歸・而民不稱病・歸博之間・土著者馴・而流移者黠・且其徒而逼處・實繁有徒・黨正所不敢問也・公下令編之・什五流民・皆視土著・奸宄者不得衆爲叢・而鄉落安堵・自丁戊以來・鹺額增而官引日滯・不得不簽報于閭右・報者傾貲祈免・而鹺額愈縮・公以寺田之羨抵其額・歲不復簽名・商灶樂業・而閭右亦安居而無患・屯政日弛・腴壤半入豪家・公不避嫌怨・清隱占若而畝・且屯失額而糧浮于田者多矣・軍興加派・必雨粟雨金而後可也・公估他羨百四十緡充之・而派不及屯・罷士有伍・罷伍有糧・而郡藉以固吾圉・豐湖西新堤・蘇文忠寓惠時捐文犀帶而成之者・歲久爲水所嚙・堤且圮・公捐俸增築・會有大訟・德公質成・欣然以獨力竣其工・直指按部・循覽湖山之勝・謂超然亭舊址・宜建浮屠鎮之・人文且蔚起・公爲揣規・制物土方材用徒庸皆手自經畫・不期而觀厥成・公以爰書之暇・與青衿士談經攷藝・若其家塾子弟也・學宮頹・公出槖中百緡新之・宮墻翼翼・而惠人士之得雋者倍昔・公持三尺法・如山嶽不可動搖・未嘗輕有所縱舍・然縲囚之啼饑者・時設糜哺之・所存活無算・囹圄中稱

福堂焉．公涖郡四載．上下酬應．舍皆取諸官中．必不得已而取諸市也．視市價必昂．至於屠門酒市．無不頌公明德．式歌且舞矣．

公以被徵入．郡之薦紳衿韋父老商旅．謀所以枳公車而不得．則勒石郡門之外以志思．已而徘徊豐湖上．浮屠巖業．西新之堤蜿蜒百丈許．公所葺路籃縷．督畚鍤而綱紀之者．召伯棠蔭．其在茲乎．相與鳩工庀材．爲祠以祀公．郡人爭輸金錢．不戒而集．工肇于某月某日．洎□而告成．於是郡長老爰命史纘紀其事．

纘惟公之祠．與文忠文惠鼎立而三矣．文忠居惠．崎嶇流廣之際．誌稱其人．無賢愚皆得歡心．彼其亮節忠猷．百世聞風．莫不興起．文惠以誠信待其民．事從省約．境內馴服．蓋漢循吏中所謂吏民同聲謂之不煩者也．温公開敏善斷．明而惠．寬而有執．密而坦．又方而能和．莞庫之吏曰．出納允矣．嘉肺之民曰．寬滯雪矣．闤闠之隱曰．豐蔀徹矣．鄉遂之長曰．橫索杜矣．衿帶之士曰．風氣完矣．販夫豎子以至於餅師酒保皆曰．市價平矣．遺澤在人．蓋自有司理以來．未有如公者．文忠廣賢．於公不相類．文惠鼎鉉大業．由吾惠起．柄政之日．接賓翹館．論及奇勝．必以吾惠爲稱．所構野吏亭寄題之什．流傳至今．文忠亦爲記之．以爲先進禮樂．温公由吾惠拜侍御．史事似文惠．異時竹帛勳名．三槐九棘．吾惠實始基之．倘亦有寄題之什如文惠故事乎．坡公祠據白鶴之巔．而公與陳公卜勝西湖之趾．夫然．則坡公之祠以風．而公與陳公之祠以澤也．亦各從其類矣．並祀百世．其誰曰不然．公諱□□．甯都人．萬曆丙辰進士．

祭方孟旋學憲文

余丁未上公車．客有傳君闈中牘者．余謂是嘉隆間氣格．是必元．客掩口而去．而君果不第也．又十年．余叨分校．得君闈中牘．謂是從四大家來．神似非形似也．是必元．而竟不能得之主者．嗟乎．余能信君之文於十年之前．而不能使余之目必信于人．君意象所至．可以無不得於文．而不能使君之文必之一日之遇．吾兩人相與其果文之以耶．抑不第以一日之文耶．君爲余言．性命之於此道也．惟患沁入之不深．此道之於性命也．惟患解脫之未淨．君以此道爲性命．性有獨至．而命有獨蹇．性之至．以蓄其精．而命之蹇．以老其才．三四十年間．屢試屢蹶．而終不改弦以希世．此其於微密之地．有所獨信．卽以天下之非譽．不足動其中者矣．以天下之非譽．不易其四十年之所守．尙何解脫之不淨．君之才．四十年刳心劌腸於尺幅八股之間．尙何沁入之不深．迨遲暮之年．始易一進賢冠．陸沉郎署．至于握憲衡文．甫三日．兩□□□□□歸．年過六十．哀哀泣．甫襄大事．君之於此道也．少與少．壯與壯．老與老．千古之寤寐．四海九州之聲氣．始終於此道而已矣．以獨至之性．而貞于獨蹇之命．識定不可搖．骨堅不可撼．以君之識之力．藉令當鴻鉅糾紛之會．此豈復有以疑事嘗．而可以羣囂奪者哉．而天不憖遺．百身莫贖．君之文章．能使天下人共見之．君之事業．余私臆之．而不能使天下人共見之也．時名之取于藝苑者奢．而世福之取于造化者甚儉．君固無如命何．然使制藝可以長存．則君之文章爲學士家所尸祝者．

永不磨於人心．君之精神．長留天地間也．謂君不死可矣．緘詞攄哀．君其鑒之．

合祭沈蛟門相公文

繄扶輿之磅礴兮．孕赤堇與太白．氣菀族而憤盈兮．乃實鍾此名碩．希有來自丹穴兮．揚五色之葳蕤．當泰運之泐澹兮．羽肅肅而爲儀．羌應期而蟬嫣兮．紉蕙蘭于虎幄．奪石渠之重席兮．析五鹿之嶽嶽．吸精粹而吐氛濁兮．琢璠璵而琳瑯．逑皇輿之踵跡兮．允中情之所藏．帝側席于鹽梅兮．覆金甌以爰立．旣順風而縱壑兮．矢寅亮而炳煜．指三五以爲象兮．願蓀美之可完．蓀旣揆余之中情兮．揉芳澤以爲觀．佩繽紛其繁飾兮．叢桃李之衆芳．枝煩拏而交橫兮．紛旖旎乎郁房．扶日轂而轉崑崙兮．躋羲軒其可揖．旣和羹而調鼐兮．洵桂舟而蘭楫．曰兩美其必合兮．姤披離而障之．謇朝萃而夕替兮．中惜誦以陳詞．情反顧謇不可釋兮．夫惟靈脩之故也．旣功成而身退兮．固前修之所厚也．

步余馬于鄖山兮．抵余車于霞嶼．忽而返此初服兮．聊逍遙而容與．逢斯世之搶攘兮．論蠭涌而唼喋．豈不鬱陶而思君兮．嘗被荃之渥洽．歷兩朝而炫燿兮．躋八秩而矍鑠．冀旁求於故劍兮．遽返士于繐幕．仰老成之懿則兮．慘聞訃而悲傷．山奚懵而雲藏兮．水奚咽而塵揚．吁嗟乎人生之唔醷兮．汨徂往而不歸．慟哲人之旣萎兮．留遺躅之芳徽．悵執紼之無從兮．臨悲風而憯惻．懷椒糈而要巫咸兮．繄夕降而可卽．

亂曰．陟金門兮紫烟．乘六蛟兮蜿蟬．靈連蜷兮翩躚．配稷契兮偓佺．結無涯兮大年．被雨露兮几筵．制詞煌兮麗天．

陳熙昭 字仲慈．號蘭磵．南海人．紹儒孫．弱冠與弟熙昌同選貢．稱嶺南二陳．萬曆己酉舉人．授梧州府同知．威惠並行．陞南戶部員外．轉郎中．出守思恩府．前守苛征．民怨．熙昭一無所取．九司畏懷．奉令維謹．返里後杜門吟詠．不事干謁．歿祀鄉賢祠。

玉帶橋記

東出城闉數十武．折而北．曰山口．東皋別業在焉．昔僅棘榛一片．拓而新之．山有亭．水有榭．可遊可眺．可耕可讀．蓋余解郡歸．與兒子講藝課農于此．客之載酒問奇選勝賡詩者．亦無虛日．西有薄田數畝．抵長春庵．環之以水．可蓄魚數百石．一老人云．此地名玉帶．莫詳其自．豈水之縈洄．偶符其語耶．所隔山口一徑．爲車馬往來之古道．弗獲已也．第相路之窪處爲竇．廣可容舟．其上甃石爲橋．車馬往來如故．而東皋一水．遂與玉帶連．下錦袍灣．穿九龍井．委折而西．畫舫夷猶．帶水瀠滃．觀魚之樂．游魚出沒．不知其幾百里也．卽名玉帶橋．橋成．正値上巳佳辰．風和日麗．花笑鳥啼．士客流觴．佳人拾翠．喧闐橋畔．信可樂也．已而夕陽在山．墟烟散晚．牧笛橫吹．樵歌互答．覺人我之兩忘．於塵世乎何戀．老人又曰．山口而上．爲玉虹洞遇仙橋諸勝．最高一巖．有安期生遺跡．故稱靈境．斯橋也．當山口第一關．以玉帶名．夫非地靈有待而興耶．崇禎庚午暮春之初．陳熙昭識．

陳子履　字順虎・南海人・熙韶子・子壯從兄・官知縣・桂王時授禮部主事・有東皋詩一卷。

東皋紀畧

東皋別業・先郡守公所闢・崇禎四年・余益葺治之・南望教場・後爲白雲山・有孔道曰山口・闢閭闠之東西・稍南過玉帶橋・東北揖鎮海樓粤秀山之勝・依山委折・夾以修篁・徑曰干霄・門曰雖設・門以內・爲堂三楹・展崇岡而面澄沼・曰浣靑・種石二・棱骨屛立・修竹臨水尤盛・東出廡外・木樨叢徑・曰金粟館・館旁躡級登山・右有臺・曰浸月・境極幽夐・循級下爲洛鶴池・池外花隖一區・環之以水・徧植藕花・有亭曰十丈・護以朱欄・隖中竹屋・不假甍壁・編茅覆之・疏櫺豁牖・飮荷香如醉・余弟子壯題曰綠雲・推東有田數畝・田莊數椽・耕夫饁婦集於此・南出洞門爲梅島・爲鶴徑亭・其上曰元覽・望海上風濤・帆檣之出沒・西爲懷新軒・取陶詩良苗亦懷新之意・後甃片沼・種朱魚數百尾・曰戲鱗・前則菜畦交錯・田盡有隄・俱植丹荔・臨流曰泛花亭・亦子壯所題・由亭經錦袍灣・出玉帶橋・與西堤水合・渡灣而南・爲鋤徑館・碧陰如幄・茶寮碁墅釣磯・互映花間・有一坎・徑八尺有奇・掘土得泉・土中九鰍・噓噓欲奮・復有牙角數片・龍所蛻者・徹底純石・鑱九龍井三字於石・繫綵舟凡四・曰拾受・曰只在・曰弄碧・曰漁長・浮家以供湖泛・又十餘武・爲月門・曰碧叢・最勝樓當其處・樓磴曲折・西爲蔬菜湖・嘗有蔬菜自羅浮流至湖中・故名・築堤以時蓄洩・湖心有樓曰舒嘯・下爲柳浪亭・又南爲開鏡堂・萬松謖謖・翠黛如妝・淸泉如鑑・別有話雨窗・懸榻可宿客・折而西・老榕一株・繁陰匝地・有長春庵・鐘魚梵唄・翛然淸涼境也・亭曰消夏・署其門曰・桃花源裏人家・一時詞客名流・相過觴詠・平章花鳥・益成勝境・輯東皋詩一卷・凡文二首・詩數十首・

葉廷祚　字啓明・番禺人・原名天啓・萬曆庚戌進士・官太常寺卿・

重修南海神像記

嘗考祀典・圜丘方澤之外・其尊無如海岳諸神・虞夏商周之際・望祀之禮・雖見于經傳・而廟貌猶然未設也・隋開皇初・廷臣建議・以爲海神靈應昭著・望祀非虔・宜就各方剏廟奉事・以答元貺・於禮爲協・於是詔下・守臣如議舉行・兹廟乃其遺址也・遣告之使・歲不絕於道・然一時儀節・第視三公・至唐天寶間・則謂三公之禮・非所以報神庥也・乃尊以王爵・服以袞冕・謚以廣利・幣帛祝告・比昔加隆・及宋康定皇祐紹興之間・復加以洪聖昭順威顯之號・韓昌黎先生嘗謂南海神次最貴・在北海東西三神河伯之上・號爲祝融・詎不信哉・迨我太祖皇帝・混一土守・受職百神・獨謂海岳之神・受命上帝・作福一方・詎天子所宜銓序・故祝告之文・第稱南海之神・見神之尊・非國家封號之可加也・而神次顧不益貴耶・但廟至元末・燬于兵燹・乃粤旣平・詔中書椽高希賢復新之・朱棟雕楹・蘭廡桂殿・上侵雲表・而壇亭臺以及庖湢之屬・其宏敞百倍於前・遂稱海外奇

觀云・

列聖嗣服・咸遣使祭告・及上龍飛・特簡侍從清望之臣・代行裸享・遂以吾鄉太史陳公攝其事・道士陸光崙陳嗣乾等・欣逢盛典・遂募緣增飾神像・而殿廡官舍・亦且自捐・煥然修飾・余以孟夏奉兩尊人安厝廟後雅瑤岡・沐神庇厚・業捐廟前腴田壹拾畝・爲本廟香火之資・而於道人之募・復捐助焉・既報竣・道人謂余嘗往來玆廟・習聞靈應之跡・當以一言紀其盛・余謂神之英靈・載在傳記者・如攘灾捍患・折虜銷氛・榮光休氣・焜耀于天壤間者・何俟余言・余嘗見鄉落之間・即如田夫牧豎婦人女子・每談神貺・則纚纚不絶于口・其道遠不能祈謁者・則各爲自祠肖神貌而奉之・旦夕奔走祠下・有事必呼・有呼必應・夫功大者報必隆・神之廟食百世・又何疑乎・

余嘗眺望扶胥江中・見白雲諸峯・龍脈蜒蜿而東・又折而之西・至此則高陵隱起・脈始結焉・兩水大會・諸山環朝・人瑞天符・庥嘉滋至・眞勝地也・極目遠睇・則五嶽捍門・天馬排雲・江亭嶙峋・紫氣葱鬱・颭旗峻屹・蒼翠叢蒙・故張詩云・江湖信有滄溟大・天地長留此廟新・所以扃鑰元氣・而開東南之都會者此也・非此地曷以栖神・非玆神曷鎭此地・我明興二百餘年・海氛時作・率賴神力・神之福我國家・過於唐宋遠甚・行將億萬斯年享神之庥・而我國家爲民崇報者・兩兩俱無極矣・余故喜而識之・天啓元年辛酉仲冬朔日・南海葉廷祚識・

番禺父母張公甘霖頌

番禺之屬都五・而鹿步當□□空洞之衝・田地大半闢從坪麓・少膏夷漫衍之區・大海前泄則蓄□艱・況後爲阪特乎・且也地卑潮旺・水易膠漬・天澤不雨・旬日成鹵水・苗浸鹵中・比壟苗易槁・是以鹿步需雨・急于四都・瀕年苦旱・點雨如珍・東浙張侯來宰番禺・補以醇釀・湛同南海之波・民戴若父母・神明□□・丙寅復旱・占侯者謂曩歲熒惑犯斗南・土當赤・數也・侯獨不以數委・而精禋彌篤・修救備至・徂暑之月晦・而一日以檢踏勸濟・至鹿步之波羅少憩焉・□□里田疇焦瘁・集于面目・乃萃耆老・欲獻語曰・詰明啓閏・得冰爲潤・玆水鄉也・時與地適・吾將請命祝融・不得・將爲西華聚薪・衆曰唯・朝肅壇而虔達焉・亭午霢霂濡首・越日□雲泥足・初三日癸卯・翻盤沾洽矣・民大悅・老稚翻蘇・端明喜雨・詞而爲之頌曰・雨珠雨玉・以爲我粟・雨玉雨珠・以爲我襦・遂號雨曰張公雨・或以爲侯鼓之舞之乎・侯聞之・曰遜不遑・全歸其德於神・衆具述而質平於葉子・

葉子曰・海神龍也・侯龍德而正中者也・吾聞之・大人者與天地鬼神合德・侯也・神也・殆無得其分・所云昭格□□之矣・雨繫于張・神必不爭・侯之穆穆・不可窺測・試明徵其事・何非雨券・蓋蘊隆爲戾・曰鬱曰嗇・故東海之殄・起于孝婦・東郡之蘇・比於淮陽・□理□□必迅・幽隱

畢照・猶不自用聰明・輒與輿論共之・大罪必虔・小罪必恤・有一不爲雷水解者乎・惟是上下通達・利害轉圜・厥自拮据賑濟・以□眞有自爲飲□□茶・劑補脂膏・吐哺分頤・餵起殍瘠・有尙爲雲雷屯者乎・爲解不爲屯・則甘澤之施・侯若尸之柄矣・曰・然則奚侯以海神之廟爲桑林・曰・因口爲口・美名乃留・四車佳語・必不出於時・若天或俾波羅之樹・爲悞蔭棠・章邱之亭・爲侯畏壘・故及于禱・未可知也・衆瞿然・載歌曰・天不降災・侯何以來・雨不□□・鹿步奚瘳・

于是葉子復進而廣之曰・爲霖者燮理陰陽・普惠八荒・區區鹿步・直環中一髮・安得私有侯・侯傅星也・未□調元・而旋轉大力・業有其徵・甲子之秋・亂民藉饑祀上無等□□□□漉・精誠固結・能以一線繫千鈞・不惟南土赤・恐南土裂矣・識者謂熒惑實退舍于侯・侯功德奠安不□全粤・則一雨以救□□以及鹿步・又其眇小者耳・衆曰・吾儕小人・甯□域外・爲鹿步民知鹿步耳・望雨得雨・侯實甦我・將以片石當尸祝・惟子表之・聞蔡中郎爲郭有道碑曰・獨此無誄言愧色・今張侯□□然殊□□洋洋者在上・其敢不齋沐以勑及筆墨乎・侯名國維・字其四・金華之東陽人・壬戌會魁・其所命率衆祈禱・設法勸濟・爲巡檢郭淸・福建莆田人・□□孔□・並存其名・以侯信史採焉・天啓六年歲次丙寅孟冬吉旦・

崔奇觀　字岷瀾・番禺人・萬曆癸丑進士・除山陰知縣・丁憂・服闋補金谿・革兌書之弊・爲邑人所稱・天啓初・擢御史・紅毛夷踞澎湖島・閩撫請令粤會剿・奇觀謂宜嚴禁接濟・不必紛紛召兵・廷議從之・復疏糾漳南道程再伊・員外郎馬明瑞・其彈劾不避多此類・時朝政日非・疆事大壞・奇觀疏陳羣臣不和・是以有敗北之虞・乞敕督撫道將諸臣和衷共濟・無蹈前愆・帝以爲切中時弊・嘉納之・旋卒・贈太常寺少卿・祀金谿名宦・郡鄉賢祠・

駁閩撫請粤會勦紅毛夷議

粤中瓊黎甫勦・連猺復叛・瘡痍未起・加以援遼・死亡相繼・十室九空・土賊如袁老八者不少・計廣州營兵不過四千・以守禦且不足・更調之于閩・一旦有警・恐無以爲應・況澳夷築城澳門・以備紅毛爲言・夷情叵測・尤不可不慮・至於制禦紅毛・亦無待濟師・紅毛舟廣三丈・其高倍之・上具樓櫓如雉堞・我舟高大不及彼五分之一・而欲與爭勝於稽天巨浸中・必無幸矣・火攻爲勝・然非識天時審機變者不能・惟嚴禁接濟・絕其薪米・不旬日必飢疲而走・此不戰之戰・不攻之攻・何必紛紛召兵乎・

李孫宸　字伯襄・香山人・萬曆癸丑進士・授庶吉士・歷官至禮部尙書・生平砥礪名節・三朝進講・剴切規陳・時有學行俱優之褒・卒於官・贈太子太保・謚文介・著有建霞樓集・阮志注未見・實存・

封信王册文

維天啓二年・歲次壬戌・九月甲午朔某日・皇帝制曰・

自古帝王之御天下・欲固盤維之重・必資藩輔之封・我朝謨烈不忘・親賢澤永・率由斯道・朕躬承天序・恪守前規・豈茲大猷・敢忘祗奉・咨爾第五弟睿名・性質温粹・器宇岐嶷・宜錫顯封・以篤友愛・茲特冊爾爲信王・錫之茅土・傳世無斁・於戲・親之欲貴・愛之欲富・朕實敦兄弟同氣之恩・大師維垣・大邦維屏・爾尚隆本支百世之助・德務少成・其若性學有緝熙於光明・庶幾永終譽命・以篤祜爾躬・垂光來裔・欽哉・

請修實政息煩言疏

臣聞國之所以盛衰理亂者關乎政・而政之所以疏壅導滯者藉乎言・是國之有言・原爲政事設也・顧治世以言酌政・其異同可否・總以共襄國事・則人主卽可以詢言之虛懷・爲修政之實事・世降且借政滋言・故意氣互勝・而議論滋芬・虛議愈勝・而實效罔濟・則煩言與實政正相左・而修實政息煩言者・固帝王所以提挈綱維・而磨礪臣工者也・臣觀古帝王之世・六府修・三事治・實政罔不飭毖・然而無稽勿聽・弗詢勿庸・其所以懲戒煩言者・又如此其斷斷也・今天下時事亦孔亟矣・吏治日隳・困廩日竭・又遼左憂酋・粵憂黎・東南吳越憂遼侵・而將弱兵疲・室歎隅泣者・所在而是・天下之勢・如坐漏舟・而在事臣工・方且高議於廟廊之上・意見不已・寖起戈矛・門戶線索・動輒牽連・旁局閒曹・亦滋鼎沸・煩言之熾・未有已也・蓋始特緣于皇上之靜攝爲優游・而執意其漸成惰窳者如此也・始特緣於皇上以包荒爲含茹・而執意其尋成排擊者如此也・及今猶爾泄泄乎・國事之壞・亦何日之有・故政欲以濟時艱・應修其實也・言欲以定國是・當息其煩也・而實政何以修・則吏治當覈・大僚當親・虎璫當撤・夫封疆之臣・職在韜鈐・錢穀之臣・職在出入・民社之臣・職在撫循・如其人職不習・豈其得情貌優容・資格遷轉・果其人與事宜・勢未可以旦夕見效・所宜破格獎借・徐竢成功・卽加俸加銜・亦何妨于久任・無徒令其以游揚騰薦剡・傳舍待瓜期也・

夫九州之廣・萬幾之煩・一人精神・亦復何能周悉・所賴啓沃則有輔臣・翼贊則有卿貳耳・今三九大僚・曠缺不補・而一二輔弼・無緣一望清光・所爲格心論道・翼爲明德者何人乎・謂宜速下推補之牘・而召對面議之典・亦宜間一舉行・而無令其鬱忠讜之規・塡積壅隔爲釜鬵也・自言利事者・奸閹四遣・而市儈冗中飽之奸・小民貢反裘之痛者・非一日矣・其所吮吸而乾沒者・視所輦致大內者・十不得一焉・而徒令優養生息之赤子・挺而走險・急而思亂也・謂宜亟爲撤還・而無令其假詔旨爲虎威・以民脂爲弱肉也・凡此皆所以修實政也・欲息煩言・則竊以爲留中當下・是非當明・勸懲當決・自奏牘不報以來・人臣窺探意旨者・若測陰晴・甚且疑有從中寢匿者・誠以一日精神・盡爲批發・題覆以付部院・票擬以付政府・而昔之射覆於九閽者・一旦暴白於中朝・而窺探可消也・夫朝陽之鳳・固欲其鳴・而陰雨之梟・亦惡其噪・奈何使忠愛之論・與庸違競奏・所宜於公車之牘・一一剖分・孰爲體國・孰爲營私・向所以調停資窟穴者・今且若黑白・辨忠邪・而品格可分也・

夫人臣畏言・則人主不得聞・固以塞而塞・人臣輕於

言．則人主且厭聞．亦必至以通而爲塞．謂宜於忠讜之言．用其言隨顯其身．而致有懷害成之妬者．假風波爲掣肘．完破甑之局者．故買罪以善終．所當破其邪奸．無令敗類．而言路之通者．可永通也．凡此皆所以息損害也．大抵物議之殽亂．多由時政之二三．故政壞于言．亦能滋言．皇上誠慨然修政也．煩言亦無不息矣．績効之日隳者．多由䆗窾言之聚訟．故言褻於政．亦能惑政．皇上誠毅然息煩言也．實政亦無不修矣．第一轉刷間．而帝王之郅理可待焉．維皇上留神省覽．臣愚幸甚．天下幸甚．

璿璣玉衡以齊七政考

王者財成輔相．莫不欽天授時爲大．顧大時茫茫．何以定之．曰．以日月五星定之．日月五星者．大之政也．漢張衡曰．文曜麗乎天．其動者七．爲日月五星．惟其動也．故可因其運行攷其順逆遲疾．日窮於次．月窮於紀．星回于天．七政運于上而歲功成焉．昔之造曆者。推原混濛之初．日月如合璧．五星如連珠．自是運行以迄于今．竟不得復合．如合璧連珠者．何也．七政遲疾．參差不齊．故其復會也甚難．日之周天也以歲．月之周天也以月．太白辰星或先或後．亦以歲．則大凡也．熒惑之周以二歲．歲星以十二歲．鎮星則二十八歲．惟其運行參差不齊．故聖人亦不容不齊其不齊者以爲齊．璇璣玉衡者．聖人所以齊之之器也．制所從來尚矣．或謂起于伏羲．或謂作于帝嚳．或謂羲和舊器．世遠不可考．然在黃帝時．考定星曆．建立五官．顓頊之世．南正黎司天．北正黎司地．帝堯乃命羲和欽若昊天．敬授人時．則前此窺天．豈盡無器．舜或卽其舊而新之乎．中箭爲璇璣．外窺爲玉衡．其制法不可詳．而後世馬融王蕃謂卽洛下閎所作渾儀之制．置天梁地平以定天體．爲四游儀以綴赤道．爲璣置望箭橫簫於游儀中．以窺七曜之行．而知其纏離之次．爲衡卽未必其盡符．而大制意不相遠也．三代夏有昆吾．商有巫賢甘石．周禮有馮相氏保章氏．其職代備．不聞器有更制．周秦之間．閏餘乖次．嗣是以後．遂失其傳．而於是始有所謂洛下閎之渾儀．耿壽昌鑄銅爲象．張衡鑄渾天儀．總叙星經．謂之靈憲．乃又別爲渾象．大約祖洛下閎耿壽昌之法．置諸密室．轉以漏水．唐李淳風梁令瓚又祖之．始與渾儀並用．他如王蕃陸績之爲儀及象．南陽孔定之爲銅儀．晁崇斛蘭之爲鐵儀．僧一行之覆古圖．王樸之歷晷．韓顯符之銅候儀．沈括蘇頌等之儀象浮漏．亦俱並極精巧．代各有人．人各有器．此豈樂於師心更制哉．

蓋其一時之制．未嘗不善．不更之法．故歲差之法．或百年．或數十年．今歷二百餘年不改．試驗往事．如正統十四年歷二至．晝夜至六十一刻．爲古曆所未有．正德九年八月朔．日食．十三年五月朔．日食．曆官所報分秒起復．數俱不合．此非獨天之不能盡如曆也．曆亦不能盡如天．亦不能盡如天之曆．而推不能盡如曆之天．奈何欲終株守之．宜及今未大差謬．延招四方通達天文精熟象緯之士．及疇人子弟．有諳曉本業善書算者．於冬至前詣觀象臺．晨昏晝夜．推測日影黃赤二道中星分秒．日計月書．直至來冬周年．以驗二十四氣七十二候．合晦朔弦望躔離之次．及昏旦中星之類．視元辛巳以來．究所錯謬．窮至秒忽．悉爲釐正．以授

人時・即幸無舛・亦使司曆者通其意以無失其初・庶日之軌度既的・而月與五星亦皆可按度而坐為推算・即古帝璣衡之用・不過是耳・

雖然・此特就曆家一事言之耳・若夫七曜之應・日為陽精・月為陰精・五星輔佐日月斡旋五氣・然天久而不能無差・則占候之法・亦久而不能不變也・何也・天動物也・其游移盈縮之度・常在秒忽之間・而人以一定之器求之・始雖其差甚微・而積之則秒忽者且成尋丈・故不容不更器以齊之也・自靖康之亂・儀象之器盡歸於金・元都燕・其初襲用金舊・而規環不協・難復施行・乃命許衡領其事・與郭守敬王恂率南北日官・分掌測驗・守敬首言・測驗之器・莫先儀表・以宋汴京所造渾儀・不與大都尺度相符・石表亦復攲側・乃盡堵其失而移置之・其創有簡儀・候極儀・仰儀・立運儀・及諸儀表・又作仰規覆矩圖・異方渾蓋圖・日出入永短圖・與上諸儀互相參攷・乃用二綫測日・與日相對・其下值時刻・則晝刻也・夜則以星定之・測七政出沒・皆有成法・此其比前代最為精密・而我朝所頒大統曆・實因於此・夫以我聖祖之神聖・誠意諸臣之智慮・而不能舍勝國之遺規・則其法之善可知也・乃當其時・元統李德芳之議・已互為異同・以其法之善・欲至於今株守無差・恐不可得也・

夫日月五星・雖參差不一・而其晦朔弦望・與夫遲留伏逆之際・總不出黃赤二道之交・夫自天地之中言之・出入地各三十六度者・天度也・一歲周天所行之路謂之黃道者・日道也・赤道分南北之中・黃道出入赤道之內外・赤道橫而黃道斜・斜長於橫・故黃道為之增・赤道居中・黃道旁出・旁狹于中・故黃道為之減・冬至則黃道在赤道之南・夏至在赤道之北・各二十四度者・黃道但隨日行為游移・而赤道一定故也・月則不由黃道・亦不由赤道・又出入黃道內外間而有九行・青朱黑白各二・併黃道而九・黃赤相去至二十四度・而月距黃道不過六度・至於星・則如三垣二十八宿之類・凡附于天者皆為經星・而獨五星為緯・其行不由赤道・亦不由黃道・內外間其伏疾遲留各異・而緩急順逆因之・此則七政遲行之大概也・總之・必詳察與諸道麗天之度・然後可以窺日月五星之所由・窺日月五星之所由・然後可考其晦朔弦望遲留伏逆之差・然而月與五星之行・總以日之行為推驗・故齊七政・猶莫先步日・步日莫先分野・在元郭守敬測景之所二十有七・東至高麗・西極滇池・南踰朱崖・北盡鐵勒・

考周禮・日至之景・尺有五寸・謂大地中・鄭元云・凡日晷之地・千里而差一寸・景尺有五者・南戴日下萬五千里也・宋元嘉中・使使往交州測影・計陽城去交州僅萬里・而影實差一尺八寸・是六百里而差一寸也・今燕都・禹貢冀州之域・為箕尾分野・國初定鼎金陵・分野在斗・若執國初長短之度・而不計里道以定日影・則所差已多矣・故今首宜定分野以測影・八方之地・各有偏向・世所用指南針・或亦可推・隨地用之・正午偏午・驗其所指・而二十四向・俱隨以定・然後以道里之偏正遠近・而為測影之尺寸・庶步日可無差也・古之治曆者無二百年・如六官分職而治・號令天下・至治之世・人事有常・則各守常度而行・如或君臣失職・政令錯謬・乖氣所感・則度逆多端・非復常理・易曰・天垂象・見吉凶・聖人象之・又曰・君子以恐懼修省・然則考七

政之順逆・以爲燮理銷弭之圖・固聖王所以修政立事・而欽若昊天・非特一星官曆師之事已也・作七政考・

原文

文何昉乎・昉于天地也・洛龜河馬・奇偶相含・赤文綠字・已洩其秘・伏羲氏則爲二畫・有何文字・而萬世文字之祖實肇始焉・謂聖人有意爲文章・是天地有意爲龜馬・故夫洛河之不能不龜馬也・龜馬之不能不圖書也・圖書之不能不爲二畫也・二畫之不能不爲文字祖也・天地無心也・聖人猶無心也・皆文明之氣運閟藏而不得不洩者也・夫文固非獨在人也・雲漢昭回・日星璀璨・烟霞舒卷・風飈震蕩・皆天文所暢也・山岳錯峙・江河流行・禽獸蕃衍・卉木榮茂・皆地文所散也・人得之爲文・則囊括三才・追攝萬古・走法象於毫端・役精靈於紙上・大哉文乎・豈徒爲雕鏤繪藻之工已乎・

說者謂文章與世運俱關・吾嘗總往代而上下之・中天以還諸閏位・竊據短祚者不具論・其正統特著者・前有三代夏商周・後有三代漢唐宋・夏忠・商質・文至周斯盛・始姬公而終孔氏・貞元之秘盡抉矣・周後而秦・未幾而漢承之・遂以雄視唐宋・漢之西東二京・已不相逮・而更爲魏晉・爲六朝・爲唐・爲五代・爲宋・爲元・風斯漸靡・而文去古彌遠・今溯古者・謂虞夏之書渾渾爾・商書灝灝爾・周書噩噩爾・漢文典雅而味厚・唐文俊朗而氣弱・宋文直衍而近詁・元文豔冶而近佻・彼謂其關於世運・詎不信然・然而一文也・經之與史・不可同日道也・明道德・道政事・與夫披華振秀之章・不可同日道也・六經語孟之文・豈故侈空文以自見者・而千古之文士・卒未能有出其範圍・闚其閫奧・蓋其無意于文・文之極也・至如口擅雕龍・辨雄炙轂・翻利害於立談・競遊說以干澤・則有縱橫長短之文・力優三長・家承二正・遡今昔之世代・如在目前・拆灝汗之簡編・歸其手定・則有史傳紀傳之文・抒寫幽懷・極命品彙・合經緯以成文・列錦繡而爲質・則有離騷詞賦之文・觸景生情・因情遣韻・誦之而一唱三歎・聽之而玉振金聲・則有詩歌樂府之文・其他名目代繁・皆有所祖而變・體格遞降・皆有所襲而流・能令才人墨士・頓耗一生之精神・並爭千古之壇坫・文章至此・可謂絢錦・濫觴元黃之蘊・圖書之秘・亦既洩而無復可加矣・

夫太羹元酒・固不能不爲雲罍犧尊也・茅茨土簋・固不能不爲明堂玉帶也・文章一道・開乎不得不開・洩乎不得不洩・極乎不得不極・今學士家高談慕古・輒謂唐宋以下・遂無文人・但取秦漢以前之書・篇摘其奇・句求其古・字擬其工・自謂追踪前人・陵轢晚季・就使其一一肖似・已爲叔敖之衣冠・況其貽譏畫虎者比比・三歲童子・嘔嘍欲唾而貌老人・幾何不發觀者一噱也・吾以爲論文者・自六經語孟以外・如周禮老莊列荀左國韓非離騷呂氏淮南班馬諸編・固詞林鼻祖・藝苑前茅・下如六朝之麗藻・以及唐宋以還・昌黎之起衰・柳州之稟法・廬陵之峻潔・眉山之宕逸・文士氿瀾今古・亦豈必盡爲弗廢・即至于周程朱張之文・以之騁足詞林・不無却武・然而明切直指・以之明道傳經・世間亦何可少・師古者第採其菁華・發我藻思・玩其風致・陶我才情・

如探花釀蜜・蜜成無花・擬議既多・自成變化・如是則雖汎涉流覽・何忝名家・而必舍自有之天眞・貌他人之影似・無論尸祝秦漢・卽取材於三墳五典・八索九邱・亦效顰愈工・醜穢愈甚耳・

書云・詞尚體要・竊謂文且未論其工・宜且先論其體・體者非沿襲前人之謂・卽如人之身體也・天之賦厥形貌百千萬億・無一似焉・而皆不失其爲體・文人受才於天・則一人有一人之才藻・誠不必盡屬師心・亦何必不我作古・要能自具生活・無寄他人籬下・卽可號爲一家・而自成其體・則夫學不可不廣也・寠人子偶得一二波斯珊瑚・座上誇客・而位置之際・自露酸氣・及試登陶白之堂・雖未窺其藏・而意態自殊也・則醞蓄之異也・識不可不高也・登嶺而覽者・城郭都市・一目已收・環睹而臆鄰家之境・雖疲神竭慮而不可得也・則見地之異也・然所尤難而最先者・尤莫如養氣・何也・吾之氣與天地通者也・氣得其養・無所不周・無所不極・推而爲文・無所不包・囊三才而攝萬古・走法象而役精靈・惟所揮灑耳・不然者・醞蓄雖多・而氣不足以運用・見地雖高・而氣不足以暢發・亦幾何不爲疊案也捕影也・雖然・取材欲富・鑑別貴嚴・文自唐宋以及勝國・衰微不振極矣・我明日月重開・人文爲盛・草昧之初・尚沿舊習・宏正嘉隆之際・信陽北地歷下瑯琊諸子・亦既彬彬嗣響・相與鼓吹休明・況以今日久道化成・培毓愈厚・豈無有鉅公哲匠・登舍筏之岸・而不詭前人之法・汎大海之廻瀾・而瞰峨眉之晴雪者乎・吾將執鞭弭以從之矣・

王明府膺獎序

南楚王侯之以名進士來令香山也・未三月・香山大治・邑人紳士父老若而人・盧侯以例當入覲・相率詣部台藩臬諸使者・陳所以不能一日離侯狀・然而諸使者先已交章旌異・侯其輾然於邑人所陳請可知也・一時大夫士庶爲文以頌・大率廉明惠愛・所以歸美我侯者甚備・然未嘗窺侯之細・而精言之也・尤未嘗識侯之大・而博言之也・某以學博諸君請・次當有言・敢明徵其詞・

夫吏之廉・猶女子之貞耳・豈女子可以貞特聞乎・語云・至察無徒・又云・小惠未遍・卽非所以語吾侯之明與惠・而要非可徒以明與惠徵侯也・諸君曰・然則子何以徵之・某曰・侯之貌如其衷也・侯之感人・人人喻於侯之衷也・曰・何徵侯之無奇也・曰・此予所以識侯之細・識侯之大也・吾觀夫今之釋褐而爲令者・無論其凡者也・卽所稱才謂幹立之賢・一旦綰咫尺之符・輒矯而振之曰，其伺我者萬耳目也・巧嘗我者萬心也・吾不可不別矜一體・貌不可不別一局・而不可不別設一議論・庶幾爲使人不可知者，以示之重・而於以伸無籠絡駕馭之權・噫・令親民者也・易曰・易知則有親・我不知民・不知於民・而民安親焉・

王侯之初下車也・某從士紳後奉顏色・而貌坦然・而氣灑然・而詞便便然・雖帶紳肅穆中・而一種高朗夷曠之韻・溢于眉宇・徹于肝脾・無不可披以相示・旣而接見諸弟子員・又旣而晨朝三老里賦長胥役・咸人人傾瀉盡其情・弟子肅禮于賓署・考德問業者罔斁・而靡敢以奔競嘗也・日午坐

堂皇．胥役引兩造而次第讞之．後讞者旁立而覘．先讞者咸稍稍相引去．追詰之．則曰．不意我侯握秦鏡而泣禹車．吾儕小人．情實爾爾．敢復煩讞也．賦役不費徵比．第以羡耗悉除．而民自樂輸恐後也．邑故枕澳鏡．諸夷竦息相戒曰．吾比見一大人而還．各無以漢法爲嘗也．凡此豈侯緦緦而飾．人人而悅．務見所謂廉明惠愛也者．蓋侯之赤心白意．表裏洞然．第以一日爲令．則一日有爲令之體．而當一日實行其爲令之事．而其視邑之鄉紳人士．無非平居投分忘形之侶也．編戶童叟．無非其家之主伯亞旅也．人人知侯．亦人人爲侯可知．又何處可矜體貌．標局面．而設議論而示人以不可知耶．桃李不言．下自成蹊．澤上有風．則中孚自然之感受矣．香之未數月而大治也．部台之未數月而交騰剡薦也．侯之孚也．

竊嘗流覽人倫．提衡月旦．每見吾人生平建荷．往往可望氣而識．亦惟是窺一方．營一職．則沾沾塗飾．或支吾服辨耳．若事變所以勔勤．世運所以撑轉．定非可望之厚貌深中．伊優謹愿之輩．間閱宋史．如寇萊公張忠定兩公．皆起縣令陟台鼎．史稱其俠豪慷慨．彼其能見能行．片言立決．談笑自如．伸縮不拘．卒能奏績澶淵．平定兩蜀．炳炳殊勛．爲宋臣罕儷．豈若夫卑陬齷齪塗人耳目者．今天下非無事之日也．勔勤事變．撑轉世運．非得如寇張二公者．何以爲聖天子宵旰之倚毘．則舍我侯其人者安歸乎．彼徒以尋常廉明惠愛徵侯者．是未窺我侯之細者也．以邑之治狀美侯者．是未識我侯之大者也．學博諸君曰．善．遂命墨卿．

從兄代叢六十一壽言

夫壽者．人情所同欲也．其修短之數．雖歲月之間．無不計也．而罕有計及．夫所以享是壽者．乃試以一日焉．焦勞困苦．情拂意乖．雖中智之人．未嘗不撫膺而嘆．謂如此有生之日．可不用也．時若有告之者曰．若肯減其有生之一日．以免此一日．無不爲也．然此焦勞困苦．情拂意乖．非特在于貧賤寒酸之輩．彼生理愈煩．營慮愈熾．居一望十．居十望百．爲予造化不亦難乎．于是其爲焦勞困苦．情拂意乖之日也愈多．而其謂可不用．如此有生之日．而願減有生之日．以免此日也亦愈甚．如是則即天所與我之日．我已不能享．又何待於茫茫不可知之造化計修短乎．則又安知世所稱壽考耆頤者．其所享之日．不與天札者同歸乎．余非達生者．然賦習懶．頗自適其生．歸臥里門．每與親交族黨海客山癯相過從．輒談斯義．然聞而笑者十七．疑者十二三．其信而不疑者十不得一也．

乃若吾從兄代叢氏別號念梅先生者．其人則殆所謂焦勞困苦情拂意乖．達生而能享其生者乎．幼受經生業．旋厭去之．僦廬一區．在白蓮池上．彈琴絃歌以詠．先生之風．弟兄之同室者四．內外之子姪妯娌不下數十．友愛之風．溢于閭巷．其始也．用嗇而費省．歲入之所積．漸至腴饒．而兄不知也．油油然而已．既而諸子受室．食指漸繁．歲入稍無餘．而兄亦不知也．油油然而已．四子二列青衿．試多高等．而兄色不爲喜．既而數困棘闈．兄亦無愠色也．油油然而已．其于人直衷快口．事遇輒發．賢者奉爲師保．不肖者或反脣而相稽．而兄亦總忘之也．油油然而已．

今六十開秩．鬢髯白矣．而色如嬰孺．每食猶盡脫粟三盌．吾輩服單夾寒衣一．而兄試浴于河．嘗信宿予樓中．談竟兩夜不寐．如是則知夫能不爲焦勞困苦情拂意乖之人．非享其生．且能固其生．何也．心不役故清．意以不勞故靜．爰清爰靜．遊夫神庭．神之庭．則所謂元化之門．是爲天地根者也．漆園氏有言．大塊勞我以生．逸我以老．夫必待老而後逸．則龍鍾傴僂之日．奄奄餘息．將安用之．且其不能勞而無可奈何者．髮短心長．要亦未嘗逸也．惟夫得道之人．主持造化．獨立性命．造化勞我而我固逸．造化逸我而我非老．故其所徧役于人者．而我若巧而遁焉．其所靳于人者．而我若早而擅焉．是謂立於陰陽冶鑄之外．古之上眞仙子所以不爲四大所刼者．要不外此．吾兄氏之所享．又寧可以歲月計算乎哉．今夏四月十五．屆當攬揆之辰．其子謀之社中人．稱詩繪圖爲壽．而謂不佞知兄最眞．故俾引其端若此．

臨雲集序

伍子之以詩文與予相質也．於今盖三變云．伍子宿世頌法華千億遍．故舌本吐出．盡作蓮花．甫離舞象時．輒奇情艷發．逸藻横飛．間爲長歌大篇．刺繡擷采．雲霞爛而金石宣．能令王駱朵蓮帝京疇昔諸篇掩映無色也．何物可兒．將無才多之患乎．弱冠以後．於三墳二酉四部九流以及百家諸子之書．罔不博涉旁通．而於考工周禮二編．尤所欣賞得力．輒自悔其少作．欲盡秦漢以前諸家．而極其規擬之力．不使復辨牀頭捉刀人．興象所寄．直如桃源中人．不知有漢也．時所結撰．則務爲高古詼奇．文自典午．詩自中晚以下．夷然不屑也．中如贈予上春官一序及諸體詩．至今讀之．有不揮白日而倒黃河．挾風雨而超忽荒者耶．比予自中秘請乞還山．伍子與予相過．酬和無虛日．時則欲釋膠解縛．化嚴峻而入率易．離矜重而就輕揚．每意興所到．信口信腕．滿楮淋漓．不知爲秦漢．不知爲魏晉．亦不知爲唐宋勝國．無不可供其擬議．資其游戲也．

辛酉領解額．上公車．往返於燕齊魯衞之墟．博海內之奇游．友海內之奇士．以暢其嶔崎歷落眺覽憑吊之思．而予亦再自宮寮奉使．假道休沐．則伍子之臨雲集出矣．予故嘗語伍子．勝國以前．詩文之道．與代俱降．而詩文尚在．昭代能卑今撫古．而詩文亡矣．優孟之爲孫叔敖也．無救於叔敖之死．而並活活死一優孟也．伍子則謂予．此物有神兼有候．吾子無輕饒舌．乃今縱觀臨雲之業．無體不厚．無氣不沈．無骨不古．無力不勁．無格不高．無調不雋．而冲然汨然．絕無體氣骨力格調之可尋．盖能爲秦漢也者．故不爲秦漢也．能不爲中晚不爲宋元也者．故不必爲中晚不必爲宋元也．蘇長公自評其爲文．所可知者．常行於所當行．常止於不可不止．如是而已矣．其他雖吾亦不能知也．而莊生之論解牛也．曰．善刀而藏之．爲之四顧．爲之躊躇滿意．伍子年未逾彊仕．膂力方剛．擬議以成其變化．過此以往．未之或知．吾又安能知伍子乎哉．聊弁其首．以俟異日．前史官李孫宸序．

何似公尺一樓詩選序

李孫宸

何子似公與余居同里．往偕里中二三子爲文虹社也．業稱詩．無慮數萬言．見者罔不瞿然賞．然何子固不自信．以質不佞．亦不能爲何子釋疑也．去年夏．不佞休沐還里．何子稱詩益富．不佞讀之．亦每瞿然賞．而何子獨不能不自疑．卽余亦猶未敢决何子以信也．昨仲冬過余建霞樓論詩．出一編授予曰．此皆成于乙卯罷戰後者．恍若于此道有所窺．因删其十之七八．存其二三．以就正于子．而轉皇皇懼也．何也．予向之于詩．率吾才氣之所到而已．篇成且不暇自顧工拙．寧問合離．茲稍擬議之矣．擬議之而或轉遠．毋寧適越而面冥山．予滋用懼．予受以卒業．則歎何子之深於詩也．

夫五字破心．枯髯幾斷．古之言詩．非才之難也．才而禦以格難．非氣之難也．而諧于調難．何子以才太高．氣太橫．格不足以禦．而多騁而溢於調之外．故合而不能無離．而不免於武庫之利鈍．今子乃鍊格以運才．諧調以完氣．故策其上駟．足以馳驟前哲．卽就下駟．亦罔不自成矩矱．固未知於見者其欣賞視昔年何如．而子所可自信．當不越此也．且子亦知子詩之大較乎．凡子之詩．第以他人炫才逞氣者賞之．其成于罷戰以後者．未必盡賢于乙卯前之所作．則計罷戰後之所删去者．亦寧必其盡不賢于此之所存．而吾因子疑以決子信者．正因子之能剖以決子之能鑒．盖寧誤失上驥．毋寧誤收一泛駕．寧錯棄瓊玖．毋寧混累一碔砆．此寧易爲俗人道也．雖然．擬議久而變化成．格傳于才．而調和于氣．而奔逸絕塵而夜發光怪．惟所驅駕韞吐耳．其斯爲天下之馬．連城之璧．固子所旦暮優入者．子其持此以爲前茅．以修吾社事也．

七廣八首

元穆主人深居簡出．遁采閟形．觀止于虛室．息踵于黄庭．于是曙幾子被袪服．躡文系綦．驅玉虬．乘彩鸞．奔騰荒忽．廻絕埃𡏖．至于元穆主人之所居．其居也．左岡右岑．結構淸陰．友遊鹿．侶鳴禽．孑孑焉．嶢嶢焉．若將隘宇宙而遺古今．曙幾子順風而前．進之言曰．竊聞至人神變化于蟄龍．君子師屈信于尺蠖．故卷舒與時而偕行．聲名響煜于寥廓．今主人閉關息景．踽踽獨行．違天時之軌則．棄人事之常經．是將蒙照膽而不鑑．匣干將而不硎．亦何異於頑鈍而顧．冀有成也．今將爲主人極生人之適．窮世法之娛．原情本性．摭實蹈虛．移匏瓜而不繫．解疏屬而釋拘．主人寧無意乎．元穆主人曰．吾聞大鈞鑄物．厥受維均．形氣出入．播盪無垠．靡完非靜．靡耗非勤．事搖我精．物役我神．予將慕昔人之所志．守遵養之所珍．子遠萃惠誨．欲改予之初服．固未敢以聞命也．聊試言子之所欲．曙幾子曰．將以化日之野．樂國之都．作中天之雙闕．敞九華之靈居．罄泰右之名梓．殫隴川之嘉檟．乃運斤于匠石．亦繩削于公輸．於是倚浮雲而危構．聳剛風而兀峙．鑄黃金以爲梁．雕紫玉以成戺．丹碧耀而輝煌．光華映而翕艷．廣閣層樓．曲房連軒．高低冥迷．東西瞀眩．囷囷盤盤．莫知其端．飛甍接題．交疏迴欄．鶱雀下喙．盈鴟高蹲．使人郵焉悅焉．恢詭譎怪．而莫知其所攀．而又環以百仞之危壁．表以萬雉之崇墉．翠觀黛青．丹梯霧蒙．流蘇搖綵．懸鈴含風．珠簾透旭．複道縈虹．甲乙叠帳．不可殫窮．秘閣冬煖．熅朱陽兮．奧室夏寒．含青霜兮．沉香爲戶．文杏枋兮．錯雜五緯．眩三光兮．乃躡飛櫺．御廣堂兮．此亦極土木之壯麗者也．主人豈有意乎．元穆主人曰．予方凝神淵默．未暇遊處．無所事此也．

曙幾子曰．堇破流錫．耶涸出銅．精靈既洩．金錢交鎔．爰監觀乎太乙．亦鼓鑄於雷公．爾乃疑鬼疑神．陽紋陰理．淬以清波．欽以越砥．其飾則犀文環表．魚腸繞屈．珩之越金．錯之荆玉．芳華豔發．沉沉若芙蓉之吐芳．文彩閃爍．燦燦若列星之垂芒．巍巍翼翼．若水之溢塘．側而視之也．又渙渙如冰將釋．見日之光．於是陸斷虎兕．水截蛟犀．說趙而雷霆可震．麾晋而士卒頓迷．至若武庫火而上飛．豐獄埋而光射．王子墓發而龍鳴．越女道逢于猿化．則又皆通造化之英靈．豈徒以供匹夫之揮叱．此亦佩服之珍奇絕世者也．主人豈有意乎．元穆主人曰．吾有利器．善而藏人．誠無所用此也．

曙幾子曰．維椅桐之孤幹．托嶧陽之高岡．毓醇悴于二儀．吸休和於三光．表十尋而無枉．聳脩條而凌霜．其根柢鬱結．則隱嶙盤紆．崔鬱凄迷．玉山巇嶫．瑤瓛崥崹．上當風谷．下激湍溪．崇蘭冒其東．沙棠値其西．隻鸞棲其陰．雙鳳巢其巔．猿猸晨號．鼯鼠夕啼．爰諏涓子．乃斲孫枝．費承風之巧運．攄至人之妙思．剪陽阿以鎪鏤．削陰莖而劂剞．沮以再刖之玉．絃以九寡之絲．於是中郎擊節而欣賞．伯牙按袖而操徽．歌掩抑於張女．奏凄淸於楚妃．音諧節亮．手遽情怡．若乃暑炎漸消．涼飈乍起．嘉木垂陰．良友畢至．傳廣陵之絕散．操南薰之妙理．又若火星西見．寒夜肅淸．悵懷人之不寐．浥冷露于前庭．離鸞欲撫而中絕．別鶴未奏而先零．斯時也．駟馬仰秣．元鶴鳴翔．冷音飛雪．高韻遏梁．猗猗愔愔．峨峨湯湯．此眞可以感盪心志而陶寫幽情．亦聲音之至妙也．主人豈有意乎．元穆主人曰．吾方理太音之希聲．未暇辨此也．

曙幾子曰．太澤平原．極望千里．山川叢薄．逶迤迢遞．紆盤茀鬱．崇隆崋崒．陂池交錯．日月虧蔽．爾乃秣逐景之馬．駕飛軒之輿．左夏氏之繁弱．右鼎湖之龍鬚．鼓巖鑮以縱獠．彌江河以爲陸．于是車轟雷殷．冥火天薄．飛走交馳．牙距並角．皚皚劍戟．茸茸罟索．貔豹足捆．熊熊手搏．赤流赭崖．窮巖搜壑．捷技之禽．逸才之獸．莫不應弦仰涕．蹈機白縛．數實呈功．賞金賜帛．羞炰俎鹽．以供賓客．奉觴飛觥．爭雄六博．此眞校獵之至樂也．主人豈有意乎．元穆主人曰．吾聞驅騁田獵．令人心發狂．誠無所願此也．

曙幾子曰．爰燕趙之才女．丁二八之芳年．含陰陽之渥飾．被華藻之便娟．黛却描而自巧．臉欲舒而先嫣．幾呈妍而進御．復申禮而遷延．其初至也．恍若芙蕖出水映朝陽．其少進也．若春烟濯濯輕拂垂揚．驚魂未定．姿態橫出．素質艷光．奇葩麗逸．或采桑於南陌．或解佩於江濱．或夢托高唐．暮雲歸峽．或神過洛浦．羅袜生塵．爾乃振寶釵之金爵．約皓腕之珠還．交明瑺於玉體．間珊瑚以木難．曳露縠兮何飀飆・雜輕裾兮隨風還・於是按短拍・拂雲和・發皓齒・揚清歌・歌曰・幅幅羅衫稱體欹・風梢化前不自持・懷所歡兮來何遲・懼遲暮兮華色衰・委皦軀兮長相依・於是絲竹並作・盃斝交橫・醉酣雜坐・卸袂舒纓・吏闌客散・蘭燭微明・倦客不任・欹體相凭・復歌曰・今夕何夕兮皎月光・今夕何夕兮・執子手於蘭房・含情欲訴兮・嬌羞自止・心幾頑而不絕兮・得知吾子・此眞可謂窮極妖冶而挑蕩懷思者也・主人豈有意乎・元穆主人曰・吾聞皓齒蛾眉・伐性之斧・誠無所願此也・

曙幾子曰・既厭寰中之賞・爰尋物外之盟・言渡九瀛之津・遂駕飈輪之鈴・控青牛以爲御・驂白鹿以爲衡・睇明霞而極目・逕稅駕于玉京・爾其丹鼎煉成白日飛・幢幡翠蓋翳相隨・馴服蒼龍擾蚴蟉・齊繫文鼉吹雲篪・縫闕中天開九閶・金銀爲閣璚爲題・乘雪遊霧任吾之・千秋萬歲安有期・爾乃左拍洪崖之肩・右挹赤松之袖・伏西樞以謁帝・集東廂而朝后・於是攝剛風而容與・乘倒景以夷猶・掇三花於危嶠・采五苕於清流・既向蓬萊問清淺・復凌弱水絕沉浮・乃有湘娥鼓瑟・王子吹笙・琅璈奏而遏響・鸞嘯舒而遺音・蟠桃既薦・朱李亦陳・使玉女奉觴上壽・金童舞袖而爲之歌・歌曰・白雲在天兮露氣微・山陵逶迤兮下界違・紅塵茫茫兮安與歸・快哉仙靈之音・向彼冷風之斷之也・此亦遊仙之至適・主人能從我乎・元穆主人神情有異・曰・聽子之言・清冷逼人・直使我心志欲絕・第恐大藥難成・河淸不俟・竊願子之更端而更有進也・

曙幾子曰・有制世之大人・陶禮淑樂・秉義膺仁・覿顯承於謨烈・法動靜於乾坤・既風行而雷厲・亦涵海而育春・貨利罷秋毫之摧・絲綸藹冬日之温・蒐隱鱗於草澤・廣振鷺於朝紳・繼明良之喜起・亮天載以同寅・承華進講・朝御時親・王假有廟・孝享如臨・無墜不舉・無皦不新・此自靜後之天心・妙不測于鬼神・故滑稽者流・漫擬于齊庭之鳥・飛冲天而鳴驚人・奈何主人之汶汶湮湮・終槁滅而沉淪・元穆主人悚然易容・洒然會心・不自知其席之前曰・久矣乎・予守煢燭於奧窔・未仰天庭睹日光也・夫寶訟解于毀壁・齊病痊于登床・向子誘我以聲色遊處・神怪荒唐・徒情意之惚恍・非中心之所當・今聞大人制世・綏猷振綱・化握鈞陶・穆穆皇皇・我固惘焉若忘・願反初服從子而往・

林枝橋　字陽仲・新會人・萬曆丙辰進士・知當塗縣・內擢禮部主事・歷吏部郎中・以忤魏璫・與李邦華周宗建周順昌同日奪職・崇禎初起原官・仕至貴州按察使・以憂歸・著有白鶴山房集・阮志注未見・

送陳學博晉南國子學錄序

國家養士・其法甚備・士人用世・其術患疏・非疏也・以或非其所備者也・世之所謂治天下之具・不曰政刑禮樂・則曰兵農錢穀・以及米鹽凌雜之務・有一出於周官範圍之外者乎・陸倕薦沈峻於徐僕射曰・周官一書・實爲羣經源本・以峻之特精周官而用之・使掌五經博士・五經博士故國子官也・國子助流聲教之助・而以淹熟周官之峻官之・意可識矣・公儀休魯之名相・其所爲拔葵祛織之類・人未及數・而止誦之曰・百官自正・則非以其常爲魯博士故耶・公儀以

前・周公制作尙簡・暨一燄於秦・而治周官者爭舊迭出・賈誼公孫宏韋賢桓榮之徒・各以其家法敎授・一時稱人主意・嘉美褒擢・我太祖定鼎金陵・首建辟雍・廣前代所未備・更設學錄・錄五經同異之說而參考之・巨哉一王之典・蓋欲大小臣工明於似周官治天下之道・于時名臣輩出・如胡謝・如沈孫若而人・肩聯武踵・勳業爛焉・皆起家國子者也・

博士陳君・歲壬子・以弱冠冠浙榜・署敎諭於吾新會者八載・上公車者兩試・茲且以經術升聞・特擢南國子學錄也・君憮然稍不自得・愚謂不然・君皐比坐紫水上・凡所以鑪冶諸生一切・與命訓常訓程典文傳諸篇・冥符脗合・安知無有深知博士淹熟周官・見之設施展布・而舉朝薦之者・不然・此席故未便輕與人也・頃上亟兪輔臣之請・元儲建矣・道隆齒胄・君此行且舉周公抗世子之法・以淑元良・貞萬國・卽魯相公儀何足爲博士難者・而寧僅僅掇拾周官之緒餘・隨時建白・如賈誼公孫宏諸人云爾哉・

黃聖年

字逢永・順德人・維貴子・萬曆戊午舉人・官當陽敎諭・以足疾歸・好學能文・尤工書法・著有薜荔齋詩集・

薜荔賦有序

離騷芳草・皆服御恒珍・爾雅或佚・世儒紛如・王逸陋夫・乃以薜荔爲木蓮・至今惑之・神農錄絡石以槩忍冬・桐君述忍冬而遺薜荔・騷雅兼貫・存乎其人・予既以薜荔名齋・雖乏賦才・不容無述・遂疏之云爾・

若夫美人喩君・芳草比德・翳予躬之非劣・敢求奢乎古則・擥衆芳之總雜・竊獨懷此嘉質・彼胡繩之纚纚兮・雖致用而弗倫・若女蘿之夭蟜兮・亦纏綿而匪珍・豈如搖青篠霧・曳紫臨雲・比綵組以繁麗・引叢翠而璘璘・擢翹枝兮顯脫・挺脩蕊兮英敷・花既駢而偶處・葉必兩以承跗・爾其丰容散朗・香韻蕭疎・如澹而馥・類野而嫮・朝榮既披・夕芳俄舒・儷玉昆而金友・如弟穉而兄扶・韡韡無殊乎棣萼・黃白載詠夫裳華・遂使芙蕖慙其麗則・女節遜彼清腴・

乃若東都故苑・南國名園・春晝冥而帳殿空・粉牆欹而烟靡繁・花無人而迸發・蔭有木而相存・落藻井之千葉・罥碧瓦之雙鴛・亦有丹邱拾秀・星壇植琪・瑤艸既萎・玉梁遂飛・翠迷九眞之館・香散五銖之衣・辨金銀於縹緲・悵黃鵠之差池・

又若柰苑經行・祇林正定・卉沒膝以結跏・樹纏軀而未醒・簷蔔謝幽・鉢曇讓淨・來天女以墮花・拈微芬而證性・迨夫窮厓古驛・絕徼長亭・野蕨共棄・荒葛同縈・絓征衫於風蔓・綴宿雨於流螢・感駃騠兮原隰・傷勞勞之覊情・聞徙倚乎空桑之社・或旁皇乎越祝之鄉・怪鵋嘯乎叢薄・青火出于陰房・泬寥兮歎靈氛之不食・蔽虧兮倏芳菲之滿堂・爰經蒿壟・睠彼纍纍・蒙曲池而晻薆・壓華表以摧頹・悲永夜之無覺・睹幽花之長開・

至若觸往畸人・慕古高寄・空口無徒・初服自媚・石瀨砰砿・巖扉蓊翳・露浥蕊以侵蘭・風含薌而施桂・朝既夕兮景光徂・月復歲兮芳華繼・搴杜若兮有思・登木蘭兮延企・於是攷桐君之遐編・集靈均之微義・絡石表奇・忍冬比類・

既集菀以芬蒕・復存枯而充餌・功比石以能生・德在醪而善醉・

其或氣盈志絀・營魄怫聿・七鑿中攻・六淫外副・轂飛爲蠱・是生濕滯・又或元嬰告羸・黃房失職・仰龍蹻以遭如・悵西夕之寖逼・則莫不授劑于簦英・引年于築鬱・珍釋摎寧・塡虛利形・駐朱顏兮變白・遂奔口於高齡・物有微而居要・道有間而致精・靑黏相綆・旱藕徒矜・更奚羡夫羅浮之朱艸・而騁望乎滄洲之金莖・亶美備其若此・宜潔志於騷經・雖彙萬物而舉一・旣名實之足徵・矢佩服其勿渝・達微尙於斯盟・

袁崇煥 字元素・東莞人・萬曆己未進士・由兵部主事歷寧前道・時遼左發難・廣寧師潰・崇煥奮不顧身・毅然守甲・以守禦功高・尋擢川撫・晉大司馬・授以專閫・明史稱・清師伐明・明之邊臣無敢議戰議守・議戰守者自崇煥始・誠實錄也・會斬毛文龍・旋遭讒搆・天下寃之・所著元素遺稿・阮志著未見・

擢僉事監軍奏方畧疏

兵部職方司主事袁崇煥・爲俯荷聖主殊恩・願竭小臣綿力・謹列切急事宜・以圖報稱事・臣仍下秩也・兩年作令・即拔之區屬・分以逾崖矣・允寺臣之請・擬職銜監軍・此前臣未有之知遇・萃臣一身・臣不竭犬馬之力・不但非臣・且不得爲人矣・臣原以兵部主事・即日辭朝出關・不敢妄有所覬・苟能集事・何取於官・誓不以身蒙速進之耻・趁今光陰一刻可當千金・遲一日悞一日之封疆・早一日修一日之戰守・但事雖遙度・勢不預圖・惟偕視行邊二尙書・商度戰守事・事到處處親躬・必不令半步闖入榆關・是所急務・容臣陸續上請・惟器械待用甚急・或僱騾車・立刻發去・置屯立營堡諸料・如木竹蘆蓆桃楷鍪鋤・到部即必用者・但關上無餘物・不得不借討於別地・如竹木莫多於天津・應動何項錢糧・及何人可差委收買・搬運付去・若兵則見在浙兵新到者・及汰練逃回之舊兵・自足以固守山海・若遠圖恢復・非銳卒勢必不可用・廣兵陳九德所帶來水兵二千・聞其在道秋毫無犯・節制可觀也・蒙部覆催至山海・令臣監練・防守南海口北城急着・但恐赴登萊・費其道路之往還・本部宜差一人前往催督・然防則必須船・又當及時早計・須照廣船模樣・方可以禦銃砲・彼中自有匠人帶來・當於天津打造・俟兵到日・先發至山海・爲目下急防・船成之日・方發南海守泊防禦・敵人儻以舟師來攻・臣督此二千之卒・殲之海上有餘也・

惟廣之步兵・勇捷善戰・又不可少・臣籍已屬西江・臣叔平樂府推官袁玉佩・見即來京・令其罄將所結納之死士・盡數帶來・並臣結納之武舉謝尙政洪安瀾湛濯之・俟願中出・原任典史洪錫朋毛胤昌・把總許應國・布衣張時傑羅大灼・俱能以勇謀智力・或調兵・或招新・共成六千・臣叔監之前來・將知兵・兵知將・一脈貫串・生死不離・不必如部議另誘一道臣府佐以滋擾也・然安家行糧衣甲器械・每人非二十餘兩不可・部謂量給行糧升斗・安足以致豪傑・但十餘萬之費・應用何項錢糧・明白開造・以便計發・至廣西之狼兵・雄於天下・衝鋒陷陣・恬不畏死・須於田州調二千・泗

城州調二千・龍英州調二千・狼兵例無安家衣甲・止有行糧・每名六兩可到京・亦應動何項錢糧・令士官選揀精鋭・親自押來赴戰・

現任薊鎮督糧推官林翔鳳・臣之至戚・慷慨知兵・且善武藝・與諸士官吏契甚厚・可假一□職往催調・本官現駐玉田縣・臣過玉田時・與語甚悉・如廣兵之逃而囂也・臣與臣叔任其咎・士兵之逃而囂也・翔鳳任其咎・其招之練之・督之而戰・始終臣與臣叔及林翔鳳三人・蓋文臣而躬武將之事・託命於衆兵・圖之必力者・況臣叔官粵・林翔鳳官屯・俱以廉節見稱焉・敢孟浪作事・他日疆埸得力・如在朝鮮播州時・必此兩路之兵・器械之整齊・隊伍之分明也・他日戰之不力・卽斬臣於行軍之前・以爲輕士者戒・伏乞皇上勅下部再覆・立賜施行・以不躭時日・此東事最急第一着・臣所以報皇上知遇・焉敢留而不竭肝胆・如聽臣之言・行臣之忠・臣必効力以舒人神之憤・不但鞏固山海・卽已失之封疆・行將復之・謀定而戰・臣有微長也・

乞終制第一疏

甯前等處兵備管屯田馬政山東布政使司右參政兼按察司僉事今丁憂袁崇煥・爲君恩當報・子道難虧・伏乞聖明・俯容守制・以重彝倫・以崇孝治事・該臣以寧前道於前月二十二日接家報・臣父袁子鵬・於七月初五日・以疾歿於里門・當卽申報督撫・隨蒙撫院批允印交關內道副使劉詔署掌・臣卽移會戶部管餉員外唐登儁・及關內道・又牌行各廳陸運同知毛宗蕘等・查有本道經批不明錢糧・可乘道在任查明・隨經員外唐登儁等回稱・並無不明錢糧・各廳俱有甘結・隨卽粘連印結・申報各督撫餉關衙門・奉閣撫批允離任・已於本月初二日長行・比至豐潤・接邸報・該總督薊遼吳用光題・爲前衝缺道・藩籬頓虛・懇乞聖明・就近允補・以濟急需事・奉聖旨・東事方殷・寧前重地・袁崇煥不准守制・着照舊供職・該部知道・竊謂臣小臣也・以知縣而擢用・則皇上特旨之所留也・山右道公錯而被糾・則皇上特旨之所寬也・茲奪情又蒙特旨矣・從來外吏所無之殊遇・萃臣一身・臣卽捐軀・何足云報・尚有可愛惜之髮膚乎・

惟是奔喪報本・萬世不刊之典・故丁憂爲守制・蓋制之所定・而不可踰易也・先王以孝治天下・孝之爲言教也・又考也・敎天下以孝而治成也・我皇上德隆虞舜・化比成周・正以孝道政治・三年之愛・一本之恩・度越前代・奚獨以邊徼小臣・限之以守制之情・貽之以終天之恨・固將爲封疆計也・然臣已在關上四年矣・熱心自許・力阻時違・毫無建立・雖皇上不以爲罪・臣心則以爲慚・卽無憂當去・況大故相推・哀毀之過・神情忡悼・方寸無主・安足以再辨・宜骨立形消・卽拜起俱倩人扶・此畿東府縣官所見者・安能馳驅戎馬如前日・蓋勢無可留・而臣之情不容已・又力不可支・徒棄禮廢法・以速罪戾・此臣義之所不敢出也・若夫家變突遭・臣一刻難安・而縮地無術・一己之私・又不敢控之皇上者也・伏乞皇上察臣烏鳥至情・容臣回籍終制・臣儻不從先臣地下・過此有生之年・皆皇上犬馬之日也・臣外吏也・例該呈撫院代題・但臣已繳過印勅・趨程在近・爲此具本・

差家人袁相恩具奏・臣無任哀懼迫切之至・

乞守制第二疏

臣於本月十二日奏・爲君恩當報・子道難虧・伏乞皇明・俯容守制・以重彝倫・以崇孝治事・奉聖旨・邊疆重任・袁崇煥着遵前旨・照舊供職・不必再陳・該部知道・欽此・竊惟臣何官也・而再辱皇上之明命・將趨蹌捐糜之不暇・何敢再陳・但守制大典・至大典之不克遂・則曰奪情・夫情而奪之・事爲拂經・心爲殘忍・殘忍拂經・尚何顏以托於將吏之上・軍中少長有禮・吉凶以時・臣先爲不律之身・執何紀以律兵士・而天理良心・寸衷有赧・臣亦欲奪情・而情之不可奪者・已煎灼於臣之肺腑矣・況臣絕裾以出・臣父母再見無期・舐犢之思・憂鬱而歿・臣父之死因臣・而臣之身不還之於父・今其九原貽痛・仍是望子之魂・一夫足關天地之和・是父是子・遂不足動皇上之惻隱乎・若從封疆起見・代臣者壯心偉畧・過臣數倍・閣督撫之爲封疆計・當不後於皇上・若敵情之急・臣必衰服臨戎・自不能去・焉用皇上之督促・憶廣寧初潰之日・皇上何嘗督促・而臣自匹馬遄行・身既在朝・爲臣死忠・業已蒙皇上之許可・今終天之恨・爲子死孝・獨不蒙皇上之矜憐・如使臣還任而可補也・臣亦何惜裂此之身之檢・以爲皇上驅馳・但聞訃至今・淚血已枯・氣息將盡・卽勉强撑離魂之殼以回車・終必哀毀憂思而待盡・皇上留一死臣以在邊用而不得用・何如放一生臣以還里不用而後日仍用之・此臣極悲極苦瀝血而再控之皇上者也・臣豈不知身位微薄・不宜再瀆天聽・然悲從中來・遂已冒皇上之斧鉞矣・伏乞皇上孝思遐布・恩恤臣私・容臣回籍守制・用其身而且燭其隱・天下將仰明主之能曲體臣私・應馬骨以來者・不期而至矣・臣再冒天威・不勝悚懼隕越之至・

乞給假治喪第三疏

爲仰遵明旨・給假奔喪・懇乞俯察臣心・曲全孝道事・該臣於本月十七日奏前事・奉聖旨・袁崇煥身任疆場・本朝原有起復故事・如何堅求守制・顯是避難推諉・姑不究・還着遵旨行・不必再來瀆擾・該部知道・欽此・除臣力疾設香案望闕叩頭謝恩外・竊念皇上刻意求治・簡賢擇能・凡叨任使之榮・俱慶風雲之遇・尚有沈抑下寮欲効犬馬而不可得者・臣三奉明綸・委任愈切・若不當去而去・與當留而不留・臣無論負明主・且昧本心・將狗彘不食臣餘矣・但奔喪爲守制・不奔喪爲奪情・制定於天・安可以人亂・猶情根於性・豈得以事移・亂制拂情・必無法之地・與無人之野・而後可容・臣待罪監司・詰戎有責・顧亂制拂情・何官之能做・語曰・求忠臣於孝子之門・臣今守制奔喪・猶天啓二年之策馬出塞也・彼時臣敢以父子之私・而緩視疆埸之急・皇上將禁之不令往乎・今敵情稍緩・屯種有方・臣得以離任之日値茲大變・又無容臣不離任之時奪情・往或有之・然皆苟且功名・甘蒙清議・臣素知大義・忍逆天常・此制之萬無可留者也・若臣之情愈苦矣・

臣自萬曆四十六年以公車出・幸叨一第・卽授令之閩・離家今七年・七年中・臣之嫡兄崇燦喪矣・嫡叔不騰喪矣・堂兄生員崇茂育於臣父爲猶子者・今亦喪矣・諸喪暴露・各

有家口・俱待食於臣父・臣父非有厚產・不過終歲拮据・今臣父已矣・止一幼弟崇煜・少不諳事・諸一切生待養而死待葬者・俱靠臣一人・臣自爲令・至今未嘗餘一錢以負陛下・昨聞訃之日・諸臣憐臣之不能爲行李・自閣撫以下俱醵金爲賻・臣接而受之・束裝遄歸・以襄臣父大事・此外如臣叔臣兄・死爲之葬・生爲之安・臣養不及臣父・猶不致貽臣父含痛九原・此臣明發血心・又甚於不可已之制者也・披瀝再陳・未蒙俞允・自維封疆小吏・力薄誠微・生殺去留・惟皇上所命・皇上綱常名教主・尊皇上卽所以重倫常・此臣所以不敢再求終喪而轉求給假者・蓋情之萬萬不獲已者也・伏望皇上孝治天下・仁及南荒・下部議覆・姑准臣給假回籍・臣鄉九千里・百日可到・往還二百日・又以百日襄臣父窀穸之事・並經紀叔兄暴露未葬之三喪・凍餒無依之八口・臣卽策馬前來・計此時皇上天威廓清邊塞・而經營疆理・尙自需人・臣更不敢圖官爵・舉家屯種・可佐軍儲・此臣狗馬之心・矢之天日者也・如皇上封疆念重・不容臣守制・又不容臣給假・臣再敢有詞哉・惟抱臣父之靈於通州・泣涕以死・與先魂相依於地下・皇上卽責臣負恩・臣知罪矣・爲此具奏・臣三冒天威・不勝死罪之至・

遵旨回任兼陳時事疏

爲直剖終喪之苦心・乞示奪情之變體・以明臣節事・該臣奏爲仰遵明旨・給假奔喪・懇乞俯察臣心・曲全孝道事・奉旨・袁崇煥不以君命爲重・連奏瀆擾・還著遵旨供職・不准給假・該部知道・欽此・除臣於通州驛舍恭設香案・望闕叩頭謝恩外・竊惟臣控皇上於不可已之情・而皇上臨臣以莫可逃之分・一而再・再而三・臣詞之窮而心已苦矣・敢更有說・以冒天威・故臣於是月二十三日・聞旨兼程以東・惟是皇上之屢旨嚴切・一則曰・寧前要地・再則曰・封疆重任・三則曰・身任封疆・皇上以置臣無可卸責之地・臣安敢自爲卸責・況起復奪情・臣負莫測之罪・惟樹不朽之功・始足以贖之・臣非一力擔承・安可勉圖不朽・臣任矣・又無容臣不任也・臣又不能與不應手之人而任・猶不能應手之人而任矣・若罪過委之於人・任事之心非篤・成敗聽之於數・報主之念未堅・臣耿耿血心・之死靡二・臣任之・非但謹守寧前而已也・必將整練兵馬・恢復侵宇・撫循屯種・以天下復遼東・以遼東還天下・而不敢疲天下以事遼東・容臣回關・與同事鎭道協將仔細商量・畫一成謀・請於撫院・撫院會閣督二臣以上聞・物料而分毫之爽・作止而時刻之不差・皇上集諸臣廷議・除關上已有者不贅・若急需而未有者・應調發速爲調發・應接應速爲接應・應措處速爲措處・若有未當不妨往復斟酌・各盡所見・勿有後言・規畫已定・卒責成功・如與之以必需・責之以不容諉・然後按期索効・儻遷延觀望・爲而無成・皇上則執臣與在事諸臣・戮之於邊・以爲孟浪談事者戒・

仍懇皇上恪恭震動於上・在廷之臣・與在邊之臣・方凜然戰懼於下・內外同心・上下相得・合天下之智勇爲智勇・通一鎭之忠義爲忠義・車攻馬同・兵精器利・一鼓蕩平・復全遼之土疆・舒中朝之積憤・以成皇上一代中興之治・此臣之上願・而鏤勒肺肝者也・若閉關而守・無名示弱・臣不能任

也・虛恢以逞・失事廢時・日日延挨・日日恢復・日日恢復・日日延挨・九宇之物力無多・在邊之歲月偏促・老師速禍・臣不敢任也・此中鋒鏑之塲・勿以為功名之地・遼陽廣寧・皆緣文武官多不和而敗・關門向因樞輔一手握定而存・遼東監司有副使劉詒與臣已足為用・亦極相得・如又更設多官・前覆可鑒・臣不能任也・軍中糧餉為先・按時以給・如今之給發不以時・東挪西借・馬死軍逃・臣不能任也・臣兵備監軍・原自有體・其不得弛之局中・猶不能逃之居外・若將吏之更置不得知・兵馬之虛實不得問・臣不能任也・皇上既留臣身・則當用臣言・如以為迂而無當・不如及今允臣回籍守制・若至被譴求去・將去而傷皇上知人之明乎・抑不去而聽此身與封疆之俱壞也・此臣三載深心・二十年僻學・若胸無成算・不敢浪任・一身之死生易了・封疆之得失攸關・臣向在任時・欲姑待之・今已無可待也・及離任時・已釋然置之・今又無可置也・臣自為計如此・邊上諸臣・亦當各自為計・亦即皇上之自為封疆計也・若夫奪情起復・何官之例可援・東事平復・奏凱而還・仍當放臣回里終制・偶一行之・他日必有引為例者・關繫微臣名節者小・關繫皇上政體者大・臣不敢苟焉默默已也・伏乞皇上立刻下部・作速議覆・俾臣得早為遵行・以便任事・倥偬之中・不容半刻擔遲者・為此具奏・臣無任激切屛營之至・

酌定兩鎮職任疏

遼東巡撫袁崇煥・奏為酌定兩鎮職任以專責成事・臣以書生・不閑軍旅・從督師輔臣孫承宗與舊撫閻鳴泰後・力主恢復・時論是之・不意已奄有寧前・跨及錦右・始終共關外之事・則總兵趙率教滿桂二人・趙率教則閻鳴泰與臣作道時・保其出關・滿桂為樞輔中軍・臣引之同出寧遠・今皇上陞臣為遼撫・而二人俱領元戎・臣今駐扎寧遠・遠在敵衝・為責頗重・又不得不分其責於二人・往時止於關門・為經督撫鎮之信地・寧前一帶・俱駐防兵馬・東則哨探屯種而已・今皇上已勅臣駐扎寧遠・則既復之地・如寧遠以西・便當隨地分認・設立專官・未復之地・亦分頭探哨・漸圖恢復・如總兵趙率教則駐前屯・領關內三部各一車營馬步共六營・後勁屬之・仍轄中前一所・前屯一衛・與關上俱其信地・總兵滿桂則駐寧遠・領前中後各一車營馬步六營・前鋒屬之・中右一所・寧遠一衛・中後一所・俱其信地・而令其司三路哨探・遠出錦右・又廣以明一軍之耳目・二鎮各逐堡修理・分地授田・設臺隍烽堠・地日闢而餉日減・漸以復祖宗之舊・明年復幾城・又具題分信・大抵兩鎮更迭・而前後交相為援・今年滿桂在寧遠為前鋒・則趙率教為後勁・明年趙率教東出錦州為前鋒・而滿桂又在寧遠領舟師及西虜隨前鋒・以轉為後勁・再一年・滿桂又跨而前・則錦州又為後勁・逐步而前・限之兵八萬餘・臣亦對人言・謂戰則一城援一城・守則一節頂一節・步步活掉・處處堅牢・如此作畧・恐天下人所同心也・其議創於樞輔孫承宗・然行之不果・時亦無及・臣今因之耳・然敵勢甚强・一出輒十餘萬・西虜之馴養・能必其終處此・蓋甚難也・況臣憂病之身・孤睽之迹乎・然不如此・不足以守關門而壓强敵・守關與復遼・不得分作兩下工夫・而戰即在守・總在皇上與廷臣所用之・臣敢作聰明哉・

因勢而利導之耳．即關內二道．事權參差不便．當併二爲一．與寧前道一司關內．一司關外．伏乞勅下該部．照地方兵馬開整．一領勅書．兩道職掌．遵照受事．速將兵馬盔甲器械城堡舟楫．逐件修補．其防禦戰守方畧．容臣與二鎮商榷施行．敵近門庭．我欲待而彼不我待也．

統籌遼局疏

遼東廵撫臣袁崇煥上言．竊照遼釁以來．合中外文武邊腹之全力以爲防．然捐棄兩河．未有勝着．此未易以言悉也．惟舊督臣王象乾．經臣王在晋．撫存西虜．敵窮於無所入．舊樞輔孫承宗．與原撫今督閻鳴泰．決出關用遼人之議．敵窮於無所導．故靜伏者三年．自去秋河上遂覷我之虛實．傾巢入犯．視蕞爾之寧遠．如机上肉．至兵過錦石一帶．彼不知臣之先行撤入．而謂我畏葸先逃．故一往無復顧忌．直抵寧遠城下．臣又偃旗息鼓待之．城中若無人然．彼愈易我而併力以攻．孰知臣之厚備而奮擊也．出其意外．措手不及而敗走．彼已悉我之伎倆矣．遂棄其無用之攻具．歸而造其能爲我害者．如板厚二寸之戰車．革以裹之．艱於渡．故爲舟．舟不得法．不可渡．故取十方寺上流之淺以濟師．至必由之路．則杪花五大營駐牧之處．故構囊素台吉而驅捲各營．且請家丁於瀋陽．携之以入犯．爲一進不退計．孰知毛文龍逕襲遼陽．故旋兵相應．使非毛帥搗虛．錦寧又受敵矣．毛帥雖被創兵折．然數年牽掣之功．此爲最烈．彼數十年來未經一創．況損於我．而償於西虜與毛帥．氣又復振．能一刻忘臣哉．無奈積雨成川．我之哨馬且不能往．彼之大衆又安得來．但秋收之亟．過此以往．彼日日能來．而我刻刻當備者也．且結西虜以伐我交．婦人餵馬．以休兵力．彼老於攻戰．且號知兵．而又以忿心出之．未可易視也．至在秋冬乾燥．溝河水淺之時．若犯必攻山海．蓋攻必攻堅．堅者瑕則無所不瑕．若揚言綴錦寧而以全力攻關．又必生詭計．夫越國鄙遠．勢有不能．故近攻尙恃遠交．伐虢必須假道．安有舍一難攻之寧遠．輕越其郊．而腹背受敵．從來無此法．彼深於兵法也．蓋料我無所不備．無所不寡．計實狡且秘．然臣不懼也．惟目前雨患城塌．艱於修築．然已併力爲之．即遲來速至深入．臣都有可以相當者．饒他千態萬狀．臣祇一味簡易平常．彼之遠來利速戰．能戰之兵又利在得戰．臣祇一味死守．令至無得而與我戰．便自困之．惟困之乃得而與圖之．如今春臣懇於經臣高第無發援兵．衆方疑之．蓋援絕而人方致死．必能死而後能生．自是古法．顧以爲經臣尤．臣罪大矣．我皇上祇置經督二臣與臣於度外．惟至所便宜．臣又願經臣置臣於度外．亦惟至所便宜．臣布置於關外二百里內．或斷或續．亦合亦分．有守有不守．必圖一恰當以報皇上．斷不令敵近關門．關內祇緊閉．不令一兵出入．便是萬全勝算．蓋不貪功便無繇以致敗．若貪一擊之利．合屬交鋒．從前之禍立見．此又非可以言悉．督師老於邊事．識在臣先．必不煩言慮也．此爲治標之法．

若治本則難言之．然又無容不治者也．從古未有兵連禍結至八九年者．有之則自東事始．微祖宗之培植厚．與皇上之德澤深．豈能有今日乎．此事之至危．可一不可再者也．今欲使局之速結．焉得而結之．然局未必卽結．艱於勢也．

非我所得而主．而事理則若有可憑．不在於終局之日也．才下手便已了了．勿姑爲而姑試之．如皇上頃折衷廷臣之議．關內外分屬之於兩鎮之三差中．爲直捷了當之計．豈惟謨謀睿慮．超越千古．直以敵患付臣等．使無可避．況經督兩臣．又天下之豪傑也．何得不殫心督勵．畢力策臣．爲皇上完此一塊土．撫臣劉詔與臣關切如左右手．諸道臣畢自肅王應豸張春張翼明．俱有識有力．與餉臣黃運泰．解運如期．總兵趙率教慮最精．滿桂氣可鼓．即鎮守諸臣諸內臣．俱身視邊患．無愧皇上之家督．以臣之迂拙．左右其中．何功不竟．蓋天下事固成於有所因．亦敗於多所倚．漢多出塞之功．則在於能任．如班超馬龍虞詡輩．顧其才可用．則盡其所欲爲．故成功惟漢爲最．唐安史之亂．蹂躪長安．而不敢窺澤潞．則在廷之權分．而藩鎮之權一也．唐室無恙．終賴藩鎮之功．至宋始則以天下奉契丹．繼則以天下守河北．故力以全用而無餘．卒之遂以天下殉．合三代而得失了然．敵而能爲中國患．則其獨擁一方．生殺予奪之自繇．生聚教訓之不易．而我調四方烏合當之．彼以專．我以散．彼以常．我以暫．宜乎不相及．今皇上以關外關內分屬．責有攸司．生殺予奪．生聚教訓．專而不分．常而不暫．猶之乎敵也．而又與以內地之轉輸．又多彼此之交護．如捕虎焉．此人目中已無虎．更兼發縱犄角之有人．餉餽擒打之有具．則虎之不患審也．

關內見兵不滿三萬．必足三萬．始可爲關外之後勁．關外兵則六萬餘．兵之馬騾三萬八千餘．兵與馬見在關外者．俱未有此數．候增而補之．往時當遼事者．或索兵三十萬二十萬．臣今定於六萬餘．稍益之修築之班軍耳．豈好用寡哉．但賦窮於無可繼．役則不堪再藉．以遼人守遼土．上下井牧之相附．寡而有多之用．月餉草乾歲銀一百六十餘萬零．米三十五萬一千石零．料四十七萬四千八百石零．兵馬錢糧．註爲定額．且守且戰．且築且屯．撫西虜以拒東遼．來歲屯種之所入．可以漸減海運大段．堅壁清野以爲體．乘間擊惰以爲用．隨機應變．如水到渠成．方畧原不得拘．有必不可留者總兵也．已用趙率教一人在左屯而領前鋒．無戰不克．無履不險．今前鋒如舊．仍河東副總兵之體統．以承關內關外二鎮之乏．而必不可少者餉司也．歲完一百六十萬之出入．已多於永平薊州之各鎮．而寧遠待餉於關內．二百里往返．頗覺至艱．況爲遼東舊有之官．或宜竝設如撫鎮．若臣鰥曠已久．罪戾實深．二親在暴．不宜一刻戀此．但未去一日．宜一日經營．偕諸臣苦心戮力．務以生聚爲節省．事則年治一年．餉則日省一日．務還祖宗幅員法制之舊．蓋日計不足．月計有餘．月計不足．歲計有餘．戰則不足．守則有餘．守既有餘．戰無不足．不必侈言恢復．而遼無不復．不必急言蕩平．而寇無不平．即此一番更定．彼自不能爲患．即以下手之日．爲結局之日可也．蓋人可遞易．而着數必不可更移．如金城圖上方畧．卒之償如左劵．主謀先定故也．古今人原不相遠．而難成易敗者功．蓋勇猛克敵．敵必讐．振奮立功．衆必忌．況任勞則必任怨．蒙罪始可有功．怨不深．勞不厚．罪不大．功不成．謗書盈篋．毀言沓至．從來如此．惟樂羊與即墨大夫．幸結獨知於英主．今臣與諸臣遭遇聖明．推心置腹．踰越古人．惟皇上與廷臣始終之．封疆其有賴矣．伏乞皇上察臣一得之愚．敕下該部．採擇施行．

復陳遼地屯田疏　天啓六年十二月

遼東巡撫袁崇煥奏爲陳屯遼地事．臣前具疏請屯．皇上鄭重其事．特令從容酌議．而督師王之臣疏請斟酌．慮屯田之防民也．誠膺服明旨．又感同事之忠告．夙夜祗愼．反復思維．便兵妨民．豈敢言此而不知．邊方非腹裏比．遼東又非他邊比．止有衞所之官舍軍餘耳．嫡子爲官．庶子爲令．正子爲軍．次子爲餘．非若腹裏里甲而漏戶也．又非若山陝邊郡縣之地軍民錯處也．故其地盡屬軍屯也．國初擇腴以餉軍．軍戀而世其業．承平以來．以天武制邊．邊人喜言民而餘丁．不復知其長即正軍餘丁．其身爲正軍之儲也．綏縷愈快其志．即正軍亦置其身賈販中．軍吏是以無兵．屯失是以無餉．而調募轉輸．遂流毒於天下矣．我皇上纘緒中興．明燭萬里．何俟職言．但前疏言未縷陳．今職敢補續．再干天聽．祈天鑒之下垂也．請先言不屯之害．

今日全遼兵食所仰藉者．天津之截漕耳．國儲外分．京庾日罄．一不便．海運招商．派洒那移．交卸多貨．致北直山東．民爲之疲累．二不便．米入海運．舡戶客官．沿海爲奸宄．添水和沙．苫蓋失法．該管道廳豈不加意．而糧料數十萬．安行數百里．斷非一手一足之力．米爛不堪．炊料不可餉．水兵賤賣之釀酒之家．而另市其值者．本色有名而無實矣．兵又以折色而兼本色之用．三不便．遼地新復．土無所出．而以數十萬之坐食．故食價日貴．兵與官餘交受其窘．且轉販而奪薊門之食．薊且以遼窘．四不便．今調募到者．俱遊手也．不以屯約之．使久居世業．倏忽逃亡．日後更處爲調募乎．五不便．兵不屯則着身無所．既乏恒產．安能保其必有之恒心．故前之見賊輒逃者．皆此烏合無家之衆也．六不便．兵每月二兩爲餉．豈不厚．但不屯則無粟．及家畜食物不豐之處．百貨難通．諸物常貴．銀二兩．不得如平時他處數錢之用．兵以自給不敷而逃亡．七不便．

請更端而言屯之利．計伍開屯．計屯核伍．而虛冒之法不得行．便一．兵以屯爲業．可生而亦可世．久之化客兵爲土著．而免征調之騷擾．便二．屯則人皆作力．而遊手之輩．不汰自清．屯之即爲簡．便三．比伍而耕．同作同止．技擊馳射．伍伍相習．耕之即所以練之．便四．屯則有草有糧．而人馬不飢困．兵且得剩其前朝月餉．修整廬舍．鮮衣怒馬．爲一鎭富强．便五．屯之久而軍有餘積．且可漸減析乾月米以省餉．便六．城堡關道．有澮有溝．有封有比．種木之根．高下縱橫聯絡．胡騎不得長驅．便七．

夫不屯之害若彼．屯之利若此．職受皇上知最深．忍阿私惜力．不罄臆忠言．而以全遼爲天府漏卮．負明主．負所學．職滋惑矣．但職考祖宗制度．往時九邊各省．無不屯之軍．兵寓於田．故不征調而有兵．不轉輸而有餉．職又考歷朝飭邊左以開屯．而畏難遠怨．無人肯任．又考國制凡開屯者．倶官給牛種各具．當司農拮据之日．職亦不敢比例以苦歲供．故止請於七年海運額米之中．折本色十二萬五千石．爲銀十萬兩．以作民本．此不過將吾兵應得者特預支之．而以米折致牛具・不敢更費・設不然・耕於來春・必喂養牛力於今冬・倏忽年終・最難措手・此職所以亟請於皇上・而更望當事者之及時乘機也・若夫屯之法・則有祖宗之制在・非奉祖制・斷不能調・人情無容職一毫作意者・其言前已宣之・臣逐段清楚・照管萬畝・軍六千餘人・餘丁三千人之例・先擇腴者以給官給軍・使世不失業・業不失則伍常有人・正軍餘丁之外・而有剩地・則與汰脫之家及流寓者・令其盡力開墾・俟成熟後・願輸子粒草萊者聽・不願者不强之以招來・若錦寧一帶・明春且通營布散以耕・俟城堡已完・并牧可耕・又如寧前法・自此而廣寧河東一城一堡・循漸以進・我不勞而敵日促・由此行之不變・足食足兵・開邊制勝・無有過於此者・職伏覩皇上聖明英武・興利除害・於古大有爲之堯舜也・督臣閻鳴泰・職之知己・經臣王之臣・職之同心・而內臣劉應坤陶文紀用等・與職約矢恢復・職以所遇非偶・故敢卜爲之必成・伏乞皇上敕下該部・速行議復・即將來折銀於是月解到・俾職分給各營官軍・買米置具・庶屯戰守三事・隨變而應・如環無端・皇上勿謂職僅辦裝也・屯政故勸殺無敵之方畧也・而鎭臣趙率教可媲充國・願皇上始終任之・職始終爲之保任・如爲而無成・有三尺在・其或以意撓職之成者・亦有三尺在・職斷不敢以意斷事・而身試法也・

築錦州三城疏　天啓七年正月

遼東巡撫袁崇煥題・慨自河西失陷・縮守關門・無論失地示弱・即關門亦控扼山谿・且何能屯十三萬兵馬・雖進而寧前四城金湯長二百里・但北負山・南負海・狹止三四十里・而屯兵六萬・馬三萬・商民數十萬於中・地隘人稠・猶之屯十萬兵於山海也・地不廣則無以爲耕・資生少具・一靠於內地供給・貧瘠而士馬不强・且人畜錯雜・災沴易生・故築錦州中左大淩三城・而拓地一百七十里之不可以已也・自中左所以東漸・寬錦州大淩南北・而東西相仿・屯兵民於中・且耕且練・敵來我坐而勝・敵不來彼坐而困・此三城之必築者也・業已移兵於三城之間・廣開屯種・儻城不完而賊至・不得不撤回兵民・共保寧前・則一年屯種・恐將委敵・人失食而愈貧・年窘一年・寧前必不可守・是三城之完不完・天下之安危係之・此三城不得不築・築而立刻當完者也・三城若成・有進無退・全遼即在目中・乘彼有事東江・且以欵之說緩之・而刻日修築・令彼掩且不及・待其警覺而我險已成・三城成・戰守又在關內四百里外・重障萬全・此時彼即來說欵・而我更加重矣・

謝陞任疏

巡撫遼東兵部右侍郎兼都察院右僉都御史臣袁崇煥奏・爲三懇天恩・辭免陞蔭・以安愚分事・該臣於寧遠之賞・再疏控辭・奉聖旨・存城退敵・陞蔭酬勞・原不爲過・何得屢疏控辭・宜即祇受・該部知道・欽此・欽遵・臣望闕叩頭謝恩外・其何敢復控・惟是賞視其功・受準於量・如臣藉將吏軍民以守有寧遠・此自臣子本等職業・何敢言功・竊計東事從前之壞・半由官爵濫而法紀蕩如・漢帝登壇一拜・捐金不問・遂爲振古美談・我皇祖皇考曁皇上任人於東事・節鉞而蟒玉・百萬數十萬・惟其出入・不一而足・八年中所就僅若此・千古

任臣之君・至皇祖考暨皇上而極・千古負君之臣・至臣等而極・臣每一念及此・含愧無地・尙敢望賜乎・況臣由按察使躐而巡撫・賜且已多・查臣同籍諸臣・參□而副使且寥寥・臣已越級而踞其上・再加樞貳而世及・臣反厚顏・皇上卽不忍視臣爲饑鷹・臣自處敢饒於飲鼠・且武人奔競少豎立・便欲厚遷・稍不合・輒思激去・要挾朝廷・開釁同類・令邊疆始終不得一人之用・臣最疾之・臣今日不自處於恬・何以消諸將之競・況臣原無富貴之心・又皇上所鑒也・伏乞收回成命・允臣辭免・俾臣之偏心・不累於富貴・得與將吏再奮功名・皇上之所以待臣・應留餘地也・臣不勝悚切待命之至・

錦州報捷疏

欽差巡撫遼東山海等處地方・提督軍務・加從二品服俸・兵部右侍郎兼都察院右僉都御史臣袁崇煥題・爲仰仗天威・退敵解圍・恭紓聖慮事・准總兵官趙率教飛報前事・竊照五月十一日錦州四面被圍・大戰三次三捷・小戰二十五次・無日不戰且克・初四日敵復益兵攻城・內用西洋巨炮火彈與矢石・損傷城外士卒無算・隨至是夜五鼓・撤兵東行・尙在小淩河扎營・收留精兵後・大府紀與職等發精兵防哨外・是役也・非仗皇上天威・司禮監廟謨・令內鎭紀與職率同前鋒總兵左輔副總兵朱梅等・扼守錦州要地・方可以出奇制勝・今果解圍挫鋒・實內鎭紀苦心鏖戰・閣部秘籌　督撫部道數年鼓舞將士・安能保守六年棄遺之瑕城・一月烏合之兵衆・獲此奇捷也・爲此理合飛報・等因・到臣・臣看得敵來此一番・乘東江方勝之威・已机上視我寧與錦・孰知皇上中興之偉烈・師出以律・廠臣帷幄嘉謨・諸臣人人敢死・大小數十戰・解圍而去・誠數千年未有之武功也・但事變無常・臣一面行令諸將戒嚴・恐其以退誘我・先此具本題知・

乞休疏

奏爲積勞病劇・不能供職・伏乞允放狗馬餘生・勿誤封疆大計事・該臣以一介草茅・遭遇聖明・拔之邑令之中・與之以兵戎之寄・六年於茲・疆土未復・爵級日增・虛冒爲愧・去春一守・今夏一戰・雖少効犬馬微勞・然皆同事內外文武諸臣之力・臣碌碌其中・方欲再樹尺寸以報皇上之知遇・而福過災生・自春月以迄今・無日不病・前疏已控・祇緣邊方有警・勉强支持・今事平而病愈不可支・瀉痢交作・飲食斷絕・延醫診視・皆謂積勞血耗・脾胃乾焦・若不及早謝事調理・入秋肺金泄盡脾土之氣・必無起理・念臣報主情深・卽身殉於邊・職也・敢愛其生・何忍言病・但病不可痊・又不速斃・以不倒不活之身・廢時誤事・今兵威稍振・亦當防敵再舉・且言取我之禾・七月初卽至・爲戰爲守・戰則死戰・守則死守・十分强有力尙不足以支・況臣病骨乎・伏乞皇上早爲封疆計・容臣休致・速簡攬賢能・以便交代・則皇上之成臣生臣者小・而爲封疆則大也・臣不勝悚切待命之至・

致當道啓　天啓七月五日

職非才而當封疆之重寄・蓋經五六轉殘破之局・天下卽未必盡知・而邊人所共憐也・女直兵滿萬不可敵・今且十餘萬矣・往合九邊之兵力戰之而不足也・故益之川浙湖廣淮・

無不調・無不敗・不肯採究於得失之故・知疲困之景象・兵必不可再調・即調亦未必有濟・故復遼地而聚遼人爲守・先以己之百口爲質・故遼之流移於內者・悉以家口歸來・遠求難致之兵・何如近收回鄉之衆・此不肯聚兵計也・本色仰給漕買・或謂今年春三月無糧照・查諸區即有銀而無所市・故不得不議屯以爲食・但地不廣何以爲屯・城不築何以爲聚・則一築一屯・敵之所最忌而無容我下手也・故有今日之兵・然不戰而何以請買戰馬・請增硝黃器械・不肯知天下緩而此急・已不虞滔天之敵騎過河及錦・夫築錦淩二城・秋而畢力・收稼歸城・坐守以待敵・乃以一東江之故・即聲於河以拒之・何如假一欵字以緩之・令彼欲爭而無及・我因而無患也・然二事俱非臣所得專・夫用之而不竟其用・此千古遺憾・況所以悮天下而苦邊者・則東江爲甚・毛帥每冬冰交合・即避之遠島・天下所知也・鐵山所留・老弱及麗人耳・今一攻即破・毛不能以一矢加遺・而朝夕報功・人遂易視此敵・謂撲之即滅・十年血戰・孰能當其鋒・此豈遠事・而天下付之不知・則造言生事者・欲借毛以行己私・今局已露矣・敵見在松杏接續而馳聚者・二百里間・一片精强・當之未易・職守而固者也・毛守而未必固者也・毛即避・於封疆無害・職將何之・毛即不勝・於金甌無損・職之所守・其干係何如・而可以國事嘗乎・敢質之天下・且敵藉累勝・脫不幸錦破寧喪・山海俱變・其又何以集援兵而固山海・此俱非臨時可辦者・或錦之幸完・彼視爲必爭・秋冬應傾巢重來・又如何作計・如何用人・肯綮不投・即更設數經畧數總兵・無益於成敗之數・況官多而兵益以少・故添文官不如添將・添武官不若添兵・若不添兵添將而添鎮巡・適以自弱・夫文武中罪過而議復之・人不借事・何以起之官・然必立有功・方令復職・勿職之復・而仍無功・人得官而邊受累・當事者宜早爲之計・若職固有病也・今力疾裹甲・誓以此身弼此地・復何言・儻此番敵退・斷不以庸病再悮・但邊事不可浪試・一言不效・殃及生靈・非擇天下之智勇・不勝此任而愉快也・凡此皆封疆大計・不肯仰請正者・其一切情形・俱載前後疏中・不敢多贅・并祈詳察・情急而危・語不擇音・（按此啓載兩朝從信錄）

重建三界廟疏文

予里中崇奉三界廟・其神出自粤西・考神所自・亦無徵焉・說者則以爲出自潯之貴縣馮姓・有無姑勿論・蓋人之精靈爲神・中庸曰・至誠如神・禮曰・清明在躬・志氣如神・孟子謂聖而不可知之謂神・其結根在於善信・則人與神也・二而一・之一而無容二也・惟人自形生識構・與物相逐・障翳其靈而莫通者・於是乎善淫之莫辨・遠生之道・既死之途・終身聵聵・五官無主・一形爲虛・尸而行・肉而走・無復人理・於神不綦遠乎・是以人不靈而神靈・猶之乎夢靈而覺不靈也・

三界者何・蓋天地人爲三界・人情顧目前而不顧身後・見人而不見天・嚴於人所見・而不嚴於人所不見者・此中定有神以通之・以起人儼若斯思而收其邪穢・況一念誠・則鬼神可質・妻友倍親・以至山河天地昆蟲草木・俱法身變現之界・却在眉睫・一念僞・則藏頭揠而無地可容・神魄俱爲胡

越・安所得遊於三界之中而無拘無礙哉・知此可以知神矣・可以知神之所自矣・且不必問神之何氏何始矣・且可以事神矣・

吾鄉居・俗儉而樸・恂恂而與・藹藹以至・守望助而有無通・尙古道之未泯・故不爲神之吐棄・事三界神七十年如一日・人習而神安之・有情必告・有禱必應・不啻子孫之於祖父・有由來矣・但廟之狹小而湫下・神卽不擇地而棲・人可棲於陋乎・適余請告以還・同鄉諸父老青衿合謀爲一鄉之善事・首以廟請・將三棟基址新而大之・索言於予・余敬神而重・人許之・但工費浩繁・於遞所積廟食銀可三百金・此外則資之本鄉之題募・蓋人之私・至財而極・苟語人以公而不私・其誰信・惟詔之以奉神而祈福・其或重於此而輕於彼・遂不復慳吝・是由一念之重而推之・以至重之之極・則無不重・而信也・善也・美大而聖神也・無所不重・由一念之輕而推之・以至輕之之極・則無不輕・而財也・物也・身家而性命也・無所不輕・父勉其子・兄勉其弟・相親相比・爾無我猜・我無爾虞・人人神而脈脈・天溪南一片土・卽淸都紫府矣・其誰非遊華胥物穆哉・本來無禍・何必免・禍福且無用・何必妄求・予操劵以俟諸善之同歸矣・是爲疏・

祭覺華島戰士文

慨自戰守乖方・屢失疆土・天子赫然震怒・調南北水陸舟師・謂爾乘船如馬・遂調之來爲進取也・據爾等間關遠至・豈不欲滅此朝食・一帆而金復歸・再帆而黃龍掃哉・奈未盡其用・而敵卽來・沍寒之月・冰結舟膠・窘爾之所長・烏得不及於難・說者謂謀之不臧・不臧固不臧矣・然排山倒海之勢・以十八萬而臨數千之水卒・卽臧可奈何・而爾等計無復之・憤然以死・畧無芥蒂・視當年之棄曳倒奔者・加一等也・人之罪・至死而免・人之品・至死而定・今將畧爾罪而嘉乃忠・請命於天子・量爲之恤・所以不沒汝等者・良有在也・吁嗟・巨浪茫茫・空山寂寂・皆汝等忠靈之所灑蕩也・望故鄉以何日・卽轉劫而無期・苒苒遊魂・何不相結爲厲・殲讐洩憤・在生之志・藉死以伸・則雖死之日・猶生之年也・爾其勉之・不腆之奠・涕與之俱・尙饗・

陳子壯

字集生・號秋濤・南海人・熙昌子・萬曆己未進士・廷對第三・授編修・時熙昌以治行徵爲吏科給事・劾魏閹姦狀・閹黨摭子壯甲子典試浙江試錄中語以爲誹謗・父子同日奪職・崇禎初起用・歷官至禮部右侍郞・旋以言事下獄・減死放歸・桂王時・授東閣大學士・總督四省軍務・淸師入粤・子壯與陳邦彥張家玉拒戰死・世稱爲粤後三忠・贈南海忠烈侯・賜謚文忠・著有昭代經濟言十二卷・四庫著錄・練要堂前集六卷後集五卷・並存・

議改授宗秩疏

臣伏覩陛下求賢圖治之盛心・致甄拔乎宗才・明援祖訓・凡郡王子孫有文武才能堪任用者・宗人府具以名聞・朝廷攷驗・換授官職・其陞轉如常選法・至再至三・必欲見諸舉行・臣待罪禮宮二年矣・從府部科諸臣參議此事・僉謂二百餘年之曠舉・宜加詳愼・然臣恭承節次之明諭・實非尋常所能測度者・蓋易之象曰・地上有水・比先王以建萬國・親諸侯・堯典・睦九族以平章百姓・人徒見官人以族・一若有

親比之跡者·殊不知聖人立賢無方·一平章百姓之心也·聖人之待九族也·與天下士庶同·其親親而賢賢·義有兼該者也·比者聖諭通行保舉之法·令兩京文職三品以上·於進士舉貢監中·各舉堪用知府一人·五品以上·及翰林科道撫按司道知府官·於舉貢監生士民中·各舉堪任知州知縣一人·亦何嘗有私於下之才乎·陛下之意·誠以科目所以舉才而有不盡於科目者·今乃四出弓旌·廣張羅網·即使諸臣有內舉·猶且不避厥親焉·而况於天潢之派乎·曩所諭臣部·至稱才賢不外於科目·殊屬偏見者·正此之謂·而當四方多故·人才落落·求所爲疏附·後先奔奏·禦侮於宗子維城之中·卽拔十得五·詎不勝任而愉快·然而事有未必然者三·有不可行者五·請瀝其愚·爲陛下籌之·

國家設資格以處常才·而又不純用資格以待非常之才·蓋不特非常之才不勝常才之多也·亦非常之事不勝常事之多也·是故文職四品·秩在京堂上官·在外方面·五品以上·官有員缺·皆具名以聞·自五品以下·吏部斯得銓注·今進士初任·亦止循其甲第·迨不次擢用·又往往超越常調焉·若非有殊庸異績·及國家異常猝變·未聞拔卒爲將·徒步而至卿相者·濟濟克生·非多於萬邦之黎獻也·將資格可以不論·而非常之才·亦可輩出乎·臣竊以爲未必然也·自宗藩四民之業開·其有文才·則於文科見·有武才·則以武科見·宜已·倘謂二科不足以盡方·倍宜致重丁二科之中·似不宜因重才而輕二科也·典禮·雖大封拜未常朝賀·獨朝賀於策士傳臚之後致辭·天開文運·賢俊登庸·何如其重也·今謂進士豈必賢於舉人·則舉人亦豈必賢於貢監·貢監亦豈必賢於齊民·夫然·則天下胥爲齊民以待舉已矣·又何必辛勤偕計以糜有司之續食乎·而臣部奉功令·所日厲飭於科場文義字句之間·凜乎其不可輕貸者·又何如其重也·然則謂科目而外·遂足以盡才·臣亦以爲未必然也·夫科目之制·本六經四書之文·用濂雒關閩之說·漢人所謂經術·宋人所謂道學·不出乎此·其獲雋者·節義勳伐·於此乎生·其卽不獲雋者·於以耗雄心·消餘年·亦不失爲白首窮經之士·此祖宗磨礱一代之善物也·故庸有通科目之義·而不能窮理致用者矣·未有不通科目之義·而能窮理致用者也·今宗藩中·非將軍則中尉·有祿食之貴·其所以屈首讀書者·爲有科目之資格可更進更榮耳·使見不屈首讀書·亦得掇拾奇榮以去·誰肯避逸而趨勞乎·而謂將有劉白李勔趙汝愚之才·不繇屈首讀書而進者·臣亦以爲未必然也·

臣謹按洪武三年開科·十七年始頒闈舉定制·猶在或行或罷·祖訓之意·未常以換授官職與科目出身並著·當是時也·親郡王將軍纔四十九位·高皇帝親歷民間·果見有懷才抱德·如葉琛章溢之流·慮有遺逸·異日子孫千億·亦宜有以致詳乎此也·而非必謂已經開科·復行換授之如此其多途也·故當時任用·則燕晉代遼岔谷六王·勒兵備邊·任兄之子文正·然且不效·况今時勢視高皇帝爲何如·換授之議·臣期期知其不可矣·乃至齊黃諸臣·冒晁錯之禍·我成祖非不心高皇帝之心·而時異勢殊也·常駐蹕東平洲·謂侍臣曰·漢東平王蒼開國於此·其對明帝曰·爲善最樂·當時諸王泯沒·惟蒼有賢名·至今朕嘗以此勵諸王·卿等勿忘斯語·列聖纘承·因是而飭越關奏擾之禁·因是而嚴王親任京

官之條・自列聖非不心高皇帝之心・亦時異勢殊也・

不特此也・國初親王有每年朝覲之禮・凡遣使至朝廷・不須經繇各衙門・直詣御前・且有守鎮兵・有護衞兵・而又許歲時出城演練者・此大都開創之體制・然則謂換授爲祖訓・將議而行之・如前數者・獨非祖訓乎・亦將議而行之否也・而臣因有以知其不可矣・高皇帝之初・親王之祿五萬石・緞絹茶鹽之用・亦復萬計・不數年・而止給祿米・不給襍用・又不數年・而減爲萬石・又不能給・而代肅遼慶宣谷諸王・且歲給五百石・高皇帝令自已出・而前後已如此・夫祿與爵一也・乃祿猶可視物力爲虛盈・爵則名器所繫・一假不可復收・吳王几杖之賜・叔段京鄙之求・又將何所限量乎・當虜入河套・而襄陵王冲秋願率子孫及壻與總兵官從征請也・憲宗皇帝復書曰・朕已命將出師征討矣・茲得王奏・可見忠愛之忱・憂時之意・但宗室子孫・名分尊崇・難與總兵等官同事・自祖宗以來・藩邦無從兵共討之例・夫從兵共討・與勒兵備寇幾希矣・而先朝致謹乎此・今宗室中忠愛憂時如襄陵者不乏也・而其才能又以文武舉也・假設以此來奏・陛下又將何以復之乎・抑亦概許之否也・而臣固有以知其不可矣・親王之耳目・未免寄之長史・今也長史考察・不屬之該撫按・而屬之親王・親王以爲賢・長史不得而異同也・長史不得異同・而該撫按又孰從而核實乎・故親王以爲賢・核實賢則可・如或不然・巡方之參差・多有不便者矣・核實以爲賢・考驗賢則可・如或不然・館驛之伴送・多有不便者矣・考驗以爲賢至授職任用也・始終皆賢則可・如或不然・參劾之瞻顧・考功之連坐・多有不便者矣・臣又以知其不可矣・在外而八省之有王府也・在京而六部風憲衙門之多有關於王府也・進士舉人三年一試・貢士一年一試・將來銓注推陞・已不知何如其衡量矣・文武才能之目・是未可以數計也・既皇皇而招之・將源源而來・懸人以待缺乎・懸缺以待人乎・抑權宜以處之也・而臣又以知其不可矣・

臣部諸務・經理宗藩・是其大端・故有善必揚・有請卽覆者・職掌之宜也・雖臣之愚・視篆三月・名封婚婣・惟恐後時・旌獎卹諡・惟恐缺典・條議恩詔・恤貧矜罪・惟恐不盡・而獨爲此換授一事・私憂過計・反復囁嚅以告同官・欲以入告者屢矣・又恐萬一有分涉離間之嫌・斧鑕不足贖罪・然臣參侍講筵・仰窺睿聰・雖迂疏無當之論・有涉忌嫌・尙且傾注不懈・矧茲事件・斟酌遠大・實非輕易・故寧冒昧・竭其狂瞽・否則陛下異日將謂臣在事之久・有所知而不言言而不盡・尤斧鑕不足贖罪也・臣鄉之先達輔臣梁儲・當武宗皇帝威嚴・同列引避之時・代草秦王牧地一詔・竟以回天・爲事遂寢・臣每歎息當日感格之奇・轉成下濟光明之美・況今遇神聖之主乎・事卽少異・所以防微杜漸之意則一・伏惟陛下俯賜採納・敕下五府大小九卿翰林科道等官・各抒其議・以憑裁斷・或俟保舉知府州縣之法行之有效・然後推倣其意以舉宗才・亦未爲晚・臣愚不勝悚切祈懇之至・

與黃逢永書

自正月大宗伯以議南塲不合去・而弟視篆禮官・夙號清閒・今上修明紀度・遇事求多・繁劇遂不後於諸曹・語人

曰・有能有不能・今益信然・弟頗竭不媿不畏之愚忠・董率司屬・刷剔左右・經以典例・緯之時務・而會合於天理人情・甫三月・而數年不決之議・未覆之案・疏通成就・不可枚舉・部中爲之一新・時值鳳陽陵寢之變・主上痛憤避殿・乃當軸惴惴獲罪・則欲狹小其事而彌飾之・愚謂人家邱隴・有傷其一坏一樹・未有隱忍而不發者・故不敢與雷同也・於是首請下罪己之詔・三難而三執前說・周咨九列・激昂呼籲於綸扉之中・條議十二欵・都中傭卒婦孺・舉欣欣有太平之望焉・此豈弟之能乎・然疏内請復祖制之舊・盡撤内遣・則不利於諸閹矣・大同縣兵官王樸・交結奥援・越俎藩封・而部不應條議東兵責督撫・糾參將領・而不利於諸鎮矣・唐王恃才驕臆・繫累地方官・變亂舊章・駸駸而請護衛・請牧地・靡所不至・愚在部每事裁抑・臨交印之日・猶草疏以寬盧御史等爲名・稱秦王以刺周唐二藩・而不利於二藩矣・綸扉此五公者・器界各别・每事主議・遂多參差・而弟屬門牆肺腑之交・其分等也・何所容其親疏・乃部務關涉・大費趨承・一惟是以冷淡應之・夫君明臣不良等語・亦待罪之恆言・而執之曰・此刺我輩矣・睥睨我輩之席矣・於是部中之事・不復望其覆庇・而且加以吹求・咸曰・此子才勝・我輩必迂曲以難之・難之不得・每票擬不允而上依議・票擬切責而上姑容・則又咸揣曰・此子簡用・殆將形我輩之短矣・而不利於票擬諸公矣・此皆弟之不能也・亦自諗此生性緣・决非容容旅進者等・或者主上注盼講筵・默鑒三月視篆之微勞・更有任使・捐軀報塞・則當搴裳而就之・請得離□插而握其吭・必歸命於我・清肅中原・掃百萬賊寇而興農畝・張皇浙直閩廣間・使海波息而屬貢日來也・此亦弟之能者矣・使若呼吸先容・呈身自薦・而後得當・則又非弟之能矣・

王園老來・得兄書・言桑梓之事詳矣・謂衣冠之氣日盛・不能殺强盜・除贓吏而安生靈也・問二道二將・受誰氏之方畧而被虜・抑爲鄉紳所持而致然乎・姑輕國體以全生靈・則撫不得不成・撫成而生靈即全乎・今之撫劉香・與昔之撫鄭芝龍・同乎否乎・同則芝龍之後有芝龍・必香之後又有香・何以待之・否則爲香計者・其何以就撫・曩者赤石岡之戰・去歲江門之事・萬目所睹也・有何奇妙・且撫則撫矣・鎮粤三載・張聲作勢・何所事事・道將擄去・亦已半年・方畧秘受・今芝龍何往也・皆謂有所持乎・能持之而使不撫・獨不有餌之使撫者乎・存留兵餉・富於天下・海船關通者無算・輦入要途・兩察兩留・殆如響應・此其熟技・而兄目爲躁清之麟角・亦無以服靜汚者之心矣・正使鄉紳同心・寧受持之名・而不受餌之實・則即有牛毛・亦未必公行至此・且粤將之可用者・正爲其有所畏人之持耳・如其不畏・則吾不得而知之矣・嗟乎・異類且日接踵於天下而未已也・在關寧則靠祖大壽・在曹濮則靠劉澤清・在海上則靠鄭芝龍・今又思劉香輩乎・無怪乎相率而爲異類矣・夫今之謀國・不能繩其不爲異類・而更進其爲異類・大抵皆然・又何怪吾兄憤激之談乎・將兄閉戶著書・其言則工・而以之寄量天下事・其行或礙・此亦有能不能之効・又所謂子爲我不能・我倣子亦敗・門内語均不必示人也・

曩時長安・書多而不及買・今欲買乏之書・有書乏價・又限於携帶之艱・詩騷本草通速寄・必有以發我聞見・尊足漸

効爲善・鹿角膠十兩・揀自陳二彬手・附寄用・

袁璽卿遺稿序

東莞簪紳推袁氏・袁氏之賢・璽卿太玉先生爲最著・璽卿起家廉吏・以强項躓・稍遷郎秩・即乞身侍尊人觀察先生・數四薦起・拜熹宗恩命・行踰嶺・仍乞歸・其門如水・非公正不發憤・晚而益勵・故璽卿稱賢於東莞・鄭人所爲賦緇衣・魯邦所以瞻巖巖也・

陳子曰・吾生雖晚・猶及璽卿焉・璽卿猶敦予會五羊・不旬月而訃聞矣・乃今始締觀璽卿之遺稿・其防倭・修城・買官田・行保甲諸議・註尚書及道德之章・諸行能表裏・畧可互見・夫人不必皆孔子而文・不必皆詩書易春秋也・要於其可傳者而已矣・且孟軻氏之賢・其論性也・儒者猶以爲未至・而自謂善養浩然之氣・以知生心害政之言・後世躡之而不易・韓愈氏爲能推本之氣・水也言浮沉也・故論文一以氣爲主・貴能自樹立而不與世浮沉・丈夫之出也有爲・其退也有維・生也有以・而去也有紀・浮沉之人也乎哉・陶淵明詠荆軻・朱子以爲其露本色・夫荆陶不倫・亦已明甚・而朱子有見・比而同之・今試取易水之歌・與歸去來之辭竝陳・一唱三嘆・懔懔瑟瑟・果無以異也・斯可以證知言也已・若璽卿者・急流湧退・一介不苟・伯仲淵明・而胸嘗有物・引滿澆之・時露孤憤・猶有荆卿之風・論者不已將軌以中庸而有所不合・審是・則將脂韋容與煦嚅巢窟之爲盡善盡美耶・生者何算・而於璽卿偏興云亡之慨・又何也・葉公之好龍・漢帝之思頗牧也・人之好賢也皆然・璽卿居今之世・行古之道耳・今人未必知之也・然陳子不以其及也而弗古・故序其文・而以爲可傳者在此・

中洲草堂集序

詩三百篇・皆可歌可誦可舞可弦・古者太師世其業・以教國子・成童以上胥往學焉・誦則習其文・歌則識其聲・舞則見其容・弦則寓其意・所教樂無非詩者・故詩學素明・夫人而能爲詩・後世敎尨雜・學多鹵莽・即以詩取士・僅乃掇青紫爲媚世之資・已乖采風遺意・況乎墨守專經・稍出緒餘・浮聲游響・一入仕宦・塵務縈心・偶有興會・不脫轉換套襲之語・宜乎退讓未遑・若且囂然自負曰・得岸舍筏矣・曰・登峯造極矣・浸淫于今・一鬨之市・羣逐之鹿・舉國若狂・胡顏之厚一至此哉・

弟喬生氏少通制舉義・即以詩問予・予未有以應・不數年・而善調詞曲・又不數年・而擬文選諸家之賦・亹亹數千言・以彼其才・咸有咸宜・歌雍舞勺・習而生巧・椎輪大輅・踵而增華・張融不因循寄人籬下・祖珽自成一家風骨・非夫胡寬之營新豐・優孟之貌孫叔者矣・毋論識者酷嗜其神駿・縱不識者未嘗不驚怖其江漢焉・安用爲兄者之私言乎・（此處疑有脫文）吁嗟命也・

先君以幼弟遺予・予多不逮・又生多患・以爲弟憂・凡予礫格不能塑之口者・而弟往往寓而爲詩・故自他人所見之爲宋艷班香者・而自予讀之・皆有蓼莪鶺鴒之深意・夫鶴鳴徹天・鐘動山應・物誠有之・況微辭相感動哉・楊子雲雅慕司馬之賦・爲甘泉羽獵以擬之・後悔其少作・乃云・雕蟲小

技·壯夫不爲·彼所謂壯夫之技·法言太元·君子尤訾其僭經·孰與文似相如之爲本色者·以弟年力充而有餘·俱不可量·使有進者·當知無後悔·雖然·凡物之情之貴之賤·不可以恒例也·蒲葵六角·一操王謝之手·而時價暴踊·陳顯達之誡休尙曰·麈尾蠅拂·是王謝家物·汝不須捉此·卽取於前燒之·若詩若賦·不宜爲顯達所賤·亦豈屑爲時尙所貴·吾且以喬生之集·爲玉律金科可乎·亦嘿然未有應也·

重刻南園五先生詩序

太史公謂齊魯文學·其天性·粵於詩·則有然矣·我國家以淮甸爲豐鎬·則粵應江漢之紀·風之所爲首二南也·五先生以勝國遺佚·與吳四傑·閩十才子並起·皆南音·風雅之功·於今爲烈·去城南山川壇數武·人得而指之曰·此五先生締社之所·夷攷其時·罹黨籍者二人·不仕者獨趙臨清·亦就道不免·諸所著撰·散失固多·人皆稱南園五先生·而五先生不有其南園·其廢則爲總鎭行館·而其興則以祀宋之三忠·誦詩論世·可知已矣·五先生任草昧之功·而後世湮其已嚮之利·不得與王豹綿駒等·亦非所以妥忠靈也·假如聲音可以盡廢·則是五經當去詩·六藝當輟樂也·而可乎·此葛介龕使君修祀三忠·復惓惓不忘南園·而蔣南陔明府亟索五先生詩·手訂而剞劂之也·夫陳詩觀風·備諸古制·諮謀詢度·實系臣誼·自天子不廵狩·輶軒使者采覽方言·以被管絃金石·豈直存十一於千百者·故曰·醴酒之用·而元酒之尙·莞簟之安·而稾秸之設·貴其始也·今天下五言七言自矜名家者·非妖浮之音·則鞮鞻之樂耳·其去詩日益千里·兩公代興風雅·溯流窮源·樹之風聲·用意甚盛·因下訪山中·目余不佞可與言也者·而命余爲之序·

區太史集序

區海目先生以太史名粵也·其詩特盛·蓋家能誦·人能說矣·文多散軼不備·皆輔詩以行者·先生生前不輕可流傳·諸詩艸廱自序二篇耳·予不佞與先生二子遊好·以爲與於斯文者·得表其墓·今彙先生集而刻之·乃屬爲之序云·

惟太史之官·昉自三代·其所職掌·察天文·紀時政·至漢而司馬遷最著·遷之意·蓋欲紹明父業·而自謂文史星歷·近於卜筮·原不沾沾以其官著也·唐以翰林供奉爲華選其時尙·廼耑工詞賦而畧於史乘·明興·罷丞相·置內閣·選文學侍從·備顧問·當入翰苑時·隱然已負公輔之重矣·纂修國史·特翰苑之一事·而太史之名·亦至今相沿以不衰·要而論之·在人不在官·

夫鄉邦勿論·凡文教之滲漉·科目之網羅·前乎先生·後乎先生之克是官者·比比無算也·而先生獨以官名而不媿·猶之詩也·卽近代勿論·三唐所號爲耑門·自其盛者較之·凡以大家以正宗名者幾何人·人幾何篇也·如先生之心手相應·音節和諧者·蓋亦寡矣·故聽鐘呂之聲·然後知擊缶之細·視黼黻之文·然後知被褐之陋·古者列國大夫·莫不有賦詩以見志·而下逮於闉闍閭閻·二南之風·以周召名者·原厥始也·及治定功成·而雅頌作·大抵無慮出旦奭之手矣·孔子惓惓於正樂也·以宗國爲之先·魯之不及風而入

頌．斯孔子所謂正也．明興．自慶曆以變．庬言日出．雅義斯淪．得先生之力而振之．其言廓如．徵文獻者．以是集爲之指歸．又不啻存什一於千百．名實輕重．於斯論定而無疑矣．是故在宗國．則與任反正之功．在朝在廟．則與颺旦奭之盛．均各有攸當．毋曰子誠粵人也．知有區先生而已．崇禎癸未孟夏．翰林後輩鄉人陳子壯譔．

從乂軒記

禮部穿廊之右．所謂右堂火房也．齋于斯．省于斯．飲食憩息於斯．諮謀贊襄于斯．維時南海陳子承乏右堂歲餘．有修署之役．瓦墁堊飾方新．堂官執例請題榜．爰於其軒而題曰從乂．閣部公卿遇大典禮．借止斯軒．咸見名義．意之不得而難之曰．洪範五事言曰．從作乂．蔡氏順配五行．謂言揚火也．火以隸禮．而伏生傳又言屬金而視屬火．則甚矣五行之紛如也．子所職禮也．而獨取乎言之從．何居．曰．如以禮．則書所云夙應惟寅．直哉惟清．盡之矣．而予佐禮弗閑者．豈以謂是也．夫天下之不工言．莫予若也．予諦思之．夫從乂之義．而榜於是．將朝夕出入焉．而庶以自箴砭云耳．豈以謂是也．

且夫詞有簡而該博．理有精而旁通．一篇之中．所謂入用之德．乂此而已．所謂汝則從．龜從．筮從．卿士從．庶民從．從此而已．夫疇．天子之疇也．而臣分隸之於五事而舉一．誰曰不宜．且也官兼講幄．日說理陳義於上前．自堂牒散後．焚香而屏慮．訂擬疏講．先期封達．臆識靡遺．攷音而熟演之．以幾希乎啓沃之一堂．皆言之爲效也．夫是以仰而企也．無稽之言勿聽．而弗詢之謀勿庸．夫是以俯而致也．汝無面從．退有後言．堂此之時貌也．以肅思也．以睿視聽也．以聰明而哲謀．皆主德之所爲純備．而爲臣者之難以對揚也．則繇斯以談．五事之以敬用．而禮之無不敬也．舉而槩諸．又誰曰不宜．

客曰．雖然．子之齋省．飲食憩息．諮謀襄贊于斯也．不啻親．自都建而有部．有部而設左右．左右設而火房系之．而子於今處一焉．亦傳舍耳．徒以己之臆示．何也．曰．子所謂親．吾不知其親也．而所謂傳舍．又烏知傳舍哉．且夫人生百年．自釋褐以至懸車．多則數十年止耳．爲幸若事也者．雖傳親也．爲不幸若事也者．雖親傳也．是故入則父母而出則君．自茲而外．堂是皆孰視孰傳者．而寧獨一軒．即斯軒也．以爲親．前此者因是矣．後此者因是矣．如以爲傳舍．則前之人不及更矣．後之人又不暇更矣．夫然．而軒與名皆可永．於是畧詮其義．而命堂官頏可弁書之．以記載事．

賢令李模德政碑

形家者言．培眞脈．蓄眞氣．融合流峙．乃蕃衍於人．人食山川以生．顧不翕藏凝固以厚其生．乃發地機．剔山骨．狃目前之錙銖．以害一方之風氣．非仁人之用心也．語有之．龍門鑿而帝德衰．九河徙而王迹熄．秦穿秣陵而天子氣黯．伏六百載．探金近畿．國家景命．凋殘方位．推而一鄉一邑．其報捷於影響．安可誣也．寶安地脈．自揭陽嶺支分．歷惠來海豐．沿海逆流千餘里．北旋而吸扶胥．盡於寶

安・內東東江・外矗虎門・作粵會左臂・石崗又從寶安來・
脈百里・支度龍潭峽・屹起作障・散落寶潭蟠嶺等數十鄉・
爲寶安邑城左翼・實則邑城居其委會・反擁顧之・環石崗十
餘里・迎脈而托居者・富商大賈・甲於諸郡・邇來鉅公文
人・奮茁浡興・肩背相望・其來脈諸山・多產良石・他邑土
木營構・皆眈視之・守護稍怠・假權力以採伐者椎逐之・聲
聞於數里・陵爲之谷・秀爲之瘁・於是諸鄉士民耆舊・相與
訴之邑侯・時姑蘇李侯涖邑・潔己如冰・愛民如子・下令如
流水之原・特法如精鋼不可挫撓・廉訪輿情・即爲禁止・海
氛驟起・會城東南臨德諸要害・皆築臺貯火砲以禦盜舶・而
虎門又創建城堞・公家採石之役四出・昔所眈視・復侈口藉
手・稽且岌岌・山無全骨・

王君崇闇成進士・請假旋・率其鄉力訴於侯・爲之達於
郡督・於藩憲大夫・於兩院使者・條悉居民所係之切・卒保
無害・山雲鬱蒨・千百年得以緘鐍・環山而居者・千百世得
以蕃衍・皆侯賜也・侯之明德遠矣・衆僉謂不可無頌述以垂
將來・欲勒片石・而崇闇以屬之不佞・不佞謂此萬口之祝・
已踰貞珉・安用繪以毛錐・將欲後之涖茲土者・思侯德澤之
廣・能守其禁・今較若畫一・後有權力者・愓於侯而自爲
計・毋毀人以自封・違衆以自贍・利一時以自促・千百年而
片石在如侯在・則茲山恃侯以不泐乎・侯之文章名理・超軼
時雋・眞誠愷悌・推赤飲醇・諸樹德除蠹・山岳不移・未易
更僕悉・即禁採石一班・可窺全豹矣・侯諱模・直隸吳縣
人・乙丑進士・爲之頌曰・

山爲積德・嶽爲降神・毓秀靈通・乃衍其眞・誰葆元
和・恃惟仁人・我東地紀・逆江而奔・支於石崗・赤崿紫
霧・萬人宅命・百世盤根・誰生厲階・乃加椎鑿・選壠而
登・翼虎而托・地髓以搜・山骨以剝・數十餘鄉・如焞如
爚・扼吭拊背・殘其脈絡・蔓引羣呼・喝而更作・賴我賢
侯・照及窮陬・痌瘝乃身・周爰咨謀・監司行部・靡不茹
收・爲民請命・去其凜憂・豪奸屛跡・善類有瘳・監之禁
令・以永春秋・我侯德澤・保滋勿替・何以答之・自天錫
類・如山不騫・子孫百世・嗟我人斯・胡不熟計・福報豈
爽・萬命所係・愓於維桑・風於有位・

陸景鄴先生誄

原任陝西固原道參政贈大僕寺卿景翁陸夫子・去歲八月
隆德之難・聞於京師・咸震悼朝著・其門生禮部右侍郎陳子
壯・位向西・頓擗失聲・於是天子重行卹錄・而子壯視禮祇
載仰承・是未可云師弟子之私也・御祭有制・皇哉厥辭・有
司將致于靈次・大禮告成・敢又申以不腆之誄曰・

嗚呼・山摧水涸・九原聞矣・左抨右批・戈戟鏗矣・觸
聲奮厲・髮鬚新矣・一息千齡・而血新矣・嗚呼・斯之典
職・以遲爲功・需于飲食・馬牛其風・雖不見聞・亦足以
容・人皆云然・而怪莫同・

嗚呼・飛虎螣蛇・有繁其類・張吻磨牙・莫之或畏・彼
亦一麾・此亦一隊・化爲犬豕・亦莫之制・婦女巾幗・亦莫
之媿・惟靜甯之宵解・亟隆德之失利・豈犄角之不齊・咎長
馭之憤轡・

嗚呼，鼇肩鶻搏・螽涌旁皇・闟滿繁弱・以獵四方・東

南傾蕩・西北簸揚・曹丕之才十倍・北海之志方剛・載笑載言・呼號激昂・紀其一二・云胡頡頏・蠕蠕緝緝・而孰與共謍於此疆也・

嗚呼・辛酉之郵不識耶・日多事脊脊・何不艱險相罝・少効褱革・徒窮食悠悠・髀肉旋生・將糜歲月・抵潯陽之九派・維江藩之磬石・紆鬱折而徙黔・力艱險其奚惜・揮萬衆兮若空・三山苗矣失宅・乍見日兮狺狺・陰其雨兮長積・鬼方不可與居兮・東又涉而曳擲・蹇不才放置於海濱兮・尾宋齊之餘跡・竝王裒而廢莪兮・咽馬援之哀笛・人生亦曷有初兮・貞九秋而遞迭・

嗚呼・靈出壽張・蒙來東平・擁鷟道左・洽祖于城・跨百雉而雲朔・綜曹□之風聲・思雋健其有餘・話彷忽乎未明・切反側之梯淥・創落酒而沾纓・欸徐中其云何・斯割矣而長征・

嗚呼・尧東之人・又不可與居兮・急牙璋於西陝・繇固原而耑鉞於甯夏兮・旋推轂而沮免・夏徂秋而焦鑠兮・頃升勺之餘喘・無翩翾其若縶兮・疊乎其浪淘之駭轉・終不忍見此度兮・寧一逝而莫返・

嗚呼・小憝何便・大哲何愆・溝谷嘯答・二弁在焉・光輝懍懍・風馬電鞭・曾不頓明・而達帝前・辛壬癸甲・委蜕猶鮮・桀膽頑顏・不其灰煙・

嗚呼・司稽山以歸來・宼秦關而婆娑・昔養士之孰存・伊嫠弱兮滂沱・貊九閽之見別兮・曰忠烈之可嘉・慨聲容而飲食兮・吹竽笙而登歌・整冠裳而鐍縢兮・立翁仲之嵯峨・紛白榆之的皪兮・耿列耀以無磨・

嗚呼・莊爲施而寢言兮・玡因期而罷彈・彼屈子之得宋玉兮・魂又招搖於湘干・吾孰與脫屣而匍匐兮・將甜乎靈之所安・虞卒哭又近於婦人兮・臨西川而長嘆・嗚呼哀哉・尙饗・

西樵山賦

扶輿南海・精象四出・有樵伊西・維嶽屹崒・紆體勢于祝融・近曹幕之飛翥・表江介以拆規・落海澨而有措・統沙洲之疏遠・力盤盤于屈注・金甌偃以中央・菡萏蔞其並吐・壘崾岝崿・鱗比雉連・臚七十有二・禮大科而君之・高拂星鶉之羽・長膶燭龍之視・齊日觀於朱明・泛東西之逸響・嫋蕭城之銑鑠・紛九疑而辨鑁・凌䍧泂與溟渤・嗡屭灝乎三壺・亘歸墟于潮汐・閉鼓颶於天吳・一淸渾其與剖・償目戰而魂徂・湞鬱渼其支曲江・門隘以羣趨海・靑卑颭鶉隼・邛乎荒荒旅聚・獵獵津墟・孳孳遨遨・有蛭周廬・概乎貉蠻之族・馬人盧餘・翩丕光而彖引・豈數目之能娛・

爾其玉廩鐵泉・雲谷雷壇・雙魚九龍・龍爪鷄冠・虎頭獅腦・五色巑岏・逖邇莫詔・變蔚多端・石則有錦・其或爲珉斯潤・孿拳奔駁・劍笏千仞・或周簷若笠・或一指能震・雲精瑤母金銀之宮・嘗有妙穎秘菜・鶴草仙茅・萬年之梃・不腐之叢・珍禽靈獸・集擾乎其中・雖虞衡其一二・等識界於蟣蠓・驕無人之射・馳子方之驄・無牝虛而不涜・區瀉瀑以成谼・疏搖空之雁蕩・起架壑之枯舺・最坎窗之無底・掛碧玉於雙高・蟻蜷嵯而愁下・輕白馬之橫濤・翻圭景於蒼凉・撞畏佳而嘯號・聳金鏞之特奏・非竽瑟之恒操・

若乃泉蒙百會・廣老雙流・神瀵聖水之無異・酈經陸品

之失蒐・媾石林而節密・潔白雲於新湫・咄硑磿其斷落・往頂立而心抽・前事塞而□裹・擁簾絹之朵朵・耀壁鬟之零滑・浪黿花而弁籢・潑颱瀏其太侮・醑綏瀓又侵坐・招搖乎雲中之君・寄一琴之婀娜・曲曰・秋風吹兮菌芝生・藹衺晉兮颮輕盈・君不留兮憺往還・抗飛龍兮將安攀・玉瀨噫其利和・清枕延而再申・騁越有而歸無・切嵗嵬乎火薪・厓鳥相以噴玉・甃木鄧之紛紜・斯泐穆之幽夷・紫姑又邈矣遐振・睍丹砂之別館・夐羽化之涓塵・揆人神之龐罶・崇炳靈乎哲神・來增城之芰祚・鼎方霍而嶙喬・達茲潤于聖涯・沛喬與乎嘉靖・有肆講而和易・緣糾禮而軒耿・博儒望于周程・逢英君若崇璟・斯既貫台辰之極式・南北之領・銀章賁殊・渥端君・走庶尹・固德彰所弗能檄・高臺所不得哂・謝菌轂之瑞璘・訂巖阿之逸叟・翳壇宅之郛郭・羣武步於靈壽・庸體理以無癯・遺一老耇・恢俶紀其適然・尤時壤之泰阜・分顧渚以連畦・溉穜稑而廣畝・原儦儦乎來牧・道盈筐之予婦・縱鷄犉於雲術・於虎豹其絕・夙通樵蒸於十邨・池飯□之胥守・歲三登而賜租・人互歌而擊缶・酎抱眞之域・指阮衡之間・强徵朝而操歷解・陳禮而稱書・笑南山之石爛・胡東海以就逋・數生初而無爲・樂緩喘之須臾・須臾兮推遷・相茅兮聽居・叩郭立兮烟霞・搴四峰兮榛蕪・閱仰辰之珮響・詫耘耔於天湖・臨阮斧之甬棧・類劖骨而透膚・珍氛雺之蒸蔽・欲小澤與俱汙・日蚩奔而獝竄・孰疆理之究圖・遂有躋高步于垂堂・量宿春而彳亍・窈霧交而烟扃・寒空菁兮積玉・遵故邱兮絕浦・亂釆掇之心曲・余方廻飈飈於層城・薄閬風而一舍・然未熛使糒融・揮夔魑其閃爀・勝鶩頓之拍浮・格河魁於夙夜・鼎眞圖之陸離・屬挂傾而抵罅・遲瘞理以兆褥・響膚寸於林下・外宛委之匿儲・班名紀於崧華・乃爲頌曰・

安居石儼・截秋旻兮・飛瞻南國・越無垠兮・風捲海立・益見身兮・合體備德・燀彰影兮・職貢梯航・沃若與兮・中風禱孔・又生申兮・二儀旋轉・惟所臻兮・際彼扶光・合時禋兮・鷺艅載游・華茂平兮・日居月諸・沐浴乎千春兮・

陳子升　字喬生・號中洲・南海人・子壯弟・年十六補郡弟子員・與同里黎遂球陳邦彥以文章聲氣遙應復社・福王時・舉明經第一・隆武改元・拜中書舍人・銜命入粵・汀洲陷・謁桂王行在・授吏部給事中・屢上封事・爲羣小所嫉・出之外・桂王西奔・子升追不及・流落山澤間・久之得歸里・晚年與陳恭尹梁佩蘭往還酬唱・性喜音律・善鼓琴・畫法董倪・刻印追秦漢・時以才子目之・所著書數十種・有中洲草堂集二十三卷・今刻粵十三家集中・

刻印賦

印章之便者・莫如四面矣・六則妨持・兩則罕變・酌於行藏・四始盡善・若夫青田舊凍・美石勝玉・淨比菜心・潤同果熟・磨之方正・角八面六・隨手皆安・平心各足・罔事螭蟠・奚容斗覆・或方孔橫通・或混沌不竅・貫組何傷・待銘亦妙・小匠既治・名公始制・逖訪甘（廣東氏）何（雪漁氏）・邇推陳（元水氏）魏（石藏氏）・社述秦漢・旁搜書契・龍信蠖屈・鳳儀虎勢・或蟲籀以間斯冰・或齋堂以參名氏・或陰文而配陽字・或道號而隆私記・油珠璀璨・鐵筆神麗・緩用勤拭・搜文游藝・故足貴也・彼夫刻意龜鼉・殫精綰紐・不

解六書・徒作矯揉・玩物喪志・亦孔之醜・吾無取焉・(廣語)

何吾騶 字龍友・號象岡・香山人・萬曆己未進士・崇禎初・改庶吉士・累官至禮部侍郎・加尚書・與王應熊同入閣・以助文震孟忤温體仁罷・北都陷・唐王召爲首輔・閩敗・奉唐王弟聿鐭至粵・與蘇觀生擁立之・廣州破・脱歸・桂王時・再入閣・尋罷・展轉募餉・奔走兵間・卒於軍・或謂其被執不屈死・史闕不能詳・故傳聞互異云・所著日講拜稽記四卷・周易補注四卷・雲笈軒稿二卷・皆未見・元氣堂集三十卷存・

漆侯建文光塔記

天地定位・山澤通氣・人參乎其中・形家者言・是有乘旺補虛之説・釋氏浮屠・遂爲中原文筆用・大江南北・所在標樹・不啻阿育王八萬四千塔矣・丹堊交施・魚龍張脗・百尺九級・秀入雲霄・其道可以發兩間之曜氣・躍人物之巨靈・雖然・宇內之爲浮屠者多矣・吉祥善事・亦未必一一劵持也・夫謂以甌甓爲之耶・以楩梓爲之耶・以金粟爲之耶・以其地之主宰之精誠爲之耶・大化之內・陰陽灌輸・剛柔磅礴・理氣日行・而人徒日盛・索甓於陶・誅材於山・課阿堵於强有力・斯已疏矣・中庸極言天地山水・乃其高明博厚悠久・皆歸於至誠・吾故曰・其地之主宰之精誠爲之也・則余有見於潮陽令漆侯之爲文光塔也・侯嘗令吾郡鳳城・其爲治也・靡艱鉅纖瑣・無不出眞誠者・邑城東故有青雲塔・侯每清暇登臺・延見子衿・撫之教之・俯仰徬徨・眡其將興・若在眉睫・自侯請沐未幾時・鳳運大昌・奇動宇內・乃侯再令潮陽・且已報政矣・治潮如其治鳳・而夙攬鳳塔於心不忘・乙亥夏日・潮陽人士聚族而前曰・邑負洋抱江・南北延而東西鋭・兩山拱夾・匪建塔其中・無以大振風氣・舊基泐矣・請新之・侯大喜曰・余志也・得請於諸臺・卽日筮吉鳩工・將興之夕・光氣流互・聲殷如雷・越旬地震・土中獲石函・有開元太平等錢千餘觔・中一文曰・天下太平・玉像三・銅像五・銀瓷像各有十六・如豆粟之珠數百・搥擊不碎・蓋佛舍利也・別有銅板方尺・刻紹興元年・衆緣爲泗州普照眞際菩薩建・侯皆封識余友人吳郡丞祖祠中・每發異光・塔基既定・侯乃以前函復置其地・錢貝增焉・聞之佛法所藏・嘗有靈氣・曜於人文・舒爲國瑞・侯蓋取諸此也・越歲・塔七級・高一百六十尺・前樹兩坊・輝煌周道・其前爲祝聖習儀所・更故千佛寺大之・左右羣峰・煥麗相應・潮陽人士罔不歌且舞・顔曰文光塔・前後計費三千金・侯僅食潮勺水耳・而捐購將半・若是者匪夫甌甓・匪夫楩梓・匪夫金粟・有一寸皆侯之主宰之精誠造也・

嘗讀中庸・寶藏興焉・莫得其説・攷之史乘・如汾陰九鼎・雍畤陳寶・以及和氏璧璽・皆從精誠奮出・至如白馬寺東・夜有異光・三身迸現・江洲廬山・奇塔崇竦・咸觸實踏虛・疑鬼疑神・茲塔甫役・而光華陡發・雷電交章・寶藏之興・非天下至誠其孰能與於此・而後能與氣機隱吸・與兩儀翕動・補造化之缺・偏起兩間之未有・握魁斗而司鼎鼐・志壹動氣類如斯・故有令君之精誠爲之主宰・而文筆併不在塔也・其道足以達重瞳・耀九垓・文光塔其象焉者也・邑人士應運大興・又有象焉者也・是役也・余同年省郎林公從更倡始・吳郡丞實董其事・矢精誠爲之・侯授簡且至・曰・潮

人士待興於相君一言・噫・余不敏・不覺在侯精誠揚詡中矣・是爲記言以復・

雪山禪師塔銘

嘗觀諸天人師佛・皆以感應作因緣・韶郡巖泉秀濯・梵刹特勝・曹溪其著也・顧英德又有西山西華寺者・南華以大鑑名・否則空山寂寥・千載罔聞・是南華自大鑑和尚始・西華之與南華並也・則自雪山和尚始・雪山歷覽天下・聲光日懋・自崇禎癸酉・始應西山之請・以甲戌春初至西華・寺闢自唐雲門嗣大容諲禪師・易世圮毀・師甫至・而伽藍龍象・峻閣崇樓・一旦煥然・五羊元象上座・道行超逸・屢爲余言雪山・丁丑・廣人士善衆敦請雪山・雪山期以菊綻至五羊・忽是秋微疴・作偈辭衆・更沐而逝・異雲繚林・四衆悼慕・若南華祖入涅時・請記於余・爲西華紀・實爲雪山紀也・

雪山諱通碧・字學庵・本秦川張氏子・幼而伯撫爲嗣・從客於吳京口・輒夢化人金身・眉目掀動・遂薙髮蔣山興善寺・腰舂年餘・次習昆尼部・一日・謂法弟雪坡曰・一大藏敎開方便耳・盍離諸緣習禪觀乎・甲子・爲姑熟梅大夫捨園掩關・偶動地怵惕・忽聞堂上鐘一鳴・如冰消釋・如土委地・有黃山普門大師叩關請曰・何不破此・師遽起・不辭主者竟去・丙寅・造楚之無念和尚・惡罵終日・師爲灑淅深悟曰・天下鷺鷥一樣白・已乃登匡山・見慧燈和尚於漢陽峯・臾造越湛然和尚・顧香爐謂曰・天下萬物・與此同樣・並蔕何分別・師遽起拜・湛然曰・不答而拜・拜甚麼・曰・待答話・堪作甚麼・因相示微笑・丁卯春・於金粟參密雲和尚・是年圓具畢・師問・三壇說戒・皆是方便・除却方便・請師速道・雲翹一足示之・師曰・猶是方便・雲曰・爾道方便・落在甚麼處・師向前作拈勢・雲拈捧師作禮己巳・命充維那・肅默竟日・一衆歎服・辛未・雲受淸天童・師復出・遍禮雲嶠大師諸老宿・前後多所參證・具載眞月性寬超何弟子語錄中・壬申春・結茅南岳祝融峯右・雖屏居窮谷・而至者駢肩・逮入英・往西華・廣度演法・四方走集・宏興楚江國王雅慕・遣餽錢帛・師散給寺工・無所藏貯・身自破衲・上堂隨衆饘飯・凡三年・余備覽雲山行錄・自雪山至英・而伽藍閣以成・良材瓦石・不鳩而集・不賈而足・飛甍流丹・邈若層霞・則是雪山有以感良材瓦石也・繇是觀之・雪山自秦而吳・而湖湘・而粵・所至善衆如水歸海・餽問殷勤・其以感應作因緣也明矣・銘曰・

佛有三身・曰法報化・是謂非身・凡所過經・雖然等自・身住意去・往而不返・然旣歷矣・曰歷非在・歷如川流・安所復歷・若雪山師・安得不在・然旣去矣・卓錫雲遊・名山是居・降生秦川・祝髮於吳・五羊祗迎・師已首許・終抵英州・寶刹長存・或出復往・究竟安處・日處卽無・厥因未了・應感雙去・而眉高廣・而目窩舒・頤豐髯美・波瀾浩蕩・若谷傳響・雖有三身・終得不二・高山修林・蔭此妙麗・嵐峯朝暮・法華現在・

劉克平　字道子・番禺人・從化籍・父格・字豫誠・嘉靖庚子舉人・官信豐知縣・世稱强項令・歸與何維柏講學天山書院・卒祀名宦鄉賢・生有五子・克正克修克齊克治・而克平最幼・萬曆間・廩於庠・工詩古文詞・善六書花卉・中丞劉公以謫仙目之・克治著訂初學記及許氏說文・克平重加修訂刊行・性慷慨・嘗脫人於獄不令知・友客死・爲葬於父墓側・歲時祀之・後以兵憲李公聘修石室志・溽暑中感疾卒・

游羅浮山記

羅浮表五嶺東・桂樹神湖在焉・浮山自海外浮薄羅山・稱羅浮・亦曰博羅也・飛雲之頂・聚霞之峰・其洞穴句曲潛通焉・丹鳳之所浴・神女之所棲・爰有夜樂神鉦・黍珠竹符・是爲朱明耀眞之天・寶安之浦・鳳臺之陰・尹氏聚族而居・是爲緝溪・羅浮東道之所出也・去粤之會百里遙・將游羅浮・尹氏請期・期仲冬之月昴中・將發・伯氏少己・仲氏季德・概于朱叔祥氏・梁公益氏・朱季美氏・俱庚子戒行・候潮黃木・夜出扶胥・遂絕增江・距于緝溪見諸尹・尹崑美氏止吾屬休・出青衣爲吳歈娛客・越豔趙大家歷酒・丙午朏・發緝溪・尹崑選氏概于何愼阜氏・俱椷書於寶潭王以襄氏・期源頭會于藍田・黃頭郎乃駕凌風之舸・引緪竹之纜・泊頭・潮落舟膠・霽・乃乘筍輿・跋出賣酒田・北望羅浮・泊出棠梨・過黃家山・距于潭北・風雨霏霏・王以襄氏至・泊去之三十里・雲封中・露其趾・谽谺紫翠相錯屬之・天山之西南・飛來峰之下・是爲梅花村・龐與虔氏築室湖洞・道假梅花村・遭于弇止吾屬休・休村中・村中人習與虔・乃供麋麃之脯・赤黍之酒・缶繼葆桐之稻・筐繼游益・與虔行色愈王・夜分談・亹亹不休・晨晰步于隧四五里・藤木覆日・光窔遼如從綺疎中窺周除也・里許是爲朱明洞・爰有沖虛之觀・金闕寥陽殿在焉・爰有亭・先君景王瘞玉檢其中・文秘不傳・是爲玉簡之亭・亭西數武・爰有葛洪之祠・丹竈在焉・坭可已疾・取之不可得竭・爰有黃野人之廬・道士出見客・年耄覗卑・嚩之言・囁嚅喉吻間・苦宦遊人宴・無以爲禮・逋客假步山扃・諸祗送・道士宜苦之也・道士曰・唯唯・少戒僕夫之螫・徼福矣・敢言其他・觀西一徑・盆盤紆・古木千章・怪藤絡繹・鼯鼠縱横其上・東望麻姑玉女諸峰・峨峨天上・蘇元朗之所遊也・爰有通明之洞・伏獅之石・四里是爲青霞洞・有泉焉・出螭口・涓涓浸以波漾・時已冬・芙蕖千蓋・是爲通靈泉・去南不盡百武・爰有挂冠之石・石一砥一崎・崎高可數尋・砥坐人可百・頭陁而北二里是爲石洞・鄺葉化甫之所主也・化甫在官中伎者・逃入洞・爰有逃庵・仙之石在焉・莽蒼而澗・溯洄不盡百弓・是爲洗耳泉・泉源出夜樂・甘冽過通靈・夾石中汩急澎湃・下激尋丈・勢俏滙瀦・得一砥・列坐焉・左右供野豬之胾・珠黍之醸・觴諸子・樂甚・顧諸子歌・歌曰・曾岑累峰・其高嵯峨・天淸地曠・無厭爾歌・驅逐光影・老則那歌・罷・復由路歸朱明・爰祀山靈・爇俎之薦脯・設酤奠缶・乃遂循于廡序・觀黎惟敬紀游・至歐楨伯碑銘・及觀朱叔子題壁・以無忘歲月・昏・道士止吾屬休・

晨晰・登于釣臺・臺高不三尋・下瞰・方潊潊水通・觀源合流・朱明修廣可三十尋・豢鱷可百・石道士乃供泇澤之葵・與其酒脯・樂奏・終出銅魯銅龍朱錦之旛觀焉・魚一龍八・朱眞人壇下之所獲也・旛二・先君肅皇之所鎭也・南度澗

西・折五里・是爲水簾洞・爰有書堂之坑・菖蒲之澗・留正之所廬也・縣溜百仞・穿石隙中・石奔逼礙・如無行道矣・入石鼠伏・出石騎踦・俯瞰旁谿・不復得正目・踵移則膝讋・膝受則肘挖・捭石捫天・僅乃任軀耳・季美公益僵・不復前・竟返・吾屬乃更作氣・上及池・是爲流杯池・池瀠水千斛・一石峙中如鏡・徑不五尋・一石承之・水出鏡下・四周皆石環焉・左右更供其酒脯・觴於池水中・風激石盤礴・觴御風行・不隨流靡・既酣醲・不知叫號逸態・盤鋒左右・敞罔靡徙・嘻・知之乎・曩在習家池上・吾家頌中・今者又常與來耳・客觴水誕・季德大嚼・不盡涓滴・乃意不爲水也・越更數石・是爲蝴蝶洞・爰有五色之蝶・葛洪遺衣之所化也・更上・是爲藥槽仙奕・石鑑在焉・穿林北・從菴中度・已度陁里許・得夷陸・諸不能從者合・乃西規二里・是爲御園・爰有寶積・延祥故寺之遺址・通公卓錫之泉在焉・飲之利人・蘇子瞻之所謂清冽冠東南泉水者也・

復西・是爲黃牛徑・爰有仙姑之祠・孤青之觀・就徑中蔀簷下憩・老人乃出見客・雙肩在頂・歡喜命諸孫止客休・供其酒脯・與其醇叔之飯焉・揵懸溜以代操杵・導客往觀之・送客徑口反・吾屬北・其坂剡崺里許・是爲羣牛之石・磝礐半散可萬樣・伏者・仰者・犇者・駐者・屬者・决者・不復可數計也・過石里許・是爲金沙洞・劉晟之所宮也・行道益峭峻・膝在膺・手在股・髀不任則攀・指不支則跽・上里許・是爲五賢祠・祠前不盡百弓・爰百雲起門含陽門兩石・相翼望如闔・兩門前後・望如閣・錦繡掎其北・玳瑁翼其右・花首之臺・五龍之堂在焉・一水繞含陽而西・一砥可寬十畝・精瑩平潔・水枝流其上・如珠網施焉也・吾屬休・列坐網絲中・獵纓振方・且沐且澣・不淸而入・潔淸而出焉・祠西度省邱・是爲幽居洞・龐公直講堂在焉・爰有予所鉢盂・躭碧達觀・隗翠之巖・其水皆合流雲起之前・溢于黃牛・注于龜淵・其合處飛湍懸濤・漫崖冒谷・響應林木・游人入其間・疑弄潮兒・疑從化人遊・疑在廣寒作羽衣霓裳舞・疑在金銀臺逍遙・桃花水盛・當乃愈益變幻矣・既昏・以襄曰・飛雲峭峻且倍蓰・願諸子以明日休・諸子曰・諾・

晨晰・無有願休者・獨崑還有倦態舍之・崑還遂求其先世墓廬於黃竹・吾屬相將而上・望上界朝靄鬱蒼・不得見・見前人則如飛鳥・顧屬者如淵魚也・前援後拒・踵創指掐・漢應生所謂目視而兩脚不隨者矣・乃今日得瞪視乎哉・日昃得息趾・是爲上界三峰・有泉焉・是爲泉源・其草樹鳥獸・非復齊州・當二山之奧・別有滙水焉・與潮汐應・是爲瑤池・是生靈壽杖・爰有聚仙之石・會眞之臺・鐵橋之所跨也・乃遂登于飛雲之頂・自金砂至飛雲・終日之力・經松岑百餘・夷頗十二・懸削十八・始之時・相望戔戔・不信謂終不墜也・及之・不復謂天不可升矣・濛汜之谷・羲和在焉・飛廉從東道來・淜滂熛怒・行具既至・遂少息・從者積薪縱火爲謯・咸陽之燼・建章之焰・膏薄脂林・照谿映谷・俯視下界・原燎野燒・倏忽變幻・如列星・如飛電・如劍光・如金銀氣・如赤城霞・如如來現佛燈・如無相三昧自在相・東若西者・遠若近者・即山靈爲之矍踢矣・少焉・虎聲殷殷逼・左右色動・匡坐視東溟有光・透洶湧中・射峰巒如赭・視衣袂如茜・相對面如酡・則月將出也・見月紅者・白滅

者・明冥者・瑩蓊薈閭如金錯・如文繡・如丹繪・視月亭亭如半璧・炘炘如冶金・曄曄如蝕珠・嘻・是常與李白賈淳詩者乎・已覺霜威入衣・乃少臥・空中聞鼓吹凊遠・多石音・稍雜絲竹・須臾天雞號・羲和戒馭矣・朝靄中觀逾益奇・下界夜且未央・而盡目境・殆不翅五萬億里・梧桂衡岱峨眉王屋軋沕・其累黍耶・渤澥天池東南巨浸・亦復掌上幅楮耳・寓內融者峙者叢者紫者・皆置帶下・北俯山陰・乃嶔巖莫測・古木層陰・呑雲夢八九・猶古海島雲煙望見之已也・山陽則玉女麻姑・兒孫羅立・老人警節・列仙展軨・諸眞効駕・黃龍伏轅下・丹鳳倚衡・白鶴黎乘・向所經歷瓠之瓣・其佳勝蒸之巒耳・黎惟敬常曰・比從泰岳絕頂來・齊玉鵝耳・車馬之躪・斤斧之剝・無完膚也・嗟乎・此孰與雲母酉維・龜淵絡軸・北翼九疑之戶・南敞七耀之牖者哉・

於是顧諸子盟諸山靈・諸所擇地・而蹈頁名山者如此已・顧左右取綠綺鼓之・風喁喁以萬籟來和・更取鐵笛吹之・作裂石聲・風大起・揭柯揚林・乃下于瑤石之臺・飯泉源之位・東甌二樓・履綦間可一躍而至・公益季美謝不能從・邅復路歸金砂・吾屬星散而下・焚輪拂睫・雲冉冉凝杖・既止一峰・其嶢岑其銳處童石戴之・石側有磴道・僅茹踵・道盡・開突若樓居・是爲大石樓・朱明青霞石洞則其奧也・樓下是爲青羊夜樂之洞・神湖犀潭在焉・爰有集雞之壇・降麟之臺・萬年之松・龍公之竹之所生也・觀見季美公益如行蟻・附枝迴途下・低望一摟・是爲小石樓・仙人所常練鐵爲飛梁度者也・求之不得・遣一山中人縷級下尋・久之・呼不見・咸以爲舍身・比還・終不可得・乃顧諸子無憂・吾已令夔魖承杖獝狂侍履矣・遂爭道而下・險絕非人境・舍山而澗・澗絕復山・人人瞑眙不自保・竟未昏・及之金砂・季美公益先至・仍觴於含陽之砥・須臾臥・大雨・萬壑如機絲・雲出沒如海濤・晨霽・乃騎至湖洞・與虔之所築室者也・七星之松・奉宸之橋・跳魚之石在焉・洞人供其虎腊貍肩・觴吾屬陂澤之上・漁鱻于淵・既鱠・洞人供其新醪・別與虔抵泊頭崑選・會颶風至・乘風過銅嶺・抵東莞之邑・休愼皐許信・信月晦歸・

僊鶴賦並序

余再見中都劉少司馬于端・深相顧念・謂青蓮居士復謫人間・東吳黃兵憲亦謂才凊神王・豈埃壒中物耶・其時幕府有雙鶴・命平爲之賦・其詞曰・

偉矣哉・幽經陽鳥・仙府之禽・雖同羣於鸞鳳・顧自養於火金・爾其鼎餕兮失候・霞觴兮汚衣・同塵心之一染・與仙路而暫違・經蜀都而道紓・歸遼陽而世非・正虞益掩羅之日・漢帝誇胡之時・悲三面之徒解・何一目之我羈・頓天網於鄴下・獲前禽於渭湄・叫天閽之遼邈・就藩籠之喧卑・霜嚴沍而躓步・風憀慄以中肌・時脩趾而延竚・鑑盤水以自娛・幸儔侶之尙在・觸四隅兮何爲・非我性之耿介・甘步矩而翔規・昔黃虞之至德・耀威鳳乎來儀・亮素質之淳朴・何玄黃之足奇・勞君子之眄睞・濫嗟賞於階墀・背汙澤而層構・鎩鸞翮其何辭・苟小流之靡擇・侶黃鵠於琳池・質縱輕於梁雪・名或重於周詩・匪同截于梟脛・亦何溷於羣雞・久摧頹而無頁・將羊叔之見譏・睨支公而自悼・惜凌霄之異姿・

若夫霜靜曉砧・雲空秋罄・爽氣入裾・金風颭幕・聲哀厲而彌激・振孤高而窮漠・行人聞而鼓邁・居徒聽以歛樂・壯夫之唾壺忽碎・玄談之麈尾盡落・奚必聞雞之舞・何異感人之樂・徒觀其弄影崖梁之野・遺箭會稽之陽・縱素娥于上服・褐玄冥于裏裳・始櫛沐乎沆瀣・終憑陵於雪霜・循天綱而凌厲・匣坤軸以廻翔・陋化鯤之誇詡・笑啣木之勞攘・御輕風兮泠然・駕飆輪以徜徉・

於是將片雲兮共遠・邀遠岫兮我隨・聽玉簫於嬴女・叫商風於金徽・原蝘蜓胡能我嘲・陋梧桐胡能我棲・豈覆巢而始避・即君堯而巢居・窺萬有於一竅・同清泠而杜機・汚何知於浼我・亮雖染而不淄・爾其懸火齊之峨冠・振霜華之綺翼・先路而吳門曳練・翔集而海濤奔逼・脩吭戛擊于天球・衣裳或削於綠綺・彼陰陽之成具・詢至文之在此・是宜識天地于圓方・爲僊靈之騏驥・衛軒豈得而乘・潭粟奚緣而飼・去江樓兮煙渺・傲金穴兮霞舉・俄翼岱宗之壇・養靈三株之樹・當是時也・參軍搦管而失色・王子按經以何語・

蟠桃賦

東望泬寥兮・彪彪洒洒・靡屆靡抵・瀰漫布濩・忽焉則有・度朔之山・邮焉而巃・矗天樞・攝地紀・慌罔吞欣・掩乎軒轅・蒼龍之所麗也・孰樹之桃・而名之蟠・吾誠不知其所自始・曰・玉衡抓魄・精氣葐昷・并獨萃於此・爾乃攢五褭・鶩嬋媛・三千里・萌扶桑・豪建木・鞏散霧・聚星臨而雲踦・若夫朱英葳蕤而柯條扼也・燦焉若朝霞之煜目・弗駭也・瓊露浹焉・霖澍被焉・祥噫煦融・揭株振林瀏焉・紛紛

其披靡焉・三千歷年於是矣・爾其爲實也・鶉火飾質・黃龍贅朱・核若火齊・葉成緗綺・絳雪既溢・醴泉乍舐・濯痍熏寒・孰不嘉該・桃之神異也・方夫樊網扳進・荼壘贔屭・絕崖攉枅・東南之肄・夔魖頷賾・咿嚘吁熾・咸既抉既搏・弗遑以詒・

及夫老子之西遊也・靑牛既駕・靑裙飄颻・紫梨共薦・紫雲岧嶤・于時西都陸沉・歲星之精・豈曰無良・列藉太精・匪偷匪獲・短人爰證・迨彼七月七日・厥實維七・喧囂之下・上乂鳥足・以留乎茲桃之核・緱山之翁・聞而笑之曰・此上淸之奇珍・匪沆瀣之猗匹・得之足以豪・木羊尙可刻・何不薦食崑池之宴・弇山槐眉之側・載歌白雲・好獻玄璧・其樂無涯・其壽無極・曰・予小子敢逃彩筆・

林挺

番禺人・萬曆間貢生・官知縣・

淇園集序

潘季子子遷好爲雅遊・嘗稱詩海上・於是有海上諸篇・在都人士口矣・昔其父光祿公亦以詩顯於嘉靖間・則與秘書黎惟敬虞部歐楨伯爲壇而盟・遂無人於五步者見其季子・二公輒灑然奇之・光祿有子哉・乃今而後徵也・所爲謳吟・無務彫琢・特芻狗去之・以故稿十一存耳・友人曾人倩畧爲編次・以余習於季子・因屬之叙・叙曰・

應龍乘雲・大鵬搏風・適奚有所假者也・弗假亦不成・若夫無翼而飛・惡乎假・驊騮騄駬・當其盛年・一日千里・遠矣有時而旣・若夫無足而行・惡乎旣・通其解者・上而敷冏至道・下而沉吟短篇・包括宇宙而無津涯・陶鑄人羣而無

生滅·絡繹萬世而無上·莫不洋洋乎盛矣·吾强以廉之當世·可屈指而盡也·夫貴若鉅公·重其千金·予乎奪乎·曾不如片辭之榮辱·故曰·言爲政·涉世之日促·促則有所不及·忘世之日紓·紓則容與而有餘力矣·故曰·隱爲政·性潔者其詞峻·神曠者其詞疏·思深者其詞永·故曰·德爲政·有味乎·再三而未敢必然不也·

余往過大良·獨季子從余三人於稠人之中·余與語大悅·曰我聞之黎秘書·曰我聞之歐虞部·彼二公者·譬之九皋·先數子鳴·今黎秘書往矣·乃其篇章具在·流於後代未有竟其脩者也·歐虞部亦請老於海上·益爲海上援枹鼓·稍得超乘之士十數人·季子實肅部伍隨之·假令季子反其前矛以取華要·亦可以得志於當世·而季子有所不爲也·將養其餘勇·欲如前三事自比於素功·得矣·迺者進季子而揖讓於大歷開元諸公乎·不失爲鴈行·進而卑皆六朝矣·又進而凌轢漢魏矣·力取不待年·奚禦哉·於是曾人倩請以是殺青·季子退讓曰·谿澗之竹·誠未可盡·幸無以是爲戮乎·彼其衷抑所謂鞠躬君子·靡可幾也·

南舟彙草序

子玉氏好黃老家言·常欲棲心於無爲·以故其詩文不求工·自說而已·於佛子書無所不窺·所至止僧舍中·焚香篝鐙·默坐逾旬·戶之外有所不知也·間謂予曰·學人求早悟·求眞覺·自吾游於內庭·而知物之果不吾勝也·汎然而已·亦靡不沛然順者·吾造次於是·顛沛於是·欲其少離焉不可得也·其所持論如此·予未敢以爲然·顧無以難其說·爲文汎濫百家·然罕見其讀書·詩多得於宴游·不作酬答語·或含毫思不屬·罷去之·諷之竟·不竟也·曰·吾希心冲夷·又烏能俳語以諧世·舍之傍有西樵山·巖巒多奇狀·暇即挾册倨其間·或忘朝晡·斯所謂遊於內庭者否邪·

早歲矯矯自喜·已乃頹然隤然·於物不復有異同·覽古人事·多所揚搉·詢時哲·第直視不答·時微笑而已·應賢科·乃絕不爲舉子業·有造之者·或不報·即詈言繼至·遂自恕也·於物無所好·而獨喜嬉戲小技·家日窘·然不能以貧告人·躭嗜仙術·而排長生久駐之說·覃精往籍微旨·而與新安家時有牴牾·辨過堅白·與人言·直示兩端聽自決·不能詭隨·乃不喜忤人意·羣居終日謹吶·對婦稚反矜嚴·居約茹澹·得一肉·必均之賤者·此豈所謂物不能勝者哉·然君性多疏·疏則放·疏則倨·用是不能數數於世·將無借內觀以文其說·亦僕之所不能究矣·子玉十歲即爲謳吟·率棄不錄·今年秋歸自金陵·予倒其篋·得詩若干篇·將收梓之·遽謂予曰·是其中多玩世語·子無重吾過·乃一二同好·竟不能用君之言·遂爲之引其端如此云·

小海珠記

蓋海王百谷·以其能大也·君子觀而樂之·至其澎湃稽天·奔雷倒峽·令人震蕩不怡·則孰與芳洲淺水·微波細浪·可以暢目宣懷·令人憺而忘歸·隱者之盤桓·斯可述也·

余蓋多孺朗治龍子之宮焉·往余過大良·汎鶴浦·弭檝蕉蠡之林·常低回於此而不能去·以爲造物留奇·馮夷選勝·獨未有人開曠土·結棟宇·據片石以分漁人之席·何

耶・亡何・余薄遊四方・凡十餘年往矣・則聞惟遷潘公鳩工聚材鼎𣂏於此・至其子孺朗之增而新之・周繚而垣・垣以外・多丹荔黃柑之屬・垣南爲巨門・黃太史倬星題曰：「閒居舊野・面壯龍橋」・其潮汐直與池接・池中壘石成洲・延袤可百武許・東西設二埠門・東抱太陽・顏曰・朝日・爲逍遙福地・右挹嬋娟・顏曰・戀月・爲棲霞洞天・相對如闕・俱可繫舸停棹・躋而上・則清風亭・亭後爲服日樓・服日樓者・巃然中據・當公在日・詎不曰・吾百歲後・猶不忘此・即以爲湯沐地可也・今孺朗從而俎豆公焉・公若先命之矣・稍進爲精思門・達右徑而北・爲生洲洞・又稍進・爲羽翼堂・堂後丹荔垂蔭・列置石几・磴道鱗屬・可坐數十人・名爲小閬風・而醉石煉丹井以及釣臺轆轤・皆於此乎具焉・亭左旋而北・是爲長洲洞・修竹森然臚列・稍折爲小東林・林內堂曰漱潤・館曰烟霞・曰達生・房曰燕居・皆米繕部仲詔馬君伯起郭君子翼書・乃孺朗陶修地也・左折爲綠陰隄・委蛇數曲・自是漸登蘭阜・名花雜沓・古幹虯枝・置以石几・灑然可坐可觴・更令人忘倦焉・

夫地非人不勝・人非地不因・兩相憑依・兩相藉重・儻所謂造物留奇・馮夷選勝・以待潘氏喬梓非耶・余雅負泉石之癖・因譚海珠之勝・不覺形留神往矣・故臥聽潮生・起視江月・吸沆瀣・觀朝霞・翫圖史以怡神・登高邱以騁望・或朋友過從・酒後耳熱而發清歌・鳥聲漁唱・大籟相答・斯時也・不知我爲若耶・若爲我耶・胸中別具一海珠・別具一堪輿・攬無窮而樂無際・余以是爲孺朗足多也・因紀其約畧如此・

朱　完　字季美・南海人・萬曆間諸生・負文名・深於說文之學・能詩・工篆隸・兼擅畫墨竹・歐大任黎民表皆折年輩下交之・性閑靜・居粤城北郭之虹岡・栽竹數萬竿・梅數百株・閉門自娛・而問字索書者不絕・著有淸暉館稿・今佚・

嗇如園賦

鄧伯子南陽華胄・駿發郢都・勝情天逸・標韻風騷・游心物始・獨與道俱・爰作羨圃・於焉考盧・仙的聳乎北牖・神瀵涌於南除・嚴元旨於柱下・錫嘉名曰嗇如・客有過而諗之曰・吾子負韜物之雅量・懷高世之英圖・將遡覽乎八荒・胡劃跡於一區・吾將進子以遊觀之郅樂・華詭之極娛・發子之覆・子欲聞乎・不腆大楚・寶爲奧區・玉衡鶉火之次・赤館朱陵之墟・左獵雲夢・右眺荊巫・乘堅策駱・載馳載驅・窮日不足・卜夜有餘・奈何跼蹐蓬藋之下・若橛株拘・精疲於祕典・神蕊於玉書・胼胝皸瘃・無廼憊歟・

伯子作而言曰・噫嚱・若客所謂馳騁之娛・亦奚以爲・吾想夫蚡冒之奄有楚國也・肇土畫疆・篳路藍縷・作法惟涼・土木之侈・溢於後王・渚宮巘嶽・章華鏘鏘・層臺九仭・飛觀百常・翼藻梲以横鶩・跨雲棨以高驤・被翠羽・刻龍章・挂曲璚・綴鳴璫・裂綈錦兮繡文埒・規雄虹兮蜺飛梁・復有秘閣邃闥・曲榭廻廊・或凉或燠・乍陰乍陽・誇大蒐於夢澤・詭艷詞於高唐・俄代謝之忽及・慨榮瘁之靡常・紅蘭既化・白露爲霜・玉甃蓮礎・灌莽荒岡・詎若吾廬・挹淸欲爽・雲霞在衣・風泉落掌・冥觀則萬古崇朝・臥游則十洲函丈・几上獨嗒然而噓・空中契冷然之賞・

及夫歌扇舞衣．裁紈列綺．淫冶繁華．韡如桃李．結幌流蘇．千重步障．紫絲十里．綷縩七寶之襦．纂組五文之履．舉華袿兮光風迴．動凌波兮香塵起．忽寒暑之迭更．亦煙消而雲委．莫不感行樂於當年．傷流光於逝水．予方攬薜芷以旌潔．擷留夷以信芳．揉秦蘅以紉佩．集芙蓉以爲裳．散芳襟於華薄．蔭翠幄於朱陽．叢桂發小山之馥．猗蘭吐大國之香．信夫薄榮觀而燕處．其樂洋洋者矣．

又若舞按陽阿．聲徵北里．激楚迴風．前谿白紵．含宮咀商．變以流徵．啓朱脣．發皓齒．采蘼蕪於山間．詠芍藥於溱洧．已而曜靈西匿．戢嘽濛汜．逸響與梁塵共流．玉質偕歌臺俱圮．予方振天籟於空谷．舒鳳嘯於中林．擊泗濱之瑤磬．撫彭澤之素琴．泉叩牝而諧調．風振杪而龢吟．豈羨夫驚心動魄．桑間濮上之音哉．

客曰．唯唯．否否．蒙竊未通．方今聖明在上．如日方中．懷才抱道之士．卬卬顒顒．若脩鱗之赴巨壑．鴻毛之遇順風．先生妙論．若高蹈之義則獲．而兼濟之道未宏也．伯子莞爾不答．抗音而歌．歌曰．治人事天．莫如嗇兮．蚤復重積．無不克兮．莫知其極兮．客喜而謝．冷然若灑．乃知先生非忘世者．

張鳴韶 順德人．萬曆間諸生．嘗遊羅浮．有宿飛雲頂候日詩．

贈溫陵陳山人東歸序

溫陵陳君旅寓吾廣．以倦遊東歸．其親友留之不獲．更爲贈言以送之．君之言曰．吾始而談藝於家．朋儕不吾棄．而吾獨遲留不遇．吾繼而浪遊於外．家且有餘貲矣．而吾獨以養親故．數遲戀不獲遍．吾嘗與知己講韜鈐．習劍術．同事者率皆入彀．而吾獨遲鈍不獲展．吾今髮種種矣．顧兒嗣未立．親舍在望．松楸日長．幸而遲暮不衰．回視仲長公理之書．於彼且遲而有餘愧．吾不能等吾生於齊陶之上．意亦息吾機於漢陰之間乎．三商而起．意未嘗不在鰲山麓也．不佞亟高君言而嘉之．雖然．而獨不聞梗楠杞梓之爲材乎．上以配明堂淸廟．下以贍百工什器．然其始雜於蓬蒿．長於郊野．積月不加咫．積時不加尺．至數十歲．然後勁幹虬枝．侵雲薄日．于以待匠石之用．凡木不敢望焉．豈能屑屑且夕與靡草朝華計榮瘁哉．則遲之功大也．

君抱奇巖穴．獨行君子之德．垂老不倦．所著劍經射義拳法諸書．作述不出里閭．而名流縣寓．雖貴客虛左．將軍執轡．亦奚足盡君．余謂君之所待用者尙有俟也．異日舉丈夫子．芃芃蘭玉．充滿庭階．君且出其餘．爲國家北捍虜．東捍倭．以當萬全之託．其視鷹揚矍鑠尙且先之．夫積之厚．故其發之遲．發之遲．故其流愈遠．天之所遲君者．意將有待耶．君厚於植德．而拙於取用．急於修行．而遲於取名．其究顯揚明．盛日可俟也．今上蹄鞅徧天下．而不免莊舃其哀者．其視君寧無愧哉．余因君之言而喜君之實．有是遲也．雖謂之未遲可也．

順德方侯德政碑代

方侯令順德．既考績報政于朝．家宰並以牘上．特爲嶺南高第云・天子若曰・往嘉乃績・益懋厥事・以膺顯命・欽哉・于是推隆所生・並侯階勳・用旌侯德政・時朝議虛瑣垣以待・然以功令小需歲月・未遑也・越二載・侯視事如故・歲丙申春王三月晚・進不佞某受署邑庠事・未至粤・則聞粤中歲祲・黃埃數千里・民嗷嗷待哺・萑苻數起・江海之間・道路多梗・爲行旅憂・正賦不能供・至勞詔減田租・發倉廩以業貧民・佐以勸濟之粟・用是粤民稍稍安集・然道殣相望・瘡痍未起・呻吟之聲未絕也・逮至邑郊關・則老幼熙熙・行賚居送・不異平時・田疇之上・垂黃結穗・因作嘆曰・壯哉・斯縣蝗不入境・儔矣・其黃潁川之化乎・既至邑境・則道路益斥・甸人時巡行・垂櫜鞬・砦不保聚・海壖戍卒雖不廢防・亦無伏寇・肆歌巷謠・往往不輟・則又歎曰・媮哉・民斯賣劍買犢・儔矣・其龔渤海之風乎・入郭・則笙歌載道・商賈充途・隸人牧圉・各贍其事・父兄子弟・莫不稱詩・則又嘆曰・渢渢乎大風哉・斯家詩書而戶禮樂時矣・其言武城之教乎・且詣學舍・拜瞻宮墻・煥如也・高步堂皇・整如也・已集多士・課試文義・商榷古今・莫不循循雅飾・文有中州之氣・而矜節砥行・若有爲之培植者・然詢之而知侯鳴琴之暇・師帥我諸生有素也・於是喟然嘆曰・盛哉侯之德・斯愛人好士一貫之矣・其文翁之治行乎・治至是・美矣・無復加矣・由是日得嚴事侯・接見益親・聆政益熟・然侯方且沖然淡然・若不知有所謂恩德者・間叩之・則曰・余忝蒞茲土・享其祿秩・煩我百姓・趨事於余・侈矣・彌縫其闕・匡救其災・畧吾職而已・子弟中俊秀・思以善誘之而未逮・而又何功・侯之逡巡退讓若此・雖不見迹・而治理日流・籍籍口碑・具于士民之紀錄者固在也・會庠齋多暇・課文外進諸生而語政治・則羣然曰・無如我邑侯賢・間會父兄耆老・又則羣然曰・無如我邑侯賢・詢所以賢狀・咸曰・唯唯・語不云乎・何知仁義・饗其利者爲有德・吾儕小民亦既享其利・安敢無辭・往以歲之不虞・不腆敝邑・剪爲殍虜・實賴我方侯在事・勤恤民隱・與時消息・俾各有寧宇・雖則饑饉薦臻・然以吾縣視各邑爲特豐・則天地之靈也・侯之惠也・方歲且歉・米價騰倍・侯巡行鄉井・大家勸出粟・小家議賑貸・所得輸粟一萬五千有奇・並與倉廩俱發・然編戶之室・至有闔鄉無一稱飢者・侯令保里擇其稍貧者並以名上・無鄉不賑・無賑不均・獲濟者七萬餘・至今莫不舉手加額・祝稱有後也・

往者鄉落以歲飢多去爲盜・白晝攖金而羣行顚越・城內外亦戒嚴・侯申飭城守・立哨望之法・有警則與鄉夫協力應援・江外近郊・則哨船往來・分班直戍・羣盜用息・其間亡命作奸攻剽不休者・則廣詢博訪渠魁而後誅・衆證而後殺・時有縱舍・而不失於苛・至嚴保伍・飭吏治・選官兵・利器械・隱然有保障之風・是侯有大造於我斯民也・往者征輸多攬於豪儈者流・羨歸豪家・而虧折在小民・侯令小民得自輸納・賦役均平・民以稱便・且節省夫馬・裁革供應・清儉之風・孚於上下・民之戴之・若百穀之仰膏雨焉・豈惟一人之私・侯善政更僕未易悉數・茲特其大畧也・

未既・羣士復進曰・昔鄭有鄉校之議・齊有稷下之談・以諸生而稱執政・古道也・況侯實教我・惡可無辭・侯視民猶家・視諸生若子弟・今得執經問難於先生・而又得事賢大

夫·內外夾持·諸生幸甚·且無論侯之造就我多士·以今春秋駿奔在廟·廟宇飾矣·進講升堂·堂廡備矣·後有尊經之閣·前有梯雲之樓·左增啓聖之祠·右闢學宮之路·衆觀備矣·卽今士會於斯·朝夕游於斯·競於敎而勸於善·惟侯是賴·我諸生曷敢妄昧·不佞重聞羣言·益以前所聽睹·於是拜手稱曰·

昔召公化行南國·至愛其所憩茇之甘棠·必曰勿剪勿伐·頌之不已·而且愛之護之·侯之巡行施惠·德及貧窮·且救荒有法·民不告匱·其爲甘棠多矣·民當何以愛之·至於頌天德者又曰·豈弟君子·遐不作人·侯之樂育諸生·豈弟奚加焉·茲其作人者在矣·然非特施之一邑云耳·由此而勵相我國家·廣而布之天下·其爲士民之福·豈有涯涘哉·

霍尚守 字益方·南海人·諸生·隱居西樵·博學多才·著有西樵山志·粵東名臣志·阮志注存·又著有天下名山志·樵中棄草·未見·

與喬化論通志書

歸山浹旬·欲飛翰左右·詳論志事·第其說長·赫蹏難竟·屬者宗伯忠銘王公枉臨山房·首詢及此·聞新志體欲倣南都·驚曰·館閣諸公評京省志·兩廣爲最·湖浙次之·餘無稱焉·奈何舍此而倣彼也·不佞詢之陳勳卿曾計部·亦以爲然·夫省復分邑·人物析爲六科·割裂不已甚乎·

且名宦人物·世敎攸關·進退宜嚴·昔羅文恭先人列祀學宮·後有凉德而濫祀者·文恭曰·先人有靈·必恥爲伍·輒欲抱主歸·然則陸陸之流·卽陟巍科躋膴仕·亦何容假借令與高賢偃然並列也·不佞分司雄韶番連·名宦人物·參訂再三·無濫觴者·去歲章中缶宗師諄諄致戒·言猶在耳·而憲使王如水先生赴陝時·亦有難成之慮·可不深念哉·諸君開局日·猶抵掌辨論·今萎腇咋舌·何爲者也·足下爲詞壇盟長·以方頭著聲·非人趨而趨·人諾而諾者·胸中涇渭甚明·安得嘿嘿·過此晚矣·假令足下簪白毫·乘青聰·頡頏諫垣間·朝有缺失·或國是未定·竟亦默默已耶·足下所司名宦人物·願早定之·毋過顧忌·任事任怨·自昔然矣·不然·體裁未確·品騭復疏·兩載悠悠·徒縻公廩·何以復命于兩臺哉·

與林培之侍御書

足下去臘約春初入西樵·棲雲谷·爲不佞近鄰·乃竟不至何耶·豈楊酋逆命·震我邊陲·足下有請纓之思·故不暇踐泉石之盟耶·不佞計區區播州·曾不足當中國一郡·乃敢狡焉與戈·何異螳臂抗輪也·夫播州·唐以前張官置吏·徵租榷稅·不殊中州·自宋太祖閱輿地圖·執玉斧劃大渡河·始界而夷之·播遂爲楊氏世業·後雖置遵義軍名號·羈縻而已·嗟乎·宋之土宇·償于耶律·蹙于完顏·幾固兆此乎·何者·開國之君而忍於棄帝王世守之土·又何怪其子孫延喘天南·不復致力中原哉·聞宋祖棄播之夕·大渡河欻陷六十餘丈·令播州一隅·不霑王化六百四十年·誰之咎也·今楊酋不思世享故壤·以身嘗法·意者天不忍夷播州·欲百萬生靈復覩天日耶·葉宮保鎮黔時·已知楊酋必叛·移文鄰鎮·預爲之計·陳勳卿亦謂向參蜀藩·楊酋來謁·覘瞻異常·心

固疑之・二公可謂先見・然釜魚阱虎・竟何能爲・今陳將軍耀武海上・倭奴宴遁・朝鮮息肩・倘秉東方之捷・亟移師臨之・彼魄喪膽寒・勢自瓦解・何險之足憑也・足下謂然耶否耶・西樵林岫・杜鵑如織・春深花發・紅紫連空・七十二峯若衣錦繡而立招・偶登臺把酒・臨風侍衛・亦雄偉哉・足下即未能鞏泉石之夙盟・亦何可不窺春山之巨麗也・

與譚永明論交趾書

不佞弱冠讀史・至交趾再失・邑邑不已・或撫案太息・尚在葉化父所見・足下論趾舊事・扼腕不平・知足下與不佞同此恨也・第足下知失交趾可恨・詎知其所以失者可恨乎・

昔漢武之平南粵也・開南海鬱林蒼梧合浦交趾九眞日南七郡・設交趾部刺史領之・張官置吏・輸租供賦・無異中州者四百餘年・建安末・張津請改部爲州・與十二州等・比孫權竊據東南・計目前而忘遠慮・輒中分南海桂林蒼梧三郡爲廣州・合浦日南交趾四郡爲交州・各置刺史・而交廣之勢始分矣・晉興・置交廣都督・持節統之・兼刺廣州・其勢雖分・而權尚合・故自六朝至于唐末・五百餘年・猶然爲中國藩服也・五季劉隱據嶺南・交趾道絕・地歸楊延藝・宋人不競・封丁部領爲王・李陳相繼・視爲世業・帝王舊物盡淪于夷・嗚呼・不可恨哉・

永樂中平陳氏・收復交趾・千載之奇勛也・倘于斯時地瀕廣東者・割二三郡隸之・瀕廣西者・亦割二三郡隸之・各置大帥・屯重兵固守其地・遙分其勢・令張英公世鎮・如沐西平故事・交趾之境・豈不若泰山而四維之哉・奈何策不出此也・馬騏貪暴而釀禍於先・王通棄地而委弱於後・柄國者復執賈捐之之說・交趾竟歸黎利矣・嘉靖中・黎莫變生・廷議征討・吾家文敏大司馬按兵境上・詔諭交人・以郡歸者授之郡・以州歸者授之州・令人自爲守・若廣西之土官然・可不血刃而定也・湛文簡權論策亦如此・人咸惜其議不行云・

夫交趾十七郡・四十七州・一百五十縣・歲賦所入一千三百六十萬・舉八閩兩廣雲貴五省之賦・猶不足以當之也・乃宣德初・當國者棄之不啻弁髦・且旋師太遽・曾不少待・令中國官吏工商陷於夷中者無慮數十萬・計亦左矣・豪傑之士・惡得不痛恨哉・足下自謂規畫交趾・着論甚悉・不識可見示否・不佞稽羣詞・爲交趾通考・盡其顚末・家觀察索去・容取呈正・

翁襄敏公安邊記序

余聞胡患・蓋至周始熾云・朔方之城・仲吉甫之命・詩所詠可覩已・秦平六國・鼓積威・胡徙而北・遂築長城界之・雖罷敝黔首以趨於亡乎・然令後世可憑而守・論者不以人廢功云・漢唐而下・胡虜强弱・視中國盛衰・宋室不競・削於耶律・蹙於完顏・折而入于蒙古・夫恢恢六宇・朔虜偃然臨之・此百王之深恥也・高皇奮起濠泗・電掃風馳・驅之大漠・所謂功高千古非耶・當是時・牝塞守在東勝・依河爲固・殘虜不敢深入・土木變後・虜漸南牧・而我退守延綏・西北失輔車之勢・王威寧余肅敏並著聲塞上・顧殫其智力・曾不聞奏一大捷・僅僅固吾圉耳・毋亦以險予敵・今昔殊勢哉・嘉靖中・套虜跳梁・邊事孔棘・閫臣戰守無策・屢獲重

讟・故邊閫有命・莫不惴惴惟任使是懼・獨翁敏襄公以雄才當之・功蓋可紀云・

余弱冠讀書西樵山中・葉計部化父棄官來棲・偕訂古今・至防邊大計・則亟稱翁公・且曰・邊閫重臣往往擁兵自衞・諜報虜至・惟武弁赴敵・勝輒攘封・敗輒委罪・甚且縱虜出入・掩敗爲功・上下相遁・曾有躬出禦虜介而先驅・若襄敏者耶・史臣謂嘉靖中・邊臣動合機宜・晝中綮窽・惟公一人而已・余稽輯公行事・爲安邊記・公開府宣大・偏保六載間・諸所注厝　悉具載焉・余觀公安邊之術・大都有十・選將校・撫士卒・固險要・飭守備・廣庤蓄・明賞罰・嚴詰邊・謹偵諜・獎豪俊・急救援・經畫布置・詳密周悉・豈非折衝之宏謨・保障之長策哉・乃其匪躬自矢・見虜必赴・決勝若神・即詩所稱赫赫南仲・文武吉甫・何以加焉・然公之崇勛偉伐・非獨著於西北已也・交南之役・公分部蒼梧・身肩其事・首誅土酋之外搆者・兩江積寇・以次剪平・尋募死士・間入莫氏僞都・盡獲要領・機算既定・則請大司馬帥諸軍臨之・莫氏震懼・束身歸命者・誰之力哉・西北之烈・何足以概公也・

西樵玉池記

寶峯之南・有池天成・高出平地可三百仭・環以荒林・藤蘿虧蔽・非亭午日色不臨・遊人駭其幽僻・弗至也・余棲山二十年・亦莫之奇・辛卯秋杪・偶經池側・仰視東北隅・怪石隱隱藤蘿間・凝睇久之・嘆曰・此非凡境・天作地藏・蓋待人乎・柳子厚所稱西山鈷鉧潭諸勝・藉開闢力不少矣・乃斬荆蓁・剗砂礫・曾不踰旬・奇態盡露・削壁飛崖・可喜可愕・遂悉力治之・夾池皆石也・兩岸玉立・紺碧交映・見者心曠神怡・余以池舊名洗硯・弗稱・更名玉池云・

東岸石室方丈・臨水而奇・是謂蓬萊巖・巖後古木參天・葱蒨蓊蔚・每當風候・樹聲眩眩・不啻萬皷齊發・其巔多漆・秋後葉盡丹影・蘸池如浮錦・有怪樹曰魁・葉細而濃・蜷屈巖前・類人面壁趺坐・其枝飛跨池東如橋・登巖者伏而渡・巖之西北常產石芝・是謂芝林・採芝者乘桴而至・上多桄榔石梅醉芙蓉・有古茗十數株・並高丈餘・世傳種出顧渚・蓋唐末詩人曹松移植云・西南近岸有小邱・屹峙池中・若鳥展翅・余驅土林外・土盡石出・治爲釣臺・列石鯨爲坐具・登臺四望・碧水縈迴・勢欲浮動・奇葩異卉・點綴隔林・俯仰間令人塵襟盡落・釣臺西上・有石若犬・古櫧交陰・題曰霍子讀書處・復治釣舸池中・旭日飛撓・景色如畫・余謂環池諸勝・已種種可人・其泛舸層巒之上・尤爲奇絕・較之曲溪輞川・當在季孟間・零陵之鈷鉧潭・殆瞠乎其後已・噫嘻・使余冥性靈・消磊塊・居西樵之中・而忘乎西樵之外者・非茲池耶・

西樵春遊記

談遊西樵者・左袒清秋・非以春多煙雨・巖壑淒迷・鮮苔積溜・登陟艱耶・然當春久霽・杖屨所臨・百卉効姸・紅紫夾道・若在錦繡中行・令人接應不暇・秋容惡能匹麗也・

庚子春杪・大宗伯忠銘王公歸自南都・道經三城・約爲西樵之遊・余受徵兩臺・有事粵乘・出山浹旬・公未余面・輒發

舟直指西樵．蓋意余在山中也．越二日．余始得偕城西．余乘舸追之．將至紫洞．阻淺不得前．詰旦．解青鞮揭而登岸．行里許．僦漁舟赴焉．比抵山麓．公已登山．遂趨而進．至雲路里．聞公偕袁中翰懋吉登聚仙臺．余不及返山院．徑詣之．公舉酒相勞．徘徊臺表．遙見叠巘排雲．澄江如練．嘆賞以爲奇觀．余曰．玆臺誰勝．觀限西南．大科峯當山之中．號稱絕頂．湛文簡臺其上曰見日．萬里山川．一瞬可悉．三城之樓閣浮屠．若隱若見．斯稱巨觀耳．其衝之紫霄．羅浮之飛雲耶．宜乘晴霽登之．遂取徑雷壇峯．經先曾大父墓．公偕懋吉謁焉．歷天峯．過五指石．石硉矹浮空．蒼古可愛．折而東北．陟大科巔．俯視七十二峯．尖銳若紫雲．駊騀若碧雲．雄特若雷壇．猶不敢雁行．望諸郡名山．屏峙戟列．東則羅浮白雲．北則峽山庾嶺．西則鼎湖黃山．南則雁山曹幕崑崙．而金洲九江三灃臨江臺諸海．淼淼晶晶．如鑑如帶．悉在盼睞間．倚筇嘆賞者久之．遂觴於見日臺．盡歡而罷．

既下．出烟霞洞西．觀大科書院故址．轉雲路峯．經韓襄毅祠．遂趨九龍洞．從洞後捷徑而入．洞之兩崖．屈突成九龍．頭角崢嶸．狀絕雄壯．有飛騰勢．而通大巖玲瓏．巖石竇⿱穴谷窱．怪跡駭人．則令從者探其奇．從巖卜觀之．歷惜芳臺．沿澗出外洞．外尤幽雅．削壁崚嶒．鳴泉淸駛．有流觴勝處．余所治也．兩崖之上．怪樹奇花．娟娟倒垂如畫．遂還石而坐．飛觴水際．公刻山高水長四字於壁．復從洞後還遊玉池．觀余讀書處．登釣臺．坐石鯨觴焉．東望石室．爽塏臨池．是爲蓬萊巖．巖後松桂交陰．翠色拂雲．每當風辰．山鳴谷應．不啻萬人鼓也．公聞葉計部化父．昔棲西樵．余常奕於此．命刻石曰爛柯處．玉池之西．踰林爲天池．余治釣舸其間．榜人艤俟．遂乘興夜泛．月出東林．光搖巖岫．飛橈往返．無異登仙．公謂曲溪鏡湖．殆難軒輊云．頃之．月色滿地．波光漾蕩．修蘿古木．影片片墜池中．余扣舷高歌．響震林樾．魚驚躍入舟．斫而膾之．咸謳呼稱奇．遊興轉劇．

余以郡君大夫所遣吏士．久歸池上．乃歸宴敦古堂．階前古桂．當春而花．芬馥滿庭．若爲勝會助歡者．月明如畫．花影玲瓏．移席花下．舉酒相酌．其樂陶陶．不類人間世．昔余登寶峯．獲怪芝．狀若老仙憑雲而坐．出以相贈．公嗟異．命曰雲仙芝．是夜宿毓秀軒．夜半．風雨驟至．林木皆鳴．公疑山靈妬客．不覺興嗟．余曰．不然．天久不雨．遐邇洶洶．環西樵而畝者以千萬計．公至而夜雨如注．澤枯潤槁．是公大有賜於疲癃也．公遜謝．晨興雨霽．顧雲烟渟滃．石徑凄迷．余舉觴酹山靈曰．昔退之登衡岳宿．雲不靳一開．今山靈寧無意耶．願借晴霽．爲一日之歡．俄而雲歛烟消．林巒揚翠．南山爽氣．英英動眉睫間．余以聚仙臺曉景尤勝．昨遊當午．未盡其奇．更一臨焉．千山經雨．黛色如新．海門潮生．朝霞晻映．令人心曠神怡．下臺．循天池而西．登雷壇峯．壇畔杜鵑花大開．燦爛如錦．色映巖岫．而寶靈洞後．尤多異卉．紅白交輝．駐蓋望之．復從故道出長林東．直趨天峯．峯夾雙瀑．高數十仞．若銀河倒瀉．至雲谷．謁白沙陳先生祠．少憩息存堂．循石磴而下．出雲谷關．遊九曲溪．經湛文簡壁立洞．洞有湫崖．淙溜瀝・懋吉訝余山志不紀・余曰・此故石礦・殊非天然・昔文簡構面壁亭其中・一夕暴雨崩頹・石壓亭成粉虀・聞者寒骨・今巨石嵌空・㕎巖欲近・寧知命者駐足處耶・遂趨噴玉巖・同玩水簾・值溪風驟起・泉隨風搖曳・其態轉奇・半酣・起觀壁上留題・黎惟敬秘書・梁思伯祠部・歐楨伯虞部・曾紀遊溪上・復踪跡之・巖之西・有文簡玉泉精舍・四面臨溪・景勝清絕・乃斷墉殘砌・半入荆蓁・悵然而返・掬泉瀹茗・飯于巖中・遂從齊雲峯循小科胡琴兩峯而北・經觀翠巖・伏虎臺・巖臺之側・並懸飛泉・滈滈淙淙・可人心目・轉入石泉洞・遊方文襄書院・天湖當其前・山以東・諸泉咸奔瀦之・湖上有亭・隔岸爲方子釣臺・

於時東莞蔡調元林和先借棲洞中・和先余故人・侍御培之仲子也・呼酒相留・觴行甫九・山嵐縷縷從石澗起・俄而瀰漫山谷・遂別二君・趣輿人度留虹橋・出翳門關・關左諸峯・花綴丹崖・清麗奪目・既下山・遶金釵嶺而東・經木鄧井・瀏洌可鑑・木鄧子不知何許人・世傳其飛昇山中・此其丹井云・南上三百步・爲漱玉巖・上有玉湖・產蒲九節・茸茸可玩・徑滑不可陟・遂至方子山居觀焉・山居在雞鎮峯麓・文襄解相後所築也・左三百武爲龍井・泉瀧瀧出石龍口・上有寒泉亭・多古梅・幽雅可宴・前爲垂德堂・後爲寶翰樓・規制宏壯・登望者久之・轉遊澹然亭・還酌乎堂・老稺觀者如堵・蓋想公風采而至云・

是日擬遊碧玉白雲二洞・予謂二洞勝甲西樵・雨後溪聲如雷・飛瀑當更雄偉・遊不可失・顧日暮途殊・二美難幷・遂專意白雲・供張已具・忽雨色霏霏・千巖萬壑・盡入冥濛中・公曰・安知非山靈留俟吾異日耶・遂罷遊・馳至江濱而別・因憶去秋三城諸縉紳來遊・不及探碧玉石門・每爲之慨・今以雨故・幷白雲失之・豈一邱一壑造化不輕假人・如孫仲益所云耶・抑怪巖幻洞・天斲神剜・畀之幽人爲陶寫地・通顯者不宜兼有之耶・西樵之勝・不過四十里・峯巒七十二・僅等衡泰・何遊者數數・竟不能盡其奇也・

少傅吏部尚書廖僖靖公傳

廖紀字廷陳・陵水人・祖有能・徙東光・紀舉於順天・登宏治庚戌進士・正德中・累遷吏部侍郎・敭歷中外・所至有聲・嘉靖改元・晋南京兵部尚書・尋致仕・越二年・徵拜吏部尚書・會署丞何淵請立世室於太廟・崇祀獻帝・尚書席書張璁等深言其非・不聽・紀率九卿臺諫爭之・書璁等復抗疏力諫・其議始寢・尋陳三事・曰正士風・曰重守令・曰惜人才・上嘉其深切治體・加太子太保・在事三年・以疾乞休・晋少保・令馳驛歸・有司歲致廩役・爲人端亮古朴・一切世味不入於心・里居惟典籍自娛・孳孳著述・老而不倦・壬辰冬卒・贈少傅・謚僖靖・

廣西布政使李公鳳書傳

李鳳書字鳴岡・番禺人・其先大庾人・父賢・始屬籍番禺・兄鸞・登嘉靖辛丑進士・歷戶部郎中・嘗以經敎授・成就甚衆・鳳書少從兄學・終身執弟子禮・丙午舉於鄉・後十年・登進士・知蕭山縣・鋤豪强・禁溺女・均賦役・士民感戴・頌聲載道・徙治劇餘姚・甫下車・茂著殲倭功・入爲大

理評事・治獄以不冤稱・遷登州知府・地瀕海・饒於魚鹽・歲羨數千金・一切麾却之・日理民事・惟務節愛・歷廣西布政使・所至以清介自持・不肯徇世・權貴媒孽其短・以老罷歸・官居二品・所業產不足糊口・訓家常以節儉・僕從衣服稍麗・必痛責不貸・兄子良柱・亦登萬曆甲戌進士・爲廣西參議・

張曲江詩集序

張曲江公忠孝絕倫・秀邁磊落・蓋千古偉人也・當其時・抗疏糾繩・抒猷調燮・韓宋之外・莫敢望塵後・乃其宏議卓識・察變未然・即兩賢猶辟易云・邱文莊品爲有唐人物第一流・非過也・然上下古今・德茂者或文采未著・勳隆者或詞藻無聞・斯亦哲人微缺乎・德業文章・公蓋兼之矣・張說稱爲後出詞人之冠・徐浩亦謂其文如輕縑素練・二子詞林宗匠・非輕許可者・而亟稱若是・豈非百世公評耶・且玄宗亦能文之主也・嘆其文章獨步本朝・終身師之・不得其一二・則心服可知也・

公詩雄渾嚴偉・渢渢乎魏晉風哉・感遇十二篇・不減陶謝・而應制詠懷眺覽酬贈諸作・視王岑輩亦何遜焉・第集弢秘閣・世無從窺・邱文莊始錄而傳之・猶然未備也・余增闕正訛・彙爲三卷・藏之西樵・自觀而已・萬曆己亥・公之族裔有鳴韶者・過余山中・見而請曰・昔賢藏書・多托名山・夫藏之名山・重之也・播之人間・公之也・與其重之・無寧公之・先丞相節義勳庸・海內莫不聞・乃其麗藻雄章・輝映雲漢・人希知之者・君倘公之・先丞相實受其賜・余重違其請・許焉・噫・頌詩想其人・庶幾穆然興景行之思乎・倘行之不師・而詞華是艷・則非余傳曲江公詩意也・

聖功圖序

聖功圖・蓋先文敏署宮僚日作云・公謇諤立朝・孤忠自許・先後所上三十餘萬言・比攝銓衡・秉公鑒拔・黜陟無所徇・權貴患厲已・輒思擠之・而南宗伯之遷亟矣・居三載・會有建儲之舉・許太宰讚薦公剛正不阿・忠直有識・宜爲宮僚長・肅皇帝可之・遂晋秩總宮僚云・公以皇儲冲齡・尚未出閣・作圖以獻・時鄒文莊守益・亦以吏部郎擢宮坊・甫思披瀝・獲覩斯圖・擊節嘆曰・先生之圖・美矣備矣・予何言哉・因加參訂・同疏進之・竟以圖涉規切・留中不行・蓋爲忌者沮云・

夫國儲天下本・宗社安危・億兆休戚・隱然係之・古之人・胎有教・襁褓有教・童稚有教・所爲維持於蚤者・罔弗至焉・非特長出就學・師保凝丞始重其事也・何者・青宮之修繕・即紫極之經綸・養正育德・聖功伊始・其道惡得不豫乎・故致主者・不密牖納於儲養之日・而思廷諍於君臨之時・晚矣・今按斯圖・首孝行讓儉・次重祀勤民・次稼穡蠶織・次祖宗家法・終以商王訪道・寓神奇於糟粕・涵至理於象形・所陳儲養之術・抑何詳也・噫・玩象悟理・理得象融・即古昔治平之矩・大都不出此・異日者聖子神孫・稽古

之餘・探及老臣遺書・安知斯圖非太平之一助哉・

朱國泰 里貫仕履未詳・嘗著防虜議・嶺南文獻采其文・稱爲名士・

防虜議

往閱西北捷書・俺答以舐犢之愛・傾心天朝・羣逆授首・授塞息肩・廟廊石畫・羈縻胡虜・欵布以來・由上谷至河湟・延袤萬里・居如堵・行如家・舉砂磧而黍苗之・真制馭長策也・然而竊有聞焉・善始者厪於終・周詢者諜諸野・敢以鯫生之見・用效杞人之憂・方今塞人荷戈・上則供師・內則供役・外則供市・困苦日加・饑寒日甚・然虜志日驕・虜形日變・虜勢日獗・萬一犬羊無信・安知今日馴烏・不爲他日封豕乎・九邊諸虜・俺答最雄・比之小王子吉囊・更難羈制・歲一入市・似凜凜遵約束・而黃把二酋・躪躅邀索・實厥父陰主之情・甚險也・是以議防甚亟・大率不出戰守二策・然而齎空橐而戰・戰誰與先・畫空城而守・守誰與固・況執戰陣以授成・見爲挑憤・而執空約以控敵・見爲疎虞・所議以可戰可守・而無害於和者・曰垣臺宜復也・

在昔跨垣爲臺・臺高五丈・疏戶於中・居可百人・器械芻糧・預期儲備・無臨時輸輓之勞・有彼此交援之勢・賊無駐足之地・我有倚立之形・周垣三千餘里・築臺三千餘所・虜惴息不敢入塞・實天塹長城也・乃自軍伍空虛・守臺無人・因而頹廢・議者曰・既脩邊垣・無用此費爲也・不知垣高不距跛羊・澗又不容步武・列卒而守・暴露風沙・狡虜時乘・矢石交集・彼非石人・烏能歲月禦哉・是垣臺不可不復也・

曰內外宜守也・國家內設重關・外縣四鎮・獨宣府一鎮・爲京師北門・而延永之壤・南山之麓・陵寢在焉・昔自東路鎮南墩・與薊鎮火燄墩相接・塞其中空・乃自北而西・歷四海冶一帶・共脩外邊一道・又自永寧墩至陸臺子墩・創脩內垣一道・外邊以捍北虜・內險以捍京師・內外犄角・首尾應援・玉壘金城・萬年長策・頃因併守南山・而內垣漸廢矣・議者曰・既守南山・無用內邊爲也・不知南山連接居庸・岡巒盤錯・無可駐足・而延永沃壤平原・虜若結營其間・分兵肆掠・則我跼蹐山中・宣府諸城潰矣・況大寧都司既徙・而左臂單寒矣・遼陽舊城既廢・而守望無益矣・開平移・至上谷之憂益逼・偏頭廢・而居庸之備益嚴矣・今不兼脩・內外不可不守也・

曰奸宄當詰也・正統己巳之變・孤叛喜寧・幾塵大駕・嘉靖庚戌之變・蕭芹丘富周厚邦奇輩・指揮勾引・反覆爲奸・而趙全呂老祖・家虜扳升之地・帳坐犬羊・以爲謀主・倘非計擒授首・我何日安枕乎・頃自議欵以來・中國無賴之徒・僞貨而逐馬市・虜且厭金幣矣・匿身以投沙漠・虜且知虛實矣・間有不軌・爲之鼓惑・是扳升扒沙之寇・以中國窺中國也・

曰將帥宜簡也・國家三面鄰虜・九邊星列・重兵棋布・統以大將・副以偏裨・監以憲臣・鎮以開府・聯以總督・無事則畫地以守・有事則犄角以援・地形兵力・備且周矣・然而號令不一・烽火不通・蹂躪相聞・雲翔相視・此何以故・將

無人也・其必氣厲青雲・心懷明月・神清而不可濁・操固而不可搖・視人猶己・爲國忘家・始克大將之仕・大將得人・偏裨障伍・率歸號令・左右羽翼・率合謀猷・然其要則歸於朝廷之簡畀・上下一心・推誠相信・使之力無掣肘・倘不其然・貂璫過於封章・權要束其羽翼・文吏爲之顯鑠・遊客爲之私螫・安望敵愾宣猷・委身抗敵也哉・

日士卒宜練也・方今墩臺垣堡・落落晨星・有名無籍・虛冒難查・間所應籍・不過疲軍弱卒・而談客家奴・包收頂補・平時既失操練・臨時惟圖調募・豈國家歲輸邊糧・盡爲遊戲資耶・其必據日前以定冊籍・募土著以補空虛・練一土兵・然後撤一客兵・嚴私役之禁・除徵調之令・俾其出而操習・入而安家・心無故鄉之戀・身無跋涉之勞・戶即爲兵・人皆樂土・而又倣古八陣之制・及諸葛武侯所制天地風雲龍虎鳥蛇大小陣法・教之諳練・然後可禦風沙・可防曠野・雖彼控弦鐵騎・我無辟易・雖彼煙塵蔽天・我無披靡・又何敵不可破・而塞不可守哉・

然其要則積儲宜先也・國家許市以來・歲費金錢三十萬繙・所省徵調費・不啻百萬・宜乎芻糧豐溢・衣甲鮮整者・然自鹽法壞而不脩・屯田廢而徒設・倉庫空虛・衣糧無給・九邊之士・枵腹露體・是以屯田不復・邊餉終難計也・夫鹽政開中・廢弛日久・未可即行・而屯田舊額・興舉最易・誠以督屯多寡・爲邊吏殿最・歲遣憲臣・接籍而課覈之・將領之掊剝盡清・豪强之典鬻盡復・間有侵占・執白簡以從其後・如在將帥偏稗・有能督田開荒者・課與首級同陞賞・而又先發瓊林之儲・代置耕牛之具・三年之後・纔以馬價之費・輸爲芻牧之需・繕甲脩械・次第更變・開中積穀・雍容舉行而已・乃當事見搗巢之有功・遂爲搜套之計・議復河套一帶・可得屯田萬頃・藉耕而守・倚河而壁・實天之限華夷也・不知河套久淪虜中・道路險阻・我已失其故步・大軍深入・邊餉莫支・捉襟露肘・豈能大創・孰若漸耕漸守・漸搗漸復・徐俟以有爲哉・方今九邊之防・不患險地之難守・而患將帥之難得也・

鄭敦復　萬州人・歲貢生・官福州通判・

古寧野紀序

夫傳世載籍・豈不浩乎博哉・而志其重也・嘗讀一統志方輿勝覽諸書・一開卷而天下山川・古今人物・與建置沿革之故・瞭如指掌・而興亡感慨・賢否勸懲繫之矣・志不重歟・蓋州統於府・府統於省・省則天下之大可通焉・故州志一修・而府志・而通志・而一統志・非茲其據乎・嘗曰・今日州邑志書・將來國家信史・然則志之所係・不啻重且鉅・明矣・雖文獻無徵・夫子致傷於杞宋・然非其人不修・非其時不修・二者因循・遂自置軍以來・千餘載無志聞・

正德間・有州庠一二老宿・會謀寫所覩記數條・余辛亥歲・幸在鄉官胡員外處見之・僅二十一二葉而止・所書往公行實・及州中事宜・屢屢數語・雖俚而核・猶可傳信・乃從斯歲・竊有志於斯書・時加諏訪・採新問故・逮乙亥歲・始成草創・名曰古寧野紀・不敢示人・又薄遊羊城・漂泊十年・購得通志交廣南越諸書百餘卷携歸・偶見州志新稿・大

異曩昔・皆盛稱各家父祖眷戚・仁義道德在上・本學李學正謂聖人書出在某家是也・可哂甚矣・豈足信哉・

己丑夏間・將舊紀從新裒輯・考閱諸書・參稽異同・本古正今・苴漏補闕・訂綴已就・錄今往者・諒無不備於斯矣・念余苦心垂二十年・尋有斯紀・自是而後・或值人時兩會・端可爲纂州省實錄・不然・即無州志・而斯紀亦可備觀覽・不無望於後之博雅君子繼而緒之・

古寧野紀舊序

復有狂疾・粗知章句・即妄意於域外之觀・以天下風俗・人材政事・山川名物・不得親諸見聞・爲幾枉一生・猶之處家・凡家中之田畝・租甒・錢貫・絲縷・醬罌・臧獲之數・不知其有無多寡・胡以家爲哉・本州志書・自古未刻・雖文獻不足・亦纂錄者之不足也・嘗謂有一毫婞婟曲護・憂毀畏譏之心・不足以與此・有一毫好惡喜譽・忌能病直之心・不足以與此・惟二者之心合・遂有宜書而不書・不宜書而書者・竟成各家之私書而已・欺己欺人・於一州之公論公道安在哉・

辛亥歲・州守俞公・欲修而未果・自是歲搜訪以來・二十餘載・無日不在此書・是以集先今見聞・刪其繁蕪・補其遺漏・因其原式・使文省事增・不敢迂泛・叙山川・要得關於險夷瀦洩之用・載風俗・要得與於觀風省方之實・紀人物・要得合於善者好之・不善者惡之之訓・至於壤・則賦額民數・署宇妖異之類・要得可窺古今・消息盈虛・人事得失・運化隆替・氣候節宣・世道升沉之變・猶家之記籍・籍其家之所有・咸切於治生者云爾・何所云云・二者之心・不與存焉・

或曰・子成此書・期於用乎・或有異議也・今顧誦孔子誰毀誰譽章・不休而已・答曰・余賤而未仕・陋而寡修・安能期於人之用・免於人之議・惟賴世之知言者爲準・不知言而罪我者・吾不有也・但知處其家・求知家之所有・不失治生要務而已・若曰退托不敢・則他客到家・家中所有・客能盡知之乎・失今不籍・後代晚生末學・雖有聖人之資・亦限於耳目・而有所不知也・或曰・子言得矣得矣・因書之爲古寧野紀叙・

劉相 字良倩・香山人・生員・以辟薦授昭平知縣・升兵部職方司主事・相工古文詞・邑中碑銘傳記多出其手・卒年九十餘・

衆母菴豐盈井泉記

地靈蘊積之厚・俟時而洩・誠非偶然・必有關夫運會之賢・起而理物・然後扶輿貞淑之氣・發其所蓄・以呈厥瑞・董子所稱・醴泉出・朱草生・嘉木興・斯其應也・

邑侯胡中尊・質弘中而文彪外・敬天勤民・鳴琴伊始・建衆母庵於豐盈二峯之陽・以祀痘神・顧庵距峯麓・鑿井艱於及泉・挈瓶他往・操綆者苦之・一夕僧夢神指以泉源・詰朝・從厨左按夢鍤土尺餘・泉穴涓涓・坌湧不可禦・水色瑩澈・入齒甘芳逼人・品之・康王谷蘭溪石下水・似難優劣・

侯向癖嗜小嶺掬䨱泉・玆井既闢・刻飲一惟此水・即或廵課農桑・出咨民瘼・諸凡往返・必計日載水俱行・不使擅臊移我・飲冰滋味・則侯之性也・昔范文正公知靑州・有惠政・泉溢出如醴・遂以范名・李錫令虞城・治內井・清苦與錫宜・喜飲之・後名李令泉・庵之有玆泉也・得侯名而益著矣・方之若范若李・夫何忝焉・

明十二

洪錫祚 字藿藜．東莞人．天啓元年辛酉廣西籍舉人．官浙江．累擢按察司僉事．乙酉南京陷．魯王監國．內擢太僕少卿．力辭．既而唐王稱帝．閩浙水火．清兵破金華．乘勝而南．閩中亦破．錫祚乃歸里匿跡．完髮於鄉之三寶菴以終．

上明魯監國書

殿下當大勢橫流之日．不忍國祚淪胥．起兵江上．海內義兵．風起雲湧．此誠危忽存亡之秋也．然天下之士．感激公義．棄桑梓．甘鋒鏑．竭膏血．前仆後繼．不自珍惜．亦欲雪先帝之仇恥．衞國氓之一髮耳．今蘇松嘉湖．列營數百．浙西府縣．義旅高搴．首尾有相應之勢．一鼓作氣．此其時也．勤慈石浦之兵．銳氣可用．平湖義師．血戰方酣．殿下居中策應．宜簡舟師．絕流而渡．以攻其前．臣當選率精銳．糾合嚴衢之兵．以躡其後．杭州孤懸．進退兩顧．必不能守．然後渡三吳以窺白下．此上策也．

洪承疇新破江陰．銳氣雖盛．然吳中水師之潛據太湖者．實繁有徒．若遣使聯絡．以爲犄角．而另簡偏師．由嘉興以趨蕪湖．斷其運道．杭城坐困．勢必返救．大兵躡之．浙西可定．此中策也．

殿下不忍社稷傾覆．冀成中興之業．唐魯誼屬宗藩．奚必爭親疎先後之分．義兵正兵．皆爲國而來．奚必持分地分餉之議．倘我兵渡浙．定鼎金陵．大號自非閩人所能奪．若徘徊爭論．藩鎭中官．得制義餉．宏光故臣．不變鴞音．則義師解體．强敵方抵隙蹈瑕．坐收漁人之利．是曰下策．

伍瑞隆 字鐵山．香山人．天啓辛酉解元．授化州學正．累遷戶部員外郎．擢河南巡道．告歸．甲申國變．入金陵．與諸名士結復社攻馬阮．南都陷．避兵衡嶽．數歲始歸．淸師再入廣州．瑞隆被難幾死．尋放還．隱於邑南鳩艾二山間．築少城別業．卒年八十四．或言其晚學道．不知所終．所葬唯衣冠耳．工詩書畫．人爭寶之．王士禎盛稱其詩．查繼佐今釋皆極推重．所著鳩艾遺集．雩樂林草．凡十二種．多佚．近人鈔存詩文二卷．按永歷紀年謂．瑞隆丙戌降淸．今考正

何鼎新索畫記

何鼎新爲時彥風流第一．近又屬意寫牡丹蘭竹．未一年．而聲高郡之內外．蓋其蘊藉之靈．有以發之也．壬辰秋．客有告予者曰．衞夫人終爲逸少所掩．鼎新且將駸駸逼師．不但文章之光怪爾也．不知吾之喜而不寐．蓋已久矣．是時鼎新居鳳山．不入城市．其所作蘭竹牡丹．皆於扇頭見之．頃十一月之既望．予遽遭大難幾死．退而更絕人事．一

意筆墨・自癸巳元旦起・無日與夜・如對古人・念無與共幽獨者・因貽書招鼎新・而鼎新至矣・時三月十三日也・坐中偶及水墨之法・而鼎新之所領悟者・每高吾十倍・而猶不自信・欲吾多作以資發明・因援筆共得數十紙・以歸鼎新・

昔吳道子與楊惠之・同學字於張僧繇・而皆不自得・遂棄去字學・以僧繇字法・學僧繇畫・亡何・惠之見道子畫法日上・歎曰・吾將來必爲若人所掩・不足進取也・乃又棄畫・以僧繇畫法學塑・其後吳道子楊惠之・各爲天下第一・而皆出於僧繇之字・始知文章一道・師友相承・青勝於藍・冰寒於水・自是常事・韓山門人盧文長嘗謂予曰・聞師嘗學蘭於劉子淸・學牡丹於趙裕子・得毋都叛去乎・予笑而然之・若鼎新者・他日必不叛予・直掩予則有之矣・是日同過者・李謀士安國・麥廷詡素仲・各有佳酒見遺・鼎新復贈美研・及手製良墨・坐中飲酒發研・安國銘而素仲刻・予磨墨揮毫・其間一波一點・一花一葉・皆諸子之靈也・

少城別業記

少城別業・在邑南樓下・故諸暨令毛赤城先生物也・毛公子數人・於吾爲通家子・又有及門之誼・以其地逼鳩艾山・挈其券以歸予・而屬邑大夫胡絅庵定其議・此殆如楊元獻陳公翰後・以先人舊好・出近城隙地相贈・爲吾補缺・邑大夫各如毛公議案存之・遂於己亥四月初九日・誅茅拔茹・闢戶於白雲坡前之右・將卜築焉・甥何天鑄楊易生乃倡一時聲氣・諸公勸其事・官喜吾之菟裘・而藉行其養老之化・以其文酒之交・因而訂談經考藝之樂・至此地居民商賈・則固諒吾之不材也・邑大夫乃復臨其地・詳爲指點・某爲亭・某爲臺・某爲室・爲戶・爲徑・因遂制文勒石・捐金鳩材・於園之西南以爲亭址・園地可半畝・取杜茅齋寄在少城隈之句・題曰「少城別業」・聯曰「城中城外・山北山南」・稍進曰「試一窺」・聯曰・「遨世外盟・得靜中賞」・折而左・爲第一關・曰「尋眞」・聯曰・「欲問酒塲詩國・請看流水桃花」・邑大夫所勒碑石在焉・循竹徑窈窕入・爲第二關・曰「爲君問」・又折爲第三關・曰「浣花」・浣則留・不浣則閉・又第四關曰「入林」・曰「忘光」・第五關曰「樂飢」・曰「選石」・而「蘭露亭」居其中・蘭露者・木蘭之墜露也・聯曰「身世浮沉外・乾坤想像中」・又曰・「一簾雲水・甘爲邱壑之民・半畝園亭・却得干城之地」・邑大夫窺吾深者・因爲額曰「五岳爲心」・而系二詩・過爲「野鶴臺」・聯曰・「伐薪斫泉・到處有名士・孤雲野鶴・何天不可飛」・歷野鶴臺南去則園也・園曰「且園」・聯曰・「道存東海・興寄西山」・園門內小屋・即茶寮・砌城麓・一徑古木幽花・涼蔭蔽日・自疏欞望之・眞如峭壁懸崖・青翠欲滴・聯曰・「綠天開一線・香茗醉千回」・又曰「一鐺梅露蓮露海棠露・四座蘭風菊風桂樹風」・主人日與客烹茗於此・

徑盡入園・芭蕉枸杞・拂簷繞棟・梅竹圍其外・隨所宜・間植花菓・空其中以待月・右傍曲徑繞城下・一折爲「醉花臺」・聯曰・「一花一石・長醉長醒」・頂架草木・雜引藤蔓・傍西照也・一折爲「美人亭」亭另有記・不具錄・聯曰・「有靜女城隅想・作伊人水上觀」・又額其簷曰「聽仙

佛」·自爲應求·聯曰·「一卷周易·一卷楞嚴·一卷春秋·一卷莊子·十分山客·十分水色·十分酒思·十分詩情」·亭右背一井·曰「松花井」·間植數種松·前側一石如鯉形·號「朝天石」·非壇非案·亦壇亦案·可以迴月·可以歌風·可以體星辰·醉可以眠·可以咏·可以聽閒人說鬼·循而前·爲「瑤碧臺」·古石苔紋如織·在叢陰之下·相對爲「冰壺石」·籬花圍者三·上蔭修竹·

從此再歷「醉花臺」·過「綠天橋」·聯曰·「駕來只城隖·行盡卽羅浮」·蓋築小石梁繞郭而溪·羣蕉覆其上·雜以飛蔓·碧綠相盪·天日爲之蔽虧·客行其中·無風而有風·有雨而無雨·籬邊燕語·城上人聲·都不知橋畔之有人也·稍前·闢一戶·聯曰·「橋盡疑無路·門開忽有天」·內以種梅花·因署「小羅浮」三字·聯曰·「驛使每憐花放後·美人原在月明中」·向住落霞山·與何相國·李大宗伯·何學博·家秘書梅園分賦詩也·念之凄然·輒成小羅浮一記·錄之壁·又題其後曰·「香中別有韻·清極不知寒」·臺曰「香夢臺」·感師難舊事也·

落成之日·邑大夫率遠近縉紳士·咸載酒而登焉·曰·吾先王父忝與先生同籍·今三十九年矣·君等得與先生闢此地·以妥先人蘭臭之心·唯諸君子時携觴選韻·無間晦明風雨·以佐先生新興·余不佞幸甚·諸縉紳士曰·亦自愛其杞宋之文獻也·敬唯命·遂於是日開社賦詩·主人爲記·中瑤碧臺·綠天橋·各有小記·及助修親友題名俱別載·

惜士不遇賦　並序

古人之出處也由己·今人之出處也由人·由人者·招之則來·麾之則去·由己者·無心於功名·道可進則進·可退則退·其實由己也·由道也·孔子曰·用之則行·舍之則藏·又曰·邦有道貧且賤焉恥也·邦無道富且貴焉恥也·豈非由己由道之明訓哉·惟其間·有遇不遇存焉·惟人之用舍·世之理亂·同一感恩也·而大小異·同一知己也·而深淺異·當時孔子非不攝行相事·孟子非不爲卿·而要之不可爲遇也·自肅皇帝始·致辨於王皇二字之義·尊之爲師·而至聖大賢始一遇於千古之下耳·夫遇者非由智·非由力·非由期約·非由揣摩·而忽然遇之之謂·

易曰·遇主於巷·又曰·遇其祖遇其妣·不及其君遇其臣·此遇之義也·古人之義不一矣·或出或處·或默或語·豈不亦紛然其轍哉·而其間·高爵厚祿未必賢·一命不沾未必不肖·遇者一言之義·亦可容於暴主之朝·不遇者·全行之瑜·而不免棄於聖人之世·故或以大德而制於小德·或以長才而困於短才·或以經濟而屈於技能·或以文章而劣於佞幸·或以廉謹而棄於多慾·或以高閒而擯於喧囂·此在天則爲時·在人則爲命·馮唐李廣·兩無可事·當是之時·規不必圓·矩不必方·準不必平·繩不必直·吉凶悔吝·懸於奸邪僉小之手·自非有至人者揭日月而行·將萬古如長夜耳·

伯夷柳下惠·百世之師也·而使不遇仲尼·則不過東魯之逐臣·與西山之餓殍·此卞和所以抱泣·而務光所以

沉淵也．太史公曰．伯夷叔齊雖賢．得夫子而名益彰．顏淵雖篤學．附驥尾而行益顯．天地相遇．品物咸章也．遇之時義大矣哉．董仲舒儒者．所爲士不遇賦．哀思傷毒．司馬遷繼爲悲士不遇賦．陶潛又爲感士不遇賦．千古悲涼．唱和欲絕．余生也晚．無三子之才．而浮於三子之遇．因援筆而續其篇．使後之君子．鑒予之志．哀予之命．而因以弔三子之魂云爾．賦曰．

噫．惜乎．傷心哉．士之不遇．若涉川之無舟．若遠行之失路．欲進不可．欲退未能．望河山而隕涕．弔風物而傷神．況安危之靡定．屬貧賤而無親．譬在鳥而爲鳳．超丹穴而高飛．却掩九苞而自晦．與鳥雀而同歸．譬在器而爲琴．張金玉而廻軫．却寂寞乎朱紘．避秦箏之豔引．譬在馬而爲駿．輕千里之行塵．却不逢於伯樂．服鹽車而苦辛．譬在蜴而爲龍．恨進修之未能．却德業之方成．屬躍飛之屢更．譬在衣而爲領．挈襟帶以無餘．却値綱維之廢．空存懷袖之書．譬在水而爲海．挹百川而會歸．却要荒而見棄．藏蛟龍而莫知．譬在山而爲岱．恣七十君之迭主．却一謝於秦皇．永難期於漢武．譬在金而爲鐵．發干莫之雄鋒．却埋光於豐獄．空流影於長虹．譬在土而爲石．亘五岳而崛起．却守其硜硜之節．莫顯其巖巖之理．譬在草而爲蘭．遡秋風而獨遠．却閉阿嬌於長門．而謝陳王於秋阪．譬在木而爲松．歷隆寒而不凋．却一落乎澗底．誰引手於青霄．譬在氣而爲風．洗天門於九重．却閶闔之深閉．扇竅陰於四封．譬在室而爲棟．抗一木而支厦．詎炎炎之將頹．致隆隆之撓下．譬在樹而爲果．剝方窮而復新．却失輿於君子．反得廬於小人．譬在筆而爲毫．寫鬚眉於影響．却墨海之無波．絕兔鋒之蕭爽．譬在體而爲眼．攝一身之光明．却浮雲之蔽日．望長安而涕零．

登蒼天而高舉兮．乘衆氣而徜徉．一覽而知山河之本末．再覽而周天地之圓方．彼帝皇王伯之各有所師兮．豈日月星辰之靡有所將．不降其志兮．不辱其身．夷齊以還兮．更屬何人．悲哉連與惠之中倫中慮．幸哉虞與逸之中權中清．仕止久速．不可以預期兮．往復平陂．不可以力爭．掩雲霞於天路．吸沆瀣於瑤京．諒斯人之飛舉．豈僕病而未能．擁四色之蓮花．列七重之寶樹．吾未適乎伊人．豈宵行乎而畏．露神龍之在九淵兮．竢風雲之推轂．黃鵠高舉於千重兮．詎無心於擇木．常魚之服．非白龍之可襲兮．雜縣之鐘鼓．非巖居之所欽．吾將建明月之旗．接回風之軫．而息乎若木之陰．

朱實蓮　字子潔．南海人．天啓辛酉舉人．撫按以人才薦．官德清縣知縣．以誤漕被劾．値流寇之亂．政府方事搜括．崇德令趙夔自縊死．實蓮曰．朝廷以民付我．今民旦夕死．而朝廷不知．無寬政．此守土責．遂自詣詔獄．獄中極陳地方荒苦．奏入．獄解．謫松江府照磨．起臨淮知縣．內擢．累官至戶部郎中．北都陷．陳子壯等起兵．以實蓮攝高明縣事．城破殉難．賜謚烈愍．所著冬青草．積雪軒集．未見．

獄中陳德清荒苦疏

微臣聞之．水旱者．極憊之凶也．補救者．時亮之權也．去不忘憂者．職思之勤也．死不忘忠者．事君之節也．竊惟天災流行．何處蔑有．未有四五年來．饑饉洊臻．旱魃嗣虐・孑遺靡定・降割繼行・井邑爲墟・民物將盡・如浙西之甚者也・追惟九年十年・浙右奇荒・亙古罕有・桑株砍伐・耕牛宰賣・迺至掘草鬻土・人類相食・小民死徙之餘・未獲安業・而十二年夏秋之蝗旱・冬月之霪雨又作矣・陰淫積久・淋潦非時・去年夏五月蛟龍水驟發・百川灌河・鳴山應谷・江浙蘇松常嘉湖數郡・稽天鉅浸・千里瀰漫・吳江德清・腰腹太湖・如坐釜底・苕霅諸水・與江海通波・於斯時也・城隅傾圮・隄堰潰決・廨署泛汪洋之浸・壇廟無暵乾之所・起視四境・穀蔬淪沒・室廬漂蕩・人畜蔽江流而下・帆檣緣木杪而渡・男號婦哭・天日爲昏・其有乘高駕浮・幸不卽斃者・無所得食・驚癘飢羸・有孩稚推棄於漲中・夫妻子母・枕藉待死於水涯者矣・微臣此時受任未久・四出拊循・測量潦勢・深者水可數尋・淺者猶至滅頂・坊廂如此・鄉堡可知・是以塘棲以西・尖山以北・千村萬落・烟火斷絕・傷亡死徙・民氣索然・甌之故者僉云・江浙水荒・創於萬曆丙午・慘於天啓甲子・然前此兩見・皆淹未兼旬・茲則奔騰數月・前此民戶蓋藏・尚足枝梧旦夕・茲則凶飢之後・元氣蕭條・歷數三十年來・上天降殃・虔劉下國・未有甚於此時者也・

微臣目擊情形・痛心酸鼻・自傷爲人司牧・政刑頗僻・措置乖違・無以導致祥和・復以招災速戾・使萬戶生靈・顚連若此・是時卽肆微臣於市朝・正溺職之誅・謝橫死之衆・是微臣所大願也・當已再四思維・圖拯救於萬一・顧迺納隍有願・起瘠無因・不避先發之嫌・而官庫如洗矣・欲倡富民之義・而大家中落矣・期需抽分之益・而商船裹足矣・思乞鄰封之糴・而同病無門矣・四顧旁皇・搥胸飲血・不得已・兩申撫按・面要道府・籲懇丁糧漕白・一切奏蠲・發帑截運・以資接濟・是時非無尼微臣・怵微臣者・微臣以謂熙朝聖聖相承・勤求民瘼・深仁厚澤・二百餘年矣・高皇設預備倉・禦荒歉・地方偏災・州縣不以聞者・許耆民申訴・處極刑・永樂中・河南飢・文皇治有司之玩泄者・榜示天下・宣宗皇帝聖諭・民飢無食・濟之當如救焚・拯溺何待勘爲・煌煌大訓・我朝鼎命之隆在此也・至謂籌餉方殷・浩費恐非朝廷意・是又淺之乎測皇上矣・皇上御極以來・以祖宗之心爲心・以天下之安爲安・迺者不因旱齋居避正殿乎・不賑延綏飢乎・不餽南陽粟乎・不普免山西新舊二餉乎・微臣方且恃天恩之有素・盼大吏之飛章・方且噢咻老幼・撫摩瘡痍・勉之以忍死須臾・慰之以大澤將至・而不謂漕兌嚴期・突然逼迫矣・揭參符劾・急如星火矣・微臣奉職無狀・法重命輕・欽奉嚴提之下・分宜速正刑誅・而必䩄顏囚首・歸死司敗者・非有所願望也・

伏念唐石烈士・馬前一騶耳・尚思排豐碑・撞守卒・俾自致於萬乘之前・以鳴主將之勞烈・方今聖明在上・居高聽卑・坐使一方嚮隅・恩不下究・九重萬里・壅於上聞・萬物顚顇・而陽澤不施・羣方戴盆・而天光不照・汝身雖殲・汝罪不容誅矣・

且夫蘇浙數郡・錢漕金花銀之偏重・天下所知也・里下辦差・如解戶糧長馬船頭館夫・祗候檯柴脩倉接遞站鋪牐淺夫諸色目・又如寄養馬匹・黃穰苗撞竿等差徭・又有採買銀硃生漆鐵線香蠟金兩・取求之無藝・幫貼之煩猥・天下所無

也・荒旱以來・帶征有三年五年・添派有助餉練餉・又天下所苦也・萬一賙恤無聞・追胥如故・虎冠之吏・敲吸爲能・藐爾殘黎・展轉之下・惟有逃亡・逃亡不能・因而鋌險・時事將有不忍言者・宋臣曾鞏之言曰・拯灾不力・小民或出無聊之計・有窺府庫・盜一囊之粟・一束之帛・彼知已負有司之禁・則必鳥散鼠竄・竊弄粗梃於草茅之中・以奸游徼之吏・疆者旣囂而動・弱者必隨而聚矣・不幸或連一二城之地・有枹鼓之警・國家胡能晏然而已乎・比者中原多故・風聲播流・保無有梟獍之徒・包藏禍心・乘間思亂・初猶煽切・繼且盜兵・裹誘漸繁・橫流益潰・陝晋楚豫・其已事矣・是可不爲之寒心哉・語曰・失之東隅・收之桑榆・又曰前車覆・後車戒・前車覆而不戒・是後車又將覆也・是故欲回天意・先召人心・欲保東南財賦之疆・先予億兆更生之路・

伏願皇上獨斷聖衷・截留南漕米十萬石・准在淮南水次駁放・仍提浙江存留銀十萬兩・火速散施・其科辦帶徵添派各官錢・暫從恩免・或仿宋范仲淹守臨安興工代賑故事・令飢民挑濬吳淞白茅兩江・赴役就食・若此則收行水之利・廣澤枯之仁・荅列祖眷顧之靈・弭五行飢饉之患・塞姦人窺窬之竇・鞏皇圖保定之基・胥於此乎得之・孰與屯一時之膏・釀滔天之禍・而後悔無及哉・若此則微臣去職・爲不徒忠言爲有補・則雖膺大戮・伏斧礎・且將含笑入地矣・

梁元柱　字仲玉・一字森琅・順德人・天啓壬戌進士・入翰林・轉陝西道御史・魏閹欲見・峻拒之・大書二十字・不憂不懼・君子乃能遯世・患得患失・鄙夫烏可事君・値天變・抗言・削籍歸・與黎遂球陳子壯輩・詩酒高會・縱筆作畫・崇禎初・起原官・巡按雲南・尋病卒・嘗築園粵秀山南・濬池得奇石・配以古樹・謂皆偶然也・以偶然堂名集・又疏要四卷・皆未見・

上穹蒼告變疏

臣惟宇宙間陽能制陰・陰必不能亢陽・此天地之大義也・陽制陰則順而常・陰亢陽則逆而變・此天人不爽之徵符也・今日朝廷間・在族類・則君子爲陽・小人爲陰・在官府・則廷陛爲陽・禁密爲陰・在臣寮・則公卿百執爲陽・閹璫婦寺爲陰・

頃東廠逆監魏忠賢・罪惡貫盈・無君無天・神人共憤・且與奉聖夫人客氏互相朋比・結成建寧之釁・輦轂之下・敢怨不敢怒・廟堂之上・敢怒不敢言・獨臣堂官楊漣・首疏糾參・摘陳大罪二十四欵・侃侃鑿鑿・天鑒同昭・當斯時也・上帝爲之式憑・祖宗爲之假口・皇上不亟收爲讜論・竟以尋聲沽直斥・既而遍臺省諍臣・伏蒲聲呼・章滿公車・皇上又不早賜圜轉・並以同聲瀆擾斥・又既而部寺諸臣・危言叩閽・而天聽如故・又既而台輔諸臣・微諷納牖・而奉傳如故・夫忠賢一閹豎耳・舉朝之所非・在皇上不能獨是・普天之所同棄・在臣隣必非獨讎・何至煌煌天語・倚忠直於刑餘・槩牽誣之入告・幾於我父我母・我寇我讎・皇上愎諫日堅一日・奸竊寵榮・日專一日・忠賢盤據・日甚一日・宗社隱

憂・日深一日・皇上固堯舜主也・一時舉動・不知何以若此・滿朝洶洶・屛息重足・半月之內・簾陛之間・煬竈蔽明・豐蔀掩晝・已形成一堅冰冥晦景象・人心爲之慄寒・祖宗爲之悽惘・天地爲之慘暗・於昨十四日・凄風暴雨・殞雹彌空・如拳如石・注擊移時・畿甸驚惶・不知所出・臣相顧錯愕・扼腕圖維・以爲近日朝廷・無事可以召變・則忠賢實致之・忠賢未必能動天・而皇上之庇忠賢實致之・皇上謂權奸不足疑・將天變不足徵乎・謂人言不足信・豈人心不足喩乎・皇上試對愓休咎之符・何以前十日躬虔露禱・而甘澍萬家・何以後十日・寵庇逆璫・遂晦陰六月・徵應之機・固的的不爽也・非乘此遣災修省・急攬大權・奮震天威・將忠賢立賜處分・令禁闥一清・隱憂永杜・將來人憤愈盈・天心日隔・宮掖之變・有不忍言者・臣卽碎首剖心・願與李杜齊名・不能爲皇上効涓滴也・納諫除凶・於以回天永命・在聖明頃刻圖之耳・

黎遂球　字美周・番禺人・天啓丁卯舉人・授兵部職方主事・時流寇內訌・邊事日亟・詔舉經濟名儒・遂球被薦・以母老未赴・甲申・聞變痛哭・決意致身・乙酉・奉唐王命監廣東兵赴贛・城破・巷戰・與弟遂琪及僕盧從替梁義陳廣金三十餘人同死・賜諡忠愍・著有周易爻物當名・四庫著錄・今刻伍氏嶺南遺書中・蓮鬚閣集十卷・刻入粵十三家集・

政教策

今夫教之與政・其始合也・其既分也・其究相反而不能相爲用也・則風俗之詭正爲之耳・然成風俗者本乎人心・則甚矣敎之不可不重且愼也・夫人心正・斯上賞而勸之・罰而畏之・是以其善者・有興起鼓舞之意・其不善者・亦有憂思告戒之語・此其可與政合也・人心不正・斯上勸善・而飾善以應之・上罰惡・而匿惡以求免・甚而與善之典・則其取富貴之資・取富貴・則其爲惡之資・罰惡之典・則其私惡之資・交相惡・則其報仇之資・夫以王者在上・宵旰講求・不過爲奸人報私仇・淫人致聲色玩好・此所以有剖斗折衡之思・而急又出之亡爪遺簪之智也・正人心之敎・可不重乎・

粵稽五敎・在寬固其上矣・其載在周禮者・如飲射讀禮之典・又或董之以鄉之三老・夫在朝爲公卿・在野而稱老・日計朝廷所以嘉與斯民者而訓飭之・此周官之法所以不沒・其關睢麟趾之意也・降而秦法重而棄灰・至漢之倡優・皆爲后飾・取箒立而誶母・其故若不相蒙・而其道有相貫也・何者・徒法之行・或巧飾以爲得計・或投距告首・以爲釐剔・此所以讒夫可昌・等威莫辨・盆水如劍之體不崇・而證父攘羊之以爲直也・如是有以解網弛禁之說進・益又不能・夫是辟興于叔世・而火烈冀鮮死・蓋刑亂用重・理或有之・而不知皆權宜之計・非本論也・

洪惟我太祖高皇帝・廓淸中夏・其時腥羶乍洗・如醉似醒・故所以治之不厭其詳・然猶聖製六箴有訓・鄉約有講・姓氏有正・音韻有書・敎之亦不厭詳・列聖相承・皆以刑賞而寓忠厚・此昭代之政所繇遠過周初・然其時人心醇朴・恒觀感知畏・邇者民滋巧僞矣・皇上勵精圖治・至頒明諭・與小學・重德行・舉山林隱逸・凡所以敎之者・何所不至・然而應之者或非所行・出之者或未必效・則愚生以爲非政之德

衰・而躬行倡率之故宜講也・今民見士大夫之如是焉・而可以有爲於天下者・則亦何所不可從・而其不知有廉耻節義・則亦何所不可欲・故夫公卿者・士之倡也・士民之倡也・今誠有取與不苟之教・而理財之政可行矣・有讓善不居之教・而用人之政可行矣・有不忍害一物・不敢傷元氣之教・而郊祀大享之政可行矣・有同仇同生之教・而軍興之政可行矣・他如此者・畢以類應・亦惟皇上端之本・澄其源・崇政體以勵廉耻・愼功賞以抑奔趨・優祿人以堅介節・夫是以政與教合・而虞周之治興・刑罰既清・禮樂扶進・愚生有以觀中興之盛矣・

官人策

執事策政教而繼之以知人官人・則誠愚生之所以在吏端而可以暢言其故者也・稽古敷奏以言・明試以功・至于書升之選・六計之弊・法不啻詳・國家以科目取士・近於敷奏・其授之職而考計之・則明試也・雖然・祖宗朝諸名臣有不繇此者矣・其有繇此糊者・糊名易書・乃大異于諮詢參驗・即謂考察之爲明試矣・然而以政而學・彼公孫僑猶將惜之・矧其以政試乎・且也士一入官・則善事上臺・無失名譽・以是爲難・而爲之銓衡者・稍破格則人從求其故・求其故不以爲優異・以爲私庇也・夫然・則祁午之所可・又可知矣・而徒循資格・則人將安于故・安于故・或功名衰乎治郡・而朝氣讓爽西山也・夫然・而兒寬之所奏・又誰爲言矣・矧也考察之法・又不知其果可以得眞治行否也・其在內者・誠參用耳目可得矣・他如戶口不僞增歟・催科不日巧歟・蒼鷹乳虎・可空案牘之山・而毆爵毆魚・不益萑苻之嘯歟・則是已製之錦・害仍甚於繭絲・鸞鳳之祥・栖或困于枳棘也・如此則暗中摸索・既一窮于科舉・按圖索驥・又一窮于考察・用人之效・可復覩歟・然使此法一變・而畫虎之害・恐更甚于刻鵠・則請求其不必變而可行無弊之策・

夫應科舉者士也・士之行己・不大著於學宮歟・與夫有司之耳目歟・高皇帝臥碑有制・列聖教養之法甚正甚詳・今誠重督學之任・嚴教官之選・參之以有司之見聞・鄉縉紳之熟習・孰於選舉之前・悉其平日而品定之・事必有實・彙爲書冊・如某也節介孝友・德之選矣・某也博綜世故・可以理繁劇也・某也稽故討往・可以備顧問・某也摛華摭實・可以潤皇猷・某也慷慨有志節・可以當重寄・授節鉞・而其敗類不堪者・雖舉業文優・勿得與選・其不甚表見者姑與焉・而獲儁之後・即以此而攷實・次第以需事任・如此不惟官得實用・而且可風其餘・俾益相尙而不肯自棄・此寓攷察于科舉者・雖糊名猶師錫矣・其既也・則巡方之選・益不可不愼・古者巡五岳・覲羣吏・而皇上乃委之御史・御史公明・則百官見矣・故夫御史者・攬登車之轡則氣槩肅・辟郵亭之歌則耳目清・而後兎窮三窟・鬼絕揶揄・勿緣愛憎・勿徇毀譽・一本其所以效于民而措于國者以爲制舉・而內則有銓司以衡之・諸大僚以糾之・久任而共見之・是又不妨以所嚴于科舉者爲攷察・不糊名而糊名矣・

矧夫今之爲累・非積薪之弊・而人必有兼才・歷諸官之弊也・今誠于士入官之始・即覈其平日所優・分門別類・使之占定一職・積壘而日熟之・如周之六官・厥有專司・雖有

黜陟．不變其所故習．俾效能焉．未有不收眞才之效者也．故夫敎化者又知人行政之本．可互見也．

保舉策

保舉之法．先朝如楊文貞公欲亟行之．李文達以爲不可．夫文貞以爲可行．惟如文貞．斯可行也．其以爲不可行者曰．以官大小爲銓次先後．不可行也．曰．謝恩私室．不可行也．於此而爲之策．則曰考試．然今之攷試．果與古明試同歟．古者明試以功．令舉山林隱逸．與夫辟雍泮水公車之士．徵之使至．此果何功可試．聞之曰．學而後入政．未聞以政學也．有美錦而使學者製焉．雖平成猶或惜之．況乎四郊多壘　而以不習事之人．當鎖鑰保障之任．此豈鍾山之招．可無愧北山之文．而果遂反風滅火．驅蝗徙鱷．其才者又遂盡如龔遂張敞尹翁歸若哉．

難者曰．以科目之爲任．而亦旣試之．此豈遂以功歟．然而科目有二失．以薦舉參徵之．則益以見其爲尤失．科目之失也．不惟其人．不惟其人．則待聘者未必皆珍．然帝簡之意．亦可通於枚卜．故亦得．薦舉之得也惟其人．惟其人．則匠石之顧．宜無不中繩墨之材．然蔦蘿之附．究且滋蔓．以是爲姻婭膴仕．故亦失．科目之失也．其人任之．卽無與於人．無與於人．故顚趾不以爲覆餗之刑．然其人皆有實之鼎．故不肯輕以身名爲卽羞之玷．而亦得．薦舉之得也．其人任之．卽有與於人．有與於人．故苟非良璞．不敢犯刖足以獻．然以此則益相與匿瑕飾瑜．華其櫝以爲腐鼠蓋藏．鼠而腐．又以高位碩之．故愈失．矧也科目之繇來．亦未嘗非薦舉之得也．士入學宮．高皇帝臥碑不有訓乎．同籍保結．以至學使者之黜賞．不日嚴令申飭．持斧繡衣之糾察殿最．不旣著乎．若此者以爲虛文．則皆虛以爲實．事則皆實．亦何患不得眞士也．苟日變其成格．則恬者不得與競者同進．躍冶者不復歸於陶成．敎化之道．先受其凌擾．今爲薦舉者策．生以爲仍如之．科目之試得也．夫苟以爲重．則歸之科目而科目重．且以科目重之．則益重矣．在當應科目者．別其牘以優收之可也．抑如唐宋故事．別立一科．而嚴其選可也．生且以爲入科目之後．始不可以不行保舉．而旣有保舉．亦宜麗之於科目．倘其人果學識皆長．古今通貫．則射策條對．自見一斑．何得一槩收之於起廢等也．

且夫今二千石不盡修厥職．州邑守令不能任其官．非盡無才德之謂也．習於所便．以是而棄其能．故百煉之剛．可化爲柔．橘在江南．過北爲枳．苟非其資性通決．鮮可遷乎其地而爲良．夫阿與卽墨．或召而或烹之．則又在乎皇上之留意．而無人不可用矣．

答潮州李司理書

以忠義盟心之人．遽聞此變．眞肝腸寸斷．可以不生．彼甘心從逆者．不知是何面目．皆由平時敎化不敦．致不知君父之重．如士大夫居親之喪．而飲酒食肉．以爲常事．甚或優倡歌讌．恣其遊樂．素冠墨面．哂爲拘執．小民見之．何所觀感．綱常名敎．蕩然不顧．於是囂凌僭侈．無復知有長上．馴至今日．公然從賊．此豈眞有獺淵之異．水火之逼乎．不敎之過．甚於不養．倘忠孝果激於中．卽拆骸食子．

可以保其無變．故竊以爲今日之事．我輩士大夫實任其辜耳．哀痛中忽接手教．字字透切．勤王之請良壯哉．

監國卽眞改元．用人行政．自應破盡從來局套．正如棋然．以前聽時手置子．壞盡．卽有奕楸．亦不過置數子．輒以時手繼之．步步塡滿．安得不敗．今掃而改作一局．方下數子．正易見長耳．守大江無如守淮．然必進可以戰．乘此怒氣．一鼓滅賊．方爲得策．若置天壽陵寢與祖宗太廟先帝后梓宮不顧．但求偏安．竊恐他時爲我患者．乃不在張李二賊．其在二賊．我可執言一鼓誅之．觀劉項之要著．在於尋出義帝作大題目．則知今日之賊無能爲．我但當以速靖中原爲急耳．張賊聞爲蜀兵所敗．已亡其衆過半．然此賊最狡．恐其詐稱死亡．猝然而至．如去歲有云已就俘者．究竟尙在．今爲此中計．則湖南衡長一帶．亟宜安集難民．且屯且守．方不患賊之入牂牁而下粤．而又可以固江右吉袁一路．置此不爲之圖．賊仍過湖南而兩粤動．江右危則南都不安．渡江之師．又煩南顧耳．老祖臺幸昌言之．

答嘉湖道吳人撫書

壬午之冬至湖上．以梗道而歸．比知會試改期已定．同袍子紛紛遄往．念堂上老母．頃方以訛傳之信．倚門而望．不知握粟出卜．幾許疑慮．乃慰見面．因竊有三公不如半菽之志．何意情關嚙齒．事類見幾．蕊榜之登．半卽鬼錄．百六陽九．適丁茲時．然社中諸公．得與殉社稷之主同日正終．爲一身之計．當自無憾．我輩平日稱今道古．非等萇楚無知．至此乃靦然視息．良足爲痛．幸聞中興有主．復仇雪

恥．計日可望．而吾老盟翁一代碩儒．天故巧留之．以作江南柱石．妖氛靖滅．重爲大明綱紀整頓布置．知過歷之祚．自當永永無極也．受先兄往語弟云．且斂手未出．有如事不可支．當若文丞相以一身肩持之．弟以爲文丞相忠也．而起事太遲．曹孟德適中事機．而苦於不忠．顧何如以孟德之才．而爲文山之忠．庶有濟耶．時乎時乎．受老以東南重望．今知擁鼻不免．但不知以何位待之．朝廷用人如用藥．稍違其性．亦未易奏功耳．老盟翁今當鴛湖寶帶之間．控震澤而扼泖口．但使三吳湖海一輩．指天畫地之徒．不敢窺左足而動．則南都唇齒畿輔．可以安甯．大司馬得一意爲渡江討賊之舉．在老盟翁功已甚大．張玉翁老師．平時爲貴鄉人所愛戴．今藉以聯屬孚結．固知與老盟翁相得益歡也．

弟非徒避嫌躍冶．其實不忍絕裾．今居家則日維鼓發忠忿．綢繆審視．譌言一興．卽立爲破沮．頃率衣冠千餘人．於聞報之日．哭大行皇帝於光孝寺．哀聲如雷．涕泣如雨．小民觀之．皆以感動．庶幾留此嶺外一帶以還朝廷．今海隅鄉落間．雖有質人之賊．然無能加聚．於往時異志者．業俱消沮．獨所憂湖南衡永．不得一心計之人屯守．賊再至則兩廣江右皆動．而江南仍不得安．老盟翁幸與諸公蚤圖之．弟非特爲固吾圉計也．王鐵老今尙在遼．聞吳帥有克服北都之報．果否．鐵老能合齊魯忠義以圖之．此功可望．當不止劉越石孔文舉自待耳．李灌翁老師知當卽起．留之以爲今日建立．皆天意之爲社稷計．非人之所能爲．喬生一函附上．小檄爲喚醒粤人忠義而作．刻成便附正．匆匆神往．

與友人論兵事書

某不佞·於兵事少未之學·然凡有所聞·蓋恒以其可行者私竊識之·足下留意濟世·又行且當國家事任矣·其敢不舉以爲贈·凡兵·其始也選力·其既也練膽·其既也激氣·夫人之不齊·不可槩任·然必各有所長·故選之以用其長·則無不可任·夫人必有所恃·非膽之足然·惟有所恃·而膽斯無不足·故教之技擊·以爲其所可恃·斯二者·不若今之所爲·操練者如俳優然·以爲觀美也·凡選練之法·我一人可以得之十人·而其十人·可以得百人·又十之·可以得千人·又十之·可以得萬人·又十之·可以得十萬人·又十之·可以得百萬人·夫百萬人者·皆可用之兵·此不過六傳·而部署指授之·然後訓之以陣法·編之以行伍·百萬人者·有十萬人爲之長·萬人爲之總·千人爲之部·百人爲之領·十人爲之率·故恒可使呼吸相通·如使左右手也·然而非氣不激·何謂氣·觀夫情慾之私·至能感婦人女子爲之必死·里巷之鬬·愚賤愧忿·至於裂腦折脅·挺身獨往而不悔畏·故一在乎孚其肝膽·一在乎作其不平·然其力雖出·膽雖堅·氣雖決·舉而陷之大澤之中·則均有所不能至·故將之者在乎得地· 地勢雖得·欲縱火則風反·欲濳渡則冰泮·又有所不能至·故又在得天·天機者·不出所謂生尅方位之說也·得之矣·而欲遣間諜·則以我爲私盟·欲委之以利·則曰逃·欲佯北誘之·則曰怯·欲持久以竭其銳氣·則曰懦·故又在乎上不疑·旁不讒·共事者同心合意·不相沮撓·則又在乎謙以下物·廉以讓利·義以明感·信以釋猜·夫如是·然後兵爲我用·故選力欲其識之·練膽欲其能之·激氣欲其愛之威之·地者欲其恒至·而陰陽通阻必審·天者欲其恒習·而時物然不然·必察天者·欲其恒交·而情誼厚薄·流品氣類·必悉如是者·皆不可以任意爲之·是以又在乎學·善談兵者·古今史事·無所不攷·而奇聞傳述·無所不驗·昔信州鄭中丞·見啄木鳥畫板能開之·記其法·遂能以手畫城門·令忽自開·成勦寇之功·如此之類·苟留心皆不爲無用·以是知人力不齊·而各有可任·膽各有所恃·而氣各有可激·足下與諸公努力爲社稷計·萬毋更庸襲故套爲也·至如孫吳諸書·此必足下所熟·然其中精意·當不出此·變化離合·存乎其人·伏惟留意·幸甚·

與友人論湖南屯兵書

昨所議湖南屯兵之請·備悉形勢控扼·比復攷之圖志·因信其便有七·賊即逼近湖北·我臨洞庭而守·賊雖奪戰艦而渡·終不能舍其所長·用其所短·一也·湖南備則袁吉俱安·當不患賊之窺江右而出彭蠡·以瞰馬當采石·二也·臨藍星子之藩籬固·賊乃不能繇連陽樂昌二路·入窺東粤·三也·衡永者·西粤之肩背也·備衡永而後西粤安·賊不能入西粤·而居東粤之上游·四也·蜀或不守則滇黔危·繇夜郎牂牁·可以下全粤·湖南之兵·仍得以爲應援·五也·今左師鎮武昌·鄭帥舟師守九江·得湖南一軍·相與爲犄角之勢·可以相救·而亦可以相制·六也·湖南多山木·從其間製戰艦·以守江東·從此便於江北一帶·立柵設砦·禁江船不得維北岸· 以防賊之濳渡· 我凡製造舟艦·俱於湖南

停泊・屯守之兵・即以伐木治工爲事・七也・昔魏文歎長江天塹乃爲南北之限者・良以蜀之兵將屯其上・故吳人藉以偷安耳・今江北之四鎮設矣・而湖南未聞議及・則竊恐當事諸公習聞魏文之言・知其一不知其二也・夫使兩粤動・則虔關危・而閩與浙與蘇松・俱有脣齒相及之勢・使吉袁亡・則江右可以建瓴而下・長江皆其下流・故江北之與湖南・均爲重也・

頃見袁臨侯先生疏・湖南之撫院・向未嘗一札相聞・而且欲催守令之速赴・則知其間故甌脫之區耳・難民之聚而相保・與山猺之出沒・潰兵之掠踞・今已不知凡幾・夫即使守令皆奉檄而前・未必人人能安集剔理・即能之・又能保其不如去歲之賊未至而先逃耶・

故爲今日計・宜設鎮兵屯守・以督撫重臣蒞之・唐有祿山之變・房琯建分鎮討賊之議・詔下・祿山撫膺曰・吾不得天下矣・今江北四鎮・亦已有見於此・豈可吝於湖南・且吾方志圖出兵江北・以靖中原・即非四鎮・賊安敢迎我而渡・使湖南無守・恐不能一意渡北耳・仁兄幸涑以此往商之・此天下安危所關・宗社民生之繫也・火有燎原之勢・爲撲滅之計・則必絕其延導・奕者置棋・既知入如蛇竇・則必防其疏漏・明者見於未形・而昧者誤於既往・今賊方猖獗・此策一行・而仁兄之功・乃不在魯仲連下矣・今日之事・吾輩既無兵餉・則以謀畫爲功・既無事權・當以口舌爲用・因勢而利導之・隨在可以安天下也・敢不惜縱臾勸駕・所全實多・惟仁兄決之・天下事幸甚幸甚・

朋黨論

人臣結黨以相傾・有瑕必攻・間必入・此人主之利也・

人主者患不得人臣之情形・故嘗參伍而意揣之・今安坐而人臣之惡皆見・故曰人主之利也・此大謬不然・中人之利・而人主之大不利也・中人者・日在人主之左右・而可以操人主之短長・故爲人臣者・惟恐其議之及己意向之同異・當其相傾・則必謹伺中人之意向・而有以中人主之所深忌・故曰中人之利・人主者自以爲明察・而其權已移之中人・故曰人主之大不利也・則如之何爲人臣・亦無朋黨相結而已・

齊晏子之時・崔抒爲右相・慶封爲左・與國人盟曰・不與崔慶者死・晏子仰天曰・嬰也惟忠於君利社稷者是從・雖然・假當是時有以忠於君利社稷爲言者・吾恐嬰必從之・而其所不然者・又將相傾而未之已・則如之何・西漢呂太后用事・欲危劉氏・陳平患之・力不能爭・燕居深念・見陸賈曰・爲之奈何・賈曰・天下安・注意相・天下危・注意將・將相和則士豫附・士豫附・天下雖有變則權不分・平用其計・交驩大尉・深相結・於是呂氏謀益壞・夫然・則所謂忠於君利社稷者・又烏乎譏之・吾乃知凡此者・皆由人主而已・人主無危社稷之行・以啓其臣有必忠焉之憂・則無用相結以固其權・朝廷無危亂之形・羣下無重足相戒相倚自全之勢・此其一也・人主無聽中人之言・以爲人臣傾陷之資・則其勢不固・勢不固而與可解・此其一也・又人主必明夫邪正之辨・凡夫善依中人者以爲邪・其必中而利社稷者之以爲正・如是則雖有相傾・而人主鑒之・其不利於社稷不忠於人主者之爲邪・而畏人主之威・必不能固其外・若忠於人主・究不利於社稷者之爲邪・而畏人主之覺・必不能持・此其一也・

今舉天下所不足重輕之人・而以爲如是者斯不入朋黨之

籍·而其甚者·至於因賄賂以結中人之歡·吾不之議·獨惜其有忠君利社稷之圖·而立不得相下之勢·于是其瑕必攻·間有所必入·國家不得一才能之用·而旋進旋退·忽賢忽奸·則人主孤·人主孤而中人乘之·此亂之階也·夫東漢黨錮之事·因乎中人·况乎使中人中立而兩操之·人主者不可以不知其所以然而然·

孟子不以像殉論

孟氏之廟·有石像焉·跪而拱·相傳出之塚中·蓋以殉其母者·不可信也·殉葬非古也·三良之爲殉·詩哀之·仲尼曰·始作俑者·其無後乎·其爲象人而用之也·孟氏既稱而述之矣·難者曰·大賢之子·殉大賢之爲母·不亦可乎·曰·大賢之子·可以殉大賢之爲母·則大聖之臣·亦可以殉大聖人之爲君·而舜不聞殉堯·禹益不聞殉舜·是以賢者之於其君親也·非爲社稷死者·非無罪而戮死者·哀喪之如禮而已·不以身殉焉·是故禹不殉鯀·晏嬰不殉齊君·其或有致君而死而復以身殉者·春秋貶之無美辭·許子不嘗藥以死許君·雖日哭泣以至於死·必書之以殺·所重不在此也·推而觀之·于其親有可諱者諱焉·而亦不聞有太過之意·有可稱者稱焉·而亦不聞有異于衆人之詞·是故仲尼聖人也·作春秋不書其父之爲功·而反以己之所歸田爲文·無他·至公焉已耳·夫使人盡殉其親·天下將無人焉·可法乎·是故母雖大賢·己雖大賢之爲子·不以殉也·不以己殉而以像殉·不誠不信·莫太乎是·吾故知孟氏不爲也·

然則何以·曰·跪其像於塚之旁·若翁仲然則有之·夫然·猶之廬夫墓之意歟·廬墓禮歟·曰·子貢行之於師·然而不必著其爲禮也·孟子齊葬於魯·反於齊·孔子孝於其母·乃殯於五父之衢·故古之爲大孝者·其親在則事其親·親歿則敬其身·以爲其親故·父在觀其志·父歿觀其行·守身守之本也·不失其身·而能事其親·稱養志焉·是故大杖則走·不忍食羊棗而食膾炙·不充類至義之盡·充類至義之盡·舉其親而束縛之·又從而桎梏之·又從而埋瘞之·苟有所不忍·亦何之而可忍·然則先王之爲禮意·亦曰·此亦吾親之遺魄云爾·其魂氣則無所不之也·是故有嘗初之祭·而孫可以爲尸·苟重吾身·而吾親之身在焉·若夫區區以既委之魄爲吾親也者·猶之乎忍死其親者也·故世之所爲孝子者·或廬於墓·或以父之名而不忍履石·君子悲其心而取之焉·不以爲法也·以爲法·則武王不當昌·成王不當發·商人必冠而跣·而西漢之世·其臣與子·率見幼弟而號哭·豈理之可行者哉·故苟有誠信·即不履石與廬墓·君子取焉·而孟氏者·求爲可法于人者也·當不其然·難者曰·夫既不以身殉於母·而置其像於墓·不誠不信亦莫大乎是·曰·所以寄其思墓之意·而使後之人觀之·以興其孝·是爲誠信·

孟子不尊周論

孔子作春秋·以王冠正·諸侯之知有周者與之·否則無論美詞·孟氏願學孔子·而說齊王以爲王猶反手·今之儒者·遂以爲孟子不尊周·非也·孟子尊周者也·吾誦其書曰·天子之地方千里·諸侯之大國地方百里·次國地方七十里·當是時·魯方百者五·欲伐齊·取南陽·使愼滑釐爲將

軍．孟子曰．徒取諸侯彼以與此．仁者不爲．子以爲王者作．則魯在所損乎．在所益乎．然則以齊而行王道．亦惟損其時之强國鄰國．以還之周天子．故尊周之說．如是而可推也．何知之．曰．湯之誅桀也．使伊尹五就之．武王之伐殷．觀兵而後革命．當孟子時．其所爲周君者．未嘗有剖人心．斷人脛．視人孕之慘．飲酒池而裸男女．使相逐肉林之事．使夫齊雖行王政．亦何得而誅之．旣不得而誅之．則其尊之也必然．夫必然．奈何不著明其說．曰．王如施仁政於民．則必尊周．曰．此其所爲嫌於伯者也．覇者之假仁．正以尊周爲詞．齊之葵邱．晉之踐土．何會不然．誠恐其時所謂七雄之君．聞孟氏此說．則必挾弱周之主．以問罪削地於其所與國．亂乃滋甚．又當時若犀首蘇秦輩．得以子西之所以沮孔子者爲間於齊．否則必且忌齊之得志以均吾地．日相與加兵焉．而滅之以爲無所復憂．然則王獨不可忌乎．曰．夫以爲齊必不可以王．姑紓其憂耳．尊周一舉．而可行者也．然而不以爲號．號之則有曰．縱人帝楚．横人帝秦．而儒者帝周．先角大焉．而無以明吾之有獨尊．是以知孟氏尊周之說．爲不欲出諸口．而其意有可推也．故曰．君子亦仁而已矣．

然則春秋何歟．曰．孔子歷聘列國．道不行．乃歸而作春秋．故曰．吾志在春秋也．吾誦其書．其所以語諸侯者．亦未嘗有尊周之文．與弟子語．則似之．此所謂期於躬行君子者也．矧夫聖賢之大賢也．皆所以使人之盡乎其意以爲後世法而已．故近指遠．約施博之爲貴也．孔子之語顏氏曰．行夏之時．乘殷之輅．服周之冕．樂則韶舞．而讀之者不聞疑其說．顏氏以爲帝王而不尊周．何也．故夫夏時可行也．冠春於王．甚至欲改周正朔．而所以尊之之意如故．然則孟氏之說齊王．以爲如是而爲之．可以反手．亦所爲著之於書．以告後人之詞．使知凡如是焉者．宜爲之以如是而已可也．誠使齊而任之．則其作用固在．作用在．而其所爲稱說者．無不可參合而爲之思．是以凡讀聖賢之遺書者．勿過信其言．乃可以勿過疑其言．是故易之爲書也．皆稽實待虛之詞．聖賢之大言也．有引伸不盡之味．或曰．孟子之時．周之所未絕者如一綫．故不稱之．是亦不然．觀秦之繼周．肇見於書．而猶汲汲乎尊而攘之之爲書．是以知之．

許衡論

嘗讀史至南宋．理宗追封周張二程朱子並從祀孔子廟．度宗詔太學以邵雍司馬光從祀．當其爲太子．謁孔子於太學．還．上奏追封張栻爲阜陽伯．呂祖謙爲開封伯．又詔崇經學．考儒行．此皆不可謂非崇儒重道．而及其亡也．文班止六人．爲之臣未嘗有出一言以救國者．表裏合謀．接踵宵遁．所謂以死衞宗廟稱大忠正氣者．乃在於豪華慷慨聲伎滿前之文天祥．不能不爲之慨．因掩卷而歎曰．夫宋以輕圖恢復而速其亡．則有如孟珙之復江陵爲天險．不久遂卒．余玠城釣魚山守蜀．召還暴卒．元遂城沔利．蜀不可復．宋宦者董宋臣迎逢上意．嬖寵干政．排當請乞正言．御史司諫有三．大夫冗員至二萬四．閻馬丁當國．元師侵軼日甚．丁大全匿不以聞．行經界排推法．買公田．賈似道爲政．使宋京如元乞降．旣匿其和議．上表言諸路大捷．於是欲殺高達．忌功欲汚衊一時閫臣．殺向士壁．建議會官計邊費．而熟知山川險要・國事虛實之・劉整懼而降元・因請元遣使以玉帶與呂文德・求置榷場於樊城・以是有所守・以遏宋南北之援・城白河口・練水軍造船・遂築圜城逼襄陽・元史天澤行省事於峴山・築萬山以斷其西・立栅灌子灘以絕其東・宋江萬里請益師以救襄樊・而似道不許・張貴欲赴郢求援・忽帳前一人亡去・而事洩以敗・襄陽城降・元兵襲奪沙洑口・遂入大江・元伯顏侵陽邏堡・江鄂遂失蔽・漢陽復失・安慶叛降・沿江制置大吏棄建業逃・於是江陵捷聞・元主喜・謂伯顏東下阿里海厓・孤軍守鄂・常恐荆蜀連兵而東・人心未牢・必飜城內應・根本斯蹶・吾東兵無虞矣・似道又請巡邊・諷人留己・以塞人口・其所選用臺諫・皆以庸儒易制者・又以范文虎之兵・中制李庭芝・不愛官爵・牢籠一時名士・以故言路斷絕・威福肆行・有獻奇計者・似道不納・鎖漢江口岸・城玉泉山・聯署峽州宜都兩下堡砦・以聚流民耕守・其說良爲上策・而似道不以上聞・主立嫡・利四歲之主・可欺其后・則又有陳宜中蒙蔽・凡兵事雜議不决・四鎮之策不行・夫如是者・皆所以速宋之亡・而亡不於是・則曰・其於許衡之仕元也・當其時・元耶律楚材死・乃馬眞稱制・元亡亦可不旋踵・

姚樞者・初仕金・金亡歸元・隱蘇門・列周程張邵司馬六君子像・讀書其間・刊小學四書經傳・以惠學者・以爲元太弟才可有爲・爲書數千言上之・且勸其避讒以自安・又請元分屯要害以爲邊備・既實・則宋可平・而許衡師之・廉希憲爲元京兆・稱爲廉孟子・元憲宗之訃聞・阿里不哥欲襲封尊號・太弟班師・希憲勸太弟先發制人・早定大計・太弟遂立・至於取宋・而希憲者・故與衡同召・於是衡爲元中書左丞及國子祭酒・而凡爲衡弟子者・皆能自立爲世用・而衡又兼太史院事　爲元修史・應廉希憲至江陵・錄用宋舊官大興學校・諸州遂出降元・宋降元・其侍從之臣及士子至上都・皆令先見姚樞・詢其學行而官之・嗚呼・夫不謂之許衡亡宋不可也・

夫惟元有許衡・於是宋之士大夫曰・是殆得伊雒之傳者其如此・此所以以爲王者之師・至甘心降之・夫衡雖未仕宋・然其少也・獨非食宋之食而生者乎・其祖父非宋之臣民乎・衡懷慶河內人・父母以世方亂・欲使之知占候之術・令與日者游・爲避世計・不聞其令之從亂也・衡之言曰・綱常不可一日亡於天下・苟在上者無以任之・則在下者之任也・夫人方圖俘吾君與后・而顧北面事之・綱常然耶・矧其爲之定曆・教之立政・以長養其材而以俘吾君后者也・衡若曰・吾所得於師而然矣・夫宋以崇儒重道・而儒以其道反亡之・於是使人謂儒者之道如是・則衡乃得罪於堯舜孔孟・

或曰・孔子曾適楚・使楚昭王能用之・則孔子殆以楚興・楚與元可同語乎・楚於魯爲與國・雖僭竊・然未嘗不以周爲天子・元之於宋何如・而衡甘心臣之・或又以爲衡不仕元・則元亦必滅宋・元滅宋・有衡在・天下尚不至淪於夷元之法・凡攻城臨敵・以一矢相加遺者・得卽屠之・如伯顏之屠常州・不可謂不慘・衡在朝乃不聞一言諷勸・若王猛之勸苻堅以存宋祚也・於是太學生徐應鑣之爲文祭岳武穆・而衡若以爲不必・唐珏之召惡少造石函・樹冬青・而衡若置之不聞・吾故曰・衡乃孔門之罪人也・孔子作春秋・明華夷之

分·而衡顧首倡爲仕元·以致犬羊腥穢及我衣冠·舉堯舜相傳以來·所爲氏族等威語言文字·亡滅殆盡·至今幾不可攷焉·吾以爲無衡等在元·則宋之亡·未必甚於是·或偏安一隅·俟眞主以元爲驅除可也·即與元中分南北·待聖人作·爲之混一可也·奈何倡之和之·一綫竟絕·宋見兵可七十餘萬人·勤王之兵尚可三四萬人·不能當蘇門之徒數人·宋淮東之小朝廷·不能當元祭酒之所爲小學·藏舟於壑門·衡爲有力者負之以趨·肩輿出宮·潮汐不至·似亦衡爲之推驗也·元主會語宋降將曰·似道若輕汝曹·特似道一人之過·汝主何負焉·正如汝言·則似道輕汝固宜·噫嘻·衡即非以降至·然聞此言·不亦大可媿哉·獨其所言·爲學以治生爲先務·生理不足·則旁求妄作·及作官·嗜利者亦窮於生理所至·似爲中時之弊·又曰·若以教學作官·規圖生意·恐非古人之意·然吾不知衡之作官教學之非旁求妄作也·王文統忌衡等·竇默欲依東宮避禍·衡以爲不可·嗟乎·當不如始從父母言·依於日者之爲得耳·即其得伊雒之學·以爲如是可以明而行之·然耶否哉·

夫姚樞廉希憲者·吾不之責·奈何人皆以衡爲一世大儒·吾是以悲之·夫使宋不能食崇儒重道之報·以爲輕儒者口實者衡也·夫然·則衡以實用報元矣·衡其猶有儒之效乎·曰·衡不知春秋之義·烏乎儒·其所以足爲輕重·則不過與劉整等·然整以懼逃·衡何所懼·衡知易·在易·妻臣一道也·夫國亡而事他人者·謂之寡而再醮·國君在而爲所逐·與有故而去·若孟子所稱載贄出疆者·則謂之出而再醮·再醮皆恥之·或未嘗醮而有故離異·蹇修食言·乃去且他許·然惟古與國·則可君在而去·且降叛者謂之背與奔·未嘗去而外交者·謂之私背·奔與私皆罪·可勿論·其爲勢劫·抑以情通·而私其夫之兄弟叔伯子孫與左右與仇者尤罪·衡即若處室未字·其所居無媒妁可爲言·然何至委身禽獸·以爲延嗣計·且率而教之以食·其所當字者·又率而使他人咸背奔·且私來委身以媚樂之·夫委身禽獸·即醜且癭瘤·又性淫而當寡以怨者·皆恥不肯爲·而衡爲之·哀哉·至其死·命勿請謚·勿立碑·但書許衡之墓四字·是衡之可醜·衡自知之矣·故曰亡宋者衡·衡非儒·

日行論

日·陽氣之精也·氣舒俱舒·氣縮俱縮·爲北道·景長而行高且遠縮·爲南道·景短而行低且近·一曰·日與月五星俱東行·天與經星俱西行·日東行·天與經星運之而西·日之麗天·如蟻逆磨而旋·故天西也·日雖東·而亦不得不西矣·一曰·天行有餘·日則不足·以爲日西行·而未嘗東行·其說亦未嘗不是·日不能過天之行·故天有餘而西耳·何以見日之爲陽精·而與陽氣俱舒縮也·日之在地上·不能無舒無縮·當其舒·則入地之度少·而出地之度多·當其縮·則入地之度多·而出地之度少·

日·周天者也·而以爲入地者何·則天形如倚蓋之說是也·天之陽在南·地之陽在北·故時當冬至·日在天南·當其入地·則在地北·易·先天圓圖象天·乾·南方圖象地·乾居北也·然而離爲日·故夏至日舒·極而相見乎離·則後天之圖有之也·是以日之行·有南無北也·當其北陸表景·

猶一尺五寸．猶之乎其未北也．日行至夏至．由北而南．冬至由南而北．北舒極而必縮．南縮極而必舒．其舒其縮．率因乎陽氣．精與氣恒相守也．故養生之理．煉氣可以生精神也．圖有圓涵方．天包地也．而西方之書有曰．水輪持地輪．風轉持水輪．空輪持風轉．然則日也者．其在風空之間．而天與經星又居其外．可知也．

日．陽精如火耳．以其常行．故其勢不得不圓．月與五星亦然．陽雖一氣．而陰亦不能無光景．故月滯而成魄．獨得日爲光．五行者．受陰陽以成氣質．故五行之精是爲五星．亦與日月俱爲政焉．夫陰爲麗於陽．故曰眞陰．亦猶人身之血．得氣而至空者也．經星者．凡物之精．天行則與之偕行．其度不成．高且遠矣．故不與乎陰陽五行之氣．而恒以象占．然其氣亦不能不相取．故月離于箕．主風必主雨．若五星之所守聚．皆從而占之．亦氣有相因故也．經星之變．則占其象．以類應也．分野之說何也．天之行．雖持乎地．而其脈絡實相關通．故胡越南北．於是乎占．

然日之行．惟南北二陸．恒不過乎其道．天之經星．以次與之相値耳．日蝕與月蝕．全度爲月掩耳．月蝕與日相望．爲地掩也．日月五星．可以蝕變．而天下改其恒．此以知其在天之內也．天經之星．雖高於日．而不能奪於日者．日爲太陽之精．故不以內外遠近高下別也．然而歲差之度．乃又不宜以中星爲執．凡精與氣相守．日與陽相守．陽氣之行於世間．與經星之動於天上．終不能無遲速之異．是故今之冬至．與古之冬至．太陽之景．其長短不殊．而所麗之宿頓易．此理之必然也．故治歷之法．宜從氣．不宜從度．苟求其度．雖不差而候亦差．從氣者．吹律以聽之．故能贊化育．理元氣．而後可以合樂．而後可以治歷．當相因也．

嘗讀隋史．稱其時日加長焉．殆非誣也．夫日周天耳．其行加高且遠．故爲時加長．此陽氣之極舒也．使然．而隋已致之．其時兵革方息．民富足於衣食．故鬱極也．亦宜其舒．是故以爲盛古之隆．日倍長于後世．非借語也．陽得其舒之氣也．抑攷虞貢．合之從衡．皆六千里．隋之版圖．東西凡九千三百里．南北凡一萬四千八百一十五里．固不可謂非極盛大．而惜乎非可久之道．是故治歷者．以唐虞之玉衡爲準．

冬至前一日無陽論

董子辨冬至前一日無陽．非當論也．冬至十一月中也．剝盡則爲純坤．十月之卦．陽氣已生於下．傳曰．剝窮．上反下窮．而即反未嘗無也．周公於剝之上．爲之繫曰．碩果不食．于以見貞下卽能起元．故果結實而仁已含焉．仁也者．陽之萌也．今乃以爲夏至前無陰．冬至前無陽．陰陽不和．是宜不雨．竊嘗推之．陰陽二氣．實一氣也．氣之舒也爲陽．及其縮也．乃淒肅零落而成陰．故人身之氣皆屬陽．氣之不能無陰也．如人身之氣．其呼爲陽．吸爲陰也．陽爲輕清．爲明潔．其反是者爲幽．爲濁．爲凝滯．爲昏昧迷亂．故陽爲神．降爲鬼．陽生陰殺．苟無陽．是其日皆鬼矣．昏昧幽暗．而凡物皆死矣．日月無光而生氣脫絕矣．則是擊鼓而救．宜莫于此日．而何以其禮不然．是以知此論爲非當古．而未有能辨者．惟其不知二氣．無非一氣者也．苟其知

之・則知其日乃陽之爲氣・縮極而舒・故雖以剝極・而陽未嘗不在・不至於幽鬼晝出而生氣脱絶者・此之謂也・

且夫陽・亦非與陰互爲上下者也・卦畫之不能不分剝復・爲上下者・勢也・然而姤也者・實陽之始降・非陰之始升也・凡陽主升・陰主降・故律呂之數・紀陽不紀陰・故于蕤賓以下・六律不言陰之生・但紀陽之降・黃鐘長三寸三分・以九六升陽・至蕤賓而極其長・蕤賓長九寸・以九六歸陽・至黃鐘而極其短・黃鐘之律・宜起于短・漸加而長・不以次而舒也・歸而短・以而縮也・然陽道常饒・左五律・紀陽之升・右五律・紀陽之降・左比右各多三分者・縮之極而不至于絶・以此推之也・卦雖坤・而未嘗無陽・藏諸用也・雷也者・陽氣之動而爲聲者也・故自二月以至八月乃有雷者・陽舒於大壯・由是而至于否・則已縮矣・故八月之後無雷也・然陽性好舒而惡縮・好升而惡降・故當其舒・至於四陽之卦而後爲聲・當其縮・雖三陽之卦・而猶有雷者・降而爲陰所薄・故怒而爲雷也・風也者・陰之散也・其寒其溫・亦由是而可推者也・四月純陽之卦・無陰相薄・而亦有雷者・惟小滿以後・爲陽極舒之候・然氣無一刻不行・故其舒其縮・皆有相薄之勢・故亦時有之也・是以雖小滿・不能無雷・而以爲冬至前一日無陽・則宜無雨者・非當論也・

明察論

今人主好察・則天下之人必奔走以事其左右・此定理也・其究也・則甚不能自見其察・不能自見其察・而左右之勢重・重則謹伺人主所向・以圖自固・此亦猶之國家之福也・夫如是・左右之人・且勝於人主矣・而吾猶以爲國家之福・何也・曰・吾所患者・在乎人主之察未已・而又當左右之勢已成・夫左右之勢已成・而人主不之察・則難爲人主・察之則難爲左右・於是以左右之勢・而思所以當人主之察・吾恐終必勝乎人主而後已焉・此之所不忍言者也・緩之以禍人主之國家・而急之以及人主之身・所必至也・

易之訓君子也・其於一陰之始・則曰・履霜堅冰・其既也・則有龍戰之文・而其處之之道曰・以杞包瓜・含章有隕自天・此蓋言乎其宜察之之蚤・而不宜乎察之終者也・章稱含焉・瓜稱包焉・所以謹其左右之伺・而寬其自新之路・使無自分有必死之憂・義斯備矣・故不如察之於蚤・其所以不能察之於蚤者・皆汲汲乎示人以必察之意之所爲也・孔子曰・浸潤之譖・膚受之愬・不行焉・可謂明也已矣・浸潤之譖・膚受之愬・不行焉・可謂遠也已矣・故夫人主之深識遠慮者・未有不喜用其明者也・是故其始也・無望而畏之・其既也・無豐蔀之蔽・其究也・無明察之傷・然而又不可不謹其所極致也・有姑示之以不察・察者乃往往或偶一見焉・於是凡夫人之懷疑者・以爲人主必已知之矣・特未發耳・其所以圖之・又復無所不至・是終使天下之精神・僕僕與人主之耳目相向・如鏑盾然・而未有已也・

有說焉・譬諸明鏡之在懸・人過而共見之・其姸者得以自信・媸者自惡而改飾焉・而亦無所畏之疑之蔽之者・知其然者不過如是焉故也・苟改飾焉・即得見之・以是爲安然于心故也・毀與譽・俱無所用故也・然而以鏡之明也・其于人影之左耳目手・乃其形之右耳目手・猶將不無倒焉・故人主者

在乎誠意・誠則明・至誠如神・其道前知・體物而不可遺・學問復性之所貴也・

諫論

自韓非作說難・後世之人主知之・而諫臣者之爲說也益以難・吾謂今諫臣之不爲人主信也有三・其一者・以有所甚欲而爲說・爲其可以成吾名・利吾身・於是倖國家之有事・而公然言之・攘人主之美以自見・其不信之也宜・又其一者・以有所甚不欲而爲說・爲知吾身必不可復進・名必將敗・於是以他人所不敢言之事・而反覆言之・即觸人主之怒・而身亦可復進・名亦可以不敗・其不信之也亦宜・又一者・以有所衆欲・衆不欲而往復謀度・熟思審勢始爲之說・爲說則關衆人之身・衆人之名・而不利其言者・既其指之如是・則且先有爲之・以彰其言之失・其不信之也又宜乎・

之三者・因人臣之私・而人主者仍不可不聽之也・人主者亦唯理是從而已・其竊理益工・則吾之從之也宜益速・故曰・有言者不必有德・君子不以人廢言・古之人・文與言不相爲重・是故唐虞之廷・其人之言・有曰吁・有曰咈・而工瞽之事・皆有獻諫・未聞其吁咈則必誅必黜・又未聞其工瞽之言一收・遂以有崇高之任也・亦賞之而已・旌之而已・

而今之于言也・從之則必顯・用其身・重其名・又因其一端之言・若將無所不從・是故凡言之之勢・愈洶洶而靡所歸止・人主者欲防而止之・何如疏而通之・明著其言之可否・而不以爲其人之可否・人將無藉言以爲要飾・而言又因以得實・故曰・不以舉人・乃所以能舉其言也・抑人臣之不憚言之・而不能使人主之信之也・又有故也・能如伏蒲乎・就鼎烹乎・折檻乎・執盜玉環驚乘輿之法・而反覆不回乎・人主者・或疑其說之有故・而始不可之・不可之而即不可焉・則人主之疑益重・今誠得人主所寵譽親信之臣・而即言人主所惡忌不樂聞之事・又始終不肯易其說焉・人主即貶之殺之・而亦未始不終有所悟也・抑天下既無其人矣・人主者又何得不就前三者之言・而不以其人而不從也・人主可無諫臣也哉・曰・烏可乎・

史竊序

史竊凡一百餘五卷・予同郡東邑尹先生之所著・其曰竊之也者・附于春秋之義也・先生官止新昌令・未嘗得居史職・故惟以其所竊聞者爲史・然而予嘗推之・凡史家求其精當・率古之不如今・而朝之不如野・予讀古史恒疑之・如三皇五帝之號・孔安國序書與易大傳異・攷之家語・若大戴氏・得左右袒焉・豈壁書固有據・與班氏作古今人表・其紕繆者・如后夔□韋范武子士會計然范蠡之類・甚至一人殊出・腐遷之書・則堯舜世系・殆不可以禮說・夫名號姓氏・且無繇質・他何可問焉・故曰・述古之不如志今也・且夫仲尼見聞傳聞・是有遞異・若董狐者・其可相繼得哉・有如蔡邕刖足・人適惡之・則是崔浩之酷可徵・毋惑乎韓愈之所不肯爲也・或謂崔浩毀滅佛教・致取其殛・韓愈不此之畏・而史之畏・觀于禁門喋血之事・殆有曲筆・又豈若藏之名山・以是爲是非之當哉・故曰・在朝之不如野・抑予嘗聞之矣・夫人著書・多出于慷慨感激・感而有心・不能以虛受人・而言以

情遷・又非獨索米立傳者爲然也・腐遷之津津于貨殖非乎・其他同異立見・聲影分裂・無所無之・

予觀尹先生則有超然于中者・爲廉吏・不自嘆其爲不可・既遂初服・居羅浮下大海之濱・結巢而偃息・澹泊無營于世・世亦鮮能知之・其書不以示人・惟求可信・頃予過・會出而商之・所闕三志一紀・猶將有所綴也・他如一二近事・多有不可平・爲耳目所孰得者・且徐以俟之・論定不肯稍涉好惡・一附以見焉・予故知是書之可傳而無媿也・今先生逝矣・讀其所爲自序・使人感其爲意・予曾貽書于其子某某某・勗以談遷彪固・比長公載成書來・相與謀焉・會予方衍易史・未遑效少孫之補・夫以先生之爲書・洵能成一家言・其于通邑大都・無容異議也・今儒者讀書・期知所興廢以爲懲法・攷之往古・若存若亡・觀之當代・庶幾信焉・而其所以然之言・未可信也・誠如先生者・豈有求于人・人自求先生之書・猶恐不可得・則亦人自求先生之書・自得之而已矣・先生三子若諸孫・皆躬行力學・他日必有顯于朝以行先生之微言者・予以齒後先生半百餘歲・然昔者一見・相知實深・卒之日・猶以離支一函・詩數章・手書寄予・且屬其子若孫曰・夫人之可以與言者・吾得見其心・亦已足矣・愼毋以黎子之遠而忘之・予是以不辭而爲斯序・

李氏藏書序

黎遂球曰・入我朝二百數十年以來・乃無有以諸子之書稱者・非無子也・郁離龍門空同・皆爲子者也・若卓吾李氏・斯可謂諸子中能成一家言者矣・夫李氏之意・在乎質直・使其得志・必先罰而後賞・其爲學流爲申韓刑名・然則李氏之書・誠可廢歟・曰・不可・當神祖四十餘年間・天下全盛時・人皆醇悶・酣于文飾・使爲相者能參而用之・以稽責名實・起懦振俗・天下可久安無事・唯其不然・而上黜之也益嚴・則下驚而奇之益甚・於是後生小子・皆耳食其說・諸措大熟于科擧之業・目不覩經史全文・又相與竊取其言以爲古學・優人盲史互傳說・眞贋交蒙・世風亦遂因之而變・嘗以近事按之・如盤水加劍之體不崇・則李氏之所狠恨・輒以爲可殺者・今皆殺也・崔魏螫毒・肆于東林・講學之儒・以邪說沮・則李氏之所排擊以爲假道學者・今並幾無其人也・以至急武緩文・情面必破・立談授爵・格外收人・李氏之所燕居深念而託之空言者・今皆不得已而見之實事也・他如寇氛狂逞・竊比水滸・奴才小人・扼腕謗訕・怨望相傾・慷慨感激・要盟結友・罔上行俠・如此者謂非習聞李氏之說而成之不可・昔漢文用黃老・而宣帝尙綜覈・凡天下之勢・流則必傾・極則必反・儒者適當其會・既有深心・宜不忘遠慮・積漸而成・豈無故歟・然使有得其大意・而苛于治己・薄于責人・濟以温文・歸之風雅・吾尙見爲臣死忠・爲子死孝・爲友盡誼・爲行不玷・爲學不欺・爲事圖功・至于不懈・天下事何以不可爲・孔子曰・義以爲質・禮以行之・遜以出之・信以成之・夫李氏者・可謂有其質矣・則亦烏容沒焉・

今一二十年來・天下諸書盡出・士翹翹修古・聖天子方反經黜邪・羣書一新・以學者久習李氏之言・竊恐不知其微・附會偶合・趨舍兩失・蓋不得不爲之辨其源流・會武林鄒公沛氏鋟遷史善本成・又訂正續藏書・以授剞劂・因

遂舉而論之．二書往故有陳明卿太史訂輯者．筆亦繁難．頗非舊文．今欲全乎李氏一家之言．多不可載．或分別而存之．公沛卓然師古．其尊人同予奉徵辟．今就爲令有聲．是出于名家．知以所學救時者．則請書予言以爲之序．

河村詩集序

歲丁丑．余下第南歸．養痾不出．蘄州孟元白以豫章曾亮臣書來．手歷陽戴子敬夫詩一帙．示余曰．乞子讀而序之．輒歸矣．余謂元白固詩人也．不以其詩求序．而特以敬夫詩來．又重之以亮臣之書．此必有可觀者．於是卒業．凡若干首．大指皆磊落孤憤．如病驥之曳萬石車．轉羊腸徑．獨鶴之飛徙怨望．鳴高松寒露上．又如黑潭巉壁間．時出銅盤聲．知爲龍吟也．嗟乎．誦其詩知其人．以余如是知之．千百後世．亦必如是知之．則敬夫之詩．其傳也必矣．

敬夫生和州．聞乙亥和陷賊時．余家刺史孟擴．右手自剄．左手出其喉．不卽死．拭血書數行字壁間．今誦敬夫詩．凡所爲流離顚沛國難家讐．與夫鬼號燹歕．天荒地沸之景．森森閃閃．咸在余目中．方刺史之死．僮妾女雛．無不殉焉．可謂烈矣．余獨悵其之官後．未嘗數相聞問．不識當時亦知有敬夫否．知而禮之．尊其行而聽其言否．使刺史以國士遇敬夫．敬夫果有以報之否．夫以敬夫之特立獨行．嬌然不欺．必可大用於世．而使之爲楚屈宋．爲燕荊高．爲齊田橫．爲漢田疇．天耶人耶．余安得不爲才難之歎也．

自寇賊發難以來．吾輩一唱酬頃．漢南江北．已殺人如麻．其中安知無才士與血俱盡．而敬夫出九死得一生焉．感是以益深．詩是以益工．余之歎息．是以獨至．故吾聞吾刺史之死．再哭而三痛之．比誦敬夫詩．乃不禁流連頫仰．涕淚欷歔．累朝以夕．此其故．知之者鮮矣．刺史余兄弟行．交最深也．故牽連書以爲敬夫詩序．以送元白之行．更過亮臣．爲余質之．

易史序

黎遂球曰．易．人事之書也．昔仲尼至聖．作春秋．紀二百四十年之事．於易．作十翼．蓋嘗三絕其韋編云．是故夫數所以剖理也．理所以成事也．易有太極．生生不窮．衆人囿於器焉．聖人見其道焉．是故順其理然後得吉．悖其理所以取凶．然亦有以理取凶者．此聖人所以有憂也．悖理而吉者．君子不以爲吉．以理而君子不以爲吉者．推於其所小疵．因於其所大分也．是故以古人之事．而擬諸其形容．鮮不見矣．箕子之明夷．高宗伐鬼方．其端可見者也．仲尼曰．假我數年．五十以學易．可以無大過．罪我者．其惟春秋乎．是故易有吉凶．而春秋善善暴惡．夫人不能得之易．猶庶幾其懼乎春秋．聖人復起．此義未之或改也．

予讀史．自三皇至於元．不能無感焉．乾坤闔闢．於斯乎斿矣．因取其可相發明者．繫於卦爻之下．而亦不敢不因乎文周之詞．因其詞．而事無不合焉．著其事．而理無不見焉．得其理．而數無不晰焉．夫數也者．亦器之所以紀名而已．故曰．易．人事之書也．有守之而若畫焉．此從乎器者也．有游之而若虛焉．此從乎道者也．是故三皇五帝．聖主賢臣．爲忠爲賊．爲愚爲哲．吾可以一畫槩之．吾嘗布蓍焉・若參若伍・其所爲誠然者・初不過偶然而已・夫其已然也・爲誠然而然・然而其未然也・爲偶然而然・是故後之君子・不可以過驚乎其事也・抑亦不可以不過愼乎其事也・作易者之意・其在斯矣・

別盧侯序

餘干盧侯令番禺・居兩年矣・遂球輩伏處草莽・恒少所干澤・然以閭井鄉里亨利爲德侯・於凡太小政令・童叟市舍・植荷畚杖操衡量相告・以爲宜行者・已無不行也・其宜止者・已無不止也・如其未行未止・則又將無不必行必止也・於是民樂之矣・士之落落難合者・乃無不出而相見日親矣・同列者且旁睨而忌之矣・

粵故事・上官臨治・皆邑諸侯供應唯謹・月五日十日有謁・節有獻餽・飲食觴脯・必以異味・犀象珠香琥珀晶翠奇木文毳・遠國方物・相尙爲恭謹・其忌侯者・乃陽爲簡樸以爲式・而陰易其手板・藉目戒左右・毋使侯覲襲得獨申腆欵意・且彰侯爲疎慢・或至私於典寢小吏・俾爲之飾長護短・以見侯非能・乃卒無損於侯・侯微知之曰・吾受命牧民・他何所恤・於是侯之爲賢獨益見・亡何・侯有兄之喪・在署中・其尊太翁日對故所居處廊舍・輒思念爲泣・不食・侯憂之・乃欲乞得調去・會遂球以公見・微語及・則促膝爲侯言・侯勿調也・毋論予屬・忍去慈母・人不知・乃謂侯不宜其官・侯曰・官與親孰重・視去之當如敝屣・邑之人・知者則益懼侯果調以去・無已・議共陳乞當事・請言之朝廷・寧侯調旁邑・其政治相近・虞芮可質・當無以異於不調・議紛紜未得就緒・而遂球以公車行・北至彭湖・望有素蓋從粵還者・則侯以奉太翁喪歸矣・

嗟乎・侯固願去一官以爲親・今已矣・爲之奈何・予屬願侯毋遠調・今且以艱去・又爲之奈何・因信侯於卽次・執手而爲之言曰・侯以禮自愛・勉旃哉・侯他日出而補任・未必仍予邑得之・與予旁邑得之也・雖然・天下大抵皆然・其實著者・則其名將有物以敗之・其行堅篤者・其忌之乃益甚・夫爲此不爲彼也・有分途焉・久之乃無不勝・故毋謂惘幅之所得者小民・而飾爲名譽之所獲者必在上官也・侯操此以至公輔・國家事斯有人實任・在乎勇决不疑變而已・侯在邑多頌聲・其去也・上官爲之特旌・戒傳護喪車行・士民送者揮淚如雨・而未有言及此・遂球知侯者・因書以爲侯贈・侯早不得遂其去志・至此且近其家矣・乃甚無以自慰・然而侯當可以自慰也・夫侯爲民之父母・故民不忍舍侯・豈有無愧於父母者・乃愧於其父母哉・侯行矣・

贈太倉知州劉子序

天啓丁卯・同遂球興於東粵者・共八十人・榜甫揭・聞其名・則里市之凡皤者黠者丱者・皆能舉其氏族居齒狀貌焉・及往宴於中書行省・相與歌鹿鳴之三章・相視而揖・如尋常文社之會・於是鄉之先達咸爲文以賀・主司若分較諸郡縣佐令・侈爲盛事・蓋皆十郡之知名士・誠得人云・或以爲先有瑞徵・諸傳者覩者不悉記數・至今凡已八年・三上公車・中進士甲榜者・已凡若干人・其內而居館垣臺部之屬・率正直自持・有深心・尙氣骨・得大體・以其在朝・故未卽

爲四方人所知・外焉而爲牧者・則有黃子亨臣・於入覲時・獨不赴中貴人投牒拜跪・京師傳而異之・許子班王今以賄事械至京師・然聞其爲令・甫下車・即榜於衢・有强沒人爲奴僕者・聽其自歸・焚其券・旁邑效尤・率攜手去・勢家大姓銜之・乃因中貴人得其書幣者・謂之賄・是殆與賄異乎・趙子時偕治興化・水大至・與民繪圖叩閽・天子爲減賜田租・逮大吏之不言者・諸大吏銜之・嗾以他事使去・而遂球所目擊而知之者・爲劉子映薇・

劉子爲太倉守・遂球至太倉・劉子下堂相迎候・有處女子之色・其州之士事之如師・民事之如父母・遂球亟謝去・日坐兩張子受先天如齋中・不敢出見・恐以口腹累劉子・兩張子日與遂球言・苟可以爲劉子使無媿於師與父母於其士與民者・亦復無之不至・劉子攝篆崑山纔一月・所以治之如太倉・比遂球至京師・知劉子於鄉之人爲京朝官者・無半刺入焉・京朝官益相與重之・會劉子以漕事求所以便崑山之民者・爲囂軍所擊・斃一皁衣・邑之民皆來與軍鬭・事聞之朝・鐫劉子級使去・言官之言事者及此・多爲之不平・比遂球下第・歸至南都・劉子在焉・則曰・今尚未得去也・臺使者交章留・且候命不可以徑行・至姑蘇・則其爲士民者・遮迎遂球而聚問之曰・劉刺史其來耶・既而闔郡之士大夫婦人孺子・俱以劉子之去・若離膝下・於是其左祖軍旗以致劉子之事聞之朝・不得直者益媿恐・甚如無所容其身・乃大恚・跡劉子往所爲事・無所得轉・而蜚語中兩張子・以誚其士大夫婦人孺子・皆兩張子使之然・於是知劉子之仁愛・人欲攻之而彌彰矣・然則劉子華矣・聞劉子出太倉待命時・其攀而號者・淚如雨・聲如雷・往來奔告・擎捧香炬・如煙如電・有以石塞城門者・有舁而與劉子之尊人・奉之梵刹中・跪而語訴者・有叩藩使者之門而入・圍之數重・使必爲言之・欲務得留劉子・無食言乃散出者・如是而謂皆兩張子使之也・能之乎・脫能之・而兩張子何以致之也乎・繇此之說・足以見劉子之賢・即繇彼之說・亦愈見兩張子之爲賢也・劉子勉乎哉・

夫人名既盛・而實易衰・其愛之也篤・其望之也必甚・而其忌之也又必日甚・劉子於此・其不留也乃殊善・其留之將何以加焉・故合前數子者觀之・皆人所難・惟劉子尤難・遂球方歎所學之無所用於時・覩數子者而竊復興感焉・既而文以送趙子・復書此以致之劉子・嗟乎・劉子豈特以是爲同籍光寵已哉・兩張子者何恤於人言・其何以終進吾劉子也・然而爲彼人者・益無以自處矣・雖然・夫亦可以各思所自處矣・

是誰集序

是誰集・予年盟兄張蒴公之集也・是誰不可詮・詮之曰・猶之乎無我相之云也・佛言無我・孔子絕四・終之毋我無與毋或有分乎・夫無我之云者・非以明讓・又非若後其身者之謂也・無乎非我之謂也・山河大地皆法身也・夫有我者・必不知其何所爲我・認頭是我・則頸可斷・眼是我・則耳可塞・口舌是我・則餘可廢・以至於鼻等手足等・亦復如是・然而隨處拔取一毛・則遍體皆森森欲動・或曰・此一身皆我故・問之曰・身以外・果非我乎・耳無聲・眼無色・鼻

無香・舌無味・身無緣・我能自成爲我乎・當其聲寂色變香銷味淡・凡諸所緣・久卽破壞・我又在何處・

蒴公於此・深之乎其悟矣・是故一切有情無情・皆我也・打鼓弄琵琶・我也・溪聲山色・皆我也・施捨放生物命・皆我故・說法引導闡提・皆我故・謂我幻乃眞・識我有盡乃無盡・夫是以反而問之曰・是誰・吾以知蒴公之音員而義貫也・蒴公勉矣・今日說者曰是誰・今日問者若如是我・則斯集也・不且與慧命相續乎・每笑今之爲集・汗牛充棟・如郭之註・譚之書・不知其幾・以斯等之所不必辨・獨惜夫世上守屍之鬼・以主張造化爲用・天地陰陽爲體・曰・我在此・我在此矣・請遂以問之曰・安置此處・畢竟是誰・噫・末法支離・所望之蒴公不・小坐聖湖・同蒴公侍宋寶師談・因書此・幷問大衆・

按二果・與番禺曾起莘同禮僧道・獨祝髮於盧山・僧函可千山詩集注云・蒴公脫白後卽示寂・據遂球序此集・蓋爲僧後刋・故序皆作釋家語・戴府志編明別集後・玆改入方外・

觀劉氏塚記

余自少時・從仙城往還於板橋・所過洲嶼・峙南海神廟之西南・有所謂北亭南亭者・習傳之而不知其所由名・比赴公車・在都門聞鄉人後來者稱・劉鋹先墓爲耕者所發・事甚奇・因輒以其語述・爲賦弔之・既罷歸・因與乘舟往而縱觀焉・其藏已空・淤泥之所滙・蛙蠹蛇蚓之所與處・石斷縱橫而臥立於草潦者・不知凡幾・有碑猶在・稱爲高祖天皇大

帝哀冊文・翰林學士知制誥尙書右丞上紫金袋臣盧應奉敕譔幷書・其所爲大帝者・歲次壬寅四月甲寅朔・越廿四日丁丑・號爲大有十五年・葬以元光元年・稱康陵・其文若今之四六制詞・而語多不倫・書法亦陋・稱嗣主而不名・其所處・海潮圜繞・中不過十許里・而所謂南北亭者・皆在其涯・意者因乎其道之南北・故有此名・於板橋不過在水一方・而問其名・卽家焉者均不能攷・去今不過一二代・而問其年號・史不載也・問其主徽諡・臣之官爵姓名・無有識也・兒女子以花飾首・愛其芳氣馥膩・則知其爲美人素馨・墳上所生・而其所稱爲陵者・其上不過產蔗芋之屬・爲不識字之農夫所鋤而畊・其中珠寶金玉・使非發而爭奪・世人亦竟無有知之・且爭奪而得之者・多不議字之人・不讀其碑・不暇問此果爲何人所遺而或德感之・予能讀其碑字・而又適以笑其不文・知其雄據一方・然必重珠寶金玉愛美人而輕賢慢士・士之好學而道古者・未或爲其用・死而無有爲之哀也・因無有爲之稱述・無有爲之以禮輔其嗣子・斯亦何所利而自稱帝爲雄哉・

於時日正午・松爲蓋・風起浪立・樹木之層倚於衆山者・遙相發聲如號・予與兩弟步而據崖之巓・把酒大醉・或曰・予板橋有外村盧家・意卽所謂盧應者之後・還以問其子孫・固恒橫流操舟渡・而畊牧且溺糞於其上・述其文語之・故皆不知也・予既觀之・聊記焉・

登泰山記

泰山之上・厥雲多喬・厥光渾渾・俯而視之・厥氣瑣瑣・

或弇或侈・或勾或錯・如晦如浪・如沱如雍・厥顚爲壇・厥高卽天・蓋七十二君之所封也・秦皇沒字碑在焉・壇之東・下有石・如丈人立・唐之磨崖碑在焉・翼然而金碧者殿也・碧霞元君祠焉・其祀于州城之內・以遙參者・斯岳神在焉・神冕服若王者・元君翟珈若后・祠元君猶之高禖・以其居東司生也・五岳視三公・則冕服之神祀爲近古・其廟有城闕・若王者之宗然・樹木森然・代有之矣・祠元君者輒應・故都邑若諸侯之屬・四時奔走之・神宗皇帝之碣在焉・其文金書・又鑠金爲殿・白石距之・望若樓然・緜嶽望元君・不知其幾百十里也・至歇馬崖・盤漸深以高・至朝陽洞・轉嶺而右・若斷若續・始望天門・門爲盤十八・若登天然・其侍立者爲秦五大夫・比漢家薪矣・天門而上・始若元君殿・殿而東・始見登封臺・

是日也・當寒且燠・雪且晴以趨・予遊入于嶽廟・檜柏凝霜・霏霏馥馥・上于天門・日之方中・卿雲散光・冰色消映・徐陟其巓・東望呼吸・一氣孔神・予乃恍然而笑曰・泰山之上無古木・木皆數千百歲・不能見其爲古也・無奇石・既大且高・如銅如鐵・不能知其爲奇也・無淸泉・泉稍稍流積雪中・當其澌於洞爲簾・坂爲布・窩爲潭・既高且遠・不必以泉名也・是故卽之若近・造之邇高・入于其腹・灝浩無極・宜乎其爲神帝之所翺翔・秦皇漢武之所甘心・尼父顏淵之所憑望・而子輿氏得之以爲氣象也・故夫古之游於斯者多蹟・予弗及攷・而觀之殆無憾焉・時癸酉臘月十八日・同登爲浙江包子會嘉公車偕行・住州城凡三日・以爲是游・去而記之・

遊焦山記

焦與金・皆江中之山・焦以仙名・而金不得以璞名・蓋金當瓜步京口之間・如人居要津・以招來南北之士・趨者衆而附之益羶・斯其名所以日損・宜也・焦則不然・去金而東讓之・使居上流・不肯當道・傲然而僻立・其南岸爲象山・石壁硬出・水勢㴬激・其北更出兩山・突然而峙・風潮怒號・鳥之飛者倦而俯視・則其勢必墮・故苟非深有意於斯山者・未嘗過焉・予渡江南北計凡七八次・于金山或登而卽去・或過而不登・于斯山蓋圖之熟・而猶數不果也・

庚辰五月以送萬茂先就徵・復渡江而北・北至揚州・則茂先病・病且一月餘・將死・而屬予曰・其必得子爲傳・徐巨源作行狀・周仲馭爲誌銘・予頷之・乃瞑・於是予既經營其喪・則與顧子修遠挐舟南渡・聞仲馭適在焦山・記往與二張子受先天如偕語于虎邱・別三年矣・殊思之・矧以死友之故・蓋不可不往・於是渡入京口・則別覓小舟・與修遠仝下・時六月廿有二日・江南北方苦旱熱・雲色頻變・舟人欲逆風揚帆・予止之・然水勢下奔・與波浪相湍湧・急如馳騁・不數刻已至・則直入水晶菴・仲馭急出迎・語及茂先・又遂慘然久之・鄰僧適爲齋・邀仲馭食・因偕予與修遠及坐上二三子繞山而過・共話于僧門前大樹下・既仝坐・有笪長人兄弟與修遠偕予繞山門而東・以北江水漲・路沒不可行・因但立于巉巖沙石間・觀兩山如獸蹲江中・潮從其間上下・沸聲如雷・比復繞而還・入禪堂・僧留仲馭諸子茶坐・予復拉一僧出・繞而南以西北・觀所爲瘞鶴銘・銘在水・不可

見・其石則覆蓋谷間・僧與予緣而俯瞰之・北仍可望先是所卻步處・山壁間乃皆怪石林立・惜不及褰裳濡足縱觀也・徙倚凝眺・乃仍還過僧門・有路可登山頂・同行僧惜足力・意難焉・予乃拾級而上・强令隨之・級盡處・反折而東・望江帆如飛鳥・西日欲沒・東風與雲潮並起・又復緣級而北上・是爲絕頂・觀楊椒山所題詩・徘徊久之・下則仲馭已使人爲浴具及晚食・予與仲馭夜倚椒圖而語・頗及當今人物流品・相視而笑・既復黯然・鐘鳴後・修遠拉予宿于其向所讀書僧閣・枕上聽潮聲樹聲・則以爲雨・睡酣而醒・視窗間月・又以爲日出久矣・

起殊蚤・仲馭且過而相存・予偕修遠謁焦仙祠・遠出水晶菴・與仲馭小坐・修遠謂予・風雨且大作矣・盍速渡・仲馭欲止予・念予病・至山凡一日乃俱不食也・夜進麥粥一杯而已・遂招舟送予・亂流挂帆・向象山而渡・與顧笪諸子俱坐肩輿・行一餘里乃還・至京口舟中・予先夜夢吟詩得句云・度遼使者至西京・比見仲馭書其所作詩于長人扇頭・恰有是語・然而予甘放遯・仲馭亦且廬墓在草土・以送黃石齋太右就逮・一出其往所爲贈人詩・偶有是句・而予亦偶有是夢・皆當不辱焦公・因記之以示夫往來于金山而不知斯山之爲幽削峻阻可登而樂焉者・是日觀壁間石刻詩・有湛文簡甘泉李宗伯小灣・皆予粵人・予作宿山詩・書便面歸之仲馭・方丈有古銅鼎・大可容一斗・扣之如木石聲・相傳爲周器・記蕭伯玉云・視其銘・乃宋紹聖間物・伯玉博雅・當不予欺・

遊惠山記

崇禎庚辰立秋後三日・予既與顧子修遠從維揚渡江・宿焦山・舟載之還梁溪・予泊于惠山寺前・其明日・秦子名皆爲酒茗供・以畫舫邀顧子至・亡何・而堵子瀌生・黃子漢臣・王子人玉・唐子釆臣・吳子漢若・康子小范・鄭子廷直・劉子・出子・與顧子之叔銘柏畢至・笑語如平生・樂相樂也・予以病不能於酒・然大能飲・夫飲者之意不醉・夫醉者之度舟・沿溪放蕩・晚陰生涼・乃相與觀夫惠泉・泉脈本育於山・蜿蜒而下・若不得已而後吐・爲穴可方丈・而日以澤江南北東西・其瓶汲而去者・人以萬計・里以千百計・時以旬月計・陸羽品爲第二・金山中泠第一・然而今之飲者・則必曰惠泉云爾・

由泉亭而出以右折・爲鄒愚谷先生園・已拆而易主・然有堂可登・石可坐・蓮花在沼可采・短垣齊人眉間・可昂首而望・曰・古樹之下・其爲亭者・今以歸某矣・古藤之緣結而疑爲假山・不知其爲頹樓之壁・抑斷樹之椈者・今以歸某而隨置之矣・有數屋・從疊石背向・爲洞以入・曲闌猶依橋宛轉・知其爲歌人洗妝理舞衫處・今唯聞風聲水聲・或禽鳥聲・蛇蛙爭食聲・曰・亦以歸某矣・爲館客處・石多經履舄而滑・爲讀書處・樹多經香罏若火氣而蒼・且折水多經洗墨研硃色・與葉之翳者・花之明者・而相蔽炤・爲廚膳處・竹得肥而至今味出・參差雜亂不可悉視・則亦曰・以歸某矣・乃曳履而出・顧子銘柏與予經寺門而左・登邵二泉先生超然堂・廷直子范出子從焉・堂亦久已廢・沒入于他姓・郡太守

出千金新之．猶未成也．石壁間刻詩．皆先生所自作而書之．既上．有石案橫山崖間．大書點易臺三字．又上．將至山頂．有石展然如席．其北尚有石爐一．曰．此先生每夜必焚香拜天處也．山從堂後而上．路盤坳險曲．樹皆東修離立．予登而望焉．梁溪環繞．人家煙色．畝畝參錯．在衣帶間．以抱錫城．轉而天外兩三峯．與晚霞相出．蓋登斯山者．至是轉闢一奇觀矣．則肅然而俯仰曰．若斯遊者．其庶幾可長道心歟．

予向讀所爲曰格子經史全書．則信服邵先生．然而澤已遠矣．今士大夫則喜談顧高兩先生．兩先生之學．其出于邵先生而人未必知．亦猶飲惠泉者而不知其所出之山．至斯山者而不能登斯以窮其勝也．其間興廢多故．則于鄒先生．予均不能無感．諸子還飲于舟中．予於是爲記．

禺峽遊記

峽有南禺北禺．兩山相抱．一水中繞而出．水如環肉．北禺爲之好．故北禺飛去．水斯爲湖矣．南禺之來．從大庾嶺而迤以南．北禺自洞庭之南．衡岳九疑諸峯擁之而東．忽值南禺．如遠客道間立馬相語．北禺且憩．南禺且行．行而南．以冬至仙城．爲白雲諸峯．至海上．爲羅浮．故仙城之邑曰番禺．番言躒．禺繇此也．其憩者乃聳而爲峯．旋而爲瀑．趺踞翹蹲．爲巖爲洞．寺曰飛來．從舒州一夜忽至．遺其角於庾嶺．故張文獻祠傍之寺曰掛角．攷來時爲梁普通元年庚子十月十八日．今頻毀頻建．望之在山之半．過峽而艤舟北禺者．登山門．得涵碧堂．其左爲二禺帝子祠．軒轅兩子讀書于此．采山中既俞竹以合律．故祠焉．代有封碑．祠後爲山輝堂．歷祠而東．如階升天．得半雲亭．雲白松翠．逶迤巉石間．乃至寺．寺後爲獅子石．蓋跋陀見異僧所化．

其望之蓊蔚黝莽．幽奧莫測者．歸猿洞也．袁姬者．故唐孫恪妻．挈而南．依番禺帥．經此．忽捨二子別恪．化爲猿．留玉環與認．爲太眞妃子故物．事見宋劉義慶記．洞在碧霄峯左．峙乎其左者爲雲臺．爲最高峯．其下爲和光洞．其中石牀丹竈．有五色榴花．宋英宗治平間．安昌期隱焉．留詩洞壁仙去．其蛻于半雲亭東折古[illegible]間者．骨作金色．因名其巖爲仙蛻巖．疑卽安公之徒也．從雲臺而西北下．田塍間二里許．支折而得金芝巖．高廣可十餘丈．入乎其下若峽．而牀几爐瓶皆具．葛洪丹井在焉．是爲第二洞．趾轉而高．有石盂．乳滴其中．爲第三洞．其內轉不可測．蝙蝠石燕．如蛾相撲．乳之所結．各狀畢具．有巨物蟠守焉．氣如雲霧侵人．其下爲元瀋．人至此．望歎而返．巖與海眼通也．宋太祖開寶間．望氣者稱芝雲數見．中使於此獲金芝艸二十餘莖．故以名焉．其涵碧堂之右．爲大雄殿．爲振衣亭．爲達摩石．其上是爲櫟社．櫟社者．有古樹垂藤．與石相抱而生．枝柯蟠蔭．亦如人之爲猿．猿之爲人．僧之爲石．寖假而化．不可分別．其下爲阮俞徑．折而東．得水簾臺．上爲淙碧軒．上爲仙源．爲石香澗．上爲天池．已與寺西磴道相際．則皆以泉勝．泉激下凡九折．爲布爲縠．從石澗葛蒲間．噴灑而行．入石罅．伏流委．而爲定心泉．當帝子祠與涵碧堂間堦墄．

湞陽峽記

吾嶺南之水．繇淩江而下．至禺峽．出胥江．與西江從牂牁來者．合流而至珠江．過五羊城入海．其白禺峽以上．俱石勢層束．不啻瞿塘象馬．其最奇者．曰釣絲銀瓶諸灘．水垂瀉．或如銀瓶．或如絲故．曰龍頭硬．水急舟軟．石硬枕江如龍頭故．曰鱉背．石在水中如鱉背．無龜拆．拖鈎下篙爲難故．曰五婆城．凡惡石如城者五．水急入城坳．洶洶可畏．舟破者目眩心蕩．時見鬼婆招之故．曰獅子角．石角如獅子．水聲吼故．曰彈子磯．石壁當水之衝．壁如銅鐵．上有穴蓋．蓋黃巢所試彈故．曰磨刀灘．水利石淺．施篙過舟如磨刀故．曰烏猿飲水．有黑石垂水中．水噴激如下飲故．而其雙壁陡立．又無如湞陽．湞陽當英州韶石之下．水之消長．以尋丈計．壁痕爲水所呑．巖石或垂或穴．或漱或飲．或如芝如牙．有如虎斑額與背者．有如牛俯鼻以喘者．舟之下者鉤之．又如虎也．上者牽之．如牽牛也　洞或在水中．其消也或爲仰天之竅．其上多異木．人不能到．望之多石乳青脂．其中嵯峨盤鬱．當不讓禺峽．恨未得閒鑿山心．如朱叔子者耳．

予於癸酉三月過此．因爲書以貽之．比上湞陽．水勢未已．舟人大叫共挽．方前復卻．因得備審其態．夫山勢蜿蜒．望之如續．當其卽之．有罅可入．上視如井．下視如池．石之散峙．無面不變不合．固斯山之奇也．至如樹列之宜．猶未盡安．譬如良玉．不可無琢．吾以爲宜於斯時．多取梅李數十斗．至五月．復取桃子數十斗．使人沿流拋彈．或援緣而上．擲之兩壁絕處．不六七年．長且復生．當令香雪紅雨．綴雲布空．此非特猿女添擲車之果．實禺君結重門之綺也．足下獨無意乎．昔西園公張九岳先生．曾種梅嶺上．以補不足．奈遊人攀折．邇復寥寥．何如此人跡罕到．碩果不食．計所費不過數千錢耳．如足下未及料理．吾亦欲於南還時．典衣圖之．

又此處土人多採石爲灰．謂可糞田．務本力農．似非所禁．然孰若因之琢山．使益深磊．宜得韻人．歷爲選次．若某石稍頑．全多鑿採．便爲岩峒．其所留者．益復玲瓏窈窕．以至渾脫．此則蒞茲土者能行其權．然吾黨口舌．與有責焉．謹因還使留書與足下商之．不俟報而余遂行．然予向詩贈叔子．謂其於禺君有策立專功．知當不惜爲其北門鎖鑰計．因復記之以告來者．

會祭座師張紫坡先生文

於虖哀哉．彭蠡既澤．氣滲雝些．簸衡跳廬．神降茲些．趡附喬木．鬱榮施些．玄黃稠簇．彏弧威些．蹈孝麃友．紛離奇些．不經雅拜．斅爲箕些．亹既成童．驂文螭些．鹿鳴呦呦．聽相隨些．仰喬俯梓．瓊瑤枝些．是曰先臣．孫謀詒些．爰媒帝閽．翺鸞儀些．鳩爲蹇修．揚蛾眉些．煌煌繩武．策金墀些．六經攄頌．狖委蛇些．通籍握蘭．岭巆遇些．命佐共垂．鈎繩具些．王爾待命．矍踢聚些．河靈不蹈．般遜度些．神君製錦．七襄報些．巽火貢薪．燭□炷些．勾芒祝融．通明互些．魑魅魍魎．讋神怖些．風伯清塵．飛廉雨些．鞭雷消雲．鳳蕤御些．翠龍連蜷．燿金鋪些．曰臣爲塗．贔鰲負些．萬騎屈橋．□騰霧些·羲和顏倫·紛駝赴些·三神往徠·攙搶勑些·八荒啓闔·瞰瓝車些·露盤融旭·帝懷侗些·寵章呂錫·辟蠻烟些·箙蘭弩盾·貟猋先些·皸韗朱輪·迓連綿些·側注桀辟·蹲蹲犇些·露箸笓犀·咸執鞭些·明珠海寶·洞犀燃些·氣截京魚·夔魋嘆些·爰奉玉斗·朝高天些·樛流紫宮·祝延年些·金母虎齒·弸彋朝些·還載雲旗·挈禹穴些·游徼奔命·恒緁獵些·嗅陽倏絹·封豕滅些·萬弩射潮·驞騂烈些·絲綸垂江·濎濴潔些·玉書璀璨·黃熊絕些·神功焉繼·邁臯禹些·魂兮騎箕·策傅說些·駝鶩憚殃·靈氛愚些·天吳文肆·實捕鼯些·綵服配離·焉爲娛些·雲蜺猗旎·閶闔紆些·翠鳳苕嶢·八龍驅些·匪茲焉戀·何天衢些·偓期亭飪·餦餭石些·陰陽爲炭·神爐滌些·司爟安屬·返疇昔些·朱厓蜃胎·越寸尺些·珊瑚文具·綏嬰射些·安羨玄圃·陫睨礫些·飛龍在五·膏滂沱些·美人投佩·申九歌些·宅揆阿衡·紛總多些·三王阨薛·六相和些·植芝摧棘·懷蘒葮些·安慕重華·愉湘娥些·鬷若彼纍·富坎坷些·鴟夷魂怒·適四汲些·簡書節旄·三錫嘉些·靈何縱縱·大耋嗟些·玉樹飄風·滋蘭蘂些·若木何罄·徂如駛些·夢楹坐奠·水精子些·儐禮協樂·胡然委些·噌欷於邑·流虹彩些·經緯星陳·羌躍此些·大弧射狼·熒感鎧些·焉逐九烏·刮四方些·美人乘龍·邅四傷些·手攬平慮·燌皇皇些·矧茲小子·遡離湘些·招搖遲追·沓靈光些·巫咸穆穆·利西東些·猋猋望舒·轡奚鄉些·滃雲霏霏·楫沙棠些·翳瞰旆旄·侑桂漿些·靈兮歸來·子孫昌些·椿樹焉榮·蘭茝芳些·度脈尼父·迫靡疆些·茫茫方輿·臨周行些·於虖哀哉·尚饗·

波羅銅鼓賦並序

波羅廟有一銅鼓·面綴兩蛙·云是馬伏波將軍所鑄·向埋地中·其處每聞蛙聲·因掘地得之·蛙形尚存其一·共奉鼓于廟·時鳴以祀祝融·曾有謀移去者·輒縚斷絇絕·重不得致·仍歸之廟·咸謂有神憑之·予爲之賦·以俟後之博物君子焉·

若夫汾陰寶鼎·甘泉露盤·霄壤峙鎮·洪範團攢·仙人作聲·山子遙歎·鐸不妄啓·鐘有肇端·咸託物以相感·信靈異之攸蹯·未若六齊氣竭·五色色漂·椒圖擬象·圍廓若顒·舞聞如梟·覆蹲爲鼛·魍魎匪怪·朱鷺如歆·見怒蛙之可式·部鼓吹而秉操·疑擊掌之有杯·方鑄柱而歇鐎·既銘功以壓蠻·遂奮枹而和簫·

爾乃鳶飛同站·馬革各埋·骨蝕毒流·而含刧灰·聲追蠡而樂尚·鐘釁血而鏄泥·如印之弄刓兮缺紐·譬齒之浮落兮留齾·孰辨豐獄之氣·如居孔壁之隈·憶矍鑠之待用·寧躍治以明才·既鬱鬱而見日·遂轟轟以應雷·

於是湏濘天吳之谷·震礱馮夷之宮·海神聞號而舞旗·阿香整駕以鞭龍·鮫人裂綃而淚珠·鼇怪翹足而嘷風·羌靈修之德勝·合鐘簴於祝融·在四瀆之祀典·豈三洲之游蹤·

爰有緤組以趨·分珪虔事·玉冊垂重·金書載賜·波彝胡拜而慴景光·螺文摩滅而留贔屭·惟寶色之注煥·時代動而懍毖·

是故其薦信也·則靋噎潛消·霎黷蕩淸·纖阿案轡·翔

陽奮輪．目窮南極之樞．耳聽桃都之鳴．沈沈忽忽兮如見．澄澄冥冥兮如聆．若三通以啓闥．肅百族而頫承．蝄像聞而褫魄．長蠱爲之應聲．

其薦誣也．則陰晦慘濁．訇訇哮譁．大輿撼而若析．倚蓋屑而傾斜．日涕浪以噴雨．雲絞風如飛蛇．喧囂靡寧．霹靂交加．愼爾幽獨．駭此急遏．所以列同飛廉翁仲之次．年祀元鳳永平尤長．奏樂似咸陽之庫．祭天勝休屠之王．彼遙徙而刼奪．茲維神之可當．從舁載而昌舉．相璘瑞之輝煌．專八音以振響．更萬禩而益彰．共識馬氏之元勳．宜勒宣王之文章．

爰有志士轉坤．明王濬川．弓挽扶桑．劍倚長天．旣掃氛氼．遂清蠻煙．海波不揚．重譯爭先．姞須在陳．指南並傳．歸質黃耇．有道萬年．爰作頌曰．

海帝維炎．厥器陶庚．匪革而鼓．亦鍠亦鞫．棲神伏猛．將軍攸成．爰從瀆祀．以永祥徵．日浴中夜．星轉八紘．鞳鞈鏗鏘．維神之聽．澄爾風波．聖人中興．

弔南漢劉氏墓賦并序

予家板橋對岸．有洲名北亭．當五羊城之東．疑卽昌華苑地．先人有田在焉．崇禎甲子秋．田間有雷出．奮而成穴．畊者梁父過而見之．因投以巨石．空空有聲．乃內一雄鷄其中．自伺守．至夜盡．聞鷄鳴無恙．於是率子弟入．將大發之．見有金人如翁仲之屬者凡數．舉之各重十五六斤．其正處二金像．冕而坐．若王者與后之儀．各五六十斤．地皆金蠶珠貝築之．有鏡一．自發光．燭炤暗中如白日．寶硯一．硯池中有玉魚．能遊動．其他異物尙多．不可指識．但先携鏡歸家．光動鄰舍．亟碎之．鄰人覺而爭往．遂趨白官．邑有司並拘繫之．亟親臨其地視搜發．一旦公私籍沒無餘．其中一棺．卽爲掘者所糜．骨齒稍有存者．今其穴故在．碑文隱隱可讀．蓋南漢劉氏塚也．予時方在公車．因鄉人後來者曾得之目見．爲形容甚詳．嗟乎．慢藏誨盜．理固宜然．今予歸耕斯田．庶幾爲長守得不發．然以彼固曾南面稱王．一時之雄．而藏身若此．卒以不保．是可弔爾．聞素馨塚在花田間．去此不甚遠．今不知何者爲是．必尙在也．又胡不偕之少留乎．爲述斯賦．

噫嘻．嗟乎．伊何其巃嵸而杳杳冥冥兮．潦與艸之依回．游人旣不至兮．綺紈寂寞而鐘稀．牛羊下上兮．糞我禾黍．水波汨沒兮．暮漁旣散而螢飛．寒與暑兮荒熱．鳥歌兮樵蘇絕唱而疲歸．望美人兮不見．今與古兮焉知．忍吹沸其如崩兮．誰爲君徙宸躬．窅窅而放溲兮長啓．蘭蕙旣已穢兮．長髮泥漿．雕虎不可爲守兮．何金人之顧．女嗟靈勺之不可當兮．惟瓊璜是圖．砥室長夜如白日兮．魂耿耿其倏殆．寶鏡旣已碎兮．金輦又空．魄氣融畜其或能語兮．不爲君容．翡翠被兮爲煙．駭血梅兮俟乎下風．燿珍怪兮．君實何德乎他人．愼藏留兮．羌自獻而又不得從．鵩梟醇漿不以祭兮．淹酡醉而逼迫．風颼颼其來下兮徹心骨．層城言言兮非故宮．木葉落兮日夕紅．橋蜿蜒以流花兮．憺復炤以花田之明月．挹蕉漿兮行遠道．采露花兮佩香艸．蓼岸紅兮流浩浩．松柏兮青青．伊何爲兮食人腦．吳宮鶴舞兮．人氣遝侵．驪山邈曠兮底沉沉．高歌歌舞兮渺不可憑．又何怨兮今之人．

亂曰．朱紩翠莖．翩其艷兮．葩房便娟．由鬼怨兮．長劍幼艾．雄敵□兮．靈氣如雲．漬金石兮．配德三五．恒昭昭兮．即鹿無虞．在屯文兮．

惕志賦有序

惕志賦者．黎子南還渡河而作也．黎子既浮彭澤．驅車皖城．入長安上書公車．還而深自省悟．悔其所習．將歸而篤志力學．修古君子之行．而猶恐其不能振拔．作賦以自惕焉．

余稟天以成性兮．幼純潛而秉度．曰金虎之始令兮．星文明而燦莫．火爰流而余誕兮．肇北正之門祚．得所怙與所恃兮．漸臻導而由路．美錫余以奇玩兮．惟弄余以大璋．負天吳之短褐兮．捧龍馬之文章．願析薪以克荷兮．葢式穀之餘慶也．夫何余心之恍恍兮．亦既長而蹉跎．戲坎坎其伐鼓兮．嬉盤盤而舞歌．睠朝葩之結繡．覽夕雲兮飄羅．余感此而莫遣兮．又慷慨而自多．紛余行之不一兮．挾衆趨以爲美．懷仙人以屬咏兮．執兕觥而屢起．小咎繇爲不足師兮．偕琴牧爲吾與．傷摯且之不作兮．世靡靡其頹只．余盍以猖狂而任肆兮．惟蓬累而行之．遂烏兎以馳騁兮．即仇疾而奚辭．執短裾以舒嘯兮．把長劍之陸離．昵酣醉于月夕兮．夢巫咸與宓妃．蹇余心之鬱鬱兮．咸多激而少隨．何皎皜而不濡兮．曰將取柳下以爲師．噫中情之靡定兮．昂高視而濶足．謂放達以自遠兮．猶豈知踸踔夫流俗．眷二人之多訓兮．繹良友之忠告．爰已蒙孝廉之令名兮．偕諸侯而輯玉．揖賓鴻以千邁兮．暫毋于高堂．悳余父之愛勞兮．猶言送以言疆．憑吳楚之大澤兮．渡鯨鯢之浮鄉．蹇驅騶於齊魯兮．孰頫視夫韓梁．望燕臺之矗矗兮．趨鳳闕與翱翔．欣嵯峨之巒嶂兮．終懷想夫舊邦．翩余袂之揚揚兮．羌有懷而不遑．自已覲玉殿于九重兮．去炎方于萬里．問流風于京兆兮．棠榮敷而有喜．念余祖之有德兮．余是曰季孫之子也．

空務飾于姱言兮．胡後賢之濟美．欣有當于中情兮．余適逆夫太陽之初升．披紫闥之重雲兮．消周道之凝冰．爭握蘭以自獻兮．見席珍之咸登．何余策之不投兮．夫寧不倀倀而且憎．豈錫纓而授組兮信吾斯之已能曷反余之初志兮．其何德而可徵．罷趨歸以奚怨兮．遡長河而擊楫．風離離其鼓浪兮．揚青青而散葉．出宿雨之濛濛兮．宕晨星之燁燁．侶元鳥以亟還兮．夫恒有慨于余中．倚奢傲以成性兮．笑節嗇爲靡通．炫奇服以暢志兮．侈弄譴之成風．余惟恐不立夫修名兮．胡又以徘徊于所從．處承顏亦何當兮．出干祿名求養．徒乘馬而邅回兮．盍歸修而自疆．把余臂以知痛兮．念倚門之爲悵．歎清暉之豈娛兮．去情謳其莫賞．曰一菽之可歡兮．望白雲而余以歸．樂過庭之爲禮兮．怡奉秋而稱詩．戀一邱與一壑兮．亶叢蘭而蒔芝．作與息其有則兮．守先民之良規．羌顧景而正襟兮．爲庸衆之攸儀．余猶將往試衆而執轡兮．恬茹澹而被質．扃元精以內守兮．生祥光于白室．仰南山之喬柯兮．煦北堂之諼日．羲和告余以舒轡兮．白虎趣余以鼓瑟．釀馥馥之春華兮．期含宏于秋實．習肝腸以相向兮．匪毛裏其孰親．維連枝之列樹兮．思水木之攸振．諸父皤如其耄耋兮．諸昆曳褐而長貧．若余仲與余季兮．外就傅

而甫臻·不言遷以式睦兮·其肯負茲嘗倫·

匪上國之迢遶兮·不足以爲余忭·次涿鹿之荒都兮·列雲鳥其如戰·下江南而采菱兮·倚佳人之紈扇·渡廣陵之飛濤兮·瞬流連之臺殿·近王氣以踰金陵兮·歷帝王之舊都·發越吟以遨遊兮·群倡和以吳歈·終耿耿而難戀兮·聽深樹之慈烏·憶佩觿以舞象兮·何童心之日殊·衆炫名以失情兮·耽佚便而與俱·豈英秀之可襲兮·寧愚蒙而德孤·曩余駕之初征兮·幾延佇乎鄒魯·覲尼父之宮牆兮·眷絃歌之環堵·余何修而不自力兮·羌佻僅而如侮·器恒欹以誡盈兮·流蜿蜒而不腐·感初筵于衡侯兮·如銘几之有武·矧余幼之未立兮·曷亦返而自修·正雲冠之峨峨兮·端縫掖以優游·疇克範于正鵠兮·匪悅樂而咸休·觀窮變于大易兮·知通久之所繇·豈顯名之爲余辱兮·余曰歸而遑恤·寸此愛元龔之爲旨兮·胡燉熊而炙鯉·懷姜尚之秉道兮·持一竿而徙倚·終厚蓄而博施兮·爰堅余之素履·世喔咿以妄營兮·惟睚眦之是仇·寧蒙辱以處賤兮·保純白以何尤·珍余行以自玉兮·顧嘉名之曰球·從蘊彩以含韻兮·愼攸玷而即羞·際桃都之喔喔兮·孌孜孜其無寐·發短歌以未竭兮·耿余銘于榜次·

亂曰·玉之山兮珠之浦·搏日輪兮持月斧·蹇余信兮矢余貞·舍初志兮其何成·舞清聲以滿天地兮·守金石其含精·

三大忠祠賦有序

三大忠祠·祀故宋信國文公天祥·左丞相陸公秀夫·越國張公世傑也·地本廣州南園舊址·當國初·有趙御史介·孫典籍賁·王給事中佐·李長史德·黃侍制哲·是爲五先生·結詩社南園·開我明嶺表風雅之始·既而當事者因其地建祠·以祠三公·爲歲已久·崇禎戊寅·直指葛公奉命巡按東粵·遂出俸鍰·率僚屬諸公·庀材募工修之·池亭堂寢·無不完美·葢公丰裁凜烈·欲昭忠節以振世·而雄文雅思·源沛流合·因又舉五先生所爲詩重授剞劂·于以采風激俗·義有兼貫·一時紳僚咸勒碑矢頌·以志不朽·若羊公之峴首·召伯之棠下·又將以公重斯祠焉·遂球數承面命·得述所聞·以贊斯役·因次而爲賦·其詞曰·

粵若風猷顯樹·徽烈同留·異代宏獎·加等渥優·晉墓理乎忠貞·蜀廟存乎武侯·周有比干之封·殷有首陽之邱·然猶勝國之近·固非今效之求·追維炎趙·華運方厄·望禾黍於中原·盡犬羊之躅躑·鳴轂感雍門之義·銜石失精衞之策·志士南冠以結纓·贋儒北面而蒙幗·非三公之歸然·誰末祚而呀嚇·

當斯時也·則有揮涕蠻溪之上·拂衣歌伎之傍·碩哉四鎭之謀·彌彰百鍊之剛·收義師兮麗浦·援幼主兮望洋·連實恥乎秦帝·良孤憤于韓亡·從蹈海而不獲·遊赤松以何鄉·悼黃冠之不歸·留正氣之茫茫·

又若伏節艱貞·左右互奮·舟似赤壁之屢焚·志猶成旅之可振·誠既矢兮巾子之山·守更堅兮江湖之信·登柁樓而告天·空擊楫而難進·若楚原之沉淵·感周昭而身殉·

至如正笏不違咫尺之威·負扆儼有堂簾之表·類猿窮之屢擇·傷鵲栖而正繞·異句踐之會稽·弔田橫于海島·慈元屢結而峨峨·越郡龍翔而燆燆·投洪濤以自靖·耿遺孤之在

抱．分終存乎陽秋．諱乃慘于子卯．

於是天祚我明．神武代出．甲洗腥羶．運開旦日．百王同系．五行傳蹕．三公雪殊世之讎．羣賢秉同文之筆．見海濵之遺風．昭聲華之被質．

於是鉛槧之子．冠簪之英．既歌伐木．迭和嚶鳴．乃仍勝地．乃舉文盟．或弔古賦詩．有懷不平．虹橋流花．芳塍素馨．環顧屢屬．佗張攸營．未若南望厓門之波．歷數陳橋之遺．麥秀故宮之歎．鼓鐘頹廟之悲．蛟龍攫食而人立．馮夷逐魂而嬰啼．羌伏臘以獻羞．殊采薇之獨持．邈一杭之遙曠．匪斯地而奚依．乃啓薜荔．歌昭魂．成嚴構．繞周垣．羅列兮薦馨．思君子兮懷荃．修俎豆之故事．聊斟酌乎桂尊．時冉冉而不同．日眇眇而徒存．爾乃聖人中興．羣牧受命．舊章共率．封禪爲盛．天挺巨公．忠孝成性．乃授廵方之斧．持激揚之柄．皇華爰諮．佳草同勁．風有陳而必采．俗在靡而咸正．

於是表彰爲功．嘉惠垂澤．清詠酌泉之祠．忠欲九原共作．歌寒鴉夕陽之詞．懾奸雄賣國之魄．惟廟貌之儼雅．固往志之攸託．賦景福而雖殊．規靈光以恢拓．其南則有飲虹馳道．暗泉通潮．芙蓉被池．霞城建標．當其後也．則齋寢窈窕．濠梁逍遙．喬木疊蔭．蘋風漾慓．舳艫銜結．飄搖笙簫．左右則景忠之堂．覆月之臺．峙池而啓闥者．軒櫺互開．東旭虛亭．曈曨欲來．翠葆菁羽．參差徘徊．繇是周繞堦檻．佇眺神宇．棁獸作其鱗．而采蜃發乎嬴虞．村選鄧林豫章之雄．地藉昆山文石之礎．案有犧俎蘭漿．繚以沉香蠟炬．仰英之下臨兮．俯簪紱之在序．當夫宵風曉月．秋露暑雨．睇彼芳煙茸茸．雷電莽莽．鳥歌英落．魚泳獸扆．意空氣之遙集．策箕尾而乘語．柔佞竦髮而魂悸．正直灑祭而心許．

於是大義既正．徽詞用彰．維使君之振德．明歷古之綱常．分古詩與今頌．同詠歌而翺翔．媿小言之詹詹．視嘉謨之洋洋．耿英烈以共貫．承風流之不亡．以遨以遊．載詠載觴．酌酒神醉．臨風慨慷．宜矢之銘．同斯久長．銘曰．

維天生人．貴華賤夷．倫紀攸正．羞惡繫之．義在春秋．著于宣尼．君曰天王．臣訓勿欺．炎宋之末．乃有閏位．巍巍三公．庶回天意．捨生成仁．殉主明義．人心不沒．咸秉斯志．遂附吾明．反經建極．如夜如旦．乃位天德．聲教四流．順則亡力．南園觴頌．憑弔斯陟．爰立祠廟．英魂是妥．僉邪褫魄．正直錫嘏．聖人中興．巨公啓我．重軒飛棟．崔峨旖旎．日星炳若．冠裳凜然．華袞之褒．朱紱之占．棟隆維吉．金鍊同堅．俎豆無疆．盡性配天．

禜客星賦

楚襄王問於宋玉曰．夫士民衆庶之不譽．既明其故矣．至若先生之客．葢所謂屬和于先生者也．匪惟不譽．又加毀焉．請問其說．玉曰．固也．臣之愚也．不能擇交清醒如水．醉濁如醪．當臣家居．有客過臣．使臣爲言于登徒大夫．大夫不得其歡．客以爲臣嗔．臣乃逡廵謝．却託爲暱于東家之美人．客不悅去．輒告四鄰．謂當偏毀于諸王大夫．以敗臣名．戕于臣身．臣聞之笑．爲徽詞曰．夫名可以客成・斯可以客毀・則又何有于天之富貴・命之生死・王曰・然則先生遂無所謂知己者乎・對曰・有之・夫三年不與而猶窺觀・詩所謂中心之好・禮所謂不盡人之歡者也・若夫醉飽不厭・摩厲求索・應諾如響・時人乘隙・此非嘉賓・是爲惡客・王曰・其形類若何・對曰・長髯善號・將指輕舉・尙有童心・能爲夷語・其來也・或幣重而言甘・其見也・或視下而神佇・既而假復陶之羽以爲衣・壞章臺之垣而思處・淫芻蕘以致錦・嫐商人而得環・問冠法如心快・哭日食而淚潸・

於是讒鼎磬鑑・闕翬繁弱・夏后之璜・殷虛之鶴・謂鬻獄而可得・曾不已其要託・又或受璧反餐・割心爲詞・買玉得石・室怒市貽・再醮懷嬴・屢從夏姬・醉不可遣・樂謂我飢・爾乃毳衣如菼・奉時辰牡・或求慾豢龍・或食主以狗・猶思髡元妻以爲髢・剝寶珪以餘首・裸鳳凰以爲被・醢肅爽以進酒・予求予得・如取如携・咈意失望・爲非爲婁・笑孔張之無禮・謂子產之紛迷・計罷我于奔命・將教吳以轅輗・

是以臣觀客星・或過歲而爲福・或集婺而爲妖・福星有不速而至・而貧無諂・而富無驕・在需之小畜・載旦載宵・其詩曰・吹笙鼓簧・承筐是將・曰・神之聽之・終和且平・于其去也・則爲之歌曰・無金玉爾音・而有遐心・

若夫妖星所集・不及元枵・必連卷舌・晋是以怒・齊幾敗滅・然齊之客・眇跛秃僂・齊君使御秃者髡・御僂者折・御跛者鑿・御眇者瞽・又帷婦人而觀笑之・客則不悅・乃若歌無婁猪艾豭之刺・人非林父郤克之賢・好言自口・欲翰音之登天・莠言自口・委龍輔而誓川・延我伺我・如溺如旋・旄邱匪賦・北門曷憐・是謂集妖・或止或遷・過虛速行・忽及翼軫・箕爲傲客・守則生疢・肆厥播揚・不相容忍・

王笑曰・是爲星也・然則可禜之乎・對曰・可・在坎之困爲尊酒・簋貳用缶・祝史以告曰・曷之用納約自牖・若方暑闕地下冰・主人重繭・衣裘出祭而嚌・甚或號而出走・其未爲災・尙用瓊玖・其既爲灾也・則恐懼修省以備不虞・勿用瓘斝・而以儒書・或桃弧棘矢・歌巷伯而呼之曰・取彼譖人・投畀豺虎・豺虎不食・投畀有北・有北不受・投畀有昊・

王聞之・於是感念玉之師屈大夫・知爲忠也・時當春日・高臺淸讌・歌吹雲從・相顧黯淡・忽如秋容・亟止玉勿復言・蓋以爲不如賦風・

素馨賦

登羊城以西・望見綠草之田・田匪織雨而含珠・乃浮香以如煙・弔美人於黃土・炤明鏡于青天・惟斯花之可認・感今昔而相憐・爾乃向午如粟・薄暮放蘂・望通衢之凝雪・列七門而成市・得人氣而轉馥・在晚妝之初洗・圍寶髻之盤盤・貫玉屑而齒齒・果並擲于車前・香可分于袖底・雜寒具而芬郁・蘸琉璃之露水・

則有青樓姊妹・烏衣兒郎・綴流蘇如夾纈・掛斗帳之四方・鈎珊瑚之横枝・枕琥珀而低昂・如香稻之飼鸚鵡・等竹實之供鳳凰・羨同心之可結・羌解佩而垂璫・

於是重五之晝・雙七之宵・或張翠幄于龍舫・或方蘭舟爲鵲橋・晝則艾虎纍纍・朱符飄飄・飛八槳如比翼・馳千舸若聯鑣・踏歌珠寺・讌客西壕・買花齊喚・餘錢亂抛・量三斛

之蒼璣・疑乍泣乎老鮫・與歌聲兮同貫・侵酒氣兮如綃・宵則芳蕤作幄・新月如鈎・海上載求仙之童女・水際排乞巧之高樓・燦明燈于重簷・儼列冕之垂旒・何玲瓏之雕玉・覆火齊而作舟・總貫蘂之所爲・若鏤冰而籠篝・布經緯以如意・象禽魚之優游・怕有香以辟暑・縱無聲而知秋・

復有三五之夕・月出朦朧・巫壇禮斗・神絃舞風・白麟雪獅・翠鳳玉龍・覆官街以列帳・峙重臺而罩櫳・咸當門以結綵・聯比戶于帡幪・被華鬘與纓絡・現瓊島之銀宮・齊觀燈而連袂・或駕橋而成虹・譬遊蜂之出房・若舞蝶之攢叢・聆梵吹于香國・見閭巷皆花封・

乃若博雅高士・道古名家・知爲那悉之茗・用代陽羨之茶・或云當與楞嚴同至・或傳載自博望之槎・比石榴而有馨・較菩提而擅花・又烏能起艷質而問之・夫是以賦芳艸于天涯・

荔枝賦

粵客居吳・食其楊梅・趣裝度嶺・不忘荔枝・吳儂請留・荔脯當貽・客謂吳儂・譬如蛻尸・顏色既變・滋味亦非・於時設酒銅坑喧相樓・客爲言其故・送子得發・客曰・吾家海上・蓼水板橋・爲園數畝・鑿池通潮・上植嘉樹・外被良苗・晴氣如蒸・宿雨既朝・荔子垂垂・自圍樹腰・於是紅染燕頸・大倍龍目・重五小至・蒸然盡熟・外若火珠・內足香玉・核不煩鑽・無骨皆肉・當吾睡起・曳屐旋旋・手摘目選・坐樹似眠・幼弟就告・似此必甜・持以奉母・自試果然・飽能辟穀・飫復垂涎・晶丸彈脫・霞袋蟬連・困占朱紱・解以形鹽・却老還童・顏芳色妍・相如已渴・留侯得仙・飼鳥皆肥・如花特鮮・

則有爲圃之叟・種樹之子・異種新得・乞鄰掠美・提筐出袖・匾翠員紫・好云更繼・急或就采・佳必待期・異不入市・名類匪一・有因而起・而吾園之所植・其名黑葉・低枝濃暗・土膏屯結・實不裹刺・色若血珀・瓊液內凝・絳衣欲裂・樽肩壺腹・龍鱗龜坼・剝而吞之・融冰沃雪・

爾乃吾夢還家・北堂之南・新得一姬・其名玉環・體若荔膚・紅裁荔衫・息氣荔香・嚙唇荔甘・又善選擇・手持荔籃・長歌娛母・祝荔宜男・

則有麻姑仙女・臨渡海水・投吾古方・餐花不死・衆卉可收・獨難荔蘂・蝶翅如飴・蜂釀將醢・繞樹護持・設餳餐醴・如妾待季・他花則妓・又有羅浮仙伯・愛吾詩婢・來惠丹粒・如水噴□・遂令吾樹四時皆宜・雪瓣紛郁・朱實參差・曰予之歸・行不虞遲・客語未竟・吳儂爭言・願贈子夢・隨歸子園・珊瑚小舌・寄煩應存・四座聞之・涎涌泉源・亟賣楊梅・贐客以錢・

蝴蝶賦

番禺之東・綠煙蔽流・兩山遙集・曰羅與浮・厥山之顛・金梁玉棟・上出砢樓・複下成洞・洞有蝴蝶・不知幾何・日月出入・餉以精華・鸞鳳共憩・朱草爲窩・於時客居禺山・遐不千里・道人遠致・一葉如七・其傍作繭・重胎如紫・

爾乃搖若繡扇・張若錦韉・雲霞繪絢・金翠屈鬈・雙眉

互舞・綃裳翩然・舉翅如月・翹足凌煙・儷雉媒與蚨母・來抱伏而纏綿・輒傳親而不去・譬飲食兮長存・其始至也・忽如雲旗・回翔繞簷・其既下也・求氣辨香・栩栩隔簾・共迎西母之使・疑馳仙叟之鞭・則有花際合歡・多情女兒・枕作文鴦・頸抱交蟜・芙蓉繡被・同心結衣・誓爲蝴蝶・雙逐雙飛・自從覩此仙蛾之異彩・信麻姑可師・願與君兮偕不老・渡海乘風往從之・千秋萬歲・對餐花兮・亦復何疑・

水燈賦　幷序

七月始望・從閶門買舟・與何仙曜姚君佐酌兕觥歌飲・明月在樹・銀河橫空・把袂長嘯・信棹所如・適有小舸梵吹・放水燈而過・因命筆伸紙・作賦寫懷・

夫何亂亂零零・歷歷明明・雜螢爈以差重・意漁火而浮輕・鮫人捲綃而帶淚・牛郎在河其爲星・爝應月而不息・漢似陰而忽晴・乘長流之曲曲・見斯燈之熒熒・

於是乎既擬紅冰・又疑絳雪・吳王潭內・淬芙蓉之新芒・伍相門前・弔鴟夷之熱血・眞娘墓下・擣衣之女艷絕・廻身盼影・訝火浣兮珠說・少伯湖頭・凌波之仙飄瞥・蹴襪生塵・想金蓮之步迭・

爾乃萍實之赤如日・光釀之色燭夜・蛇銜寶以報恩・龍抱領而驚詫・膏何取乎婦化之魚・明何惜乎蝦目之蛇・羌醮筆而朱綵・睇流觴之瓊斝・

況復涉江有採・臨流踏歌・鱗出聽乃忽逝・艷倒影而在波・炫蒹葭之薄露・灼菡萏兮浮荷・俾乘風以移景・撥小扇之輕羅・熾鴛鴦之熟夢・搖珊瑚之繁柯・眼無波而不麗・鯨有吸而俱酡・

未若悟通二月・鏡圓四大・功德池清・琉璃明最・胡空匪色・胡光可蓋・持若木爲杭葦・懷蓬瀛于衣帶・誠犀燃之察察・皈龍華之攸會・脚游戲夫瑣骨・申斯言爲珍賚・

訓芳草賦　幷序

艸之芳者・別爲一類・如芝蘭蕙芷・皆得稱之・頃姑蘇徐子能吟芳艸詩一什・何仙曜每辨謂芳非凡艸・予因擬克類爲賦・以語南州徐巨源・亡何別去・巨源遂作懷芳艸賦見寄・欲以起予・輒就短裁・聊以訓之・毋亦謙讓未遑・俟之作者云爾・

夫何煙與雲之絕續兮・山川合離・石磊磊流湯湯兮・芳艸蒙之・登高岡以引望兮・陰晴澹濃・鼓桂櫂兮・下迢迢而堿滋・春與秋其清更鬱兮・遙逆百英之初氣・委牛羊兮荒墟・羌其娛兮含霽・睇樓臺之錯被兮・疊蓊映乎津梁・策驪駒以千里兮・出重埃之綠薇・夕與朝兮西東・交旭流以升降兮・坐睇連空・貫長虹之首尾兮・射百彩而芬郁・迤坡瓏之四折兮・散玉露之蒙茸・美人餘醉兮・紛留目而欲語・獨鳥翀舉兮・下而視之・又沉彼平原之高樹・杭一槳以采月兮・飲浮光而濯腑・懷翠微之上衣兮・振領袖而延佇・

予忽而感此兮・欲往前餐明霞兮・吸寥天蟲飛飛兮・共吟遠道難兮・又將藉白石而懷仙・彭咸攸居望芊芊兮・一綠萬年・愚人邙瓏松柏青兮・愴霜雪之懷新・思公子兮鬱陶・勉强修名兮・見鮮馨之炤乎逝川天涯兮・塞北秋官莫兮・遲遲春日高樓送遠兮・浮雲重長笛殘兮・斷峯出碧爲煙

兮・浮香侵銀燭兮・白玉堂淺深兮・窈窈習秀兮・橫蒼靡不思・采蘼蕪而樹諼兮・又況乎放士失志・方去國而回翔・

別絲織愁賦 幷序

別李子文仲賦也・日夕發舟閶門・李子送予而返・其明日・復以書至・有云別意如絲・愁詞將織成尺・感其爲情・賦作報章・

丈夫爲別・甚於婦人・百端交目・萬緒縈心・庋鹿盧以牽賜・日九回兮靡停・爾乃香風轉陌・綠艸蒙茸・繞樹百尺・拂挂簾櫳。又若雙星臨河・淺月在水・光透涼帷・網懸蟢子・又若孤舟獨下・櫂發菱藕・疑斷復連・綢繆紛糾・凍呵雪兮成綿・暑綰帶兮垂柳・莫不低徊宛轉・交我別絲・經以魂夢・緯以信疑・彌天涯兮雲錦・譜雁字兮相貽・貫淚珠兮綴纈・繚落花兮參差・惟交眸之可剪・寄魚素兮紛披・與子相見・愁當下機・嗟亂結之莫解・怕徐理而自支・

愛妾換馬賦 幷序

黎子以不得志・著色隱賦五千餘言・客有見而譏之・於是燬不復傳・因託爲斯賦・似陳子喬生和焉・

壯乎哉・英雄之忘・知非兒女子之所能羈也・有如求將殺妻・談兵斬姬・心長於劍・義勝乎私・張目不顧・蒙袂長辭・或過門而不入・或臥薪而獻之・是故銅雀悲魏・黑騅弔楚・晉文中酒而奮戈・秦相烹鷄而焚戶・其卽之也・雖剛亦柔・其去之也・爲龍爲虎・矧以箕帚而爲籓籬・於是有心之士・悟其不可久留・花比面而迷春・月炤影而弄秋・寒引臂以代枕・暑展席以臨流・暮登臺而見欃槍・曉扣鏡而鳴吳鉤・情脈脈而忽動・誓報雪乎國讎・於是委夾纈・撮袙腹・繡襦褡・剔比目・絳欄搖・寶抹束・飾我琱弓・弄子金蠋・然猶嘆行步之多艱・時欲前而且復・

乃有牽來龍種・亦名桃花・蘭筋稱圖・蕙質焉誇・旣閑鼓節・亦勝陽阿・八鑾搖佩・夾鏡舞娥・恍兮朝雲暮雨之神・忽兮追風逐電之騧・旣兩姱以相當・更一諾之無何・於是鉤膺燿日・華袿如土・施障坭而拂拭・覺流蘇之藍縷・鏤鍚巧而黛蛾拙・連錢驕而袒帶沮・絡百寶而仰秣兮・銜勒跳踃・旋雙袖以徘徊兮・飛髻無緒・試韁厄之馴間・目珠翠之齟齬・詠如玉以念君・歎秉心之何取・乃至持髯仰嘯・執手須臾・意不盡言・拂袖長驅・風蕭蕭而助嘶・陌迢迢而通衢・鴛鴦爲之倉皇・海燕盻而飛孤・睇空綠之浮沉・見落紅之霑濡・疊霜蹄而塵遠・背玉顏而地殊・願刎頸以謝君・謀毀形而畫膚・雖就木而可待・從化石而非愚・薄言訴而未申・中情結而不舒・綠蛇光景以輕舉・彩鸞比翼而靡俱・

爾乃振膝躍躍・揚鞭昂昂・汗流風以走血・鼻出火而蔽香・惟憤忌之與偕・命旌旗之鼓行・豈揮琴而雉飛・羌聘鑣以龍驤・惟功成而飲至・庶行樂而未央・

影園賦 爲鄭超宗作

今夫形如幻也・影爲眞也・何以明之・每念古者不獲其身・微言散行・猶見其人・是故陽爲外景・陰爲內景・內景者・則有顧兎入腹・涵形止靜・在物爲鑑・恍兮如咫尺可望之仙境・在人爲夢・忽兮如縮地而遊崑崙壺嶺・外景者・則

有重離暉炤・大火色崟・龍銜炳乎逐日之林・蚌精耀仝燭夜之璧・其於人也・爲心之光・是流形而絕跡・維達士之逍遙兮・託斯意而兩適・

爾乃聯涓複蔭・以栖以遲・豐茸宕漾・晶晶漣漪・浮鬧曲動・映樹交垂・荇風瀠帶・柳浪胥絲・鸞驚燕舞・頡頏翾飛・錦鱗啖葩而躍餌・翠羽拂藻而投枝・故或張燈卜夜・捲幔如畫・入窗倒見・重樓搖皺・縹緲兮疑步幛之斜拖・靉霼分若鮫綃之疊覆・螢似星而雙渡・屛隱燭而方漏・

又或緣涯布席・氣淸人集・豁谷簇夫波瀾・堿滋激而鬱壘・削瓜投李・優游止息・濯魄則纖埃悉屛・引罍乃搖霞並吸・當其長嘯懷人・則月滿池沼・又在屋梁・梅添壁素・藤與髯長・梲藻側栢・節山層罔・颷淩畫棟・斗酌曲房・簾紋積皺・縠露杳茫・開戶視之・各天一方・

當其得意獨往・則曈曨容裔・舒藹散蘂・塍苗湛珠・漁罾曳綺・黃鳥窺友而嚶霞・朱英積砌而邐迤・雷轟泉和・霈開淵瀰・樹色江聲・虹交虎視・若又迷樓之墟・蕪城之隅・芍藥園金・僊禽冠朱・歌浮天去・鹽鹵地濡・香謝玉鉤之魂・臺落瓊樹之萼・東山召伯之蔭・北海大兒之呼・比陳檄以七發・見張賦于大巫・亦因之感慨・

夫東陵之侯・五色之瓜・是以陋金谷之石崇・擬攀輿之潘岳・舟楫若武夷九曲挑津之蔽虧・杖屐若神秀二奇石屛之犖确・鐵橋劍池・況其翱翔・焦谷璞墓・供其浣濯・虎阜千人・坐於堂坳・瑤艸三神・睨乎題桷・菾莫不命新豐之巧匠・寫形神而相學・

於是眺蜀岡・挹平山・七峯轉漢・九龍蜒灣・寒有竹苞罳色・際乎翠微・燠有芙蓉之氣・弄乎湲潺・華有維陽南粤蠶叢夜郎博望異域之種・實則馬乳天酒旁側黃綠昆明上林之間・童有顯士之侍・婢有康成之班・籤題七畧・仍昭明之樓・軸縣五岳・唯少文之攀・

於是羅浮之客・餐花之侶・過而樂焉・玲瓏兮娛靑暉之互披・紛繽兮散澄明而覼縷・既窈窕而寂朗・復超忽而輕舉・誠不知何眞何幻・亦安辨其爲客爲主・主既善繪兮・又道子衣影之畢肖・客亦能賦兮・擲輿公之金聲而和汝・

討賊檄

蓋聞復仇者忠孝之良心・討賊者春秋之大義・我大行皇帝憂勤惕厲・節儉端莊・卽位以來・無不以宗廟社稷爲心・從未有縱欲荒淫之事・蠢茲逆賊・惡乃滔天・聚烏合之徒・爲獸羣之逐・無日而不拆人之骨・啗人之肝・擄人之妻・屠人之父・其毒虐則凶甚豺狼・其黷亂乃憯昏魑魅・而我國家相承政令・惟在除害保民・故頻年措餉徵兵・務期勦滅・乃致我江嶺各省・脂膏頓竭・死亡載道・凡所蔓害・皆由斯賊・賊乃狙猾變詐・指征輸爲暴虐・欺愚民使信從・不思因賊乃設兵・因兵乃急餉・民之不安・惟賊之故・矧賊既非有點金之法・厥衆不能爲無米之炊・聽其欺紿・終遭殺掠・方將申明大義・滅之而後朝食・

何意藩封半蹂・烽火纔傳・奸豎潛通・北都失陷・大行皇帝暨大行皇后・英烈仁孝・大蹇中節・率同忠義諸臣・正位正終・共殉社稷・益將上以激訴祖宗百神・下以鼓勵文武臣庶・使知奮勇滅賊・嗚呼痛哉・

昔晏嬰有言・君爲社稷死則死之・本此以戰・何賊不克・賊乃不自畏悔・妄意僭竊・從來書訴魚腹・何異夢幻鹿蕉・況以腥穢之徒・相爲綉鬛之笑・行見天地震驚・雷霆迅擊・而我國家自太祖高皇帝定鼎・實有大功・卜祚自宜過歷・成祖列宗・深仁厚澤・法度端嚴・植立滋灌我臣民・衣食廬舍・詩書禮樂・何者非歷朝之賜・普天之下・誰肯背恩忘仇・昧心從逆・

幸南都之鞏固・有中興之聖君・正宜聯合羣情・痛切激發・今以事勢言之・賊以積年勞苦・遽獲心驚・驕固立亡・怯更易擊・我守則据天塹之險・戰則乘人怒之同・六月興周宣之師・此其時矣・一旅皆夏后之衆・豈無人焉・富者以財・貧者以身・智者竭謀・勇者効力・而兩粵有火器之利・一兵可敵萬賊・土司之卒・徒跣可當重甲・以此入援北伐・即宜靖掃中原・俘逆賊以報吾君・此所以同李西平之奇功・當不煩段太尉之笏擊也・且賊惟習騎兵・以度嶺道則阻・我兼資舟楫・以保江南必固・何煩觀望・待決避趨・倘或背公自逞・禍速滅門・尚毋徘徊不前・吉占拯焉・嗚呼・魯史嚴誅亂之例・尚於盜不書名・衛文有秉心之化・豈可人而無禮・勉報祖先之德・且亦功名之會・勗哉・痛檄・

區懷瑞 字啓圖・高明人・大相子・天啓丁卯舉人・歷知當陽平山二縣・懷瑞與弟懷年並負才名・與李雲龍羅賓王歐必元鄺露諸人相唱和・又與陳子壯兄弟黎遂球歐主遇十二人修復南園詩社・國變後・與黎遂球鄺露奔走國事・遇害・道卒・所著二嶽遊稿二卷・燕吳遊稿正續集七卷・玉陽稿八卷・阮志皆注未見・又粵臺徵雅錄載其有嶠雅一書・皆輯粵先輩之詩・亦佚・

當陽縣兵器庫記

訓天下之民・屹九州之險・則必有遠神强幹・備物致用・而鼓厲於不匱者矣・其脆也而鍛之・其鈍也而砥之・其不足也而有餘・用之非其人也・器也・其繼也若續之・其靡也若翼之・其撓也若伸之・其參差也若畫一之・非其器也・人與器之相習也・魚鼈之羣・不可兼弧矢之利・穹廬之國・不可擅煙焰之能・鄭之刀・魯之削・秦之盧・吳越之劍・燕之函・荆之幹・盼胡之箭・皆所謂法器槐材也・練之不以其時・蓄之不以其道・不能爲良・非但不能良也・而朽蠹之・屑越之・虧耗之・及頒盾授兵・曰・人不習也・雖欲習而不能也・聖人憂焉・繫之萃曰・君子除戎器・戒不虞・夫當天下五合六聚時・而修爾戈矛・攢爾刃鏃・若戎在莽・而隼在墉・豈爲過計・亦以天生五材・廢一不可・與其黷而弗戢・毋寧出入惟謹・韣箙橐鞬惟其宜・蒐苗獮狩惟其候・司兵戈盾惟其官・故周官・辨物與等及授兵・從司馬之法以頒之・輸亦如之・舍設藩盾而斂之・春而鼓鐸・夏而名號・秋而旗物・冬立喪戒・警順肅殺・振神氣・藏器待時・動而不括・用此道也・國家聲靈赫燿・三百年矣・師我臣力・小醜跳

梁．往必俘馘．而東□一隅．近稽天誅．寇起秦晉．流毒豫楚．吳蜀滋蔓．難除蕞爾．

當陽居荆郢之間．爲西蹂之衝．民狃久安．無半盾寸鐵以禦寇．遂爾破陷．懷瑞城瓦礫．塹燐荒．而守之練兵．登陴昕夕巡警．崇禎丙子．寇踰十萬．往來荆郢．自夏涉冬．躪突桀驁．不敢窺城．內外田廬人畜以數十萬計．每得諜言．當陽兵練整而銃砲備．今雖度漢．掠盡食詘．豈能一日忘南嚮哉．於是增修樓櫓．補葺馬牆月城．弓弩戈戟之類．弊而更繕．至於大小銃砲．演習之暇．拂滌而謹藏之．以防銹澀炸裂．火藥鉛彈．巧試厚貯．以備非常．一切纛幕旛幢軍符令箭牌悶棍．自常用外．皆登籍典守．爲兵器庫於中堂之左．凡三間．爲匠作房於其後．亦三間．翼以兩廊．庖湢咸備．移贖鍰成之．甓瓦土木工匠之費．凡六十緡．所庋兵器．充牣其內．費凡數百緡．不用公帑．日積月累．嘔心擘畫．僅僅留此爲地方百年計．卽寇難以時盪定．而土氛方惡．民之失業思亂．兵之索餉詰難．良未有已．異日者．定紛濟變．按籍而出值．和門而授之．亦知拙令所留哉．夫我躬不閱．遑恤我後．記以爲終身之仁也．信斯言也．則余豈敢．雖有麻絲．無棄菅蒯．傳曰．備之不可已也．後之君子．愼旃而已．

登古麥城記

當陽之南．沮漳之澨．有古麥城．雉堞杳然．遺址周遭．若隄若壟．纖悉可辨．相傳楚莊王築．吳入郢．子胥爲驢磨二城．乃破之．則險固而未易攻．而關將軍兵敗引還．吳人追躡．嬰城旬日．幾不自拔．卒以投臨沮之網．余於丙子春．行鷹落諸湖．明隄防．修水砦．眺覽其處．於國志邑乘．不能無疑．夫江陵．古句亶國．卽春秋世．楚兼有之．然郢故都在漢東石城．五戰及郢．麥城不當兵衝．得何足重．而暇頓剽銳於振落之餘．復作驢磨以圖徐效．關將軍歛而負險．何以旦夕岌岌．豈非倒行逆施之員．既辱郢先王．又以班處宮公族世家．切齒拊心．孤注於此．力拙食竭而後併命．呂蒙襲降南郡．厚恤將士．安潰其腹心．關將軍卽有金湯．其誰與守．繇斯以觀．衆憤則瑕者堅．衆漁則堅者瑕．似爲不易之論．

夫伍員覆楚有餘而經畧不足．平王者．均爲楚諸公子．乘靈王汏虐．詐子干子背而殺之．爲伍員計．無亦禁災止掠．吊死恤傷．禮公族世家．使復其位．簡拔廢滯而寵異之．求文武莊共之裔．白勝之屬．分王其國．漢南諸姬．還其故封．興滅繼絕．柏舉之役．夫槩軍鋒陷陣．卽江黃間裂地王之．爲吳楚藩．昭雖亡命．鄖隨乾谿之續耳．楚境既鳩．申胥之哭．秦師之出．無爲也．夫槩可不敗．可不急歸而自王也．員卽計疏．孫武善於兵者．乃伐人之國．不獻一籌．聽其窮極兇鋒．同作無賴賊乎．

至如昭烈君臣．藉吳以存．游說關間．仰其鼻息．烏林之役．捷足先登．借以覘蜀．復賴而不返．東吳闇於大義．而切於營私．拙於全局．而巧於尺寸．忿爲所欺．不難屈身曹瞞．供其頤指．師直爲壯．曲爲老．重耳所以避之三舍也．責負約於漢中．高帝所以自振於百敗也．彼昭烈者．能如高帝之成皋．則擇南郡都之．爲吳擊取淮南汝南．厚酬其德・否則捐之還吳・綴四郡於黔中・踐初盟而敦夙好・詔關將軍別屯新城上庸・養其鋒銛・合力關中并進・廣布聲勢・互相犄角・孫氏侵壽春襄樊以逼其南・馬超收洮瀧氐羌以撓其北・使之首尾不救・自可奉許昌以歸京洛・彼其一腔忠義・有進無退・何知境外私交・何知和孫乃以拒曹・且賴郡許婚・和之何益・失信與義于天下・卽留守尙不能固・況空南郡以遠出哉・君子曰・締曹孫之交者・南郡之爭也・雖然・天也・非人所能爲也・

夫魯肅天下士也・其合孫劉而調濟之・非爲昭烈爲江東・實爲漢也・使肅而在・阿蒙計必不行・卽襲南郡・關亦將有生路・肅亡・而婚姻之國・翦爲寇仇・呂非昔日阿蒙・陸得老氏之守雌・關有莫敖之舉趾・皆孔明所不及料・故曰天也・論者又謂關之委敗・宜倏歸蜀・圖爲再舉・使敵不及躡・伏不及發・乃以孤城待救・封達豎子・懸軍何及・寧知蒙於襲取・機穽已深・惟恐其灰復然・其根復蔓・部落離散・千里委頓・豈得至哉・故南登城址・西望沮邱・吊往問天・不禁涕淚之橫下也・是行也・揚扢苦無其人・曹茂才濟之備文武・有遠神・姑卽二事曰・歸而諗之・介於副墨之子・

當陽縣社學記

黨塾・蓋古制也・古之敎士・小胥大胥以進于小樂正・小樂正以進于大樂正・以進于王・其未登小胥・則學于黨里・甫離襁褓・而外傅訓之・學士先生敎以事親從兄・灑掃應對進退之節・舞象舞勺之文・習而安焉・不見異物而遷焉・彼其耳目淺入・知解緖出・豈復有富貴利達爲之浸淫・谿刻回邪爲之剝蝕・末世小學頓廢・師所設敎・弟子所受業・畧器識而趨文藝・賤漸摩而希速代・之無始辨・伊吾之閒・惟知帖括射策・課經義・取科第・而一切明體適用・茫乎莫覩・蓋在童蒙訓詁已然矣・所以古學明而今學晦・古學眞而今學贗・古學醇而今學雜・古學約而今學歧・易曰・蒙以養正・聖功也・黨塾之關於蒙養非小也・

玉陽近郢故都・楩枏杞梓之楨・左史三閭之籍・卓乎往昔・皆以文章爲德業・以經術爲風化・而比年來文獻疎澗・習俗囂悍・勇於鬬訐・怯於禦寇・平居無孝弟忠信之敎・臨事無親上死長之心・蓋自甲戌寇難・鋒刃遺民・乖戾恇懼・無復固志・懷瑞收拾破殘・悽惻在念・以爲民志之靡定・繇分誼之未辨也・童孺之失敎・繇黨塾之未立也・於是遵功令・爲社學二十所・在邑城内外凡五・餘於河溶清溪河萬城乾溪蓮坪諸鄉鎮澤・其閭井繁庶・土俗囂悍龐雜者・先訓誨之・端儒宿學・選置社師・爲之巾服禮貌・以示寵異・爲之復其雜役・以示優逸・成人有德・小子之有造・可知也・爲之鋟梓孝經小學於邑中・頒布四境・作童子試牘・必使洛誦之子・副墨之孫・相與研摩而講習・日就月將・其□時之仔肩・又可知也・夫疆埸多事・士方式于介胄・而余乃營社學・竭貲蒙訓諸書・形影自笑・亦或譏其不急・然聖人於雲雷草昧・卽次以蒙亨而敎・以果行育德・玉陽居屯難後・一切舊錮祓除・新機方發・此正理亂轉關・竊良分畛・乃不能誘掖謹持・徒使鼓篋遜志之先・富貴利達・勸勉於父兄・谿刻回邪・刅靡於燕朋燕僻・少成習慣・宛若胎根・何論江漢沮漳・波而不返・將濫觴實在今日・豈聖天子崇飭社學責望

令長意哉．書曰．無俾易種．于茲新邑．記曰．君子愼始．差若毫釐．謬以千里．竭貲之營．豈得已也．

區懷年　字叔承．大相子．與兄懷瑞齊名．以拔貢生歷太學．考通判職．不樂爲吏．與陳子壯等修復南園詩社．明亡．韜晦遯迹．博綜內典．一時緇流多就質難．稱爲天童先生．著有元超堂稿一卷．存．

擊筑吟自序

丙子秋．余以彙薦赴京兆．方解轡而邊騎卽薄都城．于時中外戒嚴．暮柝晨烽．驚心撼魄．以故宗伯宮僚．槩列城守．棘闈故事．則標於孟冬矣．操觚應制者．靡不輟業遑遑．余因得乘間上書議榷酤及邊備．大銀臺輒中沮之．而孝廉之舉．尋亦報罷．寒貂短鋏．莫禁憑陵．其况趣可知也．或勸之謁選天官．不果．值少司馬河內張公出鎮昌平．特以軍諮見委．是役也．謂余向者載筆行間．幸邀明綸拔用．故重爲汲引．畧出狂愚．自顧非才．何裨緩急．更念倚閭垂白．未敢以身許人．善爲我辭．來命轉亟．方草疏入請．而余卽茹荼南奔矣．

吁嗟乎．菅蒯微名．終天負痛．謀生至此．夫復何言．苦塊踰年．煢煢在疚．去冬乃從家伯氏襄事象山．既禫而稍理舊業．於笥中得殘札一．無非往昔所謂寒貂短鋏暮柝晨烽驚心撼魄之言耳．何取乎．追維逆旅五閱月．車塵馬跡．一過惘然．語曰．家有敝帚．享之千金．原婦泣著簪．不忘其故．斗窗風雨間．或出示友人．未忍棄捐．聊復爾爾．夫瑣尾餘情．雖無當於鐘呂．而嶔崎磊落．庶幾乎燕市孤筑云．

揚越名都賦

潏浡延綿．崇岡廣川．尖離奠位．牛婺交躔．映中條而錯秀．開絕徼之風烟．其爲國也．負倚祝融．控引牂牁．森欒庾揭．頫吸溟波．梯山航海．碁置星羅．九連五嶺之隩．珠宮鮫室之沱．張重華兮廣樂．申羲叔兮南訛．昭文物於邃古．被聲敎而孔多．凝然而峙．則禺阜崢嶸．穗彼爽塏．四馬權奇．九曜砢磊．鴻鵠鳳凰．如塿如培．崧臺中宿．指顧斯在．憩丹楓於白雲．躡青螺之翠靉．挺二樵于艮兌．亘懷襄而不改．澄然而滙．則沿翁遡乳．寖湟納湞．洩武淪肆．帶涯襟增．金牛潋灩．白鵝渟泓．導甘溪而注洫．漸菊湖而盪堈．景扶胥之巨浸．抱鬱水以長瀠．汪洋灝淼．雁嶼梟汀．危巒峭壁．員嶠層城．又有烏遥蒼梧之險．瀧領橫浦之阻．四塞三關．重隘複闉．湛鱷渚以提封．截龍編而廛戶．須緩急於丸泥．洵幅幀之天府．殆將跨荆揚而據其勝．諒章亥之所終步也．

而且沃壤千里．臯濕咸宜．山珍海錯．裕于公私．任耕鑿漁獵以迨夫工賈．各贍力用而不疲．厥稼則纖秔稉秫．赤虋細穛．柔秠稂稿．稠穗稀稍．刈嘉禾兮歧秀．穫香稻兮逢年．敫來麰而接壟．穮秏穜以連阡．厥賦則夤海爲鹽．剔厓鎔碟．厥池鹵灶．雪滃砂蹴．白鹼青鹺．千緡萬斛．轉輸郡國．舳艫相屬．丹哲紫礦．金晶銀燭．鍯鍻鐀鍒．錫鋌鋼鋈．探鍇礫以㳽阿．發砷鉛而蔽谷．戈來之具．釜鬵之蓄．紹鄰域而倍殷．銷萬冶而恒足．

材木則梗柟柜櫃・松檜棯樟・梧桐桑柘・椶櫚桃榔・榆槐樫櫝・梂柞棬枋・烏枚朱栢・蘩杜沙棠・選華棉兮百尺・琢文梓兮千章・楝楹欀栝・厥任斯良・亦有簟箛簜篠・笛簬篔簹・凌烟聳籊・翳埜抽篁・紺藤交笱・素藟結籣・舟車干盾・靡用不臧・

藪澤則有文豹於虤・貛貙熊蹜・颼蝯箭豕・奔麏駭鹿・鸓鸓揹筒・猩猩酌麴・猬豹狡豧・豐貍野犢・狙狨胡孫・賓繁其族・土獜甲解・山羚角觸・猓獙條欄・精鼩穴伏・火䶂秋毨・竹鼦宵逐・浥獺髓以和膚・决麝臍而獻馥・尨攫攫以思畋・猱瞿瞿而升木・亦有騰唳鷝鶴・馴雉蒼鷹・淘河精衛・鶗鴂焦明・白鷴烏鴦・鵓鴿禿鶬・鵑留杜魄・雀茂孔名・鷖鷀鶻鴿・鸂鶒鵁鶄・畫眉捍鬪・山胡善鳴・鸛翔鶴鶱・鷓沒鳶鶩・鷟鷖鷗鷺・吉了韓朋・鶻鵯都嚄・鵪鶉鶺鴒・晨風布穀・王睢戴勝・桐花小而疑鳳・爰居臥而孕靈・

水族則有鰅鮎鯿鯉・鰣鯇鮫鱸・鰌鯢鰒鮊・鱒鮪鰯鮭・鱠鮀鯋鱖鯽鰗鯆鰖・石首泡腹・鱘鰉鰗蒲・刀鱭烏賊・筭殼泥鮇・鱒魴朱抹・鰋鯫銀塗・鷹嘴鳳尾・腰帶橫觚・鱅揚鬐而受餌・鰈比目而就罛・鱚吸露於丙穴・鱧戴星而北徂・亦有大貝稜龜・鼉蠵黽蝮・牡蠣登垣・螔蝓借屋・蚌螺蚶蜆・鰌蝆蟳蠌・水母江瑤・海琛砂蛹・蠃居九孔・鼊颿雙鶱・蠕狒蛤蜊・蟳殊郭索・神守內膚・龍蝦列戟・瑣蛣飼蟹・車螯輸臞・蛙鼃叫呂・鱔鱺嚵嚼・噓蜃市而成樓・疊蠔山而聳壑・

嘉實則有枇杷橄欖・蕉梃梆槳・壺柑包柚・橘綠橙黃・安榴沁靈・藷蔗含漿・津黎澤藕・柹粔蓮房・棗纂纂以代餌・梅櫐櫐而引觴・桃三形而並美・李四色以爭長・馬蹏波汨・龍目錫張・人面佛手・標瑋發祥・檳榔瀹齒・橡栗盈筐・唆荔枝於瓊液・拾菱芰於金塘・圃事則有露葵霜芹・秋芥春韭・茄瓠薦新・薑葱滌垢・木耳石髮・胡荽鬼白・茱蔎蔓菁・蕨莧藤枸・苦瓜甘芋・充脾適口・荳筍傳羹・萍蘁雜糗・泛碧蘿以蒙筏・拉青荄而結帚・

至於薌藥之狼藉・幣帛之奇贏・三吳七澤・莫之與京繡檀沉水・蘇合層青・馬牙片腦・安息零陵・握椒鍾乳・薏苡茯苓・藭芎荳蔻・白芷黃精・瓊蠶八蘱・雷絺千徑・柔羅拂霧・單綃瑩冰・純蕉白苧・素縞文綾・揭斜封於吉貝・快機杼之秋成・

乃若香生寶墨・則紫璞連雲・篺引颸飀・則葵疇障日・火耨山穮・匋師匠石・更有鴛鴦之瓦・截肪之甓・毹氍之茵・龍鬚之席・榮桌丹徽・筋鞹膠漆・營作所需・充羨盈溢・是故服用不嫌於繁侈・宮室每近於綺麗・可以樂生・烝然餳遂・其他鍺錸珊瑚・玻璃琥珀・通於夷舶者・恒弗求而自致・龍涎象齋・翠羽犀株・供於玩器者・亦舉念而悉備也・

其風候則寒燠停均・潮汐壹壼・霰雹罕布・瘴癘不聞・艸青青兮原陸・木鬱鬱兮冬春・天地啓房・則蟄蟲光感・全水司籥・則漸羽遲賓・屆陽和以受氣・去肅殺而存渾淪・

大抵生茲土者・內稟寬柔・而外消獷悍・凜法奉公・而恥談禍變・寧輕利而安身・無寧冒死而干憲・故其爲俗・敦厚醇龐・忠慧亮直・爾戢爾謐・不貳不慝・富者財足以自固・而貪者力足以自食・貴者無凌轢傲睨之嫌・而賤者有堅貞耿介之識・況夫僻處一隅・非旦莫必爭之地・克遵五典・無反側不常之徒・厥免干戈於殘黷・得循禮義而驅趨・蓋與

朝秦暮楚・難順易逆者殊焉・

當夫黑水既導・風氣乍開・準獻令於羋尹・率越裳以偕來・文翟用將・珠胎寶侈・士訓商高・詩陳瞽史・熊渠伺釁・召虎疆理・七雄割據・王風頓靡・島居卉服之儔・長頸鳥喙之子・迭爲君上・莫能經紀・抗祖龍之虐燄・棄睢尉如脫屣・乃有中山黠傑・魁岸稱賢・勤師遠戍・作帥龍川・瞷鴻溝之逐鹿・料兵食而苟完・遂鞭策乎嶺海・乘黃屋而獨尊・經始公隅・造斯南武・糈儲既殷・土木畢舉・列千雉以帡幪・臣百僚而簉羽・南面尊制・左纛馭宇・倨侮陸生・憑陵呂媼・甄雄牽縶・楚閩齟齬・霸陵嗣服・璽書褒詡・重以襲衣・和緝邊圉・

元狩之初・國無長主・嬰齊弗祿・嘉乃匪茹・瑕因至獸・機潛食菂・修禍蘖於終童・速殄亡於樛女・列爲藩服・自漢迄唐・五季傳舍・八埏陸梁・卯金世績・炎爐忽張・乃封五管・以達于象郡東固・循梅而極乎高昌・役中原之俊乂・攬上國之冠裳・虛衷屈節・首禮王楊・趙倪弼翼・周李匡勷・乃置宰執・載舉賢良・垂旒端笏・濟濟鏘鏘・締姻錢馬・紹好朱梁・宏開粉堞・番麓之陽・七陌九衢・玉堂珠殿・景福朝妝・昌華夜宴・鑴山繡水・離宮別院・複閣流虹・翠旂飛電・澗戶有呼鸞之道・郊原有浴蘭之堰・祝釐行樂者二十八區・承恩侍寢者不知其算・五刑濫而神劍出・三清敞而白龍見・屬犴狴於蛇虺・與人神之毒怨・不再傳而蕭墻渫血・未旋踵而槐棘蹂躪・內謁宮奴・贪爲專厥・離厥心膂・卒之喪亂・

趙宋之世・民力稍蘇・別築江暎・廣其闉闍・羊墻雁翅・縝矣令圖・景炎南狩・用戒不虞・方輿瓦解・兆姓爲魚・騷然海嶠・靡有審居・避犬羊之穢濁・衽金革于黃壚・竭忠憤于遺黎・誓九死而弗渝・弔慈元之荒址・夷翔龍之上都・委隤陵於永福・哮豺貉以當塗・

天厭其氛・眷我皇祖・厥運昌隆・登三函五・北輾朔漠・南淸島嶼・何丞歸命・廖侯振旅・誅僇不煩・閭閻安堵・簞食壺漿・肩矛負弩・爰領薇藩・爰開閫署・廉以臬司・重之帥府・省方肅吏・鐵冠驄馬・巖巖上卿・于焉綏撫・昭幽滯而宣政教・釋縲紲而除疾苦・明明加惠・邁先南土・是漸是摩・海濱鄒魯・廟畫既周・建置益雄・廨宇鱗次・市廛互通・穿隍增陴・瀹渠峻埇・構魏樓于丹岌・煥五翬之巃嵸・女垣嶽矗・戎櫓雲叢・擴七門之寫窅・疏六脈以沖融・陋佗隱之舊趾・薄瑾峴之微功・括三城而歸于一・環十郡而爲會同・

爾乃覽黃圖・感今昔・類形勝・仰寥廓・馬逕春雲・虎門曉角・香浦安瀾・花田帶郭・月泉未濁・珠邱可摘・八桂芒杳而匪今・五石嶔巇而如昨・是以騷人俠客・公子王孫・因時興慨・臨眺悠然・而況乎休養之餘・民無痌瘝・饒爲生聚・士女閒閒・莫不誦康衢而趨樂只・循節序以盤桓・故夫青陽布令・物華載新・迎祥東逐・賓勒雕輪・風馳霧偃・百戲具陳・鬪雞廣陌・蹋鞠文茵・綴春燈於花市・曳紈綺於香塵・眩魚龍之雜遝・呈角觝之繽紛・

其或柳絮成陰・榆炊換火・爇楮荒原・銷煙闔左・錦幔沿谿・香車擲果・贈芍藥以臨歧・吸浮卮而迸坐・韡綠鬢之參差・映青簾而旖旎・迺至南薰葉奏・炎景授時・蒲辛泛

醰．艾馥盈衣．辟兵赤符．續命五絲．停橈津渚．倚櫂江湄．跨蒼虬而競渡．挾綵鷁而分披．混絲竹之闐咽．窮粉黛以淋漓．欣目成於妙質．蕩心醉於幽期．

逮乎水落天空．清霜戒節．澗溜濯纓．濠梁送熱．折芰荷以爲蓋．紉素馨而弭檝．擁香雪於仙槎．集繁星於太乙．熒煌乎蘂珠之宮．閃爍乎瓊瑤之闕．讋潛螭而不寐．駭淵客以長別．匪宵征而命侶．即憑高而攬纈．佩萸囊而馥解．潄蘺芳以秋苾．擊飛鳶于碧空．歌落梅於明月．彌日夕而忘返．挈壺樽而不絕．騁嬉娛以卒歲．亦何問三農之豐缺．

然則土毛固極其蓊蔚．習尚復紐于豪華．兼商旅之輻輳．輒隸籍而爲家．貲貯如泉．財運如沙．千肆耀日．萬柁蒸霞．貿易駢狎．方語聱牙．爭途射利．睢摩肩遮．酣於鼎沸．喧若蜂衙．闤闠澀譶．駔儈芬葩．雖馳騖於膿腆．而無轉徙之虛邪．信淸寧之樂宇．衡都邑而罔加．

試觀函史掌故．周髀測景．黃鐘配律．河戍夾井．占伺應於璇璣．渙汗同其封畛．隨治道爲隆替．任天行爲昭晵．宣化者宜啓弊以還醇．觀風者須舉全而畧疢．安得借譴謫之遺轍．風氣之稍別．而槩詆爲卑溼．詫爲遼絕．要未究乎璞蘊山輝．珠含淵媚之說耶．

稽自高固適楚．熊商以興．張梅入漢．揚越是寧．孰諷休兵而贊治．孰排衆議而翼經．孰卻苞苴以明介．孰佯瘖啞以遺榮．孰擬西河之保障．孰彰南郡之英聲．孰審湘東之終蹶．孰鑒逆温之無成．孰敷威信於蠻鄙．孰摧勍敵於北平．加以純孝格天．則白麋呈瑞．懿德被物．則靈雀表異．抱孤憤者嫉叛咨而若仇．樹姱節者斥賊循以齎志．耽載籍者補廢墜於史宬．擅人倫者爍風華於半臂．諸如斯類．不可勝記．

若夫媲迹鹿門．希蹤巢許．軒冕莫羇．墳索爲侶．副嶠諮而避徵辟．交死生而成砦窳．誠漢室之孤標．緊狂瀾之砥柱．又如羽扇託諷．金鑒垂詮．文壇冠軍．朝宇仔肩．察狡虜之逆骨．安儲位於片言．允王人之師表．卓風度於南天．又如國倚安危．心超寵辱．釐奸肅憲．廣惠禔福．定巴川則金人不敢西顧．寢和議則北騎憚於南收．辭揆地以高舉．振菊坡之遐躅．又如周程紹緒．理學是崇．根極性命．藏神葆冲．羹墻乎仁義之窟．土苴乎聲利之叢．江門一脈．薄海儒宗．偉哉四傑．千禩人龍．

夫且翽翽駪駪．謇謇諤諤．後先蔭映．精氣噴薄．不掖而挺．無待而作．黼黻皇猷．彪炳川嶽．茂實騰葩．鸞貞綺錯．矧列聖之甄培．悉發潁而淬鍔．蓋有倫周燀漢．莫掩其菁華．軼唐駕宋．未竟其揮霍者矣．於是雕龍之彥．繡虎之儔．纚纚摭美．縷縷揚庥．譔述不足．繼以詳求．出其緒餘．而爲賦頌．抒其健羨．而爲吟謳．謳曰

惟南有封兮．宅自陶唐．箾韶紹響兮．莫知其方．阿衡作則兮．獻令有章．陳詩辨俗兮．維周之邦．屛翰京邑兮．賴此巖疆．或合或離兮．視天命之靡常．昭回雲漢兮．後先紀綱．胡云陬遾兮．等諸要荒．環睇赤縣兮．寧不頡頏．上下百代兮．煒煒煌煌．繄斯人徒兮．永用克昌

嶺南嘉卉賦 幷序

頃余賦揚越而畧卉事．有微意焉．蓋以土訓山苞．雖王政所不廢．而天喬芬苾．非物產所恒供也．或謂三百篇

每興懷於草木·而騷人亦引之以比德·吾了庸詎可無說乎·是用攄口樊之麗·攄海嶼之奇·振藻宣華·乃竟厥旨·

三閭子既著懷沙以自傷·其徒玉乃踪跡於南海·沿溯傍偟·爲九辯之歌·攬異卉歸以獻王·且諷工用賢之不明·徒令委于榛莽·弗獲竟揚其馨·王受卉適陳於庭·躍然而喜·瞿然而驚·考典稽故·莫之能名·爰憑几而諮曰·大夫勞矣·阪溢閭曷致斯耶·玉曰·浩漭之滄·炎離之晞·被於草木·變現瓌奇·就臣目之所攝·情之所怡·卽兔毫而累楮·無從什一其幾希也·王曰·猗戲盛哉·盍爲寡人誦之·玉曰·唯唯·

洞庭之陰·峙爲衡嵎·逶蛇南服·巨浸所瀦·異林葱蒨·畋牧不除·凱風喁習·膏雨載濡·土毛森其繽郁兮·羌萃詭而標殊·讋瓊苞與瑋茁兮·肆寒燠以亶敷·諒攖心而動魄兮·匪丹雘之可圖·極燕閭以欣賞兮·疇檮寫于國都·概自芳芷幽蘭·江蘺隰藥·杜蘅飄滸·辛夷蔭鋻·茖紫荇蘋·蓼綟蘋白·揭車卷葹·甘荼旨蘵·薜荔煙疎·荷葉綺錯·文無藹藹·夫移鄂鄂·茈胡夏頴·榮華宵落·簇巖桂以紛披·引陵苕而附著·忘憂蠲忿·青裳丹棘·色侈茅蒐·茹賌藜藋·鞠傲霜而振彩·葵傾陽以分灼·葭蘸影而鴻留·藻瀠姿而魚樂·諸凡七澤之所蒙葺·三湘之所蓊蔚·王之左右·悉其情實·彼雖有之·曾未足述耳·

乃若桃垂豐綏·梅燁層英·澗梔重附·畹蕙歧莖·絑碧煜若·妍靚異形·盼木犀之緣嶠·搴罌粟以彌汀·掬瑞香於毬綴·燿安榴而發熒·山茶縟而綻錦兮·百合璀璨以口冰·梨銷魄於映閣兮·棠假寐而窺屏·蕉明妝而聽雨兮·薇擁幔以娛晴·纈辛薰於莞韭兮·著幽獨于女貞·墜木蘭于金屑兮·燒寶蠟於銀瑩·蕾含風以舒笑兮·蒟拒霜而帶醒·瀹酴醿而露馥兮·杷玫瑰以霞蒸·滋雀飴之蘊瑞兮·標芊躅而飛瓊·艷春叢之鳳侶兮·又錫雕檻以繁纓·雞冠鶴頂·紅蘸緋翎·佛桑牛勒·掩麗駢榮·蘆菊組繪·甲拆勾萌·穠纖勃解·醇脆怒生·

至於曲阪浮霜·平疇剪雪·香風散靄·綠濤翻月·燦瑤燈於九華·眩玉顏于雙睫·轉覺臍麝無功·翠翹讓潔·合浦沈珠而不見·素女攬衣而自怯·則茉莉那悉之葳蕤·邁羣芳以奪絕也·

其或彤雲翳野·赤氣漫空·火流朱夏·原隰交烘·猨猱惶遽而匿影·鵾鶩駭怪以潛踪·朝壹壺於暘旭·夕炳爚於游龍·儼祝融之駐蹕·弭絳節于天中·則木棉刺桐之絢爛·橫海嶽而稱雄也·

其他品目·鬱鬱蒼蒼·星離霧滃·谿貯谷量·咸□遜而迸處·惜聲譽之弗昌·是以儓官苑吏·靡究其詳·厭樵蘇之芟刈·終淪泊于遐荒·顧奚由致之王所·得與章華煥色而鄂渚增煌·詎直窮於玩好·將全楚以益張·

王笑而頷之·促命觴醳·雅言詵詵·高示赫赫·襟宏願侈·神酣氣豁·行雲惋其失媚·而細腰病其羸脫·三酌之後·藻思奔迫·因援筆以屬景差·俾加於虞衡之籍·

凌　雲　字澹癯，仁化人。天啓丁卯舉人。授河南推官。明亡，遯迹蔚州固始間，魏象樞嘗從之遊。尋歸里，自署傘居。言所居僅一傘地也。象樞屢寄以詩，置不答。所作總持閣記，自言身攖國難，闌入僧隊。蓋亦明之遺民如十今之類。著有集陶集杜樂此吟。今釋爲之序。

總持閣碑記

吾邑自東門緣河堤，迤邐而上，不五里許爲鰲魚角。其地不山而高，一登覽而衆山若環衞然。踞鰲角而棟之宇之，曰總持閣。閣之址，縱横百武，亭二而樓者二。其一前則三官神，後則韋馱洎諸天菩薩，共侍一大士也。其一由大門而堂，兩廂翼之，中祀梓潼、文章所司命者。左右僧房各三，皆兒輩曩所偃息以息白業者也。進而迥廊，而簃，而香積，皆明淨有規制。此閣以內之大概也，由香積小折而北，納水種蓮，雖不甚濶，每於菡萏開時，芬馥襲人，令人坐而忘暑。山門外方一池，廣可放生，別有隙地，可蔬以供粥，可竹可木，以蔽風日。此閣以外之大概也。

嗟夫，閣與人相閱，大抵二十年所爾。溯所自始，吾摩尼始之，始猶是居停主也。迨其所終，又吾摩尼終之，則吾愛吾廬矣。奚以致其然也。蓋摩尼慧心勁首，於因緣大事，卓有坦當。吾見其昂然七尺，已不任受刼。雖戎馬郊生，而素所游衍如此閣者，亦不爲刼火所壞。闔觀仁里第宅，匪不星聯碁錯，過眼不禁潸然。幾何如牧外一區歸然獨存乎。楞嚴讚曰，妙湛總持不動尊。又曰，於十方界坐道場。今吾摩尼日與其徒轉大法輪，一爲無量，無量爲一，總在裏許，豈漫無所持而云然歟。頃者偕周長公茗集次，手指臥碑屬余爲記。予念幼時好談空說幻，與吾摩尼結方外交。摩尼固兄事余，比余不夭，身攖國難，髡頂挂衲，闌入僧隊中，奄有今日。又將恃摩尼爲大導師矣。職是不敢以不文辭，聊述其顛末如此。令稚子京濇露研朱而書於石。

歐主遇　字嘉可，順德人。天啓丁卯副貢。與陳子壯黎遂球黃聖年等十二人修復南園詩社。著有自耕軒集。

竹　賦

避地故鄉，借讀煒弟園池，有竹千竿，垂陰石几，坐臥中林，樂飢佚老，爰爲竹賦。

緊桑梓之舊鄉，表棣華之輝麗。虛別館于中園，賓旭日而朗霽。匝蘭畹與蔬畦，當綦竹之屛蔽。選嘉植以比德，利幽人兮避世。根托爽塏，苞固餘地，環溪流青，夾地浮翠。矗梢雲之勢，葳蕤防露之枝。或互莖而臨砌，或列直以編籬。條風扇動，春雨濃滋，綠條拂披，緗箬參差。憐娟娟之黛色，報平安以及時。羣來鳥雀，響入簾櫳。玉筍新抽而計日，籜粉開萌以從風。掃石床而留客，長嘯咏以凌空。藉納凉于深處，竅象道于虛中。移醉日而增植，立干霄而成叢。

若夫序及肅晨，林皆落葉。此君貞心，出類高節。偭野草之疏黃，耐商飈之騷屑。起龍孫而幷修，待鳳食而孤潔。留个个于疎林，映羅羅之寒月。偕神木以恒茂，非靈草而冬榮。詎必浮筠之古辭，與彼籦籠之奇生。旣貫四時而不改，卽侯千戶以同嬴。用備東南之美，天然簫管之聲。

我聞羅浮・亦產卭杖・遊采非時・漂搖莫上・覓桃枝于故林・毖扶老而無恙・於是寫梁園之檀欒・懷賦客于當年・誦其澳之如簀・美君子之斐然・

郭之奇　字仲常・號正夫・揭陽人・崇禎戊辰進士・選庶吉士・歷官福建提學副使・薦升太僕寺卿・命下而北都陷・桂王立・召赴行在・奏陳安攘大計・授禮部侍郎・轉尚書・桂王尋走南寧・之奇與大學士王化澄等寓北流待命・會孫可望要封秦王・之奇疏陳不可・可望怒・索誅阻封者・之奇方被召在道・密詔止之・遂往來廉雷間練水軍・會清兵攻李定國於陽江・圍新會・定國敗走・之奇以督師名義從將軍王興於石井・桂王入緬・之奇走南交・交人執獻廣西使臣・不屈死・乾隆中・賜謚忠節・著有稽大篇五十五卷・四庫著錄・阮志著存・宛在堂集若干卷・注未見・而潮州耆舊集選得其文二卷・

恢復先審定畧用兵當策萬全疏

奏爲恢復先審定畧・用兵當策萬全・謬陳一得・以效芻蕘事・臣於前月輸助涓埃・曾罄愚誠・附陳末議・自度無以裨佐高深・拜疏復止・既念聖主下採傭僮豎牧之言・猶塵加嵩岱・霧集淮海・雖未有益・亦不爲損・輒不忍默默・上瀆天聽・

仰惟皇上至仁至明至武・凡詩書所陳・史冊所載・創守之規模・進取之機勢・博稽遜覽・擇而執之・知而行之・疏遠如臣・無甚高深・何容侈口・且兵難遙度・而欲於二千里之外遙上方畧・又不智之甚者也・顧微臣區區・以管窺天・以蠡測海・觀陛下所處・亦當其極難者耳・光武中興・昭烈鼎足・雖由宗藩挺出・而亡邊境騷動之虞・唐肅靈武・宋高臨安・雖受敵國憑陵・而皆世及相傳之緒・今陛下以太祖開天之運・備嘗殷憂・重紹寶歷・奮跡閩南・中外交訌・故臣謂陛下處古今之極難・亦天心欲以極難者試陛下也・遺艱大於降割之餘・先動忍於降任之日・人之苦勞以增益・正天方閟毖以圖成・則陛下今日・亦惟肅將天威・執天下之樞・以乘天下之勢・敬奉天命・聚天下之心・以襲天下之統而已・

天下之樞・歷代不同・惟逆審批擣・獨踞要衝・首尾互應・前後犄角・則勝算在我矣・西漢以關中爲樞・故蕭何曰・收用巴蜀・還定三秦・天下可圖・而韓信亦曰・大王舉而東・三秦可傳檄而定・自是收滎陽・據敖倉・未有格西漢之勢者・東漢以內河爲樞・故獨委寇恂以給足軍糧・卒厲士馬・自是分禹入關・遣異拒雒・自徇燕趙・悉平齊地・未有格東漢之勢者・其在唐肅之世・以咸陽爲樞・故李泌欲以兩軍縶其四將・且曰・不過二年・天下無寇・惜肅宗不從北伐之謀・卒令唐勢替於藩鎮・其在宋高之日・以兩河爲樞・故張所謂爲天下根本・李綱謂爲國之屛蔽・至議巡幸決策南陽・惜高宗苟圖東下之便・遂使宋勢局於一隅・今國家肇基閩南・當以江右兩浙爲樞・我太祖先平友諒・後定士誠・毋亦上流之據・所宜守爭乎・今六飛如霆・鋪敦富沙・臣既迂愚・跡又疏遠・未審師出何道・竊計徽饒未靖・建撫傷殘・則兩關廣信・皆非砥道・陛下非暫住富沙・綢繆牖戶・必當移蹕章貢・號召楚江・臣愚以富沙之後戶・章貢之咽喉・莫要於汀州・蓋建昌間道抵汀・四日而遙・廣昌接連寧化・兩日而近・今建廣雖殘・而寧汀安堵者・敵畏閩兵之議其後也・假令閩兵失援・寇突汀境・徽饒烽火・綴我三關・則前後周

章・閩地爲其脊舌・章貢斷爲外府・

臣之愚計・謂下游巡撫・宜鎮汀州・漳南兵道・宜駐寧化・東連虔吉・北策建昌・指臂相連・呼應如響・陛下如暫駐富沙乎・其利有四・由此而長駕遠馭・移蹕章貢乎・其便有五・何謂四利・勳臣在關而藩籬固・撫道在汀而寢奧安・一也・轉輸供應・江閩如咫・二也・指顧千里・從枕席上過師・三也・有犬牙交錯之勢・無添兵措餉之擾・四也・何謂五便・背枕兩粵・咫尺湖廣・粵餉源源・不憂匱乏・一也・六龍臨江・士氣百倍・鞭笞江右・運掌而定・二也・江督萬元吉才畧逾羣・西江人士・忠義奮發・聞風響應・所向無前・三也・粵督楚督東西來會・舟師順流・直抵金陵・四也・漸通襄鄧・襟帶湖浙・聯絡川貴・引控江淮・五也・計之萬全・誠無逾此・而天下之大勢・亦瞭如目前矣・

若夫天下之心・近遠不一・總惟延攬英雄・務悅民心・此鄧禹仗策之言・非微臣之迂論也・然祿餌可鈎中才・而不可啗當天下之豪傑・名航可載猥士・而不可陸沉天下之英雄・臣所謂延攬者・牢石之纍若・無取竄下之郎尉・無取入等六十四人・寧使張奭爲首・辟橡一百六屬・豈無陶侃居中・既息續狗之譏・自來聞雞之舞・已進捫虱之談・必勉圖麟之繪・推而下之・其履正奉公・敦任延之節者何人・其處膏不潤・修孔奮之行者何人・其麥穗兩歧・治張堪之政者何人・皇上咸克知而深信之・既養民以致賢・即用賢以養民・以此言悅・悅可知也・天下之民悅・天下之士歸・丕應徯志・以俟天休・天下之大統・舍上天之申命・而誰屬哉・

臣株守故閭・言多迂滯・祇以向者代庖兵戎・蕩寇防關・延建汀郡之地・頗悉全形・當年皇華於役・咨諏原隰・風車之餘・微聞大畧・然此國家大事也・豈書生所敢臆議・伏惟皇上獨運睿智・籌於心胸・交資斷謀・決於帷幄・臣無任惶悚待命之至・

經權當求至當名器未可輕徇疏

爲經權當求至當・名器不可輕徇事・臣寡昧闒茸・不足與朝廷大議・顧職司邦禮・禮定上下一民志者也・上下之定・先於正名・名不正則言不順・究至禮樂陵夷・刑罰舛謬・無所措手足・矧求民志之一・以綱紀四方・奠安社稷乎・今天下車書未一・三百年方策猶存・陛下以一成一旅・祀明配天・不失舊物・所求三重寡過・斷當舊章率由・誠不宜過聽傾危之詞・致王綱之稍落・苟循目前之計・俾極重以難返・如邇日滇封之議也・

滇封之議・創爲平遼・已非典則・失名義・矯而爲秦・變而爲雍・遵何制而定何名・臣俱不得其解・或曰・去歲因廷議阻格・致可望稱兵蹂黜・覆車在前・毋復蹈也・臣曰・去歲之失・失於依違不決・濡滯使命・以致借題啓釁・矯命稱雄・今苟廷議得當・聖斷立行・裁以禮・制以法・分以帶礪・誓以終始・可望而不爲明也・臣何必請非分之封・以眩惑聽聞・焜耀戎伍・可望而爲明也・臣斷不受非分之封・以貽譏薄海・獲罪高皇・或曰・可望已稱秦王監國矣・朝命不行・能令其中止乎・臣曰・可望不圖長遠圖眉睫・夜郎自大・六詔橫行・亦無不可・可望而爲囂述也・益州天水・且當置二子於度外・可望而爲竇融也・河西璽至・已驚天子明

見萬里矣．或曰．可望既出兵蹂黔．今復靳空名而釀實禍．彼兵既深．我何以待．臣曰．不求待之之術．而但萎腇從衆．隨所意往附之．若復有求不已．當安從得進一等王給是哉．或曰．漢非同姓不王．至趙佗制七郡．則文帝致書南越．宋惟節度諸使．至德明請內附．則眞宗詔封西平．今日權宜．猶漢宋也．臣曰．漢於南越則蠻之．宋於西夏則戎之．戎與蠻．非內臣也．豈惟漢宋．我朝廷於通道諸夷．何嘗不錫以國王之號．及其享王至止．僅與公侯比例．區區之愚．所慮中外臣子．誤認一字之封．妄比親藩．遂移典制．可望而以蠻戎自處．國家何憚荒服之綏．可望而以內臣自期．從此當凜一尊之制．或曰．可望帶甲十萬．提封千里．寵以殊封．得其效死．掃蕩寰區．誠我一臂．臣曰．尊周攘外．必以葵邱定盟．帝制自爲．徒使天下兵動．可望不凜奉至尊．能禁諸部之不受節制．土司之各啓戎心．濟濟勳賢．不聲罪致討．扼吭拊背．犄而蹙．雖悔何及乎．苟能乃心王室．克底一匡．中山開平．應侯異日．純臣舉動．必不背德邀功．慈母得歸．豈惟鐵錚庸佼．故臣以爲今日之議．必期以正名．請如謬蒙採擇．當立下尺一之詔．明詔可望願爲內臣．必當確遵祖制．封以某國公．錫之茅土．永誓山河．如可望自甘外臣．始令保境息民．封以某國王．比于要荒．從我文物．貢賦應歸惟正．命官必本朝廷．禮數品式．一視上公．倘以臣言迂濶．因循塗飾．陵遲背叛．勢有由然．開之自我．又何誅焉．臣所憂在天下．不在一隅．所憂在異日．不在今茲．誠使英雄覺悟．如陵嬰之義．早知名分．信布之心．終絕覬覦．其中識者必是臣言．庶幾舉動得宜．俾黃屋左纛．遂稱南藩．舉足輕重．終決東西．萬代瞻仰．在此一舉．毋令天下後世執筆而書曰．舉朝皆婦人也．臣迂滯．誠不足以通權變適時宜．昧死貢其血藎．惟陛下下臣五問五答之章．以與謀斷之臣參決．亦使中外之人．知臣駁議非立異．亦何敢阿同．伏候諭旨．

條陳急切事宜疏

謹疏爲條陳急切時宜事．臣聞朝廷之治天下者事也．所與治天下者人也．所與共維天下者法也．而競緑張弛之幾．寬嚴疾徐之故．則總歸之於時．故治事不若治人．治人不若治法．治法不若治時．時者古今所共乘．今日之先務也．顧所謂先務者．不可令百司庶尹．有及者盤樂之思．亦不可令宮中府中．有日亦不足之象．此二者皆足以敗時而廢天下之事者也．時之敗於忽悠者．今日或改轍而更弦．時之敗於迫促者．今日知其故而不能治其端也．

今日所共指爲急切先務者．强兵理財擇吏而已．兵不强．故外而四邊．內而寇盜．無以稱足恃也．財不理．故枵腹荷戈．敲骨輸塵．無人不堪傷也．吏不擇．故猛狼守厨．餓虎在廐．近遠胥然．此尤上澤所下究無方．而四民所叩閽無路者也．

五六年來．上之所以課督憂勤．下之所以圖維補救．精神不可謂不全注於此矣．顧內廑振刷之功．而外起紛更之漸．朝行省成之意．而夕抱叢脞之虞．此其故何歟．臣以爲治事者必先定其規模．故寮寀無濫用之精神．而朝廷無倒施之綱紀．始立其條．而卒見其效．故其應也有候．而其成也有形．衆人以爲是汗漫不可知．而明君察相．以爲理之必然．如炊之必熟．種之必生也．今之舉事．雖其甚小．而欲成之者不過數人．欲壞之者亦不可勝數．可成之功常難形．若不可成之狀常先見．上之人不得已而行督責之端．而下之人各特其私意以撓之．故局中者眩於是非．而不知所自從．任人者阻於議論．而不知所自主．未有不坐此兩大弊也．所謂兩大弊者．在朝端未免於用法太密．而不使臣工有寬然自見之思．在羣臣未免於觀望太深．而不使聖朝有確然相信之意．不相信者．疑之端也．疑則不得不以法繩其下．不自見者．遁之端也．遁則不得以意飾其上．上以法．下以意．雖朝夕相求曰强兵．曰理財．曰擇吏．皆萬萬不可得之數耳．臣愚謂實圖此三事．則任人貴專也．人之精神．不專不精．唐虞之世．夷夔稷契．皆不過名一藝．辨一職．外而州牧侯伯．皆視此焉．今之在廷者．爲人擇官．非爲官擇人也．在外者爲人擇地．非爲地擇人也．是使中外之精神．有旁趨而棄本事也．故如以專之法行之也．且專之則浮議莫搖也．一眚可原也．尺短毋棄也．臣固願以專之者推之也．實任人以圖．此三事則審時貴先也．

先賢有言．堯舜之智而不偏物．當務爲急．而子產亦曰．政如農功．日夜以思．思始及終．朝夕而行．行無越思．如農有畔．今六卿百執．皆皇皇焉懷多方顧忌．一切彌縫之思．而外焉有兵民之寄者．又安得不飾廉爲名．不掩敗爲功．即撫按監司亦若幸其有此也．蓋叩之者急．則應之者不得不囂．責之者詳．則報之者不得不飾．是使中外之精神日工巧而滋詬陵也．故莫如以先之之法行之也．且先之則瑣屑不必煩批答也．一事不必數勾連也．淵魚不必勞神察也．臣復願以先之之者一之也．宋臣蘇軾有言．人勝法．則法爲虛器．法勝人．則人爲備位．人與法並行而不相勝．則天下安．故臣亦謂今日在朝端．未免用法太密．在臣子．未免瞻望太深．而獨以治法不若治時之言爲告．時者一日二日之幾．而百千年無疆之本也．臣言似迂．於事實切．臣言似緩．於時實先．惟皇上留神採擇焉．臣愚幸甚．

舉邊才足兵餉議

任人則期於有用．行法則要於無弊．以天下之大．天子之聖明．而皇皇焉憂邊無才．兵無餉．則是足食足兵終無其道也．今者九重宵衣．二三執政日夕焦思．深求細議．章疏不可謂不多也．採納不可謂不勤也．而象龍不可以雨．石田不可以耕．其人不足於任．法不足於行歟．抑任之而終不收其用．行之而終莫去其弊歟．古之人非加勇．今之人非加弱．古之地非加富．今之地非加貧也．然而古者天子治兵．一司馬事之．而天子若不與聞．一方有事．則糗糧之需．取之郊遂而有餘．今者兵部之外．又有五軍都督府．公侯伯襲封之外．又以三年之中．取天下武士而一舉之．其於才宜無不備也．賦稅錢糧之外．又有鹽鐵茶酒之利．而又關有抽．閘有稅．合天下山海之大．戶口之衆．以供一方之用．其於餉宜無不足也．而人不生才．天不雨粟．地不產金．則今日欲任有用之人．行無弊之法．意者任人同而所任之人不同．行法同而所行之法不同歟．

夫任人則先於舉．行法則期於足矣．舉而無以倡之．吾未咎乎人也・足而無以理之・吾未咎乎法也・議者曰・今所任之人・盡羊質而虎皮也・今所行之法・衣未成而轉爲裳也・則其人與法非也・吾以爲頗牧不世生・未嘗無籌邊之佐・蕭管不代作・未嘗無裕用之方・夫才之不可用・其故正在於將無勇敢之心・士無翻勃之氣・而吾總以爲倡之者・正其人多悠悠忽忽之志也・法之不能無弊・其故正在於爲天所災・爲地所敗・爲地仇盜賊所困・而吾總以爲理之者・無能生能爲之術也・我朝以騎射決策舉武士・豈謂此二者・卽可以盡有用之才・亦謂非二者・終無以收有用之才・而今者武闈既撤・彼皇皇焉奔走投刺何爲者耶・且也選一官則計營求而始得・又擇其人地相近者・求以腰金蓋黃・驚惑閭里小兒・吾不知所謂舉邊才者・亦安取此才而用之・

夫文才之賢否低昂・猶或一日難見・其最顯易而可知者・莫武才若矣・曷言乎顯易而可知・則太公八徵之法具在也・如愚所議・則莫若就三年所遴之武士・立科道官二人兵部一人爲之督・定以三閱月中期夕分京營兵試之・分隊列伍・則就可以將十萬・將十千・將十百而已・無不了了也・昔子玉治兵於蔿・終日而畢・蔿賈觀之・以爲剛而無禮・策其必敗・孫武始見・試以婦人・猶能取信於闔閭・用此道也・且又就九邊形勢・令其深求戰守之方・各錄箚子詳呈・以觀胸中之具・果其韜畧雙備・智勇兼長・不妨破格特用・間有才堪一使・亦隨才授之・而碌碌者置弗收・如是則能有所勸・不能者亦有所激・此可隨試而隨收邊材之用者也・

又如蔭襲一途・冒濫尤甚・雖或謂勳庸之後・爵位應酬・而必以一長莫展之夫・坐握軍兵之柄・一旦緩急・將焉需之・則莫如就未襲蔭之前・亦立兵臣督之・令其日習騎射・時親操演・視其確有可用後・以軍權與之・否則雖與冠帶・不與位柄・如是而無有不日勤日勉・以求共爲干城腹心之寄者也・吾故曰・當求所以倡之也・有所以倡之・然後疆埸之任・不以俾紈袴之子・並使虛糜之費・不以飽庸劣之夫・則非獨以强邊・抑亦所以足餉也・然而足之之方・則又不可不策矣・大學曰・生財有大道・生之者衆・食之者寡・爲之者疾・用之者舒・今天下盡食者用者耳・誰實生之爲之・萬金之家・數年不治・則販豎皆得執券以徵其不足・一旦發憤・傾儲以償・較一年出入之孔・總一室費耗之數・不百日而劃然復振矣・今天下所患不足・出浮於入耳・然而國家度支・自有定額・何至日竭日空・以貽至尊蒿目・而且加派徵矣・事例廣矣・抑亦桑孔之術・此日猶未行與・

議者曰・十年之師不解・則民有鬻子・今日財之不足・則東西爲蠹實多・然而合天下以供一方・亦曷至乎仰屋貽憂・且寇仇之患・何朝無有・愚以爲今日耗財之道有三・而九邊不與焉・其一在吏・其一在官・其一在無用之員役・凡舞民作奸・包攬侵漁・總係積年胥幹・內而部寺倉府・外而司府州縣・一吏書之頂頭・或以萬以千以百矣・且也吏則積歲・官則傳舍・是吏主而官客也・吾不知雖有明察之客・果能入主家而胥核多寡否・至於官・則撫按司道各有通省・無礙公銀・府州縣則有花紅大耗・供其挪移私用・又若抽分巡視之屬・又盡以朝廷公課・肥一人之私囊・是國家未得其三・而私室已得其七也・以及無用員役・如錦衣中書冒冗・人人所共知共言也・然未聞一日頓爲清汰也・外而府州縣之

佐貳首領．又獨不可因地而裁乎．如謂非備員不足以理．則升覲往回之際．且以一人而署數曹者有之矣．吾未見此日諸事皆紛頹莫任．而彼日乃整刷就緒也．此亦最顯白而易見者也．且也省一官．則書吏班役又不知去其凡幾矣．內而黃衣之羣．取其足以供洒掃傳呼而已．而此數萬人者．紛紛焉誇競侈麗．徵逐狗馬．何爲者耶．吾未見此數萬人者．果自織而衣．自耕而食．抑亦取給於大內．需索於民間．則此紛紛又果何爲者耶．

夫天下之民四．既以一農供士工商之食．而又有所爲官者吏者．無用員役者．上以竊國家之蓋藏．下以敗小民之耕織．吾故曰．天下盡食之用之之人也．天下盡食之用之之人．吾故曰．理之者非也．夫食不足．則衆有遺孑者．戰不必勝．道有捐瘠者．守不必固．古人言之詳矣．邊才不得．則東西日訌．徵輸何已．語曰．粟行於三百里國無一年之積．四百里國無二年之積．五百里則民有饑色．又況乎以數十萬之衆．數十年不解．而粟且行於萬里之外哉．事有相需．道非偏圖．願當事者以耀蟬之術試之．毋謂此議徒瑣屑焉．

郭之奇九九篇自序

自邑陷至脫．爲日九九．顛沛無聊中．得詩八十一律．以九九名篇．志遇也．吁嗟．予之瀕死於九者．不知其幾．與夫痛定思痛．不暇自痛而深有痛於九者．亦不知其凡幾矣．予夜聞變．登陴巡禦．內奸蠭起．長矛及胸．幾出於不意死．孑身赴濠．踉蹌獲濟．幾顛踣死．竄伏寺後．爲强人所獲．露刄相逼．余正顏叱之．幾不測死．既而以予歸予室且以甘言相誘．將有所索也．詰朝而諸營豨突．至跆藉相殘．幾從亂兵之中死．余既捨予室而狂奔．適有鄒姓者．匿之小舍．次兒從而後．遂中失焉．越十七．偕長兒之山寨．骨肉星散．臥病旬餘．幾以憂患死．既而長兒獲歸普陽．喜後事之有托也．呻吟歌嘯以永日．旋爲諸强所迫．以仲冬三日復自寨歸邑．魚釜再遊．雉羅重入．自審無日而不鄰於死．首難之長．頗念斯文．爰以六日之夜．獲省先君子．余見先君子之疲病顛連也．抱首長號．幾以不得爲子而憤懣以死．幸而普陽侍御脫驂爲贖．先君子獲於至日歸普養痾．有弟有男．晨昏省侍．以逭余不嘗藥之誅．而余竊念自此無日不可慷慨以就死．北兵臨郡．諸營厥角．萬衆紛拏．忽於是日戈矛環集．或曰．此爲碩果．將食無災．或曰．饞厥元黃．惟茲是問．余窺其來意之猝暴也．毅然折之．自謂握拳透爪．嚼齒吞刀．男兒分內事．向之屢死而不死者．將俟此日．而萬衆聚觀．侃侃舒予言而死也．不謂諸强動色而退．中有黃姓者．館余別室．禮待有加．諸軍筮於明神．謂出余最吉．遂以臘之一日引余出．出門至釣橋．得就扁舟．溯流往普．維時風帆助順．瞬息出鯨波．就安瀾．鐵山一枝．親友互集．幼女稚男．參差繼至．先君子雖枯瘠之甚．而神氣清寧．言談娓娓．喜而悲．悲而痛．痛定思痛何如哉．

吁嗟．曩之瀕於九死也．幾不暇自痛．今之痛定思痛而深有痛於九者．數百年生聚之邦．有朝血殷．有野燐熠．有君子而猿鶴．有小人而蟲沙．有弟溝壑．魄銷骨化．有父奄奄．逢此百罹．有琴既爨．有鶴既烹．有書萬卷．祖龍一炬．

余之痛可以九盡・而不可以九盡九・先哲之言曰・世事不堪逢九九・休言今日是重陽・余生不辰・甫丁陽九・戲馬臺中・俄長銅駝之棘・龍山帽落・差同短髮之吹・吁嗟乎・風景不殊・黃花無色・山河草木・胡不幸而與余同此九九乎・昔之人・履盛平而歌九以勸・涉末流而辨九以悲・有同有不同・亦各言其遇矣・今之以九九名篇・志遇也・世之悲余遇者・有同有不同・亦將有感於斯作・雲鳥逸人書於居此之處・

司徒林忠宣公傳

林熙春・字志和・別號仰晉・海陽龍溪人・登萬曆壬午舉人・聯捷癸未進士・授巴陵令・清浮糧・豁差役・爲治井然有序・丙戌覲冏・聞訃歸・服闋赴部・補將樂・視巴陵之政而更廣之・崇學宮・建龜山祠・前後二邑・不手民間一錢・兩邑之民・去後祀之不忘・行取擢戶科給事・歷禮部右兵科左工科都・因事建白・具掖垣疏草中・而最著者・參東封・減織造・又如請免入彝採冏青・尊朝體而塞彝禍・於今爲制・可謂言關國計者矣・軍政拾遺之事起・一時勾斥言官三十四人・聖怒不測・閣臣疏救・而各官降雜職・冢臣疏救・而各官爲民・震疊之下・掖垣逡巡申救・公疏輪次屬刑科・都侯廷佩乃氣沮色變・廢然避也・公毅然首列・率同官抗疏入・寧不知嚴譴在前・竄逐在後・固不忍青瑣吞聲・朝堂黯色・以默爲容已耳・既而降調・家食二十六載・未曾隻字長安・即政府李公廷機・葉公向高・同年最暱・並絕竿牘・則他人可知矣・丙午・從茶陵州判量移賀縣・至庚申・恩詔起廢・始以南儀部賜還・隨轉光祿少・歷陞添註太僕少・右通

政太僕寺卿・管少卿事・添註太常寺卿・簡大理寺卿・所任各能其官・其在冏貳・恤馬戶・革常例・馬政賴之以修・值玉田兵變・叱馭而入・面諭解散・布告朝廷威德・衆皆投戈・謂非素望精誠・何以猝然得此於亂卒也・其在冏正・奉勅總理京邊馬政・年終・命迫一月之內・簡乘三萬餘騎・合武弁而殿最之・無不克當・非識力警練而能之乎・其在廷尉・舊詳堆積如山・約屬分理・弊絕風清・不忍囹圄多一日之寃・因使案牘洗數年之滯・諸所條陳・如甦牽累・省繁文・酌參駁・與夫約民約官十六欵・俱已奉旨舉行・使公而久於其位・明刑平法・蒸庶幾矣・時雖璫禍未起・然票擬中留・攬權授指・其端已露・公六疏乞休・所謂見幾而作・不俟終日者歟・又以忠練老成・春孚素著・遂晉戶部左侍郎・予告・仍愈尚書李宗延等之請・勅將當日抗疏事情宣付史館・特賜馳驛有司優禮・眞異數也・

南旋不一月・而魏崔炎騰・縉紳禍及・知交貽書・明哲相慶而去・若惄然有大不安者・丁卯以前・聞朝端有一舉動・未當不當食廢箸・及龍飛乾奮・而後喜可知也・蓋其忠愛性成・喜慍不見・古稱知有其國而不知有其身者・於公信之・前後立朝・未嘗依一門戶・今天下南北東西・惟粵東仕路最清・於公可概見矣・

居鄉・凡桑梓利病・始終不遺餘力・諸所興革・如爭監稅・釋疲役・倡建鳳凰臺三台塔・修玉簡塔・築銑城於海口・濬三利溪・修龍頭東集等橋・使形勢增・門戶固・舟楫便利・不無小補・復倡修文廟賢祠・捐貲贖浮屠田百畝・爲諸生科試卷資・此利之在一郡者・又如築許隴堤橋・建文昌

閣．創龍溪會館．減龍溪里役十分之四．其作興人文．便益居戶．此利之在一鄉者．至於下士恤民．隱惡揚善．雖至年爵已隆．村甿賤隸．未曾不和顏相待．人之爲所接者．如坐春風中．祥藹披拂．潮之衆．自貴及賤．老及幼．未有不樂道林司農者．此人人所同然也．間有匪類自棄．亦終爲公所容．而其人不及知．又或濟危扶傾．趨人之事．而人又不及知．然則公之見知於人者．猶其大概矣．若夫孝友天篤．踰六丁艱．孺慕不衰．撫弟昆老幼如一日．和氣所鍾．膝下振振至四十餘人．享壽八十．考終而逝．以當道題請．蒙恩祭葬．而郡邑紳庶．奔哭几前者．至庭不容拜．亦可以見三代之直道猶存．而上天之報施仁人不爲無意矣．

余歷覽邑中諸先達．惟中離薛子．在朝在野．氣節風度．於公今昔一揆．然每以中離坎於仕．不獲竟厥施爲恨．今而得盡睹之於司農．何快如之．又惟古所稱社稷臣．以安社稷爲悅．及夫鄉先生．生有功德於民．沒可祀於社者．非此不足以擬公．非公又誰足以當此耶．公勤於著述．又喜吟詠．所著有賜閒草．賜還草．賜傳草．城南書莊草．掖垣疏草行世．學者多宗之．嗣後朝廷追念殷切．特贈三代尚書．諡忠宣．公論殆久而彌彰云．

贊曰．五嶺之南．百粵之東．卓生偉人．林左司農．謙卑以牧．允出自中．直大而方．即賦迺躬．修髯廣顏．曰貌有顒．我聞在昔．溫厲安恭．求諸今日．庶乎見公．揆茲素履．表厥遺丰．兩仕爲令．樂只何融．四垣既歷．正色何恭．廿載家食．敦穆何雍．形雖三變．道本無窮．見潛飛躍．公其猶龍．六卿晚陟．黃協載同．帝嘉迺德．老成直忠．歸眞反璞．急流維風．云胡能此．至至終終．嗚呼．太山雲出．天下雨濛．朝既嘉賴．鄉復被蒙．休休儀表．炯炯德容．儀寫人目．德留人衷．衣裳我覯．佩玉其瑢．贊以贊德．匪像是供．輿歌赤舄．徒仰烏弓．永言法則．世也其宗．

李士淳　字二河．程鄉人．崇禎戊辰進士．知山西翼城縣．行取入都．考選翰林．擢第一．授編修．充東京講讀．晉侍讀學士．李自成陷京師．被刑數四．不汙僞命．遁歸．唐王立．軍興餉絀．士淳僕僕興長程鎮間．得餉二萬餘．張家玉疏其忠勞．桂王時．累遷吏部右侍郎．協理詹事府事．皆未赴召．國亡後杜門著書．順治間以薦起用．有司敦促．堅辭不應．著有陰那山志二卷．阮志注存．所選古今文範及三柏軒文集．阮志未著錄．嘉應州志注存．

倪父母平寇記

今上登極之元年．首除大憝．一意更始．釐弊起廢．百度維新．中外咸拱手稱神聖．念五嶺僻阻遐荒．去天萬里．而潮陽濱海負山．平鎮之間．綠林嘯聚．赤子流離．上心憫之．平臺召對．至勤天語軫念．特簡諸臣中貞心亮節兼饒經濟者往蒞潮民．得韶石謝公祖使爲觀察．具巖馬公祖使爲刺史．而程鄉令缺．以公學政卓異．特以畀公．公銜命來程．程創於流寇者再．孑然黔黎．凡皆湯火之餘也．當事者權以招撫之方．陽示羈縻．而狼心叵測．終不可馴．

公甫下車．亟聚程父老子弟而謀曰．產祿尚在．是豈爾等高枕鼾睡時哉．下令繕城堡．詰戎兵．披籍而揀．得良家子若干．各出受甲．拔其尤者帥之．不愛俸薪．給之鎧仗．旦夕閱視．躬自訓練．坐作擊刺．指揮如意．戎車戒矣．於是勸民出粟以佐軍需・舟車絡繹疆屬不絕・不一月而得粟一萬七百有奇・裹糧給矣・於是聯師儒・明賞罰・周咨詢・將卒人人投石超距・磨礪以示可用・未幾而撫總易面・流賊復熾・播毒江閩・復進逼我松源高思等處・室廬爲燼・哭聲震野・憲臺謝公祖聞變・星馳興師移鎮・倉皇索敵・猝不及謀・公出其所素儲者・次第應之・問兵而環城皆有兵焉・若取材於山・而輪困離奇・惟所斷度也・問餉而環城皆餉焉・若飲水於河・而挹彼注茲・各獲滿腹也・以五千餘師・集斗大孤城・兵戈雜遝・水陸徵發・非其謀之有素・而徒取給旦夕・梅州數百萬生靈・焦頭爛額・寧有濟哉・

不寧惟是・夜則執蝥弧以登陴・日則計金鼓以問廩・夷者轂・險者舟・轉輸有方・民咸便之・而且爲之圖上方畧・據其要害・探其險阻・悉其巢穴・絕其出路・甫兩月而報捷者踵至・斬首萬計・是可以上功幕府・而紓聖天子南顧之憂矣・

雖然・此特就兵言談目前戰勝之畧耳・事固有已死而求生・先縱而後操・一勞而永逸者・獻俘千餘・保無殃及・而剖晰眞誤・存活甚衆・是殺中之生也・殺而生之則難・撫總五人・時有禍心・而密計擒戮・餘黨悉殲・是縱中之操也・縱而操之則難・披榛覓棘・跋涉山川・建城立屯・以圖善後・則勞中之逸也・勞而逸之則又難・兼此三難・成彼三捷・蓋發縱指示・雖憲臺爲政・而運籌轉餉・則公力居多焉・

公之功是可歌也・無已請爲歌六月・六月言有備也・故其詩曰・「六月棲棲・戎車既飭・王於出征・以匡王國・」公之治兵・何其飭也・未也・無已則請爲歌采芑・采芑言有儲也・故其詩曰・「薄言采芑・於彼新田・方叔涖止・其車三千・」公之輸餉・何其豫也・未也・無已則請爲歌車攻・車攻言有律也・故其詩曰・「蕭蕭馬鳴・悠悠旆旌・允矣君子・展也大成・」公運籌帷幄・決勝千里・何整而暇也・拔千命於湯火・擒五凶於談笑・何深而沉也・奏膚功於三月・圖長治於萬年・何閎而遠也・聞人臣有功於社稷者・則必有勒鼎彝・播金石・垂之不朽・以勸將來・今聖天子方勵精圖治・加意循良・他日採風五嶺・思匡王敵愾之臣・行且以公勳爲第一・編爲歌詠・告之廟社・其必以斯言爲左劵也・夫則又請進而爲公賦彤弓・

重修番禺學記

先哲有言・教化之廢・推中人而墜小人之域・教化之行・引中人而納君子之途・夫冶金而淬・火玄則剛矣・激水而升・機停則降矣・欲其常淬・莫若不去其火・欲其常升・莫若不停其機・故大冶之爐・可使無剛・踊水之木・可使無降・教化者亦人之火與機乎・雖然・禮在瞽宗・書在上庠・舍學校而談教化・其道無由也・吾粵黌宮壯麗・甲於九服・在羊城者・郡庠而外・番禺爲最・洎滄桑數更・鎮將又叛・環城數十萬衆・焚而爲炽・沉而爲泥・歸殿傑閣・淪於萃草・所爲泮衆璜半於夫子之宮者・驊騮駃騠與張弧鳴鏑之徒・實逼處此・自是釋菜無區・問難無所・青青子衿・裹足不敢前者・殆十年矣・徂徠蔣侯以經濟才宰賁邑・徘徊廟下・愾然心傷・會司敎陳彭二君雅有同志・共謀修復・順治十二年

丙申春・垣墉既勤・規模畧具・值夏雨連綿・遂告傾圮・門墉木石・又毁於兵・侯愀然曰・予待罪茲土・顧使宮牆萃蕪・先師在天之靈未妥・其何以對諸士・又與二君謀修復啓・大吏及學憲蒼嵐王公廷璧銳意觀成・捐資勸助・不愛心力・然計所助之入以抵所貲・尚未及三之一・侯又愀然曰・予待罪茲土・猥以費繁修短・狹小前規・終使宮牆削色・先師在天之靈・妥而未妥・復何以對諸士・於是桂棟蘭枌・藻扃珉砌・獨力辦之・甍甍陝陝・費踰千計・閱數月・殿廡門階・堂祠齋舍・無不錦爛霞駁・星錯波洄・游其下者・幾不知往在萃草蒙茸間也・

夫舉事於充給之時易・於匱詘之際難・於干戈未寧軍需旁午之際益難・賁禺田賦・半爲山魈所踞・往往追呼不靈・聞侯之戴星而出也・兜鍪接踵・堂階爲盈・索鏹索芻索糗・迄無寧刻・不得已稱貸以給・紛紛又起而索債・侯心計既竭・鬚眉爲枯・其在恆情・未免因陋就簡・苟完斯局・乃獨飲水茹蔬・傾囊所有・以成輪奐・其與文翁化蜀・何後先若一轍乎・禺士幸生當今日・上有化成・下有甄範・他日當如李太伯所云・天下治・則談禮樂以陶吾民・有不幸・當仗大節・爲臣死忠・爲子死孝・豈徒美樹高牖嚴壯於外・槐宮棘宇顯麗於中・爲一時美觀乎・

王應華　字崇闇・號園長・東莞人・崇禎戊辰進士・累官按察副使・隆武時・晉侍郎・閩敗・紹武稱號・以東閣大學士掌部務・廣州破・唐王匿其家・得不死・後仕桂王・授光祿寺卿・晚歲遁跡不出・結溪南詩社以自遣・禮空・隱號函諸・與函昰函可爲方外交・子鴻暹・爲函昰弟子・號今囙・嘗賦詩云・猶有僧間學采薇・亦遺民也・

重修天后廟記

天后之神・自宋以來・累冊封號・遣有司致祭・其重幾與南海神等・虎門爲吾粵中路咽喉地・凡朝紳由廣出使・與夫占城爪哇眞臘三佛齊諸國所貢獻・自廣入者・悉艤過於此・大洋之外・風汛叵測・往往多漂沒・明永樂間・中使張源始於赤灣立廟以卜濟・其後左行人增置祀田・王兵科廣以後殿・而廟貌歸然・南北之濟者必禱於海岸・得吉而後敢濟・謂之辭沙・神之顯赫・眞如度量衡石・必不吾欺者・順治十三年春・守備張應科轉餉瓊海・舟過赤灣・俯謁祠下・告有事焉・顧廟之傾圮卑狹・不足以致虔妥靈・乃祝以往返無虞・當新神廟・已而果獲神佑・乃出橐金倡修・改後殿爲正殿・以前殿爲拜享之堂・旁增廂房十二間・大門內增鐘鼓樓各一・環廟皆周以墻・經始於二月・落成於八月・

辜朝薦　字端敬．海陽人．崇禎戊辰進士．除桐城令．行取擢山東道御史．累官禮科都給事中．嘗疏劾溫體仁．又嘗上用人聽言疏．皆切中時弊．甲申北都失守．時方督餉粵中．聞變慟哭歸里．著桑浦行吟．後仕桂王．至太常寺少卿．順治癸巳．潮鎮郭尚久以城歸附桂王．越五月．淸師克復．朝薦毀家避地．依鄭成功．戊辰卒於臺灣．年七十八．著有疏草四卷．阮志藝文畧注未見。按明季南畧稱．丙戌朝薦獻策下廣．玆據海陽志及江氏台灣外記訂正．

用人聽言疏

皇上御極以來．任人圖治．納諫聽言．自三代而後．未嘗有也．而邊腹之患．日深一日．羣力羣策．罔見實效．古未有聖明在上．殷憂若此．而不能削平禍亂．坐臻上理者．臣嘗反覆思之．豈當世遂無可用之人哉．夫知人則哲．惟帝其難．言貌取人．宣尼猶失．惟皇上求治之心愈急．則浮薄喜事之人．愈易飾詭而釣奇．惟皇上破格之意愈殷．則巧言孔壬之徒．愈易乘機而鬬捷．昔漢臣周勃張釋之號爲長者．言事吶吶不能出口．然安劉却虜．必屬其人．呂蒙之舉陸遜也．第曰意思深長．而張釋之之阻嗇夫．李沆之惡梅曾．皆惓惓以捷給爲戒．蓋利口之禍邦家．聖有明訓．臣子任事．決無不出於樸誠而能克濟時艱者．然樸誠之人．多得之老成練達．蓋歷既深．自臨事不苟．遠不具論．邇來督撫中所稱足任者．如洪承疇盧象昇史可法等．亦祇實心實做．何嘗縱橫滿紙．動求人知．向令此數人者．與楊嗣昌顏繼祖張若麒等．粉飾虛張．爭鬬才辯．必不能遠過．由是觀之．其在此而不在彼明矣．

況今日口舌相高．攻訐滋勝．老成日就凋謝．典型漸若晨星．自此以往．將恐諸臣精神．不用以實圖職業．而用以揣摩筆端．雖皇上召對時勤．無所逃於電照．然既察其才辯．又當察其樸誠．若徒以小才喋喋．付之事權嘗試．追悔何及．所謂用人貴審者此也．書曰．有言逆於汝心．必求諸道．有言遜於汝志．必求諸非道．夫臣子連篇累牘．掇拾浮詞．誠易生厭．然聖帝明王韜鐸以求之者．蓋舉一時．欲知其利．又欲知其害．用一人．欲知其短．又欲知其長．非反覆諮詢．曲意審度．終無以通達情僞深悉事理也．昭皇帝嘗以弋謙言事過直．免其朝參．逾月而言者不至．乃復令朝參如故．且降勅以奬勵羣臣．故曰雖無當．終不深罪．皇上邇來於言事罪譴諸臣．屢召賜還．雖越數載．猶惓惓聖懷．因是羣臣無不感激思奮．其間即有狂瞽過當之語．終可以諒其無他．即有僉壬敗類之徒．終未可以概天下．要以不求遜志而求逆耳．則聽言之道斯得矣．

近陳燕翼所論中州一案．臣以守汴之勞．與決河之罪．原不相掩．在皇上深憫之．所以作勞臣之氣．在言官正言之．實以存萬世之公．又如熊開元本無言責．而論列大臣．亦可以銷後來雷同之漸．至於姜埰置詞舛謬．百喙何贖．乃懲創之．則臣子之罪已明．生全之則覆載之德更大．況聖明以孝治天下．埰家遭兵火．父罹慘禍．彼亦人子也．臣非謂諸臣之去留生死．有關輕重．但恐將來言者遂有所趦趄而不敢盡．煩囂雖息．讜論亦捐．所謂聽言貴廣者此也．臣四載里居．再入班行．寇虜驚心．一籌莫效．而終以用人聽言爲今日治平之本．故不避瑣瀆．冒昧上陳．

胡平運 字明卿・號南石・順德人・崇禎庚午解元・辛未進士・授庶吉士・改御史・正色立朝・知無不言・時澳門爲西夷所踞・海寇恣刦・請飭地方官嚴防究緝・疏入・切責撫按・卒出兵討平粵寇・平運建言之力也・尋巡按雲南・弭邊害・振士風・滇人立祠祀之・廣東議開採珠池・平運力諫・乃止・轉福建參議廣西參政・俱不赴・歸・日與故人飲酒賦詩・丁艱以哀毀卒・祀鄉賢・

奏劾夷盜擾亂當事選懦疏

臣竊惟今日之患・澳夷與海寇而已・臣鄉人不言・無有爲皇上言之者・亦何從知萬里之外受毒如此甚哉・

其一在澳夷・彼占住濠鏡澳・凡番南東順新・皆可揚帆直抵・其船高大如屋・重駕番銃・人莫敢近・所到之處・硝磺及鐵・子女玉帛・公然搬運・沿海鄉村被其虜奪殺掠者・莫敢誰何・官兵每被殺傷・而上司亦莫敢問・往者夷哨不過數隻・今打造至於近百・出入無忌・挾制官司・往者夷數不滿千人・近者報數萬・一旦有警・此數萬夷人・何逞不得・此大可憂也・而大蠹則在閩商・聚食於粵・以澳爲利者亦不下數萬人・凡私貨通夷・勾引作歹・皆此輩爲之祟・官兵盤獲其船・則以匿金匿寶・誣揑反噬・而中國邊情郵報・日與抄傳・虛實亦在其窺玩中・乞敕督臣・責道府設法禁制・令澳夷將番船拆毀・凡通夷勾夷・拏獲審實・則行重典・

其一在外洋寇・粵自潮州而下・及於陽電・沿海俱是鹽場・臣鄉行鹽・通粵西江西吉安贛三府・及桂府王鹽・年來閩寇截據要路・鹽船大小・勒買路銀三百五百兩不等・不從則焚毀其票・賊來無時・乘風飄突・越虎門一限・可以直泊廣州城下・去年二月粵將陳昭李相斬賊以保全城・朱可貞擒獲多舟以保陽電・今賊日夕圖報・卒然再至・何以爲禦・此大可憂也・而大蠹則在接濟・米穀向來嚴禁出海・自鄭芝龍到粵・假兵食爲興販・又爲潮船運鹽之說・帶私以入・載米以出・直以接濟海寇・乞敕督臣・嚴禁米穀不許出海・以絕接濟之端・

其一在裏海賊・南番東順新香縣交通之小海・農工商賈出入必經之路・其盜皆本地無賴・聚衆打刧・向者不過數十人・今以近千・爲艅近百爲號・白晝公行・與官爲難・攻圍鄉村・殺男擄女・良家被害者不知幾千百矣・其最可恨者・擄人勒贖・富者千金百金・貧者亦十兩五兩・刑威萬狀・得其財復殺其命・有產之家不敢出門一步・春農罷耕・行旅絕跡・上司間或調哨調兵・已先知消息・此大可憂也・而大蠹則在窩家・各縣窩賊・必有主名・乞敕粵東按臣・訪犯必以窩家爲先・考察府縣・必以獲犯多寡爲殿最・督臣必以得盜情否爲功罪・守廵道必以治兵治船之堅瑕爲黜陟・如此則粵之億萬生靈・皆受皇上再生之賜矣・

易際奇　字開五・號吾豫・新會人・崇禎庚午舉人・三上公車・歷齊魯燕趙間・與豪俊交遊・以忠孝大節自期・己卯復赴北都・上書論邊防諸務・甲申後・與了訓避亂山間・絕意進取・講學授徒・以克己爲要・主靜爲宗・年六十三卒・門人私謚曰文哲・著有詩書傳解逸記・吾豫漫筆・拂劍草・僑梧集・大易堂集・

修東坡亭記

鄉名坡亭・景賢也・宋蘇文忠公南遷過此・留連不能去・居人爲築亭於石螺巖・迄今五百餘年・草柔如茵・不穢不棘・甚矣・賢人君子如此其重也・在朝朝重・在野野重・前此不有吾鄉耶・乃今以坡公特聞・當公以驚鱗鎩羽之餘身・若辭枝之葉・未識漂泊何所・乃信宿之地・而人遂以爲坡亭也・惝然四顧・山不甚高・而危石飮江・奔濤齧岸・勢不啻千萬仭也・其東則澄江如練・一瀉千里・海目橫黛・屹爲連環鐵鎖・西山朝來・致有爽氣・足供拄頤・巋然魁閣・若奎壁之拱天・翼然晴峯・如舞鳳之扶彩・風雨釣磯・邱壑堪置此老・烟月柳堤・小艇欲添吾翁・千態萬姸・濃粧淡抹・紛入亭中・此勝殆足以來公者・宜公之來之也・宜居人之亭之也・

公以少年上第・仁宗讀其制策・喜爲子孫得賢宰相・愛其文・膳進忘食・稱爲天下奇才・撤御前金蓮龍茶銀合・一時二聖・慰藉甚厚・顧猶使海濱炎徼之外・有帆影履跡・人耶天耶・雖然・公之文章事業・節義流風・輝映千秋・興起百代・則洋溢中外・當無餘憾矣・孝宗之贊曰・氣高天下・乃克爲之・凡數是者・道公之浩然者也・今之聞風親炙・亦皆

公之浩然而長存者也・況吾輩生長是鄉・任其遺址湮沒・地老天荒・無以處坡亭也・無以處名吾鄉也・今幸鳩工既畢・杯酒落成・乃書此以勒諸石・

陳是集　字虛斯・號筠似・文昌人・崇禎辛未進士・官中書舍人・値鼎革・以遺老終・先是陳子壯宗伯將選嶺南歷朝詩・以奇甸屬是集・因采瓊郡自宋迄明得三十家・爲南溟詩選・及國變・提學林某將倡義勤王・人以爲疑・是集致張太守書・贊決其行・詞氣慷慨・亦氣節之士也・

與張太守書

瓊人最號易治・乃至今日則有大不然者・澄臨之間現見其形矣・不知何故・亦有激而然耶・生入瓊數日以來・人情洶湧・訛言煽播・即販夫豎子・且有睊睊側目・張拳擦掌・思逞宿憾而甘心者・林道臺志切勤王・正可乘此遄發・一以赴國家之難・一以釋士民之疑・乃聞有倡言保留者・豈所謂愛人以德耶・老公祖拊循瓊民・衆心喁望・憔悴飢渴・易於爲德之時・信下獲上・不妨稍示異同・達權理變・須直贊決其行・齷齪鄙生之言・不足聽也・瓊雖僻在海壖・若使人情安堵・波濤不惡・亦可爲恢復中原涓滴之助・陶士行匡扶晉祚・義旗麾舉・不自廣州起耶・矧祖宗二百餘年・培養士氣・忠義蟠結・蠢爾亡慭・撲滅有期・安可以國運偶屯・遂萌觀望之心・哲夫不爲耳・老公祖聞變・慷慨出涕・忠憤之性・大足踰人・安民定國・自有苦衷・幸急爲調護・密爲綜理・勿受牽制於他人・直行誠悃可也・

溟南詩選序

詩以刪而不傳．以刪而後乃傳．詩以選而存．以選而復不存．以刪而後乃傳者．才如少陵．尚不能以無累自□．況其下焉者乎．生平吟咏．意得有幾．當其脫稿之餘．無不自以爲佳．久乃厭之．即千載而後．安知作者之神．不有亟亟乎欲去之者．則不如刪之爲適也．以選而復不存者之眼．與作者之心與手．不能冥會．有如昌黎之論文．小稱意則小怪．大稱意必大怪也．小慚則小好．大慚必大好也．毳食菖蒲葅．三年而後勝之．嚌其胾者鮮矣．則與其選而不存．毋寧不選之爲通也．集讀禮之暇．懼瓊甸文獻之或遺也．因詩識其大者．廣搜郡乘家塾殘編．刪而選之．存詩十卷．付殺青焉．

客有難者曰．詩難言也．蘇李以降．選者幾何．溟南蕞爾之地．工詩者寥寥數十家．子輒能選之至十卷乎．選何濫也．集曰．唯唯．否否．子其易吾選．將易於瓊甸之前稱詩者乎．稱詩自白玉蟾始．古來仙子．未必能詩．即能詩．亦帶鉛汞中語爾．玉蟾子能爲詩．又不盡爲仙詩．詩所以佳也．明興以來．文莊先生淹通．少年人或以淺率目之．不知其才自贍．而筆下無跡可摸．古體尤勝．使與青蓮對壘．未必屈座也．王汝學詩．老而益工．近體冲澹雋遠．步武唐人．鍾唐二司徒歌行亦佳．由其學問淵邃有以使之．鄭篁溪贍麗多姿．王宗伯歸田所作．遠勝於館閣諸篇．唐景夷任誕自廢．詩才奔放．師海瓊子一派．跨出父兄之上．餘或人有數篇．間止一律．猶必採而收之．間有散軼未獲者．猶思購之以嗣吾選．且吾亦姑爲刪焉．以俟夫能選者之選之也．濫奚恤焉．吾之爲刪者．諸先輩有靈．護美心切．恐不免有見讓之疑．乃吾之爲選者．想作者吮筆濡墨時．應自栩栩意足．千載而後．無亟亟乎欲去之者乎．

經籍目畧序

瓊有桐鄉王先生．世所稱閎博君子也．乃致憾於先生者．以先生年少負奇．雄視一世．竟不側名南宮．而佐郡以老．噫．先生遇誠阨矣．不佞集謂先生未嘗阨也．謂先生阨者．則未有以得先生者也．蓋不佞集讀禮山中．先生之後人衡宇君以雞肋稿見遺．而知先生之詩．出入沈宋王岑諸詩家矣．又得其經籍目畧諸篇．益信先生之工於詩有所自來．先生無書不讀．又自以爲竟讀．故至老手不輟卷．又欲後世之人．知古今書之不勝讀．而亟亟乎其必讀．又恐其厭於讀．遺於讀．懵於讀．趣舍於讀．故出此篇以醒諸世也．先生意念深矣．

今覽此編．自周秦漢魏以下．有能悉諸撰著姓氏者乎．即諳其撰著姓氏．而眞贋舛錯．又烏知其代選代著者誰．安在其綜核古今．包含百代爲．公亦言出於晁氏□氏．何以令人之知有二氏．公之功焉可誣也．公未讀書中秘．何繇獲此本．其得諸文莊乎．文莊不著．先生獨著．先生文莊之功臣也．觀先生所贈唐司徒西洲公詩．洵有知人之鑑．國家盛時．諸先輩咸以博古爲高．砥礪唱和．互爲先後．故發爲詩文．端莊厚麗．則達諸世務．批郤導窾．眞人品事功具焉．羽翼之功居多也．枵腹而籌當世．所獲有幾．不佞集不能不心折先生矣．即令先生當日再掇巍科．位躋華膴．無有如雞肋諸篇膾炙人口者．百年而後．安知有桐鄉先生與先生之詩．即先生自許．亦必不以南宮一售而易千萬年．讀先生譜．知官轍所履．俱遭兵燹．運饑起疾．不遜古良二千石．歸而閉戶著書．所爲詩．晚年尤臻妙境．造物豈以大事屬先生．故似遇而不大遇也．焉能阨先生哉．詩與書．淸物也．淸人乃能酷嗜之．士大夫不有經史一癖．將必馳其心於聲色貨利之場．忍詬身穢．决裂性命．獲罪聖賢．先生有靈．當唾罵之．若覃心竹素．圖叔穆之不朽．先生固先獲我心．我讀先生詩．沉吟不置．似有默契者．爲溟玉詩選．選先生詩甚富．先生所著書．蓋自爲可傳．今而後乃大傳．今爲先生叙．亦冀托先生而傳耳．

龍大維　字張卿．石城人．崇禎辛未進士．官太僕少卿．

興文橋記

郡城之南．乃西南二水之衝．爲鐸使往來孔道．向以邑之南鄉林符會高鳩材通力．構木爲梁．然地勢沮洳．每淋潦橫溢．枋板漂泊．歲時修葺．乃翼以蜑舟者丨．營作之勞．殆無虛日．人艱褰涉．多興望洋之嗟．形家言．奔流之下．利用重鎭．疊累嵯峨．可培氣脈而暢文風．爰是合郡鄉紳輩謀甃以石．廣諮於耆年練識者．相定方隅．測高深以正其基．度廣狹厚薄以估其材．時林符會高編戶九丨四總．各願出金爲助．六堡亦然．各閭次之．佐以郡中好義者之樂施．凡六閱月而橋告成．垂虹跨澗．扼鑑江而控茂嶺．巍然爲一郡福址矣．

陳詩　字采俞．順德人．父士諤．家富於財．賑飢救溺．以經學教子弟．敦行孝讓．卒祀鄉賢．阮志有傳．詩少讀書．即尙節義．崇禎癸酉舉人．觀政禮部．忤權貴．假還．甲申之變．閉門痛哭．不食死．子文標．諸生．殉之．著有鴻堂文集．存．

卹臧獲議

天地之性人爲貴．而人之生於天地間者．雖有智愚强弱尊卑疏戚之等．其與我同類．而皆有欲立欲達之心則一也．奚必智者强者尊且戚者乃得爲人．而愚者弱者卑者疏者之槩無足比數乎．昔新莽嘗考古制．禁天下不得蓄奴婢．雖其空文無實．與王田等．而要以先王之時．大夫以上．旣有庶人在官者爲之役．士庶人亦各隸其子弟而止．而其時之小民．授田於上．而無一不得其所．則奴婢固可以不用．而亦誰與爲奴婢者．此盛世所以無怨曠之人也．後世之人．窮賤無所歸者旣衆．自中人十金之產．皆得收良人男女而屬役之．斯已大異於先王之世矣．而況刻薄者流．又從而禁錮焉．摧殘焉．俾不得終有其夫妻子女之樂．豈不亦輕蔑乎天民．而傷兩間之和氣哉．夫天下之窮而無告者．莫如鰥寡孤獨．然此四民者．卽不幸．猶不必其相兼．而其無妻無夫無子者．亦皆至於垂老而後廢．非窮於人．窮於天也．如以奴若婢而制之終身．使不得配．則是始而孤．繼而鰥且寡．而終於爲獨．以一人之身．備歷其窮．而又非天之所爲使也．悲夫悲夫．生人之窮薄．至於如此其極耶．且人亦何爲而不推其心也・己之男若女・幼則攜持保抱・稍長入小學・不率教・嚴師傅予之杖・意猶以爲惡・或不幸遭禍患身死・賣爲人奴婢・蓬頭跣足・甚者至流落娼籍以辱門戶・不知爲父母者・將復何以爲情・噫・奴婢之走使於我前者・獨非人子乎哉・彼其始亦與己之男若女皆無以異・一旦不得已而歸於我・典耕典爨・奔走者幾何事・事大事小・承順者幾何人・食粗糲・衣敝衣・祈寒暑雨・戴星霜而出入者幾何年・其情已大可憫・而我復利其服役・至以幽囚終其世・而不得少嘗人道之萬一・縱彼不明・我獨無動於心乎・縱或垂首喪氣・服勤至死・其能不飲恨於九泉乎・淸夜以思・亦足悲矣・

竊謂今日居民上者・宜設爲厲禁・令奴婢年三十以上・皆爲之配然後得役・否則奴聽其自去・毋得責以贖身・婢聽其適人・薄給本主以財禮・如是而不之聽・許奴婢自陳於官・而約長爲之舉・首則有常刑・其隱蔽者亦各坐之以法・然後內無怨女・外無曠夫・咸得自遂其生於天地間・而爲本主者・亦不至肆爲刻薄・賊人之子・以殘害天地所生之人・而干神怒・召天災・其亦中和位育之一助也・雖然・世有復先王之仁政者乎・即奴婢之名亦可以不設・而尚安以禁焉・

王導論

自古患鄉愿之爲人・非之無可非・刺之無可刺・而一旦欲從而非刺之・非舍其小廉曲謹厚貌深情・而獨觀其大節之所在・則其人終不易知・吾觀三代而下・以鄉愿名者・前莫著於胡廣・後莫盛於馮道・史皆明著其大節之不可掩者而重絕之・獨有晉之王導・猶得稱爲中興名臣・而不知其心迹之奸巧・實乃鄉愿之尤・而胡廣馮道之所不能及也・嘗試取其大節而論之・方懷惠愍時・晉室阽危・四海板蕩・導豈不知瑯琊非司馬之後・而獨以爲奇貨可居・傾心翼戴・既勸之國・復謀就鎭・而卒偷安於江東之一隅・其視西京之覆沒・中原之陸沉・槪漠然如秦越・苟律以春秋莒人滅鄫・盾不討賊之義・則是首絕晉祀・而忘君父之大讎者・非導之爲謀主・而誰爲之乎・

瑯琊旣帝・號爲仲父・目爲蕭何・且加爲驃騎大將軍・開府儀同三司・得君行政・無與爲比・而其時北方藩鎭刺史・遠如張寔段匹磾邵續諸人・近如祖逖劉琨周訪溫嶠陶侃之徒・人皆有慷慨忠義之才・可與共圖匡復・曾未聞出一言以奬其功・發一兵以援其困・而徒袖手旁觀・坐視成敗・反汲汲焉以己內專機政・而使敦外總征討・羣從子弟莫不布列顯要・以爲羽翼・其與王衍之自營三窟者復何以異・而猶敢大言以欺人曰・當共戮力王室・克復神州也・其誰信之・

尤可恨者・王敦之反也・導陰黨而挾以要重・後又至令殺周顗戴淵刁協甘卓諸人・元帝竟以此憂憤成疾而崩・不得已而使之受遺詔輔政・明帝亦不得已而授以討敦之任・綱目書・帝親征・破之・又書・敦以導爲司徒・乃導於事後與人言・猶稱大將軍・昔爲桓文之舉等語・至於成帝之時・蘇峻犯闕・以導有包容之言・引爲同列・居己之右・復衷其故節・至來陶侃蘇武節之譏・而有慙色・茲二事者・尤其逆節之大・彰明較著者也・幸而敦與峻者皆不久自敗耳・假令如劉裕朱温・篡位勢成・其不爲奉表勸進之亂臣者幾希・他如送郗鑒而從私也・棄祖約而速叛也・宥卞敦而虧法也・用郭

默而養賊也．絡庾亮而遙執朝權．任諸將而多不奉法也．皆在導秉國政之日．而碌碌無所建白．虛曠廢職．含忍取容．竟付之無可如何而後已．此陳頵所以譏其有老莊之俗．卞壼所以歎其非社稷之臣也．

由是言之．導之爲人．始則如馮道．視喪君亡國．未嘗介意．繼則如胡廣．爲天下中庸而無忠直之風．而其高談道德．籠絡羣雄．有過之者．卒使一時君臣上下．無不墮術中而不悟．雖至後世．猶以江左夷吾稱之．奸哉巧乎．非夫鄉愿亂德之尤者．其孰能爲此．

導同時人有劉殷者．初仕晉．爲齊王冏軍諮祭酒．其後入漢．委蛇亂朝．二女四孫．皆納劉聰後宮．太弟乂固諫．猶以同姓爲嫌．殷乃自云劉康公之後．以別於聰．議遂決．而晉史不察．反悉取其小廉曲謹．厚貌深情而極褒之．藉非綱目用書莽大夫例特筆之曰．漢太保劉殷卒．夫亦孰知其大節之虧．竟與胡廣馮道同取譏於千古哉．後之論導者．盍亦責其大節．果視胡廣馮道劉殷諸人爲何如．則凡居之似忠信．行之似廉潔者．皆不足道矣．雖然．今鄉愿之衣鉢遍天下．即欲求其爲忠信廉潔之似者．而亦不少概見也．於導乎何尤．

周公辟管叔辨

書曰．惟周公位冢宰．正百官．羣叔流言．乃致辟管叔於商．囚蔡叔於郭鄰．以車七乘．降霍叔於庶人．三年不齒．春秋時．衞子魚鄭太叔皆謂周公已殺管叔．而漢孔氏因爲之解曰．辟．謂誅殺之也．而余以爲周公未嘗殺管叔也．以

爲殺者誣之也．按辟．除也．如周禮閽人爲辟．及孟子行辟人之辟是也．致辟管叔於商者．豈誅殺之謂也．亦曰驅而除之於其地．使不得復肆．而亦不忍加害．若所謂成湯放桀於南巢之文也云爾．桀奔於南巢．湯因以放之．管叔據商以叛．周公亦因以辟之．蓋以桀嘗爲之君．而管叔已爲之兄．若既獲其人．又用檻車而移之他所．如舜之遣四凶然．則於吾必有所不忍．且非所以令百姓見也．故因其地而放之辟之者．皆古人忠厚之至意也．然羣叔之罪．有首從不同．而其罰之所加．亦未嘗無輕重之別．管叔爲武庚倡亂者．故致辟於商．而禁錮以終其身焉．蔡叔之罪次之．故囚於郭鄰而已．有七乘之車．以從其便矣．霍叔之罪又次之．故但降爲庶人者三年．而三年之後．仍復錄而用之也．由此論之．既可見致辟云者．與下文降之囚之之典爲一例．又可見其與七乘之稍寬．三年之後赦者有差．既可覺其不以一家之私情廢大法．而爲義之盡．又可見其不以天下之大法掩私情．而爲仁之至．豈不眞得聖之本心也哉．自子魚太叔孔氏輩不明大義．乃以辟爲大辟之辟．而取誅殺之義以釋之．而後世諸儒．亦遂浸淫其說而不悟．若以周公殺兄．爲事理之當然．屈經從傳．流誤二千餘年．曾無一人議其非者．此甚可怪也．

蓋嘗即大義斷之．而知其說之謬有四．管叔以殷叛周．其罪固不容於死矣．然以其弟爲冢宰．而又當流言不信之後．吾意爲周公者．必且戚然告孺子王曰．文考之遺體．不可殘也．寧王之同氣．不可傷也．其錮之便．如是而成王亦必終聽周公．誠何心哉．而必欲使其君殺之乎．以周公之

聖・輔成王之賢・顧忍坐視管叔之死而不之救也・其誰信之・謬一・周禮・秋官以八辟麗邦法・附刑罰・其一曰議親之辟・其六曰議貴之辟・此二者其有一焉・已足以屈其法而貸之死・而況管叔兼親與貴者乎・今乃謂周公之立法如彼・而周公之用法又如此・則是周禮一書・乃萬世無用之空言也・謬二・羣叔之罪・雖有大小之殊・要皆共布流言以叛其君・王法之所必誅而不以赦者・特以同胞之兄弟・故周公得以議親議貴而全其生耳・今以法皆可誅情皆可赦之人・而顧有所致生致死於其間・亦可見其進退兩無所據・而彼此不得其平也・謬三・棠棣之詩・周公憫管蔡之失道而作也・其自死喪急難・以至室家和樂之際・莫不惻然有哀傷手足之情・眞如孟子之所謂垂涕而道之者・向使周公既推刃於其兄・而猶托爲愁苦不自得之辭・則是詩之作・非其有悔心之萌・即終流於僞而猶托爲愁苦不自得之辭已矣・惟其未嘗殺之・而或辟或囚・皆禁錮而不可出・猶無以遂其友愛之心・故悲哀於悒而不能已於言也・今欲以彼說推之其於情理・豈可通乎・謬四・嗚呼・以一字之義不明・而使周公蒙數千年殺兄之大惡・諸儒之流毒亦甚矣・

或曰・然則世儒所謂周公誅管蔡者・其不然乎・曰・誅者責罰之謂・不必殺其人而後謂之誅也・舜誅四凶・皆未嘗殺之・不過流竄放殛而已・如必以殺爲誅・則書固已明言・囚蔡叔於郭鄰・以車七乘矣・何嘗殺之耶・抑以三苗負固不服・而舜猶僅竄之而止・矧周公之於管叔乎哉・或又謂周公之處羣叔如此・其亦仁之至義之盡矣・而孟子猶以爲不免於有過者・何也・曰凡欲全親親之道者・亦富貴之而已・不可任之以政也・苟恃其至戚・不逆料而任之以政・幸而能勝任也則可・不幸而不勝任・誅之則無以全其恩・不誅則廢先王之法・而人不服・此周公使三叔監殷之舉・所以爲過也・昔漢文帝殺太后之弟薄昭・而曹丕論之曰・舅氏之家・但當養育以恩・不當假借以權・既觸罪法・不得不害・蓋議文帝之不能防昭之始也・愚於周公亦云・

陳巖野先生刪定羅浮志序

名山在天壤間爲最勝・自古聖王表之以作鎮・俾邦君旅祀・而一時士大夫以及隱君子・亦莫不游息其中・或至樂之終身不厭・故其人與其地俱傳・竊怪乎後之托迹其地者之非其人也・浮屠老子之宮遍天下・而於名山・佔踞充斥爲尤甚・至敢倡爲異說・以仙佛誕日號召四方之男婦・而爲之奔波聚會於其間・雖在上之人明知其奸者・亦莫得過而問之・其爲名山之辱也莫大焉・

羅浮粵名山也・壬申・余與二三友遨遊其間・歷盡四百餘峯・觀其風雨離合・而因欲索其圖經一往觀之・適家巖野先生出其所刪正羅浮山志一書授余・余卒讀三復不忍釋・大較厭神仙怪誕之說・而深絕近志之附會成書者爲不經・遂力斥其非而辨其訛・其有功於名教甚大・非獨擇言雅馴・不支不蔓不掠美而已・然後嘆名山之不幸而辱於近世者・猶幸而得取正於先生之手以洗其辱也・蓋人與地自此俱傳矣・

先生爲人・孝友篤誠・著述滿家・身教言教之皆悅服・倘當路聞其名・援蘇湖故事・授之以柄・其於黜邪崇正之功裕如也・豈但託諸空言已哉・抑余嘗擬爲奏狀・欲倣紫陽南

軒表建白鹿嶽麓書院遺意・悉以所在名山田宅歸諸學宮・以供祀典・而阜生徒・講學其地・庶足以殺異端之勢・竊謂一日得志・當以上陳・亦先生是書之志也・不識名山有靈・其亦以余言爲然乎否・

書周子拙賦後

孔子稱大舜無爲而治・竊嘗以是言而考諸經傳之所載・舜之爲治・朝覲巡狩・封山濬川・舉元愷・誅四凶・命九官十二牧・類非一無所事而能安坐以享其成者・而顧稱之曰無爲・是果何說哉・聖人之治天下也・其大公至正之道・恭己於上而照臨之・因事理之・自然而不失其當・順吾性之本然而不違其初・使天地萬物悠然各得其所而不亂・雖其大經大法無所不周・而卒未嘗一用其智巧之私以鑿之・如化工之因物付物・而己不勞・是之謂無爲・非如老氏之淸淨而簡畧也・今讀周子拙賦・竊深有感於是・

嘗觀周子之學・槪然以復古禮・變今樂爲己任・使其得志行道・豈能一無所爲以見於世・而其賦拙也・乃若以循理守分・刑政皆拙・爲上安下順之要・蓋其所謂仁義中正主靜以立人極者・實與舜之無爲同軌・而不若世之小人・妄有所作爲・以驁於天下之爲巧也・推而言之・凡其胸中洒落・如光風霽月・短於取名而惠於求志・薄於徼福而厚於得民・非於奉身而燕及煢嫠・陋於希世而尙友千古・是亦周子之所謂拙而已矣・抑當是時・王荆公執政・作聰明・亂舊章・天上怨之・巧之流禍・一至於斯・斯賦也・其殆有所指而言之歟・而論者不之察・至誣周子有頌新政數千言者・何其妄也・何其妄也・

讀書齋記

扶山之隈・有草廬焉・坐僅容膝・架僅貯書・戶牖僅蔽風雨・蓋余向所棲遲焉而嘯歌其中者也・癸酉歲・余有京師之行・而余弟采庸取而居之・乃更其齋曰讀書・以請記於余・

余因勗之曰・天下之至樂者・孰有如讀書耶・當其展卷而相對也・聚百代人材於一堂・而師之友之・以道德爲膏腴・以文章爲錦繡・焚香默坐・足以備禮・抱膝長吟・足以當樂・無山水也而境自奇・無聲色也而情自娛・無君相之權也而予奪自我・雖復偃仰一室・矻矻窮年・而其流覽之情・已不啻遊八荒而閱千古矣・又況體之身而爲言行・推之世而爲事功・其所取資於簡編者・豈淺鮮哉・

然天下讀書之人・不可勝數・而求其好學深思・克負大業者・卒不少槪見・何耶・一曰志之不堅也・學莫先乎立志・志旣立矣・而後能專其心以求之・勤其力以赴之・未有因循不振・苟延歲月・而可以探古人之精義者・二曰才之不敏也・經典之旨・微而難知・子史之文・博而寡要・自非具聰明卓絕之才・烏能究其精深之故・而窮其廣大之源乎・三曰境遇之爲累也・人生數十年中・日月幾何・不幸復處窮廹之境・而衣食累之・憂病累之・人事應酬又累之・雖欲優游諷詠・以圖卒業・其道蔑由矣・嗟夫・世之讀書者・常患不克奮其志・有其志矣・或其才不足用・有其志有其才矣・則又困於境遇之窮・而卒無所用其力也・不亦深可惜歟・

今吾弟當年富力强之日・志既不甘同於衆・才非遠不逮

於人・而又藉祖父之餘蔭・不以境遇累其心・是舉他人之所不可必得者・而吾弟兼而有之・其於讀書之樂也何有・昔人有言・壯盛智慧・殊不再來・繼自今以往・吾弟其坐臥齋中・及時而加勉・以自樹立・俟余他日歸來・酌酒此山之下・聽其言而知其有用・考其行而知其有爲・使兩大人親見其事功之成焉・則書之所以爲益於人者・其可量乎哉・

遊鼓山記

余聞鼓山之勝久矣・年來作客三山・數欲一至其處・輒爲同人所阻・竟不果・今年春與諸年友同事會城・夙訂名山之約・復遭春雨・連月不開・願莫之遂・居無幾何・天清日朗・啼鳥報晴・余乃出告諸友曰・今可以出而遊矣・諸友亦皆欣然欲往・遂相率出郭東行・一路桃李芳華・間以籬落・可以娛遊人之目・漁歌樵唱・時與山村雞犬相響答・可以悅遊人之耳・旭日初升・春風披拂・天地之氣・冲融和粹・可以適遊人之體而快其心・行二十里許・即抵山麓・兩旁有古刹名園・可供遊玩・中搆亭橋・左右古榕數株・垂芳蓋之・溪水皆生淺碧色・由溪側取道而上・夾道長松以萬數・石磴歷歷可六七・里許輒建一亭・因各爲留憩者久之・乃至山門・門以左・溪水鏘鏘作琴筑聲・回視下方・風帆浪舶・出沒隱見・皆渺渺可指數・

旋入寺中・見殿閣壯麗無比・有古松百疊繞之・每當天風忽至・四山皆響・如聽大海波濤・木魚鐘鼓爲之失聲・踰嶺而左・下石磴三十餘級・爲靈源洞・洞中架石爲橋・橋下絕壁對峙・溪澗介然・而水已盡涸・至巖下・始聞水潺潺・世傳以爲晏公說法於此・聽水聲喧雜・喝令西流・其事荒唐無稽・余未之信・從洞口折而東・一往壁皆峭立・有亭翼然臨於泉上者曰湧泉亭・泉出石際・莫窮其源・下注石池中・琅琅可聽・勺而飲之・香味甘冽倍常・出亭畔二十餘步・夾石爲門・可依而入・層崖曲徑・大都如前・而高曠過之・又二十餘步・得臨滄亭・疑即朱子所謂水雲亭者・亭廢已久・而故址猶存・憑亭遠眺・羣山赴海・萬派朝東・烟雲起伏・朝暮百變・殆不可狀・自靈洞至此・石壁上多元以來遊人題識・歲久爲苔蘚所蝕・强半凋零磨滅不可讀・其間名賢盛跡最著者・孫莘老・蔡君謨・詩才翁・李伯紀・趙子昂・朱文・眞西山數人・余復繞亭後・奮力登岝崱峯絕頂・頂上亂石離立・磊落相望・朱子曾爲趙侍郎刻天風海濤四字於大石間以識之・徘徊四顧・空曠無前・東有大海・烟波渺茫無際涯・流球日本諸國・依稀見之・西有無諸城・烟火萬家・錯處雲水間・望之若兒戲瓦屋・然其南與北・則疊嶂層巒・逶迤懸峙・髣髴百千螺髻・纍纍出自天外者・洵天下之奇觀也・遂自峯南下・復還寺中・僧又導之踰探達摩洞・洞中石覆爲巖・隱隱有水珠滴下・有九曲石・玲瓏嵌空・出入其間者・如觀武侯八陣焉・惜巖徑荒僻・探奇者鮮及之耳・然山明水秀・豈因無人而變觀耶・余恐久而忘其勝・故援筆書之・以俟後之來遊者・

遊玉笏峯記

金風氣爽・玉露秋深・余偕諸同人携笻載酒・相與指玉笏峯而遊焉・峯在三元嶺側・從半山亭踰嶺而右・蒼巖碧

洞・環繞佛寺・寺門之左・有泉屈折伏見・導爲蛇行勢・到石池中・泠泠作琴筑聲・比入門・周行廊廡下・覺寺後巖石欲墜・樹影泉香・大與秋光相映・已復繞寺後・由石門入・忽得一洞・豁然開朗・仰視岡巒之迴復・俯臨林壑之淸幽・已令人浩然絕去塵世間想矣・復由故道循嶺而下・山漸深・壁漸異・草木泉石漸幽・以爲必有佳境・行不百餘步・果轉出數峯・嶔崎磊落・望之如四岳・羣后相與執笏而立於虞廷之下・其得名玉笏以此・中間一二石筍・尤高出羣峯表・上無土壤・而嘉花美卉・叢生如畫・於時即欲陟其巔一覽之・寺僧爲余言・是峯可望而不可扳・四時落英繽紛・惟猿鳥得而窺之・蓋未嘗不嘆爲奇絕也・

寺即在石筍下・泉聲淲淲循除・琅琅可聽・登其臺・倚闌遙矚・則山之高・溪之流・雲之浮・風帆之上下・城郭之參差・舉歷歷如指諸掌焉・更由堂北而上・倚長松・臥怪石・徘徊縱觀・忽入桃花林中・仰視陰壑兩傍・石壁對峙・有蹊介然如神土闢痕・天光入隙・廣不盈尺・又其上・碧樹垂芳蓋之・幾不可以展望・攀援而登・祇覺陰風靈氣襲人衣襟間・余爲之泠然者久之・及至洞・窮徑出・別有天日・乃得一巖・巖不甚高・石覆如廓・大可逕丈・下臨千仞・稍失足輒墜・已而心懼欲還・過前陰壑・好事者投以石・作炮聲・其響之激越・良久乃已・又相率緣而下・山壁夾立・石氣皆青・樹若錯繡・鳥語遙從隙中來・其路逕陰翳・大率如前・而曠遠過之・一境之間・蓋得一線天者二焉・信奇觀哉・

回寺中・復散步山麓・過小橋・俯視百丈磴・其深殆不可測・聞春夏間雨漲・飛泉瀉峽・白光如練・不減匡廬瀑布・自縣南掉舟而來者・宜以此爲遊事之始・當是時・日暮矣・舒望江村北岸・林木參錯・一帶綠煙紅霧・瀰漫數十里・所至返平臺會飲・又值峯頭月出・幽光射人・山下漁燈市火・乍明乍滅・遂相與把酒長吟・欣然爲物外笑樂・酒半酣・予爲言於衆曰・柳柳州有言・美不自美・得人而彰・豈不信哉・蘭亭赤壁・想佳境亦自無多・卒賴蘇王二公之作以傳・而此山幽奇萬狀・寥寥數百年間・曾未有過而問焉者・君子以是歎山川顯晦之有時・賢豪之不世出爲可耻也・僉曰然・請書所作以告來者・

嫉蚊賦

方夏之日・幽居之室・維彼蚊蟲・實爲可嫉・生於溝壑・長於墻壁・賦性陰柔・秉心詭譎・受瘴癘而成身・變汙濁以爲質・見炎熱而爭趨・值歲寒而斂迹・徒乞哀於昏夜・至旦晝而散逸・忽鼓躁而成羣・旋爽然其若失・窮口腹之所欲・喪軀命而不恤・胡習習而飛飛・暮逐逐而營營・與班蟊而同惡・與蟣蝨而爲朋・身不入乎帷帳・長戚戚於深更・逞如簧之利口・專望乎其裸裎・不汗流而揮扇・匪雷鳴而震驚・時閃倏而莫捉・或浮躁而厲聲・遇無衣之小人・竭膏血而不憐・覩讀書之君子・喙皮膚以爭先・夢周公而忽絕・到遼西以何年・坐與臥而弗得・行且止而見纏・誰弗畏其煩擾・亦共忌其便儇・欲屛逐而使去・必須假乎香烟・

嗚呼噫嘻・爾獨何心・而至於斯・生也其陋・死也胡爲・出而視時之將闇・處而擇地之最卑・鑽物而物不自覺・毒人而人不及知・爾獨何心・而至於斯・天際冥鴻・雲中海

鶴・吾不敢復爲爾期・爾曷不化而爲螢・使人愛其閣上之光輝・爾曷不化而爲蜂・使人賞其花間之遊戲・爾曷不化而爲蜉蝣・使人惜其采采楚楚之衣裳・而乃陰賊險狠・食肉侵肌・爲余深惡而痛絕之也・豈不悲夫・

夏蛙篇

戊午夏夜・陳子采兪讀書於湛華園中・環池四岸・蛙鳴以百數・同余者或病其嘈雜已甚・而陳子端坐吟笑自如・比就枕・輒復酣寢達旦・若爲弗聞也者而忘之・或問之曰・子豈能矯情鎭物歟・何其心之不可亂也・陳子因指水礶而語之曰・試置虛器於淸池之中・則水汩汩然爲之注・而及其滿焉則已・是何也・實於中者外物固不能入也・今吾與子讀且臥・本靜也・雖有蛙鳴・亦動而未嘗動也・彼動者自動・吾不知其爲動也・靜者自靜・彼亦不得以撓吾之靜也・吾何容心哉・時有闇室而怯鬼者・聞而悟曰・嘻・治懼亦以此哉・陳子曰・由斯道也・庸獨自懼而已耶・

羅萬傑 字貞卿・揭陽人・崇禎甲戌進士・官行人・擢吏部主事・轉驗封司員外郎・甲申國變・福王立・徵拜都察院右副都御史・以馬阮用事不赴・國亡後・遁居豐順之藍田隆煙寨・已復逃於禪・居大埔西髻峯麓盤湖菴・卒年六十八・著有瞻六堂稿二卷・鄉人謚曰文節先生・

貞社序

今天下綦重朋友矣・顧友之爲道・以人合者也・君父兄・以天合者也・以天合者易以暱・以人合者易以暌・故從來聲氣之塲・可披而成・亦可靡而敗・非深心篤行之士・風雨雞鳴・肝膈相詔・烏能致攻錯之益而召和平之聽哉・傳曰・不信乎友・弗獲乎上・精神者・拜獻之羔鴈也・積精斂神以答筐篚之求者・比肩事主之所願也・援桴以鼓・不若萬竅之怒號也・桔槔以溉・不若衆樹之治標也・精神動於下・則泰交見於上・天人參半焉・

古之人稱善交者不一・有以異爲同者・如范文正之於尹師魯是也・有以嚴爲寬者・如諸葛武侯之於法孝直是也・有以疏爲密者・如劉元城之於司馬温公是也・有以糾爲薦者・如歐陽文忠之於包孝肅是也・總之・先國家而後身名・急公義而緩私交・其趨一也・其或立意見・矜氣魄・爭門戶・護局面・始焉齟齬於同人・究且貽憂於君父・不亦羞朝廷而見誚於冥行獨往之夫耶・

邑中孝廉某諸君訂會・以貞爲名・問序於予・惟貞之義・居乾德之終・於四時爲冬・於五行爲土・於五常爲信・信也者・論交善物也・諸君異日或籍金閨・或膺民社・階地既殊・事勢亦必要以始終不渝・顯晦靡忒・切磋觀型・期收獲上信友之效・庶無負於命名之意云爾・

李　梗 字其樾・程鄉人・士淳子・崇禎己卯舉人・嗜古好學・書法直逼鍾王・甲申聞變・痛哭狂走・其後士淳生還・抗節不仕・梗亦與張琚等四人偕隱・刻有溪聲堂帖・著有函秘齋詩文集・

遙峯閣集序

吾今學詩・而愈知其難矣・間嘗論之・文可以竟吾辭以

達吾意。詩不可以竟吾辭而達吾意。文不限於韻。而詩必限於韻。韻所不在。雖有妙語。直當割置。決不敢有牽扯彌縫之事。文可以單行。詩必取配宜。不得其配。遂有默默十年爲難焉。展轉反側。若文王之思得后妃也。然二者非奇才不可。非深情至性。實有鬱於中而勃於外不可。非好學深思。遲歲月以深機感不可。

三不得之說。余得之積水黃子焉。黃子當世奇男子。夙胎於情。長於俠。幼失怙恃。傷於怨。彷徉於山川。而又久於窮。故其爲詩。必奇無陳。必高無下。必永無近。必曠無狹。然凡其怪怪元元望而難即者。一皆準於人情物理事勢以爲之端。而絕遠夫堅白同異浮游之說。特其寄託深長。筆墨幽鬱者。山水之遠觀。借天空以相際。葱蒼淡漠之色。浮山水上耳。陳仲謀先生詩。其氣格似韓愈。感慨似杜甫。信非虛也。閒嘗聞之。同人讀黃子詩。未有不掩卷拍案。欲急趨其人者。吾鄉昔惟張曲江使人如此。孫仲衍未能也。黃子別業之門。有天外數峯。黃子以名其閣。余取以名其集。噫。當世有黃子者。其天外數峯哉。

黃鶴仙　字友松。一字鍊菴。其先福建人。萬曆間占籍番禺。崇禎庚辰進士。初授豐城令。歷官至雲南道御史。廣州破。妻盧爲亂軍所脅。大罵曰。吾命婦豈受辱耶。遂投水死。國亡後。自稱柱下遺史。同里潘梅元作廣州鄉賢傳。鶴仙序之曰。士君子生於世。得志則殊勛偉績。不得志則氣節文章。所趨不同。原其心皆欲不朽。蓋自寓也。所著有東園草堂稿。

廣州鄉賢傳序

士君子生於世。得志則殊勛偉績。不得志則氣節文章。所趨不同。原其心皆欲不朽。然非得後賢序述。生徒赫赫。死後汶汶。豈不遺恨千載。是編裒輯最詳。考綜最核。義例一本辭餘先生手定。昔司馬談欲修史記。子長克紹前徽。班彪草搬漢書。孟堅遂成先烈。潘氏父子。名山事業。已見一班云。

李際明　字伯章。順德人。昴英十四世孫。崇禎庚辰進士。官建德令。杜絕苞苴饋鍰。悉歸公庫。不自私。累遷吏部禮部郎中。浙江道御史。國變後不復仕。有風操堂集十六卷。阮志注存。廣東詩粹際明有樵懷集。未見。

宋輅院大夫澗泉李公墓誌銘

公諱守道。字尚翁。號澗泉。宋龍圖閣待制。尚書。諡忠簡諱昴英公次子。母番禺開國夫人陳氏。公生宋理宗紹定二年己丑十一月十九日寅時。歷官文林郎輅院大夫。賜紫金魚袋。咸淳四年戊辰赴任福州。途次惠州海豐縣。三月二十四日。卒於縣北新街。年四十。娶宋丞相崔與之公長女。生宋紹定四年辛卯五月初一日寅時。終宋寶祐二年甲寅七月初九日。年二十四。無出。與公同穴廣城小北門外上塘村拜郊臺。南巽巳向。續娶東莞縣顧氏。生宋端平乙未年四月二十四日子時。終元至元二十五年壬辰五月初二日子時。年五十八。別葬鹿步都魚珠相對岡。未坤向。子一。光文。爲碧江龍津沙灣之祖。歷宋元季世。疊遭兵燹。封樹傾頹。景泰四年癸酉仲冬八日。裔孫彌昱晟等重修立石。自景泰至今康熙壬子・歷年二百二十五・復遭兵燹・封樹全毀・蕩爲平壤・際明等目擊傾頹・瞻掃悽惻・謹按家乘所紀・重勒貞珉・庶春秋雨露知所自始・無蹈不孝・謹誌而銘之・銘曰・

拜郊之南・峯廻路轉・曲水環流・平原廣衍・雉堞連雲・康衢過輦・藏玉千秋・永綏福戩・

賜進士第・奉政大夫・吏部驗封清吏司郎中・加一級・前禮部祠祭清吏司員外郎中・浙江道御史・南直隸池洲府建德縣知縣・欽取考選・十三世孫際明百拜誌・

謹按番禺縣續志・澗泉李公墓在小北門外下塘村・今名獅帶岡・舊志引黃通志・城北有南漢郊臺・殆即其遺址・石凡二方・一嵌墓左・一嵌墓右・墓右者專爲堪輿家之說・墓左一石・所載仕履未詳・事蹟別無所見・惟李志選舉表・李守道以父蔭官輅院・與此誌合・攷忠簡公文溪集卷十六・送次兒解試詩・有吾家積慶爲心印之句・所謂吾家積慶・當指蔭子言・宋史選舉志・補蔭之制・龍圖閣待制子寺監主簿・職官志・大僕寺有主簿・有車輅院・掌乘輿法物・隸屬於寺・疑是大僕寺主簿司車輅院・誌文未明晰・又脫車字耳・朱志・文林郎從九品・上朝官遇恩加大夫・十周年賜紫金魚袋・此足資攷史之助・赴任福州・未敍明何官・而赴閩道經海豐・則程途適合・忠簡公以寶祐二年薨・守道歿於咸淳四年・相距十一年・忠簡爲崔清獻門人・復申之以婚姻・文溪集卷首・有十四世孫際明重刻集序・篇末結銜・與此誌同・惟無欽取考選四字・

鍾丁先

字後覺・永安人・少有神童之目・崇禎壬午・夏公允彝主廣東鄉試・舉第一・北上會試遇流寇・不果行・甲申京師陷・聞變痛哭・破家起義・集民兵數千人・屯於永安之凹山・爲恢復計・永曆時・授監軍道・遷廣東按察副使・桂王奔廣西・號令不及・丁先知事不可爲・乃散其軍・削髮爲僧・號懺雲・永安令王孫蘭・副總黃應傑・及平靖二藩皆以書招之・堅不出・所答書大義凜然・尋卒於藍塘之彼岸菴・著有四書明微・鍾義士文集・並存・

答耿尚二王書 鍾義士文集

原任監軍道廣東按察使司副使鍾丁先・爲遵王諭歸農事・先登雋於崇禎・授官於永曆・正也・義也・永歷一年・擢福建監軍道・二年陞參議・三年陞今職・與汀州賀總兵戰數月・與惠州黃總兵相持兩載・與班固山連總兵郭總兵向牛錄白牛錄各戰數十合・此皆先之往事・不容掩也・今者西粵之報梗絕・明主號令不及・所欠古人只一死耳・倘邀浩蕩之仁・容梗化頑民・採首陽之蕨而養親・則生死而骨肉矣・今日之人心・即將來之風俗・若以先爲有罪・必肆誅求・則清有天下・亦不必明倫講學型忠範孝矣・先未出山・三代祖骸被戮・千里入覲・先斷有所不敢・伏願王仁廣大・澤及頑民・俾安耕鑿・則受賜靡涯矣・不勝惶悚感激之至・

答黃副總應傑書 鍾義士文集

不肖丁先亦知興廢之事・何代無之・但人心風俗自不同耳・不肖今日有三誤焉・一誤投人胎知覺運動之靈・二誤生中國衣冠文物之鄉・三誤讀聖賢忠孝廉節之書・故登雋於崇禎・受官於永曆・正也・義也・事君如事親・一日君在・一

日之臣節宜貞．古人皆於如是．非不肖有獨畸也．

邇來西粵之報無傳．明主號令不及．不肖孤掌難覓趙氏之肉．不得不退逸山林以待罪．求首陽之薇以承歡．終爲乾坤廢置之人矣．前具一書．求遂林間之願．又蒙兩藩齎諭．召取入覲．嗟乎．乾坤廢置之人．盲聾於世足矣．入覲何求乎．此不肖今日之志也．適承翰教云．忠義之心．人孰無之．不肖佩服無斁．台臺生長邊陲．捧清命而入粵．矢節於朝．始終不渝．此忠此義．亦猶之不肖也．更承高誼．欲爲不肖破格薦剡．台臺之慮又過矣．國家何代無逸民處士．養成其志．俾忠義勿墜於兩間．則恩德更深於再造矣．區區薦剡．何足道哉．

再答黃副總應傑書　鍾義士文集

不肖丁先讀書時．已以綱常名教爲己任．而死生利害富貴榮辱關頭．已徹底看破矣．憂國恤而遭家難．事無有濟．禍及二祖．披髮佯狂．不復知有人間事矣．奚暇言忠義哉．緬維享國長久之朝．未有不崇奬前代之忠孝．以培植昭代之人心．如今日玉步已改．衆皆披靡．樂從其易．不肖殫心力而爲之．獨當其難．於宇宙綱常．亦云無愧．台臺久任斯土．人心風俗．尤所稔知．若不肖亦惠陽顧影無儔者．故不以譴責相加．又欲不肖全天倫之樂．此亦爲綱常大義起見．非私庇也．但不肖處此．益萬難矣．死無顏而見先祖．生無顏而見雙親．不忠不孝．徒自悲悼．已解兵士而了未了之業．則芒鞋竹杖．行李一肩．望白雲而往還已耳．台臺留心俯垂．則蔣產之在歸善永安爲豪右所侵者．給還供膳．則不肖之缺憾．台臺補之矣．必欲不肖一面．則不忠不孝之人．何足爲台臺軒輊．嗣後若問不肖行縱．已在先朝賣卜行中．謹復．

答李副將榮華書　鍾義士文集

昔周武出師．夷齊扣馬．左右欲兵之．太公獨以爲義士．扶去．隱首陽山．及定鼎後．殷民不服．周公獨以爲頑民．遷之下都．蓋義士頑民．前代之人心．釀之即後代之風俗．故當時不以爲罪．後世讀史者往往羨美．匪今斯今也．不肖生逢末造．不敢自附於義士．亦願厠身於頑民之列．

昔我太祖高皇帝却獻元俘．有曰．我祖宗曾享元朝之福．今不肖祖宗享明朝二百餘年之福．深仁厚澤．莫有隆焉．不肖傾家起義．欲挽既逝之波．豈曰不智．以一身報祖宗之蔭．天理所宜．所愧者獨霜鬢在堂．欠一死耳．承教具述雅誼．但以成敗之說相勉．尚疑未鑒鄙衷也．昔者諸葛武侯前後兩表耳．胡學士一疏耳．駱主簿一檄耳．何曾濟得甚事．而宇宙綱常實繫而不墜．不肖今日之不濟．亦求無愧於前賢往哲已耳．何必以功名中論成敗事哉．所幸雙親既託於胞弟．則芒鞋竹杖．行李一肩．白雲往還．任意所之．誰復索不肖於鮑魚之肆耶．

答劉遊府書　鍾義士文集

不肖丁先曲學拘儒．硜執忠義爲古今美事．故不問時勢．不論成敗．竭蹶以圖．只成己癖．非如古人愧天下後世之懷二心者．近遵王命．散兵歸農．則大勢所歸．非一二人所敢梗也・不肖爲忠義而不足・不得不求隱逸以爲高矣・辱承翰教・具道雅懷・海內聲氣・自是同調・其如仕隱天涯之隔何・僻鄉薄俗・白晝黎邱・千祈搢紳・剗奸剔蠹・使閭里弱肉免遭强食・則方外野人拜賜靡涯矣・

答永安令王孫蘭書　鍾義士文集

竊聞事關名教・仁人君子所必爭・義切綱常・忠臣義士所欲爲・故帝秦亦時事・仲連未嘗見譏於青史・周粟豈不仁・夷齊自是爭光於日月・今人自愧於古人・古人何欺於今人也・不肖丁先蹇逢運末・誤讀聖書・學古人而不成・爲今人而不足・以國恤爲家難・數年來心力交瘁・茹苦如飴・亦臣子之微忠小義也・台臺受新政・治舊民・得時而行・所學與不肖悲歡事不同也・近遵王命・散兵歸農・俾不肖隱處山林・亦不幸中之幸也・恭承翰教・具言道誼文章・但至今日・官民懸隔・仕隱又不同途・倘迓鴻慈・登桑梓於化日・則方外野人拜賜靡涯矣・曷勝翹企之至・

梁朝鍾　字未央・號車匿・番禺人・崇禎壬午舉人・紹武時・官國子監祭酒・丙戌城陷・殉難・桂王贈禮部尚書・謚文貞・朝鍾博學・倜儻好奇計・有大志・文豪逸如其人・著有喩園集・存・

夏闍如上書羣議序

地利難言也・記鍾初入宛雒・門人汪參將瑞楨逆余於宜城・宜城即鄢陵・晉楚治兵地・瑞楨使江黃滇西黔南諸武士・效進退刺擊於鍾馬前・因語余云・古兵法云失傳・進退虛實道盡矣・今兩軍交爭・只問地道相勝負・人心堅瑕因之・顧語同官周都督云・吾夫子弱不勝衣・然每策兵家信絀多奇中・使人輒思賈誼・余因問鄕年子戍濠泗江北諸寇・繞霍六出者・必逸於司空原桑落洲・我師無能成毆除・何也・楨云・治兵必測孔道・今重兵不舍鍾離一步・壽春坦乳待寇哺爾・賊何得復集乎・噫・瑞楨知兵者・更一年・除副大將軍・戰譙邑・以身殉之・鍾每揮涙・而遭喪亂以來・絕口不言天下事・

曲阿夏闍如就鍾語・出懷中所刻諸議示余・余異焉・今索一感憤時事者・不復難也・闍如久歘中外・孔道著晰・宜其動中機勝・莫有尼圉・中州豪傑如君者・正自難得・余因問闍如・今天下所謂據項背者・不宜輕言・若止就膀腋間商步伐・何異撲鼠穴中・人心思朝廷甚矣・顧無人向勝善中引腕聯臂而辨疆宇・坐使後世英雄笑人・闍如勉旃・南交小康・且勿便安・勉事贊贊・使余得頤臥百尺樓上・吾豈不重念闍如乎・因念舊懷・聊述引愾云・

燬書櫥記

憶萬曆己未春初・大姨母予余錢二百八十・扱一燬書櫥・中可容兩漢書耳・下爲匾攫・可藏險麋十片・鼠鬚三四種・扱木匠爲仕周・年逾七十・引墨定笱・錙銖不爽・喜談舊事・每嚮余與表弟霍階生云・猶及以藝事先少參公・先少參額廣・結髯過乳・眞貴人也・省中即某宦良・今孫子式肖・若某某者・雖盛一時・後當衰・願郎君勿學・匠人中竟

有達義者如此·余幼年無錢·輒需之大姨母·此外衣食我無算矣·猶記戊午冬·䋣病幾不起·大姨母三子·先敬孺人止余一人·姨母中夕露泣曰·人必不可更死·請以余二子易一甥·先敬孺人聞之·心益腐·明年春·病尙未霍然·元夕前·思一豆花色布袍·問敬孺人·孺人不忍云·難方敫措·閒·遲兩夕·大姨母一媪至·云畀余物·余驚喜·急解襆中·果有豆色袍一領·喜欲雪涕·今大姨母下世越十年矣·崇禎庚午深冬·余乃用錢若干·著漆著銅較𥿄櫥上·始可頓書籍·勒此志不忘也·

太子太保禮部尙書文恪韓公神道碑

今上八年五月日·講官禮部尙書兼翰林院學士·協理詹事府事敎習館員韓子緒仲卒于官·其同官林季翀以聞·上爲震悼·俾禮部議卹典·宜從優·所部稱例上請·卒得賜祭葬易名有如禮·嗚呼·韓緒仲墓草宿矣·不佞某昔在公車·緒仲已入讀書中秘·于時鄂社喁喁·雷同相應·不佞與大宗伯李文襄·於緒仲稱忘勢交·乃癸丑伯襄入·己未不佞入·不佞遨然無文·雖使奩險麋如·屬櫜鞬·寧止辟緒仲三舍·厥後或出或處·聲氣孔嘉·雨澤互資·即無逾于進取·始而緒仲施必先·誼必陳·太和披諸同人·願忠掖于吾黨·不佞頡頏兩彥·似鼎三足·苟綜中道而論·媲我于緒仲·則熸火之麗重明·猶弗止也　洎癸酉·不佞官政府·緒仲適以禮部尙書充實錄總裁來京師·明年開館·緒仲以湛密心行健·挺筆矢諸凡[illegible]·稱言行本諸惇大昌明·要以表揚祖修·垂裕嗣聖·抆攡之間·會歸于敬天匡民·其所以播馨翰墨·溥利乎典章者·鼛云極矣·

緒仲生平大槩·詹積于忠順孝友·昔爲先刺史當戶·侍官于廣陵湘沅之間·綜畫民事·妙傳廉吏·心刺史觶庭·更獲良友·就養無方·宵瘖罔變·歌樂只以懷明發者·緒仲曰能·刺史棄官歸里·門外家秉·緒仲執之·其誨仲季也·刺史故嚴·時佐之·易稱淵思于蓮文型履者·使人人見賢父兄之心則幾矣·緒仲駢愛于兩弟也·仲季之子鼒·猶之子·仲季之能夷其淸·平其惠·神明之通使·緒仲不獨爲君子·此人所難·而已戛乎易言之·噫·微獨仲季·緒仲殖護쀏翼人才·雖使九州之廣·四天下荒·推其樂善與安之志·殆羣動皆視若昆弟者也·

其立朝大節·莫著于天啓之季·當逆璫盜柄·欲致緒仲·緒仲冷然應之·璫憾焉·欲中緒仲·會善緒仲者誠之曰·一去即深其懟矣·若即長林闃𡨴·顧無所逃於天地間·今惟有乞官于南·遠壬弗惡以嚴·庶幾無以爲疚·今世所傳緒仲官南禮部時·璫孽遲一見于媚人之祠·緒仲不可·則或拉之·遂絕馭而去·其稱韓子迴車·斯善持節履者也·

緒仲逮事主上·以聰明睿智神聖文武·藉令家陶禹而戶陟扈·有臣若此·罔能益厥錙銖·而緒仲昌明·于人才攸係·主心孔彰之·猶導諸講幄·厥注思于謦欬動止者·奚翅以厥后爲天地神明焉·太上格心·吾于緒仲無間言矣·藉令假之天年·壽平格·化醇庶績·緒仲之量·豈孫碩膚學半者哉·云何呼吸怛化·箕尾及之·宮府內外·驟棄股肱之良·世之所謂大哀也·若董董謂緒仲曲施仁于鄉黨宗族·義田有

加・鄉塾有表・所以興利者渥・遠害者默・惠敷于人・不樂尸其名・教贏于後・底克稱厥實・以此扢緒仲之德・恐無能加于不佞所舉忠順孝友之上・矧在國史有紀・墓門有誌・家有狀・壙有碑・不佞之表能其大者・謂得厥大者・則其他可麗以傳也・語云・修德必報・今緒仲有子・其超然以遊者・儼然蛻于利聲榮辱之外・其繩緒仲之燕者・咸願得其先人之絲綸而繹紬之・仲子已屆其緒矣・不佞少綜先躅・未陳後武・猶之表其大者・夫不佞與緒仲・腆重于初終之交・猶欲爲古人之言也・

謝元忭 字梁也・澄海人・崇禎癸未進士・未授職・假歸・唐王監國・赴行在上朋黨策・授兵科給事中・以忤鄭芝龍落職・桂王立・起原官・奉命募兵平遠・而桂王西奔不返・元汴遂僑居豐順・授徒養母・卒披緇入臺灣・不知所終・著有雪山堂集・阮志注未見・馮氏潮州耆舊集選其文一卷・原名霜崖集・學使惠士奇嘗得其稿・與梁朝鍾胡方幷刻爲三家文選・

時事六太息疏

爲時事可爲太息者六・臣不勝瘋憂・訴天無路・罄竭愚忠・披陳於聖明之前・而一一竟其說・死且不朽・伏惟鑒採・

一曰祖宗之名器宜惜・十年樹木・百年樹人・四海九州之大・不患無才・才人之少・正以不勝不才人之多・非常之才・甯爲山澤之癯・老死於巖穴之中・非明主不見・非明主三徵五就不見・諸葛武侯之抱膝隆中・劉基之把杯睨喬雲是也・陛下朝進一人・援其尤・暮進一人・拔其尤・奇才英杰・慮無不畢入網羅・臣竊以爲不然也・諸賢所收・盡皆社師傖父之流・召對所用・半是駔儈賈豎之輩・屠沽市兒・金紫比肩・破爛頭巾・冠蓋接踵・語曰・見烏六雙・于王何取・輔臣黃道周有曰・絕餌而去・决非鰌魚・戀棧而來・决非良馬・乾坤何等時乎・而濫觴至此・不肖登庸・及今不持八柄之馭・以杜僥倖之門・則高賢裹足・異時誰作招隱之章・以振潛鱗之翮・此時事之大可憂者一・臣不勝太息・

一曰有用之精神宜節・天下鼎沸・中原喪亂・臣非欲陛下寶神嗇精・棲心幽元・如外道之流・清淨無爲之說也・遠來之奏章・累牘連篇・所以爚亂聰明者誠多・伏闕之儒生・簧口莠舌・所以熒惑心志者亦不少・今六龍之專閫無人・三軍之脫巾可慮・其爲仗策從王者・則宜召其人而咨其方畧・試其膽識・何道用正・何道用奇・前茅後勁之本謀・其爲居中策應者・則宜按其道而相其扼塞・布其要害・何處用壯・何處用老・以商未雨徹桑之至計・更合戰守之大勢而論之・用兵若干・需餉若干・足供兵之食・而兵無糜餉之費・乾坤何等時乎・豈謂條陳批答可以了恢復之局乎・臣竊以爲不然也・語曰・東南其戶・風雨不處・賈生曰・不獵猛獸而獵田彘・不搏反寇而搏畜兔・此時事之大可憂者二・臣不勝太息・

一曰除授之參核宜嚴・陛下今日簡一樞部・明日陞一督撫・又明日賜一玉蟒・又明日選一翰林・又明日擢一臺省・豈謂待人以不次之爵賞・用人以不測之機權・遂足以顛倒天下之英雄豪傑乎・臣竊以爲不然也・曩日之門戶分途者・今則扃鑰愈固・曩日之情面圓熟者・今則營競彌工・曩日之暮

夜投金者・今則倚市門而招搖・懸秤賣官・借刀報怨・苟可以隻手遮天・而衾影奚恤獨慚・苟可以設穽驅人・而淸夜無妨不問・語曰・剷株掘根・無與禍鄰・禍廼不存・易曰・履堅冰霜至・夫兩京之覆轍・已見于前事矣・乾坤何等時乎・而莫之深省・此時事之大可憂者三・臣不勝太息・

一曰四方之義旅宜援・天下一往不可禦者氣也・氣易作・亦易衰・一去不可收者人心也・人心易合亦易散・夫以效死勿去之徽州・一旦委土地以予人・喪尸成之我軍・敵人未嘗日夜忘徽・竟取徽而有之・豈遂日夜忘八閩三山哉・吉安旋失旋得・盱江旋得旋失・豈果我力足制其命哉・臣竊以爲不然也・得其地不足守・得其人不足用・空城而去・捆載而歸・爲將欲取之必固予之之術耳・乃恢復斬獲之書日上・未聞長驅而直擣・徽郡失守・始羣而言某嶺當設兵・某隘當遣將・我之無成算可知也・今諸路義兵望王師之至・若大旱之雲霓・當聖安正位之始・山東河南之豪傑・□□□□・日日報聞・何以四鎭之兵・逍遙河上・聽其飛渡而下建康・曾不折一鏃之費也・諸曰需者事之職也・同官臣姜應申曰・冬深則敵氣老而恐其勁・時深則義兵老而恐其衰・思深則人心老而恐其渙・乾坤何等時乎・唐臣李翺曰・祖宗以一成一旅・取中原如反掌・及其子孫・不能以天下取河北・以三道大兵・不能全一徽郡・遑言恢勦哉・臣竊爲痛之惜之・此時事之大可憂者四・臣不勝太息・

一曰臣工之奉行宜速・軍興旁午・羽檄飛馳・疾若發機・迅若驚飈・非粉飾太平之日也・手勅千言・幾見下令于流水・細書十行・徒嘆後來之積薪・會議祇覩爲具文・部覆竟東之高閣・豈條例之未晰・抑案牘之充陳・臣竊以爲不然也・火已燃膚・尙言好官之得錢・勢已剝床・惟營狡兎之三窟・舉從前之金貂寶玩・以充死賊之瓊林大盈・而恬不知怪・並此日之齊姜宋女・盡以供敵人之毳帳鬬幙・而瘼不知恥・士大夫之崎嶇險阻・攀鱗附翼・邀一命之榮・苟無姻婭之舊・書十上而十不意・皇上之招弓取士・設餌待賢・冀弋從龍之彥・苟非奧援之廣・旨三下若罔聞・乾坤何等時乎・語曰・餓飯不及壺食・又曰・日中不彗・是謂失時・操刀不割・失利之期・此時事之大可憂者五・臣不勝太息・

一曰文武之志氣宜厲・高祖血戰二十餘載・驅逐胡元・平一區宇・列祖相仍・深仁厚澤・俱留人心・今二京雖化爲異域・而海上一二熊羆之士・與夫不二心之臣尙在・糾合勁旅・收拾殘疆・以圖光復・英人偉流・埋光草澤・蘊義懷忠・嚮應雲興・每談及國家之事・拔劍斫案・投袂而起・火吐於鼻・眼迸於頂・尙有其人・即山林隱逸之賢・舉日蕭條・凄愴風景・楚囚對泣・亦慨然有中流擊楫・攬轡澄淸之志・而寮寀之間・惟高圍棋賭墅之風・曾無枕戈待旦之意・嗟乎・請看今日之域中・竟是誰家之天下・詩曰・無然泄泄・無然憲憲・語曰・涓涓不塞・將成江河・兩葉不去・將尋斧柯・論者咸謂皇上偏安閩粤・而坐視江左之士女□□□□・臣竊以爲不然也・勾踐困於會稽・一箕帚・一槃匜・身請臣・妻請妾・罷憊以極・大夫種范蠡輩送于江上・臨祖道・不勝悲哀而感傷也・致祝之辭・一則曰・皇天祐助・前沈後揚・一則曰・君臣生離・感動上皇・上下之間・卑飛戢翼・目憫心動・卒以沼吳・乾坤何等時乎・敵不忘我・我反

忘敵・人事不修・而單靠天意二字・臣期期知其不可也・此時事之大可憂者六・臣不勝太息・

凡六者・皆臣嘔丹傾葵・不敢一字欺隱・至戰守急着・以戰而言之・莫如遣一吳臣・聯合茅山泖湖之舟師・密約陰布・以舳艫三百艘・從海上破浪・竟趨金陵・以斷其後・蓋敵之長技利於馬・而不利於舟・閩之長技善於水・而不善於陸・當今而求上陷人胸・下砍馬足・一夫大呼・萬人辟易・晨星落落・若鼓馮夷洪濤而直上・視鯨鯢若休蝘蜓・以我之堅・攻彼之瑕・非水兵不可・臣曾疏及之・不憚稍伸前說・再爲皇上入告也・伏乞勅下部覆・以守而言之・杉關大兵・屯札關門・以壯虎豹在山之勢・至旁蹊仄徑・萬一彼路土人・從箐林蒙茸・啣枚疾走・拒貐於前・進狼於後・杉關之險・孰如陰平・諸將英果・孰如姜維・則軒木壍谷・以防衝突・亦要策也・伏乞勅下部覆・臣無任激切待命之至・

官方冗濫已極疏

奏爲官方冗濫已極・考選須核眞才・謹四議・伏乞皇上飭力以光新猷・以抑頽波事・今日稱最急且重・無如考選一事・因所急而市其所重・雖有曾史・不能不集菀茂以呈身矣・因所重而邀以所急・雖有憲宓・不能不托疾足於邪徑矣・皇上側席求賢・臣不敢私窺・士大夫大抵僞行多而眞品少・飾迹以干進者什九・而托疾以自修者十一・夫知人則哲・惟帝其難・能哲而惠・何憂乎驩兜・何遷乎有苗・何畏乎巧言令色孔壬・皇上遠法祖宗・以上符乎堯舜・無嘗人以急・而獲爵於倉卒・無委人以重・而漫擲於庸流・成憲不可盡拘・亦何至盡棄而置若弁髦哉・臣請以議爲皇上陳之・

一曰汰流品之雜・祖宗朝・右甲科而左舉貢・國初以監生辦事六科・秀才爲十五道御史・攷洪武六年・科舉已行而旋罷・至十七年・始定爲三場取士之制・元季之亂・人材散逸於山林・値草昧初開・制度未定・科舉停閣・度其所爲監生秀才者・皆言爲文章・行爲裘綴・其才行品望・與甲科埒・嗣是而降・當稍循資格矣・變亂以來・賢人凋落・進士晨星・部郎中尙有三四人・皆卓犖不羣・可備淸華之選・如謂郎官不在考選之列・而祖宗朝何楷非以員外而授給事乎・至孝廉之散在曹秩者・宜令六卿之長・就其所屬・確核才品・各遴數人・而中行之授職者・一體與考・非二科也・不在此典・庶品流一淸・而濟濟多士・皆王國之楨矣・

一曰行久任之法・得一賢令・如得勝兵三千人・兵荒連年・民生凋敝・兼以南北流寓・多有不肖竄處其中・希得一官・如虎如狼・敲脂剥體・無所不至・臣之耳目所及・循良卓異・未見其人・彼其出身既非科目・苟且旦夕・岌岌焉有恐不終日之意・甚有目不識丁・一切薄書細碎倩人捉刀・依倚胥吏・狼狽爲奸・而魚宏之四盡・周處之三惡・比比皆然・我皇明全盛之天下・一敗於賊・再敗於敵・驅民以爲賊・迫民以從敵者・皆朘民以逞之虐吏耳・舊制惟知四年四月方準考選・今雖不能盡拘往例・而三年奏績・獨不可待乎・若夫不給由・不考滿・何從知其賢否・而截俸行取・更可不必・當此哀鴻嗷嗷之際・得一慈惠之師・正當留之地方・以爲借寇之用・而皆躋之淸班・則將俾貪墨不肖者蘊崇以爲民害乎・

一日重臨軒之典・舊制試四書義一篇・兼論策一道・天子臨軒賜題・至思文帝始獨用答策・臣同考十三人・皆荷親賜答問・至漏下方進宮・一時驚傳以爲異數・今當略倣先朝故事・單試書義・庶黎邱之子・不得以掇拾見長・皇上仍臨軒以重其事・諭令閣臣・專取文字而參以官評・蓋自寡識者進利口捷給之徒・而薄沉斷靜重之姿・不知士無實學・則吏治不端・吏治不端・則立朝必無直亮之節・鮑宣云・朝廷無有骨鯁大儒魁壘之士・論義通古今・憂國如飢渴者・臣未見也・故當其無事・則語中機宜・言猶河漢・及朝廷有大安危・大得失・則引經據古・獨排羣議・觸大子綱・突佞臣牙・遂無一人・夫利口之覆邦家・聖賢所患・自古剛方正直之士・多風骨凝遠・器識深堅・刋華歸實・嶽立山峙・而傾險僉邪之夫・豈不談驚四座・論折千夫・誤以才辨用之・勢必樹黨沽名・躭榮媒利・枝牽蔓引・沮抑善類・以成苞蘖之固・而社稷危亡之禍隨之・夫學有源本者・其文必無枝葉・惟在賢宰之知言知人而已・

一日復訪單之舊・吏部將應考者開列一單・自四品京堂以上・及臺省諸臣・概行分送・廣取聞見・以折衷衆論・舊制也・自營競之途啓・而奧援之竇開・其爲載寶入朝廷・定價留官・今干戈滿地・妖氛未靖・即金穴何藏・兔窟安營・至愚者諒不昧昧・豈無依草附木之妖・占風望氣之儔・向火掃門・炙手即熱・流於淫朋比德而不覺者乎・嚴氣正性・踽踽涼涼・不見可親・不見可疎者・必君子之人也・色厲內荏・患得患失・衒才露己・呢訾喔咿者・必小人之人也・爲君子者・必中立而寡援・爲小人者・必擅柔而善附和・知人者以目正耳・不知人者以耳敗目・使人人皆從君國起見・不以私意愛憎・則高賢無戚戚之嘆・下品鮮赫赫之光矣・凡臣所論・深中時忌・自知爲邪曲所不容・魏元忠云・臣猶鹿也・獵者苟須臣肉爲之羹耳・然苟可以利國家・廣忠益・雖死不避・惟陛下勑部一一議行・開衆正之路・而塞羣枉之門・幸甚・無任惶悚待命之至・

朋黨策

臣謹對・慨自兩都淪陷以來・士大夫靦顏賊庭・稽首□・誰非祖宗三百年來休養之士子・而一旦頹喪若此・始終皆爲朋黨二字所誤・宜皇上推原喪衂之由・追恨禍變之故・而明問及此也・臣嘗讀史・上下古今治亂興亡之際・有以宦官亡國者・有以女主亡國者・有以藩鎭亡國者・有以權奸亡國者・而無如朋黨誤人國家之深・其害大而爲禍烈也・其實宦官女主藩鎭權奸・種種諸毒・皆因朋黨而生・而其所以致宦官女主藩鎭權奸之亡國者・皆朋黨之人・角門立戶・結成局面・牢不可破・而有以積漸使然也・

以揚雄之宏才碩學・而不免以劇秦美新遺譏千古者・夫杜欽谷永・以機數小學文飾經術・宏恭石顯・以內豎寺人參預朝政・與乎四十八萬功德之頌・上書諛禱・而頓忘漢世之舊德・益由西京之季・外戚椒親・權傾人主・驕奢已極・僭上亡等・遂移漢祚於不覺也・永建而後・士皆矜尚氣節・然未免有純盜虛聲之誚・未至望若神明・既用隨事俯仰・至鉤黨之令下・父勉其事・母懽其義・門生故舊爭爲納命而不恤・徒自揚名聲於天下後世・究何益于漢業之興衰漢祚之存亡

哉・不過使千百代下・景其芳烈遺躅・爲感慨興悲・不勝廢卷而三嘆耳・

三代以下・惟恐不好名・亦未爲定論也・夫士生于三代之下・上事明聖之主・下有同心之朋・皇路清夷・則憂盛危明・夙夜匪懈・運世崩剝・則支柱砥軸・保殘守缺・斯足尙耳・若區區矜一身之節義・雖振衣千仞之岡・濯足萬里之流・昔慚箕潁・今愧孤竹・國家一旦有緩急・亦安得若人而用之哉・

唐自安史毒螫・靈武旋軫之後・人主之權・漸在藩鎭・維州一議・德裕與僧孺將相不和・遂使山西八國・化爲塵沙榛莽之鄕・則大亂唐國者・不在河北代朔諸雄・而在唐之諸臣內外齟齬・以致唐之天下分裂而爲五代也明矣・後讀唐史者・未嘗不嘆息痛恨于牛李也・

及宋末王安石司馬光蘇軾程頤輩・漸起元黃之戰・遂生水火之爭・始有洛黨蜀黨朔黨之號・其始豈不以各持意見・成一國是・而一念之偏・遂有傾邪之小人・思爲附和其說・以趨承其意旨・今雖有正人君子在上・未必不喜人之同己・而惡人之不同己也・善乎歐陽修之言曰・惟君子以同道爲朋・而小人以同利爲朋・而今則大有不然也・

自奸璫亂政・一時東林數君子・其忠烈者・既已矢恨泉臺・而一二嚴氣正性者・亦膏肓烟霞・先帝在御・將媚璫諸人悉置諸法・而東林之廢錮者漸起柄用・此逆案所由定也・然媚璫諸臣・謂其貪利祿戀爵位則可・而謂其睥睨神器・攘竊天物・則未必或出於此也・究之東林之人・亦何嘗爲國家做一事・殺一敵・滅一賊哉・此亦一君子・彼亦一君子・一堂之上・鬨然如聚訟・如市上之醉人相搏・文臣愛錢・而債帥笥弁・入登岳韓之壇・武臣惜死・而驕兵蹇卒・坐糜人官之食・以至三百年金甌無缺之天下・淪于烽火・十七載憂勤惕厲之英主・斷送賊手・誰生厲階・皆始于一二大臣・招權納賄・背公植物・殊無忠君愛國之誠・而陰爲報忿酬怨之計・同己者進・異己者斥・一旦強敵猝臨・張皇失措・左支右吾・求所謂向時同舟之人・而杳如胡越・已不可問・斯時而欲浣心滌慮・伐毛洗髓・盡破異同之見・不立町畦之域・以挽國運于未頹・維人心于既去・啜其泣矣・嗟何及矣・雖寸此當事諸人之肉・不足以償亡國之罪也・

至若馬士英負乘致寇・所與同事者・不惟不顧國事之僨轅・而且不身家之可惜・跡其所行・一秦檜賈似道韓侂胄之流・春秋之亂臣賊子而已矣・不可言黨也・

及今而圖之・一則嚴苞苴・一則禁私交・一則飭廉恥・苞苴不嚴・則士大夫呈身氣燄之門・招搖華要之市・以白鏹之多寡・定人材之能否・則銓選之路宜清也・私交不禁・則公門之桃李太盛・藥囊之溲渤不擇・宵小僉壬・竄錯其中・駑駘與騏驥齊科・玞瑌與琅玕同價・則勳閣之薦剡宜愼也・廉恥不飭・則雖慚北山之移・而無如其門前之車馬蕭蕭・迫人太甚・亦鄙終南之捷・而不勝其破甑之死灰寂寂・笑人難堪・忘一己之甚拙・羨他人之徒工・則仕紳之進止宜端也・凡此者・皆朋黨之所由生・而國事之所以壞也・

今陛下笥剗除積習・主臣同量・宮府一體・以佐成中興之業・勿謂一隅之勢蹶也・昔少康滅寒浞而續夏明堂之祀・興師不過一旅・光武破尋邑百萬・再造卯金之室・羸卒不滿

謝元忭

三千．豈必水犀十萬．控絃千騎．而後足以組仇敵頸之．成鞏固之勢哉．惟是君臣之間．孤厲志氣．大小師尹．同一心德．不爲穴中之鬥．而爲殿上之爭．職業修明則萬事理．將見戰則勝而守則固．攻則取而謀則克．業不定．功不成．而中興太平之治．不遠邁漢唐宋而上者．臣所未聞也．臣謹對．

至誠與天地同久論

今夫天下之物．自一而於千萬．未有知其窮且盡也．今於其中僅處一焉．斯數至不敵也．雖然．人之爲辭．名一而變無算者也．饑而思食．寒而思衣．灝然芚然人曰人也．吾亦曰人也．此亦天地之人．且天地之人．則自元黃未萌之始．與夫元黃旣冥以後．聖帝明王之所治．中國禮義之所服．異敏技能之所習．羣而始焉．羣而終焉．郇然歸于盡而已矣．雖天地無如之何也．故人而不爲天地之人則已．人而爲天地之人．則人而天地之．與天地而人之．人而天地之．是敢能自爲天地也．天地而人之．雖天地猶待治于人者也．夫人爲天地之所生．然天地一生人而後．則不能辭其數之或多而或寡．理之或贏而或絀．則天地亦有不足處矣．而天地何以謝過于人．然天地不懼也．以爲必有一人焉．出而救其所未足．窮無窮而極無極．苟非至誠．其能與之同久若斯乎．

雖然．天地之所以不甯其所者．則以其有兵形之氣亂之也．使顓頊無涿鹿之戰．歷山無羽淵之殛．則自毛血之世以至於今日．亦呿呿而臥．吁吁而遊也已耳．而藻火必不明．絺繡必不行．匏樽必不懸．籥管必不舉．天地至此時．必元冥如大荒之世．而不知是兵刑者．厲天地之設．而不足爲亂天地之物．其于瘳疾喻以瞑眩耳．後世之致疑于天地者．欽明之德．被于四表矣．而平陽太岳之治．猶有九年之水．此九年之中．按籍而稽．司徒之版．生齒戶口．果皆無恙乎．苗莠旣分．粃粟旣判矣．而景山河亳之際．猶有七年之旱此七年之中．徵需而問司農之帑．倉庾廂廩．果皆盈斥乎、天地至此時．又必元冥如太荒之世．而不知是水旱者．天地所設以譴告人君之物．而不足以攖清甯之色．而汨聖人之治者．猶之疾．傷在腠理耳．

今夫天之爲質清．地之爲質濁．自蒼碧以下．黃輿以上．人區所及．風氣所至．相去幾何．杳不知其幾道里也．人之所不及．則舉而上之于天．至于天之所不能爲者．地又不能爲．天與地俱不能爲．則大方大員之號．亦名而已矣．故天地者．物之大共名也．爲物之所大共．而物之所不至．謂之天地．物之所至．不謂之天地．則又從乎其大別者而名之．曷爲乎．大別人而人之．則天地之人．人而天地之．則人之天地．類自取類．名自取名．不大同不生．不大異又不生．故至誠者．又物之大別名也．爲其別于同羣之鳥獸也．爲其別于去之之庶民也．鳥獸者．水之不知．旱之不知．庶民者．兵之不惕．刑之不惕．而聖人者．不以爲水旱也．而以爲貌言之不修．肅乂之不作．不以爲兵刑也．而以爲夔慄之未誠．讓應之未治．在上與天地同其通．在下與天地同其窮．惟其故變．變故通．通故久．是天地所恃以救其所未足之人也．非猶饑而待食．寒而待衣．灝然芚然．人而人之人也．然則天地果無始乎．吾不得而知之也．生人果有終乎．吾不得而知之也．以天地之無所始．生人之有所終者．獨挈其數．使其不惑于多．而不能于寡．獨守其理．使其不失于贏．而不偏于詘．則其俯而視天下之物．皆旅而食．賤而夭者耳．有與之絜長短而較小大否耶．故曰．立天之道．曰陰與陽．立地之道．曰剛與柔．立人之道．曰仁與義．

霜崖制義自序

余足不踰跬步．名不出堂坳．恥修其顏面以向人．令人人稱一往癖腸．覺胸中如有怪疾．一語不自己出．若觸痛於心．以故一步之內．離者半．合者半．無已出而狂走．問天長嘯．拔劍起舞．胸所不平．借酒澆之．病生於酒．而文生於病．病生於文．哀衆芳之早夭．怵他人之我先．則曰．是以萬世易一朝也．綺語時來．凜負天刑．則取孫樵之論史以自銘曰．爲史官者明不顧刑罰．幽不畏鬼神．若梗避於其間．其書可燒也．路鬼揶揄．姍笑互逐．則取韓愈之與馮宿書以自慰曰．小稱意則人小怪之．大稱意則人大怪之．再戰再北．筆硯焚去．則取劉蛻之文冢以自戒曰．愼無朽爲芝菌．以怪人自媚．愼無萌爲蘭茝．以佩服見褻．

嗟乎．謝生之文具在．任其離半合半．而怪疾終在我胸中不忍去．是謝生之文．且不能自療．何以療人．苟欲療之．今天下之文．正病外腴中餒耳．土木其骸．綴以珠玉．被以繒帛．飾以粉靚．非不煒燁．一斷槎敗壞耳．羣天下鬚眉．化爲巾幗．文事日盛．武事日頓．誰階之厲．非言語乎．或曰．今天下肉氣多．骨氣少．人實不人．於文乎何罪．曰．人而文者．其文必孤亢．其人必抗浪．若曼修治容．折腰齲齒．以伺色笑爲工通．不得謂之文人．或曰．食熊則肥．食蛙則瘦．龍肉雖貴．不如過屠門而大嚼也．必如謝生之言．則曼修治容者．胡十九而合．而孤亢抗浪者．胡十九而不合也．且謝生之文具在．其文凡三變．三變而如其人．其人亦凡三變．三變而如其文．人與文離而合．合而離．咄嗟愁苦．十易寒暑於茲矣．而後稍一昂首伸眉．是謝生不能以天下之病．引爲參苓助．而顧取胸中所不平之怪疾．飲人狂藥．謝生且不能自療．何以療人．然則使天下去其十九不合．以就其十九而合者．可乎．則謝生早用其言．其昂首伸眉．不待三變而十易寒暑也．而謝生不願．謝生不出堂坳．足不踰武跬．不以文名者也．而世强欲文之．請與海內諸才人約．今天下才人雖多．要皆倚市門爲悅己容也．苟有畏我之狂藥．而思用其參苓者．請無觀謝生之文．

張家玉　字元子．號芷園．東莞人．崇禎癸未進士．選庶吉士．李自成陷京師．脅降不從．逃歸．尋赴南京．福王北狩．從唐王於福州．條陳恢復大計．進侍講兼給事中．監鄭彩軍．迭立奇功．授僉都御史．以文臣爲彩所扼．返粵之惠潮．招撫山寇．得數萬人．建武興營．糧盡不能戰．歎息曰．廉頗思用趙人．集吾東莞子弟．尙可爲也．桂王稱號．陳子壯陳邦彥起義．家玉與其師林洊謀．率主事韓如璜邑人陳文豹等舉兵爲應．鄉民從之．爭先赴敵．戰屢捷．相持數月．兵敗赴水死．大母陳母黎妻彭妹石寶皆死．桂王贈增城侯．諡文烈．著有名山集．今存．又有大易纂義．歷代帝王世說．未見．

敕諭工部尙書曾櫻都御史郭維經

朕觀江右爲半壁上游．名賢所萃．我太祖定金陵．奄有中原・則於是始也・爾江右山川苞蓄・以名節相尚・二卿又挺然卓有豎立・睹此板蕩・不投袂奮節・誦無衣小戒之章・非情矣・光武以布衣起於南陽・尚有馬援來於隴西・竇融至於天水・朕今間關倡義七閩・而江右豪傑未有至者・是讓隗之書・忠臣見之不酸鼻流涕・義士誦之不曠若發蒙也・曾卿於朕有外屬之親・郭維經爲權奸所挫・名聞中外・朕行大師・廓清江漢・若得二卿者播澤央咼・不足多也・亦如竇融抗厲威武・以應期會・勿徒於劉鈞奏書也・秋高氣清・將見爾以豁朕懷・有知己眷屬・幸備勉之・毋遠爾音・特諭・

敕諭九江總督袁繼咸贛州巡撫李永茂

爾繼咸清眞特達・江南之望也・永茂起於鄧州・爲南陽故人・而皆綱紀江楚・得士民心・此天所以資朕也・朕爲閩粵推戴・起義東南・必資江楚・猶人身之有右臂・屈伸是賴・必與常武而頌江漢・舍江楚奚以乎・爾繼咸之於寧南・猶車有轡・雖遭奔覆・尚可及收・寧南有子夢庚・生而汗血・朕不以踶齧棄此千里也・御史黃澍亦儁才・著績豐沛・朕何忍遺之・朕將光復舊物・惟求才是務・舍現在而搜草野・亦緊難矣・永茂慷慨開爽・爲朕縫合三省・以應六師・騎天下之脊・顧盼東西・如射隼高墉之上・朕於二賢・睢望殊深・好謀而成・戰則必克・非一日之力也・千里咫尺・幸體朕懷・二督撫官銜且如舊・以俟再叙・特諭・

出閩入粵謹陳利害三策疏

欽命總督武興營軍務・兼理糧餉・聯絡直浙・節制江西

招勦・敕賜銀印・捧持御節便宜行事・翰林院侍講・兼兵科給事中・加服俸一級臣張家玉謹奏・爲彩輦出閩宜賀・彩輦入粵宜審・謹陳利害三策・伏乞聖明嘉納事・臣聞天下形勢・關中爲上・荊襄次之・建康又次之・下此虔州一塊土・尚屬興王地也・闕邸報・得出閩入粵恢江之旨・一下望之・而忽傳有南幸羊城之說・識者懼矣・請以三策爲皇上借箸焉・

虔州左連三楚・右達八閩・後屏梅嶂・兩粵有挽輸恐後之區・前跨章江・亦有建瓴之勢・騎天下之脊而號召之・所謂大龍臨江・勇氣百倍・上策也・若暫駐雄州・可出江則度庾關下貢水・可入楚則繞韶郴出衡岳・進止由我・緩急由我・中策也・若入五羊・策斯下矣・

昔景德間・契丹寇澶淵・王欽若江南人・即勸幸金陵・陳堯叟閬州人・即勸幸成都・臣五羊人・計應出此・獨恐車駕日南・中原失望・則不如寇準之爲見卓也・高宗之南渡也・李綱宗澤岳飛等疊請還宮・而汪伯彥黃潛善輩力沮抑之・卒有明州之難・卒有溫州之難・宋之不競・率由東幸之失策也・夫以彼兩河無恙・三吳無恙・李綱等繇然以去就爭之・矧茲閩粵一隅・一失足而大事盡去・臣敢以默然不以生死諍哉・伏乞皇上依臣上策・獨斷行之・蓋虔城不減晉陽・萬元吉不減尹鐸・乞皇上必以爲歸・必以爲歸・臣雖死不恨也・臣家玉不勝激切待命之至・

乞破格收攬人才疏

欽命翰科臣張家玉顧之俊謹奏・爲破格收攬以資中興大業事・臣聞帝王之興・必有跳梁躍冶之輩爲之前驅・繇治之

亂・此輩爲罪之魁・繇亂之治・此輩爲功之首・亦在乎駕御之而已・唐用回紇・漢用尤來・大抵已事皆然・非今日始也・臣偶閱邸抄・見湖廣撫臣胤錫恭遇非尋常之主一疏・不覺拊膺歎曰・吾皇上中興・在此一舉矣・據撫臣稱・賊將李錦尙一功等・原係分守西北・傾慕眞主・悔罪投誠・轉戰千里・殺虜踰萬・能已見矣・撫臣單騎入營・貔虎之士不下數萬・吳楚秦晋・直欲以氣吞之・此眞百戰雄師・天留之以資陛下也・但原疏所謂破格加恩如侯伯等爵・見者未免疑之・臣獨以此彌服撫臣大畧也・

嘗讀史・漢王追項羽至固陵・諸侯期會不至・張良勸王・睢陽以北至穀城皆以王相國越・自陳以東傅海皆以與齊王信・梁楚九郡・一時分割殆盡・似以爲非計・然不如是・項藉不亡・誠以事機頃刻・自非可以常見測度也・今諸侯一時併侯・必有謂其野性難馴者・有謂其尾大不掉者・然使不少如臣請・必且發憤陸梁・掉臂而去・轉而復合于野・皇上度半楚力能辦虜復辦寇乎・借使能辦・亦須糜餉數萬・殺人數萬・血戰而僅克之・楚力已竭于西北・而皇上不得一兵之用矣・孰與不糜一餉・不殺一人・一紙詔書・坐收數萬精兵之用哉・難者必曰・督臣何騰蛟僅晋伯爵・而諸降將位列通侯・不便節制・不知官守戎索・原自不同・加恩進爵・須出不意・非僅恃文法拘牽可以得其死力也・使議論稍異・意氣稍沮・後日即以五等招之・豈爲我用哉・而何侯伯之足惜也・且使數萬賊衆・衝突橫噬・諸臣有能爲皇上勦而定之・雖欲不侯得乎・進則焦頭爛額・而退則曲突徙薪・臣未見其可耳・伏乞皇上念事功難成・機會不再・大破庸常之見・速下招撫之請・令胤錫即監其軍・乘彼銳氣・會師金陵・而我復整舟師・浮海溯江以邀之・彼將自潰・孝陵可計日而見也・臣家玉之俟不勝激切待命之至・

答佟養甲書

恭惟明公麾下・偉男子也・提孤軍下江南・驅使英雄・網羅賢達・望豐采者・知爲伯顏希憲一輩・劉志呂錢夔諸傑所非敢望萬一也・邇者明公應手奏功之會・正玉撒手辦節之時・成也千古賢・敗也千古賢・我兩賢固未嘗相厄也・不圖仇謗四興・飛殃駕禍・誣我起義之事・成我殺身之名・遂致投杼・欲執而誅戮之・抑何三致告之毒也・明公銜命入粵・但能卓立殊勳・如張將軍弘範故事・稱威烈矣・而乃勞勞爲某報仇・高明者固如是耶・捧誦瑤函・恩威交致・一似動以爵祿之慕・一似危以滅族之誅・嗚呼善矣・

雖然・天下唯德與仁可以服人・明公儻德盛仁至・天下士願出其門・自當有奔命恐後者・如徒相劫以力・相逼以威・自好者猶能麾之不去・招之不來・矧孔門高弟太祖孤臣如玉其人者・安可以不賢之招招乎・生之殺之・惟明公命・榮之辱之・惟明公命・

梁都督詩草序

畧夫詩之傳也・豈不以人哉・從昔忠臣孝子貞夫烈女・或處宗社之變・或罹家室之慘・每多感憤・流連發而成詩・古三百篇・良有以也・梁子化長相繼揭竿・誓同義舉・觀其調兵遣將・揚威制敵・進止有法・予鼓掌而稱曰・君今世之

韓岩也．每清風明月．與諸將士把酒談心．與懷國事．不禁涕泗．

梁子擊筑行吟．予激而訝之曰．子甲胄士也．復具此錦心繡口乎．梁子遂出笥中詩告曰．此皆戎馬之暇而成．予遍覽其言．言言血性．語語琅玕．始知梁子忠義性成．非若近代縉紳士儒．巧說文章．詞浮於行者也．偉哉梁子．立功立言．二者並茂．異日削平大難．建大業．垂大名．方之徐常湯鄧諸公．比隆昭代．夫又奚慚．至登高作賦．臨流咏詩．殆其餘矣．予用爲之序．永曆元年菊日．

按化長未詳．張兆龍再陳義旅以憑採擇疏云．原任總兵梁中英祈．敕下該部．隨材優擢．即其人．化長乃其字也．

蘇觀生　字宇霖．東莞人．崇禎歲貢．以薦舉授無極知縣．累官至山東登萊道．北都破．仕唐王聿鍵．授吏部尚書武英殿大學士．視師南贛．聿鍵卒．桂王監國於肇慶．尋奔梧州．時觀生已歸粤．因遣陳邦彥勸進．力請迴鑾．未報．聿鍵弟聿𨮁與何吾騶自閩至．遂擁立之．改元紹武．桂王以兵來攻．既敗．復益兵．於是廣州精兵皆西出．而清兵已自潮惠入廣州．觀生被執．不屈死．觀生擁立紹武．陳子壯陳邦彥皆不謂然．張家玉亦力辭徵命．然觀生本意．在固守廣州．以圖恢復．其援兄終弟及議．自爲宗社大計．固無私意於其間．後之萁豆相煎．歸於兩敗．非始料所及．觀其臨終書壁曰．大明忠臣義士固當死．復題詩曰．人皆受國恩．時危我獨苦．夫既自命忠義．死即死耳．何苦之有．誠苦此忠義爲國之心．至死而不白於後世也．明史本傳似未審端末．故附識所見於此．

廉憲張五若先生墓誌銘

維元年十有二月．上允臣觀生請使使諭祭先師張夫子．贈官進秩有差．詔若曰．維爾薦賢同升．知人得士．儲中興疏附之選．用錫爾庥命．賁及泉壤．蓋異數也．既而長君俌持狀請曰．惟先子有遺言．銘碣之託．必於吾子．幸終惠之．觀生誼不敢辭．

按狀．生師諱一鳳．字聖端．別號五若．系出曲江文獻公之裔．宋季有諱峴者．卜居莞城西之圓沙．是爲莞之始祖．十六傳至考敏菴公．娶尹氏．舉二子．師其長也．弱冠爲諸生．才名藉甚．萬曆丙午舉於鄉．天啓乙丑筮仕．拜四川夔州府推官．辛未舉卓異第一．奉旨考選．擢工部屯田司主事．歷營繕司員外．都水司郎中．丙子陞廣西左江兵備參議．己卯晉湖廣督漕副使．師爲燮理．奉檄清釐屯田．嚴覈包占之奸．豪右屛跡．察盤重順保叙馬瀘六屬．增北衞數萬金軍需．署梁山而疲驛甦息．署達州而流寇不敢軼境．郎工部三載．兩修慶陵．癸酉二月小修．如期報竣．是年冬大修．鳩工程材．躬親察覈．節省金錢四萬一千三百餘緡．兼攝臺基廠．又節省七千八百餘兩．時値隆寒．朔風砭骨．奔走陵廠．日從事於煙塵灰土之間．兩目幾枯．全齒盡落．蓋鞠躬盡瘁如此．在左江日．清寧潯權羨一千四百有奇．盡歸公帑．督儹安南九年．闕貢悉補共球．民夷畏慕．遠邇安之．緣前在工部三疏激擊．頗振暴前人之短．爲忌者所中．以才望推楚漕．實困之也．乃庚辰一運．壬午再運．間關於清兗之饑民．楚黃之流寇．都城之虜警．迄獲考成．仍餘酒費七千餘兩．先後總漕諸臣交章疏薦．會省臣某以督餉至．欲與師爲乾沒．師持不可．竟攫其半以去．師上其事於計部．省臣大憾．忌者復從咻之．竟罣計典．往楚漕鮮報績者．一運

竣・輒擢中丞・師以兩運之勤・横罹萋菲・何哉・

師爲人豈弟篤誠・愛賢容衆・至於釐奸剔蠹・義形於色・公家之利・知無不爲・敭歷中外・十有九年・貞操敏守・有古大臣風烈・未竟其用・士論惜之・

當師郎中都水・烈皇帝命京官各舉所知一人・師以觀生應詔・或請奉千金爲壽・師不許・草疏之夕・夢神語曰・進賢受上賞・觀生荷皇上殊遇・徼報恩私・抑亦命德之公也・

師生於萬曆己卯年二月初九日・卒於崇禎癸未年十一月初六日・壽八十有五・考敏菴公・累贈朝議大夫・廣西少參・妣尹氏・累贈恭人・元配陳氏・封恭人・丈夫子五・長俌・今戶部主事・次仲・中書舍人・陳恭人出・次儐・福建流寓舉人・副室翟出・次似・太學生・授教諭・次份・壬午舉人・俱副室黃出・女子三・長適鄧少參次子諸生逢・次適李主政孫諸生十琦・次適北柵青衿陳倪中・孫男十人・俌出曰祚恆・邑增廣生・曰祚泰・祚復・祚鼎・仲出曰祚益・祚謙・儐出曰祚萃・似出曰祚豫・祚觀・份出曰祚賁・曾孫綜鑄鈺等尚幼・俌等以己酉閏六月十七日奉師柩葬於本邑馬頭岡・巽已向之原・丙戌夏五月・奉使諭祭者・職方主事張尙秋・八月誌而銘諸阡者・門人觀生也・銘曰・

胡然卓異・而授水曹・明然計典・而于再漕・人之所靳・帝之所褒・綸言追賁・邱原增高・勗哉小子・毋敢愛勞・及我昆弟・爰賦同袍・於萬斯年・德音孔昭・

欽命贍奉南北山陵・安定楚豫兵民文武・經理浙直江川兼督雲貴閩廣・賜尙方劍便宜行事・行在御營太子少保・武英殿大學士兼吏兵二部尙書・前禮部尙書翰林院學士・門生蘇觀生頓首拜撰・

歐必元 字子建・大任從孫・崇禎間歲貢・嘗上書粵撫・言救時急務・晚年遨遊山水・興至落筆千言立就・著有琭玉齋稿十四卷・勾漏草羅浮草溪上草各一卷・阮志合爲歐子建集十卷・注存・

報何龍友書

賫花人還・得長語三箋・情誼並篤・讀不竟篇・泣輒數行下・既而激裂起舞也・嗟夫・龍友足下・必元何心・能不感哉・憶與足下別時・白日失色・浮雲不流・命怨窮途・情嗟離索・高臺悲風・烈士悲心・從昔然矣・豈余今日耶・人之相知・貴相知心・僕怪社中諸子猶未盡然・何也・窮通得失・都不復論・如肝膽之交・則片言可定・緩急之倚・則九鼎可揮・意氣相驅・不必青松證約・皦日蒞盟・如或不然・則人傖耳・曷足貴乎・僕交足下・必無是也・庚子之秋・賫惟邂逅・子既瀝膽・僕亦披肝・歡若生平・相視莫逆・一遭頹折・羽翼紛飛・子入鐵城・僕歸海曲・盈盈一水・脉脉何言・於是子贈我以長篇・僕報子以短句・言雖不同・盟契可一・嗣得仁山密語・終夜不休・醉後數觥・更無千古・嗟乎・交誼若余兩人者・豈世所知哉・文壇牛耳・諸子雁行・僕以偏師・僅領一隊・謬辱恭敬・尊□爲神・非僕揮毫・子心不樂・非子操筆・余亦不懽・文藝之交・又忘爾我・至於慶雲有爛・明月在天・卜夜流連・歌風壯烈・談驚獨坐・辨折四筵・驅詞客於醉鄉・挾少年於促膝・此亦高陽之雅尙・竹林之素風・尤未盡爲吾黨奇也・

自謂鴻飛振羽・天路翺翔・諸子翩翩・各逐旗鼓・豈意十餘人之內・而僅一毛生・亦太奇矣・噫・此其故豈易言耶・英雄沮氣・豪傑折心・每於此際・人所不免・然二三子猶競爽於杯酒間也・得無太跳浪哉・乃僕則大異於是・三十之年・已過其一・清譽未積・罪戾徒增・畫虎不成・雕蟲何補・身名俱玷・風雅盡哀・咄咄書空・徒有抑語而已・鬱火上升・惡毒下壅・五臟之內・非復故吾・逐隊靈洲・勉强從事・顏容枯槁・心緒摧殘・賴子能觀僕之外而洞其裏也・可不謂知己乎・曾夜談於顧別駕公所・深中膏肓・僕感君心・未得卒語・次日言歸・欲邀伯起伯襄與伯仲過半竹亭一話別語・乃諸君閉門避我・兒戲弄我・知有新相知者之樂・不知有生別離者之悲也・慷慨丈夫・不作兒女・子仁諸君信豪舉・僕則褊心・願從此終矣・不意久病中得足下一書・勤勤懇懇・無所不至・敘離別則一日三秋・惜窮途則獨往千古・金石比心・弟昆讓誼・嗟嗟龍友・安所取歐生而昵好若此・不知歐生非復昔之昂首揚眉・高談雄辨・如與足下握手時矣・

九月還山・十月病篤・外瘡益熾・內火逾攻・目眩神昏・寢食俱廢・足不出戶・兩月于茲・然僕心之苦・更有甚於是者・家世業農・產不踰中人・名不綴下士・僕徒以一呫嗶之末・結交四方・尚友千古・知修名之不立・非慮利之無成・故資用無度・坐散千金・然千金又非橐中物也・出子錢以貸母錢・子錢者煎熬不已・妻孥之簪珥久空・孑然一身・狼狽極矣・至不得比於人子・以傷兩親心・只今兀坐一室・朝夕與山妻相對飲泣・即奴僕輩猶罕見余面・則里中之傖父可知也・茲欲靜室潛修・理故業以取青紫・然百孔千瘡・未易遽塞・心能靜乎・欲上下古今・纂舊聞以希不朽・然工瑟遭躝・不無歧路・改轅業能專乎・欲閉戶却囂・事瞿曇而斷世務・然父母鞭箠・室人交毀・俗緣能易割乎・欲隨老逐少・入里社而求醉鄉・然嗜好不同・舉止羞澁・措大之儔可與伍乎・縱欲曳裾投刺・遊大人以成名・然進無枯木之容・恐退有按劍之辱・欲結俠邀豪・逐少年以爲樂・然囊無沽酒之値・恐難免坐客之空・展轉反側・百計觸藩・把酒問天・撫劍永歎・命之不淑・安用生爲・

嗟夫・若使憂能傷人・僕必不得終永年已・雖足下云・僕終不與野鶩爭食・然河清安俟・壽命幾何・龍耶蛇耶・僕固甘之・匏落一身・父母不子・鄉里不容・朋友不信・僕何以戀戀一青襟爲哉・則有吳越燕趙之墟・可以寄吾浪迹・且又窮九邊戍壘・醉臥沙場・爲國家指便宜・畫利害・荷插相隨・死便埋我・古有蕩子從軍・書生說劍者・則僕其人乎・幸有意氣之交・於足下燕穢之詞・爲我傳其一二・使後世知有歐生足矣・寧敢望其他哉・語曰・蒼蠅附驥・日行千里・以不佞竊足下餘光・寧能自泯滅耶・畧而言之・頗盡近況・幸出示君家長公及伯襄輩・庶知僕苦狀・僕雖苦・然雄心俠骨・至死不磨也・僕寄書作詩於人亦多矣・書未有至數千言・詩未有過三律者・足下幸無相忘・序文之委・敢不執筆・向得來札・動我遐思・遂纚纚敘其寒温若此・兄其訝瀆聽否・所謂泣數行下・與激裂起舞也・豈不信哉・僕癡矣・癡矣・

國朝禦倭始末論

日本古倭奴國・於閩浙爲東北隅・其國主以王爲姓・世

世不易．文武官僚亦然．有五畿七道．統郡至五百七十三．然皆依水附嶼．大者不過中國一村落而已．戶可七萬餘．課丁八十八萬三千有奇．由漢以來．或歸或叛．自元師討日本者沒於水．不得志而歸．日本亦絕不復來貢．

我明高帝初遣使臣趙秩諭降之．僧祖朝來貢方物．十三年．明州備倭指揮林賢．交通丞相胡爲庸謀逆．令伏精兵貢艘中．計以表裏挾上．萬一不遂．亦掠庫物乘風而遁．會事露．悉誅．而發僧使於陝西四川各寺中．着訓示後世．絕不與相通．於是遣信國公楊和江夏侯周德興等．沿海規畫．自南直隸山東浙江福建廣東西．咸置行都司．以備倭爲名．犬牙盤錯矣．

永樂初．又遣太監鄭和等齎賞諭諸海國．日本首先歸附．厚賚之．封其鎮山曰壽安．上爲文勒石．賜勘合百道．期以十年一貢．無百爲艘．數萬爲羣．出沒於巨濤洪浸之中．每飯未嘗不在中國．十三年春．彼國奸臣誘幼主具數年糧．數百艘犯遼東．爲都督劉江所破．殺無噍類．自是斂迹．不敢爲寇．而飄泊小夷亦時竊發．或其主不知也．其貢則恒多期至．要以利中國給賚互市爲利耳．嗣有切沙門島者．平江侯陳瑄以漕舟追至朝鮮境．盡焚其舟．殺溺死者甚衆．

正統中．倭人挑渚犯大嵩．殺掠積骸如陵．縛嬰兒于柱．沃之沸湯．視其啼號以爲笑樂．捕得孕婦．則衆竊計其男女．剔視以賭酒．嘉靖初．其主源義植幼冲．不能制羣臣．京兆大夫高貢使宋素卿貢．未幾．左京兆大夫藝興遣宗設入貢．咸强請勘合．後先至甯波．爭長不相下．宗設衆盛於素卿．遂攻敗之．追至紹興．蹂躪諸郡縣以千計．指揮劉錦及千百戶官遇之．皆死．後以詔旨諭且下素卿獄．始肯聽．徐徐而解．自是有輕中國心矣．中國亡命者多跳海聚衆爲舶主．往來行賈閩浙之間．又以財物役屬勇悍倭奴自衞．而奸商覦其利厚．私互市違禁異物．咸託宦豪庇引．有司莫敢誰何．黠者又多取其責數十倍收子錢．甚而平空盡脫．竟不能窮其蹤跡．盡匿之莫與償．舶人怒則輒有所殺害．而他舶不爲商者．又行剽掠海中．消息漸彰．朝廷慮之．乃特設閩浙巡撫．聽以軍法從事．而所用撫臣朱紈素．廉潔守法．然果銳不阿．往則日夕練甲兵．嚴糾察．數尋舶盜淵藪．破誅之．而又嚴根株通海者．令廹急．諸豪右恒惴惴重足立．其仕宦豪貴咸日懾紈．思有以中之．紈竟以擅殺聞矣．乃罷巡撫不復設．舶主土豪益自喜．爲奸益甚．當事者視以目．莫能禁也．壬子．賊始犯台州．破黃巖象山諸邑．議復設提督御史．世廟手敕王忬往．時治海諸衞官軍久愉弛不習戰．軍府草創．財用殫屈．忬請得便宜行事．南會二廣．北會江左諸鎮．犄角相應．屬倭舶王直徐學毛勳輩襲我未備．忬夜縱狼土兵及括蒼諸少年．以俞大猷湯克寬統之．鹵獲倭生口百四十三．首百五十級．焚而溺者千人．軍聲大振．後先以捷聞．是時賊黨蕭顯率勁倭四百餘．屠吳郡南沙．還逼松江．松江告急．忬曰．吾向所請犄角．非爲此乎．以別將盧鏜掩擊．大破之．斬蕭顯．餘衆潰入浙中．大猷諸將邀殺無孑遺．是役也．越境而殲虜．且陸勝賊矣．因行部凡二十餘縣．計倭所由道．次第畢城之．獨慈溪謝不可．忬去一歲．而慈谿頗破．始就城．識者相誚不早聽忬言云．計巡撫操江諸憲臣相繼罷去．而王忬又以雲中告急改節鉞．天子是時數憂

東南・以李天寵代忬・而用張經爲總督矣・此又一時也・

倭賊勇而戇・不甚別生死・每戰輒赤體・提三尺劍刀舞而前・無能捍者・其魁則皆閩浙人・善設伏・能以寡擊衆・反客主勞逸而用之・此所以恒勝也・大羣數千人・小羣百人・比比螬起・而舶主推王直爲最雄・徐海次之・又有毛海峯彭老生・不下十餘・

張經者・南京兵部尚書也・朝計調二廣狼兵討之・而經舊常爲總督・有威惠・亦慷慨以平賊自負・故用爲大帥節制・當天下半辟召諸郎署參佐・中外忻忻・謂賊旦夕且盡・然經豪貴侈靡・行事有承平風・諸特用大將何卿沈希儀等・名位極老・而驕新進之士・又慓猾・果往退速・田州瓦氏及山東槍手兵連戰敗去・經望實稍稍損矣・而待郎趙文華出督察・繇上疏行・有所要挾・頤指凌經・而經以大臣自貴・欲出其上・文華恚甚・則連疏劾經・謂其才亦足辦也・特家閩避賊餽・故嚄唶縱賊爾・會兵科亦有言・遂逮經・緹使至・則經已聚兵大破賊於嘉興・斬首二千級・溺水死者稱是・兵科言宜留經・以賊平自劾・不聽・並廵撫李天寵幾論死・文華既以攘其功・則奏超廵按御史胡宗憲代天龍・督臣亦有更置・由是中外文武惴惴重足立・憂不獨在倭矣・此又一時也・

文華俄還朝・進太子太保工部尚書・而宗憲亦遂以兵部侍郎視兵事・手未握兵・屢用奇兵計・驟殲倭數百人・擢本部尚書・仍總督七省・賜上方劍・以掃青島嶼・徐海王直先後入寇・宗憲身經百戰・無不以捷聞・徐海死・明年獲王直・故徽人也・以事走海上・後爲舶主・頗尙信・得盜心・宗憲特書命俠士羅文龍以溫詞往說直・使之歸順・文龍亦徽人・豪傑士也・故與直相議・宗憲凡馳書命文龍往說之・文龍至直船中・見二女侍・即之・則文龍故妓・爲寇所虜也・文龍密使二妓先諭意・明日謁直・直大喜・文龍曰・朝廷不以足下作逆之故・壞汝廬墓・汝親戚德意良厚・倘能效順投欵・盡殲夷醜・胡公必奏授足下官高爵厚祿・榮歸故鄉・不猶愈于寄身海島・朝不謀夕・使萬世而下有逆賊名乎・直聞之・神搖色動・猶未決・會二妓耳語・反覆勸之・直瞿然曰・願以死贖罪・遂從文龍詣督府・宗憲大悅・優禮之・即具狀上聞・廷議爲元兇不可赦・遂梟首藁街・餘黨數萬復寇淮夷・廵撫李遂副使劉景韶率諸路兵掣之・是時無直在・賊勢寖弱・我師追戰白駒場・倭無一人得免者・宗憲亦加太子太保・餘遷賞有差・此又一時也・

先是俞大猷得見用於王忬・又受節制於宗憲・屢多建議・大約謂防賊必先防海・水兵急於陸兵・蓋倭奴長陸戰・今樓船高大・集萬銃其上・倭船遇之輒摧壓焦爛・固我兵所長也・善戰者無以短擊長・而以長制短・且海戰無他法・在知風候・齊號令・以大勝小・以多勝寡耳・復條陳於宗憲曰・王直在海島・能以繪物誘倭來・在彼國則一逋逃夫耳・倭之來不來・不關直之誅不誅也・若誘之來而殺之・則失信何以示後・宗憲不納其言・遂奏罷其職・於是浙東西稍安・而溫台閩廣如故・至嘉靖四十年・倭破興化等郡・首尾七八歲間・所破城十餘・掠子女財物數千萬・官軍吏民戰及俘死者不下數十萬・雖時有勝負・雅不相當・而轉漕軍食及橫賞賜乾沒入槖中以巨萬計・天下騷動・東南膏髓竭矣・

尚書胡松著海圖說曰・始倭之通中國也・實自遼東・今乃從南道浮海・率自温甯以入・風東北・汛自彼・來此可約四五日程・蓋其去遼甚遠・而去浙其邇・若盡其國界・則東西也長・行可四五月・南北也短・行三月・而皆極於海・其西北至高麗也・必由對馬島開洋・順風僅一日二日・南至琉球也・必由薩摩州開洋・順風七日・其貢使之來・必由博多開洋・歷五島而入中國・以造舟水手俱在博多故也・貢舶回則徑取長門・抽分官司在焉故也・是時廵撫譚綸總兵戚繼光大募浙兵・以勦數年之寇・繼光謂什伍起于邱乘・兵則寓於農・第西北地夷宜得地利・南而走險不利並驅・乃間用長短兵夾陣而進・隊立一人爲長・偏則伍之・兩則什之・犄角互張・攻距擊刺互用・名鴛鴦陣・屢戰屢有奇績・俘馘立盡・倭奴不敢揚帆向無諸之境・此又一時也・

萬曆初年・平信長爲關白・得平秀吉爲之義子・秀吉母・人婢也・有外遇得娠・生吉而欲棄之・置諸大澤中三日・虎狼不食・始爲鞠育・及長・販魚爲業・有智力・善騎射・名本下人・一時傾諸父兄・助信長奪二十餘州・既而信長爲明智所殺・秀吉遂與信長之弟行長誅明智・而廢信長子自立・性剛嗜殺・有機智・十八年・遣和尚至琉球・脅令勿貢・值高麗國王李昖政務廢弛・秀吉入寇朝鮮釜山・與日本對馬島不遠・向有倭戶・戶流寓往來・互市通昏媒・爲之內應・不兩月而破其三道・王子國母盡爲所執・行長等屯兵平壤・昖絡繹告急・上命裨將祖承訓往援・敗績・承訓僅以身免・上怒・以兵部侍郎宋應昌經畧朝鮮・遣總兵李如松爲提督・部郎劉黃裳袁黃贊畫軍事・率將領五萬人・十月渡鴨綠江・立砍平壤・凡得級一千二百餘・倭遂氣奪宵遁・朝鮮郡縣如平安黃海京畿江源四道・俱已收復・王還・平壤兵追殺不已・大戰碧蹄館・倭退守王京・我師既連勝・稍有輕敵之心・會天久雨・水解泥深・賊雖大潰・然我所失精鋭亦足相當・於是本兵誤聽游客沈惟敬主和議・撤如松・罷應昌・十一月倭奴小西飛入朝議貢・石星疏上・下廷議・而右都御史沈思孝等復疏力陳和議不可用・時廷議未決・兵科給事中侯慶遠疏・謂我與倭何仇・爲屬國勤數道之師・以力爭平壤・收復王京・絜兩都授之・存亡興滅・義聲赫然海外矣・全師而歸・獲實多・經畧復疏言・釜山雖瀕南海・猶朝鮮境・有如倭瞯我罷兵・突入再犯・前功且棄・且關白之圖朝鮮・意實在中國・我救朝鮮・非鄉鄰鬬比・今日撥兵脅守・此第一策・即議撤亦宜少需時・石星時一意主欵・又懼師老無功・上諭本兵許封不許貢・而如松應昌俱罷兵歸・以總督侍郎顧養謙代經畧矣・

是歲七月・宣平壤捷・九月・朝鮮疏請許貢保國・上始切責羣臣・撓阻封貢・本兵不能主持・養謙亦不久得代去・總督孫鑛新受事・會遣臨淮侯李宗城充正使・同沈惟敬往封平秀吉爲日本國王號・給賜金印・行長准授都督僉事・既總督傳諭・行長語甚枝梧・且日本國王見住山城・省文錄三年歷可證・與小西飛稱國王爲信長所殺互異・使人久羇觀望・訛傳不一・延至明年・惟敬詭云・演禮同行長先渡海・私奉秀吉蟒玉翊善冠及地圖・宗城信諜者・謂倭叵測・遂乘夜易服棄印遁・敕還馳奏・上逮宗城・竟以都指揮楊方亨充使・加惟敬神機營銜・往返遂詭報封竣・稱六月從釜渡海・九月於

大坂受封即回和泉州・然倭責朝鮮王子不往謝・留釜山如故・謝表後時不上・方亨徒手而歸・明年・惟敬續進表・文案驗潦草用豐臣圖書・不奉正朔・大無人臣禮・而寬奠副總兵馬棟・又報倭擁二百艘・屯機張營・方亨始直吐顛末・委罪惟敬・幷本兵前後手書進呈御覽・而惟敬圖石星彌縫罪狀・始得如律下詔獄云・

封事既壞・復議用兵・而我防戎並罷・平壤兵將撤回・至復召募・鮮有應者・倭發兵十三萬・聲百萬・狂悖不可聞・時以總督尚書邢玠經畧・麻貴備倭爲大將軍・敕僉都御史楊鎬經理朝鮮・麻將軍抵遼陽・望鴨綠江發・所統兵止一萬七千人・經畧疏請募川廣浙直兵・劉綎督川漢兵六千七百至・聽防勦・與麻貴各建牙・後島山之圍・倭佯約降・而行長來援・虛張旗幟・蔽阻江上・經理聞報・即倉皇撤兵・倭窺我師稍怠・獲去輜重無算・經畧乃移各兵回王京・以圖再舉・而贊畫主事丁應泰疏劾楊鎬喪師誤國・朝議罷鎬・以天津巡撫萬世德代・於是別將陳璘以廣兵・劉綎以川兵・鄧子龍藍芳威以浙直兵・後先至・或語經畧・朝鮮地理隔越・山川險阻・聚兵一處・難以成功・不若因地分任・人自爲戰守・經畧然其謀・分三協爲水路・路置大將軍・中路李如梅・東路麻貴・西路劉綎・水路陳璘・各守汛地・相機行勦・時倭盤據七年・沿海千餘里・亦分三窟・東路則清正・據蔚山・西路則行長・據粟林曳橋・中路則石曼子・據泗州・經畧懲島山之弊・特於兩路外置水兵一路・約日並進・而中路李如梅亦調遼師・代以董一元分派馬步協攻・倭新築金海固城・遊擊馬呈文郝三聘彭信古等分擊寨門・忽營中火藥發・烟漲天・倭乘勢衝殺・我師騎兵先潰・遂奔還晉州・經畧查參・詔斬馬呈文郝三聘以狥・大學士趙志皐請令總督歸鎮制虜・以東方事專委萬世德・値福建巡撫金學曾報・秀吉七月六日已死・各倭酋業有歸意・我師因水陸乘勢夾擊・清正發舟先遁・麻貴遂入釜山西浦・劉綎夜半攻行長・不意遂奪曳橋・石曼子引舟師救行長・遇陳璘半洋邀戰・行長乘小艇潛逸・倭泊露梁尚百艘・氛燄甚惡・陳璘統蒼唬船追擊・並焚死石曼子・得首級數百・溺死者不可勝數・海水不流・海上蕩平・諸倭遁還錦山・殲焉・生獲平秀政平正成・獻俘磔於市・傳首諸邊・此又一時也・

給事中楊應文勘東征功次・前後斬倭二千二百四十人・大帥陳璘爲首・次劉綎・次麻貴・是役也・計陳師七八年・所費國帑四百餘萬・經畧善後八事・似可爲經久策・後三年己酉・復議於釜山開市・未果・初秀吉將死・令源家康領東北二十二州・家康後代秀吉爲王・迨物故・傳其子秀忠・稱新關白・移國於大坂・叛服不常・犬羊之性・大都類此・然竟未審情實・夫關白如漢大將軍位號・得主其國山城・君享奉不治事・所爲入寇者・多出逋逃之殘黨・與閩浙諸亡命・時爲句引・得窺我虛實・是在良有司嚴海禁・捕逃亡・練士卒・固險要・此亦書生常談耳・嘗聞高麗日本諸國・俱事詩書・好信義・其不肯奉元貢朔・則豈眞犬羊無知者乎・况聖朝德政東漸西被・六合一家・彼寗敢自外・但恐語云・五大不在邊・五細不在庭・未免有煩當宁東顧憂耳・予曾著有防海全論・於前代及今日之情形頗詳・茲不復道・

送陳經國還淳安序

歐子讀書粵秀山下・與林子玉紳不百武而遙・林子有客曰經國陳氏・則越之淳安人・爲吾郡司理公高足弟子・前邑令方侯里閈親也・茲於其來・實介紹司理公而得交歡玉紳・玉紳置客飲經國・集吾社中若而人・歐子在焉・坐客盈几・獨歐子以酒狂見取於經國・經國亦以方侯故・爲歐子重・由是遞相過而飲・飲輒醉・使得致諸履舄交錯時・未知一石誰多也・經國治歸裝者浹月・歐子驕以啗荔・遂亦逗遛踰旬・越僕夫既駕・祖道河梁・黄子與東徵社中詩爲別・玉紳題其卷曰粵社贈言・屬歐子引其端・

夫言而曷云夫贈也・富者以金・貧者以言・自昔記之・況當離聚之感・申鬱抑之情・非言無繇自見・南海產明珠瑇瑁丹砂・多奇珍可寶之物・乃居者不以相遺・行者不以相贈・則言於何有・吾黨之貧・不亦宜乎・且經國擅材竹箭・大有聲諸生間・將以言揚抆不朽・視雕蟲者直二道耳・吾黨能爲箴言・而不能爲腴言・以經國之材・焉往而不可稅駕・今且窮五嶺・汎靈洲・渡石門・尋問景純隱之故蹟・大發胸中之奇・豈爲多寶來乎・知吾黨之所以贈經國者・而經國賢矣・歸而持問吾師方比部・必有輾然喜者・比部亦沉香臭味也・

羅浮遊記

羅浮挺出南粵・以洞天吒奇・去五羊可計日至也・夢寐十年・不得杖策・歲庚戌秋八月・與社人鄧伯喬楨・歸自扶胥・邀萬伯文國徵過半竹亭夜酌・忽伯文訂羅浮之約・翊日・謁大都督羽卿・席間談及其事・王公爲之縱臾・發一樓船以護行・且曰・爲致聲四百峯主人・愧不能釋疆事相從・當俟我赤松游耳・三子於是決策治裝・謀以九月初四日丙子往・梁元珍璵時村居・余折柬招之・復拉李炽客輝偕去・先是炽客與一上人有夙約・至是欣然願爲諸子鼓勇也・五子盟定・余果於丙子日登舟・越二宿・而元珍炽客以戊寅至・午携小榼飲東山寺前・候伯文伯喬不果來・晚泛舟江浦・隨波上下・是夕秋月初升・一鉤微印・遇游人載妓船中・出琵琶・聲如怨如慕・稍移舟聽之・三子相視沾襟曰・豈眞潯陽江上耶・推蓬浮太白・各賦一詩・己卯・早膳畢・伯文伯喬相繼入舟・計諸游具稍備・以是日申刻解纜・晚泊琶洲塔下・舟中分賦得櫓□背指菊花開・體俱五言律・庚辰入增城界・過沙貝村・經湛文簡海上釣臺・徘徊不能去・文簡爲昭代理學文臣・瞽宗之議尚缺・廣厲其謂何・作一詩以志嚮往・泊舟于下南江・分賦得江淸月近人句・作齊梁麗體・次晨啓行・午至東莞石龍・市魚沽酒・飲巨觥于舟中・醉賦重陽・計壬午抵博羅界・羅浮巋然在目・江淺流淸・薄暮明霞・亘空五色照映・疑玉女麻姑輩於峯頭相招・各賦明霞篇・抵掌・夜宿一哨堡上・有岡阜可眺可坐・伯喬命酒・對月小酌・遠望隔江漁火・若明若滅・漸來逼人・諸傳見尤吒爲龍女獻珠也・

癸未午抵博羅・訪韓孝廉賓仲竹素園・登堂進明府公偕壽觴・明府有子曰寅仲晟・曰賓仲晃・與吾黨古文詞相臭味・至是値其初度・故皆爲詩而登堂壽之・飲至月出而別・是夕泝流入循州・行旅甚苦・余醉臥舟中・黎明酒醒・業泊

舟府城下・蚤起入訪張參戎・則以海上秋汛期迫・是月戒行・旌旗先發・怏怏以不能少留爲恨・僅各相拜而別・飯畢・偕伯文入拜葉太保夢熊家廟・哭其猶子□・作輓歌・旋訪社人唐公賞廣文學舍・贈以詩・晤楊廣文於旅邸・午同諸子汎舟西湖・張守戎葉太僕携具飲湖心亭・載歌妓三人・楊君破格果與私會・爲之酬酢極懽・大醉而別・歸舟漏已三下矣・是日不及遍覽其勝・乙酉謀爲竟日之游・午訪姚太學兄弟・留飲南山草堂・薄暮・廖懋蓋邀出湖上・謁葉太保墓・展裳肅拜・謂勞苦功高・未得享有尺土・後死者不免遺議・作一詩吊之・過永福寺・尋堤而下・覓東坡葬朝雲處・封樹宛然・片石所題曰・宋學士蘇東坡侍妾朝雲墓・余亦爲低頭再拜云・一婦人得所天・遂緣以不朽・誰謂如泡如電作如是觀乎・學士詩有彈指三生斷後緣之句・何也・余賦二絕・以問香魂・後梁明府幼寧聞其事・謂朝雲有知・縱不能爲司馬才□歌金縷・亦當效韋城武得玉簫矣・堪供詞林一笑否・是夕也・月色如畫・湖光掩映・島嶼微茫・湖上諸山・如芙蓉・如黛眉・如鴻翩・如鶴舞・足之所經・不能百之一・目之所矚・不能十之二・幽深天巧・勝於武林・所少者游人寺觀稍寂寞耳・大風忽起・諸子先去・余與元珍稍後・泛小舟沿堤而歸・差窮其勝・豈朝雲獨留髡耶・歸舟江濤洶湧・竟夕不寐・

丙戌蚤飯後・乃還舟博羅・抵岸未及繫舟・而韓明府已至・肅柬見邀・夜飲華堂・作梨園會・厥明望日・是爲丁亥・早謁博羅令唐公・唐楚人・能詩・好折節・一見若生平・謂羅浮之役・令當爲東道主・邇日冠蓋相望於道・欲一隙之暇不可得・諸君雅游恐不可久・待車馬問之傳人・供具問之庖人・所不備者令之罪・遂相辭而別・旋訪邑中參知韓叔捷・別已十年・相晤歡甚・而贈以詩・午後始出郭・飲賓仲山房・山去城可十里而近・古木千重・藤蘿當戶・曲逕幽深・眞可避俗・朱明四百峯・隱隱在簷宇下・門臨青草湖・亦仙境也・賓仲嘗課子讀書此中・飲至丙夜・席上分韻賦一詩・十六日戊子・韓禹寶如璜招飲書雲臺・臺附上跨城・高敞逶迤・可供遠眺・去家僅百武・其尊人寅仲所築・著書于此十年・今作令遂安・余作一詩寄之・十七日午・邑車馬果伺于津頭・五子復偕邑人陳景文往・景文與吾黨爲布衣交・住羅浮・熟於向導・申刻出城・度保寧橋・經榕溪水・水口邑而流・旁多奇樹可婆娑者・張太守孟奇築別業於其上・行可二十里・則日入崦嵫・過二嶺頗峻・而險路昏黑・不辨高低・輿人俱是村農・不習肩負・嘆喘而呻吟作苦狀・與山鳥豹犬之聲相答・余心亦爲不安・須臾・月出嶺上・四望曠野・行步稍平・前至一村・輿人交代・不里而至胡鎮・鎮設一廵司・築以土城・城內居民可數百家・胡其巨姓・諸子至鎮・廵司迎入署中小坐・司姓史・浙之蕭山人・飲以紹興酒・時夜寒・連舉數大觥・乃飯司中・破壁壞垣・然門前青山如畫・眞堪吏隱者也・

稍一安寢・詰明・輿人至乃行・去羅浮尚隔三十里・然自胡鎮以下・渡兩河・河水清澈底・岡阜相連如蜲蜿狀・起伏不常・然無一山不秀・無一石不奇・無一水不甘且冽・到此令人神魂俱清・度河後・則紫翠逼人・諸峯當輿而出・仰望飛雲絕頂・若烟霧蒙茸・下覆玉女鐵橋・在指點間・已經

羅陽水。便入羅浮山徑。徑廣可六七尺。道旁古樹合抱。萬重皆作龍鱗色。不辨何物。樹根之土。苔蘚如鐵。若雲封其上。到此一逕。已非人境。况深入諸巖洞耶。行可百餘丈。而徑乃盡。徑盡處是爲百蓮池。一名麻姑池。朱明洞水所自出也。至此舍輿即步。歷階升數十級。是爲朱明洞天。有古篆四字。舊志載云。宋人名筆。入洞門。有玉簡亭。亭後冲虛觀。即都虛觀故址。南漢鑄銅玉皇像及二傅從像。與諸子禮像畢。過觀旁之右。謁葛仙祠。祠葛令洪。左立黃野人。右列啞虎。書紀游於壁上。祠後有丹竈。爲葛煉丹處。丹成而土不竭至今。今取其土爲丸。以療病無不立效云。宋蘇軾書葛洪丹竈四大字于上。觀旁之右爲列仙祠。祀朱靈芝。華子期。鮑靚。蘇元朗。羅萬象。單道開。軒轅集。黃勵諸仙。獨觀中澄虛閣。今不存矣。觀後建樓一座。以宿遊客。黎秘書民表隸書朱明洞天四大字。字存而扁額將朽。閣於地上。觀中道士相見。禮畢。出山中酒名羅浮春以享客。諸子爲飲數盅即飯。其一道士姓嚴者。年登九十。皓髮龐眉。恍若山中遇仙也。詢其舊事。一一能談。就李督學郭公子直偕家虞部大任曾遊茲山。嚴鍊師言之。猶然如昨日耳。讀家虞部碑銘。巋然尚在。感作一詩。晚宿樓中。與諸子分賦。道士鳴鐘。諸山響應。足醒塵耳。坐方一鼓。而月掛寒板。風颸颸作濤聲來枕上。余詫曰。奈何攪遊仙夢乎。

辛卯早起。觀山中所藏古器。道士出銅龍六銅魚一。云蘇軾得自朱眞人朝斗壇者。其色非金非石。非鐵非磁。即銅亦强名之耳。道士云。眞人傳授玉龍金魚。盟誓天地。或亦有之。觀畢過觀。復尋朱明洞故址。自右披荆而入。忽見巨石矻立。高約三丈餘。旁樹一松。不啻十丈。古色蒼然。可當二人合抱。石刻四大字曰。青松白石。字甚古。亦不俗。未知出自何人手。轉徑而左。則荆棘遮道。怪石盤據。不可着足。豈仙靈秘術。非人可尋。不然。天寶朝。邑簿任知宣。何令垂下者遽返也。下視無底。日月星辰。眞耶幻耶。歸飯住持早膳。即同諸子緩步出山。由洞口之左。行可二三里。皆平山。不甚峻。景文伯文元珍烟客過尋石洞。余度此去僅得其半。帶無酒具。與伯喬遂先還觀中。坐白蓮池觀魚戲。大者僅踰寸。小者若針芒。然文綵波中皆五色。豈獨禽鳥乎。奚志之缺載。觀魚樂甚。各飯三巨觴。賈勇登麻姑峯。峯臨洞門之左。相傳有麻姑粧臺。麻姑乘鸞吹笙。常聚於此。其峯危立。亦可俯視也。四子歸。驕語石洞幽勝。余以麻姑奇險敵之。晚飲曾鍊師五牙酒。大醉。夜半起。作麻姑峯及葛仙祠詩。壬辰早起。方櫛。史巡宰送輿人至。遂早飯。各踴躍出山。景文伯文元珍烟客謀登玉女及聚霞諸峯。伯喬與余俱以濟勝無具。遂分曹而往。余乘輿東至石洞口。與伯喬步行入洞。徑曲林深。疊石如砌。若皇若窒。若谷若屛。不可名狀。至於當關二石。眞壁立堪爲門戶。上刻羅太史洪先詩。此洞爲邑人葉春及所闢。當其辭刺史歸。結逃菴於此。讀書十餘年。篤志嗜古。應詔旨出爲計部郎。賫志而歿。諸子俱有謁化父先生祠詩。祠在山中。亦稱精舍。轉舍右。草木叢莽間已聞潺湲聲。扶蘿而入。奇石縱橫。澗中水勢瀰漫。懸注旁洒。聚於池中。眞如噴雪。所謂洗耳池也。余題一詩於池上。遂出洞門。又西行而南。可三里許。由酥醪觀之後至青霞谷。谷口亦臨奇石。嶙峋可愛。洪侍御洗民部刻有詩・湛文簡建一樓於谷中・谷舊爲蘇眞人修鍊所・谷之旁・又有一巨石若僧帽・下臨溪水・乃不測之淵・聲如環珮・其上可坐四五人・與伯喬偃臥・作青霞谷詩・帶有天池茗・汲溪水・就樓旁一農家以老瓦盤烹之・飲甚適・農夫獻以山醪蔬薺・爲罄一壺・而償以値・堅辭不受・杜詩云・淳朴處自有山川・信夫・乘輿出谷・則日隱隱在虞淵・已歸飯後・篝燈錄紀遊諸詩・各就枕・

癸巳早・輿人復至・六子謀並騎・曾鍊師載酒相從・是日雨霏霏如雲霧・筍輿由洞之西・魚貫而去・且雨且行・竟不知衣裳之濡染也・南折數百步・入山麓間・田疇相望・廬舍鱗次・村中鷄犬・隱隱雲端・行可十里・則樹木蒙翳・開徑甚小・輿人俱從鳥道中行・漸入深窅・經黃野人廬・過舊菖蒲澗・采菖蒲・蒲一寸九節・異於他產・然世又傳蒲澗在吾廣白雲山・乃安期上昇處・今志在羅浮・何也・稍去一里・覓御園故址・園爲唐朝所賜・又二里許・見怪石嵯峨・摩雲插天・高者可數丈・低者亦數尺・溪聲撼石・如鳴鐘鼓・稍上孤青峯・峯下即崖削立・是爲黃龍洞・洞前南漢劉晟建天華宮・甘露翠蓋二亭・鑿濠開山・往來于此・葛洪西菴與宮・今俱不復見・洞高數百丈・勢加建瓴・巨石怒撐・雨水如玉龍從澗落・聲響若雷・飛湍時作・淫雨到此・棄輿而步・余魂怖不能行・即輿人翼之而上・摳衣若飛・遂先登洞中・左有四賢祠・爲湛文簡建・右有天華仙洞・爲龐太守嵩建・四面寒風股栗・不能久立・諸子後至・藉草飲曾鍊師酒・作一詩・飯畢下山・日尚未墜・歸途尋梅花村・村故農人所居・參差老幹・與他樹間植・所謂師雄夢者安在・灑人云・此去水簾洞可二里・於歸途亦便・諸子俱往・稍近・望之在蝴蝶洞前・懸崖千丈・轟轟下瀉・澎湃百狀・飄者如雪・斷者如霧・綴者如旒・挂者如簾・散入山足・森然四合・湧若沸湯・奔若跳鷺・其聲蘊隆・日夕不絕・諸山之水・此爲最奇・雨中雅遊・又窮一日・歸觀則道士已撞鐘明燈・余覺體倦・稍寐片時乃飯・

甲午晨起・與諸子謀登飛雲絕頂・黎明戒輿・隨裹以糧・平地可輿則輿・險處欲步則步・將午乃抵瑤石臺・高數百丈・皆壘石天成・嶙峋異狀・中多光潤如瑤者・下有奇花異草・吾郡黎秘書讀書於此・經游作一詩懷之・東北望見日菴若咫尺・聚霞飛雲諸峯・憊不能上・俯而西南・由君子巖出蓬萊閣・憩大石樓・樓有石門・方廣可容几席・俯視滄海・蘇軾云・山不甚高・然可見日・亦奇也・拾野炊作午飯・飯畢・尋小石樓・相去五里・兩峯相際・石脊爲橋・過此望鐵橋如天上・已尋泉源福地・不能窮其勝・豈華子朝閟之・以輿人告倦而下山・歸途返照在林・勝於昨日・或亦仙靈所助耶・入觀・取丹砂丸・萬年松・采菖蒲及棕杖諸物・風雨驟至・游不可續・山靈善妒・或亦宜然・遂謀出山・亦以五羊之仙蹟未登・故促於歸也・乙未早炊出山・與元珍同見五色異鳥百羣・若有留人意・而泉水潺潺時咽・則似相送者・黎明乘風雨霑衣・澗水益漲・又增一奇觀・輿竟行入暮・乃抵舟中・唐令公以事入府城・不及少晤・留一詩爲謝・黎明解纜・連霄而行・

丁酉日・過午即抵五羊・遊可二十日・在山中四日・於茲山未窺百之一・志載羅浮高三千六百丈・周迴五百里・峯巒

四百三十二・碧霞飛雲聳其尊・鯤壑鵬冥滙其廓・即窮章亥之步難也・相傳上有桂樹神湖・不一寓目・尤恨不登絕頂・觀赤輪初出以爲缺・會典眞諸仙橋・可望不可至・豈眞仙凡所界耶・羅浮在海上爲洞天・嶺之人士・至有老死不相往來者・余跬步未出門・何緣得策杖諸山乎・或於仙侶有夙緣・則幸俟我於鐵橋側・歸粵秀山房・爰筆紀此・計兹遊得記一・銘一・賦二・古近體詩若干・

游七星巖記

端州石室・志稱神仙下都・則七星諸巖獨標其勝・己亥歲・同邑人梁少周馬仲高曾游此・差窮水洞之勝・共賦一詩・他未遑及也・辛丑秋・亡友劉道子約纂巖志・不果・丁未・偕朱季美萬伯文入端・僕夫已駕・遂爲妒雨中止・及冬而田兆祥開幕府・託梁元珍屢柬見招・時以襄先慈事不能來・忽忽六年・先君子見背・苫塊間安敢事遠游乎・卜吉將掩先人之土・入廟寧・乞志銘於大學士蕭公・乃戒舟冒雪而西・同載者有族叔理先・從弟子宏・

初十日・自五羊發舟・十三日泊崧崖下・次早携具・三人由城東門出・經慧日寺・過寶月臺・謁侍御馮公祠・少憩・徐行阡陌間・一望平疇十餘里・丹楓雪色・相爲照映・度飛虹橋・左折爲三元閣・閣在水巖前・高爽能遠眺・西望都嶠勾漏・若隱隱在眉睫・下樓即入水洞・洞以冬涸・可盡遊覽・乳石亂垂・若佛像・若鐘磬・若魚鳥狀・變化不常・平地廣址・容數千人・命侍兒酌酒・與諸叔弟觴其下・作午炊・飲畢・升階數十武・謁大士巖・又下轉・爲西龍潭・潭陰黑不辨面孔・久塞閉・不能游・近爲永春兵憲李公所闢・書西龍潭三大字於上・由潭側出・一小徑僅容足・下山腰・爲六祖堂・旁一小樓・自樓後度險捫蘿而下・其絕頂爲紫竹洞・洞前多產竹・其色紫而節密・異於他種・採數株而歸・出洞・沿故道而別水巖・從左邊入大殿・登玉虛宮・宮在山之最高處・行履頗艱・余若吳牛狀・入宮禮元武大帝・所供香爐如古鼎・數十人不能扛者・未知當時何法緣得至此・去宮出殿門・直尋瀝湖・覓一小舟・沿堤蕩槳・鳧鷺魚鳥・自來近人・至流霞島・島在湖中・淸幽絕非人境・聞春夏水泛溢・荷香十里・采菱欸乃之歌・相接於耳・遙望孤嶼・眞不啻三島云・至此舍舟登岸・行里許・升階數百級・至太守鄭公祠・從祠後直上絕頂・謁三仙祠・下視諸巖・若龍降虎伏・不可名狀・仰觀山日・業在虞淵・急足下山・新月掛樹・竭一日之力・不能窮巖壑十之一・差勝己亥歲從馬梁二君時游耳・還舟記之・共得詩古近體七首・

游白石洞天記

友人黃尊元・丙午秋訪我半竹亭・業訂白石之約・一別六年・鱗羽不至・何論宿諾乎・夢寐潯陽・竟無虛夕・不謂壬子臘月得假道一過也・朔日・維舟江上・入訪尊元隱居・歡然道故・仰視白石諸峯・已在簷宇下・蒼翠逼人・若以手招余者・索尊元浮太白以酹之・即約初五日啓行・是役也・偕者尊元仲黃父子・次龍君叔玉・又次爲余鄉人關周堂・皆勝情勝眞者・或輿或騎・昧爽渡江・鱗次就道・計八十里・可至山中・以冬餘短於晷・且輿人不熟嚮導・稍爲逗遛・至一農家晚飯・則日薄崦嵫已・越宿乃行・不十里而登一嶺・最高且險・歷險・險盡爲平坡・坡上青松・百株夾道・升階

數百級・回視潯郡諸山・不啻邱埠・山中諸僧出迎・同入白石洞天・祠宇頗麗・爲大門・爲儀門・堂廣如許・祀三寶如來像・具作莊嚴妙相・從堂之東出・爲香積厨・厨後一山聳出・泉下如垂簾・飛瀑四散・僧以竹引至厨下・其泉甘而冽・不減羅浮洗耳泉・泉之稍西・爲觀音大士閣・閣後懸崖絕壁・削立萬仞・其色如芙蓉・其形如列障・楊天培書白石洞天四字・刻於其上・出觀音閣・西行里許・怪石嵯峨・蓬棘塞道・尊元鼓勇先驅・抉草尋源・跣足沿一水徑而入・見兩山夾峙・上插青霄・中開穴戶・僅可容身・余一侍子前導・黃仲黃尾之・余追仲黃・偕行數百武・不覩天日・祇寒風透面・畧見微隙有光・睇望無際・下瞰重淵・蓋不知其底止・豈志稱通勾漏者即此耶・余有小壺天洞詩・爲是也・

出洞西・過三清觀・觀在山腰・上乘玉乳山・覆如屋・可坐千人・下有一孔・寬尺許・亦云葛洪常往來於此・然俗眼正不可窮視耳・旁有石龜・龜上有水注如滴・或歲旱・鄉人禱之・擊觀中鐘鼓・水即旁注・其雨立應云・道士年九十餘・出山中酒小飲・飲畢・望李仙巖・巖在觀之絕頂・無徑可躋・中似有石几石凳狀・几上置奕棋・山中採樵者閒或見有老叟對局・爛柯之說・果非浪傳也耶・歸觀音閣稍憩・午飯後・又出洞前之東・行二里餘・尋白雲窩・謀登會仙巖絕頂・周望仲黃・翩翩健足若登仙・余同叔玉尊元緩步入洞口・循梯而上・自洞口至窩處・約有十二梯・梯有四十層・梯盡處・即以手捫蘿・以足掛樹而上・不啻猿申熊引狀・至窩時・余汗如雨下・視觀音閣及三清觀・又若邱阜然・窩上平地里餘・古木千章皆合抱・異鳥奇花不能紀・馴鹿奔猿・

俱龐眉皓首・擾人膝下・中有一精舍・祀六祖禪師・一僧司香火・絕非人跡所到・此僧孤臥山中・不下梯者七載・不飲不食不言・逢人但有點頭笑耳・遇此奇人・惜無能得其指示・適周望仲黃自會仙巖下來云・此去尚有十梯・乃至絕頂・險阻又倍之・余苦寸步不能履・遂相率下山・時返照尚掛松上・出洞口・則新月將斜・寺中漏下四刻已・僧具齋飯飯吾黨・及訊其巖洞之奇・云尚有獨秀達摩石諸絕・不容置足者・吾黨所游・僅嘗一臠耳・諸子就枕・余篝燈記其事・得詩若干首・亦足以酬山靈・且踐故人十年夙約・餘俟異日云・

游峽山始末記

萬曆辛丑夏六月・與友人黃伯雨萬伯文約爲峽山游・歐子以初七日治裝・泊珠江・候伯雨不至・拉蘇考甫李伯襄避暑慈度宮・晚得考甫門人馬生・携具飲甚愜・醉別馬生・三人夜宿舟中・弦月初上・望澄江如練・忽微雲蔽天・風稍起・舟人移泊于荔枝灣・竟夕元談・皆世外語・獨恨是日招傅貞甫不赴耳・次早復繫舟寺邊・觀暹羅諸夷人拜懺・懺畢・貞甫方掉一舸來・考甫遂以他事別・伯襄去治行李・約同游・獨余與貞甫較奕寺中・遞奕遞飲・日方中・貞甫十不得一勝・復起・借方丈小憩・良久報伯文至矣・操舸頗鉅・携其徒弟儒及陳梅卿張世昌・皆同遊也・方擬治酒餔爲河朔飲・游人扶妓彩鷁中・接踵而至・妓不甚美・然游人皆城中豪少・吾黨所熟識者・遂爲嚼大觥・至暮・游人去・伯雨伯襄俱爽期・余與諸子醉臥江心・月色如畫・醒後乃飯・各賦一詩・伯文訂黎明解纜・午後果泊靈洲寺・訪鏡心慧宣二上

人・慧宣從友人朱季美劉道子區啓圖往石室・余作一絕遺之・鏡公以上池水烹天池茶享客・並肅齋飯・其鄉孝廉子王君亦頗好事・聞吾黨至・携一榼與三白酒來・諸子各大醉・宿於寺前濃蔭下・分賦・是夕也・江中濃烟・新月頗澹・鳴榔欸乃之聲・相接於耳・諸子浪謔至夜分・人無不絕倒・潮長發舟・不及辭鏡上人・留一詩爲謝・

至午・小駐西南・浴於江滸・市鯆魚爲酒具・順風揚帆・余舟先至三水・候伯文舟來・携酒較射於縣南郭・值邑令郊迎兵憲李公・見吾黨儒人・物色之・吾黨匿不肯見・各作一詩紀事・余有浪迹堪如此・何勞問姓名之句・盖道其實云・諸子各還宿舟中・十一日・發三水・未及數里許・颶風大作・水逆風狂・榜人報以重載則舟難上・於是率諸僕登岸・赤脚沿崖行數里許・風益大作・飛沙捲浪・對面不辨牛馬・何減廣陵八月濤也・余有阻風四絕・諸子各和焉・是夕維舟於哨堡前・在田間各飲數大觥・以敵風雨・十三日午後風息・方徐進舟胥江・十四午抵廻岐・晚至淸遠城下・折東十九峯主人朱少襄・爲飛泉洞主萬伯文作一詩招之・少襄來訪舟中・薄暮並掉往中宿・遇大雨驟作・住淺沙中・須臾復晴・月色波光・相映上下・諸子昏昏就枕・獨余與伯文推篷玩月・談至夜分・余有懷故一絕・十五曉度峽・遠望峽口相連・不辨山色・舟中與貞甫各賦一詩・黎明至寺前・少襄與寺僧已掃徑候矣・邀入涵碧堂・登大雄殿・禮釋迦佛・俟伯文・梅卿・儒・張世昌至・折步而西・入飛泉洞・渡石橋・是爲綠雲樓・有飛泉洞石刻三字・乃亡友鄧德咸筆也・樓後頻婆樹下・鑿曲水流觴池・池東有石罅・出泉甘而且冽・少襄銘曰玉液磨崖・有宋人筆蹟・取泉試・而池茗不減五羊學士泉・池西爲瀑布積流處・循泉而北・懸空十丈倒瀉下來・如環如佩・到此暑氣盡消・金谿王按察銘曰・衆山皆響・閩中李兵憲銘曰・振鷺之泉・又沿崖而上・巖深廣濶・有鐵色・壁立泉從天而來・若垂珠簾狀・又若鼓吹狀・側身仰視・不寒而慄・石前有石牀曲磴・飄飄然別一仙都也・寺僧携一榼・觴於亭上・寺僧爲法傳上人・頗有興致・諸子各飲數行去・而寺之泉・由定心泉出・一名挹泉・胡僧跋多羅鑿石所得・升數級・登二帝子祠・祠具峽山記中・讀社人劉道子祈高禖詩・伯文書紀游於壁上・循祠旁出・行數百步爲半雲亭・余與梅卿駐足於此・亭當山腰・稍峻・下瞰江流・帆檣來往・閒以野花雜樹・茂竹長松・古崖蒼翠・更來相逼・遠望諸山・鱗次羅列・令人應接不暇・眞奇觀也・伯文儒張貞甫世昌俱健足・先登飛來古刹・余二人逡廵繼至・相與飲僧茗・古刹歸然・三寶莊嚴大像・猶是梁唐物・地上橫二柱・將朽・乃延祚寺原飛來者・命侍子以刀斫之・當然犀・過寺後・則荆棘遮道・垂藤翳牆・山鳥答語・游至此・峽山之勝盡矣・

稍上・東爲和光洞・安昌期得道處・傳五色榴花在焉・西爲歸猿洞・孫恪所授碧玉環者・今安見乎・猿聲墮淚・亦足銷旅客之魂而已・諸子復捫蘿上獅子石絕頂・余以濟勝無具止之・與梅卿返飛泉洞小憩・驟雨大至・飛泉益增奇觀・烹上池水甚適・少襄治具・備主人禮・諸子浮大白・務醉而止・少襄先賦一詩・要諸子和韻・余成之甚苦・若金谷而在・不勝其罰觥矣・晚稍晴・圓月挂嶺上・出寺前觀縹幡嶺

兩峯・相峙如屏・光霽掩映・所謂涵碧灣者不謬也・張燈堂中・爲萬・儒・張作小楷・書紀游諸詩・旋復與諸子飲法上人小榼・各大醉・宿涵碧堂・十六早起・過二里・尋二帝子讀書處・則平林草莽而已・旋登伏虎樓・讀文敏霍公所爲驅虎文・與韓文公驅鱷魚・本同一類・午飲法上人供具・醉臥洞中・醒而痛作・聞諸子更窮茲山之勝・余病不能從・十七夜・舟遇明府穆公・招飲舟中・進・相從出峽・別茲山矣・

余平生履不能出戶・茲得假十二日之力・以縱觀山水・庶幾勝於臥游乎・不知身世尚在人間也・遂援筆記之・若夫古蹟・俱載前人記中・茲不當述・

家虞部公傳

公諱大任・字楨伯・廣州順德人・以歲薦起家・歷仕至南京工部虞衡司郎中・故又稱虞部公・宋右文殿學士公十五世孫也・父曰贈奉政公・元配孔太宜人・於正德丙子孟冬二十五日實生公・就館之夕・紅光滿室・太宜人心竊異之・奉政公行淳篤・有長者風・而又好讀書・所著沙洲稿・行于世・舉丈夫子四・虞部公居長・次公衡仲大鈞・叔子明大謨・季子經大章・皆翩翩不類田家兒・獨公少時朗秀異常・五歲・奉政公口授之書・輒成誦・見客・客使屬對必工・九齡從里塾師・日呫嗶習經生業・已悉胠奉政公篋・得五經檀弓左氏莊列屈原李杜諸家言・旁讀二十一史・奉政公奇其意・弗禁也・遂能爲聲詩・藉藉傳里中・而更精春秋公羊穀梁胡康侯傳・就試有司・俱第一人・弱冠以儒生入棘闈・試卷爲大參項公所得・大嘉賞識・首薦于部使者曰・毋論麟經・可稱白眉・即二三場淹通今古・恐亦非帖括家所易得・宜亟收・衡文者竟以一二字違式見擯・甚非項公意也・項爲黃文裕公高足・闈後竟持公卷以呈文裕・文裕賞識如項公・公始執羔鴈同梁比部公公實・黎秘書公惟敬・潘光祿公少承・朝夕師事焉・文裕賞公・見所作南粵賦曰・

鬱巃嵸嵬・崔嶒二雲・以啓疆兮・陁靡而望國門・衝飈勃怒・陰霾晝廷・皋衍莽沒・墉壘屈盤・蒼龍左蹠・觜觿右騫・差以騂騮・攤之坎㷇・廓泬寥而閌閬・突玢璘而斑斕・驅招搖以騰歷・傾碣石於巑岏・大海茫茫・水之都兮・奠百粵而爲邦・淡漫瀄汨・澮浥滂溏・陽侯沛沛以湧沸・天吳九首而縱橫・驟霆轟以電逐兮・紛雪卷而嶽崩・軒轅之邱・鸞歌鳳舞而不下兮・鵬扶搖而上征・帆可引於蓬萊方丈兮・安期羨門翩繽紛其來迎・鼉鼉鰌鱷吹沫而驤雲兮・神龍夭嬌於天溟・蠶水馬而鬪犀牛兮・蠡萬族而滀毦・潮甲子佛堂而東來兮・艨艟艅艎蔽海日以鼓行・緊蠻揚之通關族兮・夷越鎭于楚庭・循江漢以疆理于海兮・周髀測景而南極・明盼臯鄉梅里而不可即兮・遯叢薄而畸零・梅鋗胡害介番陽而入秦兮・適東井之聚星・急尉佗之代嚚兮・檄橫浦湟谿而戍兵・烟火萬里兮・眇中原絕嶺守關兮・箕踞尊軺車走兮・唇舌翻符節馳兮・璽綬緊變魋結兮・襲衣冠拜朝堂兮・奉漢藩裝千金兮・使者還海錯獻兮・報賜膰・於是封五嶠而奠區・極十洲而斥境・制關楗以邀邊・幷要荒以畫井・荔浦桂林・謝沐洭浈・跋踵僥僥・北戶比景・引羸𨻻與麋次・羈雕題而繡龍・帶以龍編之城・珥以零中之梗・指甄駱以南麾・繫荊吳而北騁・叱贔屭而突蚴蜎・標礐礰而觸螟蜓・東治長沙・曾何足以辱

蕭斧兮．呼豹象而役蛙黽．踵嶺袞瀧而肘邪階兮．周袪亘海浩橫流．折箠以役屬百蠻兮．黃屋左纛而威諸侯．入朝請于咸京兮．帝南武而娛游．金鐵田器之絕關市兮．禁牝馬之與母牛．士卒曾不得衣補兮．何可以帶甲百萬而與漢仇．織旅命于上淦兮．胡嬰齊猶雄長乎一州．夜郎桐師之延緣巴竇兮．枸醬溢乎濱瀛之市鄽．樛女在而終童死兮．卒長纓之不可羈．鼉與蝦蟇之交鬥兮．卜南海之兆師．樓船出湞水兮．江淮十萬又下瀨而度灘．馳義道牂牁以會番禺兮．揭陽逗遛乎搴旗．尋陿石門之鏖擊兮．摧鋒陷堅而引麾．漢聞喜而獲嘉兮．海氛蕩乎黃交．覇基頹而冢社屋兮．未百年而亡之．蔓草蒙歙．荆棘離披．宮闕已毀．隍塹已夷．高臺爲麋鹿之野．巨浸爲鵝鶩之池．鶴乘軒而罷戰．鸞呼道而不馳．旋風而飛埃眯目兮．寒蓬卷而蔽天．洲蹇產以善崩兮．波怒激而潺湲．感往之壹鬱余懷兮．彼公歷之何足以涕漣．嗚呼哀哉兮．海壖非據．江介可恫．鯷壑無百二山河之險．枸軹靡三千組練之雄．愧田橫於島上．羞吳芮于鄱中．恨鹵至之已後．惡狙詐之弗恭．豈皐陶不祀．信陵荒墳之足慣惋於故封哉．誦曰．陸梁之地．秦守粵門．鐔城疑塞．南野餘干．海外有截．甲弩戍屯．實闢南武．獩貊通焉．渟滜彌望．綿亘百蠻．翡翠珠璣．象齒犀角．白雉紫貝．朱禽孔雀．瑇瑁珊瑚．琅玕琥珀．丹砂空青．神芝異藥．服食之屬．各以千百．飯食羹魚．蝌鱉蠃蛤．蘖麴鹽鼓．蹄躈皮革．桂蠹鮫衣．錫越絲葛．鐵冶鼓鑄．刀劍洒削．果布輻湊．華卉珍芳．甘蕉橘柚．菖蒲山薑．甲煎沉水．指甲蜜香．離支龍眼．橄欖檳榔．匭入色貢．充溢上方．海賈什一．國以富强．建德不道．餘善請擊．伏波南來．有征無敵．强不可不儆．盛不可不惕．雍門有哀．愴矣陳迹．

覽畢．嗟嘆良久．以爲莫及．謂在孔門．必登游夏之堂．即入漢科．亦入董賈之室．其見重如此．餼廩學宮十餘年．每試必冠軍．督學林端簡公雲同．張來溪公希譽．嘗合十郡異等士三試之．俱以公爲第一人．是時邑令莆陽方公君敬尤爲折節．邀爲郡丞陳公士鵠與其子督學公子及讀書署中．制舉之下．益發憤下帷．遍攷國家典故以及律呂天文輿地諸稗史．嘗與修廣東通志．多所攷訂．以補前人之缺．其譔大司馬翁公萬達太守唐公守勳諸傳．尤得班馬體裁．纂有平陽家乘二十卷．其自序嘗曰．

余歷述皇帝以來爲姓系紀．以先人嘗志斯事．世典譜牒．論次舊聞．網羅放失．自金陵初遷．苗裔綿遠．宗法固存．始祖之祀．雖尊雄州．而金陵以來．世次可紀．大任於是遡觀昱公而下．繫之國史．以爲世表．明大宗之法．使子孫萬世有所攷焉．我祖生當衰歷．唐自乾符以來．江淮盜起．至梁開平乾化中．楊行密父子濳據東南．觀昱公遷於此時．甫自弱齡．兼罹荼苦．未幾而金陵有徐温李昪之亂．中朝人士．往往避地嶺外．王定保李衡周傑．皆前代衣冠之族．乃不免爲劉隱所招禮．獨我祖戢翼綿圃．濳鱗菱潭．迨宋之興．始以其子策名上國．受祿位焉．故由提舉學士以及武仙公．八世簪紱不乏．上舍公當宋末猶能與樂清劉黻吉水鄒鳳伏闕上疏．條陳政治得失．劾賈似道專政誤國．其言不用．歸構九峯書院．聚徒講學．著有詩文

集十卷·散佚過半·大任始輯其所存者三卷·並理學簡言一卷·付之梓人·非敢求行于世·亦吾家之天球河圖也·

夫公八戰棘闈·俱弗獲雋·當世廟癸亥春·以明經入貢需次于闕下·一時天下郡邑士千八百餘人待試大廷·瞿文懿公景淳爲宗伯·讀公卷大驚曰·此一代才也·必當以古文詞登壇藝苑·特進御覽·列名第一·都人士無論識不識·無不知南海有區楨伯先生已·値太倉相國王文肅公讀書中秘·固麟經宗匠·深賞公經藝·延歸家塾·與其弟督學公元馭結社課文·更索覽其所爲家乘而序之·語具序中·甲子秋·就大京兆試·亦幾入彀而復罷·遂謁銓曹·循資授直隸江都文學椽·是時濟南李觀察于鱗·瑯琊王司寇元美·吳興徐方伯方·與武呂吳大參明卿·新都汪司馬伯玉·豫章羅憲副德甫·銅梁張大司馬肖甫·上蔡張中丞助甫·並建旗鼓·雄視中原·皆從郵筒中緘致詩札·各願得交歡於廣陵·開竹西社·羣諸子弟陸無從弼·及山人茅平仲·郭次甫·程子虛·李季常·陸華甫·吳叔承·朱仲開·邵長孺·吳虎臣·康裕卿·日相倡和·王元美·李于鱗·徐子與三先生·又聯騎過訪其學宮·苜蓿留歡·數日乃別·題咏諸什·幾與廣陵濤爭勝·人皆誇以爲盛事云·雖不及追宗督學子相遊·而受命部使者爲宗臣立傳·李于鱗稱其有良史才·洵不誣也·

隆慶己巳·漕運中丞方公濂首薦于朝·遷河南光州學正·中州人士·鮮有好學嗜古者·公至光·晨夕進諸子弟·誨以躬行·品以經術·然後旁及諸子百家·士始有力行慕古·所歷中岳大河·弔漢宋故墟·至今傳誦·其光武廟朱仙鎭諸作·可追風雅·遷邵武府教授·以孔太宜人喪奔歸·服除·補南康府·未任即擢國子監助教·專以作人勸學爲本·六館諸生·大半執經門下·人謂韓愈四門·胡瑗直講·不能過也·値顯皇帝幸太學·賜衣一襲·公賦臨雍頌以紀盛事·上亦先聞公才名·一日萬幾稍暇·親灑宸翰「躬作不一」四字賜之·字大如斗·筆法遒勁·字畫楷整·時上猶沖齡也·公日夕焚香披對·致政歸里日·特築寶翰樓藏之·以爲世珍·

時館閣諸公稱詩者·雲集輦轂·如許歙縣·張新建·沈四明·趙蘭谿四相國·王定安·劉邱任·何信陽三宗伯·沈君典·趙汝師·王胤昌·范伯楨·黃懋中數太史·王奉常敬美·方銀臺允治·邱計部謙之·邢侍御子愿·湯堯文章顯純兩國子·李宛平襲美及吾嶺南梁舍人思伯·爭相把臂·至郢中大司空曾公·則最爲暱好·稱爾汝交·其後有張羽王·魏懋權·喩邦相·沈純甫·胡元瑞·田子藝·胡孟弢·屠長卿·郭建初·莫雲卿·張元易·馬用昭·門人則程無過·程虞仲·潘子明·詩僧如鎭繼·正秀·德清·如序·間引爲方外友·都市詩壇·會無虛日·亦一時之盛也·公有季弟·入燕訪公·亦以詩畫鳴·得闌入社·會稱爲大小歐·其三弟鳴叔公·以諸生工詩律·嗜酒·早即世·仲則以詩寄於商·卒金陵·公有文誄之曰·三人儒業·一人商遊·商既不遂·儒亦未顯·讀之令人酸鼻·

己卯·改大理寺左評事·公謂刑獄重典·一成不可復變·每巡城御史及司寇郎至論囚·必夜閱文卷·朝審囚徒·有一可以平反者·無不殫心細鞫·其從輕出罪者最多·閹宦姪有殺人·司寇以小火者抵罪·公再三難之·會火者擊登聞鼓鳴寃·比部四五曹郎先後鞫審者·固以嚴卿讞詞再至·曰·政

府示謂此蔽於火者也。公曰。火者與其人毆於一月前。及再毆。下手致命加攻者。非火者也。豈得以受賄寃人。大理不知畏人。只知畏三尺耳。卒直之。一日。大理兩封事入。其一許戚畹家人論絞也。中貴人自內出。據中門受諸臣封事。曰。大理兩封且去。公裂眦大呼曰。大理臣奉陛下法。評當論奏。誰敢沮却御前封事耶。一時府部卿寺臺省諸臣同上奏者。相顧吐舌。權相當國。足以奔走天下縉紳。欲留公入爲副制。使所知諷意。公引嫌遠避。而南工部之命下矣。初遷屯田司主事。於屯種蘆課班匠按科藉。理積弊稍稍釐正。壬午。轉虞衡司郎中。諸軍選窰冶工作。多與內府監居相連。按以舊章。所營造宮殿陵廟城垣。無不完備。與同官祗役督修孝陵。有白金文綺之賜。鼎建元武門竣工。

甲申秋。年僅七十。即上書乞骸骨。得允。便單車就道。已居金陵。結有清溪社。□□淮李侯惟寅。西寧宋侯忠甫。誠意伯劉國楨。顧司勳道行李同封□□劉大理長欽。許奉常仲貽。余太史孟祥水部相金。臧博士晉叔。□□□宗漢及孫齊之。張幼于。王伯穀。殷無美。金在衡。汪仲淹。俞仲蔚。曹子念。汪仲嘉。梅禹金。梅季豹。黃白仲。陸伯生。周公瑕。吳公擇。沈士範。李季宣。錢功父。汪象初。俞羨長。胡茂承。盛仲交。汪禹文。管穉圭諸先生爲詩酒會。公飲不能栖勺。然每夕讌集。既達旦不倦。平生無媵與妾。陳宜人夫妻相敬如賓。自少出就外傅。歸必揖兩尊人然後飯。配室後。夫婦出入必相揖。所至宦遊。必携一老記室曰李生英。亦能詩。楚楚有聲於海內。至今猶有誦李英詩者。雖不能勝方回。而度出蕭顥士杜亮上也。由秣陵歸。道經吳門。訪王二仲于弇園。入都數往來豫章。其朱邸之交。則宗侯用晦貞吉宗良孔陽巍甫佳甫芾斯同伯子深鬱儀諸先生。

歸就赤花洲上。鑿池開徑。藝杞菊以供賓客。構清朗閣以藏積書。雖至老。非大寒大暑不輟卷。絕不問家人生產。田園無所增益於先人。獨倡子弟設祭田。建家廟。祀奉政公及孔太宜人。朔望禴祭。一如家禮。又設宗法。立族老族正以率宗人。冬至會三千餘衆。瞻拜祠下。衣冠雲集。尤他族所難者。鄉居罕入城市。部使者藩臬郡邑諸大夫罕得覩公顏面。督學就李郭公親造其廬。偕入羅浮訪葉民部化甫先生。盤桓於四百峯間。遍爲題咏。間爲赴浮邱社。入五羊。會省人士擁道而觀者。皆稱爲神仙。覩公温然之容。與藹然之度。似無貴賤長幼。俱樂與笑談。然涇渭甚明。門牆頗峻。家食後。非通家子弟與名士詞林。不容輕入一刺。在城則故人黎惟仁。唐寅仲。鄧君肅三先生。及朱季美。劉季德。黎君璽。劉道子。蘇叔大。潘子遷諸子。餘外寥寥也。居鄉則黃少嘉。關伯玉。李裕德。關少璋。黃元光。族屬諸子。如虞卿華玉少功啓荐諸伯叔。及先府君啓明。招入遽園。談詩爲樂。大有竹林風。遠客則莆陽吳山人元翰。高涼李孝廉惟賓過訪。或徵詩或乞文者蹟相接。而公應之裕如也。七十餘猶矍鑠。拜起如壯年。歲時伏臘。與宗黨讌會必劇歡。即童稚繞膝。亦嬉笑盡日而去。必元弱冠補諸生。間得侍公杖履。或同舟來城。縱談竟日。或讀余一二少時初作詩。曰咄咄。孺子可敎。爲之點竄一二語焉。嗚呼。今已矣哉。

公博洽不出文裕公下。故其詩文大都典雅有法。沉鬱而不鑿空。非少年以汗血逞者。所著有百越先賢志四卷。家乘二十卷・廣陵十先生傳一卷・思元堂集八卷・旅燕集四卷・軺中集一卷・浮淮集七卷・游梁集七卷・南翥集一卷・北轅草一卷・雖館集四卷・西署集八卷・秣陵集八卷・詔歸集一卷・蘧園集十卷・虞部文集七十卷・行于世・當世作者無不知有歐虞部詩文已・但其胸羅典籍・識豫經綸・則未有窺之者・余讀其在江都時所上兩淮灶鹽事宜曰・

私鹽不禁・官鹽不行・官鹽既平・私販自息・祖宗時・商人之鹽本少利重・民食賤鹽・鹽灶有工本之給・受惠甚厚・私鹽豈能復行・今客商用本既多・支賣歲支・而官鹽貴矣・灶丁每正鹽一引・僅得賑銀五分・而恩意薄矣・此民間灶戶所以寧不畏法・而願食賤鹽・敢于私販也・不求其本・必欲盡法繩之・朝鞭夕撻・日亦不足・徒苦肩挑背負易食小民耳・必如明示傚工本鈔遺意・官收灶戶餘鹽・恩威並舉・著爲令甲・漸復舊制・是謂澄源・且兩淮鹽課・除本鄉徵銀外・三十塲俱徵本色・惟莞瀆一塲折色・後白駒塲准納折色五分・西亭塲准納折色三分・嘉靖十八年大水・各塲俱暫免納本色・每引折價一錢四分・其遞年總催拖欠・折追價銀二錢・自今言之・其納本色・不若折色爲兩利也・納本色・在灶丁則有篸蓆之費・風雨消耗之費・吏胥常例之費・合在比照・兩浙見今事例・俱納本色・每引以二錢爲率・量分塲分・豐歉價因低昂・類解運司榜派・扣商應納賑銀支給・聽商賈自補・庶灶商兩利・而包賠之患可免矣・屯田之弊・莫甚於爭占・清理既明・必公于撥給・今須查每衞指揮一員・管屯軍若千千百戶・每員各管屯軍若干・某某下該屯田若干頃畝・又各官軍餘家人自耕種者若干頃畝・年故者除・新僉者補造入冊・沿衞查清・如多者即屬占奪・有軍無田者即應撥給・蓋聞國初屯田鹽法・相爲表裏・邊屯既廣・糧草日賤・商人中納本色・飛輓易集・此邊境所以富强・而夷虜所以畏懼者也・

當事採之・著爲令甲・其在國子時所應詔上封事者有四・

一曰率講習以敦明實學・二曰申法制以廣生徒・三曰修載籍以重掌故・四曰崇實學以表賢才・其意以爲國初薦辟・科貢并行・即嘉靖初年申三途並用之例・於是以舉之監生孫翥爲給事中・歲貢監生張澍爲御史・一時六館諸生・爭思奮勵・皇上光嗣祖宗・敦學明倫之始・伏乞勅下該部・甄拔六館行誼端方之士・容臣等從公薦舉一二・以備擢用・安知貢無師逵許觀・舉無夏原吉陳獻章・蔭無張敷華・例無羅圯輩哉・

疏上・舉朝韙之・欲著爲令甲而不果・觀公所建宦蹟與所敷陳事宜・鑿鑿可行・言言可采・非老成經國・洞晰古今・寧渠恍惚乎・至于以評事抗戚畹・犯閹宦・避權臣・尤人所難・奈何徒以博雅修詞概公也・致政後・得優游林泉間十餘年・年八十・乃終于正寢・子一・莘字子耕・能詩・先公卒・孫一・胤昌字裕穀・爲國子生・曾孫興沛等・俱世其家・然廉吏之後・家無負郭・即世四十餘年・幸藩伯孫曄芝公念家世誼・捐俸以助麥舟・今則邑侯劉公申請・而督學魏公嘉意作興・始附祀于宮牆俎豆・亦千載一時也・故敢爲之論次如此・

必元曰・王弇州有云・余讀太史公敘致九流・顧獨不及

文章家・言詎藝乎哉・誦者少其貶詘節義・然至傳叔田司馬相如・抑何其詳亹厭志也・范詹事成漢書・陳承祚志三國・稍稍具列獨行・文苑稱有尙矣・今虞部公以詩當世・以博洽見重詞壇・但未聞以篤行政績著・得非以藝掩乎・黃文裕稱其登游夏之堂・庶幾知言・後世有知己出・當不以茲傳爲阿所好・

黎公民表傳

黎民表・字惟敬・從化人・御史貫之長子・自少穎異・九歲習舉子業・十三補邑諸生・二十與計偕・屢上春官不第・慨然有歸隱羅浮之志・以母促之仕・始就銓・授翰林院孔目・吏都司務・入典秘閣・與制誥・乙丑・擢南司馬郎・轉民部・飛輓雲中・行至天雄・召還侍經筵・預修世宗實錄・成・加四品俸・修玉牒復修穆宗實錄・成・進河南布政司參議・仍掌內閣事□歷・己卯春・乞骸骨・疏三上得允・

民表賦性坦夷・內無城府・雅好讀古書・過目輒成誦・上窮掌故・下迄百家稗史・罔不涉獵・以故爲文自成一家・年方弱冠・才名籍籍・督學田汝成・侍御戴璟・嘗試以治論精華・大奇之・計偕・後師事宮詹黃佐・暇過清泉山中開社・日與弟民衷・民褱・友人吳旦・梁有譽・歐大任・梁孜倡和其間・嶺南詩書復振・民表諸人與有力也・宇內名流・多所結納・於吳則文徵明父子・王世貞・世懋・皇甫汸兄弟・王穉登・周天球・黃姬水・及廣陵空臣・於豫章則余日德・朱多煃・於越則徐中行・沈一貫・沈明臣・屠隆・於楚則吳國倫・魏裳・李雅徵・陳文燭・歷下李攀龍・銅梁張嘉胤・西粵張鳴鳳・尤所友善・游道將遍天下矣・平生工眞草篆隸八分・圖繪咸詣逸品・而中原之拔告單・更精於詩賦・瑯琊王世貞嘗謂民表四言古・自建安而下逮梁陳・靡所不出入・和平麗爾・七言歌行・有盧揚沈宋之韻・近體渢渢・全盛遺響・誠徵其詞而奏之・內叶以正始・鏗然而中宮商・蓋十得八九矣・知言哉・抽簪後・足不履公府・即爲今相趙志皐強出浮邱・亦絕口不言關說・日與故人及諸子弟復清泉舊社・吟咏其中・蓋飄飄有神仙想・誓不爲貴人作字畫・苟有賞心客・則盈篇累牘不厭・嘗往來西樵羅浮間・多所留題・雖田夫畯子・望筍輿而爭識其面・曰・此五羊黎秘書也・其見重於時如此・卒後・人得一字・不啻河圖天球・高風清節・大足爲詞林赤幟云・嘗與修廣東志・從化志・羅浮志・清泉志・所著瑤石山人稿・北游稿・諭後語錄・養行雜詠・皆行於世・子邦炎・辛未進士・歷官吏部郎中至大參・

歐必元曰・世能名秘書・莫能知秘書・余家大人嘗游於秘書・許而知秘書有古太邱風焉・其所推引後進幾遍域中・獨亟稱吾鄉區太史大相・林太史承芳・高使君爲表・鄧刺史良佐・曰・此皆中原騆也・後諸子各以文詞貴顯・故世多秘書能知人・傳云・名下無虛士・非虛語矣・嗟夫・世人高踞者・輒峻門牆以沮抑斯道・視秘書寧不汗顏・秘書方虎視藝林・故質行未著・余特表之・嗚呼・爲秘書者・安能有如秘書者乎・宜世徒能名秘書而不知秘書也・

明府翟公宗魯傳

翟宗魯・字一東・博羅人・少補博士弟子・學師聖賢・

居處必敬・行循古禮・與學者講學於泮宮・學者多師事之・時延慶招提寺逼近聖門・宗魯上書督學使魏校曰・鳳鴟不並樹而棲・蘭棘不並林而植・今泮宮壓招提・庠聲囂於梵音・青衿離於左衽・非所以息邪反經崇儒貞教也・徙招提登高鎮・以其地廣學宮便・校從之・後歐陽鐸來督學・檄諸博士・行僞而堅・言僞而辨者・悉以名聞・博士徐甲憚宗魯嚴・則以應條・宗魯上書・自請削籍・鐸疑之・廉得其狀・强起就試・遂舉於鄉・後爲宣平文學椽・一本其教於鄉者行於邑・嘗著學政・上督學孔天胤・報曰・不帥教者先斥後聞・其重如此・

己酉・遷融縣令・廣厲學宮・復廢學地租・每日焫蕭告天而後聽訟・片言立剖・十二峝猺來寇・宗魯率師禦諸郊・獲之・諭以禍福・頓首請爲編氓・其後他寇發・當事者復以轉餉屬宗魯・中道賊艘遮迎・諜知融縣・亦投戈而退・於是宗魯推擇諸猺子弟稍慧者・被之青衿・鉦鼓導歸・諸猺以爲寵・稍稍歸文教矣・一時在事諸大夫嘆曰・得一賢令・勝百萬師・信哉・藩司以獻程不及・逮簿往・宗魯謝簿無罪・罪乃在令・然賊未誅・致奪民田・損國賦・亦典兵者罪耳・藩司嘿然良久・曰・君且休矣・而御史朱有孚則齮齕之・有孚行部臨況縉紳・崇魯不候門・大怒・則遂文致其罪・明年大計・羣吏諸司皆署上攷・其毀不行・既覲・遂乞骸骨歸・

少傅翟鑾・問族東莞・宗魯先世自東莞遷博羅・同舉翟文祥・東莞人也・選謁不往・少師徐階・以父丞宣平・欲致之・亦不往・武定侯郭勛・咨子師於吏部梁津・推轂宗魯・月授粲二石・歲進金百鎰・宗魯謂權臣必敗・何爲自撲膏火・以無子辭・侯願進箕帚妾・亦竟不往・明年武定果敗・身初歸自融・脯饘不供・拜客之辱・則自持蓋出市沽醪・邀客班荆道舊・比鄰無糈・嘖有煩言・會賊畧大蓬・還過竹陣・前驅將入里門・渠問何爲・曰・有宦遊歸・求一飽耳・渠曰・是爲融縣・不能自望其腹・豈有餘波及爾耶・麾而去・比鄰聞・乃更來謝・家世素貧・薄田三十畝・僅足半歲之食・賒取諸麥與芋・至自操艇賣薪・妻楊氏・亦能忘貧・內外肅然・宗魯至死・喪葬不能舉・門人治之・後南海龐嵩邑人周坦葬於龍華寺東・

歐必元曰・士得一命而通籍・唯耽耽資斧是圖・童習白紛・一敗塗地・雖有苞苴・直同草木等耳・宗魯生不能望腹・死不能治喪・傷哉貧也・然自諸生時・業以崇儒貞教爲事・則其立心有足取矣・至於却權門・化頑峝・格大盜・又豈誇詞逞乎・語曰・人邈榮名・洵不虛耳・

大司徒張公津傳

張津・字廣漢・博羅人・鐸之子也・舉成化丁未進士・授建陽令・會處州礦賊流刼建陽・建陽無城・民皆有去志・津調田間兵・朝夕訓練・以張形勢・賊不敢近・事稍寧・遂議築城・又歲歉・出入糴羅于他邑・吏懼譴・爭欲上言・津曰・人七日不食死矣・自專之咎・予不可辭・遂徧詣鄉聚・閱民羸虛・戶口多寡・量給之粟・又勸富室分其餘以貸貧者・及憂去・服闋・除順天大城縣・治如建陽・復逋民千有五十・戚畹奪河間民產・以人命抵讕奏・津攝劾・竟還之民・召貴州道監察御史・奉命淸理江浙屯田・時朝推冢宰甚

亟・津力論周經劉大厦可任・忤旨下獄・廷臣交爭・釋之・

孝宗末年・嘗條上四事・多見采納・巡按廣西・會征諸縣獞賊・跋履山谷・不避風雨・師無違律・又疏言猺獞爲暴・驅戮良民・寇據田宅・日甚一日・如古田一縣・止存戶口二十餘・幾無民矣・有司猶執撫諭之策・是膏肓病篤而欲以粱肉起也・宜據要害之地・積粟屯兵・先明諭以禍福・許其自新・業各稅其主・願受約束供賦役者・姑聽而羈縻之・如是而復冥頑・則當併力剿除・不可姑息以養寇・未幾・調知泉州・時逆瑾扇焰・鎭舶私入・絡繹郡邑・津以嚴重鎭之・輒屛息去・於是瑾逐不附己者・矯旨斥馬文昇劉大厦趙士賢張溥削籍・津歸・杜門不出・瑾怒未息・三罰官粟・後罰方運・會瑾誅・宥詔且至・有司惜津貧・謂未進者・請反以俟・津不可曰・是欺也・卒如運・起知寧波・歲大旱・齋沐將出禱・吏白天台靈湫險巇多叢棘・莫可至・有壇去湫五里・爲歲禱之地・津不從・竟詣湫禱焉・明日・天陰雨・水田激出・溝澮皆盈・又奏免郡稅十之六・倭國入貢・每由四明登岸・夷性悍而貪・繹者又從而導之・居民苦兵暴・津乃諭以朝廷之法・分館諸寺・多不過數人・少者三四人・措處供億・費不及民・上疏請遣之・倭人畏威懷德如編民・然市舶中官梁瑤以津嘗收其舍人・及議倭事・嘖有煩言・津面折之・欲逐棄去・父老呼號・瑤引咎謝乃已・遷山東參政・去之日・郡人遮道・車不得前・父老垂泣・倭夷爲挽舟數十里・

未幾・當國以留都重・操江之寄・非津不可・進擢南京都察院右僉都御史・兼管操江・時承平既久・戰艦朽廢・器械刓斂・軍士多役於私門・津一切釐正之・兵威大振・逆知宸濠有異志・嚴飭以待・故終津之世・宸濠不敢動・江西桃源諸峝賊平・增俸一級・進左副都御史・巡撫蘇松諸府・有中貴家僮倚勢作奸者・立收訊之・詔蠲逋租數十萬・工部以歲辦物料・非所宜蠲・征之如初・津數奏論・謂朝廷不宜失信・又疏言・識造內臣二人・歲計供應果蔬魚肉・折銀至一千五百餘兩・江南如此・差遣又不止二人・方今水旱頻仍・公私匱乏・宜令守備內臣督理織造・取回新差內臣・以甦民力・孝豐有陽許二姓・作賊三十年・負險阻・匿逋逃・漸不可制・至是命津討平之・以功進戶部右侍郎・兼左僉都御史・冒暑行師・勢瘁成疾・上疏乞休・上慰留之・津雖苦疾・猶且視事不輟・設牀褥於廳事後・倦極則臥視文牘・疾益劇・始謝公事・馳奏乞休甚力・溫旨猶慰留之・竟不起・訃聞・贈南京戶部尚書・遣官諭祭・仍令有司治葬事・

歐必元曰・善夫・霍文敏有言・於粵得兩張司徒焉・順德司徒以犯逆瑾・博羅司徒以抗閹宦・才猷丰格・終始不渝・可謂凜凜有大臣風矣・嗚呼・宦不難於抗・而難於扼其權・不難於扼其權・而難於制其命・我國家自英廟以後・權柄稍移・陵夷以至今日・復可勝道哉・太阿倒持・禍流四海・學士大夫且復養成之・誰爲起司徒於九原也・

述懷賦

帝有熊之苗裔兮・流波注乎鬼臾・僮蜿蜒於漂陽兮・鍊龍淵以錘鑪・靈宗嘉牒於綿圃兮・踥蹀遞遷于南服・隱潛龍以蹤居兮・嗣先倫之芳躅・唯朱明余以降兮・貞歲紀以敦

牂・㓜好姱以爲誕兮・復洞空而昂藏・挾長劍之陸離兮・駓駓騋騋其爲光・荃其有此芨節兮・又重之以修能・謂余生之不靡兮・誦法言以爲佩・惡桑牖而縛束兮・悲屈蠖之盤曲也・念井蛙而窺莽兮・嗟鶖鳩之嚬蹜也・

裁芰荷以爲衣兮・製芙蓉以爲裳・雜菌茝以爲藉兮・糅杜蘅以爲粻・胡日月之不稽兮・淹少壯其代序・惟浮雲其變幻兮・傷美人之遲暮・不及盛而滌瑕兮・徒忠改玉而改步・顧彼狡亦何如兮・抨越措夫天度・驥服箱而康莊兮・駘瑚轡而危路・羌元討以留心兮・寄鴻冥之志劇・齊聖賢於莫度兮・等璠璵於瓦礫・畜禹穴之金書兮・儲泰山之玉歷・藝芳芷與寒菊兮・滋九畹之幽蘭・傷谷風之朔朔兮・憂草木以凋殘・彼雖凋萎其何害兮・謂予心之靡安也・謇蝸角之不容於眉睫兮・何周親之足恃・悔鶖鳥之不同羣兮・勔鴡鴞之爲伍・苟中情之弗咎兮・雖謠諑其誰顧・曰罔極之難酬兮・孰近迮乎親情・奈岐嶷而近詛兮・重一諾而要盟・士固各有所志兮・安能賢否之相承・吞雲夢而胞八垓兮・諗彼重則此輕・焉知渙者之不復萃兮・又何必俯拾而仰取・吾固識溝澮之易盈兮・重以漏巵之離聚・忳恬澹以冥漠兮・相怔怔於肺腑・

乃浥春葺之蕙草兮・採秋菊之落英・睇南洲之淩厲兮・羨嘉桂之亭亭・羲和儼以驂乘兮・望舒翥而前旌・朝稅駕于閬風兮・夕弭節于方瀛・於是跨鏘鏘之玉虬兮・命雲霓之長征・鞭贔屭而閃爍兮・𦐇鳳皇以長鳴・摶扶搖以九萬兮・直將徙于南溟・思魑魅之彨猋兮・鳥失侶而悽惻・念離索之躑躅兮・腸九迴而邅塞・羌其利此斷金兮・懼邂逅之相失・羨管鮑之交知兮・謂貧賤而同術・何所學之不常兮・志百代而身六經・鏡沉理而探墳索兮・片義括于性靈・知吾儒之不可隱兮・復窮晰墨氏而無遁形・辯人道之終始兮・識天理於冥冥・萬物糾以雲錯兮・又安知其所注・謂曾參殺人兮・雖慈母而投杼・謂夷齊穢而盜跖清兮・心耿耿其誰語・彼矛鋋之譓譓兮・曰狺狺而誰弇・固時俗之緯繣兮・偭上帝而相棄・唯大人其廣視兮・以天地爲窮簷・總山川於毛髮兮・降豐隆與飛廉・

昔有虞畊于歷山兮・寧思歷數之在躬・尼父困于陳蔡兮・孰知七十子之相從・呂尙賈而周王兮・彼三仁何救於殷宗・余慕莊生之齊物兮・效和光其猶龍・悲墨突之不黔兮・孔席寧煖于四方・寧戚扣角以和歌兮・接輿荷蕢而徉狂・從委運而順流兮，直游于寥廓之鄉・忽喪我而無是兮・觀太始之茫茫・將蟪蛄之與遊兮，抑日月之相羊・將馳情于八極兮・恐侘傺于荒唐・叩九閽其莫告兮・徒倚閶闔而徜徉・堪輿浩蕩兮莫以量・洪洞變化兮不可常・唯馨香足以宵格兮・何必問靈氛與巫陽・

苦熱賦

南方地氣卑濕・鬱蒸相毒・時固有之・人亦宜然・於是歐子作苦熱賦・

嗟二儀之迅駛・識四運之靡常・粤斗柄之南指・朱明忽其西煬・炎帝掌節・祝融司方・羲和六龍兮馭駕・甦賓五俟兮叶衡・爾乃飛廉屛迹・少女衍期・雲族不至・曜靈布威・含沙射影・吹蟲行暉・蛇折鱗於閬苑・龍缺角乎天地・折若

木兮華瘏．戢羽毛兮革希．于時炎蒸火溽．蕩析難居．機杼罷織．耒耜方弛．洪爐輟冶．樵路息肩．越竈浮岸而啗水．吳牛畏日而噓天．

乃有峨冠博帶．揖讓後先．樂䙰襶而不慼兮．甘猴獮於相煎．望主門而鞠曆兮．懽魍魎之爭權．別有田夫野老．顏容枯槁．徑有落花．野無瘁草．積萬橐與千倉．復田狩而田獠．攘攘兮熙熙．病夏畦之致討．怦怦兮憧憧．將憂愁以終老．於是大人命息．廣厦攸居．謳皓露之曲．懸招涼之珠．忍暑鐶鑪．吹雪唏噓．飭雙蛾兮鳳獸．酬萬解兮冰絲．

若乃南窓高臥．北海開尊．潛荷出沼．幽卉盈園．杯行河溯之飲．饌列水醮之軒．人思挾纊．客共温存．

於是僕本浪人．性不諧俗．門對火山．溪臨暘谷．巢鷦鷯以一枝．困鳳凰於千鶩．乃有斗室徘徊．聊同鑿坏．臨九衢之大道．長三徑之蒿萊．磬大人之夜流．苦清風之不來．有棠梨而無蔭．足酸棗而非臺．僅能欹側二丈．縱橫十步．翠竹四五行．芙蓉兩三樹．蛛網縈窗．鼯鼠塞路．日烈則曝床褥．屋漏則遮茅茨．簷直倚而妨帽．戶平行而礙眉．裸裼效嵇康之懶．散帙曬鄴侯之書．攢眉偃息．動履傴僂．

乃若畏暑謝客．闃寂無嘩．已種宜男之草．復栽忘憂之花．雖有門而長閉．實無酒而必賒．豈曰苦熱參軍．乖違德性．崔駰以不樂短年．吳質以長愁養病．達士志高．哲人心定．實厚已而薄人．豈怨天而尤命．樂莫樂兮任自然．苦莫苦兮長諛佞．

亂曰．江漢湯湯．日月如馳．貴賤貧富．倏忽焉知．靖恭委化．吉凶遞移．今我不樂．負此良時．掇葩摛藻．君子致思．仰慕先哲．千載同期．

温玉振 字覺斯．順德人．諸生．博洽無所不讀．尋棄去．好山水．歷閩粵楚吳齊魯燕趙．兩度入滇．以世亂不能入蜀爲恨．遊金陵．陳文忠公子壯贈以詩．極相推重．嘗脫師湯某於獄．千里赴友人喪．慷慨尚義．鄉里化之．明亡後．嶒然高舉．年八十餘卒．其題像贊．以陶元亮魯仲連自比．與薛始父天植友善．始亨爲之傳．所著詩歌有漢魏風格．文章爾雅．今不傳．

自題像贊

鶴其骨．虬其髯．聞義唯恐居後．見利不喜爭先．足跡半天下．惟蒐奇攬秀而不受人憐．如其有道．甕牖繩樞之子．欣爲執鞭．苟非其人．赤帝丹轂之儔．若將浼焉．嗜酒任眞似陶元亮．輕世肆志亦魯仲連．嗟乎．莫我知也．我惟與我相周旋．

廣東文徵

改編本卷十八

番禺吳道鎔原稿

明十三

陳邦彥 字會斌・順德人・諸生・講學錦巖山下・學者稱巖野先生・宏光時上中興政要數萬言・世比之賈太傅范文正・南都格不用・唐王讀而偉之・授監紀推官・未任・舉隆武乙酉鄉試・徵拜職方主事・監廣西狼兵・援贛閩・陷後・桂王授兵科給事中・丙戌淸師入粵・擁兵拒戰・退保淸遠・力竭被執・不屈死・永曆時贈兵部尚書・諡忠愍・著有雪聲堂集・南上草・未見・温汝能輯巖野集四卷・存・又著有易韻數法・阮志注存・

上中興政要疏

臣聞盛王不廢鞀鼓之求・而臥碑獨嚴生員之禁・蓋自平世言之也・天造際其傾側・時事積於艱虞・苟尊親之戴未泯於人心・則呼籲之誠豈遺於草莽・臣感憤國難・痛哭流涕・思率土莫非臣子・而涓埃或佐高深・是以睽棄室家・跋履霜露・願畢志竭忠於皇上之前・夫今日之所急者・兵也・餉也・守也・戰也・此盈廷所盱衡而策也・而臣以爲有急於此者・何也・人心不固・兵雖多不能使勿潰也・風尚不清・餉雖多不能使勿耗也・今日之勢・必也聯結人心・激發忠義・然後兵餉皆有定畫・戰守不屬空談・乃謨議而進之・存乎羣臣矣・建極而錫之・存乎主德矣・

恭維皇上躬神聖之資・協天人之應・臣逖稽載籍・高皇帝以乙未定金陵・與漢高祖王關中之歲同・皇上以乙酉紀元曆・與漢光武建武之年同・此中興之瑞符・百靈之啓佑也・惟是締造伊始・而積習相沿・外侮宏多・而內治尚闕・所宜易轍改弦・以應天眷・臣蒿目當世・著書八篇・曰端本・曰肅吏・曰保民・曰勵俗・曰制用・曰馭戎・曰固圉・曰討逆・每篇之中・其目各四・計三十二欵・草茅不識忌諱・間亦有羣臣未及言者・是以忘其疎賤而獻之闕下・臣聞前事不忘・後事之師・烈皇帝恭儉仁明・好學勤正・古之興王未或過也・而一時臣工無能精白以承休德・快意恩仇・肆情欺罔・鬩牆尋釁・謂之風裁・怡堂爲安・號稱相度・危機既迫・猶緘默以取容・艱巨埤遺・輒規卸以自便・章奏不乏公忠之語・而賄賂彰聞・行間時騰克捷之聲・而封疆日蹙・先帝痛班聯之乏人・傷付託之不效・爰始不次掄材・闢門求諫・而羣臣資格持之・謠諑繼之・見爲愼重名器・而即開營託之門・見爲嚴崇言路・而實以爲壅蔽之術・往事既誤・殷鑒非遙・苟求染之未燭・恐伐柯之不遠・方今寇犯已渝・欲據上流之險・敵窺徐兗・漸開南牧之謀・而逆闖震驚廟社・竊據崤函・負隅之勢猶存・藁街之誅未正・此朝廷臥薪嘗膽之時・非臣子戲豫馳驅之日也・杞憂狂戇・謹以所著書・繕寫成帙・隨疏上進・昔東方朔奏三千牘・武帝每讀輒乙之・

臣書萬有七千餘言・自知煩瀆・然所言皆中興之要・伏維皇上垂慈省覽・采擇施行・於以釐百工而新庶政・雪國恥而暢皇威・臣書之言・或亦有裨於萬一矣・臣不勝激切戰慄之至・

乞廻鑾疏

臣聞古昔中業而能光復者・曰人心・曰地利・曰財賦・三資者備・而中興隨之・漢光武起於河北・唐肅宗奮於靈武・此道得也・恭惟殿下・以神宗皇帝聖胤間關粵東・仁孝至德・宣昭遐邇・去年金陵失守・粵東自紳衿至於草澤・無不繫心殿下者・邇者監國之策・定於端州・粵人延頸跂踵咸懷敵愾之忠・願得一當以襄撻伐・迺廷議卜於西幸・羣心失望・以爲且將棄己也・故遷延不至・輔臣蘇觀生恭奉溫綸・趣裝赴召・遣臣齎報起程日期・既就道矣・而士民數萬擁道・遮留塡坰・僉謂一時監司守令鎭閫・陞者陞・去者去・曾無一人爲國家鎭撫此土・若輔臣復行・是虛廣州以速外敵之窺伺・遇變事而知其權忠之大也・輔臣不得已・暫留以俟・臣竊惟粵東人心如此・此正殿下所宜亟收也・使人臣以尊君親上之心守國・不若即以其愛妻子惜墳廬之心守國・粵東北枕羣峯・南環巨海・惠潮蔽其東隅・衡永峙其右背・及敵謀之未集・尚足自固・殿下誠廻鑾廣州・以粵東之產養粵東之士・以粵東之士・守粵東之險・臣民各愛其身家・則疆圉克鞏・而恢復可以漸圖・且邇來徵餉饋者・必於粵東・徵援兵者・必於粵東・徵堅甲良械者・亦必於粵東・粵東固財賦之區也・西粵荒瘠・地偏荆蜀・殘傷未起・我能往・彼亦能往・不先據財賦之區・而棄以資敵・粵右動搖・即西者亦未可支・輔臣蘇觀生恫心時事・具啓恭迎・緣臣行之日・未經奉旨諭臣竭誠面奏・殿下試俯垂睿炤・粵東人心何以昔也愛戴・今日失望・翻然東下・以一慰雲霓之仰・則粵東上供之物力・即可壯粵東守險之聲靈・人心地利財賦並舉・以爲經始之謀・然後聯絡中原・規畫進取・祖宗一統之盛・可旦夕幾矣・臣不勝激切待命之至・

上桂殿下乞褫職啓

啓爲乞恩褫斥以明臣節事・臣聞人臣功罪・視國安危・上憂國恤之日・雖遠臣散秩均之罪無可赦・古今之常經也・國家不造・三年之內・大變三告・敷天臣子但有可誅之罪・更無可贖之功・殿下丕承天序・追孝前烈・念無人誰與共理・拔拭二三纍臣而用之・亦云使過而已・然而臣之遭遇與諸臣異・諸臣經累朝之培植・則當以社稷爲重・勉圖恢復・仰答祖宗在天之靈・若臣恩貢於聖安・登科于今上・未第而先拜推官・無功而忝遷屬・今鑾輿南狩・音塵久湮・臣縱不能死・復何顏紆青拖紫綴班聯之末乎・伏乞殿下俯察愚衷・准罷職不敘・以全臣志・臣伏處草茅・當與嶺海遺黎・共祝中興之期矣・臣不勝激切待命之至・

時務策二

知人之難・自古記之・其自中葉以還・則其每甚者也・開天之主・身起行伍・所用將相吏士・卒多居平握手之歡・故其知之也悉至・後世而宮府隔矣・耳目疎矣・將以薦舉爲

明揚之寄．則即以薦舉爲黨援之階．不得已而求之科舉．糊名易書．以壹聽之冥冥不可知之數．蓋時變使然．而士習浮華．卒鮮實用．下多躐致之榮．上鮮樹人之報．有識憂之．說者乃謂一代名臣．悉繇科舉．此非科舉能得成名．而名臣之不得不出於科舉也．迨夫風尚日下．習愈卑．向之矜名飾節者．相率於躁競浮薄之途．而記誦迂疎者．坐闇於是非得失之較．其流之歸．至于有私黨而無朝廷．有功利而無繩簡．雖以先皇帝之焦勞宵旰．思所以維風易俗而善用之．而驅策不效．卒貽大變．可盡諉之曰天運然與．

生竊惟前事之所以失者．凡以求之太驟．而養之未深．有時度越於格之外．而度越未足別長材．有時嚴毖於格之中．而嚴毖未足懲慆德．且夫縉紳之習．唯諾成風．屛息囁嚅．循牆磬折．不知積幾依阿．乃得自致於天子之左右．蓋至是而鋒鋭固自銷劘矣．其有瑰意獨行不受羈靮．則已羣起詬誶．自爲祥金．摧折暴加．使不得達．繇斯以譚．使天下學術之淺繇乎科舉．而使天下心術之壞．非盡繇乎科舉也．

皇上應運中興．需才爲亟要．惟振作鼓舞．存乎宸扆．資格宜决也．而名器不可以不嚴．位署宜崇也而草茅不可以獨抑．藝文之舊未可捐也．而吸引不可以或遺．藏納之度未可隘也．而激揚不可以不力．昔之所重．今不必獨輕．而要風勵以公忠明作之猷．昔之所廢．今不必不用．而務綜覈於靜躁眞贋之較．有封墨烹阿之察．而毀弗欺．有懸貂止輦之勤．而藎思咸集．有絕纓賜杖之厚．而愧耻萌生．有推赤置腹之誠．而夢寐俱奮．循嘗調以蓄羣材．懸不次以待豪傑．天下之士．見夫名實之辨明．攀援之徑絕．必將畢智竭忠．求自售於皇上．即高皇帝所以羅致八紘．道不越此．積頽之風．固可立轉於鴻造矣．安在畸而存之．畸而廢之者哉．

時務策三

生蓋嘗有志於天下之事．思條析其弊極言之．而未有當也．有如執事策問之四端．此亦累牘言之不盡者矣．然非言之難而救之之難也．非救之難而憂之之難也．非一人獨憂之之難．合有位而憂之之難也．請言夫兵．逃亡不可束歟．嚚凌不可戢歟．選愞不可鼓歟．聯以恩信．明以禮秩．廸以果毅．所以救也．而當世之大．卒未有痛心疾首於兵之詘焉者．何也．請言夫財．旁漏弗可隄歟．中竭弗可濬歟．穫薪弗可載歟．謹其出納．導其泉源．養其滋息．所以救也．而當世之大．卒未有勞心焦思於財之匱焉．何也．請言夫吏．廉而舉之．或廉而按之矣．墨而黜之．或墨而陟之矣．其墨者固墨也．其謂人墨者亦墨也．不憂墨胡能救墨．請言夫民．罷者法諸乎．摎之弗能．或解縧颸之矣．良者子諸乎．生之實微．或剪刈加之矣．無能易罷而良之．烏知不且驅良而罷之也．不憂民胡能救民．

嗟夫．今之天下．非漢文唐憲之天下也．其相率而憂之．則且爲東京．爲建武．如其厝火爲安．怡堂自適．烏識稅駕之奚從也．賈誼之所痛哭．李翺之所發憤．庸有極乎．詩不云乎．嗟我兄弟．邦人諸友．莫肯念亂．誰無父母．是故救之之難．言乎無其術也．憂之之難．言乎無其心也．苟有心矣．何患乎無術．心乎治兵．律已必嚴．取士必鋭．兵可鼇也．心乎治財．節而毋慆．興而無擾．財可足也．心乎辨官・奉公毋以擾・盡下毋以威・吏可循也・心乎親民・亂繩惟毋急・鰥寡惟毋蓋・民可安也・雖然・是四術者・一術也・兵非吏弗馭・財非吏弗理・民非吏弗懷・而庶司百執之官・非大吏弗統・大吏墨矣・小吏其胡奉焉・攘之于兵・兵是以脆・漁之於民・民是以蠢・冒之於餉・餉是以匱・昔之君子嗜利如黽・歿身不悔・已不能憂又禁他人使不得憂・今執事而既策之矣・二三子而既言之矣・其戒之行之・存乎己・其使戒之而終能行之・存乎上・故曰・憂之實難・未有憂之而無其術者也・夫士以一人憂・則不若合天下憂・而欲天下相助爲憂・則不若一人先天下而憂・聖明在□・愚生終以時弊爲可救也已・

時務策四

粵於方今右輔也・租賦於是焉供・丁壯於是焉出・精金良械於是焉輸・粵事動搖・閩未可知也・其進而籌天下・愈未可知也・今爲粵計・則莫亟於禦矣・天下方靜・良者多而暴者寡・草竊姦宄其勿有赦也・以謹微也・天下方動・良者怠而暴者奮・草竊奸宄其毋厚誅也・以附衆也・且夫雲雷草昧反側宏多・此其中豈盡淫縱不逞・蓋亦有英雄之才・鬱鬱不得志・挺而走險爲所欲爲者矣・勝之乎・其安之也・我有所圖于北・而又有所騖于南・則其數不勝・我有所重於彼・□顧有所先於此・則其數愈不勝・且夫寇亦民也・其弄兵可誅・其駢首可憫也・且夫寇即兵也・其棄之則吾敵・其材之則吾使也・殺一寇實殺一民・計莫若寬寇之誅以全民・撫一寇即得一兵・計莫若廣兵之籍・而即以靖寇・今皇上方奮圖恢復・中食附髀・詔粵中士紳會兵贛州・以是爲犄角之雄・輔車之倚也・而我且無如寇何・則將無如虜何・循梅以東・珠海以南・其爲寇也多矣・收用其傑・解散其餘・可以使堂奧無寇而有民可以使・庭戶有兵而無寇・可以使閩粵之勢固於金湯・可以使克復之功成於指掌・生故曰・安之便・

雖然寇而民之・田烏乎援・寇而兵之餉烏乎供・粵經產有籍矣・險者屯軍・易者業農・亦有餘墾焉者乎・粵歲課有額矣・以供京師・以饟戍士・亦有轉貸焉者乎・夫無以給之・是終不可得而安也・若乃下我懸來察汙萊□□而授之・曠日持久・無以應目前□□□□□多方籌給之稍・其毋乃誨之淫掠・以爲□□□□□寇可撫也・而未可遽也・謀餉以饋之・□□□□帥以馭之・使無前却・其既歸我戎索□□□□□□□令輿師久淹茲土・廣功名之路・消□□□□□□□□圖奮外威之畧・粵事安・天下安・□□□□□□□□□□□足國之謀・重農爲本・□□□□□□□□□□山澤之藏・舟車之轃・夫其□□□□□□□□□□管仲寇恂劉晏其人者・

中興政要八策

臣觀自古國家創業・能統一區宇者・後世雖値式微・必有中興・繇其功德淵閎而根植蟠固也・恭維太祖高皇帝・蕩滌元氛・再造區夏・重以列聖二百餘年之德澤・思皇十有七載之憂勤・卜世卜年・謂宜萬禩勿替・不幸遭逢異變・萬靈飲泣・率土痛心・繇是天地祖宗篤佑皇上・發祥豐鎬之區・纘承歷服之重・臣攷前代之中興者・自夏少康殷高宗而外・若周

宣唐肅・則勢漸於削弱・東晉南宋・則跡阻於偏安・惟漢光武恢復舊疆・光昭嗣服・爲中興全盛之令主・伏惟高皇帝渡江之年・同符漢祖・皇上紀元之歲・同符光武・全盛之象固已見端於此矣　惟是大命方集・宏道在人・將爲覲光揚烈之圖・宜有革故鼎新之勇・書曰・若生子罔不在厥初生・自詒哲命・今天其命・哲命吉凶・命歷年知・今我初服・言慎之於始也・臣分隔蓬茅・心懷葵藿・不揣蕪陋・恭輯此書・

竊惟皇極者・庶徵之本也・故首端本・公卿大夫所使相助爲理也・故次肅吏・郡邑淪陷相繼・非盡無可守・繇民心之弗固也・故次保民・世喪耻之防・人懷利祿之志・禍變所繇滋也・故次勵俗・搜括纖悉・而軍日乏・與進桑孔之謀・是益之亂也・故次制用・士不驕於敵而驕於伍・兵不盈於戰而盈於籍・安攘其未可幾也・故次馭戎・能守而後可以戰・中晝郊圻・設險保國・古之訓也・故次固圉・闖賊罪大惡極・神人共憤・而逆獻恣橫・皆天討所必加也・故終討逆・

端本之目四・曰崇聖學・曰公好惡・曰求直言・曰罷獻納・

肅吏之目四・曰戒朋黨・曰慎遷除・曰久任使・曰廣恩禮・

保民之目四・曰壯干城・曰寬賦役・曰禁侵漁・曰嚴保甲・

勵俗之目四・曰獎廉讓・曰屛浮文・曰求眞才・曰褒忠節・

制用之目四・曰裁濫費・曰汰冗員・曰課屯田・曰策鼓鑄・

馭戎之目四・曰謹禁衞・曰擇將帥・曰汰驕贏・曰明統馭・

固圉之目四・曰重守令・曰撫遺黎・曰築關隘・曰審方畧・

討逆之目四・曰復襄雒・曰結甘凉・曰勵和衷・曰定大舉・

伏念寇敵交訌・兵餉爲急・而臣本之內治・參之民情・不爲一時應猝之謀・而爲立國久長之計・此當世之所見爲迂也・然欲復祖宗之鴻圖・訏靈長之景命・道將不越於此・記曰・芻蕘之言・聖人擇焉・伏願皇上萬幾之暇・少垂睿覽・倘臣言有當・與公卿大臣見之施行・臣得蚤見治平・復爲全盛之臣子・於願畢矣・臣書具錄左方・敬先序其概如此・臣謹序・

端本篇第一　崇聖學

臣聞學所以求于道也・道所以適於治也・天下至大・萬民至衆・唯有道之主・德器閎而方畧廣・故聖作物覩・而宇宙景從・昔高皇帝生知之聖也・猶日進儒臣於側・與之參究古今・商榷幾務・聖代創垂之遠・實嘉賴之・臣伏聞我皇上正位大寶・即允廷臣之疏・親御講幄・顧問儒臣・大哉聖謨・可謂與高皇帝同符矣・臣聞之帝皇之學・與士庶異・矧今國步艱虞之日・所資於學者以其實・不以其文・知人安民・宜學於堯・闢門明目・宜學於舜・克勤克儉・宜學於禹・克寬克仁・宜學於湯・惠鮮懷保・宜學於文・敬勝義勝・宜學於武・於漢高而學其豁達大度・於漢文而學其止輦受言・於光武而學其明習吏事・動遵法度・至於祖宗之寶訓・先臣之格言・凡關於柔遠能邇之圖・詳於親賢遠奸之辨者・乞命儒臣彙輯成書・時㢌省覽・將見聖學日懋・聖德日躋・中興致治之盛・與開𣑽比隆矣・

公好惡

人主之好惡・天下邪正治亂之所從分也・好之所注・不令而行・惡之所加・不刑而肅・彰之爲賞罰・而趨尙以移・存之爲意旨・而風聲以播・好惡得其正・則正人進而天下治

矣・好惡失正則邪人進而天下亂矣・自古荒陂之朝・未嘗不欲求賢自輔・然亡國敗家相屬者・好惡之私勝・而邪正之衡亂也・是以人主之好惡・當以天下之公・不當以爲一人之私・以好惡爲天下之公・則可與天下共聞・與天下共見・君子有所恃以爲善・小人有所畏而不敢爲非・以好惡爲一人之私・則或獨斷以示威嚴・或隱深以明不測・君子無所施其救正之能・而小人得以巧嘗意旨而竊用之・書曰・無有作好・遵王之道・無有作惡・遵王之路・言皇極端於止則從・又應於下・故帝王之道無他焉・公其好惡而已矣・皇上承天眷命・錫極萬方・恩詔初頒・海隅感泣・而綸綍所傳宣・皆與天下之公相協・臣有以知好惡之無頗也・然堯舜之聖・猶儆逸欲而戒怠荒・一嚬一笑・可弗謹乎・臣請以簡言括其要曰・好君子惡小人・治之本也・清心寡慾・好其近於道者・惡其近於情者・又好君子惡小人之本也・皇上深鏡治原・愼之於獨・公好惡以涖天下・而天下治矣・

求直言

進言之難・蓋自古記之矣・人主之聖神・必非臣下所能及・而侃言正論以當乘之威・其間或微漸未明・或意旨殊嚮・雷霆臨之・怨謗伺之・非忠誠激發誰不緘默取容者乎・是以古之直士・弼成主德・宣達民情・銷隱患於未然・寢邪謀於境外・非獨其臣之能・抑亦當時之令主愛護而迎養之者深也・若乃呼籲無從・摧折暴至・痞結成而讒諛進・則國步之敗亡因之・書曰・木從繩則正・后從諫則聖・宋臣之言曰平居無犯顏極諫之士・臨難必無仗節死難之臣・有味乎其言之矣・臣竊觀先皇帝時・言路似通實塞・容納似廣實隘・章奏雖滿公車・而皆人適政間之末・未有拔本塞源・一明國家之大計者・厝火積薪・馴至大變・臣以此咎諸臣之謀國不忠・而竊願皇上所以延訪訏謨・開宥狂戇・必有加于先帝之日・方今景運初復・險難宏多・忠計之士・或意出於樸誠・而言昧於忌諱・伏惟毋以誹謗罪之・毋以沽名疑之・轉圜以從・霽顏而受・即山林草澤懷忠入告者・咸使竭其芻蕘之獻・其間論辨官材・自有衡鑒・而不以言舉人・不以人廢言・名器自愼・忠益自廣・中興政治之本・莫要於此矣・至於讒言當聖・浮言當屏・此在聽覽之際辨之・未可以是逆杜天下之口也・

罷獻納

臣請正言往事之失・而毋加以誹謗之誅・則先朝之輸助是也・夫朝廷淸而後可責吏之廉・吏道廉而後可期民之安・故輸助而出於臣民之忠愛可也・輸助而沿爲朝廷之額例不可也・守令所使親民也・而歲輸有嘗額・方岳監司所使監于守令也・而歲輸有嘗額・臺憲之職・卿貳之官・所使糾于庶司庶政也・而亦歲輸有嘗額・此烏所從出哉・爲大吏者・必將取之下僚・爲下僚者・必將取之於民・民困而無所訴・則有去爲盜賊而已矣・傳曰・國家之敗・繇官邪也・官之失德・寵賂章也・輸助有額・章孰甚焉・拙者期于及額・而巧者又多效贏餘以爲功・是取民愈奢・而困民者愈甚也・俸入而既薄矣・又爲之禁其餽遺・刑其貪墨・然則此輸助者・果神運而鬼輸乎・名則禁之・實則容之・如是而欲吏之廉不可得

已・是教求車求金・書于春秋・日進月進・譏于唐史・當先皇帝時・奴寇交訌・司農告匱・不得已而聽臣下之輸助・誠與荒朝之以財自娛者異・然課吏日嚴・而吏顧益肆・有識之士・反求其本・未嘗不歎息流連也・昔神皇初載・守臣於官署得窖金十萬以獻・有詔弗受・當時之謹於風尚如此・而況取於民者乎・

臣近者捧讀明綸・有事例原屬權宜・以後悉行停止之旨・輸助之不可訓・朝廷已深悉之・所冀推廣其意・申飭羣吏・凡贖鍰奉功令報部・仍貯留該衙門・以備兵荒意外之用・使天下曉然知給發部單・止以覈貪廉・非以謀涓滴・其有貪殘不職・得以重法繩之・民生安于下・斯國勢昌于上矣・若夫軍國度支開節・固自有道・臣於制用篇備言之・未聞四海之大・萬乘之主・而廩廩不足・從一切苟且之術也・

肅吏篇第二　戒朋黨

自古人臣誤國・莫甚於朋黨・朋黨之誤國何也・昧同寅協恭之風・而有妨功害能之實・人無賢否・在同黨者必推・事無是非・在異黨者必絀・職業隳於鬭穴・意氣僭於伏戎・其見右於當宁者・務爲固寵・以杜復燃之灰・而其見抑於一時者・不憚多方以逞患失之志・至使人主悟一人之失・易之而人復如前・矯一事之非・革之而事復如故・滋蔓釀患・國步隨之・即以先皇帝之聖明神武・力懲門戶之奸・而卒爲所誤・則朋黨之爲禍烈也・變故以來・蕩滌畧盡・一時端碩・濟濟登庸・皇上又時以和衷勗之・海內之人・引領而望曰・朋黨其少息乎・而今又見端矣・臣聞之・同舟而遇風波・雖胡越之人相救如左右乎・今委贄登朝・非直同舟之誼也・寇敵交伺・非直風波之險也・諸臣縱不愛國・未始不愛其身・前車具在・可弗戒歟・

雖然・臣有進焉・在臣子固不宜稍存朋黨之習・而在君父亦不宜豫設朋黨之疑・其人而不肖・其事而非・雖持之者止一人二人・不可謂之非黨也・其人而賢・其事而是・雖與之者盡舉朝之人・不可謂之黨也・伏惟皇上以大公宅心・以太虛燭物・以恪誠勵羣下・以流品辨官方・任賢勿疑・行善弗怠・則朋黨息而國是定矣・不然・而以黨見逐者固黨・其以黨繩人者・又未始非黨・貞勝不已・將端人正士・反爲朋黨之網所盡・東漢之事・可爲殷鑒・善乎宋臣歐陽修之告其君曰・朋黨之說・自古有之・惟在人君辨其君子小人而已・嗚呼・此篤論也・

愼遷除

臣竊惟近日用人之失有四・曰除授太繁也・遷轉太驟也・進退太輕也・議論太雜也・此四者・賄賂之所緣滋・而官嘗之所以壞也・夫知人則哲・古帝難之・今一選動數百人・面目且不及謀・況能審其材與地之相宜乎・於是奧援者居善地・弱植者處衝疲・是爲人擇官・非爲官擇人也・此除授太繁之失也・唐虞五臣・皆有聖人之德・然且終身不改其官・今或春馳而南・秋徙而北・刑禮互更・藩臬迭處・事會非所熟嘗・風土非所素習・豈今之人皆有兼材耶・此遷轉太驟之失也・內而輔弼卿貳・外而經撫鎮巡・寅亮是資・封疆攸寄・此其職任重矣・乃或輿論未協・而驟用之・或其人自

審不能而強使之・至於付托不效・而踰尊踰戚・國事幾何堪此數敗乎・且其間或以一人之言而用・旋以一人之言而舍・毀譽迭進・賢佞靡當・尤非所以明眷倚也・故曰進退太輕・凡司耳目者・審其人不可信・斯勿之任矣・如其可信・則不必相參伍而後可信也・近者・三載而遞遣二巡按・或一邑而兼屬數憲臣・雖有良吏・豈能盡人得其懽心・而朝廷之上・元揆大僚・亦或持短長於庶宗遠藩・外吏之口可盡憑耶・故曰・議論太雜・夫用人者・國家之所繇治亂也・今欲一反其失・必也擇而後用・毋用而後擇・既得其人・則悉心委任以需成績・毋以文法束之・毋以小節苛之・除授清簡・則審察愈精・賢否昭明・則賄賂不至・如此而天下之士・皆知竭忠・營職之足以自振・毋務爲攀援黨比之行・庶幾哉・奮庸熙載・復見於聖世・治平可跂而待矣・

久任使

臣既言遷轉太驟之失・而復申之以久任使者・何也・欲課成功・莫如久任・非夫不驟之爲久也・謂夫成功而後遷之之爲久也・凡人之情・見爲終身・於是將夢寐以之・如其旦夕可解・雖有賢者・或傳舍之矣・且服官之始・風土未盡諳・事幾未盡晰・上下之情未盡流通也・及其既習・又未幾而去之・則是凡有事任・皆使不習者爲政・其扞格不勝之患必多矣・古之仕者・或終其身・或長其子孫・即先臣若周忱陳璉之屬・皆以久任著績・此其說人人能言之・然天下皆知久任之美・而莫能久任者・其患在仕途之冗與陞擢之易也・

仕途冗・則將遞遷其前・以位置其後・而主銓者有所不能持・陞擢易・則與趨於治效・寧巧於攀援・而需次者懷苟且之意・今天下多虞・邊瘠荒殘之地・非有材有守不足以居之・苟數爲更易・則或後之人不逮其前・而事去矣・然使善地不久任・而獨邊瘠荒殘之爲久任・則將有從事獨賢之怨・其力能自拔者・又將務爲速化以求致于善地・誠如此・則是以國家艱鉅之任・而付之疏遠沉頓之人・如之何其不敗也・臣愚以爲內外之官・悉令久任・而功生矣・簡入仕之途・慎遷擢之典・下無久淹・上無失舉・則久任行矣・夫然後詳考其治狀・以別幽明・簡絀其不肖・以待後起・其績效卓然者・增秩賜金・以竟其用・至於成功・而以超陞酬之・於禮臣未嘗不厚也・此圖功之要也・

廣恩禮

臣聞人臣之仕・非以謀祿也・然明于臣下之情者・必恤其私・而後責之以廉・不恤其私而責之廉・雖賢者猶或難之・孔子曰・忠信重祿・所以勸士也・夫人臣從田間來・既舍其稼穡以供王事・則自仰事俯畜・以至輿馬衣服・薪粟僕賃之費・惟祿是賴・而歲時過從・問餽交際之屬・亦皆有所不能免・是以窶貧之歎・錄于衞風・侏儒之飽・傷于方朔・亦人情然也・

臣考歷代制祿・未有如我朝之儉者・而復爲折鈔之例以裁之・其在外官・取資金矢之贖鍰・猶可說也・其在內而秩卑者・自養然且不給・況其他乎・先皇帝蓋嘗設邏卒以禁餽遺・而京職輸助之數・往往輸於俸入・是面謾也・宋太祖

曰・吏員冗多・難以求其治・俸祿鮮薄・未可責以廉・與其冗員而重費・不若省官而益俸・漢光武中興・吏千石以上減于西漢六百石以上・增于舊秩・可謂深悉人情者矣・臣願皇上省天下冗員・而幷其祿以益京官之俸・羣臣資用既饒・無藉于受餽・然後察其介然自持者尊顯之・以風勵有位・又爲之愼考課之法・俾羣臣毋得以賄賂自進・如此而餽遺之風・不待禁而自息矣・不然而循昔日之法・徒能施於邏察之所及・不能施於邏察之所不及・且其間網漏吞舟・而挾仇者又以修其睚眦・非王政之體也・臣度羣臣既仕於朝・必無敢以益俸請者・記曰・王道本於人情・草茅之言・倘亦皇上禮臣之一助乎・

保民篇第三　壯干城

臣觀闖賊肆橫以來・所至披靡・非眞智勇殊絕折扎莫支也・繇望風奔潰而授之鎛也・然民之奔潰・其失不在民而在官・夫小民樂而畏死・其性然矣・彼爲長吏者・無恩惠以結其心・無威畧以壯其氣・一旦寇氛壓境・民以爲逃竄則生・守禦則死・是雖禁之而不可遏・且其間固有小民願守而官吏先無固志者・如去歲荆州之陷・城中無官且八日・而後寇賊乘之・此其徵矣・夫民不幸而至於逃・室廬相失・老穉相棄・豈其心所欲哉・徒有甚畏者以迫之也・今欲賊無橫肆・莫若固民心・欲固民心・莫若擇有恩惠威畧者爲之長・民知守之果足以無虞・則逃之不如守甚明也・何樂乎捐室家・棄財用・以蹈凶險之地哉・且國家張官寘吏以司民社・設兵選帥以守封疆・而賊往來飄突・一矢莫加・烏用此壘壘若若者爲也・尤可異者・近年以來・廟算持堅壁淸野之說・寇賊之來・嬰城自守・苟幸不破・便以爲功・獨不思城外生聚百千萬落・非能盡收之城內也・長吏置城外於莫問・則爲鄕落之民者・非奔逃則從賊而已矣・賊方誘之・我復棄之・從賊之黨愈衆・則守禦之膽愈寒・夫城內心膂也・城外肢體也・未有肢體殘傷而心膂能獨存者也・故曰・天子有道・守在四夷・諸侯有道・守在四境・今誠得賢守令司撫字於內・節鎭大臣有威名者扼險要於外・則民心固而有與共守・寇雖至可閉境禦之矣・其或奸民倡亂從賊・自當以軍興法治之・然此千萬中之一二・而凡不得已而奔潰者・皆有司之過也・臣所謂壯干城者此也・

輕賦役

孔子曰・時使薄斂・所以勸百姓也・我國家之賦於民・有丁口徭差之徵・有夏稅秋糧之徵・則使與斂皆在其中矣・自祖宗立法・率從寬簡・時或給復蠲貸・以昭撫恤・是以民懷國恩・三百年不替・臣伏讀恩詔・蠲免宏光元年應納錢糧一分・其遼餉名色・盡行蠲免・敷天之下・鼓舞稱慶・有若更生・臣以輕賦役爲固民心之要・皇上已先行之・奚俟贅辭爲哉・然臣不禁惓惓者・誠見近年以來・有司不知奉宣朝廷德意・唯以催科爲急・天下官吏賢否・以課入及額不及額爲差・即不幸有水旱蟲蝝之災・兵寇焚掠之慘・無敢以民隱入告者・夫國家設守令以親民・又爲監司以董之・固將使之字愛撫循・非專責之租稅也・今但以課入爲殿最・則爲監司者・不得不急其守令・爲守令者不得不急其百姓・至於災難

之餘・鳩形鵠面・猶或不免於鞭扑・朝廷之恩何繇下究於編氓哉・且夏稅之徵・起於六月・秋糧之徵・起於十月・祖宗之初制也・今或春夏之交・概行催比・民舍其穡事・以應誅求・就此常賦之供・緩急稍殊・小民已重困矣・臣不敢望皇上於詔書之外・別有蠲貸・而望明敕有司催科以時・毋妨東作・有災沴疾苦・及時奏聞・候旨裁奪・吏部所第官吏殿最・必以安民之實績・毋但以歲課之及額・則百官有司皆知聖天子休養小民至意・雖徵輸不廢・而所撫字固已多矣・若夫國家經費量入爲出・節冗留餘・可以漸裕・豈必皇皇催科・使天下不見朝廷之德也・臣所謂輕賦役者此也・

禁侵漁

臣觀今日之侵漁小民使之離心者・不獨在有司・而兼在豪右・有司之侵漁在法之內・猶可言也・豪右之侵漁在法之外・不可言也・遠者臣不及知・臣以臣之鄉觀之・諸藉勢牟利之事非一・而最大者・一曰占沙・一曰搶割・度未有聞之朝廷者・臣敢訟言之・臣鄉田多近海・或數十年輒有浮生・勢豪之家以承餉爲名・而影占他人已成之稅田・認爲己物・業戶畏之而不敢爭・官司聞之而不能直・此所謂占沙也・及至秋稼將登・豪家募召打手・駕使大船・列刃張旗・以爭新占之業・其後轉相摹倣・雖夙昔無因者・皆席捲而有之・耕者之少・不敵搶者之多・甚或殺越折傷・而不能問・此所謂搶割也・斯二者・小民積怨深怒・皆歸咎於鄉紳・紳讀書知義理・受國深恩・其身爲不肖者・固無幾耳・乃其間或子弟僕從之蒙蔽而不及知・或戚屬奸徒之詐冒而不可詰・小民赴訴

其門・則主人如帝・門者如鬼・未嘗爲之深察其顚末・當去冬寇犯郴桂・民言無嘉・至有願寇之來與鄉紳俱斃者・而近日傳聞兩浙郡縣・亦有鄉紳激變之事・民情如此・則知河淮以北・爭先從寇・未必非怨毒之積・而思發憤於狂賊也・

臣謂侵漁之事・雖不盡出鄉紳・然使鄉紳治家素嚴・毋庇姦・毋黷貨・則影借無端・而奸僞易察・昔郭解之客殺人・公孫宏曰・解雖不殺人・其罪乃甚於解殺之・繇斯以談・鄉紳固無辭於民怨之歸矣・伏乞皇上敕天下撫按・凡小民被害告發者・即付該紳自行察明・或繇子弟・或繇僕從・或繇戚屬奸徒・務在直窮到底・以伸正法・其隱忍曲庇・則風憲有司得以白簡從事・庶小民得安其生・而無離畔之志・此亦今日聯結民心之至要矣・臣鄉搶割之毒・詐冒什七・近年以來・撫按治之頗嚴・惟沙田之爭・未易究詰・昔先臣霍文敏韜・以爲宜悉禁餉承・歸之於官・當文敏著論時・徒以訟不可長耳・固未有如今日之甚者・請自今以往・著爲功令・凡浮生沙坦・毋得餉承・該官司召佃納穀・以充賑饑餉兵之用・府縣官能清察報聞者・與墾田同功・如此則既絕爭端・又資國用・當亦臣鄉長利之策・乞敕撫按熟議具奏・臣不勝翹跂・

嚴保甲

今之言弭盜者・率稱保甲・每守令至・未嘗不再三申飭也・而臣猶瀆陳之者・誠以今之保甲・徒具文而無其實・夫保甲之法・所使相稽察不爲盜賊者・以保長爲之鈐束也・今有司視保長至賤・麾斥譴訶・曾不比於人類・是故中人皆耻

爲之・其應役者・大率桀黠無賴之輩・德不足以服人・言不足以徵信・籍伍雖具・而其實與無保甲同・臣考今之保長・於漢爲鄉三老・亭長游徼之屬・當時率用士人爲之・若張敞朱博鮑宣仇香諸人・皆得起家爲名公輔・是以人自愛其名行・而樂效其材用・今即不敢遽望兩漢・亦宜敕有司隆其禮貌・察其品行而甄別之・其保內三年無盜・量給冠帶・六年無盜・量加武官職銜・其有材勇出衆・捍禦著績者・仍得序遷擢用・則人不以卑賤自棄・而保內小民亦有所畏而聽其約束・且夫城市之內・甲冊具矣・而稽察不時・則奸細藏伏而莫知・鄉落之遠・甲冊亦具矣・而點視不親・則惡人掛漏而無統・今欲實行保甲・必也愼僑寓之稽・嚴掛漏之禁・而重保長以統之・或疑如此則保長將以武斷之患・夫國家置吏甚多・層纍而上・等級不知凡幾・不畏其武斷・而獨畏一保長何也・

抑臣聞之・保甲所在當嚴・而在城爲重・城中之保甲所在當嚴・而京師爲尤重・今逆賊長技無幾・獨多奸細爲窺伺耳・臣伏見輦轂之下・難民接踵・遊食闌入・謂宜嚴加稽覈以固皇居・即諸弁之承恩寄俸者・諸衿之承恩寄學者・並宜處之・京城之外・誠以逃難南來・砆玉易混・與其過而信之・毋寧過而疑之・而諸衿弁亦宜自引以明心跡・毋令奸細竄居而難辨也・此又嚴保甲之至要也・

勵俗篇第四　獎廉讓

當時務倥偬之日・而高談風俗・時人之所謂迂濶・然臣以爲非迂也・燕京之變・死難者不過二十餘人・而反面從賊草間生活者不可勝紀・風俗之弊壞至此・尙忍言哉・向使當日諸臣皆有效忠之志・閉城死守・以俟勤王之師・逆賊固無如我何也・伏惟皇上應運中興・宜深察風俗盛衰之原・加之整頓・以砥礪天下・臣竊惟風俗之所以弊者・以人心之沒於利也・嘉隆以前・士大夫敦尙名節・游宦歸來・客或詢其囊槖・必唾斥之・今天下自大吏至於百僚・商較有無・公然形之齒頰・受銓天曹・得擅地則更相慶・得瘠地則更相吊・宦成之日・或垂囊而返・則羣相姍笑・以爲無能・士當齒學之初・問以讀書何爲・皆以爲博科第肥妻子而已・及始進膠序・則所稱師儒者・未聞有誨導之事・而但較修脯之多寡・以示之貪・至於一行作吏・所以受知於上者・非賄賂不爲功・而相與文之以美名曰禮・嗟夫・凡今之人・其亦知利之外・固有所爲修己及物・尊主庇民之學否乎・惟心沒於利・是故利之所在・雖盜賊而可從也・害之所在・雖君父而可背也・以此心爲官・必無竭忠營職之思・以此心爲民・必無親上急公之誼・奔潰相仍・亂賊滋起・率坐此耳・臣惟利之毒中於人心・非可以空言轉移・然好利者必貪・貪必爭・好義者必廉・廉必讓・皇上誠擇淸廉之臣・置之銓憲之職・則賄賂不行・而天下之沒於利者・或轉而自奮於功名矣・至於內外大臣・當受職之始・宜令疏讓一人・及他官有缺・則擇見讓最多者先用之・此其說出於晉臣劉寔・而廣今日闢門之典・挺今日擾攘之俗・莫善於此・舉而行之・亦救時之良劑也・

屛浮文

今世俗之弊．又在於浮文．宴設之費．動數十金．慶吊之微．動千百語．啓事相仍．儀物相副．凡此皆以隱其賄賂之名．而託之乎禮者也．猶未也．下屬欲行一事則文書往復．動至數四．雖非所繇衙門．亦必具文申詳．而後敢舉．簿書期會之不暇．安所得瑩精壹意．以圖政績乎．臣謂上之蒞下．宜疎濶綱目．而省其成．正不必文書盈於几閣．以滋紛擾也．猶未也．憲臣之察吏．所以辨品行．爲朝廷徵信也．今撫按奬薦．不質言其長於某事．而但爲駢語以文之．觀其薦剡．則字字龔黃．言言卓魯．乃其中名實不應者固甚多也．猶未也．下吏之申文．必具所繇顚末．俟研察也．至於封章入告．則宜見之確而辭之簡矣．今奏讞之牘．騰報之章．其體或與申文無異．得無借屬官爲游移推卸之端乎．而謂非浮文乎．臣又聞往年官京都者．謹於送迎．詳於罄折．毋敢一語稍及時事．或蒿目當世．則見爲狂．悉心職務．則譏爲俗．坐使泄泄成風而不救．其在近日．建白不乏名議．而言行相違者．亦復不少．或詔書有所釐飭．而中外之吏奉行無實．究成廢格者有之．此皆文勝之流弊也．凡臣所言浮文之事非一．而皆在所當省．省晉接之浮文．則官方清．省案牘之浮文．則觀聽壹．不以浮文事上官．則將勉於職業．而無幾倖之思．不以浮文飾天聽．則將核於名實．而成勿欺之美．昔孔子不得位．慨然曰．用之則吾從先進．傷周末之文靡也．聖人在上．一舉而更張之．屛浮文以崇實效．是在今日矣．

求眞才

臣竊惟朝廷望臣下以職業．而始之求之也以文章．天下之士．不明乎朝廷所以求之之意．則相率而入於無用．夫文章者．士所爲先資之言．而於職業無與也．今世但工八股．已列賢書．雖智闒菽麥．行列繩簡．勿之問矣．於是轉相慕效．唯期弋獲．置實學而事浮辭．一行作吏．操刀學割．困衡交至．至使各儒效之疎者．激而欲廢科目．夫科目亦安可廢哉．祖宗之制．初場課經書以觀義理．後場課論策以覘經濟．先臣名碩輩出．未始非科目中人也．而今之考官見後場淹博者．率以爲老而置之．夫古者．四十强仕．五十服官．老亦何負人國．而顧惟空疎之求耶．頃逆賊恣横．未聞盈庭能展一籌．以資敵愾．此足以見空疎之效．而當世所稱八股宗匠者．甚且率先從賊而不恥．無他．彼其舉業浮腐之才．而非經世有用之才也．臣惟士之留心世務者．品行必有可觀．而其言論風指．往往於後場見之．請於科場屆期之日．敕考官特重後場．榜中前後場相副者若而人．初場工而取者若而人．後場工而拔者若而人．皆明註硃卷．以俟磨對．庶幾端方練達之虞．得與春華並薦．豫儲楨幹之選．天下之士見夫實學之未始否售．而風尙其亦少轉矣．

至於徵辟一途．祖宗行之．恩詔及之．而皇上終以嚴毖爲主．臣惟當世營競多而眞品少．毖之誠是也．惟是疆圉孔棘．正縧鷹聞風之時．而網羅未廣．誠恐跅弛絕異之材．北走敵．西走賊．請懸爲令曰．凡保舉者．必試之．江北殘破郡邑．待有成績而後陞擢．臣見中才之士．避匿惟恐不

深・其應詔而起者・必其智勇足賴者矣・夫上之所嚮・下爭趨之・以求眞才爲勵俗・此不言而喻之術也・

褒忠節

國家養士三百年・而仗節死難之臣寥寥稀濶・此風俗敝壞・知生之重而未知義之重於生故也・臣竊惟士之赤心殉國者・非有所覬於後日・然而朝廷礪節崇實・所宜特加優異・以爲來者勸・攷之彝章・若賜謚建祠・贈官蔭子・至隆渥矣・乃臣竊有請者・贈謚祠祭・優以其名・而蔭子則以其實・誠欲勸天下之忠節・謂宜加隆蔭典以歆之・昔先朝陶成以浙江僉事死節・詔蔭其子魯爲新會縣丞・其後著績藩岳・爲時名臣・此足見先朝待臣之厚・而忠節之裔・爲能不負於國家也・今蔭子之典・但曰入監讀書・夫人臣之能守死者・平居多砥礪自好・無贏餘之蓄・故其子或承恩予蔭・而不克入監者有之・或歷監既滿・而不克就選者有之・臣謂諸在國殉難者・及守土于外・能出奇破賊以力竭援絕而死者・宜詔所在有司・俟其子服闋之日・起文徑赴吏部・察授以官・其官以原任品從爲差・而視大臣考滿之蔭・特加優異・彼受蔭者・上感國恩・內承先志・其竭忠圖・必不減於科第之士・且邇來郡縣相繼淪陷者・以臣下瞻顧・情多莫肯死守也・人雖義烈・未嘗不重愛其子・彼知其身既死・其子不失爲官・則守土諸臣・賢者重能死之義・次者亦歆於死之利・而且逃竄有刑・陷城有刑・其效死而守者必多矣・死守者多・則寇之不能破者亦必多矣・

至於北京之變・凡汙賊僞命者・朝廷業有處分・此外若削髮潛逃・若觀望受辱・皆庸碌軟靡之臣・無足倚仗・縱貸以寬典・亦宜榜示朝堂・勿復叙用・天下至大・人才至衆・誠博求而登進之・不患無臣・策既僨之犢而責之千里・臣有以知其不能也・今厚酬其能死者・而深錮其不能死者・則好惡昭明・而忠義之風必振矣・昔西漢尚功利・新莽之際稱功頌德者四十萬人・及光武中興・禮嚴光周黨而不屈・遂養成東京之氣節・臣區區以勵俗爲言・固救時之急・而亦爲一代風尚計也・幸毋以爲迂而忽之也・

制用篇第五　裁濫費

近世言理財者・但理其入・莫理其出・是以日殫詘而不可詰・夫國家經費之耗竭・搜括之繁多・至先朝而已居於極重之勢矣・今天下省直十有五區・寇所蹂躪幾半・而恩詔軫念民瘼・蠲貸宏多・當此庶務草創・軍興旁午之日・以不能半入之・賦應之財何恃而不詘哉・議者補救目前・方且多爲條例・然綸綍既布・則搜括非以信民・荒旱洊聞・則權採亦虞階亂・且自逆賊闞剪我諸藩・隔絕我兀邊・歲所省宗祿邊糧・以當淮北州郡蠲復之數・或亦差足相當・而庚癸頻呼・轉輸不繼・其失安在此・必有濫費之當裁者矣・臣聞內廷之用・不隸於司農・則濫在中飽・無名之費不戒於微漸・則濫在旁溢・鎮戍之兵不覈於名實・則濫在外泄・伏惟皇上節儉之德・昭布遐邇・大婚可緩・大工可省・即膳服賞賜之用・未聞稍後廣侈・以耗物力・盡於前二者之濫無一焉・然則今必濫而當裁・其惟兵額乎・夫兵多而不精與無兵同・況其間虛名冒破者正復不少・以我皇上儉德永圖・凡諸臣工謂宜如

何清釐．如何澄汰．以仰承宵旰．臣謂衞軍已逃者勿勾．則餘糧可抽也．輕地無牙者勿建．則新餉可省也．空籍寄糧者勿給．則軍費可料也．叙賚過多者勿徇．則俸支可節也．夫謝玄八千．克殄苻秦．岳飛五百．遂破兀朮．今郡國兵數百萬．此其中豈無可省者．乞敕廉幹大臣．别地勢重輕爲兵額多寡．其將以兵寡謝不敏者易之．豪傑之士．必有起而當其任者．若但取數於多．以庶幾不敗．則前此之多者．亦未嘗不敗也．故濫費可裁．而今此之濫費．原不易裁．蓋尤自擇將始矣．

汰冗員

自古設官之多．莫過於我朝．莫甚於近日．初京官額一千二百餘人．見於先臣馬文升之疏．今臺部寺監之積冗．不知幾倍矣．初外官五千四百八十餘員．見於洪武四年中書省臣之疏．今督撫守巡諸大吏．若府縣正佐之添設．不知幾倍矣．初天下武職二萬八千餘員．成化五年增至八萬一千餘員．見於先臣霍韜之疏．今軍興日繁．而兵部之選用．外臣之札委．又不知幾倍矣．臣惟官多則俸給多．此其耗財者．一也．多一文官．即多一官之皂快騶從．多一武官．即多一官之家丁走卒．此其耗財者．二也．吏道既雜．守候漸難．其間擇地營遷．遂多債帥債吏．取償於官．侵漁所必至矣．此其耗財者．三也．情面既廣．交際日繁．問餽送迎．何以給之．武官將冒破於兵糧．文官或染指於課額．此其耗財者．四也．是以聖明開濟之主．來嘗不以汰吏爲急．漢光武中興．裁省州縣四百．設官止七千五百餘員．其後隋開皇唐貞觀皆踵行之．我成祖文皇帝曾論科臣曹崇以汰冗員．傳語吏部．當國初猶兢兢若此．況今日乎．臣伏見邇來召補臣僚．殆無虛日．誠非得已．顧恐廷議不察．修舉廢官必欲與烈皇帝時等．則於祖宗之初制不符．而徒以耗竭天下之財力．伏乞敕吏兵二部．考求舊典．凡官可省者省之．苟得其人．雖少何傷．苟非其人．雖多何益．今度支日困．而未有以汰冗爲皇上告者．是徒以徇求仕者之心．而未嘗爲國家深計之也．至於在外武職．繇督撫題授而加銜至總兵等官者．蓋多有之．臣惟自都使司之外．加設總兵已非國初之舊矣．今一藩省而總兵且數人．其冗不愈甚乎．故優之銜可也．益之俸．建之牙則必有顯赫戰功．經兵部核實而後可也．方今文武職員．視國初不啻倍蓰．而昔也日闢．今也日蹙．夫豈不多之患哉．如謂今人不及古人．我多其數以當之．果多其數足以當之．則物力似可勿惜也．無如其不能何也．

課屯田

屯田之利．夫人能言之．其在今日．至特廑恩詔勸諭．廟算可謂周矣．然以臣愚度之．民之能應詔與屯者必寡．何以明其然也．開屯必重費乃就．今海內之民．困敝已極．間有擁重貲者．或阡陌已廣．或未富相矜．不肯從事南畝一矣．可屯之地．每患人稀．能屯之人．不樂遷徙．二矣．中原蹂躪之餘．風鶴皆驚．小民朝不謀夕．何暇及遠．三矣．內地之棄而不田者．大抵皆荒僻也．民視爲畏途．四矣．頃來功令數更．民情未信．今詔書雖有半科之文．愚者猶疑其後．五矣．豪右每多侵漁．畜畬既就．懼或奪之．六矣．臣道出江西．詢其土俗．彼中自本色糧米外．別有條鞭銀兩．充夫甲驛馬之費．今有司槩以上供．而夫甲驛馬仍責之民．其民以厚產爲累．野多蕪曠．推之他省．將毋同耶．七矣．臣惟土爰稼穡．以養兆民．而宏治田額減洪武之半．今郡邑復減宏治之半．民食安得不匱．度支安得不詘也．今日之計．莫若兵屯．兵屯者．高皇帝之舊也．以探集則稱軍．以召募則稱兵．其宜屯一也．烽火雖警．而待敵之時原多於戰．誠令四六更番開屯．給食一年之後．即可漸省天下飛輓．以裕國儲．而地網四布．流移復業．客兵化爲土著．溝壠屹若金湯．中原阜蕃之舊．其旦暮遇之乎．惟是田具農種．目下不免暫勞．是惟朝廷之上．定計而力行之．擇人而專董之．庶幾成效可覩也．

至若民能興屯者．似宜推廣詔書．事理屯長．假以服色．得比秩官．仍倣祖宗舉富民遺意．察其材器．量加擢用．夫草澤之民．能興屯至千夫以上．此亦必有御衆之材．因而用之．以佐屯政．庶鼓舞深而羣情勸矣．異時克復九邊．仍以此推行之．革改折之陋規．攷開中之良法．重農與酒商兼舉．祖制之復．固中興全盛之日也．

策鼓鑄

古之制國用者．轂幣爲重．貨泉次之．三代之興已有錢幣．宋元以來．始設交鈔．交鈔非以錢權之不行．而錢質堅不毀．零析不耗．於民用至便．今欲佐度支．則鼓鑄不可緩已．然鑄錢之患．在私鑄盛．而官錢壅．自昔已然．議者以爲不愛銅．不惜工．而嚴行使僞錢之禁．私鑄無所得利．勢將自止．此其策誠善矣．而工料之費．或反過於錢．則又不如其不鑄．臣以爲天下郡國有產銅者．有不產銅者．往鑄錢令下．概課之十五省直．非策也．夫地不產銅而開局鑄錢．則銅價頓踴．勢不得不殺雜以充課額．而錢既殺雜．質脆色黯．遂啓僞錢之端．計莫若即滇蜀產銅之地．設冶興鑄．其錢式依神廟之舊．以千文佳銀一兩．過重勿鑄．過輕有禁．設大臣董之．天下銅器已成者勿銷．其新銅禁勿東出．官爲平値採買．如此則新銅以供鑄錢．舊銅不廢作器．鑄錢之地．銅價益減．其非鑄錢之地．銅價抑高．夫然後可以不愛銅．不惜工．而私鑄者．卒不能爭其奇羨之息．有如殺雜爲僞．固一覽可辨也．民何樂乎舍其精良．而行其濫惡哉．

雖然．欲民行錢．宜自上始．臣竊聞常德監鑄錢必召商人變價解部．亦非策也．召商變價．輕估則其利微．重估則行戶留難．而商受其困．夫國家期足用而已．非謂取必於銀而後可也．誠使制錢既成．即以現錢起解．每歲解京幾何．治邊鎭戍幾何．歲杪開具數目以課盈詘．凡百官之俸給．兵士之月糧．錢與銀米通筭關支．其民間納折色糧餉者．或銀或錢．悉從其便．上既用之．下必趨之　庶幾錢之轉輸若泉流．而產銅之山．皆國家寶藏矣．其有阻抑制錢行使僞錢者．有司按治如律．未聞行戶市儈敢與朝廷抗也．此鼓鑄之當議者也．

馭戎篇第六　謹禁衞

京師者．天下之根本也．國初設京兵七十二衞．統以三大營．勁兵約四十萬．其後承平日久．武備寖弛．景泰間變爲十大團營・則存者十五萬矣・宏治中析爲十二團營・則十二萬之額相沿至今矣・臣惟祖宗提數萬之師・東征西討・平定海內・今此十二萬者・較往額雖縮・誠善用之以廓清寇敵可也・豈其守一京城而不足哉・而逆賊以烏合之衆・長驅入燕・如履無人之境・嗟乎・京兵皆安在乎・臣聞先臣王邦瑞之疏曰・卒伍之不足・其弊不在逃亡・而在占役訓練之不精・其罪不在軍士・而在將領・今提督武臣多世冑紈袴・不閑軍旅・平時則役占營軍・以空名支餉・臨操雇募市人・呼舞博笑而已・蓋當世宗皇帝之時・固以患此・日中必昃・癰潰必決・禍患之積・有自來矣・譬則僕庇主人之宇・竇牖戶簷楹以果其腹・而不知震風淩雨之將壓己也・豈不惑哉・夫占軍者誰・勳也・戚也・內臣也・世弁也・當先帝朝末之或改也・今其人與故都俱燼矣・昔之金錢尚有存焉者乎・所冀任事諸臣・實實引爲殷鑒・組練禁旅・股肱帝室・夫居重所以馭輕・則四十萬之額可追也・即時詘不欲舉盈・則十二萬之額必不可闕也・臣聞五大不在邊・五細不在廷・故外兵宜汰・京兵宜益・汰外兵核其實也・益京兵蓄其威也・抑臣有進焉・去歲薊門大疫・京衛空虛・募新兵以充尺籍・流賊之奸細竄入其中・遂貽大變・今京營召募・宜用土著・倘南直不足・則以江浙閩廣益之・其北來僑寓者・雖材勿用・懲前毖後・莫亟於此・至於江上之師・以船以器以技・莫如閩廣・今閩兵集矣・其或招致廣兵・俾當一隊・改戰艦之製・用嶺嶠之長・往來馳突・以應諸師・必非沙唬諸船所及・當亦鞏固神京之一策也已・

擇將帥

三軍之命懸于一將・國家綢繆禦侮・惟日不足・未嘗不言擇將也・然而臣竊疑之矣・昔者呂尙興於垂釣・衞青奮於家奴・冠雲臺之席者・仗策之書生・成靈武之勳者・伏鑕之小較・設使諸子生於今日・非翺翔於甲乙之榜・將終限於起家之賤也・非敭歷於中外之久・將仍格於資級之遙也・未嘗求之・不可謂下無其人・時事棘矣・藉有非常之材出焉・而以常格持之・庸有及乎・至若武臣專閫・固亦有不次除授者・而所以推擇之・故難言之・今之諸將亦有多多益善如韓信其人者乎・亦有以少勝衆如岳飛劉錡其人者乎・亦有善拊循士卒如吳起田穰苴者乎・亦有屯田渭濱而民不擾如諸葛亮者乎・亦有轉輸河內以給軍餉如冠恂者乎・亦有不妄殺一人如曹彬者乎・亦有先國家之急而後私讎如藺相如廉頗者乎・亦有匈奴未滅何以家爲如霍去病者乎・近事臣未深悉・若前此則固知之矣・智不必得・勇不必得・功不必得・而有所營託則必得・比其建節入軍・奧援者無罪・而雖有一意圖功者・小失貴臣之意・則彈墨麗之・歐刀賜之・是故武臣之畏多口也・甚於畏沙場・囁嚅屏息・探所欲而敬進之・以緩死也・兵之脆弱實繇於此・如是而云擇將・臣不知其所擇者何等也・方今國步際其艱難・武臣力於原野・繇前所稱・或當不至於此・乃草昧之際・事多因仍・則又有不可得而擇者矣・朝廷長駕遠馭・豈乏之令圖・然有不可得而擇者・則可得而擇者倍宜毖慎・守則內外相維・戰則犄角俱進・非有異材・曷繇勝任・知昔之非所以擇・斯知今之所以擇矣・故賄

賂之途清・則寒畯之才奮・吐茹之端泯・則任事之氣揚・循資未必皆非・破格未必皆是・其要以得人爲本・臣之所謂擇也・

汰驕羸

今民之苦兵極矣・分衣食之奉以養之・將以爲衞也・既不能衞・又從而虐之・是以民之畏兵甚于畏賊・何也・賊之來無當・兵之居有當也・賊之禍猶可得而避之・兵之虐不可得而控也・伏惟祖宗休養恩深・斯民豈無忠愛之志・而既不能安其生于賊・又不能必其命于兵・逆闖狡黠・僞爲仁義以誘之・小民惑其虛聲・而中原遂陷・闖既得志・狼貪漸露・淫掠肆聞・民乃始謳吟歌思・知朝廷之德澤不可忘・逆賊之奸僞不可信・而東南半壁始有可與共守之民矣・是以今日之收拾民心・以固邦本・以圖恢復者・其要尤在戢兵・兵之當汰者二・曰驕・曰羸・羸語其不能爲衞也・驕語其反以爲虐也・方其膽悸鉦鼓・魂驚風鶴・則驕亦爲羸・及其魚肉井閭・咆哮郡國・則羸亦爲驕・以臣途次所經・如吉安郡邑・室廬焚燬・皆不云賊而云兵・其他復有未經賊亂而焚掠無遺・至於流移轉徙・十室九閉者・或曰繇饋運不時致之・然而小民之厄則已甚矣・伏自皇上御極・諸臣仰體德意・兵禍少戢・雖然・臣猶怖其卒也・前此之驕凌其帥以爲亂・法紀得而問之・今此之驕怙其帥以爲重・雖或問之・必將庇之・夫國家之所以上下相安者・以禮明而分定也・禮之防一潰・則小可加大・賤可凌貴・豈惟民生靡騁・即諸將亦何利焉・唐代姑息藩鎮・其藩鎮亦各姑息其兵・然而節度留後繇軍中廢立者不可勝紀・夫亦微漸之不防以至此・可不戒乎・誠使國家之威行於將帥・將帥之律嚴於卒伍・汰其羸以建威於外・汰其驕以銷萌于內・則民生遂而疆土漸歸・朝廷尊而勳名永著・是久安長治之策也・故將兵以紀律存乎諸將矣・將將以德威存乎廟算矣・臣請嗣陳寬嚴之說・惟皇上采擇焉・

明統馭

臣竊惟先朝馭將以嚴・今日馭將以寬・寬嚴因乎其時・未可以一概律也・然過嚴則顧畏勝而避罪・亦能隳圖功之心・過寬則感戀深而宴安・亦能柔果銳之氣・且夫嚴則概嚴可也・未嘗不嚴而有人焉・邀浩蕩于嚴之外・天下疑其私矣・寬則概寬可也・非能盡寬而有人焉擅寵握于寬之中・天下疑其縱矣・臣謂尙嚴者必使嚴之中有餘地・則綜名核實愈足明恩・尙寬者必使寬之中寓坊維・則置腹推心亦能作肅・昔者孔子對魯君服民之問・而本之舉直錯枉・當哀公時・諸枉莫若三桓・根株蟠結・舉動稍輕・反側立見・錯豈可得乎・然而孔子則必有說也・人主志氣淸明・內治勤毖・方正必親・僉壬必屛・牖戶杜漂搖之釁・聲靈馳赫濯之威・彼世臣巨室・與國同休・固且將順之不暇・而亦可無俟於錯矣・唐臣裴度之言曰・承宗斂手削地・韓宏輿疾討賊・非朝廷之力能制其死命・直以處置得宜・能服其心故耳・度之斯言・固即孔子之旨也・故曰・能以禮讓爲國乎・何有・春秋之主不患過亢・而猶進之以讓者・用寬用嚴・是不一術・要使一國同歸於讓・上不大其聲色・下交化于肅雝・故稱旨也・不然・以水濟水・未有能食之者矣・

臣聞事有難明言者・必曲譬以諭之・伏惟皇上時敕萬幾・日親正士・組練禁旅・愼固江防・課文吏以廉平・策武臣以進取・寬嚴之宜・必有神而明之者・詩曰・不競不絿・不剛不柔・敷政優優・百祿是遒・成湯之所以興也・臣敢以爲皇上獻・

固圉篇第七　重守令

往者守令職司民社・綢繆無策・寇敵之至・非逃則降・是守令之罪也・雖然・亦嘗有以守令之苦・爲朝廷言之者乎・昔祖宗建衞所司捍禦・以守令撫編氓・守令之無兵・非闕也・自衞所溺其職・而專城之責・顧獨歸之守令・守令誠不得而辭・然而起家儒生・以文章受知・非有孟賁之勇・飛衞之技也・雖有賢者・先事爲備・要未有無兵無餉・而能立於多難之衝者・夫郡邑之有倉庫也・將以爲餉也・其有機快民壯也・將以爲兵也・自隆慶間遣御史四出・而庫藏所儲・悉歸內帑矣・自近例搜括佐餉・而所謂機快民壯者・裁其額・縣不滿百・裁其工食・月不能三錢矣・是以郡邑非惟無兵也・抑且無餉・無兵猶可致也・無餉不可爲也・於是議者以爲籍民兵守城・夫民既出租賦養兵矣・又籍之爲兵・是重困也・故以守可・以戰不可・有急而集之登城可・平居而强之訓練不可・夫不練而言即言戰・未有不潰者也・即使民可與守・而金鼓旗幟・衣甲器械火藥之需・不可無所出・城門既閉・城內勇健困窮煢獨之民・不可以無所食・無米豈堪使糜・賦詩寧能退賊乎・且乎寇敵之來・瀰漫原野・即有素練之兵・猶懼寡衆不敵・況乎張空拳以應之也・臣嘗平心揣之・竊謂今日之陷封疆者・宜罪提兵之將帥・而守令不與焉・雖然・固未可以此寬守令也・食其食・死其事・義也・然而一死何益朝廷・抑朝廷豈忍以爵祿之招・驅人於必死之地・又捐其土地城邑以殉之哉・

臣愚以爲今日之計・莫若併省僻小郡縣而重守令之選・裁參遊守備之建牙者・而以其兵屬之制・郡兵五千人・歲餉毋過六萬・縣兵千有餘人・歲餉無過二萬・所用將領得自署置・功罪共之・守令各戰其土・無鞭長不及之憂・而處處有備・即督鎭衙門亦可無煩多設・蓋裁之於武吏・歸之於文臣・益之於郡縣・省之於節鎭・不過朝廷一轉移間・而州縣可爲・封疆可固矣・今之武將・韜鈐未必果勝文臣・而麤暴過之・曷若字牧而兼干城之寄哉・抑臣因是而有感于今之銓法也・問內地與衝邊孰難・必曰衝邊難也・問甲榜與舉貢孰才・必曰甲榜才也・今其所謂才者・則置之其所易・其所不謂才者・則置之其所難・臣不知其可也・誠欲內安外攘・保民固圉・請自重守令始矣・

撫遺黎

今議者動稱鄉兵・而行之內地・往往蹙頞相告・其故何也・小民租賦上供・固其嘗分・然而聖天子恭儉撙節・所用無幾・而歲課皆盡於餉兵・民既竭其力以代兵之耕・而復危其身以代兵之戰・是故不服也・然而今之鄉兵・固有可得而議者・臣聞河淮以北・其民親經賊難・懷思先德・結寨自固・以待王師・無俟加之董勸・固已家自爲戰矣　惟是諸將之進取尚稽・撫臣之受命未任・誠恐接應稍遲・或力詘於無

授・或志移於外向・謂宜察其豪傑・授之職銜以繫其心・其復一縣者・即爲縣令・復一州者即爲州守・庶幾忠智之士・各奮其長・而小民亦知朝廷惘念遺黎・不忍棄之化外之意・方今殘疆斷絶・南士裹足・且恩詔既蠲其租賦・即令銜命以往・而征輸不入・則措置無從・若復轉漕東南以給之・又將疲竭内地而不可繼・是以中原守令・並宜用其人・因其俗・以節鎮之兵聯各寨之兵・而即以各寨固結之兵・爲朝廷捍禦之兵・有能奮勇滅賊・毋惜分茅延世・與其委之寇敵・毋寧授之有功・此今日經理之要也・

築關隘

古今用兵之術・未有不以形勝爲先圖者也・孟孫議戍虎牢而鄭人服・劉裕兵度大峴而南燕亡・良以棄險不守・爲敵所乘・則堅轉爲瑕・主易爲客矣・是以善守國者・有險則因之・無險則設之・中洲之地・平原千里・馳道四通・逆賊東奔西突・悉鋭而來・我之所備者多・而賊之所攻者一・故往往折北不支・而以民予敵・今紫極南徊・長江天塹・北阻河淮之險・西據漢沔之津・此亦足以自守矣・而陳許汝鄧之間・版章未歸・甌脱相望・左足一窺・全局俱震・亟宜講求圖籍・行視形勢・凡山川險塞之區・水陸交通之道・皆築關設守・而擇其尤要害者・宿重兵鎮之・其平曠遼濶不能盡築・則課兵士墾闢屯田・濬溝蓄水・以爲之限・即我兵轉戰而前・故疆漸拓・而復一縣則設一縣之險・復一郡則設一郡之險・進足以戰・退足以守・據其所必繇之道・而蓄吾不可犯之威・賊欲叩關索戰・則我乘建瓴之勢以遏其衡・或紆道他出・則我治卷甲之師以擬其後・豈惟城邑獲安・即鄉落之民・亦可免其荼毒・書曰申畫郊圻・愼固封安・此之謂也・

臣竊觀之將帥・惟喜憑城・不樂築障・夫其氣已先餒矣・而腐儒摭拾陳言・每爲堅壁清野之説・以委棄城外之赤子・臣見壁未必堅而野且盡於賊也・乞敕守令集兵以守城・大將提兵以守關・凡總兵等官・安居城内者・罪無赦・將見憂患深而智勇奮・將軍有死之心・士卒無生之氣・田單之所以復齊也・故關門設而關内之民安・重兵宿於要地・一關設而數道之民俱安・小民不至降潰・則土宇無虞崩解矣・今京城門禁森嚴・然且不廢柵閘・奈何於並邊而忽之也・

審方畧

今敵聚於北・獻横於西・而逆闖竄伏秦中・尚逋天討・皆朝廷之憂也・然而罪有輕重則局有先後・勢有同異則道有剛柔・方畧不審・非惟不可以戰・抑且不可以守・臣請以藿食之見爲皇上陳之・夫逆闖震驚廟社・罪在不赦・而其狡僞狂僭・不宜久延以養其鋭・非亟行剿滅無以慰宇宙之心・而倡忠臣義士之氣・所當首議者也・獻賊暴掠・所至殘其土・隳其城・非有大志・今既蹂躪重慶・川分爲二人・險阻之中・而東西受敵・此成禽也・蜀兵技擊不減於獻・輔臣既承皇上付托・宜足辦賊・但令督撫嚴兵夔歸之間・遏其東出足矣・荆州擅魚米之饒・擁三海之固・宜亟行恢復・鎮以重兵・北應襄承・西通蜀道・此國家西門之守・使闖獻不得展其窺江之謀者也・至於□□□□□□□□□□□□□□□□□□皆取之於闖・非取之於我・且當逆闖得志・率土震慄・非敵騎

　陳邦彥

橫擊之．闖且悉銳南來．時事未可知也．今國家遣酬□之使．此固時勢宜然．而使節尙稽．約誓未定．臣觀今之議者．一似外敵並營無復次序．又一似先齊魯而後楚豫．臣竊惑之．夫齊魯之交．當逆闖僞官布滿之日．擧朝不爭．而今顧與敵爭耶．審如此．則將速敵之來．而又以寬闖之罪．敵席累勝之勢．既非新集之旅所能支．而闖當養銳之餘．將爲南牧之謀而不可遏．臣謂方畧不審．則非所以守者．此也．臣度東國今日．我不速覺．彼且按甲未動．稍收甌脫之土．以益其封．徐觀勝敗之形．坐致漁人之利．其不肯悉心助義．亦可知矣．而我練兵選將．扶義而西．足以自振．豈其堂堂天朝資於他人哉．然而酬□之使至彼．且陽浮而從之．我因陽浮而馭之．使突騎毋進．而北顧可紓也．使外國之交毋合．而西事可爲也．使河南之土毋折而入於敵．而兵道可通也．今宜速諸鎭出開歸移南．督守淮海．分道長驅．亟取襄雒．則闖不敢東而楚豫之土復爲我有矣．夫然後因利乘便．布德兆謀．廓清關隴之塵．一雪神人之憤．寇氛既靖．則所以應敵者．亦當自有長策．非謂遂以河北委之也．故較之以計而索其情．酌于剛柔．知所先後．是今日守戰之要畧也．

討逆篇第八　復襄雒

用兵之術致人而不致於人．秦雍天府也．潼關天險也．往而攻之．雖幸而勝．所傷必多．然而逆闖貿不貫之條．漢賊無兩立之勢．我即不往．彼亦必不來．來而禦之．淮漢之南受敵也．多則非所以守也．且去秦關也．遠則非所以戰也．今宜移檄遠近．明討賊復仇之義．皇上素服郊次．親奬

六師．然後命江北諸將．繇開歸復伊雒．命楚中諸將．繇荆郢復襄樊．既得其地．則開鎭設守制．督撫諸臣次第北發聯絡．而應援之．夫然後鎭伊雒者．或徑桃林以擬潼關．則賊之前戶也．正也．或絕河津以渡蒲解．則賊之左脅也．奇也．鎭襄樊者．或入武關以趨同華．則□函之進退失據也．正也．或道鄖漢以臨子午．則咸陽之右臂震動也．奇也．兵家之勝不可先傳．要于更番迭肆．誘而致之．使賊疲于奔命．而後一擧而收蕩滅之功．則必以襄雒爲之本．諸鎭臣受國深恩．竭忠圖報．軍中不乏奇謀．必有以此策進之者矣．至於轉輸不絕以給軍儲．蕭何寇恂之業．度支任之．如必取盈而後往．坐稽歲時．賊或捐開歸以餌敵．使我兵不能西．然後下轘轅之甲．出宛葉之間．則我失其所以攻．而賊之勢成矣．故戰守成敗．判于呼吸．老師翫寇．非計之得也．

結甘涼

逆闖失勢於燕．竄伏秦中．未聞東出．何也．彼其西掠也．河西之地美水草．饒士馬．其人健鬭而好義．光武之世．竇融先歸．東晉之朝．張寶奉朔．即唐肅宗倉猝西奔．亦以靈武奮跡．此其已事矣．我祖宗奄宅方夏．謂是三危以西．地遠而介於戎翟．爰設甘涼等衞．以行都司鎭之．東据黃河之津．南阻浩亹之險．雖河套陷沒．固原內徙．而河西巋然獨存．則其效忠朝廷而足以自立之徵也．然而闖之西掠．固有可以懸揣者．往者賊騎．初破秦關不旋踵而懸軍犯闕．志不在秦也．今既爲敵所挫．方且治秦以爲窟穴．而根本未固．一旦介馬東馳．則畏河西之議其後．且其志以爲兼

延漢・跨河洮・縱丸泥封關・猶不失爲姚興傉檀趙元昊諸人・以徐觀時事之所定・故臣妄謂闖之未東出也・彼其西掠也・闖大逆不道・計河西必不服・今且與闖相持乎・或折而入於闖乎・抑聲聞斷絶・勢孤援阻・不得已而從之乎・皆不可知・然使朝廷之信息可通・則河西之忠義必奮・誠得具文武大畧・好立奇功如陳湯班超其人・道川蜀・徑嵩潘・間關銜命・務求必達・使甘凉之士皆知中國之有聖人・而即以便宜持節・發其義勇・整旅而前・與襄雒之師遙相犄角・收環慶之遺黎・據回中之險塞・賊西則堅壁勿戰・東出則尾而肆之・不過二載・賊必授首・此制敵一奇也・夫兵家之勝・知彼知己・故用間設奇・不可失矣・往者賊中奸細・布滿畿甸・我之動息・賊必知之・而我兵偵探無術・信其虛聲・便以爲衆寡懸絶・因而奔潰者比比也・今賊中的耗亦有知之者乎・西掠之論・臣直意之而已・

勵和衷

臣終有感于和衷之難也・師克在和・自古記之・少長有禮・而晉文之霸以興・六卿交讓・而悼公之業復振・若夫相州之潰・雖郭汾陽不能過也・靈壁之潰・雖李顯忠不能支也・則不和之以也・夫人臣比肩事主・念股肱一體之誼・謂宜相救如左右手・而或異同分於意見・讒搆中於恩仇・忌嫉起於功名・嫌隙開於寵利・不和在朝・則朋黨互爭・國是乖刺・變遲而禍深・不和在軍・則進止衡决・媢勝幸災・變速而禍烈・故有孝友之張仲・而後吉甫成北伐之功・則內與外宜和也・有折節之景宗・而後韋叡奏鍾離之績・則將與將宜和也・有櫜迎之李愬・而後蔡人知上下之分・則大將與主帥宜和也・方今討賊平寇・非征伐不爲功・而軍中機會萬變・犄角相依・少有參差・成敗反覆・伏乞皇上敕勵諸將・同抒體國之忠・各擇猜嫌之隱・僉謀而從其善・急病而讓其夷・勝則俱進・毋專其功・敗則相救・毋樂其禍・庶幾一德一心立定・厥功惟克・永世□□・非然者・外侮方殷而鬩牆未已・於古昔廉藺之誼何居・而亦豈所以善功名之際乎・雖然人心之不同猶面也・非訓辭之所及也・臣願朝廷之上・同寅協恭・小廉大法・機有當速・毋以有所愛惜而遲之・勢有當緩・毋以有所排擠而急之・人期於適用・則祁奚可稱解狐之讎・事戒于紛更・則曹參一守蕭何之畫・公卿和於內・斯將帥和於外矣・

臣觀漢光武鄗南即位之年・不過河北數郡・未及今日之什一・然未幾而光復舊物者・則以一時諸將各奮其智勇・而歸於和衷・賈復終釋寇恂之嫌・鄧禹不忌馮異之勝・劉尙被困而吳漢濳師・王霸閉營而馬武無怨・帝能推心委任・各當其職・手書告語・動中機宜・而諄摯若家人父子・中興之所以速也・故感天下之心者在誠・成天下之務者在明・誠與明合・則舉措審而和平著矣・臣願皇上比隆光武者・此也・

定大舉

今東南治兵・半歲于茲矣・未聞尅期西發以雪國恥・臣竊惑之・夫先發制人・兵之善物也・今使寇滋蔓而至・我不知其所攻・則我勞矣・使我分道而進・寇不知其所守・則寇勞矣・故臣終以定大舉請也・凡以作六軍之氣・慰率土之心・

振九廟之靈・褫羣盜之魄也・事機之會・間不容髮・今敵有可講而防之也過深・寇有可伐而持之也已久・是見怯也・使指未報・而開疆始於青齊・西藩未開・而經畧緩於荆郢・是見踈也・臣謂講和者・使臣之職・滅獻者・舊輔之任・唯是討賊復讎・誼不反顧・則陳師鞠旅・滅此朝食・非諸將其誰任之・且臣所謂大舉者・非遽責之深入也・北取伊維・南取襄樊・經理既定・而後進而蹙之也・楚豫之間・逆闖布置僞官・僅同兒戲・大兵一臨・喙息不暇・臣竊謂襄雒既復・方當重煩區畫・以策萬全・若其前此者・猶振槁耳・今於其易焉者而猶若難之・何也・誠使師期一定・遺黎聞之・必且壺漿以迎・豪傑聞之・必且屬櫜以俟・逆闖聞之・必且斂兵自保・而未敢來窺・且夫以馭將帥・毋使遷延・勝而報稱薄也・以核軍實・毋使歲月久而糜費深也・故曰・大舉宜亟也・至於選銳濟師・則督撫之畧也・轉漕給軍・則度支之責也・安撫遺民・則司牧之能也・愼擇羣吏・則主爵之治也・凡此皆廟算之要・目前之急也・若夫外國感恩・效忠資之可也・其陰陽觀望・則羈縻之可也・毋示之弱・毋速之釁・彼知謀國之有人・則亦未敢輕動也・闖既破滅・獻亦芟夷・然後修民告之辭・嚴守戰之備・所不歸我戎・索折箠笞之・金甌終可復完・遠人終當孔淑也・夫言之匪艱・行之惟囏・餉也・兵也・守也・戰也・時務之急也・民心也・風俗也・立國之原也・而圖事揆策・設誠致行・則皇上與公卿大臣之事也・光武之全盛可追・殷周之曆年勿替・其大要在乎知人安民・而大本存乎淸心寡慾・臣日爲皇上望之也・

梧行留上蘇閣部書

昨江上無船可募・募之內濠・領文之後・水涸不得出・夜籌燈請見・値內堂闃然・遂不敢叩・今凌晨發矣・南贛淪陷・敵患剝膚・中夜撫膺・隕涕欲絕・會城人心不一・難與固守・諸紳中無可屬大事者・師臺且宜以防守責之有司・而疾提兵東出・控扼惠潮・聯水陸之銳・據山海之險・固圉周防・興屯設治・立於不可拔・以觀時而制變・若俟敵越關而後行・則豪傑之士必以爲恇怯而不肯附・此不可不早計也・

大廟峽之守・與東事並急・諸將或威可怵・或利可誘・或剛愎而寡謀・或大言而鮮實・北門之寄・洵難其人・目下四姓跋扈・若遽調之入惠・必滋反側・如四姓不東・而謂水師十日可出・此必不可幾之數也・昔張魏公謀帥於岳武穆・枚舉王德呂祉揚沂中張俊之屬・武穆皆以爲未然・魏公艴然曰・固知非太尉不可・彥今茲言之・將無近是乎・然彥奉委行矣・非有自請之望・惟往返之餘・峽上未有戍兵・則事勢愈蹙・惟師臺擇將而亟遣之・庶有及耳・彥輕率鮮成・爲當道所不諒・固無足怪・然而同門之士・汲引之人・亦且有假借外援・引繩批根於師臺之前者・無能之效・於此可見・不早自引退・使議者笑師門無人・罪可逭乎・伏維師臺恩遇之重・萬一未酧・然彥之退休・亦將先謀藏身之地・然後結納豪傑・俟師臺之命而後起・倘□□苟延・皆効忠朝廷之日・未敢遂以潔身爲長策也・兵有聚而爲正・有分而爲奇・與其昕夕隨侍而無所成・不若使彥得爲所欲爲以爲犄角也・胥公枉顧其道・台指恐鄙誠有不能盡達者・故敢詳言之・臨發

草啓·

梧還再上蘇閣部書

頃以風雨易舟·初五日抵蒼梧·曾經具札馳報·初七日拜齎師臺大啓·附以私啓二通·俱於初九日奉令旨矣·當拜啓時·未聞別後消息·記瀕行之際·師臺命之曰·倘能抗請迴鑾·惟爾之功·邦彥奉以周旋·靡敢失墜·不謂啓奏纔上·東事遽報·師臺既夙有大謀·曾不微示其指·而使蒙貿以往·設令西人無所歸咎·而以洩其怒於邦彥·目之爲誑·庸有及乎·誠知平昔不達權宜·多所戇忤·毋亦斥逐於外·勿令梗議·何棄之之深也·賴桂殿下仁厚·中夜召對·旋擢兵垣·當是時·丁平粵侯都督在列·邦彥置辯甚力·即侯亦以百口保師臺·凡此皆門牆區區之誼·曾不知其無當於輕重之數也·茲竣役而返·已抵近郊·則聞承恩新擢刑垣·彥之爲省臣一耳·寧有舍桑梓之近·樂遷徙之勞者乎·然奉委之始·已決志辭職·曾留牘對師臺言之·求退得進·實非本心·麋鹿野性·不榮簪組·邦彥從此辭矣·昔晉人使光蔑士會逆公子雍·既乃拒之于河上·先蔑奔秦·士會從之·今邦彥即令從仕于西·亦春秋所不譏也·師臺既命之委贄爲臣·而又使東家食而西家宿·將焉取之·然東仕則爲貳命·西仕則疑倍師·咫尺國門·躑躅而不敢入·計惟遁跡長林·庶兩存君臣師弟之誼·如使西朝有邦彥之迹·鳴鼓攻之可也·別有私愚具詳次札·干冒尊嚴·可勝隕越·邦彥頓首·

梧還三上蘇閣部書

昔公孫僑復於子皮曰·人心之不同如其面焉·僑豈敢謂吾之面如子之面乎·抑心所謂危亦以告也·邦彥竊有危言於此·既不能面·又緘默不言·則負師臺夙昔大恩·請盡其愚·伏維裁察·

邦彥之召對於西也·桂殿下諭之曰·聞四王抵廣甚喜·然孤既監國矣·輔臣蘇先生既具啓入朝矣·彼胡爲者·邦彥奏曰·此或仍閩中之舊稱·而小民傳訛也·或爲閩兵所脅·而不能支也·都督侯性曰·臣願以百口保臣師平粵·曰往輔臣蘇與臣小嫌·及相見紅梅·業已推誠投分·臣心折其爲人·保無他也·可令陳主事奉敕宣諭·初九日授邦彥兵垣·授劉大壯兵部職方司主事·平粵王密敕一道見付·面語彥等甚長·大指則以河水爲誓·明其無相猜之意·一也·謂桂殿下神宗皇帝血胤·師臺勸進有啓·迎鑾有啓·賀千秋有箋·奈何忽搆異圖·二也·謂百世而下·豈無青史·僕雖死之·不失爲正·三也·謂將招楚師發狼兵會於城下·四也·謂必不得已則寧撤南雄之守·旋兵內向·我能代彼拒敵耶·五也·謂密敕中事·亦有數端·惟師臺所擇·六也·既辭而東·見呂東老於德慶曰·已知東事否·既即眞矣·不可爲也已·若能削號歸藩·不妨鴻溝爲界·邦彥曰·此豈下臣敢言·某致使返報已耳·進以台函·則曰前此會有書未報·今無庸報也·命掌記發一璧謝柬而別·時方主事泊船相近·以遊山不得面·投以公文·未及俟報·

至肇慶·宗人朱容藩邀相見曰·我宗臣也·東西皆太祖

之裔・何敢輕重・先生善處人骨肉之間・又曰・語蘇老先生・名器毋太濫・邦彥曰・東失之縱西得・毋又失之操乎・見制臺王公祖泣且諭曰・兄弟鬩于牆・外禦其侮・今敵急矣・旦夕不保・何忍自尋干戈・且兩粤數百萬生齒可惜也・消弭内釁・勉之在子・錦衣郭承昊來拜曰・僕自韶州至三水・聞東事而西・今王舍親總憲之召・未敢受也・湯舍親亦期不奉詔・尋兵還矣・奈何我自爲鷸蚌・而使敵收漁人之利乎・君其圖之・凡此皆邦彥所得於途次者也・人亦有言騎虎之勢必不得下・今師臺能禁西朝使不稱尊乎・其既稱尊也・戰諸乎・和諸乎・奉辭相向・爲東人之言者曰・我隆武皇上之弟・爲西朝之言者曰・我神宗皇帝之孫・能相尙乎・將兩國並存・疆圉於何分・從約於誰長乎・且西兵已杜峽矣・嶺上之兵相次返矣・諸將中亦有如龍倫郝時登趙千駟劉昌業趙繼宗李志義其人者乎・邦彥將隱之身也・故敢盡辭言之・附於事師無犯無隱之義・師臺既定策兩朝・竭忠所事・其亦汲汲然爲之備矣・今號令所及・不出四境・人各其心・轉徙相繼・撫丁未閑紀律・公戰則怯・私掠則勇・日益厚集城下・而無以飼之・然而諸新貴高冠鳴騶・甚自得也・問所從來・或頗與南都不異・豈宜以皭然不滓之身・而使人得借叢爲利藪乎・師臺嘗笑西人之爲政・今能一舉而更張之・是謂戰勝廟堂・若猶未也・即何得晏晏然・泄泄然曰・天下莫我何也・且東西之兵・莫非粤產・若各其爲主・治兵相攻・是又以粤人爲鷸蚌・而使諸流寓相視而笑也・中原板蕩・獨粤僅完・今又隙之使無孑遺乎・伏惟師臺上念宗社・下庇桑梓・及諸大老蚤定安内禦外之策・倘芻言可採・敬俟台報・

如曰此西人之言也・則邦彥區區愚忠・竭盡於此矣・附去密敕一道・令旨二道・小疏二通・統惟裁察・時仲冬十八日・邦彥再頓首・

與張侍郎書

梅關音驛・數得相聞・梓里東西・頓成乖隔・悵歎如何・諜者自廣州來・得老先生却敵書・讀史詩誦之・使人增氣・風靡世中尙有强項男子如先生者・弟爲不孤立矣・弟自正月來・崎嶇山海間・以蘇張之舌・行申胥之心・賴國家威德在人・一呼而十萬可集・獨無米之炊・殆難爲巧耳・然弟自料已決・成不成天也・敵不敵勢也・姑置勿計・方今主上殷憂・王師風鶴・若得牽掣敵騎・使數月無西・則潯梧之間・可以完葺・是我不必收功於東・而收功於西也・老先生以爲然否・

答潘改亭書

家廟之禮・無論僕之寡陋不能盡識・而古今異宜・風俗異撰・家禮所列・求之當世不能盡行者・蓋亦多矣・姑竭鄙見以復明問・其一曰・尙古之制・自有周已然・不可易也・其二曰・事亡如事存・生可同室・則沒亦可同祠・生不敢當夕・則沒亦不可同饗・祀于東偏・以俟專祠・情也・其三曰・上殤之祀・終兄弟之子之世・今專祠自令祖始・無所可祔・兼以祧期將近・宜及其生祀之別室・及兄弟之世・則幷祧之・其四曰・家禮庶母服緦・今制則期年矣・然此自子者言也・有子庶母・例得祔於庶祖姑・無子者似當祀之別室・

終衆子之世．不必入祠．其五曰．支子不祭非宗子．而祠始祖非古也．家禮有四龕之說．以奉高曾祖禰．未及四代則虛其右而遞遷之．今盛祠專祀令祖．此古者別子爲祖之義．而尊考爲繼別之宗．禮不得上及高曾．何况遠及始祖．且鶴林公已有祠矣．若令曾祖而上皆已有祠．則宅上所奉之主．宜卜吉祭告奉以入於原祠．因匣而藏之．此古昔宗法．今士大夫或非宗子而事五服以外之主．此亦習矣不察．似當以禮斷之也．更祈與博雅君子裁之．

南上草自序

金陵在粤北數千里．而鎬豐再振．玉步重光．則南之號定於一．稱南上．志所尊也．又言南以別於北．志所感也．頃自季夏初聞國耗．予奮衣就道．將獻願言於闕下．中更疾病波濤之阻．經秋涉冬始抵都門．梓里之所聞問．途次之所寤歎．沉痛惋惻．往往見之於詩．時日既久．積而成帙．嗟乎．海隅之士．聞見寡尠．蓋觀於京師未嘗不廢然自失也．方今泰茹宏開．羣材延引．高冠鳴導．意氣揚赫以壯本．朝士稍有所挾持．皆能自致通顯．草茅寒賤．未膺一命．無賈生之才與薦．而效其痛哭．人之咄嘷目笑．直一絳灌云爾哉．顧獨抱此耿耿．物而不化．時眡其奚囊．以篇帙爲富而已．此以詫里中兒不可得．迺欲以詫王公要人耶．而含其所以通．從其所以塞．商聲曼歌．慨當以慷．亦各言其志也．昔司馬子長遊名山大川．文章益進．而吾鄉有李子長先生爲江門高第．行方而迂．今里人以憨愚相詬．必目之李子長．予之茲遊．於二子必處一焉．而足跡所及．不能當司馬之半．讀斯詩者．其謂予爲漢之子長而不足．爲明之子長而有餘．雖不能至．又敢辭乎．嗟乎．書生之於國家處子耳．束髮以來．望燕雲如在天際．今頭顱猶昨也．而國都則已近矣．子之不能已於游也．予詩也乎哉．

易韻數法序

陰陽家有河雒理數一書．吉凶一準于大易．秘義淵博．日者罕用之．然以考庶徵．多奇中．其法以所生枝幹分配圖書．書奇而圓．天也．故幹配書而納甲．圖耦而方．地也．故枝配圖而辨位．此大較也．梁木公得此法躍然曰．吾知所以用之矣．使與余易韻並行．以供卜筮．不亦可乎．余沉吟久之．爲思所爲變通之法．而木公指與余合．有難者曰．詮易之家侈矣．而益以韻言大衍之數．詳矣．而更以新法．不亦駢枝之屬耶．余曰．不然．古者端策以繇．以兆．後世捧既枯之甲．啣金錢以視俯仰．非其初已．而取例與易卦絕異．君子不道也．乃蓍不時有．或產於深山大澤．未易遽至．又春秋傳所稱．觀之否明夷之謙之屬知來如響．而占法不傳．故卜筮之失其傳．與亡其具．是變而通之之時也．後世若遁六甲六壬諸術．多取之歲月日時．其說即無所據．而亦時有徵驗．况乎按枝幹以布之．考圖書以定之．而更參之所生之卦．以測其源．稽之所舉之時．以觀其動假於物．而爻象自成．易簡變化莫大於此．而又何嘗焉．且易韻之爲書．以當詮釋疑隱．而以視聖言較著．以取世資疑遠．而以前民較近．蓋木公之學．上下於王何程朱之間．旁及伯陽希夷諸秘．無所不采．中所更歷．多衰世之意．學一先生之言者必將賓賓然疑之・要以羽翼四聖・使其旨明白曉暢・不爲訓故所蝕・正非僅僅爲塲屋計也・附之以數・斯其用益廣・木公之書・自此傳矣・

陳恭尹　字元孝・順德人・邦彥子・以卹蔭授錦衣衛指揮僉事・嘗上疏條陳時事・旋假歸・桂王奔雲南・恭尹與何絳出厓門・渡銅鼓洋至昭潭・會淸兵三路進剿滇黔・路絕・乃汎洞庭湖自漢口南還・康熙間・以嫌疑下獄・百日始得脫・晚寓廣州・居小禺山舍・間與當道往還酬唱・忠義之氣・時時流露・志固未降・身亦未爲辱也・自稱獨漉子・亦號羅浮布衣・詩爲嶺南三大家之一・著有獨漉堂詩文集・今存・

請卹疏

原任兵科給事中臣陳邦彥男・順德縣儒學生員臣陳恭尹謹奏・爲臣父完節殉忠・臣家遭害慘酷・仰籲皇仁・乞恩贈謚・以慰忠魂・以勵士氣事・臣父陳邦彥・宏光元年恩貢・隆武乙酉舉人・猥以書生・謬承國眷・以兵部主事督師援贛・丙戌初冬入覲蒼梧・特蒙聖恩・優擢兵垣・奮不顧身・三書切諭東人・犯其忌諱・幾不免虎口・及廣州旣陷・臣父拜詔興兵・崎嶇山海・激發忠勇・元年正月蒼梧受困・遂圍桂林・臣父竊倣伐魏援韓之計・急督順德新會諸縣義師・二月十一日進攻廣州・一欲緩蒼梧之急・以鞏皇圖・一欲乘廣州之虛・以期恢復・攻城八日不克・復遣生員臣馬應房督師分攻順德・死之・四月十四日臣父復督兵往攻高明・乃聯絡東莞連山陽山廣寧恩平陽春東安龍門從化等縣侍郎臣張家玉等・水陸義師三十餘萬・東西齊奮・山海協謀・六月初三日臣父密書致思恩侯陳邦傅・請其鼓行東下・七月初五日會同閣臣陳子壯合攻廣州・臣父血戰於東海禺珠・火焚巨舶數十・殺掠數千・擒斬游擊孟煇・都司張一鴻・守備楊驄等・密約副總兵臣楊可觀・參將臣黃天錫楊景燁爲內應・不幸機洩・楊可觀等被殺・臣父攻城五日不克・即統副總兵臣霍師連等恢復三水・與逆騎血戰四日・大捷・擒斬逆知縣陳億等・八月初七日復會閣臣陳子壯・與逆船大戰於新會三晝夜・殺掠過半・二十日臣父再分師進擣高明・御史臣麥而炫城內接應・擒斬逆知縣徐嘉植等・殺掠千餘・獲馬五百・復遣指揮臣白嘗燦等恢復淸遠・臣父統師進駐・聯絡韶州連州四會懷集等縣・握斷喉咽・彼奮先來爭・攻圍月餘・我兵矢竭糧匱・彼陰開地道・以火器攻城・九月十九日城陷・臣父督兵巷戰・身被五傷・赴池自溺・爲兵所執・檻赴廣州・臨命作詩・以攄忠憤・臣敢畧爲皇上誦之・其詩曰・平生報國懷深・日望西方好音・已共萇宏化碧・還同屈子俱沉・又曰・戀闕孤懷盡・懸絲一命微・負傷如未覺・無淚不須揮・魚吮艱貞血・水爲賻襚衣・祇應魂氣在・長繞玉階飛・二十二日至廣州・欲生降之・以死自矢・下之獄・不食五日・不死・二十八日執至法場・五木慘具・從容慷慨・顏色不變・西望向闕稽首・遂被兇害・斷割四肢・首傳郡邑・仍籍沒臣家・臣庶母何氏及臣弟馨尹和尹虞尹先後被殺・痛念臣父始則不汙東朝・力拒崇秩・幾遭羅網・繼則不貪生・不改節・瀝血飲泣・宣布皇上德威・以鼓勵四方義士・首攻廣城・以挫其鋒・分徇州縣・以疲其力・南海則閣臣陳子壯兆其謀・東莞則侍郎臣張家玉奮其策・至嶺西一帶・臣父聯絡獨力・用心特苦・雖未見赫赫之功・然所以操空拳・出奇計・抵亢擣虛・

擁兵四擊・使彼自顧不暇・凛然不敢西向・以貽君父憂・至身遭慘刑・子妾殺虜・安然如分內事・其志不亦大可哀哉・

玆蓋伏遇皇帝陛下・二儀再闢・大命維新・日月之明・細微皆炤・風霆之下・幽隱必宣・臣父報國孤忠・見於諸臣章奏・久存聖鑒・豈俟臣瀆・伏念中興甫初・乃四方觀聽之始・正朝廷鼓勵人才・激濁揚清之日・臣父雖艱貞自好・本不祈身後之榮・然其倡大義以正人心・明大節以立臣範・實國家聲靈體統所存・固當存之千秋・昭於信史・以著我興朝之有人・臣若不言・其罪大矣・臣今年十八・讀父書・頗知大義・寧忍避干瀆之嫌・以自陷於不孝・故敢匍匐天廷・畧舉始末・伏乞皇上鑒其功・憐其志・而哀其死・萬一獲邀曠典・贈以一官・賜以一謚・則臣父地下枯骨爲不朽・而臣之偸生亦庶幾爲不苟矣・臣不勝激切待命之至・

答梁藥亭論詩書

前札卒卒於論七律處・未盡引伸・辱報書・示以歸趨之大指・使復言以竭其愚・數月不見・得一酬酢・强如對面・慰甚・快甚・來示云性情欲流・規格欲別・詞語欲化・此三言者・皆至言也・弟無以易之・然皆欲下一注脚曰・性情欲流・流而不俚・規格欲別・別而不離・詞語欲化・化而不佻・至所云於燈取影・水取空・風無聲・雲無色・烟無氣・此皆氣象之似・須成詩後觀之・非可按爲實法・必信斯言・韋蘇州猶有慚色・王仲初去之益遠・夫情性欲流者・欲其躍動也・欲其酣暢也・欲其呈露也・然必務留餘地・使讀者尋繹得之・過爾痛快・便近於俚・今野人叔侄相戒・切直於明辟之誥・三百篇之動人・不若瞽兒牧豎之歌・然識者終不以彼易此也・規格欲別・詞語欲化者・欲其不板滯也・欲其不陳腐也・故救板滯者以活・救陳腐者以鮮・亦皆不欲其過譬之・黻黼冕裳所以爲禮也・苦其不便於首體，則易以紗巾・甚則岸幘・甚則袒裼・斯可已矣・若又盡求縱適・是將以屋室爲褌也・所謂離也・言語所以相通也・天子達於農夫・聖賢同於盜賊・若以爲恥・遠其鄙倍可也・必欲併其音聲而新之・是將以鳥言相命也・所謂佻也・仲初之病・未必及是 其佳處・弟所服膺極多・所不滿者・每以市上口頭語・不擇雅俚・一意塡入・前札所謂有一二不願兄等學者也・論其氣象・則鋒芒大利・蘊藉處少・於兄燈影水風雲烟之喩・覺不相似・兄首推韋蘇州・則近似之矣・然州有道之士・養心養氣・久乃可臻其妙・未易筆墨蹊徑求也・弟竊以爲當求新於性情・不必求新於字句・求妙於立言・不必專期於解脫・蓋新舊無定名・解脫無定位・若謂今不經用者爲新・人不共爲者爲解脫・又烏知新者異日之不爲舊・而解脫者之非纏縛也・李贊皇有言・文章如日月・終古常見・而光景常新・此所以爲靈物・吾常佩服其言・而未能學夫日月・以其精華爲日新・而忘其形體之舊・文章以其性情爲不朽・而忘其言語之尋常・假使日舍其圓而方・月變其弦而角・新則新矣・尙未必不爲怪物也・

復八十老人祝石書

子□先生足下・弟伏處鄉落之日久矣・昨偶至五羊・令堉邵君儼然辱臨・捧書發函・感愧汗下・摧傷搖落之餘・誠不

意世間有道高人數千里而惠之敎言也．所示書．雖復數篇．然濟時之畧．論世之識．已可槩見．今古禍敗多生於小人．而成於君子．生於小人之奸欺．人得而誅之．成於君子之任氣．人不得而議之．啓禎之間是已．人家有子．一以淫蕩破產．一以鬬訟破產．所以破產不同．然均不得爲肖子也．儒生俗士．安識時務．識時務者在乎豪傑．弟常謂此十六字幾可與危微數語並傳．少時留心葬事．於陰陽家言無所不讀．每登山覓穴．茫然無所措手．其後稍有所得穴時．全不藉書．徐而按於書無不脗合．三十年來．天下多故．往往以己意料之．常合以古事按之常違．然後知所謂識時務之時．難得而易失．先一時．後一時．皆失之矣．未易爲拘儒道也．

承聞先生大耄之年．然猶日讀史傳．夜分不寐．細書如蠅頭．精力强健．少年不及．殆天篤生師尙父衞武公之流．弟獲通聲氣．私心自幸．何時乃得握手披豁．快胸中種種也．往時頗有所撰述．自戊午遭意外之誣．卜獄二百餘日．家人惶迫．時懼更以文字得罪．取付秦炬．唯拙詩以先有刻本得存．然雕蟲之技．烏足汙長者之目哉．一帙寄呈．聊以發一笑也．王園長先生幼子諸孫尙數十餘人．文采風流．未墜先緒．足承存注．晤時當爲致之．王礎兄不晤已十年．聞往歲在都門．近未知何狀．頗有相聞否．令壻後一日即告閩行．卒卒無報．臨筆飛越．

劉項論

漢王引兵出關．身與項羽戰．六戰而五敗．三匝於彭城．脫死滎陽．逃於成皋．傷胸捫足廣武之間．深溝於固陵．獨一挫羽京索間耳．然而羽卒破滅．何也．以其暴耶．暴莫暴於阬數十萬人．然先羽而行之者．秦是也．秦有天下也．六國之怨入骨髓．而莫敢誰何也．以其不義耶．莫不義於放弒天下之共主．然後羽而行之者．曹丕是也．丕有天下也．以先主諸葛之賢．而卒莫正也．匹夫不牽至於爲盜殺人．僇辱長上．則必不得其死．愚者知之．而問其死期．智者亦不知也．況乎有天下大半．負虎狼之衆．據山河之險．而可得制其短長之命哉．故羽之不義也．羽之暴也．可以卜劉項興亡．而非劉項所以興亡者也．漢之得計其在用淮陰彭越乎．獵者之伺虎也．樹木爲柵三周．而疏設之．使可望而知也．餌以犬豕共牢而載．犬與豕相牙．終夜有聲．虎聞而思食之．求其門而入．不知人之將以穽己也．入而求犬豕所居．忘所行之漸隘也．途窮而犬豕在焉．而牢甚堅不可得而食也．則怒躍而搏之．一搏而不得．再搏而不得．三搏而終不得．則困餓涎喘．獵者尾而門焉．伸鉤引繩．用力甚徐．不半日而有斃虎．漢王善於獵者也．故以身爲甘餌．而堅其牢於滎陽成皋之間．淮陰侯奉木而柵之．始於魏趙．中於燕．終於齊．而屬之垓下彭城．尾而門焉．垓下之戰．是其伸鉤引繩時也．羽之破不亦宜乎．

且漢之材．皆羽所忽而不察者也．羽之始也．矜其氣勇．所攻者摧．所當者陷．固謂天下無有能加其上者．而不知六合之大．九州之衆．固非一手一足之所能爲也．及夫淮陰破齊．彭越絕食梁地．遣龍且而龍且敗．戒曹咎．而咎違之．然後懼而悔之．則旣晚矣．世而降也．蓋有不仁而得天下者矣．又其甚也．則又有仁而失天下者矣．迹其所以廢敗．卒繇不用才而疏於計．況羽之暴而不義者哉．故漢之仁未有加於前也．相守滎陽成皋之間．未嘗逾越尺寸也．然羽屢勝而國日蹙．漢數敗而國日闢．漢始求割滎陽．而羽不許．羽約割鴻溝．而漢許之．而隨以亡．反覆之勢若此．則用才不用才．得計失計之明效也．嗟夫．羽不足道也．吾獨怪夫後之君子．好語仁義而不講大計．擯跅弛之士而不敢用．徒欲以空名劫束天下奸雄．而終之不振．恐古聖昔賢爲仁義者不若是疎也．適以賊夫仁義而已也．不亦悲夫．

二禺峽志序

凡山形欲奇．勢欲深．境欲靜．以是三者槩天下名山．幾盡之矣．而獨不足以盡二禺峽．二禺峽者．居清遠上遊三十里．當嶺南北行要道．湞湟滙流．兩山壁立．飛泉巉石之妙絕於天下．道書所稱第十九福地也．梁普通中舒州延祚寺一夕飛來．故數千年間．高僧羽流前後仍集．予數四往來．瞻顧徊徘．竊疑造物者自秘其奇久矣．珠則胎之．玉則璞之．名山之必深必靜．其常也．而此獨炫然星露．何也．彼舟行其下誰哉．非銅竹之符則輶軒之使也．下焉者非擁貲而南．則載寶而北者也．行則有赴時計日之虞．止則有畏途惡風之戒．名勝當前．悵望而不得即．而樵人牧子．倚山門．蔭喬木．捧腹而笑行者．勞人草草．不自嗤其形役者乎．其幸而得至者．登於山．則有幽曠瑰異之觀．以潛奪其躁競之心．挹於泉．則有清迥寒凉之氣．以澡溉其熱中之念．然後知二禺所以寓其至奇於不深不靜之間者．固造物者之無盡藏也．良工之焠劍也．方其熾然而急投之清冷之淵．則堅利無敵．少緩則否．彼號爲名山．居深處幽．而有能裹糧問奇自至．皆其不待焠而堅利者也．豈可得於市朝熏灼之士哉．

觀唐宋諸賢．及吾鄉先哲．其詩文爲二禺飛來作者．殆多曠達明悟之旨．而鼎革以來．舊志無存．邑人夏君乃搜摭於蒼厓斷蘚之間．彙以成編．又爲之繪其圖形．徵諸故實．禺峽之奇與其文獻．於是大備．夫嶺南僻在一隅．舉天下之人過二禺之下者．百不一二．至其下而能登望游觀以盡二禺之勝者．又戛戛乎難之矣．有某君之誌．使天下人人犂然皆二禺之在目．然後造物之心．於是乎不窮．予故樂爲序之．

先友集序

尹幼侍於先君．竊識其所與朋游講習者．雖燕戲之間．未嘗不及於治身憂民忠國也．人之有善．若慶雲之出於天．醴泉之湧於地．亟亟然唯恐不與衆共見之．人有過．諄諄然曲導之．若垢衣之被其體．若刺之集其背．聞飢寒之人．甚於其身受之也．必相與謀衣食之．政令之失．時事之非．旣竭其力而無以轉移．猶爲之累吁積歎．至於不寐．自其爲諸生已然．而一時交游．類皆偉人雄傑．卓然以當世自命．不欲下同於俗學．先君旣沒．尹幸不爲士君子所棄．其所與琢磨晨夕者．雖未得盡如先君時．亦自一時之選也．嗚呼．自有識至今三十年間．計其姓名蓋十之六七死矣．方其放情抗論．下視先古．卑笑當世．若且欲快其意氣．然更變亂以來．其間斃於桁楊．仆於草野．逃於浮屠方士者相繼．而得畢命王事自致青史者．亦往往不乏人．各有命焉．要其志皆爲不苟矣・□□無聊・每得其遺文於篋笥・托之歎息・想見其淋漓酒杯・掀髯唱酬・奮袂激昂之日・嗟乎・彼何時也・今一二存者・大抵困餓窮山中・愊惻田□・有所欲言・咀嚼齒舌間・周視四座乏人・而後敢發・吁・自先君時□已患喜風□不如古久矣・而今而後・又未知何如也・乃撰先友集傳二卷・搜錄遺詩文可觀者・人爲一篇・而傳系之・分兩世之交爲上下・

劉顯之詩集序

文之傳有二道・理也・情也・六經皆本埋・而三百篇獨本乎情・列國之風・情勝於理者也・二雅三頌・理稱其情者也・情必附理而行・理必待情而始著・由理入者其言高渾・由情出者・其言酣暢・三百篇之理勝者・大抵聖賢之言也・騷人以還・則往往情勝・六朝四唐・則又拘以聲律・尙以綺麗・由是作者益難爲工・而日遠於古・以韓昌黎之才・而詩視其文爲遜・柳柳州詩過於韓・而文較不及・自古兼長之難如此・方今之世・進退以制義・取舍以風氣・士雖白首・猶咿唔帖括・知聲律已難其人・況其上焉者乎・予友劉君顯之・以舉業得名天下・三十年經術淹貫・爲多士所表・受業者嘗數百人・而未嘗言詩・不得已而有作・亦匿不肯示人・比盡竊而讀之・其五七古樂府・堅樸如漢人・近體取法杜陵・得其風骨・而去其矜氣・論斷今古・感觸時運・含映甚遠・大儒深識・不當於詩人中求之・所謂從理入者也・世俗所尙・聲色之似古人・猶優孟而叔敖衣冠・非不□動一時・而實則優耳・仲尼學琴於師襄・既習其曲・習其數・習其志・有間曰・有所穆然深思焉・有所怡然高望而遠志焉・曰・吾得其爲人矣・黯然而黑・幾然而長・眼如望羊・心如王四國・非文王而誰也・師襄爲之避席再拜・夫文王未必如是・惟未必如是・而孔子得其爲人・所以爲善學者也・吾謂顯之之詩・蓋善學古人者也・

按廣東詩粹作留樨堂集・禁書目同・

屈翁山文抄序

發數千百言於一文之中・猶戰數十萬人於兩陣之上・理義其芻糧也・文采其旌旂器甲也・句讀其束伍也・段落其中權前後左右也・有是四者而後可以言兵・然其奇正分合・用衆用寡・則大將主之・孫子曰・水因地而制流・兵因形而制勝・由此言之・文豈有定勢哉・近世之爲秦漢者曰・唐以後書吾不讀也・爲唐宋大家者則曰・彼摸擬剽竊者僞也・二者交譏・予以爲皆非也・夫文之爲用・所以寫天地萬物之情・而傳於人・述古今萬事之變・而垂於後・其寫物也・鬚眉畢見・生氣躍然・其述事也・治亂有源・脈絡井井・使讀者如身入・其喜者欲舞・怒者欲奮・哀者欲泣・樂者欲歌・足以示勸懲而起頑懦・苟能如是・不必問其爲秦爲漢爲唐爲宋・皆天下之勁兵也・而孰敢與之爭・若夫義理多而不實・是唱籌之□也・文采備而不精・是兒戲之軍也・句讀具而不鍊・是市人之驅也・段落散而不整・是首尾不應之蛇也・即其人而眞秦漢・眞宋唐・亦必敗之兵矣・而可以戰爭乎・

吾友屈翁山之爲文也・行萬里以具芻糧・積五岳以爲器甲・而閉戶十年以習于束伍部分之法・其四朝成仁錄・堂堂正正不戰而屈人者也・他所著撰尙十餘種・意不專主於一家一

代・自達其意而已・夫兵戰者・四國之敵・文戰者・萬古之敵・翁山勉乎哉・霍去病有言・顧方畧何如耳・不至用古兵法・李廣令人人自便・不擊刁斗・自禦而皆可以取勝・翁山持其絕足・時時有是・要其才固亦文中之嫖姚飛將軍也・薛子存穆選而評之・請舉予說以相質・

海日堂集序

士之數奇・未有甚於友人程君周量者也・自其試童子時・每冠軍輒有變故廢案・尊人匪凡先生・老儒也・周量壬辰捷報・人以爲賀・先生曰・吾兒素不利居首・況嶺海初通・南人孤士・裒然弁冕・天下懼且不免・何賀也・未幾・果以磨勘題理黜不得第・人皆冤之・蓋君子有大道一節・先輩有單永用人言者・謂與上文舉賢・下文聚斂之臣財用小人互相關照也・主考武陵此菴胡公爲諸生時・嘗用其說・不見錄於有司・闈中得周量文・大爲擊節・而又出於虞孫左氏之房・因擢爲元・欲用以伸前議・政府大臣有子不得與選・遂倡言元文悖朱註不稱・溧陽相公與胡公講學又素不相下・相爲附和・嗾人上疏力排擊之・胡公坐是左遷・一屈以死・吹毛求疵・不止一人・而榜中同是說者・固不盡罷斥也・

久之周量仕爲舍人・與澤州陳說巖・吳門汪鈍翁・新城王西樵阮亭諸君子・以詩文詞相高・唱和都門・盛年俊才・聲華藉甚・轉樞曹・分校北闈・奉使西秦・還奏稱旨・累遷職方正郎・京察第一・俄而出守桂林・月餘而三藩亂作・竟以憂卒於全州・年僅五十・又一年而朝廷有博學宏詞之舉・阮亭諸公自部曹外僚以得館職者甚衆・向使周量不遇胡公・必不至身及於亂・稍加以年・未必不與於博學宏詞之選・而三十年間・得而旋失・進而旋退・成而旋毀・與試童子時大相類・何不偶之甚也・列子有力命之辯・謂自窮自達・而無有制之者・意者其未盡歟・

周量少時・與薛君劍公・屈君翁山同受業於先府君之門・先府君旣殉節・而薛屈二君皆棄其諸生・以著書爲樂・周量獨身陷圍城中・與尊人幷爲繫縲・不得已而取世資以自免・若薛屈二君者・可謂能自窮而無有制之者矣・周量自達未嘗不力・而每遇輒窮・謂非命有以制之・必不前後齟齬若是一轍也・周量沒後・余爲書致撫蠻將軍傅公歸其喪・其孤衎祖流離患難歸・時方十五六・今餼於郡庠・爲名諸生・貧無以葬・遺詩文數帙・未能刻・前年阮亭以宮詹祭告南海・哭於周量柩前・挈其孤以見大司馬吳公・存恤而敎誨之・戊辰夏・其同年進士連君雙河・始與予相識・即詢周量後人・及冬・同寓端州・遂成深交・雙河自予篋中取周量所著書・拔其尤別爲一卷・請正於大司馬及三水令天翼程君・助而梓之・是皆不愧古人交誼者・周量雖數奇於生前・然旣沒・或非命所制・必不終窮於身後・雙河命予爲序・世誼也・所不得辭・姑質言之・

送何不偕遠遊序

將爲州里宿宿信信之行者・其別也・不過一二言・適千里者倍之・萬里者當又倍之・若其游無方・其行無期・則其別也・固將千百言而未止者也・吾與何子不偕弱同學・壯同游・蓋常西濟湘沅・上祝融之巔・東浮揚子・北觀於黃河太

行・目授而色喻・宮動而商應・其相命也・未嘗以言也・今而爲無方之游・無期之行・其別也・則不過一二言而止耳・

凡人懷剛决之才者・其於事也恆疎・具明察之智者・其於人也恆密・夫密與疎行之不可偏廢者也・密以持己・而疎以待人・則密疎各以成美・反是則謂之蔽・而適足以召怨取戾・不偕剛决明察之至者也・有其美可不懼其蔽乎・幸而久爲游人間客・猶不可不懼也・或其次及於事當存亡之樞筦・死生之柄・則其可懼也・當更甚・神農之經千品而决積滯者・取狼毒而卻蔘蓍・中其疾也・尹竊取於孔子以爲不偕贈・其於臨事之一言曰愼・而於待人之一言曰恕・嗚呼・之二言者・引而伸之・固亦千百言而不止者也・

先府君巖野陳公行狀

公姓陳氏・諱邦彥・字會份・廣州順德人・先世自銅陵入粵曰陳甕・仕宋爲機宜文字・從端宗南遷・卒於廣州・次子大謨・元樞密副使・樞密之子徙家南海龍山・世以貲雄於鄉・曰小圃陳氏・景泰初・析南海置順德縣・故公爲縣人・祖文學公諱嘉言・父處士公諱韶音・以公故皆贈兵部尙書・祖妣康氏・妣鄭氏皆贈夫人・處士公操行方嚴・隱居言性命之學・公幼頴敏・處士公恆自敎之・未嘗右他師・十八受餼學宮・每試冠諸生・以文行負重名・遷居縣北錦巖・從學者數千人・稱巖野先生・然而四十不售・老矣・

甲申之變・走南京上中興政要書三十二策・報聞而歸・思文皇帝入閩・得書草於戶部郎蘇公觀生・讀之曰・奇才也・有旨召見・未赴・既而特詔・授監紀推官・公之自南京還也・以宏光登極・詔舉恩貢・復應乙酉鄉試・拜官數日・而榜發雋第七人・遂以推官冠服燕・一時榮之・隆武二年遷兵部職方司主事・監狼粵兵萬人・出南安時・蘇公觀生以樞輔督諸君援贛州・公數以策干之・不聽・及秋・閩中陷・蘇公旋師入粵・公請其旨・曰・國未有主・公曰・邦彥聞國亂先內・國危先外・今東喪八閩・西絕洞庭・北淪章貢・國家分土十五・獨兩粵在耳・掃境內以屬閣下・及其危而棄之・謂天下何・蘇公曰・然則奈何・公曰・國自有主・非閣下所急・敵今全力在閩・東事爲急・閣下毋歸廣州・而間道疾走惠潮・收漳泉未潰・以控扼之・猶可自立・若必以擁立爲功・謀議之間・動淹時月・待越關而後行・則士必恇怯而不肯附難以守矣・兩粵存亡・在閣下東向遲速之間・毋亦憂疆圉之不固・何憂無主・北門之事・願留一軍・彥請以死守之・不聽・南安士民泣涕遮道留公・蘇公亦不許・

至廣州・聞上出潛桂邸・監國梧州平粵伯丁魁楚柄用・蘇公舊與魁楚隙不懌・公引義固爭・乃遣公奉箋勸進・且請廻鑾廣州・公瀕行數以惠潮爲言・既行・而思文皇帝四弟唐王諱聿鐭者・浮海自閩至・紳士不得志於時者・從臾蘇公・擁而立之廣州・改元紹武・鬻官無暇日・屠販之子高車於道中・而公未知也・西至梧州・方上啓候令旨・夜被酒臥・漏下二鼓・中使十餘人燈火連江呼陳主事船・公驚起曰・事變矣・衣冠入對・上御龍舟・太后垂簾・平粵伯魁楚侍承旨・語東事畢・因問曰・今非戰則和・二者安出・公對曰不可・我弱彼強・以戰則非敵・我直彼曲・以和則非名・敵急矣・觀生若不悔・禍亡無日矣・悔禍則不得不請和於我・無事

而先求之．示之弱也．粵西之士．不長於舟楫．督府諸君四出而未返．其在蒼梧高峽間者．大抵皆新募之衆也．浮囂鈍懦．未見大敵．以戰必不勝．未見勝而戰焉．遺之禽也．故曰不可．且天家之胤．中州之產．盡區區兩粵中．不以死仇讐．乃反而死於骨肉乎．方今之計．獨宜速返端州．正大位以屬人心．繕舟固險．馳檄遠近．摩厲以觀其變．今南雄之守．皆西山勁卒．藉以取韶．其勢必舉．粵東十郡．我制其七．而使以其三代吾受敵．從而乘其弊．猶或可也．何必戰．上曰善．明日．擢兵科給事中．齎敕還諭觀生．時丙戌十一月九日也．

十八日上即位於肇慶．詔以明年丁亥爲永曆元年．公東至廣州．蘇公奏署公爲刑科都給事．公止郊外不入．使從人奉敕而遺書蘇公．指陳利害．廣州君臣盡怒．而蘇公顧恐懼欲和．會總督林公佳鼎以舟師與廣州總兵林察戰．爲所紿．一軍覆沒．蘇公繇是驕無和志．廷議水軍新敗．無以爲守．於是上幸西粵．公西歸朝廷不得．乃易姓名林居士入高明山中．

十二月僞總督佟養甲提督李成棟甲士六萬自閩攻潮州惠州．潮惠降．乃輕騎襲廣州．而用潮惠印符．日爲文書郵廣州報平安．蘇公不設備．望日黎明．唐王將幸學．百官畢集．或報敵至．蘇公怒曰．潮州昨日有書．那得敵兵．妄言斬之．三報斬三人．而兵溢城內矣．唐王踰墻走出被執．蘇公死之．元年正月上在柳州．成棟盡銳西向．破肇慶．遂圍桂林．公出自山中．臨西江之口．望敵旌旗歎曰．莫救也．夫若乘其未定得奇兵徑襲廣州．此孫臏所以解趙也．

時順德大盜余龍衆數萬．聚甘竹灘上．粵之餘兵敗將倔彊者．往往依焉．公駕扁舟獨詣龍軍三日．結其酋豪．握手傾談．人人得其歡心．說以攻廣州．龍許之．二月十日龍率舟數百．從海道入．遇敵百餘舶於東莞．焚之．進薄廣州．養甲閉城不出．而遣飛騎日夜走桂林追成棟軍．城中豪猾夜起刼掠．養甲不能禁．或獻計曰．龍輩妻子財物皆聚甘竹．羣盜無遠圖．可以虛聲走也．乃流言曰．成棟還剿甘竹且盡．龍懼引退．然成棟得報．亦解圍而東．桂林繇是得完．於是公起義兵於高明．使門人生員馬應房以舟師攻順德．三月．侍郎張公家玉起兵東莞．公與張公書曰．成不成天也．敵不敵勢也．姑置勿計．今主上殷憂．王師風鶴．若得牽制敵騎．使數月毋西．則潯梧之間可以完葺．是我不必收功於東．而收功於西也．張公然之．敵自是不能復西．四月．成棟敗余龍於黃連．焚舟二百．應房迎戰．亦敗死之．公身下江門．收其燼餘．軍復大振．養甲惡之．使數十騎掩公家於龍山．獲妾何氏．二子和尹虞尹．遺書招公．公不答．刲其後曰．妾辱之．子殺之．身死朝廷．義不私妻子也．其後養甲卒殺之．

公約衛指揮楊可觀楊景燁爲廣州內應．而說花山盜三千人僞降．得守東門．於是與大學士陳文忠公子壯會師九江．約文忠從徑道攻廣州西南．而公從海道攻其東北．且邀成棟歸路．期七月七日薄城．城中人三鼓皆發．期約既定．公引軍而東．文忠遂以五日薄城．城中人因俟期．而文忠家僮有乘馬張檄城下者．爲養甲所得．一鞫遂吐事實．可觀方與景燁計事．聞文忠攻城驚曰死也．奈何先期負我．此必洩矣．語未畢．捕騎至．養甲使引餘人．可觀怒曰．所以屈身爲若輩用者·正爲今日丈夫斫頭耳·終不緩一死·殺天下英雄也·養甲並殺之·而犒花山三千人·伏甲士於空院·分伍而入·入則斬·成棟方敗張公於新安·聞之趨歸·公偵知之·度其夜當至禺珠·乃密令治火具·使報文忠曰·成棟夜至必遭吾火·懼其餘舟奔突·請嚴陣待之·青旗而朱斿者·我師也·夜半報至·文忠未即傳令·七日鷄鳴·成棟至禺珠·火舟縱橫起蘆葦間·公引軍旁擊之·焚其巨艦數十·成棟率輕舟前走·公乘風追之·環城而西·平明·迫文忠軍·養甲從城上擊鼓助之·呼喧聲震天·文忠諸軍望帆檣千翼蔽空而上者·以爲盡敵也·陣動·文忠雖知之·然倉卒傳令不及·後軍拔船先走·成棟因擊之遂潰·

公乃收兵攻城·城上揭可觀景燁首·公祭而哭之·轉攻三水高明·並復之·鏖戰新會香山間·一月十餘捷·清遠衛指揮白嘗燦舉城迎公·公率軍赴之·池水諸鄉釋耒耜·荷鋤粟以佐師·四會韶連翕然響應·廣州之咽喉中絕·成棟盡銳爭之·公設柵江上以拒成棟·成棟不得戰·值天北風·總兵霍師連以火舟出柵·先擊成棟舟·成棟敗走·師連率舟追之數里·風反·成棟因火舟以攻我·我舟却迫柵不得入·盡焚·退而守城·成棟圍之數重·十日不拔·周行郊外·見古廟曰·得之矣·乃伏人廟下·穴地及城·刳城根而實之火器·戰酣火發·城崩十餘丈·公率死士巷戰·自曉及午·頸被三刃·左右死傷畧盡·走朱氏園亭題詩於壁曰·無拳無勇·無餉無兵·聯絡山海·矢佐中興·天命不佑·禍患是嬰·千秋而下·鑒此孤貞·又曰·平生報國懷深·望斷西方好音·已共萇宏化碧·還同屈子俱沉·又曰戀闕孤懷盡·懸絲一命微·負傷如未覺·無淚不須揮·魚吮艱貞血·水爲縛襚衣·祇應魂氣在·長繞玉階飛·書畢赴池·敵騎適入·引出·公曰·我陳兵科也·檻車致之廣州·養甲欲降之·使醫視創·膳者進食·公笑却之·問何言·公自書生平一紙·及清遠題壁三詩·養甲亦笑袖之·下於獄·五日不食·端坐賦詩·意氣陽陽·若無事者·養甲知不可屈·遂見害·臨命歌曰·天造兮多艱·臣也江之滸·書生漫談兵·時哉不我與·我后兮何之·我躬兮獨苦·厓山多忠魂·後先炤千古·歌畢·西向稽首受刃·永曆元年九月二十八日也·於時好事者爭投筆求遺書·故臨難諸詩傳焉·或言公被害時·監刑某取視其肝·肝忽躍着面·某體墜焉·歸病而死·治其病者歐陽生言之·嗚呼·痛心尚忍言哉·

公歿後一月·侍郎張公家玉戰敗自溺死·又一月大學士陳公子壯被執·死之·又三月·成棟以東粵來歸·上嘉公忠·制曰·邦彥奉敕宣揚·叩頭泣血·山林感奮·義勇願忠·却敵西行·牽之東顧·醞釀□□□□·中興之業·實賴爾二三臣起義之功·加贈兵部尚書·廕一子錦衣衛指揮僉事·世襲·賜祭二壇·加祭一壇·全葬·仍咨內閣擬謚·行地方官設廟·歲時致祭·公長身美姿髯·目烱烱視日不眩·爲諸生日·剛毅喜任事·每郡有大議·諸薦紳會坐·或至終日不決·公遙於坐末·申論可否·了了數言·聽者折服·諸大老或先期就公問所宜·其在邑令所經畫·必取決於公·癸未秋傍海所在盜起·公乞餉於富人·募鄉兵拒之·明年春饑·公又乞粟以賑饘粥·百日·食者三千人·富人服其無私·卒莫怨也·其卒也·門生耆老爲位哭祭者·相望於諸

縣・所著書多散軼・存雪聲堂集十卷・

公生於萬曆癸卯四月朔・得年四十五・配南海彭氏・今贈夫人・先公卒・四子恭尹馨尹和尹虞尹・一女適同鄉舉人馮公顯忠之子生員惺・和尹早慧・七歲器如成人・與虞尹並歿於難・馨尹死於軍・恭尹逃之增城・爲僞知縣所縱跡・父友貢生湛粹・破千金匿之・以故獲免・永曆三年七月兵部題奉旨・恭尹准世襲錦衣衞指揮僉事・謹具先府君歷官死事始末・伏請咨內閣擬謚・幷咨史館編錄・謹狀・

朱山人厓傳

朱山人厓・字逮公・南海人・生弱甚而有氣操・於交友最篤・遭亂・棄舉子業・挾其技以遊・無所遇・年三十七而卒・常夜客帥幕・武士四五人相與論力棒・君於月下聽久之・謂曰・此法未精密也・四五人顧見其文弱・皆笑曰・秀才何與刀槊間事耶・君請與試對・執丈二棒於一隅・立武士一人前・盡其擊刺之術・君植立不動・視其所攻而徐應之・意態甚閒・而攻者終不得所欲・君俟其廻旋急・進足深剿之・中其股而仆・君笑謂四五人曰・皆來・四五人者忿執刀仗四面至・君進退左右・不越尋丈・而棒之所及・四五人無不失仗呼・仗者君常爲予論曰・丈二棒而操其中・前後餘各五六尺・手動寸則末尺・動尺則末丈・而戰者常側身・所備者縱七尺・廣七寸耳・故手上下左右不使過六七寸・則力專而握固・以拒則堅・以擊則破・昧者用力費而神搖・是以敗・蓋吾師云然・亦兵法也・善白描人物・得古意・矜惜不輕與人・尤不肯爲時貴人作・垂沒之年惟精・而世希德之・詩存者若干首・

登鎭海樓賦

鎭海樓在廣州北城上・因山爲基・五層特出・高可知也・明洪武初・東莞伯何眞以全粵歸命・永嘉侯朱亮祖請合三城而一之・繪圖入告・而建斯樓・三百年間・人文特盛・超軼宋唐・多骨鯁之臣・無僭竊之患・或以爲斯樓之助也・甲申以後・日就傾圮・而城郭亦與之蕭條・昨歲甲子・大司馬吳公・大中丞李公・招徠舊民・各復其宇・乃命有司撤而新之・己巳仲春・予偕諸同人登焉・相約爲長律以紀其勝・屬以他事小阻・而諸公詩成・或百韻數十韻・無以加也・乃爲之賦云爾・

繄百粵之雄都・迺維揚之南暨・炳分野於雙星・曜炎靈于二氣・江則三州奔滙・山則五嶺環起・荆梁歸其泉源・庾柱張其屛扆・爰自堯秩南訛・禹疏黑水・周武周宣・于疆于理・二禺八桂・表山海之經・瑇瑁珠璣・書龍門之史・蓋已被皇風於上世・矜奇跡於南紀・至若穗粱繪楚・雪屋飛揚・城間似雁・石化名羊・爲眞爲妄・若存若亡・朝臺表於北郭・雙闕啓於中方・雖遺蹤之未沫・義無取於僭王・淮右奮興・九州未畢・東莞識時・南天戴日・

時則有將帥公侯・經緯明密・廓省署而大之・合三城以爲一・乃按鴛隅・仰窺乾象・肇建斯樓・於城之上・湧地五成・浮空百丈・北拱神京・南臨溟漲・允矣廟謨・其猷克壯・武事既張・文風攸暢・歷三百如一朝・洵英賢之相望・及其廢也・同符宗社・無可倚之棟梁・有難支之大厦・弓屢

弋于九烏．龍不成於五馬．翦爲貔虎之場．盡落鴛鴦之瓦．城復于隍．鴻飛于野．巷無居人．誰爲遊者．往事已矣．新政初敷．兩臺使者．三事大夫．勞徠安集．周爰咨謀．呈材鳩衆．畫堵分區．運斤匠石．督墨公輸．基則因其故武．製勿侈於前模．庶民子來以不白．鬼神鞭石而先驅．爾乃八雅四表．平階廣墄．累千柱以相承．列重梯而互陟．檐啄張牙．飛軒比翼．藻梲交馳．荷蕖反植．高窗則陰闔而陽開．雕墻則外殺而中直．三光倒景於暮朝．五緯分層而生尅．

況夫制作精堅．取裁麗則．不事雕樓．豈榮金碧．棟以石楠．椽以鐵力．綺綴交疏．文藤細織．烟雲入而莫拒．鳥雀穿而胡得．於是懷古幽人．選勝嘉賓．星言夙駕．相命佳辰．層開紫闥．共眺青春．帶環城之萬堞．瞰四遠之重闉．同一時之景物．若漸上而加新．踞高峯之峻極．宏大觀於朱垠．撫虛空而囘首．歎獨立而誰鄰．爾乃下聽松風．俯臨絕巘．珠海一牂．四江一線．隱映池臺．參差古殿．萬室如鱗．千帆若扇．白繚諸溪．青分數縣．其旁則路號呼鸞．岡名歌舞．越秀爲一郡之主峯．浮丘乃七人之門戶．虹霞之洞．日月之泉．白雲竦峙．香浦洄漩．前賢遺範．往往在焉．期當五百．學紹千年．菩提萬里以識佛．菖蒲九節而成仙．

其下則元宮別館．燕射之所．紫燕銜巢．黃鸝學語．成蹊桃李之花．四照木棉之樹．皆足以悞心悅目．飛觴嘯倡．倚前楹而寄傲．極遠睇而延佇．其南則梯航萬里．重譯百蠻．潮光似火．蜃氣爲闤．化鯤化鵬之地．大虎小虎之山．守中固外．遏盜防奸．固東南之障塞．而華夏之重關也．其西則靈洲鬱水．盛氣所萃．尋陝石門．樓船所會．銅柱高標．薏苡爲薑．酌水盟心．貪泉何害．凡此者．其成可師．而其敗足戒也．其東則扶胥之口．黃木之灣．韓碑千載．照耀其間．羅浮四百．來自三山．著書抱璞．偕隱不還．斯又作者之楷模．而文士之金丹也．其北則連岡疊嶂．直走雄州．湟谿橫浦．密邇上游．趙乘楚漢之鬭．陳報蕭梁之仇．提師移檄．此道是由．或一方以左纛．或半壁而垂旒．雖無關于運會．亦考古者所亟講求也．

蓋以地窮於北郭．水極於南天．無人事以補之．不足以鎮服其山川．是峨峨然據高而臨下者．猶人之有弁冕焉．示有尊也．以五行而言．中峯爲金．而外多水．懼其洩而生氣不全．故取形之方．而數之五．以土濟之．猶人之有父母焉．示有親也．尊親之戴入於人人．故當板蕩之際．尤多忠藎之臣．而逆節之萌．不旋踵而歸於撲滅也．建斯樓者．其知幾之神乎．

僕早聞詩于趨庭．少遭家之不造．昔捧杖以同登．今荷鋤而終老．作賦遠慙于仲宣．獻圖已後于文考．承羣公之見命．聊牽率而屬草．土衡用以覆瓿．平子宜其絕倒．信白雪之寡酬．附青雲而不朽．

浚貪泉賦

獨漉子行於石門．覩貪泉而歎曰．惜乎水乎．名之不若．以受衆惡汙千年而不白也．彼其生天一首五行．以時動靜．體備柔剛．飛之爲雨露．凝之爲雪霜．潛之爲泉乳．行之爲河江．鉅則彌綸六合．纖則出入毫芒．皆一氣所廻薄．

豈以大小而易其常。蓋山之高也。聞有得水而立。失水而崩者矣。草木之易生也。聞有得水而鮮榮。失水而萎黃者矣。於人何獨不然。聞有得水而食飲。失水而夭亡者矣。未聞操瓢一歃。而衣冠其禮貌。豺虎其肺腸者也。

夫南土於時爲夏。於十二子爲午。夏者。大也。萬物盛茂。以交陰陽。華實畢張。是天之外府也。陸之所產。則有沉水旃檀。龍涎馬牙。辟寒之犀。却老之砂。燭銀金膏。夜見光華。飛走之美者。則有花齒之象。短角之鹿。熊舐之掌。麝决之腹。孔雀金鈿之尾。翡翠青碧之服。嬰母學人之語。鳴鳳應節之曲。於海則車渠玳瑁。文蛤白貝。珠璣感月而得明。珊瑚出水而可碎。島夷所致。則珍奇紛詭。雕巧狡獪。秉舶量金。曾不得對其食貨。器用則有錫鐵之冶。魚鹽之池。金公姹女。鴿研螺巵。鳥文蘇方。鐵力花櫚。夏研黃漆。春敗蒲葵。箱函龍目。火炙離支。四走萬里。爲利不訾若是者。

語其香。則芬郁苾烈。薰心惑志。語其聲。則清妙玲瓏。亂耳塞聽。語其用。則觀美安逸。柔人筋骨。語其色。則文采晶熒。奪人目精。故目失曰瞎。不辨白黑。如面牆壁。耳失曰倒。聞人之號而謂之笑。體失曰擂。鉤爪拳足。如鷹攫肉。心失曰貪。知其好醜。見得忘守。其致貪之自乎。而世之人不歸罪彼而罪此。吾將鞏鉅投堅。竭流錮源。使天下有以明其不然也。遂舉簀而堙之三進。

於是貪泉勃然變色。飛沫如雨沸。沸如怒洶。洶如鼓填。填如雷幽。幽如語若。有復者曰。吾以斯名爲不足諱而其義足以訓。故不廢也。西方之郡曰酒泉。其人不必皆肉林糟邱也。東方之國曰薄姑。其婦不必皆反唇相稽也。中方之邑曰期歌。其家不必皆擊鼓吹篪也。今此鄉之南。其州曰廉。吏不必皆孫叔伯夷也。孔子之阜爲曲。老聃之縣名苦。誠能拔乎其萃。又何病乎茲土。且夫禮義廉恥是之謂欲。如波赴谷。使人同然皆得。逌然皆足。故吾教之貪名。修潔其行。惕惕兢兢。聞於四方。雖死不亡。敎之貪位。不失名譽而遠詛詈。退而益高。進可無媿。敎之貪利。裁足而止。天道虧盈。不可長有。務留餘地以立子孫。夫示以理之當爲。十人之中不一從而九違。指以欲之所在。雖千萬人必不期而皆會。是吾所以羽翼王道。陰驅頑悖。聖人復起。將不吾罪也。乃若吾子之云。古謂之歛魄聚魂。怨府禍根。盜睨其藏。鬼踵其門。是之謂大捨。乃非貪也。吾尚不能使之愛其家族。安能使之愛寶與玉。吾尚不能使之保其肌膚。安能使之寶金與珠。獨漉子曰。有是哉。僕未之思也。於是爲之拔石出竹。濾士去瓦。布觴挈壺以待來者。

辯命賦

天府六星。四曰司命。夜見庭隅。傍運斗柄。垂精耀芒。若發臨令。陳子適仰見之。併而嘆曰。聞諸星經。是主咎灾。往者聖賢窮則呼之。殆謂此耶。吾有所疑。何能下聽。願得畢辭。茫茫後世。悠悠邃古。億萬斯年。生非無所。或垂裳衣。或舞干羽。吾獨何辜。亂如此憮。豹當路立。虎入郭處。張爲風雲。翕爲雷雨。人之有室。上棟下宇。吾獨何辜。率彼曠野。陸有蜂蠆。溪有射工。含沙奮螫。毒甚刀弓。人之有口。變紫爲紅。吾獨何辜。結舌于

胸・人之與物・其間幾希・相彼鳥矣・鉤啄高飛・如彼潛鱗・泳之遊之・吾獨何辜・載渴載饑・

言既而入・正席陳蓍・遇遯之否・書言其繇曰・山可極天不可測・玉師于礫・藝黍獲稷・假寐而思・若有大人・玄冠絳衣・爲予釋之曰・山可極止於命也・天不可測・未有定也・玉師于礫・損乃益也・藝黍獲稷・踰求所得也・上天蒼蒼・厥命靡常・朝爲白雲・暮化而黃・爲虹爲霞・五色施彰・子之所言・無乃未廣・世之稱物靡過權衡・加之毫釐・即動其平・加之銖兩・即易其方・權衡之精・上爲列星・踐台謁帝・運斗中央・以較下民・誰重誰輕・自求多福・是在人行・因材而篤・亦我所能・在氣陰陽・在日宵旦・在時寒暑・在世治亂・一往一來・同條共貫・衣葛則喜・披裘而歎・樂此永日・而啼夜半・斗筲之人・曾何足算・曩者承平・四境無憂・口舌得官・世祿爲侯・居連華幄・出列鳴騶・酒食宴樂・其蔽也愚・登壇作將・緩轡而驅・北風刮面・累日不朝・多士盈廷・非是相轇・近不見睫・遠析秋毫・誰生厲階・職此之由・生子於亂・將遠其謀・我視百平・如日移晷・呱呱尚泣・倏而皓首・高居大爵・爲利誠厚・苟非其義・亦何足取・凡此下民・以名爲壽・其生不稱・其沒何有・是富貴者頗異人否・非有八臂四目兩口・以子下駟・足並驅走・願自掉頭・恥不爲偶・既不汝遷・豈其予咎・老子於窮・將固其守・小心翼翼・是謂文王・仲尼大聖・亦畏于匡・禮義不愆・卒莫之傷・所寶珠玉・火不爲殃・他山之石・用礪干將・怨仇之毀・君了良朋・試子多難・將周其防・肉食者鄙・昔人所嘲・飼雁以粟・雖飛不高・天地之大・暗于將朝・故釜羹頡而白蛇絕・漢儲之安・紫芝先嚙・妻嫂不炊・六王折節・糠覈而肥・席門多轍・楚母進餐・劉興項滅・不有忍也・其機不發與・子饑寒以勞筋骨・四者之來・天其玉汝・或不自愛・予何能助・守此而老・即汝之寶・抱是而終・即子之通・其屈甚短・而伸無窮・吾言止矣・鵠舉而逝・出戶揖之・明星晰晰・

荔枝賦

五色仙羊・雙星牛女・離火正文明之位・海水即鯤鵬之所・乃若璇房丹穴・香林瓊渚・魚孕玉而長鳴・鼇弄珠而延佇・象簟則盛夏含凍・鮫綃則日中無暑・島客以蛤蜊爲月・漢宮以珊瑚作炬・百寶所生・不可勝舉・若夫衆果之貴・有荔枝焉・類桂樹而葉翠・象車蓋而頂圓・高則樗櫟十仞・老則松栢千年・下無草而可坐・上似㡖而堪眠・乃有遮道臨湍・維舟結轍・出石攲嶇・垂崖屈折・根柢龍蟠・皮膚龜裂・蜂貫蕊而築房・蟻封坭而作垤・枝理雙交・瘿紋百結・横度水而成橋・內傷心而抱穴・莫不後歲彫零・先春芽蘖・方其實則地爲之泮冰・當其花則天爲之不雪・至於五日盛陽・一陰徂夏・蒂弱子肥・紅多綠寡・黼繡交映・龍鱗相亞・熒熒遠悅之秋・熠熠流螢之夜・依山則朝霞競起・飲澗則長虹不化・秋實而春華比色・一本而千金售價・

於是曠士高人・嘯侶命賓・俱垂玉勒・並坐香裀・果下之馬雙脊・山中之車一輪・肆長筵於綠野・選美蔭于淸津・乃命兒童・鼓其筐篋・周周交銜・玄猿相接・遠揚者取以斧斨・密邇者得之眉睫・激電流柯・飛霜捲葉・似奔星而晝

隕・非赤羽而□横・集百斛于一株・積高山於平隰・然後進舞袖・顧行厨・曼絲竹・騰觴壺・擘朱苞之丹罽・抗明月之神珠・其始也・劃然如佳人慷慨解羅襦・其繼也・皎然如廻身綽約呈玉膚・其豐媚也・盈盈然如清鏡含光當綺琉・其莊麗也・晃晃然如金缸銜璧環帝居・捧者五内震骸・聞者下風徐趨・言者流涎溢咽・過者扼腕捋鬚・倚以朱唇・薦之玉齒・輕脆融液・醇和香美・朗乎冰雪之入懷・澹乎幽蘭之薄體・渙乎石髓之未凝・濳乎丹泉之不滓・祛煩釋結・洞表達裏・美色駐顏・伐毛洗髓・飽食無憂・却粒不死・舉五滋而莫當・横九有而無比・

龍瓜□於冰谷・雞菱出於翠水・東海之棗一枚・西母之桃千紀・不並驅乎中原・固未知其彼此・石蜜廿而不清・蒲萄清而不旨・信哉曲江之言・謬矣當塗之子・至若漢帝頻栽・楊妃大嚼・一騎塵飛・千夫命落・守吏爲之誅死・中原爲之蕭索・地異則葉脱枝乾・途長則色衰味薄・蓋其不變者・類志士之用心・而可傳者・乃聖人之糟粕・

小齋賦

若夫簞瓢在巷・樂以忘憂・藜藿入閣・貧而非病・斯固賢士之高風・而非書生之薄命也・若乃卵無旣覆之巢・甕絕可懸之牖・恒兀兀以終日・將栖栖而白首・臯橋廡下・並是依人・四壁臨邛・兼非己有・掃埃塵之一室・設几席于中方・賓客則數人可滿・縱横則十笏爲長・前則蛛懸敗瓦・上則雀乳空梁・傍汲轆轤古井・側舂杵臼黄粱・歷釜拭礎・聲日聞於兩耳・豕圈雞桀・迹密邇於隣牆・

至若閑散之朝・月露之夕・邀竹影於西家・候歸風於簷隙・數節過眉之杖・一兩登山之屐・每環行而睨柱・或緩步而妨壁・至于詩書手澤・金石遺編・鳥跡龜圖之始・龍官鳳紀之前・二十一家之史・四千三百之年・下及山經野志・外訖梵字玄言・莫不躬求手寫・直貫横穿・羣分於卷帙・鱗萃於斯軒・朝戴星而已起・夜一燈而爲卒・金錐懸而及股・木榻穿而當膝・歲封文草之墳・日禿中書之髮・石非珍而自賞・玉不獻而誰刖・晝日重扃・攤書滿庭・爐香未燼・巵酒初醒・搜瑕共緝・指事同徵・兒猜束束・妻誤卿卿・□佳佳之司馬・名浪漫之先生・方夫屬書摛詞・研朱引墨・海納山藏・陽闔陰闢・忽仰天其若喪・乍入淵而有得・且將位斯人於千載・周遐心於八極・豈復知一身之莫容・而所處之偪側哉・唯是宗祏長寄・壇廟無依・宋玉之招徒□・睢陽之厲何歸・矧年居不惑之際・老及無聞之譏・鼎有銘其何曰・泣如雨而霑衣・

北征賦

余自粵徂楚・紆道臨袁・寓于昭潭・茅齋數椽・餘冬無事・頗娛心於文辭・昔叔皮賦北征・安仁賦西征・當更始元康之時・並抑揚古昔・取况當日・僕不敏・雖感齊二子而所遇靡同・昔人有言・笑啼不敢・聊述塗路所經山川土俗・著而爲賦・命曰北征・傳之故園・以貽同好云爾・

戊戌之秋・白露八月・予將有行・告廟及室・艤舟河揭・親舊知者・衣冠祖别・悲歌寵離・長劍將發・於是辭鄉土・去番州・薄酒消而心酲・孤舟逝而夢留・歷清遠之□

城・滂涕泗而橫流・慨先君遺烈・髣旌旆於荒邱・爾乃戢餘悲・泛長谷・望曲江・逾中宿・其山隆崋糾紛・干天洩雲・其水澹灩微波 灕江納河・衆木叢茂・靡草幽蔚・荒莽延蔓・垂花布實・青黃異色・巃嵸乎其上・澄沙巨礫・浮光炫碧・萬仞之壁・雷雨所薄・篙索所嚙・波濤所蝕・嶒陵陂陀・參差乎其下・攲崖競懸・高泉自迸・廻谿中絕・層陰盡暝・神難周給・目不盡騁・湞江未窮・遠見庾嶺・其爲嶺也・上崢嶸聳厲・拔立而萬尋・旁綿聯偃・亘奔矗而千鐔・疏雲根以啓路・斧鐵壁而開關・仰而望之・若冉冉而造中天・近而察之・非猿猱之趫捷・孰攀援於其間・

於是乎乘篗輿・曳輕屐・撫驚飈而上征・指高霞而遙即・登陟未幾・僕夫數息・人蹶馬疲・中途九食・履崔嵬・陵峻極・睇中原・睠故國・朝升未明・晝降已夕・掛帆橫浦・於南康・貢水瀰瀰・會于清章・章貢之阻・黃公天柱・怪石磯激・湍瀾吼怒・亘于三百里・其知名者二十八所・或稜稜如刃・或躍躍如虎・或駭立如鯨・或浮行如鷩・淈淈淢淢・其下不測・齟齟齬齬・跳波直舉・沉黝窅冥・神物潛處・鬼風忽颾・晴潭乍霧・魚子停橈以待溺・土人荷擔而拾路・楩楠之艫舳・木蘭之樓艣・一食之頃・冒鋒芒・罣鈎距・陷沒而不能去者纍纍・四五篙師爲之動色・而沉浮客又焉不懼・

於是二老長年・奮臂裎裸・易險而夷・使船從我・齊舦跋浪・拂石迴柁・濟於廬陵・估人相賀・猜余僕於清江兮・聊淹留以徘徊・買舴艋而西邁兮・迺宜春以爲期・其溪清淺而淪漪・其田宜稼而易菑・其色盧・其壤衍・其理膩・其質軟・泉甘魚肥・俗僕民善・炊煙成雲・聚牛爲縣・叢以諸蔗・被以禾黍・緣以蹲鴟・散以麻苧・鄉連紅柿之林・家有黃甘之圃・激水役役以夜舂・天車騰騰而行雨・米粟之饒・醉□吳楚・然我行其野・蓋地力未盡闢・原隰未盡取也・五鳳之虛・九疑之陽・楚王萍實・此焉遺鄉・泉則醍醐西靈・池則鳴玉落星・淥水所出・霜岸林坼・倒爬逆棹・其艇十尺・醴陵之鱗・鯪鯉鱖鯽・黑鳥銜殘・以獻嘉客・

於是乎窮淥口・下衡江・蓋累足而坐者・三宿然後止乎中湘・故序其時則徂秋涉冬・犯露迎霜・紀其途則里餘三千・既阻且長・重沿再泗・雨跋山岡・風物之候・耳目所值・都邑所歷・語毛羽則元燕辭人・賓鴻自北・逑林木則楊柳異態・霜楓變色・若乃王侯故壟・卿相遺宅・梁以玳瑁・飾以珠璧・金缸照其棺・青珉縷其績・鬬雞蹴鞠之場・別館笙簫之迹・百歲豪華・一朝荆棘・石麟卬首於高隅・神女奉璫於塵壁・行人偃蹇於舊閭・故伎流離於墓側・嗟夫・晉臣之歎發於江河・王風之哀興于彼稷・僕鄙人誠不能不撫心永悼・臨文悱惻者也・

東皐武廟鼎銘

太陽之英・烏金是鑛・鑄爲斯爐・重於九鼎・在漢之季・火德已微・我公神武・更揚其煇・威震華夏・赤符重興・君臣大義・炳如日星・昔鼎三分・得其一足・今公之鼎・偏於九牧・

七別

昔枚乘作七發・傅毅張衡崔駰曹植之徒並慕效之・辭旨

各美・然頗恨其聲色侈靡・非壯夫之志・己亥之春・留滯湘中・雪窗多暇・擬爲七別・用寫予懷・非曰與古人爭勝也・

游王孫將行・言子攜罇酒而別之曰・唯吾子之有行也・僕聞之・父母之邦・唯恭桑梓・孔去魯而行遲・季樂沛而悲起・今吾子驥不釋銜・輿不輟軌・前年北邁・今茲西指・遠墳辭廟・離羣去侶・嗜路如炙・棄家如屣・而嘐嘐然自謂曰古之人・古之人・蓋其遠矣・且夫山潛野處・命曰無歸之民・躡屩擔簦・氏曰流離之子・蓋有所蘄而然乎・不然・何爲是栖栖不遑寧處也・王孫曰・洪波震壑・則下無安鱗・驚風覆林・則上無栖翼・故英雄役役於乘勢・仁聖遑遑於拯溺・夫豈不懷安不可得也・□□天地不仁・芻狗萬物・無賢無愚・同脂斧鉞・平生枝翦焉荆棘・吾獨何人・而有靦安宅乎・昔東齊有蹈海之士・西山有采薇之客・僕不才・雖不能遠迹古人・庶幾哉尙禽之遺訓・且明者見千里・而昧者不辨五色・子徒知遊子之戀鄉・而不知威旣加於四極・知遲遲吾行・而不知其汲汲干七十二國・亦見其惑也・言子曰・敬聞命矣・雖然・何子言之不質也・夫激亢非棲遯之言・英悍非隱人之色・吾子託懷禽尙・希踪五嶽・譬猶神龍俗於羣蛇・而識者早見其角矣・請爲吾子述游觀之大畧・豪哲之宏規・如其有當・引此一卮可乎・王孫曰・諾・僕聞之・

言子曰・伊洛之都・三吳之市・才華所萃・王公大人之所遊處也・於是布以廣堂・夾以重□・上聳飛樓・下臨寒水・徑踠長楊・春榮桃李・奇卉異植・于何不有・其結構也・因形設勢・若出天地・不深而寂・不華而美・其曲房燕居・則牆衣絹素・地匝櫂榆・冰簟重茵・遠自波胡・縠帷高蹇・荏苒流蘇・餘香蘊結・若有疑無・其旁則相函萬軸・倖於秘府・蟲書鳥跡・金石所鏤・目所未覩・此焉則具・時則吾子讀書之暇・弛禁延客・晨臥未興・車騎已集・凝聽須臾・主人乃出・蔭映徐步・遷延高揖・詞鋒雲起・問難羽發・□娛樂則憂者神怡・述武怒則懦夫髮立・清談稍歇・翰墨間作・開宴西軒・明月闌入・然後命樂工於前階・選新聲於後閣・簫瑟陳・笙鼓合・清喉輕囀・丹脣微吸・朱絃繁動雙抱凝急・陰淫要眇・嗚咽雜遝・佳人皓腕以進爵・小史玉膚而捧蠟・輕軀翔舉・流眄相答・高興未闌・雞鳴已及・客散蘅皋・雲歸城邑・於斯時也・指庭闕以爲龍門・被容接則稱佳士・身未達而擬三公・名無足而走千里・斯亦交游聲譽之極也・吾子豈願之乎・王孫曰・否・不願也・

言子曰・旣覽觀四表・感歎舊京・然後乘秋而上・歷九江・溯洞庭・始至洶洶焉滈滈焉・瀺潭澎濞・茫焉而不可測也・登而望之・蕩蕩焉・滉瀁焉・澒澒泱漭・曠焉不知其極也・徒髣髴其所見・則雲陰黯淡・萬里一碧・四無垠畔・天水相激・湛兮若流・翼兮輕瀾・震盪潛湧・洄洑如山・是時猶未有風也・少焉・商飈迅烈・波濤大作・其奔騰觸搏・則苦白龍羣躍・驟起而忽焉潛匿・其晃炫霹靂・又若神仙銀闕・可望而不可即・其進退逾越・若老將之部勒・擾而不亂・時起時伏・其飛濺潰沫・若霰雪之交零・瀝瀝滴滴・颶砂走礫・日光爲之晦昧・島嶼爲之沉沒・子野爲之聾聵・離婁爲之失色・鵬高飛而中墜・雁欲度而數息・艅艎巨筏・帆若垂雲・勢如山岳者・紛紜萬數・入其中而不覺其廣大如此・故能使吾子移心易志・忘哀失樂・離憂悒鬱・於焉洗

濯・然後反桂舟・收蘭枻・挂布帆・乘風勢・沛乎直指・寸晷千里・然且如惑如迷・如膠如滯・飄飄二日・僅乃得濟・泊於瀟湘之口・望屈子之遺踪而祭焉・其夜就臥・有漁子歌而過曰・夜隱隱兮雁孤飛・湖無寧波兮・將何依・萬里誰至兮胡不歸・于時月薄南端・霜露霑衣・起而追之・則漁舟之去遠矣・然後吾子逡巡自失・廢然而返・此亦游觀之至也・吾子豈願此乎・王孫曰・不願也・

言子曰・天下勁弓良馬之地・家有烏號・廐騰龍騎・而吾子客焉・其所與遊處・則若陳餘不王・淮陰失志・□□漁釣於草澤・李廣呵辱於醉尉・類此數公者・皆挾才負氣・憤悒侘傺・暇居無事・相與繫琱鞍・整輕轡・從騎數十・持銛帶利・越平蕪之火野・睇豐草之高原・散碧蹄於春雪・齊駿首而爭先・然後夷荒蓁・蕩林蔚・破高巢・洞潛窟・禽殫起・獸畢出・走而後射・飛而後發・弋翬雉・連黃鵠・下高鴻・中其目・大如鵬・小如鵠・貴如翠・賤如鵰・從風而隕・紛紛相屬・然後憩於中林・釋弸弛服・命彼僕夫・剔搜窮麓・尾拔狼狐・角執麋鹿・暴虎徒手・頓豹以足・目怒拳奮・身登肉薄・弱必兼殺・猛不並搏・獻於馬前・角多較獲・於是擊鼓饗士・行炰野酌・席落花茵・□若吹蘆・管彈霜鍔・逸氣騰涌・雄情奔躍・志意之所傲睨・展口之所戲謔・論兵計之精奇・述霜王之餘畧・傾絣進酒・一飲百爵・徘徊起舞・慷慨爲樂・此畋獵之雄也・吾子豈願此乎・王孫曰・不願也・

言子曰・聶政荆軻要離專諸・下及有漢・季心郭解之徒・悍人耳・不足爲吾子道也・乃若近世羽仙劍俠・盡人間妙選・骨奇體捷・猿臂鳥爪・鶴肩鷹睫・虎項龍軀・猬眉狼鬣・鍊質空山・棲形崖業・彼皆童而養之・故其元精未渫・可以飛行六合・橫歷千刼・至其習擊刺之餘技・發奇思於長鋏・則可畏乎其駭人也・其舞也・始若飄風驟雨之未至・颯習而凄凄・其少進也・若陰雲濃霧之疑沍・慘澹而霏霏・爽乎若夢・窅乎若迷・一疑其虹・一疑其霓・詳而察之・嫖姚往來・何鶻厲而盧馳也・翺翔上下・何燕頑而蝠飛也・爾其懸行反立・薄梁上壁・超高投深・潛虛八隙・意之所擬・則無不得・纖塵不動・徽響不作・既而靈氣漸遠・神妙莫測・忽焉而失・其形熠焉・而泯其跡・餘光電繞・徘徊燁鑠・其光著樹・則盛夏隕華・枝條寸折・須臾之間・幹斷抹絕・其光襲人・則髮薙眉落・非髡非削・面目無損・其人不覺・然後收鋒斂芒・翔而後集・顏不變易・氣不喘急・王孫曰・善哉・技至此乎・言子曰・未也・乃有遺臣廢儲・危國孤子・含怨懷讎・歸命俠士・於是俠士感主人之厚恩・順鬼神所欲毀・攝劍如丸・藏之於髓・賓從盈庭・中坐而起・巵酒未寒・囊首千里・獻彼肺腸・以佐甘旨・此希世之奇術也・然而慕吾子豈願之乎・王孫曰・不願也，

言子曰・國無良史久矣・意者・吾子蓋將東漸西跋・探龍門而登禹穴乎・廣羅窮蒐・擘風謠而咨胡耇乎・紀淮右之眞人・奮自布衣・雄姿天授・英畧橫飛・煌煌煒煒・使人懍龍顏而咫尺天威乎・紀潛邸之干戈・飛自幽燕・再闢乾坤・勒石天山・隆隆炎炎・使人覩重眉而彷彿長髯乎・譜中山之持重・則堂堂焉山移而河動也・貌開平之雄勇・則颯颯焉毛豎而髮悚也・青田之智術・則勃勃機決而矢發也・姚公之狘獝・則遑遑焉因時而取必也・近歷十世・十有五宗・穆穆皇

皇・肅肅雝雝・刑政成康・不足擬其隆也・廣大漢唐・不足比其封也・天降喪亂・亦時而有・乃其奇淑・古則未睹・遜於南蠻・則難臣奔走皓首而生還也・狩於土木・則單于悔懼談笑而自復也・身殉社稷・則殷勤血詔至死而惟民之恤也・若此者・皆將呈其餤乎・將深叛人逆子之貶乎・弔忠貞節烈之慘乎・追憸邪之魂魄・剜其肝而出其膽乎・欽老成之謀國・遡回天之軌範・想經營之慘澹乎・源盛衰升降之端乎・寄興廢存亡之感乎・何昔皇不階于尺土・而後裔莫振於十五國也・遜國何以收士報於二十五年・而邇者反寥寥於三百也・明其倚伏・本其終始・勒一家之言・成本朝之史・蓋非名山大川・無以發其奇・非廣見博聞無以卓其識・此游者之有事而良史之職也・吾子蓋有意乎・王孫曰・僕願之・而未能也・

言子曰・蓋聞君子之居世也・外必炳丹青之名・內必盡性命之理・然而窮達有分・迷悟在己・旁退之士・知外物之不可期・河清之不可俟也・故屛紛華・息馳騖・望山載歸・望林載赴・負笈尋師・披榛問路・踐凄凄之餘霜・宿瀼瀼之零露・目之所見・則長薄萬里・鬱鬱蒼蒼・高山峨峨・川流湯湯・雲脚底移・蓬根高颺・緇塵秋飛・皎月宵張・耳之所聽・則歸風入樹・衆怒齊聲・曾波撼崖・蕭瑟奔崩・清猿坐嘯・羈雌晨鳴・窮幽極遠・孑往孤行・於是躋清秘之高巖・探仙靈之潛穴・金膏駐其頹顏・石泉漑其中熱・臨千仞以試心・俯長流而頹髮・後念不生・前際忽絕・邂逅異人・授之眞訣・識萬法之本來・悟二儀之匪別・入火不炎・在染無涅・揮洒爲霖・折蘆可涉・然後逍遙人間・陸沉世俗・止觀天台・棲禪雞足・控鶴緱山・騎牛函谷・此淮南興歌之端・而子房所以杜門辟穀也・吾子豈學之乎・王孫曰・夫改銜擇轡・非無郵之御・易矢更絃・非有窮之射・踰常驚異・非中正之符・樂我忘人・非聖賢之化・僕雖願學・然未暇也・

言子曰・語有之・時隆則聖人窮・事失而智士出・故英雄無終困之時・天道有好還之日・節俠之士・則莫不修怨憤・憫顚躓・報德於危・求伸於屈・於以吳市有乞食之管・秦廷有餓臣之膝・留城奮婦子之貌・潁上降金鎖之骨・非慕汗簡之餘馨・君與親固如此其急也・今世君子・既貴且富・擁世貲・褕文綉・嘯華堂・狹宇宙・發編揚古・自以爲智能莫我右也・然而偃仰斯日・莫肯念舊・亦獨何也・夫靈蛇有毒・而隋珠必報・彼蜂何知・而芳蘭在負・恩耶君耶・若是其不敢後也・金風鳴而韝禽鼓翮・震霆動則草蟲爭出・時哉時哉・若是其不可失也・吾子妙齡高蹈・天懷倜儻・歛飛揚之逸志・蓄沉深之遐想・而一旦慨然勵裝秣馬・膏輪命輛・長劍在佩・圖書出幌・僕夫迷惑・未測所往・無亦欲追耿鄧之前炬・嗣雲台之絕響乎・言未畢・於是王孫仰而笑・俯而酌・色飛心諾・引滿三爵・抗手而辭・據鞍而躍

王邦畿 字誠籥・番禺人・隆武乙酉舉人・紹武中・以薦官御史・桂王立・復從之肇慶・桂王西奔不返・邦畿避地順德之龍江・晚歲禮僧函昰於雷峯・名今吼・其感時傷事・一託於詩・自名曰耳鳴集・意謂託之微詞・惟自聽之・人不得而聽之也・阮志耳鳴集一卷・注存・

戊子哀文

歲維戊子・月建乙卯・饑饉爲災・多食不飽・當胃腕間如虛・苦燥小婦・不量多病・又惱薪貴於禾・人賤於畜・一豕萬錢・一妾斗粟・見於陌者・藤形腫足・路有死人・白茅不束・濯濯者山・明星燦燦・吁嗟廣厦・雕梁折砦・鳩居鵲巢・主人鼠竄・朝夕供餐・雖則供飧・猶恐不繁・束刀入市・奪人之食・駕言行邁・擄民供役・千里不飯・中道絕息・娥娥者妝・羅列成行・幾微失意・飲劍以亡・或撻未死・逐出路旁・見者吞泣・不敢匿藏・莫高匪山・莫卑匪履・行行待行・必有終止・民之憔悴・莫甚於此・哀哀蒼天・亂何時已・

耳鳴集自序

耳自鳴也・耳自聽也・孰與汝聽之・人有不自知其爲自鳴也者・殷殷然如雷也・以爲雷也・蓬蓬然如鼓也・以爲鼓也・且以天下皆爲雷也・鼓也・詢之人罔有聽者・予之詩亦若是則已矣・十年以前失去不復存・十年以後刪去不敢存・其或托微詞以自見・亦自聽之・人不得而聽也・又何必存・人曰耳之鳴也・不可聽也・舉天下人告以耳鳴・莫不默喻其所以然者・不以耳聽以心聽也・予然之・僅存一二・或以待天下有心人・

王鳴雷 字震生・番禺人・邦畿從子・隆武乙酉鄉試・兼五經・考官奇其才・以格於例・置榜末・鳴雷學於梁朝鐘・爲文有師法・奇古奧勁・似戰國諸子・康熙初・與修廣東志時・稱典核・著有王中秘文集十卷・空雪樓詩集十卷・又著有續易林上下經二篇・從蒙子語錄一卷・東村講學錄一卷・阮志幷注存・

汪漢狆虞部詩草序

五聲八音皆樂也・商周漢魏四唐兩宋皆詩也・而論者曰・唐後無詩・夫詩以道性情・唐之後・其人將無性情乎・然而今之爲詩者曰・吾漢也・魏也・近體者曰・吾初也・盛也・中晚而下・唾而不顧・又有起而矯之者・離而爲生陗・反而之弛弱・曰・此靈也・幻也・光燄也・無惑乎性情之日遠也・夫感物而言・發言爲聲・當其感也・不知其發也・當其發也・不知其至也・安辨所謂漢魏唐宋・靈幻光焰者也・故佳人代有・不必類毛嬙西子也・良醫世出・不必皆血汗綠耳也・擁偃師之偶人・策慕客之銅馬・將以求歡致遠・則蹇驢嫫母之不若・何者・生氣不存焉・

汪侯漢狆先生・舊澤在人・俠風映世・興至爲詩・取其胸中之奇・滿意而出之・使讀書恍然如見其人・跫然如聞其聲・肝膈意氣・迴翔楮墨之間・殆所謂得之性情者耶・且夫鐘之鏗鏗・鼓之逢逢・管之蕭寂・絃之清越・以及匏土木石・各以自鳴其所有・非期中於五行八風也・執鐘而問曰・

汝西方之音耶・問鼓曰・汝東方之音耶・問管絃曰・汝艮音耶・離音耶・柷敔曰乾耶・塤曰坤耶・笙磬曰・西方之音耶・則是八音默然不應・先生之於詩亦若是則已矣・逌然而來而不知其所自來・渙然皆得而不知其所以得・如曰此孰漢孰魏・孰初孰盛・孰靈幻・孰光焰・先生捧腹而笑・可矣・

與梁藥亭書

鳴雷頓首・上藥亭足下・三代以上・文不法古而後傳・三代以下・文法古而後傳・聖人作神明制作・不師古・儒者曰不蹈往・不迹趨・恐一不合・舉世而非之・而吾以爲貿貿焉同乎流俗不可・嗚呼・魯春秋以前・何嘗有孔子・是以天下後世卒不復有二孔子・孔子之道莫可尚矣・司馬遷亞聖屈原莊周左邱明之書・各出其論緒天下後世・卒不復有二司馬亞聖屈原左邱明莊周・數傳而後・唐昌黎子厚其文・一師亞聖・一師司馬遷・孫樵元結劉蛻之文・則合莊周屈原左邱明亞聖司馬遷而師之・神而明之・文章之道・至唐莫可尚矣・

僕童年受父書三千卷・二十年間惜覽誦一偏即止・中間十一二年失去・未嘗再一開繹・蓋流離顛沛中・飢寒不暇・暇購書乎・嘗謬喜一旦死・死而棄去一切・惟於藏書所坐其下・將亡去者一二讀記・蓋性癖好者書・凡病憊時・憒悶時・皆因棄書・若得就帷下・七情皆息矣・去年滙人惠文苑精華一書・中多唐文・惜年老眼闇・夜起命童子然上燈索・外西洋琉璃圈鏡・兩瞳人瞠瞠焉・早睫可矚・因細書太師連紙凡六帙・學堂頭長老鈔金剛法・各表以吳綾二尺許・由劉蛻與次山各一卷・韓二卷・其第五卷爲柳與孫樵・其餘李華張九齡□□十餘人・或一首二首・合六卷・次各體・分上中列・除陰陽忌日不讀・每於月下風細時・放聲大誦・至擊節處・音節愈壯・讀愈瀏亮・鏘然可聽・僮僕皆起・佐以乾脯桃栗・鄰舍時時有聲不復臥・此亦樂事・惜不與足下共之・書此代札・鳴雷白・

答張庶常書

三月十一日雷頓首・上足下・蓋聞山中有帝堯・巢由不敢遠遁矣・水中有武王・夷齊願與之居矣・是故以堯爲君・武王爲臣・武王五日而朝・七日相見・夷齊在下・百姓熙熙・耕而食・鑿而飲・與舜耕田・以養父母・與契典敎・以治人倫・與夔典樂・以訓胄子・以武王爲君・屈堯爲臣・淵穆在上・淳龐在下・問以干戈而不知・問以攘奪而不知・如風雨然・如日星然・偕夷與齊・冥冥而遊・何也・道固不同・時有異也・是故天下有道・順以世敎・雖聖人不能貶損其道・天下無道・逆以世數・雖匹夫亦能變通其權・堯天也・夫天杳然至高・默默無常・武王人也・經緯萬端・皇皇世故・是故有熱腸如陵苞・有守己如萌放・有披羊裘而釣・有棄黃金而鋤・有扣角而飯牛・有掛瓢而踰垣・有割愛子而干・有沈鈎繙而乞・有拂母衣而行・隱顯各不同也・

然或者曰・治世之出處與亂世之出處不同・當得爲之朝・遇得爲之主・言必從・諫必聽・以我所學而試諸事・以我所事而被諸朝堂・以我所治而垂請大匡・忘射鈎之辱・管

子不以爲恥・改隱太子之官・魏徵不以爲疑・當不得爲之朝・遇不得爲之主・或東歌于卜・或南傲于市・笑斯人之若狂・傪然而立・當此之時・大夫簡棄舊聞・輕詆文士・人人有懼罪之心・家家有墜淵之恐・主尙不同・士流漸易・念足下久登仕版・朝天門有日矣・度可圖維出而佐致久遠・不然・披髮藏頭・懶見流輩・束帶不樂・免見上官可也・何至貿貿然效北郭先生者所爲耶・昔有北郭先生者・或問之曰・先生不仕乎・俯然不答・又問曰・先生仕乎・俯然不答・又問曰・先生終欲仕而不仕乎・不答而去・非所謂非窮非達・亦非高尙者哉・書問遠貽・臨風珍重・鳴雷白・

桀紂論

楚鄖人有猛獸死・將炙其肚・歲活蟲人百萬・桀紂生不幸・與湯武聖人同時・不能爲大賢人・大愚人・即爲大惡人・已至於死後而著之史者・要亦後人借之韜鐸・勒之龜鑑・使天下後世爲之君者・不如此即爲桀・不如此即爲紂耳・而天下萬世人君・相與恐懼而不敢爲桀紂・爭濯磨而相觀於湯武者・天下萬世人君・食桀紂之福也・天下萬世百姓・食人君之福・其實食桀與紂之福也・天下萬世艷者稱西施・醜者稱嫫母・然而天下至大・萬世至遠・艷奚獨西施・醜奚獨嫫母・漢唐宋之君・其淫刑流蕩不返者・百桀紂不止也・其所以不得大惡名・以生無聖人同時・瞽瞍鯀者・天下之庸父也・而皆惡稱傲象盜跖・管叔天下之庸弟也・而皆惡稱朱均・有不肖稱者・以聖人爲之父・聖人爲之子・聖人爲之弟也・使無聖人爲之兄弟父子・其在平常等夷中・不得爲賢人・亦不失爲庸人焉・伊尹空桑也・孔子孟軻皆少孤也・顏回夭也・伊尹孔子孟軻顏回不少孤不夭・不空桑・又焉知少孤者無瞽鯀之父・夭者無朱均之子・空桑者無傲象管叔盜跖之弟哉・天下萬世事可傳也・偏僻多奇・文辭殆甚・惡其父目爲瞽・愛其子目即瞳之・朱均以天下拱手讓他人・度稍不賢而能安之乎・莊周世之賢人也・其言孔子子路與柳下季爲友・子路謁見盜跖・跖膾人肝而脯之・夫展禽魯僖公時人・若至子路之死百五六十歲・不得爲友・繇是言之・非莊周之好奇而寄言之者乎・而況世無莊周之賢乎・紂之不善不如是甚・子貢先我言之・吾竊怪天下萬世惡叢歸桀紂・不知孔子孟子引桀紂爲大惡人・以對湯武大聖人而言・孔子孟子實不得已也・嗚呼・桀紂陽不能爭天下萬世毫末之利・而天下萬世陰已受桀紂無窮之福者・雖不謂之賢君・其可得乎・孟津南巢英雄之仁也・西山扣馬・婦人之仁也・後世席前酒不拔劍者・婦人之仁也・烹愛子殺愛妾者・英雄之仁也・

旅說

扁鵲之兄・醫神於扁鵲・日受粥三缶・名不出其廬・鵲不能□也・于是裹鍼携蔪砮・檄走禁書齊國門・齊侯客之曰・君子猶不欲富與貴乎・寡人病試之・入呼宰人具盥・御者具巾・刷手溫之・發席眎眕・既已發空劑函者三・曰・臣之藥一日得氣・二日得溉・三日而飫・而豫豫而饅饅也・齊侯曰・神哉・迺大出所寶金帛贄鵲・鵲歸・彊其兄・兄曰不可・我不慣出齊侯也・今夫三戶之卿無多病・病無多奇・嗌風濕火□目而已・奚足當鵲術・至通都大疆・則氣五方・路

迷七聖・腹有蛇・膏有鬼・瘤有白雀・衆工之所不解・卻走殆盡・而後鵲之術乃見・由此觀之・龍處於沼則困・入于海則靈・堂亭之玉・鹿吾之金・雞山丹雘・小華璚浮・大次堊碧・皆寶也・匪萬眼睽睽之市・守之者必當餓死・今子游異鄉・雖非扁鵲兄矣・得毋見重於齊門者乎・客于是退而作旅說・

送繆仲容歸漢陰序

伯樂相馬・研蹄小領・除肉疊脈・左顧右盻・迺得天馬・刻之剔之・促以百里・躑躅不前・羈之束之・限以近疆・蹀躞不進・伯樂曰・不然・凡上駟之道・遠以千里・縱一日之步・騰躍奮空・自晉而秦・自秦而楚・今漢陰繆仲容世固稱賢者也・夫賢者用世・有道有材・足以安九廟・奠邦域・利賴生民・天子倚毗之以輔相天地・任道居乎密勿・經理用之權衡・然後輔冲人・保子孫・仲容固優如也・若夫道大不行・屏跡三戶之市・躬耕十夫之田・謝棄人事・將復疆以就佃・如下幽谷・不加裁割・動見乖張・試百里者・局以邑・試千里者限以郡・未見其可・何也・可以大而不以小・可以長而不可以短・良工不量方寸之木・鳳凰不受羽毛之風・大車不載銖兩之賓也・

仲容以茅州百里宰・一年政理・屢跆欲速・不得大用・展也無成・苟以斯人而身居宰相之任・天子假以權勢・爲佐三殿・以安社稷・不然・而使其進退人材・出入納言・大夫郊勞・爲寡君申禮樂・別賢否・威畏鄰國・以交諸侯・以待賓客・以事宗廟・抑不然・使之統領軍旅・制勝百萬・除殘撲虐・必能建左車之奇・而奏丈人之機者・伯樂之馬可以千里・而不可以百里・賢者往往不可測有如是而已・

送恒修上人歸東山序

其人端愨而好禮・悠悠焉入道・其遇事也敏・不輕謁權貴・無諂人冒利以華其居刹者・語之以濫交游・弗屑也・日與貧賤士相徵逐・吾於吳中得一僧焉・曰鍈舟・吾愛之慕之・其人懷忠孝・識大義・不區區於小節謹飭・其臨大難也・苟利於君・殉一身而弗顧・雖出家也・無一日敢忘人國・吾于楚中得一僧焉・曰松影・吾愛之慕之・今者吾粵得一僧焉・曰恒修・其爲人也・不移卑曲・不隨世慮・其與人也・温温然・大公焉・其心以爲尊焉者・年忘于我焉・樂與善道之・卑焉者・我忘其年焉・樂與善道之・飲食求其道久・澹忘於味焉・饑渴求其道入・而相深於嗜焉・無有一人之不相與悅懌也・則亦無有一時與人之稍怠也・吾愛之慕之・是三者・皆有合於吾儒之道・夫浮屠之道而與吾儒合・然則儒者之道其有合于佛之道無疑矣・以其衲子之有合於吾儒也・於是因師歸東山而贈以言・

寓循州永福寺雷漪堂記

循州城西三里許・有山曰豐湖・因是名焉・湖上有永福寺・寺後山也・寺前湖也・湖水清照上山・山皆湖光・山色晴映下湖・湖皆山色・湖有漁人曰・取魚稍暇・還向湖橋心撤白網・至網絲百尺有餘・月下漁人尋湖□缺者悉爲泥瀰・裸裎漫其罅・蓋少待儲水・溢湆溢然後魚可常捕焉・

漁歸·則予且臥寺竹小榻·與漁枕對·寢具相布·綈衣相設·以坐明月·方予未臥時·由寺歷數十階城·氣惴惴不下·即足筋戍削相挂·然後登堂·堂高迥可知也·堂面山·山有泗洲塔·塔凡七層·實兀虛中·塔下湖有底·其孔有源泉遠大海·往時有鱷魚遨遊其上·亦名鱷湖·自予臥其堂也·塔旁多大風暴怒·夜過半·天中如人馬雜沓·鐵騎皆響·又如猛唶啞咳嘯聲·蓋是時秋菊初殘·冬衣欲換·百物乾落·草壑進枯·寒樹葉聲·與湖面初受猛風·鞺鞳錚然·又佛殿旁·竹樹淅瀝·挨枝亞·軋䙞韡·殆八音相奏和而鳴者·蓋是時夜已午·而寺旁一樹·問之老僧·言其植日·後寺創日不遠·樹老烏鴉母一·烏子朝朝出·亦未嘗營巢焉·蓋寺創在大唐貞觀間·樹與寺植不遠·則寺歷千年·樹歷數百年無疑矣·獨予素喜月起時·聽老鴉數什伯相呼應·惜茲樹也·只一鴉而羣動·銷聲時·鴉輒不鳴·殆有忤予者然·

予性臨高·茲寺也有湖·飲食時可堂·娛吾目也·有鐘磬聲·行時可聽·娛吾耳也·有山·臥時可見·怡吾情也·有橋·曰烟霞·飽後時可緩步·樂吾足也·有僧·出時可偕遊·予堂於蘇長公唐子西之側·寄吾志也·蘇公當年放逐江潭·如漁父山鬼·滃鬱渤潰·湖過寺門·晨至夕·結爲水泡·積爲怪石·牽爲蒼藤·散爲網罟·澄爲滓澤·發爲香草·現爲佛書·藏爲綱常·喜爲蓬茀·怒爲至性·皆寺也·皆雲滃堂也·予與漁者臥一人·坧者臥三人·晝夜凡四·竝記之·坧者爲甎方而弗圓·以埴寺門·予遜之·以予無功·食於人也·

遊廬山棲賢寺至大鵬峯記

匡廬峯·峯峯皆奇·尤奇者曰大鵬·峯峯在五老峯前·高雖不及五老·而奇實勝於諸峯焉·今年秋九月·予從廣陵建業來·泊舟彭蠡門·訪楊東曦學博·因問西堂大師·自南嶺來入棲賢·已住山半載·山中多南僧·下彭蠡門來乞米·遂使棲賢路時嘗有僧往來·頃書奉西堂·約東公訪廬山·由學舍旁策馬十五里·而棲賢在望矣·比至堂·偕其徒數人環然揖於石潭之上·聽櫓斷泉水聲·時日已欲入·山葉聲槭槭響予步間·蓋自廬山周年有雲逆峯頂·眺者往往弗辨爲山爲雲·自至則峯已近·又北山明秋雲·稍覺晴朗·五老峯儼然在目·獨心與足恍惚躑躅玉川門·而稽首大士纔畢·即入方丈前·觀師所挂杖錫處·立未久·高麗石琉琉已光瞧火矣·

十年前和尚住此·有佛相·中間法錫南還·遂把茅蓋大士·師到則經營佛堂·前座將落成·搆閣有待·然已迺然大觀·須臾·山月出高松之上·坐聞林下響·第不知其爲泉聲與松聲·惟覺四山闃寂·燈烱烱然·開列諸峯·晨起則叢林秀絕·而巖壑軒豁·雲木疏敞·有泉可煮·有薪可斫·種蔬有圃·春來有水·碓結香積有茅·引泉有竹·樹有榛栗·師座青蓮石上·託鉢有南宗行者·以香爐一片石爲講經台·師直可與遠公東林爲長住矣·

明旦絜同遊蹋五老峯·由玉川門宿大鵬峯下·有僧曰雁門·臥同遊者五六人於竹榻之上·比夜半·東公呼衆俱起·看秋月照高峯·未已·又上石台·臨高千尺·望大鵬峯·是日午餐在羅家書院·行十里許·日未晡·坐高石上·仰見五

老峯與諸峯爭奇・天地搆大觀・任神仙俯瞰・石潭倒水・小石笋峻崢・羣岫崒硉・諸壑爭流・冽泉泠泠心目間・秋樹似春青・雜以一二楓樹最紅・雲霞呼常變幻・鳥者拜・獸者拱・奮即趨者・頽然而斜者・雖極以工人鑿鬭・畫師洗染・恐未必有如是奇曠也・師同東公觀三疊泉・予倦坐三疊下・一人策杖・格格聲響・戴白帽・披白氅・直踏萬泉中・執予手曰・某十年坐鐵壁蜒前・下山訪汝不見・今見於萬泉中・坐危崕千尺上・明朝便可濯髮下白鹿祠・予曰然・同遊者誰・師西堂石鑑也・鳴雷與東曦楊子名日升坐鐵壁崖・下山訪予者・雷峯頓脩師也・從西堂二僧曰逆淙・曰寒知・後・

東海東氏祠堂記

己巳夏過東海・蘭陵邑長告予曰・此漢疏大夫廣遺祠也・雷曰・昔漢宣帝時・疏大夫廣與兄子受・廣爲太傅・受爲少傅・佐太子五年・逮父子俱病・乞骸骨歸故里・上許之・加贈黃金二十斤・皇太子贈以五十斤・祖道東門外・觀者曰・賢哉二大夫・廣歸・遂盡出其槖金不少留・屬廣之親戚宗族・疎者薄給幣帛・親者厚給贍田・凡養生送死・男女嫁娶・貧而老不畢婚者・死而無葬者・羸老而歉者・親疎厚薄・悉如給田幣之法・每歲酒具所給外・教長子孫・若親戚宗族至其家・饗以飲食・羸老至八十上者・奉安坐・膳香饌・蓋以彰君賜也・猶恐子孫力田怠惰・歲僅給升斗・量充其腹・衣不寒・食不飽・或告曰・多種竹樹・買田宅・美蓄蔭・以貨財・長子孫・廣謝曰・子孫賢・貨財奚藉・如其不賢也・雖億萬刀幣・禍之階爾・乃盡出其槖金・不少留其後・

疏姓仕者在八及中・疏躭數人皆世事漢・至長安猗氏分疏姓更爲疎・於是子孫稍寡・至晉時・疎源爲九卿・孫孟達避難沙鹿・疎去疋爲束・束晳・疏之後也・晳以文行・仕著作郎・宋時・有束莊知萬州・築水防水災・以息民害・又束向與王介甫仕同科・束元嘉爲通城主簿・以政聞・明嘉隆間・東徵君禺能文學・至有名詩歌・今東海蘭陵有束家祠堂・斗拱參差・古瓦傾欹・廟貌有存者・堂上書二疏歸時乞骸骨疏・旁復書漢班固譔疏廣傳・以唐韓愈序二疏事獨詳・並勒焉・然後知束姓本疎氏・因其後人避亂居南陽・束氏遂散處不一焉・子孫歲一歸東海者・非大事不至其祠・祠之記而未復可知也・邑宰閔叔・則來宰此土三年・慨然思嘆二疏之賢・又愛束晳之好學・於是起而葺之・堂成仍其額曰東海束氏祠堂・而屬鳴雷爲之記・

民夫記

年月日師出征至於閩海・廣之大船數十・小船至數百・馬丁用長・小船四五丈許・至載芻草米穀豆料之屬・爲喂犬馬・大船用夫二十人・中船十人・小者八人・或六七人・先是郡縣吏稽花戶冊・以民間食田之出入均派夫之多寡・有急夫・有約夫・有月夫・夫之家一・而食粟之家九・吏所至鄉村・應鳴鑼催點急夫・夫有班頭・包有官差・押有派門頭・或派田畝・除食田外・荒田有稅・無耕概弗蠲・上之所取・下恒倍之・每次硃票下州縣・押運夫至省會・邑令掌簿坐堂上・捕官立階左・文書吏居側・清晨點卯・至漏三鼓・吏叱

官差・官差喚班頭・班頭喚花戶・夫兩階翼魚貫而入・入右出左・班頭押至・鎖頸頩衣若囚繫・其或隆冬・促緣不掩其長形筋・竹篾小筐・所載飯食之具・芾柴一小束・瓦甑爊汗・凡背繫薄葦蓆・俱截草繩縛之腰袷・橫數尺・粗布裹八升之黑豆・神宮佛殿坐無空地・宿敗絮展石・伸脚則足出・攣捲則背露・至操舟牽艣弄潮・日行盡夜・輒五里不得休息・如以少緩・則丁壯數以百鞭・日不替手・沿涯習獵・所至則背插箭箙・手挽刀韔・而言語侏儒・北軍莫辨・其逃去死亡・于回也不得半・面臃腫如水埕・指如竹筒・腹大飯捎・兩足明如琉璃・皮膚不啓・四體氄氉・歸來駭幼子婦人・予曰・當國家太平無事・民不知兵・插秧糞牛種・焉知乎足樂・然猶有涅血氣以憂廟堂・今海上烽烟・誰實其禍・而使邊海窮民・徙其父母所居・布麻水車・雞桑田秣・顚倒魂夢・以額叩閽者不聞・以視夫官夫牧犬馬・駕樓櫓・猶得駐船頭・與班頭索酒錢買醉洲邊也・

五人墓記

天啓丙寅三月丁卯望・天雨昏黑・璫尉入市・以蓼州周公順昌被逮活屠・顏氏子佩韋・與楊念如馬杰沈揚周文元・是爲五人・五人義烈・自矜輕趫・抵掌激昂・橫掣電舞於衢口・時緹騎者呵道勒索・必欲得人甘心而止・以取媚於魏之私人・於是五人痛心疾首・哀周公之慷慨・欲以身赴湯火奮厲之氣・一夫大呼・羣起而應・角逐鼓噪・而緹騎者亦遂血流被面・或折脇及腐腸而死・五人相告曰・人生視息世間・見義不爲・生復何求・時宰有貢義者・不忍見義士者・即解印綬去・有執法者・舉聲大呼・誰殺尉者・五人躍劒跳踉・抗聲厲色・大言曰・我殺尉者・旁復有爭應聲恐後者・曰・我殺尉者・是爲五人・嗚呼・使五人而默默・而闔闔・抑畏求退・當時亦何斧鋸加之・鼎鑊及之・迺五人竟視死如歸・勇士不忘喪其元・使血覊無胸者・貪生之術・便易而行・柔餒之情・無復再銳・視五人固何如哉・五人面無懼容・辭氣加厲・曰殺人之罪・法所不容・況殺尉乎・某等一死未足以塞責・某等見天地正氣一日不存・人物夭札死也・某等所以踴躍赴義者爲生人倫也・非不知存軀保妻子之爲生也・但黃雲蔽天・陰雨昏黑・緊結三日何爲者・執法者磔之・

由是言之・朝廷之所枉是・草野公而非之・在上有不剛之臣・在下有浩然之氣・今逆閹之祠立廢・就其地瘞五人之骨・仍以二丈石大書五人之墓四字爲碑馬・一時郡人吳冏卿默・文太史震孟・姚太史希孟・張太史溥・各記其事於虎邱之側・歲乙酉・王子過而謁之・曰・爲綱常立道・爲大臣伸氣・爲舉國抵難・而以一身死之・學士大夫曾不及沽屠者・嗚呼・墓前草青・白酒瀝漬・猶是婆娑碑石下・徘徊不欲去淮也・掀髯記之・

僮者張三愛傳

張三愛歙人也・年四十不妻・受役于其主・主貧・或告曰・妻之可乎・張曰否・愛主在不并受他人恩也・主固老・縣令逋租・令索租急・當與杖・愛屢代主受笞至百數・不少懟・愛爲人修長・且健筋力・多種蔬・售悉以其貨歸・輒充衣肉于主・且曰・主老不忍一日衣肉缺也・獨養母所充衣肉與

主同・一日・母病且篤・愛家貧・自度力難置藥・迺乞牛羹於道路・路人曰・若愈母・便可以肝愈之・愛聞而銜之・母曰・女母病而子貧・毋以母慮・遺有餌貲・留以母身後貲・愛涕泣不止・銜涕趨而禱諸神曰・母病人告我以肝愈・我以肝愈母・乃出短匕・自劃其脇內・五臟皆見・不見肝・復默且禱諸神曰・久矣哉・愛之不誠也・須臾肝墮出・愛急伸右手以匕劃肝如指許・徐以左手緩緩還其破肝納于腹・束以白蔴・愛以肝歸・和羹奉母・母一飲而輒愈・先是愛恐自昏憒・且默祝有神・至是不大痛苦・愛之誠有感于神而是也・明日其兄問之醫・醫七日而創亦愈・

愛主老末受胤・以弟之子爲嗣・嗣爲人性黠驁・數恚愛・主受簀時曰・若事我・我且逝・今我將不爲女去而眚也・女可便逃去・愛弗聽・事兩嗣如事主・且白不敢受主遺墨・輒遽齒平人自大也・唯不逸其力・以種蔬植售・又悉給兄嫂・愛嘗與其里人修荒墓之約・凡里中貲乏不能以掩胔者・更無主暴露者・愛自度貧無力・悉相率其鄰近荷鉏戴畚以封築完固之・勿令敗・

王子曰・張三愛其王褒之僮乎・何天性篤樸一至此・所謂禮失而求諸野也・不然公卿大夫士人・白首闕然不能盡者・一賤甿盡之・又怪當時公卿大夫・無有表而出者・幾于湮歿無傳聞焉・或封股刲肝非孝也・吾第論天下後世・人倫得天性之上・貴爲王侯・賤爲人役・咸可以範圍持正・合于聖人之徒者而止・嗚呼・獨奈何汎汎焉慟江河之無本也夫・

翁烈婦俞氏傳

烈婦諱秀官・閩之融人也・父俞氏長祚・舊有聞譽・逮長・以武事死封疆・婦父既歿・婦爲兒時讀書・常恨非男子不得從父以死・年十六而歸翁處士鑛・鑛固貧・然貧而學・亦遂不能卒其學・一日客遊秦川・以父母老語其妻曰・余母憂矣・予娶而且予去・苟一旦去而父母疾・疾將汝倚・且汝必謂代吾而將其親・孰若吾去使其親有孝婦・汝有孝名・無何・竟去・去之明年・而姑有疾矣・婦念有前語・遂百聲疾呼夫名・願以身代姑死留姑・姑愈而鑛客死秦川矣・己亥夏・凶訃至・婦聞而弗信・其弗信也・冀傳者之弗眞也・先是夏月屋有三烏集於堂・其音如鵒・又夜則明滅如牛喘于婦前・而翁即果死矣・其日黃昏・婦問曰・翁郎是妾盡頭之日也・夜半忽陰雨・從天撲下・婦問曰・翁郎若者行相見耶・迺徐取所佩小刀・向頷喉一封・氣暈不絕・婦曰・未拜姑嫜・未辭慈母可耶・乃令洗去血䱦汚者・以左手中指曲剔入・旋以食指側抽喉橫筋・絲絲滌淨・觀者爲之股慄・婦舅髦聞而止之・婦曰・母也・兒不孝・使兒得見於亡夫・兒願足矣・翁郎豈無伯與叔氏者・有之・刵其堂尙餘婦也・指嫂言曰・若善事姑・則親在・毋以予亡・予死且瞑目爾・數尺之棺・毋以予身而見・恐母見予而哭予・徐謂曰・兒不孝・兒負母・兒將死于死夫・則不得不背兒母・若戀兒母・則兒不得死于死夫・且不得見兒死父・語畢・鄰嫗皆來・婦無懼容・唯取少時所誦盂蘭經・既誦畢・鷄鳴・斥侍兒悉出・割正喉・血盡氣絕・遷入廳事・治殮具・復甦・吁聲

曰・翁郎是便・予再留耶・則不得一見耶・未幾氣絕・

傳曰・予讀太史公貨殖傳・至巴寡婦清・秦皇帝築台而禮之・清一婦人子爾・而卒動容于萬乘・乂況其烈而死者耶・若翁婦之死・於詩所謂焦仲卿妻者・非耶・吾怪焦之死・死於逼迫不得已也・若翁則可謂得已・而從容之・豈獨情焉已哉・一日干戈無婦人・寧百年禮樂有男子耶・百男子固不若一女子英也・

祭共冢文

嗚呼・一治一亂・維天有道・一死一生・維人有數・在昔尉佗・南土翼翼・迄於盧循・降割邦域・殺人盈城・屍填溝洫・甲申更姓・七年討殛・何辜生民・再遭六極・血濺天街・螻蟻聚食・飢鳥啄腸・飛上城北・北風牛溲・堆積髑髏・或如寶塔・或如山邱・便房已朽・頂門未培・欲奪其妻・先殺其夫・男多於女・野火糊糢・羸老就戮・少者爲奴・老多於少・野大轆轤・五行共盡・無智無愚・無貴無賤・同爲一區・豈無同姓・鬼食嫌疑・生妻在旁・冥漠未知・兒尚襁褓・母已生離・骨無人收・兒在背飢・亦有弱婦・倉猝入房・暮婚晨別・未拜姑嫜・斷肌埋塵・委骨埋香・生不相見・良友巾幗・如何墓門・不遠咫尺・嗟呼悲哉・黃雲浩浩・蕭蕭碧草・誰斂魂魄・而聚比戶・野狐鄰穴・野葵塞路・崢嶸荒塠・白楊衰草・短首號呼・同歸鄉土・回首西天・勿生刼道・江南庾信・傷心作賦・因而大招・夫寧無禱・乃招曰欲開兮天門・蕪城兮隴樹寒・有年月兮無瓦棺・誰之哀兮露漫漫・往復兮新壙未乾・狹茲窀穸兮相安・

祭竈文

維臘月二旬有四日・主人乃服禮於火曰・嗚呼・人百其心・鬼神弗享・惟勿羞予享・誠其忱・動貞克一・孚我下土・人則亦明・我上帝命・命作神主・以五方於五色・作十干・其作之君・邦之臧・惟汝穀・邦之弗臧・惟汝覆・汝灶其並監四方・毋惻匿於頑・惟時廣祐乂良・家有五順・國有七信・蓄昇罔迷・乃罔有辭・歲終大告於旻天・若時厥若・兆民厥善・汝則允升・汝從量事吉・若時厥若・兆民厥不善・汝則允威・汝違復孤凶・我聞曰・今汝其迪赤帝・俾勞迺奧突・上士設祿長子孫・維其食千人・中士設粟長子孫・維其食百人・下士設牧長子孫・維其食什人・臧德以謀既富・以釜畜穀・□□□哉・毋作闇・敬哉毋若燎焰若火然・用汝作燧人・飪餮肇饗於□□・毋降於先王・厥或告曰・有人訕汝訕汝・女勿聽於煬媚・以煽□用休・上帝用休・爾典於歲・終監若茲・毋以小□大動妄・毋以大離小畏□・予賴汝登後・言覺於帝・帝終有辭・神亦敬欽・命期三百有六旬有六日・閏月・何嚮非利・何利非庸・何紀非辛・火德將周於四方・乃命三公九卿及百姓之人・齊格咸潔・而祀於上帝・繼自今其勿菑失隟・宇底餤興作・既復命・乃緋衣以朝課歲功・無憂回祿・用介惠於南・

農稻賦有序

原夫木鐸窺時・土牛誠候・列候命倌・天子耕耤・有相

之道．振古如茲．爾乃凶荒洊至．吳越告饑．呼庚癸者十九．吾粵僻處海邦．差稱樂土．實爲秦漢啓疆．五仙吐穗．神皐沃壤．用是夙有寧土．比年以來．民用告匱．斗米過百錢．中外洶洶．業殊疇昔．念維田卒汙萊．習於囂競．劍牛刀犢．莫爲導帥．將昔之所爲．望杏瞻蒲．樹生穫死．斥潟鹵甌脫．以贍民生．以輸國歛．其所政非歟．何時俗之逕庭也．觀疇之暇．爰受客卿．敬云軒竺之規瑱．用振豳人之士鼓云爾．其辭曰．

蒼塊孕靈．陰陽定匹．化戶撢持．含生剖質．隨所稟而鉅纖．遞因時而花實．沿良楛之異姿．誨用舍之要術．總陰騭乎下民．紛感見而非一．見夫錫育嘉種．力彼編氓．開其粒食．肇厥蒸嘗．事其事者．民則冒四而居首．種實邁五而稱良．切煖寒於父母．兆禋穰於君王．知粲華之可飽．識本富之允臧．厥德普施．厥用永慶．拳懷表賦．藉識不忘．時維元冬既杪．序逼春陽．滕六鋪其瑞雪．青女斂其繁霜．戒彼農夫．莫敢居康．勤茅兮宵晝．謬較量兮雨暘．乃啼布穀．號鶗鴂．柳舒眼．蕙垂房．𥟛𥢛修．耒耜張．輕犂入乎春泥．好雨止乎南窓．郊原扇解凍之風．士女賡豳俗之章．喜得朋其井里．幸不酷其燠涼．艷入腴富之懷．情矜綺麗．青滿郊人之目．喜動芒秧．競參差乎畚鍤．迭鱗次兮阡荒．耐櫛沐兮風雨．企委照兮農祥．誰不望紀大有於太史之書．俾永得躋眉壽於君公之堂也．

於是春雨既足．農事暫休．薙耨循時．以施腴磽．易地而裒．寧勤之恤．毋逸是偷．共唱和兮耕饁．羣手足於耘耰．觀生稺於播植．眷友助於井疇．悟彝倫之上理．樂盛世之淸修．幸辭差夫鍾釜．遑將醉夫糟邱．況崇嶺雲凝．蔓草偃立．烈鳥火飛．汗簑雨濕．足履泥轍．首冠天笠．目眥晴電．心懸沛霤．浪祝汙邪．杞憂玉粒．苦不憚於荼嘗．怨恐咨其箕翕．迺鶉連火尾之交．樹顆青黃之實．隴表之穲稏朝香．儲廥之誅求暮急．年登不假鼠胃之爭．歲亞誰嗟雁羽之集．因而勉修積菌之具．爰偕餉饁之妻．各淬鐮而倚擔．競越隴以登畦．簪車殷而篝滿．務粒計而莖稽．阪隰狠戾於秉穗．蓑穮駢麗於京坻．假非胼胝載竭．緣初畝而作力於東．寧易刈穫是躭．饗厥利而報成於西也．

至如嚴霜霣天．寒蟲墐垤．賦歛輸之在公．贏餘欽此百室．伊祁之蜡典方行．先嗇之報公有日．穆穆我皇．御邃旒．朝寢廟．齊慄而薦新於太室．爰頒天語．徹穹蒼．馳溢阪．達委巷．軫穹瘼．以息田土．順天時而謹蓋藏．藉以表成歲．紀有年．竭舊律於元枵之末．引新令於娵訾之前．行將使耕鑿不改．風雨依然．遞析因以夷隩．歷伯什以萬千．朝雍野睦．賦薄役蠲．永有治而無亂．熟賤愚而貴賢．此足覘農事之梗概．尋廣及嘉種之因緣．

細想其竅膏於地．盜氣自天．水土是胎．陰陽互宣．凌黍稷而跨菽麥．飽雨露而席風烟．其爲物也．虔喜純而惡離．不安土而重遷．生聚播而稀植．實先槁而後妍．紛瓊肌而珊骨．率外薄而中堅．其始生也．直比堅鋮．其乍長也．垂如鞠揖．迎風則翠浪交翻．沾雨則青衫齊濕．德竝儔伍以不爭．性傷異類之在側．推始事於黃犢之功臣．指蠹心於青蝗之蟊賊．且生而寡親綺縠．惟狎賤勤．淸風皎月．連袂比鄰．迨未歸根之日．迺羣然而登虔於大廩之陳因．及其薦以火齊・加以清液・佐進嘉羞・扶持名食・珍羅川陸・腴割鮮擊・龍脯鱘修・麕胎鳳炙・饕餮狼藉・徐而申以晚哺・或不如藜藿之獨適・此所謂玉味不厭・天祿可甘・失之則死・茹之匪貪・允矣於蒸民之生・羌不善爲衰服之就・

更有異者・自農皇開天・稻鬼夜哭・炮烙集麋・益予于毒・積富委塵・流災比玉・孽狹爲殃・釀嘗醁醽・哀此下民・罔戒止足・飽者涎結波瀾・饑者噬兼骨肉・識不安乎共安・免徒踉蹌以望其腹・夷考其美鮮之澤・廣育之功・匪朝伊夕・越軼溯濛・齊貴兼賤・彙叟夷童・旁及地族・飛走昆蟲・咸若大化・動惟首庸・以至皇輿掀守・鬪虎戰龍・恆睨盈虛於興替・類酌上下爲流通・則有農嘗舜習・稷敎禹躬・夏殷迭主・敦本重倫・周賚鉅橋・漢轉關中・營趙公於邊徼・屯蜀相於蠻封・□聚沙而敵走・李委皐而霸窮・他如恥食强甘於紫蕨・遺榮假道於赤松・蒙袂絕於齊黔・纖腰躭餒於楚宮・要各唯其志節之所寄・而終非大道之所同・然則異畝之頴・何如披野之栖・九穗之莖・何如萬井之隄・矧世鮮祥生之穭・而家多漏賓之巵・眯衆勤而獨痲・究歲有而偏虧・毋鹵莽而滅裂・期畢力而疾爲・苟元山之可慕・趁春來之朝齊・浸假方饑・而植當無解於噬臍・咨爾司民之牧・愼垂聽夫瑱規・鮮謬貪夫・富强遽抗・奪其耘犂・曠時宜之弗恤・虐尤與於稗稊・脫厚召其氣氛・沴詎獨免於流難・幸自愛其後祿・毋快怨於悖嫠・鑒饑鷹之攫肉・哂與狐而謀皮・攘餒糗以營飽・洵可懼而可危・

告三閭大夫賦

某年仲夏某日楚遊・阻風扶胥口・書生擬騷一卷・致告於三閭大夫・賦曰・

天風起兮濟沅湘・馬渡江兮甲曰電光・長慧吾劍兮截若・橫靈祠兮鼓鼓・舉旗風兮偃偃・雨恨靈修兮蘭島柳・行行兮莫予敢侮・孝子兮忠臣・孝有鬼兮忠有神・國殤魈兮山鬼誶・水深兮山霹靂而缺・不願爲帝子兮願爲鳥・帝子遊兮杳杳・故居兮太息・飄頓首兮・天門一息而見・四萬八千歲兮造天闕・與語天不重問兮高高・靈修歸兮日晚・壺椒漿兮道遠・郞劉於寫兮南土・朱陵之西兮大澤之礜・中有人兮負鋤而立・帶月而笑・

昔予降生而託夫神靈兮・大父命名曰翾・呼爲指爪長兮・既苦吟而蔑材・年三歷而雪予鬢兮・崦嵫憂心・愬無父母之陟望兮・鬱伊而自孤也・夜魂之歡忻兮・覺惝然而冥然・伏積瘖結兮・飽寒熱而酸骨・骨稜稜而立鶴兮・猶蓮坪之八乂・慘矣眺先人之廬兮・血威塋方・骨肉團戀白首兮・胡中道而棄予・東塵居而北漂搖兮・刻木主而流食・謂宓軒姚姬而土灰兮・指焦繞而達聰・顏色都夜兮螟螽・譚無雄辨兮・詎能榮古而虐今・予既畢身作蠹橐兮・屋角破・將不藏於今之時兮・上東皇胡授我管也・國化爲燕趙兮・目無雙瞳・菌芝既敗兮・星晨腐・昭華夷兮瓦礫・牽金牛兮無力・獺水剩雲愁燈兮怨雨・龍爲妻兮鬼爲羽・鬼夜笑兮無緒員・怪虺兮囑與安處・謂先生無位兮・一食二嘆・既登岙山而訪女兮・帝謂誨淫・漫問鵲而求幽幽兮・胐呼天而無岸・海國蠢舟兮・

捫參歷井．吾將補子以不漏兮．而扶子以東隅．愬北謁河伯兮吊喪．漁父將猿狙乎．周公兮狻獪伯夷赧．無仙蛻兮愛讀道書．鼻酸兮目泫．雖有巫陽兮．莫之敢尸．堅我行脚兮．零丁食鉢．賣薪榷水兮路阻長．伶元白芎兮目無漿．與吾君登樓而望兮．二妃之所霣．淚涉青雲以氾濫兮．其誰與玩此荒草．

靈均歸來兮山之陽．高冠青雲兮．擁露以爲裳．面慘化溝中蟲兮．魂伸吟而弗忘．遇子卿於盛漢兮．十九年而牧羊．天荒荒兮日星無光．地茫茫兮雨乳雷浪．抑晚達兮齊人．箜篌哀兮湘瑟御．生於桑山兮．死於芝山之下．過平實兮玉堂．正則歸來兮山之陰．閶闔無聲兮桂樹繽紛．而爲閣兮宮沉沉．春風兮春樹滿林．山空空無人兮．猿啾啾而夜吟．白雲倚爲衫兮．風冷冷而無襟．爨紫芝以爲飽兮．望人之腹．忽相顧以長嘯兮又痛哭．彼蘭茝之垂絕兮．遺我心曲．天之孤兮猶夷．王之愍民兮．

楚女賦

楚王獵雲梦之女．載而歸．王坐靈臺之上．女乘風而鼓琴．其音紛紛．玄鶴下爭焉．女於是臺上百步．臺下百步．不疾不徐．進琴而前曰．下妾鄙人之女．曰華莊．琴多楚風．願王勿聽焉．王曰．楚風者何也．華莊曰．夫楚風也．奏於霜露之下．其音促．調騷而節沈．於誓堂之上．悲以壯．鼓一日而林木厲．軍容肅．三日而勇士戰鬬．如噍如啁．風不暫止．王曰．可得聞與．女援琴奏曲．曰．北風下兮嚴霜．草木零兮戰場．塞無林陰兮素雪飄紛．金飲血兮矢飲心．壯馬龍兮壯士雲．須臾．女去不見．大秦之羽書朝暮猝至．王軍旅洶洶．但聞人馬千里聲．王於是乘風而拜．玄鶴不爭．琴亦暫止．

東府花園賦

伊開府之盛軌兮．是都堂之廣居．飭千階以赴節兮．共武服以卷舒．緬飛檐之窕眇兮．紀堵墉之紆徐．於是展步東園．夷遊北囿．參差容與．躑躅左右．既歷歷而雕梁兮．復油油而畫構．曾逍遙乎綠野兮．因屏翳乎丹岫．石非山而疊巒．地非海而結竇．爾乃周環水鑿．歷亂蕖開．文魚瀺灂．碧沼瀠洄．唼藻荇之欻欻兮．吐清波之鬖鬖．會釣絲之紛紏兮．亦鮪鯉之徘徊．洞庭之竹千竿兮．西蜀柑百枚．乃有通皮綠橘．小核青梅．五色榴植．异本蘭栽．松盤獅子．柏結鶴孩．菊如人以靜歷兮．草忘憂而憺回．楊德祖之弱柳兮．殷仲文之高槐．風暢何殊杝櫨兮．居處不異徂徠．

況乃屏開孔雀．翅聳錦鷄．白鷴初放．赤鷚毛齊．物招人而賦就兮．地愛客而詩題．月玲瓏而排嶂兮．雲縹緲而綴谿．則有水妃笙簧．司馬琵琶．銀箏彈而未彈兮．錞鼓撾而未撾．聲振魚陽之木兮．響壓昭陽之花梁．塵西子之衣兮．劍舞大娘之紗．促清平之音節兮．匿傣佃之條華．將僸佅之逢場兮．豈傀儡之淫哇．曲含商以觸徵兮．聲入雲以排霞．豫乙乙其若暇兮．耳洋洋其盈滂．更有大別仙人．淮南賓客．行觴詠公卿兮．浮沉蟻於金爵．名其亭曰四宜兮．字其橋曰三洛．白焉走乎北門兮．金箭拾乎東郊．

於時春也．雛鶯拂羽．鶗鴂徐鳴．值曲水以游泳兮．笑滄浪而濯纓・聆孺子之和歌兮・宜春服之既成・迨夏火之蒙汜兮・盛流潦之鬱蒸・客解帶而吹衣兮・雲奇峯以增城・無何月女當秋兮・不覺天孫避暑・牽牛星之迢迢・菊日精之咀咀・憂大火之西流兮・紛弱閨之機杼・閱露華之瀏澆兮・顧霜杖之平楚・梁園之雪霏霏兮・汝水之冬厲厲・魚鑰閉而氷堅兮・鳥蹟深而樹儷・四序宜以亭軒兮・週歲成而堂啓・斯時也・君公逸豫無期兮・將軍優游有儀・奏帳中之鐃歌兮・崇平淮之西碑・天保褒夫胙茅兮・壺矢投夫班師・打頭盤之少年兮・犒軍旅之龐眉・金彈落而雁墜兮・角弓鳴而鳥知・張良憩夫赤松兮・范蠡笑夫鴟夷・人誦洪範之書兮・我賡卷阿之詩・

西衙書齋賦

都督新衙・江州舊府・日上西齋・風來南浦・無能詠居之詩・有愧授餐之釜・倣晋帖而臨池・著漢書而閉戶・茅邊之犬吠東郭先生・柳下之鷄祝北齋水部・嵇康有不彈之琴・庾信無必題之賦・宛宛棋街・悠悠射圃・弓開而箭在弦・盤設而鳥來汚・月明處士之牕・花罩將軍之帽・寧嘶是婿・仁祖之於深源・乃有此兒・挺之于嚴武若・乃江浦之材官・乍行乍止・洛陽之親友・或去或來・心寄兮匡廬是嶽・夢斷兮朝漢非臺・梅花則關山阻隔・僮僕則霜雪徘徊・穿管寧之牀・洞庭斑竹・製徐陵之枏・鉅鹿烏枚・況以雕梁次第・畫棟參差・砌密魚鱗・俱用黃初之瓦・櫓疎雁齒・全同銀闕之楣・非金張之甲第・亦許史之臺池・一燈對亡國之中官・厭談往事・十夜醉平原之上客・誇唱新詞・奴子黃頭・笑將軍之樹大・番僧碧眼・驚開府之門奇・簾外之生香辟惡・堦下之芳草忘疲・妒爾鸜鵒之多言・笑我鷦鷯乏一枝・

招鸜鵒賦

予讀書開府北廳・左有西川鸜鵒・主人齒方齔・玩不置手・鞠於東舍之旁・頃一旦飛去・越數日・歸而迴顧於高樹之上・有下之之狀・已而復去・主人思慕不已・屬予賦之・其詞曰・

違隴山之故居兮・悔從前之能言・自眷顧以徘徊兮・感主人之分憐・知時不可兮・故托身微眇以通其纏綿・鳥仙翎之翾貴兮・不與凡鳥等・當其入櫳檻也・選文竹之通窓・擇茂樹之側枝・帷蜀錦之蔽日・引金索之紛披・爾乃金眸綠嘴・綠爪紅衣・節其裘羽・異其鉤距・量其腹・翕其注・毛不涉其塵埃・體不傷其寒暑・食云則食其稻粱・坐云則坐夫雕房・口若洞簫之清揚・目若晨曦之晤光・宛宛乎流盼・汎汎乎行藏・遊也則吳州之青峯・賦也則東漢之文章・長樂宮中而不敢四顧・舍利塔上而不暇彷徨・□則乳童之懷抱・止則鞠子之牽裳・何乃一朝飛去・若摩天之健鶻・似沒海之饑獺・碧衣路長・農風迅發・贈子以千里之詩・送子以一圍之鉢・望故鄉而不返・何千仞而活活・迺招曰・將其鵠以奮飛兮・抑白鳩而喙翼・爲鳴鸚之所笑兮・抑繒繳之所弋・念錦翅之初齊兮・憐綺脛之漸直・海客歸而理金丸兮・蕩子出而角弓・飭勿低飛而礙柳兮・休階除而得食・望河梁之無渡・涉荆榛而心惕・雖車張羅兮靡戚戚・

若乃歌蜿蜒・舞蹁躚・狂夫流涎・國人慕羶・銜羽毛之

文采・賣官市而得錢・閤閤默默・仰仰瞻瞻・終悵望而情橫碧海・欲追尋而路隔靑天・何美人而無慕・蹤故迹而猶憐・昔疏櫺之曈曨・今翡翠之閃閃・西山暖而南浦寒・廬嶽高而蠡湖淺・來兮何日・去也何晨・于是思念主人之德・飛傍主人側・繞樹環合・上下厄塞・若有言曰・綠兮衣兮・綠衣之旡・宜昔不可以來而今不可以追兮・大道灝灝・白石瀰瀰・四海尙開羅兮・疇與安處・舒女紛紛蒼爪兮・槩猩猩而與侶・自今而往・白圭之磨兮・多言孔瘏・去復去兮誰將・子所獨幽居於川畔兮・愼文章寡言語・

神龜賦

惟爾食無終之逸氣・何四往而空虛・稟堅則以爲質・似枯禪之靜如・若趦趄而緩步・按人間疾徐・相陰陽而感精・倚日華爲尾閭・剝鬼子之綠文六十四而成書・入空谷已千稔・徒避人之俱俱・朝二帝而嶽歸・一誠忱之告予・揖爾像之方圓・怪予生以多愚・將易畔而悔昔・亮時節之孰居・苟復然而終離・雖妻財之安施・側臨生旺之地・白虎當門之衢・爾乃屛營其藏潛・寂不覺其近前・仰伸伸而動項・直默默而一天・感莓雨以出行・綴苔衣之斑錢・豈蘄州之綠毛・抑石鼓之紅黏・憎蒼蠅而弗飽・長壽命乎登仙・疑夙物既無好・嘗朝槿之非妍・薄牛山之西日・笑斥鷃之小年・顧徘徊乎息深老耼之煉延・謝陳思以作賦・蹇揚時而同憐・將不日而不月・更何有而益焉・時見罹乎芳塘・將懟怒乎碧天・得先天之文章・命元龜爲吉占・弭節屈乎呼吸・合貞下之體乾・信著草於朶頤・慮四靈之不遷・學二龍之蛻骨・亦解殼而蹁躚・

祛蝎文

有物焉・穿紙窗簌簌齊響・童子捕之・急止之曰・無爾也・或告曰傷人・將復舍之・童子曰・夫螻蟻吾知其戀戀於人者・謂其無損益於人也・蠨蛸之所以游乎戶者・謂其能除蚊蚋也・今日物入我床下・而雜我處・芒曳其刺・虐我民命以利爲害・夫以利爲害而使人明受其害・可・以利爲害・而使人一旦習而不察・蹈罹其害・不可・今日舍之・夫舍之孰爲畜之・竊爲大夫不取也・予曰・賢者舉事・往往爲利於身後・不愛其生・故國家有大急大禍大危・悉皆取急於其身・螻蟻生無益於人・死無益於世・烏在愛其爲螻蟻哉・今日物顧養生者・家嘗畜之・謂備病者之求也・是以害爲利・以害爲利・雖堯舜之道不廢・且與其甘心抵掌・如猛虎之磨牙吮齒・必欲得人而止・是以其性也・今日物非性也・其厲在後・且姑俟其徐徐而來・衣裳在笥・而彼居之・宜剉彼芒刺・以蘇彼形其後・雖蠨蛸螻蟻見之・羣而欺之・語曰・爪牙弗利・徒手弗避・是以非性之害皆可去・童子曰・襲我衣裳以使我傷・謂人不足畏・謂害無傷・謂微小可以蹈危・謂徐徐而來不及覺・故不可舍也・且與其浸浸欵欵游衍綈几寢具之間・降割無罪之人・暴逞九州之內・無寧吮齒磨牙森然欲搏人也・衆皆避也・民亦鮮死焉・是以君子惡其襲也・其蔑可以姑息豢之也・已矣・于是概從回祿之請・並十三節尾而蟠焉・揚其灰・鏊土穴火化而瘞之・自是蝎之族不至其家・子子孫孫世安享・

王隼　號蒲衣．番禺人．邦畿子．早年棄家入丹霞爲僧．久之．返於儒．卒年五十七．同人私謚淸隱先生．著有大樗堂集七卷．外集一卷．詩經正譌．嶺南詩紀各若干卷．琵琶楔子一卷．又嘗選屈大均陳恭尹梁佩蘭三家詩行世．今並存．

六瑩堂集序

憶少時侍先君子古厚堂中．雪夜偶談及嶺南文獻．因舉近代梁蘭汀區海目陳雲淙黎坂橋鄺抉南諸君子所爲詩歌騷賦．命隼各識數語品題其下．旣畢．復舉所最厚善．二十年共壇坫如藥亭翁山獨漉三先生撰著．其獨造入徵旨趣．予時於藥亭先生．則進論曰．先生之作五七近體．譬如成連子撫琴．一彈再鼓．便已天風怒號．海水飛之．龍魚百怪．泳游出沒而不可名狀．至樂府五七古絕．則若干將莫邪之爲物也．錮若耶之溪以出銅．洪爐旣𤎅．光起如百丈紅霞．夫妻乃登臺剔甲．剪爪截髮．飛投其中．而後湛盧霄練之氣始成．先生之詩．大都一則以慘澹經營而得之．一則以無意神會而得之．其獨造入微之際．安得謂子非魚遂不知魚之樂乎．先君聞言微頷．其後數年．余往住匡廬．又六七年始歸．昕夕奉几屨．比先君時益密．有所感發時．復搦管與諸公分疊唱疇．見先生論詩益精微．著詩益富．於十年前之作．益以變化．使人不測．世之讀斯集者．或擬爲天寶大歷之音．全謂先生詩決從漢魏入．不必借徑三唐．蓋取神於蘇李枚叔．取骨於三曹．或偶然涉筆．則又復驅駕康樂宣城青蓮少陵諸子．蓋其大槪云．如先君詩．世人每擬爲達夫仲初．而先生獨以爲得柴桑王孟之正宗．甚矣．人之相喩．貴於其微也．雖然．余之論亦止得其塵滓耳．至於未著筆以前．則雖作者有不能自解．而又何費此劍首之一吷爲．重光作噩之歲．陽月．同學世姪王隼蒲依拜撰．

方國驊　字楚卿．番禺人．隆武乙酉舉人．明亡不仕．子顓愷．亦棄諸生爲僧．卽跡刪和尙也．著有學守堂集．阮志注存．

司馬相如論

論司馬相如者．其說多變．未有如蘇子瞻詆相如之甚者也．子瞻曰．相如以汚行不齒於蜀人．旣以賦得幸天子．未能有所建白．立絲毫之善以自贖也．而創開西南夷．逢君之惡．以患苦其父母之邦．乃復矜其車服節旄之美．使邦君負弩前驅．豈詩人敬恭桑梓．萬石君父子下里門之義乎．卓王孫暴富．故眩而善耳．又曰．臨邛令王吉謬爲恭敬以成相如竊妻之會．諭蜀父老云以諷天子．以今觀之．不惟不能諷．幾殆於勸矣．諂諛之意．至死不已．猶作封禪書．相如眞可謂小人也哉．予讀蘇子瞻之論說．殆謂子瞻於相如．其說不無過刻．嗟呼．子瞻爲人．生平豪放．節取天下士愛之慕之．而獨刻相如．何耶．士生三代後．有才可取者德詘．則詘德而取才．有事可取者學詘．則詘學而錄事．上之人錄其事取其才．則凡士之有德與學者．亦因之而濯磨振勵．以副朝廷期望之意．古豪傑當貧賤無聊之日．或傭耕．或販負．或屠於市．役於肆．或芻牧於窮陬．或乞食於長途者．何可勝數．故孟子曰．舜發於畎畝之中．傅說舉於版築之間．膠鬲舉於漁鹽之中．管夷吾舉於士．孫叔敖舉於海．百里奚舉於市・由是而觀・則相如在臨邛時・蕭條落魄。去數古人不遠・使相如即采薇而食至死・蜀人亦烏足從而揚譽之・矧卓氏新寡・相如無妻・素知其爲王孫之女・家頗貲・歸之或藉以爲生計・此亦無甚大汚行・世俗人豈鮮蹈耶・孔叔圉春秋衞大夫也・奪子太叔之妻而己妻之・孔子猶節取其好學一端・而予爲文・況相如乎・

子瞻責相如得幸・而未嘗建大功於漢・而又終卒以封禪書遺其家・以諂事其君・似也・然漢武之用人也・各設科目・使天下之士各盡其所長・如治兵則衞青去病・儒雅則公孫宏仲舒倪寬・篤行則石建石慶・質直則汲黯・理財則卜式宏羊・推賢則韓安國鄭當時・定令則嚴助買臣・歷數則唐都洛下閎・協律則李延年・奉使則張騫蘇武・受遺則霍光日磾・漢之得人・可云盛・分科可云懋矣・至於相如與司馬遷二人・應文章詞賦之科・以聽主上之採觀・以言語黼黻天子之致治・此外兵刑錢穀・相如不過而問焉・其諭蜀父老・開西南夷道・非相如之所敢擅・天子令下・相如徽以文詞應命云爾・武帝封泰山・禪梁公・祠五時・獸一角・改正朔・薦郊廟・延方士欒大李少君・祀戶竈・汞丹金・求神仙者・其術不可勝窮・豈盡相如遺草敎之耶・使武帝知其非而納諫也・汲長孺諫之久矣・長孺居御史大夫直諫之科而不能諫・抑亦漢至武帝承高曾之業・而安享一統・其可以煩大臣之諫諍者・自窮征黷武而外・其餘封禪求仙皆一時天下昇平・堂簾相慶之樂・謂不足諫乎・相如者・漢一代之文章・雄曠博厚・具體足焉・夫人苟生於漢・欲用於漢・必視漢一代之規制而工之・蘇子瞻終責大人之賦爲荒唐・而取諛天子・則不知漢之所以爲文者・類如是也・以相如之文章而生於宋・相如亦必斂其蕩宕之才而爲正心誠意之論・時使然耳・吾故曰・相如者當詘德而取才・孔子曰・及其使人也・器之・又曰・無備於一人・相如有焉・

廖衷赤　字蓋孟・程鄉人・隆武乙酉舉人・明亡・食貧力學・詩酒自娛・嘗作悲今昔詩・寓禾黍之感云・著有五園集・阮志注未見・

禰衡論

禰衡之見殺於曹操也・士論悲之・余謂衡實自取爾・何取乎衡・蓋有所恃而失之也・有所恃而失・謂其自取也・宜哉・彼見荀或王粲皆以才名當時・故得托於操・意己之才必爲操所重・而操必不肯負有殺才之名・操不肯負有殺才之名・衡料之・而操有殺才之心・衡不及料也・夫虎豹有雄姿・非輪轓中物也・故轡革不之及・強而使之就轡革・其能免乎・衡之得托於操者孔融・其得托於融者才也・負才若衡・南山之南・北山之北・在在皆可容身者也・奚爲至於傲玩不恭・亦虎豹不就轡革之常性・無足異也・操非不容衡・不必以衡予祖也・操即能容衡・而衡必不死於祖・操既以衡予祖・祖能信操無殺衡之心乎・以操之詐之威・祖何難殺一才士以媚之・即或從而免之・亦屬天幸・其終不免也・自取爾・於操乎何尤・雖然・衡如俛首弭耳以生・孰若狂蕩肆志以死・此所以不失爲禰衡也歟・

論二世之失

觀二世之所以亡・然後知三代之所以興也・秦自孝公以

來・君臣務爲强戰攻守之具・以威服天下・於是李悝趙高商鞅白起之徒・相與壞先王之井田力任阡陌・廢天下之學校・專事刑名・非秣馬山東・則陳兵河北・子衆臣庶・適爲故業・樂戰鬭・喜功利・講車騎劍擊之術・强其國以弱諸侯・數年之間・六國繼亡・秦遂侈然得志・以爲萬世帝王之業・舍此無他圖也・於是坑儒焚書・使智計之士無所出・銷金鑄鏑・使强壯之徒無所恃・築城萬里・遮蔽胡人而不敢犯・爲子孫計者・如此其周且密・宜乎其萬世帝王也・詎逆身死國滅・僅於二世者哉・

方秦之興・與羣雄鬬智角力者百餘年・不費一弦・不折一矢・席卷天下而一之・地大而廣・勢尊而威・然首難者陳涉・一匹夫耳・非六國之餘裔・有尺土可階也・非亡國之義士・可以召號豪傑也・非智謀俠節之士・計出萬全・制人而不制於人也・糾合之衆・非敎練素優・一當十・百當千也・自秦視之・如嬰兒操箠而攖三軍・一叱而立盡耳・乃奮臂一呼・四方響應・不下六七年・裂天下而王之・是何也・非不行三代之法乎・夫三代之君・其間崛起守成・代不一至・類皆使朝野之民・知有禮義廉恥以維其心・深仁厚澤以固其志・故流風善政・翔洽遐陬・子孫小有失道・猶得蒙業而安・即有覬覦之徒・欲闇奸天位・唾涎神器・不旋踵而甘心臣服・三代享國長久・繼世滋大・理固然也・至秦則不然・始皇奮六代之餘烈・暴已甚矣・至二世則尤甚・故奸雄才智之輩・見夫勇鬬謀取之外・形服威刼之餘・無所事事・則忌憚之心絕・以爲天下者天下人之天下・强有力者皆得而取之・遂乘二世之暴・故暴而興者・亦暴而亡也・書曰・與治同道罔不昌・與亂同道罔不亡・此之謂也・

庾　樓　字木叔・歸善人・隆武乙酉舉人・爲人俶儻奇偉・落筆纚纚千言・明亡・隱居授徒以終・著有西湖志五卷・敦行堂集十四卷・阮志注皆未見・

始如處女敵人開戶後如脫兔敵不及距論

嘗考即墨之戰・竊歎安平君御衆非仁・待敵非智・而偸得一時之捷也・史遷乃謂其出奇無窮・深得兵之法・而引處女脫兔之說以贊之・謬矣・夫兵法有所謂正・亦有所奇・胡康侯有云鳴鐘擊鼓・整衆而行・兵法所謂正也・啣枚臥□・出人不意・兵法所謂奇也・齊桓侵蔡次陘之師・厚集聲討・以震中國之威・江黃各守其境・按兵不動・以爲八國之援・亦可謂奇正還相生・如環之無端者矣・若田單特一詭黠之匹夫耳・烏足與言兵法・以當日大勢觀之・燕師長驅平齊・唯莒即墨不下・適燕昭王卒、惠王反間・言以騎刼代樂毅・燕人士卒多忿不樂爲用・而田丹以鐵籠脫其宗人・故得立爲將軍・方朔相持日久也・師老於外・民困於中・齊多必死之心・燕有惰歸之氣・單誠能簡城中壯士數千人・諭以即墨存亡在此・一舉披堅執銳爲士卒先・乃疾走燕軍・以死戰之士・擊其輕敵少懈之兵・自可以敗燕人・虜騎刼・而單之功亦足以自立於當世・計不出此・迺恣行間諜・令燕劓所得齊兵・置之前行・城中人唯恐見得・又令其掘城外冢墓・僇先人以怒百姓・夫兵以卹民爲本・今禍及死人・戕賊俘累・仁者固如是乎・若夫食祭以翔飛鳥・事卒以爲神師・此只黃口孺子所不爲．而單侈然爲之．亦拙甚矣．使非騎刼之愚．稍有智計者．斷未有墮其術中者也．故吾以爲燕不敗於大喜許降．受全盆懈．而敗於騎刼代將之初．齊之勝．亦不勝於老弱女子乘城．與夫火牛夜縱．壯士隨擊．城中鼓躁．聲動天地之時．而勝於惠王有隙．樂毅歸趙之際．綜單前後事一觀之．誰謂其御衆以仁．待敵以智．而非偸得一時之捷哉．始如處女．敵人開戶．後如脫兔．不及距者．似不若此．

或曰．宋襄公不阨人於險．不鼓不成列．可得仁心爲質矣．何以見譏於春秋曰小白卒．襄公乘喪代齊．奉少奪長．使齊人有殺無虧之惡．又令邾文公用鄫子於次睢社．欲以屬東夷．夷皆是元惡大憝．君子惡其飾末遺本．故槩不取也焉．以明順事恕施之理．不然，不重傷．不禽二毫．庶幾哉堂堂正正之師矣．又誰得而疵之．春秋固不成敗論事也．若田單者．人眞不食其餘耳．雖然．卿子冠軍之救趙也．歲饑民貧．士卒食芋菽．軍無見糧．乃飲酒高會．項羽謂其不恤士卒而狥私．非社稷之臣．今單身操版插．與士卒分功．妻妾編於行伍之間．盡散飲食饗士．庶得絕甘分少之意．嗚呼．單亦救時之將也哉．

彭　釬　字耑玉．番禺人．隆武乙酉舉人．領薦後隱居敎授．所著世紀史鈔．五傳彙鈔．諸史彙鈔等書．皆佚．惟夢草堂文集十卷．阮藝文志注存．

弭盜議

聖人之治天下．所以一敎化成風俗者．在有以收攝天下之人心．使之無所畏而不爲惡．因以奉吾法而不亂．夫亂之所由生也．盜致之．而非一二人偶起而爲盜者致之也．凡大盜者小盜之積也．語曰．水之積也不厚．則其負大舟也無力．猶盜之積也不厚．則其致大亂也無階．此蘇子所謂天下無大奸則大盜無以爲藉之說．誠至論也．然則爲弭盜之策者．與其弭之於既已爲盜．則不如弭之於其未嘗爲盜者也．則不如弭之於不即爲盜．而駸駸乎有必至於盜而後已者也．倘不能弭之於未嘗爲盜之良民．又不能弭之於必至爲盜與既嘗爲盜之奸民．則何怪乎敎化日乖．風俗日壞．而盜賊日紛紛哉．夫盜猶吾民也．弭於未形者爲上．弭於衡決者次之．至於連綿滋蔓而後議誅除談捕逐者．下也．

夫古聖人之治其民也．嘗取夫罪惡未離手法．而爲患於州里者．桎之梏之．坐於嘉石以恥抑之．日求所以收攝天下之人心．而不惜務盡以除其惡者．譬諸獵人日馳驅蹊踐於莽棘之中．使獸無所伏．不必其自投於網而後取之．此弭盜未形之說也．後世刑罰日嚴．防閑日密．而法日遠於古者．不弭之於未嘗爲盜之先．必待其敗而離於法．然後從而治之．斯已晚已夫．民之爲盜而不離於法者固多也．澤中之蒲．可勝探乎．故弭盜所以安民．而安民即以弭盜．人知盜不弭．則相聚而爲民之害也日甚．不知民不安則羣起而爲盜之招也至衆矣．人同此心．其居然自即於盜而不以爲恨者．蓋非盜無以洩其不平之憤懣．非盜無以緩其死命於須臾．民之不得已而爲盜也．可勝嘆哉．至於撫之不可．捕之不能．勞吏士於郊原．費金錢於飛輓．弭之失術未有甚於此者．誠反本而求之．以威不如以恩．以刑不如以禮．固收攝人心之善術也．

彭釬

粵東鹽政議

語曰・法立弊生・無不弊者法也・患乎奉法者矜革之名・而無益於法・尤患乎救法者貽法外之弊而徒有其名・則鹽之謂乎・鹽弊之甚也・莫粵若・請先言其弊・次言革弊・而後析言久而無弊之議可乎・頃者・埸埠諸利皆强有力者・擅而專之・近雖檄召里排承販・嗟乎・安得有眞里排承之哉・即更改埠商亦不過爲鹺鹽開利孔耳・重資營埠・昂値求償・私販安得不多・鹽餉安得不缺・所謂矜革弊之名・而無益於法者・此也・粵鹽歲餉二十六萬有奇・今缺且半・則病在餉・往時鹽値曾不及今之十一・今法日苛・値日昂・則病在民・折海之後・地少則鹽田日少・田少則灶丁又少・而食鹽者不加少也・强有力者持之・而皆借粵賈爲名・則病在水客・粵引鹽行於府若州者三十有三・潮賈由三河東抵閩汀・廣商自南雄北連贛吉・一自梧桂西泊衡永而弊運於北・一自樂昌北至宜郴・一自連州白牛橋北徑臨武而迤延於西・今行引鹽賈率皆營棍奸人・則病在商・所謂貽法外之弊・而徒有其名者・此也・大弊一至於此・而欲使餉不必歉而頓增・値不必昂而頓減・水客商人不必困而頓舒・則惟是督撫大臣・嚴著爲令・不復瞻狥・凡鹽商鹽賈敢有雜營弁子弟親戚・詐稱同夥・以滋鹽蠹者・死無赦・庶幾牢弊永革・鹺政肅清・裕國便民・莫大於此・

至於久而無弊・則鹽埠之疆界宜弛也・鹽商之名目宜去也・每歲埠有定數・每埠餉有定額・故商人得以操獨市之利・任意低昂・而民間因以食重價之鹽・莫從告訴・徒苦於民・無益於國・若使各縣埠餉計日起科・在每丁不過歲輸毫末・而商自不困・餉自不虧・價自不騰・鹽自不滯・縣令考成鹽餉・與秋糧一視同重・行之於粵・固可永永無弊者也・至於出嶺之鹽・則仍照常告引・鹽有定額・商無定名・視今日之輸於公帑者一・而中飽於蠹吏之手者百・則大相徑庭矣・

抑更有不可不講者・隆萬以來・西省專衡永之利・而禁韶鹽不輸平石・連鹽不輸白牛・東人餉虧・楚人艱食・此萬萬宜通者也・潮鹽入汀・地鄰贛吉・於是潮人覬江右之利・而與雄商爭衡於嶺北矣・汀鹽行則南鹽阻・南鹽阻則稅鹽虧・此萬萬宜塞者也・是或一得之見也・

曹相國論

申不害韓非之學正乎・曰・否・黃帝老子之學正乎・曰・否・然學黃老之學者與學申韓諸家之學無以異・而黃老申韓之教・均非所以治國家者之正道也・申韓尚嚴酷以督責其民・民苦之亡已・則日以亂・黃老尚安靜・以無爲爲治民便之亡已・則日以弛・比事揆效・相去無幾・然天下既已平定・法制既已周詳・人心風俗已一道而從化・用申韓以拘促之・不若用黃老之術以安息之之爲得也・昔曹參好黃老之術以相漢・而後世稱之・予觀參自高祖起沛・以中涓從擊胡陵・積功執珪・封建成侯・高祖破滅項氏有天下・參功爲最・跡其生平・大抵英雄猛鷙人也・及惠帝除參相齊・得謬西人蓋公言・治尙淸靜・相齊九年・而齊大治・及代何爲相國・所辟除丞相吏皆木訥厚重・其相業大率盡醇酒中・蓋黃老之術使然也・所謂天下既已平定・法制既已周詳・人心風俗既

已一道而從化之時．無庸喜事深文者．雜進而紛更之也．一代之治．自有權畧．一王之制．自有時宜．王安石相宋．行事紕繆．相業乖錯．爲千古所悼歎．豈安石之學顧不如曹參哉．才術之弊．流爲紛更．所謂書不善師古．反不如椎魯之爲有濟矣．況天下事有古人可以間一行之．而後人不可復用者．有前代既已周詳慮之．而後人不容更議者．如井田封建之類．或等之而不必治．如綱常名教之屬．稍變易之即以亂天下有餘．參治黃老之術．際高祖去秦苛法所爲．千古一時也．日飲醇酒．見下吏輒復飲之．不令有所陳說．說者謂文景數十年太平．皆從醇酒中醞釀以出．大矣哉．黃老之爲功乎．雖然致治之道．當以三代諸聖人爲法．讀虺說誥命諸書．君臣交警．朝野治安未嘗不事刑誅．而不亂於嚴酷．未嘗不稱垂拱．而不弛於無爲．皇哉尚矣．參學黃老而相業奕奕者．惟其時爲然．後人不察．漫以爲黃老之術可致太平焉．則過矣．

荀彧論

論荀文若者多矣．然予一言以蔽之曰．其節不足道也．或曰．惟智亦然．當陶謙死而曹謀徐州．或爲設畫定策．引關東河內爲喻．操與袁本初相持官渡進退之勢．未知所决．而或馳書以楚漢之在滎陽成皋間爲比．操志乃堅．卒定冀北．又操拔鄴．有進復置九州之說者．或則勸以先定河北．次修舊京．次臨荆郢．爲社稷長久之利．嗟呼．操之所以危而得安．小而得大．弱而能强者．則彧之功居多也．是何長於料天下事．而短於覘曹操之爲人也哉．當其計紹爲不能終定大業．稱知紹矣．去而從操．其將以操爲漢賊而從之乎．抑不知其爲漢賊而姑從之也．而或者謂彧之從操．不過輔操以匡漢室．殫心竭力爲操謀．凡以爲漢謀也．而不虞操之負漢．而因以負彧也．是彧固不智矣．然操之奸邪．人盡知之．以彧之智．與操周旋日久．乃反不察其爲人．彧不若是之愚也．且操之以高帝自負．而以子房待彧．非一日矣．彧之爲操謀也．一則曰．兗州蓋將軍之關中河內．根本宜固．再則曰．須海內大定．乃議古制．是明以高光之業過相期許．操既懷抱逆志．不難以獻帝爲秦子嬰．而彧所與言者．又皆進取天下之大計．至董昭九錫之議．乃始從而沮之．以爲曹公秉忠貞之節．愛人以德．不當如是．何其前後互異．而矛盾乎心口之間哉．

昔齊東叟爲狗盜有名．穆陵人慕之執贄．盡所學而歸．穆陵之家無完物．焉有司捕之急．齊東叟曰．吾誨若者．盜技耳．不虞其數竊人之財而遺穆陵長憂也．彧既誨操以盜天下之技．而欲操無盜人之天下．將誰欺乎．然則曷爲死之．曰．操死之耳．操死之者何．九錫之議．彧沮之也．沮之者何．彧既以取天下之術誨操矣．而又欲自隱其名．此彧之自以爲智．而後世之所謂不智者也．蘇子曰．文若固聖人之徒．嗟呼．何儗人之不倫一至於此．吾於此爲之說曰．如文若者．其差愈於華歆王朗之流云爾．至若其才則王猛之比也．孔融廉得操詐．嘗著偏宕之辭．以致乖忤．彧曾有片詞相諷否．予故曰．其節不足道也．惟智亦然．

高侯祝言序

邑侯澹庵高公・宰吾禺者凡兩年・邑人衆母戴之・無何・以其守過於廉而罷・罷而不能去者又兩年・粤之父老□焉以爲吏之所能不至於罷也・類非廉者之所及・侯即出世間・薄視墨綬・即置之如釋重負・然非禺人之所忍言也・始侯之令吾禺也・旣汲汲乎心勞政拙之書以自予・及其罷也・則又怡怡乎日進文士・與之析朱陸之異同・談瞿唐之體格・不使人知有吏□・乃至庖湢之下・瓶罄罍竭・而侯絕不以爲意・禺人沐侯之仁・矜侯之廉・因而急侯之窘・爲侯□食薪蔬栗肉・各隨心力所至・若出於其分然者・侯亦不安而受之・兩年以來如一日矣・

茲月日爲侯攬揆・禺人歌思頌祝・形諸篇章・而屬予爲序・予因以歎廉吏之不可爲而可爲也・世之爲吏者多矣・當其坐高堂皇・道路以目・及其旣去則寇讐視之・罵詈隨之・有能歷官兩載而貧不能歸・使八口嗷嗷・待哺父老者耶・有能去官兩載・而歌吟謳思・使父老子弟相與春酒躋堂・頌我神君者耶・以視世之脂膏自潤・築怨築仇・毋論悖入之貨・行將悖出・即捲握之物可資十世・終不若侯之塵生甑釜也・善夫古人之言曰・民所惡者天所去・民所思者天所與也・請以是爲侯祝・侯名侈・直隸寧普進士・

黎景義　字內美・順德人・諸生・少讀書舅氏羅虞臣家・通知掌故・與黎遂球梁朝鐘陳子壯陳邦彥交好・而尤善邦彥・明亡・奉母桃山・不與世事・嘗采舜二妃以來迄宋明賢女子・合爲一傳・名曰豔史・寓美人香草之意・又著有二丸居集八卷・乾隆中同邑羅天尺始序而行之・今存・

文廟從祀議

文廟之有從祀也・所以崇德報功・厥典甚重・故其人必能於聖人之道躬而行之・若立德・若立功・若立言・文行兼臻・各情相副・入而有得於道統之微・出而有俾於治統之實者・斯可以與列其中・非獨取專門著述・高談性命者・遂爲足以明道而有功聖門也・夫七十子親受闕里之傳・或具體・或一體・而教分四科・各具實用・身通六藝・不事迂談・則後之學者可知矣・是故從祀諸儒・其有文優行玷・公論難掩者・雖已進而必黜・而在將來議進者・亦必其德醇學正・功言並茂・而非名浮於實・無益於天下萬世者也・

蓋自唐貞觀二十一年始・以後儒侑食孔廟時・倂卜子夏進者凡二十二人・曰周左丘明公羊高穀梁赤・漢伏勝孔安國毛萇高堂生杜子春戴聖劉向賈逵馬融何休鄭衆盧植鄭玄服虔・魏王肅王弼・晉杜預范甯・至宋元豐七年進三人・曰周荀況・漢揚雄・唐韓愈・崇甯三年・冒進王安石配享・政和三年又冒祀其子雱・湻祐元年進五人・曰周敦頤張載程顥程頤朱熹・景定二年進二人・曰張栻呂祖謙・咸湻元年進二人・曰邵雍司馬光・元皇慶進衡許・至順進漢董仲舒・皇明洪武二十九年・亦特詔進董仲舒・至正統二年進三人・曰宋胡安國蔡□眞德秀・八年進元吳澄・弘治九年進宋楊時・嘉靖九

年進五人・曰漢后蒼・隋王通・宋歐陽修胡瑗陸九淵・又進宋蔡元定與程子父珦・朱子父松從祀啓聖公祠・隆慶五年進本朝薛瑄・萬歷十三年進本朝陳獻章胡居仁王守仁・二十三年進宋周子父輔成啓聖公祠後・又進宋羅從彥李侗焉・第其中有不當進而進者・宋靖康元年用祭酒楊時言・罷王安石配享・然猶降居從祀之列・理宗湻祐元年乃黜之・併黜其子雱・皇明洪武二十九年行人司司副楊砥始建議請黜楊雄・高帝嘉納其言而行之・弘治元年少詹事程敏政建議乞將戴聖劉向賈逵馬融何休王弼王肅杜預八人褫爵罷祀・併請黜荀況・而鄭衆盧植玄服虔范甯五人請改祀於鄉・時未果行・至嘉靖九年肅皇帝釐正祀典・始允廷議采其言而行之・於是荀况及戴聖等八人俱罷祀・鄭衆等五人各祀於其鄉・又特罷元人吳澄・蓋此數人皆所謂文優行玷・公論難掩者・黜而罷之・於以尊聖道而重國典・扶世教而正人心・匪淺鮮矣・

今按兩廡先儒定祀勿替者・周三人・漢七人・隋一人・唐一人・宋十八人・元一人・本朝四人・合三十有五人・然嘗考之前代・尚有可議進者三人焉・若漢丞相忠武侯諸葛亮・若唐平章宣公陸贄・若宋參政文正公范仲淹・忠武一生・自躬耕南陽承三顧而出・輔漢定鼎・託孤寄命・自任天下之重・無不與伊尹相符・功業雖未就・而三分割據・續漢正統四十餘年・文章雖不多・而出師二表與伊訓說命相表裏・用兵若三代之時・兩事君秉文王之心・澹明甯遠之言・則求志達道之旨也・成敗利鈍之不計・則正誼明道之衷也・開誠布公・集思廣益則大學之休容也・六出伐魏・討賊而卒於軍・則春秋之義也・故文中子謂禮樂可興・程子謂有儒者氣象・羅豫章謂可與權誠・見其立身行道合於聖人者多也・宣公奏議・多知道之言・事上能不負所學・蘇東坡稱其才本王佐・學爲帝師・論深切於事情・言不離於道德・上以格君心之非・下以通天下之志・楊龜山稱其在朝・知無不言・言無不盡・而遷貶則杜門集古方書・可謂知進退者・朱子稱其論諫本仁義・諳練既多・學更純粹・而胡致堂則曰無我負人・推而大也・忠恕之道也・甯人負我・守而固也・知命之事也・又論權而陳輕重之義・破反道之說・皆秦漢諸儒所不能及・宜其操守堅固・議論端實・猷爲通達而弗畔於道也・此所謂眞洙泗之徒也・文正有先憂後樂之志・自做秀才時・便以天下爲己任・故其佐宋皆聖賢事業・白璧無瑕・朱子稱爲傑出之才・吳草廬稱爲百代殊絕人物・而呂本忠亦曰本朝人物・公爲第一・其所學必忠孝爲本・其所爲必盡力・曰爲之自我者當如是・若成否不在我・雖聖賢不能必・此諸葛武侯不計利鈍之誠心也・蓋嘗以左氏授狄青・以春秋授孫復・又嘗以中庸勸張子載・則其學術之淵源・猶在關雒之先者也・然則此三人者・並舉從祀・誠協萬世人心之公・而備聖門祀典之盛矣・

又崇禎初年有國子生上疏・請以漢諸葛亮唐張廵宋岳飛增入孔廟從祀・天子下其章禮部・令議題復・夫亮已有前議矣・若廵飛二人之議進者・殆非無見・請得而確攷之・二人之行之才之功不具論・惟論其學・韓退之張中丞傳後序・記其平生讀書甚多・不過三遍未嘗復讀・而終身不忘・誦之如流・此其天姿學力大過人矣・而窺道之深・知本得要・則莫如人倫天道之言・夫人倫天道大原無二・此物則秉彝・皇降

綏猷之妙理．中庸所謂天命率性．孟子所謂有性不謂命是也．巡之學識及此．殆超於秦漢之上矣．岳忠武本傳．記其沉厚寡言．家貧力學．尤好左氏春秋孫吳兵法．是則自少讀書．不徒尚拳勇也．而學問之純．涵養有素．則徵於德勝君子之論．夫審德勝才勝之異．定君子小人之分．而無德者貶之．有德者勉焉．此乾爻所謂忠信進德．先聖所謂君子尙德也．飛之學識若此．殆不減關閩之徒矣．況先聖述六經以垂憲．而其志則在春秋．巡能起兵討賊．遏祿山而保江淮．大節不奪．殺身成仁．飛欲滅虜復仇．復中原而還二聖．奉詔班師．之死靡憾．其所以嚴華夷之防．盡君臣之義者何如也．然則二人之於聖經．不必以言明之．而直以身明之也．由是言之．舉從祀而及此二人者．不爲過矣．

至於本朝之儒．近代屢有陳請．少或數人．多至十餘人．今覈其學行最著．確然當進者有六人焉．克己功密於箴銘．尚文益深於贊古．文章則持論正於蘇氏．大節則絕命烈於首陽．高皇帝目爲異人．蜀賢王尊爲正學者．忠烈方遜志孝孺也．作夜行燭則一書．默化厥父．爲州學正而兩庠爭以爲師．定儒家宗統之請．開我朝道學之傳者．靖修曹月川端也．經世之志．見於世史正綱．治道之詳．見於大學衍義補．宗傳之緒．見於朱子學的者．文莊邱瓊山濬也．好古力行．安貧樂道．廷對萬言．敷奏實學．起復一疏．扶植綱常者．文毅羅一峯倫也．介以守已．不先朝於逆藩．虛以人道．惟自貶於藏密者．文宗蔡虛齋清也．恭莊實踐．衆欽行己之端．毀撤淫祠．益徵信道之篤者．恭簡魏莊渠校也．之六人者．著述既富．躬行亦眞．理學本優．事功尤顯．所謂文行兼臻．名情相副．有得於道統之微．有裨於治統之實者也．其餘猶不乏人．足見昭代人文之盛．是以眞儒輩出．數溢前朝．行將並列廟廷．增光俎豆．而吾道有功臣．聖徒無僞士矣．

雖然前所議出祀於鄉者．盖皆稱爲經師．如詩有毛公．書有伏生．禮有高堂生之類者也．夫訓詁之學．固未必得心法之宗．然當秦火之餘．守其遺經各相傳授以待來學．即後儒如程朱輩．亦皆由其文以釋義．則不傳之脈．未必不藉於此也．況夫立身制行．原無疵纇．未嘗得罪於名教．而實有功於聖門．乃使其以有功而進．以無罪而退．無乃過乎．又按罷祀人中．如劉向者．初喜神仙方術．未免年少之惑．然晚歲氣象殊勝於前．志興禮樂．以行教化．顯訟宗室．譏刺王氏．忠精痛切．發於至誠．所著新序說苑列女傳．皆不悖於聖人．意在諷君救時．要非無補於世．其洪範五行傳正爲王氏起論．縱論陰陽術家之小技．而於道實無害．非若楊雄美新．何休王魯．吳澄仕元．爲名敎之罪人也．論者謂宗臣憂國．雖屈原不能乃是．豈可與馬融王肅輩同日語哉．然則鄭衆盧植鄭玄服虔范甯與劉向六人宜復其祀．則學宮無失人之憾．道術得折衷之衡．公議愈明．而祀典愈重矣．

綱目書卒總論

綱目人臣書卒者．自太子王侯以至婦人夷狄五百二十一人．其不從臣例者不與焉．周世列國諸侯書卒者．或賢之或因事而著之也．其潛王者書君．正其名也．列國臣書卒者四．韓申不害．薛公子田文．趙公子勝．魏公子無忌．亦賢之也．惟田文不繫諸齊．削之也．漢世諸臣卒．書官爵書姓者美詞也・書官不書姓・恒詞也・不書官者・貶詞也・官爵姓具者十七・蕭何曾參陳平霍去病衛青金日磾霍光張安世魏相丙吉卓茂祭遵馮異吳漢鄧禹楊賜諸葛亮而曹操不與焉・官姓具者十三・尹翁歸辛慶忌鄧訓王渙鄧弘梁商荀淑朱穆胡廣陳寔荀爽蔣琬董允・爵姓具者十一・張耳張良趙充國寇恂朱祐馬援樊宏賈復耿弇竇融黃瓊・因事而卒者二・祭彤陳龜・守節而卒者一・龔□・令長書卒者二・王渙陳寔・布衣書卒者二・黃憲管甯皆美之也・惟胡廣當削其姓以示貶・而具官姓者・蓋有微旨焉・如五代馮道之類・不從恒詞以稱之・故不嫌同詞以譏之也・袁安楊秉賢矣・而不書姓者・則缺也・其宗室諸王書卒者・或賢之・或因事而著之也・不書官者四・王譚單超馬日磾陳祗・貶也・疆臣不書臣者六・劉焉陶謙孫策袁紹公孫度劉表・亦貶也・漢之後・諸臣卒則皆書姓矣・吳魏具官及爵者十四・周瑜張紘魯肅吳範張昭陸遜朱然陸凱呂岱陸抗中山王袞陳羣尚堂隆徐邈・予之也・司馬懿父子不與焉・其不書者三・荀攸呂蒙孫峻・罪之也・晉臣具官爵者十二・宗室賢王亦與焉・司馬孚司馬攸劉弘張軌溫嶠陶侃王導郗鑒何充王坦之桓沖謝安・具官者二十五・王祥胡威薛瑩劉毅荀勗傅咸賈模樂廣李毅衛玠周紀張光周訪祖逖王遜孔坦庾亮庾冰庾翼褚裒辛謐周該王彪司馬越郄超・具爵者七・羊祜傅玄張駿張重華謝玄李暠賈充・皆予之也・惟賈充司馬越郄超爲譏詞・特削其姓者一・桓溫・削其官者一・劉穆之・皆罪之也・書三國故主者・予存厚也・書夷狄者・著其强也・晉世僭國臣書卒者九・其具官或爵者七・成楊褒范長生・漢劉殷・後趙張賓・秦苻雄王猛・燕慕容恪・賢之也・未書官者二・燕李績・涼宋混・亦賢之也・南北朝諸臣官爵皆具者十八・魏崔宏高元王肅源懷元懷元澄賀振勝・宋蔡興宗・齊王儉蕭嶷蕭顗胄・梁曹景宗韋叡裴邃・齊斛律金段韶・周于謹韋孝寬・魏高歡宇文泰不與焉・具官或爵者三十二・宋謝瞻杜弘文王華王弘顏廷之江智淵王玄謨・齊褚淵・梁范雲蔡道恭沈約馮道根徐勉袁昂羊侃朱异・陳馮寶歐陽頠・魏陸馥源賀王叡鄭義尉元馮熙劉昶李□劉騰崔忠蘇綽李虎國楊忠・齊趙彥深・惟褚淵爲譏詞・若晉賈充之類也・魏劉騰亦譏詞・宦者也・梁朱异亦譏詞・誤國失刑也・書徵士一・晉陶潛・處士一・梁陶弘景・皆賢之也・隋世或書官或書爵・韓擒虎牛弘元壽段文振楊達宇文述蔡王智積・惟楊素特削之・

唐世臣官爵皆具者八・房玄齡狄仁傑宋璟郭子儀李晟馬燧渾瑊裴度・書爵者二十三・杜伏威杜如晦李綱張公謹溫彥博虞世南王珪宇文士及魏徵李大亮高士廉蕭禹李靖張行成尉遲敬德裴行儉蘇瓌王仁皎姚崇蘇頲李光弼韋臯杜黃裳・惟宇文士及爲譏詞・用佞人也・書官者十八・傅奕馬周褚遂良張文瓘婁師德劉幽求盧懷愼劉子玄張嘉貞張九齡楊綰崔祐甫韓滉李泌韋處厚楊復光朱有倫蓋寓・書其貶官者三・褚遂良劉幽求張九齡・書同平章事三・崔祐甫李泌韋處厚・節度使同平章事一・韓滉・皆賢之也・綱目前此臣卒皆無書謚者・至唐書謚者十三・裴行儉狄仁傑姚崇蘇頲宋璟李光弼楊綰郭子儀李晟馬燧韋臯杜黃裳裴度・號謚官爵皆具者一・郭子儀・其卒書官・後因事而書爵謚者一・張九齡・皆錄其賢也・錄其功也・書未至而卒者二・陸贄陽城・惜其賢

不及用也・諸不書官爵者・削之貶詞也・亦有恒詞者焉・節度使皆書其卒者・著藩鎮之强也・或其有書薨者則傳寫之悞也・五代臣卒書官者十四・唐張承業・蜀王宗儔・吳陳彥謙徐温柴再用・漢楊洞潛趙光裔・閩劉贊・漢劉審交・唐李建勳柴克宏・周馮道鄭仁誨王樸・賢之也・惟馮道具官爵爲譏詞・醜之也・終綱目太子書卒者九・吳登代實・魏晃・齊長懋・梁純・隋昭・唐甯永・後唐弘翼・侯國太子一・秦□□・故太子一・唐承乾・婦人書卒者十九・周秦芊氏・漢新野君・孫權母・魏郭氏・晉建安君・漢單氏・秦蚝氏疆氏・燕苻氏・宋殷氏・故隋蕭氏・唐楊氏韋氏獨孤氏同昌公主・後唐劉氏・故晉李氏楚氏・吳越馬氏・外書薨者三・晉太妃周氏・唐平陽公主惠妃武氏・美刺俱存焉・凡卒書前官者六・鄧弘荀淑陳寔衛玠孔坦杜弘文・錄賢也・不食而卒者三・龔勝陳龜辛謐・予節也・卒於軍者八・祭遵馮異馬援諸葛亮劉方段文振任雅相李嗣業・嘉死事也・有卒於後代而仍繫諸前代者・晉陶潛唐張承業・旌其忠也・有卒於其地而不繫以國號者・管甯卒於魏・表其賢也・有卒於其朝而不繫於國號者・狄仁傑不書周・褒其功也・斯綱目書法之大畧也・

綱目死節總論

人臣盡節死難・自商夷齊後・春秋書孔父仇牧荀息・嘉其能以死殉君也・綱目繼春秋而作・其於歷代諸臣・或死君・或死社稷・或死封疆・或死討賊・皆書死之以予之・所以着爲人臣者・立身事君之大節・示後世委質盡忠之烈也・漢劉崇翟義劉快傅燮耿紀韋晃孟達傅僉諸葛瞻諸葛尙北地王諶十一人・晉周處劉沈稽紹譙登庾珉王儁吉朗辛賓段匹磾譙王丞卞壼桓彝沈勁吉挹何無忌十五人・唐劉感呂子臧張善相李玄通來濟高叡李憕盧奕顏杲卿張巡許遠段秀實蔡襲十四人・曹魏王經・孫吳張悌・西凉掌據・後秦姚平・蕭齊顏見遠・元魏崔楷・後梁王彥章・後晉沈斌・後漢翟廷美・孟蜀趙崇溥・各一人・苻秦王竟徐嵩后毛氏・蕭梁韋粲張嵊沈峻・各三人・後唐裴約姚洪夏魯奇宋令詢四人・南唐劉仁贍張彥卿二人・而婦人惟秦毛后焉・

雖然・不盡此也・攷其事知其人・書法雖異・而忠烈不可掩也・則有以卒書者・莽迎漢大夫龔勝爲太子師友・祭酒魏閎徵・故晉散騎常侍辛謐爲太常・二人俱不食而卒・此非劉氏司馬氏之夷齊與・則有以及書者・宋劭弒其君義隆・及其左衛卒袁淑・僕射徐湛之・尙書江湛・此三人者・與春秋書孔父仇荀無以異・則有以殺書者・漢建武三年張步執伏隆殺之・建安二年袁術殺故兗州刺史金尙・晉咸和四年蘇逸殺右衛將軍劉超・侍中鍾雅・以至隋破相州・尉遲迥自殺・唐殺隋河東守將堯君素・武后殺右衛將軍李安靜・周殺唐使者司空孫晟・是皆殺身成仁・守死報國・不事二姓・不忘故君者也・唐興元間顏眞卿爲李希烈所殺・不書死之・說者謂惜其死之晚・非也・眞卿忠義天植・百折不回・甲子八月之事・有從容之致焉・何計早晚・然而變文書之者・病德宗也・何病乎德宗・有臣如眞卿不能用・乃聽奸讒擠之死地而不惜・使眞卿在朝・希烈安得而殺之・四世元老・委以遺賊・變文書之・以是爲深病焉爾・天寶末安祿山陷陳留・殺張介然・陷潁川・執太守薛原長史龐堅殺之・此三人者・時

且與李盧張許同追贈矣．事跡雖異．而其死則一也．若夫嗣聖初．李孝逸擊李敬業殺之．君子以爲武曌將滅唐室．敬業首倡大義．興兵討逆．不克．見殺．斯漢翟東郡復起也．而書法若此．得非偶置之耶．則有以死書者．陳湘州刺史陳叔審起兵敗死．與夫漢鉅鹿男子馬適求謀誅王莽．晉淮南王允討趙王倫．南宋中書監袁粲．尚書令劉秉謀誅蕭道成．梁永安侯確謀討侯景．唐越王貞瑯琊王仲父子．舉兵匡復．皆不克而死焉．斯又與漢之安衆徐卿少府司直諸人先後一轍．圖亂賊於方盛．扶國祚於將顛．自靖獻於先王．存綱常於萬世．豈可以史筆偶殊．而謂其微寓不足乎．夫春秋之法．善善爲長．忠臣義士．聖心嘉予．況捐驅殉國大節炳著者哉．若乃化工之筆．美惡不嫌同辭．故當時惟據事直書．而褒貶自見．善觀史者．當攷跡以明心．無因文而害意．斯可與論世矣．

孟子齊魏事辨

按齊之伐燕也．事在周赧王元年丁未．至燕之畔齊也．在赧王三年己酉．孟子書所載前後凡四章．明著爲齊宣王時事．與戰國策汲冢周書合．而與史記荀子書不合．史記年表齊威王立三十六年．宣王立十九年．湣王立四十年．以丁未之歲．當湣王之十年．金仁山曰．齊宣王伐燕．孟子所見也．謂爲湣王者．荀卿所聞也．史記又所傳聞者也．安得以後世所傳聞之辭．而反疑孟子所見之辭乎．通鑑有見於此．則下減湣王之十年．上益威王之十年．移下宣王十年以合伐燕之事．此據戰國策汲冢周書．而以孟子之書爲實錄也．然則以丁未之歲爲宣王十九年．則猶有未合者．當宣王之伐燕而取之也．孟子固勸之置君以存燕國．以止諸侯之兵．而宣王不聽．其後二年．燕人果畔．王乃深悔之．而有慚於孟子之言．此慚於孟子之王．是宣王非湣王也．明甚．若遂以丁未之歲爲宣王十九年．則是宣王薨於是年．至己酉燕畔．宣王之薨已三載矣．安得復生而慚於孟子乎．此可見宣王之在位未必止十九年也．即止十九年．則丁未未必是十九年也．年表諸王之歲數多少．必有差訛．殆不足據者矣．且宣王初勝燕而欲取之也．孟子教以當順民心之悅．而取法於武王文王．及其對沈同與或人之問．則見燕雖可伐而未嘗勸齊伐之也．孟子之意曉然矣．史記則反謂孟子勸齊伐燕．其言曰．今伐燕．此文武之時不可失也．此亦可見史記傳聞之誤．不如孟子之書明確足信矣．然則非獨伐燕爲宣王事．而燕畔仍爲宣王事也．非獨丁未伐燕屬宣王之時．而己酉燕畔．仍屬宣王之時也．何也．有孟子之書爲實錄也．

又按通鑑綱目．周顯王三十三年乙酉孟軻至魏．愼靚王二年壬寅魏君罃卒．孟軻去魏適齊．赧王元年丁未齊伐燕．取之．孟軻去齊．蓋孟子居魏十八年．初見魏惠王．逮事其子襄王．居齊八年．則事宣王．未及其子湣王也．故孟書所載於齊．惟見宣王．於魏則見惠王及襄王．余考魏世家惠王罃立．辛亥改元至三十五年乙酉．即周顯王三十三年也．是年孟子至梁．明年丙戌惠王薨．子赫立．是爲襄王．丁亥改元至十六年壬寅．即愼靚王二年也．是年襄王薨．其子哀王立．癸卯改元．此其世次．自惠王至襄王乃至哀王也．綱目書魏君罃卒繫於壬寅．則是惠王在位五十餘年．自惠王直至哀王．似中間無所謂襄王者．夫襄王明載孟子書．其在位十有六年。當是實錄。然則綱目所書魏君者。當爲魏君赫耳。由此觀之。孟子居魏十八年。事惠王僅二年耳。其餘年皆在襄王之世。吾意孟子初以惠王卑禮招賢。故應聘而至。閱再期惠王捐賓客。嗣君代立。雖非能用賢者。然或待賢之禮。猶不失先君之意。故孟子亦復優游其國。而未忍决去也。況孟子義不見諸侯。當時諸侯亦絕無幣聘之舉。是以十餘年間。轍跡未嘗出大梁也。迨至壬寅襄王亦厭代矣。當是時。列辟惟齊辟强賢。尚可輔以有爲也。夫然後乃去魏而適齊。至若去齊。綱目書於丁未伐燕之歲。又與孟子書不合。何也。凡孟子書所記齊王皆宣王。非湣王也。當孟子之去齊也。王嘗命時子留之。而孟子惓惓於王之足用爲善。而不能舍。孟子去時。宣王固無恙也。至於燕人畔而慚。則陳賈嘗見孟子而爲辭以解之。是年爲己酉矣。孟子依然在齊也。是孟子之居齊。固不止八年也。然則綱目書孟軻去齊。當繫之己酉燕畔之後耳。

家禮祠廟圖說

按大明會典。國初品官。廟制未定。大明集禮。權倣宋儒。宋禮祠堂之制。奉高曾祖禰四代之主亦以四。仲月祭又加臘日忌日之祭。與夫歲時俗節之薦享。至若庶人得奉其祖父母父母之祀。已有着令。而其時享於寢之禮。亦與品官畧同。祠堂制度。三間外爲中間。中門外爲兩階。皆三級。階下隨地廣狹以屋覆之。又爲遺書衣物祭器庫。及神厨於其東。繚以周垣。列爲外門。常加扃閉。祠堂之內。近北一架用板限隔爲四龕。內置一桌。高曾祖禰四代神主各藏於櫝中。置於桌上南面。龕外各垂小簾。外設香桌於堂中。置香爐香合於其上。兩階之間又置香桌如之。若貧家地狹。則止爲一間。不立厨庫。而東西壁下置立兩櫝。西藏遺書衣物。東藏祭器。

王肅敏公廷相曰。家禮祠廟神位。何以高曾祖考自西而東。曰神道尚右。此漢儒之臆說也。非古昔之禮制如此矣。何以言之。古者廟制。大夫士東房西室。見於儀禮圖可考。其廟有堂堂之屋。南北五架。中脊之架曰棟。次曰楣。楣前曰庪。今之接簷也。棟後楣之下爲壁。而開戶牖爲房室。戶在東近房。牖在西直室。戶牖之間曰依。乃堂之正中。尊者所處。所謂客位是也。戶既偏東。則室最深隱。故西南隅謂之奧。西北隅謂之屋。牖東南隅謂之窔。東北隅謂之宧。而祭祀及尊者常處焉。是以寢廟以室爲主。而神坐東向。祭者西向以從事。繇其事勢不得不然爾。後世之廟既無房室之制。皆南向中門。如古之堂焉。若如家禮之位次。自西而東。不惟與古人神座東向之禮不合。且於今之廟制無所取義。豈事體之宜乎。況生時所處。燕賓客。奉親長。訓子姓。莫不於中堂取正而居之。歿乃偏於室之一隅而祭之。又豈事死如事生之義哉。徒泥夫神道尚右之說。而不能因時制宜。皆信古不通者也。

今士庶之家。宜遵本朝集圖制爲準。高祖曾祖分中。祖在高東。考在曾西。各爲龕室。隔別其位。庶於今之祠廟事體不至乖爽。而家禮不必深泥矣。程子曰。作主身高一尺二寸。象十有二月。博三十分。象月之日。厚十二分。象日辰。趺方四寸。象四時。題主之式。陷中書曰明故某官某公。諱某。字號某。行幾神主。勿書某考。兩旁左書生年月日時及享年。右書卒年月日時及葬地。外書顯考某官某號府君神主。或顯祖考。顯曾祖考。顯高祖考。或稱處士秀士。

或稱幾公．旁題主祀者之名．其孝子孝孫曾孫玄孫隨屬而稱．不書姓．易世則改題之．

或問庶子所生之母死．題其主當何如．朱子曰．若避嫡母止稱妣以別之．不書顯．余按妾有子則旁題奉祀．應書其所生之子．由母言之．庶不可以匹嫡．而由其子視之．則均有母道也．稽古服制．嫡子爲庶母緦．今孝慈錄改爲杖期．而庶子爲所生母斬衰三年．與父母無異．斯乃盡倫定極．得禮之中．仁之至．義之盡．使天下母子之情分俱伸焉．嫡子且重之．況所生之子乎．以此推之．生母書顯．亦無不可．或又問夫在．妻之神主宜書何人奉祀．朱子曰．旁題施於所尊．以下不用．余按妻無子則不書旁題．若有子者．雖夫在．當書其子奉祀．示有後也．亦所以慰亡妻之情．而使其子得盡事母之孝也．

宗廟之禮．親親而尊尊．故立廟以上祀四代．所以伸愛親之情也．吾家廟祀若高曾祖考之號神主．祝文題稱定矣．至於高祖以上．凡親盡無服之祖．則皆推原世次．自始祖而下．遞及第二世第三世以爲稱．雖別廟特祀十有餘世者．亦然．斯蓋不忘大宗統於一尊之誼也．其旁題幾代孫．則各屬其祖書之．墓石倣此．

按禮記云．祔必以其昭穆．蓋古之廟制．左昭右穆．父昭子穆．而祖與孫則同爲昭穆．故孫死則祔於祖．昭祔昭．穆祔穆也．今士大夫皆並奉其高曾祖考．同堂共祀．既非左右異廟之制．而能建祠堂者．又皆歷世專祀．無復以次祧遷之禮．且凡有子孫．皆各自主其祭．不謂之祔．今而謂之祔者．則旁親之無後者也．旁親無後者．於父爲親．然則古以孫祔位於祖．今以子祔食於父．非紊昭穆之序也．亦古今異制．事勢之當然也．況祔祀於祖．則同祖有從兄弟之殊．祔於父．則親兄弟及親兄弟之子統一無異議矣．故余謂因時達禮．今得其宜．

古者妾不入廟．小記云．妾祔於妾祖姑．亡則中一以上而祔．是妾有別廟也．今人無別廟之制．而妾之祔也．如之何．曰．記又有之．妾無妾祖姑者．易牲而祔於女君可也．此女君謂嫡祖姑．夫既可祔於嫡祖姑．不如即祔於其嫡．生則從其嫡以事主君．沒則祔位於其側．情義允協矣．孔子曰．事死如事生．事亡如事存．孝之至也．故奉庶母祔於父母．所以體其生時同室共事之恩．而身與庶母所生之兄若弟．共修祭祀於一堂．不亦幽明俱順．理得心安乎．在葬禮．妾從祔．母以子貴也．降於主君．明貴賤也．與夫同封．示繫一人也．由是觀之．廟祭之禮．亦如是而可矣．曰．其位如何．曰．嫡庶之分不可淆也．考妣正位南向．庶妣前左位西向．兩庶妣則右左兩旁．東西相向．如古祫祭昭穆之序．且亦象其生時燕坐之常也．羅司勳虞臣曰．古者廟祭其主尙嫡．今嫡庶皆同享．何也．曰．禮也．生而聚同宴矣．沒而祭如之何其不同享也．夫祖考視子孫．猶子孫之事祖考也．今夫有歲時一會．獨其長子長孫在．而衆子衆孫不在焉．其心未必能喜而飲食．是故祭及其長遺其庶．非所以燕樂祖考之心也．且衆子孫顧視自家祖考不得與享於廟．人情豈得妥然．又非所以體悉羣族之誼也．其獻也如之何．曰．獻必宗子．嫌奪嫡也．執事各用其子孫．以伸孝也．古者外內合祭．今祭不與於內．何也．曰．祭不與於內．謹男女佚亂之漸也．今人孝敬不如古人．使與宗之婦女並拜相接．非所以持情合危．交於神明之道也．然則其亞獻也．將誰代之．曰．主人有强力者自行之．不則使其兄弟之長者．

七言古詩選序

七言古詩自春秋戰國間如甯戚商歌荀卿成相之屬．已有其句．然皆以三言造端．則全體未就．采葛婦純乎成篇．然其中有用兮字．則句讀實分爲二．如古歌楚詞．此又另爲一體．白帝皇娥和歌．載拾遺記少昊之母．上古之時．疑無厥調．必後人僞撰也．迨漢製作漸開．於是純用七字．而無雜言．全取平聲．而無仄韻．則武帝柏梁實爲七言古體之始．由兹而後．張平子四愁獨自成家．其章法本於風人句法．原諸騷律．和平婉麗．結構天然．蓋七言之祖也．魏有燕歌行．晋有白紵辭．皆倣柏梁之制．燕歌出於曹文開．千古妙境．白紵亦情詞綺麗．巧極形容．流及六朝．作者殊寡．惟鮑明遠雄奇渾樸．振拔一時．梁武父子纖穠流麗．精妙輕盈．音響協調．已啓唐之源矣．

王盧旣興．義烏並起．其所爲歌行長篇．體裁□暢．韻則平仄互換．句則三五錯綜．抑揚起復．悉協宮商．開合轉承．咸中矩矱．而又傳以神情．宏以風藻．高華瀏亮．富美悠長．允可詠歌哉．沈雲興繼之．典雅豐蔚．宋延清繼之．秀贍精工．至於李杜二大家．盡變出奇．窮極高遠．太白豪宕超逸．少陵沈鬱閎深．一以爲仙．一以爲聖．所謂星懸日揭．照耀太虛．地負海涵．包羅萬彙．是皆才峻氣雅．正而能變．大而能化．爰以前無古人．後空作者也．其間雜以樂府．創立題名．或三言四言五言六言．亦有八九言者．皆目爲七言古詩云．同時之雋．若高常侍之渾．岑嘉州之麗．王右丞之雅．莫不音節鮮明．情致委折．濃纖得中．修短合度焉．降而中唐．則有韓昌黎之雄偉．柳河東之峭拔．李長吉之幽奇．皆能獨闢堂奧．卓冠宙合．又有張文昌王仲初之樂府．眞淡天成．元微之白樂天之長篇．婉明閎博．七言古體．抑亦大備矣．讀者不必尊漢而卑晋．難盛而易中．要以開闢而下．世產英才．猶質文之尙異．各有其至．如其因兹篇什．會若性情．以我諷吟．契彼興象．而或得其骨氣．或得其詞藻．此道又不在漢唐而在今日矣．深造逢源．大成可集．誰謂昭代不古處乎哉．

五言古詩選序

壺關子輯錄五言古詩方就帙．有客過之．坐定請觀焉．因相與披閱．首蘇屬國暨李都尉．曰．美哉五言古體之始也．錄別深情．直攄胸臆．淸夷和婉．簡易自然．開天之章．已臻神妙至此乎．次十九首．曰．美哉．此枚叔之作而不盡然也．用意警絕．談理玄微．興象玲瓏．性情貞婉．蓄神奇於溫厚．寓感愴於和平．而匠心信口．得之無意．其化工乎至矣哉．冠絕古今矣．次樂府古辭．曰．亦十九首諸人之作也．神化所至．不假雕琢而偶然天成．非兩京之際．何能至是．次至曹思王．曰．美哉廣矣．其體備矣．悟邃骨蒼．高華雄渾．詞藻宏富．過厥父兄．繡虎之稱．八斗之譽．夫豈過情乎．不然．何美之全也．次王侍中劉文學．曰．仲宣雅淳．公幹高峭．贍而不俳．麗而不弱．驂陳王之乘．超七子之羣矣．次閱阮步兵．曰．美哉．其有建安之遺音乎．興寄冲遠．恬淡自如．典午一代．斯爲拔萃者乎．次左記室・曰・飛揚震宕・豪氣干雲・非太冲奇才・誰能爲之・次陸平原・曰・朝華夕秀・其才如海・晉室之英也・次郭弘農・曰・精言秀調・環珮珊珊・信遠遊仙韻哉・至於陶徵士・曰・美哉・冲冲乎開千古平淡之宗・抑何安閒曠遠・趣洽機流・而孤高絕物・悠然自得・民之逸也・聖之清也・其眞孔門之伯夷乎・次謝康樂・曰・美哉風神華邑・音節秀令・殆得之天授者也・六朝麗藻・其斯爲首出乎・次謝法曹・曰・康樂之弟也・夢中佳句・克助乃昆矣・次顏光祿・曰・與康樂齊名者也・清水芙蓉・鏤金錯采・亶不誣矣・次鮑參軍・曰・氣質超凡・雄詞傑出・俊逸高明・豈取次克當之・次謝吏部・曰・工巧綺繡・明艷霞流・精奇之想・清遠之韻・驚人問天・後世猶遐慕焉・又閱陳拾遺・曰・美哉・削浮靡之習・辟古雅之淵・嗣宗而後・僅見此人・允哉唐之高蹈乎・中流砥柱・橫制頹波・如丹沙空青・物外難得之奇寶也・其然乎・次至張始興・曰・美哉極沉鬱之思・創清淡之派・大雅哉・至於李翰・曰・美哉・泱泱乎大風也哉・源流明遠・法度伯玉・才之逸・追蹤子建・氣之雄・並驅少陵・神矣哉・驚風泣鬼・光焰萬丈・天仙之姿・非學所能至也・至於杜工部・曰・美哉極矣・大而化之矣・金聲而玉振之・集其大成・從心不踰・妙臻聖奧・何容贅一詞乎・次高常侍岑嘉州・曰・美哉・氣骨蒼雅・悲壯爲宗・一則古意閒淡・深婉有情・一則英發新奇・造詣峻上・所以與杜陵唱和・樹幟盛唐也・次王右丞孟處士・曰・美哉・或風流秀雅・領悟靈空・壁繪泉珠・或神韻蕭幽・景味曠逸・微雲疏雨・莫不超然出塵・閒澹自得已・次褚御史・曰・蕭疏眞至・調逸情惇・次常盱眙・曰・幽寂入玄・靜淵無際・次至韋蘇州・曰・美哉・發纖穠於簡古・寄至味於淡泊・高雅清閒・氣象近遠・與靖節有同調焉・次柳柳州・曰・精工深遠・語峭神清・絕去烟火・其陶韋流乎・次孟參謀・曰・研精刻苦・布景澄寒・所謂孟詩韓筆・其昌黎之勁敵乎・次至韓吏部・曰・美哉・驅駕氣勢・雄偉不嘗・撑決天垠・掀雷掣電・蓋推陷廓清之功如是・是其起衰乎・因及其聯句曰・出奇極變・旂鼓相當・詩境之無窮也・其老此乎・自茲以下・晚唐宋元無選焉・客掩卷曰・詩至矣哉・備矣盡矣・性情暢發・與世俱新・異曲同工・咸登美善・後有作者・其篾以加於此矣・雖有他選・吾不敢請已・遂揖而出・

皇明文武名臣易名錄序

高皇帝即位元載・追尊四代考謚爲帝・逮六載・賜謚開國功臣・其爲制也・帝謚一・皇太子公侯大臣謚二・親王謚一・世子郡王謚二・夫皇太子雖尊・其於天子有臣道焉・親王如古諸侯・於其國有君道焉・是故一字君道也・二字臣道也・始制厥典俱禮部議行・洪武二十五年令禮部行翰林院擬奏・然皆聖主之所裁定也・其歷朝諸臣得謚者・子孫之所陳乞也・有司鄉人之所推請也・禮臣之所題覆也・宰臣樞臣之所考實也・詞臣之所撰擬・輔臣之所稟允也・自太子諸王而下・若公孤公侯駙馬伯都督九卿長・貳三品以上・其賢有功者・應得謚・道德勳庸・忠節表著者・三品以下及於布衣・俱得謚・此昭代易名鉅典・洪武時文臣未有謚者・武臣則有若張忠毅胡武莊耿武壯趙武桓寥武閔俞忠烈・皆沒於洪武之前

者也・戊申建元而後・則常忠武也・鄧武順也・李武靖也・徐武寧也・沐昭靖也・湯襄武也・暨諸公侯歿於洪武年間者・所謂開國功臣也・建文初・予義烏王學士謚文節・文臣之有謚也・自王氏始也・至於永樂乃有姚恭清胡文穆矣・至於洪熙乃有金忠襄鄭文敏徐文肅王文靖矣・自時厥後漸盛矣・劉文成宋文憲朱宋二文恪・則皆正德中追謚也・有加恩恆典外者・開平王謚及三代矣・是雖沿勝國之舊・實則高皇帝意也・後弗以爲例矣・時眷也・有取義恆法外者・中山王之爲武寧也・論者謂寧之爲義・謚法所不詳・比漢之蕭文・終若猶未盡厥美・此其說非是・何也・夫謚何必盡古法也・迹其行・易其名・定其義・寧也者・有安天下之功也・高皇帝以武功奠天下・而安寧之爲中山爲元勳矣・以是爲殊典・故創義曰寧・而繫之武・尙書之稱周武曰寧王・殆茲義也・

恆制由翰林者類謚文・而朱崑山謚恭靖・避其父諱也・有不由翰林而謚文者・鄭甌謚文安也・儀高密文簡也・吳常熟楊豐城二文恪也・魏蕭山文靖也・葉崑山王南陽邵無錫三文莊也・何廣昌文肅也・黃太平文毅也・干餘姚文成也・顧無錫端文也・有列爵武官而類不謚武者・諸戚畹也・是故位尊而賢有功者皆是也・文官不及三品者・祭酒李忠文陳文肅魯文恪鄒文莊劉文節也・修撰羅文毅文恭也・簡討陳文恭也・忠諫者鍾御史恭愍也・劉侍講楊部郎一忠愍也・死難者鄧知縣忠毅也・毛副使忠襄也・周按察節愍也・吳參政何知州許副使三忠節也・雜職者蔣醫院恭靖也・布衣者・胡先儒之敬也・此其大畧也・

有謚而復改者・王文節改忠文也・以建文除革也・李文毅改忠文・于肅愍改忠肅・張忠顯改忠武也・以爲未盡美也・曹文襄王文安之改文忠・朱武襄之改武毅・孫康靖之改恭憲也・亦猶是也・石張二文隱之改文介文毅也・以爲有過譏也・夫初謚未必是・則改謚未必非也・有謚而旋褫者・恭敏李鐩也・榮簡盛端明也・榮□顧可學也・若茲屬者・與其始予之而終褫之・不如始愼之而勿濫予也・有以爲未安而未改者・彭鳳儀之惠安也・行過其名者也・陳文之莊靖李東陽之文正也・名浮其行者也・有以爲未安而未褫者・萬安之文康也・劉吉之文穆也・

有眞人而得謚者・嘉靖之邵元節陶仲文也・其有四字謚者・亦元節仲文也・謚至此可謂濫矣・是何足算哉・雖其躋三孤・列九卿・封伯爵・而始也以方士進・繼也被削奪矣・是何足齒諸大臣之林哉・夫四字之謚古所未聞・初閣部以二謚擬呈・世廟因倂用之・以示優典乎・抑亦微寓其意・使不與文武諸臣同也・

明逸史曰・昔者高皇帝定謚・美惡並著焉・於功臣或按古法・或建時義而錫之美名・於秦王則曰愍・於魯王則曰荒・據行而名之・雖愛子弗顧也・斯所謂王者無私・褒貶並行之遵也・永樂以來・悉爲褒嘉之典・應謚者皆美・非美者弗謚・得之者榮・弗得者泯而已矣・豈無慝行・惟抑之以隱惡矣・豈無疵分・亦易之以就徽矣・雖然・後之爲臣者・觀乎其所以得・必其位尊而賢有功者也・道德勳庸・忠節表著者也・品詣樹立・可以文成武寧後先伯仲者也・可以勸・觀乎其所以不得・必其奸邪貪鄙・負若誤國者也・驕恣淫奢・跋扈不臣者也・尸位肉食・碌碌無恥者也・可以懲・觀乎其舉者

與奪與改者・疇爲王章所不廢也・疇爲國憲所不容也・疇爲公議所不誣也・可以思而懼矣・余故自洪武始迄於今茲・集其人・錄其易名・文臣以劉文成爲首・武臣以徐武寧爲首・斯二臣者・德學才望・昭代第一人也・成啓運之鴻猷・寧天下之偉績・臣道之大・何以尚之哉・其次忠貞靖順・因類遞書・請改者畧其初而從其更定・已褫者姑存之以備參核・後有聞者嗣紀之・庶今之遷纛得攷云爾・

我生賦

咨生我之慷慨兮・竊有志於古之人・舍小賢爲未足兮・期大器之是臻・佩蘅芷以明芳兮・懷瑾瑜而自珍・懋厥躬以玉就兮・謹毫末於溜磷・嘗讀易至乾之三四兮・嘆文言之不我欺・知至至而知終終兮・欲進修之及時・顧光陰不余假兮・年鼎鼎已踰三十・履德業之遙途兮・羌寸武之如縶・豫章七日而凌雲兮・物猶鍾此英異・遡桑蓬以逮今兮・何身世之不酬・吾志境謝夷而得囍兮・運吐歡而茹懷・憶數日之嬛嬛兮・戀伶仃而孤苦・疇不鳴龢在陰兮・卭獨冲齡而失怙・哀底法於半途兮・恨終天於陟岵・嗚呼・皇考壯年不祿兮・母嫠居曰未亡・矢之死而靡慝兮・匹皎操於共姜・服瘠土之勞勩兮・攻組訓而靡遑・克孝敬以承禋兮・潔藻蘋於錡筐・閔鬻子以綢繆兮・熟荼蓼之弗嘗・念孤貧又多難兮・匪貞慈其何以康・嗟予過庭雖得聞兮・尤賴三遷之善誨・既啓廸以詩書兮・復有以明其義類・使知學而服儒兮・恐先業之或墜・今悠悠無所成兮・對北堂而曷慰・欲報德於罔極兮・在修己以成能・忠孝原因兩物兮・經術貴其六行・身雖潛於草廬兮・心日行於宙合・鶴仰霄逵而翂翐兮・駒亦絕塵而駁騮・曰東事之孔棘兮・嘆旄頭之錯落・望遐氛於遼海兮・舞雞聲之腷膊・且侵京而犯輔兮・頻摧城而陷郭・聞郭清之寥寥兮・擬投筆而橫槊・試利刄於盤根兮・奏折衝之方畧・經濟固其素心兮・奈君門之渺邈・近嶺南尤多事兮・紛萑苻之蠭生・醜澳夷之蝨蠹兮・洋賊又肆其狂獰・偏嗷嗷而呼庚癸兮・荒而復加以兵・悲哉屠掠之慘悽兮・孰爲之弭盜以安氓・予欲有言於當路兮・救同室而被髮・上傳舍以褒如兮・下衣褐而難達・抱茲鬱鬱莫伸兮・徒林泉而頌讀・厭塵俗之閴囂兮・屛足音於空谷・彼蘇秦之揣摩兮・台誠惡其爲人・虞卿窮愁以着書兮・又非台之所遵・武侯曾垂明謨兮・寧靜以致遠也・范公後樂而先憂兮・仁人之自勉也・世貿貿莫吾知兮・忽日居而月諸・

乃慈闈之義方兮・每諄諄其訓予・訓曰・皇降衷於下民兮・聖有域而賢有關・慮厥遠而得近兮・苟易之而必難・道不可以不粹兮・志不可以不斷・行百里之前路兮・至九十僅謂其半・鄙人猶知力善兮・矧復孕夫聰潁・雖醉濁之轇轕兮・何不獨清而獨醒・既峻居於喬木兮・豈幽谷之墮也・聖賢匪別有奇趨兮・無咎者善補過也・露寸長與纖孅兮・安足以爲賀也・世途非無百折兮・勿因而自挫也・吹虀者之懲熱羹兮・吾獨怪其已莫・天下事在未然兮・明哲蚤知其故・愚夫徒愛夫康莊兮・達士弗辟乎嶔嵒・憂患雖曰未常兮・要不可不存此心・又訓曰・君子抱道以處世兮・惟有用之當謀・繫瓠瓜而不食兮・固大聖之所羞・臨江濤之浩浩兮・信積源之非淺・睨牛蹄之微涔兮・流亦奚能及遠・原田去莠而苗乃茂兮・吾

懼汝之荒也．如浮雲之軒冕兮．又胡爲弗忘也．前賢亹亹闇修兮．蹇困而德愈明．誠學行之淵邃兮．名晦晻而何傷．汝第崇明其在己兮．寧因人而作輟．譽至而滋以憂兮．毀來而反當悅．獻美璞而得刖兮．吾諒汝之弗爲．蜚黃逐於駑羣兮．無孫陽而問誰．惜殷宗之未夢賚兮．衆止見傅巖之版築．世有齊桓而下士兮．寧子豈終窮於賤牧．處純盜其虛聲兮．出必負彼蒼生．非功名之難造兮．祇所學之未成．良工閉戶以斲輪兮．乃出門而合其轍．光利器以致用兮．後不愧識時之俊傑．

予生佩此嘉謨兮．謹書紳以琢磨．朝沉酣於祁姚兮．夕舞蹈於回軻．流峙樂其心性兮．動植煥其英華．求人爲師友兮．時神遊而詠歌．重曰．卭有昆弟鳴壎兮．菽水竭力．將萱慈兮．漆雕不仕．未信斯兮．尹子志養．母顏怡兮．求志達道．吾所思兮．名滿情概．非我期兮．過此以往．未或知兮．青山白雲．待時來兮．山有嵩桂．澤有蘭芝兮．遯世無悶．以樂飢兮．入孝出弟．宗鄉儀兮．行藏任運．道兮不歧兮．神龍潛蟄．變化乃奇兮．苟有用我．舍此安施兮．

林臯　字應沚．號頑菴．新會人．諸生．舉隆武乙酉鄉薦．後棄去．閉戶十年．成通鑑綱目大成六十卷．踰嶺自贛越徧遊吳會．復西遊蒼梧．歷熊湘．厄於洞庭．作洞庭春三十韻．卒年六十三．著有圭峯志一卷．懿文堂古近體詩各一卷．皆未見．

家譜前編序

家譜前編何．殊之乎家譜也．殊之何．家譜者．家譜之祖若孫以傳之後人者也．傳之者．傳其信不傳其疑．所以令後之人爲可傳也．爲可繼也．我皇祖之遺澤遠矣．卜基沙岡．自宋迄今．天家之更姓改物者數矣．而吾祖之宗支苗裔．閱二十有二世環處茲土．邱墓田廬未改也．譜系具存．闔族之祖若孫名氏可考也．向令等而上之．自得姓之始．世世有其名氏．豈不甚快．顧有不可傳信者．不得不殊之．殊之者．不敢疑後人而誣其祖也．何以效之．自長林受姓之始曰食邑清河．移封博陵．其嗣曰襲封博陵爲冀州牧．所謂博陵．邑耶國耶．以爲邑．則天子之卿士大夫及附庸耳．未聞卿士大夫若附庸．可以爲州牧者也．爲國．則周封八百．見於春秋．著之路史．未有以二名命國者也．此不可信者．一也．且岳牧虞官也．其在周二百一十國以爲州．州有伯．故召康公之命．齊大公曰五侯九百汝實征之．未聞周之有州牧也．此不可信者．二也．三閭大夫掌昭屈景三族．序其譜屬而率其賢良．楚周姓實爲之．於三世曰爲三閭大夫．此不可信者．三也．曰垂曰寵．距得姓之始十二世．且十三世耳．猶周代也．曰司隸校尉．曰車騎將軍．則皆漢官也．此不可信者．四也．放字子邱．志之闕里曰字．文表謬矣．曰桓王時爲卿士尤可異也．古者五十而服官政．子邱即不以年．亦必弱冠然後能爲大夫也．孔子蓋景王之十年．行年十七而始爲人師耳．桓王之崩至景王十年百六十二歲矣．子邱既爲桓王卿士．而又學於孔氏之門．子邱之年齒何其長也．此不可信者．五也．蒲□之役．楚怒馬而騁於衢．蓋敬王之十八年矣．距桓王百有九十年．曰爲桓王大僕．此不可信者．六也．清之役．不狃死之．不狃於放蓋同世之人也．今以爲六代之孫．此不可信者．七也．披字茂彥．起家臨汀令．遷別駕．具載唐書．今曰字德安．有金紫光祿大夫．此不可信

者・八也・以此八不可信之譜系傳疑於世之人・誰執其咎・鬱陶予心矣・

或曰・然則盍去其籍乎・曰・去其籍則後之反本修古之士・必曰惜矣・吾祖自得姓之始・用迄於今・爵里名號章章也・某之嗣修家乘者・輒滅其祖而火其書也・是蔽其罪而於予也哉・曰・然則因其舊可乎・惡可乎・因其舊則後之博聞志古之士・必曰陋矣・誣其祖而不之察傳其妄以疑後之人也・亦蔽其罪於予也・此家譜前編所爲作也・吾因之有所感矣・我皇祖紫金光祿大夫公・以大冢宰扈從南巡・實奠厥居・繩其武者・在宋若徽君・若廷評・若司戶・若朝議大夫・若宣教・在元・若憲副・若巡檢・若國子・學正者二人・解元者二人・在明若助敎・若恤部・若東鄉・若安議・成進士者一人・舉孝廉者八人・明經者十六人・自新邦肇造於二十有七年・爵祿不列於朝廷・後造不升於司馬・咨爾譽髦・感今思昔・無所事於不可知之人也・率祖攸行・保世滋大・用克厥家・以肯我堂構・抑亦無慚桑梓矣・

林際亭 字丹九・鎮平人・隆武乙酉舉人・清師入鎮平・際亭率鄉人於長潭石砦扼險固守・都督許有信鎮平令黃夢麟先後以書招之・答書不屈・尋母卒・乃服故衣冠投長潭石厓死・門人私諡曰文節先生・

答黃夢麟書

頃承扎翰・始知前有賜書下及愚昧・此其責在致書者・若得接閱讀・亭何人斯・敢抗違不答・以自重罪戾乎・伏讀溫語・仁人君子之言・肫肫藹藹・入人肺腑至深遠矣・前日清師入鎮・居民四散逃匿・意以明主尚有一脈之存・遽爾投降・恐無以報明主故爾・今得紹武舊臘之事言之・甚可痛悼・且又益增興廢之慨焉・夫民惟故主是念・前此上台雖有告示・然語皆朦朧鶻突・不曰地方弗靖・則曰頑民梗化等語・若諱言改革之事者・豈非心跡不足白於天下・故不敢明以示人乎・且四方阻兵・空谷絕音・小民未能曉然與見天日・何以使之心服・台台好生爲德・合將紹武舊臘之故・及兩廣新布政諸欵廣布告示・使民共曉・然普天率土・盡既歸王・此孑孑遺黎・究將安歸・然此持爲愚民說法耳・未可以此愚際亭也・

竟讀不仁不智之語・所以開導亭者・可謂愛之深・惜之切・但謂亭執一人之迷・誤萬姓之生・則有不敢任其咎者・蓋亭生平賦性・只有守雌退後一着・初無聚黨自雄之心・守義者聽其自守・從清者聽其自從・亭雖勉全己節・亦烏能挽狂瀾於已倒耶・抑亭又頗知天人之故・清朝之勢興也勃然・大明之緒亡也忽然・似天命有歸矣・天所興廢・誰人能興廢之・然此猶或未定之天耳・若天命已定・亭仰草野孤憤・不忘故主・亦將自蹈東海而沒耳・豈致悞彼生靈哉・萬一明德未衰・天命未改・中興之主・或南或東・一日薙髮毀冠・以保首領・又何面目再見本朝哉・賴氏一門・四散避處・實不知由・知有的踪・即爲轉致・不敢負明德也・但亭之所自爲・則實難耳・伏念亭在明則濫叨賢書・在清則負罪頑民・出與相見・斷乎不敢・台台若寬舍之・止甘侶漁樵躬耕牧爲理亂罔聞之逸民・清朝禁網必然踈濶・又不知清法何如也・

答許有信書

嘗讀史至帝王興廢之際・未嘗不感激歔欷・爲忠臣義士

發一悲慟也·不意今日身值此際無可告語·勢得退處山谷·與草木同朽腐·忽接札諭·益增悲歎·竊惟台台新朝碩輔·開國元勳·遭時遇主·誠大丈夫得志於時者之所爲也·抑愚生有進焉·今天下苦兵久矣·而鎭爲甚·鎭民苦亂久矣·至今日爲甚·初淸師之入鎭也·鎭民空城以待·謂新朝救民如水火·必有一番新政·與民更始·迨觀之房舍焚燬·不留束茅·不存片瓦·致使四民野居露宿·與禽獸臥遊·水深火熱之歎·在在都有·此小民不無失望者也·且小民本怖死·前聞石扇地方有石銀一寨·薙髮迎降·俱被殺戮·又有五里徑寨民·亦薙髮迎降·復被殺戮·況入鎭之後·徒盛兵而陳之·民情怖死愈甚·所以懷疑負固·未敢降心而相從也·

亨又聞古帝王善取天下·先其重者大者·緩其輕且小者·今明主紹武繼祚·粵東一綫尙存·天無二日·民無二王·何忍先其未亡而背之·台台若能經畧兩粵·新天子頒恩詔·由省及府·由府及縣·此流離狼狽之赤子·竟將安往乎·將見不勞一將·不煩一卒·自當翕然歸命爾·不此之圖·區區與鎭平爭此土爭此民耶·夫鎭平僅蕞爾僻壤·得其民不足用·得其地不足種·與朝廷何關損益·乃日疲士卒·費錢糧·以爭此不足損益之土地·竊爲台台不取也·且小民不可以慮始·而可以樂成·今未聞新天子一恩詔·未奉布政司一公文·進退趦趄·不知所云·長潭山寨·烟戶不滿百家·安敢負固以抗顏行第·必至事久論定之日·從違方敢自決耳·若催科撫字·付之循良之吏·村落城邑·委之新附之民·日久月深·必與之俱化·賦稅歸之朝廷·土俗宜之民間·此王道之所以大行也·區區鎭平勞士卒·抑末矣·若復爲長潭一寨勞士卒·尤末之末者矣·台台威重藩閫·詎忍爲此瑣屑不急之務耶·興亡在念·臨禀涕零·台台尙當拯此一方瑣瑣·若愚生者·顧不能置之度外乎·山寨之中無紙無筆·草率報命·不律·

鄺　露　字湛若·南海人·工篆隸諸體·爲諸生時·學使以寬信敏惠題校士·露五比爲文·以眞行篆隸八分五體書之·學使黜置五等·大笑棄去·遊吳楚燕趙間·賦詩數百章·才名大起·又遊廣西·尋鬼門銅柱舊跡·遂入岑藍胡侯槃五土司境·歸撰赤雅一書·紀其山川風土·旋以薦·擢中書舍人·還廣州·淸兵至·與諸將戮力死守凡十閱月·辛卯城陷·幅巾抱琴出·騎以白刃擬之·湛若笑曰·此何物·可相戲耶·騎亦失笑·徐還所居海雪堂·列古器圖書於左右·抱所寶古琴不食死·所著赤雅三卷·四庫著錄·又嶠雅四卷並存·

論舜南巡事

予讀紫陽之碑·多疑南巡之事·夫虞典載南巡至於南岳·陟方以死·漢武祭南岳於灊霍·儒者遂罔識南岳所在·不知軒轅之祭以灊霍爲副·漢徙廬江承軒轅之副義也·況岣嶁碑出於人間·班然可考·惜紫陽未之見耳·但七篇載卒於鳴條·呂覽載葬於紀蒼·今平邱之鳴條·東海之蒼梧·莒之紀城·皆陳留接境·以爲去聖未遠·夫去聖未遠·孰如伯益·伯益云蒼梧之山·帝舜葬其陽·帝丹朱葬其陰·屈子與孟同時·亦曰九疑紛其並迎帝子降兮北渚·史遷載舜崩於蒼梧之野·歸葬零陵之九疑·祖伯益宗騷合於虞典矣·況七篇紀其卒·而不紀其葬·呂覽紀其葬·而不紀其巡·是安得執漢武而疑神禹·執孟子而疑伯益·執呂覽而疑離騷哉·惟帝不自有其黃屋之尊·而躬巡於鳥言僪服之域·舞于戚而遠夷

賓・棄金璧而幽靈應・然後駕飛龍於鼎湖・遺弓裘於清廟・斯亦有天下而不與之一徵也・

赤雅自序

觀於事然後知聖人之功大也・居於事然後知聖人之術窮也・上古窟居坏飲・茹毛衣卉・狉狉榛榛・華夷奚別矣・君子生而安其性・小人生而安其欲・欲便於業・性安於教・教興於師・政統於令・令也者・作民父母統政興教・安性便業・澡雪士類而登先王之藉也・及是奚別矣・夫猛獸食人・人知禦之・使猛獸而冠也・誰禦焉・夷而夷也・從而夷之・華而夷也・孰從而夷之乎・故曰・聖人之術窮也・夫蠻夷之俗不異麋麀・喜則萍甘・怒則角逐・藍胡侯槃・襲漢官而擁部落・披肝禮士・蹀血尋仇・雄則虺□・敗則狶烹・齒魚腸枕犀渠・甘心烏鳶之口・君子亦何樂乎居之・其令曰・無罪而殺士者・梟其族・無才而妒能者・刖其足・有華風焉・予以文字得罪邑侯・曳裾四姓・扳謁諸司・隆禮嘉貺・非誼所安・其中山川風土儀物・耳而目者・粗列諸篇・其他六壬五遁兵鈐劍術・不敢輕錄・懼僭也・

張穆之詩序

詩之道・一喜一慍盡之矣・無所喜・無所慍・無詩矣・喜斯陶・陶斯詠・詠斯猶・猶斯舞・八伯賡歌・明良喜起之所爲作也・慍斯戚・戚斯欲・欲斯辟・辟斯誦・三百篇聖賢發憤之所爲作也・士炳靈河嶽・倜儻負意氣・閔時政得失・達事變而懷舊俗・主文譎諫・失政而志不平・固其所也・鮑龍踞石而鑿・寗威扣牛而歌・介推竄號於蛇耆・范蠡伏嘷於狗竇・或通於聖人・或格於霸主・聲之感人深矣・予友穆之不幸類是・穆之垂天之羽・困於燕雀・生平不見所喜・韞言笑・短小類郭解・深沈類荆卿・相劍類風胡・畫馬類韓幹・飲不能一蕉葉・而日游於酒人・儲不能踰甔石・而好散粟募士・譬門無五尺之童・而駿馬寶外廐・恂恂似不能言・呵筆而千言下志・投筆而擅美六書・薄雕蟲而專精繪事・小而徑寸・大而方丈・鈎圓飛白・咄嗟立辦・腕中有師宜官也・解衣盤礴・鬼出電入・滅沒權奇・馳驟於紙上・目中有九方臯也・今天下北拒胡・南阻寇・荆襄河雒・流血涂村・天子勤拊髀之思・英雄抱憂天之涕・熅耶否耶・余惟元蚓之六於神丘・其爲物至微細矣・汚之以沙涅・壓之以糞土・感之以時變・而聲振月露・放於太清・況拔山扛鼎之倫・挑秦笑漢之士・朝不坐・燕不與・撫化徂遷・有不震金石・泣鬼神・而興百世者哉・故能爲慍之戚之之人之言・乃能爲喜之起之之言之人・不然穆之之詩固在也・其旨數百・其體屢遷・翼虛無・翔寥廓・徜徉佛老・有屹其棲・變化見矣・嚮使壹壹者不能化醇・則蚯蚓不爲復育・復育不爲元蟬・英雄無脫徙之期・則范蠡不必遡鴟夷・穀城無黃石之祀・慍云乎哉・

陳孟長集古詩序

予束髮讀孟長集古詩・與其刻竹鑿缶・未嘗不歎其用心於無益之業・棄其日於三李之學也・又十年其業益精・予目益開・始知有所托而逃云・孟長間居・師友造化・謂恬筆來作・書用錯刀・梟氏本輿・食用土簋・削竹作筋・琢瓦作釜・

飾以箴銘．疾如風雨．使人得其精而亡其麤．尙其象而升其質．貽諸同人無倦．予戲孟長子之器登於時．象筋廢於鹿臺．燕鼎委於磨室．天下可長治而不亂．子之器弗登．則饘鬻以糊余口．棄周鼎而寶康瓠．瓦釜雷鳴．猶不失騷人本色也．孟長笑□失筋．迺酣出集古詩．余爲叙之．

孟長抱潔遐志．爲詩多陶柴桑韋蘇州風味．又能不自運．托古以運中．必有大過人者．譬如重雝既鑄．人美其器．而石不稱．圭璋既琢．人尊其瑁．而璞非寶．孟長之於唐．猶書之於竹成．器之於瓦礫也．夫集古者．綴衆芳以爲甲帳．聚沆瀣以釀醍醐．人之所能也．至於矢口成聲．隨觸生變．胳其新容．奪其故相．調四唐之風旨．標會皦然．如出一口一時之語．使九原可作．將爲之欷歔擊節．手舞足蹈．不知誰爲之者．如胡寬營新豐．老幼雞犬舍其故而圖其新．方□相焉．觀天機於存亡滅沒之外．物色牝牡一弗敢知．豈人所能哉．孟長之扎於詩者如此．托於物者如彼．以彼其才．出其偉畫爲借筋之留侯．銘其格言．爲鑄鼎之正考．又用其述古有獲．爲頌魯之奚斯．奚所不可．迺老其才於黃雲紫水之墟．耗雄心銷白日於無益之業．胡爲也．豈天以無用奇孟長．孟長適肆無用之業以寄其用耶．吁．可以傳矣．

遊桂林招隱小記

自西湖至招隱山二千里．山光水碧．石門劍立．矍然神物持之．西折北牖洞．琦窗串玉．下則邑水．潑墨巨魚．金鬣朱髻．北壁有穴如門．出門爲金龜潭．潭盡芰荷．外爲濛溪．橫五里．逕二百步．今皆灌爲田矣．東西轉嶺．石林夾聳．至朝陽洞．洞口直下二十步．有水傍浸．潭側南望．玉乳如飛燕擁雪．南陟飛梯四十級．有雙碧玉盤二乳．滴下如淸漏．又九級有白玉盤．自然出水．可飲十人．予寫張衡四愁其上．還自石盤．東北上十二級得石堂．乳穗交垂．戛之錚錚哀玉．自堂北出．西入小峽．得內洞．東有石室如畫．頂上方井．華蟲綺藻．自洞南下．仰矚東崖小樓．雙石人如舞閣妖姬．褰楯窺客．自樓閣斗下坎蛟渠．渠跨石梁．長三百步．非列炬勿進．南抵絕壁．飛梯九盤及水．是爲□潭．下有石閣．綴以危檻．景落潛囦．羣龍詰吸．自石閣還上絕壁．西十步．得小洞．僂行三十步左右．鐘乳朗然映人．有穴通嘉蓮洞．從洞出六十步．有石室．多白蝙蝠．又北上得外洞．壁下有石．其面砥平．有白石琴薦．可撫淸絃．東有便房．節梲枅櫨．凹擀曲几．鬼工之追琢也．北七步臨西石門．至夕陽洞．深九丈許．崖北有道．可以專車．崖南有水．可以鏡魚．自南北崖下眺南潛北潛二洞．有連理松．連理橘．偃蓋柏．玲瓏鐵幹．連卷怪石．香臺梵刹．皆從枝葉間出．自西洞口去一矢．得南華洞．西有石．可容數榻．東有淸泉又一天．得白雀洞．洞口隘陝．摩臍擦耳．側身通入．北上山頂．盤曲五百步．硉兀奇聳．靈石奇於東南．松蘿萃於西北口．其水自嘉蓮經白雀．歷朝陽．傍浸北牖．出於南華而入於湖．又一派自濛溪源北牖之北．出於北山．南滙南華而入於湖．其穴洞小篆．皆唐李渤所書．然茲山雖奇．著勝在水．宋人灌之爲田．乾道張徽猷作斗門．閩之作復西湖記．嘉靖中復灌爲田．噫．自郭有田．而豪傑無

肅𣪊矣・

遊虞山記

虞山帝祠・秦松夾道・若駕蒼龍乘雲蠖南巡之狀・其後堯山蔽天而下・其前灕江經之・皇灣緯之・其制度則外朝內寢・帝儀肅於明堂・二妃正於端幃・儼然南面而蒞之・其儀禮・則主𡇲冠衣劍佩三十有九・助贊幘衣一十有六・籩豆瑚簋・彝鬲洗罇・鼎盉爵卣・幡鼓柷瑟七十有七・廟後有洞・鐫曰韶音・石質純青・深十三丈有奇・其旁蹲龍走虺・狀若笙匏塤龢者無算・洞後見招隱山・魚泛鳥瀾・若握鏡之望方壺也・外有鉅石・西臨皇灣・上左折爲南薰亭・昇山枕灕・諸勝覽擷其碑・晉有庾闡之叙・後魏有溫子升之碑・唐有張曲江之文・宋延清之詩・觀文之隸・李陽冰之篆・宋則朱紫陽之碑・桂山文獻・玆焉特盛・出門薰風徐來・舞於松栢之下・石竅土□・龢若鈞天・不知身在何世也・與遊者・呂閔之譚殿楚趙德馨・歸讌王孫席上・默識諸碑遺一字者・觴一大白・

雲潭記

圭峯去城二里許・拔雲削豎・南隸洪溟・兩掖飛湍・從衣帶間出・泠泠作環珮聲・若至人端圭輯玉・高蹈海隅・山麓爲玉臺寺・寺門左折・跨石梁・遡危磴・引道青松・皆何司寇所植・松盡處爲大林寺・梵天鐘磬・與玉壺六時相荅・甲申黎民阻饑・司寇捐□捐䘵・民恫砍松幾盡・秋且概矣・予庚語司寇植松・民雖恫其誰忍翦拜・傳曰・百年樹人・十年樹木・司寇得所樹矣・寺外爲靈谿橋・橋北諸峯造天・若孔翠開圖・金猊擘海・陸離雲霧間・不可仰視・曰綠護屛・屛半神臯奧衍・灌爲天田・田方白畝・呼龍畊烟者之所有事也・予庚語司寇以賈郭易之・爲大林衲衣之費・屛□界故三分與・白虹亘天而下・中紐滙處・號曰聖池・池產蛟龍・歙息成雲・儵欻萬狀・昔陳文恭與周鎬作雲潭之游之□莊是山者是也・

予恒寤寐其地・杪秋・聞四忍知津・拉謝山人同往・飛梯百盤・屢迷所嚮・薄莫歸樵・指西南一峯・去聖池不遠・予尾樵至・下魁父・僦潛虬・頫瞰潭烟・若搏鵬背而望鯤池・蒼蒼者非正色也・悵然而返・時漏初下・城禁甚嚴・月星澄暨・忽聞崩雲裂石・悽悽悁悁・貫於陵麓・噫嘻・此吟龍聲也・豈靈湫仙子效蘇嶺眞人・期予汗漫間哉・喆鼉歸語司寇・驀然願往・孟冬飭輿命侶・侵星至靈谿橋・飯畢・上綠護屛・值龐眉荷蒭者・司寇捨車問道・荷蒭敦杖躄頤曰・予童年採藥突入斯巘・今耄矣・疇能摸索女裒衣徒也・弱而陵危・毋寧爲蛟龍所得諸・予奇其言・提履徒跣・跳躍請隨・過大小二石樓・司寇四忍重研莫及・捫蘿下澗・予招謝山人高裛清・挾二歌童・鼓勇前道・遂抵龍潭・雲氣葱鬱・覿面不見・但聞水聲殷殷轟轟・振振顗顗・從頂門作砯雷吼・諸子匍伏草菅・失荷蒭所在・俄而雲氣山舉・天地豁𡇲・昔之輪囷者・如水波矣・如赤繒矣・上如□・下如磻石矣・童童如重蓋者・霏霏如絳衣矣・謝山人據危石・自謂觀止・然此石去聖池尙風馬牛也・

予目裛清・乘霽下厓・二童子躡之・蝸旋蠖屈・手口並

運・膝腹俱敝・挂同伏翼・動若遊蠶・百餘仞抵澗・間道嵚巇・涸陰洹寒・巨靈所擘・夸娥所負・丹崖雪晃・異卉雲搆・紅藤倒垂・蔕似朱實・陡下百級・有石□門・劃然中開・水從門限下注聖池・池水潑墨・中邊作靑藍琉璃色・傍通小口・斷崖千尺・蒸雲洩雨・經貫嶁嶙・硉矹都淖・瀉爲雲潭・池左方石盈丈・琳珉晶瑩如豐碑・下湛水碧・恨無椽爲龍宮點額耳・冰霜凛冽・淪入肌骨・毛髮颯竪・不敢久立・亟尋嚮路下山・半嶺聞嘯歌聲・披雲下覗・司寇偕獨峯長老箕踞雲潭・指百尺飛流・咄咄咤人矣・

予至・司寇亟浮大白・問白聖池之遊與雲潭孰逾・予謂上闢九天・下際九淵・鬼出電入・神搖魄奪・若出軒臂而進盧敖・伯昏垂足而揖禦寇・則聖池尙矣・至如林泉礎碳・景物澄擴・停雲奏玉・留目送懷・思托流波・言渺河漢・遊觀之美・雲潭著焉・潭上石壇圜潔・可坐百人・予作建斗壇其上・潭下之水注爲洿池・水皆方折・鐫曰掾龍・經緯農祥・彈厭赤魃・亦奇構也・指顧間白雲起屛中・夕陽暎之・玉寥金贊・予惟天地間祇一氣耳・神龍得之・上爲雲・下爲澤・澤及一方・雲普天下・聖人得之・乘龍御天・經綸屯難・造我王家・司寇得之・處必澤物・出必奉天・與夏后雙龍翺翔乎忽之上・夫何容心哉・風雲感殊・而飛躍之勢異也・

自讚

不偏不倚・亦援而止・入金馬而陸湛・頌碧雞而嶽峙・文漸皇墳・書浮龍史・生乎今而古道是起・愚賤汝身・及爾孫子・

海覽

俪金峨赤堇・逆日東漸・凌候濤・趹鼇柱・金雞虎蹲・蛟門峽束・敵分尽夏・摶扶搖・揭百尺・若梟將攫旂而出・蓬蓬天上・脫屣神州・過横水洋鐵蓮花洋・宿普陀頂・思涉波濤・夢與龍伯大人六負帝鼇・躡足方壺而湛弱水・喟然嘆曰・予始學釣鼇・乃不幸與神仙同刧哉・俄而金坩冷然・身在定中・嗒然交喪・陟覗星月皓綴・檽檻離魂・與習坎相駘蕩耳・歘歘怪嘆・徐而霞舉雲蔚・靄昱絕電・大火輪倒燒海水・仙州靈蹻鑽若朱戟絳闕・排雲吞吐於蠻蜯殼中・一壺變鼃・知其何故哉・予家羅浮・三更見日登岣嶁泰岱・自謂觀止方斯蔑矣・晨禮大士畢・觀尼王太子塔・怪石巖岌・英多環列天王・特異中土・過海潮・尋大智景堂禮瞀・同晤鷲僧嗙陀替邑・金頣方瞳・居山百七十年所矣・越日・登茶山・眺大荒屈夷・金霧含明・烏衣郁夷蟠木・閬苑浮筠・近睇三韓日本倭奴末盧伊都穌奴琉球爪哇・斯焉古都・如列宿麗天・盤手可掬也・洞之奇者・西得黿音・深黑窅窱亘天市海・高掌遠擘・消沸淈怒・六合□盪・蛟涎蜃甲・冰澌其間・石曰盤陀・侵星嵌漢・將飛未翔・下巨石二・形如鼂鼉・驤首戴之山僧・以鐵索梯客・金骨未遒・惴惴乎懼廣漠之遷於窮髮耳・幻且怪者・南得潮音・上穴下瀨・烱閃時有光昏泯・捨身捏怪・怪物磨牙吮之・中最勝者曰白華洞・鳥道百盤・□雲綠乳・竇入松房・俪偃窣窣・如蠶燕叕石齒間・夜半望落伽聖鐙・灼若夫容者敷其蕊・方僧喜見無畏・盖山澤爭氣必兆熒台・刑德積精・是生陰火・峨嵋衡麓・匡阜君山・隨地易名・桑門多見少怪耳・

翌日上巳·游氣蹇輝·乘欙桴抵落茄·土無膏·地無毛·水不容舠·非登眞之子罕至焉·其洞劍牙傑竪·海派潛連·龍呻鱷噞·潤灟無端倪·嵾汹攙絕處海松之衣·紫虬絳節·勾引風雷·若道士僊雩·鬚髼朱篆·防身戰勝者肥也·登桴戕·風翦激·天動雷駭·洚瀾嶽·蹴一葦·星崩析木·泱泱沃焦·磕磕海童·眇瞀罔象·猙獰衝波·突蹻匐匌·噯嚶嚨聒乎其中·予游目若素·舟師請曰·夫子履險亦有道歟·對曰無險也·予生平所履適相若矣·予前年避地日南·儵而黑齒·儵而荆蠻·儵而瑯琊·儵而吳會·儵而甬東·南走脩虵·北走亂賊·處陸陸沉·蹈海海歗·孰遠孰近·孰夷孰險·何容心於其間哉·且化者無私·將浮義於孽搖顒羝乎·將翳扶木而御羲龍乎·將流漂於大人君子之國乎·將藉薰華揖讓帶劍而使二虎乎·將汩汩沒沒於小人□人之墟乎·將朋犂雷之尸爲徒乎·何渠不可居也·舟師默默·風亦晏止·七晝夜迺返蓮洋·望梅頂金砂·曠如隔世·子眞洵吾師哉·

返擢昌國·過灌門·海底柱屹雲谷王所滙·聲如鵬擊·必兆薦雷·過者雨物殺其勢·否則入于國矣·囘視馬秦桃花諸山·問安期脫玉餐棗洒墨成桃花處·視囊者挾策千人有間矣·黑焦既導·赤橋既津·祖龍駕鼉御黿·寅海賓日·叱神鞭血石·嗅之尚腥·世儒徒知劇秦·不知秦能懷柔百神·役使羣望·其度越世主尚矣·及登滃洲弔徐偃王故宮·徐與秦同出伯翳之後·偃王誕得朱弓赤矢之瑞·躬行仁義·去刑爭文·德漸於四方·時穆天子與西王母觴於瑤池之上·漢東諸侯無所質正·遂賓祭於徐庭·執玉帛而朝者三十有六國·穆王懼·歸而連謀諸楚·楚文王問王孫厲曰·若有道安可伐也·曰·楚不伐徐·事徐矣·夫大伐小·强伐弱·猶大魚之吞小魚也·猶猛虎之噬孤豚也·戰必克楚伐徐·徐不忍鬥·其民北走彭城·仰天嘆曰·予賴於文德·而不明武備·抑秦亦有鑑耶·何武備之明也·鄉仰之間·角聲甚卑·海甸防倭卒也·旌旆黯汶·如曙星敗虹·與天津登來同一兒戲·嗚呼·疲東南之餉以奉傾波·何武備之足賴·此杞人仰天而吁·魯陽荷戈而嘆也·復登東霍·望弱水·求五城·不渡·思擁徐市樓船·藉圖書·陳重器·選羽部·鳩百工·倀子萬僮·瀰漫天海·蓬萊日月·信非虛擲·予嘗怪尼父乘桴·魯連蹈海·呿喔空言·彼惡夫·倦客貧辛·望洋而返耳·

黃一淵 字積水·大埔人·歲貢生·篤學能文·國變後·潮郡盜賊遍地·一淵集鄉人守衛·賴以保存·隆武時·張家玉招之出山·未幾·閩省陷·家玉起兵惠州·尋亦殉難·遂不復出·人咸呼黃處士·平日喜任俠·戇直無忌諱·爲仇家所害·其論詩宗詩歸·而所作感慨似杜·著有遙峯閣集·阮志未著錄·馮氏潮州耆舊集選其文一卷·稱爲勝國遺民·匹夫而以天下爲憂·又稱其與同里隱士黃嗣蘭程鄉孝廉李楩爲莫逆交云·案陳伯陶勝朝遺民錄·楩與張琚等四人偕隱·其二未詳·疑即一淵與嗣蘭也·

李其礎噫吟序

吾其礎盟兄前此爲詩未嘗出以示人·余嘗偶見之·兄攫而還之·余退而喜·喜其不汎濫畧易詩也·譬之淬千金之劍·必不於溝瀆之流·灌萬頃之田·必不於擔石之水也·有如汎濫畧易詩而得詩·是古聖賢垂世之書·行道而拾也·以至清至貴之物·而得之肉酒交攻之中·豈有是也·兄志所以

不汲汲逐隊爲詩，余方幸兄爲詩，必也皇天悔過，併我聖人，赫然奮伐，内清外蕩，作樂歌功，尊公爲相兄爲史，拜而受命，退述公劉后稷勤劬開國之艱難，王業之事，以告天地，以諷來茲，以瑞金湯世世，而不謂乃今爲式微黍離之音也，詩成而國事非矣。

嗟夫，甲申之役，尚忍言哉，時兄在天外，不得君父存亡消息，向余抱首泣血，即夜長征，而地方嘯聚，乃留余看守二家俯仰身，伏劍獨行，陟遍屺岵，捫天門淋漓盡痛，暨初度之夕，得見尊公生還，搴裳拜舞，秉燭相對，而尊公出錦囊中血淚班班且吟且嘯且泣且和，昔之攖而還者，而今決積水於千仞之谿，圓石於泰山之巓矣，余雖欲出千手臂以掩其口，寧有及哉，昔人云，曷不賦詩退敵，余謂兄詩且可退敵，但不能灑肉食諸公已死之心，已冷之氣，一刷其平日貪婪無恥之行，媢嫉之胸，門戶之見，一切虐民蠹國之技耳，如使良心未死，人氣猶存，讀兄詩如飲上池水，剖腹濯腸，改弦易轍，同心戮力，専以工稷爲憂，矢死滅賊，則中興之業，引領而俟之，余復見江漢常武諸什出兄懷袖耳。

送巫氏子之吳越序

吾觀昔蘇子瞻實不滿於王荆公，而荆公終愛其文，咨嗟嘆賞，數語朋友，及竄嶺外，仇輩往往傳其孤舟仙去，傳其白晝無恙，如李長吉死去，夫惡其人而至於欲其人之死，恨之不謂不深矣，而終成以美名，如愛惜其人不能已，而逆爲稱贊者然，由此觀之，賢者不能使人不殺其身，卒能使人不忍殺其文也，宋陳亮其人沒，其文晦，至今五百年，乃出其道，向四百年其文收藏何處，茲非其人之精神有不可磨滅，而山川鬼神爲之保護之久耶，今觀書四十卷，僅存六卷，然六卷之中，上皇帝四書，用中興者在焉，與呂正字朱秘書往復辨皇帝王伯之業在焉，夫事功道德，人生之大者也，今皆具在，又惡惜其不在漢魏伯陽參同契，失眞久矣，近數十年前而得之石函之中，汲冢固書亦不知閟幾千百年而出之冢，唐李王孫錦囊集若干卷，今四卷耳，然四卷之中，眩目奪心，淒神寒骨者何限，然則國中之手，何讓刪定之功，夫文者天之道也，其傳不傳，與傳之遲與早，多與寡，皆有故吾，第患其人之精神不足以行遠，以邀山川鬼神之眷，而無虞其寶愛之不周也，巫氏子學聖人之道，攻爲古文詞者，十有二年矣，其才之高，學之富，久已無愧於古之聞人，特生於窮嶺荒海之間，無王公大人青雲之志，以宣其美盛，以發其聲名，亦舉於鄉者，再而不售，然卒無有好名慕利之心，以敗其聖人之道，而損其古文詞之氣，是可敬也，今且結駟遊吳越，將適燕趙，誠恐吳越燕趙之士，憐才大篤，愛文大殷，家懸和璧，人握隨珠，與君子迭爲唱和，互相標榜以成子名也，適遄其歸，以慰我心。

謝長文　字伯子，號花城，番禺人，貢生，官涓陽知縣，國變後不復出，著有雪航稿、秋水稿、伯子遊草，皆未見。

遊五子山賦

夫蘊靈東峙，仙嶂稱乎羅浮，聳秀南雄，神境雄於黎母，然則壘圖粵地，域紀炎陬，固莫彰于斯二者矣。

爾乃汎牂牁・浮黃木・道出梁化之墟・向于鳳水之絡・紆廻雲磴・歷涉烟岫・稅駕項嶺・言邁平岡・則有五子山焉・其在志乘・但列名紀載・未經華軺・亦蓊鬱于灌莽・睇岧嶝之峻嶒・固以爲仙靈之窟宅而已・予己卯之冬・始于荷擅講席・即次平遠・每與友人抵掌・綣茲名勝・顧搴裳濡足者數已・比庚辰春明・山中開土・如愚者惠然顧我・備訪靈奇・始知茲山愚公有芟柞之成勞・著名林之勝概・乃以戹于凍而春冰・翹睇引領・升踐靡由也・頃者躡令尹胡顥冲省方之駕・逐文學徐天止淸士之侶・命彼僕夫・聯軫山麓・遂禮佛于仁祠・配泉于幽澗・時令尹已先待我于寶鼎峯・拾級而上・箕踞峯頂・固已飄然塵外・涉境孤遠已・啜茗既畢・衲子迺導而東折・過一線天・巨石迫側・仰視杳冥・眞所謂乞天一線者・復經普賢堂・歷含珠洞・兩高峯抱一怪石・隱隱如珠・又過降龍峯・望藤蘿簾・千仞垂蘿・盤結瀉碧・萬年物也・又抵鞠躬門・倚留雲岫・憇天池峯・至紫藤厂止焉・石天雲覆・蘚壁綠染・異樹瞰崖而欲墜・香霧撲人而忽飛・游袂生寒・巉扉欲瞑・衲子復掃・方丈摘筍蕨・具伊蒲之供・瀹石華之英・禪方毣棕・匡床聽梵・天雞戒旦・古寺淸晨・至足樂也・令尹有政先辭・予偕徐謝二子留止・粥茗之後・整飭杖屨・矯首最高峯頂・縹緲嵌空・鳥道層疊・欣然一往・同人難之・從者聞命・聲戰色變・予鼓勇先登・攀危巢・捫斷葛・倚虛飛步・可千餘武・猿猱之逕・人跡罕絕・俯窺衆山・恍如波濤之湧滄海・豫章閩嶠・獻列眶睫・上帝居高巍然・剎宇在焉・敷座而坐・將踰二時・晴雲漫空・不雨不日・山靈實不負我濟勝之具・茲游信目境之壯觀・探幽之奇致也・聊爲賦之・以質于山中好事者・

惟始秋之令月・命乎駕于東皐・涉川原之繚緲・望岡阜之岧嶢・行郊坰之愈遠・將漸抵于㠘嶆・駭嵾嵳以成列・騰嵣嵘之崇高・次林霖之蒙茸・盼岑隈之嶔巢・遂抵石門・叩烟扉・沿霧級・歷嶔嵜・釋軿軒・倚卭枝・選□策而入佳・憇梵剎而猶夷・聆疎鐘兮將午・眷幽賞兮忘疲・於是甫登陟兮峻岫・倚寶鼎兮磥碕・既徑造乎屼嶁之岑巔兮・又瞪睫以仰覬乎翠微・涉𨂂乎遼莣・踟躕乎磐碻・縱橫窈窀・谽谺寥廓・盤亙交觭・歷亂橫□・嶔崟嵩嶢・嶐穹峷崋・衡虎穴之幢嵘・經鼬徑之巃嵸・既趨崱岃之險・復度畏佳之壑・熊熊魂魂・冥冥漠漠・彼坳曲之容與兮・更層嵒之廻鶚・竄崪峒之崴嵬兮・顧乞天一線之窅光・激陰飈之凄戾兮・覺鬒髮亦菀菀而生寒・

于是臂捉肩摩・襟聯袂結・突石竇之巇嶝・潛深谿之峗穴・衣霏霏而窅嵐・袖騣騣而染碧・遂攀含珠・盼降龍・經普賢・詣鞠躬・蔭萬年之垂蘿兮・晚煙低拂而靑葱・步彳亍而蒋往兮・又將躋天池之高峯・藹晻藹□・芬馥奮薄・綠旇紫崴・絳英朱蕁・美蕙崇蘭・瑞芝靈藥・莫不離坡于深隩・鬱翳于磽确・爾乃周覽遐眺・適志娛情・討異于巍厂・探勝于巖扃・披層雲之霴霼・凌飂風之颳颾・睨磈硊・登磥砈・蹷硱磳・歷䃥砢・憑凌崩碻・硱碖交瀉・𣦝𣦦倚空而欲墜兮・瓴甓翱翔・若瞰于㘓崕之下・礅乎而踞・砉然發響・轟砊磌礪・硞落碚磝・目睫若眩・精氣惝恍・尙以爲下界之搜奇・未及乎上淸之冥想也・

于是拂晨飆・冒零露・撼超忽・觸齟齬・定營息・屏游

慮・若飛鳥之矯翮・似神鵠之矩步・睇蒼岑之掛霄兮・悵峭巒之隱霧・始骸矚而裵褢兮・徐顧瞻以猶豫・跐崎巇而媻姍兮・踦嶙峋而攎□・擬飲澗之輕猿・效緣崖之伏翼・踞虎蹯而□眇・控空蒙之遊魄・出眺朗之霞表・浮絪緼之虹霓・既登乃依・欲俯復仰・驅元烝於杳冥・逐游絲而下上・顚極既躋・岌巍攸踐・零綵四邑・蕭條流鉉・雲烟濛澒・空煇爍閃・鴻紛回薄・灝烝委宛・窣浮敞而鬱紆・矚青漢之遼遠・雲樹閹□・不可顧返・倚天柱而近北辰・奠地維而臣列巘・若茲山者殆處乎一隅・而不知其雄峙標奇如此之宏顯也・乃有人兮・山中開土・闢草萊之蒸蔚・發神皐之靈址・割宇宙之秘藏・窺石室之幽匭・雖茫昧之初開・已足以闡乎玄黃之怪瑋・予既得遨遊于信美之巖壑兮・將浮氲氤于自然・願□天氣以抗志于肥遯兮・目空于九點之蒼煙・聳身超舉于震旦兮・詎戀于均曲而托靈神仙・眇三界於恒沙兮・肇五子而暫結吾之淸緣・

賴其肖

字未若・一字若夫・鎮平人・諸生・甲申國變・練鄉兵自衛・唐王立・張穆赴閩取道鎮平・得交其肖・既而張穆隨家玉募兵惠潮・以書招之・其肖因以兵附家玉・得萬人・因掫武興營・題授其肖職方司主事・會唐王敗・家玉歸東莞・其肖遂據鎮平・以宗室朱慈畬主軍事・淸兵至・設伏殺副使文貴金・總兵許有信至・復敗之牛圳磜・逾年・以兵襲和平・不克・淸兵已破廣州・陳子壯張家玉陳邦彥同起義師・其肖將應之・而楊可鏡事洩・子壯敗死・其肖乃返鎮平・於邑西北長潭江據險自固・與平遠爲犄角・既而巡道陸振芬總兵班志富克鎮平・其肖勢益蹙・振芬故幾社名士・心敬其肖・易服至砦・說之歸命・其肖以死自誓・振芬因以實告・使自爲計・是夕火炬由西北山路去・越二日・志富兵至・僅空寨・其肖竟不知所往・案明史其肖附張家玉・傳頗簡畧・茲據黃釗讀白華草堂文補正・黃鎮平人也・

答宋應乾抗節書

旬日三接手教・知兄之歸命・委質樂臣於淸・至矣盡矣・旁引曲喻・有愛於弟・亦至矣盡矣・然弟硜硜拘執・而終不以兄言爲轉者・非弟愎臆甘自蹈於滅亡・誠以天下之大・吾道之廣・有伊周不可無夷齊・有揚墨不可無孔孟・宋有正氣之歌・楚有離騷之辭・淸有應乾・明有未若・有其一不可無二也・足下規弟以爲未食明祿・猶然一士・胡苦乃若爾・弟則疑之・聖賢有言・士見危致命・志士不忘在溝壑・勇士不忘喪其元・此非爲食祿者言也・又曰・君子爲名譽而爲善・則其善必不誠・人臣爲利祿而效忠・則其忠必不盡・弟偶讀史・見智伯歿而豫讓弗辭其難・不惜一死・權勢無所求・富貴無所依・子孫無所托・至再至三・久而愈篤・無所爲而爲之・史乃稱其義士・又曰・樂毅下齊・王蠋死

之・史贊曰・全齊拱手授燕兵・義士誰爲國重輕・七十二城皆北面・一時忠憤讀書生・此皆非爲食祿者言也・故弟今日之所爲・亦極難耳・然而卒如此晦而不轉者・正以全乎其爲士・何愧乎高位厚祿・爲人臣而不顧其君・而反顏事人者也・

況台稽古學深・名儒之分・兄常能言之矣・五胡之亂・晋祚猶存・三楚之僭・周統復絕・自三皇而迄於今四千餘年・惟忽必裂入主中國・天地陰剝至於此極・我太祖高皇帝・驅夷華夏・功蓋前王・皇天后土・實共鑒之・偶一播遷・牧豎童兒猶將思嘆・而高明如兄・才學如兄・講仁談義如兄・如竟灰心藏志・疑明不再祀・恐未免忍於心・害於理矣・今中原恢復・宗主迭興・自有的報・弟惟信理任天・忘機守正・睦鄰修好・以待時勢・濟則君之靈・不濟則以死繼之・弟也籌之熟矣・依吾獨志・勿復以弟爲念・弟廣佈直言・又感朋友・尙望兄台斟酌・愼重語言・不爲福先・反爲禍始・何則・前有千古・後有萬年・天難諶斯・人心去留未可以一時論也・弟在知愛・盡付腹心・爲兄鑑之・

張穆　字穆之・號鐵橋・東莞人・父世域・萬曆舉人・官博白令・穆倜儻任俠・工詩・善擊劍・好蓄馬・又善畫馬・二十七踰嶺北遊・思立功邊塞・有欲薦於督師楊嗣昌者・或阻之・乃止・崇禎甲申・聞北都陷・穆爲位哭於茶山雁塔寺・唐王立・侯官曹學佺疏薦・詔與張家玉募兵惠潮・招鎭平賴其胄・得兵萬人・以餉不繼・偕家玉回里・廣州擁立・歎曰・諸當事不虞敵而急修內難・亡不旋踵矣・遂不復出・少與黎遂球梁朝鐘鄺露遊・露稱許甚至・後屢遊衡岳・泛湖湘・歷漢越・所作紀遊詩・皆奇傑・嘗讀書羅浮石洞中・晚好道・八十餘卒・著有鐵橋山人稿・

記從石洞登絕頂觀日出

天啓乙丑・鐵橋道人年十九・暮春同葉秀狆歐伯梁諸子遊羅浮・過石洞・携脯酒茶具・登絕頂上玉女峯・路峻削・至錦繡巖欲暮・皆渴・下視澗水潺湲・陟不可及・忽見巖側樹根滴水如注・接而飲之・甘冽異常・同行者以爲山靈顯助也・巖畔石平坦・可十餘武・其下叢木柯葉・相接千餘仞・但聞水漱漱有聲・是夜宿巖中・燃竹木以辟雲嵐・左右多茶桂・童子伐而爲薪・晚見乃知也・上巖透頂・石曲折可登・如穿九曲之珠・聞百花逕異香爲林・至則淸芬襲衣・仙花無名・非凡目所見・左過大小石樓・路皆面壁・雲遊其下・俯瞰千里之流・如環如帶・如驚蛇去淺草・山巔有小渚曰阿耨池・舊傳應潮水爲消長・池邊多竹・葉有篆文云・軒轅仙人投竹符以馴木客熊虎・至今恣遊得無虞云・從阿耨池數里至飛雲頂・天宇四垂・西北諸山如奔濤・東南溟渤・遠接天末・呼酒放歌・疑通帝座・靜夜身在霄漢之中・氣寒徹膚・每更則山鳥輒鳴・終夕不寐・倏然雲鋪萬里・渺爾一身・如居絕島間・心目悄然・難以言喻・次日宿見日峯・片月西墮・萬籟俱寂・諸子方苦索句・道人枕石睡・衆呼今夕雲收・宜俟海日遙看蒼莽・不辨何時・空濛中淺淡金光漸成・百道一痕・欲吐不吐・忽聞天雞聲出雲壑・須臾・紫輪瞳瞳・久之・始若橘燈紅映・疏星落落・而人間猶在夢中也・

記遊石洞

天啓丙寅冬十月・葉金淸羅曙雲訪王崇芳道人後・至宿垂雲閣・談羅浮・惟石洞楓林千萬樹霜葉未落・霞凝錦錯・一時奇觀也・歸訂僧十虛及葉羅二子負琴尊從・至則山氣未寒・秋木蒼蔚・惟丹楓迎日・草竹蕭森・別有幽香・林中有擇・冠杖而來・金淸謂此博人黃唐廷老居泉石者・同遊居十餘日・洞口古樹嵯岈落落數花・獨立徘徊・若不能已・過確乎堂・絅齋先生別業也・庭除朴畧・想見古人不用心於身外・兩谿冬夜蘭香襲襲・不見其質・乃知山中四時・雲煙草木各有異觀・靜者得之領畧耳・難以語人也・

屈大均　字翁山・又字介子・番禺人・隆武時補諸生・從陳邦彥遊・邦彥殉節・大均棄諸生・從函昰於雷峯爲僧・名今種・字一靈・數年後返儒服・吳三桂叛・以蓄髮復衣冠號召天下・大均奔走楚粵間・旣知其有僭竊志・遂辭歸・吳興祚督粵・欲疏薦之・以著書未竟・辭・蓋自弱冠後・出入儒釋・歷遊荊楚吳越燕齊秦晉數萬里・所至・通人鉅儒・交相傾倒・故聲華遍海內・然性至孝・遠遊念母・輒歸省・母年九十餘卒・逾三年・大均亦卒・著有九歌草堂集・寅卯軍中集・道援堂集・後彙爲文外詩外各十七卷・附騷屑詞二卷・又著有易外・廣東新語・四朝成仁錄等書・並存・所纂集有廣東文集・廣東文選・文集佚・文選存・

陸梁解

昔秦以嶺南爲陸梁地・說者謂嶺南人多處山陸・其性强梁・予謂陸梁之稱亦甚美・當秦之時・嶺南人故多越勾踐之子孫・及六千君子之族屬・彼見夫二國傾覆・六王烹滅・先王之綱紀盡亡・四海之戕賊靡已・於是憤激不平・怨深怒積・常思建名扶義・獨起而滅亡秦・以繼霸王之遺烈・故自始皇幷天下八年・始能畧定其地・以爲南海桂林象三郡・而猶恐其畔服不常・又以謫徙民與越雜處・以陰制之・且得爲秦人耳目・又於五嶺間築關置戍・三年不敢弛弓解甲・以防新郡之變・誠兢兢畏其陸梁之性也・其後始皇貪欲無厭・利其犀象珠璣翠羽諸珍物・使屠睢爲將・率五軍攻之・而越人負其烈氣・深入山林・與禽鹿雜處・莫肯爲秦・而乘秦人怠惰・師斂糧空・夜從叢薄中踕跔而出・大破秦軍・伏尸數十萬・流血百里・此其功實在項梁陳涉之先・固秦鋒鋭之所由挫・而山東之難因而奮發者也・其後越人立梅鋗爲將・戶出壯健・家出資糧・以從沛公・而西台關之險不能限・任囂之威不能禁・卒能先入咸陽・破滅强秦・遂其歷年堅忍之志・蓋秦之所謂陸梁・漢之所謂豪傑之士也・號爲勁越・詎不誠然乎哉・

先是尉佗至越・其黨皆中國人・而越人惡秦・無有與佗黨爲婚者・故佗上書求女無夫家者三萬人・以爲士卒衣補・二世可其半・其意欲以匹配士卒・使之生育繁滋・亦以越人陸梁・不肯與之親好也・其後陸生說佗有曰・王今不降・欲以新造未集之越・屈彊於此・漢誠聞之・使一偏將將十萬衆臨越・則越殺王降漢如反覆手耳・佗乃蹷然而起・北面稱臣・蓋陸生深知粵人忠義・知有天王之尊・不欲以蠻臣自外・而佗亦以越人深惡疾秦・而身故秦長吏・而嘗與之爲仇敵者也・又其後越太后有淫行・而越人不附太后・恐越人持正・一旦起而爲變・故欲倚漢威以劫之・蓋亦畏越人剛强之

甚也・呂嘉非越人也・其爲南越則至矣・而天王名分不知也・小忠建德而大逆漢廷・越人惡之・而越郎都稽遂起而執之矣・伏波遣使相招・而越將軍畢取率城中甲盡降矣・故越之所以丕變蠻風・長爲衣冠禮樂之民・以與中原頡頏者・皆越人之自爲之・越人誠知春秋之大義者也・

廣東新語序

廣東新語一書・何爲而作也・屈子曰・予嘗遊於四方・閎覽博物之君子多就予而問焉・予舉廣東一郡所見所聞平昔識之於己者・悉與之語・語既多・茫無端緒・因詮次之而成書也・或曰・子之所言止於父母之邦・不過一鄉一國・其語爲小・予曰・不然・今夫言天者・言其昭昭而其無窮見矣・言地者・言其一撮土・而其廣厚見矣・言山言水者・言其一卷石・言其一勺・而其廣大與不測見矣・夫無窮不在無窮・而在昭昭・廣厚不在廣厚・而在一撮・土廣大不在廣大・而在一卷石・不測不在不測・而在一勺・故曰・語小天下莫能破焉・夫道無小大・大而天下・小而一鄉一國・有不語・語則無小不大・然而何以新爲名也・曰・吾聞之君子知新・吾於廣東通志・畧其舊而新是詳・舊十三而新十七・故曰新語・國語爲春秋外傳・世說爲晋書外史・是書則廣東之外志也・不出乎廣東之内・而有以見乎廣東之外・雖廣東之外志・而廣大精微・可以範圍天下而不過・知言之君子・必不徒以爲可補交廣春秋與南裔異物志之闕也・書成・自天語至於怪語凡爲二十八卷・中間未盡雅馴・則嗜奇尙異之失・予之過也・

六瑩堂集序

古聖人多以詩言道・三百五篇中・天人終始之本・性命通復之源・廣大精微・無言弗及・子思作中庸多稱引之以明其旨・蓋中庸者・易之外繫辭・而詩亦易之外象爻彖辭也・昔夫子教人必先學詩・詩之道無窮・其學之亦如學易・有學之一日而至焉者・有學之終身而弗至焉者・才之不同・亦所以用其才者有善不善歟・

吾黨二三子・才高者莫如梁子藥亭・其詩雄奇光怪・能開鑿自成一川嶽・兩腕風馳電驟・倏忽千萬里・不見起滅之迹・人謂其多得於莊周・吾則謂得之於易・吾好易・所見言之精粗大小奇正方圓曲直無非易者・不惟以藥亭詩爲得於易・且謂天下人之詩皆得之於易・天壤間書之奇者・首易次則詩・三百五篇與六十四卦三百八十四爻相表裏・一正一變皆符合・吾嘗欲以易爲詩・顛倒日月・鼓舞風雷・奔五嶽而走江淮河漢・使天地萬物皆聽命於吾筆端・神化其情・鬼變其狀・神出乎無聲・鬼入乎無臭・以與鬼物者同遊於不測・其才化而學亦與之俱化・斯道也・庶幾惟藥亭可與同進乎・此今天下詩皆有委而無源・才雖具而無道以爲之本・無本故其詩不能縱橫自得・蹈空獨行・稍擬議即成變化以合於風雅・其僅善者・吾所知秦有一人・魯有一人・齊一人・吳越三四人・吾粵則藥亭元孝其傑出者矣・吾粵自曲江白沙以來・於今爲盛・曲江以人・白沙以天・純用天者・於風有餘・於雅頌不足・吾與藥亭爲二三子之倡・是必以天之才而範圍以人之學・使人與天相等・斯其音中和應節・浸淫上古・

然吾今者方以學易爲事．凡與人言辭．未嘗不先言易．蓋學詩必先學易．學易而後能得其天．學易而後能用其人．藥亭故以易起家．故爲序其六瑩堂集言之若此．

易外自序

古者經傳各爲一書．先儒謂西漢時．六經與傳皆別行．予易外不載經文．蓋遵古也．亦不敢以爲易傳．而曰外之者．自外乎易也．亦取韓詩外傳之義．爲易之外篇也．如夫子之文言．文其言以文爲事．而不必其與彖爻之旨合也．亦假易以寓其文者也．寓麗也．文寓於易．猶日月之麗乎天．麗乎天之內天之外皆可也．外內不離乎天．則外內亦不離乎易也．然予又有說焉．易之內太極是也．內不可見．以外之畫之彖爻象之．欲人從外以見內也．畫者．无文之言．羲之易外也．彖爻十翼者．有文之言．文周孔子之易外也．故易無內也．凡有言皆易之外也．故夫子曰．予欲無言．以凡有所言．上能言其外．不能言其內也．能言其外．故可得而聞．不能言其內．故不可得聞．斯旨也．惟子貢知之．夫子之文章．天子之易外也．四時行．百物生．天之易內也．嗟夫．易出於天．天有易．惟天能言之．人則安能言之．雖聖人亦安能言之．言則爲外而已矣．爲外而不能已於不言．則與其合也．不如其離也．合之以爲內．即離之以爲外矣．予嘗以言詩之餘言易．謂言莫精於三百篇．而文干之詩．尤明暢．周公蓋以作爻辭之餘溢爲雅頌者也．中庸言易多以詩．孟氏亦然．皆離之以爲外者也．是吾所以作易外之意也．書成．卷爲七十有一．藏之於家．以爲子若孫一家之學．

麥薇集序

昔箕子作麥秀之詩以歌詠．殷民聞之．罔不嗚咽流涕．動其不忘故國之心．殷民者．蓋周之所謂迷與讎之百君子者也．然當是時．百君子遭逢大變．其慷慨激昂．纏綿悱惻．必多見諸詩歌．而自麥秀采薇而外．篇什無聞．豈周之人惡其譏切．觸諱忌．不使流傳於世歟．伯夷所謂以暴易暴．其辭過直．隱士之放言也．夫子曰．民到於今稱之．夫卿士大不稱而民稱．稱其能放言歟．抑稱其能餓死於首陽之下歟．斯民也．其猶殷之迷與讎者之後裔歟．然夫子嘗自謂殷人．而嘗冠殷章甫之冠．夫子生周中葉而不忘殷．所謂民者．抑夫子之自謂歟．嗟夫．夫子誠殷人也．故嘗於殷之忠臣義士諄諄在口．蓋嘗稱泰伯爲至德矣．以微箕比干爲三仁矣．論次逸民．則以夷齊之不降不辱爲首矣．又謂虞仲放言．意虞仲當時亦多有所歌詠．而夫子及見之歟．嗟夫．商有頌而無詩．其詩僅麥秀采薇二篇．然商頌乃宋襄公時正考父所作．則商頌者．孔子之家乘也．孔子於詩存商頌．不敢忘其祖也．然何以麥秀采薇二篇不見錄於三百篇中．豈以其於風雅頌無所可屬耶．嗟夫．士不幸而爲逸民．復不幸而所爲詩．與箕子伯夷同其銜哀恨者．湮沒不傳．無以爲忠臣義士之所興起．故家爲俗之所流傳．斯非有志刪述者之責歟．

大均不敏．故嘗博觀昭代．始自崇禎之季．至於長曆之年．爲朝者四．爲世者一．其間已仕而爲逸民．隱忍而不死者．實繁其人．其身既繫乎綱常．其言復合於風雅．吾謹采之．編爲一書．名四麥薇集．以上擬夫箕子伯夷焉．集凡十

卷・以明人始・亦以明人終・猶夫子殷人多稱殷人・而以殷之人爲懿親云爾・

明贈兵部尙書巖野陳公傳

（附馬應房・楊景燁・楊可觀・闕鐘喜・花延簡・霍師連・白嘗燦・朱學熹・高爲礦・霍達芳・僧忠顯・）

陳公邦彥字會份・廣州順德人・少以文行負重名・開大館爲文學大師・及門數百人・所居錦巖・學者稱巖野先生焉・爲人身長・美髭髯・高顴・面微赤・目光能與日敵・瞪視日移時不眩・性剛正・沈塞果毅・忼慨喜任事・識見通敏・穿穴古今・每郡邑有大議・諸薦紳會坐相視・至終日不發一語・或出語紛糾盤錯・公以諸生遙於坐末・申論可否・觽解玦決・片言輙了・聽者莫不折服・其在邑・知縣所經畫・就諮斷・奉之爲蓍龜・數拒盜賑飢・定兵變・有功德於鄉人・人皆賴之・崇禎十七年五月聞國變三日・即走南京・上中興政要書・凡三十二策・萬七千言・或戲謂君未冠進賢・强欲知人國家事耶・公曰・先朝之事極矣・極則思變・莫或隄之・將又甚焉・余患夫力之弗逮與言之已晚也・又何俟乎・書既上・不報・

襄皇帝即位・大學士蘇觀生疏薦・並進公所上書・上驚歎曰・奇才也・召見未赴・詔授監紀推官・尋舉隆武元年鄉試・二年陞兵部職方司主事・奉命監狼粵兵萬人・出梅關・虜犯贛州・觀生督師援贛・駐南安數月・兵單餉詘・不敢進軍・公數爲畫策・不聽・請偏師獨戰・不許・居鬱不得志・已而贛陷・上親征至上杭・御營文武不戰而潰・車駕失所在・觀生聞變・將旋廣州・公請其指・曰・國未有主・公曰・國亂先內・國危先外・今東喪三閩・西絕湖湘・北淪章貢・國家分土十五・獨兩粵存耳・掃境內以屬閣下・及其危而棄之・謂天下何・曰・然則奈何・公曰・國自有主・非閣下所急・今虜全力在閩・勢且西侵・閣下南歸毋駐・而以重兵東走惠潮・因漳泉未潰以控扼之・猶可自立・若必以擁立爲功・謀議之間・動淹時月・則虜越韓江之險・士將恇怯而不肯付難以守矣・兩粵存亡・繫於東向・遲則亡・速則存・夫亦憂疆圉之不固・何患無主・北門之事・請留一軍以委邦彥・不聽・南安人泣涕遮道・留公共守・亦不許・遂以還廣州・

九月永明王監國梧州・平粵伯丁魁楚用事・觀生與魁楚有小嫌不懌・公引義力爭・乃遣公奉箋勸進・且請迴鑾廣州・公瀕行數以惠潮爲言・既行・襄皇帝四弟唐王至廣州・士大夫不得志於時者・從臾觀生・謂兄終及弟・擁而立之・改元紹武・公未之知・西至梧・方上啓候令旨・夜分中使十餘・燈火連江・呼陳主事船・公驚起・曰・事變矣・衣冠入對・王御龍舟・太妃垂簾・魁楚侍・王曰・聞四王至廣州甚喜・然孤既監國矣・輔臣觀生既具啓入朝矣・彼胡爲者・公曰・此或仍閩中之舊稱・而小民傳訛乎・魁楚曰・已即眞矣・王曰・今非戰則和・二者安出・公曰・我弱彼强・以戰則非敵・我直彼曲・以和則非名・虜急矣・觀生若不悔・禍亡無日矣・悔禍則不得不求和於我・是我爲主也・焉用先之以示弱・則和不可・粵西之兵長於灘瀨・而不長於江海・且新募浮囂・戰必不勝・藉幸而勝・其力必疲・虜以銳來・我以疲往・必難禦矣・則戰不可・且天家之胤・中州之產・

盡區區兩粤中・不以死仇讐之虜・而死於骨肉乎・當今之計・獨宜速返肇慶・正大位以屬人心・繕舟固險・馳檄遠近・摩厲以觀其變・今南雄之守・皆西山勁卒・藉以取詔・其勢必舉・粤東十郡・我制其七・而使其三代吾受虜・從而乘其蔽・猶或可也・何必戰・王曰・善・明日擢兵科給事中・奉勅宣諭觀生・時十一月九日也・

十八日王即位肇慶・詔以明年丁亥爲永曆元年・廷臣以公建策倚重公有謂之者・曰我忠臣也・東西皆太祖之裔・何敢重輕・先生善處人骨肉之間・有謂之者曰・虜深矣・且夕不保・何忍自尋干戈・龍種自相魚肉・而使兩粤生靈並充刀俎・可痛也・消弭內釁・勉之在子・

公東還・未至廣州・觀生奏以爲刑科都給事・公謂之曰・昔晉人使先蔑士會逆公子雍・既乃拒之於河・先蔑奔秦・士會從之・今邦彥從事於西周・固春秋所不譏也・乃止郊外不入・使其副兵部職方司主事劉大壯齎敕・而遺書指陳利害以曉觀生・廣州君臣盡怒・觀生顧恐懼欲和・會總督林公佳鼎以舟師問罪・廣州唐王使其總兵林察接戰・察使撫丁徐鄭石馬四姓盜詐降・掩襲我軍・林公倉卒戰死・全師覆沒・觀生於是驕無和志・高峽三水之間・無日不戰・勝負相當・廷議水軍新敗・無以爲守・於是上幸桂林・

十二月虜總督佟養甲提督李成棟果自閩攻潮惠・克之・用潮惠印符・日爲文書郵廣州報平安・而輕騎襲廣州・觀生不設備・望日・唐王方臨學・百官畢集・或報虜至・觀生怒曰・東方昨日有文書・寧得隻虜・妄言斬之・三報斬三人・而虜溢城中矣・唐王被執・觀生自刎死・

元年正月・上在柳州・成棟盡銳西寇・破肇慶・直犯桂林・公密受團練之詔・走甘竹灘・說大盜余龍等・激勸忠義・鼓倡豪傑・痛飲三日・人人得其歡・使乘廣州空虛・驟出奇兵以襲之・且以牽制虜騎毋西・龍許之・二月十日龍率舟數百入自虎門・遇虜白艚百餘艘焚之・殲其兵・進薄廣州・攻之四日・養甲震慄・飛騎走桂林追成棟軍・城中豪猾夜起刼掠・養甲不能禁・乃揚言成棟還勦・甘竹且盡・龍懼引退・然成棟聞報・亦解圍而東・桂林繇是得完・三宮賴以無恐・公之力也・

於是公起兵高明山中・使生員馬應房以舟師先攻順德・約大學士陳文忠公子壯於南海・侍講張文烈公家玉於東莞・參政黃公公輔於新會・互爲犄角・復聯絡嶺西一帶・陸兵則恩平王興・陽春莫廷蘭・新興梁位灼・東安何士璋等・水兵則順德胡靖梁斌・新會楊世熊李宗聖・驍銳三十餘萬・山海協同・棊布已定・又約思恩侯陳邦傅鼓行東下・大作聲援・上聞・降敕諭嘉之・四月公使余龍戰虜於黃連・龍敗・焚舟二百・應房分戰亦敗・死之・公身下江門・收其餘燼・出攻高明・御史麥而炫主事區懷炅舉人譚相國等皆毀家以從・軍聲大振・養甲患之・使騎捕公家・獲其一妾二子・而以書招公・公判其書後曰・乘輿播蕩・寇虜猖狂・正臣子肝腦塗地之秋・妾可辱也・子可殺也・必欲强拔一毛・自當死生以之・養甲怒殺其二子・七月公將攻廣州・先使衛指揮楊可觀楊景燁爲內應・而說花山盜三千人僞降・得守東門・於是與文忠會師九江・約文忠從徑道攻廣州西南・而公從海道攻東北・且邀成棟歸路・期以七日薄城・城中人三鼓皆發・約既

定・公引舟而東・文忠忽以五日薄城・一鼓奪西郛炮台・火器颺發・焚一角樓・虜大懼・嚴捕細作・而內應謀洩・景燁可觀並被執死・虜又犒花山三千人於空院・分伍而入・入則斬之・當是時・成棟方戰文烈於新安・得報遽返・公報文忠曰・今夕成棟至・必遭吾火・懼其餘舟奔突・請嚴陣待之・青旂而朱斿者・我師也・報至・文忠不即傳令・七日鷄鳴・成棟至禺珠・火舟起・公引軍旁擊・焚其蒙衝鬬艦數十・殺虜千餘人・擒僞游擊孟輝・僞都司張一鴻・僞守備楊聰等・斬之・成棟脫走・公乘風追之・平明迫文忠軍・養甲從城上擊鼓・喧聲震天・文忠軍不知・望帆檣蔽空而上・以爲盡虜也・陣動・文忠雖知之・然倉卒傳令不及・後軍拔船先走・成棟因擊之・遂潰・公乃收兵攻城・城上揭二楊首以示・公望祭而哭之・攻五日不拔・軍孤不能獨留・率副總兵霍師連等退攻三水・復之・斬僞知縣陳億・戰虜於胥江・四日・勝之・戰虜於新會二晝夜・大勝之・分師再攻高明・而炫等接應・復之・斬僞知縣徐嘉植・斬虜馬兵五百餘級・分指揮白嘗燦等攻清遠・復之・斬僞知縣何甲・虜攻清遠・公往救・設重柵江干以拒・成棟不得戰・憤甚・會北風大起・師連以火舟出擊・成棟敗走數里・風忽反・成棟因火舟以攻我・我舟迫柵不得入・盡焚・師連死焉・公嬰城固守・被圍十日・親以飛炮擊衝梯・虜死者積屍與羊馬相等・虜乃僞退・而從古廟中爲地道達城・以柱砥之・實之火藥・火發城崩・肉薄而上・署縣事關鐘喜死之・公率死士巷戰・自辰至午・頸被三刃・走入待詔朱學熹園・學熹先自縊死・公題詩於壁曰・戀闕孤心盡・懸絲一命微・負傷如未覺・無淚不須揮・魚吮艱貞血・水爲賻禭衣・祇應魂氣在・長遶玉階飛・題畢赴池・水淺・虜引而出・公笑曰・我陳兵科也・至廣州不屈・養甲欲降公・使醫視創・繕人進饌・公叱罵却之・問何言・自狀生平一紙・及題壁贈花廼簡二詩・問陳閣部何在・曰・吾師也死國・奚問哉・入獄五日不食・賦詩自若・好事者競投以紙・信筆而滿・草書精絕・詞義皆可觀・臨命作歌曰・天造兮多艱・時哉不我與・我后兮何之・我躬兮獨苦之語・西向受刃・顏色不變・嗚呼・磔也・時年四十有五・九月二十八日白晝陰晦・風埃四塞・監者視其肝・肝躍起擊監者面・監者驚而墜焉・遂死・

公死義・兵始衰・虜得以全力直向文忠文烈・越十二日增城之戰而文烈死・越一月高明之戰而文忠亦死・公如不死・二公亦應不死・公之死有關於二公也・天死公以死二公也・公初起與文烈書曰・成不成天也・敵不敵勢也・姑勿計・今西省空虛・王師風鶴・若得牽虜成棟騎數月毋西・則潯梧必有備・是我致力於東・而收功於西也・文烈然之・以故文烈戰廣州之東而不西・文忠戰廣州之西而不東・公如不死・則文烈能東・文忠能西・虜之爲虜・存亡未可知也・虜所畏者・公與文忠文烈耳・然皆書生徒手奮呼・艱難發難・振中華之氣・而伸君子之威・使虜精銳挫盡・首尾崩奔・救死扶傷・束身歸命・中興勳勞・蓋莫有尙焉者・成棟旣降・養甲伏誅・公長子恭尹・伏闕請卹・詔依陳子壯張家玉例・賜廕議謚・已而贈太僕寺卿・廕一子入監讀書・御史饒元璜疏再上・詔加贈資政大夫兵部尙書・廕恭尹世襲錦衣衞指揮僉事・賜祭葬特祠・方議謚・以廣州再陷而寢・

公博極羣書．尤究星曆陰陽家言．然與人言．必依忠孝．不屑趨避．所著書多散佚．其南上諸詩．憂時感事．與萬言書相表裏．淋漓惋惻．可以興觀．名南上草．其留丹錄則軍中所作．詞旨哀痛．尤足愴人．他所著詩文名雪聲堂集．

屈大均曰．公詣行在．有乞恩褫斥一疏．謂人臣功罪視國安危．主憂國恤之日．雖遠臣散秩．均之罪無可赦．古今之嘗經也．國家不造．寇虜憑陵．三年之內．大變三告．敷天臣子．但有可誅之罪．更無可贖之功．嗟夫．向令百爾有位．皆心公之心．言公之言．則何以有今日者．三遭大變．不惟有位．凡天下之人具有五常之性者．皆宜盡爲君父以死也．有一人而獨生．即非具有五常之性者矣．夫公之舉義．非有利害拘其前．死亡迫其後也．眞爲君父之仇耳．夫君父之仇．一日不報．則一日不可以生．一日之生．即一日之死也．一人能報之．則一人雖死而猶生．天下人不能報之．則天下人雖生而皆猶死也．嗟夫．君父者．天下人之君父．而公若視之爲一人之君父．故能報之．天下人則視君父爲天下人之君父．故不能報．然則天下人不能報者．不惟得罪於君父．且得罪於公．公舉義以丁亥二月．在粤諸公之先．崎嶇山海．激發俊雄．首攻廣州．以挫虜鋒．分狥州縣．以疲虜力．虜繇是不敢輕粤中士大夫．已而諸公義旗競建．南海則陳文忠主其謀．東莞則張文烈奮其策．嶺西一帶．陸則恩平陽春新興東安．水則順德新會新寧諸道．名豪戈旌蠭起．勁兵三十餘萬．皆爲公之所聯絡．水步連攻．正偏分擊．使虜窮於奔命．凜然不敢西向．而桂林行殿得以端拱無憂．比之張廵許遠遮蔽江淮．功誠相等．與文忠文烈並稱粤有三仁．誰曰不宜．

公之門人如馬應房楊景煒霍師連霍達芳．皆一時相從以死．雖忠義根於天性．亦師友觀摩之所自也．予十六從公受周易毛詩．公數賞予文．謂爲可教．今不肖隱忍偸生於此．不但無以見公．且無以見馬楊霍四子．又四子之罪人也已．

花廵簡氏里未詳．養甲初破廣州．署黃鼎司廵簡．公起兵．花廵簡招結土豪從之．事敗與公同日死．公嘗贈以詩曰．既有明兵科．亦有清廵簡．一索擊二賢．同舟貢刑版．兵科緣伊何．髮長兵畧短．廵簡緣伊何．土豪相推挽．蹉跎陷圍城．所恨見幾晚．携手赴泉臺．誰爲奠漿飯．嗟乎花廵簡何人．吾恨不知其名．使非吾贈以詩．則並其姓且湮沒．吾嘗恨平原君朱建之子罵單于而死．而史不著其名．田橫之二客自剄以從其主．而史並亡其姓．且也即墨之大夫戰死而不得與田單共傳．漢使之死匈奴者十數輩．而蘇武以生還特著．嗟乎．錄其名而遺其佚名者．非所以爲勸也．謂忠義而必名．名而後出於忠義．又非所以爲情也．嗚呼．公之將士死事者必多其人．而不皆得其名．在忠臣義士之心．固非慕其名而爲之．翟義公云死國埋名其猶不慚．信矣．而獨載紀者之惋惜矣．聞有僧忠顯者．順德人．從公起兵．身被數十創．淸遠城陷戰死．噫亦義士之雄歟．

馬應房字子龍．順德人．父義祥．官鶴慶知府．仁廉有聲．應房弱冠補生員．師事陳公．廣州之陷．研淚爲文告孔子．將歸死學宮．其友曰．子無徒死．甘竹諸鄉盜舟千餘．不可一奮乎．應房勃然起．遂從陳公往說余龍諸盜．灑血酒中・指天相誓・龍等大喜・率兵攻廣州・應房在軍中指畫・制勝出奇・雅多雄畧・陳公則身往九江・招呼驍勇以爲應拔・龍等既薄廣州・斬虜級百餘・遽退曰・城堅無内應・不可拔也・至虎頭門遇虜舟數百・以計焚之・溺死虜二千餘人・轉攻順德・成棟卒至與戰・龍大敗・或勸應房亡・曰・吾有母・遂就執・僞知縣詰之曰・若父爲太守・若爲諸生・何故作賊・應房厲聲曰・父爲太守・子爲諸生・世受國恩・是以舉義・何名爲賊・曰・若舉義何與羣盜爲伍・曰・書生持空拳・非藉彼輩事不集・文丞相招合洞蠻・岳武穆指麾壓卒・可謂非義師乎・今日有死而已・汝何多言・僞知縣遂沈之伏波橋下・時年三十三・陳公之學爲嶺南所宗・前後受業者凡數千人・公一訓之以忠義・屬當變亂・相從起兵者・自應而下・有霍師連楊景燁二人・皆摧鋒陷陣以死・應房最先・次楊・次霍・陳公皆哭而祭之曰・吾爲師乃不及吾弟子乎・吾弟子爲君而死・實爲師而死也・自古死於君者多・有之死於師者・三子之外・曾幾何人・吾可以負之・頃之・陳公亦死・

楊景燁字泉生・廣州後衞指揮僉事・性豪邁・負才氣・博覽羣書・精韜鈐騎射・中崇禎壬午科武舉・師事陳公・陳公與抵掌談天下事・輒以國士許之・陳公兵起・景燁與可觀並約爲廣州内應・事洩・養甲執其母・景燁出曰・我實爲之・事不成天也・死無足憾・不可上累吾母・養甲曰・姑釋汝・母曰・景燁須臾人耳・執事既念其母・何不及其未死・並十齡之妹釋之・以瞑吾目・養甲釋之・又爲好語欵降之・景燁曰・汝若生我・我不生汝・養甲怒・趺殺之・景燁笑而受刃・神色夷然・詔贈都督・賜祭葬・

有高爲礦者・字啓之・廣州左衞指揮・中三科武舉・雄姿闊論・練於方畧・永曆元年謁行在・陞總兵官・陳公兵起・景燁約爲礦及廣州前衞指揮使張亞黑象賢並爲廣州内應・謀泄被執・罵不屈・養甲割其口鼻・爲礦仍罵・與象賢同死・景燁之同盟也・

楊可觀字龍瑞・廣州東營韃指揮使・爲人方面豐頤・白皙・美須眉・說劍談兵・豪雄自喜・隆武二年走天興上書・授柳慶副兵・歸未幾・廣州陷・可觀解甲文降・虜信之・將假以兵・會陳公與文忠兵起攻廣州・可觀陰結壯士・分買廣州諸門將・斬關以迎・養甲嚴邏重購諸大姓與城外耳目者・觀之家奴以私事懼發覺・且利購金・乃具首・内應事謀盡泄・養甲執之・使引餘人・可觀怒曰・所以屈身奴輩者・正爲今日・大夫丈斬頭陷胸・終不緩一死以害天下・英雄也・慷慨大罵・養甲殺之・搜戮其黨數百人・衣縫中皆有桂字・詔贈可觀都督・賜祭葬・

霍師連字連生・南海人・文敏公韜之玄孫也・隆武初以生員募兵勤王・授游擊將軍・以功陞副總兵・廣州之陷・師連詐降・得守三水・陳公兵起・師連邀誘虜官數人斬之・反戈以應・從攻廣州不利・退至三水・大小十餘戰・斬首級千餘・虜畏其鋒鋭・淸遠衞指揮白嘗燦舉城迎之・師連與陳公往赴・列重柵江上爲拒守計・虜至不得戰・憤罵城上・會天北風大作・師連出不意・疾以火舟出擊・成棟僞逃・師連盡舟追之數里・風反・成棟因火舟攻我・我舟迫柵門不得入盡焚・師連策馬度河・將走四會求救・虜追及・甲重隨溺而

死·詔贈都督同知縣·賜祭葬·廕子千戶·

白嘗燦字燦玉·清遠人·清遠衞指揮僉事·當陳公攻廣州不克·退取三水·扼胥江·日與虜鏖戰·互有勝負·嘗燦患之·乃與翰林待詔朱學熹舉清遠城迎之·分門堅守·成棟圍攻十日不拔·穴城實以火藥·戰酣火發·城崩十餘丈·勢如山倒·嘗燦巷戰·斬十餘騎而死·

朱學熹字叔子·一字惟四·清遠人·父士諒·性豪爽·膂力絕人·其生年月日時皆屬虎性·猛烈怒號·則牀屋震動·風蕭然如虎嘯也·治古兵法·邑近山多寇·馳駿騾·手運精鐵鋼鞭如飛·而入鄉·盜出輒蓐食率家健·直擣截險要·賊聞風遁去·邑人皆依賴之·常制府檄剪平白石湖之寇·功成不受爵賞·臨終取數千金券焚之·使學熹講孟子當路於齊章曰·管晏事功·非聖人不可輕議也·盡以古兵法及所爲王霸論·邊防緩急·粵徼利害·受之學熹·爲人忠孝質直·性過人·留心經濟當世之務·洞如指顧·喜爲詩歌古文·遊覽山水·嘗破數千金產疏治南禺北禺名勝·一泉一石·手自搜剔·摩娑古木·依青銅色築軒轅二帝子別業·以祀二禺君·爲山暉堂以祀二禺臣·一時賢士大夫舟經其下·輒就訪之·學熹於蒼林白瀑間·與之反覆經史·論天下事幾·精言卓識·皆根本大道·知如炙輠·辯似濆泉·壯采奇姿·輝映巖壑·咸驚歎以爲中宿異人·永曆初上書言恢復大計·上曰·各諸生也·授翰林待詔·廣州既陷·與指揮白嘗燦謀舉兵·倉卒未就·會陳公戰敗·走胥江三水·與追虜鏖戰·軍孤無援·互有勝負·學熹乘間與嘗燦執僞知縣殺之·舉清遠城以迎·陳公遂入·爲死守計·兵食不給·學熹輒傾資以供宿飽·援兵登陴·晝夜不懈·志氣浩如也·城破取先人□焚之·自縊死·陳公巷戰不勝·退入學熹青林草堂·見其圖書萬軸·左琴右劍·奇石寶玩悉還之·則學熹衣冠縊其中矣·哭拜之·至西池躍身入·曰·吾與叔子同此一勺清泉·水淺不得死·虜騎引以出·陳公復揖亂而後去·曰吾終有以報叔子·是夕也·池水部援兵萬人始至·追奪陳公不及·聞學熹與嘗燦俱死·掛白慟哭而去·虜屠城·死者二萬餘人·學熹平生所善·多博學高才篤氣誼之士·國變並致身以死·若黎遂球鄺露尤其莫逆者·嘗於峽山最勝淙碧軒中·奉數木主·皆忠節而有文章之彥·朝夕事之·以志所學·嘗聚落英而封之於南禺·號曰花阡·遂球爲作花阡表·露贈詩·有縱浪大化中讀書與好色之句·學熹蓋天下深情人也·惟情深·故能建立大節·光明奇偉若是·而遂球中歲不得志·著色隱賦五千餘言·又爲好色賦·假宋玉微詞以諷楚王·使召屈大夫·蓋皆忠君愛國之精誠所托·三君平生交好·文采風流如一·深情大節亦如一·騷人之後不可多得者也·學熹著有越廣艾及賦等集·

關鐘喜字岳孫·號嵩臺·南海人·性豪放·不拘繩尺·天姿頴異·讀書過目不忘·陳公復清遠·使權知縣事·城陷戰死·

霍達芳字誠懿·南海生員·從陳公起兵爲中軍·成棟反正後·赴行在·投兵部司務·永曆四年十一月廣州再陷·達芳義不薙髮·走文村下川之間·與虎賁將軍王興凌海將軍陳奇策厚相約結·二將軍分以舟師邀百人·使往來海上·爲游兵擊虜·舟輕士銳·出沒波濤·三載間戰多奇績·虜甚苦

之・一日以單舸護議於四沙・猝過邏舟・驚其存髮執之・虜裨王鞫之不語姓名・以家有老母也・問曰・降乎・三搖其首・遂遇害・

屈大均曰・自公與文忠文烈三路連兵・勢同鼎足・於是廣州忠臣義士從之而起者・人人破產・在在稱戈・以與韃奴爭一旦之死命・蓋從文忠而死者三十餘人・從文烈而死者六十餘人・從公而死者則十有一人・皆大節皎然・有當於從容慷慨之二道者也・三公死於廣州之忠臣義士・廣州之忠臣義士死於三公・師友淵源・咸求以不負所學・非有利害之見・横於心中・蓋自三公起而廣州之忠臣義士無不起・三公盡而廣州之忠臣義士無不盡・廣州爲元郡之望・三公爲廣州之望・氣類相同・精誠相感・人一之・天亦一之・蓋未有一敗而一成・一死而一生者也・況此十有一人者・四爲公之門人・相從而死・譬諸箕斗之相求・瓶罍之相資矣・昔茂名陳思賢遭遜國之變・率其弟子六人同縊於明倫堂・以死君臣之義盡・繇於師弟之義盡・斯君臣之義盡・前有茂名陳公・後有順德陳公・求吾粵君臣之義者・求之於師弟之間而可見矣・

東莞詩集序

今天下錄詩之家亡慮數十・惟牧齋列朝詩集所載・自帝王將相卿大夫士庶以及婦女緇黃・人各爲傳・美惡無隱・絕似一朝人物之志・蓋借詩以存其人・其人存則其行事大小可考鏡・是亦詩之史云爾・若夫子作春秋以繼詩・詩雖亡而春秋不亡・故春秋者・詩之所賴以不亡者也・士君子生當亂世・有志纂修・當先紀亡而後紀存・不能以春秋亡之當以詩紀之・此蔡子平叔東莞詩集之所以作也・東莞自宋嘉定間行隱李先生父子出・而後東莞始有詩・明興・東莞伯羅山何公眞繼之・三百年來洋洋乎家風戶雅・爲古體者以西漢爲正朔・爲今體者以三唐爲大宗・固廣東詩之淵藪也・天地之道・其發之遲者・光昌之久・廣東居天下之南・而東莞爲廣東之東・東者日之所始・其人之文明宜居天下之先・反居天下之後・蓋有所以爲先也・水隨日者也・日之所始・則爲水之所終・水之所終・則爲日之所始・東莞南當大小虎門・五嶺之水所歸・三江之水所滙・汪洋萬里・極於沃焦・祝融之宮闕・浮沉其際・每當夜半潮雞爭鳴・有初日大徑十餘丈・從風濤湧出・光射扶胥・此廣東人之所受以爲文明者也・而東莞輒先得之・

故自洪武開天之初・東莞伯即以功名顯著・其武烈文謨・固將垂之百世・而其詩復爾可傳・平叔東莞人・始祖西野府君・爲西山先生四世孫・先生三子兩孫皆學於朱子・而九峯爲朱子門壻・九軒覺軒則皆朱子之外孫也・朱子之史・以綱目直繼春秋・・乃建陽蔡氏一家之學所宗・平叔生於數百年後・能溯其始祖淵源所自・思以東莞詩集寓其大書特書之微・斯亦有功於綱目・能不愧爲朱子之外孫苗裔也・者・美哉斯舉・豈非卓然有以自見者哉・是集也・於宋首紀竹隱・以其不仕元也・於國朝首紀羅山・以其能歸命大明也・意良深厚・雖一邑而隱然繫天下之重焉・一邑者・一天下之本・雖繇此而集天下之詩可矣・予向者有嶺南詩選前後集二篇・前集自唐開元至有明萬曆・後集自萬曆至今・亦依牧齋

體製．閱十餘年未就．平叔斯集爲吾之先聲．故喜之而爲序其端．

天崇宮詞序

我威宗列皇帝．實爲三代時守成之令主．其勵精圖治之勤．方之成康有過無不及焉．況於文景．況於後代乎．而究歸於亡國喪身者．天也．非人也．然國君死社稷．爲人倫之極．則千古無有踐其言者．而一人獨能之．蓋天欲予以立極之名．而若使其生平猶有失德．則人未免有憾焉．賦之以令主之德．全之以成仁之節．自古無不亡之國．天獨以高皇帝得國之正．而使其亡亦不失其正．天之所以待我高皇帝之厚也．

東吳王生譽昌．以其所撰崇禎宮詞上下二卷．介其友薛生熙屬草澤臣大均爲之序．臣大均盥手焚香而展讀之．而知王生用意之忠厚惻怛．得古詩人之旨焉．古人以宮詞之作．譬之山人不能揚舲．海之人不能驟驤．以所處之地既非．則言之不能無病也．今王生以窮巷席門之子．述之於五十年之後．自御極以至升遐．爲詩一百八十六首．其中考訂之詳．摹寫之工．樂而止於不淫．所以述先皇帝之德也．哀而至於甚傷．所以述先皇帝之遇也．使人正襟以莊誦．反袂而卒業．蓋寓黍離之旨於關雎雅化之中．略無靡曼噍殺之病．以見廢興存亡之由於天．而先皇帝亦順受其正而已．何憾之有哉．臣大均戊戌春北走幽燕．曾親詣萬壽山壽王亭之鐵梗海棠樹下．伏拜慟哭久之．曾訊內宮以宮中遺事．而作御琴歌諸詩以紀之．未遑多有所撰述．讀譽昌詩不能無愧．而猶得附名簡首者．熙與大均有文章知己之雅．而以此詩成我之志焉．遂僭爲論之如右云．歲在閼逢閹茂之推月．番禺鮮民屈大均謹序於忠養堂之左窗下．

廣東文選序

夫子稱述而不作．述之中有選存焉．若書詩是也．書始唐堯．而五帝以來．言不雅馴者勿道．詩始殷湯．而白帝皇娥塗山之歌．言而荒誕者勿道．夫子之慎其言如是．彼夫左氏之述國語．昭明之述文選．是皆夫子之志也哉．書詩如夫子一家之言．國語文選亦如一人之所作．以我範圍古人．不以古人範圍我．夫子者．述者之聖．二子者．述者之明者也．大均不敏．竊嘗取廣東先哲之文．纂爲越語．以附於左氏越語之後．既而思之．不如稱爲廣東文選之善．蓋以予先有廣東文集之役．自兩漢至明．人各爲集．大家數十．名家百餘．凡爲二百餘集．譬之水焉．文集爲牂牁大洋．而文選爲一勺．譬之山焉．文集爲羅浮二嶽．而文選爲一拳．使觀者從一勺以求牂牁大洋．從一拳以求羅浮二嶽．是一勺爲牂牁大洋之所必須．一拳爲羅浮二嶽之所不可少．文選爲文集之車．右輪相輔而行．而不可廢者也．

嗟乎．廣東者．吾之鄉也．不能述吾之鄉．不可以述天下．文在于吾之鄉．斯在于天下矣．惟能述而後能有文．文之存亡．在述者之明．而不徒在作者之聖．吾所以爲父母之邦盡心者．惟此一書．於先哲之文如桑與梓．存者爲先哲顯其日月光華．刪者爲先哲藏其珠玉瑕纇．是吾之所以爲恭敬也云爾．書成．合詔令疏奏序記傳論碑誌之屬．與賦頌樂府

四五七言諸體・凡爲四十卷・梓而行之・以爲廣東文集之先聲・

廣東文集序

廣東居天下之南・故曰南中・又曰南裔・火之所房・祝融之虛在焉・天下之文明至斯而極・極故其發之也遲・始然於漢・熾於唐於宋・自有明乃照于四方焉・故今天下言文者・必稱廣東・蓋其地當日月之所交會・故陶唐曰南交・言乎日月之相交也・日在南則月在北・月在南則日在北・上下相望以爲交・生其地者・其人類足智而多文・固日月之精華所吐噏而成者・漢曰日南・舉日而月在其中矣・天之陽在南故曰日南・又其時爲夏・辰爲午・位爲丙午・於卦爲火在天上之象・火麗爲日・日在天上・而天大有其文明・君子當之・而以文章爲富有之業・以大車載而享于天子・此文獻金鑑之錄・文莊衍義之補・文簡格物之道・文襄皇極之疇之所以與臯謨伊訓相彪炳也・自洪武迄今・爲年三百・文之盛極矣・極而無以會之・使與漢唐以來諸書・其遠而爲王範黃恭之所紀述・近而爲泰泉夢菊之所編摩者・悉淪於草莽・文獻無稽・斯非後死者之所大懼乎・嗟乎・廣東雖一國乎・求文於人・人或不足於文・求人於文・文則有餘於人矣・博取而約之・撰爲一書・名之曰廣東文集・使天下之人・得見嶺海之盛於其文・文存而其人因以存・以與廣東通志相表裏・豈非一國人文之大觀乎哉・嗟夫・一國之人文・天下之人文也・知天下於一國・知一國於一人・夫此一人者・其出則必如文獻・處則必如文恭者也・典型既往・後學無師・吾安得不爲斯民之緒有深慮也乎・

先是時吾粤有嶺南文獻一書・吾嘗病其文不足・獻亦因之・蓋因文而求其獻耳・非因獻而求其文也・斯乃文選之體乎・以言乎文獻則非矣・且嶺南之稱亦未當・考唐分天下爲十道・其曰嶺南道者・合廣東西漳浦・及安南國境而言也・宋則分廣東曰廣南東路・廣西曰廣南西路矣・今而徒曰嶺南・則未知其爲東乎・爲西乎・且昭代亦分廣東爲嶺南東西三道矣・專言嶺而不及海焉・廉雷二州則爲海北道・瓊州爲海南道矣・專言海而不及嶺焉・今而徒曰嶺南・則一分巡使者所轄已耳・且廣東之地・天下嘗以嶺海兼稱之・今言嶺則遺海矣・言海則遺嶺矣・或舍嶺與海而不言・將稱陶唐之南交乎・周之揚粤乎・漢之南越乎・吳晉之交廣乎・是皆非今日四封之所至・與本朝命名之實・其亦可以爲徵・凡爲書必明乎書法・生乎唐則書嶺南・生乎宋則書廣南東路・生乎昭代則必書曰廣東・此著述之體也・以尊祖宗之制・以正一代之名・而合乎國史・其道端在乎是・

且廣東之文始尉佗・然佗眞定人・或中國人相輔者爲之・未必南武人之所作・即高固爲相・嘗以鐸氏微連楚王・亦未聞有文可稱・吾嘗謂廣東以文事知名自高固始・謂其能以春秋事君也・武事知名則始梅鋗・鋗亦無文・然則文其以漢之陳元爲始乎・其請立左氏一疏・大有功聖經・次則楊孚有請均行三年通喪一疏・即其南裔異物志・辭旨古奧・散見他書・搜輯之亦可以爲廣東文之權輿・今徒以曲江冠篇端・抑疏矣・嗟乎・廣東自漢至明千有餘年・名卿鉅公之輩出・醇儒逸士之蟬連・操觚染翰・古有存書・其或人告之嘉謨・

或談道之粹論．或高文典冊紀載功勳．或短章數行昭彰懿行．其義皆繫於人倫．其事多裨乎國史．作者深衷．鬼神可質．豈可掛一漏十．令其泯沒無傳．將一邦人物之盛．著作之宏多．反不如瑠珠翠羽．犀象珊瑚．水沉伽南諸珍性．猶能盡見於世．是豈有志好古敏求者之所忍乎．

鄙人嘗臆度之．大約大家數十．名家數百．近而穗城．遠而瓊甸．及此兵火之餘．蒐羅殘缺．出於壁中．求之枕上．猶可十而得五．一以慰孝子慈孫之心．一以開後生晚學之聞見．苟以卷帙浩繁爲闔．務存簡畧．使先哲精神所注．耳目所存．雖有至文．不能溢乎數篇之外．如此即欲天下人盡徵其文已不可得．況於獻乎．然欲多載乎文．以資觀者之厭飫．而其文分體而不分人．人存其名．而不存其事實．又以文選之實．而冒乎文獻之名．名文獻．實則文選．斯則鄙人之所不敢出也．若專以識乎獻焉．將如吾學編列卿記．名臣言行錄．獻徵獻實二錄．人物考之類．以獻爲主．文爲客．斯則史記之流．又鄙人之孤陋寡聞所未能也．無已．則以張天如所撰漢魏百名家爲例可乎．其例也．人各一集．集分諸體．體不必兼．即一體亦成一集．不成一集則以其可附者附之．稍加裁擇．咸使雅馴．一篇一字．亦必以內聖外王爲歸．痛絕釋老之言．陰寓春秋之法．書成．總計三百餘卷．集皆有原序新序．成書後．集末則以本傳行狀墓誌附焉．俾其人生平本末盡見．易以考求．統名曰廣東文集．分名則曰某人集．有謚稱謚．不稱官．以朝廷之易名爲尊也．無謚乃稱官．官以其代之官．以一王之制不可亂也．官又以所贈之官．榮君恤也．無官則稱處士．重高節也．非處士則或稱生員貢監生．以其嘗欲求仕也．或稱舉人進士．以其將出而仕者也．某某子與別號不稱．以非其祖父之所命也．其集外諸家．著書非文體者．均有百餘種．若邱文莊之大學衍義補．湛文簡之格物通．周易測．二禮經傳測．非老非楊．黃宗大之皇極經世傳．黃文裕之樂典．王光祿之正學觀水記諸書．雖爲體博大．爲理精微．可以羽翼聖經賢傳．概不編入．將別彙爲廣東叢書一部．俾與廣東文集並懸日月．垂之無窮焉．斯二書也．叢書無所去取．貴大全也．文集中十汰二三．然亦能寬毋嚴．蓋以一省之書．非海涵嶽負．無物不具．不足以稱厥地靈．昭山海之精華．成人文之淵藪．即或瑕瑜不揜．彌見大家．譬之羅浮．瑤石中有矗礫焉．不足以損其瑰麗也．暘谷扶桑．上有槁枝焉．不足以累其輪囷也．

嗟乎廣東吾之鄉也．一桑梓且猶恭敬．況於文章之美乎．文者道之顯者也．恭敬其文．所以恭敬其道．道在於吾鄉之人．吾得繇其文而見之．以爲尚友．資以爲畜德之本．豈非吾之所以爲學者乎．其不能一一鏤版以傳．則以貧也．有所待於有力者也．然予將終身以之．若愚公之徙太行．精衞之填東海．不以其力之不足而中綴也．知者鑒諸．

林光祿集序

光祿林公之以治行自知縣擢爲御史也．犯顏敢諫．直聲振朝階．嘗自言曰．爲人臣者．殺其身有益於君則爲之．蓋欲以一死寤主．爲忠之愚．如古之湘纍自沈．史魚尸諫也者．既而得謫．優游於林壑之間．逾數年．而二三大臣亟以光明正大薦．詔將起之．則公已奄然以其浩氣往矣．公之志雖未得行・然猶幸謫居入閩・嘗被臺檄・訪求往哲遺跡・得於朱子文獻之邦・探本窮源・見夫朱子所以集諸儒之大成・與孔子所以集羣聖之大成二者・與天地終始・猶天地之有日月焉・孔子猶日之周行・而主夫天・朱子猶月之追日・而從其朔焉・于是而從朱子所生尤溪・長五夫・讀書雲谷武夷・而終老考亭之地・莫不徘徊瞻拜・剪闢荒蕪・以及龜山豫章延平三先生祠墓・而于師友淵源之堂・求其授受・得其會歸・而知天地日月之終始・即帝王神聖之終始・易詩春秋之終始・即泰嶽紫陽之終始焉・公此舉豈非道學一大通塞之機・而諸先儒精爽之所默啓者哉・今讀其醉經樓一記・所以闡揚敬義之旨・精粹無餘・有曰聖人以心之敬而作經・而吾不以敬直之・則頗僻慢易入焉・而與聖人之心二・聖人以心之義而作經・而吾不以義方之・則適莫窮內・信果窮外・而與聖人之心二・故曰・大哉敬乎・一心之方・至哉義乎・萬事之綱・噫嘻・公于是而羽翼紫陽之心至矣哉・親至閩南之闕里・見而知之・將其父艾陵公之所不能得者・實得而盡心焉・繼志述事之美・不又爲孝之大者哉・

先是艾陵公嘗爲福建鹽運同知・分司水口・欲遍往幔亭九鯉之間・訪求紫陽之師・與其弟子遺書舊蹟・以守官不果・公之謫也・用故事可以中道而返・或居家自矜高毋行・而公以君命至重也・重君命而即使諸賢講業之蹟・一一修明・新其俎豆・而整齊其圖書・艾陵公有知・其不以公有大造於後學乎哉・公遊記具在・可考而知其疏章公牒・關乎政治之大・足備太史之訪求・予並詳錄而無遺焉・公諱培・萬曆間人・

宗周游記序

乙巳仲冬・予從蒼舒杜子以入陝西・杜子生陝西三原・嘗自稱秦人・予謂杜子之鄉・非宗周之地與漢唐之故都耶・乃今天下人但以爲秦・而前不稱周・後不稱漢唐何也・夫秦在戰國時・所謂嫚・秦無道之秦也・彼三晉田齊之篡・楚之僭・秦固可以併吞二周神明之統・堯舜禹湯之所傳・秦之祖襄公・以兵討西戎而救天子・其孫昭王大逆・乃遣將軍攻西周・使西周君頓首納其地・至莊襄而東西二周皆滅・不義如秦・其爲名也・爲雍州之辱大矣・稱雍州之人・但曰秦人・其爲士大夫之羞也・亦久矣・子何不察・尙自稱之爲秦乎・昔高皇帝定天下・以雍州之地爲陝西・陝以西之爲言始于有周・蓋二南風化之所本也・高皇帝不以雍州爲秦・而以爲陝西・以屬于有周・蓋有念彼周京之意焉・今子之敦詩書而樂仁義・其猶周先王先公之德敎所被者也・誠能毋忘其本・而易稱宗周・大告國中・使皆舍其尙氣概先勇力之習・復爲文武成康之遺民・以不負我高皇帝以貴重雍州之意・則子正名之功・實有大造于西土・西土之人・將以子傳于不朽・予今者・從子西歸・詩人所慨嘆而不得至者・予今得至・亦子之大有造于予也・杜子以爲然・於是余爲游紀・遂以宗周爲名・以先杜子・

譚處士集序

處士譚君・東莞人・名青海・年少負奇思・以布衣奮起・功成不居・如古魯仲連之所爲焉・肅皇帝時・走京師・

上三大禮疏・不報・其後復上書莊皇帝・所言十事皆石畫・輔臣張公居正・與同鄉先達葉公夢熊龎公尙鵬咸偉之・將留讀中秘書・君夷然不屑也・萬曆初・戚公繼光爲薊遼大帥・君杖劍出關・閱其營戍・謂之曰・公四面置守所費多・何如一字守耶・戚公異其言・從之・請爲其軍祭酒・會靑台吉連搆火酋生事・洮河以東・以覆軍殺將警告・有詔張皇六師・掄選邊才・各舉所知以對・時南海龎君尙鴻以鹽城司訓爲留都公卿所薦・其安邊一書・見者嘆其知兵・戚公以君及尙鴻皆倜儻非常之材・並宜超格錄用・以爲天下豪傑倡・疏薦於朝・不報・

君乃反轡羅浮・于見日峯爲草堂・以老于是・賢士大夫皆稱君爲見日山人・見日者・猶其自字永明・雖草野而不敢忘君之意也・第七十時・猶規畫交趾・著論甚悉・爲霍君尙守祁君衍曾所知・乃論者以君喜言兵・懷持壯畧・當聖明拊髀之時・一策未施・以抒北顧・誠不如彼仲連者身處圍城之中・抵掌笑談・而能使强秦不敢爲帝・復能使六萬乘之君不敢尊强秦而爲帝・而且周之天子以此邯鄲一役・得以四十年宴坐無事・保守宗祧・此誠布衣之爲功・曠世無兩・君視之誠邈如也・然予以君三大禮疏・正一朝之典禮・明萬古之綱常・葢亦春秋之志・使其言行・則君之所以爲功・誠有考諸三王・建諸天地・而不謬不悖者存・又豈仲連之所可及也耶・

君才氣豪邁・筆下滾滾千萬言・甫脫稿・即散去不復存・所著靈洲詩草・增城湛恭先鏤版以行・其疏則具載東莞志・予合爲一編・名曰譚處士集・葢謂君輕世肆志・蟬脫簪紱・自不欲仕耳・非君相不能用君也・當治世而恬淡爲處士・與遭喪亂者難易固殊焉・誠一代之高逸云・

李淑人行狀後

遊擊崔君先娶淑人鄧・以賊破夫婦散失・于是更取淑人李・亡何・鄧淑人復歸・崔君乃並嫡之・鄧生子京柱・李生子文衡・君嘗命之曰・子無嫡庶・母無大小・生事死葬祭祀・各尊所生・臨終復遺書以爲言・歲丁卯・李淑人年六十有八考終・文衡致喪三年・京柱以鄧淑人在・于是爲李淑人杖期・禮也・然京柱顧以李淑人之名未正爲言・予謂崔君嘗有先娶後娶之言・始也鄧不存・則李爲繼・既也鄧亡而復存・則李繼而非繼矣・非經繼則爲並嫡・而乃使李以身下之始爲妻而終爲妾・夫豈人情之所安乎哉・崔君之所不安・而禮於是緣情而起矣・爲京柱者・宜以乃父之情爲情・而勿違其治命・斯於孝道無所闕・夫爲人子之道・父母有婢子・若庶子庶孫甚愛之・雖父母沒・沒身敬之不衰・夫婢子且然・况於與其父敵體者乎・內則又云・父母之所愛亦愛之・父母之所敬亦敬之・至於犬馬盡然・而况於人乎・崔君之於李淑人・其爲愛且敬也允矣・夫人不間於閫內之言以並嫡・葢數十年於茲矣・京柱今欲於其名而追正之・又從何而正之・不請正之於父於李淑人未沒之前・而欲追正之於父於李淑人既沒之後・即正之而無所益於鄧淑人・亦無所損於李淑人・祇見其不以父命爲重而已矣・祇見其有忍於死其親之心而已矣・夫鄧與李迭爲先後・李繼鄧・鄧亦繼李・以禮言之・鄧當爲趙姬之下叔隗・而李亦當爲叔隗之下趙姬・交相下也・而皆成其女君・斯春秋之所亟稱而不嫌於過讓者也・

吾聞李淑人之沒也・鄧淑人周旋其喪・哀傷篤至・平生交愛・誠於斯可見・鄧淑人未嘗有所爭於李淑人・而京柱顧爲鄧淑人爭之・夫使爭之而得・亦非鄧淑人之所安・況爭之而必不得者乎・京柱之爭適・使鄧淑人謙謙之德不彰・順巽之誠不著・所謂思貽父母令名必果者・將安在乎・李淑人懿行・薛子炎洲狀之甚悉・中援趙衰之事爲喩・經權並得・有關於名教甚大・議禮之言・以斯爲正・予故善之・而爲推廣其說・

書夏臣靡事後

或有謂夏故臣靡・當祀夏配天之日・年當百歲上下・靡忠且智・獨不念人壽難得・惡名不可久居・使當羿浞在位之一旦・淹然物故・則萬世下靡當與亂臣賊子並列・然靡恬然之・久而益誨・則誠何心也・大均謂莊生有言・造物之報人也・不報其人・而報其人之天・靡之天定于胸中・年雖老而其天不亂・故天以壽考報之・故夫忠臣義士之在于世・不患其無天・有靡之天・其人必不得而死・即死而其心終見白於天下・世之人有僞爲忠臣義士・而終於身敗名滅者・繇其天不可得而問也・故有天則天成其事・無天則天敗其名・此中庸所以貴乎至誠也・

自代東入京記

丁未八月朔出自代州東門十里・至平城・有虛墟落曰白登村・又十里・城曰棗雲・道旁故有扶穌祠・蒙恬墓・在蔓草中不可識・但聞水聲從殺子谷而來・細流嗚咽・曰恨斯恨斯而已・到都葬所・相傳在其左右・今亦失之・北望西隃夏壺雁門諸山・爲峯千萬・橫亘長邊而出・雙陘中裂・大者爲關・小者爲口・與內外邊牆不斷・勢若長蛇・其首起雁門・故雁門爲內三關絕險・志所謂雙關斗絕雁度間者也・迤麗而西・層岈疊嶂・直接雲中九原・蒼翠陰潤・若晴若雨・則勾注之山也・三十里至繁峙縣・縣孤懸無援・寇往時從平刑小石而入・輒先受害・代東次衝之地也・欲尋泰戲三泉・觀滹沱發脈之所以・日暮不果・明日二十里至拂蓮堡・四十餘里至沙河・南望五臺北峯・積雪如白雲・光亂初日・此七月中新雪也・記云・秋八月六日與客登陟五臺・踏冰攀磴・雪片與山花交落・沾衣盡濕・夜擁狐裘三重・身猶寒慄・谷中有太古雪一塊・大四五畝・黑如漆・稱萬年冰・淮南子云・北方有不釋之冰・此其一矣・明日・四十里至大營・自代至此皆逆滹沱以行・淺深凡十餘渡・是引之可溉恒山田・又三十餘里至平刑關・關據山絕巔・崇垣矗立・乃紫荆雁門羽翼山西東路之門・而全晋咽喉之寄也・北當諸台吉孔道・爲戎馬區要害・不亞雁門・故國朝山西東路之邊・以平刑爲首備兵使者・兼轄兩關□雁平道焉・平刑號極衝・嘉靖間・寇三大舉・皆從平刑而入北樓・參將沿墻擺守・晝多旌旗・夜多火鼓四面以驚疑之・使之狼顧不及・而以勁弩飛車及毒虎大砲豫伏於山勢盤迴之間・俟其半渡而擊・往往大創・此誠扼關上策也・崖澗險仄・欲崩欲欹・下馬渡嶺四重・河五重・始至平刑嶺口・於堡城宿焉・

明日・四十里至靈丘・有趙武靈王墓在縣西・高阜崔嵬・前帶湯河・後枕黃花嶺・形勢雄大・沙丘宮舊亦在此墓

前。有烈女曲秋葉兒碑。東有李存孝故里碑。又二十里從深谷上銀泉嶺。嶺一名遺釵。脊長高嵒。道巉絕。乍步乍騎。四十里度一小關。至腰站。樹林中有煙火數家。下臨虎落。上接鷹巢。寒風飀飀。卷人毛髮。少憩。上驛馬嶺。山梁詰屈。益艱險。管子所謂轘轅之險也。踰艾河二里至廣昌。即古飛狐縣。道旁有東嶽行祠。門內古松三十株。左有小塔。銘云。唐天寶三載李仙芝奉勅所建。塔下石穴。大小六七所。有噴泉。流聲淲淲。是曰淶源。以釀酒絕甘。京師稱爲淶酒。淶水灌溉。多上膏之田。居人五家一水碓。十家一水車。甚資其利。榆柳間茅茨錯列。咸依漢魁以居。一小寺建自遼乾道中。石幢瑩潤。楷書心經及梵字皆可玩。山上邊墻百餘仞。石色皓然。橫界青眞。起紫荆至白石口凡百里。城以山爲首尾。山以城爲藩籬。我散而守。彼聚而攻。無所不備。則無所不寡。不待交戰而勝負之形已分。當日事勢若此。自大營至此。四面皆崇山。無一空隙。覩天若在井中。京西要害此爲最。昔人欲塞飛狐之口。良然。

明日。二十里渡拒馬河三重入浮圖峪。峪口砲台林立。墻與山勢並馳。山斷則墻續。山以墻屏。墻以險衛。險虛必依墻以爲實。墻實又依險以爲虛。虛所以戰。實所以守。守又在河。河水緣墻。曲折多礨石不可騎。扼之乃可取勝。出峪嶺。益峻。鳥道傾側。上下浮沙危石。下馬十餘次。踰河八次。又七十里踰河至一小關。關有羽翼紫荆四字。又七十里至紫荆關西岸。其牆內外十餘道。斬山堙谷爲之。一路接火墩空心甎樓。自浮圖峪至此凡數百座。關南又有小關。一城環之。又踰河乃達紫荆關。關有重門。與浮圖峪皆半閉。稽察甚嚴。非有地方印符不得度。副將某要留帳中。以易酒黃羊相餉。使伎彈箏打碟爲樂。爲予言。北關肘腋京師。曩時防秋孔亟。士馬雲屯。然且戰守不給。今者戎夏一家。無分邊腹。漢兒一向卧。今益可以高枕。守將閒暇。但歲時省視諸部落馬牛羊槖駝。及羊羢駝毛狐貛羊羔諸皮張所入。收其稅。課萬金。取羡餘以供賓客而已。紫荆乃內三關之一。內三關爲邊。外三關爲大邊。一關中又有三關。關外又有暗門。夾道烟台。或高或下。每座皆費千餘金。今者傾頹幾半。與金城湯池皆無所用矣。予聞其言。爲之太息者久之。出關。復舍騎而下磴道。裊裊若懸髮。石膩苔深。跬步已困。渴甚。解帶中椰椀酌瀝靈泉而飲。回望關樓。若天半霞起。旌旆飛揚。尙有雄吞朔漠之氣。十里至谷口。有卷門女墻環之。是曰茶窩口。凡關必有口相輔。紫荆在中。而浮圖在其東。茶窩在其西北。唇齒之勢也。紫荆實京師鎖鑰。金史表云。勁卒擣居庸關。北拊其背。大□□紫荆口。南扼其吭。丘濬云。京師北抵居庸。東抵古北口。西南抵紫荆關。近者百里。遠者三百里。居庸蓋吾背也。紫荆吾吭也。一不戒。彼將反扼我之吭。而拊我之背。其踰墻直至神京。不過一日程耳。嗟乎。當日之可憂如此夫。

又八十里渡水四五重至易州。自紫荆關至此。民男婦率多項癭。蓋山谷之氣寒濕所致。語曰。險阻氣多癭。是也。渡易水。吊荆軻舊迹。慨歎久之。易水淸冽宜釀。故易酒最名。引其水可溉京師田。明日。六十里至淶水縣。又五十里至涿州。馳道平衍。緇塵漸撲面矣。明日。三十里度琉璃河橋．四十五里至良鄉縣．三十里至盧溝．桑乾水自西北至．水在雲州混濁．至此乃清．有大橋柱．皆青石雕鏤錦獅子．不可數．又三十里至京．

自代北入京記

戊申八月二日．自代州北行二十里許至南口．又二十里踰橋至傳家坪．仰視雁門關．在兩峯頂孤懸千尺．勢若雲翔．里許至關城．城隨西曲折．其形三方．北有外羅城．石女墻一．土女墻一．在古烽燉凡四譙樓．曰甯邇．下有武安君祠．祠南一泉．曰白谷．有九龍亭覆之．山上即古長城．乃趙肅侯武靈王所築．築並陰山至於高闕者．今因之以作邊墻．墻大者三道．小者二十五道．純以巨石．蓋十人險之總門也．出關咫尺．寒風凛冽．即與塞內不同．兩山漸開．茫然黃沙白草矣．一泉迸出北流．入於桑乾．名曰豹突．古飲馬之窟也．溪石大小相錯．馬行殊苦．又三十里至北口．七里至新廣武．城倚半山．南當雁門之缺．西折十餘里爲舊廣武．藪澤中多鴻雁野夗央之屬．語曰．北陵西隃．雁之所出．雁門以此得名．西隃即雁門．又多黃黑雕．長尾短翅．大如車輪．盤旋空中．見人輒欲下擊．勢絕可畏．車騎輒不敢行．日未暮已趨店宿．店旁頗有土窰．民居其中．所食者苦蕎燕麥窩窩．所爨者沙蓬．貧嫗以石炭禦寒．有生長不識布者．慨嘆久之．

明日．七十里至陽方．有城在南山口．當朔州大川之衝．平沙漫衍．亂水流離．每當秋高馬肥．十萬鳴鏑可成列以進．外三關此爲最衝．不比東之雁門勾注．西之老營偏頭．崎嶇山谷．限隔黃河．不便大舉者．蓋守陽方口所全晋之三路也．又二里至甯武關．間據兩關之中．號爲中路．垣墻壘凡二百餘里．直接太原．往闖賊犯關．以甯武不破不可以向大同．故力攻拔之．自都督周公遇吉戰歿．一路金湯．皆若摧枯拉朽矣．東門敎場有周都督墓．予焚所作公傳哭而去．出至新廣武．十里至榆林堡．並山行．過黑圪塔．有黃水河從朔州之三泉而至．泥沙渾濁．人皆濾漿以飲之．又六十里至山陰．山陰以在覆宿之北．故元名之曰山陰．又以在桑乾之南．故遼名之曰河陰．或曰北接陰山．山陰即陰山之南麓．未知然否．縣川原平衍．每風捲細沙．堆積成山．其白如雪．上生葱蒿可食．曰沙葱沙蒿．其土鹻．其民貧窳．窮陰所積．黍稷麥穄難育．柳三月而芽．白揚四月而有芒如毛．婦女載于首以代花．是白柳毛．然七月而皆黃落矣．冰霜慘裂．木皮厚至三寸．民以爲瓦．又六十里至應州．桑乾渾河二水東西環繞．羣山乍斷乍續．起者爲龍堆．伏者爲雁磧．大風一起．黃沙漲天．沙壅處馬脛臨沒．此古沙陀地也．李鵶兒於此創業．有金鳳井存焉．北有黃華岡．武靈王嘗登其上．與樓緩謀胡服以取中山者．城中有塔．上下積木爲之．高三百六十尺．圍半之．盤旋紆曲．內外玲瓏．視之苦井．幹樓有成祖峻極神工．武宗天下奇觀御書．天下浮圖之奇者．惟此爲最．故應州號塔兒城．塔．遼淸甯三年所建也．

於時新霜始降．雉兎方肥．予與三五騎小出城西．射得沙雞二．半翅一．以夜猴縋入穴中．捕得黃鼠二．聽鄰居妓女彈大琵琶．唱西曲．夜分乃寢．五十里至桑乾河．水黃濁．泥深數尺．得河夫五六人著渾脫入水．夾扶騾馬乃能涉・其源自汾洲・天地洑流至馬邑雷山之陽・滙爲七泉・七泉合而爲一乃至此以洑流・故性㬏怒・從穴中噴薄如沸・不減黃河之暴・太行水皆洑流・桑乾其一也・又十里至西安堡・夜寒・以煤煖酒・煤色如烏金・堅如石・名戍火・亦曰宿火・言戍卒所用而能隔宿不化也・邊頭苦寒・貧者以火爲衣・日夜在土炕上・煤臭多惡・易病人・蔚州煤則否・且耐火・故燒炕貴之・戍火蔚所產也・又六十里至大同・地夷衍無險可恃・北路尤難守・中路次之・西路東路又次之・蓋畿北大戰塲・而九邊中之絕塞也・山西以大同爲藩籬・以三關爲門戶・以奇嵐一帶爲庭除・故大同以戰爲守・所以壯藩籬也・諸關以守爲戰・所以固門戶也・城東御橋甚高大・上有擎天柱・雕刻獅子・有鐵牛四・在四角・以鎮川流・康陵嘗駐蹕焉・尋晾馬台故址・不得・乃宿代王宮・外宮已燬・僅餘紅牆・周遭土人穴其下爲營窟・所砌馬槽皆琉璃斷瓦・明日・六十里至聚落城・一路多石田・草木少生・七月已有嚴霜矣・驚蓬展轉・不離馬蹄之間・隨風散去・輒後依人・爲感歎久之・

黃埃蓬勃・目眯無所見・隱隱一口與雁門斜對・號極衝・蓋昔日帝𤣥之所從出者・是曰殺狐林・其近宣府者・曰張家口・外即大漠・其東天城陽和・其西左右威平・南則朔應渾源蔚諸州・皆以此爲鎖鑰焉・六十里至陽和堡・有額曰襟嶽帶河・嶽北嶽・河桑乾也・三十里至枳兒嶺・是大同宣府界・得句云・大同宣府嶺頭分・自廣武至此數百里・深沙大鹵・莽莽無際・嶺崛起・故不甚高・踰嶺則兩山漸合矣・渡水深者一・淺者十餘・至懷來堡・又六十里至宣府・入謁故巡撫朱公之馮祠・焚所作大同宣府二巡撫傳・二巡撫皆不屈于賊・與國存亡・朱公及衞公景瑗也・有槐數百年物・在刑官廳事・幹丈餘耳・二人手圍之不能盡・枝條夭矯・武廟稱槐龍焉・又十餘里踰小嶺並洋河行・兩山逼東・洋河橫穿而東・勢甚洶湧・塞外水消長不常・成河者少・此河洋洋不已・故曰洋河・出隘至雞鳴驛・有山銳絕・是曰雞鳴山・唐太宗北伐聞雞鳴於此・六十里至上花園・又十里至下花園・皆遼時蕭石種花之處・有澤曰死央濼・濼一曰泊・旁多古楡柳・又有檉柳・檉柳一曰霧柳・又曰三春柳・言以三春時而發・塞外柳皆萌芽于夏故也・一樓曰鎮朔・乃遼后洗粧樓遺址・地凉爽風猛早霜・宜牧馬・多沙米燕麥之植・沙米粒細如黍・以羊羹作食・味亦甘滑・邊外名黍喇棘・又善水草・多產黃鳧白雁・遼元皆嘗避暑爲離宮・沿泊以居・元又以爲上都・開平東甌二王掃除之・乃爲冠帶之室・

自大寗棄谷邱遷而遼東宣府數千里・中斷古北喜峯二口・遂爲外邊・二口當居庸山海二關之中・不能制其扼要・東西臂肘已斷・而險阻與共・畿輔間騷然多事矣・沿河行・或渡或否・往往見西夷氈帳・高低不一・所謂穹廬連屬如岡如阜者・男婦皆蒙古語・有賣乾濕酪者・羊馬者・氄皮者・臥兩駱駝中者・坐奚車者・不鞍而騎者・三兩而行・被戒衣或紅或黃・持小鐵輪念金剛穢跡咒者・其首頂而柳筐・以盛馬羹及石炭者・則皆中華女子・皆盤頭跣足垢面・反被毛襖・人與牛羊相枕藉・腥臊之氣百餘里不絕・予就奚婦市得黃米大磨・及野馬肉峯・予油以行・峯槖駞峯也・十里至新保安・又十八里至沙城・城有二・東西相夾・又二十里至土木・英宗蒙塵之地也・城西有祠・祀當時殉難文武・三十五里至懷

來・又二十五里至榆林・皆有堡城・二十五里至岔道・有二路・一自懷來衞保安州・歷榆河土木雞鳴三驛至宣府・爲西路・一至延州永寗衞四海治・爲北路・蓋岔道者・八達嶺之藩籬・而八達嶺又居庸之藩籬也・自宣府至此・一路深溝高壘・連絡諸關・關外有墻・墻外又有城・城外有山・山外有墩・墩內外相夾・其勢亦一長城・而對角敵臺偃月羊馬墻相間・率不踰二三里・單邊五之・複邊十之・亦可謂極其綿密矣・

岔道兩山峆岈・若犬牙錯・從澗中亂石以行・三里許至八達嶺・嶺軍都山也・有城曰北口・城下視居庸若井底・居庸以此嶺爲咽喉・守居庸當守北口・守北口當守八達嶺・元人所以設萬戶軍府于此・蓋居庸之險不在關城・而在八達嶺・斯嶺最高・憑高以拒下・其險在我・失此不能守・斯無關矣・踰嶺數百步・即岔道堡・守此又所以守八達嶺也・嶺下澗壑逶迤・湍流界道・二十里許有小峽・水聲淙淙・名彈琴峽・此水乃濕餘河之源・南流至下口・潛伏十許里・又復南出爲榆河・今涸矣・關路多行水石中・苦礐砢・不可疾驅・路益狹・雲水蔽虧・

四里至居庸・古謂鐵門關・關在兩山間絕壁・平峭如削成巨石中・僅過一軌・四十餘里乃得平地・其上峯嶂倚空・東連盧龍碣石・西屬大行常山・羊腸一線・曲曲相通・此天下九塞之一・而太行八陘之第八陘也・陘・隘也・北曰陘・南則曰逕也・ 契丹故有地曰陘・尤高涼・常以五月上陘避暑・八月下陘・其後曰以宣府爲陘・道從居庸出入也・居庸自遼以來號絕險・金之取遼・厓石自崩・戍卒壓死・死戰而潰・其後金人以鐵錮重門・布蒺藜毒簇百餘里・守以精銳・然夜半黑松林中已有蒙古之師間道而入矣・關中有延慶衞治・一寺曰泰安・有白石雕鏤佛菩薩天王諸像・甚精巧・多焚書跡・蓋遼元時物・又有過街塔・塔累石爲之・狀如譙樓・車馬穿其竅以行・出關・復行澗中十五里・至南口・南口者魏書謂之下口・以南爲下也・北齊書謂之夏口・以南爲夏也・凡一關必有南北二口爲羽翼・關華夏之吭・而二口又關之吭也・

長陵在天壽山・如萬馬從天而下・至此而止・蓋大行結脈之處・百里至昌平州・自州西門而北・六里至陵下・繇白石坊入・坊北有水・一石橋跨之・二里許有大紅門・中路碑亭有仁宗御製成祖神功聖德碑・長陵在天壽中峯之下・直當正脈・門曰祾恩・凡五空以亂石塞之・予與一申稍從水溝匍匐以入・享殿亦曰祾恩・凡九間・他陵則五殿・前後門三道・石案上罏一・花瓶燭臺各二・皆白石琢成・其後爲隧・隧上爲明樓・有一碑・以金書曰・大明太宗文皇帝之陵・上二字篆書・下七字隸書・明樓後有寶城・梓宮藏其下・皆一帝一后合葬如孝陵制・凡十二陵皆然・階墀欄楣華表・及石人石獸亦皆白石・甬道有屏風・則以黃琉璃爲之・長陵之左爲景陵・右獻陵・制度狹□・僅及長陵五之一・最壯麗者永陵・其殿十一間・純以竹葉錦石鋪之・其平刻左龍右鳳・長陵之平止刻龍・諸陵門皆有崇碑無字・惟景陵寶城前有白松數株・冢上一株・司香者護視惟謹・定陵前燬于賊・昭陵康陵僅明樓被焚・泰陵殿上存御座案榻各一・及承塵五色天花板・餘具服殿宰牲亭焚帛爐之屬・或完或不完・一望琉璃碎瓦・金光滿地・目爲之眩・御橋下一一無水・雀池與九龍池皆

涸・九龍池在昭陵西南・供御盥薦者也・計天壽山凡五水・一自老居堂來逕長陵前・一自灰嶺口・一自賢莊口・合流下泰陵橋・一自錐石口下康陵橋至泰陵橋南・合上二水下定陵橋・一自德勝口來逕昭陵橋・俱至櫺星門北之七空橋・總爲一河・流出東山口至沙河・沙河有二・一南一北・夾鞏華城而出・漢所謂濕餘水・東至潞南入直沽者也・河上有二橋・南沙河橋曰安濟・北曰朝宗・歲時車駕上陵經焉・城有行宮・車駕亦嘗留駐・今荒草矣・定陵西北爲宮人葬地・名西井・其東井在德陵之東・南井者內人斜也・諸陵皆有神宮監以司灑掃・一二老監猶存歲收御園花紅蘋果以獻・予從之求飲・少甜焉・四十八里至清河橋・宣德五年二月乙未上奉皇太后謁長陵獻陵・上躬櫜鞬騎導皇太后輦至此橋下騎・扶輦既度橋上復騎・郊甸之民夾道羅拜・皆稱萬歲・即此橋・吁嗟・此盛事不可復見矣・又十二里至京・

御琴記

戊戌之春・臣大均北走京師・求威宗烈皇帝死社稷所在・故中官吳指萬歲山壽皇亭之鐵梗海棠樹下・臣大均伏拜而哭失聲・吳感動・留信宿其家・臣大均輒從吳詢問宮中遺事・及內府所藏御器存亡・嘆息曰・自賊陷神京・歷朝圖書寶器悉爲灰燼・先皇帝善書・書成鈐以玉璽・其文有曰崇禎御筆・有曰大明崇禎皇帝萬幾餘暇之筆・今諸璽散落人間不可復問矣・一琴名翔鳳・嘗經先皇帝御玩・國變後・轉徙兵火中・有濟南李氏者購之以歸・先是時・上勵精圖治・後宮希所遊幸・一日中秋之夕・駕幸玉熙宮設宴・命田貴妃援琴鼓關雎四章・斯時朗月如霜・器和響逸・上歡悅・顧謂貴妃・卿指法洪纖得宜・是誰所授・對曰・臣妾母氏能琴・臣妾琴是母氏所教・次日・召母入宮・奏琴數曲・賞賜優渥・斯時乃崇禎初年・流寇未熾・鐘鼓司時・節奏永嬉・過錦諸戲內才人於煖閣・・齎縷金曲柄琵琶・彈清商雜調・歌舞太平・上心悅・傾聽不倦・未幾河南淪陷・秦楚燕齊三晉流寇交訌・上宵旰不遑・減膳撤樂・無復有向時玉熙宮之歡矣・

先是有楊太常正經者・通明音律・尤喜琴・先世爲酉陽宣慰使司・代有戰功・及自爲將・值己巳之役・後思石提兵入援於山海關・大斬獲・上谷欒城諸地既復・因上鐃歌十曲・上嘉其聲詞雄麗・可以建威揚武・因勅審定郊廟樂章・嘗奏琴便殿・爲太古聲・上稱爲過於師襄・而官以太常・賜之琴二・甲申京師不守・太常抱一賜琴亡匿淮陰・作爲西方風木二操・西方思君・風木思親・一彈再鼓・哀聲苦調・聞者莫不流涕・先時上雅好鼓琴・嘗使中書尹燁訂正歷代琴譜・上親製琴文五曲・一曰五建皇極・宮音君・二曰百僚師長・商音臣・三曰燮時雍・角音民・四曰萬國咸寧・徵音事・五曰四𡰥來王・羽音物・其第一曲有云・帝錫以禹疇兮・第五曰建極・維王維王建其有極兮・垂黻冕・授玄圭以爲天下王・又製訪道五曲・亦分五事五行・一曰崆峒引・二曰敲爻歌・三曰據梧吟・四曰參同契・五曰爛柯遊・又嘗製銅琴二百張・命中書文震亨各爲之贊・今俱不傳矣・臣大均聞言・相與欷歔泣下久之・

臣大均以事往濟南・遂過李氏・求所謂翔鳳御琴者而觀之・琴長可四尺・神光閃爍・飾以金玉象犀・背鐫廣運之

寶・及大明崇禎皇帝御琴八字・尾有翔鳳二篆字・臣大均捧之流涕・髣髴天威咫尺・伏拜不能興・李氏故多古琴・建高樓藏之・諸古琴環繞御琴數匝・若有君臣之象・而楊太常者・歲逢先皇帝忌日・必從淮泗來拂拭御琴・設玉座祭奠如禮・臣大均於是留濟南踰月・會正經・正經握手若平生好・正經奉御琴不敢彈・乃陳賜琴鼓一再行・叙寫國破家亡之故・變聲悽慘・林葉陡落・驚風颼飀・曲未終聽者皆泣下・正經時爲僧・布衲芒蹻・與臣大均邂逅之跡畧同・酒酣悲歌相和・徹夜徬徨・因爲御琴歌以紀之・其詞別載於詩中・

增城侯文烈張公行狀

東莞爲忠義之鄉・宋末有將軍熊飛許之鑑・以布衣起兵於花溪銀塘之間・從文丞相大破元兵・復韶廣二州・失機以死・國朝有都督陳策・鎮撫關鎮明・以五千之兵・遮滿洲數萬於渾河口・血戰數日・殺傷相當・絕援以死・四君者・皆萬人之傑・義不與强敵並立・煌煌忠烈・載在史書・逮中興之初・則復有文烈張公其人焉・自廣州陷・公首建義旗以爲諸豪俊倡・於是東莞山圍水[illegible]所在・人民戈甲雲興・競爲兵首・以與敵人决命・爭一旦之生死・蓋縱横數百里間・小者百人之奮・大者萬人之鬬・金鼓之聲・晝夜喧聞不絕・一皆稟節度於公・以爲進止・嗚呼・公何以得此於東莞之人哉・計敵自入粵以來・所將精銳及西北遼人・爲公部曲所殲・髓到漝・腦四鄉・十而三四・存者亦瘡痍之衆・雖欲不反正歸誠・以十郡還之天子・勢不可得・公以敗爲成・十郡雖不自公恢復・而卒使惠國乞降・行朝再造・兩廣得見中興之盛者・公之功也・公敗之於東・而成之於西・所由與陳文忠陳巖野二公同爲佐命元勳之冠歟・公之戰績・東莞人人能言之・他州郡弗悉也・公季弟琳請余爲狀・余詢諸公門生故將・曾隨鞭弭者・一一書之・與四朝成仁錄互有詳畧・各從文之體製云爾・

公諱家玉・字玄子・號芷園・東莞萬家租人・唐文獻公九齡弟殿中監九皋之後，爲韶州刺史君政所由出・宋末有諱峴者・自福清來作尉海豐・遂遷東莞之圓沙・子姓繁衍至數千人・以文學行義政事稱者・肩摩踵接・爲衣冠望族・十七傳至公・與從祖恂遂以忠烈益光大其家・公曾祖諱宗尹・祖諱明教・父諱兆龍・學行端純・並有隱德・爲宗中耆碩・公生而通敏・穿穴經史・才具博大・有經緯天下之志・幼從諸同學登黃旗峯・峯陟險・皆有難色・公獨造絕頂・舉觴屬其師林公洊曰・我輩作人非第一流不可・林公驚異之・爲人頎而長・貌英秀・好笑語・白晳微□・鬚眉如畫・好戴折角巾・光鬘鮮衣・風流自喜・而文豪武俠・慕雲長公瑾之爲人・年十九・補廣州儒學生員・崇禎九年舉於鄉・十六年成進士・出左諭德周公鳳翔之門・殿試三甲・觀政工部・選授翰林院庶吉士・先是倪公元璐夢一童子持旛自天而下・旛有詩曰・謹記崇禎十六年・聖明天子大求賢・從今絳闕天魔墮・輸與金旛玉局仙・倪公以公名應夢・且負大才・絕器重之・館課三以公詩歌居第一・撰誥敕輒以屬公・十七年三月京師陷・周公殉節・遺書與公曰・玄子爾雅温文・貌若婦人女子・然中懷剛毅・定知大節不移・書未至・公已罵賊矣・

初賊李自成欲授公官・公致書欲自成賓禮之而不臣・而

題其門曰明翰林庶吉士張先生之廬・不然・臨以刀鋸・將形影相笑而樂蹈之・自成見公於中左門・賊令公跪・公曰・前上書不上疏・請賓不肯臣・今日當以賓禮見・因長揖不跪・自成笑曰・我定要爾做官・公曰・我定要不做官・因數自成十罪・自成怒・命僞錦衣衛四人持出斬之・公大笑而退・自成釋公・令懸撻之於五鳳樓・皮開肉迸・七日不食・垂死・自成再使軍師牛金星說降・公不爲動・後賊出東開・公乘間得脫歸里・思宗安皇帝立・以六等定從逆諸臣罪・阮大鋮欲報私仇・謂致先皇帝殉社稷者・東林諸臣也・不盡誅東林諸臣・不足以謝先皇帝・公旣爲倪周二公所器重・大鋮因目爲東林邪黨・謂公請厚葬倪周二公・而薦劉公宗周黃公道周於自成・刑部尚書解學龍受其指・以公列於五等・保國公朱國弼等合疏糾刑部六失・詔革學龍職・以高倬代之・高公正直・欲上章訟公及簡討方公以智寃・弗果・逮問至公・慨然就道曰・此行當爲君父雪恥除兇・當日之事・諸朝臣屬目・豈俟向一人求白也・其大父則謂之曰・我太祖表正華夷・蕩除亂賊・直將孔子全部春秋一身做出・孔子口教・太祖身教・太祖賢於孔子・未有不中興者也・而南都卿相未善奉行意・今歲來年當有白水黃衣奮起・建非常之業・我孫此去・定有遭逢・當放出參天贊地之手・爲太祖做一番事業・已而公遂攀龍飛之聖・首先建策・公大父預識興廢・其言明驗若此・公至南京・有爲力辨者・得復原職・已而車駕北狩・乃走錢塘江上・與軍副使蘇公觀生・水師總兵鄭鴻逵等擁戴唐王・王・高皇帝九世之孫・生有紅雲黑龍之瑞・龍行虎步・目若明星・聲欬若洪鐘・豁達大度・睿哲英明・恭儉仁慈・淸心寡慾・愛人禮士・博學工文・少遭家難・力報父讐・與兵勤王・爲法受過・安皇帝立・乃出鳳陽潛邸・

先是王至嘉興・臣民擁戴・王謙讓轉奉潞王・潞王不振・謬從邪議・降敵以救民・公與諸臣・乃奉王入福州・以閏六月初七日監國・二十七日即位・是年乙酉・改爲隆武元年・即宏光之元年也・是爲紹宗襄王皇帝・公大告於諸將曰・昔漢光武起南陽・以高祖九世孫爲長沙定王後・建元乙酉即位・六月其兄伯升兼有朱鮪李軼之難・今皇上亦起南陽・亦爲定王後・亦傳九世・亦建元乙酉・即位六月・而且兄弟之難・父子之難・常變又相準也・揆之天命如此・度之人事如彼・天與人歸・眞中興之主也・諸將皆以爲然・謂公斯言・不啻三命論云・上以定策・晉公侍講兼編修・旋以大學士黃公道周薦・命紹筆硯掌起居注・公疏謂起居有注・所以書天子之言動也・臣今直書無隱・願皇上無取覽所書於臣・否則臣死不奉・詔上・以公侃侃有古大臣風・因書其疏御屏・賞銀三十兩以旌其直・

七月六日上大誓文武於天興府西郊・登壇受鉞・遣將分征・命定虜侯鄭鴻逵出仙霞關・永勝伯鄭彩出杉關・總兵官施福出崇安關・總兵官黃明俊郭煒出分水關・少保黃斌卿督水師由海道以抵溫台・靖虜伯方國安牽師援浙・而平虜侯鄭芝龍督禁兵居守・公知兵・數條陳恢復大計・請效戎行・上奇愛之・諭曰・爾年少英俊・文武兼資・朕今以兒子視爾・朕中興大事今以托爾・乃命以翰林院侍講兼兵科給事中・監軍御右營・聯絡直浙・節制江西招勦・敕賜銀印・捧持御節便宜行事・同永勝伯鄭彩督兵平江定京・八月復命公兼理吏戶

禮三科事．諭以戮力匡復．矢謀蕩平．稽察兵餉．覈功論罪．所過都邑有司不時舉劾．隨地調補．忠孝節義及立功贖罪等人．一聽赦錄旌郵．朕弗中制．十月．公先出關至廣信．聞南建徽州並陷．謂腹心之患在洪都．咽喉之患在徽郡．乃疏陳進勦分合之法．上以公言言確畫．命速催鄭彩出關．由建撫立功．彩懦觀望不前．駐軍邵武月餘．未嘗一矢加遺．公枕戈待旦．精慮不遑．按行營壘日．以忠義鼓勵諸將．十一月撫州圍急．彩書與公．使督率諸將往援．公即東約右鎮陳輝．西約中鎮林習山．南約前鎮蔡欽會兵於許灣．十四日敵至．公令蔡欽所部衝鋒．斬六級．馬四匹．敵少却．親督右鎮所部．長驅出營．大戰十餘合．斬敵總二級．兵三百二十三．馬四匹．得生馬三十一匹．器械無算．薄暮都督陳有功參將葉壽再戰死．敵糾難民數萬．鳴鑼吶喊．飛箭雨射．沿山放火．軍中寒慄．又復陰遣書招誘我將趙珩．令之勸降．公慮軍中疑忌．變生肘腋．執珩手拔刀斬案曰．敵人行間離我兄弟．我兄弟益當戮力撲討敵人．敢有疑謗者斬．因設高皇帝位．率諸將泣拜．剖瀝胸肝．誓決死戰．出犒賞二百兩．選驍悍郭毓卿李忠明陳良趙珩四將．築壇拜之．令各領死士百人分伏．伏已．拔大營走．敵以萬人追擊．伏發斷爲二．公鼓噪回軍．大破之．步兵斬捕殆盡．騎捨馬渡河．率溺死．是日．公即爲蠟書使都司黃瑛等帶健丁數十人冒重圍．間道至撫州．縋城而入．與永寧王所部謝忠良蕭聲等乘虛出襲．批擣老營．敵驚走．自相蹂躪．十六日又夾擊之於千金坡．斬五百餘級．馬三百餘匹．釋難婦女二百四十三人．獲搢紳手書七道悉焚之．一時永勝之兵稱義師焉．而撫州圍解．全郡克復．捷聞．上優詔褒奬．懸進賢伯世爵以待．但進南昌即行封拜．

是時．公以監軍之臣．竟行督師之事．制勝出奇．功勞遂出彩上．彩畏惡其能．公謂兵宜神速．乘敵大創之餘．並力而前．可以席捲江右．數請彩出師先發制敵．彩不得已．於二年正月十六日遣前鋒至硝石．俄聞警急．即盡撤兵入關．棄新城不守．公力爭謂新城永定屏障．永定福京門戶．新城雖小．不可棄也．請留一鎮．彩不從．公乃與新城知縣李翔招募鄉兵以守．事未集．敵騎突至．翔登陴．公出撩戰．領親兵八人．鄉勇二百人鏖於城南．斬步兵五十餘級．公傷箭．墮馬臂折．意氣益厲．都司林雄等扶絜被冒陣．貫其東西．斬二人．馬四匹．奪公以歸．上聞．謂統兵大將僉走入關．獨使文臣陷陣．何以自解．詔下責彩．而慰公曰．爾許灣之戰．建撫以復．新城之守．杉關以寧．威德華夷共見．忠勞天地咸知．今者箭瘡勿藥．宗社賴之．特晉爾都察院右僉都御史．巡撫廣信．仍准帶翰林舊銜．公以無功疏辭不拜．公故與鄭彩戰守之策不同．欲聯絡閩羅宋之兵．彩不許．欲同鎮昌易儒將周斌．斬逃將王象乾．彩亦不許．上於是欲獨將公．然無兵．公請給假三月．返粵之惠潮．將藉其餉八萬．招練兵一萬．爲進攻西江計．上許之．賜營名武興．公爲監督總理．八月至鎮平．會山寇黃海如張甚．公單騎往諭．降數萬人．購其黨斬夾翼虎．禿爪龍．獨角蛟三渠．又有寇黃元吉與其渠三十六人焚刧郡縣．遣書招之．亦以所部萬五千人降．旋叛去．購其黨斬元吉於桃陂．而潮惠寇遂平．選精銳萬人．分爲五營．餘悉散遣．疏營制以聞．上喜・詔即帥之赴贛・而公至潮惠支餉・上得，千三百餘兩・捐納止得一千五百餘兩・此外分毫無有・士卒方飢・不可以戰・公疏謂兵以無糧而寄命於民・民以苦兵而乞命於敵・國事所以日壞・今孤軍深入・殺人求食・我賊民・民亦賊我・勢必潰散・夫有糧則有制・有制則百性親・上豫附・是勝兵也・勝兵先勝而後求戰・糧至則臣兵出矣・疏入・未報・九月車駕親征・至上杭・御營不戰而潰・公聞上將入粤・引兵出迎・卒遇敵于赤山之陂・兵弗肯戰・職方司主事賴其肖曰・方今主上蒙塵・我曹當首先死敵以明忠義・敵易與耳・衆曰・我飢非畏戰・請一戰以謝貝勒・遣辮髮四人招降衆將・起而剮之・碎其脾・遂潛繞敵背・而伏誘敵騎入山谷中・率勁弩馳射・斬獲十餘人・敵迸走・公拔還鎮平・士卒皆盜賊之餘・糧盡終無固志・公遂嘆息曰・廉頗思用趙人・集吾東莞子弟尚可爲也・會有大父之喪・遂抵家・

是冬十月今上監國於梧州・唐王與鄧周益遼四王航海至・閣部蘇公觀生遣主事陳公邦彥上箋勸進於上・旋以唐王乃襄皇帝母弟・兄終弟及・復推名分立之・改元紹武・召公以禮兵二部右侍郎三使・御前辦事・中書至・公辭不拜・十二月望・廣州陷・僞總督佟養甲聞公有能將英名・心憚之・遣僞副使張元琳説降・啖以官爵・公峨冠出見・叱之曰・與爾同作庶常・受恩於威烈皇帝・何故貳心・慣咤作色遣之・養甲復致書刼公・公答曰・丈夫得志則立事功・失志則存名節・我燕京罵賊・思文皇帝嘉之・寵我曰・朕以子子爾・爾以父父我・我受聖明恩重・下髮背之不忍・今若拔我一莖・雖尊我爲清朝天子・弗屑也・區區官爵何足云・永曆元年三月四日公起兵・先是正月蕉麗到滘二鄉生員莫子元・布衣何不凡等・以船楫黄頭郎四出捕敵・敵方搜括諸鄉縣金帛子女・絡繹走江中・斬敵渠數人・兵數百人・得所奪文武印信數十顆・僞知縣鄭鋈遣使至到滘説降・首領葉如日等執而沈之・僞副使戚元弼遂率兵攻到滘・大戰六日・殲敵二百餘人・敵以書招降・陴士佯許諾・潛使人往瀝滘沙灣市橋古勞諸處乞救・得義兵千艘・入自虎門・大戰殲敵二千人・燒敵白艚三十八櫓・哨船百餘・得僞總兵陳甲殺之・是役也・爲敵入廣東以來敗衄之始・報至・公笑曰・敵以數騎破廣州・不能以百餘艨艟破一到滘・異哉・到滘之人可用也・吾事濟矣・遂使參將陳登雲往約・尋以戰艦來迎・公至得驍鋭五千餘人・申明約束・大誓師・十四日揚颿至東莞・而使兵部主事韓公如琰率黄牛逕之衆千餘人・參將李乙木率黄蔴園之衆二千人・族人世爵光正等・率其父兄子弟篁村塱下之衆數百人・從陸爲助・戰鼓未伐・南門已開・遂復東莞・執僞知縣鄭鋈・斬僞典史趙元鼎以徇・以原訓導張珆爲知縣・以原副使張公恂爲指揮僉事・以安宏猷爲城守・十五日・公還到滘・再治兵爲攻復廣州計・原刑部尚書李□□・主事李夢日・總兵王應莘馳書報敵・十七日敵至・大戰於萬家租・居人四面叢擊・一日夜殲敵數百人・公還軍於金鼇洲・戰初交・殲敵數十人・我舉火・敵亦舉火・風返我舟逼柵口被火・遂敗績・時萬家租戰酣・飛彈如雨・一婦人經其下・火器悉喑不發・敵舟遂抵岸・岸之東已敗・岸西猶立如堵墻・巷戰死者・前後相屬・敵屠之・並屠篁村塱下・東莞再陷・珆戰於東門而死・宏猷戰於西門而死・恂走至錢屋田・原參

軍李胤香以兵追至・親割恂首・三蹴之・持以獻敵・公退師到滘・僞督李成棟先擊望牛墩以孤我唇齒・大戰七日夜・敵死數百人・卒被破・遂攻到滘・以牛皮絮被擁蔽・冒礮火破柵門入・血戰三日・敵死千餘人・載尸還廣州舴艋不絕・然我力亦竭・圍落遂陷・公以三面與敵・開一面走・敵屠到滘・守備葉品題何勉葉時春盧學德・千總何仕登巷戰・死之・公大母陳氏母黎氏安人妹石寶赴水死・公妻彭氏安人被執・大呼我張總督夫人・賊敢辱我・因大罵・敵斷其支體以死・如琰家屬二十人並死・壯士負公走・胤香悉兵追之不及・遂至西鄉・

大豪陳文豹・布衣士也・當甲申國變・團練二千人保障西鄉・威恩大行・爲山海諸盜所服・其母年八十・先一夕夢黑龍止其家・有光閃爍・明日公至・衣黑衣・母大驚異・因曰・此天人之傑也・發窖中銀二甕與其子・爲公召募。公承制授總兵官・旬日間・義旗復振・出復新安縣・斬馬兵三百餘級・步兵一千五百餘級・四月十日戚元弼及成棟義子賈九率水陸兵大至・陸兵所經北柵勞德大寧烏沙沙頭諸鄉・凡十餘處・土人爭出堵禦・老羸婦女悉持兵仗・率於要隙樹木爲干欄・人持數十矩挺・挺末悉有鈎・連綴數十短挺於一大挺・以長繩繫之・敵至被徹挺飛鈎死者・人馬不可計・敵增兵奪險・得至西鄉・我總兵梁中英浮舟師數百艘來援・既合戰・獲敵二大鬭艦・斬百級・敵以紅毛鬼子數百爲先鋒・人持雙倭刀・擁花闘跳盪而來・中軍參將趙省一揮兵以銛竿刺之・並得其崑崙舶・敵遁去・公遣參將何不凡率兵六百疾走諸鄉・召募得三千人・乘虛襲東莞・未至・僞知縣施景麟率兵至白沙來拒・問計於參議鄭瑜・瑜使其衆助敵・戰於赤岡・我師勝之・斬數百級・得推官尹希臨□□之婿・爲敵前驅者也・追至何田墟・復擒四十人・公斬以徇・五月廿一日遣兵至東莞・攻三日垂拔・何四舍撓軍斬之・廿五日親率兵至東莞・降盜司徒義開城待戰・公揣彼逸我勞・彼飽我飢・戰恐不利・遂收軍還至北柵・我兵散歸諸鄉未集・司徒義導敵兵力追・公馬陷泥淖中・長槍幾及・一戰士以鈀挑馬・馬驚・一躍而起・遂脫去・得達西鄉・成棟復來攻・我舟小・彼舸船大・公謂文豹等曰・虛而示之實・令砦上徧列旗鼓・佯書約戰・潛與衆登舟匿他島・敵至・疾攻砦上・一礮不發・疑有伏・薄暮諜知無人乃入・舉火燔砦・公見火起・與文豹等反擊・成棟不備・大創・死者千餘人・棄舟走・數日復盡銳來攻・公守砦中・文豹等戰砦外・水戰其陸・陸戰其水・凡二日・我舟師先敗・公且戰且走・至於鐵岡・途經萬家租・視家廟閭舍悉爲灰燼・親戚宗族亦屠戮過半矣・痛哭而去・先是□□等獻計於敵・謂公之所居・以家廟爲虎頭・金鰲洲塔爲虎尾・摧其首尾・□□自壞・敵從之・並掘公祖墓・又使其子爲敵設邏兵・布遊哨・下令有□□張氏者・殺無赦・於是張氏死者前後及千人・遂爲忠義之族・公既行・西鄉力盡亦陷・文豹及監紀推官王者肱・監紀通判李乙木・都司陳蘭穀・守備葉如日葉進之葉文明胡起新・生員曾盧桐等戰死・敵屠西鄉・蓋敵三攻西鄉而兩敗・兩攻到滘而一敗・死者凡萬餘人・東莞之到滘・新安之西鄉・敵聞之至今猶指以爲鬼門之關也・

公至鐵岡・得姚金之衆千人・陳穀子之衆千人・遂走十

五嶺簡練・復得羅同天劉龍李啓新之衆三千人・先是四月二十九日・公遣總兵陳鎭國參將馮家祿等往攻龍門・復之・斬僞知縣林之秀・僞教諭□興・僞典史汪熊・僞巡簡嵇高・斬四百三十六級・至是・公入龍門安輯已・乃帥兵往博羅・復之・斬五百一十級・斬僞城守朱振邦・以李顯謨爲知縣・以廖翟梧爲教諭・於是分兵往連平州・復之・斬一百二十三級・分兵往長寧・復之・斬僞知縣顧濟德・斬四百七十五級・攻惠州・三日不克・克歸善縣・守備陳瑞昌戰死・遂還博羅・敵來攻・圍二十日・城卑小・我軍以鹵盾遮蔽・得箭數十萬・聚而焚之・敵望而氣奪・衝梯旣盡・從胡盧嶺鑿地道・實火藥・火發城崩・肉薄而上・習梧冠帶緋衣・方僞爲公巡行樓堞・持旛前導・步馬雍容・敵競射之以死・以爲公也・公以故得免・敵屠城・顯謨及守備劉麗敬・千總葉奇才葉文揚並戰死・公旣出・山谿艱險・馬屢蹶・參將陳瑞龍負公走・追兵及・瑞龍拾礧石飛擊・敵死者數人・公得脫・復返龍門・大召募・旬日得兵四萬・分龍虎犀象豹五營・遂至增城・公營於南門・諸將營於西北・十月朔敵至・首領爭出・至十里逕口・逆戰勝之・得一魁帥・奪一大旗幟・敵披靡退走・諸路義兵赴援・從五指山綏福燕淸來者・又得萬人・初四日敵至・我兵爭出逕口・勝之・初七日敵至・又勝之・凡三日三勝・斬一千九百餘級・馬四百九十匹・敵知我兵剽疾・難持重・故以利嘗我・然亦崩摧甚矣・初十日・敵大至・瞭望者搖旗不已・我兵驚駭・膽忽解・莫肯前・敵奪逕口而入・燒一小營・從五指山諸處來援也・西北諸處望小營火起・懼而陣動・公弗能止・敵遂圍守軍・公擂鼓鼓士・自辰至未血戰・斬馬數十匹・人百餘級・敵騎散走據平岡而止・公稍收軍・軍令以五千人衝鋒・五千人守壁・我兵過勇・空營逐利・軍法出張旗・入捲旗・奪敵旗則麾而呼以入・是日大旗總斬敵級多・喜而忘之・手縮數頭張旗入中軍獻功・西北諸營望見張旗・以爲敵入中軍・皆走保壘・前軍見後軍走・亦驚曰敵出・我後軍遂亂自衝・西北二營以散・成棟疾以鐵騎下蹂之・我軍死者六千人・公中九矢墮馬・參將陳瑞龍負而走・追急・置公叢篠中・空拳奮鬬不勝・公躍入野塘以死・敵得公屍・佩一銀印・文曰光明正大・襃皇帝所賜也・養甲集諸降紳驗視・□□跪而賀曰・此眞逆賊張家玉首・一齒决以銀鑲之・髮美長二尺三寸許・量之果然・敵懸之東門・經月色不變・一日養甲過其下・公怒眥睨之・雙瞳飛出丈餘・光芒四射・養甲駭慄・以爲神・

公旣死・諸文武將吏死亦畧盡・增城之役可知者・龍營則總兵黎昭傅盛羅同天・虎營則總兵陳其棟楊威雄・忝將李輔明守備丁善和葉秀芳黃鎭朝李嘉伍・千總梁定興徐大佐等・同公而死者也・萬家租之戰・則公從弟有恆・貢生尹棫・望牛墪之戰・則參將楊邦達・公常哭以詩・所謂丰標無復張文遠・酣戰誰尋許虎癡者也・北柵之戰・則推官陳伯耀潘汝隆・赤崗之戰・則主事鄧棟材・參將王贊廷陳子英・龍門之戰・則武舉譚高謀原淸河・知縣譚高擢・博羅之戰・則主事韓如琰・守備方如璇・千戶侯成祖・遊擊譚立志・生員韓二見等・先公而死者也・餘死者莫詳名氏・皆身經數創・染鏃膏刃・以爲國殤而報君父者也・公仲弟家珍・年十六・勇决無前・號小飛將・到滘之敗・家珍走入水・敵鈎及衣・

亟脫之以泅・赤身行水底數里・氣急躍而上・觸船額裂・復沒水・凡踰水八重・乃至赤嶺・倉卒以巫師符印鈐黃紙畫一花押爲軍號・收得殘兵六百・赴西鄉助戰・斬馘功多・連平長寧之役・皆與有力・增城之役・公從弟都司有光・年少似家珍・被執紿敵曰・我張總督之弟家珍也・大罵奪刀斫敵・檻至廣州・使之跪・抗聲曰・忠臣之弟不跪・敵屠裂之・公常遣之蒙險致書與陳文忠・約爲犄角者也・從弟雷禎・在公帷幄・久授監紀推官・戰敗同陳瑞龍走十五嶺護公之父・後爲讐所中以死・與有光皆以義俠稱・

公歿之六月・成棟反正・思恩侯陳邦傅首上章請卹・上幸肇慶・於龍舟顧問公全家死難狀・揮淚久之・輟朝一日・公父與兵科給事中李貞並奏以聞・詔贈資德大夫・正治上卿・太子少保・東閣大學士・吏部尚書・祖父皆如其官・錫之誥命・蔭一子中書科中書舍人・旋以皇太子生・覃恩加贈太保兼太子太保・武英殿大學士・吏部尚書・仍加奉天翊運中興宣猷守正文臣・特進左柱國・光祿大夫・增城侯・曾祖祖父皆如其官・皆贈增城侯・父封增城侯・蔭一子錦衣衛指揮使・世襲・父兆龍陛見・上慰勞備至・曾祖母盧氏祖母劉氏繼母陳氏母黎氏妻彭氏皆封一品夫人・又贈侯夫人・公無子・以弟家珍承蔭錦衣衛指揮使・仍加後軍都督同知・俟家珍生子以嗣公・一蔭中書科中書舍人・一蔭指揮使・世襲・賜祭公及祖母・母・妻二十四壇・遣禮部主事陳子履宣諭・賜公葬以眞首香身・葬於將軍嶺亥向之原・圈禁如例・遣兵部主事倫鳳翔宣諭・賜金五百兩・勅有司造坊建祠・

公生於萬曆四十三年乙卯十二月十三日・終於永曆元年丁亥十月初十日・享年三十有三・年二十二舉於鄉・二十九成進士・爲庶吉士・三月侍講・兩月監軍總督・衽席於鋒鏑者十七月・嗚呼・公受恩於烈皇帝淺・而受知於褢皇帝深・所以報之者・亦可謂至矣・夫褢皇帝以英文耀武之姿・躬統六師・奉行天討・可謂大有爲之君・乃御營文武諸臣・不能扶持顚沛・迅掃兇殘・棄其君於矢石之中・之死而不救・主辱臣死之謂何・嗚呼・有君無臣之痛・三百年間前有威宗・後有褢皇帝・我朝之君父何多不幸若是哉・豈非天乎・天不使褢皇帝成中興之大業・公雖優於將畧・智勇絕人・其何能爲・褢皇帝常語公曰・朕痛憤國讐・枕席之間常有淚痕・朕不入閩不興・不出閩不成・今者車駕親征・身等鴻毛・爲二祖列宗救茲二□百姓・有進以死・無退以生・艱難險阻・唯卿與共・嗚呼・血戰以死・忠壯之勞・於是乎褢皇帝知人之明・爲不負矣・至於提烏合之衆・水陸進攻・家自爲軍・資人自爲鬬具・使勍敵讋服・首尾狼顧・喋血千里・救死不贍・而邕管之三宮無恙・桂林之諸將不驚・崑崙關之一夫可守・則公之有功於中興也・雖不能救褢皇帝於一月之中・而猶能救今上於二千里之外・亦可以瞑目於九泉也・

夫吾粵固多忠義・宋厓山之變・英豪痛憤・謂蒙古滅中國・人人得而誅之・於是競起兵以伸大義・終元之世・粵人所在・橫戈伐鼓・怒氣淩雲・無一日不思爲宋復讐・計元八十年間・與粵人力戰・盖無虛歲・元可以得志於中原・而不能加威於吾粵・粵人之爲元患也・久矣・而東莞爲甚・東莞豪傑・在皇明開國・則有何眞・在中興則有張文烈・嗚呼・詎不偉哉・公之兵・或取之四民・或取之羣盜・女人搴裳而

用命・兒童白打以當堅・自相部勒・不煩指揮・其戰也・人以竹索爲殳・絳布屯頭・跣行荆棘・口含刀而手飛劍・木棉之槍長可三丈三尺・持之進四尺・退四尺・旋轉如電・從地上挑起人馬・擲之空中・謂之八步長槍・雜以丈二之竹篙・錐藤牌絮被燋銅之鏑・輪轉之鈀・三眼鳥鎗・獨彈龍銃・敵之驍騎望而股戰・一交旗鼓・接風埃・輒辟易崩奔不止・公之忠誠・又能使之無人不兵・無民不信・一其戰心・齊其戎足・至於敗也・爲敵所屠鄉人・大小以四五千計・男女以十餘萬計・而甘心赴難・一無怨言・雖時乎不利・一簣功虧・而近張虎烈・遠保龍輿・所以爲至尊効死者・諸道義師弗能及也・公才高博洽・下筆千言・在天興則襄皇帝誥勅高文典冊・皆出其手・在軍則有言兵事・薦賢守疆諸疏・其覆養甲一書・詞旨俊偉・養甲讀而驚嘆・以示諸降紳曰・節槪梗梗・眞大丈夫・因令附史局・時諸降紳有爲養甲羈留修史者・盖愧之也・諸著述有大易纂義・詞林館課・燕山吟・南遊草・西征集・歷代帝王世說・名臣論贊・白將妙畧・其軍中遺稿・讀史詩・曾呈御覽・荷蒙天賞・公與師林公游定謀公之事・不及詳者・余詳之於林公狀中・以見兩公相爲表裏云・

靈渠銘有序

興安縣東南五里・有渠廣二丈許・秦時史祿所穿・渠之水曰嶠水・亦曰始安水・嶠者・始安嶠也・水自始安嶠出・注於漢潭・分流南北・南爲灕・北爲湘・相背而馳・其疾若箭・祿爲磯以激水・又壘石爲鏵堤・派湘之流而注之灕・使逆行六十餘里・以通饟餽・號曰靈渠云・唐李渤又作陡門三十六所以蓄洩之・今渠分爲二・南渠會於灕・北渠會於湘・兩岸皆砌礁巨石・中開罅・舟從石上行若魚貫・舟人輒於陡口以三木爲乂・橫菅席其中障水・水滿則去菅席・是曰開陡・一陡開則一陡闔也・舟上下者必爭焉・銘曰・

灕出海陽・其源同湘・湍急而散・流離四行・不導而潴・曷利舟航・功惟祿渤・陡門是築・爲渠以贏・爲鏵以縮・水可利民・不辭拘束・北未至湘・南未至灕・優游石罅・洩以其時・其本既疾・其末貴遲・一開一闔・奔濤蹴踏・舊流是吐・新流是納・諸門不分・一門乃合・門門相須・勢若縈紆・石磯所夾・舟子踘躅・盈科而進・吾道之如・

東臯武廟鐘銘

不依不樹・八音其諧・鼓于神宮・百靈以懷・維帝之德・舒疾無乖・鏗以立武・號橫終古・鯨鯢之發・君侯赫怒・賊子亂臣・震驚九宇・

華姜墓志銘

番禺屈子大均繼室王氏・字華姜・陝西榆林人・父都督壯猷・自其先祖盛世・以軍功爲西邊大將・而壯猷崇禎末數敗闖賊于關中・既而與總兵黃色俊起義兵園林驛・敗而曰・吾家世爲明臣・義不降辱・與其子投城下死・華姜生始三日・母任夫人抱以走侯公家・侯公之先妻・華姜諸姑也・故任夫人依之・守志十七年・華姜既長・端麗閑淑・侯公繼室

趙夫人鍾愛焉・姓以侯・以爲己女・而屬夫人弟趙君彝鼎求婿・曰・吾女賢・非才士不足與也・屈子遊於華山・作西岳詩百韻・富平李子因篤見而驚歎・與之定交・時趙君以參將守代州・而陳君上年爲雁門副使・並好士・交善於李・李謂趙曰・侯公欲婿・而才無踰於屈子者矣・李子自請爲媒・而陳君爲之納幣・趙喜以報侯公・侯公家於固原・於是華姜自固原軒車行三千里・而歸屈子於代・屈子以爲華山古丈夫毛女玉姜避秦之地・而吾所繇得妻・乃字之華姜・而自號曰華夫・居代久之・華姜念姑老在天南・力請於其親・而與屈子歸覲番禺・屈子故貧・又經亂喪・所家僦屋江濱・竹瓦數椽・與風濤雜處・人所不堪・華姜顧甚安之・事姑以孝聞・今年春・屈子移寓東莞・居稍寬矣・而華姜以小產中風・一夕卒・卒之前數日・其語言行事・若自知爲將訣者・屈子與其母哭之逾時而悲・而其友人悼華姜勤苦萬里・而奉養之志不遂・多爲哀誄之詞・華姜生丙戌正月七日・卒庚戌正月二十七日・得年二十五・凡婦於屈子四年・而事姑者五月・生女一人・□雁方三歲・都督起兵在乙酉丙戌之間・天下方喪亂・而地僻西隅・義聲不振而敗・故知之者寡・自華姜歸於屈子・而後都督之忠・其子之孝・與任夫人志節・世之好事者・始得而論著焉・屈子將以今月日祔葬華姜於番禺祖塋・屈子之友也・以狀來請銘・銘曰・

　生而父捐其軀・長而能傳之其夫・雖婦志之未終・而子憾無餘・我聞北人不識番禺・生榆林而葬於斯・命也夫・

一靈羅浮

蓬萊有三別島・浮山其一也・太古時・浮山自東海浮來與羅山合・崖巘皆爲一・然體合而性分・其卉木鳥獸・至今有山海之異・浮山皆海中類云・漢志云・博羅有羅山・以浮山自會稽浮來傅之・故名羅浮・博傅也・傅轉爲博也・浮來博羅・羅小浮博而大之・羅卑浮博而高之・故曰博羅也・或曰羅山亦蓬萊一股・故浮來依之・羅主而浮客・客蓬萊而依主蓬萊・故袁宏・竺法眞・作登山疏・皆言羅而不及浮・言主而客在中也・然羅爲浮主・而羅浮之東麓・有博羅之白水山焉・西麓有番禺之白雲山焉・與之鼎立・人亦以爲三島・則羅浮又爲白水白雲之主矣・其峯四百三十有二・羅與浮半之・游者自西而入・則羅多而浮少・自東而入・則浮多而羅少・羅之巔曰飛雲・其西有三峯・亦峭絕鼎峙・往往中夜可候日・而浮山極巔・每當雨霽・白雲洶湧四出・大風蕩漾・乍往乍廻・若尙在大海之中・浮而未定・嘗欲遠於羅山然者・或曰・首陽太華一山而分・羅與浮二山而合・實有巨靈主之・分之者・所以通黃河・合之者・所以鎭南海・然二山下合而上分・其巔有分水凹・是曰泉源山之交嶼也・水分於西・則爲羅・分於東則爲浮・浮之水與羅相吐吞・羅之山與浮相補綴・水分其上・而山合其下・故觀其合而得山之情狀焉・觀其分而得得水之情狀焉・

　當二山之交・有磴穹然・如衡二砥柱峙其兩端・而色蒼黝・是曰鐵橋・非橋也・一石飛空・裊裊數十百丈・上橫絕巘・下跨懸厓・以接二山之脈・故曰橋也・蓋浮山善浮・下

有浮碇岡以定之・上又有鐵橋以貫之・而復與羅長合而不離也・山故有二鐵橋・皆天生石梁・而此爲上鐵橋・其在大石樓南者・曰下鐵橋・大石樓在上鐵橋西・相去五里許・有小石樓・三石對峙・上下俱方・峻削嶄空・岌岌欲墮・登之則重簷四柱・窗戶相通・烟霞開闔・常若有人往來・度其高・僅得山頂十分之四・然俯視滄溟・夜半見日・亦不減飛雲之上焉・二石樓兩峯相際・其脊乃鐵橋・故凡登飛雲者・自二樓而上必度此橋・卒以此爲鐵橋矣・不知乃下鐵橋也・蓋石橋二・以大小分・鐵橋二・以上下分也・下鐵橋西有一大瀑布・所謂分水㟃泉源・爲二山之界者・

羅浮瀑布・凡九百八十有奇・流爲長溪者七十有二・瀦爲潭七・爲神湖一・爲淵池者六・天下名山未有瀑布多於此者・最高爲分水㟃之泉源・從二頂而下約三千丈・大則蝴蝶洞之水簾・次高則明福觀之小水簾・黃龍洞之二瀑布・夜樂洞之瀑布・流杯池之兩瀑布・龍王坑之瀑布・東麓之白水・皆以數百仞計・其在神湖者・上一瀑布輸之・下衆瀑布派之・轉相高下・傾瀉如注・霤尤奇・其他淵潭之水・一一皆然・大約水斜則爲簾・直則爲布・石壁平則合懸而爲布・不平則分落而爲簾也・羅浮石壁多平・故水之爲懸布多・而爲垂簾者少也・水簾凡二・有大小之名・自梅化村西行二十餘里及大水簾・多時水勢小・從旁披灑・不及右上三之一・春夏之交・水盡冒出石上・內澎湃而外霏微・乃極穿雲絡雨之致・或曰・凡水以山爲屏・山以水爲障・大水簾在羅山・所以蔽二石樓・小水簾在浮山・所以蔽蓬萊夜樂二洞・是山蓋有璇台瑤室七十二所・多隱於瀑布之中・而朱明洞者・嘗有人縋下至五丈許・下視無底・日月星晨無不備・初有白雲・須臾散漫五色・茅君傳謂其北與勾曲洞天相通・中皆大道可達林屋・岱宗甘泉云・朱明在冲虛觀後・左倚蝦蟆玉女・右挹麻姑石樓・流水濊濊・從巖口而出・有大石刻曰朱明洞者・是也・泰泉云・羅浮之洞・周廻五百里・蓋舉全猶人之一身也・以朱明洞爲在冲虛後者・猶人之有腧穴也・而葉烱齋謂山兩肘下・右砠起曰麻姑峯・蒲伏而東・左蜿蜒乘之・綰轂其口・環中皆朱明□・秦置博羅縣□博羅・而浮之奇可知矣・故不言浮・然浮博於羅・其事荒誕・而始皇信之至以名縣・亦可謂好怪矣・考浮來之說・本封禪書謂三神山・未至望之如雲・及至三神山及居水下・臨之風輙引去・終莫能至・浮山乃蓬萊一股・是必此山無根・隨風來往・故方士可望不可即・其與羅山合也・浮而遂定・故其東麓西麓有二小山・皆名浮定・謂昔浮而今定也・始皇嘗使人入海求三神山未能至・以其一峯漸采傳於羅山・因以博羅名縣・蓋亦甘心之所至也・羅浮之名自陸賈始言之・而司馬遷稱之爲南嶽・佐命賈者開闢羅浮之祖也・

大庾東馳至海・而盡廣州宅南之隩・自爲堪輿・而羅浮離立天外・爲之鎭・有浮而羅山益其博厚・縣曰博羅・博者・博厚之謂也・其博也・環博羅之山皆羅浮也・有曰象頭山者・在博羅東北二十里・其高大幾與羅浮埒・南有白水山・雲蘿杳冥・號爲仙窟・其佛跡巖則梯山首路也・羅浮之東麓迄白水・而西麓迄番禺之白雲・博羅之四履皆羅浮・則白雲亦羅浮也・其嵩以四百三十二峯爲羅浮・猶華山周廻千萬峯皆華山・而獨以落雁明星玉女蓮華三峯當之也・則番禺

亦羅浮之主也・

羅浮之狀・雨則二山相合・晴則二山相離・嘗有白雲如水・汪洋數十百里・諸峯漂散・如有海在於山中然者・鐵橋者・天之所以拘繫二山・使之不隨白雲流浪者也・鐵橋一石也・其形如鞍・橫亘倒垂・從二石樓間登之・高五十餘步・兩端有石柱・二色如鐵・名曰鐵柱・鐵橋以韁鎖二山・鐵柱以鎮鐵橋・巨靈之用心苦矣・羅浮乍合乍離・變態不定・予有羅浮曲云・可憐羅浮山・離合亦有時・天雨羅浮合・天晴羅浮離・蓋其合也以鐵橋而合・其離也以鐵橋而離・鐵橋者・羅浮之司命也・予又有鐵橋曲云・浮山不復浮・與羅合爲一・若非一鐵橋・安得如膠漆・又云・羅浮若夫婦・一合不復離・祇恐鐵橋斷・大川來間之・又云・飛橋天半接羅浮・鐵柱雙標在兩頭・鎖住蓬萊東一股・浮山不逐海潮流・

浮山有二碇石・其在博羅西者曰浮定岡・在增城東者曰焦石嶺・亦曰浮定岡・高可三百餘丈・盤踞二十里・相傳浮山初來・以此二山爲碇・蓋天地之象・天在水外・地在水中・地以山爲碇・而山以石爲碇・勢誠如是・宋人詩云・乃知雲浮山更浮・二山長與三山流・二山謂羅與浮也・蓋羅以碇而後長有浮・浮以碇而後長不浮・一卷之多・浮恃之羅亦恃之・向稱羅浮在海之中・不知海乃在羅浮之中・自明至暮・白雲如波濤・浩浩無際・予身渺然乃一葉之舟・嘗言登羅浮有如浮海・賦詩云・霃霃太古雲・至今未開闢・山氣日洶湧・隨風灑精液・觸石生洪波・微茫在咫尺・登山若浮海・舟航即輕策・浮山復浮去・與羅萬里隔・僅餘玉女峯・娟娟在肘腋・羅浮向在海中・今離海甚遠・豈歲久陵谷變遷耶・羅山以在海中・故浮山自海浮來傅之・自遠望之・浮小而羅大・浮卑而羅高・羅之大之高本以浮・浮既以其大且高與羅・而以小以卑自處・可謂謙德者矣・羅善取而浮善與・其體合・其神氣亦復不分・二山之得其友如此・

自惠陽東下□山・夾江忽一水・橫出中流・形如蒲盧・謂之蒲盧嶺・博羅縣城環之以爲主山・遙望羅浮如崑崙巨舶・此山在其東三十里爲碇・若羅浮之大小二石樓・則帆檣也・故是山名浮碇岡・風濤作時・岡勢隱隱若動・故名浮碇・浮山爲蓬萊之一股・是山亦浮山之拇指耶・

山遠視之一雲也・大約陰則雲在上・晴則雲在下・半陰半晴・則雲在中以爲常・頂曰非雲・言常在雲中不可見也・又羅山在西多陰・故雲常在其上・浮山在東多陽・故雲常在其下・日之出・浮山先見而羅山次之・以雲在其下故也・

天曉時・雲如萬箭從崖石隙飛出・遇風則彼此相射如戰鬥狀・山大故氣盛・盛而其勢怒發不可禦・爲石所壓・故縷縷觸之而出・大抵雲出於石不於土・石剛・故雲必觸之乃出・出時四山搖蕩・惟聞風雨馳驟聲・巖岫漂流・乍遠乍近・亂峯浮者如泡沫・沉者如墜雲・日光隱隱如五采綺羅・日東則雨西・日西則雨東・日下則風雨上・風雨下則日上・是皆雲之所變怪・非亭午雲在山腰來往・不復上繞・羅浮二頂不可得而見・山志云・山高絕處・匪惟人迹不到・即日月亦不曜・烟霧霏霏・四時若雨・故頂以飛雲名・

羅浮之洞凡十餘・最勝者曰黃龍・葛洪西菴之故基也・南漢主劉鋹嘗夢神人指羅浮之西有兩峯相疊・一水對流・可以爲宮・訪之得斯洞・又夢黃龍起宮所・因名洞曰黃龍・兩

峯相疊者・大小石樓也・一水對流者・洞左右交飛瀑也・瀑水落崖下成潭・潭上有歌舞石・可坐千人・而麻姑玉女諸峯隱見林際・若窺人微笑然者・玉女峯在小石樓旁・小石樓狀似老人傴僂・一名老人峯・予詩笑他玉女峯娟妙・長伴雲邊一老人・杜少陵詩・南爲祝融客・勉强親杖屨・結托老人星・羅浮展衰步・山中有老人峯・一石老人向北箕踞而坐・俯視石級・相傳老人星降精爲之結托・老人星者・結托老人之峯也・從黃龍洞後以上路皆壁向・有一峯絕銳・童石戴之・峯有微磴・陟者頂踵相接・磴盡爲玉女峯・當羅浮肩脊之交・險勢稍平・上有地數丈・上戴羅浮兩頂・若冠若髻・下則諸峯纍纍如腰腫之附於□□・而肢體脈絡無弗相貫然者・從玉女旁以上至錦綉峯・有一巖可達峯頂・身屈折如穿九曲之珠・下視大小石樓皆培塿也・玉女在羣峯中・秀麗而小・絕與太華玉女峯相似・玉女峯在東峯右腋間・婉孌懷抱・狀若有情・予嘗有東峯禊玉女之句・

朱明洞爲一山之根本・譬之人身之臍・精神所穴・日月歸宿其中・故曰洞天・臨滄有天齊當天中・斯洞其亦天齊乎・曰朱明者・言純陽無陰也・蓋天好陰・地好陽・洞中而有天・乃陰含陽・太極未分之象也・朱明洞羣峯如環・中虛以成奧室・於卦爲離・離爲日・故曰朱明之洞・日爲天之主・洞而有日・天之精神在焉・故曰洞天・天數七・第七洞天又天之所都也・又凡地皆虛・惟虛故多其竅穴以爲洞府・其曰朱明曜眞者・言南粵爲大火地・其洞府皆天之所從出・朱明曜眞・乃天下之火府也・水府實而火府虛・故與五嶽相通・而玉笥之山有八竅・南竅爲羅浮・而勾漏四洞天亦南通羅浮・皆大道・又羅浮在東・西樵在西・彼此相望・日生於東・故羅浮爲朱明耀眞之天・其曰第七洞天者・七爲火之成數・日復於七・羅浮爲日之奧府・故爲第七洞天也・

凡地中之虛皆天也・記曰・地載神氣・神氣者・天也・天以地而戴・神氣出於地中・實出於天中也・仙家所稱洞天・皆在地中・仙人出入於洞天之中・蓋出入於神氣之中也・羅浮者・洞天之大也・其小者・凡山之虛處皆然・以其洞故有天之名・洞者虛也・山即地也・易言天在山中・蓋天不在天中・而在地中也・大畜者・大畜其神氣・以爲風霆・爲風霆・以流庶物之形者也・三者洞山之象也・上之一爲山・下之一爲洞・天在其中矣・第七洞天者・羅浮在南・南之數爲七・少陽之數也・少陽爲日・故曰朱明之天・朱明之天者・又爾雅所謂距齊州以戴日爲丹穴也・日之光華所映射故丹・此炎方之色也・謂日者・內明玄黃五色無主・不可以一色名者・非也・

公孫卿言仙人好樓居・羅浮有大小二石樓・仙人嘗見・其上又有瑤石台・一色石如玉直聳六百餘大・廣七十丈・天之莖台也・台有銅柱・謂之莖瑤石者・台之柱其上無蓋・張衡所謂通天渺以竦峙者也・鐵橋之兩端皆有鐵柱・高亦數百丈・是亦莖台之數・又崑崙縣圃有五城十二樓・仙人之所常居・羅浮多天成樓台・瑤石而外・有見日鳳皇二台・各爲一石・盤踞飛雲頂上・旁無依附・色如鍇鐵・然內則玉白瑩然・亦一瑤石台也・其下大小麻姑台・華首台・皆與十二樓彷彿・而二石樓相去僅五里・各有門・俯視滄海・夜半見日・雲霞中常若有人開闔・則仙人之大府也・石洞多石・一山之

石岩皆以此爲歸．大小積疊無根柢．有曰挂冠石者．一砥一峙．峙者高數尋．砥者可坐人百許．尤傑出．自石罅行百餘武．夾壁一懸泉．僅三十尺．影蔽楓林而下．猿猴飲者出沒水花中．見人弗畏．此洞之最幽處也．幽居洞後．有巖水從上滴下．既滴又弗即滴．意其上爲風所過．故滴而斷續不常．滴間不宜久立．往往寒凛襲人．

石樓之南有一青石鑑．朝陽倒射．光景照耀林壑．名麻姑粧鏡．其旁有麻姑台．嘗有登者．見一麗女子散髮踞坐．旁有童女十餘．綵衣丫髻．手持樂器．其人趨而避之．童娥皆鼓掌以笑．倏然不見．惟餘歌管聲．隱隱空中者久之．意麻姑狡獪之所爲也．石鑑下有棋局．黑白棋子各十有六．執之不起．仙奕也．稍上至飛雲頂．南有磨石．甚圓大．兩兩相疊．中有一小石．支之登山者．暮輒隱其下．又南有峯．亦平圓．號曰石鼓．上有二石．叩之逢逢．與潮相應．予詩．石鼓聲聲應海潮．又書堂坑南有石臼三□□．一乃葛稚川煉藥之遺．石臼似華山洗頭盆．槽亦天成．生在一處．水注自臼至槽．槽下爲一瀑布．以石障口．則瀦爲潭也．旁多紅翠．一名擣藥禽．予詩．玎瑠禽擣藥．飛向藥槽邊．

羅山上有神湖．周迴五里．陸賈所謂羅浮山頂有湖．環以嘉植者也．賈兩至南越．於諸山川無稱．稱止此湖．非以其所處至高與海潮相應耶．凡高山上皆有天池玉淵．以自滋潤其洞穴與大澤通．故一開而潮升．一闔而汐除．湖本非神．其神皆山澤之氣所使耳．飛雲頂上又有瑤池．阿耨池．深三四丈．廣數尺．亦與潮應．分爲諸峯瀑布．山中人以爲羅浮二目云．山中有羅陽溪．水甚淺可筏而不可舟．吾嘗恨南漢劉鋹於增江水口穿渠達羅浮．其事未成．此渠成．則北從增城舟入羅浮之陰．南從東莞入羅浮之陽．無不可矣．

庚嶺之脈凡二支．其一南行自南雄至廣州．其末幹直走潮州．於潮州又分二支．其一西下惠州至羅浮．而水亦因之．或以爲無水不流東．此水乃自龍川縣夾城十里西流．道書最貴逆流．此羅浮所以爲仙源云．羅浮二山接處．一道飛泉界之．東流於博羅．西流於增城．縈迴百折．爲諸溪澗之源．道書所謂第三十二泉源福地．仙人華子期治之也．二山欲合而泉故離之．使人得見二山離合之迹者．此泉也．大抵山水之情．合必有分．分必有合．合而不分．無以爲形．分而不合．無以爲氣．有時水合之而山分之者．山之爲主者也．有時山合之而水分之者．水之爲主者也．水之爲主．故福地號曰泉源．蓋山水之情．山多則主水無分一勺．水多則主山無分一卷．語山水者．所宜知之者也．羅浮．山之奇在合．水之奇在分．予嘗至分水嶴從觀．因憶蘇子瞻詩．何人守蓬萊．夜半失左股．根株互連絡．崖嶠爭吞吐．此言其奇在山也．又云．神工自爐鞲．融液相綴補．至今餘隙罅．流出千斛乳．此言其奇在水也．子期耑治此水．以其爲羅浮之主也．予詩．羅浮主客一泉分．泉影天邊以白雲．湯沐東西雙瀑布．仙人誰似子期君．

飛雲頂之南有夜樂池．每夜池底有樂聲．人以爲怪．予疑池底空虛．石多孔竅．風水相激．故成種種音聲有如奏樂耳．以夜始聞者．蓋又夜靜響沉．龍魚吐噏．助成天籟也．

寶積寺有卓錫泉．子瞻以爲過於淸遠峽水．實嶺外諸泉之冠．嶺外惟惠人喜鬥茶．此水殆不虛出云．泉久湮塞．山中人莫知其處·崇禎間有僧湛若者·嘗於昧爽見白氣從崖石下縷縷而上·疑有異物·燔石發之得一井·深二尺許·有碑云·古卓錫泉·飲之味甘以冽·始知爲子瞻所稱之泉·其石乃震雷所墜也·予爲銘曰·天生靈泉·以石封之·甘而不食·淵默自持·素華直上·白氣朝滋·寒含水玉·暖吐金芝·養蒙既久·時出如斯·於其始達·貴即克之·放乎四海·有本宜師·又七星壇北有九眼井·晉王叔之所鑿·味亦甘·與卓錫泉相似·飲之除病·黃才伯云·凡水出羅浮者·大抵金液濡滋之所委·清冷甘美·可以蠲邪而起痼·雖人力所鑿者皆美·蓋謂此也·然此穴本一泉眼也·

冲虛觀後有葛稚川丹灶·夜輙有光·見於龍虎峯上·或以爲霞光·非也·取灶中土以藥槽之水洗之·凡小粒投於水中·輙自有氣數縷冲射四旁·生泡不已·咍咍有聲·頃之一分爲二·二分爲四·四分爲八·然後融化服之·可療腹疾·道士號爲丹渣·嘗以餉容·灶高五尺·周六丈·旁有八卦石一方·蓋昔時鎮灶之用者·黃泰泉云·四山皆有稚川壇址·而丹灶當羅山中脈·可謂神解道之妙徼者·有爲銘者云·堅如石·亦如日·灶雖存·火已息·民鮮知·爭餌食·豈泥丸·生羽翼·各自有·不愛惜·至哉仙公·萬古無極·

梅花村在山口前·對麻姑玉女二峯·深竹寒溪·一往幽折·人多以藝梅爲生·牛羊之所踐踏皆梅也·冬春之際·以落梅醞酒·於村南麻姑酒田賣之·一茅茨有碑曰師雄夢處·予因書高季廸句於楹云·雪滿山中高士臥·月明林下美人來·而自號曰花田酒田之農·酒田一曰賣酒田·屬之麻姑者·以麻姑峯在其前也·羅浮故多田·唐有尚書常兗捐貲開

墾千餘畝·以供遊者·是曰嵐田·自中閣之南·盡梅花村西·皆稻區·畲蠻之所耕種·田上膏所產白粳·歲兩熟·山志稱浮山有平田七畝·水旱不及·禾稼異常·今二山皆腴田嘉穀·雖高頂可以耕耘·估客多往彼中糴取·信樂土也·

安期生常與李少君南之羅浮·羅浮之有遊者·自安期始·自安期始至羅浮·而後桂父至焉·秦代羅浮之仙·二人而已·安期固羅浮開山之祖也·其後朱靈芝繼至·治朱明曜眞洞天·華子期繼至·治泉源福地·爲漢代羅浮仙之宗·皆師乎安期者也·安期報始皇書云·後千歲求我於蓬萊山下·而少君云·安期生仙者通蓬萊中·羅浮者·蓬萊之一股也·菖蒲之間九節·綠玉三花紫茸·安期之所服餌而得仙者·合則見人·不合則隱·其見始皇也·與之語三日三夜·可謂合矣·千歲之期·始皇豈有千歲者耶·當時何不使徐市盧生等往求之於羅浮之間耶·要之·安期徐福之流皆以始皇爲戲·方朔之於漢武亦然·所謂神仙多狡獪非耶·安期在秦漢間名最著·故欒大以能往來海中見安期羨門之屬·而漢武即心艷之·妻以公主·然當時方朔在前·何不以安期事即一問之耶·

南海洗少汾有書台在青霞洞·王青蘿訪之·賦詩云·惟有山泉知此意·至今猶作讀書聲·是時湛甘泉方西樵皆在羅浮·甘泉治朱明·西樵治金牛·其後黃泰泉治泰霞·龐弼唐治黃龍·葉絅齋治石洞·於時講學之盛·海內未有過於羅浮者·羅浮遂爲道學之山·佛之宮皆廢·此誠四百三十二君之幸也·考羅浮始遊者安期生·始稱之者陸賈司馬遷·始居者葛洪·始疏者袁宏·始賦之者謝靈運·然皆不如豫章先生

者・以聖人之徒・來此講學・闢二氏之烟雲・而懸仲尼之日月者也・白沙雖未至・然嘗夢長髯翁遺以羅浮・盡四百三十二峯一囊括之・開半面以待・遊鈞之人・則未知羅浮在白沙之中耶・抑白沙在羅浮之中耶・章楓山嘗寄詩云・自美羅浮仙・金聲玉爲質・安得辭世紛・雲山隨杖舄・噫・必如白沙者・德爲聖儒・始可稱羅浮之仙也已・白沙詩・長髯遺我一囊山・鐵橋流水非人間・我今決策山中去・踏斷鐵橋無路還・可想見高逸之致・或曰・長髯翁先生所自謂也・

四賢祠在黃龍洞・羅浮最勝處也・祀者爲濂溪豫章延平白沙・以四先生皆於羅浮游息・故合祀之・洞在山之南・凡東至浮山・西自羅山入者・皆以之爲中・劉鋹嘗作天華宮其際・有黃龍出見・故名・弼唐嘗講學此洞・謂龍當乾之九二・乃黃龍也・龍而正中者也・此爻既動・則乾變爲離・有天下文明之象・故講學者・當以此洞爲歸・以利見四先生之大人云・葉化甫云・弼唐先生醇儒結髮・學孔子之道術・而一稟於六經・士抱一藝而來・如水赴壑・先生爲度堂都授其中・黃龍爲湯沐邑・施於無窮・是天所以奉先生也・予不佞・逃於石洞・石洞帥四百三十二君爲先生保黃龍・

羅浮凡有約必不成遊・昔梁公實常與黎瑤石約遊羅浮・觀滄海日出沒・探勾漏令丹鼎・庶幾其人一遇而屬・海颶作不可以舟乃止・宿田舍者三日・颶益甚・山木盡拔・道爲徙・而公實亦意盡・乃賦詩而歸・是時屬寒疾中湊矣・歸而疾大作・遂不起・年僅三十有六也・使公實不即旋歸・於黃龍冲虛之間葬骨・羅浮有一詩人冢焉・以與葛洪衣冠冢爲隣・豈非羅浮之幸事乎哉・羅浮故靈山也・得遊與不得遊・良有命焉・觀梁公實可以知之矣・

葉化甫有逃菴在石洞・其銘云・葉子遷賓州守・倦遊至・竟上書乞骸骨歸・廣西巡撫郭應聘劾守・春及逃兩廣・提督殷正茂劾如郭・奉詔削爲士伍・臣春及頓首・世之塵垢欲逃久矣・天地囿我・陰陽縛我・臣安逃哉・逃於羅浮之間・無所往矣・四百三十二君聞之・邀於石洞・築逃菴以居・遂不復出・萬曆丁丑云云・洞左有石如砥・方廣丈餘・南海未完者隸書鑱之・字大六寸許・至今猶存・

元次山嘗謂九疑當爲南嶽・予謂羅浮可以當南嶽・故常大書南嶽二字於朱明洞口・而賦詩云・羅浮亦南嶽・又云・南嶽入南海・祝融之所都・夫北嶽在渾源・爲天下之極北・羅浮在博羅・爲天下之極南・羅浮固宜稱南嶽・以與北嶽對・予所居書曰南嶽草室・不知者以爲身在羅浮・而有懷南嶽也・豈知身在南嶽・而不見其爲羅浮也・故以羅浮爲南嶽・佐命者史之陋也・

何絳

字不偕・號孟門・順德人・布衣・好讀書・淹貫羣籍・會明季遭世變・遂入羅浮西樵山中・不復出・日與詩人雅士賦詩贈答・而與屈陳梁三家尤善・已乃出梅關・走金陵・遊燕薊齊魯趙魏秦楚・以縱耳目之奇・而洩其胸中塊壘・晚歸鄉里・隱跡北田・與陶窳梁槤陳恭尹及兄衡・稱北田五子・著有皇明紀畧・未見・不去廬稿・今存・

不宜平黎立縣議

自朝廷大吏以至百執宰・皆有過人之量以存其體統・其間寬狹安勉或不同・未有趨利如鶩・甚而殆之以威力・必恣

其所取然後已焉・此直匹夫匹婦之所爲・豈天子以天覆地載爲心・春育海涵爲度・而亦屑爲之乎・今瓊府所領十三州縣・即古之珠崖儋耳地也・地方千餘里・峙其中者爲黎母山・其山不知何許・十三州縣環山而居者也・望黎母如天際・層峯巑嶪・林薄蓊鬱・長蛇巨獸・壺蜂握蝨・毒泉怪霧瘴雲・非午不散・由酉復合・黎歧雜處於內・不知始自何時・書傳無所考鑑・史書平書輒云數十年　叛殺漢吏・又云・諸縣復叛・皆指珠厓儋耳・即今之十三州縣・非黎與歧也・料其丁壯不滿萬人・又山勢峻嶮・無平陽大澤・青紋刺面・鳥言獸貌・田里不能自給・不足則以南椰鳥獸繼之・有陶無冶・有皮無帛與繒・有飛走之肉・無鹽・有仗無兵・木弓竹箭藤絃・若朝廷一旦興問罪之師・祗以瓊鎮之兵・審愼徐行・緩而征之・如發蒙振落耳・不一歲而撲滅必矣・夫漢之路博德楊僕・唐之李復・宋之潘美尹崇珂・元之張宏範潤里吉思・明之廖永忠朱亮祖諸大臣・皆以平越有功者・未聞其及於黎歧・何也・蓋以文身鴂舌之輩・落落數千人・無攻城掠邑之志・無屠毒我生民之力・無故而伐之・賢主不爲・以其傷帝王之大體也・故歷代皆以禽獸畜之・且得其地・不足益國家分毫之賦・得其人・不能當一物之用・千百年來豈無聚斂之臣・邀一時必得之功・以媚主上・然皆不欲爲之・大概亦可知矣・且窮兵黷武・莫漢武若也・投之以天馬葡萄・則開大宛安息・投之以蒟醬邛竹・則開牂牁越嶲・投之以玳瑁・則開珠厓儋耳　竟不幷黎歧而開之・以取花梨沉香・寄楠烏木・無非以其地小而氣惡・人無大罪・倘或務小而失大・何異於削足適履・役首而便冠哉・取之且不可

以・一朝居立城池學宮衙宇倉庫俸食・徒糜朝廷無慮之金錢耳・水土腐腸・嵐霧剝膚・惟黎歧生產於斯・與禽獸無異・始能長養・文武官吏皆吾同類・非有安期羨門不死之術也・效順之人即不反覆・已有不可言者・是以官吏投之荒裔矣・終未有不廢者・

況珠儋之開自西漢元鼎六年庚午・計今辛未一千八百六十二年矣・十三州縣如瓊山文昌定安・雖云風化既開・而尚有土滿之歎・若會同・若樂會・若萬・若儋等州縣・則人一而土五・若厓州・若感恩・若昌化・若陵水等州縣・則土二十而人僅一耳・山澤之利未盡墾也・詩書之教未盡同也・婚姻衣帛食肉喪葬室廬・猶恍惚洪荒未遠之世・其平原沃土幾歷二千年王化之久・尚且如此・涖茲土者・猶宜加意安集・務使民無遺土・聲教流行・乃釋之而不顧・又欲開闢於崇巒疊巘之上・瘴癘蟲蛇之鄉・廣地是務・豈非黃石記所謂舍近謀遠者哉・其爲計也・亦拙矣・

其欲平黎立縣者・必以先年刦掠陵水村落幾家爲口實・此不過十年八年・或五六年一見耳・然猶未確其爲黎與歧與諸州縣之人也・十三州縣有綠旗之旅・碁布星列・戶口有分司・郡守州牧長吏縣尉保甲・約束如此之嚴・果無盜乎・試觀廣州諸郡・甚而京師輦轂之下・盜案尚不能盡絕・而責之未被風化之人・當乎・否也・且兵凶器也・先王不得已而用之・痛其民之陷於死・兵以生之・悲其民之迫於危・兵以安之・如保赤子・德者・乳也・兵者・藥也・無故而用人・是養嬰孩者・以藥不以乳・其不病且死者鮮矣・察於養生者不爲也・聞之瓊鎮先年擁鎮兵鄉勇數千之衆・分路征黎・一

鼓而克陶雍喃嘮二洞·功良偉矣·而我師我民死者二三千人·枕尺相籍·積骭成邱·問其故·皆不死於鋒鏑而死於嵐癘之氣者也·孤人之子·寡人之妻·哭泣之聲至今未絕·瘴餘之病·至今未起·暫入其地而禍烈已如此·況驅千萬無辜之工匠生靈·以入必死之鄉·棄之無可耕之野乎·縣之可立不可立·黎之可平不可平·亦甚明矣·奈之何迷而不覺哉·

與岡州諸子書

嗟乎·絳自攖天損後·即爲族中推修家乘·亦絳之夙心也·伸紙濡毫·作傳作序·作雜文·搦管茫茫·從前不快之事·日邇日違·幾不知此身在愁窄中也·今自季修以來·譜事既竣·終日兀坐一室·掩簾扃戶·無一人可語者·知愛如諸公·皆經年不得謀面·一吐鬱悒之氣·而顚悶之懷·又常常相遇於胸次·行則若帶纏索·處則若坐針氈·憂心似草·愁緒如亂絲·然不酒而醉·不食而飽·昔人有言·使憂能傷人·此子不復有餘年矣·語當爲絳誦之·稍可以自解者·葬事既畢·人子之道自揣無愧·雖螢乾蠹老之軀·而往時與諸公討論詩文之志尚未湔除·或荷天之眷·假以四五寒暑·重遊石浪·與諸公肆力於古文詞·一生性情不能見諸行事·盡得託於詩歌·積爲不去廬小草·得三銖兩銖之高·以就正諸公·就正天下賢豪長者·亦一快事也·即冥然長逝·如得甘寢·無復恨矣·道里遼遠·郵寄艱難·順筆而書·不覺絮絮如家人語·伏惟諸公不厭老子狂態·卒而讀之·不罪·不罪·

明死事都督冲漢羽公輓詩序

詩以言志·志也者·大抵皆感於性情而發者也·而忠孝節烈·尤爲性情之正者·故人之感之也獨深·明死事羽公·當永曆庚寅春·大兵十萬圍廣州·總督江甯侯杜永和與諸將分城而守·公獨當正南門一面·自春徂冬·輒不寢食·力戰數十合毋少懈·逮城陷·永和開門遁走·家屬盡浮海而南·諸將急邀公同行·公厲然變色·罵不絕口·曰·主辱臣死·正臣子致命之時·有復言亡者·必唾其面·家累百口亦不令去·擐甲縊死家中·男女悉爲所俘·嗚呼·公死得其正矣·番禺屈大均旣爲其作傳·又銘其墟墓之門石·一時遠近當塗縉紳·與夫草野巖居之士·無論嫺於詞賦·或不嫺於詞賦·莫不爲之詩歌以哀之·夫非忠臣之感動於人人者獨深哉·

其孤某君·向以稚年而幸贖歸者·積其詩歌若干首鏤之梨棗·噫·孝子也·屬余一言以弁其首·余讀之盡卷·因而嘆曰·當是時·諸將逃遁走海不知凡幾矣·而讀聖賢書者·身爲人臣·持梁齒肥·懷黃金之印結·紫綬於腰·而亦隨時俯仰·將無愧公於九泉·而貣慚於卷中之諸君子乎·昔孔子因魯史作春秋大義·獨嚴於褒誅·今諸君子善公之忠烈·觸緒興懷·流爲吟咏·未幾而詩歌滿匣·無非憑此以襮其至性·亦猶國史進李迢之死事·退盧循之亂賊·其所託者蓋亦微矣·古人有言·人毋於水鑑·當於人鑑·鑑於水不過知姸醜·鑑於人可以知得失·後之爲人臣者·讀是書當知人心之好惡·公之精忠大節·固與日月爭光·而其爲人之鑑也·實大矣·

雲峯禪院記

九疇當髮未燥齒未固時・先君嘗謂疇曰・人子之事其親也・甘脆輕暖之奉・蓋其餘事耳・吾親有志・吾不能體之・安在其爲子・故生也以養・沒也以繼・二者輕重同・而世人多勤於養而忽於繼・汝小子其聽之・

吾新邑治之北・其間山以百數・圭峯最善・距圭峯數里・其間山以百數・雲峯最善・爲大善知識無懷大師棲禪之地・先君杖履之所恒至也・大師傳法得根臨濟之血胤・闢是山而居者有年矣・先君出遭之邸中・與語悅之・入其室・梔盡懷色之衣・案皆瓦鐵食・先君益起敬・曰・是眞能焚龍腦鉢者・山高下・東西竹千竿・松萬樹・而僅建一大殿・無山門以表其前・無高閣以障其後・高丈有七尺・縱橫倍之・其門四達・其窗十二・不數月而落成・凡磚瓦木石匠作・皆取樸魯堅厚・以圖永久・遠華藻也・乃得人而居之・山若增而高・水若澄而結・閣不俟飾而已奐・而登眺遊觀之美・已專於雲峯矣・未幾・而先君病困・展轉累歲・寤寐間猶以山門爲念・志豈嘗須臾忘也・於虖・孰謂康熙三十二年癸酉・竟棄九疇而沒耶・既免喪・又値歲饉・至於今冬始得月日無忌・爰鳩百工・備羣材・拓其殿南之基・輦石負土・焚翳鑿逼・東西澗狹・視殿閣左右壁・深減之・高山閣五尺・與殿同・庶幾・映人之觀瞻・計用先君墓田所積二百五十千斤谷・築樹之聲不絕者九旬・方畢一簣之虧・十年之願・榜其門曰雲峯禪院・皆從先志也・

嗟乎・一椽一石之興創・遲速皆有數存焉・使先君而在・不俟今日矣・告成之日・天光日麗・草木爲之一新・大師陞座說無上法竟・諸山龍象爲之舉手加額・向九疇而言曰・善哉・善哉・先公之願力・居士能勤勞以襄之・昔者張元高五子肇建宏農郡寺・即以五張爲名・殿入蕭何・輒號蕭何之殿・今之名藍・即以君家額之可也・九疇起而謝曰・此不過體先君之遺志・先君以大師法行高妙・生歡喜心・而發斯願耳・皆非爲此以賈譽者也・願大家囘向法堂上作禮三拜・九疇且當大衆更發一願・百歲以往・有能葺漏易棗・以翼大師與先君之志於不朽・是所望於後之仁人長者・與九疇之子若孫者・願要佛祖山川之靈・而證明焉・大衆咸合拾讚歎・曰・善・遂書格石・

烈女林淑温傳贊

羅浮外史曰・林淑温女子之烈而智者也・跡其聞聘夫道死・悲號飲泣・誓以死殉者・亦足以發明其生平以義自守矣・會海寇悉擄其家・赴水以死弗遂・即碎首嚼舌而死・死誠難矣・然必淑温之死・方無遺憾焉・當賊以二親之死命刼其必從・若少緩須臾・或索一物以致死・或仍以身爭投水死・則賊之鋒刄已加親頸矣・存亡頃刻之間・實間不容髮・而温不終賊之言也畢命・不死其親・不辱其身・卒感凶暴之徒・釋我二人歸葬其節烈之軀・其智固不尋常矣・豈僅以一死過人哉・吾悲近世貪酷吏・殺人之父兄・復廹其子弟以嚴刑重禍・使自疏其無他・爲人子弟不能晝行夜哭・爲其親報復・反操鉛槧・聽仇人指畫・疾書於堂下・誠犬彝不食之人也・析人之位・儋人之祿・揚揚自得・南面臨人・曾不若無賴賊之用心也・奈何・

薛始亨 字剛生・順德人・父天植・萬曆丙午舉人・官閩淸知縣・有循吏稱・始亨能詩古文・兼工畫・通諸藝術・明亡後・棄儒冠學道・嘗寶藏一古劍・又遇異人授以論劍書・因自號劍公・著有南枝堂集・阮志注存・

與朱錫鬯書

昨得中洲書・始知卿當言還云・有札惠教・竟未得見・豈爲人浮沈耶・本擬詣別・緣海氛甚惡・不敢出門・雖貧賤亦奉先人遺體也・且身去歲承見招出省奉晤・歡會無幾・抵家輒病半月・衰憊之軀・不堪馳逐・想知己必能諒之・卿英年妙才・行且萬里・惟倍萬自珍・後晤必有期耳・卿已高據壇坫・今當遠離・無已更效他山一得・葢卿風華秀逸・卓爾擅場・惟格調高老四字尙須留意・格調之高・不在字句・惟於漢魏晉諸子深藴而精涵之・則得矣・一苓得詩之幽境・而窘於邊幅・他日深造・過人則不可知・卿今獨嗜之以爲勝中洲・身則謂要各有當・未可軒輊・一則一邱一壑・一則泰華秦觀・善游者於何觀止・身與二子並相好・辱下問評次・輒及之・倘無忽芻蕘・即握手無以喻此・

前委買葛布・今屢訪未有精者・身素乏牙儈之才・雅不喜入市・比亦有他友見託者・吾戲效殷洪喬語以答之曰・精者自精・粗者自粗・薛劍公不能爲人作買布奴・遂以其金盡送酒家・竟足飲兩月・恐卿復蹈其轍・使我沈湎・不敢罔也・故先言之・小作二首・聊致別意・鄉村無佳箋・益愧拙惡・身雖未送・神已俱馳・覼縷不倫・黯然欲絕・惟鑒之不次・

與楊憲卿書

昨承面教・天下事瞭若指掌・所談理財之要・尤救時經濟・若兄者・眞不可徒拘小節・痼癖巖穴以貞斯時也・昔陳諫以劉晏爲蕭管之亞・而韓洄元琇裴典李衡包佶盧徵李若初諸公・相與後先佐理・有名於時・誠以兄厠其間・豈云多讓・至云約與弟俱出・弟一夕思之・誠有所不可・非自菲薄也・弟誠有志讀書著述・今差有端緒・而未竟其功・每歎揚雄以絕世之姿・而觀其自奏・謂少不得學・而心好沉博絕麗之文・願休脫直事・得肆心廣意・以自克就・有詔不絕俸・令尙書給筆札・得觀書於石渠・其後歲餘・乃獻繡補龍節龍骨諸銘・由此觀之・雄之所就・亦其遭遇然也・今使弟誠得免薪米之憂・寬閑其心以研精於典籍・成就未知與聖賢何如・若操柔翰於承明之廬・如雄者・豈足道哉・然而偏覛天下・望得薦其文似相如者・誰也・王褒之得王褒也・賫使入關・薛奎之得范鎭也・載之還汴・他如范睢之遇王稽・馬周之遇趙仁本・此其人雖奇傑瓌瑋・然使不獲知己・或不幸委填溝壑耳・何以聲施後世乎・夫天下非無知人之賢者也・而於弟無特達之分・則是弟之時命未可・人各有能有不能・才既不可勉强・時命又不可爭衡・邵康節云・若進豈能堪吏責・良有以也・嵇叔夜放傲與弟不同・高皇帝曰・今非用孝孺之時・夫以洪武百度維新・紀綱大舉・用賢如渴・方正學氣節文章・不減董江都蕭太傅・而知臣之君其言若此・豈非時有不可哉・故其後卒爲忠臣・不復爲良臣・識者以爲殺運未除也・

古者英俊非常之士・類皆有得於名山・弟已與西樵七十二峯爲三十年之約矣・國朝史學尚遜唐宋・無論兩漢・而禮樂遺闕・較宋殆甚焉・弟將網羅前代以及當世・勒成一家言・名曰薛子・有用我者特以應之・噫・天未喪斯文・或者假以年而克遂厥志乎・過此以往・倘無所建明樹立・則將頂竹籜冠・與葛稚川浮邱伯相尋於茯苓芝草之間・蓋素情如此也・兄將何以教之・

司馬相如論

有所棄而不居・以嗇其不足・而殫其有餘・斯善用其才者矣・天之生才不幸不能如聖人也・有有餘・必有不足・強其不足・將並不能擅其有餘・是以君子必有所棄焉・而後可以寡過而成名・昔者漢武帝以大有爲之君・網羅天下之俊傑・一才一藝之善・皆得以升於朝而備器使・而司馬相如以文章詞賦卓絕瓌瑋・知遇其間・可謂盛矣・始未不愛幸・而卒功業泯焉・吾嘗讀其書・如諭蜀檄・與夫難蜀父老之辭・未嘗不嘆爲議論有餘・通達治體・使益抒其蘊以謨謀廊廟・雖未能歷抵卿相・而以佐一時之英畧・未必卑於嚴助父偃之流也・而相如每謝病不肯預公卿國家事・則豈非有所棄於功名而不居者歟・相如志藺者也・今也助偃之不若・則豈非志本欲居・而勢不得不棄者歟・夫物之至者難兼・而適用者則否・嚴助之徒・非不文也・蓋適用而已者也・相如居其至・則其爲力較難・即不必逆知諸子不毀之・至於殺身・而其勢固不得而兼之矣・觀其雕鏤萬物・陶鑄古今・穆然淵懿・澤於典謨雅頌・是故一賦成以十年・封禪傳於身後・蓋刻意良

苦・自書契以來・未之有也・甯不亦殖其有餘以成名者乎・其後揚雄三世不遷・泊然自守其跡・亦大類於此・蓋心壯相如而爲之也・審矣・吾是以歎古之君子之善用其方也・夫均美也・取貴焉・均貴也・取道焉・均道也・取性情焉・雖然性情之矣・而或不至・則不如物也・不物則不如棄也・夫物而至於至非絕他途而專致焉・不可也・而況大美於此者乎・故嘗爲之說曰・儒之不終・功業敗之也・儒莫盛於荀孟・而區區齊楚梁滕之間・祇見疏焉・夫遊說之士・可以存衰周・而仁政之行・反無以救滕宋・無亦才術之不可以强兼歟・然而配義與道・修先王之學・則可謂醇矣・向使相如揚雄廣鶩弁包・騁其才辯・緣飾政術・豈無可觀也・然而風流必少損矣・或不幸遇事顚仆・甯不兩失之哉・宋之王安石有揚雄之才・而經世自任・卒以毀宋遺譏・是其效也・故韓琦曰・爲翰林學士則有餘・爲相則不可・使其不遇神宗・而以學士老其論著大業・必有過於諸儒者・故嘗爲之惜曰・宋徽宗不爲帝王・安石不爲相・其文采風流當絕於時矣・悲夫・

木說

席門儒隱於支邱・廷筵不掃・叢灌木以爲藩廡・望之蓊然環蔽芾也・腐宿氏造焉・曰・吾聞木榮土瘁・處瘁焉・病承焉・嘻乎吾子之棲・智不若鴻也・抑有辭乎・笑而應曰・子知六府而未知五行・知五行而未知天令與氣也・居・吾請畢辭・夫木賊人乎・金賊人乎・木主養・而金主傷・若盾鏃然・乘以令萬物・於是乎萌落也・迎其氣性命・於是乎消長也・達者以覩時・聖人以易世・必於金木乎取之・木令而

熙．布其和也．金令而諤．振其慘也．是有氣焉．始於微而馴致於極．芴芒磅礴於無間．非至人孰能察之．

且吾問子．今之時何令．今之人何病．金令乎．木令乎．病金乎．病木乎．國以戈兵．市以財利．山童于釜．太白經天．皆金之屬矣．故人遊其世．不唯遭形戮也．趾及於城市．日接於往來．口交於話言．心動乎形勢．其神已嘗之．其氣已中之．而嗜將習之．而軀將委之．是夭其生．刑戮之夭也徒金．形之著也．非刑戮之夭也．殆金氣之微也．於性爲寡恩．於情爲少喜．於時爲秋．於色爲白．於國爲身毒．爲剛鹵．於病必爲血乎．傷於刀者血漂．形於外也．病於脚者．血液潰於內也．吾是以畏焉．思反其類．以木繁蔭．移乎日月．不病陰焉．枝葉承乎風雨．而不病陽焉．晨露沃乎扶桑．夜氣滋乎湧泉．時茂而英．其芬襲庭．吾情爲之懽．心爲之開．日杜吾門而私爲己有．起居飲食於其際．雖不搵於庖俎．其生機祥氣已充然矣．子胡不視吾．何食而貌豐．忘寐而神王．木即榮．何病之承．子虞木榮而土瘁．獨不虞金多而府禍．何也．子休矣．

明七家詩選序

余居閒取鄉前輩諸詩．及亡友所爲稿．讀而甲乙焉．其佳者不勝錄也．而謀諸剞劂．則力又不及．於是登其尤者凡七家．於七家集中．又登其尤者．而畧其凡近者．爲若干卷．既成而序之曰．詩也者．先王所以正性情．宣志氣．命輶軒．而觀風俗．紀盛德．而格神明之具也．蓋情文美備．多識庶類．弦而歌之．肄業及焉．謂之道學．故其盛也．絕去委巷之陋．而澤於温厚和平．雖匹夫匹婦之詞．而皆合乎士君子之義．此可以見先王之化．如是其深且遠也．故曰．登高作賦．可以爲丈夫．將於此考德業焉．豈不貴乎學哉．迨乎後世．徒以爲見才之地．文人才士．工拙互形．於是道德之趣微．嫺令之習貴．綺麗相誇．卑弱弗禁．及其敝也．新聲靡靡．而國隨以削亡．亦其運降使然也．唐興創而爲律．其至者音調諧切．氣格修娖．雖體有古今之殊．而義通夫風雅．斯固百世不得而廢也．元和以後．風斯下矣．然擇乎其中．猶有遺音可採者．其異乎趙宋之雜議論．胡元之雜詞曲也．亦以遠矣．議者不察．概以晚季少之．不亦過乎．明興．劉宋之雄疏其源．何李之傑揚其波．七子之秀泳其瀾．未爲觀止也．惟應酬之作過多．則詞旨或複且數見不鮮．使繼其後者．原道一風同之意．考前輩紹漢唐．革宋元之美．而損益質文．救其過而補其不及可也．奈何苟爲自異以標流俗之譽．雖表異一時．而決裂敗壞．徒自謬性情而已．韓皮毀瓦．風雅云亡．誰之作俑歟．

吾粵在唐則曲江張文獻稱焉．其後慈塔一詠．南濱三隱．廖有方見貴於柳宗元．邵謁獲重於温庭筠．廖詩於今絕無．而邵詩亦僅有．以此推之．粵之能詩而湮沒者豈少哉．其緜洪武以迄今茲．中間名臣鉅儒．隱士詞客．其制作宜不可勝數．然復多遺佚．或僅存寥寥數篇．大抵才高者病乎多駁．邃道者病不成家．又或其人理學功烈自見．而不屑乎詞章之末．自宜畧之．惟論其著者．則洪武間若孫典籍．嘗與宋詹諸公翱翔禁苑．籍甚當時矣．至於嘉隆之際．黃文裕傑然奮之．爲一時之宗．出其門下則蘭汀分七子之席．歐黎騰茂夫上京・迨其後也・區太史陸沈於金馬・鄺秘書激起於皇華・是數公者・咸能洞源往哲・追琢其章・騁驊騮駃騠之足・以閑造父馳驅之軌・雖未及成周雅南・必駕唐軼漢・有足觀者・故吾於此三致意焉・昔之論文者曰・土美則楩楠杞梓生焉・其瘠鹵則彌望皆黃茅白葦也・雖而期於羿・取法上矣・而苟不至於彀・則毫釐千里・故法羿者・法其彀而已矣・孟子曰・豪傑之士・雖無文王猶興・至論五霸・則三王之罪人也・後有作者・宜何取焉・余幸生海濱鄒魯之邦・亦守所聞而已・是選之旨・詳載凡例・茲不具論・

元超堂稿序

今天下談詩搦管・夫人皆然・然則詩當盛而反衰・何也・非其才之不宏・學之不博・思之不渺・而唯效之則不正故也・說在唐太宗之論弓矣・詩學之不變於古・則吾粵惟然・要亦不數數也・國初若孫・若黃王李趙・奮起於草昧・是爲五先生・繼而黃泰泉梁蘭汀歐崙山黎瑤石李青霞吳而詩區海目先生・後先振響・黼黻皇猷・使曲江復作・追京開元・殆無以過之矣・猗歟盛哉・迨其季也・丁運陽九・鼓鼙動而弦誦衰・而吾黨二三同志猶不以亂離輟業・卓然自命者若而人・海內久耳而目之・其尤著者・則曰海目先生之仲子叔永・叔永弱冠有聲文壇中・甫受餼・即與拔儁上公車・緣資性簡率・不樂爲郡縣吏・優游泉石者垂二十年・神鼎播遷之際・隸脫未見爲當事物色・不得已起家爲翰林供奉・絲綸鞅掌・尋以病乞歸・

未幾而天下事竟不可問・叔永益韜晦遁跡・隱憂孤憤・微寓於詩・其詩深泓婉麗・得風人之趣・而選體最工・至五七律則又極追琢之巧・可謂金玉其相矣・嗟乎・以叔永之才・使居成宏嘉隆間・則諸先生不得擅美・顧遭時多難・老於遐陬・徒以休廢詞臣・吟風醉月・如李白擯落湖海・世無韓荊州・孰堪告語・詩人之窮・千秋一揆・信非誣矣・然叔永腕中有神・猶能蔚發其所未盡・如杜甫夔州時也・倘非見地過人・善於取則・能若是耶・或曰・區子潛心柱下・識力自超・故頃遇世紛・嚼無所累・晚復博綜內典・一時錙素・多就質疑・稱爲天童先生云・審爾・則叔永所學已根極於性命・要非文事可足較量・方且洞元而入禪・即聲韻一班・皆其遊戲三昧耳・會續刻成・粗述其概如右・

四書正韻序

學庸論孟之書・數百年功令埸屋之所策士・士子童而習之・然坊刻本之字畫音義・有時謬誤者甚至・老師宿儒習僞而不察焉・其晦聖經・誤末學大矣・朱孝廉浚基閰取而正之・詳較博訂・以自剞劂・氏工精字法・披覽豁然・公之同志・此一快也・孝廉嘗以弱冠獲售・其學博而才雄・不以此時大肆於天祿石渠・顧伏處窮愁・而留意乎此・疑類迂者所爲・不知天下事惟本而已・本之或謬則疑而不晰・疑而不晰・則欺而不誠・雖嘗試以享高位・叨重名・其於聖賢本領不可訓也・茲刻也・蓋有意於重本而求誠者・豈迂也哉・抑又有嘉惠來學之功焉・

昔人謂讀書貴識字・先輩楊愼・號稱博洽・考其論著・於音韻字義尤三致意焉・石建以書馬字・與尾四五・馬

援上書言印文伏字皐字之異．蓋其重也．孰謂孝廉留意於此．非異時大業之一班乎．然吾更有感焉．以學庸論孟之書．功令誦習之所在．數百年而字畫猶有謬焉．而必待正也．而況聖賢性命之旨．其精微不止於字畫．而徒沿宋儒之說．守之而不敢正其異．保無所謬歟．其所關於道脈尤大矣．蓋漢之石渠白虎．並集諸儒以議得失．而國朝第用一先生之學．則楊榮楊士奇之爲也．以孝廉年與學之富．既有以正於小者．將復有意進正於大者乎．予甚望之．而獨難爲今之道學者言也．

賀江村司孫巡簡除巨盜序（代）

順德之屬曰江村司．其屬九十鄉．以其皆濱江也．故統謂之江村．于十鄉之中濱江而復負山連陸者．則惟龍江龍山爲然．是曰兩龍．其地西望西樵．東走甘竹．其俗淳樸．多士夫．桑麻絲布工賈甲諸粵．固熙熙然樂土也．而邇年每患暮夜之戒．盜嘗數十人．乘暗持械行剽掠．縱火燬廬．磬胠室藏．仍刼質．雞鳴則部勒從東引去．甚者掠金而斃其人．于是居人大困苦之．守望擊柝．達旦不得休．司宰孫君至．奮袂曰．吾至此．盜敢侮吾民．何用吾爲．計盜去來必從東道刼質．出入往往在甘竹．必有大猾主之．然後輔以鄉導耳．吾治盜宜先其主．他可勝誅．以是蹤跡未幾．得其狀．然是猾也．內託巨族．外結曹邱．穿窬之雄．城社之狐．多爲之耳目者．急則行賂．挾詐舞文自如．吏不敢至門．又善行蠱．稍睚眦不平．輒假手鴆殺之．或嗾其黨詞連善類．使汚衊無以自白．以故更數宰不敢問．其靡者更且與結交爲姦．故意氣揚．每大言曰．若足探吾丸耶．其驕暴如此．君既廉得其陰罪．頗知爪牙姓名．爲夜治文書．旦上其牘於上官．卒縛而置之法．羣小寒膽．震讋不敢動．稍稍知三尺法矣．

君子謂是役也．有三善．有三難．鋤强梗之豪．一善也．雪沉寃之憤．二善也．治一而警百．三善也．當賊聞君將圖己也．負隅咆哮．怒目露齦．勢眈眈欲啖人．以虛聲相禁．使非以理自勝．少怵利害．鮮不引退．君直前不顧．曰．吾將死生以之．是其始之難也．勢禁不行矣．則詭其利相柔．使遊說居間．冀舐其腦．君毅然瞠視不答．是其中之難也．賊橫行二十年．貲積如山．既知不免．日出橐以傾君．所誣毀君者百端．臺隸左右亦夤緣爲賊地．賊誣詞屢上．而訴賊不軌者匿格不以聞．君無一錢之費．徒恃正人爲助．侃侃揚庭．當事竟直君而獄具．是其終之難也．嗟乎．世之江河日下．以至極重難挽者．起于吏便己私．而忘生民之苦．故爲虺弗摧．馴至爲蛇耳．誠人人如君．不爲害撓．不爲利誘．獨立敢爲．則何事不舉．豈至塗炭斯極乎．吾於君不能不心儀之也．于是兩龍縉紳士民謀賀君．而紀于帛．以垂不朽．顧屬不佞載筆焉．

予耕于是鄉．不可辭也．則揖諸父老而言曰．父老之賀孫君誼已．雖然亦備知君之功矣乎．假令君家給一兵．戶卑一甲．以衞此數鄉之人．猶未能敉寧也．脫或能之．亦一時之衞矣．孰與殲厥渠魁．而除數十年之患．人人知法．家安枕而戶貼席乎．所謂殺一人而生千萬人者．此也．昔虞詡朝歌自悔多殺．然朱博指劍瘢．亂世不可訓也．君有趙廣漢之疆力・而能仍用張武之柱後惠文・他日膴仕・豈多讓古人哉・談者謂大憝以地獄爲四禪天・困獸猶鬬・予謂不然・蓋邪不勝正・天定勝人・彼將行就澌滅・何能爲乎・傳曰・君胡不胄・易曰・藉用白茅・則愛君之至也・君以洪都名族・遭亂投筆・嘗從大軍屢建武功・隱于下位・所以尊賢禮士・其于民也・鋤莠而庇嘉穀・載在口碑・不具論・論其除盜一事・以答諸紳士父老之請・亦足觀豹一斑矣・

天湖山枕流亭記

天湖山亦曰頂湖山・或作鼎者・譌也・山在端州東北・羚羊峽上・於諸峯最高・山顚有湖・故名・舊有寺曰白雲寺・唐智常禪師嘗棲止其地・有磐石坐處・勒八大字於石壁上・今猶存焉・未至寺十里許・諸山環合・水泉澄滙・望之如在蓮蕚中・曰慶雲禪院・院創成於今・棲壑在犙兩禪師・後先主禪律・率其徒修淨土・諸方嚮仰・爲粵名刹・有長松數百株皆在禪師手栽者・邇年甯國馬子良生・新安程子君駿・結侶習靜其中・將如晉劉遺民諸賢・依遠公東林故事・嘗招予入山・予故樂其名勝・然性嗜酒・平居無日不持盃・而禪院戒律素嚴・計予於此可遊而不可止也・近山下流水處・巨石林立・或如墻・泉聲珊然如珮鳴・山木垂蔭・遊而至此・心跡耳根・洒然如洗・予尤樂之・乃展席石旁・命童子出沽村酒自勞・醉而臥石・醒而歸院・此上不在天下不在人・戒律所不禁・野性所甚宜・審如是・予可以老此山矣・所患者風雨時至・無以庇樽罍・使大雨連日・予其爲南山豹乎・此則不能不攢眉者也・

於是程子聞之・乃首倡糾衆爲作亭・跨水倚石・凡二楹・可以晨坐・時憑檻而觀瀑湍・岫雲皆在几下・人迹鳥語・亦在庭前・亭成・釀酒樂之・予乃酌諸子而言曰・茲山之勝・其深者有龍潭飛水之奇怪・其次則有白雲慶雲之大觀・至矣・若茲亭者・不過山趾之淺淺者耳・然予樂之也・以視世之趨名於朝・逐利於市・肩摩轂擊・汩汩紅塵者・奚啻龍潭之於茲亭也耶・且予雖憩於此・然裹糧策杖・深入不已・彼龍潭者・直旦暮遇之耳・可以其淺而易之乎・

以道言之・其先則智常・親得法於曹溪・其繼則兩禪師中興夫祖法・至矣・若諸子者・念佛禮誦・亦佛法之初因耳・有不如茲亭之於茲山也歟・然使禮誦進而不止・得念佛三昧・即智常何加焉・如予不肖・使一旦厭葷而不甘酒・回向西方聖人・安知不坐金臺上品・又使一旦瞥然澈悟無上如來・任顚癖而倒行・且又安知是凡是聖・由是言之・何淺何深・何戒何定・顧力行何如耳・諸子僉曰然・因以枕流名亭・而記其名於石・且銘以豔來者・無忘諸子之賢・銘曰・有道可學・有酒可樂・山水之間・風雨時作・有亭翼然・醉寢徐覺・荒塗古今・孰怨猿鶴・

山陲精舍記

余自丙戌避兵還故山・奉母挈妻子而外・諸所有皆棄置・唯書五千卷・幼所營也・琴一・夙所嗜也・與俱・廬敝甚・春雨漏濕・夏炎蒸・秋風破茅・冬淅淅・四壁若震坍・一日不檢・則塵厚寸・三日雨・不薰香・則水氣達紙欲腐矣・居三年・不幸母沒・又三年始築山陲精舍・庋藏書與琴

焉・竹間爲徑・折窮而曠・古梅移栽・其蔭成幄・梅北爲中聖軒・右爲南枝堂・其隅爲自娛閣・閣所以藏書也・闢北窗・疏南櫺・發東牖・東牖所以受朝爽也・南櫺所以就明也・北窗所以來涼風也・又爲小樓以臨寒塘・羣山環揖・蒼翠欲入・前對西樵七十二峯・顏曰抱淸芬・像孟襄陽其上・晨夕禮焉・每夜月松間・或山雨欲來・則梯而眺嘯・若澄碧千里・若煙嵐萬狀・皆在几席・步於庭・有槐有梧・垂柳木蘭・叢桂桃李・橘柚梨榴・美盎滋欄・芙蓉映檻・雜英芳蓀・莫可枚舉・無不樹也・當夫朱華旣披・山果落實・時序代矣・讀書之暇・學釣學釀・興會所至・烹魚酌酒・咏歌鼓琴・蓋終年無俗士駕焉・

嗟乎宇宙亦大矣・丈夫生而射四方・不聞牖下老也・今余年三十有五・使處此更二三十年・竟老矣・爲蠹魚・爲老圃・爲塲師・宜可以頹然自放而無憂・乃余居恒耿耿・或宵分不寐・或見星而興・草木長而愁不開・四時變而心彌悲・何哉・則以余道未明・而學未成也・故必道明學成・而後釋憂・亦不必道明學成而後・不徒老於此・故書而記之・

溫覺斯先生傳蒯緱館文稿

吾先子之友多名賢君子・其所遭於世・或隱或顯・要皆才行犖犖・其才行尤賢・則先子尤敬也・然非待其已著・率先知之・終不謬先子所敬諸公・諸公亦先子之敬・情相往來・自其始迄於今・終非偶然也・於同年敬陳太常熙昌・霍大理子衡・梁大夫亭表・黎刺史崇宣・同里則朱參戎可貞・郭孝廉衮・及處士溫先生而已・同年雖省試舉進士而後相知・然一舉嘗七八十人・而先子所敬者・若是罕也・里中少小相與遊・人人爪葛・非其聲氣之選・何以稱焉・其後陳公以直節擊權璫・霍公闔門死節・天下稱之・梁公以廉惠著・黎公高才耿介・晚乃第進士・輒挂冠去・朱公以武進士第一・抱雄畧奇氣・不肯俛仰於世・郭公嘗會試南宮・擬冠多士・衡文者互爭而擯・不幸無年・然亦知名・其不罣簪組・翛然高舉者・惟溫先生・先生少好古文辭・博洽無所不讀・講學於區羅陽・羅陽稱之・爲諸生不售・遂棄去・性好山水・自閩越楚吳齊魯燕趙・凡山水未嘗不登・愛金馬碧鷄之奇・兩度入滇・以世亂不能入蜀爲恨・所著詩歌・有漢魏風格・文章典雅・郭公嘗序以傳・其遊金陵也・陳文忠公時爲學士・作詩送之・其序畧曰・溫公體無累之神・負能遊之癖・西樵匡壑・樂以忘歸・北海尊罍・夜而繼日・覺鄉關之爲少・望京國之非遙・草名將離・可以代句・鳥聲求友・亦若爲懷・屬四韻以生風・敷六朝而振藻・冀有嗣響・輒自先鳴云云・于是一時名流皆有詠・文忠公素愼許可・簡酬接・獨高先生・握手甚歡也・

始先生爲舉子業・嘗執經於南海湯某・湯負才不矜小節・爲飛語所中・督學信讒下湯於理・語甚惡・不忍聞・門下懼禍及・皆走匿・先生獨毅然力爲周旋・具牘明其寃於當事・且曰・師弟猶父子也・願以身任湯出獄・湯賴以出・事解・人皆義先生・而當事者疑其黨・方伯劉公觀光爭之曰・楊政之義歎久矣・是可風也・顧當抑之耶・語具方伯集中・先子嘗曰・吾與溫君讀書西樵・時年俱少・溫君恂恂文弱如處子・然與論古今節烈事・則目炯炯然鬚髯掀張・有豪傑之

風・聞者初未信・後乃以爲知言・郭公爲廣文於潮之平遠・入署而病卒・遺言託先生後事・平遠去順德千餘里・先生即赴之・至則孤櫬蕭然・家人不能謀旦夕・先生爲文徧告諸在位者・勉以大義・於是皆感動斂賻・扶其喪以歸・郭公舉孝廉十餘年・交遊格一時・然卒賴其力以妥死者・處士先生也・蓋是時先子歿已數年矣・嗚呼・知先生之賢者・有以哉・

先生名益高・德益邵・鄉族事待以正・望廬而化・誼不可殫述・吾特舉其處師友患難生死不變者如此・他可知矣・昔柳子厚書其父之友於碑陰・爲先友記其文・□其言訏・君子譏焉・後世之立傳也・勢利是徇・行若盜跖・稱爲周孔・其詞誣・無關於名教・君子所不取・其有行義卓然・合於漢之獨行・而又爲先子之友若先生者・其亦可以書乎・其未耶・或者問曰・先生孰與諸公多・薛子曰・余不敢較也・且士之生也・爲道乎・爲位乎・必道也・則位可也・不位亦可也・期無負於素・一也・藉令先生生漢世・非辟則徵・即功名未可量・然亦何加損哉・先生今行年八十六矣・而杯杓甚健・精爽不衰・余間乞言折衷古今・究天人性命之旨・必簡而中・其所養深矣・可易窺其際也耶・吾私論次之云爾・

先生名玉振・字覺斯・廣州順德人・嘗自爲像贊曰・鶴其骨・虬其髯・聞義唯恐居後・見利不喜爭先・足跡半天下・惟蒐奇攬秀・而不受人憐・如有其道・甕牖繩樞之子・欣爲執鞭・苟非其人・赤芾丹轂之儔・若將浼焉・嗜酒任眞似陶元亮・輕世肆志亦魯仲連・嗟呼・莫我知也・我惟與我相周旋・其自許如此云・

贈兵部尚書陳巖野先生傳

陳巖野先生名邦彥・字會份・廣之順德人・初居龍山鄉・父韶音・徙居邑北郊錦巖山下・故別號巖野・爲人美髭髯・顧盼煒然・能視日不眩・自少慷慨・喜大節・年十八餼於學宮・每試輒冠諸生・督學魏公浣初旌其孝・文行藉甚一時・治易詩・教授嘗數百人・後先出其門者數千人・論□義決・科甲無先達後進必翕然傾心・先生售無疑・顧久之未售・先生年四十餘矣・是時陳文忠公子壯以秩宗抗疏南歸・氣節文章・望隆海內・見先生文章而異之・延致於家・使諸子受業焉・先生亦重其人・爲執弟子禮・其遊如父子然・相得甚懽也・

甲申之變・先生憂憤・坐臥不寧・每歎曰・不報國非夫也・乃輟講業・謝罷生徒・閉戶草中興政要書數萬言・走南都上之・報聞而歸・然都中人人知陳子上書矣・以宏光登極・詔試諸生・領恩薦・復舉乙酉賢書・思文在□閩求粵士於蘇戶部觀生・以先生對・並進所上書草・特詔授監紀推官・晉職方主事・命監粵兵援虔・先生拜命而趨・雖始進・毅然以國事爲己任・時時策兵餉在外・忘其家焉・八閩旣陷・□監國於梧州・觀生以閣部擁殘兵入廣・遣先生奉箋勸進・旣行而中變・羣小從臾立唐王・改元紹武・先生至梧州・朝進箋而夕變聞・舉朝且疑爲間・夜召入對・先生始知蘇之賣己・遽出不意・而進對忠誠・上悅・拜兵科給事中・賫敕還諭・先生止郊不入・以書抵蘇・責以大義・蘇猶不悛・先生乃變姓名入高明山中・俄而佟養甲李成棟襲廣州・

蘇與唐王俱死。□幸西粵。端州失守。先生間至南海之九江鄉。適陳文忠公奉母遯跡於此。與先生相見大慟。於是始合謀起義。丁亥正月成棟且西畧。尋□後。先生曰事急矣。使奸可乎。時順德大盜余龍者。在甘竹灘衆數萬。先生駕扁舟詣龍。徧結其豪酋。握手歡飲三日。說之以都會虛。使攻城。二月十日龍率舟師數百薄廣州。養甲殊不意。閉門以城外委之。而飛騎追及成棟於桂林。促還軍自救。桂林繇是得完。先生本謀也。龍掠城外而退。先生使門人馬生應房率之以攻順德。而成棟以歸師至黃連掇之。龍應房敗死。先生泣曰。馬生死。余獨生耶。吾報國後馬生耶。即日下江門。撫納餘卒行。

收兵至高明。主同年貢生陳時家。一時響應者衆甚。高明御史麥公而炫。官生區公懷炅。舉人譚公相國。皆慨然破家以從。軍聲復振。而侍郎張文烈公家玉起東莞。參政黃公公輔起新會。並殺□令以遙相應。養甲大患之。偵先生家在龍山。密使騎掩獲其妾及二子。而以書招先生。先生怒判其書後曰。妾辱之。子殺之。爲忠臣。義不私妻子也。初先生之金陵。舟次邂逅楊指揮景燁。與論古今多合。以忠義相許。既還。逢人而稱之。文忠公以先生言。國士視楊也。至是。景燁與楊參將可觀約爲內應。使花山僞降卒三千人守東門。以銃臺爲獻。於是先生與文忠公會師攻廣州。文忠公攻其西南。先生攻東北。一鼓奪銃臺。養甲懼。乘城自守。嚴邏奸細。而內應謀洩。二楊與三千人俱死。城不可攻矣。成棟方敗張侍郎於新安。得報遽返。晨夜兼行。漏下十刻至城東曰禺珠。遇先生伏兵。火其舟。因敗紛披而前走趨城也。先生率軍乘風遣之。黎明迫文忠軍而西。城上知成棟至。未知勝負。但擊鼓助威。呼聲震天。文忠軍本烏合未經戰。來時文忠諭以城唾手可得。倉卒不虞。而城上揭二楊首以示。於是衆懼而陣動。望先生帆檣。亦皆以爲敵兵。後軍拔船奪港先遁。令不能禁止。遂大潰。先生孤軍不留。退至三水胥江。大小十餘戰。氣益奮不衰。先生率日一食。夜坐假寐不就枕。自起兵以來然矣。口未嘗言勞苦。處之若素。故其下人人感動。即小卹無思叛者。

清遠白指揮嘗燦舉城迎先生。先生赴之。設柵斷江。與成棟相拒。值天北風。霍總兵師連以火攻成棟。敗走。師連盡舟以躡數里。風反我舟。火還走迫柵盡焚。乃退而守城。圍十日。用地道積火器崩城十餘丈。遂入焉。行令事闕公鍾喜死之。先生率兵巷戰。頸被三刃。兵且盡。走朱秘書學熹園亭中。秘書先自經死。先生題詩三首于壁。衣冠赴池。池水淺。騎已入。引而出。先生笑曰。我陳兵科也。檻致廣州。不屈。養甲問同事。閣部何在。先生厲聲曰。師也死國奚問哉。入獄五日不食。意氣如平常。好事者投以紙求書。首自紀生平科目官爵。拜授月日。一紙餘多。書題壁三詩。或獄中新詩。詞義燦然。得者傳寶焉。以永曆元年九月二十八日遇害。臨命作歌。西向受刃。歌詩具集中。年四十五。

先生既歿。義兵始衰。張侍郎陳閣部相繼死。明年成棟以東粵□□□□□詔贈先生兵部尚書。賜祠祭葬。蔭子恭尹錦衣衛指揮僉事。方議謚。會粵再陷。上播遷而寢。先生博極羣書。尤究星曆陰陽家言。然與人言。必依忠孝。不屑屑言趨避。其與張侍郎書曰。成不成天也。敵不敵勢也。姑置勿計・方今車駕蒙塵・使得牽掣敵騎數月毋西・則潯梧必有備・是我收功於西也・其心如此・醫歐陽生言・公磔時監□某敢視其肝・肝忽躍着面・因驚墮馬・歸病請醫・自逑如此・竟死・噫・先生之忠・始終如一・貫金石・歷萬古・其靈爽亦何往不存哉・

予嘗從受周易毛詩・自己卯迄乙酉・皆及門也・於先生平生本末甚究・心喪時・予家居竊志之・恭尹字元孝・方蒙難亡匿・年尚少・其後益長受職・據所得爲狀・狀或不具・予故爲傳以歸之・

祭梁克頫文

嗚呼・公之棄我而逝也・方是時・余從山中來□而冗・未聞公之疾也・俄而將請問・乃遽聞公已葢棺也・不候藥・不親含・不賻屍・三者咸闕・然余目無涕・今而不知襟之浪浪也・嗚呼・公何以至此哉・始余早歲甚狂・以古人自命・人皆笑之・顧公獨奇余・每見必懽話移日・迨握管爲學・又甚迂篤・嗜古文辭・人皆怪之・顧公獨許我・每相示必嗟賞不置・與公生同鄉・誼戚屬・藝同社・居不越兩巷・而年倍長於余・自連歲中原有事・風鶴播驚・余始携妻子入山・爲一往不返之計・公留人間・遂契濶・誠知其如此・余肯私薇蕨一飽・費公詠招隱耶・雖窮日夜秉燭游・若後之矣・倒行逆施・何愛焉・余比爲放言・若詩賦頌銘・慨然有所託・昨之來也・袖袍而行曰・必視梁子・相視而樂・孰謂公死也・已矣・已矣・無以發余狂矣・樸然而行・而人以爲笑矣・浩然而文・而人以爲怪矣・將袖抱而還・投之窮山而止耳・余非

牙也・而文非琴也・而猶鳴也・豈非今日之痛哉・

當庚辰歲余爲仇家所搆・幾錮獄・余有兄廢寢而興・有弟廢食而起・而公廢寢食亦如之・呼號同人・鳴寃當路・奔走謀畫・余得白而不轗・生平交游無如公者・嗚呼・余而土木也・余而非土木・何以德公哉・昔朱暉感張堪知己之言・則知己之言耳・公不僅此也・余愧而愧暉之心・則何以讀古人書・今而愧暉之事・賤也貧也・勢未可也・此非昔日之痛哉・嗚呼・肝腸如雪・發爲文章・十五蜚庠序・暮年志益壯・而大業竟不就・孰有如公者哉・嗚呼・凡此皆可痛也・皆可痛也・尙饗・

奕賦

涉夏徂秋・放浪山幽・夕蕭蕭兮檐竹・晨謖謖兮松楸・食薇蕨兮易飽・心無用兮徒憂・設草際兮碁局・與野老兮相求・銷永日兮坐隱・聊卒歲兮優游・客有過而病之者曰・甚矣・子嗜奕之篤也・分陰之惜・玩物之箴・吾子寧聞之未熟乎・奈之何窮日浹旬・積月閱時・徒自棄於無用之幅也・鄙人不佞・誠未識奕中之趣・願吾子明以復之・主人笑而應之曰・客欲究夫奕乎・吾欲列其品目・則數奩中之子而不足以悉・吾欲備其曲折・則計枰中之路而不足以畢・吾姑質言之・而子姑貌跡之・其始布也・括括々亍・磊磊崒崒・立若山峙・引若部勒・五步七伐・宛有繩尺・巧拙所繇・百不失一・其少進也・爛乎若星辰之躔於市垣・歷乎若錯石之散於郊原・煥乎若野火之燒・盈乎若方至之川・其驟發也・若疎雨闌宵聲滿堂・其微中也・若片承隙墜容光・其宅中而攬勢

也・若蒙恬拒敵而築邊城・其拔壘而殺敵也・若白起破趙而坑長卒・其分裂而有屬也・譬山川雖間而奉其正朔者・上其賦・計其溝界而無空也・譬內地雖寬・而沿夫要害者・添夫戍衛・其此來而彼往也・譬偶射者無一矢之減增・其收殘彌闕也・譬畔耕者無一穗之侵蔽・其抑知之而必抗也・似灌夫倨罵而倔強・其正行而不罔也・似羊祜當鎮而和讓・投其內以促其殂・歸女妓而傾吳・捨其小而圖其大・廢書劍而成霸・縱橫反覆之儀秦・何以殊此劫也・獻橘遺柑之錡玠・何以殊此貼也・有深陷而死・無見危而降・有兩持而活・無自滿而僵・有一路之勝・無盡局之戕・變化侔鬼神・迅疾過隼鷹・其道通乎萬類・而其要切乎用兵・是以先發制人・後發制於人・在廟廊而謨算・秉旄節而威神・揣摩天下之形勝・鞭策高足於要津・其爲物也・非鏤非刻・晳晳墨墨・經鍛鍊於鑪冶・出昆明之絕域・其爲音也・非石非金・琢琢丁丁・叻竹樓之勝槩・發泉石之幽貞・故其蕭索綿沕・統緒零析・數貫河圖之畫・理綜周易之頤・固幽賞之最良・而閒適之必藉也・

若夫節候未明・暖律颶賡・炎風播扇・暑氣煩蒸・處廣厦而未舒・御絺綌而非輕・喟結心而含慍・坐茂樹以馳情・玩圖史而體倦・美楮潁而汗凝・宜疎簾之颯颯・據竹簟之青青・乃有王公顯者・大人先生・厭鶴蓋之囂沓・選高館以虛迎・肅階除之□履・來檟椈之南薰・屏殽醴而不進・搖羽屏而烹茗・爰方幅而會戲・拈笑視之晶晶・渙神明之頓爽・渺滌熱於壺冰・惟茲奕之忘勢・洵既貴而且淸・爾乃公子王孫・介胄華閥・富少年而好事・苦晝長而燕暇・飫笙歌而覺喧・愴喘息乎狗馬・閈水榭乎柳陰・延國手於門下・送連頃之荷香・調鸚鵡以人話・薦以荔菱之珍・器用古窰之瓦・輸以寶玉之籌・賭以別墅之價・徐節度以從容・澹拂拭而瀟灑・惟茲奕之狎交・洵既豪而且暇・又如名姝美婦・青樓繡闥・檀板妬鶯喉・鞦韆沾蝶粉・紘憫燥而綴彈・芳拾殘而不問・憶婦姑之七箸・嫺女傅之前訓・質靜閑而覆譜・心靈慧而妙敏・展素手以輕敲・挾彈丸於春笋・捻羅帶而暗數・集房觀而肩隱・唯茲奕之遨嬉・固艷而加韻・至於物外異人・山中僊秩・蟬蛻軒冕・敝屣名實・朱顏鬢霜・龐眉瞳漆・頹放豐林・揮手雲日・徜徉集眞之島・攜擘凝霞之室・閒畫紙而靜對・指化機於太極・付黑白於陰陽・削龍脯於園橘・驚夢覺於巖老・惠桃核於王質・寫青童之琅玕・傳練形之秘術・惟茲奕之娛樂・又既高而尤逸・

是則好者不一端・宜者無窮期・歷霜雪而兀兀・達曉夜而忘疲・解不殊於老少・工不律於尊卑・而非至虛者不能以之隱顯・非至淡者不能以之窮通・非至達者不能以之深悟・非至專者不能以之奏功・當其運思而動・積揣而酬・莫不沉心澄慮・劇想遠謀・然後按班而考・探囊而收・或先難而後易・或始悅而末愁・或示玦而急擊・或忌器而緩投・或信指而出意表・或凝滯而階悔尤・其爲陣也貴堅・其爲體也屢遷・其爲度也恂恂・其爲致也翩翩・或煙霏而雲湧・或緯地而經天・或鳥瀾而鹿即・或洲迴而浦聯・或見兔而顧犬・或得魚而忘筌・飛霰而幻六出之花・積湍而成穿石之溜・攖簡畧而絲棼・激寂寞而獅吼・苦脫眉之躭吟・癖嘔心之奇勝・搆嘉戰而腹肥・悲拓貶而邊瘦・福水到而渠成・禍輞載而

輻輳・貴鎮物而神勇・鄙辭洩而色授・優入神之上品・劣庸味之力鬭・

嗟乎談之難言・羌風流之領袖・六一號於文忠・賢己稱於司寇・馬目雁行・形之而未精・守嘗得意・擬之而未就也・雖然亦有可笑者焉・飛碁不寤・成上抗之面欺・樹雞無聲・幾丹朱之不肖・幸東宮而伾文之黨橫・僞拙行而熙曄之逆兆・到溉以喪狗貽嘲・陶侃與牧猪等誚・然此皆其人之罪・匪足爲茲奕之吊也・豈可因噎而廢食・矧瑜多而瑕少哉・昔者犀首無事・飲酒各高・東坡晚歲・厥志老饕・彼哲人之自污・咸有所托而逃・故女悅己而勤容飾・怨咲而不沐膏・吾人性情之所近・故爲舍樂而徒勞・今客責我以廢時・病我以喪志・而不知因時養志・莫大乎是也・客無乃可與立而未可與權・知其一而不知其二者歟・客乃憮然良久而愧・點頭頷頷・上手唯唯・請從商山遊・願謝人間世・

歸故園賦

予以丙戌臘袖日還山・未幾城陷・是賦成於丁亥春・而不忘所托始云・

白羊司歲兮・且在婺女・元冥職渝兮・豐隆憑怒・（時冬雷）予時怯怯兮・震覺而懼慨・肉食之無猷兮・昧弔者之在戶・樹敵盈舟兮・又濤以颶・夏昭沉霾兮・厥事將去・詩有蹇裳兮・易曰介于・先聖遺訓兮・亂邦不居・白雲在天兮・橫古荒塗・朝欲渡而無梁兮・夕欲涉而無輿・瞻皤皤之垂白兮・眷呱呱之黃孺・浮鵝潭以乘險兮・超皇波而疾驅・秦贈策之無人兮・利昏智而有餘・吾聞宮之奇之讜議兮・曰此行其不臘・哀不狂以爲狂兮・寘自危乎失・日臨河而浩歎兮・渺鳳鱗之遠逸・委貲離羣兮・疇將流涕而太息・盍吾底此斂宮兮・遵皇考之故宅・雖歸然之獨存兮・嗟町畽而荆棘・仅吾墻而莫版兮・重吾都而莫藉・繽紛澳涊兮・湫□悱側・茵燥稻以爲簟兮・覆牛衣而蟻虱・解秋裳而代稾兮・爨濕葉而作食・凍彤雲於歲暮兮・氣凜冽而蕭瑟・靳娟娟之在側兮・客戰兢而無色・皇天亶仁兮・風雨以春・棟宇偃播兮・仰漏承塵・堂除成澤兮・敗泥沒脛・寢一夕而九遷兮・竈鳴蛙而聒聞・惶兒號而婦泣兮・熒明滅之青燈・夜漫漫其若歲兮・風逾厲而雞鳴旦・奉親而謀徙兮・乞舉火於西鄰・顏厚而詞拙兮・足進而逡巡・

昔吾儀型先民兮・抗論道而莫屈・修潔孔彰兮・芳菲佩服・會市夫之爲伍兮・豈宵人之委曲・雖阽危而不懲兮・慕據歐之咯咯・朝吾陟彼西山兮・拾松花與薇蕨・雖不周於室人兮・固無慚於交謫・心怦怦而悵悵兮・蜎百憂其余集・就日史以相占兮・決吉凶之所感・（占曰・赤鳥銜書・厥文暈如・匪飛勿躍・蟠潛九塗・）守磨蝎以爲宮兮・箕簸揚而好風・宜嫉妬之載道兮・嘉天門而壁東・流孤月之盼盼兮・黯太白之無戎・陰騭不誕謾兮・君子有終貧・貧自究兮・富聘將隆・匪予子欺兮・前史折衷・八十釣璜兮・握券齊封・三走囚車兮・王饗加崇・伏鑕如瓢兮・壽考上公・雪深困臥兮・累葉登庸・鸛鱣教授兮・章服符同・採薪獲貂兮・展也侍中・獵師折節兮・終佐元宗・將子埋曜以自湛兮・垂三立於無窮・

日史既告予以吉占兮・予心猶豫而未寧・返掩扉而深念兮・泊舉案之塵凝・昏聚蚊之薨薨兮・盱集蠅之營營・鼠跳

梁於白晝兮．犬羣吠而胥驚．去臭蘭之友生兮．狎咆哮之豺聲．曩子夢登閶闔兮．帝錫予以副管．願著書以明道兮．藏名山以悠遠．遘顛沛而無成兮．志折磨而未損．迂不可用世兮．戇不趨時而多倦．首邱豈壯圖兮．棧豆匪足戀．冀白日之回照兮．待河清之在瞬．悟飄風之不朝兮．覺曲蓋之夢短．凛自守以兢兢兮．如臨谷而惴惴．庶風流之不墜兮．入鳥羣而不亂．撫長矢而太息兮．壯志灰乎四方．笥奇服而不御兮．瘞寶劍之龍光．惟欃槍之未靖兮．慘盈野之瘡痍．雖予心之不疚兮．竊掩涕之浪浪．攬娃髢之自珍兮．攬申椒以自芳．豈獨予之不幸兮．固天命之靡常．亂曰．山峨峨兮．雲油油兮．江之流兮．民之愁兮．彼狡童兮．不與我遊兮．春不可留兮．老至何求兮．

竹杖銘

此君癯然．與我周旋．佳期名嶽．並挾飛仙．噫．孰使我進居後．而退居前者．非子實然也耶．

薛起蛟　字牟山．一字炎洲．順德貢生．與兄始亨并負文學名．康熙中．李士楨撫粵．有聲．使纂撫粵政畧．有大建置．輒囑爲文記之．所修順德縣志新會縣志皆詳核有法．卒年九十八．著有木末山房稿．阮志注未見．

順德志傳論二十二首

孝子黃君慶錫傳論

論曰．精衞塡海．荆軻貫日．誠爲之也．人子於親非不自致喪三年．而哀痛漸衰．日遠日忘．禮雖制之．積使然也．孰能十年一劍．泣血染刃．卒能手斬仇頭．祭告祖父．義烈之氣．感動鬼神．如黃孝子者．當其慷慨直前．一夫專決．視死如歸．豈知爲國法之所許．此漢司馬叔持龐娥親所以賢於專諸聶政之徒歟．孔子曰．仁者必有勇．又曰．志士仁人有殺身以成仁．若黃孝子者．仁之至．義之盡也．無年未覩移孝．然名與天壤弗朽矣．

鐘公鼎臣傳論

論曰．語云．死生之際亦大矣．忠義之名．人所樂居．畢命之慘．痛楚難受．二者交戰鮮不回．惑矣．余所親見袁都憲彭年是也．雖然．死之中所遭亦異．或摧鋒敵愾．首離不懲．或城亡身俘．罵賊求速．或互砥名節．麻生蓬中．至於誓身報國．不貳不回．古稱從容就義難哉．觀鍾公覔得死所一言．臣子於勢不可爲時．盟心如此．痛矣．使當一麾未出．稍逡廵生避．就即不事二姓．顧爲清朝巢許易易．廼計不旋踵．得死爲幸．嗚呼．忠矣．惜無廟余闕者．公居平．侮慢玩世．葢卑視一切．齷齪子不足道也．由今以思．人壽幾何．求存者多．不過更活幾年．身沒名穢．草木同腐．其計短．盡節者亦不過痛楚斯須．骨香名留．爭光日月．其計長也．人縱不論名義．亦當論計長短哉．

黃公公輔傳論

論曰．吾聞之先子曰．周太常順昌爲福州司理時．雅知黃公云．周公爲吏部．公遂擢御史．以直聲相依．周死於璫・公遭逐後三十年・卒以完節・聞事不盡錄・而山中人能言之・語曰・不知其人視其友・信矣・昔田疇以君讐入無終山中・天下高其義・豈不以立志皎然不欺故邪・嗟乎・成敗利鈍天也・彼星隕中營・連呼渡河而賫志・公亦何異・要以雪涕孤憤作同仇之氣・使後人篤其忠貞・死且不朽・推斯志也・雖與匡山爭烈可也・

劉公文瑞傳論

論曰・凡志載忠義・率列死封疆殉王事者固矣・然委贄爲臣・各修其職・業科垣者・以諫諍匡救爲職者也・況正德之時・何時乎・所事者・狂蕩之主・而又有江錢諸賊臣・誘導熒惑其心志・草疏朝上・其夕不下詔獄斃廷杖・幸爾・文瑞犯顏批鱗・置生死不計・可謂忠矣・故特表之・

周公修傳論

論曰・亂世黠賊・往往竊起義爲名・實志在剽掠・荼毒百姓而已・誠古今一轍哉・吾近觀甲寅僞周變亂時・羣盜蜂起・如梁荊玉李山官七劉裔進之徒・皆黃斌流亞・殺人如麻・而結交甚廣・交之者咸施施有驕色・使周修而在・一發口・匕首揕其胸久矣・修之禍種於移書誚讓・雖不憤罵・亦無生理・傳曰・好盡言於亂國・是見殺・存軀者往往託焉・若修者・可不爲剛直氣節之士乎哉・使其立朝則逢比與遊・臨大節則顏眞卿之操也・余觀國不疏其事於朝・請表揚以示風勵往・稱爲義士・眇矣哉・此其所以爲元季之政歟・

馬公持國傳論

論曰・南渡以還・君臣酖毒於晏安・凡思報靖康之仇・枕戈待敵・皆宋室忠臣也・彼佞人貪祿苟容・鮮不希附和議以固位者・馬公爲布衣・即逾嶺挾策以干張魏公・比稍稍見用・則進奏中興自治策畧・及愚忠錄若干篇・無非以國家之恥未雪・講和之計大非・爲言其志・亦可悲矣・使果柄用・安知不與岳武穆共抵黃龍府・又安知不見嫉共入風波亭哉・後知和議不可破・乞外爲卑官・雖及牧民・非其素也・觀其居平・語及恢復・輒泣下沾衣・志不克展・鬱鬱以歿・人臣事君・始終一心・可不謂忠乎・

李公茂蓉傳論

論曰・余於順治甲辰寓天都年餘・數登白嶽・每徘徊山路・憩李公亭・憑弔懷古・山高百仞・而路逶迤・可以輿・公所修也・邑人聞有仙城客輒靡至・就問我慈父李公年壽高下・子孫賢否・若至戚然・間述曩時政教・有泣者・至郡・郡人問訊如天都・仍導至祠中餉客・廟貌宏敞鮮潔・鐘鼓爐烟不絕也・古稱循吏在位無赫名・去後令人思・徽人之思公至矣・故書此於傳後・

林公枝橋傳論

論曰・古人恥不得與黨人碑・卓見哉・林銓部得與李詞林周御史等五人同逐・都人號五君子・何其榮也・時逆璫賊害忠良・輒嗾其鷹犬肆擊・然後取中旨下之・倪文煥者・五

虎之一也・後烈皇登極・立置辟典・被削諸臣皆復官・公論已明・聞王子修邑志・掄人物載筆者・尚以文煥彈章爲疑・噫・不達甚矣・奸邪陷正・往往詆夷齊爲盜跖・何所不至・若楊左諸君子・當日彈愈醜・禍愈酷・而名愈香・繄奚故歟・夫子曰・不如鄉人之善者好之・其不善者惡之・此之謂也・余故表而出之・若皆持彼見以讀全史・則蕭望之陳蕃竇武諸公・皆當抹殺久矣・

倫大理傳論

論曰・門第世稱南倫北許・公其支屬也・以名進士起家・職清要・修髯玉立・儀觀偉如・見者欽爲卿相之器・而言論骯髒・守正不阿・邪人嫉之矣・況與南海陳給諫詞林父子同朝・風概相尚・又結姻親・以指斥魏璫逐・公寧能免乎・正人相繼去國・時事可知・其蹶而復起・則由英主當璧・除奸用忠・再爲大理・顧讞決明允・多所平反・存心近乎忠恕・觀其居鄉拯鐘湯二生於寃獄・及翼熊令尹成漏澤園・見義必爲・乃知持正者・未有不仁厚也・倏而騎箕・未究厥用・朝野共惜・宜哉・

何文懿公熊祥傳論

論曰・古者大臣禮絕百寮・其措注亦異・格心以正國是・惠窮困以寧邦本・務其大者而已・余嘗讀公四巡疏鈔・及南畿諸疏・昌明條達・得大臣入告之體・而屢請蠲逋於言利之朝・動以數十萬計・俱蒙報可・豈非敷奏詳切・故足動天聽而無沽譽市恩之嫌歟・遂使數省貧民・免於敲骨剝髓・仁人之言・其利溥哉・宜其後之蕃衍而昌也・卒又值崇禎之末年・既邀榮謚・不覩亡國之痛・以全人終・非大福乎・

李公渭傳論

論曰・漢黃巾之禍烈矣・其時征討・宣力諸臣往往得封侯或高官・明妖僧崔同兒當成宏盛時・雖不足患・然爲虺不除・卒之爲唐賽兒不難也・李公除患於早・不煩兵革・弭亂未形・果斷明決・厥功甚懋・惜當事無上其功・薦其才者・徒使循資量轉・何歟・君子所以感於曲突徙薪之喻也・

孝婦蘇氏傳論

論曰・毋出則義絕服降・死不得復祔於廟・制也・蘇氏之孝於出姑・禮之過焉者也・過則胡以書・曰・謂其能嚴於其名也・所謂名義也・名其爲姑・因其出而息諸・非爲婦之心所安也・揆其心・使初得安於室而事之・其起敬起孝・不知又何等矣・吾嘗見里中悍婦・勃窣於其夫之生母主母者・每歎教化之衰・使與蘇易地・必梃而逐之久矣・若蘇者・可稱純孝乎・禮本順人情・勿可譏也・

節婦冼氏傳論

論曰・嫡庶之難安也・匪特分甘難・即共苦亦不易易・故柏舟之操・見於庶獨少・何也・彼夫娥眉見妬・昔已視同眼釘・團扇逢秋・今且棄猶敝屣・非夙有令善宜家・上下無間・難以永終・嗟乎・燕子樓空・白楊作柱・詩人所以形諸歌咏也・或問節婦處貧富孰難・余曰・處富難・富則驕・驕

薛起蛟

則侈・侈則淫心生・人情之常也・非嫻禮度義・以理勝欲・鮮不易志・若冼節婦蓋爲其難者乎・

孝烈義烈傳論

論曰・吾讀史至睢陽破後・遺民僅數十人之事・未嘗不愾然長歎也・新邑甲午之禍・蓋幾幾似之矣・然睢陽被圍年餘・雀鼠皮屑俱盡・然後食馬・馬盡・張許二公先烹愛妾寵奴以餉士人・人皆泣・故其民易子折骸・而不叛・忠義感之也・夷考新邑之圍三月耳・儲蓄不預・責在有司・乃橐有餘糧・肥馬在廐・而兵先攫人而食・非將將・將兵者之罪哉・最可恨者・摧殘孝義之人・女代父・媳代姑・婦代夫・如梁氏陳氏關氏徐氏譚氏者・甘心鼎鑊・曾不少動其良心・天昏地慘・未有甚於此時者也・事後又諱之不敢表揚・使含寃地下・即不爲厲・天必惡之・宜其後傾覆不旋踵也・其將者不講仁義・孰謂無天道哉・

蔣烈婦傳論

論曰・嗚呼古稱從容就義・蔣氏近之矣・再醮之辱・一强於姑・再强於外家・以姑息之愛・謀彼剛腸・未亡人將安歸乎・是欲安之反以殺之也・有志不伸・抑鬱誰語・千迴萬結・惟一死可了生平・氏籌之熟矣・故不爲無益之悲憤・動人防範・閔默沉痛・卒至殞身・志不大可悲哉・彼其歸寗數月・何異小樓三年・見殺自戕一而已矣・

負汲採藥二翁傳論

論曰・天壤之間・菀枯異集・人之志趨使然・讀漢高士傳・其蹊刻自處・有尋常人所不堪者・甘之如飴・何歟・若負汲採藥二翁・貧窶其身・而高潔其行・名不傳而迹不可不紀・殆古道之徒歟・抑廡下傭者流也・志之猶足以汗汨世利者背・

黃公淳傳論

論曰・黃公早達有才名・善談論・負氣傲睨・稱滑稽之雄・遊京師時・首輔張江陵絕愛之・使二子相結納・後張敗・故居官亦不久・事功少見焉・柳柳州之遇叔文・反爲名士厄・可慨哉・及隱居放言・橫弄筆墨・爲文不抱古法・自成其是・詩亦如之・暇好爲諧謔・歇後詩迷語・皆機警巧湊・令人揣摩久而絕倒・若所著李杜或問・則其詩學力處也・畫氣韻超曠・倣倪雲林・然不輕爲人作・其文苑中之高人者乎・

許公烱傳論

論曰・吾至古岡・聞長老述許公夙慧神授・殆異人也・居恒讀書窮理・考古今治亂興廢・政事成敗得失・蓋有心用世者・觀其上朱僉憲書・如賈生復見・諸雜著論陰陽人事禮樂兵刑・更悉其深造以道者歟・數奇不第・時方重甲榜・公才高氣盛・寗能矮屋低頭・發憤著書・垂空文以自見而已・文本漢史而法韓歐・詩登錢劉之堂・含英咀華・與室人唱

和・以孝廉終・天之假不朽其在茲乎・視工制藝・博高第顯官・而沒名不彰・抑又何耶・

呂帝作趙友魁二君傳論

論曰・趙呂兩人定交於患難中・甚奇・相信以心・相然諾以死・又奇・而見於偎薄私利之末世・則更奇・志・宜哉・乃或者謂呂非庠士嗤之・何見之不廣也・士人稱詩書・口忠孝・臨大節而不奪者・幾人乎・古者不侵然諾・皆足見重於諸侯王・若侯嬴諸亥劇孟之流・太史公傳之至今・猶勃勃有生氣・不聞以市屠少也・作志者・不法史・將誰法乎・

劉公坊何公士琨傳論

論曰・孟夫子言巨室之所慕・一國慕之・註・巨室世臣大家也・古岡邑城向有六大家・劉許四何稱焉・夫豈徒金張史許之謂・毋亦秉禮好義・振乏樂施・緩急足恃之謂也・觀昔羣盜犯城・捐萬金・ 募壯士擊賊・賊敗城存・ 皆二公決策・許以三何應之・六大家之外・未常科及編戶也・若日飯乘城之民・與餉戰士・即潰寇至時猶然・其慷慨擔任如是・二公沒後十餘年・楚逆初警・士夫方議守禦・一言不合・衆譁然而起・輕重從違・河漢矣・劉公尤能追遠・厚族葬貧・皆善事也・二子率德而行・以守城功邀叙・所由與欒黶異矣・

唐公元楫傳論

論曰・崇禎癸未時・賊氛益熾・是科春試移於秋・公登第守部・得小司馬職・次年春請假歸・未幾・而京師陷・烈皇殉國・薄海啣哀・草木餘生・惟未死耳・與朝定鼎・兩辭辟命・堯舜在上・下有巢由・不憚爲識時務者所笑・西山之薇・庸可既乎・通志稱吾粵仕者多矜名檢・洵哉・懷抱利器・退而著述・以文行敎後進・不汲汲於名利・稱以學行不虛也・

張公搗傳論

論曰・象山先生有學有守人也・明洪武間・草昧初闢・又承元季賤儒之後・微先生・讀書種子幾絕・宜邑大夫之汲汲使紹來學也・其節介器識矩羅希呂・而風韻豪邁不及黎秫坡・則學行其本色已・或謂先生宜躋理學・似未必然・宋理學祖濂溪・明吾粵理學倡始江門・前此未之聞也・有則祖之矣・眞儒非見於講學語錄・ 則見於著書立說・ 顧古老無傳焉・何以據・高推失實・謂之嬌・誣賢者不及也・考郡志列之隱逸・則高其辭徵辟云・

撫粵政畧序

剛柔不同克・寬猛不同施・拊摩操切不同用・因其時措之而已・曹參日飲醇酒而治・姚崇以救時宰相稱・而亦治・王安石泥古紛更・致盛平之宋・變爲煩擾貧弱・則騖虛名而忽實效之病也・效之實・民安是矣・推而治一方治一國・莫不皆然・古稱賢良在位・ 無赫赫名・去後令人思・ 誠良規哉・吾粵介五嶺之表・處南海之濱・外貿蕃庶之名・內有[illegible]嬴之實・天遠聽疏・澤不下究・所賴於秉國之鈞者甚重・先是舊藩爲政・既專利以虐用其民・下之狐虎叢神・又日以汰

侈誅求．而朘我以生．墳首頹尾．殆有甚焉．遇紳民稍不如意．輒喑嗚摧抑．匪特目攝也．以故無不喪氣低眉．噤不敢較．如是者幾四十年．迨藩削沒後．惜當軸無李絳導用唐憲宗待李綺故事．重以追呼敲剝．死者殆以國量乎澤矣．自中丞東萊李公受命來撫粵．始用寬平．持大體．其禮待縉紳．無崇卑刺入必見．燕坐從容．部民至庭．雖僻壤野夫率引近問燥濕寒暑疾苦之故．和顏使言其情．久之．人忘前日之跼天蹐地也．

公素敏吏治．精明視事．常自日旰退．即治閱文書．手自批答處分．丙夜不倦．掾胥瞪目斂手而已．無所顧問假借．諸司以獄上．輒親涖聽．堂以下．門以外．伍伯吏卒．不敢索兩造一錢．百年來所未有也．其大旨在培養元氣．故文告所及．諄諄以息爭省事爲丁寧．至誠惻怛．讀者往往感泣．謂盜命二案易破人家．故於贓仗傷證之辨．尤三致意焉．毋令游移淹滯．長姦□□．每聞時和年豐．盜賊衰息輒喜見顏色．酌酒自慰．遇水旱則爽然以戚．齋誠步禱．必應乃休．其家視吾民如此．

公九任外歷而陟中丞．每言所至．凡睹國郡繁盛．必形勢方位向背得宜．故留心堪輿家言．謂五行生尅．人物同囿也．最喜粵仙靈窟宅．四時如春．果布輻輳．操作不停．必不欲見衰颯蕭條氣象．因聘名地師於江右．與周覽形勝．相度陰陽．卑梵王之宮．崇鎮海之樓．以及修郡學．橋青雲．改建貢院於南離文明之地．率以俸錢佐用．民不知役．暇即登樓瞻眺．私喜曰．坐收清淑．填斂霸氣．他日衣冠文物之盛．其在斯乎．

起蛟山澤遺民．謬以撰記見知．因出署稾命余編緝．分類以紀．曰奏疏．曰公移．曰文告．曰批答．曰符檄．凡十卷．名曰撫粵政畧．皆因時制宜．汲汲於民巖者．蓋不忘六年所心遊也．既成．復令敘之．余以草野謝主臣．公曰．何害．古人有布衣交．東陵種瓜非侯耶．遜辭不獲．敬拜手敍其端．殊愧不文．特述所見於集中．及都人士所知者．非敢爲佞．宋司馬溫公曰．吾生平無過人者．惟所爲事未有不可對人言耳．斯集也．不特可對人言．且可與衆共見．昭昭心事．揭日月以行．若夫家珍爲治譜．又公之詔教來茲之餘澤也．

順德縣志序

余與修康熙丁卯邑志．自春徂秋．已於事而竣．將付梓矣．以示友人梁子藥亭．梁子曰．美哉直而不偪．廣而不肆．其史氏之遺與．子胡不一言以序．余應曰．吾言多矣．方懼之不暇．奚暇序．曰．余既卒業焉．子邑大夫敍之．邑薦紳先生敍之．此豈不足君所□乎．且邑志始善李世卿．其書亡．繼善化甫．今日微子其書又將亡．子功在筆削．烏乎默．余謝曰．主臣死罪有之．夫志與史無二義也．徵事欲其詳．折衷求其當．然後典則出焉．吾夫子有言曰．言之無文．行之不遠．使覽不終篇而厭棄焉．奚其遠哉．又常說禮而欲無徵．蓋皇皇乎文獻之不足也．志非文獻事乎．乃吾閱近志而益歎古今作者之殊趨也．古人也．才則重言史．今人也．才則易言志．重者何以爲傳．信之書也．懸之國門可也．藏之名山無不可也．方衮鉞而有餘．重何等也．易者何．以爲持贈之具也．諛墓中人可也．長字中縑無不可也．貽唾笑而莫止．何易言哉．其如流俗之陋見．毋論私傳家集．皆以得附於志爲榮．斂帚自享．一不從則怒於色．再不從則怒於言矣．夫亦念月旦之不能贖萬耳．評騭之不能聎衆目乎．故知媿母而倚門．不如李夫人之轉側也．吾臂可斷．不能書也．是今所謂易．至余而難也．憶邑大夫明命之初．及余力辭者三．國人曰．吾子質直而持論正．舍是莫克仔肩．余既諾之矣．今且悔而懼焉．至是書之．關於有政．山川田壤．文物風聲．諸公之序詳矣． 荀子切思． 謹序其難易可乎．梁子曰．善．

南華經合註吹影序

武林胡公豹生註莊成名．曰吹影．因自號吹影居士．公早歲負才名．舉孝廉．然性好奇．喜誦異書．又工詩．不沾沾于制舉業．雖屢不得志于春官．弗怵也．崇禎之季．嘗筮易得師之初六．知中原有事．遂避地來嶺南．時余與仲兄劍公尙居仙城．文酒往還．稱莫逆．公寓粵最久．其間或仕或止．率窮愁坎坷之日爲多． 而貌盎然．腹皰然． 氣溫然冲然．一似能齊得喪榮辱生死．殆深于道者．一日出所註南華相示曰．此余三十年寤寐之契也．古今註疏無慮數十家．條貫紛紜．源流穿鑿．吾嘗參稽旁考．會以己意．尊所聞焉．既成帙矣．未之敢信也．敬以累二難．幸訂旃．余仲兄小好神仙超舉之說． 既又學禪華首老人． 以聰悟許之．其于老莊．吾臭味也．首肯不辭．惟余昔讀莊．然後能學語．疑奧未殫．憒悱間之．得讀合註．解從間生．間有千慮．則口述而俟公之自筆．示不敢專．竣事．公囅然曰．近之矣．彙爲三十三篇．付之剞劂．曠觀天下形無定也．影而已矣．影難即也．吹而已矣．其善於言莊者哉．

居無何．晨興．將卜．見白氣起於軫翼間．漸及牛女．遽掩龜言曰．金氣動矣．將有兵．行且及．吾其首邱乎．負舟絜書籍鏤版行．抵雄州．未出嶺而疾作．遂不起．仲兄尋亦下世．未幾．滇楚變叛．粵危而後安．如所占焉．轉盼十餘年．時移物換．而余老矣．故交零落．渺矣余懷．近有客自嶺頭載原版還．余時修志古岡．聞有欲踵化書故智者．余奮曰．一一鶴聲飛上天．其可竊乎．亟歸購求．得之．則已殘缺過半．乃檢故藏底稿補錄．重刻以傳．既已．頓還舊觀．俾作者畢生精神不罹王隱任昉之厄．非快事與．劍分龍合．神物有靈．惟諸序俱亡．故書其本末如此．

名將陳將軍傳

陳將軍者．名啓明．福建漳浦人也．起自行伍．積功歷官督標．後營參將．康熙十九年調署順鎮中營．爲人仁而有勇．多膂力．善射．馬上輪大刀長矛如飛．時前將陳璠擊海賊敗．爲所殺．帥故紈袴子．恇怯無他能．賊輕之．常逼邑旁近邨．攻圍焚劫．無所避憚．擲雉尾炬焚守汛艦．汛艦皆走．賊乘勝追至北門． 登岸恣掠． 老幼爭趨城．城門閉．民呼門大哭．自相踐踏．多死者．啓明三叩轅門．請發兵不應．大言曰．食祿爲將． 坐視賊猖狂至此． 不前死賊．直愧死矣．乃擐甲持大刀呼曰．不怕死者從我來．親兵十餘隨之．徑開東門出．業與賊遇．瞋目當先．突前奮擊．手殺十餘賊．當其鋒者皆碎． 各披靡散走． 直追至河下．賊跳船遁．首尾不能相顧．將軍頓足曰．使得一艦發大礮追之．無噍類矣．賊自後膽破不敢近城．一戰力也．奪回擄掠衣物無算．悉令民認還．無敢匿者．民德之．比之諸梁葉公．每食必祝焉．後奉檄還端．民罷市懇留不可得．則結彩鼓吹．具香案邀路旁．簪花饗禮留記．送至江濱數十人．拜哭不可止．忽麾下中軍劉漢臣引纜截江不聽去．問之．則以前官坐賠船械銀未楚．爲鏹不貲．民奮前曰．是在吾儕．不以累公．擁公還城．各持鉢科募．男子解腰纏．婦人拔簪釧．須臾皆滿．如其數．夜吁劉門示之．劉乃大慚謝．次日復備禮如前．哭送數十里而別．事聞當塗．咸嘖嘖羨將軍之能得民．順民之能報德．通國豔之．

其後一年帥亦罷官．私念縱不如陳．即常例豈恝然乎．及肩輿出．顧見數十人．衣青衣．持手版隨後．心喜曰．是矣．是矣．登舟呼胡床坐待．衆至跪岸側．投版上．帥方自敘謙遜．數十人各俛首不答．訝之．因取視．則皆舖戶領取物價數也．帥且怒．盡擲入水中而去．衆閧然散去．好事者爲俚語詩傳笑焉．君子曰．好惡之公．是非之正也．孰謂民愚．孰謂予智．佛家有言．修行效驗．全在臨去一着．謂不容文飾勉强也．余于仕宦亦云．

李　稔　字祈年．番禺人．善奕與詩．遭亂．奉母隱於順德之龍江．與陳恭尹薛起蛟僧成鷲等遊．嘗語人曰吾棋不如琴．琴不如畫．畫不如詩．詩不如文．文不如道．恭尹贈以詩．成鷲亦有詩寄懷．歎爲天下畸人云．所著作多不傳．

劍道人小傳

劉道人者．南海人也．少好神仙術．年五歲．未就傅時已能識字．探炭煤於壁作書．或成句．父梅溪令大奇之．年十三．通五經．爲舉子業．名藉甚鉅乙間矣．年十四喪父．遭家多難．拂亂不自得．忽忽若狂．久之．始以文雋爲郡諸生．聲名益振．試輒雋．所爲古文詞．窮精極詣．不遺餘力．成一家言．歲丙戌．世大亂．避地龍江．會母喪．遂棄儒冠．絕意仕進．杜門探頤積二十年．其學無所不窺．自岐黃龜策．日者堪輿家言．皆洞其旨．垂醉閒作竹石．亦有奇氣．尤善老莊．晚更潛心內典．嘗謁華首宗寶和尚．和尚欣然爲受記．及和尚謝世．道人益深自晦．又從在槮和尚受戒．尤深器重．年五十始稍稍遊人閒．然終身不肯下顏失色於人．見幾微不可．即遯去不辭也．以爲常人多怪之．同里鄺露曰．道人有文武材．遭時不偶．託方外晦其迹耳．先大夫亦謂其氣文而神勇．少受劍術甚秘．其號曰劍道人也以此．余觀道人內剛外和．而高不涉俗．故屢空．與語道要則冲冲然．君子人也．又不忘久要．其尚義砥節．異乎今人遠甚．世俗嫉之．何足怪乎．故爲小傳以俟論人者．番禺李稔祈年譔．

明文補刊

孫蕡

祭竈文

洪武戊午臘月下澣二十有四日・元陰若晏・景翳虞淵・雲斂高漢・斗斜孟陬・室壁有煥・孫子徙倚南軒・弭節寄傲・女流喧譁・方夜祀灶・詢其所由・則進對曰・今滋之夕・逼迫歲除・灶神趣駕・入覲清都・紀人善惡・上達帝居宸旒・翼翼有嚴・走趍文昌桂藉・延尉玉符・雷師掌筆・太乙啓書・疏名某某・以定賞誅・吾儕小人・職主中饋・瓢長杓短・米賤鹽貴・奴婢笑嗔・鷄鳴犬吠・柴荆狼藉・毛血腥穢・晨昏歲時・多負罪媿・匪神包容・恐獲罪戾・霓旌戎路・蕋闕洞開・角耀黃道・符平太階・東井振鐸・良風徐來・飛廉前導・列缺後推・爰羅酒漿・亦進籩豆・餳糖馨香・菜果鮮茂・鵝鴨全牲・糍糕美臭・飲神醉飽・楮鏹爲壽・口甜舌甘・便利進奏・矜恕愚頑・庶蒙曲覆・孫子曰・嘻・有是耶・盍早語余・鬱陶余衷・久欲上許・倘因神明得列其故・於是拂裳正巾・屛息凝顧・仰天叩頭・望灶進步・敷欽陳詞・神聽無怒・

惟神名列五祀・德具五行・功存既濟・位配離明・調和鼎鼐・烹飪殺烝・翕忽變化・惟神之能・司人之命・實託死生・老幼耋艾・惟神是憑・其在孔經・于夏有事・迎尸奧堂・儼若禋祀・非時媚瀆・犯謟違義・臣之於神・其缺畧也多矣・茲者・乃聞神以歲終・將入述職・上天明明・考績黜陟・迨行餽贐・神所不□・少君之詞・神憫其癖・王孫之諷・神怒其激・神寬以仁・好是正直・稱觴表誠・並獻臣臆・

臣少薄祜・零丁羈孤・佩服先訓・忝名爲儒・遠祖顏孟・近師程朱・立志不羣・抱道匪渝・宏深典謨・詰屈盤誥・連山歸藏・封象精到・羣葩分敷・列宿穹昊・騷怨而響・莊荒而傲・班範旁通・荀楊曲造・昭彰隱微・洞徹突奧・懸燈墻壁・蓄火爐灶・詰朝喃喃・達曙叫噪・臣之於讀書可謂勤矣・靈台丹府・性之郛郭・徵猷懿行・人之天爵・湛然內觀・秋月灼爍・盎然外和・春靄林薄・雲影天光・鳶飛魚躍・浮煙斂散・青山猶昨・軒庭雨餘・草色如濯・臣之於性理亦畧通矣・發舒蘊積・學爲詞章・文摛藻繪・詩詠鳳凰・韓筋柳骨・玉潔金光・鋪天炫燿・擲地鏗鏘・鸞堂鳳閣・冠冕琳瑯・綠窓靑瑣・粉艷蘭香・閑雲野水・慘淡微茫・牛神蛇鬼・百怪千狂・曹劉錯愕・董賈囘惶・海若宵哭・山精書藏・臣之爲文可謂有成矣・荒鷄一鳴・播水運箒・趍蹌堂庭・問候安否・歲時伏臘・親姻具有・既慈妻子・復愛朋友・切磨童稚・理義盈口・恩養輿隸・食均衣厚・浮雲市金・不羨玉斗・竣節淸霜・寧塹甕牖・臣之於內行可謂無愧矣・恭承嘉澤・惠此眇軀・天庭冠王・地角秀鬚・褒衣巍冠・玉佩瓊琚・周旋步武・規矩不渝・臣之外貌可謂不俗矣・英英其貌・濯濯其儀・身長七尺六寸有奇・人不識字・臣吐珠璣・人不能言・臣如塤箎・識雖固陋・不爲無知・材雖朴鈍・亦足爲爲・行逢羸餓・如箭入肌・嫉視奸邪・眼火發輝・思展抱負・試于淸時・朝登金門・暮集鳳池・致君堯舜・還俗雍熙・臣之立志可謂寥廓曠絕而不凡

矣．然而時命大謬．進退惟鞫．圖封得䵍．獻璞遭辱．山非太行．車折其輻．水非瞿塘．舟破其斛．陽和徧地．不被槁木．赫曦流金．不照沍谷．叩領鄉薦．頭巒工局．佐令淮揚．塵隨馬足．一入詞林．旋罹斥逐．之官濟上．還尋治獄．對疑□端．拘攣瑟縮．論輸左校．親忝板築．猶賴仁恩．得解桎梏．餘生幸存．殘喘僅續．委頓風埃．顛連水陸．越山之陽．瘴海之曲．荆榛爲門．茅草爲屋．寒衣結鶉．飢飯脫粟．嚴冬露肘．稔歲枵腹．心摧意沮．魄眸神促．靦顏細君．取笑僮僕．撫跡如此．何賦予之酷與．

臣聞氣運之塞．有時而通．屈若尺蠖．奮若冥鴻．相彼萬類．天無不容．鼠安于穴．蟻樂于封．蒺藜膏雨．勾吻春風．鄙瑣齷齪．飽鮮酗醲．絲粟么麽．曳紫紆紅．不論巧掘．祇繫其逢．臣獨何人．坐此困窮．今臣年甫不惑．未踰知命．寒心雖灰．宿志猶勁．威如怒彪．氣如炊甑．寧甘溝壑．殞絕其性．嗟來可食．蒙袂斯病．焚山可出．抱樹非正．餔糟啜醨．剗彩埋瑩．與時推遷．乃通之聖．臣欲抑氣變志．改轍更弦．毀裂冠冕．焚棄簡編．鄧林擲槧．麗水投鉛．言歸軟美．步習輕便．突梯婉孌．媚俗稱賢．左擇豪曹．右挽繁弱．臣學班超．建功大漢．萬里開建．三時錫爵．揚威玉關．圖畫麟閣．黃金璀璨．白玉輝煌．臣學齊奴．起第洛陽．朋游滿座．女艷成行．雲攢綺轂．鼎沸笙黃．綠績蒙頭．蒼鷹在手．臣學董賢．徜徉花柳．登場鬥雞．擊鞠賭狗．結交醉徒．終日飲酒．白虹貫日．黃霧塞空．臣學五侯．同日受封．車如流水．馬如游龍．氣凌七貴．坐壓三公．載膏其轄．載秣其馬．臣學子長．偏歷天下．楚水秦山．燕都越野．狂遊縱觀．胸次披寫．龍蟠丹鼎．鶴唳紫煙．臣學方朔．去爲神仙．日邊蓬萊．海上樓船．憑陵八極．瞬息千年．撥草參禪．含光蓄耀．臣學達摩．靜觀衆妙．天垂寶花．日麗靈竅．塵空道成．萬古凝照．盡以臣之勳業．束置高閣．回舟洙泗．輟棹關洛．望罷伊周．結交管樂．放意舒顏．解粘釋縛．逍遙爲城．浩蕩爲郭．滔平大荒．亦孔之樂．天鑒伊邇．必從臣求．神明有靈．可達此否．下民之疾．上帝之憂．神之聽之．無作神羞．言訖再拜．俯伏俟命．潛心默存．側耳靜聽．

時夜將半．霜露凄凄．勾陳影轉．析木光低．缺月入戶．靈風振幃．車從雜遝．若神來歸．恍惚夢寐．有告余曰．嗟爾來前．帝有德音．爾其聽之．罔敢弗欽．帝聽爾詞．懇至悽惻．金童嗟嗟．玉女嘖嘖．爾詞雖苦．運則未通．身若浮梗．意如飄風．凡民之生命各有定．祥災吉凶．順受其正．貴賤修短．莫非自然．枉道安求．徒取咎愆．盜跖之□．顏回之夭．交錯紛紜．非爾能曉．匪仁莫據．匪義莫依．此爾之分．爾其安之．爾雖不豐．亦未爲薄．蘧廬夢中．獨爾先覺．醯雞螻蟻．所得幾何．爾於造化．取適已多．豁爾殷憂．宏爾高識．配以大中．以受多福．言訖更窮．去影遄息．予起拜命．服之無斁．

羅亨信

勤政堂記

聖天子即阼．首渙綸音．以與天下更始．中外臣工．競自洒濯．以承休光．凡祖宗彝憲．舉修復之．雖荒遐夷裔、亦傾注以際丕平・於乎盛矣・是月少傅楊公退食之堂適成・顏曰勤政者・體上意以自敕厲也・公之言曰・古聖君賢相之相與有為也・其視天下盍猶斯堂也・方堂之未構也・荒蕪弗飭・帲幪無所・蟲鼠穴其中・予於是時勞心以思・聚族而謀・羣子弟者・亦皆謖謖焉奔走於外・乃鳩工・乃經度・乃摩埴虔斲・礎以基之・楹以承之・棟桷題櫨以持之・堊雘以繪之・而工告成・今獲斯庇・享吾勤也・繼自今箕扱弗勤・塵坌乃集・扃鑰弗勤・暴客乃至・補葺弗勤・風雨乃震・噫・基者其泐乎・承者其頽乎・持者其撓乎・繪者其漫漶乎・茲吾堂之所以名也・客聞而韙之・舉酒賀焉・亨信宣言於後曰・上無為而用天下・下有為而為天下用・長世之善經也・苟利社稷・死生以之・臣之則也・是故聖主求賢則勞・得人則逸・公方慎終惟始・蓋專其勤矣・詩曰・風雨攸除・鳥鼠攸去・臣之勤也夫・爰居爰處・爰笑爰語・主之逸也夫・公喜卒觴曰・是善頌我者・因命信書以為記・

李　齡

送文州判之賓州序

古之學者為己・其仕也・惟欲行其道・而其職之崇卑・地之美惡・俗之淳漓・蓋有不暇計焉・故孔子為委吏・為乘田・惟其職之稱也・退之之於潮・子厚之於柳・東坡之於惠・隨所至而能變惡以為美・化漓以為淳・蓋道之所至・功業之所在也・近世學者則不然・其未仕也・惟恐利祿之不得・既仕也・惟恐職之不崇・地之不美・俗之不淳・其於道邈乎無所與也・問之則曰・職卑而道不能行也・地惡而身不能榮也・俗漓而人不可化也・彼固以此自為重輕・而人亦以此而重輕之・為志於行道者・果以是而戚於心乎・

正統丙辰・余以乙榜教賓州・朝端故舊咸為吾憂・如前所云・後之任・學荒業弛・而士無可與之道者・詢其故・以其賦之轉輸於桂林者千里・往往十倍其費・經年莫克完其事・蒸黎困極・逃之峒谷・生徒凋弊・匿之蓬藋・而長民者又加之以逼併暴斂之政・而乃罪之於地於俗・豈理乎哉・再歲・余乃為疏其事請於上・歸其賦於州・既而困者以復・匿者以歸・始加以陶煦括羽之道・而士人之遣子從學者・比比然也・及余丁內艱歸・軍民耆穉羣餞於郊・又追餞於桂江之滸・有墮淚而回者・至今彼此常往來於其心也・夫以予之菲薄・但推此心以行・而今感之也尚如此・設使大抱負者・擴而行之・則其效當何如也・茲以上舍文君翊獻藝銓曹・授賓州之判・館下之生童輩丐言以贈・予聞文君世為長沙湘潭之宦族・質端而氣充・識高而學富・必將建立事業而變化其俗・必不肯戚其職之不崇・而罪於地於俗也・君其勗哉・

陳獻章

心符篇

易上繫曰・安土敦乎仁・陳子曰・寓于此・樂於此・身于此・聚精會神于此・而不容或忽・是謂之曰君子安土敦乎仁也・比觀泰之序卦曰・履而泰・然後安・又曰履得其所則舒泰・泰則安矣・是泰而後可安也・夫泰通也・泰然後安者・通于此然後安于此也・然九二曰・包荒用馮河・是何方泰而憂念即興也・九三曰・艱貞無咎・則君子于是時・益

愈恐恐然如禍之至矣・是則君子之安于其所・豈直泰然而無所事哉・盖將兢兢業業・惟恐一息之或間・一念之或差・而不敢以自暇矣・有於予心符・或曰・君子不已勞乎・應曰・乾之象曰・天行健・天之循環不息者・健而已・君子執虛如執盈・入虛如有盈・未嘗少懈者剛而已・夫豈勞哉・君子何不暇乎・

雜說

道至大・天地亦至大・天地與道若可相侔矣・然以天地而視道・則道爲天地之本・以道視天地・則天地者太倉之一粟・滄海之一勺耳・曾足與道侔哉・天地之大・不得與道侔・故至大者・道而已・而君子得之・一身之微・其所得者・富貴貧賤・死生禍福・曾足以爲君子所得乎・君子之所得者有如此・則天地之始・吾之始也・而吾之道無所增・天地之終・吾之終也・而吾之道無所損・天地之大且不我逃・而我不增損・則舉天地間物既歸於我・而不足增損於我矣・天下之物盡在我・而不足以增損我・故卒然遇之而不驚・無故失之而不介・舜禹之有天下而不與・烈風雷雨而弗迷・尙何銖軒冕塵金玉之足言哉・然非知之眞・存之實者・與語此反惑・惑則徒爲狂妄耳・

天下事物雜然前陳・事之非我所自出・物之非我所素有・卒然舉而加諸我・不屑者視之・初若與我不相涉・則厭薄之心生矣・然事必有所不能已・物必有所不能無求於吾前矣・得謂與我不相涉耶・夫子謂不義而富且貴・於我如浮雲・謂薄不義也・非薄富貴也・孟子謂舜視棄天下如敝屣・亦謂重愛親也・非謂輕天下也・君子一心・萬理完具・事物雖多・莫非在我・此身一到・精神具隨・得吾得而得之耳・失吾得而失之耳・厭薄之心・胡自而生哉・巢父不能容一瓢・嚴陵不能禮漢光・此瓢此禮・天下之理所不能無・君子之心所不能已・使二人之心果完・其亦焉得而忽之也・若曰物吾知其爲物耳・事吾知其爲事耳・勉焉舉吾之身以從之・初若與我不相涉・比之醫家謂之不仁・昔人之言曰・銖視軒冕・塵視金玉・是心也・君子何自得之哉・然非其人・與語此反惑・惑則累之矣・或應曰・是非所謂君子之心□君子之辨也・曰・然・然無君子之心・徒有輕重之辨・非道也・

或曰・道可狀乎・曰・不可・此理之妙不容道言・至於可言・則已涉乎麤迹矣・何以知之・曰・以吾知之・吾或有得焉・心得而存之・口不可得而言之・比試言之・則已非吾所存矣・故凡有得而可言皆不足以得言也・道不可以言狀・亦可以物乎・曰・不可・物囿於形・道通於物・有目者不得見也・何以言之・曰・天得之爲天・地得之爲地・人得之爲人・狀之以天則遺地・狀之以地則遺人・物不足狀也・曰・道終不可狀歟・曰・有其方則可舉一隅而括其三隅・狀道之方也・據一隅而反其三隅・按狀之術也・然狀道之方非難・按狀之術實難・人有不知彈・告之曰・彈之形如弓・而以竹爲弦・使其知弓則可按也・不知此道之大・告之曰・道大也・天小也・軒冕金玉又小・則能按而不惑者鮮矣・愚故曰・道不可狀・爲難其人也・

易上繫曰・安土敦乎仁・予曰・寓于此・樂于此・身于此・聚精會神于此・而不容或忽・是謂之曰君子安土敦乎仁也・比觀泰之序卦曰・履而泰・然後安・又曰履得其所則舒

泰・泰則安矣・是泰而可安也・夫泰通也・泰然後安者・通于此然後安于此也・然九二曰・包荒用馮河・是何・方泰而憂念即興也・九三曰・艱貞無咎・則君子於是時愈益恐恐然如禍之至矣・是則君子之安于其所・豈直泰然而無所事哉・盖將兢兢業業・惟恐一息之或間・一念之或差・而不敢以自暇矣・有于予心符・或曰・君子不已勞乎・應曰・乾之象曰・天行健・天之循環不息者・健而已・君子執虛如執盈・入虛如有盈・未嘗少懈者・剛而已・天豈勞哉・君子何爲不暇乎・（編校按・心符篇已見上・茲依原稿併錄）

君子一心足以開萬世・小人百惑足以喪邦家・何者・心存與不存也・夫此心存則一・一則誠・不存則惑・惑則僞・所以開萬世・喪邦家者・不在多・誠僞之間而足耳・夫天地之大・萬物之富・何以爲之也・一誠所爲也・盖有此誠・斯有此物・則有此物・必有此誠・則誠在人何所具於一心耳・心之所有者此誠・而爲天地者此誠也・天地之大・此誠且可爲・而君子存之・則何萬世之不足開哉・作僞之人・既惑而喪其誠矣・夫既無誠而何以有後邪・

天道至無心・比其著於兩間者・千怪萬狀・不復有可及・至巧矣・然皆一元之所爲・聖道至無意・比其形於功業者・神妙莫測・不復有可加・亦至巧矣・然皆一心之所致・心乎・其此一元之所舍乎・昔周公扶王室者也・桓公亦扶王室也・然周公身致太平・延被後世・桓文戰爭不息・禍藏于身者・桓文用意・周公用心也・是則至拙莫如意・而至巧者莫踰于心矣・孟氏學聖人也・齊王不忍見一牛之死・不有孟氏・不知其巧也・盖齊王之心・即聖人之心・聖人知是心之不可害・故設禮以預養之・以爲見其生而遂見其死・聞其聲而遂食其肉・則害是心莫甚焉・故遠庖厨也・夫庖厨之禮至重・不可廢・此心之仁至大・不可戕・君子因是心因制是禮・則二者兩全矣・巧莫過焉・齊王之心一發契乎禮・齊王非熟乎禮也・心之巧同也・聖人誅民害而迸之・四裔之民奚罪焉・亦曰戮之則傷仁・存之爲害・故聖人之仁有權焉・使之遠禦魑魅則害去・而惡亦不得施矣・夫人情之欲在于生・聖人即與之生・人情之惡在于死・聖人不與之死・惡衆人所惡也・聖人即迸除裔夷・惡難施也・聖人以投惡・聖人一舉而迭中・聖人未嘗巧也・此心之仁自巧也・而聖人用之・故天下有意于巧者・皆不得厠其間矣・周公一金縢・大發寤時主・以後世事觀・至巧矣・周公豈有意耶・亦任心耳・

薛侃

明倫論

三代之學所以明倫・時則比戶可封・今或未然・無乃教失其方・而學非其要耶・今夫煬者之於火・其薪同・刮者之於鑑・其劑同・未有弗明者也・然而不明・則非燃刮之未至・必其薪劑之弗良・非薪劑之弗良・必其樵取傳方之有誤也・知其有誤則將循而用之乎・抑亦擇取而更易之乎・子曰・天下之達道五・所以行之者三・三者・天下之達德・所以行之者一也・周子曰・一者無欲也・無欲則靜虛而動直・此易簡之學・作聖之要也・是故孩提之愛之敬者・無欲也・長而不能者・欲蔽之也・謂其不知而外索以求明・是益蔽也・反求而復其本體・則明通公・溥天下之能事畢矣・是故

以無欲而爲父子則親矣．以無欲而爲君臣則義矣．以無欲而爲兄弟則序．爲夫婦則別．爲朋友則信矣．故曰．修吾心之學．明吾心之倫也．後儒精一執中之說詳矣．習之而倫弗明．無亦所謂樵取傳方之有誤者乎．

黃佐

韶樂論

韶樂有本有文．文也者．節奏聲容盡美者也．本也者．大德受命盡善者也．述作興於禹．而舜命夔典之．豈夔所能作哉．禹言九德．韶之本也．夔言九成．韶之文也．堂上之樂．以歌爲主．去鐘徹箾．以明至德．或戞或擊．以鳴玉球．或搏或拊．以鼓琴瑟．以此登歌．人聲爲先．是時享禮初行．祖考來格．帝堯之後爲虞賓者在助祭位．羣后以次就位．皆德讓焉．樂聲依詠．球瑟從之．以九爲節．是九德之歌也．堂下之樂．以管爲主．鼗鼓導舞．每一成必合．止柷敔而笙鏞間作．與歌聲合．亦以九爲節．是九韶之舞也．管絃相合以成．雖有上下之別．合而名之則總名簫韶．鳴球特懸也．韶箾十六管．金石編縣如之．故間合成曲．奏之以鐘．其律用羽．節之以石．其律用角．而統於琴瑟之宮．以簫齊其聲．必與玉球詘然者相應．則中聲之所止也．黃鐘宣養六氣九德．故爲九成始終．五絃之琴．左宮商．右徵羽．而角爲中聲．其民協于中之象與．出納五言．絃不過五．而循絃益徵．律呂還相爲宮．繁文簡節．八音克諧．自此合矣．

音者人聲清濁高下之變．比樂器而相應成文．觀舜命夔．特數語爾．而萬世立樂之方不能外焉．所謂道之以中德．詠之以中音者也．其曰南風之詩者．孔子曰．先王之制音也．奏中聲以爲節．南者生育之鄉．北者殺伐之域．溫柔居中．以養生育之氣．治安之風也．故奏姑洗．歌南呂爲南風．黃鐘大呂應之．羽角相生．知仁交際而萬物出．陽生於冬日而發春．故用宮逐羽．而清角生焉．雲門之音羽水角木．本乎天者始終乎宮羽之角．如天之無不幬．象德之升也．故六變祀天．太簇應鐘應之．商徵相制．禮義交際而萬化入．陰生於夏日．至而成秋．故用宮逐羽．而清徵生焉．咸池之音．徵火商金．本乎地者．始終乎徵商之羽．如地之無不載．象澤之降也．故八變祭地．郊通四望．地竅山川．九變而黃鐘爲宮．大呂爲角．太簇爲徵．應鐘爲羽．人鬼饗於宗廟之中矣．羽角並起．宮徵相生．而商承之．合生氣之和．象好生之德也．播五行以成四時．修六府而和三事．故曰九功惟叙．九叙惟歌．堯因黃帝咸池爲大章．而舜繼之爲咸池承雲九韶．故禹興樂作．則知其情．述則識其文．情文兼備．聖且明矣．然樂以反爲文．以合爲本．君聲往而不返．臣聲離而不合．豈人情哉．故宮唱商和．皆統乎羽變之轉．以象平治水土．九變則君回宮．臣合君矣．舜以地平天成．歸功於禹．禹乃尊黃鐘以主韶．而和以太簇．豈非君臣揖讓之德與．德孚樂和．又感動之．是以其應敏速．鳥獸蹌蹌然而來．固不待九．至於鳳凰來儀．則非九成不足以致之．豈非樂以象成故與．其旣也．夔嘆美之曰．予惟知擊拊而已．百獸自舞．庶尹自諧．則非予之所能知也．是必有妙於聲音之間者矣．葢推本舜禹之德．非徒以聲容爲也．由文而及情也．千載而下．季札觀韶於魯．孔子聞韶於齊．其奏

者固非夔也・而感之之深則聲均存也・是故習其音知其數・得其志知其人・於戲・樂觀其深諒哉・

天地論

天地之體北高南下・渾儀可以測之・聖人所以與天地相似者・知崇禮卑亦可見矣・吾嘗驗之天氣之降也・自北而南・燕冀先寒而草木彫・及燠則青徐先春而氷解・沍地氣之升也・自南而北・揚粤先暑而草木榮・及涼則秦隴先秋而露爲霜・冬氣翕乎其藏・天地之知也・春氣盎乎其和・天地之仁也・夏氣薰乎其暢・天地之禮也・秋氣肅乎其清・天地之義也・然經春猶寒・水兼乎木・經秋猶暑・火伏乎金・是故知必識仁・水陰根陽也・禮必協義・火陽根陰也・太極圖書・昭昭心目間矣・然則效天法地・夫豈昏默無形者哉・邵子曰・天奇而地偶・是以占天文者・觀星而已・察地理者・觀山水而已・觀星而天體見矣・觀山水而地體見矣・

予按天之陽在南・故堯典舉中星以正四時・必於正南觀焉・地之剛在北・故禹貢治水・必自正北・冀州始焉・然月令十二月昏旦・各舉中星・大率與堯典四中脗合・天之星辰繁而易曉如此・禹貢之言地理・揆諸今之山水・反有難知者・何與・梁岐二山雍州地也・而於冀北言之曰・治梁及岐・沱潛二水名也・而於荆梁二州各記之曰沱潛既道・其叙山於九州之末・自導岍及岐而下・必曰逾于河・自壺口雷首而下・則曰入于海・自導嶓冢而下・則曰過九江至于敷淺・原夫山靜物也・豈能逾河入海過江・其叙漢水自嶓冢導漾而下・既曰南入於江・滙澤爲彭蠡矣・又曰東爲北江入于海・其叙江水自岷山導江而下・既曰會於滙矣・又曰東爲中江入于海・夫江漢合且滙爲彭蠡・豈江復于北而漢又復爲中江邪・近世有以地脈論山者・取漢儒之三條・有以水味論江者・取唐人之三冷・禹治水方胼胝不暇於山川・豈以脈與味而知之・蓋水源於此・委於彼・山本於彼・支於此・自有相聯而不可判者・非若恒星與天爲體・亘古有常而不易也・

陰陽論

易曰・一陰一陽之謂道・言二氣也・書曰・論道經邦・燮理陰陽・言三公也・二氣迭運・互爲其根・分而爲天地・運而爲日月・對待之中・流行變化存乎天・經綸和調存乎人・高明卑暗之理無在・而無乎不在・王者用三公・必得其人・召而坐論之・則宇宙在乎手・萬化生乎身・世道其泰矣乎・是故天人相爲表裏・天道惟陰與陽・而人事符焉・天子也・諸侯也・大夫也・庶士也・庶民也・陽類也・女后也・閹寺也・武人也・盜賊也・夷狄也・陰類也・唐虞禪後・湯武起於諸侯・秦襄起於大夫・漢高起於庶士・光武起於庶民・雖后羿簒夏・亦起於諸侯・而陰類無居天位者・及王莽起自王后外戚・曹操起自曹騰養子・劉裕起自武人・朱温起自盜賊・胡元起自北狄・獨元混一天下・與武曌躬爲女后・皆居天位・則開闢以來大變也・唐宋間有小康・然陰盛陽微・雖漢治亦不可幾及・而况唐虞三代乎・歷家統元謂漢武以前皆八十一章・而至朔復齊・陽生於黃鐘也・漢昭以後皆五十七章・而至朔猶不能盡齊・陰生於蕤賓也・陰陽升降之機判矣・

聖人則圖書以作・易曰・利涉大川・曰乘木有功・數數

言之．曰金夫．曰金車．曰焚巢．曰焚如．僅一二而止．豈非扶陽抑陰之意與．故陽類用事則浮舟作貢．而賄賂道消．陰類用時則殉財亂作．而水木途梗．寇虜亂外者易治．婦寺亂內者難防．惟審諸豫爾．乃若反之之性必由禮義而合於知仁．然終不如性之者．知仁合一而禮義裕如也．不邇聲色．則能恭己．不殖貨利．則能惠民．孟子䞘齊梁之君亦然．道器固合一者邪．由此觀之．堯舜性之者也．知急先務仁．急親賢．舉禹皐陶而任焉．洚水害消．四凶伏罪．所謂地平天成．萬世永賴．德惟善政．政在養民．非其經綸爕理之迹邪．易否爲泰．固不在天而在人也．

原佛

異端之害莫如佛．佛之植禍中國也．將千五百年于茲矣．世之英君碩輔．名士大夫．猶崇信之．而況庶民乎．宗其禪以爲學者．反謂其大於孔子．駢首疊跡而未已也．根株日盛．欲鋤而去之．猝未能扳棄而弗治．則害滋深．如之何其可．韓愈氏曰．人其人．火其書．廬其居．道先王之道以道之．宋歐陽修氏曰．佛患之所從來．以王政缺．禮義廢也．修其本以勝之．必行堯舜三代之政．二子之言確矣．予則以爲佛之入中國也．妖氣召之也．佛之倡爲異說也．妖言啓之也．何者．周衰禮廢．力政爭雄．吳楚稱王以抗君．衛輒舉兵以拒父．被髮野祭．辛有預知．伊川爲戎．彭生伯有．晝爲妖厲．人道乖而鬼境侵矣．秦併六國．先王之道掃於一帚．迄漢不能修復．而新莽乘之．簒弒淫暴而無經．既自立於夷狄之域．則胡鬼之教應其機而至焉．無怪也．衣之敝也．而蟣蝨饒．醯之酸也．而蠓蚋集．故曰．佛之入中國也．妖氣召之也．

今夫草木滋蔓．芸田者苟不撥土以芟之．夫安知其根之所在．華人與其徒代佛爲神妙廣大之說．使人崇信則其根也．嘗翻閱大藏而究其本源矣．佛居身毒國．在葱嶺之南．即天竺也．言語文學不通中國．侏㒧荒誕．殊不可曉．而强以華言譯之．是指鵁爲鳳也．六經傳說．中國庠序日誦集之．猶未盡識．而況於漢譯胡書也哉．苟求其故．則漢明帝時所得四十二章經是也．譯之者．即西來之攝摩騰．與其徒竺法蘭．惟以斷欲去愛．識自心源爲教．神妙廣大爲言猶未有也．佛氏之本源．其在茲乎．且樹下食宿以爲自居．彈琴緩急以求適中．以孝二親爲愈於事神．以生中國值有道之君爲難．於名教猶未悖也．故華人鮮從之．及三國時．其徒始置寺刹．華人始有爲僧者矣．自五胡雲擾．迄武曌穢亂之世．寺僧自立講師．孰爲釋迦．孰爲阿難．孰爲迦葉．各自問難．謂之談禪說法．筆之於書．轉相欺誑．有至五六譯．各行於世者．華人剽竊藝文．以助其高．前後差殊．妄相改竄．至四千四百卷．分禪戒律三種．經獨多者惟大部般若．合六百卷．而元奘所譯心經．大夫不過見空而度苦厄．金剛經則四相近於絕四無我．六如近於太虛無形．應無所住而生其心．近於應物無跡．乃禪之肯綮也．蓋禪學以心爲性．以意爲心．意則支離來去．成心之欲者也．一切萬法．皆從心生．於色聲香味觸．法本自知覺．取人心之危者而作用之．以精神能視聽言動爲性．與吾儒天命之性異矣．而謝靈運劉炫諸人．又從而註釋之．二經皆大行于世．羅什又譯法華經．首言佛說時菩薩天子之屬各數萬人．則謬妄已甚．況其文惟言變幻．與六如相矛盾．果何謂哉．楞嚴雖譯於彌迦．而實房融筆授．如忌日營齋．眞唐時鄙語也．論及心性．乃金剛之疏義爾．高層累架．欲直出其表則亦難矣．他如寶叉難陀譯華嚴．支讖之譯泥洹．道安之譯維摩．詰多羅之譯圓覺．繁簡不同．同於超悟爲不二法門而已．楞伽三譯至跋陀羅．文乃精簡．達磨南來．始之謂可以印心．則華人與其徒任情刪改亦可知矣．綺語如法雲慧日．彼岸高山．貪嗔痴愛．有胡無明．二十五輪．三十七品．豈梵胡所能爲哉．

凡其斁人倫而遺事物．輕天地而慢鬼神．大槩與本源絕異．若末流剿說．雖不可究詰．然亦可考而知焉．老聃曰．繩繩不可名．復歸於無物．即五蘊皆空之說也．列禦寇曰．精神入其門．骨骸反其根．即四大各離之說也．莊周曰．知夢爲大覺．無生爲至樂．即菩提涅槃之說也．賈誼曰．千變萬化．未始有極．忽然爲人．化爲異物．即輪廻報應之說也．宋玉曰．土伯九約．其物角觺觺．參目虎首．其身若牛．即閻羅夜叉之說也．騶衍曰．中國爲赤縣神州．中國之外如赤縣神州者九．即大川沙界之說也．梵語如摩訶娑羅之類．所存無幾．餘皆盜吾藝文．天下無道．辭有枝葉．中國未始知佛．而曲學浮言已先有是矣．彼既得華人相助．乃恣其杜撰．務爲張大以惑世誣民．豈佛之意哉．民之蚩蚩．固無足喙．講學之士．反棄所習而習焉．何也．然其所本在此而不在彼．故曰．佛之倡爲異說也．妖言啓之也．此其假借相欺者爾．

至於誑說．則又無所祖焉．如丈六金身．騰空普照．應緣說法．變現因人．以幻異誑也．不其神乎．一眞圓靈．是謂實際．一念不記．是謂無生．以寂靜誑也．不其妙乎．布施衆生．割截肢體．有未成佛不取泥洹．以慈悲誑也．不其廣乎．無有寃親恩讎平等．法輪常轉．不可思議．以功德誑也．不其大乎．佛以自性之清淨光明也．俯陋塵世．名爲五濁．故言上天下地．惟吾獨尊．此世尊所由稱也．過去彌陀當來彌勒．皆其法身降魔出世．則只尊之曰大雄氏云．然法華有三乘．成佛乃漸進．而非超悟也．下乘羊車初出．火宅以求涅槃．中乘鹿車得慧樂．則出入火宅而無礙．上乘白牛車則得佛智矣．故佛嘗娶妻生子．華嚴謂悉達太子納妙德女．即其事也．出家修行十二年．登無上覺．乃得歸其室而譯經．羅什亦納姚興宮女．生二子焉．然則斷欲去愛之敎非耶．爲之徒者．供養必醍醐．莊嚴必七寶．不父之子．不君之臣．從浮屠沙門者．坐享田廬．陰蓄妻子．寺刹煇煌．徧於海內．然則適中自守．孝親忠君之說非邪．程子云．佛氏自私而無實．蓋華人與其徒之罪也．佛何誅焉．宋人晁迥王安石輩極喜事之．日夕焚修．怪宅爲寺．非但呂希哲張九成陸象山楊簡之徒．陽儒陰釋而已也．方金像設諸天羅漢．皆狄貌鬼容．以怖愚俗．武夫胡賈．貪且暴者．莫不膜拜喜捨．願生西天．夫八蠻以天竺爲禍首．裸身焚尸．自誇極樂．果如其願．則生靈何辜．而自掇焚如之僇乎．然西僧入貢．歆羨中華．但持梵呪．問以佛經．茫如也．則杜撰胡書．罪在華人．明矣．文士猶謂方廣東被像法南移．豈不可笑哉．誠能頒四十二章經於天下．使人人灼知佛氏本源．而末流妄作．皆鄙而惡之．優游乎名敎禮義之中．而祈禳喪葬．無復崇信也．則講學之士．亦知漸進而不事超悟以欺人．固不必嚴建寺之誅・重捨田之罰・惟絕鬻牒・驅僧尼歸俗・人授之田・蓄其妻子・固所以正人倫也・而亦佛意也・茀去崇信之根・神妙廣大之妖・一無所售・則先王之道明・而堯舜三代之政可復・而後韓歐二子之志可得而伸・於呼・必如是而後佛之禍害其蔽矣乎・

醫原

醫家素問之運氣・本草之藥性・脈經之診病・莫不有象數存焉・寒暑燥濕風火者・天之陰陽・三陰三陽上奉之・木火土金水・地之陰陽・生長化收藏下應之・而五運行於其間邪・五行之化氣也・風木冬春之交・艮震東北・君火春夏之交・震巽東南・而相火則□□□離・濕土夏秋之交・坤兌西南・燥金秋冬之交・乾兌西北・而寒水則正冬北坎・此主氣之定布者也・地初正氣子中至丑・地後間氣丑中至卯・天前間氣卯中至巳・天中正氣巳中至未・天後間氣未中至酉・地前間氣酉中至亥・地終正氣亥中至子・此客氣之加臨者也・主氣土居二火之後・客氣土行二火之間・子午歲冬至起燥金・生丑中寒水・丑未歲冬至起寒水中・生丑中風木・寅申歲起風木・卯酉歲起君火・辰戌歲起濕土・己亥歲起相火・皆肇端于子午・循還不窮・火所以有二者・在人君火則在寸心脈・相火則右尺命門脈也・凡陽氣自下而上・陰氣自上而下・心肺包絡在上屬手經・自午至亥・六陰主於上・從上而走下・肝脾腎在下屬足經・自子至巳・六陽生于下・從下而走上・上以候外・浮以候氣・下以候內・沉以候血・故脈分兩手・手分五部・隔寸尺者命之曰關・□肘度尺曰尺・關前一寸曰

寸・左手之寸極上・右手之尺極下・男子陽順自下生・故極下・右手爲受命之根本・女子陰逆・自上生下・故極上・左手爲受命之根本・診病莫要於此・

蓋人感天之六氣・三陰三陽・應乎六脈・必以地之五味・應陰陽生長化收藏而治之・上藥一百二十種爲君・養命以應天・中藥一百二十種爲臣・養性以應人・中藥一百二十五種爲佐・使治病以應地・合三百六十五應周天之度・而五味錯乎其間・猶五緯也・雖相須相使・亦有相畏相反者・單行氣力猶尊・雖無毒者・制之無法・皆能傷人・而況大黃附子巴豆之屬・有大毒者乎・觀於洪範五行不言性而言味・則養致福壽康寧・傷人致極凶短折・皆可徵也・何則・寒生水・水生咸・故潤下作咸・熱生火・火生苦・致炎上作・苦風生木・木生酸・故曲直作酸・燥生金・金生辛・故從革作辛・濕生土・土生甘・故稼穡作甘・生物者氣也・成之者味也・寒之氣堅・故其味可用以耎・熱之氣耎・故其味可用以堅・風之氣散・故其味可用以收・燥之氣收・故其味可用以散・土者冲氣之所生也・冲則無所不和・故其味惟可用以緩而已・氣堅則壯・故苦可以養氣・脈耎則和・故咸可以養脈・骨收則壯・故醒可以養骨・筋散則不攣・故辛可以養筋・肉緩則不壅・故甘可以養肉・堅之而後可以耎・收之而後可以散・欲緩則用甘・不欲緩則不用也・養生治病者・必先通乎此・不通乎此・而能已人之疾者・蓋鮮矣・

卜原

記曰・人者其天地之德・陰陽之交・鬼神之會・五行之

秀氣也・亦惟求之於心而已矣・明理集義・體信達順・以應事揆物・而時措之宜・則志定氣充・人謀鬼謀・罔不協孚・雖受天下大事・禹欲辭讓・枚卜功臣・而舜惟沒於志・所謂事幾有天地鬼神所不能易而易之者・人也・既斷以理義而無疑・又何以卜筮爲哉・洪範曰・凡七卜五占用二衍忒春秋・傳曰・龜象也・筮數也・物生而後有象・象而後有滋・滋而後有數・龜體因兆而細曲者爲水象雨・邪向經爲金象克・背經爲火象霽・立者爲木象驛・橫者爲土象蒙・此卜五也・三兆經體皆百有二十・其頌皆千有二百・則數滋於象矣・夏商易占用七八・周易用九六・靜則內貞外悔・動則本卦貞之卦悔・此占用二也・衍數變忒・象益滋焉・凡七稽疑皆所以推人事之過差也・洪範又曰・立時人作卜筮・三人占則從二人之言・周公金縢・爲武王弗豫禱於鬼神・而公卿百執事皆在謂之穆・卜乃卜三龜即其事也・古之三兆曰玉・曰原・曰瓦・三易則夏連山・商歸藏・今皆不傳・所傳者惟周易爾・揲蓍之法・大衍之數五十・其用四十有九・太陽以九變則化爲少陰八・太陰以六變・則化爲少陽七・九六用而七八無爲也・一卦變六十四・六十四卦變四千九十六・伊川謂用九之道皆變自乾・用六之道皆變自坤・剛變則化柔・柔變則化剛・故曰剛柔相推而生變化・六爻皆不變・則占本卦彖辭・而以內卦爲貞・外卦爲悔・一爻變・則以本卦爻辭占始・之卦爻辭占終・二爻變・則以下爻占始・上爻占終・三爻變・則以本卦彖辭爲貞占始・之卦彖辭爲悔占終・四爻變則以二不變爻上占其始・下占其終・五爻變則以之卦不變爻占始・本卦不變爻占終・六爻變則乾坤占二・用餘卦占之象彖辭・此則朱子易學啓蒙之說也・

然考諸春秋內外傳・懿氏兆如・鳳凰于飛・成季兆如・在公之右・獨有傳焉・卦則有由辭・周易所無者・大有之乾曰・同復于父・敬如君所・歸妹之睽曰逋・歸其國而棄其家・此類豈別有書與・然夫子贊易於爻・必曰觀其會通・行其典禮・會也者・統之在道者也・即五典人倫所當惇者也・乾坤之蘊是已・如乾君道也・晉成公歸國筮遇乾之否曰・配而不終・君三出焉・其後有厲公之亂而立悼公・用坤臣道也・魯南蒯叛季氏筮遇坤之比曰・忠信之事則可・不然則敗・蓋諸侯亦君也・內不可以失道・家臣亦臣也・外不可以叛君・通也者・散之在理者也・即五禮等殺所當庸者也・九六之變是已・如用九陽動也・晉畢萬筮仕遇屯之比・本乾陽而之坤・則母覆之象・歸之合而能固・安而能殺・公侯之卦也・故曰・屯固比入吉孰大焉・其後果建魏國・用六陰動也・陳侯筮公之完遇觀之否・本坤陰而之乾・則照以天光而居土上・天地之美具焉・故曰其在異國乎・非此其身・在其子孫光遠而自他有耀者也・其後果得齊國・他如魯陽虎筮救鄭・遇泰之需・晉文公勤王遇大有之睽・魯莊公筮叔孫穆子遇明夷之謙・齊崔武子筮娶妻遇困之大過・雖觀象玩占・皆務求諸心・而非周易所載也・故曰・書不盡言・言不盡意・心通乎道・則五行之性・敬用五事・天下之動貞夫一・而悔不自內出・占盡在我矣・又何筮短龜長之足云哉・

周禮辨

唐虞肇天地四時之官・修六府・和三事・位育功化・徵

於是矣・周公思兼三王以制禮・而法則大備・孔子曰・今用之吾從周・豈此書與夫水火金木土穀・民賴以生者也・生不厚則死・用不利則勞・德不正則亂・亂則甚於勞且死矣・故禮必有法・法行於則・則以觀德・德以處事・誓不毀焉・非用人理財無以舉三事・而德其本也・

太宰所掌官府爲先・官職也・以用人・府藏也・以理財・凡嬪御奄寺・酒食衣服・器用皆賄皆在所領・而王宮政令掌於宮正・士庶子掌于宮伯・奄不過上士・寺不過五人・膳服不過關市之賦・職皆微官・其爲中大夫者無幾・臨制坊馭・得以去其匪人・惟恐皇之不極・而失德之彰聞也・其施於都鄙以任萬民者・凡賦皆司徒斂之・穀粟角羽茶炭掌於其屬・而貨幣畢入于太宰之府・百凡宮府之祿・各從其長均之大府・授式法而分給焉・其地之承平乎・教必先富・使有恒產則有恒心・土均以辨之・荒政以聚之・修六府也・保息以養之・本俗以安之・和三事也・合比閭族黨州鄉之衆・攷德行道藝賢能之人・其教德行也・即師氏以媺詔王者也・其教道藝也・即保民掌諫王惡者也・故王宮門闈・有學自上達下・以爲民極・不服教而後刑焉・歲時讀法書善戒過・日夜提掇・惟恐傷之・司諫司教士訓誦訓・則又自下達上・惟恐嘉言攸伏・而野有遺賢也・五禮教之中・六樂教之和・而宗伯顓以禮樂・合天地之化・百物之產・宇內其春矣乎・雖司馬之師田・與舍人太僕司士・諸子必由禮樂訓方・揮人傳誦四達・必使萬民和悅而後已焉・是長之以夏也・司寇之聽獄訟也・中而已矣・士師布憲・象胥掌交・亦使和悅偏於化外・雖朝士師儀禮行自國・而大小行人無遠不屆・夫賓客擯相何與於刑哉・蓋刑以弼禮樂之教・即秋以成春夏之仁也・雖設官分職・而實則相聯・故太僕小臣御僕・皆掌復逆・而宰夫總之・是天宮聯夏官也・卿師攷司空之辟・又涖匠師・是地官聯冬官也・司徒掌教不言財而起徒役・則與司馬掌政不言兵而論官財・則與精粗本末錯綜相成・故六典職務・大宰得兼・軍旅一興・五官咸事・蓋治典道也・教典化也・禮典仁也・政典禮也・刑典義也・事典智也・合而言之・其惟德乎・

以善養君而後能以善養人・以禮制心而後能以禮爲國・其機則係乎上之人也・德之不正・道則不凝・無以致中和・成位育於天地・四時奚官焉・周之衰也・小雅刺日食山川之變・責之卿士・穀洛鬭而太子晋歸咎執政・史墨亦云・水官棄矣・物乃不育・是猶知六府之當修也・晏嬰曰・夫民生厚而利用・是乎正德以幅・申叔時曰・民生厚而德政用利而事節・是猶知三事之當和・然徒能言之・寖失其敘・尚何法則之施乎・無惑乎九歌之不聞也・

放攝辯

問臣之事君・義也・無適而非君也・無所逃於天地之間・莊周猶能言之・伊尹周公之放攝何與・曰・曲禮振書端書於君前有誅・倒筴側龜於君前有誅・書與龜筴且然・況敢放其君乎・路馬必中道・以足蹙路馬芻有誅・齒路馬有誅・路馬且然・況敢攝君位乎・湯之放桀也・以大惡也・堯老而舜攝也・以受禪也・太甲非有桀惡・何以言放・成王非若堯老・何以言攝・亦惟折請聖焉而已矣・孔子曰・何必高宗・古之人皆然・君方諒闇・身爲冢宰・百官總己以聽禮也・因以

訓乎王焉・義也・太甲顚覆・湯之典刑久在王宮・則敗禮度矣・故使之居桐・密邇先王・則有所嚴憚・以起其怨艾之心・外有所瞻慕・以成其仁義之德・是亦諒闇之訓也・三年喪畢・則冕服奉嗣王歸亳・何放之有・三王之道・皆典刑所在也・成王幼沖・顓蒙未有所知・周公思兼三王以施四事・夜以繼日而坐以待旦者・凡以爲成王也・雖未堪家多難而典刑幸未至於顚覆・則所以啓沃匡翼・考諸三王以爲法者・自不容已也・是又諒闇之訓也・幼不勝冕・則遲遲焉而後即辟・雖七年之中・輔王立政・未嘗敢一日踐天子之位也・又何攝之有・世但據其跡以放攝言之・殊不知務引其君以當道志於仁・委曲養成則二公之心也・是故盡君臣之大義者・莫如伊周・後世霍光之於昌邑・視其君而易置之・曰・吾傚伊尹之放也・王莽之於孺子嬰・斧扆南面・久假不歸・曰吾傚周公之攝也・簒弒自茲藉口矣・故不可以不辯也・

官爵辯

文武並用者・官也・封建列國者・爵也・人有言曰・文德不足而後有武功・封建既廢而後有郡縣・稽諸尚書則不然・典禮教之本也・司徒掌之・蠻夷寇賊刑之大也・士師掌之・文武建官肇於此矣・禹貢五百里甸服・量納田賦者以班祿也・五百里侯服・則內采邑男邦而外諸侯焉・五百里綏服・則內揆文教而外奮武衛・其實文教之敷四海・戎兵之詰四方・侯甸達于要荒・未始偏廢也・周官庶姓在六服內者・猶革路以即戎・封四衛・則後世武官設左右前後四衛・亦有自來矣・益稷曰・弼成五服・至於五千・州十有二師・外薄四海・咸建五長・蓋聲教所曁・疆理所至・必有師長展采錯事・以承后王君公・觀諸周官・惟縣有師・惟卒有長・五卒五百人爲鄙・亦謂之郡・五鄙二千五百人爲師・亦謂之縣・說文天子地方千里分爲百縣・即侯甸也・縣有四郡・郡有一鄙・故春秋傳曰・上大夫受縣・下大夫受郡是也・逸周書作雒曰・千里爲縣・縣有四邵・呂不韋月令亦曰・合諸侯制百縣・時六王猶未滅・乃周制也・豈非郡統於縣・縣統於周・而封建在其間耶・故甸服有內諸侯・功德兼備・如周召畢公・皆有封爵而兼公卿・其餘千室之邑・百乘之家・以至十室十乘・則皆大夫庶士也・然則九州之外・四海五長亦必咸建可知矣・是故封建周聖人意・而郡縣非至秦而後有也・但春秋時列國相滅・多以其地爲縣・則縣大而郡小・左傳楚子縣陳・則是滅一國以爲縣・縣大可知・至于戰國郡縣互相呑併・而縣日削・則郡大而縣小・甘茂謂秦武王曰・宜陽大縣・其實郡也・郡大可知・秦之滅六國一四海也・謦天下而郡縣之・凡地大兵衆與秦抗衡者・既已盡滅・而衛之小寡・迄胡亥而君角始廢・即夫要荒五長豈無遺裔哉・此南武侯織立以爲南海王・所以見於漢高祖之詔也・由此觀之・嘗延於世・封建也・有土而無官者・十恆八九・食采賦乘郡縣也・世祿以勸者・十無二三・聖帝明王以此建輔世長民之策・適柔遠能邇之宜・文教以昭德・武衛以蓄威・秦漢莫之能違也・而況於唐宋以後耶・

夫采邑男邦・積功累德以至諸侯封大國・則周禮所謂邦國者・乃其叙矣・今之文武有俸・封爵有祿・即古者量納田賦之遺制・但無采邑邦國之叙・惟黜陟以示勸懲焉・故凡得

儁於天子之廷者．多交權要．干祿以求富．豈復知修德建功爲何物哉．陶荅子妻曰．能薄而官大．是謂嬰害．無功而家昌．是謂積殃．於呼．三旌之位．萬金之富．猶自以爲未足者．滔滔皆是也．得無有愧於婦人之言乎．

古文尚書辯

予少時嘗讀尚書．以魯論終篇堯曰數語．二典皆不載舜亦以命禹．所謂危微精一者．乃見於大禹謨．豈有二聖授受．乃失其源與．嘗考之尚書本百篇．遭秦燼絕．文帝時天下亡治尚書者．獨聞齊有濟南伏生．故秦博士嘗治之．年九十餘老不可徵．乃詔太常使掌故潁川晁錯往受以還．是爲今文二十八篇．因上書稱說．詔以爲太子舍人．然上書惟言術數及兵事．對策則以三王五伯並稱．又謂太子所讀書多而未深知術數．無一言及於尚書者．則錯未嘗以伏生所傳爲善也．太子嗣位爲景帝時．魯共王得諸孔壁中．百篇具在．武帝時遣使者取視．莫能讀．遂秘於中．成帝時張霸獻僞書．帝出所秘校之．皆不相應．於是下霸於吏．班固藝文志尚書古文經四十六卷．註謂五十七篇者是也．且言孔安國獻之．遭巫蠱事．未列於學官．則是與成帝時所獻者異矣．今文者．漢隸書也．伏生老不能正言．言不可曉．使其女傳言教錯．齊人語多與潁川異．所不知凡十二三．以其意屬讀而已．然泰誓一篇．本非伏生所傳．惟見於史記說苑．而董仲舒策亦引之．如白魚入于王舟．有火流於王屋．化爲烏．又曰附下而罔上者死．附上而罔下者刑．與聞國政而無益於民者退．在上位而不能進賢者逐．此所以勸善而黜惡也．文義與前後絕不相類．大小夏侯氏乃增泰誓爲二十九篇．而各爲章句解．故以行於世．豈其遺失已在錯受書時與．

古文者．科斗書也．先儒朱子因書序不類先漢．遂置疑焉．然序所言三王五帝之書．乃周官外史所掌．周公所錄．必非僞妄．矧謂斷自唐虞以下．迄於周芟夷煩亂．翦截浮辭．舉其宏網．撮其機要．足以垂世立教．典謨訓誥誓命之文．所以恢宏至道．示人主以軌範也．文選取之．以繼子夏詩序之後．則其文亦豈人所能假托哉．東晉梅賾始得皇甫謐所傳古文上之．吳澄斷以今文爲正．謂古文乃梅賾僞作．然危微精一之訓．豈賾所能爲耶．蓋武帝時雖秘於中．漸有能讀之者．至安國始闕其訛損．萃而成書．僅止此爾．漢志非誣也．雖百家所引逸書皆蒐入無遺．然堯曰數語．說者謂當在舜讓弗嗣之下．而今文無之．古文亦然．若果出僞手．則此語必剿入之矣．予以是決知其本出孔壁．實安國之所萃者也．然古文既有泰誓三篇．而歐陽氏所增者亦已削去．是經文有損益矣．則執中源於堯者．自當補入．豈可遺哉．舜典首二十八字移於月正元日之前．而遏密八音以上．合于堯典．庶與孟子所引相協．而二帝始終各明矣．一得之愚．惟知者裁諸．

冬官考

問周禮何以闕冬官．曰．六典之首皆言惟建國者．蓋議禮而行之．惟在於王．非臣下所敢專也．及成王黜商滅淮夷．還歸在豐．董正治官而作周官之書．革邦事之繁．惟掌邦土．豈因是而遂棄不傳與．其曰諸侯各朝於方岳．大明黜陟．則慶讓之嚴有變其君者矣．土地人民藉在冬官．其熄於力政之世．又可知也．世謂冬官雜于五官未嘗亡．然左傳之匠師坊人．陶正工正．戴記之工師漁師．司嗇韗人．儀禮之嗇人賈人工人士人梓人．國語之司商司事．農大夫．農司農正．皆居四民時地利者也．矧匠師載於地官爲司空之屬明矣．乃不之補．其餘皆不經見於五官之中．缺疑可也．而臆見補綴必牽合焉．何以逭自專之罪哉．蓋周公創其籍而未行．故九畿之制不合於禹貢．五等之制不合於武成．建都之制不合於詔誥．猶夫司空待成王而後正也．矧其命名各有取爾．宰以制變爲義．伯以長人爲義．帥人者夫也．正人者正也．尊其智則曰大夫．卑其任則曰士．掌者守其物．職者主其事．司者總其領．典者任其常．虞者度其材．衡者平其政．師者訓其徒．氏者世其官．人者終其身．非是名也．則權其材而器使之．苟補以考工記．則其屬惟氏與人耳．非周公命名之全制也．然則冬官豈可補哉．曰．周官首設公孤．而周禮無之．豈亦缺文與．曰．公孤坐而論道．尊而無職者也．觀朝士掌外朝之法．左九棘．孤卿位焉．右三槐．三公位焉．蓋兼領於六官也．而朝必北面．立必尚右．亦因可見矣．故周公以太師兼冢宰．其既沒也．顧命諒闇之始．召公以大保領冢宰命．仲桓南宮毛司寇蘇公亦兼太史．史佚爲太史而作策則兼內史．天下之大．惟六卿焉．卿老二卿一人．三公兼之．卿大夫卿各一人．六卿兼之．大小相攝．非專治一事而已也．此官事不攝．孔子所以責夷吾之變法也與．

明堂考

明堂以嚮明得名．凡王者之堂皆是也．周公宗祀文王．特明其義爾．勝殷而歸．祀明堂以教民知孝．武王始行之．考工記度九尺之筵．東西九筵．南北七筵．堂崇一筵五室．凡室二筵．大小戴記爲宮三百步．中爲太室．東青陽．南明堂．西總章．北元堂．四隅各有左右．个个之中皆爲太廟．明堂左个即青陽之右．總章右个即元堂之左．亦曰九室．月令分爲十二．其實一而已．召誥王朝步自周．則至于豐．告文王廟．是明堂乃豐宮也．鎬之去豐三十里而近．故可步至．曰內有九室．九嬪居之．外有九室．九卿朝焉．蓋文王在時爾．夫因壘崇降功莫大焉．發政施仁．德莫尚焉．神之陟降．恒在於此．故逸禮有文王居明堂之篇．覲禮朝諸侯在文王廟．季秋大饗五帝嚴公以配之．王服大裘而冕．以霜露既降故爾．其外水曰辟雍．文王嘗作樂焉．則豐之東也．武王伐殷爲俘馘于京太室．遂爲鎬京．蓋辟雍之中．亦有明堂太室．是曰大教之宮．設四學．當入學而太子齒．旦入東學以貴仁．晝入南學以貴德．夕入西學以貴義．闇入北學以尊爵．即東膠太學以養老．西則禮在瞽宗．書在虞庠．爲小學教六藝者也．詩曰．文王受命．有此武功．既伐于崇．作邑于豐．其明堂與鎬京辟雍．自西自東．自南自北．無思不服．其四學與周禮司儀將合諸侯爲壇三成．儀禮諸侯覲於天子爲宮．四門爲壇．其深二尺加方．明於其上．而設六玉以禮天地四方．此則巡狩之明堂也．自漢以來．其說紛如．故考正之．

論學考

明黃佐論曰．三代之時．成湯訓蒙士．文王敎小子．則小學之敎有自來矣．漢志先王之制．里有序．而鄉有庠．序以明敎．庠以行禮．而視化焉．八歲入小學．學六甲五方書計之事．始知室家長幼之節．十五歲入大學．學先聖禮樂．而知朝廷君臣之禮．其有秀異者移鄉學於庠序．庠序之異者．移國學於少學．諸侯貢少學之異者於天子．學于大學．命曰造士．行同能偶則別之以射．然後爵命焉．晉高涼太守楊芳著少學七卷．蓋諸侯少學之敎也．唐武德初於秘書外省立小學．而不徧及天下．宋熙寧四年三月三日始詔諸州軍置小學．廣州學西有訓蒙堂學舍四十間．崇寧元年八月二十三日令州縣置小學．十歲以上皆入學．五年立課試法．政和四年十一月二十一日州郡小學分三舍．其宗子之在外者亦如之．復建宗學小學．嘉定十四年廣州學敎授許巨川請于都轉使劉自强．相攸學左地經始焉．爲屋二十四楹．敎導者席於中．寶祐元年經畧使李廸遷於學之西偏．今廢其地與訓蒙堂相接．瀆祐十年知雷州儲擢敎授郭蒙龍立小學．元制令蒙古色目人年小質聰者．置蒙古小學．選儒人爲學正．令背誦孝經小學．習漢人字．廣州置蒙古學．即訓蒙堂爲之．元季堂燬．今爲外西號．（元李存送臨川饒季理赴廣州蒙古學正詩．商冠魯服孔堂中．況此書文四海同．自是俗情安近習．茫茫科斗古人通．）

明洪武八年詔有司立社學．延師儒以敎民間子弟．社學敎讀．有經明行修者．許有司推選．署儒學敎事．十六年詔民間立社學．有司不得干預．其經斷有過之人不許爲師．二十年令民間子弟讀御製大誥．後令爲師者率其徒能誦大誥者赴京禮部．較其所誦多寡．次第給賞．復命兼讀律令．仍令問刑官．凡犯罪有能誦大誥者減等．正統元年令各處社學提學官及司府州縣官．嚴督勸課．不許廢弛．其有俊秀向學者．許補學生員．勅提督廣東學校按察司官內有云．古者鄉閭里巷莫不有學．即今社學是也．爾凡提督去處．即令有司每鄉每里俱設社學．擇立師範．明設敎條．以敎人之子弟．年一考校．責取勤効．仍免爲師之人差徭．成化元年令民間子弟願入社學者聽．其貧乏不願者勿强．十九年布政司陳選作興社學．朔望考其誦習．作訓蒙文以勗之．嘉靖元年廣東提督學校按察司副使魏校大毀淫祠．令府州縣各置社學．

宗法考

禮曰．別子爲祖．繼別爲宗．百世不遷者．別子之後也．宗其繼別子之所出者．百世不遷者也．大宗之庶子皆爲小宗．小宗有四五世則遷．己身庶也．宗禰宗其服期．己父庶也．宗祖宗其服九月．己祖庶也．宗曾祖宗其服五月．己曾祖庶也．宗高祖宗其服三月．己高祖庶也．則遷而惟宗大宗．凡祭主於宗子．其庶子雖貴且富皆不敢祭．惟以上牲祭於宗子之家．是故上治祖禰．下治子孫．旁治昆弟．別之以禮義者．大宗也．宗也者．尊也．大宗也者．尊之統也．有小宗而無大宗者．謂君無適昆弟也．有大宗而無小宗者．謂君有適昆弟也．有無宗亦莫之宗者．則公子惟一而已．諸侯之子身爲公子．上不得宗君．下未爲後世之宗．不可無所統屬・若無適兄弟・則遣庶兄弟一人爲宗禮・如小宗若有適昆弟・則爲別子使之爲宗・其生也・適庶兄弟皆宗之・其歿也・子孫世世繼之・其餘公子則以次自爲五世小宗之祖・是公子本身亦有爲宗之禮・不待繼別而後爲宗也・故曰・公子有宗・公子之公爲其士大夫之庶者・宗其士大夫之適者・公子之宗道也・宗子何以必明立後也・立非其後・則人鬼不享・立非其人・則無以保宗祊・故宗子之義莫大於立後矣・立後之義・有常有變・爲父後其常也・爲人後其變也・爲父後有常有變・當室以嫡・無嫡以年・其常也・年鈞以賢・義鈞以下・其變也・爲人後亦有常有變・宗子無後・小宗以其友子後之・嫡子不得後大宗・其常也・若小宗嫡子無昆弟・而大宗絕・亦必後大宗・其變也・漢世宗法猶明・嘗賜天下爲父後者之爵・則三代可知也・不明則亂・亂則恩絕・恩絕則彝倫斁矣・故立後以重宗・重宗以尊祖・尊祖以收族・人道之大綱也・

律歷易範合一圖說

太極元氣函三爲一・大樂之元也・損益陰陽・參天與地・其圖書之中五乎・一六三八在北而東・太極動而生陽於子巳・則知仁交際萬物出矣・冬日致之・氣自吸而呼・腎而肝・羽而角・陽聲也・木自水生象乾之中・是故君子學聚問辨・寬居仁行・然後龍德以知崇・而天且不違矣・二七四九在南而西・太極靜而生陰・於午至亥・則禮義交際而萬化入矣・夏日致之・氣自呼而吸・心而肺・徵而商・陰聲也・金以火伙象坤之中・是以君子敬以直內・義以方外・然後黃裳以禮卑・而發於事業矣・書曰・在璿璣玉衡・以齊七政・是猶七音・然塡星二十八歲而一周天・歲與熒惑太白辰星皆歷所塡之數而行・四星皆失・則塡爲之動・其猶宮爲四聲之綱乎・歲星十二期爲一周天・謂之一紀・然非辰星正四時・則歲無由成・可見水主歲功而生木・猶宮羽生角・則中音也・熒惑遲疾不恒・太白出沒隨日・其亦反商下徵以和宮者與・變宮猶月之從日・齊以晦朔・歸餘而成潤也・變徵猶日之對月・致以南北・受光而成望也・故升歌琴瑟・懸一鐘一磬・而尙拊圜鐘・金聲夷則玉振・下管定絃以合之・七音惟主・五聲之正・必以變宮變徵迭爲羽角・而後中聲所正・五節一周乃爲成也・

舞者聽宮羽角而節奏・合徵商以成文・四懸設而八音會焉・北以下懸黃鐘・始一函鐘・終八羽角・於下五姑洗而歸上懸夷則終八夾清・始一羽角・以上五應鐘而起・南懸蕤賓・次序如之・凡懸上下・一應五爲角・四應一爲羽・八應一爲徵・三應八爲商・下五角則上七變宮・上七羽則下七變徵・東懸夾鐘・西懸夷則次序亦皆如之・籥舞則黃鐘以一函三而萬舞・蕤賓則反對焉・二十四聲淸濁備矣・下六地之中數也・黃鐘函三以降天神・蕤賓則反爲上五・其樂六變・上五天之中數也・黃鐘函三以出地示・蕤賓則反爲下六・其樂變・變自北而東・則成於西者・皆羽角也・九變而黃鐘大呂收聲・自南而西・則生於東者・皆商徵也・九變而太簇應鐘收聲・故曰用宮逐羽・而淸角生焉・引商刻羽・而流徵生焉・咸池承雲九韶有虞氏之樂也・對待之交・自然流行・歌奏相命・建律運歷・宮倡商和・而陰陽合矣・始則羽調以角・中

則角調以徵・終則商調以羽・商聲伏於徵・㠯云去哉・分而序之・別爲調爾・觀於太白隨日出沒・東爲啓明・西爲長庚・亦可見矣・小大相成・終始相生・宮聲作而角之羽・羽之角從焉・猶辰星附日・右行起自北陸・而反乎北陸・朔逆之方・終始萬物之地也・蓋陰變而化陽・則爲水木以相生・陽變而化陰・則爲火金以相制・順而生者易見・逆而成者難知・然則大樂其昭天地矣乎・顯諸仁而仁自知・始藏諸用而義以禮成・備此四德・謂之聖人・故曰・樂者象也・天地聖人德業一而已矣・

舟說

嘉靖癸未余奉使于役于渭・自燕而趙而魯而淮而浙・遵大江而南・舍舟而陸・以入於楚・今年春・言歸將母・客有詢余道塗之險易者・余因曰憶在吳會時・舟尼于曉角之渚・舟人羣噪而牽之・弗稅也・乃來告曰紼纚之維・繳簬於石・日將莫矣・舟將安放・長年前之・烝徒後之・旅力熯矣・計將安施・余曰・嘻・毋徒勞爲也・盍止諸・盍俟諸迄三鼓潮至・羣力畢會・風迅舟行・瞬息百里・夫飛黃紫燕・天下之良馬也・不俟其人・雖奮何能・湛盧豪曹・言利劍者必稱焉・然灌園者握之・曾不足以刈葵・鴻鵠之飛弗搏・順風猶不能追燕翼・龍困于涸・羣蟻侮之・及感會風雲・倏忽而雨萬土・其亦若斯而已矣・是故竢時者豐・竢人者從・違天者替・竢命者隆・爲可爲於不可爲之時者窮・爲可爲者於可爲之時者通・盍觀諸舟・作舟說・

釋讓

客讓汪大夫曰・吾聞易之爲道・隨時而已・天運六氣・寒暄參錯乃成歲功・君子用世・推移揆度・乃蹈中庸・是故臣姚姒而談霸畧者必斥・輔桓文而運帝猷者必窮・何則・竽瑟柄鑿・弗可協而同也・今子大夫遭逢聖世・稅迹台諫・出參藩議・蓋踰六年於此矣・雖龍川鱷海・晏然無事・然上不能興禮樂・下不能陳符瑞・以昂霄聳壑・掇名樹勢・而徒副臬滇南・禦寇金滄・無乃遷之或滯與・鄙人甚惑・謂宜式遄其行・恢張猷謨・使四陲奠枕・而三旌薦都・柄福持威・噓榮噏枯・揚之則青天・抑之則黃壚・茲蓋鴻漸鵲起之秋也・而猶徐徐・猶于于・厥意何居・於是大夫治行・

或又讓曰・子盍已乎・夫滇巖邑也・金滄邊於滇又將數千里・右緬甸・左金齒・前羅施・後榆洱・是謂越睒棘驃所止・構木巢居・獸怒人喜・家有垂白之親・自投豕貊之靡・是亦不可已乎・故曰・萬斛之泉・乘流則行・遇坎則止・九折之阪・叱馭爲忠臣・回車爲孝子・儵鮇之魚・浮陽避陰・繳繒之罹・實非靈禽・仁不親遺・知不身湛・子必毋往而有遐心・於是過泰泉生而問焉・泰泉生對曰・二客之言皆是也・惜也其猶未融也・今夫卞和之玉・天下之寶也・韞之則爲璞・琢之則爲璋・騂騮飛黃・馬之良也・縶之則伏櫪・驂之則龍驤・君子之於用世・夫奚容心焉・亦惟秉其常而已矣・是故天地之化・一陰一陽・文武之道・一弛一張・孔顏之教・一行一藏・藏矣而有時乎・行者九夷匪陋・千駟匪泰・行矣而有時乎・藏則鑿坯匪固・負否匪僊・拓之則爲

通・守之則爲介・軒輊今古・而不爲傲・門闔宇宙而不爲大・昔者嘗爲子筮行矣・遇咸之萃曰・咸其股・執其隨・往吝・夫咸動也・執守也・居貞而後利・行之象也・今者又爲子筮藏矣・遇之八日復亨・出入無疾・朋來無咎・反復其道・七日來復・利有攸往・夫震長男也・坤母也・陽貞陰悔・欲動而靜・是將母而後復于君所之象也・時用時舍・王之明也・惟忠惟孝・德之成也・知退知進・道之貞也・易旣子兆之志矣・而隨時之義於是乃備・大夫謝而笑曰・子之言然焉・

歐陽公平安南逆黨碑

聖皇二十七祀・歐陽公涖百粵而龢其民・旣乃戢兵・遠邇咸有寧宇・甫踰期・克有戎勳・先是安南內亂・其族目莫正中帥衆來奔・居無何・逆黨范子儀謀挾之以爭立・煽誘其海東諸蠻・蜎合豕突・擾我欽州・僇官掠地・奪貨圍城・恣厥燆虐・邊逖其聳・公至・聞變亟圖之・乃與總戎平江伯陳公議曰・制勝之道・務在萬全・欽接蠻壤・無山海限隔・我兵潛度・當犂其巢・彼以舟爲長技・不先破之而深入其阻・則主客之勢旣弗相當・水陸之行又弗相及・其何以全取勝・未戰而算・惟形是度・虜在吾目中矣・於是密速海道副使黃君光昇・躬募東莞新會弋船百有六十艘・器械餱糧胥飭以備・已於事而竣・乃選習水戰之將・以都指揮俞大猷董之・擐集甲士・務飽而嬉・已於事而竣・乃行參政沈君應龍・分守參議方君民悅・暨廉守胡鰲相與襄之・密機事・戒輕進・嚴烽候・盛間諜・比次其艘・授之成算・已於事而竣・乃僉謀以大艘泊衝頭嶺之滸・以伺其來・賊果至龍門港跳梁諸村・如公所度云・乃僉謀都帥移弋船泊鳳凰江・以扼其必出之衝・遇賊兵逆戰・大敗之・俘斬奔潰・隻舟莫返・公聞捷・又度其勢必危渙而易流患也・即申命都帥督水陸兵徑擣其春蘭之穴・以殲巨魁・將士賈勇先登・獲其醜幾三百人・斬馘千級・其餘俘獲不可數計・稽諸前政成功之奇速・未有若是之烈也・夫用兵之法・一曰形・二曰氣・三曰威・四曰奇・湟灕之師以形勝也・浪泊之戰・以氣摧也・南中之擒・以威讋也・山越之擣・以奇破也・伏波諸葛之神畧・公實兼之・故能度其形而措勝・養其士而氣銳・奪其港而申威・覆其穴而出奇・華戎淸謐・喜氣磅礴・於是胡守銘之堅石・俾予序而頌曰・

雷爲戎兮日爲蓋・肅旂旝兮耀炎海・操參伐兮靖氛靄・窫竄誅兮光帝載・震世兮道無外・

重修宋太傅張公祠碑

蓋聞君臣大義無所逃于天地之間・凡爲臣死節者・忠魂義氣充塞・天地無所不知・不可以方所求者也・舜之事堯・迄于受終・盡厥道矣・孟子謂卒於鳴條・與史遷不合・然鳴條近今莒之日照・有蒼梧山焉・爾余遊九嶷則有舜祠云・豈非南巡涉方涉歷・匪一神之昭著・固所謂不可以方所求者與・宋太傅樞密副使越國張公・諱世傑・范陽人・始事帝㬎・後從端宗帝昺・其忠義大節昭于天地・眞與日月相焜燿矣・宋史謂公死平章山下・元史謂公死海陵港口・而一統志載公墓在陽江・蓋山港皆在鉅海故也・宏治己未白沙陳公獻章・貽書陽江令柯君昌始・建祠于縣城西門隅・而香山潮居里赤坎村有公墓焉・相傳公死時・諸將自海陵函骨葬於此・然

則祀在陽江．墓在潮居．殆猶九嶷之視鳴條乎．焄蒿悽愴．在在興感．萬世竝垂宇宙．實與舜同也．嗚呼．南渡之初．志於復仇滅寇者．岳公飛也．中原父老．日夕引冀岳家軍．而丞相秦檜主和．竟譖殺之．宋室遂以不競．時則如日之既食．闇闇然光輪猶在也．及其末造．元酋張宏範將大軍迫臨安．朝臣請遷都以避．而背城借一．志以滅虜者．公與文樞密天祥．虜屯臯亭．民亦引冀官軍．而丞相陳宜中主和．語不許戰．至是公乃提兵入定海以伺二王．而宜中遁去．時則如日之暵暵然入于池中．惟成長夜焉爾．向使公遂其志．則播越必不至於閩廣．宏範必不得肆于崕山．而德祐其少康矣乎．春秋傳曰．政不可不慎也．務三而已．一曰擇人．二曰因民．三曰從時．用匪人而不擇．拂民望而不因時．可爲而不從．宜其亡矣．

余嘗讀宋元二史．而深悲公之心事有當表白者．世固未知考也．元人修宋史謂公少從張柔戍杞．有罪遂奔宋．及我朝修元史．始作張柔傳．謂柔本定興豪俠．金貞祐間河北盜起．柔聚族黨．結隊伍．驍勇之士多慕義從之．金主用爲元帥．以衆降元．累封至蔡國公．則柔固叛逆之臣也．意公戍杞之時．必勸柔去夷歸夏．毋爲元兵所敗．拳拳乃心宋室．柔實讐之．夫何罪焉．且宏範者．柔之子也．虜知其與公世讐．於是任使宏範竟成崕山之功．嗚呼宋亡元興．天耶人耶．抑公忠義當昭于天地之間．眞宰固司之耶．始公總都督府兵．遣將四出．取浙西諸郡．復平江諸城．如拾芥然．使顯用之．猶可爲也．比卞彪說降．斷舌磔之．雖忠義憤發．則大事去矣．而況瓣香祀天之時耶．生而始終一心．沒而昭明在上．公之神靈固無彼此之殊也．

我國家建皇極．叙彝倫．宏在三之規．垂不二之訓．以昭於世．公其可弗祀耶．祠既歲久傾頹．莽對江流．進謁殊愴．今西粵鄧君壽鼎來知縣事．以表揚忠義．政之大端．捐俸修之．正廳仍舊．加之采飾．兩廊前門則撤而新之．巷口樹小坊扁曰宋太傅張公祠．以聳瞻趨．可謂知所先務矣．昔柯令經營將落．徵記於白沙先生．先生時已在病．諾而未成．昌亦去任．故祠卒苟簡．鄧君既宏而壯之．乃具書幣．俾陳掌教觀鳳來徵記．以補江門之闕．予固不辭．而暴公心於千載之下．俾鏤幽石．以志丕烈．銘曰．

元精汨潏．炎宋厄阸．惟公逢厓．忠義之特．天步方艱．提兵衛國．叛相沮公．虜不可攖．焦山之戰．死者萬人．得人死力．見公貞純．厓山之陣．氣薄蒼旻．戴寶弗言．人志可伸．公志弗申．悲哉慘黷．籠鷴猶奮．天地翻覆．腥羶浩祲．山崩鬼哭．風颶舟摧．星從日浴．浩然正氣．包看九垓．炳炳烈烈．爲霆爲雷．魄湛海流．百折不廻．瞻此新祠．天彝永開．

祭酒魯文恪公神道碑

公諱鐸．字振之．其先荆之長林人．元季始家景陵東岡．魯氏其稱蓋久．然至公乃大顯．公幼學治尚書．博通羣籍．辭翰敻出．成化壬寅督學薛綱得所試文．深器重之．傳示全楚．由是而知名．丙午領薦．卒業成均．宏治丙辰歸栖南莊．嘗賦梧鳳之詩．聞者壯其志．己未改築東潮之蓮北靜學授徒．時或不爨．訢如也．壬戌舉禮部第一人．對大廷．

有沮之者．抑置二甲第二．改翰林庶吉士．閣試居首．西涯李文正公乃見稱賞．甲子冬授編修．預修孝宗實錄．武宗即阼．詔諭安南充正使．賜一品服以行．丁卯正月入交趾關．布儀注．大頭目麥能讓等請畧其節目．公曰．安南素稱守禮之國．今乃爾耶．復固請．公曰．吾奉天子詔．行萬里．惟知明此禮而已．持之益堅．能讓等退．而肆儀惟謹．國王進逆界上．及如天使館宣詔命．始終無違禮者．明日大讌．殿中盛陳明珠金貝．公不少顧．悉謝遣之．又明日行．王送之富良江上．其臣昇廳追送三日．固却以歸．出入其境．皆命關吏檢其行囊．自品服外．無一羨物．明年交人入謝．宣揚於朝．人謂得體．丁卯冬考績．晋國子司業．尋以父年踰八秩．懇乞終養．得歸．遭艱盡禮．是年冬．邑有大而角．衆以爲問．公曰．兵象也．未幾．劇賊嘯聚．大肆剽殺．其酋戒下毋犯公家．於是里人多負襁相依．恃以無恐．或有馬牛見掠者．往給爲公物．輒還之．庚午冬．有行取之命．辛未復職．甲戌經城外海子上遇數巨璫．呵不得近．公取道其旁．不爲動．遂上疏養病．得旨祭掃．

乙亥五月家居被命晋南京國子祭酒．丙子正月蒞任．訓諸生曰．隱不遺君．仕不遺親．君子之大義也．誠以作聖．思而通神．君子之全功也．聖賢明訓．布在方策．要當力行之爾．若徒侈文辭．夸誦說．豈學之道哉．以士多競進．乃置精微簿．書其名籍月日．據簿撥歷．人不能欺．有曠年不復館者．盡檄而來．自是六館凛然．凡歲廩役銀與稅局月供豕肉．皆出聖祖成憲．悉頒給諸生．一無自私．士頌其清．九月改涖北監．約東一如南雍．侯伯在弟子列者．循禮惟謹．是年鄉邑大水．蕩民田廬．死亡過半．有司以聞．事下戶部．公力請大臣往賑．於是敕都御史吳廷舉以往．多所存活．八月復以病再疏．得允．比至家．偃息城中夢野臺．作已有園書院．以教子弟．多蒔花木．以環亭池．歌嘯其間．嘉靖壬申．今上入承大統．徵用舊人．公首被詔．以病乞休．明年三月．得請刑部尚書林俊疏言．經師易得．人師難得．鐸學足以訂頑立懦．道足以鎮雅黜浮．與謝鐸人品爲類．宜如孝宗用謝鐸故事．令吏部以禮部侍郎掌祭酒事．起之于家．遣官以速其行．一時撫按臺諫交疏論薦．皆稱公莊重渾厚之文．淳懿端慤之行．於是推卿佐者五．皆不果用．公嘗曰．大臣同心贊化．無所猜貳．雖唐虞三代之治可復也．吾老矣．少延日昃之歌．則吾分已足．尚奚望焉．丁亥九月十有四日．卒于正寢．壽六十有七．

公性恬退．器量深閎．文章節槩．見推天下．家居以身率物．作家訓．立祠東岡．約伏臘則合族申命．又作俗言數章．以勸鄉人．未嘗一造官府．惟野服徒步．行田圃以自娛．嘗諭諸子曰．今世儒者．往往取孟子肯綮之說．自立門戶．迹其行事．其弗畔者幾希．此學者之大戒也．聖賢之道．不離日用．人惟行所無事．則能事畢矣．又曰．今人出息取利．勢不得不爲忍人．小民怨讟叢厥躬．不祥莫大焉．爾曹戒之．所著諸稾．皆藏于家．嘉靖己丑十月朔．上賜諭祭．十一月四日葬于上林之原．上賜諭葬．謚曰文恪．蓋異數也．公功不及匡濟．而高風直節．激昂士類．位不至卿相．而榮名重望．揚溢朝野．亦可謂全歸者矣．銘曰．

東岡碧□□南荆．頫蔭巴邱連洞庭．五華雲岫開風城．

羲農終古留神靈・化爲威鳳丹穴生・朝陽雝雝梧上鳴・翩然凌氛儀帝廷・百鳥関絕啁唽聲・九苞揚輝若水英・箾韶協奏聞蓬瀛・於樂辟廱歘二京・坐令函夏皆文明・功成戢羽歸景陵・夢野臺下滄浪清・峨冠之徒晞濯纓・上林爰止藏儀刑・帝挾天詞饗以牲・駿錫文恪受大名・惟公瑞世流芳馨・後千萬禩徵此銘・

廣東文徵改編本第四册終

點校　順德　孔天培
　　　開平　許憲安
總校　惠陽　許衍董